JN412040

다듬은 말

제19판

배 종 대

홍 문 사

제19판 머리말

법의 최고가치가 정의正義라는 점에 이의를 제기할 사람은 없을 것이다. 다만 그 내용이 무엇인가는 복잡하기 이를 데 없어서 마치 정의 논의의 역사가 정의 내용인 것처럼 착각하기도 한다. 법치국가 핵심은 헌법을 포함해서 법률을 정의의 잠정적 구현형식으로 받아들인다는 것이다. 그런데 그 법률은 사람이 만들고 그 '사람'은 다름 아닌 정치를 하는 사람들이다. 여기에 법의 아킬레스건이 등장하는데, 이름하여 '법과 정치 관계'이다. 정의를 마치 이 세상 너머 이상세계의 가치 기준쯤으로 생각한다면 그 적용을 받는 사람 또한 숨을 쉬지 않는 저 세상 사람일 것이다. 그래서 법은, 정말로 밉상스럽고 마음에 들지 않고 믿을 수 없고 날이면 날마다 눈살을 찌푸리게 하지만, 정치를 벗어날 수 없다. 정치를 무시하면 법은 존립기반을 잃는다. 그렇다고 자신을 정치에 완전히 의탁하면, 그것은 법이 아니라 정치슬로건이 될 가능성이 높다.

여러분은 내가 왜 갑자기 이 자리에서 정치 이야기를 하는지 짐작할 수 있을 것으로 생각한다. 거의 절대적이라고 믿었던 법가치들이 사실 얼마나 나약한 것이었는지, 눈앞에 보고도 실감이 나지 않는다. 그것도 민주주의를 위해서 좋은 경험이었다고, 쓰지만 몸에는 좋은 약이었다고 위루를 해야 하나, 아니면 그저 허탈하고 허탈할 뿐일까. 다른 어떤 법분야보다 형법에는 많은 '원칙'이 있다. 그 원칙이 어떻게 만들어지고 현재는 어떤 의미가 있으며, 그것을 지키기 위해 어떤 노력이 필요한지, 혹시 우리는 소용돌이치는 정치 가운데서 조그만 이익을 누리기 위해 잊고 있는 것은 아닌지, 다시 돌아보고 새겨야 하겠다.

지금 정치는 정신이 없고 더 급한 일이 너무 많아서 형법에 신경을 쓸 여유가 없다. 이미 시작해 놓은 형법 말 다듬기를 끝내고 법률 흠결을 바로 잡을 엄두를 내지 못한다. 법무부 형사법제과 직원은 그대로이고 법제처는 여전히 좋은 법률 만들기에 관심을 놓지 않고 있지만, 정치하는 '선장'이 그 방향으로 조타하지 않는 이상 손을 쓸 방법이 없다. 대법관들이, 지금 다듬은 우리말로 좋은 판결문 쓰는 데 관심이 있을까. 그러려면 우선 대법원장부터 관심을 두어야 하는데, 그 사람 머릿속에는 지금 무엇이 들어있을까. 자조적으로 한 번 물어보자. 그러면 학문의 전당 대학, 그곳에 있는 법전원은, 그곳에 있는 교수, 학생들은 이런 문제에 관심을 두고 있을까. 제도적으로 현실적으로 그것이 가능할까. 대답은 여러분이 하기 바란다.

출판사에서 책이 떨어졌다고 해서, 법률이 바뀌고 판례가 쌓였는데 그대로 책을 내는 건 읽지 말라는 이야기, 그래서 그런 부분을 고쳐서 낸다. 무엇을 어떻게 고쳤는지 여러분이 보고 확인해 주면 고맙겠다. 새해에는 여러분을 포함해서 우리 백성뿐만 아니라 지구에 있는 모든 사람들이 조금이라도 더 편안한 삶을 누렸으면 좋겠다. 기도한다.

2026년 1월
배 종 대

법률문장론

I. 형법 말이 바뀌었다

형법 말이 바뀌었다는 것은 형법이 쓰는 말, 즉 형법이 자신이 쓰는 법률 말을 변경하였다는 것을 의미한다.[1] 형법개정, 형법 말다듬기, 형법 언어순화, 형법 법령 정비, 알기 쉬운 법령 만들기 등 표현은 모두 여기에 해당한다. 구체적으로 말하면 지금 사용하는 형법총칙, 형법각칙, 형사소송법(이 셋을 뭉뚱그려 '형법'이라고 하자)의 말 가운데 내용은 그대로 두고 법률개념과 법률문장을 일부 바꾸었다(2020년 개정). 보통 법률 내용 바꾸는 것을 형법개정이라고 하여 매우 중요하게 생각하고, 법률개념과 법률문장은 부수적인 것으로 여겨 가볍게 넘어간다. 그 관행이 이번에 깨진 것이다. 법률 규범 내용은 손대지 않고 그 법규정이 사용하는 말만 바꾼 것은 우리 형법 개정역사에 큰 사건이다. 이 일을 더욱 '사건'으로 만드는 것은 이 개정 의미를 제대로 이해하지 못하는 형사 법률가, 이를테면 판사, 검사, 변호사, 형법 교수 그리고 이를 지향하는 법전원 학생 등의 안이한 인식이다. '법률 내용이 같은 데 표현이 조금 바뀐 게 무슨 대수인가' 하는 정도로 매우 가볍게 생각한다.

말은 생각을 나타낸다. 말은 생각을 나르는 수단인데, 이 수단이 거꾸로 생각을 바꾸는 역할을 하기도 한다. 그 사람이 쓰는 말은 곧 그 '사람'의 표현이어서 그가 쓰는 말이 바뀌면 그 사람이 바뀌는 것을 의미한다. 말이 바뀌면 생각이 바뀌고 생각이 바뀌면 사람이 바뀌기 때문에 그렇다. 그래서 '그런 말을 쓰는 사람은 그런 사람'이라고 하지 않던가. 그 사람이 어떤 사람인지 알고 싶으면 그 사람이 쓰는 말을 보면 금방 알 수 있다. 상인 말, 학자 말, 정치가 말, 어린아이 말, 여자 · 남자 말, 노인 말, 유식한 척하는 사람의 말, 속이는 말, 아첨하는 말 등은 바로 그 사람을 규정하는 말이다. 말은 곧 그 사람 영혼을 드러내기 때문에 그렇다. 법률 말도 다르지 않아서 해당 법률이 어떤 말을 사용하는지는 곧 그 법률이 추구하는 정신을 나타낸다. 비민주적인 말을 사용하는 법률이 민주 법률이 되기는 어렵다. 그건 마치 상투 틀고 양복 입은 것처럼 어울리지 않는 조합이다.

형법개정은 보통 법무부 주관(형사법제과)으로 하기 마련인데, 이번 형법 말 다듬기는 법제처가 '알기 쉬운 법령 만들기' 사업의 하나로 시행하였다. 형법 이전에도 법제처는 "법률용어 정비를 위한 법률 일부 개정"을 교육위원회를 비롯하여 농수산위원회, 과학기술정보위원회, 국토위원회, 기획위원회, 정보위원회, 환경노동위원회 등 분양에서 단행하였다. 주로 2020-2021년에 집중하였다. 그러면서 법제처가 일관되게 제시한 말 다듬기 개정기준은, "어려운 한자어, 일본식 표현"을 알기 쉬운 우리말로 바꾸고, 법률문장을 "알기 쉬운 법률 문장"으로 바꾼다는 것이다. 그러면서 내세운 기준이 "국민 눈높이"다. 이것은 '국민이 알기 쉬워야 한다'는 뜻이다. 이들 기준은 곧 법제처가 20년 넘게 시행한 '알기 쉬운 법령' 사업 결과물이다. 정리하면, 어려운 한자어, 일본식 표현을 쓰지 않는다, 법률문장은 쉽게 쓴다, 국민이 알 수 있는 법률개념, 법률문장을 쓴다, 세 가지다.

일부만 바뀐 형법 말

그런데 이 형법개정에 심각한 문제가 있으니, 극히 일부 조문만 바꾸고 나머지는 숙제로 남겨두었다는 점이다. 구체적으로, 형법은 전체 372개 조문 가운데 총칙 30개, 각칙 33개, 전체 63개 조문으로 17%밖에 고치지 않았다. 형사소송법은 더 적어서, 전체 493개 조문 가운데 39개 조문 말을 다

---

1) 아래 글은 내가 쓴 「형법개정과 법률문장론」(형사법연구, 2023, 겨울호)을 정리한 것이다.

듬어 7.9%에 불과하다. 고치지 않은 나머지 조문은, 형법은 1953년, 형사소송법은 1954년에 그대로 머물러 있다. 70년이 지난 나머지 조문은 언제 어떻게 하겠다는 계획을 밝힌 것도 아니다. 아마 입법자 의사는, 다른 조문도 기회가 되는 대로 이렇게 고치겠으니 앞으로 형법 말은 이런 식으로 쓰라는 일종의 지침, 샘플(표본)을 던져 준 것이라고 할 수 있다. 그러니 형법 말 다듬기는 이제 시작에 불과하고 장래 숙제가 훨씬 더 크게 다가온다. 그러면 고친 조문은 그렇다 치고, 미쳐 고치지 않은 나머지 조문은 어떻게 해야 하나. 입법자 의사대로 하자면 바뀐 법률개념과 법률문장은 바뀌지 않은 조문에서도 훈독해서 바꿔 사용하는 것이 옳다. 그러나 현실적으로 판사를 구속하는 법률은 현행 법률이지 앞으로 바뀌게 될 미래 법률은 아니다. 거기다가 변시를 준비하는 학생들 '바이블'인 판례 말은 낯이 뜨거울 정도여서 형법 제정 후 지금까지 일본말, 한자말 전통이 끊어지지 않고 있다. 학생들은 판례를 달달 외우는 것이 법률 공부라고 생각한다. 설사 법률을 국민 눈높이에 맞는 알기 쉬운 우리말로 고쳐도, 학생들 눈에 그것은 '죽은 말'이고 판례에 있는 말이 '산 말'처럼 다가온다. 이런 상황에서 형법 말 바꾸기가 얼마나 어렵고 시간이 많이 걸리는 작업인지 알 수 있다. 그렇더라도 미래를 준비하는 젊은 법률가라면 혁신을 두려워하지 말고 차근차근 자신의 법률 말을 바꿔나갈 필요가 있다. '악마는 디테일(세부)에 있다'는 격언 알 것이다. 여기서는 디테일(사소한 법률 말)이 나를 '잡아먹는' 악마가 될 수도 있다. 법률가는 미세한 것에 목숨 거는 사람들이다. 그러니 법률 내용이 변화가 없는데 법률 말 몇 개 바꾼 것이 무슨 대수인가, 생각한다면 큰코다칠 수 있다. 나를 삼키는 악마로 돌변할 수도 있다. 중과실은 중대한 실수가 아니라 사소한 부주의에서 나온다.

형법 · 형사소송법 다듬은 말 정리

이제 형법과 형사소송법 다듬은 말을 익혀서 자신의 형법 말 사전을 바꾸어야 한다. 이것은 법률 명령이기 때문에 규범적 의무에 속한다. 자신이 생각하는 옳고 그름 판단은 접어두고 법제처가 오랜 기간 갈고 다듬어 내린 입법 결단을 믿고 따라야 한다. 여기에서는 중요한 것만 뽑아 정리한다. 나머지 자세한 것을 찾아 익히고, 형법 말고 다른 법률에서 바꾼 말도 함께 공부하면 더욱 좋을 것이다.

- 의하여: 법률에 의한다–법률에 따른다/변경에 의하여–변경되어/법정절차에 의하여–법률이 정한 절차에 따라서는/의한 외에는–을 제외하고는/본조에 의한–조문에 따른/범정에 의하여–범정을 고려하여/구별에 의하여 처단한다–구분에 따라 처벌한다/수도에 의하여–수도를 통해/선서서에 의하여야–선서서에 따라 하여야/전항의 규정에 의하여–제1항에 따라/
- 인하여: 정상의 주의를 태만함으로 인하여–정상적으로 기울여야 할 주의를 게을리 하여/당황으로 인한 때에는–당황하였기 때문에/결과로 인하여 형이 중할 죄에 있어서–결과 때문에 형이 무거워지는 죄의 경우에/시효의 완성으로 인하여–시효가 완성되면/기간을 경과함으로 인하여–기간이 지나면/신분관계로 인하여–신분관계가 있어야/과실로 인하여–과실로/사유로 인하여–사유로/
- 당하여: 직무를 행함에 당하여–직무를 수행하면서/취거함에 당하여–취거하는 과정에서/신체 구속을 당한–신체가 구속된/검사를 당하는–검사를 받는
- 한하여: 경우에 한하여–경우에만/한한다–한정한다/
- 또는: 감경 또는 면제–감경하거나 면제/은닉 또는 변경하거나–은닉하거나 변경하거나/공용 또는 공익에 공하는–공용으로 사용하거나 공익을 위해 사용하는/촉탁 또는 승낙을 받아–촉

탁이나 승낙을 받아/교사 또는 방조하여–교사하거나 방조하여/문호 또는 장벽–문이나 담/재물 또는 이익을–재물 또는 재산상 이익을(*재물이나 재산상 이익을)/

- 의(の) 삭제: 자기의 소유–자기 소유/자기의 소유에 속한 때–자기 소유인 경우/타인의 소유에 속하는–타인 소유인/타인의 소유–타인 소유/약탈의 행위–약탈 행위/구속의 기간에–구속기간에/보증금의 납입을–보증금 납입을/재산상의 이익–재산상 이익/상소의 제기기간–상소 제기기간/군사용의 항공기–군사용 항공기/제33조의 규정을–제33조를/
- 주격으로 쓴 의(の) 삭제: 심신장애의 의심이 있는 때–심신장애가 있는 것으로 의심되는 때/재물의 교부를 받게 하거나–재물을 교부받게 하거나/피고인의 청구가 있는 때에는–피고인이 청구하면/조서의 기재의–조서 기재 내용의/범죄의 실행중이거나–범죄를 실행하고 있거나/실행의 즉후인 자–실행하고 난 직후의 사람/수사방해의 목적임이–수사방해를 목적으로 하고 있음이(*수사방해 목적이)/의사표시의 철회에 관하여도–의사표시를 철회한 경우에도/고소의 취소가 있은 때–고소가 취소되었을 때/유죄의 선고를 받은–유죄를 선고받은/공소의 제기가 있는–공소가 제기된/
- 에의: 공용건조물 등에의 방화–공용건조물 등 방화/일반건조물 등에의 방화–일반건조물 등 방화/일반물건에의 방화–일반물건 방화/일반물건에의 방화–일반물건 방화/
- 이외의: 기재한 이외의–기재한 외의/범인이외의–범인외의(*'의'는 없어도 무방)/
- 정을 알다: 정을 알면서–사정을 알면서/정을 아는–사정을 아는/
- 하여금: 증인으로 하여금–증인에게/
- 있어서: 죄에 있어서–범죄의 경우에는/집행에 있어서는–집행할 때에는/정함에 있어서–정할 때/가석방에 있어서–가석방을 하는 경우/사건에 있어서–사건에서/적용에 있어서는–적용할 때에는/
- 여부: 정확 여부–정확한지/
- 피동형 '되었을 때': 의사표시가 철회되었을 때–의사표시를 철회하였을 때/
- 취하다: 조치를 취하여야–조치를 하여야(*해야)/
- 하는 때, 한 때는 일본표현(우리말은 할 때와 하였을 때 구별): 신청하는 때에는–신청할 때에는/피고인의 청구가 있는 때에는–피고인이 청구하면/인정하는 때에는–인정하면/있는 때–있을 때/없는 때–없을 때/하는 때–할 때/
- 논할 수 없다: 죄를 논할 수 없는–공소를 제기할 수 없는/
- 상당한: 상당하는–해당하는/상당한 기간–해당하는 기간/
- 대하여: 생명에 대한 위험–생명에 위험/자에 대하여는–사람에 대해서는/피의자에 대하여–피의자에게/

이제는 판례도 '의하여, 있어서'는 쓰지 않는다

이 세상에 변하지 않는 것은 없다. 판례 말도 당연히 변화·발전한다. 그동안 우리 사회도 모든 면에서 많이 바뀌었을 뿐만 아니라 대법관 구성도 예전과 달라졌다. 평균나이가 젊어지고, 충분하지는 않지만 여성 대법관도 충원되었다. 이렇게 사람이 바뀌면, 아무리 전통을 중시하는 곳이라 해도, 그들이 쓰는 말은 변화될 수밖에 없다. 2020년 형법 말 개정 후 판례는 어떻게 되었을까. 중요한 전원합의체 판결 하나를 분석해 보자.

강제추행 폭행 · 협박 판단기준을 피해자 '현저한 항거 곤란'(최협의 폭행)에서 가해자 행위 중심으로 기준을 완화한(협의 폭행) 의미 있는 판결이다.[1] 전문이 26쪽이나 되는 매우 큰 판결문이다. 여기에서 눈에 띄는 판례 말 변화는, '~있어서, ~의하여, 이외의, 이전의, 와의, 과의' 등 표현이 사라졌다는 점이다. 이것은 2020년 형법 말 개정을 충실히 반영하였다고 할 수 있다. 역사에 기록될 만한 중대한 변화로 환영하고 박수를 보낸다. 그 많던 '있어서'와 '의하여'는 다 어디로 갔을까? 이 말이 없어도 판결문을 쓸 수 있다는 게 놀랍기만 하다. 그러나 첫술에 배부를 수는 없는 법, 아직 미흡한 부분이 더 많다. 문장은 여전히 길어서 5줄을 예사로 넘긴다. ~하며, ~하였는 바, ~대하여, ~으로써, ~있으므로 등 연결은 여전히 숨을 멎게 한다. 일본말 어조사 ~의の는 요지부동, ~인하여, ~또는(강제추행죄 규정이 '폭행 또는 협박'으로 되어있어 어쩔 수 없는 일인가), ~하는 지 여부, ~하여금 등은 영향을 받은 흔적이 없다. '일으킬 수 있는 정도의 협박'은 '있을 정도'가 옳은 말인데, 너무 작은 일인지 모르겠다. 전체적으로는 아직 근본 변화를 느끼지 못하겠다는 것이 내가 받은 인상이다. 여전히 입말에서 너무 멀다. 그것이 가장 큰 문제다.

II. 세종에서 해답을 찾자

그러면 이런 질문을 한 번 해보자. 법률문장에서 '어려운 한자어, 일본식 표현'을 삼가고 국민 눈높이에 맞추어 알기 쉽게 써야 한다는 당위는 도대체 어디서 나오는 것일까? 상식으로 여기기 말고 의문을 가져보자. 지금 법률만 하더라도 70년 넘게 이어진 전통, 관행을 무시할 수 없고, 굳이 법률 말을 국민 모두 이해해야 할 필요가 있을까? 의문을 가질 사람도 얼마든지 있을 것이다. 법률과 '현학'의 결합은 어제오늘 일이 아니다. 이 당위가 굳게 자리 잡을수록 알기 쉬운 법령 사업은 더욱 탄력을 받는다. 결국 이 사업 성패는 그렇게 해야 한다는 확신을 가진 사람이 얼마나 많은가에 달렸다. 일부 관심 있는 사람들 집안 잔치에 그치면 아무리 법률을 바꿔봐도 성공하기 어렵다. 우리 법률 말도 한글이니 한글을 만든 세종한테서 초심을 찾아보자. 의외로 명쾌한 결론을 찾을 수 있을지 모른다.

세종은 원래 법률 말 때문에 한글을 만들었다

세종이 한글(훈민정음)을 만든 것은 1443년, 반포한 것은 1446년인데, 그전까지는 우리말을 표현할 문자가 없어 한자를 빌려 적었다. 입으로는 한국말을 쓰고, 글은 한자로 적는 이중 언어생활을 하였다. 한자를 아는 사대부들은 큰 어려움이 없었으나 일반 백성은 사정이 그렇지 못했다. 이것을 안타깝게 여긴 세종이 누구나 쉽게 쓸 수 있는 글자를 만들기로 결심한 것은 훈민정음 창제 17년 전인 1426년으로 거슬러 올라간다. 이두로 쓴 법률문장이 어렵다는 말이 세종실록에 처음으로 나온다. "율문(律文)은 한문과 이두(吏讀-한자를 우리 식으로 고친 표기체. 한자를 쓰는 것은 마찬가지)로 복잡하게 쓰여 있어서 문신(文臣)들도 알기 어려운데, 하물며 법률을 배우는 학생들은 어떻겠는가."[2]

그리고 6년 뒤, 훈민정음 창제 11년 전인 1432년 세종실록에 다시 같은 문제를 언급한다. 어려운 법률문장 때문에 백성은 법을 알지 못하고, 이런 상태에서 범법한 자를 처벌하는 것은 조삼모사 술책이 아닌가 하는 말이 나온다. "백성에게 법을 제대로 알려주지도 않고, 그 범법자를 처벌하면, 조사모삼(朝四暮三) 술책에 가깝지 않겠는가 … 모름지기 세민(細民-백성)이 금법(禁法-형법)을 알아 두

1) 대판 2023. 9. 21. 2018도13877 전원합의체.
2) 세종실록 34권, 세종 8년(1426년) 10월 27일.

려워 피하게 하는 것이 옳다."[1] "사형집행 판결문을 이두문자로 쓴다면, 문리(文理)를 알지 못하는 어리석은 백성이 한 글자의 착오로 혹 원통함을 당할 수도 있겠으나, 이제 언문으로 그 말을 직접 써서 읽어 듣게 하면, 비록 지극히 어리석은 사람일지라도 모두 다 쉽게 알아들어서 억울함을 품을 자가 없을 것이다."[2]

이상에서 알 수 있는 것은, 세종은 우리나라 말이 중국말과 달라 생기는 피해 첫 번째로 옥사獄辭, 율문律文, 즉 형법 말을 떠올렸다. 백성이 말과 글이 달라 가장 고통받는 분야가 형법이고, 이것을 해결하기 위해 누구나 쉽게 익혀 두루 쓸 수 있는 쉬운 글자를 만들기로 결심한 것이다. 그런 글자는 말소리 이치를 반영한 소리글자밖에 없다고 판단했다. 모든 소리를 그대로 적을 수 있는 '바른 소리글자' 가 곧 '정음正音'이다. 세종의 한글 창제는 처음부터 끝까지 하층민과 소통이 목적이었다. 한자를 자유롭게 쓸 수 있는 사대부는 상관이 없었다. 이것이 해례본 서문에 "백성을 어여삐 여겨"라는 말로 나타났다.

III. 법률문장론

세종의 한글 초심을 반영하는 '알기 쉬운 우리말', '알기 쉬운 법률문장'은 어떻게 쓰는 것일까, 중요한 기준만 간추린다.

1. 쉽게 쓴다

미국에 '쉬운 영어(Plain English)' 운동이라는 게 있었다. 1978년 카터 대통령이 대통령령으로 발표한 내용이다. '연방직원은 규약을 만들 때 관계하는 모든 사람이 이해할 수 있도록 쉬운 영어로 써야 한다.' 독일은 1885년부터 독일어협회가 국어 독일화, 국어순화운동, 외래어 배척운동을 전개하였다. 민법학자 빈트샤이트(1817-1892)는 로마법 기원 법률용어를 독일 고유말로 대체하였다. 로마법 라틴어는 서양말 한자라고 보면 틀림없다. 이것을 자국말로 바꾼 것이다. 한자 법률용어를 우리 고유말로 바꾸는 것과 비교할 수 있다.

일본에서는 민법 경우 알기 어려운 고풍스런 말을 쉽게 고쳐야 한다는 인식이 자리 잡을 때까지 100년 이상 걸렸다고 한다.[3] 2004년에 민법 문체를 현대어로 바꾸고, 카타카나를 히라가나로 하고 구어체로 개선하였다. 2017년 전면 개정을 단행하였는데, 그 개정목적으로 '국민 일반에게 알기 쉽게 함'을 명시하였다. 일본 형법에서 민법과 같은 변화가 일어난 것은 1995년 개정이다.

하층민과 소통을 하기 위해 만든 한글은 백성이 배우기 쉽고 쓰기 쉬워야 한다는 전제를 가지고 있다. 해례본 서문 "백성을 어여삐 여겨"라는 말이 이를 대변한다. "사형 판결문을 언문으로 써서 모두 쉽게 알아들을 수 있도록 읽어준다"는 말은 형법 말이 지향해야 할 목표를 규정한다.[4] 이처럼 백성이 알아들을 수 있게 쉽게 쓰는 것은 한글의 숙명에 속한다. 이것은 정인지 서문에 더욱 분명하게 드러난다. "훈민정음은 지혜로운 사람은 아침나절이 되기 전에 이를 이해하고, 어리석은 사람도 열흘만에 배울 수 있는 글이다. 훈민정음을 가지고 한문을 풀이하면 그 뜻을 알 수가 있으며, 훈민정음으로 소송사건을 기록하면 그 실정을 알아낼 수 있다."[5] 세종이 얼마나 백성이 쉽게 소통할 수 있는

1) 세종실록 58권, 세종 14년(1432년) 11월 7일.
2) 세종실록 103권, 세종 25년(1444년) 2월 20일.
3) 우치다 타카시(정종휴 옮김), 법학의 탄생, 295면.
4) 세종실록 103권, 세종 26년(1444년) 2월 20일.
5) 세종실록 113권, 세종 28년(1446) 9월 29일.

쉬운 한글을 추구했는지 알 수 있다. 한글은 백성이 알아들을 수 있는 말이어야 한다. 오늘날이라고 특별히 달라야 할 이유는 없다. 두 가지 한글이 있는 것이 아니라면 말이다. 그러니 위 2020년 형법 개정이유에 선언한 '국민 눈높이에 맞는 알기 쉬운 법률문장'은 세종 한글정신을 정확하게 짚었다고 할 수 있다.

소통 반대는 단절, 어려운 말은 사람 사이를 잇지 않고 끊어 놓는다. 말을 어렵게 쓰면 쓸수록 사람 사이 골은 깊어진다. 한문이 어리석은 백성과 사대부를 나누었듯이, 오늘날 어려운 법률 말은 국민과 법률 사대부를 나눈다. 쓸데없이 말 문턱을 높여 이해할 수 있는 사람과 이해할 수 없는 사람으로 계층을 나눈다. 이것은 세종 한글 창제 정신에 어긋나며, 헌법으로 말하면 인간존엄에 반하고 비민주적이다.

그래서 말은 쉽게 하고 글은 쉽게 써야 한다. 쉬운 말을 그대로 글로 끌고 가면 글은 쉬워진다.[1] 세종 시대 한글 공식 명칭인 '훈민정음' 말고 '언문'이라는 말도 썼는데, 이는 구어체 문장을 뜻하였다. 일상 대화를 할 때도 상대 말을 다 알아듣기는 힘들다. 표정을 살피고 짐작을 하면서 넘어가는 경우도 많다. 되물어서 뜻을 확인하기도 한다. 그러나 글은 그런 기회도 없기 때문에 사실 입말보다 더 상대에 대한 배려심을 높여야 한다. 판결을 받는 사람은 변호사가 아니라 피고인이다. 그렇다면 원칙은 그 피고인이 알아들을 수 있는 말로 써야 한다. 우리가 무슨 말을 해야 할지 잘 모르면 말이 길어지고 어려워지듯이 글도 마찬가지다. 내가 확실히 아는 내용은 글이 어려워야 할 이유가 없다. 내가 아는 내용을 써도 상대방이 모를 가능성까지 염두에 두고 글을 써야 한다. 그래서 쉽게 쓰기는 어렵고 어렵게 쓰기는 쉽다. 쉽게 쓰라. 그렇지 않으면 사람들은 당신이 몰라서 그렇게 쓴다고 생각한다.

2. 짧게 쓴다

글을 어렵게 하는 가장 큰 주범은 긴 글(만연체 문장)이다. 쉬운 글을 쓰려면 글이 짧아야 한다. 좋은 글쓰기 가장 기본인 원칙인데도 법률가들이 가장 잘못하는 부분이 바로 짧게 쓰기다. 판결이 대표적이라고 했다. '무엇을 쓰든 짧게 쓰라. 그러면 읽을 것이다.' 조셉 퓰리처가 한 말이다. 러시아 문호 체호프는 고리키한테 글쓰기에 대해 이런 충고를 했다고 한다. '비가 온다면 비가 온다고만 쓰게.' 부사, 형용사 따위 쓸데없는 군더더기 집어넣지 말라는 말일 게다. 글을 읽는 사람은 쓴 사람만큼 정성 들여 읽어주지 않는다. 오래된 진리다. 내 글이 읽히지 않기를 원한다면 모를까, 한 사람이라도 더 읽기를 원한다면 짧게 써야 한다. 긴 문장은 읽는 사람을 힘들게 하고 힘들면 읽지 않는다. 이 세상 중요한 글은 다 짧다는 사실을 아는가. 법률도 중요한 조문은 짧다. 우리 헌법은 '대한민국은 민주공화국이다'는 짧은 선언으로 시작한다. 인간존엄, 거주 · 이전 자유 등 모든 권리조항은 단문이다. 형법의 중요한 원칙도 마찬가지, '범죄 성립과 처벌은 행위시의 법률에 따른다'로 역시 단문이다. 성경은 '태초에 하나님이 천지를 창조하시니라'가 처음이고, 끝은 '주 예수의 은혜가 모든 자들에게 있을 지어다'로 마무리한다. 공자 첫 구절은 '배우고 익히면 이 또한 기쁘지 않은가'로 시작한다. 노자는 '도를 도라 하면 도가 아니요 이름을 이름이라 하면 이름이 아니니'로 시작한다. 석가 탄생게는 '천상천하유아독존' 여덟 글자다. 오죽하면 격몽요결은 '말이 간결하면 도에 가깝다'(言簡者近道)고 했

---

1) '대통령의 글쓰기'로 유명세를 탄 강원국의 글쓰기 책 제목은 '나는 말하듯이 쓴다'이다(위즈덤하우스, 2020). 말하듯이 글을 쓰면 쉽고 편하게 글을 잘 쓸 수 있다는, 지극히 평범한 진리를 실천한 책이다.

을까. 그 반대, 말이 길어지면 당연히 도에서 멀어진다. 귀한 글은 다 짧다. 글을 엿가락처럼 늘리면 무엇이 될까? 귀한 것의 반대가 되지 않겠는가? 나는 그렇게 생각하는데.

그럼 어떻게 하면 짧게 쓸 수 있을까? 한 문장에 한 가지 생각(一文一思), 한 문장에 한 가지 사실(一文一事)만 담으면 된다. 생각과 사실을 한 문장에 섞지 않고, 두 가지 생각이나 두 가지 사실을 또한 한 문장에 함께 쓰지 않는다. 법률 글은 생소한 전문용어로 그렇지 않아도 많이 어려운데, 문장까지 길어지면 읽는 사람은 급브레이크가 걸리고 계속 글 읽기 '역주행'을 해야 한다. 글은 '정주행'으로 읽도록 쓰는 것이 원칙이다. '판사는 국민이 판결문을 두 번 읽게 해서는 안 된다'(긴즈버그). 세종은 한문이라는 중국 글 문턱을 낮추려고 한글을 만들었는데, 혹시 내가 한문이 아닌 다른 방식으로 다시 글 문턱을 높이고 있지는 않은지 자문해 볼 일이다. 짧게 쓰라. 길게 늘어지면 사람들은 당신을 매우 고리타분한 사람으로 생각한다.

3. 능동문으로 쓴다

우리가 뜻밖으로 피동문을 많이 쓴다는 사실을 알고 있는지 모르겠다. 생각된다/보여진다/되어진다/만들어진다/잡혔다/덮였다/바뀌었다/잊혔다/업혔다/읽혔다/침수되다/개막되다/개회되다/경색되다/고조되다/낙후되다/마비되다/무산되다/악화되다/붕괴되다/성숙되다/검토되다/확산되다 등등. 이 현상은 법률분야에 특히 심하다. 피동형 말은 백성이 쓰는 말이 아니고 유식을 가장하는 사람이 주로 글에서 쓰는 말이다. 사물주어, 피동문이 보통인 외국말 영향 때문인데, 영어를 비롯한 외국 말 수동태 문장을 직역하면서 몸에 밴 습관이다. 우리말은 사람주어, 능동문이 기본이다. 예를 들어 '구속한다'와 '구속된다' 차이를 보면, 전자는 '(검사가 피고인을) 구속한다' 두 글자를 생략한다. 사람 주어다. 그러나 후자는 '(검사에 의해 피고인이) 구속된다'로 세 글자가 생략돼 있고, 구속하는 주체는 검사인데 피고인이 사물주체로 등장한다. 마찬가지로 '판결을 내렸다'고 하면 판사가 사람주어로 등장하지만, '판결이 내려졌다'고 하면 주어는 사물주어인 판결이다. 전형적인 외국말 수동태다. 두 가지가 같은 뜻이라 차이가 없고 어느 것을 쓰나 상관없다고 생각하면 곤란하다. 외국말을 억지로 직역할 때나 쓰는 말이고, 우리는 일상에서 이런 말을 사용하지 않는다. 심지어 영미에서도 법률가들이 좋은 글을 쓰려면 가급적 수동태(passive voice) 문장 사용을 피하고, 능동태(active voice)로 써야 한다고 가르친다.[1] 입으로 하지 않는 말을 글로 옮기면 생경하고 알아듣기 힘들다. 글만 쓸데없이 길어진다. 법률가들은 알게 모르게 피동형 글에 병들어 있다. 피동형을 사용하지 않으면 법률 글을 쓸 수 없다고 느낄 정도다. 형법에서 많이 쓰는 피동태는 면제된다/적용된다/완성된다/중단된다 등이 있다. 얼마나 병이 깊었으면, 헌법은 회의가 열리는 걸 '집회된다'고 규정했을까. 세종은 우리나라 말이 중국말과 달라서 백성이 고통을 받는다고 했는데, 우리말에 파고 든 외국말 피동태는 현대판 중국말이 아니고 무엇이겠는가. 입말 할 때 쓰지 않는 피동태, 글말에서도 되도록이면 쓰지 않거나 줄이는 것이 소통을 생각하는 자세다.

4. 이것만이라도 고치자

알기 쉬운 법률 말의 길은 멀고도 험하다. 이 말 문제는 특별한 구속력이 있는 것도 아니어서 지켜도 그만 안 지켜도 그만이다. 법전원에서는 계속해서 현대판 법률 사대부 후예들이 옛날 판례를

1) Bryan A. Garner, Legal Writing in Plain English(제3판), 시카고대학교 출판부 2023, 52-53면.

암송하기 바쁘고, 이것은 끊임없이 과거가 현재에 재생산되도록 만든다. 여기다가 법원은 판결을 하면서 유사 사안에 대한 논증방식으로 옛 판례를 '오려 붙이기' 한다. 따옴표로 그대로 가져오니 말을 고치는 것은 어렵다. 전원합의체판결은 주심이 쓴 부분과 함께 별개의견, 보충의견, 반대의견 등 다양한 견해가 나오기 마련인데, 각자 쓰는 말과 문장형식이 다르다. 자세히 살펴보면 완전히 한 지붕 여러 가족이다. 희망을 버리지 않으면서도 다른 한 편 긴 숨으로 살지 않으면 한숨이 나올 지경이다. 이런 상황에서 시작이 반이라니 '시작으로' 이것만은 고쳤으면 하는 것을 정리한다.

일본말 소유격 조사 '의(の)'는 병이다

우리 법률 말에서 일본말 찌꺼기 첫 번째를 꼽으라면 단연 '의(の)'다. 2020년 형법 · 형사소송법 말 다듬기 개정에서도 '의'를 많이 뺐지만 남아 있는 것이 더 많다. 판례를 비롯한 다른 법률 글에서는 아직 시작도 하지 않았다. 위 강제추행죄 전원합의체 판결에서도 소유격 조사 '의'는 조금도 변함이 없다.

우리말에도 같은 소유격 조사 '의'가 있다. 소유격 조사 '의'는 명사와 명사를 연결할 때 쓰는데, 우리말은 명사와 명사 연결의미가 좋아서 굳이 '의'를 쓰지 않더라도 의미전달에 아무 어려움이 없고, 입말에서는 쓰지도 않는다. 예를 들면 우리는 '내일 날씨, 교수 논문, 변시 합격자'라고 하지 '내일의 날씨, 교수의 논문, 변시의 합격자'라고 하지 않는다. 스스로 연결되는 데 굳이 군더더기 '의'를 붙여서, 말하고 쓰기 불편하게 할 까닭이 없다. 우리는 생략이 대부분이고 예외로만 쓴다. 그러나 일본은 반대다. 일본말에는 명사와 명사 사이에 'の'를 생략하지 않는 것이 원칙이다. 모두 쓴다. 예컨대 '내일의 날씨의 예보의 어려움의 한계의 극복'하는 식이다. 우리말로는 여기 '의'자를 다 빼더라도 의미가 통한다. 그게 훨씬 더 자연스럽다. 실제로 보통 입말에서는 그렇게 한다. 글에 들어간 '의'자를 또박또박 발음해서 읽어 보라. 쓸 때는 습관처럼 넣지만 눈으로 보는 것과 달리 입에서 얼마나 불편한지 느끼게 될 것이다. 일본 글자 'の'는 '노'라고만 소리 내면 되고 아무리 반복해 나와도 부드럽고 자연스럽다. 실제로 일본 사람들은 '아노(あの), 아노'를 입에 달고 산다. 그만큼 익숙하고 많이 쓴다는 뜻이다. 그러나 우리말 '의'는 일본 '노'와 달리 겹홀소리(이중모음)가 되어서 소리내기도 힘들고 듣기도 거북하다. 바로 이런 이유 때문에 우리는 입말에서 '의'자를 쓰지 않는다. 불편해서 못쓴다. 그건 우리말, 우리 입과 맞지 않는다. 말할 때는 '정당방위 요건'이라고 하면서 쓸 때는 왜 '정당방위의 요건'이라고 쓰는지, 그 이유를 물어야 한다. 일본말을 번역할 때 'の'를 적당히 우리 말법에 맞게 넣고 빼야 할 것을(격의번역-단순한 의미 변환이 아닌 언어맥락 옮김) 곧이곧대로 직역한 결과가 지금 우리 법률 말과 글, 나아가서 학문 말에 '의' 홍수 사태를 가져왔다. 이제는 그것이 체질이 되어 안 쓰면 오히려 이상하게 생각하고 또박또박 일부러 집어넣는다. 그래야 의미가 100% 정확한 것으로 착각한다. 멀리 갈 것도 없이 우리 판례가 그렇게 한다. 판례는 명사와 명사 사이에 '의'를 생략하는 법이 없다. 그 '의'는 우리말 '의'가 아니고 일본말 'の'다. 일단 내 글에서 '의'를 빼 보자. 그래도 말이 통하면 그 '의'는 'の'다.

'적的'은 적敵이다

일본사람이 만들어 동양 전체에 퍼뜨려 적이 된 말이다. 판례보다 학술 글에서 더 많이 사용한다. '상상적 경합'처럼 법률에도 가끔 있지만 교과서 · 논문은 '적的' 홍수다. 이어령 선생 진단에 따르면, '적'은 원래 영어의 'tic'이 아니라 'of'와 같은 소유 뜻이었는데, 메이지 유신 후 어느 일본 재사가 이 글자를 붙이면서 서양 'tic'을 넘어서는 세력으로 범람하기 시작했다고 한다. 그러니 '적'은 가장 '일본적' 말이라고 할 수 있겠다. 이오덕 선생은 조선시대 한문 문헌 어디에도 이 글자는 나오지 않는다고 한다. 우리나라에서 이 말을 맨 처음 쓴 사람은 최남선인데, 『소년』 창간호에 실은 글에 '적'이 연달아 세 번 나온다("활동적진취적발명적 대국민을 양성하기 위하야"). 그 후 이광수 등 문인으로 퍼져 나갔다고 한다. 지금 '적'은 유식을 뽐내는 도구처럼 되었다. 심지어 어느 대학 학과 이름이 '사회적경제학과'인 것을 보고 기겁을 하였다. 그냥 '사회경제학과'라고 하면 사회주의 냄새가 풍긴다고 그랬을까. '적'이 얼마나 널리 퍼졌으면 이런 생각까지 냈을까 싶다. 법률은 이 말을 잘 쓰지 않는 데도 법률 사대부들은 이 말이 없으면 글을 못 쓴다고 할 정도다. 나도 얼마나 많이 쓰고 있는지, 반성한다. '적'을 전부 빼기는 힘들 것이다. 이미 법개념으로 굳어버린 말은 법제처도 인정한다. 그러나 빼더라도 의미 차이가 없다면 빼는 것이 옳다. '법치국가적 정당성'과 '법치국가 정당성' 뜻 차이가 있을까. 아무 데나 '적'을 붙여 괜한 '적'을 만들지 않았으면 좋겠다. 그렇게 유식하지 못한 백성이 주눅 들지 않게 말이다.

'적'은 외글자 한자말이다. '의(依), 인(因)'도 마찬가지, 그래서 위에서 말한 '의하다, 인하다' 문제가 나온 것이다. 같은 종류로 '성(性), 화(化), 상(上), 하(下), 통(通)'도 있다. 한자 외글자로 된 말이나 합성어는 입말과 거리가 있고 소통을 방해하는 경우가 많다.

'아니하다'와 '~하는 바'

두 개가 합치면 '아니하는 바'로서 최악 조합이 탄생한다. 이 둘은 전형적인 법률 사대부 말이다. '아니하다'는 법률과 판례 모두 사용한다. 의존명사 '바'는 법률에는 없고 판례에만 등장한다. '바'는 틀림없는 우리말이지만 글말이지 입말은 아니다. '다를 바가 없다, 느낀 바가 있다, 어찌할 바를 모른다, 맡은 바 책임을 다하다' 등(여기 '바'는 의존명사다) 글로서는 훌륭하지만 입말에서는 자주 쓰지 않는다. 그런데 판례가 사용하는 '~바'는 문장을 길게 늘일 때 단골손님이다. 의존명사보다는 조사에 가까운 기능을 하는데, 학자들은 이 말이 왠지 고리타분한 냄새를 풍긴다고 잘 쓰지 않는다. 법률과 논문에서 사용하지 않고, 긴 판례문장을 짧게 하는 데도 도움이 되니, '바'는 퇴출하는 것이 옳다. 거듭 강조하지만, 세종 훈민정음은 백성이 쓰는 말로서 소통에 막힘이 있으면 안 된다. 그래서 예전 중국말처럼 되는 것을 늘 경계해야 한다. 백성과 법률 사대부를 가르는 말은 쓰지 않는 게 바람직하다.

'아니하다'도 마찬가지, '아니하다'와 '않다'의 차이는 무엇일까? 아니하다는 않다의 본딧말이니, 이것도 틀렸다고 할 수는 없다. 법제처는 형법 문언개정을 하면서 이 말을 고치지는 않았다. 대신 하위법률에서는 줄임말을 써도 된다고 지침에 담고 있다. 다 좋은데, 일상에서 '아니하다'라는 말을 쓰지 않는다는 게 문제다. 입에서 쓰지 않는 말을 글에 담으니 좋은 내용물을 이상하게 포장하는 기분이다. 위 2023년 강제추행 판결에서는 '아니한다, 아니하였다, 아니 된다'와 함께 '않았다'가 한두 군데 눈에 띈다. 의도적으로 보이지는 않고 무심코 소리 나는 대로 쓰다가 나온 우연인 것 같다. 이 말은 거꾸로, '아니하다'는 억지로 글말로 쓰지 않으면 나오지 않는다는 반증은 아닐지 모르겠다. 어쨌거나 이 두 말, '아니하다'와 '~하는 바'는 사소하면서도 글을 매우 늙어 보이게 하는 것은 사실이다.

판결문에만 등장하는 이런 말을 미국에서는 '격식언어(acrolect)', '특정언어(particular language)'라고 하는 모양이다. 법조인들이 이런 말을 쓰는 것은 특별한 의미는 없고, 단지 그들이 게을러서 관행을 따르는 것뿐이라고 꾸짖는다(긴즈버그). 법조인들이 자신들만의 성을 쌓기 위해 특정 은어를 쓴다는 해석도 있다. 이것은 노력하면 얼마든지 고칠 수 있다는 뜻일 게다. 그래서 법조인은 독자를 끌어당기기 위해 정보와 표현력을 모두 고민하는 언론인 글쓰기를 배울 필요가 있다는 주장도 나온다.

Ⅳ. 마 침

형법을 이루는 말은 어떤 모습이어야 할까? 정리한다. 이 말(개념)은 산 말인가 죽은 말인가? 백성은 이런 말(문장)을 쓰는가? 백성은 이 말을 소리로 듣는가, 글로 듣는가? 백성이 듣고 '무슨 소린지' 하는가? 법률 말은 백성을 포로로 삼지는 않는가? 변함없이 불쌍한 백성, 날마다 남이 모르는 전투를 치르고 있는 백성, 그들에게 친절한 법률 말 한 마디는 사치일까? 나는 법률가로서 580년 전 세종의 고뇌를 잊은 건 아닌지 자문한다.

목 차

제 1 편 형법의 기초이론

제 2 편 형법의 적용범위

제 3 편 범 죄 론

제4편 특수한 범죄유형

제5편 죄 수 론

제6편 형벌과 보안처분

참고문헌

권오걸: 형법총론, 형설출판사, 2011 (권오걸)
김성돈: 형법총론(제 8 판), 성균관대출판부, 2022 (김성돈)
김성천: 형법(제 9 판), 소진, 2020 (김성천)
김일수: 한국형법 I·II(개정판), 박영사, 1997 (김일수, 한국형법)
 – /서보학: 새로쓴 형법총론(제13판), 박영사, 2018 (김일수/서보학)
김혜정/박미숙/안경옥/원혜욱/이인영: 형법총론(제 5 판), 정독, 2024 (김혜정 외)
박상기: 형법총론(제 9 판), 박영사, 2016 (박상기)
배종대: 형법각론(제15판), 홍문사, 2024 (배종대, 각론)
손동권/김재윤: 형법총론, 율곡출판사, 2011 (손동권/김재윤)
신동운: 형법총론(제15판), 법문사, 2023 (신동운)
신치재/윤영철: 형법총론(전정판), 글누리, 2017 (신치재/윤영철)
오영근/노수환: 형법총론(제 7 판), 박영사, 2024 (오영근/노수환)
유기천: 형법학(총론강의), 개정24판, 일조각, 1983 (유기천)
이상돈: 형법강론(제 4 판), 박영사, 2023 (이상돈)
이용식: 형법총론(제 2 판), 박영사, 2020 (이용식)
이재상/장영민/강동범: 형법총론(제11판), 박영사, 2022 (이재상 외)
이주원: 형법총론(제 3 판), 박영사, 2024 (이주원)
이형국/김혜경: 형법총론(제 6 판), 법문사, 2021 (이형국/김혜경)
임 웅/김성규/박성민: 형법총론(제14판), 법문사, 2021 (임웅 외)
정성근/박광민: 형법총론(제 3 판), 성균관대출판부, 2020 (정성근/박광민)
정승환: 형법학, 박영사, 2024 (정승환)
정영일: 형법총론(제 2 판), 학림, 2020 (정영일)
진계호/이존걸: 형법총론(제 8 판), 대왕사, 2007 (진계호/이존걸)
천진호: 형법총론, 준커뮤니케이션즈, 2016 (천진호)
최선호: 형법총론, 대명출판사, 1997 (최선호)
최호진: 형법총론(제 2 판), 박영사, 2024 (최호진)
홍영기: 형법, 박영사, 2022 (홍영기)

법령약어표(*국가법령정보센터의 약칭을 따름)

보호관찰 등에 관한 법률	보호관찰법
성매매방지 및 피해자보호 등에 관한 법률	성매매피해자보호법
성매매알선 등 행위의 처벌에 관한 법률	성매매처벌법
성폭력범죄의 처벌 등에 관한 특례법	성폭력처벌법
아동·청소년의 성보호에 관한 법률	청소년성보호법
장기 등 이식에 관한 법률	장기이식법
전자장치 부착 등에 관한 법률	전자장치부착법
정보통신망 이용촉진 및 정보보호 등에 관한 법률	정보통신망법
치료감호 등에 관한 법률	치료감호법
특정강력범죄의 처벌에 관한 특례법	특정강력범죄법
특정경제범죄의 가중처벌 등에 관한 법률	특정경제범죄법
특정범죄 가중처벌 등에 관한 법률	특정범죄가중법
폭력행위 등 처벌에 관한 법률	폭력행위처벌법
형의 실효 등에 관한 법률	형실효법
형의 집행 및 수용자의 처우에 관한 법률	형집행법

제 1 편 형법의 기초이론

제 1 장 형법의 의의

제 1 절 형법의 기본개념

[1] Ⅰ. 형법의 의미

1. 범죄법 또는 형벌법

형법은 범죄와 형벌을 규정한 법으로서 어떤 행위가 범죄이고 이에 대한 법적 효과로서 어떤 형벌이 부과되는지 규정한다. 여기서 형법은 범죄와 형벌 두 가지 요소로 구성되어 있음을 알 수 있다. 형법을 범죄법 또는 형벌법으로 부르는 것도 이 두 가지 구성요소에 따른 것이다. 형법의 필요성은 공동생활 질서유지를 위한 불가피성에서 찾을 수 있다. 즉 국가공동체의 중대한 기본가치를 침해하는 일정한 행위는 민법 손해배상이나 행정법의 행정벌 차원을 넘어 형법이 형벌로 금지하는 것에 따라서만 통제가능하다는 인식에 근거한다. 그 뿌리는 법공동체의 사회윤리적 가치관념이다. 이것에 따라서 형법 보호대상이 되는 보호법익과 범죄구성요건 보호양태가 결정된다. 이러한 고찰을 토대로 우리 헌법은 법률과 적법절차에 따른 처벌, 보안처분, 강제노역을 부과할 수 있게 함으로써 이미 국가 형벌권을 규정한다(제12조 제 1 항). 1

2. 광의 형법과 협의 형법

형법 제재수단인 형벌과 보안처분은 형법 성격을 개념 규정하는 공동표지가 된다. 즉 법적 효과로 형벌이 규정된 모든 법률은 형식적 의미에서 형법에 속한다고 할 수 있다(광의 형법). 민법이나 행정법 등에도 금지가 규정되어 있지만 그 위반에 대한 제재수단이 형벌이 아니라는 점에서 형법과 구별된다. 그러나 이러한 법률 가운데도 제재가 형벌로 규정된 것은(이른바 민사형벌 또는 행정형벌) 명칭과 상관없이 광의 형법에 속한다. 2

이에 대해 협의 형법은 "형법"(1953. 9. 18. 제정, 법률 제293호)이라는 명칭이 붙은 것만을 말한다. 광의와 협의 형법을 나누는 실질적 의미는 없다. 절차와 법효과면에서 아무런 차이가 없기 때문이다. 그러나 형식적 의미 형법이 형법으로서 실질적 정당성 3

---

* 각주에 있는 "제 O 회" 표기는 변호사시험 기출문제를 뜻함.

** 판례에 있는 "***표준판례**" 표기는 2020년 법전원협의회에서 한국형사법학회에 연구용역을 주어 발표한 '형법표준판례 543선'을 의미함. 이 연구에는 전국 25개 법전원 형사법교수가 참여하였음.

을 부여받을 수 있는가 하는 문제는 금지기초가 된 범죄개념을 어떻게 잡는가에 달려 있다.

[2] Ⅱ. 범죄 개념

1 형법 금지대상이 되는 범죄기준은 '범죄개념'이 밝혀 준다. 잘 알려진 범죄개념의 구별로서 절대적 · 상대적 범죄개념, 형식적 · 실질적 범죄개념이 있다.

1. 절대적 범죄개념

2 절대적 범죄개념은 시간과 공간을 초월해서 타당할 수 있는, 즉 일정한 국가의 법질서와 무관한 자연적 범죄기준을 말한다. 이러한 범죄개념을 찾고자 하는 노력은 인간의 '절대성' 추구의 관심에서 비롯된다. 만일 이러한 절대적 범죄개념이 가능할 수 있으면, 국가의 개별 법질서의 장벽을 극복하여 형법의 국제적 연대와 비교연구가 쉬울 것이다. 그러나 사람들은 지금까지 자연적 · 절대적 범죄개념을 찾아내지 못했다. 각국의 형법전 범죄내용이 서로 다른 것은 이에 대한 좋은 증거이다.

2. 상대적 범죄개념

(1) 자연적 범죄개념의 부존재

3 어떤 인간행위도 '자연적으로' 범죄적인 것은 없다. 언제나 일정한 규범과 관련해서만 범죄판단은 내릴 수 있다. 이와 같이 일정한 국가 법질서가 범죄로 규정한 것이 범죄가 될 수밖에 없다는 것이 상대적 범죄개념이다. 예컨대 간첩은 우리 형법 제98조에 따르면 사형, 무기 또는 7년 이상 징역이라는 매우 중대한 범죄가 되지만, 같은 행위가 북한에서는 거꾸로 '영웅칭호'를 포상받는 행위가 될 수 있다. 살인행위도 '자연적으로' 범죄가 되는 것은 아니다. 교전 중에 적군을 살해하지 않는 군인은 일반이적죄(군형법 제14조)로 그 자신이 사형, 무기 또는 5년 이상 징역을 받는다. 사형집행관이 사형수를 '살해'하지 않으면 직무유기죄(형법 제122조)에 해당된다.

(2) 실정법과 범죄

4 결국 법률이 범죄로 규정한 것이 범죄라고 한다면, 법률이 금지하는 것은 무조건 범죄가 되는가(상대적 범죄개념의 한계)? 형식적으로는 그렇다. 그러나 실제로는 법률이 범죄로 될 수 없는 행위를 범죄로 잘못 규정하는 경우도 얼마든지 있을 수 있다(이른바 '악법惡法' 문제). 그러므로 범죄를 규정하는 법률이 정당하다는 정법正法의 전제에서만 상대적 범죄개념은 학문적 의미를 가질 수 있다. 이것은 뒤에서 설명할 형법학의 중요한 연구대상이다. 그렇다고 하여 정당하지 않은 법률이 규정한 범죄가 처벌되지 않는다는 말은 아니다. 아무리 문제가 있는 법률이라도 법률이 존속하는 한 이를 위반하는 행

위가 발생하면 처벌을 피할 수 없는 것이 현실이다. 하지만 그 처벌이 '정당한 처벌'인가는 별개 문제로서 형법학 연구대상이 된다.

3. 형식적 범죄개념과 실질적 범죄개념

(1) 형식적 범죄개념

이 구별은 위 범죄개념구별보다 낮은 단계 구별이다. 양자 모두 실정법체계를 전제한다는 공통점을 지닌다. 형식적 범죄개념은 실정법 가운데서도 형법의 어떤 표지를 갖추어야 범죄가 성립하는가를 문제 삼는다. 뒤에서 설명할 이른바 **범죄체계론**과 관련되는 범죄개념이다. 이에 따르면 범죄는 '**구성요건에 해당하는 위법 · 유책한 행위**'라고 정의한다. 형식적 범죄개념은 상대적 범죄개념을 범죄체계론으로 파악한 것으로 보면 된다. 5

(2) 실질적 범죄개념

1) 사회유해성과 법익 실질적 범죄개념은 형법의 범죄규정과 무관하게 범죄 '실질성'을 추구하는 범죄개념이다. 따라서 실정형법을 초월하여 그것을 비판함으로써 범죄화와 비범죄화기준을 제시하며 그 내용은 형법 과제로부터 도출한다. 지금까지 제시된 범죄 실질성에 대한 기준으로는 **사회유해성**과 **법익**을 들 수 있다. 사회에 유해하거나 법익을 침해하는 것이 (실질적) 범죄이고, 형법은 이러한 행위만을 금지해야 한다는 것이 그 내용이다. 현재는 '보충적 법익보호'를 형법과제로 보는 데 견해가 거의 일치하고 있는데, 이것은 형법에 앞서 있는 생명, 신체, 재산과 같은 이익을 보호하는 데 불가피할 경우 형법을 투입할 수 있다는 것을 의미한다. 6

2) 헌법내재적 범죄개념 이러한 범죄의 실질 기준은 해당국가 헌법 가치선언을 초월할 수 없는 한계가 있다. 따라서 형사입법자는 개인의 인간존엄을 토대로 하는 헌법의 민주 · 법치국가질서를 준수해야 하고 국가형벌권 한계도 여기에 있다. 만일 헌법에 위배되는 법익관념을 토대로 형사입법을 하면 위헌법률로서 현실적으로 관철될 수도 없다. 따라서 정치적 이념을 달리하는 국가의 실질 범죄는 얼마든지 서로 다를 수 있다. 자본주의국가와 사회주의국가 헌법은 전제된 정치체제에 따라 그 내용이 다르다. 또한 남한과 북한의 실질 범죄가 반드시 일치하지 않는 것도 너무나 당연하다. 이 점은 체계내재적 실질범죄가 갖는 한계인 동시에 위 절대적 범죄개념과 구별되는 점이기도 하다. 절대적 범죄개념은 시간과 공간, 해당국가 헌법을 포함한 실정법체계 전부를 초월하는 것이기 때문에 실질적 범죄개념보다 그 단계가 높다고 할 수 있다. 따라서 절대적 범죄개념은 가장 높은 범죄개념의 '진리가치성'은 갖겠지만, 그만큼 찾아내기가 쉽지 않다는 단점이 있다. 7

4. 범죄의 본질

8 실질적 범죄개념 판단기준을 '범죄의 본질'이라는 말로 논의한다. 범죄 본질에 대해서는 권리침해설, 의무위반설, 법익침해설, 그리고 법익침해와 의무위반 결합설 등이 있다.

(1) 권리침해설

9 권리침해설은 범죄본질이 타인의 권리를 침해하는 데 있다고 보는 견해다. 그러나 형법은 행위자 또는 피해자에게 일정한 권리를 부여해 주는 권리규범이 아니다. 형법은 근본적으로 의무규범이다. 하지 말아야 할 금지의무가 주종을 이루지만, 예외적으로 부진정부작위범에서처럼 일정한 요구의무가 부과되는 경우도 있다.

10 예컨대 살인죄는 타인 생명에 대한 권리를 침해했기 때문에 처벌된다고 말하지 않고, 오히려 권리자 의사와 무관하게 객관화된 '생명'이라는 법익을 침해했기 때문에 처벌되는 것으로 이론을 구성한다. 따라서 대표적인 권리규범이라고 할 수 있는 민법에는 권리자가 자신의 권리를 포기하는 것이 언제나 인정되지만 형법에는 법익주체가 자신의 법익을 포기한다고 해서 범죄가 안 되는 것은 아니다(예컨대 촉탁승낙살해죄). 형법이 보호하는 이익, 즉 '형법법익'은 권리자 의사와 무관하게 존재하기 때문에 그렇다.

(2) 의무위반설

11 범죄 본질이 의무위반에 있다고 보는 견해이다. 형법이 부과하는 일정한 의무(작위 또는 부작위의무)를 위반하는 행위가 범죄라고 하면, 그 말은 틀리지 않다. 그러나 의무는 형법이라는 실정법률을 전제해야 하기 때문에 실질적 범죄개념으로서는 한계가 있다. 형법이 금지하는 모든 행위는 의무위반행위가 되지만, 형법이전의 어떤 '의무'가 형법 제정기준이 되는지 의무위반설은 대답하지 못한다. 의무위반설은 형식적 범죄개념과 크게 다르지 않다.

(3) 법익침해설

12 법익침해설은 범죄본질이 법익침해 또는 위태화에 있다고 보는 견해다. 법익은 '법률상 보호되는 이익'이라고 일반적으로 이해하지만 사실은 '법률이 마땅히 보호해야 할 이익'으로서 법률이전에 존재하고 법률제정 기준이 되는 이익을 말한다. 따라서 형식적 범죄기준과 거리가 멀다.

13 법익침해설은 '법익 없는 범죄' 또는 '피해자 없는 범죄'를 설명하기 어렵다는 비판이 있다. 그 예로서 마약의 단순사용, 단순도박, 성매매행위 등을 든다. 환경범죄도 이 부류에 속한다. 그러나 이러한 행위들은 타인 법익을 침해하는 행위와 거리가 있고, 행위의 단순한 반사회성만으로 범죄화했다는 바로 그 이유 때문에 사실은 비범죄화를 심각하게 고려해야 할 사안이다. 법익침해 없는 범죄를 형법이론적으로 정당화하기는 어렵다.

(4) 법익침해와 의무위반 결합설

14 이 견해는 법익침해 없는 범죄, 의무위반 없는 범죄가 가능하기 때문에 법익침해와 의무위반 양자를 함께 고려하는 절충 입장이다. 의무위반설이 가지고 있는 단점을 그대로 이어 받는 것은 피할 수 없다. 범죄기준에서 법익침해를 제외할 수는 없고, 뚜렷한 법익침해가 없으면서 사회유해성이 있거나 반사회적 행위를 의무위반설과 결합시켜 범죄화하고 싶은 욕구를 담은 견해이다. 법익침해설과 사회유해성설을 절충한 견해이기도 하다.

(5) 범죄 본질에 대한 결론

1) 실질적 범죄개념과 실정법 범죄개념의 혼동 실질적 범죄개념은 형법규정과 무관하게 정립해야 할 개념으로 형법제정 또는 형법비판의 준거가 되는 내용이다. 말하자면 현행법의 상위에 있어야 할 개념이다. 그럼에도 '범죄 본질'을 둘러싼 현재 논의는 실질적 범죄개념을 실정법 범죄개념과 구별하지 않고 함께 섞어 쓰는 데 문제가 있다. 이것은 마치 실질적 범죄개념과 형식적 범죄개념을 구별하지 않는 것과 같다. 형법에 규정하였기 때문에 '의무위반'이 되는 것인데, 중요한 것은 그것이 아니고, 의무위반으로 형법에 규정한 근거가 무엇인가 하는 점이다. 15

2) 범죄 핵심은 법익침해 또는 법익위태화 앞의 범죄본질에 대한 학설대립은 형법사에 속하는 고전 견해다. 범죄 실질성에 대해서는 법익침해설과 사회유해성설 둘이면 충분하다. 법익침해를 결과반가치, 의무위반을 행위반가치와 연결하여 법익침해설은 불법구성의 양 축이어야 할 행위반가치를 반영할 수 없다는 비판도 있다.[1] 그러나 형법상 불법의 출발점은 어디까지나 법익침해나 법익위태화라는 결과발생이다. 그러고 난 뒤에 전체 불법을 판단하기 위해 행위반가치가 고려된다. 결과반가치 없이 행위반가치만으로 형법 범죄가 되는 경우는 없다. 예비 · 음모, 미수는 형법의 일반적 현상이 아니고 예외적으로 처벌될 뿐만 아니라 법익침해 또는 위태화와 직접 또는 간접으로 연결되어 있다. 16

법익침해 또는 법익위태화와 무관한 실질적 범죄는 생각하기 어렵다. 더욱이 그런 범죄개념은 법실증주의적이어서 형법비판기능을 수행할 수도 없다. 따라서 형법발전에도 도움이 되지 않는다. 범죄 본질에 관해서는 법익침해설이 타당하다.[2] 17

[3] Ⅲ. 형벌의 의미

1. 형사제재로서 형벌

(1) 형사제재

형벌은 형법의 두 번째 요소로서 앞에서 설명한 '범죄'라는 요건에 대한 효과인 형사제재를 말한다. 범죄요건이 법률에 따라 규정될 수밖에 없다(상대적 범죄개념)는 한계는 이미 앞에서 살펴보았다. 이것은 상대적 범죄개념이 언제나 타당하기 때문이 아니라 '절대적 가치'를 인식할 수 없는 인간능력 한계로 인한 잠정 타협의 결과일 뿐이다. 그러므로 상대적 범죄개념은 절대적 또는 실질적 범죄개념으로부터 비판을 통한 끊임없는 보충을 받음으로써 상대 가치를 절대화하는 폐단(법실증주의 폐단)을 줄일 수 있다. 1

(2) 형 벌 론

1) 형벌 정당성에 관한 자기성찰 범죄에 대한 효과인 형벌에서도 사정은 마찬가지다. 형벌 전제조건인 범죄가 법률에 따라 규정될 수밖에 없다면 형벌 종류, 경중 등 형벌에 관한 모든 것도 역시 법률에 따라 결정된다(현행법 형벌). 그러나 사람이 만든 잠정 가치밖에 없는 법률이 마치 신이 내려 준 절대규범처럼 통용되는 것을 막기 위해 형법학은 형벌에 관한 자기성찰을 게을리 하지 않는다. 즉 어떤 행위를 범죄로 규정하여 형벌을 부과할 것인가 문제, 이렇게 규정된 2

1) 이재상 외, 5/5.
2) 신동운, 60면; 김일수/서보학, 16면.

형벌이 형법 과제를 충실하게 이행할 수 있는가 문제는 엄격하게 구별되기 때문이다. 예를 들면 어쩔 수 없이 현행 법률이 규정하는 형벌을 선고 · 집행하면서도 사람들은 형벌은 무엇인가(**형벌의 본질**), 형벌을 부과하는 이유 · 목적은 무엇인가(**형벌의 목적**), 다시 말하면 국가가 법의 이름으로 사람의 생명을 박탈하기까지 하는 형벌(사형)은 그 정당성을 어디에서 찾을 수 있는가 등 의문을 끊임없이 제기한다. 이런 논의를 일반적으로 **형벌이론**(또는 **형벌론**)이라고 한다.

3 2) 형벌론이 영향을 미치는 영역 판사는 판결에서 법률 구속을 받을 뿐이다(법관의 법률에 대한 구속). 법률내용과 무관한 이론은 판결근거가 되지 않을 뿐만 아니라, 또한 되어서도 안 된다. 이는 법적 안정성과 수범자 예측가능성이라는 헌법의 법치국가원칙 결과이다. 그러나 현행 법률의 형벌에 관한 규정, 예컨대 형법 제51조 양형조건, 제59, 62, 72조 '뉘우침', '뉘우치는 정상' 또는 치료감호법 제2조의3 치료감호의 재범위험성 요건이 형벌이론을 반영하고 있는 경우, 이런 규정을 통해 형벌이론이 판결에 영향을 미치는 것은 별개 문제다. 이런 경우를 제외하고 판결은 법률근거가 있어야 한다. 요컨대 형벌이론은 현행 형벌의 학문 정당성을 찾거나 또는 미래 지향적으로 더욱 인간적인 새로운 형벌(되어야 할 형벌)을 찾아내기 위한 논의라고 할 수 있다.

(3) 현행법의 형벌

4 1) 형사제재 이원주의 일반적인 광의, 협의 형벌개념으로 나누어보기로 한다. 광의 형벌은 좁은 의미 형벌과 보안처분을 결합한 개념이고, 협의 형벌은 보안처분을 제외한 형법 제41조가 규정하는 9가지 형벌을 의미한다. 우리가 보통 '형벌'이라고 말할 때, 그것은 광의 형벌을 뜻한다. 이와 같이 형법상 제재를 형벌과 보안처분 둘로 나누는 것을 이원주의라고 부른다. 이원주의는 협의 형벌이 범죄에 대해 효과적으로 대처하지 못하는 부분을 보안처분이 보완하는 데 그 목적이 있다.

5 2) 보안처분의 필요성 예를 들면, 형법상 책임무능력자(예컨대 정신병자) 행위는 범죄가 성립하지 않을 뿐만 아니라 처벌되지도 않는다(책임원칙). 따라서 보안처분이 없을 경우, 책임무능력자 범죄에 대한 형법 대처방안은 없다는 결론이 된다. 어떤 형사조치도 받지 않고 상습적으로 살인 · 강간 · 강도 행각을 벌이고 다니는 정신이상자를 상상해보면 행정조치 이상의 형법적 보안 · 개선처우 필요성은 부인하기 어렵고, 바로 그 역할을 '보안처분'이 담당한다. 보안처분은 우리 사회 불가피한 필요성에 기인하는 것일 뿐이다.

6 보안처분은 형벌에 대한 관계에서만 그 존재의미가 있다. 보안처분을 형벌과 분리해서 독립된 제재인 것처럼 생각하는 경우가 있는데, 이것은 형법 제재구조를 잘못 이해한 것에서 비롯한다. 보안처분도 형벌 일종이며, 다만 특수 목적을 가진 형벌일 뿐이다. 만일 보안처분이 형벌이 아니라면 보안처분을 규정한 '치료감호법', '보안관찰법' '보호관찰 등에 관한 법률' 등도 형법이 아니라는 결론이 되어야 한다. 그러나 이들은 특별형법에 속하는 것들이다.

2. 형벌 본질

7 그러면 위에서 살펴본 현행법의 다양한 형벌은 일반적으로 어떤 의미를 가지고 있을까. 이것이 형벌의 개념 · 본질 문제이다.

8 형벌은 가벌행위를 한 행위자에게 법적 효과로서 부과되는 해악이다. 아무리 가볍고 인간적인 형태의 것이라 할지라도 형벌은 해악일 수밖에 없다. 범죄행위 결과만큼이나 고통스럽고 잔인

한 것이 형벌이다. 경찰·검찰 수사대상이 되거나 형사피고인으로 공판을 받는 것부터 당사자는 매우 번거롭고 고통스럽다. 형벌의 이러한 해악속성은 범죄가 사회적으로 원치 않는, 즉 승인할 수 없는 행위라는 점과 내면적으로 연결되어 있다. 따라서 형벌은 행위와 행위자[1]에 대한 사회의 의식적 불승인을 뜻한다. 범죄행위가 사회윤리적으로 무가치하다는 판단을 공적으로 선언하는 것이 형벌의 객관적 의미다. 이 점에서 형벌은 민법의 손해배상, 행정법의 행정벌과 구별된다. 손해배상이나 행정벌이 당사자에게 형벌보다 더 가혹한 경우도 있겠지만, 사회윤리적 불승인이 수반되지 않는다는 점에서 차이가 있다.

Ⅳ. 형법학파

형법 핵심 구성요소인 범죄와 형벌에 대한 세계관 차이 또는 철학적 차이를 형법학파라는 9
이름으로 부른다. 따라서 형법학파는 당대 사람들이 자신들을 그렇게 이름 붙여 구별하였다기보다는 후대 사람들이 형법 역사를 쓰면서 붙인 명칭이라고 할 수 있다.

형법 학파에는 고전학파(구파)와 근대학파(신파)가 있는데, 모두 18~19세기 서구 계몽주의철 10
학을 기초로 하는 공통점이 있다. '계몽'은 인간을 파악하는 철학에서 패러다임이 바뀌는 것을 의미한다. 즉 중세 절대권력에 대한 신민으로 자족하던 '미성숙'한 사람들이 자신도 인간이라는 점에서는 군주와 차이가 없이 존엄성과 가치를 가지고 있다는 것을 깨닫는 과정을 의미한다(**천부인권사상, 인간의 이성 존재성**). 이러한 새로운 인간상 확립은 범죄와 형벌을 파악하는 데도 변화를 가져온다. 인간과 사회를 더 이상 신에 대한 관계에서 이해할 필요가 없기 때문에 범죄와 형벌 기준도 급속도로 **세속화**하기 시작하였다. 즉 사람 사이 문제로 파악하기 시작한 것이다. 고전학파와 근대학파가 이처럼 동일한 이념을 지향하면서도 매우 상이한 현상을 보이는 것은 근본되는 출발전제가 다르기 때문이다.

1. 고전학파

고전학파는, 인간은 자유의사를 가지고 있다는 **비결정론**에서 출발한다. 즉 인간은 이성 존 11
재로서 자유의사를 가지고 태어났기 때문에 외부 환경의 영향을 받지 않고('결정되지 않고') 스스로 자신 행동을 선택할 수 있다는 것이다. 이렇게 되면 범죄도 행위자가 불법이 아니라 합법을 선택할 수 있었음에도 불법을 선택했다는 도덕적 비난을 면할 수 없고(도의적 책임론), 형벌도 그것에 대한 응징으로 나타나게 된다(응보형주의). 그리고 불법을 선택할 때 받게 될 형벌을 형법전에 미리 규정해 놓으면, 국민은 범죄 쾌감과 형벌 고통을 비교하여 범죄를 단념할 수 있는 효과가 있다고 한다(일반예방주의). 형벌 양은 행위자가 범한 불법을 초과해서는 안 된다(죄형균형사상, 행위주의, 객관주의). 자신이 자신의 의지에 따라 선택한 불법만큼만 응징하면 충분하고 그 이상으로 죄값을 치르게 하는 것은 오히려 법과 정의를 더럽히는 것으로 보기 때문이다. 일정한 기능적 관점에서 착안한 부정기형이나 보안처분도 고전학파와 거리가 멀다. 고전학파는 철학적, 관념적 그리고 존재론적이다.

고전학파에 속하는 철학자로는 **칸트**(Immanuel Kant, 1724~1804)와 **헤겔**(Friedrich Hegel, 12
1770~1831)을 들 수 있다. **칸트**는 인간 이성을 바탕으로 한 절대주의 형벌이론을 주창하였다. **헤**

1) 형법학에서 '행위', '행위자'는 일반적으로 범죄행위, 범죄행위자를 말한다.

겔은 형벌을 변증법적으로 설명한 것으로 유명하다.

2. 근대학파

13 근대학파는 고전학파보다 시기적으로 늦은 19세기 후반에 등장하였고, 철저하게 고전학파와 상반된 관점에서 출발한다. 철학 배경이 된 것은 19세기 후반부터 융성하기 시작한 자연과학 도움으로 범죄문제를 '과학적으로' 접근해보고자 하는 시도에 나왔다. 여기에는 사회과학방법론도 동원되었다.

14 우선 대전제는 인간 자유의사를 부정하는 결정론에서 출발한다. 인간 행동은 자신이 유전적으로 가지고 있는 소양과 외부 환경의 영향을 받아서 '결정되는' 것이지 자신이 자유롭게 선택하는 것이 아니라는 가설에서 출발한다. 형벌은 응보가 아니라 범죄인의 반사회성을 교화 · 개선할 수 있는 내용과 목적을 가져야 한다(특별예방주의). 범죄는 행위자의 반사회 성격이 표출된 것에 지나지 않으므로 책임 대상은 행위자 위험성에 대한 사회적 비난이다(성격책임, 사회적 책임론, 행위자주의, 주관주의). 행위자의 사회적 위험성을 교화 · 개선하는 데는 형벌을 개별화해야 하므로 부정기형이 인정되고, 형벌의 교육목적 측면에서는 형벌과 보안처분기능이 동일하다(형벌 개별화).

15 근대학파 창시자는 상대적 형벌론을 주창한 **리스트**(Franz v. Liszt, 1851~1919)다. 그 밖에 독일의 초기인물로는 **릴리엔탈**(Karl v. Lilienthal, 1853~1927)을 들 수 있다. 이탈리아 실증주의 학자로는 생래적 범죄인설을 주장한 **롬브로조**(Cesare Lombroso, 1836~1909), 범죄포화법칙을 주장한 **페리**(Enrico Ferri, 1856~1929) 그리고 자연범과 법정범을 구별한 **가로팔로**(Raffaele Garofalo, 1852~1934) 등이다.

3. 학파논쟁에 대한 평가

16 학파논쟁 기본 출발점이 되고 있는 인간의 자유의사문제, 즉 결정주의와 비결정주의 사이의 논쟁은 철학사 유물에 속한다. 매우 중요한 문제이기는 하나 두 가지 주장 모두 입증될 수 있는 성질이 아니고 결국 어느 한 관점에 대한 고백밖에 나올 것이 없다. 이러한 전제 위에 구축된 고전학파와 근대학파이론 또한 그 정도 상대적 가치밖에 인정될 수 없다. 양자는 모두 장 · 단점을 공유하고 있어서 어느 한 이론만으로 복잡다기한 형법이론을 전부 구성하는 것은 어렵다. 결국 양자 장점을 극대화하고 단점은 최소화하는 절충 길을 택하지 않을 수 없고, 이 점은 형벌론 절충 입장과 후술하는 객관주의와 주관주의 논쟁에서도 그 예를 찾아볼 수 있다. 따라서 고전학파와 근대학파 이론은 형법에서 중요한 연구목록을 상이한 관점에서 제시한 자료창고 의미를 가진다.

Ⅴ. 형법사상

17 지금은 큰 의미가 없어졌지만 범죄 중점을 어디에 둘 것인가를 두고 객관주의와 주관주의 대립이 있었다. 이 논의는 범죄가 행위자와 행위의 둘로 구성된다는 점(즉 범죄는 범죄행위자의 범죄행위로 성립)에서 출발하여 어느 것에 더 비중을 둘 것인가를 내용으로 한다. 말하자면 행위자라는 사람이냐(행위자주의) 아니면 그 사람이 만들어낸 범죄행위결과에 초점을 맞추는가(행위주의) 하는 문제이다. 전자는 범죄인의 주관 성향을 토대로 한다는 점에서 주관주의, 후자는 범죄사실이라는 외부 행위결과를 기준으로 한다는 점에서 객관주의라고 부른다.

1. 객관주의

범죄사실이라는 **외부 행위결과**에 중점을 두는 객관주의는 인간에게 자유의사 존재를 인정하고 형벌은 응보형주의 또는 일반예방주의로 흘러가는 고전학파 범죄관이다. 즉 인간은 자유의사를 가진다는 점에서는 공통이므로 특별히 행위자를 고려해야 할 필요는 없다고 본다. 따라서 각각 상이하게 나타나는 것은 외부 범죄사실밖에 없기 때문에 형법평가는 여기에 따라야 한다(사실주의). 당연히 형벌도 이러한 외부결과에 상응할 것을 요구한다. 18

2. 주관주의

범죄결과는 행위자 성격, 소질, 성향 등과 같은 주관적 측면이 외부로 표출된 것에 불과하다는 명제에서 주관주의는 출발한다. 그러므로 범죄근원은 외부로 드러난 결과가 아니라 행위자 주관적 내면에서 찾아야 할 것이라고 한다. 예컨대 형벌은 행위자 반사회적 성격을 교정하는 방향으로 부과됨으로써 근본 치유가 가능하고(특별예방주의), 행위결과를 기준으로 하는 것은 일종의 현상치료에 불과하다는 것이다. 주관주의에 대한 가장 간명한 명제는 **리스트**가 "처벌되어야 할 것은 행위가 아니라 행위자이다"고 한 말에서 찾을 수 있다. 주관주의는 근대학파, 과학주의, 결정주의, 범죄실증주의, 형벌의 개별화 사상 등과 맥이 닿아 있다. 19

3. 형법사상에 대한 평가

범죄는 행위자와 행위의 결합 산물이지 어느 하나만으로는 성립할 수 없다. 행위자가 빠진 행위, 또는 행위가 없는 행위자는 세속 형법에서는 무의미하다. 전자는 형법 행위로 포섭할 수 없기 때문에 형법상 범죄가 아니고, 후자는 심정형법 또는 종교적으로만 문제가 될 수 있는 사안이다. 따라서 객관주의와 주관주의 모두 절충적 고려를 빠뜨리지 않는다. 결국 중점을 어디에 두는가 하는 차이가 있을 뿐이다. 우리 형법은 예비·음모를 예외적으로 처벌하고 "… 행위를 한 자"를 처벌한다고 선언함으로써 객관주의 토대 위에 주관주의를 가미하는 것으로 판단할 수 있다. 20

제 2 절 형벌과 보안처분이론

[4] Ⅰ. 형벌이론

형벌의 해악 속성은 근대형법이 성립한 이후 국가가 독점하고 있는 형벌권 행사의 정당성에 관한 의문을 끊임없이 제기하게 만들었다. 즉 국가가 한편으로는 생명, 신체, 재산 등에 대한 침해를 법을 통해 금지하면서 다른 한편으로는 국가 스스로 법 이름을 빌려 그러한 침해행위(형벌부과행위)를 자행하는 **모순**[1]을 어떻게 설명하고 정당화시킬 수 있는가 하는 문제다. 사람들은 지금까지 이 모순을 설명하고 정당화하는 데 비교적 성공하였다. 시대가 변하고 바뀌는 대로 언제나 그럴 듯한 합목적적 설명과 정당화모델을 제시했던 것이다. 만일 이러한 정당화노력이 실패하면 지금까지 관행처럼 되었던 형벌은 그 토대를 잃는다. 이것은 국가형벌에 대한 파탄으로서 심각한 사태를 가져온다. 1

1) '보호'를 위한 수단으로 '침해'를 사용하는 모순이다.

2 이처럼 중대한 형벌의 운명을 좌우하는 것이 형벌이론이다. 즉 형벌 모순성을 설명하고 정당화하는 작업, 다시 말하면 형벌 의미와 목적을 찾아내는 작업이 형벌이론이다. 나아가서 형벌이론은 형법규정을 이성적 · 합목적적으로 발전시키기 위한 필수 전제이기도 하다. 자기행위 의미를 언제나 새롭게 되물어보지 않는 사람은 발전할 수 없다.

1. 절대적 형벌이론

(1) 응보이론 · 속죄이론 · 정의이론

3 형벌은 유책한 범죄행위에 대한 **응보**라는 입장이다. 따라서 절대적 형벌이론을 다른 이름으로 응보이론이라고 한다. 형벌을 절대적 정의 요구로 보는 정의이론, 속죄 형태로 보는 속죄이론 등도 모두 절대적 형벌이론에 속하는 개념들이다. 이 이론은 형벌을 원인적으로 설명하기보다는 형벌 정당화에만 주목한다. 다시 말하면 일정한 목적추구와 관련해서 형벌을 파악하지 않고, 범죄자에게 고통을 주는 형벌은 그 자체로 가치가 있다는 입장이다(형벌 자기목적성). 형벌이라는 해악은 범죄행위라는 해악으로 정당화되는 것이기 때문에, 절대적 형벌이론은 형벌을 통한 일정한 목적추구를 단연코 거부한다. 사회 경험적 필요성이나 일정한 목적추구와 무관하기 때문에 '관념적' 이론이고, 자기목적적으로 형벌을 이해하기 때문에 '절대적'이라는 이름이 붙는다.

4 형벌 의미를 응보 또는 속죄에서 찾는 것은 그 역사가 오래되었을 뿐만 아니라 일반인들은 아직까지도 이것을 당연한 것으로 받아들인다. 즉 정당한 형벌은 형벌 종류나 강도가 범죄행위 정도에 상응하여 그것을 상쇄할 수 있어야 하는 것으로 이해한다. 이것은 '눈에는 눈, 이에는 이'라는 고대 **탈리오법칙** 내용과 같은 것으로 응보이론 기초가 된다.

5 절대적 형벌론의 의미를 보기를 들어 설명하면, 살인자에게 사형이나 5년 이상 징역이라는 해악을 부과하는 것은 바로 살인행위가 나쁜 해악이기 때문에 정당화될 수 있다는 것이다. 즉 해악을 해악으로 답하는 것으로서 그 밖의 다른 의미나 이유는 없다고 한다. 살인자를 처벌함으로써 일반인을 **위하**威嚇하거나 잠재적 살인범인의 범죄충동을 억제하는 것(경험적으로 파악가능한 일정한 목적추구) 등은 절대적 형벌이론이 상관할 바 아니고 관심을 가지지도 않는다.

(2) 고전적 사상가

6 1) 칸 트 절대적 형벌이론 이런 특징은 이미 고전 사상가에서도 분명히 나타나고 있다. 가장 널리 인용되는 핵심문장만 간추려 살펴보자. 독일 관념철학 대표자이고 계몽주의철학 완성자인 **칸트**(I. Kant, 1724~1804)는 응보와 정의 이념이야말로 형벌의 불변 법칙에 속한다고 주장하면서, 형벌을 수단으로 제 3 의 목적을 추구하는 공리주의 사고를 비판하였다.

7 (가) **단순한 수단** "형벌을 통해 사회에 유익한 목적을 추구하려고 하는 것은 사람인 범죄자를 마치 물건처럼 취급하여 **물권법 대상**으로 만드는 것과 다름이 없다. 그렇게 함으로써 사람(인간)은 목적을 위한 **단순한 수단**으로 전락하게 된다. 이것은 인간존엄에 반한다."[1] 이것에 관한 이유를 다음과 같이 설명한다.

8 (나) **인간은 목적 그 자체** "이성 본성을 가진 인간은 **목적 그 자체**(Zweck an sich selbst)로 존재한다. 이것은 자기 자신뿐만 아닌 모든 다른 사람에 대해서도 타당한 원칙이다. 따

---

1) Kant, Die Metaphysik der Sitten(Werkausgabe in 12 Bänden des Suhrkampes, hrsg. von W. Weischedel), § 49, E 1(453면 이하); 칸트의 형벌이론 상세 연구 윤재왕, 「형벌과 도덕 – 칸트와 예방이론 –」(안암법학 제40권, 2013, 519면 이하.

라서 인간의지의 최고 실천법칙을 끌어낼 수 있는 객관 원칙이라고 할 수 있다. 사람은 자기 자신과 타인을 동시에 그리고 언제나 목적으로 취급해야 한다. 결코 단순한 수단으로 사용해서는 안 된다."[1)]

(다) **섬의 비유** **칸트** 형벌이론 '절대성'은 그의 섬의 비유에서 분명하게 나타난다. 정의가 땅에 떨어진 세상에서 인간은 더 이상 살 가치가 없다는 것이 그의 신념이다. 9

"어느 공동체가 전체 구성원 합의로 해체되는 경우에도(예컨대 섬에 사는 일단의 사람들이 그 섬을 버리고 각각 흩어지기로 결의한 경우) 감옥에 남아 있는 마지막 살인자는 미리 처형하고 떠나야 한다. 그렇게 함으로써 사람들은 범죄행위 대가가 어떤 것인가를 체험하게 되고, 살인 책임은 다른 사람이 아닌 바로 살인자 자신이 져야 하는 것임을 깨닫게 된다. 만일 처형하지 않고 떠날 경우 그 사람들은 정의에 대한 공공연한 침해를 방조하는 결과가 된다."[2)]

2) 헤 겔 **헤겔**(F. Hegel, 1770~1831)도 **칸트**와 마찬가지로 **위하**威嚇나 교화 · 개선과 같은 형벌 목적추구를 인정하지 않는다. 10

(가) **개와 막대기** "법과 정의는 인간 자유와 의지에 그 근거를 가져야 한다. 위하가 지향하는 부자유에 근거가 있는 것이 아니다. 따라서 형벌위하를 통해 범죄를 저지하고자 하는 예방사상은 인간을 그의 자유와 명예에 따라 대우하지 않고 마치 **개처럼 취급하여** 개한테 겁을 주기 위해 막대기를 드는 것과 같다. 인간을 분노시키기에 마땅한 이 위하는 결국 정의를 송두리째 무시하는 결과를 가져온다. 사람은 오히려 이러한 위하에 대항하여 그의 자유를 증명해야 한다."[3)] 11

(나) **부정의 부정** **헤겔**은 범죄는 법을 부정하는 것이고, 형벌은 이 부정을 다시 부정(Negation der Negation)함으로써 땅에 떨어진 법을 다시 세우는 기능을 한다고 주장한다. **칸트**와 **헤겔**은 모두 형벌을 수단으로 다른 목적을 추구하는 것을 거부하는 점에서는 동일하다. 그러나 **헤겔**은 **칸트** 경우에 현실적으로 관철하기 힘든 탈리오법칙을 범죄와 형벌의 동가치사상으로 대체함으로써 응보이론 형식을 제공하였다는 점에서 구별된다. 12

"절대적으로 타당한 법을 침해하는 범죄는 그 자체로 무효다. 이 무효성은 범죄효과의 당연한 결과다. 그러나 무효인 이 범죄는 자기 스스로 무효임을 선언해야 한다. 다시 말하면 법을 침해한 범죄가 이제는 자기 스스로 침해될 수 있다는 것을 보여주어야 한다. 범죄행위가 형벌이 부정해야 할 긍정적인 것을 갖고 있는 것은 아니다. 범죄는 그 자체로 부정적인 것이고 형벌은 이 부정을 다시 부정할 뿐이다. 진정한 법은 이러한 범죄침해를 파기시켜야 한다. 그렇게 함으로써 법 타당성을 보여주고 아울러 법이 필수적인 분쟁 조정자임을 보여 주어야 한다."[4)] 13

"… 따라서 범죄자는 형벌에 따라 오히려 완전한 이성 존재로 존중받게 된다."[5)] 14

(3) 절대적 형벌이론 장점

1) 현실적 설득력 이른바 '신파' 예방 형벌이론 등장으로 절대적 형벌이론을 구시대 유물쯤으로 치부하는 것이 보통이다. 그러나 순수하게 이론적으로 극복되었다고 말할 수 있을지 모 15

1) Kant, Grundlegung zur Metaphysik der Sitten, 위 전집, 60면 이하.
2) Kant, Die Metaphysik der Sitten, § 49, E 1(455면).
3) Hegel, Grundlinien der Philosophie des Rechts(1821), § 99 Zusatz.
4) Hegel, 위의 책(4/11), § 97 Zusatz.
5) Hegel, 위의 책(4/11), § 100.

르지만 그것의 현실 설득력은 여전히 무시할 수 없다. 특히 일반 국민은 형벌과 응보를 불가분 관계로 이해하고 있을 뿐만 아니라 형벌을 직접 집행하는 교정당국 시각도 이 점에서 큰 차이가 없다. 그 밖에 교회(가톨릭과 개신교)는 여전히 형벌을 하느님 명령을 대리 집행하여 정의를 실현하는 것으로 이해함으로써 공식적으로 응보형론에 지지를 보낸다. 사법실무에서도 형벌은 그 본질이 해악 부과에 따른 응보이고, 이 태도를 최근까지 유지한다. 책임을 양형기초로 보는 입법[1]이나 이론 관점도 사실은 얼마든지 책임상쇄라는 응보형론을 대변하는 것으로 해석할 수 있다.

16 '옛 것'은 무조건 잘못된 것이고 반대로 '새 것'은 언제나 발전과 진보를 의미하는 것으로 생각하는 것은 잘못이다. 절대적 형벌이론에도 그 나름대로 장점과 지혜가 숨어 있을 뿐만 아니라, 이 이론을 토대로 비로소 상대적 형벌이론이 전개될 수 있다. 절대적 형벌이론은 극복대상이 아니라 발전시켜야 할 대상이다.[2]

17 2) 인간존엄의 완전한 승인 절대적 형벌이론이 범죄인 인간존엄, 인격성, 이성 존재성을 완전히 승인하고 있는 것은 다른 이론이 대체할 수 없는 고유한 장점이다. 헌법 제10조가 말하는 '인간존엄'의 인간에는 범죄인이 포함된다. 범죄인이라고 하여 그 '인간됨'에서 제외될 수 없다는 인식은 상식처럼 들릴지 모르지만 현실적으로 매우 중요한 인식에 속한다. 특히 우리나라 형사사법에서 범죄에 대한 강력한 대책이 강조되는 것만큼 범죄자의 법치국가 인권이 동일한 비중을 차지하고 있지 못한 점을 감안하면 더욱 그렇다. 범죄인 인간존엄, 인격성을 지나칠 정도로 절대화하는 것이 흠이 될 만큼(예컨대 위 '섬의 비유') 절대적 형벌이론의 '사람에 대한 믿음'은 철저하다. '절대'는 현실을 보지 않을 뿐만 아니라 현실로부터 나오는 것도 아니다. 절대적 형벌이론의 인간상이 관념적일 수도 있으나, 범죄인 인격을 완전하게 승인하는 것은 원칙적으로 정당하다. 그것은 우리 헌법이 기초하고 있는 인간상이기도 하다.

18 3) 책임원칙 준수 인간 본성은 이성적이다 → 따라서 사람은 '자유'와 '의지'를 가지고 있다 → 범죄인도 인간이다 → 범죄인도 자유와 의지를 가지고 있다 → 따라서 범죄인은 불법이 아닌 법을 선택할 수 있었다 → 그럼에도 범죄인은 범죄행위를 함으로써 불법을 의사 결정하였다 → 따라서 범죄에 대한 '책임'은 전적으로 범죄자 자신이 져야 할 문제다 → 법과 정의를 위해 이 죄값(책임)을 응징해야 한다는 것이 절대적 형벌이론 이론구조이다. 여기서 보면 범죄인 죄값은 절대적인 법과 정의를 위해 예외 없이 절대적으로 응징되어야 하지만 그것은 어디까지나 자기 죄값에 국한한다. 즉 자기가 행위한 만큼, 법과 정의가 손상된 만큼 처벌받음으로써 범죄자 죄값은 상쇄되고 침해된 법과 정의는 다시 회복한다. 따라서 절대적 형벌이론 관점에서 보면 형벌이 범죄에 대한 책임 이상으로 부과되어야 할 어떤 이유도 없다. 더도 덜도 아닌 언제나 책임 정도에 꼭 들어맞는 형벌을 부과하는 것이 절대적 형벌이론이 추구하는 이념이다. 책임 이상의 형벌은 불필요한 과잉으로서 오히려 법과 정의를 더럽히는 결과를 가져오고 책임 이하 형벌은 정의에 대한 태만을 의미한다(위의 섬의 비유 참조).

19 그러므로 절대적 형벌이론은 형벌 정도를 책임 정도에 따라 제한함으로써, 그것도 '절대적으로' 제한함으로써 범죄인의 부당한 인권침해를 방지할 수 있는 장점을 가지고 있다. 범죄인이 범죄구축의 단순한 대상이 될 수 없는 한 절대적 형벌론의 이 지혜는 언제나 존중되어야 한다.

---

1) 예컨대 독일형법 제46조 1항.

2) 홍영기, 「형벌을 통한 규범신뢰의 강화」(고려법학, 2015), 301면(344면) 이하.

(4) 절대적 형벌이론 단점

주로 형벌개념의 절대성과 관련하여 다음과 같은 세 가지 비판이 절대적 형벌이론에 대해 제기되고 있다. 20

1) **절대국가 전제** 절대적 형벌이론은 절대국가(예컨대 신정국가神政國家와 같은)를 전제해서만 가능할 것이라는 점이다. 그러나 중세 국가관에서는 몰라도 오늘날 절대국가개념은 존재할 수 없다. **루소** 사회계약론 이후 국가는 상대적 목적을 가진 기능적 존재로 인정될 수 있을 뿐이다(기능적 국가개념). 이러한 상대적 국가가 절대적 형벌이론의 담당자로 등장하는 것은 목적을 벗어난다는 비판을 받는다. 21

2) **절대적 범죄개념 전제** 절대적 형벌이론은 논리적으로 절대적 범죄개념을 전제해서만 가능할 수 있다는 문제가 있다. 하지만 시간과 공간을 초월해서 타당할 수 있는 절대적 범죄개념, 즉 범죄의 절대적 기준은 존재하지 않는다. 각각의 문화, 사회질서에 종속하는 상대적 범죄개념이 있을 뿐이다. 이처럼 상대적으로 정의될 수밖에 없는 범죄에 대해 절대적 형벌을 귀속시키는 것은, 전제와 결론이 맞지 않다는 지적을 받는다. 22

3) **형사정책적 무기력** 절대적 형벌이론은 형사정책적으로 무기력하다는 비판을 받는다. 즉 절대적 형벌이론은 형벌이라는 수단으로 일정한 목적을 추구하는 것을 인정하지 않기 때문에 형벌이 형사정책적으로 필요한 목적, 즉 범죄에 대한 효과적 대책 수립에 기여할 수 없다는 것이다. 이 취약점은 절대적 형벌이론이 범죄자 개인의 관점에서 출발함으로써 형벌의 사회·국가적 측면을 간과할 수밖에 없는 논리필연적 결과다. 다음에 설명하는 상대적 형벌이론은 바로 절대적 형벌이론의 이러한 취약점 때문에 등장한 이론이다. 23

2. 상대적 형벌이론

상대적 형벌이론은 절대적 형벌이론과 정반대로 오로지 사회보호 목적에서 그 의미를 찾는다. 따라서 범죄자 개인의 관점으로부터 형벌의 개인성·관념성·형이상학성·자기목적성(이 모든 개념을 묶으면 '**절대성**'이 된다)을 중시하는 절대적 형벌이론과 달리 상대적 형벌이론은 그 사회성·현실성·형이하학성·수단성에 중점을 둔다. 형벌은 자기목적이 아니고 장래 범죄예방목적을 위한 수단으로 작용한다. 상대적 형벌이론의 세계관 기초는 계몽주의의 인도주의 국가관으로서 인간행위의 결정주의와 수형자 **재사회화 교육가능성**에 대한 믿음으로부터 출발한다. 그 결과 일상생활 문제를 형이상학적으로 접근하는 것을 거부하고 인간 기본욕구로서 정의를 과소평가하는 측면이 없지 않다. 상대적 형벌이론은 추구하는 목적에 따라 일반예방이론과 특별예방이론으로 나뉜다. 24

(1) 일반예방이론

형벌을 **일반인에 대한 위하**威嚇(겁주기)로 파악하는 견해이다. 특별히 수형자를 대상으로 하는 것이 아니라 일반인을 대상으로 하는 점에서 명칭도 '일반예방'으로 되어 있다. 이 이론은 처벌하는 과정을 형벌이 달성하고자 하는 일정한 목적, 즉 잠재적 범죄자의 범죄행위 저지로부터 원인적으로 설명하려고 시도한다(형벌의 상대설, 예방형벌사상). 여기서 형사입법과 형벌집행단계 위하효과는 구별한다. 형사법률 존재는 일반인을 위하하고, 형벌집행(법률이 규정하고 있는)은 이 위하의 진지성을 확인·강조하는 것이라고 한다. 25

1) 소극적 일반예방

26 (가) **심리강제설** 범죄행위를 결심한 행위자가 그 행위로 받게 될 형벌을 생각하여 범죄를 단념하는 일반예방효과를 말한다. 형벌이 범죄를 하지 못하게 한다는 의미에서 '소극적' 일반예방이다. 소극적 의미에서 일반예방 거점을 최초로 제공한 사람은 독일 근대형법학 창시자 **포이어바흐**(A. v. Feurbach, 1775~1833)로서 그는 '심리강제설'을 가지고 합리주의 · 비결정주의 관념으로 형벌효과를 설명하려고 하였다. 행위자가 범죄에 따른 이익과 형벌로 받을 불이익을 냉철하게 비교 · 교량較量하여 적법과 불법에 대한 행위선택을 합리적으로 할 수 있다고 믿었다.

27 (나) **관념적 현실** 하지만 현실 대부분 범죄자들이 이처럼 냉정한 숙고과정을 거쳐 범행에 나아가는가 하는 점은 지극히 의문이다. **포이어바흐**의 기대와 달리 형벌의 심리강제효과가 큰 힘을 발휘하지 못하는 것은 근세 이후 지금까지 범죄가 폭증하는 것을 보아도 알 수 있다. 범죄를 결행한 모든 사람이 범죄 이익이 우선하는 것으로 판단하였다고 보기도 어렵다. 충동범이나 격정범이 아니더라도 범행동기는 한 마디로 설명하기 어려운 복합 요인을 가지고 있다. **포이어바흐**는 **칸트**와 동시대 계몽주의철학자에 속하기 때문에 인간이성을 신봉하였고, 따라서 범죄자도 이성 판단의 주체가 된다고 믿었다. 그러나 현실에서 보면 이성적으로 판단할 수 있는 사람은 범행으로 나아가지 않는다.

28 **포이어바흐**는 **칸트** 윤리관에 접근하고 있으면서도 형법(형벌)을 범죄예방 수단으로 이해한 반면, **칸트**는 형법을 그 자체로 가치있는 정언명령으로 이해한 것이 차이이다. 그러나 앞에서 본 것처럼, **포이어바흐**의 '현실성'은 인간의 보편 이성이라는 관념 전제를 벗어나지 못하고 있기 때문에 양자 차이는 생각만큼 그렇게 크지 않다. **포이어바흐**가 말하는 일반예방 경험효과나 목적추구 등도 모두 관념성의 범주를 벗어나지 못한다.

29 (다) **체포에 대한 두려움** 일반 시민들이 이해하는 일반예방도 위 소극적인 것과 큰 차이가 없다. 법정형이 높으면 그만큼 사회질서유지에 효과적이라고 믿는다. 그러나 잠재적 범죄자가 진정으로 두려워하는 것은 법률에 규정된 가혹한 형벌이 아니라 체포위험성이라는 점에 이견이 없다. 그러므로 형법 일반예방효과를 높이기 위해서는 형벌을 높이기보다는 경찰 수사력을 강화하여 범죄자는 반드시 잡힌다는 인식을 심어주는 것이 훨씬 효과가 있다.

30 2) 적극적 일반예방 일반예방이 형벌에 대한 두려움이건 아니면 체포위험성에 대한 두려움이건 간에, 일반인으로 하여금 겁을 먹게 하여 범죄를 멀리하게 한다는 소극적 형태로 국가 형벌 목적이 되는 데는 한계가 있다. 아무리 범죄예방 목적이 국가와 사회에 필요하고 정당하더라도 국민의 인간존엄을 보장해 주어야 할 국가(헌법 제10조)가 거꾸로 국민에게 겁을 주는 수단을 사용하는 것은 국가윤리적으로 표방하기 어렵기 때문이다. 이러한 이론적 한계를 극복하면서 일반예방의 현실 효과를 살릴 수 있도록 등장한 대안이 바로 적극적 일반예방이론이다.

(가) **통합예방**

31 A. 준법의식의 적극적 강화 적극적 일반예방은 형벌 존재가 적극적으로 시민의 **규범의식을 강화**시켜주는 수단으로 작용함으로써 법질서 방위에 기여할 수 있는 것으로 파악한다. 즉 일정한 행위를 법률로 금지하여 계속 처벌하면 형벌은 '**도덕형성력**'을 갖고, 국민의 준법의식이 적극적으로 강화되어 범죄예방효과를 거둘 수 있다는 것이다. 그 내용을 다시 분석하면, ① 형벌 사회교육 학습효과로서 규범승인 훈련을 들 수 있다. 그 대상은 시민이고, 범죄행위에 대한 반복

처벌은 그들에게 해당 행위 반가치성을 인식·확인시켜 줌으로써 적법행위適法行爲에 대한 동기를 강화하는 기능을 한다. ② 형벌은 시민에게 규범에 대한 신뢰를 심어 주는 효과를 갖는다(신뢰기능). 이것은 시민이 인식하고 있는 법을 위반하는 행위가 처벌됨으로써 시민은 앞으로도 계속해서 법이 지켜질 것을 기대하고 신뢰하게 되는 기능을 말한다. ③ 형벌은 시민욕구를 충족시켜주는 기능을 수행한다(만족기능). 범죄행위로 생기는 규범신뢰에 대한 동요가 형벌로 회복됨으로써 시민들은 범죄자가 일으킨 갈등이 해결된 것으로 보는 기능을 말한다.

B. 규범내면화기능과 규범안정화기능 이런 내용을 다시 체계적으로 정리하면, ①은 규 32
범내면화기능, ②와 ③은 규범안정화기능이라고 할 수 있다. 규범내면화는 수범자受範者의 규범에 대한 신뢰를 바탕으로 시민들이 법을 지킬만한 가치가 있다고 내면적으로 받아들이는 것, 즉 규범을 규범으로서 승인하는 것을 의미한다. 지킬만한 가치가 없다고 판단하는 규범은 물리적 힘에 따라 일시적으로 강화할 수는 있어도 지속적으로 준수하기는 어렵다. 규범내면화에 따라 일반인은 범죄행위 반가치성에 대한 금지인식을 강화 또는 재강화하게 되고 이는 직접 적법행위에 대한 동기를 부여하는 요인으로 작용한다. 범죄자에 대해서 규범내면화는 재사회화와 속죄 효과를 가져다주며 피해자에 대해서는 피해감정 해소 또는 미래에 대한 안도감을 심어주는 긍정적 작용을 한다.

C. 절대적 정당성 전제 이상 내용을 일반적으로 적극적 일반예방이라고 하는데, 이는 33
엄격한 의미에서는 기존 사회질서 또는 하부체계의 절대적 정당성을 전제로 이것에 통합되는 것을 목적으로 한다는 점에서 통합예방이라고 부르는 것이 정확하다.[1] 이 이론은 준수대상이 되는 규범에 대한 비판적 고찰없이 결과적으로는 맹목 추종을 기획하는 것에 지나지 않기 때문에 그 방법론 정당성에는 상당한 문제가 있다. 이것에 대한 하나의 대안으로 등장한 것이 **하쎄머**(W. Hassemer)의 법치국가적 적극적 일반예방이론이다.

(나) 법치국가적 적극적 일반예방이론

A. 규범내면화의 동기 적극적 일반예방에서 규범내면화와 규범안정화는 불가분 관계 34
에 있어서 전자는 후자 조건이 된다. 그런데 규범내면화는 시민들의 규범승인이 전제되어야 하는데, 이는 기존질서에 대한 맹목적 통합 강요로 이루어지는 것이 아니라 시민 스스로 해당 규범이 지킬만한 가치가 있고 따라서 이 법질서를 방위해야 한다는 확신을 가져야 한다. 규범을 지켜야 할 수범자受範者는 바로 시민 자신이기 때문이다. 그러므로 규범내면화 진정한 동기는 해당 법질서가 정당한 이익을 정당한 방법으로 보호함으로써 부여될 수 있다. 시민은 정당성이 확보되지 않은 규범은 승인하지 않을 뿐만 아니라 그것에 대한 통합은 불의한 것으로 간주한다.

B. 법치국가 정형화 형법 정당성조건이 되는 것은 법치국가 정형화이다.[2] 규범 내면 35
화, 안정화에 정형화 요건이 부가될 때 적극적 일반예방은 비로소 완전한 형태를 갖출 수 있다. 정형화는 형법에 따른 사회통제가 그 목적이 아무리 정당하고 선한 것이라 할지라도 자의적으로 시행하지 않고 정형적으로 행사해야 하는 당위성을 말한다. '정형적'이라는 말은 곧 **일정한 틀을** 갖춘다는 의미이기 때문에 궁극적으로 국가형벌권 남용에 대한 구속과 제한 이념을 내포한다. 형법적 사회통제가 정형적으로 행사되어야 하는 이유는, 그 관철수단인 형벌의 최후수단성과 이에 따른 형법 단편성, 보충성에 따른 결과다. 형법 통제는 광범위하게 예견·심사 가능하고 정당성

---

1) Hassemer, Einführung, 325면 이하.

2) Hassemer, AK, vor § 1 Rn. 302 이하; 조성용, 「적극적 일반예방의 가능성과 한계」(법조, 2003), 155면 이하; 윤영철, 「적극적 일반예방이론의 계몽주의적 성과에 관한 소고」(경희법학 제48권, 2013), 258면 이하(275면).

원칙과 기준에 구속되어야 하며 결코 자의적으로 행사해서는 안 되고 규범침해에 대해 사전에 계획된 응답형식으로 이루어져야 한다. 정형화는 형사입법과 형법적용 두 단계에 걸쳐 다양한 규범적 자유보장원칙, 예컨대 비례성원칙, 죄형법정주의원칙, 책임원칙, in dubio pro reo 원칙 등으로 달성된다.

36 정형화하지 않은 규범은 내면화할 수 없다는 점에서 정형화는 통합예방을 진정한 의미 적극적 일반예방으로 승격시킬 수 있는 가늠쇠다. 통합예방은 적극적 일반예방의 하위개념에 지나지 않는다.

(2) 특별예방이론

37 **1) 재사회화이론과 보안이론** 형벌을 **범죄자에 대한 영향력행사**로 보는 이론이다. 위 일반예방이론에서는 범죄자가 잠재적 범죄자 범행저지(소극적 일반예방) 또는 일반인 규범의식강화(적극적 일반예방)를 위한 수단으로 등장하는 데 반해 여기서는 범죄자 자신이 달성하고자 하는 목적 주체로 등장한다. 즉 형벌을 통해 범죄자를 교화함으로써 출소 후에 재범하지 않도록 하거나 교화가 불가능한 범죄자는 사회로부터 격리시키는 보안조치를 취함으로써 수용되어 있는 동안 재범하지 못하게 한다. 따라서 특별예방이론 가운데서도 재사회화이론과 **보안이론**은 구별해야 한다.[1]

38 **2) 범죄자 재범방지** 모든 특별예방이론 공통점은 범죄자 재범방지에 있다. 특별예방 형벌목적은 형벌 정당화를 위해서도 사용된다. 즉 범죄인 사회복귀 또는 그것이 가망이 없는 경우에 행하는 보안조치는 사회에 유익한 목적이고 따라서 정당화할 수 있다고 한다. 살인자를 처벌하는 것은 무엇보다도 살인자 자신이 다시 범죄 하지 않고 살 수 있도록 하기 위함이라는 것이다. 여기서도 출발점은 잠재 범죄행위의 위협이다. 특별예방이론도 사회적으로 소망스럽지 못한 범죄행위 결과로부터 형벌의 필요성 · 정당성을 논증한다. 특별예방 형벌은 사회뿐만 아니라 범죄자 자신에 대해서도 유익한 것으로 설명하고 정당성근거로 한다.

(3) 고전적 사상가

39 **1) 세네카** **세네카**(Seneca, 기원 후 65년 사망)는 "현명한 사람은 과거 범죄행위 때문이 아니라 미래 범죄행위를 방지하기 위해 형벌을 부과한다"(nemo prudens punit quia peccatum est sed ne peccetur)고 하였다.[2]

40 **2) 포이어바흐** 소극적 일반예방이론 이론근거가 된 **심리강제설** 핵심내용은 다음과 같다.

"범죄를 예방하는 데는 두 가지 가능성이 있다. 첫 번째는 모든 사람들에게 쇠고랑을 채우는 방법이 있는데, 이것은 불가능한 일이다. 두 번째는 사람들이 범죄행위를 심리적으로 할 수 없도록 만드는 방법이 있다. 즉 법률을 통해 일정한 범죄행위에 대해 형벌을 부과한다고 위협한다. 그리고 실제로 그런 행위가 발생했을 경우 형벌집행을 함으로써 형벌위협의 진지성을 보여준다. 이런 과정은 사람들에게 심리강제로 작용하여 결국 범죄행위를 단념시키는 결과를 가져온다. 하지만 개선과 보안은 형벌목적으로 인정할 수 없다. 왜냐하면 그런 목적을 추구하는 것은 국가권력 권한에 속하지 않기 때문이다."[3]

41 **3) 리스트** **리스트**(Franz von Liszt, 1851~1919)는 19세기 말 형법학 신파를 창시한 사

---

1) 박달현, 「형벌의 목적과 행형의 목적의 관계」(형사법연구 19, 2007), 821면.

2) Seneca, De ira, liber XIX, VIV-7.

3) Feuerbach, Revision der Grundsätze und Grundbegriffe des positiven peinlichen Rechts, Teil XIX, 1799, 1면 이하.

람이다. 그는 **칸트**와 **헤겔**의 절대 형벌이론을 비판하면서 형법은 특별예방을 지향하여 범인 재사회화와 범인에 대한 사회보안에 주력해야 한다고 역설하였다. "**형벌은 억압으로 하는 예방이다**"라는 것이 그의 형벌이론 요체이다.[1)]

"형벌은 강제다. 즉 형벌은 범죄자 의사에 반하여 그의 이익을 강제로 침해한다. 강제인 형벌은 다음과 같은 두 가지 성격을 갖는다. 첫째, 간접적 · 심리적 강제 또는 그 동기지움이다. 형벌은 범죄자에게 없는, 범죄에 대항할 수 있는 동기를 심어 준다. 따라서 형벌은 범죄자를 인위적으로 사회에 적합하도록 만드는 작용을 하는데 그 방법은 다음 두 가지다. ① 범행하지 않을 수 있는 애타적 · 사회적 동기를 심어 주고 강화시켜 주는 개선, ② 범행하면 자기가 형벌로 피해를 본다는 이기적 동기(계산적 합리성)에 호소하는 위하威嚇.

42 둘째, 직접적 · 물리적 강제와 폭력 사용이다. 즉 형벌로써 범죄자를 강제 관리하여 사회로부터 격리시키고 무해화조치를 한다. 이것은 사회적으로 쓸모없는 인간들을 선별함으로써 이루어진다. 따라서 개선, 위하, 무해화 세 가지는 형벌 직접작용이다."[2)]

(4) 상대적 형벌이론 장 · 단점

43 1) 일반예방이론 장점 일반예방이론은 상세한 근거를 설명하지 않더라도 쉽게 이해할 수 있는 장점이 있다. 형벌위협으로 범죄를 예방하는 '형벌'은 범죄하지 않는 한 현실로 옮겨지지 않는 '위협'일 뿐이다. 진실로 두려워해야 할 사람은 이 '형벌위협'에 거역하여 범죄를 결심한 사람뿐이다. 일반예방이론 도식은 잠재 범죄인에 대한 정의를 잃지 않는다. 특별예방과 비교할 때 재범위험성이 없거나 형벌의 교육효과를 예상할 수 없는 경우에도 형벌을 일관되게 부과할 수 있는 장점이 있다.

44 일반예방이론의 경험효과와 관련하여 범죄 폭증은 곧 형벌 위하 또는 규범의식의 강화효과가 없다는 반증이라는 비판이 있지만, 그럼에도 법에 충실하게 행위하는 사람이 범죄행위를 하는 사람보다 훨씬 많다는 반론도 만만치 않다. 일반예방효과가 경험적으로 입증되지도 않았을 뿐만 아니라 입증할 수도 없다는 비판은 거꾸로 형벌이 소극적 · 적극적으로 중요한 역할을 하고 있다는 가설을 반증하지도 못한다는 반대비판에 직면하기도 한다.[3)]

45 2) 일반예방이론 단점 ① 범죄인 심리를 지나치게 단순화했다는 지적을 받는다. 범죄단념이나 규범승인은 형벌위협에 대한 존중결과라고 단정할 수 없는 매우 복잡한 과정으로 이루어진다. 소극적 일반예방에서는 형벌위협에 따른 범죄단념을 목적으로 하기 때문에 형벌이 높을수록 그 위협효과가 큰 것으로 생각하기 쉽다. 그러나 국가형벌이 법치국가 제한을 망각하게 되면 곧 전체주의 형법으로 발전한다는 사실은 여러 차례 역사적으로 입증된 바 있다. ② 일반예방 형벌은 헌법 가치선언과 맞지 않는다는 문제도 있다. 우리 헌법 제10조 인간존엄은 범죄인을 처벌하여 다른 사람을 위한 수단으로 사용하는 것을 허용하지 않는다. ③ 형벌집행 흠결도 빼놓을 수 없는데, 일반예방은 언제나 일반인만을 대상으로 하므로 수형자에 대한 영향력행사는 관심대상이 아니다. 특히 소극적 일반예방은 수형자에게 형벌을 집행하여(수단) 시민을 위협하고 심리강제를

1) 이것을 'Marburger Programm'이라고 하며, 이 사상은 Der Zweckgedanke im Strafrecht (in: v. Liszt, Aufsätze und Vorträge, Bd. XIX, 1905, 126면 이하)에서 발표되었다. 심재우/윤재왕/홍영기, 마르부르크 강령(몽록 법철학 연구총서8), 2023.

2) v. Liszt, 위의 책, 163면 이하. 제2회.

3) Roxin, AT, § 3 Rn. 30.

주기 위한 것이 궁극 목적이므로 재범예방과 관련이 적다.

3) 특별예방이론 장점

46 (가) **범죄예방 합리성** 재사회화이론 합리성은 사회를 위한 범죄예방측면에서 이해한 것이다.[1] 범죄자의 반사회 성격을 교화·개선하여 건전한 사회인으로 복귀시키면 일반인은 범죄로부터 보호받을 수 있기 때문에 합리적이라는 것이다. 19세기 말 자연과학이 융성하면서 형법 관념성을 탈피하고 실증과학으로 범죄원인을 분석하여 대책을 세워야 한다는 요구에서 유래한다.

47 (나) **범인에 대한 인도성** 인도주의는 범죄인의 반사회성격을 치료·교정하여 사회에 복귀할 수 있도록 도움을 준다는 맥락에서 나온 평가다. 이렇게 되면 형벌은 악을 악으로 갚는 소극적 의미를 갖지 않고, 범죄자 자신을 위해 부과된다는 적극적이고 긍정적인 의미를 가진다. 이러한 조치는 법익침해를 수반하는 국가형벌권 내재적 모순과 국가가 빼앗은 '수형자 빈 시간'을 가장 의미 있게 채워 줄 수 있다는 장점으로 국가형벌권에 새로운 정당화 차원을 열어 준다.

48 이상의 관점은 특별예방이론이 응보이론에 대한 분명한 불신을 토대로, 국가와 그 구성원의 범죄에 대한 공동책임을 간과하지 않는다는 견해로부터 나온다. 특별예방이론 보안목적은 범죄인에 대한 사회방위권으로 해석한다.

4) 특별예방이론 단점

49 (가) **강제교육 위헌성** 법이론적으로 국가와 사회가 범죄인을 강제로 사회규범에 적응시킬 권리가 있는가 하는 문제가 있다. 재사회화이론의 무분별한 횡행은 국가가 거대한 강제교육장으로 변모하는 결과를 초래할 것이라는 비판을 받는다. **칸트**와 **헤겔**은 이러한 조치를 인간존엄에 반하는 것으로 보았고, 실제로 독일 헌법재판소도 "국가는 시민을 강제로 교육시킬 수 있는 권리가 없으며, 자신이나 타인을 위험에 빠뜨리지 않음에도 단지 개선목적으로 그의 자유를 빼앗는 것은 기본권 본질을 침해하는 것"으로 선언한 바 있다.[2] 강제교육은 불가침 기본인권을 침해하는 것으로서 헌법 인간존엄보장(제10조)에 위배된다고 할 수 있다.

50 (나) **자유박탈로 하는 자유 교육** 특별예방 재사회화이념은 방법론적으로 부자유不自由 가운데서 자유를 교육시키겠다고 하는 이율배반 착상이라는 비판을 면하기 어렵다. 자유를 정당하게 사용하는 것에 실패한 사람만으로 이루어진 전체주의제도인 교도소 안에서 사회에 다시 편입할 수 있는 생활양식을 배우고 자유를 교육받는다는 것은 기대하기 어렵다.[3] 현재 교정현실을 보더라도, 교도소는 재사회화는 고사하고 오히려 탈사회화를 부추기고 새로운 범죄동료와 범죄수법을 얻는 등 '범죄대학' 오명을 벗지 못한다. 진정한 자유교육은 자유 가운데서 이루어져야 하고 재사회화는 중간처우나 사회내 처우와 같은 개방처우에 따라서 비로소 달성할 수 있다.

51 (다) **국가형벌권의 자의적 확장 위험성** 재사회화는 그 목적내용을 확실하게 규정하는 것이 매우 어렵기 때문에 국가형벌권이 자의적으로 확장할 위험성을 안고 있다. 문제핵심은 재사회화가 달성되었다고 판단할 수 있는 객관 기준이 무엇인가 하는 점에 있다. 교화·개선, 치료, 규범충실, 건강 등 개념은 모두 행위자 내면변화를 나타내는 것으로서 출소 후 범행하지 않고 살아가기를 희망하는 장래 경험효과를 나타낸다. 그러므로 처우 당시 이러한 결과 달성 여부를 진

1) 박달현, 「행형의 목적으로서 재사회화이념에 관한 연구」(형사정책 19, 2007), 253면 이하.
2) BVerfGE 22, 219 이하.
3) 정희철, 「형벌목적론에서 교육형주의의 의미」(홍익법학 10, 2009), 233면 이하.

단하는 것은 여간 힘든 일이 아니다. 주된 원인으로는 인간내심에 대한 판단, 장래 발생할 사실에 대한 예측 그리고 판단시점과 효과확인시점 사이의 무수한 변수 등을 들 수 있다. 미래 불확실성은 판단자로 하여금 언제나 소극적 판단 경향을 갖도록 만든다. 이런 상황에서 '수형자가 재사회화될 때까지' 처우를 계속하거나 또는 사소한 범죄나 심지어 범행경력이 없는 자에 대해서도 높은 범죄위험성이 인정될 경우 장기간 재사회화조치를 취해야 한다면, 그것은 법치국가원칙에 어긋난다. 보안목적 경우에 법치국가원칙을 훼손할 위험성은 행위자가 완전히 수단으로 전락하기 때문에 더욱 크다.

㈑ **정신과 신체에 대한 이중 침해** 재사회화형벌이 범죄인에게 도움을 주기 때문에 52
인도적이라는 평가는 쉽게 판단할 문제가 아니고 그 내용을 분석할 필요가 있다. 재사회화이념은 개선과 치료를 필요로 하는 정신적 · 인격적 결함이 있는 일단의 범죄자가 존재한다는 전제에서 출발한다. 그 궁극목적은 이러한 결함을 마치 신체질병을 치료하듯이 '원인적으로' 고치겠다는 의도를 가지고 있다. 이를 위한 처우는 범죄인 정신과 인격을 개조하기 위한 것이므로 일반 형벌집행보다 훨씬 강하게 사적 영역을 침범한다. 감옥에서는 신체자유만 박탈당하면 되지만 교도소에서는 정신자유까지 함께 박탈당해야 한다.[1] 여기다가 치유기간도 예측할 수 없다.

이러한 부담 외에도 정신과 인격에 결함이 있는 사람이라는 사회의 가혹한 낙인도 무시할 53
수 없다.

㈒ **신고전주의** 위에서 지적한 특별예방 문제점은 현실적으로 1970년대 후반부터 국 54
제 형사정책학계에서 재사회화이념 퇴조와 함께 응보이론과 일반예방이론 부활을 야기하는 계기가 되었다. 이 현상은 특히 신고전주의라는 이름으로 미국과 스칸디나비아에서 두드러지게 나타났는데, 특히 종래까지 인정되던 부정기치료와 강제치료가 주된 비판대상이었다.[2]

3. 합일적 형벌이론(절충설)

형벌의 의미는 절대적 · 상대적 형벌이론의 모든 가능한 설명과 정당화시도들의 결합(합일)으 55
로만 파악될 수 있다는 입장이다. 지금까지 말한 모든 형벌이론을 대립적으로 보지 않고 서로 타협 · 절충하는 이론이다. 타협방법에 따라서 응보에 우위를 두는 이론(**응보 절충설**)과 예방에 우위를 두는 이론(**예방 절충설**)으로 나눌 수 있는데, '억압'과 '예방'을 택일적으로 보지 않고 모두 인정하는 공통점이 있다.

예컨대 합일적 형벌이론에 따르면 살인자에게 5년 이상 유기징역을 부과하는 것은, 그가 살 56
인행위를 하였기 때문이고(정당한 응보) 동시에 다른 사람이 살인하지 못하도록 하기 위해 처벌한다(일반예방)고 설명한다. 나아가서 살인자 자신이 다시 재범하지 않도록 하기 위해서도 처벌한다.

즉 소송 발전단계에 따라 형사입법단계(수사단계)에서는 일반예방 위하지향, 재판단계에서는 57
정당한 응보지향 그리고 형벌집행단계에서는 특별예방 재사회화목적을 지향하는 방법이 있다. 또는 고의 폭력을 수단으로 한 범죄(예컨대 고의 살인, 상해, 강간범죄)에 대해서는 응보, 고의는 있으나 폭력을 수단으로 하지 않은 건강 · 재산범죄에 대해서는 예방 형벌목적 그리고 과실범에 대해서는 일반예방을 추구하는 것은 범죄유형에 따른 절충방법이다.

---

1) **푸코**는 형벌의 신체침해를 노동력착취로, 정신침해를 이데올로기에 대한 길들이기(Disziplin)로 파악한다. Foucault, Überwachen und Strafen, Suhrkamp, 1981.

2) Roxin, AT, § 3 Rn. 18.

(1) 합일적 형벌이론 장점

58 합일적 형벌이론은 모든 형벌이론 장점을 취하여 형벌 본질을 구명하고자 하기 때문에 일단 이론적으로는 성공가능성이 매우 높다. 극단적인 견해 사이에서 택일을 추구하지 않고 모두 취하여 부족한 부분을 서로 보완해 줄 수 있기 때문이다.

(2) 합일적 형벌이론 단점

59 합일이론의 높은 이론적 성공가능성은 현실가능성에서 벽에 부딪친다.

60 1) **형벌의 근원적 정당화 가능성** 형벌 정당화 문제가 타협 · 협상으로 해결될 수 있는가는 지극히 회의적이다. 형벌 정당화는 근본입장에 대한 분명한 선언이 있어야 하므로 형사사법 구성을 위해서는 절대적 또는 상대적 토대 어느 하나가 가능할 수 있을 뿐이다. 타협은 기술에 지나지 않는데 기술적 설명이 문제를 근본적으로 해명하기는 어렵다. 상대적 · 절대적 형벌이론의 기술적 조절은 형벌정당화를 위한 근본입장이 정리되고 난 뒤에 비로소 생각할 수 있는 문제다.

61 2) **형벌목적 충돌** 응보와 특별예방, 일반예방과 특별예방 그리고 보안과 개선 형벌목적 등은 서로 모순 · 충돌관계에 있어서 이들의 절충을 꾀하는 것은 사실 불가능하다. 과거 범죄를 응징하면서 동시에 범죄인을 교화 · 개선하는 것은 현실적으로는 실현하기 어렵다. 응징 · 비난이라는 부정 방법으로 교화 · 개선이라는 긍정 결과를 가져오기는 힘들다. 보안은 교도소 담장 높이에 비례하지만, 사회복귀목적을 가진 개선은 일반인과 구별되지 않는 처우(예컨대 사회내 처우나 개방처우)를 요구하므로 보안목적에 반비례한다.

62 3) **형법체계 역기능 문제** 형법이 형벌을 통해 달성하고자 하는 목적은 입법 · 사법 · 집행에서 일관되게 추구해야 한다. 형사입법은 일반예방으로 하고 판결은 응보로 그리고 형벌집행은 재사회화를 위해 하는 것은 이론 가능성에 불과하고, 어느 하나도 제대로 실현하지 못할 위험성이 있다(형법체계 역기능). 응보목적으로 내린 판결이 집행에서 특별예방내용으로 둔갑할 것을 기대하는 것은 현실적으로 어렵다.

4. 형벌이론에 대한 결론

63 형벌론 문제는 위에서 설명한 여러 가지 이론 어느 하나를 선택함으로써 해결할 수 있는 것은 아니다. 형벌론은 해당국가 문화나 법문화상황과 깊은 관련이 있어서 이론 완전성뿐만 아니라 현실 불완전성까지도 고려해야 한다. 어느 한 이론을 선호하는 문화 상황이라도 그것은 시간흐름에 따라 얼마든지 변할 수 있다. 오늘날과 같은 시대상황에서 순수 응보이론을 결단하기는 어렵다. 순수 응보이론은 형벌 실제효과(범죄자개인과 법공동체 전체에 대한)로부터 형벌을 정당화하는 것을 포기한다. 문제는 형법이 이 포기를 받아들일 수 없다는 데 있다. 즉 우리가 원하는 결과에 따른 정당화는 오늘날 합리성 일부분이라고 할 수 있다. 물론 얼마나 오랫동안 이 합리성 도식이 지배할지는 두고 볼 일이지만 사회를 불안하게 하는 범죄가 급증하고 재사회화이념이 계속해서 실패하면, 이 합리성 도식은 동요를 면치 못할 것이다. 그만큼 절대적 형벌론 지위가 강화되는 것은 두말할 필요가 없다. 오늘날 우리나라 상황이 바로 여기에 해당한다. 교과서(이론)는 예외 없이 응보상황을 배제하는 특별예방이론이 주류를 이루지만, 형벌현실은 고전적 의미의 응보와 소극적 일반예방이 지배한다. 특별예방이 현실에서 설득력을 주지 못하는 한 절대적 형벌론은 살아남을 수밖에 없고, 그것이 갖고 있는 인간존중 지혜(범죄인 보장)는 유지해야 한다.

[5] Ⅱ. 보안처분이론

우리나라 형법은 형벌(제41조) 외에 치료감호법, 보안관찰법, 보호관찰법에 따른 보안처분을 1
인정함으로써 형사제재 이원주의를 취한다. 형벌이론이 형벌 정당성을 탐구하는 것처럼 보안처분이론도 보안처분 정당성을 탐구한다. 예컨대 형벌로써 달성할 수 없는 어떤 보호영역이 있기 때문에 보안처분은 필요한가. 그 보호영역의 특별한 필요는 무엇이며, 형벌과 구별되는 보호방법은 무엇인가. 그리고 이 특별한 필요를 궁극적으로 정당화시켜 줄 수 있는 보안처분법의 법치국가장치는 무엇이며 그 내용은 어떤 것인가. 형법 한 영역으로서 보안처분이 갖는 이런 특별한 문제를 취급하는 것이 보안처분이론이다. 따라서 보안처분이론은 형법이론 부분영역에 속한다.

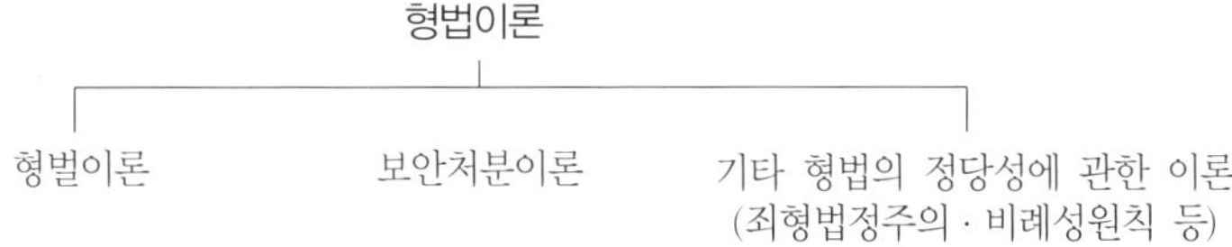

1. 보안처분 필요성

형법이 형벌 외에 보안처분을 별도로 두는 이유는 형벌정당성 첫 번째 조건인 적극적 법익 2
보호과제와 관련이 있다. 형법이 형벌만으로 이 과제를 충분히 수행하지 못하는 현실적 이유에서 보안처분 필요성은 인정된다.

(1) 미래지향 범죄예방

형벌 의미와 목적을 찾는 형벌이론은 지금까지도 해결되지 않은 쟁점이다. 그러나 현대 형 3
법이 일치된 견해를 보이는 것은, 형벌은 책임을 전제하며 형법적으로 아무리 중요한 목적도 이 '책임 정도'를 초과하여 추구할 수 없다. 그러므로 행위자 책임은 곧 양형기초를 형성한다. 형법 책임은 적어도 과거에 행한 하나의 범죄행위가 있어야 하고 그리고 역시 과거에 놓여 있는 범죄자와 범죄행위 사이의 일정한 관계(예컨대 고의 · 과실과 같은)를 필요로 한다. 형법 책임판단에 필요한 모든 사실은 범죄행위를 종료한 시점 이전에 속한다.

따라서 형벌은 과거에 놓여 있는 범죄행위와 과거를 판단기준으로 하는 책임을 지향한다. 4
이러한 형벌 전제조건은 범죄자 장래에 속한 인격발전을 양형에서 고려할 수 없게 한다.

뿐만 아니라 형법은 책임무능력자에 대해서 형벌을 부과할 수 없다(제10조 제2항). 그가 아 5
무리 사회적으로 범죄행위 위험성이 높더라도 사회가 필요로 하는 보안,[1] 개선 그리고 치료목적[2]은 책임을 기초한 형벌로는 달성할 수 없다. 여기에서 형법의 적극적 법익보호목적은 책임 상한선 안의 과거지향 형벌만으로 불충분하고 미래 범죄행위에 대한 형법의 예방적 필요성, 즉 **범죄예방에 따른 법익보호**의 보충을 필요로 한다. 장래 높은 위험성이 곧 과거 높은 책임과 일치하는 것은 아니기 때문이다. 책임과 무관하게 오로지 행위자 장래위험성을 기준으로 형벌 법익보호 흠결을 보충하는 것이 보안처분제도이다.

---

1) 여기에서 '보안'은 범죄위험성이 있는 자를 장소적으로 격리함으로써 범죄예방조치를 취하는 것을 의미한다.

2) '개선'은 범죄원인이 된 성격결함이나 반사회성을 바꾸는 것을 의미하고, '치료'는 범죄습벽이 정신질환에 기인할 때 그것을 치료함으로써 범죄예방을 도모하는 조치를 말한다.

(2) 특별예방 목적처분

6 범죄예방으로 법익보호를 꾀하는 공리주의사고는 이미 18세기부터 논의되었다. 1933년 독일에서 보안처분을 도입한 것도 형벌 본질과 정당화를 둘러싼 오랜 학파논쟁 산물이었다. 여기에서 형벌 외에 보안처분을 두는 형사제재 이원주의는 대립하는 견해 절충을 의미한다. 한편으로 형벌은 다소 응보적이고 예방 성격을 갖는 범죄저지수단을 의미한다. 다른 한편으로 보안처분은 일정한 범죄자에 대해 형벌이 법적 · 실제적 효과에서 제재로 부적합하다는 형사정책적 인식을 반영하는 제도이다.

7 형벌은 '과거'에 일어난 책임을 전제로 일정한 목적을 추구하고 보안처분은 '장래' 행위자로부터 나오는 범죄 '위험성'을 겨냥하는 역할분담을 한다. 형벌은 형벌목적 합리성을 토대로 도입한 제도가 아니라 그 이전부터 문화적으로 존재했다. 형벌이론은 다만 사후적으로 이런 문화적 · 역사적 실재에 대한 정당화를 구한다. 형벌론은 아직도 논란이 있지만, 보안처분은 장래에 범죄위험 있는 자를 개선 · 보안조치함으로써 범죄를 사전에 예방한다는 점에 이견이 없다. 보안처분은 행위자를 지향하는 특별예방 목적처분이다.

2. 보안처분 정당성

8 보안처분이론이 보안처분 '목적사상', 즉 범죄위험 예방에 의한 법익보호 '필요성'만으로 설명하기는 어렵다. 범죄로부터 일반인을 보호하겠다는 형사정책 합목적성에는 끝이 없다. 범죄로부터 보호받고 싶어 하는 일반인 욕구 또한 무한하다. 일반인보호의 가장 완벽한 실현은 재범 · 누범을 영원히 격리조치하면 되겠지만,[1) 형법은 보호목적만을 추구할 수는 없다. 보안처분 **필요성**은 단순히 보안처분을 근거짓는 정당성요건 한 부분에 지나지 않는다.

9 정당성 다른 부분은 보안처분의 법치국가 정형화로 이루어진다. 이것은 보안처분법을 입법, 해석 · 적용할 때 헌법 법치국가원칙인 비례성원칙에 구속되는 것을 의미한다. 보안처분 정당성의 총체는 ① 법익보호를 위해 아무리 긴급한 보안처분이라 할지라도 정형화하여 수행해야 한다. 정형화되지 않은 보안처분은 인간을 범죄구축 단순한 수단 · 객체로 전락시키기 때문에 정당화될 수 없다. ② 보안처분을 정형화하여 수행하더라도 정당한 침해 필요성이 없어도 보안처분이론에 위배된다. 보안처분 정당성은 국가제재 최후수단(ultima ratio)인 보안처분을 투입해야 할 만큼 긴급한 필요가 있어야 하고, 이러한 수단투입은 헌법이 선언하고 있는 가치질서와 일치하는 방법으로 실현해야 한다는 양자를 동시에 그리고 함께 충족해야 한다.

---

1) 역사적인 실례로, 1941년 9월 4일 나치의 한 법률(RGBl. I, 549면)은 "민족공동체의 보호를 위해 필요한 때"(wenn der Schutz der Volksgemeinschaft es erfordert) 위험한 상습범에 대해 사형을 부과할 수 있도록 규정한 적이 있었다.

제 2 장 형법이론의 기초

제 1 절 형법이론

[6] Ⅰ. 형법이론 의미

형법이론은 '형법의 이론'(Theorie des Strafrechts)을 말한다. '**형법**'과 '**이론**'이라는 1 두 개념 가운데 무엇보다도 형법(Strafrecht)이라는 말에 주목할 필요가 있다. 법法(Recht, ius)과 법률法律(Gesetz, lex)은 구별되는 개념으로서, 법은 자체 정당성을 전제하지만 법률은 입법자가 제정한 실정법만을 의미한다. 법은 언제나 정당한 것이지만 입법자가 만든 법률은 항상 그런 것은 아니어서(이른바 악법 존재가능성) 법에 일치할 수 있는 가능성을 내포하고 있을 뿐이다. 그러면 법은 어디에 있는가? 우리에게 주어진 것은 법률뿐이며 법은 우리가 탐구해야 할 과제에 속한다. 법학은 바로 이러한 법을 찾아내기 위한 연구를 하는 학문영역이다.

그러므로 법학과 법률학은 구별해야 할 개념이다. 실정형법 테두리 안에서 그것의 2 해석과 적용만을 연구하는 법률학, 예컨대 고의 · 기수 · 과실 · 부작위 · 공범에 관한 이론 등을 **형법도그마틱**이라고 한다. 형법도그마틱은 실정법률을 전제하기 때문에 그 법률 정당성 여부는 묻지 않지만, 법학은 실정법이라는 전제에 대한 비판을 포함한다.

따라서 형법이론에서 말하는 '형법' 개념은 '**법**'과 '**법률**'을 포괄한다. 그리고 형법 3 이론은 **실정형법 일반이론**으로서 형법전체(ius, lex)의 목적과 과제를 서술하는 분야, 다른 말로 표현하면 **형법 정당성**을 논증하고 탐구하는 분야다. 형벌이론, 보안처분이론, 형법도그마틱이론 등은 형법이론 한 부분에 속한다. 형법이론 기초는 형법에 대한 정확한 자리매김을 하는 것으로부터 출발해야 한다. 이것은 우리가 형법이라는 제도를 어떻게 이해하고 그 정당성을 근거지울 수 있는가 하는 문제와 관련한다.

[7] Ⅱ. 형법의 자리매김

1. 법과 사회통제

사회가 있는 곳에는 언제나 일정한 **질서**가 있어야 한다. 질서가 없는 사회 또는 1 질서가 필요 없다고 생각하는 사회는 이른바 '자연상태'로 '**만인이 만인에 대해 투쟁하는 상태**'(Hobbes)를 의미한다. 자연상태에서 개인은 그의 자유와 권리를 극대화할 수 없다. 통치하는 사람과 통치받는 사람 그리고 개인 사이에 그들의 자유가 일정한 질서에 따라 제약받을 때 모든 사람의 자유는 극대화할 수 있다. 통제에 따른 자유 극대화는 계몽주의철학이 찾아낸 훌륭한 지혜다.

2 이와 같은 사회 질서지움이 바로 **사회통제**이다. 일정한 질서에 위반하는 일탈행위에 대한 사회 반작용이 사회통제이며, 일탈행위 판단기준을 제공하는 질서내용은 규범이 제공한다. 따라서 규범 존재는 사회 질서유지, 즉 사회통제를 위한 필수조건이다. 규범에는 **사회규범**과 **법규범**이 있으며, 양자가 추구하는 목적은 사회 질서유지라는 점에서 같다. 예컨대 사회규범에는 학교 · 정당 · 종교단체 등 성문成文 사회규범뿐만 아니라 도덕 · 윤리 · 습속에 속하는 불문不文 사회규범이 있다. 후자 보기로 의복규칙(상가, 혼례), 언어사용규칙(경어의 사용), 약속에 대한 규칙, 가정규범 등 무수한 규범을 들 수 있다. 이러한 사회규범이 존재하지 않을 경우에 발생할 혼돈상황을 상상해 보면, 이들의 사회 질서유지(사회통제)기능이 법규범에 못지않음을 알 수 있다.

(1) 법규범과 사회규범 공통점

3 양자는 규범, 제재 그리고 절차를 가지고 있다는 점에서 공통이다. 이는 법규범과 사회규범이 사회통제체계에 합일되는 반증인 동시에 법규범, 나아가서 형법의 성격을 규정하는 기초자료를 제공한다.

4 1) 규 범 위에서 설명한 사회규범 보기와 민법, 형법 등 법규범으로 확인 가능하다.

5 2) 제 재 법규범에는 민법 손해배상, 행정법 행정벌 그리고 형법 형벌이 있다. 사회규범에는 학교 · 정당 · 단체의 강제조치뿐만 아니라, 불문 사회규범에 대한 제재로서 조소 · 침묵(언어사용규칙에 위반했을 경우), 부모의 잠정적 애정박탈(가정규범 위반), 교류단절(약속 위반), 형벌적 시선(공통적 제재현상) 등이 있다.

6 3) 절 차 법규범에는 각각 소송절차가 있다(민사소송 · 행정소송 · 형사소송). 그리고 성문 사회규범에도 역시 각각 징계절차가 있고(예컨대 대학의 징계위원회 결정에 따른 징계조치), 불문 사회규범에도 절차는 존재한다. 예를 들면 가정에서 부父의 처벌권(권한), 일정한 시간이 경과한 후에는 처벌하지 않는 것(시효), 위반자에 대한 설명기회 부여(변호), 동일행위에 대한 중복처벌금지(일사부재리원칙) 등이 있다.

(2) 사회규범과 법규범 차이점

7 1) 제재수단의 차이 법규범은 사회규범보다 강력한 제재수단을 가지고 있다. 법규범 담당기관은 국가이고 국가권력(형벌권력)은 법규범위반에 대해 광범위한 제재권한을 가지고 있다. 이에 반해 사회규범 담당기관은 정당 · 학교 · 노동조합 · 회사 · 가정 또는 일정한 집단의 특정 또는 불특정 상대방이 된다. 그 제재수단과 효과는 법규범에 비해 일반적으로 약하다. 다양한 담당기관의 존재는 사회규범을 집행하는 여러 하부기관이 사회질서유지를 위해서 수행해야 할 사회통제 몫이 개별적으로 있다는 것을 의미한다. 이러한 기관이 자기에게 할당된 몫을 다하지 못할 때 비로소 국가기관이 개입하여 더욱 강력한 제재수단으로 질서를 바로잡게 된다. 사회규범에 따른 질서유지가 충분히 이루어지고 있는 영역에 법규범이 개입하는 것은 목적(사회통제)과 수단(약한 관철수단 대對 강한 관철수단)의 반비례를 만들어 냄으로써 국가 스스로 자기모순에 빠지는 결과를 초래한다.[1)]

---

1) 빈대 한 마리 잡기 위해 초가삼간 태우거나(우리 속담), 참새 한 마리 잡기 위해 대포를 쏘는 것(서양 속담)은 전형적인

2) 정형화 정도 차이　　법규범과 사회규범은 정형화 정도에서도 차이가 있는데 이것은 위 8
에서 설명한 담당기관, 제재수단 차이에서 나오는 필연 결과이다. 법규범에 따른 사회통제는 규범, 제재 그리고 절차 모든 단계에서 국가가 부과하는 강력한 제재를 수반하기 때문에 사회규범의 그것보다 고도로 정형화되어 실시되고 또한 그래야 한다. 법규범은 고도 신뢰성, 예견가능성, 정직성 그리고 검증가능성이 있어야 한다. 그러나 사회규범위반에 대한 반작용은 때로는 자의적일 수 있고(예컨대 자구의 일탈행위에 대한 부父의 제재와 법관의 법에 대한 구속의 차이) 개괄적 예측만 가능한 경우가 많다(예컨대 부父의 제재 당시 심적 상태에 따른 제재등급과 채무불이행에 대한 손해배상, 살인행위에 대한 형벌의 예견가능성의 차이).

2. 사회통제 부분영역인 형법

(1) 형법 단편성

9 사회통제가 사회규범과 법규범에 따라 이루어지는 것은 법규범이 사회규범에 대해 보충관계에 있음을 의미한다. 그러므로 사회통제 전체체계에서 형법이 담당하는 질서유지과제 몫은 사회규범과 형법 외 다른 법규범 몫을 염두에 둘 때 극히 적은 일부분임을 알 수 있다. 이것을 **빈딩**(Binding)은 "**형법의 단편적 성격**"이라는 유명한 말로써 정의한 바 있다.[1] 이 말은 형법이 사회의 모든 질서를 유지해 주어야 할 임무를 갖는 것이 아니라 오히려 특별히 가벌성이 인정되는 제한된 분야에서 법익보호임무를 담당한다는 것을 의미한다.

10 형법의 단편성격은 사회통제 전체체계에서 형법이 갖추어야 할 정당성조건으로서 형법의 자유 · 법치국가적 성격을 나타낸다. 형법의 단편적 속성을 무시하고 다른 규범이 담당해야 할 영역을 침범한 형사법률은 정당하지 못한 입법으로서 비범죄화되어야 할 대상에 속한다.

(2) 형벌 최후수단성

11 문제는 형법이 담당해야 할 사회통제 몫을 정하는 데 있다. 법규범 안에서 형법은 사회제재의 가장 강력한 수단을 가지고 있다. 형벌은 가장 중한 국가제재에 속한다. 사회규범 · 법규범을 통틀어서 형벌보다 강한 제재는 없으며, 경우에 따라서는 사람 생명까지도 박탈할 수 있는 강력한 힘을 가지고 있는 것이 형벌이다. 형벌의 이와 같은 속성을 일컬어 **최후수단성**(ultima ratio)이라고 한다.

12 만일 국가가 형벌을 가지고도 해결할 수 없는 사회분쟁상황에 직면하면 이제 국가는 더 이상 동원할 수 있는 수단이 없다. 그 분쟁 앞에 두 손을 들거나 아니면 분쟁상황과 더불어 살아가는 지혜를 찾는 도리밖에 없다. 형벌 최후수단성은 형법 사회통제 전체체계뿐만 아니라 법규범 안에서도 특수한 위치를 갖게 하는 실질적 근거가 된다. 따라서 형법은 다른 사회규범이나 법규범보다 까다로운 정당성조건을 구비해야 한다. 이것은 법익침해를 통해서 법익보호를 꾀하겠다는 형벌의 모순된 성격에 따른 당연한 결과라고 할 수 있다.

(3) 형법 보충성

13 형벌의 최후수단성으로부터 나오는 형법의 단편 성격은 동시에 형법이 다른 규범을 도와주는 부차적 역할을 하는 것에 지나지 않는다는 종속성을 뒷받침하는 근거이다. 무엇보다도 형법

반비례의 보기이다. 이것은 곧 비이성과 비합리를 나타내는 말이다.

1) Binding, Lehrbuch BT, Bd. I, 20면 이하; 박달현, 「법질서의 통일성과 형법의 독자성에 관한 연구」(비교형사법연구 19, 2017), 1면 이하.

침해가 정당화되기 위해서는 형법에 앞서 있는 사회통제 다른 영역(정치 · 종교 · 윤리 · 도덕과 같은 사회규범뿐만 아니라 민법 · 행정법 · 상법과 같은 법규범)을 전제하지 않으면 안 된다. 이와 같은 다른 사회적 · 법적 통제수단이 사회분쟁상황을 완전히 처리하지 못하는 곳에서만 형법은 비로소 보충적으로 투입될 수 있는 자격을 가진다. 이것을 **형법의 보충적 성격**이라고 한다.[1] 보충적인 것이 중심적인 것으로 되면 사회통제 전체체계 안의 영역침범으로 그 정당성이 상실된다.

14 말은 최후수단이라고 하면서 실제로는 다른 사회규범, 법규범의 질서유지 몫을 가리지 않고 형벌을 투입하면 그것은 **최초수단**(prima ratio) 또는 **유일한 수단**(sola ratio)으로 변질한다. 형벌이 그의 최후수단 위치를 지키려면 형법은 특별히 중대한 행위만을 금지하고 형벌을 적용해야 한다. 형벌의 최후수단성, 이로 인한 사회통제 전체체계 안에서 형법에 대한 특수한 자리매김은 형법이 추구해야 할 과제 · 목적을 규정해 준다.

3. 형법의 규범 성격

(1) 공 법

15 형법이 수단으로 하는 형벌은 공형벌이다. 형벌권은 개인이 아니라 국가가 그 주체가 된다. 형법은 공법과 사법의 분류로 하자면 공법에 속한다. 재산과 같은 개인적 법익을 침해한 경우에도 가해자에 대한 처벌은 형벌권을 가진 국가와 범죄자 개인 사이에서 이루어지는 문제이지 가해자와 피해자 사이의 문제로 처리되지는 않는다. 이 점은 형법의 벌금이 손해를 입은 피해자의 재산을 전보하는 데 사용되지 않고 국고에 귀속되는 것을 보아도 알 수 있다.

16 법을 입법법立法法, 사법법司法法, 행정법行政法으로 나누었을 때 형법은 재판에 적용되는 법이라는 의미에서 사법법에 속한다는 견해가 있다.[2] 국가권력을 입법, 행정, 사법으로 나누었을 때 형법은 사법권의 관할에 속한다는 형식적 의미밖에 없다. 입법, 행정사안을 불문하고 모든 법률은 재판의 전제이다. 입법과 관련된 국회관련 법률은 주로 헌법재판, 행정관련 법률은 행정심판의 대상이 될 뿐이다. 현행 법원조직법상 행정사건도 대법원을 정점으로 하는 사법부 심판사항에 속한다.

(2) 당위규범과 명령규범

17 형법은, 규범을 존재와 당위로 나눌 때 당위규범에 속한다. 그것도 가설적 당위규범에 속한다. 이것은 형법 구성요건이 가설적 당위를 내용으로 하는 것을 의미한다. 즉 일정한 당위(예컨대 제250조 살인죄에서는 "살인하지 말라"는 당위)를 배후에 깔고, 만일 그렇게 하면(가설적) 일정한 형벌을 법적 효과로 부과하겠다는 형식을 가지고 있다는 의미다.

18 당위 대상이 타인이 되면 그것은 명령이 된다. 왜냐하면 "너는 … 해야 한다"는 형식은 언제나 명령적일 수밖에 없기 때문이다. 명령을 내리는 주체는 법공동체, 입법자, 국가 등으로 표현할 수 있다. 종교규범과 달리 세속규범인 형법은 언제나 '타인'을 대상으로 한다. 따라서 타인 행위로 지향된 당위를 내용으로 하는 형법은 당위규범인 동시에 명령규범에 속한다.

---

1) 박달현, 형법상 보충성원칙에 관한 연구, 1996; 윤영철, 「법치국가에서의 안전지향형법에 대한 비판적 고찰」(원광법학 34, 2018), 131면 이하; 이원상, 「감염병예방법에 따른 형사처벌에 대한 고찰」(형사법연구 33, 2021), 217면 이하; 류경은, 「디지털자산의 착오이전과 '착오송금법리'의 적용가능성」(은행법연구 16, 2023), 75면 이하.

2) 이재상 외, 1/4; 임웅 외, 5면.

(3) 평가규범과 결정규범

형법이 입법자 '명령'으로 만들어진다고 할 때, 만일 그 명령을 자의적으로 행사하면 어떻게 될까? 형법적 금지와 요구는 '평가적'이어야 한다. 평가는 옳고 그름에 대한 판단이다. 이런 평가 요소가 빠진 명령은 정당할 수 없기 때문에 국민들은 승복하지 않는다. 이것을 두고 형법을 평가규범이라고 한다. 형법은 수범자受範者들에게 하지 말아야 할 부정적으로 평가된 행위를 금지하고, 그럼에도 그러한 행위를 하였을 경우는 법관이 역시 부정적으로 평가하여 형벌을 부과한다는 의미에서 평가규범이다. 19

평가규범은 결정규범과 짝을 이룬다. 입법자 명령은 수범자가 그 명령에 따라 행위를 '결정' 할 것을 요구한다. 불법이 아닌 합법에 대한 결정 요구이다. '합법적 결정'에는 이미 일정한 가치가 내재되어 있다. 그러므로 평가규범은 결정규범 전제조건이다. 일정한 행위에 대한 결정은 자신이 결정하는 행위가 긍정적으로 '평가'될 경우에만 요구할 수 있다. 국가는 국민들에게 부정적 결정을 명령할 수는 없다. 만일 결정규범(명령) 성격이 빠진 평가규범이 있다면, 그것은 강제성이 없어서 규범으로서 가치가 없다. 20

(4) 행위규범과 재판규범

형법은 국민의 행위준칙이 된다는 의미에서 행위규범이고, 동시에 법관 재판기준이 된다는 의미에서 재판규범이라는 구별이다. 이 구별은 위 평가규범, 결정규범의 구별과 큰 차이가 없어 보인다. 그러나 여기에는 매우 중요한 한 가지, 형법의 '가치', 즉 평가 관점이 빠져 있다. 행위와 재판기준이 되는 형법규범 내용이 '정당한' 것이어야 한다는 요구가 없는 형식적 구별에 지나지 않는다. 21

[8] Ⅲ. 형법 과제[1]

1. 형법의 적극 과제

(1) 형법의 보호 목적(법익보호과제)

1) 형법법익 보호 　형벌 최후수단성격은 형법이 다른 통제수단에 대해 보충적 성격을 갖게 한다. 형법이 보충해야 할 몫은 다른 규범이 해낼 수 없는, 사회적으로 가장 중요한 이익에 대한 침해를 처리하는 것이다. 형법보호를 받을 자격이 있는 이익을 '**법익**'이라고 한다. 형법이 보호하는 이익은 구별하여 **형법법익**이라고 할 수 있다. 1

형법 과제는 사회통제의 가장 강력한 수단으로 이루어지는 형법법익 보호에 있다. 계몽주의 사상에 근거하는 형법 법익론은 종교나 윤리규범 위반을 범죄화하는 것을 금지한다. 이런 행위가 타인의 구체적 이익, 즉 법익을 침해했다는 입증이 가능할 때 비로소 형법 수단의 투입은 정당화할 수 있다. 따라서 일정한 인간행위를 형법으로 금지하여 범죄로 규정하기 위해서 입법자는 해당 행위로 피해를 입는 **피해자**와 그가 침해당하는 **구체적 이익**을 보여주어야 한다. 2

2) 법익과 행위객체 구별 　법익론은 입법자에게 범죄기준을 제공하고 그가 내린 결정이 정의에 부합하는가 심사할 수 있는 근거이다. 이것은 합리적 형사정책을 수행하기 위한 필수전제 3

1) 일반적으로 쓰이는 '기능'이라는 말은 가치중립적이어서 형법에 적합하지 않다. 당위적으로 추구해야 할 형법의 목적을 나타내려면 '과제'라는 개념이 더 적합하다.

다. 즉 법익보호로 분류할 수 없는 금지내용은 형법전에 규정할 수 없다. 그러므로 범죄화하고 난 뒤에 그 법익을 찾아서는 안 되고, 보호해야 할 법익이 먼저 있고 그에 대한 범죄화가 뒤따라야 한다. 이 점에서 법익과 행위객체는 구별된다.

4 예컨대 절도죄 행위객체는 타인 재물이지만 그것의 보호법익은 소유권이다. 그러므로 법익은 추상화된 사회의 보편적 이익 · 가치를 의미하며, 이것은 구체적 행위객체를 통해서만 침해될 수 있다. 살인죄 보호법익과 행위객체는 다 같이 생명이지만 후자 경우는 구체적 사람과 결부된 생명을 의미한다.

5 법익종류로는 개인 법익과 보편 법익이 있다. 전자는 개인이 가지는 생명 · 신체 · 인격 · 명예 · 재산 등과 같은 법익을 말하고 후자는 국가 또는 사회가 향유하는 공공법익을 의미한다. 따라서 보편 법익은 국가적 법익(예컨대 국가의 안전, 국가기밀의 보호, 민주적 기본질서의 보호)과 사회적 법익(예컨대 경제질서 · 환경의 안전, 문서에 대한 신뢰의 보호, 교통의 안전)으로 나눌 수 있다.

6 **3) 인격적 법익론** 법익에 대한 판단기준은 인격적 법익론이다. 인격적 법익론은 개인, 사회, 국가의 긴장관계에서 법익파악 핵심기준을 **'사람'**(인간)으로부터 찾는다. 따라서 법익은 형법적으로 보호해야 할 인간이익으로 정의할 수 있다. 사회 · 국가와 같은 제도 보호는 그것이 개인으로서 인간보호 조건이 될 때 조건이 되는 만큼 필요할 뿐이다. 사회 · 국가의 이익은 모든 인간이익 실현수단이기 때문에 기능적으로 보아야 한다. 이것은 사람이 빠진 사회 · 국가 허구성을 보면 쉽게 알 수 있다. 그러므로 보편 법익으로 인정되기 위해서는 보호하고자 하는 이익이 인간 개인이익 보호와 직결된다는 사실을 입증해야 한다.

7 이 점은 형법이 일상적으로 행하는 역할에서도 확인할 수 있다. 사회 · 국가 법익을 위한다고 할 때에도 그 위반행위에 대한 처벌은 언제나 개인을 지향한다. 즉 사회 · 국가 문제는 개인화하여 처리한다. 형법은 개인을 처벌할 수 있을 뿐이지 형법이 직접 사회 · 국가를 안정시키고 손해를 감소시키는 것은 아니다. 개인의 사회성 · 국가성이 강조될수록 형법에는 사람 · 개인으로 지향된 이론이 필요하다. 따라서 법익을 그 실질적인 중요성에 따라 분류하면, 개인 법익이 가장 앞서고, 그 다음이 사회 법익, 국가 법익 순서가 된다. 형법각칙에 대한 법률분류와 달리 교과서에서 개인 법익을 가장 먼저 서술하는 것도 이러한 생각을 반영한다.

(2) 사회윤리적 심정가치 보호

8 **1) 벨첼 주장과 형법 탈윤리화** 형법 법익보호과제가 논의될 때는 언제나 **벨첼**(Welzel) 주장이 거론된다. 즉 그에 따르면, "형법 과제는 기본적인 사회윤리적 심정(행위)가치의 보호에 있고 개별 법익은 이에 포함되어 보호된다"[1]고 한다.

9 이에 대해 사회윤리적 심정가치보호는, ① 법이론적으로 사회통제 전체체계에서 볼 때 형법에 앞서 있는 사회규범인 윤리에 따라 추구되고, ② 법사회학적으로는 형법이 형벌로써 이런 과제를 실제로 얼마만큼 충족할 수 있는가 하는 비판과 의문이 제기되었다.

10 그러나 **벨첼** 주장은 '사회윤리적 행위가치보호가 법익보호 효과적 수단'이 된다는 계속되는 설명[2]으로 이해할 수 있다. 즉 **벨첼**은 형법 법익보호과제를 포기 또는 태만히 하려는 것이 아니라 오히려 완성하려고 한다.

1) Welzel, Strafrecht, 4면.
2) 역시 Welzel, Strafrecht, 4면.

2) 법치국가 조건 다만 여기서 조심해야 할 것은 다음 두 가지 점이다. ① 법익과 윤리적 행위가치가 동시에 그리고 동등하게 보호될 수 없고, 법익이 윤리적 행위가치를 내용적으로 결정하여 선도하는 것으로 이해해야 한다. 11

② 법익보호에 따른 사회윤리 심정(행위)가치보호도 형법의 법치국가 정형화과제와 결합해야 한다. 정형화되지 않은 형법통제는 사회윤리 가치를 높이기보다 오히려 타락시킨다는 점을 염두에 두어야 한다. 12

결론적으로 사회윤리 행위가치보호는 형법과제의 새로운 영역이 아니라 법익보호 범주에 포함되는 문제라고 할 수 있다. 13

(3) 규범승인에 대한 훈련

이 목적은 **야콥스**(Jakobs)가 "국가형벌 과제는 규범승인 훈련에 따른 일반예방에 있다"[1]고 주장한 것으로부터 유래한다. 그러나 **벨첼** 법익보호와 같은 정당성을 담보할 만한 제한 없이 단순한 규범승인 훈련만을 말하기 때문에 이론적 문제점이 있다. 단순한 규범승인 훈련은 반사회윤리적 수단, 즉 불법적 형법에 따라서도 추구될 수 있다(법치국가적 제한 · 정형화 필요성). 이는 분명히 인간존엄 · 자유에 대한 중대한 침해가 아닐 수 없다. 14

2. 형법의 소극 과제

(1) 형법의 보장 목적

형법 두 번째 과제는 형법이 그에게 주어진 분쟁해결 과제, 다시 말하면 법익보호과제를 고도로 정형화하여 수행해야 한다는 점에 있다. 이것은 법규범과 사회규범이 사회통제 전체체계 안에서 그 정형화 정도에 따라 존재론적 · 당위적으로 구별되는 것과 같은 배경을 가진다. 다른 사회규범이나 법규범이 처리할 수 없는 분쟁상황 해결, 즉 사회적으로 승인된 가장 중대한 법익보호에 국한되는 형법은 이 과제에 알맞은 관철수단(즉 최후수단인 형벌)을 가지고 있다. 15

이것은 형법분쟁에 관계되는 사람들의 이익이 중대하게 침해될 수 있음을 의미하므로 형법 법익보호과제는 그것이 중요한 만큼 또한 고도로 정형화된 수단으로 추구해야 한다는 요구를 받는다. 법익보호로 형법침해가 근거지워진다면 정형화는 그 **정당성**을 제공한다고 할 수 있다. 형법의 보장 목적은 법치국가적 정형화목적이라고도 한다. 16

범죄로부터 보호받고 싶어 하는 일반인 욕구는 끝이 없다. 우리나라 **재범 · 누범률**(입소경력)은 **2024년 42.4%에** 달한다.[2] 이것은 전체 수형자 42.4%가 출소 후 다시 범죄를 저지른다는 통계 가능성을 의미하므로 일반인보호, 법익보호의 가장 완벽한 실현은 이들을 영원히 격리조치하거나 또는 생명을 박탈하면 된다. 그러나 이런 방법이 적용될 수 없다는 것은 누구나 알 수 있는 일이며, 바로 이러한 상식이 곧 형법의 정형화과제 필요성을 뒷받침한다. 17

(2) 정형화 두 가지 방법

정형화된 형법통제는 광범위하지만 예견 · 규제가능하고 결코 자의적이지 않은 규범침해에 대한 미리 계획된 응답으로 이루어진다. 이러한 정형화 방법에는 형사입법에 의한 것과 규범원칙에 의한 것 두 가지가 있다. 18

1) Jakobs, AT, 1/4 이하.
2) 법무연수원, 범죄백서, 2024, 356면.

19 1) **입법에 의한 정형화** 형사입법에 따라서 범죄로 평가되는 인간행위와 그에 대해 부과되는 제재종류 · 정도는 미리 정해진다. 따라서 당사자와 일반인은 일정한 형법통제 사용을 예견 · 심사할 수 있고, 필요한 경우 법적 요건에 어긋나는 통제를 바로 잡을 수 있다. 입법에 따른 정형화는 형법 사회통제의 고유한 특수성이 아니라 모든 법통제 일반의 속성에 속한다. 입법에 따른 예견가능성 구현과 법관의 형법에 대한 구속에는 한계가 있다. 왜냐하면 법개념의 넓은 어의적 범주語義的 範疇는 통제기관으로 하여금 개념규정에 대한 일정한 재량을 열어 주기 때문이다. 형법 사회통제의 정형화 특징은 오히려 그 정형화과제가 형법과 형사소송법에 존재하는 무수한 규범원칙에 따라 이루어진다는 점이다.

20 2) **규범원칙에 따른 정형화** 규범원칙 예를 들면 다음과 같은 것이 있다. 죄형법정주의의 실현을 위한 명확성원칙, 관습형법금지원칙, 유추적용금지원칙, 소급효금지원칙과 같은 부속원칙, 책임원칙, 비례성원칙, 실체형법의 '의심스러울 때는 시민자유 이익으로'(in dubio pro libertate), 절차형법의 '의심스러울 때는 피고인에게 유리하게'(in dubio pro reo), 재판공개원칙, 변호권, 상소권, 증거제출권, 증거금지, 묵비권, 증언거부권 등은 모두 형법통제를 정형화하기 위한 법치국가원칙에 속하는 것들이다.

21 따라서 이들은 전부 형법 효과를 제약하는 내용을 담고 있기 때문에 단순히 범죄구축만을 목적으로 하는 법익보호과제에는 역행한다. 예컨대 증거금지나 증언거부권은 소송이 교착상태에 빠지는 원인이 되기도 한다. 책임원칙의 형벌제한은 종종 재사회화에 필요한 시간을 허용하지 않을 뿐만 아니라 다른 범죄결의를 포기하지 않은 범죄자를 석방하는 결과를 가져오기도 한다. 상소권은 소송지연 중대 원인이 되지만 성공하는 사례는 많지 않다.

22 3) **형법의 최후수단성** 형법 정형화과제는 형법이 사회통제 전체체계 안에서 갖는 최후위치로부터 나오는 당위요청이다. 그 기원은 법익론과 마찬가지로 계몽주의철학으로부터 찾을 수 있다. 인간은 '성숙한 개별 인격체'이고 '목적 그 자체'라는 점을 일깨운 것은 계몽주의철학 성과이다. 이 인식으로부터 개인의 자유로운 자기실현과 개인 자유영역은 가급적이면 국가간섭을 받지 않고 보장돼야 한다는 법 과제가 도출된다.[1)] 개인 행위자유를 가장 강력하게 제한하는 형법규범은 타인 행위자유를 위해서만 정당성 근거가 주어질 수 있다.

(3) 결 론

23 형법은, ① 그의 법익보호과제로 근거지워지고, ② 이 과제를 정형화하여 수행함으로써 정당화된다. **정형화**한다는 말은 '정도를 지킨다' 또는 '필요한 만큼 제한한다'는 의미를 가진다. 따라서 형법은 개인(범죄인) 침해로부터 모든 사람(일반인)의 행위자유를 보호해 줄 뿐만 아니라 모든 사람(일반인)의 무제한적 자유(보호욕구)로부터 개인을 보장하며, 이는 형법 정당화(형법이론) 양대 조건이 된다.

3. 형법 법익보호과제와 정형화과제의 관계

(1) 침해권한과 침해한계

24 형법 법익보호과제와 정형화과제는 같은 대상(형법)의 양면을 구성하고 있음에도 양자는 역기능 · 모순관계에 있다. 우리는 보통 형법 임무 · 과제는 범죄로부터 국가 · 사회 · 개인을 보호하

---

1) 헌법 제1조 제2항, 제10조, 제11조 제1항, 제12조 제1항, 제13조 제1항; 독일 헌법 제1, 2, 3조.

는 법익보호목적에 있고, 이것이 형법 제일 목적인 것으로 생각한다. 형법이 범죄로부터 일반인을 보호하기 위한 침해권한을 규정하지만 다른 한편 형법은 국가 · 사회 · 개인 보호에 대한 한계를 규정한다. **리스트**(v. Liszt)가 "**형법은 형사정책의 뛰어넘을 수 없는 한계**"라고 말한 것은 이것을 잘 대변한다.[1] 즉 형법 자체가 보호목적을 위한 침해권한 규정인 동시에 **침해한계** 선언이기도 하다. 침해권한과 침해한계는 분명히 영역을 달리하는 문제로서 양자는 대립관계에 있다.

형법과 형사소송법에 존재하는 모든 규범원칙도 – 여기에는 하나의 예외도 없다 – 효과적 범죄예방을 제한함으로써 적극적 보호과제에 역행하는 내용을 담고 있다. 이러한 정형화 규범원칙은 국가형벌권에 대해 범죄자와 그 관련자들이 효과적으로 맞설 수 있는 지위를 보장한다. 25

(2) 형법 자기구속이유

그러면 형법이 자기행위를 정형화함으로써 스스로 입법과 가치원칙에 구속되는 이유를 알아야 할 필요가 있다. 보호와 정형화(보장)라는 서로 충돌하는 두 과제를 추구하는 어려움을 감수하는 이유다. 26

1) 사실적 이유 일반인과 범죄인 구별은 고정불변이 아니라는 점에 사실상 필요한 이유가 있다. 일반인과 범죄인은 원초적으로 나뉘어 있는 것이 아니라, 한 집단에서 다른 집단으로 끊임없이 이동하는 가변적 구별이다. 일반인은 보호를 받기만 하면 되는 영구적인 잠재 피해자일 수 없으며 동시에 잠재적 범죄인이고, 범죄인도 언젠가는 일반인 위치로 다시 복귀한다. 오늘 범죄인문제가 내일 일반인문제로 되고 범죄인보장은 일반인보호 다른 측면이라는 사실에 형법 자기구속 지혜가 들어 있다. 27

2) 규범적 이유 헌법이 보장하는 기본권 주체인 '국민'에는 범죄로부터 보호받는 일반인뿐만 아니라 범죄인도 포함된다. 범죄행위를 하였다고 국민성이 박탈되는 것은 아니므로 범죄인도 엄연한 국민 한 사람이다(헌법 제1조 제2항, 제10조, 제11조 제2항). 다만 그는 범죄행위 대가로 일정한 기본권이 제한되는 것을 감수해야 할 뿐이다(헌법 제12조 제1항). 형법은 일반인보호와 같은 정도로 범죄인을 과도한 국가형벌권 또는 일반인의 과도한 보호욕구로부터 보장해야 할 헌법요청을 받는다. 28

(3) 두 가지 목적의 반비례관계

일반인 보호목적과 범죄인 및 그 관계인을 위한 정형화목적은 그 역기능 정도가 완전한 반비례관계에 있다. 일반인보호 극단은 범죄자를 사회로부터 영구적으로 추방하면 되지만 범죄인보장 극단은 반대로 범죄에 대한 방관 또는 형법통제 포기로 이룩할 수 있기 때문이다. 29

그러므로 어느 한 목적을 우선하면 다른 목적은 동일한 정도로 소홀하게 되는 구조를 가진다. 완전히 방향이 다른 두 과제를 동시에 그리고 같은 정도로 실현해야 하는 점에 형법이론과 형법정당화 어려움이 있다. 효율성 조건과 그 효율성을 제한하는 조건이 양립할 수 있는 방법을 찾는 것이 곧 모든 형법학이론의 궁극적 과제다. 30

(4) 보호목적의 상대적 우위성

1) 범죄자보장에 의한 일반인보호 형법의 궁극적 과제가 범죄에 대한 효과적 대처이기 때문에 보장과제는 보호과제만큼 강조해야 할 필요가 없는 것으로 생각할 수도 있다(보호목적 상대 31

1) Franz von Liszt, Einfluß, 특히 80면.

적 우위). 그러나 이것이 불가능한 이유는 다음과 같다.

32 (가) **바늘도둑과 소도둑** 상대적 우위는 곧 테러형법 첫걸음이 된다. 왜냐하면 일반인 보호욕심에는 끝이 없기 때문이다. 일정한 선(한계 또는 제한)을 언제나 넘도록 유혹을 하고, 그리하여 한 번 넘으면 반복하여 넘게 되며, 이 반복은 곧 일상이 되어 처음에 존재했던 선 그 자체를 아예 없애버리는 결과를 가져온다. 이 말은 일반인보호를 위해 범죄인 보장측면을 '바늘도둑'만큼 훔치겠다는 생각은 결국 그 자체를 완전히 무시하는 '소도둑'으로 발전한다는 의미다.

33 (나) **상대적 우위에 대한 대가** 보호목적 상대적 우위로 일반인이 그만큼 더 보호를 받을 수 있을 것으로 생각하면 잘못이다. 오늘의 우선 보호는 내일 일반인(잠재적 범죄자로서 일반인)에 대한 침해위험성을 대가로 해서만 가능하다는 점을 명심해야 한다. 오늘 범죄인이 당해야 하는 것만큼 내일 일반인이 동일하게 당해야 하는 것이다. 만일 사회적으로 지탄받는 범죄자를 '오늘' 법적 절차를 무시하고 사형에 처하는 것에 동의하면, 나나 내 자식 또는 내 부모 등이 '내일' 그 상황에 처하게 되었을 때 같은 방식으로 사형집행을 당하더라도 어떤 항변도 할 수 없다. 보호목적 상대 우위는 곧 보장목적에 대한 상대적 손상을 수반한다.

34 (다) **"좋은 형법"의 불가능** 형법의 이와 같은 모순 성격은 형법이 형벌이라는 법익침해수단을 통해 법익을 보호하고자 하는 모순에서 나온다. 이것을 두고 **리스트**는, 형법을 **"양 날의 칼"**로 비유하였다. 재산을 보호하기 위한 목적이라고 하면서 재산을 박탈하고(벌금 · 과료 · 몰수 등의 재산형), 자유와 생명을 보호한다면서 자유를 빼앗고(징역형) 사람을 죽이기까지 하는 것(사형)이 형법이다. 국가가 국민에 대해 "살인하지 말라"(형법 제250조)는 금지규범을 명령해 놓고 결과적으로 자신은 지키지 않는 모양새다. 이 의미에서 **라드브루흐**(Radbruch)는 **"좋은 형법"**(besseres Strafrecht)은 있을 수 없다고 단언한다. 법익을 침해하지 않는, 즉 오늘날 형벌과 다른 수단을 찾거나 아니면 형벌을 폐지하고서도 법익을 보호할 수 있게 될 때 '좋은 형법'은 비로소 가능할 수 있다.

35 이런 모순이 비단 형법에만 있는 것은 아니다. 완전히 성질이 다른 두 가지 요소가 결합하여 하나의 실체를 만드는 것을 비유적인 보기로 설명하면, 전진을 목적으로 하는 가속페달과 그것을 정지시키는 브레이크가 결합한 자동차, 음陰과 양陽으로 이루어진 우주 또는 더욱 비약하자면 남자와 여자로 구성되어 있는 인류 등도 이러한 종류로 파악할 수 있다.

4. 충돌하는 두 과제 동시 충족방법

(1) 균형사상과 정의 기준

36 형법 법익보호목적과 정형화(보장)목적의 당위성과 그것을 동시에 충족할 수 있는 방법론은 별개 문제다.

37 동시충족은 결국 양 과제 균형이나 조화상태를 의미한다. 형법의 적극적 보호과제와 소극적 보장과제 사이의 섬세하고도 광범위한 결정을 판단하는 기준은 해당 문화와 인간에 깊이 뿌리 박혀 있다. 이것을 일컬어 **인간상人間像**[1] 또는 **정의正義 기준**[2]이라고 한다. 이들이 우리에게 불의한 것으로 배척해야 할 것과 정의로운 것으로 추구해야 할 것 그리고 우리가 현실 가운데서 중요

---

1) Radbruch, Der Mensch im Recht, 2. Aufl., 1961; 윤재왕, 「법철학과 사회법 – 라드브루흐의 사회적 법사상을 중심으로 –」(안암법학 제37권, 2012), 331면 이하.

2) Kriele, Kriterien der Gerechtigkeit, 1963.

한 것으로 지각해야 할 것 등을 가르쳐 주기 때문이다. 이러한 기준의 역사는 아직 기술되어 있지 않다. 그러나 그것은 우리 실존적 형법생활과 관련을 맺고 우리 집단 희망이나 공포를 표현한다. 따라서 장기적 역사변화에 종속하는 역사적 산물일 수밖에 없으며, 이런 사실은 현재 정의감과 고대·중세의 법문화 차이에서 확인된다.

(2) 약자동정에 의한 균형

결국 양 목적 균형기준은 해당 국가 법문화·법현실·인간상과 깊은 관련을 맺는 것으로 요약할 수 있다. 그 내용을 일반적·포괄적으로 설명하는 데는 한계가 있어서, 언제나 구체적 문제와 관련하여 논의해야 한다. 형법도그마틱의 모든 학설대립은 이 조화기준을 찾아내기 위한 노력이라고 할 수 있다. 균형·조화를 이끌어 내는 일반론으로, 미국 연방대법관이었던 **벤자민 카두조**(Benjamin Cardozo)의 다음 말은 시사해 주는 바가 크다. "강자(연방검찰)와 약자(피의자) 간 재판을 할 때 어느 쪽에도 기울지 않겠다고 한 재판은 지금 생각해 보면 강자 측에 기운 재판이었고, 약자 측에 조금 기울었다고 생각하며 한 재판은 지금 생각해 보면 오히려 중립적이었음을 알게 되었다." 이 노대법관 고백은 형법이 지향해야 할 일반인보호와 일탈자보장의 균형상태에 대해 형법적용 분야뿐만 아니라 형사입법 분야에 대해서도 많은 것을 암시해 준다. 38

(3) 우리나라 현실

① 우리나라 형법현실은 정책·이론·실무 어느 분야를 막론하고 '범죄척결'로 대표되는 일반인보호에 중점이 있다. 범죄자 또는 그 관련자에 대한 법치국가 보장은 상대적으로 매우 등한히 해 온 것도 사실이다. 그러므로 ② 이제 앞으로 형법이론이 해야 할 일은 양자가 균형상태를 가질 수 있도록 **열등한 보장목적**을 보호목적 수준으로 끌어올리는 것이다. ③ 범죄구축이 강조되는 것과 같은 정도로 피의자·피고인에 대한 법치국가 인권보장이 강조되지 않으면 그것은 곧 보호를 가장한 침해 첫걸음이 된다. 39

5. 형법과제 결론

(1) 국민의 형법 분류

모든 법제도는 오로지 국민을 위해서 존재한다. 이것은 곧 법이나 국가는 국민에게 봉사하기 위한 수단에 지나지 않는다는 것을 뜻한다(헌법 제1조 제2항, 제10조). ① 법의 궁극적 보호대상인 국민을 형법 시각으로 분류하면 일반인과 범죄인 양자로 나눌 수 있다. 형법은 일반인보호와 범죄인보장 양대 과제를 가지고, ② 이 둘을 동시에 그리고 같은 정도로 균형을 이루어 수행할 때 국민봉사라는 법 전체 목적은 달성된다. 이 밖에 논의되는 기타 형법과제, 예를 들면 사회윤리적 행위가치 보호, 규범승인훈련, 사회보호기능 그리고 예방·규제적 기능 등은 위 양대 과제로 수렴가능하거나 또는 이것을 실현하기 위한 수단이기 때문에 형법과제 본질을 흐리게 할 위험성이 있다. 불필요한 과제추가는 형법에 대한 잠재 피해자의 과도한 기대를 유발하여 **형법 비대화**에 구실을 제공할 수 있다. 40

(2) 법치국가형법 지향

'균형' 이념은 구체적 법문제를 통한 현실 가운데서 실현돼야 한다. 우리나라는 전통적으로 범죄자에 대한 법치국가 인권보장을 소홀히 하였다. 범죄자 '사람됨'에 대한 가치를 인정하지 않는 사회전반 분위기는 크게 변하지 않고 있다. 41

42 법률 자체의 반법치국가성은 일부 정치형법(국가보안법 일부 조항)과 부수형법 만연에서 확인할 수 있다. 형법적용단계 비정형성은 수사기관 등 불법행위에서 엿볼 수 있다.

예를 들면, 아직도 완전히 불식된 것으로는 보이지 않는 불법수사, 가혹행위 등이나 소송 무기대등원칙에 반하는 반말신문 등이 있다. 이 점에 대한 언론과 국민 의식수준도 문제다. 유죄판결이 확정될 때까지 무죄로 추정한다는 헌법선언이 있음에도(헌법 제27조 제4항) 수사기관에서 검거한 피의자는 그 용모와 인적사항이 소상히 보도됨으로써 법원 판결보다 더 가혹한 여론재판을 받는다. 우리나라 재판은 수사기관에서 가장 먼저 하고, 그 다음이 언론·여론이고, 법원은 맨 나중에 한다는 말은 틀리지 않다. 따라서 형사피의자는 적어도 '세 번쯤은 죽어야' 하는 것이 우리 형법현실이다. '형법'이라는 말에서 무언가 보호를 받는다는 인식을 가지는 사람은 찾아보기 어렵다. 대법원에서 최종적으로 유죄가 확정된 사람에 대해서도 이것은 잘못된 일이다. 하물며 무죄로 결론 났을 경우 피고인과 그 가족 인권(사람됨의 권리)은 어디에서 되돌려 받을 수 있을까? 직접 당해보지 않은 사람은 상상조차 하기 힘든 인권상황이 아닐 수 없다.

43 그러므로 앞으로 우리 형법 최대 사명은 뒤떨어져 있는 법치국가 정형화목적, 보장목적을 보호목적 수준으로 끌어올려 균형을 잡는 일이다. 보호목적이 강조되는 만큼 보장목적 또한 동일하게 강조되어야 형법은 '법'으로 정당할 수 있다.

6. 형법과제와 형법 학설

(1) 객관설과 주관설

44 1) 객관설의 보호지향과 주관설의 보장지향 형법학에서 가장 빈번하게 등장하는 학설은 객관설과 주관설이다. 이 양자는 위에서 설명한 국민의 형법 분석인자인 일반인, 범죄인 그리고 형법 법익보호목적, 법치국가적 인권보장목적과 일정한 관련을 가진다. ① 일반인을 위한 보호관심은 언제나 객관적 성향을 띠어서 행위결과를 중심으로 하는 반면, 보장관심은 주관적 성향을 띠어서 행위자를 기준으로 하는 경향을 가진다. 전자는 보호받고자 하는 일반인 객관적 관점에서 보호판단 기준을 찾지만 후자는 보장대상인 행위자 주관적 관점에서 판단기준을 끌어낸다.

45 이것은 문헌에서 설명하는 주관설, 객관설 내용에도 반영된다. ② **객관설**은 평가기준을 객관적으로 구한다. 그리하여 일반인을 기준으로 판단해야 한다고 주장한다. 예를 들면 과실범 주의의무위반 판단기준으로서 '통찰력 있는 사람', 기대가능성 '평균인' 표준설은 모두 객관설 입장에서 나온 것이다. ③ 이에 대해 **주관설**은 행위자를 기준으로 평가·판단한다. 일반인을 판단기준으로 삼았을 때, 그것은 행위자의 구체적 인식·행위가능성과 거리가 멀기 때문에 일반인이 필요로 하는 기준이고 따라서 그들의 보호목적과 관련됨을 쉽게 알 수 있다.

46 그러나 행위자를 표준으로 하는 주관설은 행위자에게 가능한 것을 기준으로 삼기 때문에 원칙적으로 보장목적과 조화를 이룬다. '원칙적'이라 함은 주관설이 모두 행위자에게 유리한 것만은 아니라는 뜻이다. 예를 들면 행위자 주관적 행위가능성이 일반인 그것보다 높을 경우, 즉 일반인 평균수준을 뛰어넘는 행위자 경우에는 불리할 수도 있다. 결과가 불리한 이런 예외적 경우도 자기 자신을 판단기준으로 하기 때문에 그의 법치국가 권리가 침해되었다고 보기는 어렵다. 그것은 오히려 정당한 죄값에 해당할 것이고, 정당한 죄값은 법치국가 보장목적과 충돌하지 않는다.

47 2) 절충설 그렇다고 형법에 등장하는 모든 학설이 객관설과 주관설로 되어 있는 것은

아니고, 그 밖에도 절충설을 비롯한 다양한 종류 학설이 있다. 그러나 우리가 문제삼는 것은 형법목적에서 비롯되는 이 양자가 형법학설 근본을 구성한다는 점이다. 이것은 어떤 학설을 취했을 때 누구에게 유리하게 작용하는가를 분석해 보면 알 수 있다.

실체형법 경우 학설은 주로 **가벌성 범위**와 관련을 맺는데, 가벌성을 확대하는 것은 일반인 48
보호관심 그리고 반대로 축소하는 것은 범죄인 법치국가 관심과 관련이 있다. 절차형법 경우는 검사의 수사 또는 소추권한을 강화하는가, 아니면 변호인 권한을 강화하는가 양자 사이에서 학설 선택은 실질적 영향을 미친다. 전자는 물론 범죄로부터 사회를 보호하고자 하는 보호 이익을 대변하고, 후자는 피의자 · 피고인에 대한 법치국가 인권보장을 위한 것이다.

(2) 균형이론

이제 남은 것은 이런 객관설과 주관설 두 방향 학설 가운데 어느 학설을 선택해야 할 것인 49
가 하는 문제다. 우리는 앞에서 형법은 일반인과 범죄인 모두에게 기여할 수 있어야 하고, ① 그 방법은 양자 균형추구(보호 · 보장목적 균형)를 통해 달성할 수 있다고 하였다. ② 우리나라에서는 보호목적에 비해 보장목적이 현저하게 열등한 상태에 있기 때문에 이것을 전자 수준으로 끌어올려 균형을 잡는 것이 형법학 시급한 과제라는 점도 분명히 하였다. 이 점은 우리가 형법학설을 선택할 때 취해야 할 태도를 암시한다. 가벌성을 근거지우거나 확대하려는 학설과 그것을 배제 또는 축소하려는 학설 사이에는, ③ 특별한 결함이 드러나지 않는 한 후자를 선택하는 것이 문제의식 있는 사람이 취해야 할 태도다.

절차형법 경우도 마찬가지다. 이것은 학설내용의 옳고 그름을 따지기에 앞서 가져야 할 자 50
세이고, 보호 · 보장 균형을 실천하기 위한 구체적 행동 첫걸음이다. 여기에는 우리 **형법문화**에 대한 분명한 문제의식, 즉 범죄자를 사람 취급하지 않고 범죄구축 대상으로 삼는 우리 형법문화 속성에 대한 반성이 들어 있다. 뿐만 아니라 비대한 특별형법(300여 종에 달하는 부수형법과 그 형벌 강도)에 대한 분명한 문제의식 또한 들어 있다. 형법 정형화, 즉 사회통제 최후수단으로 제자리를 지키는 일이 범죄에 대한 가장 효과적인 장기대책임을 알아야 한다. ④ 이 많은 형법의 홍수 속에서 법적용자가 해야 할 일은 조금이라도 그 적용범위를 법치국가적으로 제한하는 것이다. 이것이 바로 법치국가형법 과제이다.

제 2 절 죄형법정주의

[9] Ⅰ. 죄형법정주의 의의

1. 죄형법정주의 의미

(1) 상식적 내용

"법률 없으면 범죄도 형벌도 없다"(nullum crimen, nulla poena sine lege)는 원칙을 1
죄형법정주의라고 한다. 죄罪(범죄)와 형刑(형벌)은 법률의 정함(법정法定)이 있어야 한다는 근대 형법원칙을 의미한다. 원칙이라고 하지만 지금 법문화에서 보면 매우 상식 내용을 담고 있는 것처럼 보일 수 있다. 왜냐하면 법률에 규정되지 않으면 범죄가 성립하지 않고, 범죄가 성립하지 않으면 논리적으로 형벌은 부과할 수 없기 때문이다.

(2) 규범효력 강제설

2 형벌은 범죄성립의 논리적 결과이기 때문에 "법률 없으면 범죄도 형벌도 없다"는 말은 사실 동어반복에 지나지 않는다. 범죄와 형벌은 동일한 사물(형법)의 양면에 해당한다. 입법자가 범죄로 규정하면서 형벌을 두지 않으면 강제성이 없어 실효성이 없고 따라서 무의미하다(강제설). 그럼에도 범죄와 형벌의 법정法定을 명시적으로 강조하는 것은 죄형법정주의가 범죄구성요건과 형벌규정 양자를 동시에 그리고 동일한 정도로 문제삼겠다는 의지 표현이다. 여기에서 범죄구성요건과 관련한 것이 "법률 없으면 범죄 없다"(nullum crimen sine lege)이고, 형벌규정은 "법률 없으면 형벌 없다"(nulla poena sine lege)로 포섭한다.

2. 죄형법정주의 중요성

상식내용인 죄형법정주의가 새삼스럽게 형법 기본원칙으로 문제되어야 하는 이유는 다음 두 가지로 요약할 수 있다.

(1) 역사적 이유

3 죄형법정주의에 대한 타당성 요청은 지금 관점에서 보면 상식내용을 담고 있는 듯이 보이지만 역사적으로는 그렇지 않다는 사실을 반영한다. 법률이 범죄와 형벌을 정해야 한다는 상식이 언제나 자명한 것으로 타당하지는 않았다. 국가형벌권이 법률 근거 없이 자의적으로 행사되던 죄형전단주의罪刑專斷主義는 역사적 사실이고 죄형법정주의는 이 사실을 배경으로 한다.

(2) 오늘의 이유

4 국가형벌권이 입법 · 사법을 묻지 않고 자의적으로 확장되어 시민자유와 권리를 필요 이상으로 침해할 수 있는 위험성이 있는 한 죄형법정주의는 끊임없이 새롭게 성찰되어야 한다. 죄형전단주의시대보다 정도면에서 현저히 줄었다고 하지만 아직도 불법이 형식적 합법성을 위장하고 자행될 수 있는 위험성은 여전히 존재한다.[1] 동서고금을 막론하고 국가형벌권은 끊임없이 확장하려는 속성을 지니고 있다.

5 죄형법정주의는 국가형벌권을 위해서 존재하는 것이 아니고 오히려 국가형벌권을 법률에 구속시킴으로써 시민 자유와 권리를 보장하기 위한 원칙으로 이해해야 한다. 죄형법정주의는 국가형벌권과 시민 대립관계에서 시민 편에 서 있다고 할 수 있다.

---

1) 심재우, 「죄형법정주의의 현대적 의의」(고시계, 1978. 1), 14면 이하; 홍영기, 「죄형법정주의의 근본적 의미」(형사법연구 제24호, 2005), 1면 이하; 류경은, 「디지털자산의 착오이전과 '착오송금법리'의 적용가능성」(은행법연구 16, 2023), 75면 이하.

[10] Ⅱ. 죄형법정주의 타당성의 법적 근거

1. 법적 근거 필요성

아무리 훌륭한 내용의 원칙이라 하더라도 법원칙으로서 입법과 사법을 구속하기 1
위해서는 법적 근거가 있어야 한다. 여기 법적 근거는 실정법의 최상위법인 헌법과 하위법이 제공한다. 헌법은 입법과 사법 모두를 구속하고 하위법은 사법만 구속한다.

그러므로 헌법을 비롯한 실정법이 규정하지 않은 내용은 판결기준이 될 수 없다. 2
이 점에서 법원칙과 법철학원칙은 엄격히 구분되고, 이른바 자연법은 사법심사 판결기준이 되는 것은 아니다. 하위법률에 대한 입법기준은 헌법이 제공한다. 다시 거슬러 올라가서 헌법자체 결단은 실정법체계를 초월하는 여러 인식(법철학 인식) 으로부터 연유한다. 그 결과 헌법규정은 매우 넓은 의미폭을 가지며 해석으로 구체화된다.

2. 법적 근거

(1) 중복규정 의미

헌법 · 형법 · 형사소송법 등에서 죄형법정주 법적 근거를 찾을 수 있다. 헌법 제12 3
조 제1항은 "누구든지 법률에 의하지 아니하고는 체포 · 구속 · 압수 · 수색 · 심문 · 처벌 · 보안처분 또는 강제노역을 받지 아니한다"는 선언을 한다. 같은 법 제13조 제1항은 "모든 국민은 행위시의 법률에 의하여 죄를 구성하지 아니하는 행위로 소추되지 아니한다"는 조항을 두어 법률에 따라서만 범죄가 규정될 수 있음을 천명한다. 같은 내용이 형법에 다시 한 번 규성되어 있다. 즉 형법 제1조 제1항이 "범죄의 성립과 처벌은 행위시의 법률에 따른다"고 하여 이른바 행위시법주의를 선언하고 있는 것도 죄형법정주의 훌륭한 근거다. 형사소송법 제323조 제1항 "형을 선고할 때는 법령의 적용을 명시해야 한다"는 규정도, 법률 근거가 없으면 형벌을 줄 수 없다는 의미로서 죄형법정주의를 소송법으로 표현하고 있다.

헌법과 형법이 죄형법정주의를 중복하여 규정하고 있는 이유는, 죄형법정주의가 4
형법원칙 차원을 넘어 헌법지위를 가짐으로써 형법적용뿐만 아니라 형사입법에 대해서도 타당하다는 의미를 나타내기 위한 것이다. 그만큼 중요하기 때문에 강조하는 의미도 있다.

(2) 행위시법주의에 대한 관계

형법 제1조 제1항 '행위시의 법률'이라는 말은 죄형법정주의를 선언한 것이 아니 5
고 형법의 시간 적용범위를 규정한 것으로 볼 수도 있다. 범죄성립과 처벌은 법률, 그 가운데서도 행위시 법률에 따른다고 이해해야 하므로 핵심은 어디까지나 법률에 있다. 따라서 이 규정은 일반적으로는 죄형법정주의 선언인 동시에 구체적으로는 행위시법주의 규정으로 이해하면 된다. 어떤 경우에도 이 규정이 죄형법정주의와 무관하다는 주장이나 그 법적 근거가 되지 않는다는 주장은 이해하기 어렵다. 죄형법정주의는 곧 행위시법주의 전제조건이 되기 때문이다.

[11] Ⅲ. 죄형법정주의 연혁 · 사상 배경

1. 죄형법정주의 연혁

1 오늘날과 같은 모습의 죄형법정주의는 1801년 독일 **포이어바흐**(Feuerbach, 1775~1833)가 "모든 형벌의 부과는 형법을 전제한다"고 선언하면서, 처음으로 "nulla poena sine lege"(법률 없으면 형벌 없다)라는 라틴어 표현을 쓴 것으로부터 비롯된다. 그러나 그 역사적 뿌리는 더욱 거슬러 올라갈 수 있는데, 어김없이 논의되는 것은 1215년 영국 대헌장(Magna Charta)이다. **존**(John)왕이 국민 강제에 못 이겨 조인한 대헌장 제39조는 "모든 자유인은 그와 동등한 신분을 가지는 자의 적법한 재판이나 국가 법률에 따르지 않고는 체포 · 구금 그리고 기타 법적 보호가 박탈되지 않으며 추방되지 않고 폭력이 가해지거나 투옥되지 않는다"고 규정한다.

2 그 밖에도, ① 1776년 버지니아 권리선언 제 8 조, "누구든지 국가 법률 또는 재판에 따르지 않고는 자유를 박탈당하지 않는다" ② 1787년 미합중국헌법 제 1 조 제 9 절 제 3 항, "어떤 형사소급입법도 허용되지 않는다" ③ 1789년 프랑스 인권선언 제 8 조, "누구든지 범죄 이전에 제정 · 공포되고 적법하게 적용된 법률에 따르지 않고는 처벌되지 않는다"는 규정은 오늘날과 같은 형사입법과 형법적용 죄형법정주의를 명백하게 선언하고 있다. **포이어바흐**가 "nulla poena sine lege"라는 말을 처음 사용하였다고 하여 과대평가할 필요는 없다.

2. 죄형법정주의 사상 배경

(1) 계몽주의

3 법률이 범죄와 형벌을 정해야 한다는 죄형법정주의는 국가형벌권을 법률에 구속시키는 것을 의미한다. 죄형법정주의는 절대국가권력에 대한 시민저항 · 혁명의 산물이며, 그것의 철학 · 정신사적 기초를 제공한 것은 17, 18세기 서구 계몽주의였다.

4 1) 계몽 의미 　계몽이란 **칸트**(Kant, 1724~1804) 말을 빌리자면, 인간이 **미성숙未成熟으로부터 탈출**하는 것이라고 한다. 이 미성숙은 인간의 자기책임에 속하기 때문에 계몽은 인간의 도덕의무라고 한다. 지금까지 절대군주에 대한 신민臣民으로 자족했던 사람들이 "나도 절대군주와 동일한 사람(인간)의 권리, 즉 자유 · 평등 · 재산권을 향유할 수 있다"는 자각 · 깨달음이 바로 계몽이다. 자기 인간됨의 존엄 · 가치를 깨닫지 못하는 사람은 성숙하지 못하고 계몽되지 않은, 암흑 속에 묻혀 있는 사람이라고 할 수 있다. **계몽은 인간됨의 존엄 · 가치에 대한 깨달음**이다.

5 2) 사 상 가 　죄형법정주의 사상기초는 근세 계몽주의사상가들, 예컨대 **홉스**(Hobbes), **로크**(Locke), **몽테스키외**(Montesquieu), **루소**(Rousseau), **칸트**(Kant), **베카리아**(Beccaria) 등과 직

접 · 간접으로 관련을 맺는다. 이들 모두 시민 자유 · 권리를 확보하기 위해 절대국가권력이 제한되어야 한다는 점을 강조했다는 면에서 공통이다.

(2) 방법론 차이

1) **홉스**(Hobbes, 1588~1679) 그가 출발점으로 삼는 인간관은 언제나 개인주의고 이기주의어서 자연상태에서 그들 재산과 권력에 대한 욕구는 "만인의 만인에 대한 투쟁"을 야기하므로 "인간은 인간에게 늑대"라고 하였다. 이러한 투쟁상태를 종결짓기 위해 인간 사이 계약으로 만들어지는 국가는 하나의 인격체라고 하면서, **군주제**를 가장 바람직한 형태 절대국가라고 주장하였다. 그의 **절대국가**는 언제나 선법善法을 전제하므로 악법관념이 존재할 여지가 없었다. 지배자의 자기구속에 따른 시민 권리보장이 **홉스** 착안점이었다.[1] 6

2) **몽테스키외**(Montesquieu, 1689~1755) 국가의 자의적 권력행사로부터 개인 자유와 권리를 확보하기 위해 국가권력작용을 입법 · 행정 · 사법으로 나누어, 이를 각각 독립 국가기관이 행사하게 해야 한다는 **삼권분립론**을 주장한다. 이에 따르면 사법부는 입법부가 제정한 법률로 재판해야 하기 때문에 범죄와 형벌 관계가 입법부 법률에 규정되어 있어야 하는 죄형법정주의가 요청된다.[2] 7

3) **루소**(Rousseau, 1712~1778) 그의 사회계약론(contract social)에 따라서 자의적 국가권력 제한뿐만 아니라 개인 상호간 자의적 권리행사까지도 제한하는 '법적 자유'의 개념이 도입된다. 이성적 인간의지인 일반의지(volonté générale) 기준에 따라서 체결된 사회계약이 법적 자유 토대가 된다. 개인자유 극대화가 궁극 목적이고, 일반의지의 사회계약으로 만든 국가는 이것을 실현하기 위한 수단에 불과하다(국가의 수단성). 개인과 국가 모두 일반의지에 따른 계약, 즉 법의 지배를 받아야 한다.[3] 8

4) **칸트**(Kant, 1724~1804) 인간은 '목적 그 자체'이고 결코 단순한 수단으로 취급해서는 안 된다는 논리를 인간의 고유한 이성(Vernunft)으로부터 찾는다. 국가는 법칙 아래서 인간이 결합한 것에 지나지 않는다. 그러므로 국가는 어떤 경우에도 법률구속을 면할 수 없다. 개인 자유, 법률, 국가권력은 진정한 의미의 시민헌법(군주헌법에 반대되는 개념) 기초가 된다.[4] 9

5) **베카리아**(Beccaria, 1738~1794) 법과 국가를 사회계약 산물로 보는 것은 **루소**와 마찬가지다. 형벌목적은 불법으로부터 범죄자를 격리시키는 것이며 이러한 형벌집행으로 일반인은 위하威嚇를 받고(위하이론) 범죄에서 멀어지게 된다. 이는 범죄와 형벌이 미리 법률에 확정되어 있을 것을 전제한다. 10

6) **포이어바흐**(Feuerbach, 1775~1833) 그의 심리강제설도 인간이성에 대한 믿음을 기초로 한다. 인간은 이익과 불이익을 냉철하게 비교 · 계산하여 행동하기 때문에 범죄와 형벌을 법률에 규정하여 두면 일반국민들은 범죄로 얻을 쾌락과 형벌로 받을 고통을 비교하여 범죄를 단념하는 심리강제로 작용한다는 것이다. 일반예방이론의 고전형식이다. 11

(가) 주　장 따라서 심리강제설은 그 당연한 귀결로서 범죄와 그것에 대해 부과될 형 12

1) Hobbes, Leviathan 서문; 심재우, 「T. Hobbes의 죄형법정주의사상과 목적형사상」(고려대 법률행정논집 제17집, 1979), 119면 이하.
2) Montesquieu, Vom Geist der Gesetze(Reclam-Ausgabe, 1980), 104, 138면 이하; 윤재왕, 「법관은 법률가의 입? – 몽테스키외에 관한 이해와 오해」(안암법학 제30권, 2009), 109면 이하.
3) Rousseau, Gesellschaftsvertrag(Reclam-Ausgabe, 1980), Erstes Buch, 1., 3., 6., 8. Kapitel.
4) Kant, Werkausgabe Bd. Ⅱ, S. 210; Bd. Ⅲ, 431면; Bd. Ⅶ, 686면.

벌이 법률로 규정될 것을 요구함으로써 죄형법정주의의 빼놓을 수 없는 사상기초가 된다고 한다.[1)]

13 (나) **비 판** 간과하지 말아야 할 것은 **베카리아**에서 형벌 일반위하효과나 **포이어바흐** 심리강제를 목적으로 죄형법정주의가 하나의 수단으로 등장한 것은 아니라는 점이다. 다시 말하면, 일반위하이론이나 심리강제이론 때문에(또는 이들을 위하여) 죄형법정주의가 나온 것은 아니라는 점이다. 죄형법정주의는 국가의 전단적專斷的 형벌권행사로부터 개인 자유 · 권리를 보장하기 위해, 즉 국가형벌권을 법률에 구속시키기 위해 나온 것이지 국민을 위협하고 심리강제를 주기 위해 등장한 것은 아니다. 죄형법정주의 일차적 규율대상은 어디까지나 국가다. 만일 국민이 그 대상이라면 죄형법정주의는 계몽주의로 중세 암흑을 해방시키는 것이 아니라 제2 족쇄를 채우는 의미를 가진다.[2)] **베카리아**, **포이어바흐** 이론은 죄와 형이 성문화되고 난 뒤의 존재 또는 그 존재 기능을 범죄예방측면에서 설명한 것에 불과하다. 이는 국가에 대한 죄형법정주의 의미가 달성된 후 비로소 거론될 수 있는 문제다. **베카리아** 일반위하설, **포이어바흐** 심리강제설은 죄형법정주의 사상적 기초와 상관없다고 보는 것이 옳다.

14 (다) **정법正法 요구** 형식적인 모든 법률은 일반위하 · 심리강제기능을 갖는다. 그렇다고 죄형법정주의가 형식 법률로 정하기만 하면 어떤 죄와 형이라도 정당화시켜 주는, 즉 국가를 구속하지 않고 오히려 국가에 권한을 부여하는 수단 의미를 가질 수는 없다. 이것은 죄형법정주의에 대한 잘못된 이해다. 자의적 국가형벌권으로부터 시민(잠재적 범죄자로서)을 지키기 위한 죄형법정주의 역사적 의미는, 죄와 형을 정하는 법률 자체가 올바른 법률(정법正法)일 것을 당위적으로 전제한다.

[12] Ⅳ. 죄형법정주의 내용

1. 죄형법정주의와 법치국가원칙

1 범죄와 형벌의 전제가 되는 법률이 형식적 법률주의에 그치지 않고 정법이어야 한다는 요구는 죄형법정주의가 법치국가원칙, 그것도 실질적 법치국가원칙에 기초하고 있음을 의미한다. 즉 법률 내용이 '실질적 정의'에 부합해야 한다는 요청이다. 이것을 두고 '죄형법정주의 현대적 의의'라고 한다.[3)] 이것은 법치주의가 형식적 의미에서 실질적 의미로 변천하는 것과 궤를 같이 한다. 절대자 말이 곧 법이던 시대에 살던 사람에게는 그의 형벌권을 형식적 법률에 따라서 행사하게 하는 것만으로도 큰 발전이 아닐 수 없었다. 그러나 2차대전 이전 나치스, 파시즘, 공산주의 등을 비롯하여 세계도처에서 발생한 **불법국가** 또는 **법률적 불법** 체험은 형식적 법치주의 한계를 절감하게 하였다. "법률 없으면 범죄도 형벌도 없다"는 원칙이 "법률로 정하기만 하면 어떤 범죄와 형벌도 있을 수 있다"로 악용되는 경험을 한 것이다. 그 결과 1945년 종전 후 실질적 정의

1) 김일수/서보학, 60면; 이재상 외, 2/7; 이형국/김혜경, 30면.
2) 홍영기, 「소급효금지원칙의 확립근거와 구체적 적용」(안암법학, 2006), 69면 이하(70면).
3) 심재우, 「죄형법정주의의 현대적 의의」(고시계, 1978. 1), 14면 이하.

에 기초한 법치주의가 특별히 강조되었고, 동시에 내재적 정당성을 언제나 담보하는 '자연법'이 꽃을 피우는 시기가 도래하였다.[1] 죄형법정주의의 법률은 정당한 법률이어야 한다는 요구가 부각되었다. 즉 "**정당한 법률 없으면 범죄도 형벌도 없다**"는 시기가 된 것이다.

그러나 이것은 죄형법정주의 구현의 방법론 차이에 불과하다고 할 수 있다. 죄형법 2
정주의가 불법권력에 악용되었을 뿐이지 그 본래 의미가 달라진 것은 없다. 죄형법정주의는 예나 지금이나 형벌권을 법률에 구속시키는 대가로 국민 자유와 권리를 보호한다는 취지에는 변함이 없다. 이 취지에 역행하는 죄형법정주의는 죄형법정주의가 아니다. 따라서 '법률'은 당연히 '**정법正法**'을 전제한다.

2. 죄형법정주의 체계

죄형법정주의는 위 법적 근거를 토대로 다음과 같은 네 가지 형태로 구현한다. ① 3
법률주의나 관습형법금지원칙(lex scripta)은 형사법관에 대한 구속원칙이다. ② 소급효금지원칙(lex praevia)은 형사입법자와 형사법관에 대한 구속원칙이다. ③ 명확성원칙(lex certa)은 일차적으로는 형사입법자, 이차적으로는 형사법관에 대한 구속원칙이다. ④ 유추적용금지원칙(lex stricta)은 형사법관에 대한 구속원칙이다. 마지막으로 ⑤ 적정성원칙이 있다.

이 다섯 가지 원칙은 서로 밀접한 관련을 가지면서 죄형법정주의 과제를 실천한다. 4
그 과제는 바로 형사사법을 신뢰·예견할 수 있게 하며 속임수를 없애고 심사할 수 있도록 하는 것이다. 형법 입법·적용에서 보면 죄형법정주의는 형법정형화刑法定型化 핵심요소다. 따라서 개인 권리보장을 위한 형법적 보호기술을 마련하여 시행하는 데 그 목적이 있다.

3. 관습형법금지원칙

(1) 관습형법금지원칙과 법률주의

법률주의는 범죄와 형벌은 국회가 제정한 성문법률에 따라야 하고 명령, 규칙, 조 5
리 등에 따라서는 안 된다는 원칙을 의미한다. 여기에 관습법도 포함한다. 법률주의는 다른 말로 성문법원칙이면서 동시에 관습형법금지원칙을 내용으로 한다. 문제는 법률주의가 법률 스스로 위임입법을 규정하는 것도 금지하는가 하는 점이다. 형법 제112조 중립명령위반죄는 백지형법白地刑法에 해당하는 경우로서 형벌구성요건만 있고 범죄구성요건은 중립'명령'에 위임한다. 그러므로 이 범죄는 외국간 교전이 발생하고 이에 대해 우리나라 정부가 중립명령을 발표했을 경우에만 완전한 형태를 갖춘다.

범죄구성요건 전부 또는 일부를 보충규범에 위임하는 위임입법은 입법기술로서 불 6

1) 윤재왕, 「법실증주의와 법률실증주의」(안암법학 제44권, 2014), 1면 이하.

가피하다. 특히 행정통제 성격이 강한 영역에는 법률을 신축적으로 운용하여 개별 정의를 지향해야 하기 때문에 불법내용을 완벽하게 기술하는 것은 불가능할 뿐만 아니라 바람직하지도 않다.

7 판례가 제시하는 위임입법 허용조건으로는, ① 국회 입법기술 한계로 모든 금지내용을 예외 없이 형식적 의미 법률에 담는 것이 사실상 불가능하고 실제에 적합하지 않은 경우, ② 특히 긴급한 필요가 있거나 미리 법률로써 자세히 정할 수 없는 부득이한 사정이 있는 경우, ③ 백지형법인 수권법률(위임법률)이 범죄구성요건 측면에서는 처벌대상행위가 어떤 것인지 예측할 수 있을 정도로 구체적으로 정하고(포괄위임입법금지 원칙), ④ 형벌구성요건 측면에서는 형벌종류 및 그 상한과 폭을 명확히 규정할 것 등이다.[1)]

7a 그러나 법률 시행령이 형사처벌에 관한 사항을 규정하면서 법률의 명시적 위임범위를 벗어나 그 처벌대상을 확장하는 것은 죄형법정주의원칙에 어긋나고, 그러한 시행령은 위임입법 한계를 벗어난 것으로서 무효다.[2)]

(2) 관습형법금지원칙 의의

8 법관은 구성요건과 형벌을 확정할 때 오로지 성문법을 기준으로 하고, 관습법에 따라 가벌성을 인정하거나 형을 가중해서는 안 된다는 것을 내용으로 하는 원칙이다. 이것은 민법(제1조)에서 관습법 법원성이 인정되는 것과 대조되는 점이기도 하다.

(3) 관습형법금지원칙에 대한 논의현상

9 **1) 유리한 관습법 허용** 관습법금지는 가벌성을 인정하거나 형을 가중하는 관습법 금지를 의미한다. 그러나 성문 형법규정을 관습법으로 폐지하거나 구성요건을 축소 또는 형을 감경하는 것은 관습법금지원칙에 반하지 않는다.[3)] 말하자면 당사자에게 불리한 관습법적용은 금지되지만 유리한 것은 인정된다는 주장이다. 그 예로서 피고인에게 불리하지 않은 관습법에 따라 새로운 정당화사유를 인정하거나 관습법으로 면책사유, 인적 처벌조각사유, 객관적 처벌조건 등을 창설·확대하는 것은 얼마든지 허용된다. 실제 보기로 정당행위(제20조) '기타 사회상규에 위배되지 아니하는 행위'는 특히 관습법 축적에 따라 일정한 법률관행이 기대되는 정당화사유라고 한다.[4)] 그 밖에 부진정부작위범의 보증인지위, 원인에서 자유로운 행위의 책임근거, 수리방해죄(제184조) 수리권水利權 등을 해석할 때도 관습법이 보충적 해석기준이 되거나(보충적 관습법) '간접적 법원성'이 인정된다.[5)] 더 추가하자면 경계침범죄(제370조)는 관습법상의 경계도 보호법익으로 인정한다.[6)]

---

1) 대판 2000. 10. 27. 2000도1007. 헌재 2000. 7. 20. 99헌가15; 1991. 7. 8. 91헌가4.
2) 대판 2017. 2. 16. 2015도16014 전원합의체. 제14회.
3) 이재상 외, 2/15; 김일수/서보학, 78면.
4) 김일수/서보학, 77면.
5) 이재상 외, 2/16; 임웅 외, 19면 등.

2) 잘못된 관습법 개념

(가) **법 관 법** 문제는 관습법 개념을 어떻게 잡는가에 달렸다. 일반적으로 관습법은 사람들이 옳다고 생각하는 사실적 관행을 의미한다. 그러므로 관습법은 민법 · 상법 · 노동법 등에서는 의미가 있을 수 있겠지만 형법에는 존재할 수도 없고 존재하지도 않는다. 예컨대 사소한 교통법규 위반, 탈세, 환경오염 등 아무리 만연된, 거의 관행으로 되어 있는 행위라 할지라도 그것이 관습법으로 되어 형법 가벌성을 배제하는 것은 아니다. 10

입법자나 법관 결단 없이 효력을 갖는 관습법은 형법에 존재할 수 없다. 만일 있다면 법관이 반복되는 판결 축적을 통해 법을 새롭게 형성해 가는, 이른바 법관법이 있을 뿐이다. 그러나 아무리 재판 관행처럼 되어 있는 법관법이라 할지라도 관습법금지에서 말하는 관습법과 거리가 멀다. 법관법은 법관이 사안적용을 위해 규범을 해석할 수 있는 범위와 관련한 문제이다. 11

(나) **관습법과 규범판단** 관습법이 일정한 기능을 한다는 위 '사회상규' 문제만 하더라도 결국 법관이 해석과 적용을 통해 충족해야 할 개념이다. 그 이름이 사회상규로 되어 있다고 하여 사회의 반복되는 관행이 해결할 수 있을 것으로 생각하면 잘못이다. 사회 관행(관습법)은 사실판단(Sein) 문제고 형법 구성요건표지인 '사회상규'는 규범판단(Sollen) 문제다. 사실에 근거한 규범판단 경우에도 규범적 여과과정인 해석 · 적용이 있어야 하고, 그 기준은 규범, 즉 법률의 독자 판단에 따라 이루어지며 사실 구속을 받지 않는다. 12

(다) **상위 관습법** 보증인지위, 수리권, 경계침범죄의 경계 등도 마찬가지다. 일정한 '관습법'이 상위에 존재하여 이들이 해석기준으로 작용하는 것이 아니라 해석자가 논증으로 이끌어낸 결과일 뿐이다. 이 문제에 대한 해석결과가 일치하지 않고 다양한 것을 보아서도 알 수 있다. 논증은 상대방을 설득시키기 못하면 생명력이 없다. 만일 상위 관습법이 해석기준이 된다면 이러한 노력은 필요가 없고 열거만 하면 되는데, 실제로 해당 문제에서 그렇게 하는 사람은 없다. 이 주장을 하는 사람들은 그 예로 든 문제의 구체적 해석에서 우리 사회 '어떤 내용 관습법'이 해석에 영향을 미치고 있는지 '그곳에서' 논증해야 할 의무가 있다. 형벌을 배제하는 것이라면 '막연한 관습법'도 무방하다는 논리는 성립하기 어렵다. 만일 그렇게 되면 법관은 가벌성 배제에서 상당 부분 법률구속을 피할 수 있기 때문이다. 13

3) 피고인에게 유리한 관습법 허용 피고인에게 '유리한 관습법' 주장은 형법 제1조 2 · 3항 행위자에게 유리한 신법 소급효를 인정하는 규정을 관습형법금지원칙에도 확대할 수 있다고 믿은 것으로 보인다. 14

6) 대판 1976. 5. 25. 75도2564. 배종대, 형법각론, 85/5 참조.

15 그러나 관습법은 형법의 법원法源으로 인정되지 않을 뿐만 아니라 형법에 존재하지 않는다. 피고인에게 유리한 관습법적용이 허용될 수 있다는 견해는 법적으로 근거가 없다. 죄형법정주의 일차 목적은 국가형벌권을 법에 구속시킴으로써 범죄인 인권을 보장하는 데 있지만, 그것이 형법목적이나 죄형법정주의 전체 목적일 수는 없다. 보장목적과 함께 범죄로부터 사회를 보호하는 보호목적 균형 추구가 형법의 궁극적 이상이고 목적이다. 죄형법정주의 보장측면도 여기에 한계를 가지며, 국가형벌권이 법의 구속을 받아야 하는 것처럼 범죄인 권리 또한 동일한 정도로 법의 구속을 받아야 한다. 피고인에게 유리한 관습법적용을 허용하는 것은, 형법이론적으로 보면 범죄로부터 보호받을 수 있는 일반인 권리를 침해하는 불법에 속한다.

4. 명확성원칙

(1) 명확성원칙 의의

16 입법자는 무엇이 범죄이고 그에 대한 형벌은 어떤 것인가를 될 수 있으면 명확하게 규정해야 한다. 형법은 범죄와 형벌을 명확하게 규정해야 한다. 형법이 명확하지 않으면 국민은 어떤 행위가 범죄가 되는지 예견할 수 없고, 합법적 행위결정을 하기 어렵다.[1] 불명확한 법률은 일반예방기능을 가질 수 없으며, 법관의 자의적 해석 가능성만 높인다. 그 결과 법관은 법치국가적으로 법률에 구속되는 것이 아니라 오히려 자유롭게 됨으로써 국민 자유와 권리는 위험에 빠진다. 형법이 명확하게 규정되는 만큼 사건에 대한 판결은 더욱 분명하게 내려질 수 있고 또한 그만큼 쉽게 허용되지 않는 유추적용이나 관습법적용을 밝혀 낼 수 있다.

17 미국에서는 법 일반이론으로 '**불명확에 따른 무효이론**'(void for vagueness)이 판례로 확립되어 있다. 우리나라 헌법재판소는 범죄구성요건이 불명확하면 국민 자유와 권리를 보장할 수 없으므로 죄형법정주의에 위배된다고 선언하면서,[2] 그 판단기준으로 '**통상 판단능력을 가진 사람의 의미 이해가능성**'을 제시한다.[3] 대법원도 '**건전한 상식과 통상적인 법감정을 가진 사람**'의 이해와 판단을 기준으로, 국민들에 대한 '**예측가능성과 자의적 법집행 배제**'가 가능한지를 판단기준으로 삼는다.[4]

1) 범죄구성요건 명확성

18 (가) **입법적 가치판단을 법관에게 위임** 법률이 금지하는 행위내용을 분명히 알 수 있도록 범죄구성요건을 명확하게 규정해야 한다. 구성요건은 확장이 가능하거나 윤곽이 분명치 않은 개념을 사용해서는 안 된다. 불명확한 법률은 자신이 내려야 할 입

1) 헌재 2000. 6. 29. 98헌가10; 1998. 7. 16. 97헌바23.
2) 헌재 1995. 9. 28. 93헌바50.
3) 헌재 1992. 9. 25. 89헌가104.
4) 대판 2014. 1. 29. 2013도12939.

법 가치판단을 법관에게 위임하는 결과를 가져온다. 그리하여 법관이 비로소 법률의 보호법익이 무엇인지 찾아야 하는 상황이 전개된다. 그렇다고 명확성원칙이 법률내용이 가치판단을 배제한 무색투명한 서술 개념으로 규정되어야 한다는 의미는 아니다. 입법자 입법의도를 "**건전한 일반상식을 가진 사람이 일의적으로 파악할 수 있을 정도**"면 된다.[1] 또는 범죄구성요건이 추상적 또는 모호한 개념으로 이루어지거나, 그 적용범위가 너무 광범위하고 포괄적이어서 불명확하게 되어 "**통상 판단능력을 가진 국민이, 법률이 금지하는 행위가 무엇인지 알 수 없는 경우**"는 명확성원칙에 위배된다.[2]

(나) **구성요건 불명확의 예** '건전한 국민감정'(나치스 형법 제2조) 또는 '공서양속', '공공질서', '보호해야 할 가치나 이익'에 대한 침해를 처벌할 경우는 구성요건 명확성이 없기 때문에 죄형법정주의에 반한다. 이러한 일반조항은 사실상 형벌권력에 백지수표를 주는 것과 다름이 없다. 경범죄처벌법 제3조 제1항 "못된 장난"(제13호), "올바르지 않은 이익"(제18호), "다른 사람을 불안하게 하거나 귀찮고 불쾌하게 한 사람"(제19호의 "불안감 조성"), "거친 말이나 행동"(제20호), "사람들의 마음을 홀림"(제31호), "신체의 주요한 부위를 노출하여 다른 사람에게 부끄러운 느낌이나 불쾌감을 준 사람"(제33호), "다른 사람을 귀찮게 따라다니는 사람"(제35호) 등 구성요건규정은 금지내용 정당성 여부를 묻기 전에 명확성 관점에서 보더라도 죄형법정주의에 반한다. 19

헌법재판소가 위헌결정을 내린 불명확 개념으로는, "공공의 안녕질서 또는 미풍양속",[3] "잔인성을 조장할 우려", "아동의 덕성을 심히 해할 우려",[4] "가정의례의 참뜻에 비추어 합리적인 범위 내"[5] 등이 있다. 대법원이 죄형법정주의 명확성원칙에 반한다고 판시한 "선량한 풍속 및 사회질서에 반하는 행위"[6]도 같은 맥락에서 이해할 수 있다. 20

2) 형벌구성요건 명확성

(가) **절대적 부정기형금지원칙** 형벌 종류와 범위 또한 예견가능한 범주 안에 있어야 한다. 절대적 형벌규정은 불가능하고 형사정책적으로 바람직하지도 않다. 장기와 단기가 특정되지 않은 절대적 부정기형은 제재 명확성에 반하기 때문에 허용될 수 없다(절대적 부정기형금지 원칙). 그러나 장·단기가 특정된 상대적 부정기형은 경우에 따라서 형벌 목적달성을 위해 필요할 뿐만 아니라 수형자가 예견할 수 있는 범위 안에 있기 때문에 죄형법정주의에 반한다고 할 수 없다. 상대적 부정기형은 수형자 교화·개선을 위해 형기를 신축적으로 운용함으로써 교정효과를 극대화해야 할 필요가 있는 소년범이나 상습범 등에 적용된다. 말하자면 특별예방목적을 위한 형벌제도라고 할 수 있다. 우리나라 소년법(제60조 제1항)은 장기 10년, 단기 5년 범위 안에서 장기 2년 이상 죄 21

---

1) 헌재 2002. 5. 30. 2001헌바5; 1989. 12. 22. 88헌가13.
2) 헌재 1997. 9. 25. 96헌가16.
3) 헌재 2002. 6. 27. 99헌마480.
4) 헌재 2002. 2. 28. 99헌가8.
5) 헌재 1998. 10. 15. 98헌마168.
6) 대판 1998. 6. 18. 97도2231 전원합의체.

를 범한 소년에 대해 장·단기를 정한 상대적 부정기형 선고를 인정한다.

22 (나) **보안처분과 절대적 부정기처분주의** 형벌과 달리 보안처분은 장래 범죄위험성을 예방하기 위한 합목적처분이기 때문에 굳이 정기일 필요가 없다는 견해가 있다. 범죄위험이 계속되는 한 집행해야 하기 때문이라는 것이 그 이유다. 현행 치료감호법은 치료감호 상한선이 15년으로 되어 있고(동법 제16조 제2항), '치료감호심의위원회'는 매 6개월마다 종료 또는 가종료 여부를 심사·결정해야 한다(동법 제22조). 일종의 상대적 부정기처분주의다. 이렇게 되면 당사자 예견가능성과 사법절차 기본권이 보장되고 죄형법정주의에도 위반되지 않는다. 협의 형벌과 보안처분은 형벌론으로 구별될지는 몰라도, 자유를 빼앗기는 당사자 입장에서 보면 아무 차이가 없다. 보안처분이라고 하여 국민 기본권을 필요이상으로 제한해야 할 이유는 없다(비례성원칙 또는 과잉금지원칙 위반).

(2) 명확성원칙 수혜자受惠者

23 명확성원칙 혜택을 받는 사람은, ① 형벌위하를 받는 당사자, ② 형법 적용자, ③ 사회일반, ④ 입법자 자신이다. 입법자는 그의 규범의지를 분명히 표현할수록 규범 관철가능성을 높인다. 명확하지 않은 형법은 정확한 적용을 보장받지 못한다. 형법규범을 명확하게 규정할수록 개별사건에서 허용할 수 없는 유추나 관습법이 적용되었는지 더욱 분명하게 판단할 수 있다.

(3) 명확성원칙 문제점

24 명확성원칙은 입법자가 법적 상황을 차라리 불명확하게 유지하려고 하는 경우와 그리고 아무리 명확하게 규정하려고 해도 그렇게 할 수 없을 경우 문제가 있다.

25 1) **법률 유동성요구** 법률은 법관이 다양한 개별사건을 모두 포섭하여 정당한 판결을 내리고 입법자 의지를 시대변천에 따라 발전시킬 수 있도록 판결재량을 열어 주어야 한다. 그러므로 명확성원칙은 명확성과 유동성 결합에 대한 요청으로 이해해야 한다. 입법자는 가능한 모든 사건의 개별 내용을 전부 예견할 수 없기 때문에 사법심사에 일정한 재량을 인정하지 않으면 안 된다. 따라서 명확성원칙은 판결결과가 아니라 판결프로그램을 보장한다. 형벌 상·하한선과 같이 숫자로 명기된 예외 요건을 제외한 기타 법개념은 명백하게 구체화하는 데 한계가 있다. 입법자가 아무리 완벽하게 명확한 가벌조건을 규정하더라도 구체 사건의 판결결론까지 약속해 줄 수 있는 것은 아니다.

26 2) **형법 현실관련성** 형법은 범죄라는 현실사건에 대한 규범지침을 규정하기 때문에 법언어는 현실·경험·상황관련일 수밖에 없다. 이러한 규범개념은 해석을 필요로 하는 어의 범주를 가지므로 그 명확성에는 한계가 있다. 법의 평가과제·목적은 법률이 순수한 서술개념으로 규정되는 것을 불가능하게 만든다. 모든 법개념은 순수한 서술성과 순수한 규범성 중간단계에 있다.

3) 형법개념 다의성 서술적으로 보이는 형법개념조차도 다의적이고 따라서 해석을 필요로 한다. 다의적 개념에는 다음과 같은 종류가 있다.[1] ① **모호개념**(vage Begriffe)은 해당 여부를 분명하게 결정할 수 없는 중립 대상이 하나라도 존재함으로써 다의성을 갖는 개념을 말한다(예컨대 문서). ② **잠재 모호개념**(poröse Begriffe)은 현재는 모호성이 없지만 장래에 그렇게 될 수 있는 가능성이 있는 개념을 말한다(예컨대 재물, 업무처럼 미래에 개방되어 있는 경험 개념). ③ **가치개념**(Wertbegriffe)은 높은 단계 모호성을 가진 개념으로서 가치충족을 필요로 하는 개념이다. 현실과 관련을 맺을 수밖에 없는 형법개념은 대부분 여기에 속하기 때문에 이것은 양적이 아니라 질적으로 판단할 문제다(예컨대 상당성 · 불법 · 비난가능성 · 정당성). ④ **성향개념**(Dispositionsbegriffe)은 인간내심을 서술하는 개념이다(예컨대 고의 · 과실 · 경향 · 자의). 이러한 개념은 직접 관찰하여 확인하는 것이 불가능하므로 그 존재를 추정할 수 있는 관찰 가능한 간접 판단자료를 수집하여 우회적으로 추론할 수밖에 없다. 이것은 형법적용에서 그렇지 않은 개념보다 그만큼 실패가능성이 높다는 것을 의미한다. 27

4) 결 론 법언어 다의성과 그것으로부터 나오는 형법 불명확성은 형법 현실관련성에서 연유하는 어쩔 수 없는 결과다. 형법의 다의적 개념은 명확성원칙에 대한 흠이라기보다는 사건을 심판할 때 개별 정의를 지향할 수 있는 형법 장점으로 이해해야 한다. 그러므로 이러한 개념에 따라 죄형법정주의 명확성원칙이 침해되지는 않는다. 다의적 개념의 법치국가성은 입법과 해석 · 적용의 공동작용으로 확보할 수 있다. 28

[판례] 명확성원칙 위반

① "도박 기타 범죄 등 **선량한 풍속** 및 사회질서에 반하는 행위"를 처벌요건으로 하는 것(외국환관리규정 제6-15조의 4 제 2 호)은 죄형법정주의가 요구하는 형벌법규의 명확성의 원칙에 반한다.[2]

② "공익을 해할 목적"으로 "허위의 통신"을 한 자를 처벌하는 것(전기통신사업법 제47조 제 1 항)은 명확성원칙에 위반된다.[3]

③ 하객들에 대한 음식접대의 기준으로 "가정의례의 **참뜻**", "**합리적인 범위** 내"를 제시한 것(가정의례에 관한 법률 제 4 조 제 1 항 제 7 호)은 명확성원칙에 위배된다.[4]

④ "공공의 안녕질서 또는 **미풍양속**"을 해하는 내용의 통신을 금하는 전기통신사업법 제53조 제 1 항은 명확성원칙에 위배된다.[5]

⑤ 어떤 자동차가 화물자동차이면서 동시에 승용 또는 승합자동차일 수 있다고 하는 해석은 여객자동차운수사업법위반 형벌법규의 명확성이나 엄격해석을 요구하는 죄형법정주의원칙에 반하는 것이어서 허용될 수 없다.[6]

---

1) 자세한 설명은 배종대, 「법이론이란 무엇인가」, 55~56면; Hassemer, AK, § 1 Rn. 35~41.
2) 대판 1998. 6. 18. 97도2231 전원합의체.
3) 헌재 2010. 12. 28. 2008헌바157, 2009헌바88 병합.
4) 헌재 1998. 10. 15. 98헌마168 전원재판부.
5) 헌재 2002. 6. 27. 99헌마480 전원재판부.
6) 대판 2004. 11. 18. 2004도1228 전원합의체.

⑥ 부정선거관련자처벌법 제5조 제4항에 동법 제5조 제1항의 예비음모는 이를 처벌한다고만 규정하고 있을 뿐이고, 그 형에 관하여 따로 규정하고 있지 아니한 이상 죄형법정주의의 원칙상 위 예비음모를 처벌할 수 없다.[1]

⑦ **위임입법**(*표준판례) 형벌법규에서 법률의 위임은 부득이한 사정이 있는 경우에 한정되어야 한다. 이 경우에도 법률에서 범죄 구성요건은 처벌대상인 행위를 예측할 수 있을 정도로 구체적으로 정하고, 형벌의 종류 및 그 상한과 폭을 **명백히 규정해야** 한다. 복표발행 현상(懸賞) 기타 사행행위단속법 제9조는 벌칙규정이면서도 **형벌만을 규정**하고 범죄구성요건은 각령(閣令)에 백지위임하고 있는 것이나 다름없다. 이는 위임입법의 한계를 규정한 헌법 제75조와 죄형법정주의를 규정한 헌법 제12조 제1항, 제13조 제1항에 위반된다.[2] *죄형법정주의의 의의와 위임입법의 한계에 대해 명확하게 판단한 최초 결정.

⑧ 특정범죄가중법 제4조 제1항 "**정부관리기업체**"라는 용어는 수뢰죄와 같은 이른바 신분범에 있어서 그 주체에 관한 구성요건의 규정을 지나치게 광범위하고 불명확하게 규정하여 전체로서 구성요건의 명확성을 결여한 것으로 죄형법정주의에 위배된다.[3]

⑨ 대통령령인 전기통신사업법시행령 제10조의2에 의하면, 국가비상사태 하에서 재해의 예방·구조, 교통·통신 및 전력공급의 확보 또는 **질서유지를** 위해 필요한 경우(제1호)와 **기타 공공의 이익을** 위해 필요하거나 전기통신사업자의 사업경영에 지장을 초래하지 않는 경미한 사항으로서 정보통신부장관이 인정하는 경우(제2호)가 그 예외라고 규정하고 있다. 처벌대상에서 제외되는 대상행위가 어떤 것일지는 법률에서 도저히 예측할 수 없어 이 법률조항은 명확성의 원칙에 위배되고 위임입법의 한계를 일탈하여 헌법에 위반된다.[4]

⑩ 범죄구성요건이 추상적 또는 모호한 개념으로 이루어지거나, 그 적용범위가 너무 광범위하고 포괄적이어서 불명확하게 되어 **통상의 판단능력을** 가진 국민이 법률에 의해 금지된 행위가 무엇인가 알 수 없는 경우에는 죄형법정주의원칙에 위배된다.[5] *건축법 제79조 제4호 중 '이 법의 규정에 의한 명령, 처분 기타 관계법령이 정한 기준'에 **적합하게 유지·관리하지 않은** 경우에 이를 처벌하도록 한 규정에 대한 불명확성.

⑪ 미성년자보호법 조항의 불량만화에 대한 정의 중 "**잔인성을 조장할 우려**", "**범죄의 충동을** 일으킬 수 있게", "아동의 덕성을 심히 해할 우려" 등의 구성요건은 법관의 보충적인 해석을 통하여도 그 규범내용이 확정될 수 없는 모호하고 막연한 개념으로서 그 적용범위를 법집행기관의 자의적 판단에 맡길 수 있으므로 죄형법정주의에서 파생된 명확성원칙에 위배된다.[6]

⑫ 죄형법정주의의 명확성원칙은 형벌법규가 **건전한 상식과 통상적 법감정을** 가진 사람이 자신의 **행위를 결정해 나가기에 충분한 기준이** 될 정도의 의미와 내용을 가질 것을 요구한다. 그렇지 않은 형벌법규는 명확성원칙에 위배되어 위헌이 될 수 있다. 불명확한 규정을 헌법에 맞게 해석하기 위해서는 이 점을 염두에 두어야 한다. 그리고 형벌법규의 해석은 엄격하여야

---

1) 대판 1977. 6. 28. 77도251. 제3회.
2) 헌재 1991. 7. 8. 91헌가4 전원재판부.
3) 헌재 1995. 9. 28. 93헌바50.
4) 헌재 2002. 5. 30. 2001헌바5.
5) 헌재 1997. 9. 25. 96헌가16.
6) 헌재 2002. 2. 28. 99헌가8.

하고, 문언의 가능한 의미를 벗어나 피고인에게 불리한 방향으로 해석하는 것은 죄형법정주의 내용인 확장해석금지에 따라 허용되지 않는다.[1] *BTJ **열방센터 간부가** 집회에 참석한 참가자 명단을 방역당국에 제출하지 않은 행위는 감염병예방법의 '역학조사를 거부한 행위'에 해당되지 않는다고 원심을 파기한 판결. 역학조사를 실시한 것이 전제되어야 함.

[판례] 명확성원칙 허용

① 수권법률(위임법률)이 처벌대상인 행위가 어떤 것인지 이를 예측할 수 있을 정도로 구체적으로 정하고, 형벌의 종류 및 그 상한과 폭을 명확히 규정하는 것을 전제로 **위임입법**은 허용된다. 이러한 위임입법은 죄형법정주의에 반하지 않는다.[2]

② 국가보안법 제7조(찬양 · 고무죄) 제1, 5항은 국가의 존립 안전을 위태롭게 하거나 **자유 · 민주적 기본질서**에 위해를 줄 명백한 위험이 있는 경우에만 적용되는 것으로 해석하면 헌법에 위배되지 않는다.[3]

③ 형법 제243조, 제244조에서 규정하는 "**음란**" 개념은 일반 보통인의 성욕을 자극하여 성적 흥분을 유발하고 정상적인 성적 수치심을 해하여 성적 도의관념에 반하는 것이라고 풀이되므로 이를 불명확하여 죄형법정주의에 반하는 것이라고 할 수 없다.[4]

④ 국가보안법 제4조에서 말하는 "**국가기밀**" 개념은 내용이 다소 불명확하기는 하지만 일반적인 의미를 헌법 합치적으로 한정 해석한다면 죄형법정주의의 명확성원칙에 위반한다고 볼 수 없다.[5]

⑤ 형사소송법 제122조 단서의 "**급속을 요하는 때**", 동법 제307, 308조에 규정된 "**증거**", "**자유심증**"은 명확성원칙에 위배되지 않는다.[6]

⑥ 구 정보통신망이용촉진 및 정보보호등에 관한 법률 제65조 제1항 제3호에서 규정하는 "**불안감**"은 명확성원칙에 위배되지 않는다.[7]

⑦ 청소년보호법 제26조의2 제8호 "**풍기를 문란**하게 하는 영업을 하거나 그를 목적으로 장소를 제공하는 행위"의 규정은 명확성원칙에 반하지 아니한다.[8]

⑧ **위임입법(*표준판례)** 공공기관의 운영에 관한 법률 제53조는 **공기업의 임직원으로서 공무원이 아닌 사람**은 형법 제129조의 적용에서는 이를 공무원으로 본다고 규정하고 있다. 구체적 공기업 지정에 관하여는 법령에서 비교적 구체적으로 요건과 범위를 정해 공공기관 유형의 지정을 하위법인 기획재정부장관의 고시에 의하도록 규정하였다. 이는 위임입법 한계를 일탈한 것이 아니다.[9] *법률에서 비교적 구체적으로 요건과 범위를 정해 장관에게 위임한 것이 관건.

---

1) 대판 2022. 11. 17. 2022도7290.
2) 대판 2002. 11. 26. 2002도2998.
3) 헌재 1990. 4. 2. 89헌가113.
4) 대판 1995. 6. 16. 94도2413.
5) 헌재 1997. 1. 16. 92헌바6 · 26. 93헌바34 · 36 병합.
6) 대판 2012. 10. 11. 2012도7455; 대결 2006. 5. 26. 2006초기92.
7) 대판 2008. 12. 24. 2008도9581.
8) 대판 2003. 12. 26. 2003도5980.
9) 대판 2013. 6. 13. 2013도1685.

⑨ ***표준판례*** 형법 제349조 제1항(부당이득죄) 중 '**궁박**', '**현저하게 부당한 이익**' 등의 개념은, 형법의 '지려천박知慮淺薄', '기망', '임무위배' 등의 개념과 마찬가지로 구체적 사안에서 사회통념, 건전한 상식, 통상적 법감정에 따라 합리적으로 판단할 수 있는 일반적 · 규범적 개념의 하나이다. 이 사건 법률조항이 지니는 약간의 불명확성은 명확성원칙에 위배되지 않는다.[1]

⑩ "**부당한 방법으로** 탐지 · 수집한 자"라는 구성요건은 관계법령이 정하고 있는 적법절차에 의하지 않고 군사기밀을 탐지 · 수집한 자를 의미하는 것임이 분명하다. 이러한 내용은 **통상의 판단능력을** 가진 사람이라면 충분히 그 의미를 이해할 수 있으므로 구성요건의 구체성 내지 명확성을 결여하였다고 할 수는 없다.[2]

⑪ 처벌법규의 구성요건이 명확하여야 한다고 하여 모든 구성요건을 **단순한 서술적 개념으로 규정하여야** 하는 것은 아니고, 다소 광범위하여 법관의 보충적인 해석을 필요로 하는 개념을 사용하였더라도 통상의 해석방법에 의하여 **건전한 상식과 통상적인 법감정**을 가진 사람이라면 당해 처벌법규의 보호법익과 금지된 행위 및 처벌의 종류와 정도를 알 수 있도록 규정하였다면 명확성원칙에 위반되는 것은 아니다.[3]

5. 소급효금지원칙

(1) 소급효금지원칙 의의

29 소급효금지원칙은 범죄와 형벌은 행위시 법률에 따라 판단하고 사후에 제정된 법률을 소급적용하면 안 된다는 내용이다(헌법 제13조 제1항, 형법 제1조 제1항). 소급입법을 허용하면 국민은 자신 행위가 나중에 어떤 평가를 받을지 예측할 수 없으므로 법적 안정성이 담보될 수 없다. 법률에 대한 국민 신뢰는 법치국가원칙 핵심이 되는데, 소급형법은 이것을 파괴한다. 법치국가형법은 국민을 속이지 않아야 하고 국민을 당황하게 만들어도 안 된다.

30 소급효금지원칙은 입법자와 법관을 대상으로 한다. 입법자에 대해서는 형법 소급입법이 금지되고, 법관에 대해서는 형법 소급적용이 금지된다. 형법은 법관에게 판결기준을 제공하는 **평가규범** 성격과 함께 일반인 행위준칙이 되는 **결정규범** 기능을 가진다. 이 점에서도 소급효금지의 정당한 이유는 찾을 수 있는데, 즉 사후적으로 제정하거나 적용한 법률은 결정규범기능을 충족하지 못한다. 법에 충실한 행위동기를 부여하는 형법의 이 기능은 미래지향적으로만 작용하고 과거로 거슬러 올라갈 수는 없다. 즉 소급형법은 예방 효과가 없다. 소급효금지원칙은 명확한 법률에 따라서만 뒷받침될 수 있다. 명확하지 않은 법률은 그만큼 높은 소급효 가능성을 열어준다.

---

1) 헌재 2006. 7. 27. 2005헌바19 전원재판부.
2) 헌재 1992. 9. 25. 89헌가104.
3) 대판 2009. 10. 29. 2009도7569. 제14회.

(2) 소급입법금지 적용범위

1) **사후입법 금지** 소급입법금지는 행위자의 형법규범에 대한 예측가능성과 신뢰를 보호하므로 행위자에게 불리한 사후입법을 방지하는 데 목적이 있다. 사후입법으로 새로운 구성요건을 창설하거나 또는 이미 존재하는 구성요건의 처벌범위를 확대하는 것은 금지된다. 예컨대 범죄행위시 법률보다 형의 상한 또는 하한을 높이거나 주형을 가중한 경우 외에도 부가형 · 병과형을 가중한 경우도 적용된다.[1] 형법총칙규정을 개정하여 처벌범위를 확대하는 것도 허용되지 않는다. 그러나 형을 배제하거나 완화함으로써 행위자에게 유리한 소급입법적용은 허용된다(제1조 제2 · 3항 참조). 죄형법정주의가 국가형벌권을 제한하는 데 그 일차적 목적이 있기 때문에 그렇다. 31

2) **보안처분 문제** 독일 형법 제2조 제6항은 "개선과 보안의 보안처분에 관해서는 법률에 특별한 규정이 없는 한 재판시 법률에 따라서 판결한다"고 함으로써 재판시법주의를 선언하여 소급효인정 길을 열어 놓고 있다. 따라서 독일에서는 보안처분에 관한한 소급효금지원칙이 적용되지 않는다고 보는 것이 다수견해다(**소급효긍정설**). 보안처분은 장래 범죄위험성을 예방하기 위한 합목적 처분이기 때문에 그 합목적성에 대한 판단은 행위시에 하는 것보다는 오히려 재판시에 하는 것이 더 합리적이라는 것이 그 이유다. 32

그러나 우리나라 통설은 보안처분에도 형벌과 마찬가지로 소급효금지원칙이 적용되는 것으로 본다(**소급효부정설**). 당사자 관점에서 보면 형벌과 보안처분을 구별해야 할 이유가 없고, 보안처분을 형사제재 하나(형벌이원주의)로 이해하는 한, 형법 법치국가원칙은 존중해야 한다. 헌법 제12조 제1항도 "…법률과 적법한 절차에 의하지 아니하고는 처벌, 보안처분 또는 강제노역을 받지 아니한다"고 하여 형벌과 보안처분을 구별하지 않는다. 그러므로 독일과 같은 명문규정이 없는 상황에서 보안처분에 소급효금지원칙 예외를 인정해야 할 근거는 없다. 33

3) **소송법 변경** 소송법규정은 헌법 제13조 제1항 '범죄구성요건' 또는 형법 제1조 제1항 '범죄성립과 처벌'을 규정하는 법률은 아니다. 따라서 소송법은 소급효금지가 보호하고자 하는 법적 안정성 · 신뢰이익보호 · 예측가능성과 무관하기 때문에 소급 변경하더라도 상관없다(**전면적 소급효긍정설, 통설**). 34

다만 여기에서 두 가지 상황이 문제될 수 있다. ① **친고죄**를 비친고죄로 개정하는 것과, ② **공소시효**를 연장하는 경우다. 그러나 친고죄제도는 가벌성에 대한 법적 보장(헌법 제13조 제1항, 형법 제1조 제1항)과 관련이 없고 사회적으로 중요하지 않은 분쟁은 당사자 사이에서 해결하도록 하는 형사정책 고려를 하고 있을 뿐이다. 다시 말하면 친고죄 소추 · 처벌에 대한 결정은 법적으로 확정되지 않고 피해자(고소권자) 의사에 맡겨 35

1) 헌재 2017. 10. 26. 2015헌바239, 2016헌바177 전원재판부.

져 있다. 그러므로 범죄자는 상대방 고소권행사라는 사실결과에 의존할 수밖에 없고, 어떤 법적 보장에 대한 신뢰를 가질 수 있는 입장은 아니다. 따라서 친고죄를 비친고죄로 소급 개정하더라도 당사자 예측가능성 · 신뢰가 파괴되는 것은 아니다.

36 공소시효에서도 상황은 마찬가지다. 공소시효 진행 · 정지에 대해 당사자는 어떤 영향력도 행사할 수 없다. 다만 시효완성을 기다릴 수 있을 뿐이다. 그러나 이 기대가 법적으로 승인되거나 보장되는 것은 아니기 때문에 소급 변경하더라도 당사자 법치국가 권리가 침해되는 것으로 보기는 어렵다. 이에 대해 소송법규정이라 할지라도 입법자가 의도한 행위 처벌필요성과 관계되는 문제이기 때문에 소급효금지원칙이 적용돼야 한다는 소수설이 있다(**부분적 소급효긍정설**). 소수설 견해를 취하지 않더라도, ③ 고소기간이 이미 경과하였거나 공소시효가 완성된 경우는 신법에 따른 소급효가 인정되지 않는다고 봐야 한다.

36a **4) 양형기준 변경** 대법원 양형위원회가 정하는 양형기준은 소급효금지원칙 적용대상이 되지 않는다. 양형기준은 법관이 합리적 양형을 정하는 데 참고할 수 있는 구체적 · 객관적 기준으로 마련된 것일 뿐(법원조직법 제81조의6 제1항), 법적 구속력은 없기 때문이다(같은 법 제81조의7 제1항 단서). 그러므로 공소를 제기할 때 없었던 양형기준을 참고했더라도 피고인에게 불리한 법률을 소급하여 적용한 위법이 있다고 할 수는 없다.[1]

36b **5) 인지認知 소급효와 친족상도례** 형법 친족상도례(제344조, 제328조 제1항)가 적용되기 위해서는 원칙적으로 친족관계가 범행 당시 존재해야 한다. 그러나 부父가 혼인 외 출생자를 인지하는 경우는 민법 제860조에 따라 그 자子의 출생시에 소급하여 인지 효력이 생긴다. 따라서 이와 같은 인지 소급효는 친족상도례 적용에도 미친다고 보아야 한다.[2] 그러므로 인지가 범행 후에 이루어진 경우도 그 소급효에 따라 형성되는 친족관계를 기초로 친족상도례 규정은 적용된다.[3]

[판례] 소급효 허용

① 전자감시제도가 처음 시행될 때 그 부착대상에서 제외되었던 사람의 일부에 대해서도 전자장치를 부착할 수 있도록 규정한 전자장치부착법 부칙 제2조 제1항은 형벌불소급원칙에 위배되지 않는다.[4] *__전자장치부착명령__은 비형벌적 보안처분. 소급효금지원칙이 적용되지 않음. 재범방지의 공익적 목적 추구.

② 대법원 양형위원회가 설정한 '**양형기준**'이 발효하기 전에 공소가 제기된 범죄에 대해 위 '양형기준'을 참고하여 형을 양정한 것은 소급적용금지원칙을 위반한 것이 아니다.[5]

③ 도로교통법 제148조의2 제1항의 '도로교통법 제44조 제1항 또는 제2항을 2회 이상 위반한 사람'에 구 도로교통법 제44조 제1항 또는 제2항을 위반한 **음주운전 전과**가 포함된다

1) 대판 2009. 12. 10. 2009도11448. 제1회.
2) 대판 1997. 1. 24. 96도1731.
3) 제1회.
4) 헌재 2012. 12. 27. 2010헌가82.

고 해석하는 것은 형벌불소급원칙이나 일사부재리원칙 또는 비례원칙에 위배되지 않는다.[1]

④ 형법 제62조의2 제1항에 의한 형의 집행을 유예를 하는 경우의 **보호관찰**은 형벌이 아니라 보안처분의 성격을 갖는 것으로서, 그에 관하여 반드시 행위 이전에 규정되어 있어야 하는 것은 아니다. 재판시의 규정에 의해서도 보호관찰을 받을 것을 명할 수 있고, 이와 같은 해석은 형벌불소급원칙 내지 죄형법정주의에 위배되지 않는다.[2]

⑤ 성폭력처벌법 제32조 제1항에 규정된 등록대상 성폭력범죄를 범한 자가 같은 법 제37조, 제41조 시행 전에 해당 범죄를 범하여 공소제기 되었더라도, 그 시행 당시까지 공개명령 또는 고지명령이 선고되지 않았다면, 같은 법 제37조, 제41조에 의한 공개명령 또는 고지명령의 대상이 될 수 있다.[3]

⑥ 2010. 7. 23. 개정된 청소년성보호법이 공개명령 제도가 시행된 2010. 1. 1. 이전에 범한 범죄에 대하여도 공개명령 제도를 적용하도록 한 것은 소급입법금지 원칙에 반하지 않는다.[4]

⑦ 형벌불소급원칙은 "행위의 가벌성" 즉 형사소추가 "언제부터 어떠한 조건하에서" 가능한가의 문제에 관한 것이고, "얼마동안" 가능한가의 문제에 관한 것은 아니다. 따라서 과거에 이미 행한 범죄에 대해 **공소시효를 정지**시키는 법률이라 하더라도, 그 사유만으로 헌법 제12조 제1항 및 제13조 제1항 형벌불소급원칙에 위배되는 것은 아니다.[5]

⑧ 형벌조항에 대한 위헌결정의 경우, 위헌결정의 소급효와 그에 따른 재심청구권을 명시적으로 규정한 법률의 문언에 반하여, **해석으로 소급효** 및 피고인의 재심에 관한 권리를 제한하는 것은 허용되기 어렵다. 그에 따른 현저한 불합리는 결국 입법으로 해결할 수밖에 없다.[6]

⑨ 허위로 신고한 사실이 무고행위 당시 형사처분의 대상이 될 수 있었던 경우에는 국가의 형사사법권의 적정한 행사를 그르치게 할 위험과 부당하게 처벌받지 않을 개인의 법적 안정성이 침해될 위험이 이미 발생하였으므로 무고죄는 기수에 이른다. 이후 그러한 사실이 형사범죄가 되지 않는 것으로 **판례가 변경되었더라도** 특별한 사정이 없는 한 이미 성립한 무고죄에는 영향을 미치지 않는다.[7]

⑩ 성폭력처벌법 제21조 3항은 **13세 미만의 사람에 대해 강제추행죄를** 범한 경우에는 형사소송법에 규정된 공소시효를 적용하지 않도록 하고 있다. 같은 법 부칙 제3조는 해당 법률 시행 전 행해진 성폭력범죄 중 공소시효가 완성되지 않은 것에 대해서도 제21조를 적용하도록 하였다(부진정소급효). 위 부칙 제3조가 형벌불소급원칙에 위배된다는 헌법소원에 대해 헌재는 전원일치 합헌결정을 내렸다. 우리 헌법이 규정한 **형벌불소급원칙은 '행위의 가벌성'에** 관한 것이다. **공소시효에 관한 규정은** 소추가능성에만 연관되고 가벌성에는 영향을 미치지 않으므로 원칙적으로 형벌불소급원칙의 효력범위에 포함되지 않는다.[8]

---

5) 대판 2009. 12. 10. 2009도11448.
1) 대판 2020. 8. 24. 2020도7154; 2012. 11. 29. 2012도10269.
2) 대판 1997. 6. 13. 97도703.
3) 대판 2012. 6. 28. 2012도2947, 2012전도65.
4) 대판 2011. 3. 24. 2010도14393, 2010전도120.
5) 헌재 1996. 2. 16. 96헌가2, 96헌바7, 96헌바13 전원재판부.
6) 대판 2011. 4. 14. 2010도5606.
7) 대판 2017. 5. 30. 2015도15398.
8) 헌재 2021. 6. 24. 2018헌바457.

[판례] 소급효 금지

① **노역장유치**는 실질적으로 신체의 자유를 박탈하는 징역형과 유사한 형벌적 성격을 가진다. 따라서 벌금형을 선고할 때 노역자유치기간의 하한을 정한 형법 제70조 제2항을, 시행일 이후 최초로 공소 제기되는 경우부터 적용하도록 한 형법 부칙 제2조 제1항은 형벌불소급원칙에 위반되어 위헌이다.[1]

② 가정폭력처벌법이 정한 **사회봉사명령**은 보안처분의 성격을 갖는 것은 사실이지만, 가정폭력범죄에 대해 형벌 대신 부과하는 것이고 여가시간을 박탈하여 실질적으로 신체의 자유를 제한하는 점에서, 형벌불소급원칙에 따라서 행위시법을 적용하는 것은 상당하다.[2]

③ 가정폭력처벌법의 사회봉사명령을 부과하면서, 행위시법상 사회봉사명령 부과시간의 상한인 100시간을 초과하여 상한을 200시간으로 올린 신법을 적용한 것은 위법하다.[3]

④ 특정 범죄자에 대한 전자장치부착법 제9조 제1항 단서에서 정한 위치추적 전자장치 부착기간 **하한의 2배** 가중 규정은 같은 법 시행 전에 19세 미만의 사람에 대해 특정범죄를 저지른 경우에 소급 적용되지 않는다.[4][5]

[공소시효를 배제·정지한 법률]　특별법으로 공소시효를 연장한 것으로는 다음과 같은 법률이 있다. ① 헌정질서파괴범죄의 공소시효 등에 관한 특례법(1995. 12. 21. 법률 제5028호)은 전문 4조의 매우 짤막한 법률로서 형법 내란·외환죄, 군형법 반란·이적죄 등 '헌정질서파괴범죄'와 형법 살인죄로서 집단살해죄 방지와 처벌에 관한 국제협약에 규정된 집단살해에 해당하는 범죄에 대해 형사소송법과 군사법원법 공소시효 적용을 배제한다(같은 법 제2, 3조). ② 5·18민주화운동 등에 관한 특별법(1995. 12. 21. 법률 제5029호)은 12·12 군사쿠데타와 광주민주화운동에 대한 군사 무력진압을 역사적으로 심판하기 위한 목적으로 공소시효 정지를 규정한다. 즉 1979. 12. 12일과 1980. 5. 18일을 전후하여 발생한 헌정질서파괴범죄행위에 대해 국가의 소추권행사에 장애사유가 존재한 기간은 공소시효진행이 정지된 것으로 간주한다(같은 법 제2조). ③ 2007. 12월에 제정된 '국제형사재판소 관할 범죄의 처벌 등에 관한 법률'(법률 제8719호), '집단살해죄 등'(동법 제8~14조의 7가지 범죄)에 대해서는 형법(제77~80조) 형의 시효, 형사소송법(제249~253조), 군사법원법(제291~295조)의 공소시효 규정이 적용되지 않는다(동법 제6조). 이 법률은 '국제형사재판소에 관한 로마규정'에 따라 우리나라와 국제형사재판소 간 협력을 강화하기 위한 차원에서 제정되었다. ④ 2013. 6. 19.부터 13세 미만 사람 및 신체적인 또는 정신적 장애가 있는 사람을 대상으로 한 강간죄, 강제추행죄, 준강간 및 준강제추행죄, 강간 등 상해·치상죄, 강간 등 살인·치사죄 등 범죄를 저지른 경우는 공소시효가 적용되지 않는다. ⑤ 2015. 7. 24.에는 살인죄의 공소시효를 폐지하는 내용이 담긴 형사소송법 개정안(태완이법)이 통과됐다. 법안은 법정 최고형이 사형에 해당하는 살인죄 공소시효를 폐지하고 아직 공소시효가 만료되지 않은 범죄에 대해서도 적용토록 했다.

1) 헌재 2017. 10. 26. 2015헌바239, 2016헌바177 전원재판부.
2) 대판 2008. 7. 24. 2008어4. 제1, 6, 10회.
3) 대결 2008. 7. 24. 자 2008어4.
4) 대판 2013. 7. 25. 2013도6181, 2013전도122.
5) 같은 전자장치부착법을 두고서도 헌법재판소와 대법원은 시각차이가 있다.

(3) 소급적용금지 범위

1) 의　의　소급적용금지는, 법관이 범죄구성요건과 그에 대한 법적 효과로서 형벌·보안처분을 적용할 때 행위시 법률에 따르지 않고, 행위자에게 불리한 재판시 법률을 사후적으로 소급 적용할 수 없다는 것을 의미한다. 그것의 타당범위는 형법총칙과 각칙 그리고 부수형법 모든 범죄성립과 배제에 관한 규정에 미친다. 또한 새로운 종류 제재나 가중처벌규정을 소급 적용하는 것도 금지된다. 37

2) 판례변경

(가) **행위시 '법률'과 판례**　문제가 되는 것은, 판례를 변경하여 그 변경 전에 행한 범죄를 처벌 또는 가중 처벌할 수 있는가 하는 점이다(예컨대 사람 시기始期·종기終期에 대한 판례변경 또는 업무 범위에 대한 판례변경). 죄형법정주의는 원칙적으로 법률과 관계되는 문제이기 때문에 소급효금지원칙은 새로운 법률을 만들거나 또는 기존법률을 개정하여 행위자에게 불리하도록 소급 적용할 수 없다는 것을 내용으로 한다. 이 점은 헌법 제12, 13조 각 1항과 형법 제1조 제1항 '행위시 법률' 규정에도 분명히 드러난다. 따라서 소급효금지를 판례까지 확대 적용하는 것은 헌법문언에 반한다. 38

(나) **소급효긍정설과 소급효부정설**　① **소급효긍정설**은 판례는 행위시 '법률'이 아니고 그 법률을 해석한 것에 지나지 않기 때문에 판례를 변경하여 소급 처벌하는 것은 얼마든지 가능하다는 태도를 취한다. 독일 다수설과 우리 판례가 취하는 견해다. 입법과 사법은 구별해야 하고, 법률에 대한 새로운 해석이 금지될 수 없다는 것을 이유로 든다. 행위 당시 이미 성립한 범죄행위가 그 후 해당 행위가 범죄가 되지 않는 것으로 판례가 변경되더라도 이미 성립한 범죄행위에 영향을 미치지 않는다.[1] 이 문제는 새롭게 가벌성을 창설하는 것이 아니기 때문에 소급효금지원칙과 무관하다. 판례변경은 법률변경이 아니므로 유리한 행위시법(형법 제1조 제2항)이 적용될 여지도 없다. 39

이에 반해 ② **소급효부정설**은 법률의 형식 문언보다는 당사자에게 미치는 실질 부담을 중심으로 판례변경에 따른 소급처벌이 사후입법에 따른 소급처벌과 동일한 효과가 있을 경우는 판례변경에 대해서도 소급효금지원칙이 적용되어야 한다는 견해다. 40

(다) **결　론**　당사자와 국민 입장에서 보았을 때 판례가 입법자와 동일한 기능을 하여 일정한 가벌조건을 창설할 경우는 달리 취급해야 할 필요가 있다(**소급효부정설 타당**). 피고인 신뢰보호를 위해서는, 판례가 법률보충기능을 하면 역시 소급효금지 적용을 받는다. 형법 제16조 '법률착오'(이른바 금지착오)를 원용하여 문제를 해결하는 것은(예컨대 행위자가 판례입장을 신뢰하여 자기행위가 금지되지 않은 것으로 착오한 경우에 불가벌로 한다는 입장) 우리 형법이 "법령에 의하여 죄가 되지 아니하는 것"으로 못 박고 있기 때문에, 이 법령에 판례를 포함할 수 없는 어려움이 있다. 41

1) 대판 2017. 5. 30. 2015도15398. 제9회.

42 판례가 법률보충을 해야 하는 원인은 입법자가 제공한 것으로 보아야 한다. 즉 입법자가 명확성원칙을 제대로 실현하지 못함으로써 법관에 대한 판결기준 흠결을 초래하고, 이것이 당사자 불이익을 초래하는 판례 소급효문제까지 이르러 간 것이다. 그러므로 법률보충 판례에 대해서는 입법자가 제정하는 법률과 마찬가지로 소급효금지원칙을 적용해야 할 필요가 있다.

[판례]

① ***표준판례** 행위 당시의 판례에 의하면 처벌대상이 되지 않는 것으로 해석되었던 행위를 **판례의 변경**에 따라 확인된 내용의 형법 조항에 근거하여 처벌한다고 하여 그것이 헌법상 평등원칙과 형벌불소급원칙에 반한다고 할 수는 없다.[1] *판례는 법률이 아니고 법률을 해석한 것이므로 행위자에게 불리하게 판례를 변경하여도 형벌불소급원칙에 반하지 않음.

② 일반적으로 국민이 소급입법을 예상할 수 있었거나 법적 상태가 불확실하고 혼란스러워 보호할 만한 신뢰이익이 적은 경우와 소급입법에 의한 당사자의 손실이 없거나 아주 경미한 경우 그리고 신뢰보호의 요청에 우선하는 심히 중대한 공익상의 사유가 소급입법을 정당화하는 경우 등에는 예외적으로 **진정소급입법**이 허용된다.[2]

③ ***표준판례 사회봉사명령**은 가정폭력범죄를 범한 자에게 의무적 노동을 부과하고 여가시간을 박탈하여 실질적으로는 신체의 자유를 제한하게 되므로, 이에 대하여는 원칙적으로 형벌불소급의 원칙에 따라 **행위시법**을 적용함이 상당하다. 사회봉사명령을 부과하면서, 행위시법상 사회봉사명령 부과시간의 상한인 100시간을 초과하여 상한을 200시간으로 올린 신법을 적용한 것은 위법하다.[3] *사회봉사명령을 형벌에 준하는 제재로 보고 형벌불소급원칙을 적용한 판결.

④ 법률조항의 개정이 자구字句만 형식적으로 변경된 데 불과하여 개정 전후 법률조항의 동일성이 그대로 유지되는 경우, **'개정 전 법률조항'**에 대한 위헌결정의 효력은 '개정 법률조항'에 대해서도 미친다. 그러나 법률조항의 개정이 자구만 형식적으로 변경된 것에 불과하여 개정 전후 법률조항들 사이에 실질적 동일성이 인정되는 경우에도, **'개정 법률조항'에 대한 위헌결정의 효력**이 '개정 전 법률조항'에까지 그대로 미치는 것은 아니다.[4] *위헌결정의 소급효를 무제한으로 인정하면 과거에 형성된 법률관계가 전복되어 법적 안정성에 중대한 영향을 미치게 됨.

⑤ **보호관찰은** 형벌이 아니라 보안처분의 성격을 갖는 것으로서, 과거의 불법에 대한 제재가 아니라 장래의 위험성으로부터 행위자를 보호하기 위한 합목적적인 조치이므로, 그에 관하여 반드시 행위 이전에 규정되어 있어야 하는 것은 아니다. 따라서 **재판시의 규정에** 의해 보호관찰을 명할 수 있고, 이는 형벌불소급원칙 내지 죄형법정주의에 위배되는 것은 아니다.[5]

---

1) 대판 1999. 9. 17. 97도3349. 제1회.
2) 헌재 1999. 7. 22. 97헌바76. 제1회.
3) 대결 2008. 7. 24. 2008어4. 제1, 6회.
4) 대결 2020. 2. 21. 2015모2204.
5) 대판 1997. 6. 13. 97도703. 제10회.

⑥ 형법 제1조 제2항 및 제8조에 의하면 범죄 후 법률의 변경에 의하여 형이 구법보다 경한 때에는 신법에 의한다고 규정하고 있으나 **신법에 경과규정을** 두어 이러한 신법의 적용을 배제하는 것도 허용된다. 형을 종전보다 가볍게 형벌법규를 개정하면서 그 부칙으로 개정된 법의 시행 전의 범죄에 대해 종전의 형벌법규를 적용하도록 규정한다 하여 헌법상의 형벌불소급원칙이나 신법우선주의에 반한다고 할 수 없다.[1]

6. 유추적용금지원칙

(1) 유추적용금지원칙 의의

유추적용금지원칙은 법관이 가벌성과 형벌을 규정한 법률을 당사자에게 불리하게 유추적으로 확대 해석해서는 안 된다는 원칙이다. 이 원칙은 형사법관을 대상으로 하고, 법률내용과 관련하여 법관의 법률에 대한 구속을 강화하기 위한 원칙이다. 여기서 '유추'라 함은 관련사안에 대한 명문규정이 없는데도 유사 사안을 규정한 법률을 적용하는 것을 말한다. 43

유추적용금지는 명확성원칙이 법률적용실무로 연장된 것에 지나지 않는다. 법관이 법률규정을 준수해야 하는 법적 강제가 없다면 명확성원칙은 아무 의미가 없다. 따라서 명확성원칙은 유추적용금지에서 실현된다고 할 수 있다. 그런데 유추적용금지 실천가능성은 형법 명확성에 달려있다. 명확하지 않은 법률규정은 유추적용에 대해 문호를 개방한다. 44

(2) 적용범위

유추적용금지는 형법과 특별형법의 모든 범죄구성요건 그리고 형벌·보안처분을 비롯한 모든 제재에 적용된다. 뿐만 아니라 형법총칙 가벌성근거와 형벌제한규정에 대해서도 유추적용은 허용되지 않는다. 따라서 정당화사유, 면책사유, 인적 처벌조각사유, 객관적 가벌조건 등을 피고인에게 불리하게(in malam partem) 유추적용하는 것은 허용되지 않는다. 그러나 범죄자나 공범자에게 유리한 유추(Analogie in bonam partem)는 허용된다는 것이 일반 견해이다. 예를 들면 형벌배제나 감경사유, 위법성조각사유를 유사한 사건으로 확대 적용하는 것은 허용된다는 것이다.[2] 판례도 형법 제37조 "금고 이상의 형"에 '벌금형'을 포함하는 것으로 유추해석하여 형법 제1조 제2항을 피고인에게 유리하게 유추적용하는 것은 허용되는 것으로 본다.[3] 그러나 피고인에게 유리한 유추해석이나 확장해석도, 그렇게 해석하지 않으면 그 결과가 현저히 형평과 정의에 반하거나 심각한 불합리가 초래되는 경우에 한정하고 입법자 재량을 넘어서서는 안 된다.[4] 45

---

1) 대결 1999. 4. 13. 99초76. 제10회.
2) 김일수/서보학, 76면; 신동운, 32면; 이재상 외, 2/31; 임웅 외, 27면.
3) 대판 2004. 1. 27. 2001도3178.
4) 대판 2004. 11. 11. 2004도4049.

46 소송법규정에 대해서는 원칙적으로 유추적용을 인정한다. 그러나 당사자 참여권을 보장하는 소송법규정에 대해서는 유추금지가 적용되어야 한다. 양형규정(형법 제51~58조)에 대해서도 유추적용금지가 적용된다. 피고인이 얼마 형벌을 받는가 하는 문제는 가벌성유무에 대한 판단문제 못지않게 중요한 의미를 가지기 때문이다.

(3) 유추적용금지 문제점

47 1) 유추와 해석 모든 규범은 해석을 필요로 하며 형법도 여기에서 예외일 수 없다. 그러므로 죄형법정주의를 규정한 헌법 제12조 제1항, 제13조 제1항, 형법 제1조 제1항이 '해석'을 금지하는 것으로 이해해서는 안 된다. 그러나 해석 자체가 하나의 유추 사고과정을 기초로 하기 때문에 허용되는 해석과 '금지되는 유추'(이것을 보통 '유추해석금지'라고 한다) 사이 한계는 분명하지 않다.[1] 즉 법적용은 당위와 사실, 규범과 사안 사이 일치를 지향하는데,[2] 유추 개념규정이 분명하지 않은 것으로부터 문제가 발생한다. 지금까지 제시된 유추 판단기준은 다음과 같다.

2) 유추 판단기준

48 (가) **확장해석** 유추를 확장해석과 같은 것으로 보고 제한해석만 허용된다는 견해가 있다.[3] 그러나 죄형법정주의가 제한해석을 요구하는 것은 아니며, 법률에 적합한 정상 해석, 법률내용을 충실하게 현실로 옮기는 올바른 해석을 요구하고 있을 뿐이다. 법률해석의 어떤 기준을 초과했을 때 확장해석으로 금지해야 하는지 그 한계도 분명하지 않다.

49 (나) **언어의 가능한 의미** 법률이 규정하는 '**언어의 가능한 의미**'가 허용하는 해석과 금지하는 유추 기준이라는 견해도 있다.[4] 이렇게 되면 언어의 가능한 의미를 넘었을 때 유추가 된다. 외형상으로 괜찮아 보이는 이 기준도 사실은 문제를 문제로 답하는 결과밖에 되지 않는다. 언어의 가능한 의미 판단기준과 판단절차는 완전히 공백으로 남아있기 때문이다.

50 (다) **결 론** 법적용은 유추적일 수밖에 없기 때문에 유추금지(유추해석금지, 유추적용금지)라는 말은 적합하지 않다. 유추금지가 나타내고자 하는 뜻은 결국 허용되지 않는 해석한계를 긋고자 함일 것이다. 허용되지 않는 해석문제는 유추금지라는 형식적 개념틀로써 해결할 수 있는 것은 아니고, 법률개념 명확성과 관련한 **구체적 논증**으로 판단해야 한다. '법률의 가능한 의미'라는 기준도 결국 이 과정을 통해 밝혀야 한다. 만일

1) 최석윤, 「형사소송법과 유추금지」(형사정책연구 제14권 제2호, 2003), 33면 이하.

2) 이 일치는 곧 법인식이 유추적 토대 위에 서 있음을 뜻한다. 정승환, 「형법상 유추금지에 관한 고찰」(안암법학 제12호, 2001), 142면 이하.

3) 대판 2006. 6. 2. 2006도265.

4) 대법원도 최근에 '언어의 가능한 의미'라는 개념을 사용하기 시작하였는데, 이전에는 '문리文理', 최근에는 '법리法理'라는 포괄적인 말로 표현한다.

구체적 논증으로 충분히 이해가 되지 않을 때, 허용영역을 벗어나는 금지된 유추가 시작된다. 이것을 두고 보통 법률의 가능한 의미를 벗어나는 해석이라고 말한다.

그러므로 법관은 명확성원칙과 관련하여 입법자가 선택한 개념을 가능한 한 좁게 51
논증하는데 일상 법률언어로써 분석해야 한다(엄격해석 원칙). 유죄와 무죄 사이에 반반 가능성이 있는 경우에 대한 부담은 국가가 져야 한다는 것이 법치국가원칙 근본정신이다(in dubio pro reo, 무죄추정의 원칙 등). 어떤 경우도 확정된 개념의미를 '법률 의미'라고 하여 희석해서는 안 되고 동시에 유추금지 의미(허용되지 않는 해석)를 논증 생략으로 평가절하해서도 안 된다. 예컨대 법관이 해석을 빙자하여 입법자가 해야 할 역할을 하면 법관이 법창조를 하는 것이고 입법권에 대한 침해가 된다. 따라서 금지되는 유추는 입법권과 사법권 경계를 구성하는 문제기도 하다.

판례도 유추금지 가운데서 '**엄격해석원칙**'을 요구한다. 이유는, 죄형법정주의가 국 51a
가형벌권의 자의적 행사로부터 개인자유와 권리를 보호하기 위해 범죄와 형벌을 법률로 정할 것을 요구하기 때문이다. 따라서 명문 형벌법규 의미를 피고인에게 불리한 방향으로 지나치게 확장해석하거나 유추 해석하는 것은 죄형법정주의원칙에 어긋나는 것으로 허용되지 않는다.[1)]

[판례] 유추해석 금지

① 전자장치부착법 제5조 제1항 제3호의 '성폭력범죄를 2회 이상 범하여'라고 함은, 피부착명령청구자가 당해 피고사건의 범죄사실과 그 전에 확정된 유죄판결에서 인정된 성폭력범죄를 합하여 2회 이상 되는 경우로 해석될 뿐이다. 따라서 '**소년보호처분을 받은 경우**'를 포함시켜 성폭력범죄를 2회 이상 범한 경우로 해석하는 것은 피부착명령청구자에게 불리한 유추해석이거나 확장해석이어서 허용될 수 없다.[2)]

② 사적 인터넷 게시공간의 운영자가 사적 인터넷 게시공간에 게시된 타인의 글을 **삭제할 권한이 있는데도** 이를 삭제하지 아니하고 그대로 두었다. 이 사정만으로 사적 인터넷 게시공간의 운영자가 타인의 글을 국가보안법 제7조 제5항의 '**소지**'한 것으로 해석하는 것은 유추해석 금지원칙에 위반된다.[3)]

③ 형법 제258조의2 **특수상해죄의 신설**로 형법 제262조, 제261조의 특수폭행치상죄에 대해 그 문언상 특수상해죄의 예에 의하여 처벌하는 것이 가능하게 되었다. 이 이유만으로 형법 제258조의2 제1항의 예에 따라 처벌하는 것은 법개정의 취지에 맞지 않고 비례성원칙, 책임원칙에도 반한다. 법원이 **해석**으로 특수폭행치상에 대한 가중규정을 신설한 것과 같은 결과가 되어 죄형법정주의원칙에도 어긋나는 결과가 된다.[4)]

---

1) 대판 2018. 7. 24. 2018도3443; 2011. 8. 25. 2011도7725. 도로교통법 제154조 제2호 '운전면허를 받지 아니하고'라는 법률문언의 통상적 의미에 '운전면허를 받았으나 그 후 운전면허의 효력이 정지된 경우'는 포함되지 않는다. 제6회.

2) 대판 2012. 3. 22. 2011도15057 전원합의체. 제6회.

3) 대판 2012. 1. 27. 2010도8336. 제6회.

4) 대판 2018. 7. 24. 2018도3443. 제11회.

④ 성폭력처벌법 제13조의 '통신매체를 통하여'에 '**직접**' **상대방**에게 말, 글, 물건 등을 도달하게 하는 행위까지 포함하는 것으로 해석하는 것은 법문의 가능한 범위를 벗어나는 해석이다.[1) * 성적 수치심을 일으키는 내용의 편지를 6회에 걸쳐 피해자의 주거지 출입문에 끼워 넣음으로써 피해자에게 도달하게 함. 이는 '전화, 우편, 컴퓨터 그 밖의 통신매체를 통하여'에 포섭될 수 없음. 원심이 통신매체이용음란죄 성립을 인정한 것은 죄형법정주의 유추해석금지 위반.

⑤ ***표준판례** 공직선거법 제262조의 "자수"를 '**범행발각 전에 자수한 경우**'로 한정하는 풀이는, '언어의 가능한 의미'를 넘어 공직선거법 제262조 "자수"의 범위를 그 문언보다 제한함으로써 공직선거법 제230조 제1항 등의 처벌범위를 실정법 이상으로 확대하는 것이 된다. 따라서 이는 단순한 목적론적 축소해석에 그치는 것이 아니라, 형 면제 사유에 대한 제한적 유추를 통해 처벌범위를 실정법 이상으로 확대하는 것으로서 죄형법정주의의 파생원칙인 **유추해석금지**에 위반된다.[2) *위법성조각사유나 책임조각사유를 언어의 가능한 의미를 넘어 제한적으로 해석해도 유추해석금지에 해당.

⑥ 형법 제229조, 제228조 제1항에서 규정한 '공정증서원본'에는 **공정증서의 정본**이 포함된다고 볼 수 없다. 부실의 사실이 기재된 공정증서 정본을 그 정을 모르는 법원 직원에게 교부한 행위는 형법 제229조 불실기재공정증서원본행사죄에 해당하지 않는다.[3)

⑦ 죄형법정주의 정신에 비추어 형벌법규인 축산물가공처리법 제2조 소정의 "수축" 중의 하나인 "**양**"의 개념 속에 "**염소**"가 당연히 포함되는 것으로 해석할 수 없다.[4)

⑧ ***표준판례** 항공보안법 제2조에서 정한 '**항로**'의 정의규정이 없는 경우에는 원칙적으로 사전적인 정의 등 일반적으로 받아들여진 의미에 따라야 한다. 국립국어원의 표준국어대사전은 항로를 '항공기가 통행하는 **공로**空路로 정의하고 있어 국어학적 의미의 항로는 공중의 개념을 내포하고 있음이 분명하다. 이 죄의 객체는 '운항 중'의 항공기이다. 그러나 위계 또는 위력으로 변경할 대상인 '항로'는 별개의 구성요건요소로서 그 자체로 죄형법정주의 원칙에 부합되게 해석해야 한다. 지상의 항공기가 이동할 때 '운항 중'이 된다는 이유만으로 그때 다니는 지상의 길까지 '항로'로 해석하는 것은 문언의 가능한 의미를 벗어난다.[5) *문리해석의 허용범위인 '법문의 가능한 의미'에 관한 판결. **KAL기 '땅콩 회항' 사건**.

⑨ 아파트 단지 안에 있는 **지하주차장**은 아파트 주민이나 그와 관련된 용건이 있는 사람만 이용할 수 있고 경비원 등이 자체적으로 관리하는 곳이다. 이는 도로교통법 제2조 제1호에서 정하는 "도로"에 해당하지 않을 수 있다. 도로에서 운전하지 않았는데도 무면허운전으로 처벌하는 것은 유추해석이나 확장해석에 해당된다.[6)

⑩ 저작권법 제2조 제24호에서 말하는 '**복제하여 배포하는 행위**'에 저작물을 복제한 것만으로 해당하지 않는다.[7)

---

1) 대판 2016. 3. 10. 2015도17847.
2) 대판 1997. 3. 20. 96도1167 전원합의체. 제14회.
3) 대판 2002. 3. 26. 2001도6503.
4) 대판 1977. 9. 28. 77도405.
5) 대판 2017. 12. 21. 2015도8335 전원합의체.
6) 대판 2017. 12. 28. 2017도17762.
7) 대판 2018. 1. 24. 2017도18230.

⑪ '자동차관리법 제80조 제7호의2'의 '**허위 제공**'의 의미에 '단순 누락'의 경우를 포함시켜 해석하는 것은 죄형법정주의 원칙상 허용되지 않는다.1)

⑫ 선박안전법 제82조는 대행검사기관인 공단의 임직원을 형법 제129조 내지 제132조의 적용에 있어 **공무원으로 의제**하는 것으로 규정한다. 이들이 공문서위조죄나 허위공문서작성죄에서의 공무원으로도 될 수 있다고 보는 것은 죄형법정주의 원칙에 반한다.2)

⑬ 도로교통법 제43조의 '**운전면허**를 받지 아니하고'라는 법률문언의 통상적 의미에 '운전면허를 받았으나 그 후 운전면허의 효력이 정지된 경우'가 당연히 포함된다고 볼 수는 없다.3)

⑭ 성폭력처벌법 제5조 제2항에 정하는 **특수강도강제추행죄의 주체**는 형법 제334조 소정의 특수강도범 및 특수강도미수범의 신분을 가진 자에 한정되는 것으로 보아야 한다. 형법 제335조, 제342조에서 규정하고 있는 준강도범 내지 준강도미수범은 그 행위주체가 될 수 없다.4)

⑮ 술에 취한 피고인이 자동차 안에서 잠을 자다가 추위를 느껴 히터를 가동시키기 위해 자동차의 원동기(모터)의 시동을 걸었는데, 실수로 자동차가 움직인 경우는 도로교통법 제2조 제19호에서 말하는 '**운전**' 자동차의 운전에 해당하지 않는다.5)

⑯ 청탁금지법 제8조 제3항 제1호에서 정한 "**상급 공직자 등**"은 금품 등 제공의 상대방보다 높은 직급이나 계급의 사람으로서 금품 등 제공 상대방과 직무상 상하관계에 있고 사회통념상 위로 · 격려 · 포상 등을 할 수 있는 지위에 있는 사람을 말한다. 금품 등 제공자와 그 상대방이 **직무상 명령 · 복종이나 지휘 · 감독관계**에 있어야만 이에 해당하는 것은 아니다.6)

⑰ 군형법 제64조 제1항의 상관면전모욕죄의 구성요건은 '상관을 그 면전에서 모욕하는' 것이다. 여기에서 '**면전에서**'라 함은 얼굴을 마주 대한 상태를 의미하는 것임이 분명하므로, 전화를 통하여 통화하는 것을 면전의 대화라고 할 수는 없다.7)

⑱ 형법 제207조 제3항의 '외국에서 통용하는 지폐'에 일반인의 관점에서 **통용할 것으로 오인할 가능성**이 있는 지폐까지 포함시키면, 이는 가능한 의미의 범위를 넘어서는 유추해석 내지 확장해석에 해당된다.8)

⑲ '전기통신의 감청'은, '감청'의 개념 규정에 비추어 전기통신이 이루어지고 있는 상황에서 실시간으로 전기통신의 내용을 지득 · 채록하는 경우와 통신의 송 · 수신을 직접 방해하는 경우를 의미한다. 이미 **수신이 완료**된 전기통신에 관해 남아 있는 기록이나 내용을 열어보는 등의 행위는 포함하지 않는다.9)

⑳ 투자금 반환과 관련하여 을로부터 지속적인 변제독촉을 받아오던 갑이 을의 핸드폰으로 **하루 간격으로 2번 문자메시지**를 발송한 행위는 '정보통신망 이용촉진 및 정보보호 등에 관한 법

1) 대판 2017. 11. 14. 2017도13421.
2) 대판 2016. 1. 14. 2015도9133.
3) 대판 2011. 8. 25. 2011도7725. 제6회.
4) 대판 2006. 8. 25. 2006도2621.
5) 대판 2004. 4. 23. 2004도1109.
6) 대판 2018. 10. 25. 2018도7041.
7) 대판 2002. 12. 27. 2002도2539.
8) 대판 2004. 5. 14. 2003도3487.
9) 대판 2016. 10. 13. 2016도8137. 제6회.

륟' 제74조 제1항 제3호에 정한 '공포심이나 불안감을 유발하는 문언을 반복적으로 도달하게 한 행위'에 해당하지 않는다.[1)]

㉑ 친고죄에 관한 고소의 주관적 불가분원칙을 규정하고 있는 형사소송법 제233조가 **공정거래위원회의 고발**에도 유추적용된다고 해석한다면, 이는 공정거래위원회의 고발이 없는 행위자에 대해서까지 형사처벌범위를 확장하는 것으로서, 결국 피고인에게 불리하게 형벌법규의 문언을 유추해석한 경우에 해당한다.[2)]

㉒ 청소년성보호법 제16조에 규정된 반의사불벌죄라고 하더라도, 피해자인 청소년에게 의사능력이 있는 이상, 그는 단독으로 피고인 또는 피의자의 처벌을 희망하지 않는다는 의사표시 또는 처벌희망 의사표시를 철회할 수 있다. 거기에 법정대리인의 동의가 있어야 하는 것은 아니다. 명문의 근거 없이 그 의사표시에 **법정대리인의 동의**가 필요하다고 보는 것은 유추해석금지원칙에 반한다.[3)]

㉓ 성폭력처벌법 제14조(카메라 등 이용 촬영죄) 제1항의 촬영대상은 '성적 욕망 또는 수치심을 유발할 수 있는 **다른 사람의 신체**'로 되어 있기 때문에 '다른 사람의 신체 그 자체'를 카메라 등으로 '직접' 촬영하는 경우에 한정된다. **다른 사람의 신체 이미지가** 담긴 영상이 위 조항의 '다른 사람의 신체'에 포함된다고 해석하는 것은 법률문언의 통상적인 의미를 벗어나는 것으로서 죄형법정주의 원칙상 허용될 수 없다. 성폭력처벌법 제14조 제2항 및 제3항의 촬영대상은 '다른 사람'이므로 자의에 의해 스스로 **자신의 신체를** 촬영한 촬영물까지 위 제1항에 포함시키는 것도 마찬가지이다.[4)]

㉔ 피고인은 자신이 교통사고를 내고 도주하였다. 그럼에도 자신을 고소한 갑 등으로 하여금 특정범죄가중법 위반(무고)으로 무고하였다고 고소함으로써 특정범죄가중법 위반(무고)으로 기소되었다. 특정범죄가중법 제14조의 **'이 법에 규정된 죄'**에 특정범죄가중법 제14조 자체를 위반한 죄는 포함되지 않는다. 그럼에도 원심이 공소사실에 관해 특정범죄가중법 제14조를 적용하여 특정범죄가중법 위반(무고)죄로 판단한 것은 확장해석과 유추해석에 해당된다.[5)] *특가법상 무고죄 저질렀다고 무고한 것은 특가법 대상 아님. 특가법 제14조에 대한 체계적 · 목적론적 해석.

㉕ 자동차관리법 제2조 제11호에서 자동차관리법상 승인이 필요한 **'자동차의 튜닝'**은 자동차의 안전운행에 필요한 성능과 기준이 설정되어 있는 자동차의 구조 · 장치가 일부 변경되거나 자동차에 부착물을 추가하여 그렇게 변경된 경우를 의미한다. **'분리형 캠퍼'**를 화물자동차의 적재함에 설치한 것은 '분리가 용이한 캠퍼'를 화물자동차에 '적재'한 것일 뿐 자동차관리법상 '자동차의 튜닝'에 해당하지 않는다.[6)]

㉖ '농업기계화법에 따른 농업기계'(**일명 사발이**)를 운전한 경우, 구 자동차관리법 제2조 제1호에서 정한 자동차나 이를 전제로 하는 구 자동차관리법 제3조에서 정한 각종 자동차에 해

1) 대판 2009. 4. 23. 2008도11595. 제7회.
2) 대판 2010. 9. 30. 2008도4762. 제2, 3회.
3) 대판 2009. 11. 19. 2009도6058 전원합의체. 제2, 3회.
4) 대판 2018. 3. 15. 2017도21656.
5) 대판 2018. 4. 12. 2017도20241, 2017전도132.
6) 대판 2021. 6. 24. 2019도110.

당하지 않으므로 무면허운전 처벌규정의 적용대상인 구 도로교통법 제2조 제18호에 정한 자동차에도 해당하지 않는다.[1)]

㉗ 비트코인이 법률상 **원인관계 없이** 피해자로부터 **피고인 명의의 전자지갑으로** 이체되었더라도 피고인이 신임관계에 기초하여 피해자의 사무를 맡아 처리하는 것으로 볼 수 없는 이상, 피고인을 피해자에 대한 관계에서 '타인의 사무를 처리하는 자'에 해당한다고 할 수 없다.[2)] *원인불명으로 재산상 이익인 가상자산을 이체 받은 자가 가상자산을 사용 · 처분한 경우, 이를 형사 처벌하는 명문 규정이 없는 현재 상황에서 착오송금 시 횡령죄 성립을 긍정한 판례를 유추하여 신의칙을 근거로 피고인을 배임죄로 처벌하는 것은 죄형법정주의에 반한다고 봄.

㉘ 게임산업법 시행령 제18조의3 제3호에 정한 '**게임물의 비정상적인 이용**'은 게임제공업자로부터 게임물을 제공받은 공중이 게임물의 제작 목적인 오락, 여가선용, 학습 및 운동효과 등을 위해 게임물을 이용하는 것이 아니라 주로 **게임머니 등을 획득하기 위해** 일반적이지 않은 방법으로 게임물을 이용하는 것을 뜻한다. 게임제공업자 내부에서 권한을 부여받아 게임머니 등을 생산 · 획득하는 경우는 포함하지 않는다.[3)]

㉙ 특정범죄가중법 제5조의10(운전자폭행등죄)에서 규정한 '자동차'는 도로교통법상의 자동차를 의미하고, 이 자동차의 범위에는 도로교통법상 원동기장치자전거는 포함되지 않는다.[4)] *보행 중인 피고인이 오토바이를 운전 중인 피해자의 멱살을 잡아 내리게 한 후 상해를 가한 사안임.

㉚ 구 조세범처벌법 제10조 제1항 제1호 전단에서 규정한 '세금계산서를 발급하지 아니한 경우'에 '세금계산서를 발급한 후 그 **공급가액에 음(-)의 표시를 한 후 수정세금계산서를** 발급한 경우'가 포함된다고 보는 것은 문언의 가능한 의미를 벗어나는 해석이다.[5)] *피고인이 거래처에 물품을 공급하고 세금계산서를 발급하였다가 이를 취소하는 취지의 음(-)의 수정세금계산서를 다시 발급한 사안.

㉛ 형벌법규를 피고인에게 불리한 방향으로 지나치게 확장 해석하거나 유추 해석하는 것은 죄형법정주의원칙에 어긋나는 것으로서 허용되지 않는다. 이러한 법해석의 원리는 그 형벌법규의 적용대상이 **행정법규가 규정한 사항을** 내용으로 하고 있는 경우에 그 행정법규의 규정을 해석하는 데에도 마찬가지로 적용된다.[6)]

㉜ 생부(生父)가 인지하지 않은 혼인외 출생자가 벌금 이상의 형에 해당하는 죄를 범한 생부를 도피하게 한 경우 형법 제151조 제2항을 유추적용할 수 있을까. 원심은, 혼인외 출생자와 범인인 생부 사이에 **자연적 혈연관계**가 존재하므로 형법 제151조 제2항을 유추적용할 수 있다고 보았다. 그러나 대법원은 생부가 인지하지 않아 법률상 친자관계가 발생하지 않은 경우에는 비록 생부와 혼인외 출생자 사이 **자연적 혈연관계로 말미암아 도피시키지 않을 것을 기대하기 어려운 경우가** 있다고 하더라도 형법 제151조 제2항을 유추적용할 수는 없다고 판단하였다.[7)]

1) 대판 2021. 9. 30. 2017도13182.
2) 대판 2021. 12. 16. 2020도9789.
3) 대판 2022. 3. 11. 2018도18872.
4) 대판 2022. 4. 28. 2022도1013.
5) 대판 2022. 9. 29. 2019도18942.
6) 대판 2021. 11. 25. 2021도10981.
7) 대판 2024. 11. 28. 2022도10272.

[판례] 유추해석 허용

① 소송촉진법 제23조의2 제1항 재심규정은 동법 제23조 특례 규정에 따라 진행된 제1심 불출석 재판에 대해 검사만 항소하고 항소심도 불출석 재판으로 진행한 후에 제1심판결을 파기하고 새로 또는 다시 유죄판결을 선고하여 유죄판결이 확정된 경우에도, **재심 규정**을 유추적용하여 귀책사유 없이 제1심과 항소심의 공판절차에 출석할 수 없었던 피고인은 재심 규정이 정한 기간 내에 항소심 법원에 유죄판결에 대한 재심을 청구할 수 있다.[1]

② 형법 제170조 제2항에서 말하는 '**자기의 소유에 속하는** 제166조 또는 제167조에 기재한 물건'이라 함은 '자기의 소유에 속하는 제166조에 기재한 물건 또는 자기의 소유에 속하든, 타인의 소유에 속하든 불문하고 제167조에 기재한 물건'을 의미하는 것으로 해석해야 한다. 이렇게 해석하더라도 그것이 죄형법정주의 원칙상 금지되는 유추해석이나 확장해석에 해당한다고 볼 수는 없다.[2]

③ 후보자의 **배우자와 선거사무원** 사이의 현금 수수는, 그로 하여금 불특정 다수의 선거인들을 매수하여 지지표를 확보하는 등 부정한 선거운동에 사용하도록 제공한 것으로서 공직선거법 제112조 제1항 소정의 '**기부행위**'에 해당한다. 기부행위를 실행하기 위한 준비 내지 예비 행위에 불과하다고 할 수는 없다.[3]

④ 도시 및 주거환경정비법 제85조 제5호에서 규정한 '**조합의 임원**'에는 법원이 선임한 임시이사도 해당한다.[4]

⑤ 정보통신망에 의해 처리·보관 또는 전송되는 타인의 정보를 훼손하거나 타인의 비밀을 침해·도용 또는 누설하는 행위를 금지·처벌하는 규정인 정보통신망법 제49조 및 제62조 제6호의 '**타인**'에는 생존하는 개인뿐만 아니라 이미 사망한 자도 포함된다.[5]

⑥ 피고인들이 해외 베팅사이트의 운영업체와 중계계약을 체결하여 중계사이트를 개설하고 회원을 모집하여 각종 스포츠 경기의 승부에 베팅을 하게 한 경우는, 국민체육진흥법 제26조 제2항 제1호에서 규정하는 '정보통신망을 이용하여 **체육진흥투표권** 등을 발행하는 시스템을 공중이 이용할 수 있도록 제공하는 행위'에 해당한다.[6]

⑦ 갑은 자신의 뇌물수수 혐의에 대한 결백을 주장하기 위해 제3자로부터 사건 관련자들이 주고받은 이메일 출력물을 교부받아 징계위원회에 제출하였다. 이메일 출력물 그 자체는 정보통신망법에서 말하는 '정보통신망에 의하여 처리·보관 또는 전송되는' 타인의 비밀에 해당하지 않는다. 그러나 이를 **징계위원회에 제출하는 행위**는 '정보통신망에 의해 처리·보관 또는 전송되는 타인의 비밀'인 이메일의 내용을 '**누설하는 행위**'에 해당한다.[7]

⑧ 독일에서 거주하다가 대한민국 국적을 상실한 사람이 국적 상실을 전후하여 북한을 방문하였다. 대한민국 국적을 상실하기 전의 방문행위는 국가보안법 제6조 제2항의 탈출에 해당하

1) 대판 2015. 6. 25. 2014도17252 전원합의체.
2) 대판 1994. 12. 20. 94모32 전원합의체.
3) 대판 2002. 2. 21. 2001도2819 전원합의체.
4) 대판 2016. 10. 27. 2016도138.
5) 대판 2007. 6. 14. 2007도2162.
6) 대판 2018. 10. 30. 2018도7172 전원합의체.
7) 대판 2008. 4. 24. 2006도8644.

지만 **국적 상실 후의** 방문행위는 이에 해당하지 않는다.[1]

⑨ 지역 일대의 주차난 해소 등의 공익목적을 가지고 설치된 **공영주차장**은 불특정 다수의 사람 또는 차량의 통행을 위해 공개된 장소로서 도로교통법 제2조 제1호에서 말하는 도로에 해당한다.[2]

⑩ 제37조 후단의 "판결이 확정된 죄"가 "금고 이상의 형에 처한 판결이 확정된 죄"로 개정되었다(2004. 1. 20.) 형법 제37조는 경합범의 처벌에 관해 형을 가중하는 규정으로서 일반적으로 두 개의 형을 선고하는 것보다는 하나의 형을 선고하는 것이 피고인에게 유리하므로 **형법 제1조 제2항을 유추적용하여** 위 개정법률 시행 당시 법원에 계속 중인 사건 중 위 개정법률 전에 **벌금형에 처한 판결이** 확정된 경우에도 적용되는 것으로 보아야 한다.[3]

⑪ **정보통신망을 이용한 명예훼손죄는** 사실적시 행위를 공공연하게 할 것을 요구하므로 특정 개인이나 소수에게 말하여 그로 인해 불특정 또는 다수인에게 **전파가능성이** 있다는 이유로 공연성을 인정하더라도 죄형법정주의 유추해석에 해당하지 않는다.[4]

7. 적정성 원칙

(1) 적정성원칙 의의

위에서 설명한 4가지 죄형법정주의 내용은 법률 형식조건과 관련을 맺는다. 그러 52
나 이러한 조건을 아무리 만족하더라도(형식적 법률주의) 법률내용 자체가 정당하지 않은 경우는 죄형법정주의이념은 구현될 수 없다. 범죄와 형벌을 법률에 규정하는 취지는 형벌권을 법률에 구속하여 그 반사이익으로 국민인권을 보호하자는 데 있는 것이지, 반대로 무슨 행위든 처벌하고 싶으면 법률에 규정하기만 하면 된다는 식으로 형벌권에 일정한 '권한'을 주기 위한 것이 아니기 때문이다. 따라서 죄와 형을 정하는 법률 자체가 올바른 법률, **정법正法**이어야 한다는 요청은 당연하고, 이것을 일컬어 적정성원칙이라고 한다. 적정성원칙은 '현대적 의미의 죄형법정주의', '실질적 죄형법정주의', '실질적 법치주의', '실질적 불법개념' 등과 같은 내용이라고 보면 틀림없다.

앞서도 이미 설명했지만, 형법 적정성에 대한 요청은 죄형법정주의에 전제되어 있 53
다. 그럼에도 매우 중요한 내용이므로 강조하기 위해 죄형법정주의 내용 가운데 하나로 설명하는 것이 보통이다. 법률근거는 헌법 제10조 '인간존엄', 제37조 단서 '기본권 본질내용 침해금지' 등으로부터 도출되는 법치국가원칙, 비례성원칙, 과잉금지원칙 등을 들 수 있다. 적정성원칙 대상이 되는 법률 내용은 죄형법정주의의 '죄罪와 형刑', 즉 범죄와 형벌이다. 그리고 법률과 법률 사이 균형성이다. 즉 범죄와 형벌을 규정한 내용이 적정해야 하고 법률 상호간 균형이 맞아야 한다.

---

1) 대판 2008. 4. 17. 2004도4899 전원합의체. 제4회.
2) 대판 2005. 9. 15. 2005도3781. 제2회.
3) 대판 2004. 1. 27. 2001도3178.
4) 대판 2020. 11. 19. 2020도5813 전원합의체. 제14회. 유추해석에 해당한다는 주장은 소수견해.

(2) 적정성원칙 내용

54 죄형법정주의 실질적 내용으로서 적정성원칙은 곧 국가형벌권의 실질적 한계와 관련한 내용이다. 형법은 언제나 형벌을 제재수단으로 하기 때문에 형벌이 없는 형법이란 있을 수 없다. 그러므로 형법 한계는 곧 형벌권 한계이기도 하다.

55 1) 필요성 원칙 **"필요 없으면 형벌 없다"**는 원칙으로 대표되는 내용이다. 예컨대 프랑스 인권선언 제8조는 "법률은 절대로 필요한 형벌만을 규정해야 하며 어느 누구도 범행 전에 제정 공포된 적법한 법률에 따르지 않고는 처벌받지 않는다"는 전단 규정이 이를 말한다. 문제는 '절대로 필요한 형벌' 내용인데, 이는 보충성원칙과 최소침해원칙을 들 수 있다.

56 (가) **범죄구성요건 보충성** 형법은 국가정책 최후수단이다. 국가는 형벌보다 더 강력한 제재수단을 갖고 있지 않기 때문에 그렇다. 따라서 국가는 형법을 가장 마지막으로 사용해야 한다. 즉 형법에 앞서 있는 다른 통제수단, 예컨대 정치 · 종교 · 윤리 · 도덕과 같은 사회규범이나 민법 · 행정법 · 상법과 같은 다른 법규범이 사회질서유지 몫을 다하지 못할 경우만 '보충적으로' 투입해야 한다. 따라서 다른 통제수단이 자기역할을 충분히 하고 있음에도 형법이 관여하게 되면 사회통제 전체체계 영역침범으로 정당한 형법이 될 수 없다.

57 '형법을 도덕화해서는 안 된다'(형법의 탈윤리화)는 현대 형법 공인된 원칙도 형법이 윤리규범을 침범해서는 안 된다는 표현이다. 윤리적으로 비난받아야 할 행위를 형법이 금지하는 것은 형법이 윤리규범 존재를 인정하지 않는 결과와 같다. 바로 이 점에서 단순 성매매(성매매처벌법), 존속범죄 가중처벌 등에 대해 의문이 제기될 수 있다.

58 (나) **형벌구성요건의 최소침해원칙** 형법 보충성이 인정되더라도 형사제재 가운데 어떤 수단이라도 사용할 수 있는 것은 아니다. 형벌 종류는 사형부터 과료에 이르기까지 매우 다양하고, 그 범위 또한 예컨대 징역형 경우는 1개월에서 30년까지인데, 가중할 경우는 50년까지 가능할 만큼 넓다(형법 제42조). 그러므로 형법은 형벌 종류, 법정형 범위를 정할 때 국민 자유를 가장 적게 침해할 수 있는 형벌을 선택해야 한다. 이것을 최소침해원칙이라고 한다.

59 2) 실질적 불법성 원칙 **"불법 없으면 형벌 없다"**는 원칙으로 표현되는 내용이다. 죄형법정주의는 형식적 법률주의로 달성되지 않고 실질적 불법개념에 속하는 범죄구성요건을 만들어야 한다는 원칙이다. 입법자가 형식적 법률로 금지하기만 하면 그것이 형법 불법, 즉 범죄가 되는 것이 아니다. "금지되어 있기 때문에 불법이 되는 것이 아니고 불법이기 때문에 금지된다."[1] 범죄구성요건은 결코 입법자의 "만능 집"이 아니

1) 심재우, 「T. Hobbes의 죄형법정주의사상과 목적형사상」(법률행정논집 제17집), 1979, 129면; Arthur Kaufmann, Schuld und Strafe, 1966, 105면.

며 실질적 불법개념에 구속되어야 한다.

실질적 불법 판단기준으로 사회유해성, 법익 등을 들 수 있다. 사회에 유해하지 않은 행위, 타인 법익을 침해하지 않는 행위는 범죄로 금지할 수 없다. 형법법익이 되기 위해서는 일정한 행위로 침해받는 피해자와 그가 침해받는 구체적 이익이 있어야 한다. 따라서 **피해자 없는 범죄** 또는 보편적 법익을 범죄화하는 데는 특별히 신중해야 할 필요가 있다.[1) 60

3) 죄형 균형성원칙 형벌규정 적정성은 범죄구성요건 보충성, 형벌구성요건 최소침해원칙, 실질적 불법성 원칙을 모두 충족하여 규정된 범죄에 대한 형벌 균형성을 의미한다. 즉 범죄 불법과 책임에 비례하지 않는 형벌은 과잉형벌로서 헌법 비례성원칙, 책임원칙, 실질적 죄형법정주의에 어긋난다. 이것을 단적으로 표현하는 것이 "**책임 없으면 형벌 없다**"는 원칙이다. 61

죄형법정주의 적정성 차원에서 문제되는 균형성원칙은 개별 구성요건에서 범죄와 형벌 균형보다는 형법 범죄유형 상호간 또는 형법과 특별형법이나 특별형법 상호간에 문제가 될 수 있다. 예를 들면 특정범죄가중법, 특정강력범죄법, 폭력행위처벌법, 국가보안법, 성폭력처벌법, 성매매처벌법 등과 같은 특별형법은 거의 예외 없이 형법각칙 법정형을 가중하여 처벌한다. 가중처벌하는 근거가 그만큼 불법성이 높아서라고 한다면 동일한 행위유형이 형법에서는 왜 그렇게 낮은 책임으로 처벌되는지 설명하기 어렵다. 62

개인 법익에 대한 죄 가운데 살인죄는 가장 중한 범죄로서 법정형은 사형, 무기 또는 5년 이상 징역이다(형법 제250조 제1항). 그러나 특별형법에 가면 사람을 살해하지 않고도 법정형이 살인죄와 같거나 오히려 무거운 경우도 얼마든지 있다. 상습강도는 사형, 무기 또는 10년 이상 징역(특정범죄가중법 제5조의4 제3항)으로 살인죄보다 훨씬 높다. 강도상해나 강도강간범이 3년 안에 다시 같은 범죄를 저지른 경우도 마찬가지다(동법 제5조의5). 강도가 강간하거나(성폭력처벌법 제3조 특수강도강간) 또는 절도목적 범죄단체를 조직한 우두머리(특정범죄가중법 제5조의8 제1호)에 대한 법정형도 사형, 무기 또는 10년 이상 징역이다. 이렇게 가혹한 처벌이 과연 행위자 책임에 부합하는 것인지 아니면 과잉입법으로 "형벌체계 정당성과 균형"[2)]을 상실한 것인지 의문이다. 63

형법각칙은 불법성 기본척도다. 특별형법에서 이것을 변형시키고자 할 때는 충분한 규범 근거를 제시해야 한다. 그렇지 않으면 죄형 균형원칙, 책임원칙에 대한 위반으로 죄형법정주의에 어긋난다. 64

1) 이 점에서 이른바 '법을 통한 과거청산'이 실질적 법치국가원칙에 부합하는지 신중하게 판단할 필요가 있다. 특히 그것이 형법에 의한 것일 때 보호를 가장한 또 다른 침해를 발생시켜 자신이 오히려 청산 대상을 닮아가는 자기모순에 빠질 수 있다. 며느리 늙어 시어머니 되는 모습은 곤란하다. 신동일, 「법을 통한 과거청산?」(형사정책연구 36, 2025), 101면 이하.

2) 헌재 2008. 12. 26. 2007헌가10 · 16(병합) 전원재판부.

[판례]

① 부패방지법 제86조 제3항의 규정에 의한 추징가액은 범인이 그 물건을 보유하고 있다가 몰수선고를 받았더라면 잃었을 이득 상당액을 의미한다. 나아가 재물을 취득하면서 그 대가를 지급하였더라도 범죄행위로 취득한 재물 자체를 몰수하고, 몰수가 불가능하다면 그 가액 상당을 추징하는 것이며, 재물을 취득하기 위한 대가로 지급한 금원 등을 뺀 나머지를 추징해야 하는 것은 아니다. 그 결과 추징액이 실제 범인이 재물의 취득으로 **받은 이익을 초과**하더라도 헌법상의 재산권 보장, 과잉금지의 원칙 등에 위배된다고 할 수 없다.[1]

② **강도상해죄의 법정최저형**이 살인죄의 그것보다 높으나, 이는 살인죄에 있어서는 그 행위의 태양이나 동기가 극히 다양하므로 그 죄질 또는 비난가능성 정도가 매우 가변적이다. 이에 반해 강도상해죄의 경우 그 행위태양이나 동기가 비교적 단순하여 죄질과 정상의 폭이 넓지 않다 할 것이며 일반적으로 행위자의 비난가능성도 크다고 할 것이다. 준강도가 범한 강도상해죄의 법정형의 하한이 살인죄의 그것보다 높다고 하여 바로 과잉금지의 원칙을 위배하였다고 할 수 없다.[2]

제3절 형법의 해석

[13] Ⅰ. 형법해석 의의

1. 법률과 사안의 포섭

1 헌법(제12조 제1항, 제13조 제1항)과 형법(제1조 제1항)이 보장하고 있는 죄형법정주의는 법률이 규정한 범죄자만 처벌하는 것에 확실한 수단이 되는 것처럼 보인다. 아울러 그 실현은 사안을 법률에 대입시키는 포섭기술로써 가능한 것처럼 비친다. 여기서 포섭은 법률을 대전제, 사건(사안)을 소전제로 하여 형식적 삼단논법에 따라 법률표지에 사건이 일치할 때 그 범죄에 해당한다는 결론을 이끌어내는 절차를 말한다.

2. 포섭 한계

2 그러나 법적용행위가 단순한 포섭과정으로 완수되기는 힘들다. 문제는 입법자가 모든 경우에 해당할 수 있는 대전제인 법률을 명확하게 규정할 수 없다는 점에 있다. 예를 들어 형법 제257조 제1항 상해죄는 행위를 '상해'라는 매우 간략한 말로써 표현하지만, 이 상해에 해당할 수 있는 실제사건의 다양성은 상상을 초월할 정도다. 따라서 형법도그마틱은 상해 판단기준으로서 '신체 완전성', 즉 생리기능에 대한 장애나 외관의 현저한 변화를 제시한다. 그러나 상해를 실제로 왜 이렇게 이해하고 해석해야 하는가에 대한 대답은 없다.

3 사건이 법률에 해당하는 여부는 법률을 단순히 읽거나 법률 개별개념을 간단히 포섭함으로써 법률로부터 연역적으로 이끌어낼 수 있는 것이 아니다. 법률과 사안 사이에는 팽팽한 긴장관

1) 대판 2015. 11. 12. 2015도9123.
2) 헌재 1997. 8. 21. 96헌바9 전원재판부.

계가 있다. 법적용은 법률명령에 법관이 복종하기만 하면 되는 단순한 포섭모델이 아닌, 법률과 사안 사이 교호작용에 따라 비로소 달성할 수 있다. 법률은 사안을 지향하고 사안은 법률을 지향하여 발전하는 이해과정 소산으로서 죄형법정주의는 실현된다.

3. 법학방법론

법률과 사건을 접근시키는 법적용 수단으로는 (형법)도그마틱과 법학방법론이 있다. 이들은 법 일반성과 사건 구체성 사이의 중간 추상화단계에 있는 것으로서 법과 사건을 연결시키는 교량 역할을 한다. 법학방법론과 도그마틱의 공통점은 법률내용을 구체화하여 사안판단의 준비작업, 즉 법률논증을 위한 원칙·규칙·지침을 마련하는 데 있다. 양자 차이점은, 법학방법론이 법률전체 내용에 대한 적용지침을 연구하는 데 반해 도그마틱은 해당 법조문 하나만 대상으로 한다는 점이다. 다시 설명하면, 도그마틱은 법률과 사건 사이 간격을 메우기 위해 해당 법률을 매우 복잡하면서도 명료한 지침을 가지고 구체화하면서 사건을 일반화하여 해결한다. 그러나 법학방법론은 주로 법적용절차를 세분하여 규율한다. 4

[14] Ⅱ. 형법해석 방법론

1. 의 의

해석론은 법률의 추상적 내용을 구체 사건에 적용할 수 있도록 법학방법론이 발전시킨 수단이다. 즉 법률의미를 명확하게 밝히기 위한 일반 방법론을 말한다. 서로 다른 형법 제도·장치에 따라 다른 내용을 가지는 형법도그마틱과 달리 이 해석방법론은 모든 법률해석에 적용할 수 있는 보편 성격을 가진다. 1

2. 해식방법 종류

(1) 문리해석

문리해석 명제는 "**법률이 규정하는 언어 의미에 따라 해석하라**"다. 모든 해석 출발은 법문이기 때문에 법관은 법문의 언어학·문법 의미를 준수하여 판결을 내려야 한다는 언어학 해석방법이다. 그러나 명확성원칙에서 이미 살펴본 형법 현실관련성과 형법개념 다의성은 법률 문법의미가 획일적으로 내릴 수 없음을 예고한다. 2

(2) 체계 해석

체계 해석의 명제는 "**법조문이 자리잡고 있는 체계 연관을 존중하라**"다. 이것은 법률이 하나의 통일체를 구성한다는 인식을 바탕으로, 해석하고자 하는 규범의 법률전체에 대한 관련을 고려하는 논리 해석방법이다. 예를 들면 상해치사(제259조 제1항)의 '상해'는 과실상해를 포함할 수 없다. 이 조문이 있는 형법 제25장 '상해와 폭행의 죄'는 고의상해·폭행(제257조)을 대상으로 하여 고의상해에 대한 결과적 가중범을 규정한 것이기 때문이다. 과실상해는 제266조 이하 별도 규정을 두고 있다. 체계 해석은 법률의 체계 배열·정리가 완벽하다는 전제에만 의미를 가질 수 있는 한계가 있다.[1] 그러나 해석에 도움 되는 체계가 없거나 또는 있더라도 우연에 좌우되는 것이 대부분이다. 3

1) 여기서 말하는 '체계'는 구성요건해당성·위법성·책임과 같은 범죄체계론이 아니라 법률 배열에 관한 입법 체계다.

(3) 역사 해석

4 이 이론 명제는 "**입법자가 달성하고자 했던 목표를 기준으로 해석하라**"다. 법관은 역사적인 입법자 의사를 토대로 판결해야 한다는 주관적 해석방법론이다. 따라서 역사 해석을 다른 이름으로 주관적 · 역사적 해석이라고 한다. 역사 해석은 역사적인 입법자 의사를 확인할 수 없거나 또는 있더라도 대부분 의회민주주의에서 정당 의사를 대변하는 데 문제가 있다. 입법자 의사와 법률을 통과시킨 정당 의사는 구별해야 한다. 입법자의사는 이미 낡은 것이 됨으로써 급변하는 오늘 문제를 해결하는 데 맞지 않는 경우가 대부분이다. '입법자 의사는 흘러가지만 법률은 존속한다.' 법률은 죽은 문자가 아니며 생활관계와 더불어 발전하고 적응하는 살아있는 정신이다. 물론 그 생동성生動性은 입법자가 만든 법형식을 파괴하는 정도가 되어서는 안 된다. 여기서 등장하는 것이 바로 해석한계 문제다.

(4) 목적론 해석

5 이 해석 핵심은 "**법률을 그 객관적 의미에 따라서 해석하라**"는 데 있다. 법규범이 추구하는 실제 목적(télos), 즉 법률의 객관적 의미(ratio legis)에 따라 해석해야 한다는 방법론이다. 다른 말로 객관 · 목적적 해석이라고도 한다. 목적론 해석은 법률의 객관 의미가 오로지 법관(해석자) 머릿속에 들어 있기 때문에 반증할 수 없는 어려움이 있다. 따라서 객관 · 목적론적 해석은 원하는 해석결과를 정당화하는 훌륭한 수단으로 이용될 수 있다. 이 해석방법이 실무에서 널리 애용되고, '해석 왕관'으로 불리는 까닭도 여기에 있다.

(5) 합헌 해석

6 이 해석 명제는 "**헌법 한계를 벗어나지 마라**"다. 법률을 해석할 때 법관은 헌법 가치결단을 벗어나는 위헌해석을 해서는 안 된다는 것이다. 합헌 해석은 헌법 한계를 넘지 마라는 부정내용이기 때문에 해석의 적극 기준을 제시하지 못하는 문제가 있다.

[판례]

죄형법정주의의 취지에 비추어 보면 형벌법규의 해석은 엄격해야 하고, 명문의 형벌법규의 의미를 피고인에게 불리한 방향으로 지나치게 확장해석하거나 유추해석하는 것은 허용되지 않는다. 그러나 형벌법규의 해석에서도 법률문언의 통상적인 의미를 벗어나지 않는 한, 그 법률의 입법 취지와 목적, 입법연혁 등을 고려한 **목적론적 해석**이 배제되는 것은 아니다.[1)]

3. 해석방법론 문제점

7 위 해석방법론은 지적한 개별 문제 외에도 다음과 같은 일반 문제를 가지고 있다. 각 내용은 나름대로 장점과 합리적 근거를 가지고 있으므로 해석결과를 서로 달리할 수 있는 특징이 있다. 따라서 법관은 그가 내리고 싶은 결론에 가장 적합한 해석방법을 선택하여 논거로 삼을 수 있다. 비록 객관 · 목적적 해석방법이 가장 광범위한 지지를 받더라도 다른 해석방법이 완전히 무시되지 않고 함께 고려된다는 점에 해석론 전체 문제가 있다. 다시 말하면, 각각 해석방법은 병렬적으로 존재하기 때문에 어떤 상황에서 어떤 해석방법을 사용해야 하는가는 공백으로 남아 있다. 해

1) 대판 2018. 7. 24. 2018도3443.

석방법의 분명한 수직관계를 결정해 줄 수 있는 **해석이론의 메타이론**(Meta-Theorie)[1]이 있다면 이런 문제는 해결된다.

그러나 유감스럽게도 해석이론의 메타이론은 없기 때문에 법관은 그가 원하는 결론을 뒷받 8
침해 주는 해석방법을 언제든지 임의로 선택할 수 있다. 그렇다면 해석이론은 결국 판결결과에 대해 어떤 영향도 미치지 않고, 기껏해야 판결결과를 정당한 것처럼 보여주는 언어 도색기능밖에 없다.

4. 결 론

(1) 판결기준과 판결이유

법관 해석활동은 두 가지 지평에서 이해돼야 한다. 즉 판결기준을 도출하는 과정과 도출된 9
판결기준을 구체적 사안에 적용하여 설명하는 과정이다. 판결기준 도출은 해석자 선이해, 해석의 구체 상황, 정치 · 정책적 판단 등 무수히 많은 요소의 작용 가운데 이루어진다. 그 수많은 요소들이 어디서 나오며 어떻게 작용하는지 남김없이 분석할 방법은 없다. 즉 판결기준 도출과정 자체는 결코 완전하게 분석하여 인식할 수 없다. 일정한 판결기준을 도출한 해석자조차 자신의 정신세계 속에서 일어난 해석기준 도출을 명료하게 인식할 수 없다.

위에서 설명한 해석방법론도 해석자 정신세계 속에서 일어난 매우 복잡한 사건인 판결기준 10
도출을 지배 · 조종하지는 못한다. 그것은 단지 이미 해석자 정신세계 속에서 진행된 해석결과(판결기준)를 외부세계에 전달하는 데 사용되는 언어 수레일 뿐이다. 이처럼 판결기준 도출과정에 대한 분석적 인식이 불가능한 한, 법관의 판결기준 도출과정에서 법관 해석활동을 통제하는 것은 사실 불가능하다.

그러나 법관은 최소한 자신의 해석활동 결과인 판결기준과 그 근거를 가능하면 투명하게 드 11
러내야 한다. 법관 해석활동이 투명해야 하는 것은 법치국가요청이기도 하다. 여기에서 투명하게 드러낸다는 것은, 법관은 자신이 구체적 사안에 적용한 판결기준과 그 근거를 가능하면 분명하고 세밀한 언어로 설명해야 하는 것을 의미한다. 그래야만 비록 사후적이고 불완전하긴 하지만 법관이 법률해석에서 죄형법정주의를 그르쳤는지 일반인이 어느 정도 감시와 통제를 할 수 있다. 이처럼 판결기준 설명을 법관 의무로 선언하고 있는 것이 바로 판결이유제도(형소법 제323조)다.

법관이 어떤 판결을 내리고 싶다 하여 언제나 그 근거를 찾을 수 있는 것은 아니다. 이처럼 12
충분한 판결이유가 불가능할 경우는 판결기준을 달리하여 최악 사태를 예방해야 한다. 판결이유를 통해 판결지침을 세분화하여 논증할 수 있다.

(2) 사실상 구속

형법적용에는 법관의 법률에 대한 규범 구속뿐만 아니라 실무의 사실적 구속요소가 있다. 13
예컨대 법감정,[2] 법관법과 법도그마틱 차이점, 법원 전통, 법원의 정치적 배려 등과 같은 비공식 구속요소를 들 수 있다. 이러한 요인들은 규범근거는 없지만 사실상 구속효과를 발휘한다. 그리고 이른바 통설에 대해서도 법관은 규범적이 아닌 사실상 구속을 받는다.

---

1) 이론의 이론을 메타이론이라고 한다. "지구는 평평하다"는 이론이 있다면, 이 이론에 대한 이론, 즉 "'지구가 평평하다'는 말은 틀렸다"는 이론은 앞의 이론에 대한 메타이론이 된다. 따라서 메타이론에 대한 이론도 가능할 수 있는데, 이것을 메타메타이론(Meta-Meta-Theorie)이라고 한다.

2) 예컨대 "해석은 건전한 상식과 통상 법감정을 가진 일반인으로서도 능히 인식할 수 있는 것"이어야 한다(헌재 1998. 7. 16. 97헌바23).

(3) 법 문 화

14 법적용 주체는 어디까지나 법관 자신이다. 따라서 죄형법정주의는 궁극적으로 입법 · 도그마틱 · 법관법 · 해석방법이 아니라 법관 개인에 따라 실현된다고 할 수 있다. 형법적용은 속임이 없이 가장 올바른 판결을 내리려는 법관 개인의 자세 · 능력에 좌우된다. 이것은 법문화와 깊은 관련이 있다. 올바른 입법정책을 명확한 입법으로 펼칠 수 있는 입법자 능력, 이 입법내용을 법치국가 전통에 따라 실현하고자 하는 형사법관 자세 그리고 이러한 입법 · 형법적용에 대한 학계, 실무계와 사회일반의 관심이 어우러질 때(법문화) 죄형법정주의는 관철할 수 있다.

제 2 편 형법의 적용범위

제 1 장 형법의 시간적 적용범위

[15] Ⅰ. 문제 소재

형법은 공포하여 폐지될 때까지 효력을 갖는다. 그러나 행위시와 재판시 사이에 **법률변경**이 있는 경우, 신법과 구법 중 어느 법률을 적용할 것인가 문제된다. 이때 신법(재판시법)을 적용하면 신법 **소급효**遡及效를 인정하는 것이고, 구법을 적용하면 구법 **추급효**追及效를 인정하는 결과가 된다. 1

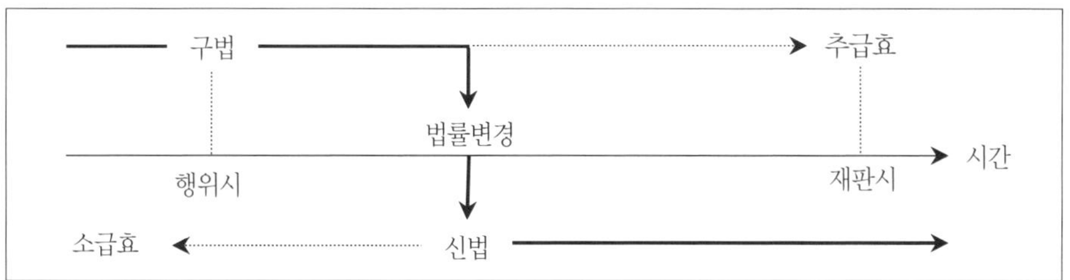

[16] Ⅱ. 행위시법주의

1. 의 의

헌법 제13조 제1항과 형법 제1조 제1항은 "범죄의 성립과 처벌은 행위시의 법률에 따른다"고 함으로써 행위시법주의를 천명한다. 이는 행위자가 예측할 수 없는 법률로 처벌받지 않게 하려는 죄형법정주의의 당연한 결과이다. 개인 자유와 인권을 보장하기 위한 소급효금지원칙은 형법의 시간적 효력에서 행위시법주의로 나타난다. 1

2. 행위시법주의 예외(신법적용)

형법 소급효를 인정하지 않는 행위시법주의는 국가형벌권 남용을 방지하고 행위자 자유와 인권을 보장하는 데 그 목적이 있다. 따라서 형벌을 배제하거나 완화함으로써 행위자에게 유리한 신법을 소급적용하는 것(재판시법의 변경된 법률적용)은 죄형법정주의에 위배되지 않는다. 형법 제1조 제2항, 형사소송법 제326조 제4호는 이 점을 입법적으로 선언한다. 2

즉 형법 제1조 제2항은 "범죄 후 법률이 변경되어 그 행위가 범죄를 구성하지 3

아니하게 되거나 형刑이 구법舊法보다 가벼워진 경우에는 신법에 따른다"고 하고, 동조 제3항은 "재판이 확정된 후 법률이 변경되어 그 행위가 범죄를 구성하지 아니하게 된 경우에는 형의 집행을 면제한다"고 한다. 형사소송법 제326조 제4호도 범죄 후 법령의 개폐로 형이 폐지되었을 경우는 판결로써 면소선고를 하도록 규정한다.

3. 예외적용(신법적용) 요건: "범죄 후 법률이 변경되어 범죄를 구성하지 아니하는 경우"

(1) '범죄 후' 의미

4 **1) 행위의 종료** 경한 신법 소급적용을 인정한 형법 제1조 제2항 '범죄 후'는 구성요건에 해당하는 행위 종료를 말하고 결과발생은 포함하지 않는다. 이것은 주로 행위와 결과발생 사이에 일정한 시간계속이 필요한 계속범에서 문제된다(예컨대 체포·감금죄). 따라서 실행행위가 계속되고 있는 동안에 법률변경이 있을 경우는 신법에 따른 실행행위로 되기 때문에 형법 제1조 제2항 '범죄 후'에 해당할 여지가 없고, 형법 제1조 제1항 행위시법원칙에 따라 신법으로 처벌받는다.

5 **2) 개정형법 새로운 부칙규정** 개정형법(1995) 부칙 제3조도 "1개의 행위가 이 법 시행전후에 걸쳐 이루어진 경우는 이 법 시행 이후에 행한 것으로 본다"고 규정하여 위에서 설명한 내용과 같은 입장을 갖는다. 그러나 종래 형법 부칙 제4조 제1항은 "1개의 죄가 본법 시행 전후에 걸쳐 행하여진 때에는 본법 시행 전에 범한 것으로 간주한다"고 하여 이와 상반된 내용을 담고 있었다. 하지만 이 규정도 1953년 제정된 종래 형법과 일제시대 구 형법 사이에 일회적으로 인정된 예외규정이었을 뿐이다. 말하자면 개정 이전의 형법이 제정될 당시에만 적용된 경과규정이었다. 그러므로 개정형법(1995)에는 당연히 새로운 내용의 경과조치를 둘 수 있었다.[1)]

6 **3) 부칙내용 모순** 개정형법(1995) 부칙 제2조는 "이 법은 이 법 시행 전의 범죄에 대해서도 그대로 적용되지만 종전의 규정이 행위자에게 유리할 때에는 구법을 적용한다"고 하면서도 부칙 제4조는 "이 법의 시행 전에 구형법 규정으로 선고받은 자는 신법에 의해 형의 선고를 받은 것으로 본다"고 하여 상반된 내용을 담고 있다. 즉 제2조는 신·구법에서 같은 범죄에 대한 형량이 다를 경우 신·구법 중 유리한 규정을 적용하도록 하면서도 제4조는 1, 2심에서 선고가 내려진 경우는 구법을 적용하도록 하여 제2조의 취지를 무색하게 한다. 예를 들면 개정형법에서 법정형량이 낮아져 이미 구 형법으로 1, 2심 선고를 받은 형사피고인은 부칙 제2조에 따르면 상급심에서 낮아진 형량의 적용을 받을 수 있지만, 제4조에 따를 경우 신법 혜택을 받을 수 없는 문제가 발생한다. 이에 대해 대법원은 피고인에게 유리하도록 개정된 새 형법을 적용하게 함으로써 제2조 손을 들어주는 것으로 결론을 지었다.[2)]

---

1) 제4회.
2) 대판 1996. 7. 26. 96도1354. 제4회.

(2) '법률의 변경' 의미

법률 변경에서(제1조 제2항 전단) '법률'은 가벌성과 관련하는 모든 법상태를 뜻한다. 따라서 법률뿐만 아니라 '명령 · 규칙'까지도 포함한다. '변경'은 개정과 폐지를 말한다. 한시법 유효기간이 경과하여 법률이 실효된 경우도 법률 변경에 해당된다. 7

(3) '범죄를 구성하지 아니하게 된 경우'의 의미

여기서 범죄를 구성하지 아니하는 경우(제1조 제2항 후단)란 형법각칙이나 특별형법의 범죄구성요건 폐지뿐만 아니라 형법총칙 정당화사유 · 면책사유 · 형사책임연령 등의 변경으로 가벌성이 폐지된 경우도 포함한다. 가벌성이 폐지되지는 않았지만 가벌성 전제가 행위자에게 유리하게 변경된 경우도 전단에 따라 유리한 신법 적용을 받는다. 8

(4) 신법 형이 구법보다 가벼운 경우

신법 형이 구법보다 가벼운 경우(제1조 제2항 후단)도 역시 행위시법주의 예외로서 신법을 적용한다(제1조 제2항 후단). 신법 형이 구법보다 가벼워야 하기 때문에 법률변경이 있더라도 형의 경중에 변화가 없을 때는 구법이 그대로 적용된다(행위시법원칙의 적용).[1] 형의 경중은 형법 제50조에 따른다. 형의 경중 비교대상은 법정형이며, 법정형인 한 주형主刑뿐만 아니라 부가형도 포함된다(제49조). 가중 또는 감면사유(임의적 · 필요적 감경 또는 감면)와 선택형 가능성도 비교해야 한다.[2] 범죄 후 여러 차례 법률이 변경되어 행위시법과 재판시법 사이에 여러 개 중간시법이 있는 경우는, 그 사이에 개폐된 모든 법률을 비교하여 형이 가장 가벼운 법률을 적용해야 한다.[3] 범죄 후 법률 개정에 따라 법정형이 가벼워진 경우는 형법 제1조 제2항에 따라 해당 범죄사실에 적용될 가벼운 법정형(신법의 법정형)이 공소시효기간 기준이 된다.[4] 9

법정형이 징역형으로만 규정되어 있는 범죄에 개정으로 벌금형을 새롭게 추가하는 것은 '신법 형이 구법보다 가벼운 경우'에 해당한다.[5] 이는 행위 형태와 동기가 다양함에도 죄질이 경미한 행위에 대해서도 반드시 징역형으로 처벌하도록 한 종전 조치가 과중하다는 데서 나왔다. 따라서 형법 제1조 제2항에서 정한 '범죄 후 법률이 변경되어 형이 구법보다 가벼운 경우'에 해당하므로 신법을 적용해야 한다.[6] 9a

[판례]

① 노역장유치기간의 하한을 정한 형법 제70조 제2항 시행 전에 행해진 피고인의 범죄행위에

1) 제4회.
2) 대판 1992. 11. 13. 92도2194.
3) 대판 1968. 12. 17. 68도1324. 제4회.
4) 대판 2008. 12. 11. 2008도4376. 제4회.
5) 2016. 1. 6. 형법 제324조 제1항(단순강요죄)은 3천만 원 이하의 벌금형을 추가하는 것으로 법률이 개정되었다.
6) 대판 2016. 6. 23. 2016도1473.

대해 형법 제70조 제1항, 제2항을 적용하여 노역장유치기간(525일)을 정한 판결이 선고되었다. 원심판결 선고 후 헌법재판소는, 형법 제70조 제2항을 시행일 이후 최초로 공소 제기되는 경우부터 적용하도록 한 **형법 부칙**(2014. 5. 14.) **제2조 제1항은** 헌법상 형벌불소급원칙에 위반되어 위헌이라고 판결하였다. 헌법재판소의 위헌결정 선고로 위 부칙조항은 소급하여 효력을 상실하였으므로 원심판결은 유지될 수 없다.1)

② 포괄일죄에 관한 기존 처벌법규에 대해, 애초에 죄가 되지 않던 행위를 구성요건 신설로 포괄일죄의 처벌대상으로 삼는 경우에는, 신설된 포괄일죄 처벌법규가 시행되기 이전의 행위에 대하여는 신설된 법규로 처벌할 수 없다(형법 제1조 제1항). 구성요건이 신설된 **상습강제추행죄**가 시행되기 이전의 범행은 상습강제추행죄로는 처벌할 수 없고, **행위시법**에 기초하여 강제추행죄로 처벌할 수 있을 뿐이다.2)

③ 포괄일죄로 되는 개개의 범죄행위가 **법 개정의 전후**에 걸쳐서 행해진 경우에는, 범죄 실행 종료시의 법이라고 할 수 있는 신법을 적용하여 포괄일죄로 처단해야 한다. 원심이 위 법 개정전후에 걸쳐 있는 범죄사실들을 포괄일죄로 보아 신법을 적용하여 처벌한 것은 적법하다.3)

④ 일반적으로 **계속범**의 경우 실행행위가 종료되는 시점의 법률이 적용되어야 한다. 그러나 법률이 개정되면서 그 부칙에서 '개정된 법 시행 전의 행위에 대한 벌칙의 적용에 있어서는 종전의 규정에 의한다'는 경과규정을 두고 있는 경우, 개정된 법이 시행되기 전의 행위에 대해서는 개정 전의 법을, 그 이후의 행위에 대해서는 개정된 법을 각각 적용해야 한다.4)

⑤ **외국환관리규정**의 개정으로 일정한 범위의 외화의 사용과 투자가 허용되었다고 하여도, 이는 범죄 후 **법률의 변경**에 의하여 특정경제범죄법 제4조 제1항 소정의 범죄행위가 범죄를 구성하지 않거나 형이 가볍게 된 경우에 해당하는 것이 아니므로 형법 제1조 제2항이 적용될 여지가 없다.5)

⑥ 형법 제1조 제1항 "범죄의 성립과 처벌은 행위 시의 법률에 따른다"라고 할 때의 '행위 시'라 함은 **범죄행위 종료 시**를 의미하므로 구법 시행 시 행위가 종료하였으나 결과는 신법 시행 시에 발생한 경우에는 신법이 적용된다.6)

⑦ 형을 종전보다 가볍게 형벌법규를 개정하면서 그 부칙으로 개정된 법의 시행 전의 범죄에 대하여 **종전의 형벌법규를 적용하도록 규정**한다 하여 헌법상의 형벌불소급의 원칙이나 신법우선주의에 반한다고 할 수 없다.7)

⑧ 법원이 인정하는 범죄사실이 공소사실과 차이가 없이 동일한 경우에는, 비록 검사가 재판시법인 개정 후 신법 적용을 구하였더라도 그 범행에 대한 **형의 경중의 차이**가 없으면, 피고인의 방어권 행사에 실질적으로 불이익을 초래할 우려도 없으므로 공소장 변경절차를 거치지 않고도 행위시법인 구법을 적용할 수 있다.8)

---

1) 대판 2018. 2. 13. 2017도17809. 제10, 12회.
2) 대판 2016. 1. 28. 2015도15669. 제8회.
3) 대판 1998. 2. 24. 97도183. 제4회.
4) 대판 2001. 9. 25. 2001도3990. 제3회.
5) 대판 1989. 2. 14. 88도2211.
6) 대판 1994. 5. 10. 94도563. 제12회.
7) 대판 1999. 7. 9. 99도1695. 제12회.
8) 대판 2002. 4. 12. 2000도3350.

⑨ 형법 제37조 후단 '판결이 확정된 죄'가 '**금고 이상의 형에 처한 판결이 확정된 죄**'로 개정되었다. 형법 제37조는 경합범의 처벌에 관해 형을 가중하는 규정으로서, 일반적으로는 두 개의 형을 선고하는 것보다는 하나의 형을 선고하는 것이 피고인에게 유리하다. 따라서 형법 제1조 제2항을 유추 적용하여 위 개정 법률 시행 당시 법원에 계속중인 사건 중, 위 개정 법률 시행 전에 벌금형 및 그보다 가벼운 형에 처한 판결이 확정된 경우에도 적용되는 것으로 보아야 한다.1)

⑩ 범죄 후 법률의 변경이 있더라도 형이 중하게 변경되는 경우나 형의 변경이 없는 경우에는 형법 제1조 제1항에 따라 행위시법을 적용해야 한다.2)

⑪ 양벌규정이 개정되어 해당 업무에 관해 상당한 주의와 감독을 게을리 하지 않은 경우에는 법인을 처벌하지 않도록 하는 **면책규정**이 추가되었다. 이는 범죄 후 법률의 변경에 의해 그 행위가 범죄를 구성하지 않거나 형이 구법보다 경한 경우에 해당한다고 할 것이어서 형법 제1조 제2항에 따라 개정된 정보통신망법의 양벌규정이 적용되어야 한다.3)

⑫ 위헌결정으로 형벌에 관한 법률 또는 법률조항이 **소급하여 그 효력을 상실**한 경우에는 당해 법조를 적용하여 기소한 피고사건이 범죄로 되지 않는 경우에 해당된다. 범죄 후 법령의 개폐로 형이 폐지되었을 때에 해당하거나, 혹은 공소장에 기재된 사실이 진실하더라도 범죄가 될 만한 사실이 포함되지 않은 때에 해당한다고 할 수 없다.4)

⑬ 형법 제1조 제2항 및 제8조에 의하면 범죄 후 법률의 변경에 의하여 형이 구법보다 경한 때에는 신법에 의한다고 규정하고 있으나 **신법에 경과규정**을 두어 이러한 신법의 적용을 배제하는 것도 허용된다. 형을 종전보다 가볍게 형벌법규를 개정하면서 그 부칙으로 개정된 법의 시행 전의 범죄에 대해 종전의 형벌법규를 적용하도록 규정한다 하여 헌법상의 형벌불소급원칙이나 신법우선주의에 반한다고 할 수 없다.5)

⑭ 피고인은 법무사로서 개인회생 · 파산사건 관련 법률사무를 위임받아 취급하여 변호사법위반으로 기소되었다. 그 후 개인회생 · 파산사건 신청대리업무를 법무사 업무로 추가하는 법무사법 개정이 이루어짐으로써 형법 제1조 제2항 경한 신법을 적용할 수 있는지 문제되었다. 개정된 법무사법 제2조는 이 부분 공소사실의 해당 형벌법규인 변호사법 제109조 제1호 또는 그로부터 **수권 또는 위임을 받은 법령이 아닌 별개의 다른 법령에** 불과하다. 기본적으로 형사법과 무관한 행정 규율에 관한 내용이므로, 이는 **타법의 비형사적 규율 변경이** 형벌법규의 가벌성에 간접 영향을 미치는 경우에 해당할 뿐이다. 원칙적으로 형법 제1조 제2항과 형사소송법 제326조 제4호의 적용 대상인 형사법 관점의 법령 변경에 해당한다고 볼 수 없다. 피고인을 유죄로 인정한 것은 타당하다.6)

⑮ 헌법재판소가 형벌에 관한 법률조항에 대해 위헌결정을 하면 그 조항은 소급하여 효력을 상실한다. 이와 같이 **소급하여 효력을 상실한 조항을** 적용하여 공소가 제기된 피고사건은 범죄

1) 대판 2005. 7. 14. 2003도1166제6회.
2) 대판 2010. 6. 10. 2010도4416; 2020. 11. 22. 2016도8627. 제4, 12회.
3) 대판 2012. 5. 9. 2011도11264, 제2회.
4) 대판 1992. 5. 8. 91도2825, 제5회.
5) 대결 1999. 4. 13. 99초76, 제10회.
6) 대판 2023. 2. 23. 2022도6434.

로 되지 않은 때에 해당한다. 따라서 법원은 그 피고사건에 대해 형사소송법 제325조 전단에 따라 무죄를 선고하여야 한다.[1]

[17] Ⅲ. 한 시 법

1. 한시법 개념

1 한시법은 우리 형법이 독일 형법 제2조 제4항[2]과 같은 한시법에 관한 명문규정을 두고 있지 않기 때문에 형법의 시간 적용범위와 관련하여 문제가 된다. 즉 형법 제1조 제2항은 가벼운 신법적용원칙을 선언하고 있고, 형사소송법 제326조 제4호는 범죄 후 법률 변경으로 범죄를 구성하지 아니하는 경우에는 신법을 적용하여 면소판결을 해야 한다고 규정한다. 그렇다면 유효기간이 미리 정해져 있는 한시법에 대해서는 추급효를 인정하여 처벌할 것인가 아니면 형사소송법 제326조 제4호에 따라 면소판결을 할 것인가 하는 선택 문제가 발생한다.

한시법의 개념에 대해서는 협의와 광의의 두 견해가 있다.

(1) 협의 견해

2 이것은 미리 일정한 유효기간이 명시된 법률이나 형벌법규 폐지 전에 유효기간이 정해진 법률을 한시법으로 파악하는 견해다. 예를 들면 "이 법은 1964년 12월 말일까지 효력을 가진다"(1963년 법률 1346호 귀속재산처리에 관한 특별조치법 부칙 제2조)고 규정한 법률을 한시법으로 파악하는 견해가 여기에 속한다. 올림픽기간시위금지법(1988년)도 이 부류에 속한다.

(2) 광의 견해

3 협의 한시법과 함께 법률내용이나 목적이 일시 특수사정에 대처하기 위한 법률도 한시법에 포함된다고 보는 견해다. 역사적인 예를 들면, "본법은 국가재건사업의 수행을 방해하는 행위를 처벌함을 그 목적으로 한다"(1961년 법률 제663호 특수범죄처벌에 관한 특별법)고 규정한 법률이 있다.

(3) 견해대립 의미

4 한시법 광의·협의 개념파악의 중요성은 오로지 뒤에 설명할 한시법 추급효력 인정 여부와 관련해서만 의미가 있다. 즉 이를 인정할 경우 양자 구별은 실질적 의미가 있지만(추급효를 갖는 법률의 범위가 달라진다), 추급효를 인정하지 않을 경우는 한시법개념을 어떻게 파악하든 아무 상관이 없다.

2. 한시법 추급효 인정 문제

5 법률 유효기간 또는 일시 특수사정이 경과하여 한시법이 실효된 뒤에 그 유효기간 중 행해진 범죄행위가 적발되었을 때, 이를 이미 실효된 한시법으로써 추급하여 처벌할

1) 대판 2018. 10. 25. 2015도17936. 제12회.
2) "일정한 기간 동안 효력을 가진 법률은 그 유효기간 동안 행해진 범죄에 대하여 그 법률이 실효된 경우에도 적용된다. 다만 법률이 달리 규정하고 있을 때는 그렇지 않다."

수 있는가 하는 문제가 발생한다. 이것이 문제되는 이유는 우리 형법이 독일 형법 제2조 제4항과 같은 한시법 효력에 관한 명문규정을 두고 있지 않기 때문이다. 그러나 만일 한시법 스스로 추급효를 인정하는 특별규정을 두고 있을 경우는 이런 문제가 발생할 여지가 없다. 그러므로 한시법 자체가 추급효에 대해 아무런 언급을 하고 있지 않았을 때 추급효 인정에 관한 문제는 학설로 해결할 수밖에 없다.

(1) 추급효인정설

이것은 한시법 유효기간이 경과한 후에도 그 기간 중 행한 범죄에 대해 나중에 추급하여 처벌할 수 있다는 견해다. 그 이유는, ① 한시법은 일정기간 준수를 목적으로 하는 법이기 때문에 그 기간 중 행한 범죄에 대해 추급효를 인정하여 처벌하는 것이 한시법 본질에 합당하다. ② 추급효를 인정하지 않을 경우 한시법 유효기간 종료가 가까워짐에 따라 위반행위가 속출할 우려가 있다. 유효기간 경과를 기다려 의식적으로 소송을 지연시킬 위험이 있다. 그러나 이와 같은 이론적 염려에 반해 실제로 그와 같은 사례가 있었다는 보고는 아직 없었다. ③ 형법 제1조 제2항 경한 신법적용원칙은 '범죄 후 법률 변경'이 있는 경우에 해당되는 규정이기 때문에 한시법 추급효인정은 이에 모순되지 않는다.[1] 즉 한시법 경우에는 '법률 변경'에 해당되지 않는다는 것이다.[2] 6

(2) 추급효부정설

한시법이 추급효에 관한 특별규정을 두고 있지 않으면 추급효를 인정할 수 없다는 견해다 (**다수설**). 그 근거는, ① 독일 형법 제2조 제4항과 같은 한시법 추급효를 인정하는 명문규정이 없는 한, 형법 제1조 제2항에 따라서 한시법 유효기간 경과도 '법률 변경'으로 보아 추급효를 인정하지 않는 것이 죄형법정주의에 부합한다. 그러므로 형사소송법 제326조 제4호에 따라 면소판결을 해야 한다. ② 위반행위 속출, 의식적 소송지연과 관련한 이유는 정책 이유는 될 수 있을지 몰라도 형법 이유는 될 수 없다. 특별히 이러한 위험이 예상되는 경우는 입법자가 추급효를 인정하는 명문규정을 둠으로써 얼마든지 해결할 수 있다.[3] 7

(3) 동 기 설

1) 법적 견해 변경과 사실관계 변화 한시법 유효기간에 대한 입법자 동기를 분석하여 추급효 인정여부에 대한 결정을 해야 한다는 주장이다(종전 판례). 입법자가 법적 견해를 변경하였을 경우는 추급효를 인정하지 않는다. 그러나 입법자 견해는 그대로 있으나 사실관계가 변화되었을 경우는 추급효를 인정해야 한다.[4] 8

예컨대 물가억제에 관한 한시법이 있다고 가정하여 물가억제 필요가 없다고 입법자가 생각을 바꾼 경우(법적 견해 변경)는 추급효가 인정되지 않는다. 그러나 입법자는 여전히 물가를 억제해야 한다고 확신하지만 경제구조 변화로 물가가 저절로 잡힌 경우(사실관계의 변화)는 추급효가 인정된다는 것이다. 9

2) 구별기준 결여 동기설은 추급효인정설과 부정설의 절충입장이라고 할 수 있다. 그러 10

1) 이재상 외, 3/16.
2) 전원합의체로 변경된 판례 견해. 뒤 17/10a 판례 참조.
3) 심재우, 「형법효력불소급의 원칙과 한시법」(고시연구, 1978. 7), 95면; 김일수/서보학, 50면; 이형국/김혜경, 62~63면; 오영근/노수환, 4/24.
4) 대판 2003. 10. 10. 2003도2770. 이재상 외, 3/15.

나 그 절충방법은 추급효가부를 결정할 수 있을 만큼 명확한 기준을 갖고 있지 않다는 문제가 있다. 이론적으로는 괜찮아 보이지만 현실적으로는 해석자의 주관적 자의에 따라 판단할 가능성이 높으므로 형법의 법치국가 정형화과제에 역행하는 방법이다. 입법자의 법적 견해 변경과 사실관계에 따른 변화를 구별할 수 있는 객관적 · 법적 기준이 없다.

10a 3) **대법원의 동기설 폐지** 대법원이 전원합의체 판결로 동기설을 폐지했다. 이로써 '반성적 고려'에서 법령을 변경한 경우만 경한 신법을 적용할 수 있다는 대법원의 오랜 견해[1]가 막을 내렸다. "범죄 성립과 처벌에 관해 규정한 형벌법규 자체 또는 그로부터 수권이나 위임을 받은 법령 변경에 따라 범죄를 구성하지 않거나 형이 가벼워진 경우는 **반성적 고려**에 따라 변경된 것인지 따지지 않고 원칙적으로 형법 제1조 제2항과 형사소송법 제326조 제4호가 적용된다."[2] 경한 신법이 조건 없이 적용된다. 이것은 대법원이 동기설에서 추급효인정설로 견해를 바꾼 것을 의미한다. 즉 한시법은 위 형법과 형사소송법 규정의 '법률의 변경'에 해당되지 않으므로[3] 유효기간 중 범죄행위에 대해 실효된 뒤에도 얼마든지 추급하여 처벌할 수 있다. 이것은 다수설인 추급효부정설과 차이가 있는 부분이다.

[판례]

피고인은 **전동킥보드 음주운전** 행위를 하여 구 도로교통법위반(음주운전)죄로 기소되었다. 재판 진행 중 개정 도로교통법(2020. 6. 9. 법률 제17371호) 시행에 따라 법정형이 종전보다 가벼워졌다. 피고인에게 경한 신법인 개정 도로교통법을 적용할 수 있는지가 문제된다. 범죄 후 법률이 변경되어 그 행위가 범죄를 구성하지 않거나 형이 구법보다 가벼워진 경우에는 신법에 따라야 한다(형법 제1조 제2항). 범죄 후 법령 개폐로 형이 폐지되었을 때는 판결로써 면소 선고를 해야 한다(형사소송법 제326조 제4호). 이러한 형법 제1조 제2항과 형사소송법 제326조 제4호 규정은 입법자가 **법령의 변경 후에도 종전 법령 위반행위에 대한 형사처벌을 유지**한다는 내용의 경과규정을 따로 두지 않는 한 그대로 적용되어야 한다. 종전 법령이 범죄로 정하여 처벌한 것이 부당하였다거나 과형이 과중하였다는 반성적 고려에 따라 변경된 것인지 여부를 따지지 않고 원칙적으로 적용된다. 한편 법령이 개정 또는 폐지된 경우가 아니라, 스스로 유효기간을 구체적인 일자나 기간으로 특정하여 효력 상실을 예정하고 있던 법령이 그 유효기간을 경과함으로써 더 이상 효력을 갖지 않게 된 경우도 형법 제1조 제2항과 형사소송법 제326조 제4호에서 말하는 법령 변경에 해당한다고 볼 수 없다.[4]

(4) 결 론

11 1) **정치 입법** 추급효인정설은 한시법의 처벌범위를 확대시키는 점에서 형법의 보호 관심에 서 있는 견해이고, 추급효부정설은 한시법 적용을 정형화하려고 하기 때문에 보장 이익을 중시한다. 한시법은 대부분 경우 형벌권의 특별한 형사정책 고려에서 제정되는 특별형법이고 정치입법이기 때문에 더욱 정형화해야 할 형법이론 요청을 받는다. 즉 형법이론은 한시법 자체가

---

1) 대판 1963. 1. 31. 62도257 판결 후 계속된 견해다.
2) 대판 2022. 12. 22. 2020도16420 전원합의체.
3) 위 판결.
4) 위 판결.

가능하면 억제될 것을 입법자에게 요구한다. 이것은 법익보호에 국한하는 범죄화 엄격성과 형벌의 최후수단 성격에서 유래한다. 그럼에도 명문규정이 없는 한시법에 대해 추급효까지 인정하는 것은 형법의 정형화목적에서 이중적으로(즉 한시법 제정과 추급효인정) 일탈하는 것으로서 부인해야 한다(**추급효부정설 타당**).

2) 적용범위 제한필요성 예외상황의 비상입법인 한시법은 가능하면 제정하지 않는 것이 바람직하다. 불가피한 사유로 설사 제정하더라도 추급효를 인정한다는 명문규정을 두고 있지 않은 다음에는[1] 추급효를 인정하지 않음으로써 적용범위를 제한 · 축소해야 한다. 추급효인정은 결국 가진 자(국가형벌권)를 더 갖게 하는(한시법을 만들 수 있는 국가형벌권, 거기에다 학설에 따라 덤으로 인정받는 추급효) 부익부이론富益富理論이고, 시정해야 할 우리 형법의 보호 · 보장불균형을 더욱 악화시킨다. 12

한시법 추급효를 인정하지 않으면 한시법 개념을 둘러싼 광 · 협의 논쟁은 의미가 없다. 일시 특수사정에 대처하기 위한 광의 한시법도 그 사정 경과로 실효되고 실효된 뒤에는 한시법 파악 여부와 상관없이 추급효를 갖지 않는다. 즉 한시법 개념에 포함하더라도 추급효가 인정되지 않으며 더구나 그 개념에서 제외하면 무조건 실효로 추급효문제가 발생할 여지가 없다. 13

[판례] 법적 견해 변경

※아래 법적 견해 변경 사례는 대법원의 동기설 폐지 견해에 따르면 경한 신법적용 또는 면소판결을 해야 한다는 결론은 같음. 논거가 달라짐.

① 2016년 형법 제324조 강요죄를 개정하면서 벌금형을 추가한 것은 행위의 형태와 동기가 다양함에도 죄질이 경미한 강요행위에 대해 반드시 징역형으로 처벌하도록 한 종전의 조치가 과중하다는 데에서 나온 **반성적 조치**로서, 형법 제1조 제2항에 따라서 경한 신법을 적용해야 한다.[2]

② 혼인빙자간음죄(구 형법 제304조)는 2012. 12월 삭제되었다. 이 개정에 앞서 이 조문은 헌법재판소 결정(2009. 11. 26. 2008헌바58)으로 위헌판단을 받았지만, 위 개정 형법 부칙 등에서 그 시행 전의 행위에 대한 **벌칙 적용**에 관해 아무런 경과규정을 두지 않았다. 이러한 사정 등에 비추어 보면, 구 형법 제304조의 삭제는 법률이념의 변천에 따라 과거에 범죄로 본 음행의 상습 없는 부녀에 대한 위계간음 행위에 관해 현재의 평가가 달라짐에 따라 이를 처벌대상으로 삼는 것이 부당하다는 **반성적 고려**에서 비롯된 것으로 봄이 타당하다. 이것은 범죄후의 법령개폐로 범죄를 구성하지 않게 되어 형이 폐지된 경우에 해당된다. 그렇다면 구 형법 제304조에 해당하는 위계간음 행위는 형사소송법 제326조 제4호에 의해 면소판결 대상이 된다.[3]

---

1) 부동산소유권 이전등기 등에 관한 특별조치법(1978. 3. 1. 시행, 1985. 1. 1. 실효)의 부칙은 이 법이 1984. 12. 31.까지 효력을 가진다고 규정하는 한편 이 법 시행중 위반사건에 대해 이 법 유효기간이 경과한 후에도 이 법을 적용한다고 규정하여 추급효를 명문화하고 있다. 이러한 경우에는 한시법 추급효 인정 여부에 관한 문제가 발생할 여지가 없다. 대판 1988. 3. 22. 87도2678 참조.

2) 대판 2016. 6. 23. 2016도1473.

3) 대판 2014. 4. 24. 2012도14253.

[판례] 사실관계 변화

※아래 사실관계 변화 사례는 대법원의 동기설 폐지 견해에 따르면 전부 경한 신법을 적용하거나 불가벌이 되어야 함.

① 형법 제1조 제2항이나 형사소송법 제326조 제4호의 규정은, 형벌법령 제정이유가 된 법률이념의 변경에 따라 종래의 처벌자체가 부당하거나 또는 과형이 과중하다는 **반성적 고려**에서 법령을 개폐한 경우에 적용된다. 교통질서유지를 위한 규제방법의 변경 등 **그때그때의 특수한 필요**에 대처하기 위해 법령을 개폐한 것에 불과한 경우에는, 구법 당시 범한 위반행위에 대한 가벌성을 소멸시키거나 축소시킬 아무런 이유가 없다. 후일 그 법령이 개폐되더라도 행위당시의 형벌법령에 비추어 그 위반행위를 처벌해야 한다.[1]

② '납세의무자가 정당한 사유 없이 1회계연도에 3회 이상 체납하는 경우'를 처벌하는 구 조세범처벌법 제10조의 삭제는 **경제 · 사회적 여건 변화**를 반영한 정책적 조치에 따른 것으로 보일 뿐 법률이념의 변천에 따른 **반성적 고려**에서 비롯된 것이라고 보기 어렵다. 위 규정 삭제 이전에 범한 위반행위의 가벌성이 소멸되는 것은 아니다.[2]

[18] Ⅳ. 백지형법

1. 백지형법 의의

1 형법의 시간 적용범위와 관련한 특별한 문제가 백지형법白地刑法이다. 백지형법은 형법 제112조 중립명령위반죄처럼, 일정한 형벌(형벌구성요건)만 규정해 놓고 금지의 구체 내용(범죄구성요건)은 다른 법률이나 명령 · 행정처분 · 고시 등에 위임하고 있기 때문에 나중에 별도 보충을 받아야 하는 형벌법규를 말한다. 예를 들면 형법 제112조 "중립에 관한 명령에 위반한 자"는 외국 간에 전쟁이 발생하고 이에 대한 중립명령을 내리지 않으면 확정될 수 없다. 명령이 아직 공백상태에 있기 때문에 백지형법이라 하고, 이 공백을 메워주는 명령 등 규범을 보충규범이라 한다.

2 대부분 경제통제법령도 금지내용을 신축적으로 운용해야 하는 경제정책 필요성에 따라서 대통령령 등에 위임하고 있기 때문에 백지형법이다. 이러한 법률이 형법에 속하는 이유는 벌칙에 형벌을 규정하고 있기 때문이다. 경제통제법령 백지형법 예를 들면, 공정거래법 제6조 후단 "대통령령이 정하는 경우에는 과징금을 부과할 수 있다", 물가안정법 제6조 제1항 "대통령령으로 정하는 바에 따라 긴급수급조정조치를 할 수 있다" 등이 있다. 이러한 조치를 위반하면 3년 이하 징역 또는 1억원 이하 벌금을 받을 수 있다(물가안정법 제25조).

---

1) 대판 1987. 3. 10. 86도42, 제8회.
2) 대판 2011. 7. 14. 2011도1303.

2. 관련문제

백지형법은 기본되는 형벌구성요건은 그대로 두고 범죄구성요건을 보충규범 개폐로 좌우하는 것이 일반적이다. 이 경우 보충규범 개폐가, ① 형법 제1조 제2항 '법률의 변경'에 해당하는가, ② 만일 해당한다면 나중에 적발된 개폐 전 행위에 대해 추급효를 인정하여 처벌할 수 있는가 하는 문제가 발생한다. 3

(1) 보충규범 개폐改廢와 '법률의 변경'

백지형법 보충규범개폐가 형법 제1조 제2항 '법률의 변경'에 해당하는가에 대해 다음 견해가 있다. 4

1) 긍정설 보충규범 개폐도 형법 제1조 제2항 '법률의 변경'에 해당한다는 견해다. 이렇게 되면 가벼운 신법을 적용해야 한다는 결론이 나온다. 5

2) 부정설 보충규범 개폐는 법률전체(형벌구성요건과 범죄구성요건)에 대한 변경이 아니라 범죄구성요건을 **행정처분**으로 변경하는 것에 불과하다. 따라서 형법 제1조 제2항 '법률의 변경'으로 볼 수 없으므로 형법 제1조 제1항에 따른 행위시법 적용을 받아야 한다. 6

3) 절충설 주장내용을 그대로 옮기면, 보충규범 개폐가 "구성요건 자체를 정하는 법규의 개폐"에 해당할 경우는 법률 변경이 된다. 그러나 단순히 "구성요건에 해당하는 사실면에서 법규의 변경"에 해당할 경우는 법률변경이 아니라고 한다. 절충설은 그 의미하는 내용이 분명치 않은 결함이 있다. '법규 개폐'와 '법규 변경'을 구별하기 힘들고 또 '사실면에서'가 무엇을 뜻하는지 명확하지 않다. 만일 전자가 형벌구성요건까지 포함하는 개폐를 의미한다면 그것은 보충규범 개폐가 아닌 특별형법 신설로서 명령이나 규칙 등이 상위 법률을 개폐할 수 있는가 하는 위임입법의 한계문제가 발생한다. 후자가 범죄구성요건 내용(또는 그 일부)과 관계하는 것이라면 그것은 부정설 내용과 동일하다. 7

4) 결 론 백지형법은 원래 규율상황의 특수성 때문에 범죄구성요건(또는 그 일부)을 하위 입법기관이 보충하도록 하는 특징이 있다. 백지형법은 대부분 사회국가 문제를 규율하기 위한 것이기 때문이다. 따라서 백지형법 실체는 보충규범에 따라 좌우되고 이것은 법치국가 입법절차에 반하는 것도 아니다(**긍정설 타당**). 그런데도 백지형법이 원래 제정될 때부터 그렇게 예정되어 있고 또 그렇게 하도록 규정하는 '행정처분'에 따른 범죄구성요건 변경을 다시 '행정처분'이라는 구실을 들어(정확하게는 '행정처분'이 아니고 위임입법에 따른 입법작용), 형법 제1조 제2항 법률 변경으로 보지 않으려고 하는 것은 백지형법 본질을 인정하지 않겠다는 모순된 태도이다. 명령·규칙과 같은 하위입법에 따른 법률변경은 백지형법 특수성으로 생기는 백지형법의 고유한 법률변경방법이다. 백지형법 보충규범개폐는 형법 제1조 제2항 '법률 변경'에 해당하고 따라서 가벼운 신법을 적용 8

해야 한다(행위시법주의에 대한 예외).

(2) 보충규범 개폐와 추급효

9 보충규범 개폐를 형법 제1조 제2항 '법률 변경'으로 인정하더라도 개폐 전 행위를 추급해서 처벌할 수 있는가 하는 문제가 발생한다. 이것은 백지형법의 보충규범 대부분이 일시 사정에 대처하기 위한 한시법 성격을 띠고 있기 때문에 한시법 추급효 인정여부와 관련한 문제다. 그러나 보충규범 추급효는 한시법의 추급효부정에 대한 일관된 결론으로 인정하지 않아야 한다(**추급효부정설 · 다수설**). 법률 필요가 이미 사라지고 난 뒤에 그 유효기간 중 행한 행위라고 하여 사후로 추급해서 처벌하는 것은 아무 의미가 없다. 보충규범 추급효를 인정해서 얻어지는 형법 보호이익보다 그것 때문에 발생하는 형법의 보장 이익 손실이 더 크므로 부인해야 한다. 얻을 수 있는 보호이익은 명목뿐인 형식적 정의뿐이고 그것을 위해 지불하는 대가는 형벌이라는, 당사자에 대한 매우 구체적이고 가혹한 인권침해라는 사실을 염두에 두어야 한다.

제 2 장 형법의 지역적 · 인적 적용범위

[19] Ⅰ. 형법의 적용범위 의미

우리 형법이 어느 지역에서 발생한 어떤 사람의 범죄에 효력을 미치는가 하는 문제가 형법의 지역적 · 인적人的 적용범위 문제다. 근대 민족국가 3대 구성요소는 영토 · 국민 · 주권이다. 여기에서 영토와 관련한 형법의 지역적 · 인적 적용범위를 규정한 것이 속지주의(제2, 4조)고, 국민과 관련한 것이 속인주의(제 3 조), 주권과 관련한 것이 보호주의(제 5 조)다. 1

우리나라에서는 '지역적' 적용범위라는 말 대신 '**장소적**' 적용범위라는 개념을 보통 쓰는데, 이것은 타당하지 않은 것으로 생각한다. 독일말 'räumlich'라는 단어를 의미연관을 따지지 않고 직역하기 좋아하는 일본사람이 '장소적'으로 옮긴 데서 비롯된 문제다. 그러나 우리는 서울 '장소', 부산 '장소'라는 말을 쓰지 않는다. 그런데 하물며 이보다 훨씬 넓은, 최소한 국가를 단위로 하는 형법 효력범위에 대해 '장소적'이라는 개념을 쓰는 것은 맞지 않다. 장소는 일정한 지역 특정 지점을 지칭하는 매우 좁은 의미로 쓰일 뿐이다. 이 말은 '**지역적**'으로 고쳐야 옳다. 2

[20] Ⅱ. 속지주의 원칙

우리 형법은 대한민국 영역 안에서 죄를 지은 내국인과 외국인 모두에게 적용한다(제 2 조). 영역을 기준으로 형법의 지역 적용범위를 결정한다는 의미에서 속지주의라 하고, 형법의 지역 · 인적 적용범위의 가장 기본되는 원칙이다. 1

1. 대한민국 영역

우리나라 영토 · 영해 · 영공을 포함한다. 헌법 제 3 조 영토에 관한 규정에도 불구하고 북한은 사실적으로 우리 형법이 적용되지도 않고 적용될 가능성도 없기 때문에 우리 형법의 지역 적용범위에 포함된다고 할 수 없다. 2

2. 죄를 범함

행위와 결과의 어느 것이라도 대한민국 영역 안에서 발생하였으면 충분하다. 물론 이것은 행위와 결과가 발생한 장소가 다른 범죄에서만 문제가 된다. 3

3. 기국주의旗國主義 보충

우리 형법은 대한민국 영역 밖에 있는 대한민국 국기를 단 우리 선박 또는 항공기 안에서 죄를 범한 외국인에게도 적용한다(제 4 조).[1] 국기를 기준으로 하기 때문에 기국 4

1) 제 4 회.

주의라 하고, 영토개념 확장이라는 점에서 속지주의 연장 또는 확장으로 볼 수 있다.

[판례]

① 외국인이 대한민국 공무원에게 알선한다는 명목으로 금품을 수수하는 행위가 대한민국 영역 내에서 이루어진 이상, 비록 금품수수의 명목이 된 알선행위를 하는 장소가 대한민국 영역 외라 하더라도 **대한민국 영역 내에서** 죄를 범한 것이라고 하여야 한다. 형법 제2조에 의해 대한민국의 형벌법규인 변호사법이 적용되어야 한다.[1]

② 국외에서 국외로 운반중인 히로뽕이 경유지인 국내 공항에서 환적을 위하여 항공사측에 의해 일시적으로 지상 반출된 경우도 향정신성의약품의 수입에 해당한다. 형법 제2조를 적용함에 있어서 공모공동정범의 경우 **공모지도 범죄지로 보아야** 한다. 미국인인 피고인 C가 공동피고인들과 함께 홍콩에서 히로뽕을 매수하여 한국을 경유하여 괌으로 운반하기로 공모하였다. 공모지는 한국이다. 원심은 C가 홍콩에서 향정신성의약품을 매수한 행위를 외국인의 국외범에 해당한다고 보았으나, 이는 형법 제2조의 국내범에 관한 법리를 오해한 위법이 있다.[2]

[21] Ⅲ. 속인주의 가미

1 우리 형법은 대한민국 영역 밖에서 죄를 지은 내국인에게도 적용한다(제3조). 대한민국 국적을 가진 사람을 기준으로 하는 점에서 속인주의라 하며 속지주의를 보완하는 성격을 갖는다. 다른 한편 국적주의로 불리기도 한다. 속인주의가 국제화시대에 맞지 않다는 비판이 있으나,[3] 법률 타당성이 시간 · 지역 요소뿐만 아니라 사람, 즉 국민과 관계를 맺을 수밖에 없는 점을 고려하면 큰 문제는 아니다. 속인주의 폐쇄성 · 비현실성에 대한 염려는 해당 국가 속지주의에 따라 우리 재판권이 먼저 행사될 가능성이 사실상 희박하므로 이론적 우려에 지나지 않는다. 언제나 열려 있는 우리 국민 귀국가능성을 염두에 둘 때, 속인주의는 오히려 필요한 것으로 보인다. 자국민이 동일한 양태 불법을 범하였음에도 범죄지가 다르다는 이유로 양자를 차별하는 것은 헌법 평등원칙에 반한다. 형법 제7조 외국에서 받은 형집행을 인정하는 규정은 우리 속인주의와 해당국가 속지주의 충돌상황을 조절한다.

2 우리나라에서 죄를 범하고 외국으로 도피한 경우는 외국 형법이 적용될 여지는 희박하겠지만 범죄인인도조약 또는 국제형사사법공조조약 등에 따라서 우리나라 속인주의 실효성을 확보할 수 있는 길도 얼마든지 있다.

3 내국인은 대한민국국적을 가진 사람이고(국적법 제2~7조 참조), 범행 당시 대한민국 국민이어야 한다. 북한주민은 내국인이 될 수 없다.

1) 대판 2000. 4. 21. 99도3403. 제8회.
2) 대판 1998. 11. 27. 98도2734.
3) 김일수/서보학, 54면.

[판례]

① 도박죄를 처벌하지 않는 외국 카지노에서 도박 했다는 사정만으로 그 위법성이 조각된다고 할 수 없다.[1]

② 베트남 법령에 의해 **합법적으로 도박장소를 개설**한 경우에도, 형법 제20조에서 정하고 있는 '법령에 의한 행위' 또는 '사회상규에 위배되지 아니하는 행위'에 해당하여 위법성이 조각되지 않는 한, 우리 형법 제3조에 의한 처벌이 가능하다.[2]

③ 서울에 있는 **미국문화원이 치외법권**(외교관계면제)지역이고, 그곳을 미국영토의 연장으로 보더라도, 그곳에서 죄를 범한 피고인들에 대해 우리 법원에 먼저 공소가 제기되고 미국이 자국의 재판권을 주장하지 않고 있는 이상, 속인주의를 함께 채택하고 있는 우리나라의 재판권은 피고인들에게도 당연히 미친다.[3]

④ 캐나다 국적을 가진 피고인이 북한의 지령을 받고 국내에 잠입하여 활동하던 중 그 목적수행을 위해 서울 김포공항에서 대한항공편으로 중국 북경으로 출국한 후 중국 북경에서 북한 평양으로 들어간 행위는 대한민국의 항공기 내 및 대한민국의 통치권이 미치지 않는 제3국에 걸쳐서 이루어진 것이다. 이와 같은 경우에는 피고인의 국적과 상관없이 형법 제2조, 제4조에 의해 **대한민국의 형벌법규가** 적용되어야 하고, 형법 제5조, 제6조에 정한 외국인의 국외범 문제로 다룰 것은 아니다.[4] ***판례변경**.

⑤ 대한민국 국민이던 사람이 대한민국 국적을 상실하기 전 4회에 걸쳐 북한의 초청에 응하여 거주하고 있던 독일에서 출발하여 북한을 방문하였고, 그 후 독일 국적을 취득함에 따라 대한민국 국적을 상실한 후에도 거주지인 독일에서 출발하여 북한을 방문하였다. 대한민국 국적을 상실하기 전의 방문행위는 국가보안법 제6조 제2항의 탈출에 해당하지만 **대한민국 국적을 상실한 후의** 방문행위는 국가보안법 제6조 제2항의 탈출 개념에 해당하지 않는다.[5] ***송두율사건**.

[22] Ⅳ. 보호주의

우리 형법은 우리나라 영역 밖에서 내란·외환·국기·통화에 관한 죄, 유가증 1
권·우표와 인지에 관한 죄, 문서에 관한 죄 중 제225~230조, 인장印章에 관한 죄 중 제238조 죄를 범한 외국인에게도 적용된다(제5조). 또한 우리나라 영역 밖에서 우리나라 또는 우리나라 국민에 대해 제5조에 기재한 외의 죄를 지은 외국인에게도 우리 형법이 적용된다(제6조). 우리나라 또는 우리나라 국민 법익을 보호하기 위해 범죄지, 범죄자 국적을 묻지 않고 우리 형법을 적용한다는 점에서 보호주의라 한다. 따라서 중국 국적자가 중국에서 대한민국 국적 주식회사 인장을 위조한 경우는 대한민국 또는 대한

1) 대판 2004. 4. 23. 2002도2518. 제4, 10회.
2) 대판 2018. 8. 30. 2018도10042. 법률신문 2018. 9. 10.
3) 대판 2001. 9. 25. 99도337.
4) 대판 1997. 11. 20. 97도2021 전원합의체.
5) 대판 2008. 4. 17. 2004도4899 전원합의체.

민국국민에 대한 범죄에 해당하지 않으므로 외국인의 국외범으로서 우리 법원은 그에 대한 재판권이 없다.[1] 보호주의 또한 속지주의를 보완하기 위한 조치다. 그러나 형법 제6조 단서는 행위지 법률에 따라 범죄를 구성하지 않거나 소추 또는 형집행을 면제할 경우 보호주의 예외를 선언함으로써 행위지 속지주의와 조화를 꾀한다. 이 원칙이 실효를 거두기 위해서는 범인인도협정과 같은 호혜평등원칙互惠平等原則이 달성되어야 한다.

2 보호주의에 대한 규정은 새롭게 제정된 '국제형사재판소 관할 범죄의 처벌 등에 관한 법률'(2007. 12. 21. 법률 제8719호)에도 있다. 이 법률은 '국제형사재판소에 관한 로마규정'에 따른 국제형사재판소 관할 범죄를 처벌하고 대한민국과 국제형사재판소 간 협력에 관한 절차를 규정한다. 국제형사재판소 관할 범죄로는 이 법 제8~14조가 규정하는 집단살해죄, 인도에 반한 죄, 갖가지 방법의 전쟁범죄가 있다.[2] 이 7가지 범죄에 대해서는 형사소송법(제249~253조), 군사법원법(제291~295조)의 공소시효와 형법(제77~80조) 형의 시효에 관한 규정을 적용하지 않는다(같은 법 제6조).

3 이 법률에 있는 '사법방해죄'도 이채롭다. 국제형사재판소에서 수사, 재판중인 사건과 관련하여 거짓증거를 제출하는 등 방해행위를 하면 '사법방해죄'로 처벌받는다(같은 법 제16조). 이 법률은 대한민국 영역 밖에서 대한민국 또는 대한민국 국민에 대해 이 법으로 정한 죄를 저지른 외국인에게도 적용한다(같은 법 제3조 제4항)고 하여 보호주의를 선언한다.

[판례]

① 내국 법인의 대표자인 외국인이, 내국 법인이 외국에 설립한 특수목적법인에 위탁해 둔 자금을 정해진 목적과 용도 외에 임의로 사용한 데 따른 횡령죄의 피해자는, 당해 금전을 위탁한 **내국 법인**이다. 따라서 그 행위가 외국에서 이루어진 경우에도 그 외국인에 대해 우리 형법이 적용된다(형법 제6조).[3]

② ***표준판례** 캐나다 시민권자인 피고인이 캐나다에 거주하는 대한민국 국민을 기망하여 캐나다에서 직접 또는 현지 은행계좌로 투자금을 수령한 경우는 외국인이 대한민국 영역 외에서 대한민국 국민에 대해 범죄를 저지른 경우에 해당된다. 이러한 공소사실이 행위지인 캐나다 법률에 의해 범죄를 구성하고, 그에 대한 소추나 형 집행이 면제되지 않는 경우에 한하여 우리 형법을 적용해야 한다.[4] *형법 제5-6조의 '대한민국 또는 대한민국 국민에 대하여 죄를 범한 때'라 함은 대한민국 또는 대한민국 국민의 법익이 직접적으로 침해되는 경우를 의미.

③ 내국인이 아닌 피고인이 **중국 북경의 대한민국 영사관**에서 공소외인 명의의 여권발급신청서 1장을 위조하였다는 취지의 공소사실에 대해, **외국인의 국외범**에 해당한다는 이유로 피고인에

1) 대판 2002. 11. 26. 2002도4929. 제4회.
2) 제8회.
3) 대판 2017. 3. 22. 2016도17465.
4) 대판 2011. 8. 25. 2011도6507. 제10회.

대한 재판권이 없다고 판단한 것은 옳다. 중국 북경시에 소재한 대한민국 영사관 내부는 여전히 중국의 영토에 속할 뿐 이를 대한민국의 영토로서 그 영역에 해당한다고 볼 수 없다. **사문서위조죄**가 형법 제6조 대한민국 또는 대한민국 국민에 대해 범한 죄에 해당하지 않는다.[1]

[23] Ⅴ. 세계주의

1 세계주의는 행위자 국적이나 범죄행위가 발생한 지역을 불문하고 세계공동 이익에 반한다고 판단될 경우 자국 형법을 적용하는 원칙이다. 이는 세계 모든 국가가 공동으로 대처해야 하는 중요 법익에 대해 인정되는 것으로서 국제사회 연대성의 표현이라고 할 수 있다. 세계주의에 해당되는 범죄유형으로는 선박·항공기납치, 국제 테러, 폭발물 범죄, 통화·유가증권위조, 마약밀매, 인종학살, 인신매매 등이 있다. 세계주의는 주로 국가 간 조약이나 협약을 통해 더욱 강력한 형태로 추구되는 것이 일반적이다. 우리나라도 약취·유인 및 인신매매죄에 대해 세계주의를 선언한다(2013년 신설). 즉 제287조부터 제292조까지 그리고 제294조는 대한민국 영역 밖에서 죄를 범한 외국인에게도 적용한다.

[24] Ⅵ. 외국에서 집행된 형의 산입

1 우리 형법은 범인이 외국에서 처벌을 받은 경우에도 그대로 적용된다.[2] 이에 대해 형법 제7조는 외국에서 받은 형의 전부 또는 일부를 임의 감면사유로 하고 있었는데 헌법재판소 헌법불합치결정으로 내용을 전면 개정하였다.[3] 우선 제목이 바뀌었고, 내용도 외국에서 형의 전부 또는 일부를 집행 받았으면 그것을 우리나라에서 선고하는 형에 '필요적으로' 산입하도록 하였다.[4] 즉 필요적 감면사유가 되었다.

[판례]

***표준판례** 형법 제7조 '외국에서 형의 전부 또는 일부가 집행된 사람'은, '외국 법원의 유죄판결에 의해 자유형이나 벌금형 등 형의 전부 또는 일부가 실제로 집행된 사람'을 말한다. 따라서 형사사건으로 외국 법원에 기소되었다가 무죄판결을 받은 사람은, 설령 그가 무죄판결을 받기까지 **상당 기간 미결구금** 되었더라도 이를 유죄판결에 의해 형이 실제로 집행된 것으로 볼 수는 없으므로, '외국에서 형의 전부 또는 일부가 집행된 사람'에 해당하지 않는다. 그 미결구금 기간은 형법 제7조에 의한 산입 대상이 될 수 없다.[5] *개정된 형법 제7조의 적용범위에 외국에서

1) 대판 2006. 9. 22. 2006도5010. 제4, 10, 13회.
2) 대판 2017. 8. 24. 2017도5977 전원합의체.
3) 헌재 2015. 5. 28. 2013헌바129. 제8, 10회.
4) 최석윤, 「외국에서 집행된 형의 산입」(최신판례분석 66, 2017), 471면 이하.
5) 대판 2017. 8. 24. 2017도5977 전원합의체. 제7회.

집행된 미결구금은 포함되지 않음

[25] Ⅶ. 인적 적용범위 예외

1. 의 의

1 형법 적용을 받는 사람 범위를 인적 적용범위라고 하는데 형법은 원칙적으로 시간·지역적 적용범위 안에 있는 모든 사람에게 적용된다. 예외적으로 적용이 배제되는 사람 범위가 형법의 인적 적용범위 안에서 문제된다. 국내법 예외와 국제법 예외 두 종류가 있다.

2. 국내법상 예외

(1) 대 통 령

2 대통령은 내란 또는 외환죄를 범한 경우를 제외하고는 재직 중 형사소추를 받지 않는다(헌법 제84조). 이 규정은 대통령의 원활한 직무수행을 위한 재직 중 소추제한일 뿐이므로 재직기간 경과 후에는 재직 중 범죄행위에 대해 얼마든지 소추할 수 있다.

(2) 국회의원

3 국회의원은 국회에서 직무로 행한 발언과 표결에 관해 국회 밖에서 책임을 지지 않는다(헌법 제45조).

3. 국제법 예외

(1) 국제법 외교관계면제권[1]을 가진 자

4 외국 원수와 외교관, 그 가족 및 내국인이 아닌 종사자에 대해서는 우리 형법이 적용되지 않는다.[2] 외국영사의 직무 행위에 대해서도 우리나라 사법권은 배제된다.[3]

(2) 외국군대

5 우리나라와 협정이 체결되어 있는 외국군대에 대해서는 형법이 적용되지 않는다. 한미간 군대지위협정[4]에 따라 공무집행 중 미군이 행한 범죄에 대해 우리 형법은 적용되지 않는다.

---

1) 이것은 보통 '치외법권'이라고도 하는데, 국제법에서는 사용하지 않는 용어이다.
2) 1961. 4. 18. 외교관에 관한 비엔나협약.
3) 1963. 4. 24. 영사관계에 관한 비엔나협약.
4) Status of Forces Agreement, 1966. 7. 9. 서명, 1967. 3. 9. 시행.

[판례]

① 미합중국 국적을 가진 미합중국 군대의 군속인 피고인은 범행 당시 10년 넘게 대한민국에 머물면서 한국인 아내와 결혼하여 가정을 마련하고 직장 생활을 하는 등 생활근거지를 대한민국에 두고 있었다. 피고인은 대한민국과 아메리카합중국 간의 상호방위조약 제 4 조에 의한 시설과 구역 및 대한민국에서의 합중국 군대의 지위에 관한 협정에서 말하는 '**통상적으로 대한민국에 거주하는 자**'에 해당한다. 피고인에게는 위 협정에서 정한 미합중국 군대의 군속에 관한 형사재판권 관련 조항이 적용되지 않고 대한민국 형사재판권을 바로 행사할 수 있다.[1]

② "대통령은 내란 또는 외환의 죄를 범한 경우를 제외하고는 재직 중 형사상 소추를 받지 아니한다"라고 규정한 헌법 제84조는 공소시효의 진행에 대한 소극적 요건을 규정한 것이므로 **공소시효의 정지에 관한 규정**이라고 보아야 한다. 이 사건에서 각 범죄의 공소시효가 피고인이 대통령으로 취임한 2008. 2. 25. 경 정지되었다가 피고인의 퇴임일인 2013. 2. 24. 경부터 다시 진행된다고 본 원심의 판단은 위 법리를 따른 것으로 정당하다.[2] *이명박 대통령 사건.

1) 대판 2006. 5. 11. 2005도798.
2) 대판 2020. 10. 29. 2020도3972.

제3편 범 죄 론

제1장 범죄론의 법이론 분석

[26] Ⅰ. 범죄론 의미

1. 의 미

1 범죄론은 형법학 본론으로서 '**범죄체계론**', '**범죄행위체계**', '**범죄구조론**' 또는 '**범죄행위론**' 등으로 불리기도 한다. 이런 여러 개념이 공통적으로 암시하는 의미는, **범죄론은 범죄에 관한 하나의 체계 이론**이라는 것이다. 그러므로 범죄론은 ① 범죄에 관한 이론이기 때문에 범죄행위, 즉 가벌 행위가 되기 위해 갖추어야 할 요건(범죄의 구성요소)이 무엇인지 탐구한다. ② 체계 이론이기 때문에 이와 같은 범죄구성요소의 체계성, 즉 체계 순서와 배열을 문제삼는다.

2 전자의 범죄구성요소 범위와 관련한 논의는 불법과 책임 이단계 범죄구조론, 구성요건해당성 · 위법성 · 책임의 삼단계 범죄구조론, 또는 행위 · 불법 · 책임의 삼단계 범죄구조론, 행위 · 구성요건해당성 · 위법성 · 책임의 사단계 범죄구조론 등이 있다. 후자 범죄구성요소 체계성과 관련된 것으로는 고의의 체계 지위(책임요소, 구성요건요소 또는 양자의 이중 지위)에 관한 논의가 있다.

2. 구별 개념

(1) 범 죄 학

3 범죄론과 범죄학은 다르다. 범죄론은 실정법(형법)을 전제하여 일정한 행위가 범죄로 되기 위해 갖추어야 할 형식요건을 탐구하는 분야다. 범죄학은 범죄 원인과 대책에 관한 실증연구를 하는 사회과학의 한 분야이다. 우리나라에서 범죄학은 형사정책과 함께 논의하는 것이 일반적인데, 전자는 경험과학, 후자는 규범과학이라는 점에 차이가 있다.

(2) 실질 범죄개념

4 범죄론은 실질 범죄개념과 무관하며 형식 범죄개념과 관련할 뿐이다. 실질 범죄개념은 형법이 형벌로써 금지해야 할 필요가 있는 범죄기준을 의미한다. 범죄 실질성은 형사입법과 형법비판 지침이 되는, 실정형법 규정과 무관한 범죄개념이다. 이에 반해 형식 범죄개념은 실정형법을 전제하는 범죄개념이다. 실정형법 범죄규정이 범죄 실질성을 갖추고 있는가는 문제삼지 않는다. 즉 범죄로 해야 할 것만을 범죄로 규정한 올바른 **정법正法**인가 하는 문제는 형식 범죄개념과 무관하다. 그러므로 형식 개념에 따르면, 범죄는 형법 '**구성요건에 해당하는 위법 · 유책한 행위**'가 된다. 범죄론이 밝히고자 하는 범죄는 바로 이와 같은 형식 범죄개념이며, 그가 사용하는 체계방법은 작업 효율성을 높여 주기 위한 수단이다.

5 형식 범죄개념을 토대로 한 범죄론과 그 체계성은, 범죄론이 실정형법에 종속하는 체계내재(합치) 속성을 가지고 있으므로 형법비판과 무관한 자기목적이다. 예를 들어 구성요건에 해당하는 위법 · 유책한 행위가 범죄라는 정의는 정법 · 악법을 묻지 않고 형법이라는 이름의 법률이 있는

곳이면 어디서나 적용할 수 있다. 그 법률을 어떤 사람이(제정주체), 어떻게(제정절차), 어떤 내용으로 만들었는가는 관심이 없다. 그러므로 범죄론은 대부분 법 실현수단으로 사용되겠지만, 예외적으로 불법에 봉사하는 수단으로 악용될 수도 있다.[1]

[27] Ⅱ. 범죄론 체계내용

1. 범죄 성립조건

(1) 행 위

형법 수범자는 인간이다. 형법 금지는 사람을 대상으로 한다. 이것은 형법 범죄행위를 사람만 저지를 수 있음을 뜻한다. 따라서 가벌행위 첫 번째 심사단계는 '사람' 행위가 있었는가를 묻는다. 아무리 중대한 침해결과를 야기하였더라도 사람 행위에 따른 것이 아니면 형법 심사대상에서 제외된다. 이 분야에 대한 탐구가 행위론이다. 1

(2) 구성요건해당성

형법 범죄, 즉 가벌행위가 되기 위해서는 형법이 형벌로써 금지하고 있는 범죄구성요건 어느 하나에 해당해야 한다. 그렇지 않으면 형법상 의미가 없다. 아무리 중대한 도덕·종교적 범죄행위라 할지라도 형법 범죄구성요건에 해당하지 않으면 형벌 대상이 될 수 없다. 범죄구성요건은 형법각칙과 특별형법(부수형법)이 규정한다. 이 분야에 대한 탐구를 구성요건론이라 한다. 2

(3) 위 법 성

형법 구성요건에 해당하는 인간행위라도 예외적으로 정당할 수 있는 경우를 여기서 다룬다. 즉 구성요건해당행위는 원칙적으로 위법하지만 형법이 정하는 허용규범(정당방위·긴급피난·정당행위 등)에 따라 예외적으로 정당화될 수 있다. 이러한 예외적 정당화사유에 해당하지 않을 때 비로소 불법하다는 평가를 내린다. 이 분야에 대한 탐구가 위법성론이다. 3

(4) 책 임

위법한 행위는 일정한 사람(개인)에게 주관적으로 귀속될 수 있어야 한다. 행위가 주관적으로 귀속되지 않는데도 행위결과를 그 사람 부담으로 하여 형벌을 부과하는 것은 정당할 수 없다. 책임능력(제 9~11조), 책임조각사유(제12, 16조, 제21조 제 3 항, 제22조 제 3 항) 등 문제가 여기에 속한다. 이 분야에 대한 논의가 책임론이다. 4

2. 범죄 처벌조건

처벌조건은 형식적으로 성립한 범죄에 대해 국가형벌권이 발동될 수 있는 조건을 말한다. 범죄성립조건을 구비한 행위는 처벌할 수 없더라도 범죄행위라는 점에는 변함이 없다. 따라서 정당방위나 공범성립이 가능하다. 범죄성립조건에 대한 착오는 예외적으로 위법성, 책임이 조각될 수 있지만, 처벌조건에 대한 착오는 범죄성립과 무관하다. 양자는 소송법 효과도 달라서 범죄성립조건이 없으면 무죄지만(형소법 제325조), 처벌조건이 결여되면 형면제판결을 내려야 한다(형소법 제322조). 5

처벌조건에는 객관적 처벌조건과 주관적 처벌조건으로서 인적 처벌조각사유가 있다. 여기서 6

1) 도그마틱의 법실증주의 한계에 대해서는 배종대, 「법이론이란 무엇인가」(법학논집, 1987. 12), 44면 이하.

는 범죄가 성립하지만 형벌이 부과되지 않는 경우를 다룬다. 즉 형벌부과가 무의미하거나 심지어 해롭다고 판단되는 경우다.

(1) 객관적 처벌조건

7 객관적 가벌조건이라고도 하는데, 형벌권을 발생시키는 외부 · 객관적 조건을 말한다. 형법 제129조 제2항 사전수뢰죄에서 "공무원 또는 중재인이 된 사실", 채무자 회생 및 파산에 관한 법률 제650조(사기파산죄), 제651조(과태파산죄)에서 "파산선고가 확정된 때" 등 구성요건요소가 여기 속한다.

(2) 인적 처벌조각사유

8 주관적 처벌조건으로서 인적처벌조각사유는 행위자의 특별한 신분관계로 형벌권이 발생하지 않는 경우를 말한다. 예를 들면 친족상도례(형법 제328, 344조)에서 직계혈족 · 배우자 · 동거친족 · 호주 · 가족 또는 그 배우자, 국회의원 면책특권(헌법 제45조), 대통령 재직 중 면책특권, 국제법 외교관계 면제권을 가진 자(외국의 원수, 외교관과 그 가족, 내국인이 아닌 종사자), 외국군대 등이 있다.

3. 범죄 소추조건

9 범죄 소추조건 또는 소송조건은 범죄 성립조건이나 처벌조건과 무관하게 공소를 제기하여 소송을 수행할 수 있는 유효조건을 말한다. 친고죄 고소(**정지조건부범죄**), 반의사불벌죄 명시적 불처벌의사(**해제조건부범죄**) 그리고 조세범처벌법(제21조), 관세법(제284조 제1항), 물가안정법(제31조)의 **고소권자 고발** 등이 여기 속한다. 이것은 앞선 개념이 실체법 개념이었던 것과 달리 소송법 개념에 속한다. 소송조건이 결여되면 공소기각 등 형식재판으로 소송절차를 종결해야 한다.

(1) 친 고 죄

10 친고죄는 검사가 공소를 제기하려면 피해자 기타 고소권자 고소가 있어야 하는 범죄를 말한다. 고소권자 고소가 있을 때까지 공소제기가 정지된다는 의미에서 **정지조건부범죄**다. 친고죄를 둔 이유는 범죄인 처벌도 중요하지만 피해자 명예를 더욱 존중해야 할 필요가 있을 경우, 또는 법익침해가 경미한 경우(모욕죄, 비밀침해죄 등)를 고려한 것이다.

(2) 반의사불벌죄

11 반의사불벌죄는 피해자의 명시 의사에 반하여 검사가 공소를 제기할 수 없는 범죄를 말한다. 피해자의사와 상관없이 공소를 제기할 수는 있지만, 피해자가 일단 처벌을 원하지 않는다는 의사를 밝히면 공소제기가 해제된다는 점에서 **해제조건부범죄**다. 폭행죄, 협박죄, 명예훼손죄, 과실치상죄 등이 여기 속한다. 대부분 국가가 형벌권발동을 피해자의사에 종속시켜도 괜찮을 만큼 법익침해가 경미한 경우들이다.

4. 처벌장애사유

12 소송조건, 처벌조건, 소추조건과 구별되는 개념으로 처벌장애사유가 있다. 이것은 앞의 조건이 다 구비되었음에도 처벌할 수 없는 경우인데, 대표적으로 **시효경과**가 있다. 즉 형 선고를 받았더라도 집행을 받지 않고 형법이 규정한 일정 기간이 경과하면 시효가 완성되어 형집행이 면제된다(형법 제77, 78조). 형 시효에는 형이 선고되었음에도 그것을 집행할 수 없는 사유가 있는 경

우에 의미가 있다. 구속재판을 받는 사형이나 징역형 등에는 시효경과 문제가 발생할 가능성은 희박하다. 그러나 벌금, 몰수, 추징, 과료와 같은 재산형에는 시효가 완성되어 형집행을 면제하는 경우가 많이 있다.

이상에 설명한 범죄 성립조건, 처벌조건, 소추조건, 처벌장애사유의 부존재 등 요건을 전부 13
충족하면 가벌행위는 확정되고 그 효과로 형벌이 부과된다. 그렇더라도 이와 같은 과정이 왜 꼭 일정한 체계에 따라 해야 하는 것일까? 체계 없이 가벌행위가 확정될 수는 없을까 의문은 여전히 남는다.

[판례]

① 폭행죄는 피해자의 명시한 의사에 반하여 공소를 제기할 수 없는 **반의사불벌죄**로서, 처벌불원의 의사표시는 의사능력이 있는 피해자가 단독으로 할 수 있는 것이다. 피해자가 사망한 후 그 **상속인**이 피해자를 대신하여 처벌불원의 의사표시를 할 수 있는 것은 아니다.1)

② 성년후견인이 **의사무능력인 피해자를 대리하여** 반의사불벌죄의 처벌불원의사를 결정하거나 처벌희망의사를 철회할 수 없다. 교통사고처리 특례법 제3조 제2항 '피해자의 명시적인 의사'는 문언해석상 원칙적으로 대리가 허용되지 않는 것으로 보아야 한다. 형사사법의 목적과 보호적 기능, 반의사불벌죄의 취지 등을 감안하면, 반의사불벌죄에서 처벌불원의사나 처벌희망 의사표시의 철회는 피해자 본인이 하여야 한다.2)

[28] Ⅲ. 범죄체계 필요성

1. 법률적용 공식

(1) 법률과 사건의 일치

범죄체계는 형법 적용과정에서 발생하는 문제다. 대부분 법률가가 하는 일은 사건이 발생했 1
을 때 이 사건을 법률에 따라 어떻게 평가·판단할 것인가 하는 문제와 관련 맺는다. '**법률과 사건의 일치**'라는 법률적용이 곧 그들 일상사로 되어 있다. 그러나 그들에게 주어져 있는 것은 법률과 사건뿐이다. 이 양자를 일치시키는 **방법**에 대해 법률은 어떤 규정도 하지 않고 모두 적용하는 사람에게 일임한다. 이론적으로 보면 법률가는 법에 대한 충분한 지식만으로 사건에 대한 판단을 내릴 수 있다. 다만 그런 식으로, 즉 어떤 방법·절차적 고려 없이 매번 사건중심으로 해당 법규정을 찾아 헤맬 경우 법률가는 사건마다 새롭게 시작해야 하는 어렵고도 복잡한 절차를 밟아야 한다. 형법은 가벌성 근거지움과 배제 사이의 매우 복잡한 조합으로 이루어지고 그 조합은 어떤 체계적 모습도 없다. 여기서 사람들은 '**법률적용의 일반 틀**(공식)'을 마련해야 할 필요를 느끼게 되었다. 즉 사건과 그에 따른 법률 내용은 각각 다르더라도 모든 경우에 공통될 수 있는 표지를 모아서 일정한 체계에 따라 분류하여 정리해 두면, 법률가 사고과정은 훨씬 일목요연할 수 있다. 법률취급을 조종하는 형사법률가에게 특유한 이 사고과정이 바로 범죄체계사고, 즉 **범죄론**이다.

1) 대판 2010. 5. 27. 2010도2680. 제2, 3회.
2) 대판 2023. 7. 17. 2021도11126. 상세한 평석 장진환, 「반의사불벌죄와 성년후견인의 처벌불원의사」(형사정책 36, 2024), 295면 이하.

(2) 일반인과 법률가 차이

2 이런 예를 한 번 들어 보자. 인간행위 가벌성을 말할 때 전문가가 아닌 일반인은 행위에 대해 전체적으로 그리고 매우 성급하게 결론을 내리는 경향이 있다. 만일 매우 잔인한 방법으로 사람을 여럿 해친 살인자가 붙잡혔다고 가정해 보자. 이런 보도에 접한 시민은 분노를 참지 못한 나머지 "동물보다도 못한 저런 인간은 당장 목을 베어야 한다"(즉 사형선고와 동시에 집행)고 흥분을 감추지 못한다. 결론에 이르러 가는 절차 와 결론은 매우 간명하면서도 쉽다. 반응 또한 즉각적이어서 시간이 걸리지 않는다. 그러나 전문가인 형사법률가는 신중하다. 전체에 대한 결론을 내리기에 앞서 행위를 단계별로 조목조목 나누어 분석하고 심사한다. 이 신중함은 그의 직업활동이 미치는 중대한 영향, 즉 사람을 죽이고 살리며 자유와 재산을 박탈하기도 하는 **형법의 예민함**에 대한 충분한 인식인 동시에 또한 그 요청이기도 하다. 범죄체계사고가 이 신중함을 반영한다.

2. 기타 장점

3 범죄체계는 법률가 가벌성판단을 용이하게 해 주는 장점 외에도, ① 사건의 평등취급을 보장하는 기능도 있다. 이것은 도그마틱 학설이 갖는 기능과 비교할 수 있다. 법률적용 틀이 없거나 또는 천차만별이어서 최소한 합의된 적용절차도 없다면, 적용자 자의성恣意性이 개입할 위험은 높아지고 법률 평등적용을 심사하는 것 자체도 매우 어렵다. 범죄체계는 동시에, ② 범죄행위 불법내용을 명료하게 드러낼 수 있는 장점이 있다. 행위를 전체적으로 한꺼번에 판단하지 않고 세분해서 단계적으로 심사하는 결과다. 범죄론 실질과제는 아니면서도 빼놓을 수 없는 다른 장점으로, ③ 강학 이유를 들 수 있다. 일정한 체계 관련 없이, 수많은 가벌성 근거 · 배제조건을 한꺼번에 설명하여 교육하는 것은 거의 불가능하다고 해도 지나친 말은 아니다. 만일 그렇게 하면 학생은 이해하지 못할 것이고, 이 어려움은 법률을 적용하는 법률가에게도 그대로 적용된다.

[29] Ⅳ. 범죄체계 성격

1 범죄체계는 법률과 사건 **중간추상화단계**에 놓여 있는 형법 장치 · 수단이다. 이 장치는 법률에 규정되어 있는 것이 아니라 형법학자들이 오랜 기간에 걸쳐 작업한 형법이론 산물이다. 그러므로 범죄체계, 즉 범죄론은 내용적인 판결지침 · 기준이 아니라 방법적인 절차지침을 담고 있을 뿐이다. 정당방위(제21조)를 예로 들면, 범죄체계는 정당방위가 성립하기 위해 필요한 '방위행위'(제21조 제1항)가 어떤 내용을 가져야 하는가에 대해 아무런 해답을 줄 수 없다. 범죄체계는 다만 정당방위 사건이 발생했을 때 그것에 대한 판결 근거와 결론을 어떤 절차를 거쳐 끌어내야 할 것인가를 말해줄 뿐이다. 이상 내용을 도식으로 표현하면 다음과 같다.

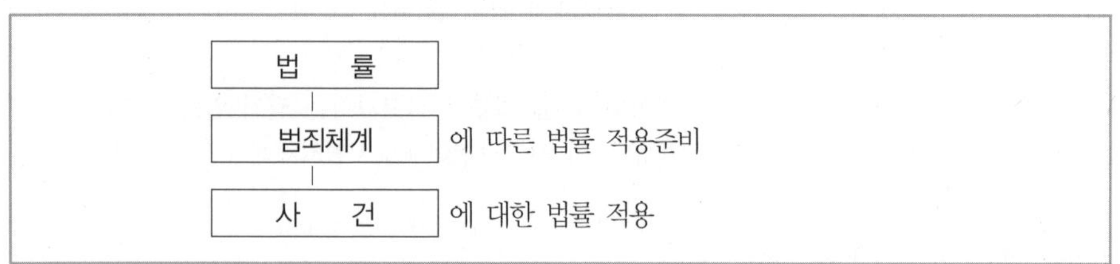

범죄체계의 잠정 성격규정, 즉 ① 범죄체계는 법률 명령이 아니다. ② 그것은 사람(형법학자)이 만든 것이다. ③ 범죄체계는 절차를 규정하는 수단일 뿐이다. 이 세 가지 인식은 체계사고 한계를 깨닫는 중요한 근거다. 2

[30] Ⅴ. 범죄체계사고 한계

1. 수단의 목적화 현상

(1) 범죄체계론 맹목성

1980~90년대와 비교할 때 지금은 비록 많이 나아지긴 했지만, 범죄체계사상에 대한 맹신 잔재는 아직까지도 곳곳에 남아 있다. 범죄체계는 필요하지만, 그것은 수단으로서 필요할 뿐 어떤 경우에도 형법학 목적이 되는 것은 아니다. 그럼에도 수단인 범죄체계를 형법학 목적으로 생각하여 모든 정열을 여기에 쏟아 붓고 정작 해결해야 할 중요한 형법문제는 소홀히 취급하거나 아니면 숫제 들어가 보지도 못한다면, 그것은 분명히 주객이 전도된 현상이다. 1

(2) 진정한 형법문제는 '범죄'

형법의 궁극 문제는 범죄고 따라서 형법학 모든 논의는 범죄해결로 모아져야 한다. 한쪽에서는 범죄공포에 떨고 있는 시민들 절규가 있다. 신문과 방송에는 기상천외 범죄에 관한 보도가 빠지는 날이 없고, 이런 현상은 날이 갈수록 계속 증가한다. 그런가 하면 다른 한쪽에서는 피의자 · 피고인 인권이 늘 문제가 된다. 경찰 · 검찰 불법수사에 대한 의혹은 그 역사가 매우 깊다. 이론적으로는 재사회화사상이 판을 치고 있는 동안에 교도소는 이미 오래전에 '범죄대학'으로 전락하였다. 일부러 범죄를 만들어내는 법률(이른바 **악법**) 문제는 다 해결되었을까? 2

이와 같은 현안에 대해 우리 형법학이 범죄체계사상만큼 깊은 관심을 가져본 적이 있는지 반성적으로 지문해야 한다. 이제 형법학 모든 이론 논쟁은 궁극적으로 무엇을 위한 논쟁인지 기시적으로 다시 물어 볼 때가 되었다. 이것을 일컬어 패러다임 전환이라고 한다. 더 늦기 전에 진정한 형법문제로 돌아와야 한다. 3

2. 한계 내용

(1) 범죄체계 사실성

우리 형법 어디에서도 가벌행위를 심사할 때, 행위 · 구성요건해당성 · 위법성 · 책임 · 기타 가벌조건 순서에 따라야 한다는 규정은 없다. 이것은 범죄체계가 법률 명령이 아니기 때문에 **당위**(Sollen)가 아니고 **사실**(Faktum)이라는 점을 말해 준다. 이 사실이 범죄체계 존재근거이지만 체계사고가 법률이 규범적으로 명령하는 당위는 아니다. 4

1) 범죄체계에 따르지 않더라도 불법은 아니다. 실제로 판사 판결문, 검사 공소장, 변호사 변론서에서 범죄체계를 확인하는 것은 매우 어렵다. 특히 검사는 형사소송법 공소제기방식(형사소송법 제254조)에 따라 공소사실에 대한 적용법조를 열거하는 것으로 만족한다. 변호사는 범죄체계와 아무 상관없이 소송의뢰인에게 유리한 의문점이면 무엇이든 찾아서 이의를 제기한다. 5

2) 범죄체계 순서가 당위적으로 행위 · 구성요건해당성 · 위법성 · 책임으로 되어야 할 이유도 없다. 극단적으로 책임에서부터 거꾸로 심사하더라도 틀렸다고 말할 수 없다. 이것이 결과판단에 영향을 미치지는 않기 때문이다. 즉 범죄체계순서를 어떻게 잡든 결과는 마찬가지다. 6

7 3) 하물며 일반적 순서에 따르면서 각 단계 심사내용을 이동시키는 것은 더욱 틀렸다고 말할 수 없다. 역시 당위가 아니기 때문이다. 고의를 책임과 구성요건 어느 단계에서 심사할 것인가 문제가 여기에 속한다. 법률이 규정한 고의(제13조)를 어느 단계에서도 심사하지 않는다면 불법이겠지만, 어디서건 한 번만 심사하면 불법은 아니다.

8 4) 우리가 1)과 2) 극단적 방법을 쓰지 않는 것은(3)의 경우는 1)이나 2)에 비해 그렇게 심각한 문제가 아님) 단지 **편리함** 때문이다. 편리함은 보편화할 수 없는 개인 문제다. 대부분 사람이 굳이 거역해야 할 이유가 없다고 생각하기 때문에 따르고 있을 뿐이다.

(2) 범죄체계의 상대 가치

9 위 내용을 요약하면, ① 범죄체계는 상대 가치를 가지고 있을 뿐이다. 즉 범죄체계는 사건과 법률을 일치시키기 위한 수단에 지나지 않기 때문에 여러 가지 체계사상 사이에 옳고 그름이란 있을 수 없다. 마치 당위 체계가 있는 것처럼 체계논쟁을 벌이는 것은 부질없는 정력낭비다. 이러한 주장에 대해 다음과 같은 의문을 제기하는 사람이 있다. 즉 ② 체계의 내용에 따라서(예컨대 고의가 구성요건요소가 되는가 또는 책임요소가 되는가에 따라서) 공범 성립범위가 달라지는 문제는 어떻게 설명할 것인가 하는 점이다. 공범 성립범위를 결정하는 종속성 정도에 관한 학설은 다 아는 대로, 최소종속형식에서 초극단종속형식에 이르기까지 4가지가 있다. 이 의문은 형법 체계사상을 전면적으로 부인하는 것처럼 오해한 데서 비롯된다. 형법에서 체계사상은 필요하고 그 이유는 앞에서 이미 설명한 것과 같다. 다만 필요하다고 당위적 체계가 있을 것으로 믿는 것은 부질없다. 필자도 일정한 체계를 가지고 있으며, 예를 들면 주관적 구성요건요소 존재는 인정해야 한다고 믿는다. 그런 식으로 각자는 각자 체계를 가지고 또 주장할 수 있다. 하지만 그 사이에 옳고 그름을 말해서는 안 된다. 공범 성립범위는 각자가 갖는 체계에 따라 어느 학설이든 선택하면 그만이다.

(3) 범죄체계 비통일성

10 사람이 범죄체계를 만들었다는 사실은 현존하는 체계 다양성을 이해하는 계기를 마련한다. 사람이 만든 것이기 때문에 통일된 하나의 체계는 처음부터 기대할 수 없다. 세부사항까지 고려하면 같은 범죄체계는 없다. 모든 사람이 자기체계를 가지고 있을 뿐이다.

(4) 범죄체계 문제분류기능

11 범죄체계는 절차를 규정하는 수단 · 형식일 뿐이기 때문에 문제를 '**분류**'할 수는 있지만 그 문제를 '**해결**'하지는 못한다. 다시 말하면 범죄체계는 일정한 행위가 처벌되어야 하는 이유와 그 가벌성 정도, 즉 판결내용을 결정해 주지는 않는다. 예를 들면 범죄체계는 고의가 가벌성심사 어느 단계에서 고려해야 할 것인가를 확정해 줄 수는 있다. 하지만 사기 또는 절도 고의가 어떤 내용을 가지고 그리고 이 내용이 형벌을 확정하는 데 어떤 작용을 하는가에 대해 범죄체계는 아무런 대답도 줄 수 없다. 위법성조각사유도 마찬가지다. 위법성 또는 불법 단계에서 위법성조각사유 문제를 묶어서 분류하고 고려한다는 것까지는 말할 수 있다. 그러나 범죄체계로부터 위법성조각사유 종류와 내용이 나오는 것은 아니며, 각각의 위법성조각사유 한계를 규정하는 것도 범죄체계가 할 수 있는 일이 아니다.

(5) 범죄체계의 기능 동일성

12 1) 범죄체계 수단성 문제 분류기능은 지금까지 주장된 어떤 범죄체계에 따라서도 달성할

수 있다. 이것은 위에서 설명한 범죄체계 수단성격의 논리 결과이다. 범죄체계가 판결내용을 결정하는 가벌성기준을 제공하는 것은 아니기 때문에 문제 분류방법, 즉 범죄체계를 달리하더라도 판결결과에 영향을 미치지 않는다. 만일 어떤 범죄체계를 선택하느냐에 따라서 가벌성판단 결과가 달라지면 범죄체계는 실질적 중요성이 있다. 하지만 그런 경우는 없다.

2) 가벌성기준 전체목록 지금까지 등장한 모든 범죄체계가 고려해야 한다고 제시한 가벌 13
성기준 전체목록은 동일하다. 만일 그렇지 않은 범죄체계가 있다면 그것은 불법 체계다. 왜냐하면 가벌성기준은 법률로부터 나오고, 범죄체계가 법률의 이와 같은 명령을 자의로 변경하는 것은 곧 형법위반이 되기 때문이다. 그러므로 각각 범죄체계가 차이를 보이는 것은 전체분량과 개별내용에서 동일한 가벌성기준을 어느 단계에서 고려해야 할 것인가 하는 점뿐이다. 어느 단계를 물을 것 없이 법률이 규정한 모든 가벌성기준을 심사한 이상 결과는 마찬가지다. 어떤 법률가도 자기와 다른 범죄체계를 선택했다고 틀렸다고 말하지는 않는다. 그것은 다른 체계가 다른 결과를 가져오지는 않기 때문이다. 법률의 합리적 적용을 위해 필요한 실정법 분류와 정리는 모든 범죄체계가 동일한 방식으로 충족한다. 모든 체계는 일목요연하게 문제를 분류하며 또한 현실적으로도 그렇게 한다.

(6) 범죄체계와 사안해결

범죄체계가 실제로 필요한 곳은 사안해결할 경우뿐이다. 이 말은 범죄체계 한계와 무관한 14
것처럼 보일 수 있지만 체계사상에 대한 과대평가를 바로잡는 데 필요한 인식이다. 사안해결은 이른바 케이스문제 풀이로 이런 문제를 풀 때는 일정한 범죄체계 뒷받침이 필요하다. 그렇게 함으로써 학생은 쉽게 문제에 접근할 수 있고 논리성과 일목요연함을 갖출 수 있다. 그러나 그 밖의 경우에 범죄체계는 큰 영향을 미치지 않으며, 예컨대 논문서술형 문제가 대표적으로 그렇고 교과서 일반 내용도 마찬가지다. 어떤 문제를 체계 어느 단계에서 취급하는가 차이는 있을지 몰라도 각각 내용은 모두 동일하다. 형법 제15조 '사실착오'를 '구성요건착오'로 개명하여 구성요건 장에서 다루는가, 아니면 사실착오와 법률착오(제16조)를 함께 책임 장에서 설명하는가 차이 정도다. 그러나 명칭과 단계에 상관없이 형법 제15조를 설명하는 내용은 모두 같다. 이와 같은 문제의 형식 분류방법 차이를 빼고 나면 답안이나 교과서 설명내용 그리고 판결문, 공소장 등에서 어느 체계를 기초로 하고 있는가를 확인하는 것은 쉬운 일이 아니다. 범죄체계사상이 가장 목청을 높이는 곳은 범죄론 서론과 행위론이고 그 다음 단계부터는 흐지부지된다.

[31] Ⅵ. 범죄체계 종류

1. 범죄체계 내용

범죄체계론은 행위론 논리 결과물로 파악할 수 있다. 따라서 가장 기본되는 것은 인과적 행 1
위론의 고전 범죄체계, 이를 수정한 신고전 범죄체계, 목적적 행위론의 목적적 범죄체계, 사회적 행위론의 사회적 범죄체계고, 이들 사이에 갖가지 형태로 변형된 무수한 체계가 존재한다. 백 사람이면 백 사람 체계가 있다고 해도 지나친 말은 아니기 때문에 모든 체계를 설명하는 것은 불가능하다. 기본적인 것만 살펴본다. 각 범죄체계 차이점을 형법 제329조 '절도죄'를 보기로 하여 도표로 설명하면 다음과 같다.[1)]

범죄체계론 차이점

	고전적 범죄체계	신고전적 범죄체계 (고전체계의 수정형태)	목적적 범죄체계	사회적 범죄체계 (신고전적·목적적 범죄체계의 합일형태: 절충적 입장)
구성요건 해당성 (형법 제329조)	타인의 재물절취	① 타인 재물절취 ② 불법영득의사	① 객관적 불법구성요건: 타인 재물절취 ② 주관적 불법구성요건: 구성요건고의, 불법영득의사	① 객관적 불법구성요건: 타인 재물절취 ② 주관적 불법구성요건: 구성요건고의, 불법영득의사
위법성	위법성조각(정당화)사유(객관적·형식적 기준에 의함)	정당화사유의 개입 (객관적·주관적 관점)	정당화사유의 개입 ① 객관적 정당화 요소 ② 주관적 정당화 요소	정당화사유의 개입 ① 객관적 정당화 요소 ② 주관적 정당화 요소
책 임	① 책임능력 ② 책임종류(고의) ③ 기타 책임요소 (불법영득의사) ④ 면책사유	① 책임능력 ② 책임형식(고의) ③ 기타 책임요소 (불법의식) ④ 면책사유	① 책임능력 ② 책임요소 (불법의식) ③ 면책사유	① 책임능력 ② 책임형식 (고의- 책임비난) ③ 기타 책임요소 (불법의식) ④ 면책사유
특 징	객관적 요소는 구성요건, 주관적 요소는 책임으로 철저하게 이분함. 심리적 책임개념(비난되어야 할 의사내용)	주관적 구성요건요소의 존재를 부분적으로 인정. 불법영득의사와 같은 내심표지는 구성요건에, 불법의식은 책임에 분류. 규범적 책임개념(행위에 대한 규범적 평가, 비난가능성)	고의는 책임형식에 속하지 않고 주관적 구성요건요소(구성요건고의)로서 구성요건에 속함. 내심표지(불법영득의사)도 구성요건에 속함. 순수한 규범적 책임개념(비난가능성)	고의는 구성요건요소(구성요건고의)인 동시에 책임형식으로서 책임요소(이른바 고의의 이중기능). 규범적 책임개념(비난가능성)
비 판	결과범만을 토대로 하고 있음. 인과적 사고는 규범학인 형법에 맞지 않음. 불법영득의사는 비난가능성과 무관하기 때문에 책임에 속할 수 없음.	주관적 불법요소를 부분적으로만 인정. 구성요건고의는 미수뿐만 아니라 기수에서도 주관적 불법구성요건에 속함.	행위개념에 대한 지나친 종속. 고의는 책임형식이기도 함.	고의가 구성요건과 책임에 양다리 걸치기를 하고 있음.

2. 범죄체계 선택

(1) 선택동기

2 이제 남은 문제는 위 네 가지 체계 가운데 어느 하나를 선택하는 일이다. 체계는 옳고 그름 문제와 무관하게 선택으로 해결해야 한다. 독자적으로 새로운 체계를 개발하는 용기를 가져볼 수 있겠지만 체계 수단성이라는 한계 때문에 들어가는 노력에 비해 성과가 보잘 것 없다는 경제성 문제가 있다. 결론부터 말하자면 **어느 체계**를 선택하더라도 무방하고 또한 상관없다. 선택동기는 개인적인 것으로 충분하다. 즉 어느 체계를 배웠다든지, 어느 체계가 일목요연하고 논리적이어서

1) Wessels(허일태), § 18 II 참조.

이해하기 쉽다든지 아니면 어느 체계가 심정적으로 마음에 든다든지, 어떤 이유라도 괜찮다.

체계싸움(독일에서는 행위론 논쟁이 절정에 달했던 1960년대 말, 우리나라에서는 1980년대까지 현상. 3
그러나 그 이후 상황은 바뀌었고 오늘날 이 문제를 진지하게 생각하는 사람은 많지 않음)은 절대 범죄체계가 있다는 신념에서 벗어나지 못하였기 때문이다. 하지만 그런 체계는 없다. 절대 가치를 지닌 목적도 찾아내기 쉽지 않은 마당에 절차를 규율하는 수단에서 '절대'를 구하는 것은 인간의 부질없는 꿈이다. 사람들이 이 정도에서 체계논쟁을 그만 둔 것은 어떤 절대에 비슷한 체계라도 찾아내었기 때문이 아니고, 이유는 단 한 가지, 아무런 실질 소득도 없는 무한논쟁에 지쳤고 식상하였기 때문이다. 그래서 사람들은 여기에서 멈추고 형법 다른 문제에 눈을 돌리게 되었다(패러다임 전환).

(2) 선택기준

1) 4가지 범죄체계 장단점 체계선택에 대한 몇 가지 조언을 하자면, ① 고전 범죄체계와 4
신고전 범죄체계는 다소간 이론이 정연하지 못한 단점이 있지만 매우 단순 명료하다는 장점이 있다. ② 목적적 범죄체계와 사회적 범죄체계는 그 반대다. 다소 이론이 정연한 감은 있으나 매우 복잡하다. 이론 정연함은 시기적으로 나중에 만들어져서 앞선 논쟁으로부터 장·단점을 배울 수 있었기 때문이다. 그러므로 가장 고유한 범죄체계는 고전 체계이고, 그 후 체계들은 모두 고전체계 수정형태에 속한다. 지금은 대부분 사람들이 골동품 취급을 하고 있지만 체계사상이 존재하는 한 고전체계 의미는 살아있고 현재 선택하더라도 아무 문제가 없다. 고전 범죄체계는 이론 흠은 가장 크지만 동시에 가장 간명하다는 장점도 있다.

2) 신고전 범죄체계 정연한 이론 구조를 가지고 있더라도 복잡한 것은 도구로 결정적 5
흠이 아닐 수 없다. 수단·도구는 단순할수록 좋다. 복잡한 도구는 사용하기 힘들기에 일목요연함과 편리함이라는 범죄체계 원래 목적에 어긋난다. 이제 선택척도는 이론 정연함과 단순함 사이에서 어느 것을 우선시킬 것인가 문제로 모아진다. 나 같으면 후자에 더 비중을 두고 싶다. 후자 가운데서도 이론에 대한 타협점을 잃지 않고 있는 신고전 범죄체계를 선택하고 싶다.

3) 개방 체계 한 가지 유념해야 할 것은, 어느 하나 체계를 선택할 때도 그것을 폐쇄적 6
이지 않은 개방 체계로 받아들여야 한다는 점이다. 즉 체계를 수단으로 이용한다는 생각을 잊어서는 안 된다. 경직된 체계는 수단차원을 넘어 목적이 되고 절대체계 환상이라는 똑같은 잘못을 반복한다. 개방체계는 자기체계로 해결이 어려운 극단 문제에 대해 다른 체계 장점을 활용할 줄 아는 융통성 있는 체계를 뜻한다.

[32] Ⅶ. 가벌행위 전체심사과정

이상 논의를 토대로 가벌행위 (체계적·이론적) 전체심사과정[1]을 도해로 설명하면 다음과 1
같다.

---

1) 아래의 심사절차가 반드시 실무 검토순서와 일치하는 것은 아니다. 예컨대 객관적 가벌조건·인적 처벌조각사유·소송조건 등은 여기에서는 '가벌성 심사 마지막 단계'로 되어 있지만 실제소송에서는 가장 먼저 검토한다. 소송경제 측면에서 불필요한 수고를 줄일 수 있다.

[가벌행위 심사절차]

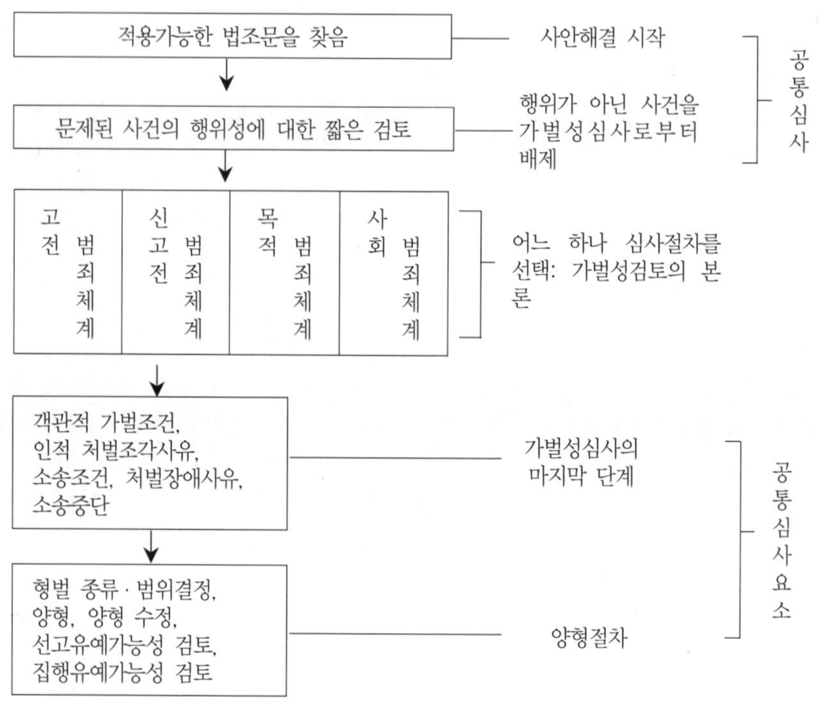

[33] Ⅷ. 범죄체계론 결론

1 형사법률가에게 범죄체계는 필요한 수단이지만 그렇다고 범죄체계가 올바른 판결을 보장해 주는 것은 아니다. 그것은 구체적 사건의 중요한 쟁점을 선별하여 정돈하는, 가벌행위를 확정하기 위한 최소한 법치국가 조건에 불과하다. 범죄체계는 가벌성 문제점을 정리하고 한계를 그어 줄 수는 있어도 그것을 해결해 주는 것은 아니다.

2 범죄체계에 대한 자기목적 논의 또는 지나친 비중을 시정해야 한다는 요청은 아직까지도 타당하다. 이전보다 많이 나아진 것은 사실이지만 이 분야 현학적 논의가 완전히 불식되었다고 보기 어렵다. 체계 섬세함이 판결내용을 결정하는 공식으로 작용하지도 않거니와 범죄해결이라는 형법의 궁극 관심과 거리가 멀다. 필요 이상 체계사상은 관념 · 형식 · 연역적 사고 영향으로 보인다. 형법학은 **자기만족 이론의 완전성**, 이론 만족의 관심에서 벗어나 진정한 형법문제인 **불완전한 현실**로 눈을 돌려야 할 때다. 형법문제를 현실 토대 위에서 다시 찾아야 하고, 그 해결 실마리는 개방 자세와 방법으로 풀어야 한다. 범죄체계 수단성의 위치 · 정도를 회복하고 지킬 수 있을 때 이런 사고전환은 더욱 쉽게 달성할 수 있다.

제2장 행 위 론

[34] Ⅰ. 행위론 서론

범죄체계논쟁 원인을 제공한 것은 행위론이다. ① 범죄체계론과 행위론은 표리관계에 있어서 체계논쟁이 가져다 준 공과功過는 모두 행위론 논쟁 결과이므로 양자 쟁점과 현상은 같은 모양을 한다. 논쟁 역사 또한 똑같이 길다. 근 반 세기 동안 조금도 양보·타협 없이 팽팽한 전선을 구축하였으며 그것은 마치 형법 이데올로기와 같은 작용을 하였다. 행위개념 속에 범죄체계 열쇠가 감추어져 있다는 생각을 사람들은 떨치지 못하였다. 결국 1930년대부터 시작된 이 지루한 '전쟁'은, 독일에서는 1960년대 말에 가서야 비로소 소강상태로 접어들었고, 그 이후 점점 시들어서 지금 행위개념을 문제 삼는 사람은 찾아보기 힘들다. 1

우리 형법학이 본격적으로 행위개념에 눈뜨기 시작한 것은 1960년대 초반 ② **황산덕黃山德** 선생이 **벨첼**(H. Welzel) 목적적 행위론을 소개하면서부터다. 목적적 행위론은 우리 형법학에 신선한 충격을 주었고 사람들은 형법 '신이론'으로 열광해 마지않았다. 나는 법학의 한 이론이 이처럼 찬란한 황금기를 구가했던 것은 앞으로 다시 찾아보기 힘들 것으로 생각한다. 그러나 목적적 행위론의 '존재론적 정당성' 또는 '영원한 진리'에 금이 가기 시작한 것은 ③ 1974~1975년 **심재우沈在宇** 선생이 사회적 행위론을 주창하면서부터다. 1970년대 말까지 5, 6년 동안 심선생은 특유의 정열과 법철학 확신을 토대로 목적적 행위론을 조목조목 비판하였고, 이것을 계기로 행위론에 대한 사람들 관심도 자연히 높아졌다. 우리 목적적 행위론이 황선생 공적이라면 갖가지 형태로 변형된 오늘날 사회적 행위론은 순전히 심선생 업적에 힘입은 것이라고 할 수 있다. 2

[35] Ⅱ. 행위론 의미

범죄행위체계 첫 번째 구성요소는 **행위**다.[1] 가벌성심사를 행위에서 출발하는 것은 (서구)형법문화 합리성 표현이며 거기는 다음과 같은 원칙이 깔려 있다.[2] 1

1) 인간 행위만이 형법심사 대상이 될 수 있다. 즉 동물이나 물건은 '행위'하지 못한다. 이것은 중세 때 동물에 대한 형사소송이 있었던 것을 생각하면 결코 사소한 문제로 치부할 수 없다. 2

2) 단순한 우연은 형법 범죄가 될 수 없음을 천명한다. 지진·홍수·벼락과 같은 자연현상 또는 동물 공격에 따라서도 구성요건결과, 즉 살해·상해 또는 재물손괴 결과가 발생할 수 있다. 이런 침해는 인간 과오와 결합하지 않으면(예컨대 예보 과실, 건축 결함, 동물에 대한 감독소홀 등) 형법 심사대상에서 제외된다. 3

3) 행위와 우연 사이에 한계를 긋는 것은 쉬운 일이 아니다. 특히 부작위·미필고의·과실 등이 그러한데, 뒤에서 설명할 각 행위론은 이런 행위들을 형법 행위로 파악하는 데 온 힘을 기울였다. 물론 형법 명시규정에 따라 입법적으로 해결했지만, 그것과 상관없이 이들을 행위로 포섭 4

1) 행위라는 말 외에 행태(Verhalten)라는 개념도 있다. 작위 이외에 부작위를 명시적으로 포함할 때 이 말을 쓴다. 그러나 일반적으로는 그냥 행위라고 한다.

2) Hassemer, Einführung, 205면 이하.

할 수 있는 이론모델을 만드는 것이 그들 주된 관심사였다.

[36] Ⅲ. 행위개념 기능

1. 한계기능

1 이것은 형법의 행위가 될 수 없는 '단순한 우연'을 가려내어 가벌성심사에서 제외하는 기능을 말한다. 말하자면 형법판단 대상이 될 수 없는 구성요건 이전 행위, 예컨대 무의식 행위, 신체반사행위 등을 형법 가벌성심사에서 배제할 수 있는 것은 행위개념 성과라는 것이다.

2. 분류기능 또는 근본요소

2 우연을 형법 행위에서 배제하는 소극 기능으로 만족하지 않고 고의 · 과실 · 부작위 등 형법상 의미 있는 모든 행위를 형법 행위로 묶을 수 있는 적극 기능을 말한다. 행위가 문법 주어가 되고, 과실 · 부작위 등은 술어가 되는 기능을 말한다. 전자가 상위개념이 되어 종種 또는 유類에 속하는 후자를 포괄하는 기능을 말한다.

3. 결합기능

3 결합기능은 행위 다음 단계인 구성요건해당성 · 위법성 · 책임과 결합(연결)할 수 있는, 즉 이러한 평가단계 표지에 연결하여 구체화할 수 있는 기능을 말한다. 행위개념에 따른 범죄체계 내용차이는 이 기능 결과다. 어떤 행위론을 취하는가에 따라서 뒤따르는 가벌성심사단계 내용이 차이를 보이는 것은 행위론 결합기능 때문이다. 행위개념이 구성요건해당성 · 위법성 · 책임단계에 앞질러 들어가서도 안 될 뿐만 아니라 동시에 이러한 단계가 행위개념으로 들어오는 것을 허용해서도 안 된다. 주체가 되어야 할 행위개념이 결합시켜야 할 대상의 규정을 받을 수는 없고, 그러기 위해서는 그 내용이 구체적 실체를 가지는 것이 무엇보다도 중요하다.

4. 평 가

4 행위론이 할 수 있는 실질 기능은 한계기능밖에 없다. 분류기능과 결합기능은 범죄체계 이론만족을 위한 관념 성과에 지나지 않는다. 이들은 법률이 아닌 이론 기능으로, 행위론자 · 체계론자가 행위론에 대해 인위적으로 의미를 부여하기 위해 만든 요구일 뿐이다. 한계기능 내용도, 뒤에서 자세히 살펴보겠지만 기능이라고 이름 붙이기에는 너무나 소박한 것을 담고 있다.

[37] Ⅳ. 행위론 종류

1. 인과적 행위론

(1) 인과적 행위론 내용

1 인과적 행위론은 행위개념 가운데 가장 먼저 생성된 것으로서 그 시기는 제1차 세계대전 전이다. 이 행위개념 행위에 대한 정의는 '의사意思에 따른 신체활동'(Beling), '외부세계에 대한 의사활동' 또는 '**유의적有意的 거동에 따른 외부세계 변화**'(v. Liszt) 등으로 되어 있다. 이 정의에서도 알 수 있듯이 인과 행위론은 19세기 말 융성하기 시작한 자연과학 영향을 받아서 내적 의사와 외적 결과발생의 인과 결합을 행위로 파악하는 특징을 가진다. 내적 의사가 원인이 되어 외부세계에 야기한

순수 인과과정이 행위라는 것이다. 이렇게 되면 행위는 내적 의사의 자연과학·인과적 산물에 지나지 않는다. 인과 행위론은 **유의성**有意性과 **거동성** 두 요소로 구성된다. '유의有意'라는 말은 어떤 의사든지 의사가 있기만 하면 되고 행위단계에서 의사내용은 묻지 않는다는 의미다. 의사내용은 책임단계에 가서 비로소 문제 된다.

(2) 인과적 행위론에 대한 비판

인과 행위론의 핵심 구성요소는 '유의성'과 '거동성'이기 때문에 비판도 여기에 집중되어 있다. 2

1) 의사내용을 묻지 않는 단순한 유의성만을 행위기준으로 하기 때문에 **미수 개념규정**이 어 3
렵다는 비판을 받는다. 예컨대 칼을 휘둘렀으나 빗나간 경우, 그 행위가 살인미수, 상해미수 어디에 해당하는가는 행위자 의사내용을 떠나서 판단할 수 없다. 이 점에 착안하여 뒤에 등장한 목적, 사회적 행위론은 구성요건행위를 파악할 때 의사내용을 고려한다. 즉 고의가 주관적 구성요건요소로서 책임단계로부터 구성요건단계로 옮겨온다.

2) 거동성 요건은 **부작위**를 행위에 포함시키기 힘든 단점이 있다는 지적을 받기도 한다. 즉 4
부작위를 '신체활동', '외부세계 변화'로 파악하기 어렵다.

3) 인과적 행위개념은 의사내용을 묻지 않는 유의성과 거동성의 순수 인과과정을 행위로 보 5
기 때문에 형법 행위범위가 **무한**으로 확대하여 한계기능을 다할 수 없다는 비판을 받는다. 널리 인용하는 예를 들면 살인자를 출산하는 행위도 형법 행위에 해당할 수 있다는 것이다.

(3) 역 비 판

하지만 이와 같은 논쟁이 진정한 형법문제에 속할 수 있을지는 의문이 아닐 수 없다. 어쩌 6
면 세상사람들은 이런 내용을 보고 부분적으로 법률 해학이 아닐까 생각을 가질지도 모르겠다. 법학을 상당히 무게 있는 학문으로 여기는 사람에게는 매우 실망스러운 일이다. 거시 안목으로 미시 쟁점에 대한 종합평가를 하는 것도 유익할 것으로 생각한다.

1) 의사내용 의사내용을 묻지 않는다고 하지만 그것을 책임단계에서 고려하면 미수행위 7
를 파악할 수 없다는 비판은 성급하다. 가벌성심사가 행위단계에서 끝나는 것이 아니라 행위는 가벌성심사 첫 단계에 불과하고 그 다음 단계에서 끊임없이 보완되고 구체화된다. 행위와 책임이 매우 멀리 떨어져 있는 것으로 생각하는 것도 곤란하다. 범죄체계를 여러 단계로 나누는 것은 가벌성심사 논리성을 위한 관념 작업에 불과하다. 실제로 각 단계 심사는 거의 동시에 이루어지며, 이것은 학생이 케이스문제를 푸는 시간, 판사와 검사가 판결문과 공소장을 쓰는 시간을 생각해 보면 알 수 있다. 물론 사안에 대한 결론은 그보다 훨씬 짧은 시간에 내려져 머릿속에 자리 잡고 있을 것이다. 각 단계를 종합한 심사결론은 동시에 그리고 매우 빠른 시간에 이루어진다. 그 결론을 근거 짓는 데 다소 시간이 걸릴지 모르겠지만, 체계는 논거를 분명하게 드러내는 수단으로 사용된다. 미수 구별이 책임단계에서 이루어지더라도 아무 문제 없으며, 있다면 그것은 관념적 논리 문제일 뿐이다.

2) 거 동 성 거동성이 부작위를 포함할 수 없다는 비판은 '신체활동', '외부세계 변화'라 8
는 말에 집착한 것에 지나지 않는다. 이 비판 때문에 '의사에 의한 작위·부작위'로 행위개념을 수정한 사람(Mezger)도 메타차원 대응이 아쉽기는 마찬가지다.

3) 행위개념 무한확대 '살인자 출산행위'는 위 의사내용에서 말한 메타비판이 타당할 수 9
있다. 행위범위가 무한으로 확대되지도 않거니와 설사 확대되더라도 무슨 문제가 있는 것은 아니다. 즉 출산과 살인행위 사이에 시간간격이 있기 때문에 출산행위를 기준으로 보았을 때 살인자 출산이란 있을 수 없다. 두 개념은 서로 모순관계에 있다. 가벌행위에 대한 판단은 어차피 여러 관문을 통해서 내려지며 앞선 단계일수록 그 심사범위는 제한적이다.

10 인과 행위론은 그 자체로도 죽지 않았을 뿐만 아니라 인과 행위론이 없는 다른 행위론 존재란 상상할 수 없다. '노병老兵'에 대한 지나친 질타叱咤를 삼갈 필요가 있다.

2. 목적적 행위론

(1) 목적적 행위론 내용

11 목적적 행위론은 인과적 행위론의 큰 결함이라고 여겼던 '유의성' 표지에 의사내용을 포함시키는 것이 특징이다. 1930년대 초반 **벨첼**(Welzel)이 창안했고 제2차 세계대전 이후 완성되었다.

12 1) 철학 배경 **현상학**을 바탕으로 존재론(Ontologie) 구조 위에서 행위개념을 구성한다. 존재론은 '**존재에 관한 이론**', 즉 존재하는 것의 구조에 관한 이론이다. 이 '존재하는 것'(또는 존재자)은 인식하는 주체와 상관없이 존재하나 올바르게 인식될 수 있다.

13 2) 행위의 존재론 구조 인간행위는 본질적으로 '**목적활동성 작용**'이다(행위에 대한 정의). 즉 인간행위는 언제나 일정한 '**목적성**'을 가지며, 이것은 법규정과 상관없이 존재하는 '사물논리 구조' 결과이고 행위의 존재론 구조에 해당한다고 주장한다. 즉 인식주체가 어떻게 할 수 없는, 이미 사물(행위) 속에 내재하는 움직일 수 없는 진리인데, 이 진리를 자기(Welzel)가 찾아내었다는 것이다. 다시 말하면 인간행위 목적성은 이 세상이 있으면서 존재해 온 사실에 속하고 이것은 앞으로도 영원히 변치 않을 것이라는 주장이다. 즉 사람이 변화시킬 수 없는, 그렇게 지음 받고 규정된 자연 섭리·진리라는 것이다. 그래서 실제로 **벨첼**은 인간행위에 목적성이 있다는 인식은 "**영원한 진리**"라고 한다. 이것은 엄청난 선언이다. 목적적 행위론은 현실 구성도 아니고 인간이 해 소산도 아닌 절대명제에서 출발한다. 여기서 목적 행위론의 고집과 경직성 그리고 폐쇄 성격은 예고되어 있다.

14 3) 목적적 행위 실천과정 목적 행위 ① 제1단계는 행위자가 목표를 설정하고 수단을 선택하며 동시에 목표달성과 결합된 부수효과를 고려하는 것으로부터 시작한다. ② 제2단계는 행위자가 그의 행위를 현실로 옮기는 것이다.

15 4) 결 과 목적 행위론은 목적을 행위 본질요소로 보기 때문에 의사내용은 당연히 행위요소가 되고, 이것은 인과 행위론과 가장 큰 차이다. 고의는 구성요건을 실현하기 위한 목적, 즉 실현의사를 의미하므로 목적성과 고의는 동일하다. 따라서 고의는 행위요소가 된다. 구성요건 행위에서 고의는 주관적 구성요건요소인 동시에 주관적 불법요소가 된다. 목적적 행위론에서는 구성요건에 해당하는 행위를 불법으로 보고, 고의는 이 행위 핵심이 된다. 인과 행위론에서 책임조건이었던 고의가 목적적 행위론에서는 주관적 불법요소로 구성요건단계로 옮겨온다.

(2) 목적적 행위론에 대한 비판

16 비판 초점은 목적적 행위론 핵심개념인 '목적성'으로 모아진다.

1) **과실행위**는 행위 목적성이 없기 때문에 목적 행위로 포섭할 수 없다는 비판을 받는다. 예를 들면 과실치사행위를 한 운전자 목적성은 운전에 있고, '사망'에 대해 그는 어떤 형태 목적성도 가진 바 없다. 그러나 **벨첼**은 이 목적적 운전행위가 바로 과실행위 존재론 구조를 입증한 것이라고 항변한다. 하지만 '목적적' 운전행위에 대해 형법은 아무 관심이 없고 가벌성심사 대상이

된 '치사행위'에 어떤 목적성이 있어서 형법 행위로 볼 수 있겠는가 하는 문제가 중요할 뿐이다.

2) 목적적 행위개념은 **부작위**를 설명하기 힘들다는 비판을 받는다. 부작위범에는 인과과정 17
에 대한 목적 조종이 없기 때문이다. **벨첼**은 '잠재 목적성' 개념으로 부작위를 설명한다.

3) 고의와 목적성 동일취급은 목적적 행위론이 '존재론적 행위개념'이 될 수 없는 한계를 암 18
시한다는 비판이 있다.[1] 법질서 내용이 '목적성'을 규정하므로 그의 '존재론적' 성격은 빛이 바래지 않을 수 없다.

(3) 목적적 행위론 공적

절대명제에서 출발한 목적적 행위론은 그만큼 적도 많이 만들었다. 목소리가 높았던 것에 19
비례하여 가해지는 비판 또한 집중적이고 날카로운 내용이었다. 그 때마다 휘청거리지 않을 수 없었고, 목적적 행위론을 신앙처럼 생각했던 **벨첼**이 사망한 후에는 목적 행위론 절대신화를 믿는 사람은 거의 없다.

그럼에도 목적적 행위론이 **주관적 구성요건요소**(주관적 불법요소)를 찾아낸 것은 형법도그마 20
틱에 대한 큰 공헌이다. 이 점은 신고전 범죄체계나 사회 범죄체계 모두 승인하고 있는 것을 보아도 알 수 있다. 기초로 하는 행위개념이 다른데도 말이다. 고의와 위법성인식 분리, 법률착오의 책임설에 따른 해결, 위법성에서도 구성요건 경우와 마찬가지로 주관 요소(주관적 정당화요소, 주관적 위법성조각요소)를 인정하는 것 등이 구체적 공헌내용이다.

3. 사회적 행위론

(1) 사회적 행위론 내용

1) 사회적 행위론 개방성 　사회적 행위론은 주로 목적적 행위론에 대한 도전으로 등장하 21
였으며, 인과 행위론, 목적 행위론 모두를 비판하지만 양자 극단을 극복하려는 절충 성격도 있다. 잃신 양 행위론 장점은 받아들이고 단점은 배척한다. 사회적 행위론은 인과적·목적적 행위론을 전면적으로 거부하지는 않으며 보완하는 입장을 취한다. 이 점에서 개방적이라고 할 수 있다.

2) '사회적 의미성' 기준 　사회적 행위론에서는 유의성과 거동성 사이의 몰가치 인과성(인 22
과적 행위론), 존재론적 목적성(목적적 행위론) 대신 '사회적 의미성' 또는 '**사회적 중요성**' 기준이 등장한다. 이 기준은 자연주의적이지도 않고 존재론적이지도 않으며 평가적이다. 사회적 평가 대상에 인과성과 목적성을 포함한다. 사회적 행위론은 1920년대 그 씨앗이 보였지만 2차 세계대전 후에 본격적으로 형성·발전하였다.

3) 행위에 대한 개념정의

(가) "사회적으로 의미있는 사회생활 관계의 유의적 결과야기"(Eb. Schmidt).[2] 23

(나) "예견할 수 있는 사회적으로 중요한 결과야기"(Engisch).[3]

(다) "객관적으로 예견가능한 사회적 결과를 지향하는 객관적으로 지배가능한 일체 행태"(Maihofer).[4]

---

1) 이재상 외, 6/14.
2) Eb. Schmidt, Soziale Handlungslehre, Engisch-FS, 350면.
3) Engisch, Kohlrausch-FS, 160면.
4) Maihofer, Eb. Schmidt-FS, 160면.

(라) "사회적으로 중요한 인간행태"(Jescheck).[1]

(마) "인간의사에 따라 지배되거나 지배될 수 있는 사회적으로 중요한 행태"(Wessels).[2]

24 **4) 마이호퍼 사회적 행위개념** **마이호퍼**(W. Maihofer) 사회적 행위개념은 유의성有意性을 완전히 제거하였다는 점에서 다른 학자 행위개념과 구별되는 특징이 있다.

이것은 가장 순수하게 사회 의미성만으로 행위를 파악하기 때문이다. (가), (나)는 유의성을 전제하는 점에서 인과 행위론과, (라), (마)는 인간행위 목적성을 포함하기 때문에 목적 행위론과 가까이 있다. 이는 상반되는 두 입장을 절충하면 흔히 생기는 현상으로 사소한 개념차이에도 공통분모는 어디까지나 '사회 의미성 · 중요성'이다. 그래서 '사회적' 행위개념이다.

(2) 사회적 행위론 장점

25 ① 사회적 행위론은 고의 · 과실 · 작위 · 부작위 · 기수 · 미수 등 형법상 의미 있는 모든 행위를 무리 없이 형법 '행위'로 파악할 수 있는 상위개념 기능을 충족하는 장점이 있다. 행위개념 판단기준을 '사회 의미성'이라는 행위외부의 제 3 자 평가관점에서 행위를 보기 때문에 그렇다. 따라서 사회 의미성 기준이 매우 포괄적이라는 것은 쉽게 알 수 있다. 부작위에 대한 기초는 사회적 행위론이 비로소 제공하였다고 평가한다.

26 ② 사회적 행위개념은 범죄체계를 확립하는 데도 인과적 · 목적적 행위개념보다 적합한 것으로 평가한다. 범죄체계는 가벌행위를 확정하기 위한 평가절차고, 이 '평가'는 행위 사회성을 전제한다. '평가 관점'에 따라서 행위를 파악하는 사회적 행위개념이 범죄체계를 이끄는 데 더욱 적절하다고 인정받는다.

(3) 사회적 행위론에 대한 비판

27 ① 사회적 행위론은 그 핵심개념인 '**사회 의미성**'에 대한 판단이 결국 구성요건의 법적 평가에 의존할 수밖에 없다는 비판을 받는다. 사회적 행위개념은 구성요건단계를 앞질러 들어감으로써 구성요건에 앞서 있어야 할 중립 상위개념 기능을 다할 수 없다고 한다.

28 ② '사회적 의미성'은 매우 포괄적이다. 그러므로 무의식에 따른 행위, 절대적 힘의 지배로 한 행위, 외부 자극에 따른 신체반사행위 등 행위단계에서 배제해야 할 사건까지도 형법 '행위'로 파악하는 한계기능 문제가 있다. 이처럼 형법상 무의미한 행위유형도 결과면에서는 얼마든지 사회 의미성 · 중요성을 가지는 것으로 판단할 수 있다.

4. 인격적 행위론

(1) 인격 행위론 내용

29 인격적 행위론은 인간이 인격을 가진 동물이라는 점에 착안하여 행위도 인간 인격이 외부로 나타난 것으로 이해한다.[3] 이것을 두고 '**인격 객관화**' 또는 '**인격 발현**'이라고 한다. 즉 행위주체는 인격인데, 행위는 이 인격을 외부로 표현한 것에 지나지 않는다는 것이다. 인격은 표현을 통해 행위가 되고, 표현은 인격과 일체가 됨으로써 행위를 완성한다. 범죄행위는 구성요건에 해당하는 위법 · 유책한 인격 발현이라고 기술한다.

---

1) Jescheck/Weigend, AT, § 23 Ⅰ 1.

2) Wessels(허일태), § 3 Ⅱ 2 c.

3) 김일수, 한국형법 Ⅰ, 265면.

(2) 인격 행위론에 대한 비판

인격적 행위론은 행위를 인격 발현으로 보기 때문에 행위와 비행위를 구별하는 한계기능에 적합하다고 한다. 동물은 인격체가 아니기 때문에 인격 발현인 행위를 할 수 없고, 법인도 정신적 실체가 없어서 인격을 외부적으로 표현할 수 없다. 인간 내심은 인격에 속하지만 행위가 되려면 그것이 외부적으로 발현되어야 하기 때문에 인간 심정은 처벌대상이 될 수 없는 이유도 잘 설명할 수 있다고 주장한다. 무의식행위나 절대 힘의 지배에 따른 행위도 마찬가지로 인격 발현이라고 보기는 어렵다. 30

문제는, ① '인격' 개념 모호성이다. 인격에 대한 개념정의는 쉽지 않아서 무엇을 인격으로 볼 수 있는가 얼마든지 견해를 달리할 수 있다. ② '인격'은 행위자 표지여서 인격 행위론이 행위단계에서 책임판단을 선취한다는 체계론 비판도 있다.[1] ③ 다음 '발현' 혹은 '객관화'에 대한 비판이다. 무엇을 객관화로 볼 것인가 판단기준을 자체적으로 마련하지 않고 다시 행위의 사회 의미내용으로 환원하면 사회적 행위론과 다를 게 없다는 비판이 가능하다.[2] 31

[38] Ⅴ. 행위론논쟁 결론

1. 행위개념논쟁 실질소득

(1) 공허한 근본기능

이제 형법 행위개념을 둘러싼 치열한 논쟁이 형법학에 어떤 소득을 가져다주었는지 냉정하게 물어야 할 때다. 역사적으로 보면 그것은 형법 '전쟁'으로 평가할 수 있을 만큼 대단한 논쟁이었다. 50년에 가까운 긴 세월 동안 그렇게 많은 사람이 온갖 정열로 치열한 공방을 벌였지만 얻은 소득은 특별히 신통한 것이 없다. ① 행위개념 분류기능과 관련한 소득은 과실 · 미수 · 부작위 등 행위에 내해 이미 오래 전에 입법 결단을 내렸기 때문에 어차피 실질적인 것은 없었다. 내려진 결론에 대해 이론이 사후적으로 정당화작업을 해주는 정도가 고작일 뿐이었다. 그것은 ② 과실 · 미수 · 부작위 '행위성'을 새롭게 근거지워 줄 수 있는 것도 아니었다. 오히려 거꾸로 이러한 행위가 행위론 능력을 테스트하는 시험대로 사용되었다. ③ 결합기능은 범죄체계의 옳고 그름이 있을 수 없기 때문에 처음부터 형식 기능에 지나지 않는다. 결합기능의 실질성이란 존재하지 않는다. 1

(2) 한계기능 세 가지 소득

결국 행위개념논쟁의 실질성과를 말할 수 있는 곳은 한계기능뿐이다. 단순한 우연에 대한 한계는 다음 세 가지 뿐이다. 이것이 행위개념 50년 전쟁이 가져다 준 유일한 실질소득이고 결론이다. 2

1) '**무의식에 따른 행위**'는 형법 행위성이 인정되지 않는다. 예를 들면 호텔손님이 악몽 중 머리맡에 놓인 귀중한 침상용 시계를 부숴 버려 손괴결과를 발생시켰더라도 형법 행위성이 없기 때문에 무죄가 된다. 물론 민사 손해배상책임은 별개 문제이다. 3

2) '**절대 힘**(vis absoluta)**의 지배로 한 행위**'는 형법 행위에서 제외된다. 누군가 뒤에서 갑자기 떠밀어 매우 값진 진열장을 파괴한 경우가 여기에 해당한다. 4

1) 임웅 외, 93면.
2) 이재상 외, 6/30; 임웅 외, 95면.

5 3) 마지막으로 '**외부 자극에 따른 신체반사행위**'도 형법 행위가 되지 않는다. 다음 보기를 들 수 있다. 들판을 산책하던 남녀가 있었는데, 남자가 갑자기 키스하려고 달려들면서 여자가 전기가 흐르고 있는 철망에 닿아 경련을 일으켰다. 이 와중에 여자 앞니가 부러져 상해결과가 발생했더라도 형법 행위가 되지 않아 가벌성이 탈락한다. 마찬가지로 민사책임은 별개 문제다.

(3) 소득내용의 상식성

6 이상이 그 결론이다. 50년 논쟁 결론치고는 너무 빈약하며 매우 상식적인, 당연히 제외해야 할 것을 열거하고 있을 뿐이다. 이 결론은 우리 결론에 속하는 것도 아니며 독일 행위론에 관한 판례가 확립한 것이다. 우리나라에서는 형법 행위에 대한 판례가 한 건도 없기 때문에 행위단계에서 가벌성심사가 배제되는 상황은 확인할 수 없다. 이것은 행위론이 우리나라에서 더욱 실제성이 없음을 말해준다. 독일에서는 행위개념에 가벌성심사를 배제하는 한계기능이라도 있지만 우리나라는 그것조차도 없다는 결론이다.

2. 행위개념의 제한적 입장

7 형법의 행위심사단계는 위에서 말한 세 가지의 지극히 상식적인 경우만을 형법상 의미 있는 행위에서 배제한다. 행위단계는 이것으로써 그 임무가 끝난다. 형법 행위개념이 '우연'과 한계를 긋는 문제에서 이와 같이 매우 제한 입장을 취하는 것은 그만한 충분한 이유가 있다. 두 가지 이유를 들 수 있다.

(1) 가벌성심사 제1단계

8 인간 '행위'는 가벌성심사 첫 단계에 지나지 않는다. 행위 가벌성, 객관·주관적 귀속가능성 등은 범죄체계 다음 단계에서 항상 새롭게 구체 논의에 붙여진다. 따라서 행위 스크린은 대강으로 만족하고 몇 가지 특수한 경우만 행위에서 제외된다. 즉 행위개념은 매우 근본적인 것만을 문제삼는다. 어떤 관점에서 보더라도, 누구에 따르더라도 조종할 수 없는 경우만 형법 행위가 아닌 것으로 가벌성에서 제외한다.

(2) 평가규범과 결정규범

9 형법의 결정규범 성격은 형법상 무의미한 '우연' 범위를 가급적 좁게 잡을 것을 요구한다. 형법을 비롯한 모든 규범에는 평가규범과 결정규범 기능이 있는데, 전자는 형법이 금지한 행위가 발생했을 때 판사에게 평가기준을 제공하는 기능을 말하며 후자는 형법이 금지한 행위를 행위결정하지 않도록 요구하는 일반인에 대한 형법 기능을 뜻한다. 즉 일반인은 형법 규범내용을 보고 위법행위를 피하기 위한 행동지침으로 삼는다.

10 형법 '행위'에서 배제되는 범위를 좁게 잡을수록 결정규범 기능은 효과적으로 달성할 수 있다. 형법은 일반인에 대한 적법행위適法行爲 요구를 가급적 넓게 잡고 행위자 적법행위가능성을 높여야 할 필요가 있다. 따라서 형법상 의미있는 행위로 의심되는 상황까지도 배제하지 않고 적법행위로 유도하려고 노력한다. 형법 행위에서 제외되는 범위를 넓게 잡는 것은 그만큼 행위자 적법행위가능성을 제한함으로써 형법 결정규범기능을 저하시킨다.

3. 결　　론

(1) 패러다임 전환

11 형법 행위개념은 형법도그마틱 역사에 속하는 문제다. 행위자 주관 내심(고의·과실)을 범죄

체계 어느 단계에 귀속시켜야 하는가는 근거지울 필요가 없다. 수단인 범죄체계는 선택으로 충분하고 선택에 대한 근거를 제시해야 할 이유는 없다. 그러므로 어느 행위론이 아니면 안 된다는 생각은 근거가 없다. 범죄체계와 마찬가지로 행위개념 또한 어느 하나를 선택하면 그만이다. 행위개념이 형법문제 해결열쇠가 되는 것으로 생각했던 것은 정신과학적이고 도그마틱한 관심 결과였다. 법학적이면서도 동시에 철학적인 큰 논쟁이 벌어지고 있는 동안 형법 근본문제는 미해결인 채 방치되었다. 행위개념을 둘러싼 논쟁과 상관없이 범죄는 폭증하였고, 아울러 사람들 현실적인 고통도 그만큼 커졌다. 이제 형법학의 정신과학적이고 도그마틱한 관심이 **형사정책 · 경험적 관심**으로 전환(**패러다임의 전환**)되는 시기가 되었다.

(2) 행위개념 부인론

행위론은 앞서 설명한 범죄체계사상과 표리관계에 있기 때문에 그 가치 또한 상대적일 수밖 12
에 없다. 행위개념에 대한 제한된 의미부여를 마치 행위개념 부인론이나 행위개념무용론[1]으로 말하는 경우가 있다. 행위개념 부인론은, 구성요건에 앞서 보편적 행위론을 펼치는 것은 무의미하기 때문에 대신 구성요건해당성을 형법 기초개념으로 삼아서 형법상 무의미한 행위에 대한 평가도 이를 통해서 내리면 된다는 입장이다. 이는 일찍이 **라드브루흐**(Radbruch)가 주장한 적이 있다. 그러나 구성요건 이전 행위와 구성요건해당행위는 본질적으로 구별되기 때문에 행위론이 필요하다는 점에 이의를 제기할 수 없다. 다만 그 가치는, 옛날에 생각했던 것처럼, 마치 범죄체계 열쇠인 것으로 과대평가하면 안 된다는 점을 지적할 필요가 있다. '큰 의미가 없다'는 말이 '전혀 필요 없다'는 뜻은 아니다.

1) 오영근/노수환, 7/4, 7/13 이하.

제 3 장 구성요건해당성

제 1 절 구성요건이론

[39] Ⅰ. 구성요건해당성 의의

1 가벌성심사 두 번째 단계는 구성요건해당성이다. 행위단계심사는 극히 예외적인 몇 가지 상황만 배제하기 때문에 희미한 심사에 그칠 수밖에 없으므로 '행위' 비판기능은 매우 제한적이다. 그러나 구성요건단계에 들어오면 형법체계 비판기능은 현저히 강화된 다. 이 단계는 범죄체계 다른 단계가 그들 순서에 따라 그러하듯이 가벌성심사를 구체화한다. 형법의 의미있는 행위모습은 구성요건단계에서 비로소 윤곽을 드러내며 그것을 통해 각각 형법문화 특징을 반영하는 법익보호 양태와 한 사람과 다른 사람 사이 자유한계가 나타난다.

2 구성요건해당성단계에서 제기되는 질문은 일정 행위가 형법(또는 부수형법) 구성요건표지를 충족하였는가 하는 문제이다. 여기서 구성요건이라는 말은 범죄구성요건을 뜻한다. 즉 구성요건은 범죄의 일정 요건을 기술한 것이나(예컨대 제250조 '사람 살해', 제329조 '타인 재물절취' 등), 또는 범죄행위 특수한 현상형태를 규정한 요건(예컨대 제25조 '미수', 제32조 '종범' 등)을 의미한다. 구성요건해당성은 하나 행위가 형법이 규정한 범죄성립요건에 맞아떨어지는 것, 즉 해당하는 것을 말한다.

[40] Ⅱ. 구성요건해당성 한계

1 구성요건해당성단계가 '범죄행위'에 대한 충분한 정보를 제공해 주는 것은 아니다. 이 점은 구성요건해당성 다음 단계인 위법성에서 밝혀진다. 구성요건해당성단계가 할 수 있는 일은 다음과 같다.

2 1) 형법의 무의미한 행위 구성요건은 일정한 행동이 형법으로 무의미하다는 사실을 알려준다. 예컨대 밥 먹는 행위, 산보하는 행위 등은 특별히 중요한 조건이 있을 경우에만 형법 가벌성과 관련을 맺는다. 이 '무의미하다'는 판단은 '최종'이다. 형법적으로 무의미한 행위는 구성요건에 해당하지 않으므로 가벌성심사에서 종국적으로 제외된다. 최후 배제판단은 형법 행위자유를 의미한다.

3 2) 형법의 의미 있는 행위 구성요건해당성단계는 동시에 일정한 행동이 형법적으로 의미가 있다는 사실을 알려준다. 예컨대 고집이 센 아이를 지하실에 감금해 두고 밥을 먹거나 산보하는 행위가 여기에 해당한다. 그러나 이 '의미가 있다'는 판단은 '잠정적'이다. 즉 구성요건단계에서 형법적 의미가 있는 것으로 판단한 행위(행위영역과 마찬가지로)는 아직도 범죄체계 다음 단계 심사를 받아야 한다. 따라서 가벌성심사에서 제외될 수 있는 가능성은 여전히 있다. 구성요건해당성은 형법이 관여할 수 있는 자유영역을 뜻하고, 거기에는 형법보호를 받아야 하는 생명 · 신체 · 자유 · 재산과 같은 법익이 들어 있다. 동시에 이러한 법익에 대한 침해양태도 포함되어 있다.

3) 불법에 대한 잠정판단 구성요건단계는 행위단계와 비교해 볼 때 훨씬 풍부한 정보를 제공하며 비판적이다. 그러나 인간행위 가벌성에 대한 의문을 풀기에는 구성요건단계 또한 충분한 것은 아니다. 구성요건 기술은 추상적이고 일반적이기 때문이다. 구성요건은 자유로운 행위 한계를 긋고, 인간 자유이익에 대한 보호경계를 정하여 금지 행위를 규정하나 구체적 사건을 두고 판단할 때 일정한 행위가 형법 불법이 될 수 있는가 다만 잠정판단을 내릴 수 있을 뿐이다. 4

[41] Ⅲ. 구성요건개념 종류

1. 불법구성요건

금지되는 행위가 지니는 원래 불법내용을 서술하고 근거짓는 표지를 협의 구성요건 또는 불법구성요건이라고 한다. "~행위를 한 자는"이라고 되어 있는 구성요건표지가 여기 속한다. 형법 각칙 구성요건이 대부분 이런 유형이다. 하지만 형법총칙 구성요건은 불법행위유형에 속하지 않는 경우가 더 많다. 우리가 보통 '구성요건'이라는 말을 쓸 때 이 불법구성요건을 뜻한다. 1

불법구성요건은 다음 기능을 갖는다. ① 구성요건 **선별기능**은 불법구성요건에 따라 가벌 행위유형을 밝히는 기능을 말한다. ② 구성요건 **지시기능**은 불법구성요건 선별기능을 통해 국민에게 어떤 행위가 법익침해행위로 형벌을 받게 되는가 알려주는 기능을 의미한다. ③ 구성요건 **징표기능**은 불법구성요건 실현으로 행위 위법성이 징표되는 것을 뜻한다. 2

2. 총체 불법구성요건

(1) 총체 불법구성요건 의의

총체적 불법구성요건은 위 불법구성요건에 불법을 근거지우는 요소뿐만 아니라 불법을 배제하는 요소도 포함하는 견해다. 이렇게 되면 후자는 전자와 함께 총체 불법구성요건을 만든다. 총체 불법구성요건에 따르면 불법구성요건 불법을 근거짓는 구성요건요소 외에 불법을 배제하는 정당화사유 또는 위법성조각사유도 **소극 구성요건요소**로 파악한다. 예를 들면, 형법 제250조 살인죄 총체적 불법구성요건은 '사람을 살해하고 정당행위(제20조)를 비롯한 기타 정당화사유에 해당하지 않는 자'로 된다. 3

(2) 범죄체계론 차이

1) 이단계 범죄체계 총체 불법구성요건을 취하면 법과 불법 한계가 구성요건단계에서 완결되고, 구성요건해당성이 위법성을 단지 징표하는 것으로 그치지 않고, 불법에 대한 종국 판단을 구성요건단계에서 내리는 결과를 가져온다. 이것은 곧 구성요건해당성과 위법성을 하나의 단계로 합치는 것을 의미하기 때문에 범죄체계론으로는 종래 삼단계 범죄체계가 불법, 즉 총체적 불법구성요건해당성과 책임 이단계 범죄구조로 변화되는 결과를 가져온다. 불법 근거지움과 배제가 한 단계에서 이루어지게 됨으로써 처음부터 구성요건에 해당하지 않는 행위와 구성요건에 해당하지만 사후로 위법성이 조각되는 행위 가치차이는 없어진다. 4

2) 정당방위에 대한 수인의무受忍義務 총체 불법구성요건을 주장하는 사람(사회적 행위론자)은 예컨대 환자 생명을 건지기 위해 그 요구에 따라 시행하는 수술행위(치료행위)도 항상 형법 구성요건에 해당하고 위법성단계에 가서 비로소 정당행위 또는 피해자승낙에 따른 행위로 위법성이 조각되는 번거로운 절차를 밟아야 하는 문제를 지적한다. 이 개념을 반대하는 사람(목적적 행위 5

론자)은 총체 불법구성요건에 따르면 파리를 잡는 행위와 정당방위로 사람을 살해하는 행위 사이는 둘 다 구성요건해당성이 없다, 즉 금지되어 있지 않다는 점에서 동일하기 때문에 아무 가치차이도 없게 되는 문제를 제기한다. 이렇게 되면 정당방위를 당하는 상대방은 자기 법익에 대한 침해를 참아야 하는 수인의무가 발생하는데, 그 이유를 설명할 수 있는 방법이 없다.

6 3) 결 론 오늘날 지배 견해는 불법 근거지움(구성요건해당성)과 배제(위법성)는 같은 단계에서 동시에 내릴 수 없는 상반된 평가라는 점을 인정한다. 법익침해가 존재하지 않음으로써 처음부터 구성요건에 해당되지 않는 행위와 이와 같은 침해가 존재하여 구성요건에 해당하지만 특별한 허용규범을 통해 위법성이 조각되는 행위는 구별해야 하기 때문이다.

(3) 실 익

7 총체 불법구성요건의 실제 성과는 사실착오(제15조)와 법률착오(제16조) 중간에 놓여 있는 오상방위나 오상피난 같은 '위법성조각사유 객관적 전제사실에 관한 착오'를 무리 없이 해결하는 데 있다고 한다. 즉 총체 불법구성요건에 따르면 불법을 배제하는 위법성조각사유는 '소극 구성요건요소'로 구성요건에 속함으로써 고의(제13조) 인식대상에는 구성요건이 규정하는 적극적 행위상황뿐만 아니라 '위법성조각사유 행위상황이 존재하지 않는 사실'에 대한 것도 포함한다. 그러므로 위법성조각사유 행위상황이 존재하지 않음에도 있는 것으로 착오한 경우는 "죄의 성립요소인 사실을 인식하지 못한 행위"(제13조)에 해당되므로 제15조 제1항 사실착오를 가지고 매끄럽게 해결할 수 있다는 것이다.[1] 하지만 교사범이나 방조범과 같은 공범의 정범에 대한 종속성을 감안하면 정범 고의가 배제된 상황에서는 악의 공범을 처벌할 수 없는 문제점이 있다. 따라서 위법성조각사유 객관적 전제사실에 관한 착오 경우도 소극적 구성요건요소이론이 하는 것처럼, 구성요건 고의 자체가 조각되는 것이 아니라 위법성만 조각되는 것으로 이론구성을 하면 이런 문제점은 해결할 수 있다. 이러한 착오가 법률이 금지한 행위를 한다는 인식 자체를 변화시키는 것은 아니다.

3. 범죄구성요건

8 형법각칙과 부수형법 형벌규범 가운데 가벌성 전제조건으로 되어 있는 전부를 말한다. 여기에는 불법不法을 근거짓는 요소(협의의 구성요건요소)뿐만 아니라 형벌 가중·감경요건, 객관적 가벌조건과 특수한 책임표지도 속한다. 예를 들면 사전수뢰죄(제129조 제2항) "공무원 또는 중재인이 된 때", 권리행사방해죄(제323조) "타인 권리행사를 방해한 때" 강제집행면탈죄(제327조) "채권자를 해한 때" 등이 있다. 범죄구성요건은 좁은 의미 구성요건개념인 불법구성요건을 포괄하기 때문에 광의 구성요건이라고도 한다.

4. 보장구성요건

9 이것은 위 광의 구성요건보다 더욱 포괄적인 최광의 구성요건개념이다. 이 구성요건은 "**법률 없으면 범죄 없다**"(nullum crimen sine lege)는 헌법원칙(제12조 제1항, 제13조 제1항)과 관련하여 가벌성은 행위시 법률에 따라서만 결정될 수 있음을 보장한다. 즉 위 범죄구성요건 외에(그러므로 '불법구성요건'은 당연히 포함) 형법총칙에 들어 있는 위법성, 책임 그리고 기타 가벌조건규정까지도 포괄한다. 예를 들면 장애미수, 중지미수 임의 감경 또는 필요 감면규정, 대통령의 재직중 형사소추제한, 국회의원의 국회에서 직무상 행한 발언·표결에 대한 면책을 들 수 있다. 보장구

1) 제3, 10회.

성요건은 죄형법정주의를 비롯한 총칙의 모든 보장 규범원칙도 포괄하기 때문에 형법 보장기능 측면에서 파악한 구성요건개념이다.

제 2 절 구성요건의 구조 · 유형

[42] Ⅰ. 기본구성요건과 변형구성요건

1. 기본구성요건

형법이 규정하는 일정한 불법유형의 가장 기초가 되는 구성요건을 말한다. 기본구성요건은 1
각 구성요건집단 첫머리에 규정되어 있고, 해당 범죄집단의 필수요소를 내포한다. 예를 들면 살인죄 가운데 보통살인죄(제250조 제1항), 상해죄 가운데 보통상해죄(제257조 제1항), 절도죄 가운데 단순절도죄(제329조) 등이 해당 범죄유형 기본구성요건에 속한다.

2. 변형구성요건

변형구성요건은 기본구성요건에 다른 표지가 추가되어 변형된 구성요건을 말한다. 이것은 2
새로운 표지 추가로 기본구성요건보다 가중되거나 감경된 형태로 나타난다.

(1) 가중구성요건

기본구성요건에 추가된 표지가 형벌가중사유인 경우다. 가중사유 종류로는 책임가중과 불법 3
가중이 있는데, 존속살해(제250조 제2항)나 존속상해(제257조 제2항) 가중은 전자에 속하고, 단순절도죄에 대해 특수절도죄(제331조)를 가중하는 것은 후자 보기라고 할 수 있다.

(2) 감경구성요건

기본구성요건에 추가된 표지가 형벌감경사유인 경우를 말하고, 가중구성요건 경우와 마찬가 4
지로 구성요건해석을 통해 불법감경 또는 책임감경으로 분류 가능하다. 촉탁 · 승낙살인죄 감경(제252조 제1항)이 대표적 감경구성요건이다.

3. 독자 변형구성요건

독자 변형구성요건은 기본구성요건으로부터 떨어져 나와 독자 불법유형을 만든 경우다. 즉 5
가중 · 감경구성요건과 독자 변형구성요건은 기본구성요건에 대해 독립에서 차이가 있다. 독자 변형구성요건이 기본이 되어 다시 변형구성요건을 만들 수 있는 가능성은 얼마든지 있다. 예를 들면 절도죄에 대한 독자적 변형구성요건인 강도죄는 특수강도죄라는 가중 구성요건을 만들 기 때문에 이 경우는 강도죄가 기본구성요건 역할을 한다.

[43] Ⅱ. 폐쇄구성요건과 개방구성요건

1. 벨첼 개방구성요건이론

폐쇄 구성요건 외에 구성요건내용이 보충을 받아야 하는 이른바 '개방구성요건'이 있다는 주 1
장이 있다. **벨첼**(H. Welzel) 개방 구성요건이론이 곧 그것이다. 구성요건은 원래 폐쇄적이기 때문에 불법유형의 모든 요소를 빠짐없이 규정해야 한다. 입법자가 구성요건 불법유형을 완벽하게 구체적으로 서술하였는가 아니면 판례와 학설 보충 또는 구체화작업을 필요로 하는가 문제는 법률주의와 명확성원칙 문제다(헌법 제12조 제1항, 제13조 제1항, 형법 제1조 제1항). 그러므로 구성요건에 속하는 문제는 아니며, 부진정부작위범 구성요건(제18조)에는 법률이 단지 암시만 하고 있는 **보증인 지위**도 포함되는 것으로 해석한다.

2 그러나 **벨첼**은 이러한 구성요건을 개방 구성요건이라 부른다. 법률이 불법유형을 직접 기술하지 않고 법관에게 그 확정을 위임하였다는 것이 그 이유다. **벨첼**은 개방구성요건 보기로 부작위 **보증인 지위**, 결과범 **인과관계**, 과실범 **객관적 주의의무** 등을 든다. 이것은 독일 형법에 인과관계에 대한 규정, 과실 개념규정이 없기 때문에 가능하다. 우리 형법은 제14조에서 과실, 제17조에서 인과관계를 규정하고 있기 때문에 설사 개방구성요건이론을 받아들이는 경우도 이들은 해당이 없다.

2. 주장이유

3 **벨첼**이 개방구성요건을 주장하는 이유는, 개방구성요건은 불법에 대한 완전한 규정을 담고 있지 않기 때문에 구성요건으로부터 위법성이 도출되지 않는다는 것을 전제한다. 구성요건해당성과 위법성조각사유가 없다는 사실만으로 불법에 대한 궁극 판단은 내릴 수 없고, 그것은 구성요건 밖에 존재하는 불법요소 도움을 받아야만 가능하다는 것을 이유로 든다.[1)]

4 다수견해는 정당하게도 개방구성요건 존재를 인정하지 않는다. 구성요건 본질이 불법유형을 나타내는 한 모든 구성요건은 폐쇄적이다. 구성요건이 개방적일 때, 그것은 이미 불법유형 성질을 상실한다. 따라서 불법유형 내용을 공동 결정하는 모든 요소는 구성요건요소여야 한다. 불법이 평가에 종속된다고 하면 이 평가요소는 구성요건에 포함해야 한다. 개방구성요건을 인정하지 않으면 구성요건이 위법성을 징표한다는 원칙에는 변함이 없다.

[44] Ⅲ. 구성요건요소 구별

1 불법유형인 구성요건은 그 표지에 따라 서술 구성요건요소와 규범 구성요건요소 그리고 주관 구성요건요소와 객관 구성요건요소로 구별할 수 있다.

1. 서술 구성요건요소와 규범 구성요건요소

(1) 의 의

2 서술 구성요건요소는 구성요건 가운데 물적 · 대상적으로 서술되어 있는 구성요건요소를 말한다. 예를 들면 '사람', '살해'(제250조), '주거', '건조물', '선박'(제319조) 등이 여기에 속한다. 이에 대해 규범 구성요건요소는 규범논리를 전제하여 판사가 보충적으로 규범 가치판단을 내려야 하는, 즉 가치충족을 필요로 하는 구성요건요소를 의미한다. 이 표지는 언어의 문법 의미를 확정하는 것으로 충족되지 않는 특징을 가진다. 예를 들면 '친족'(제328조), '재물 타인성'(제329조), '상습성'(제332조), '위험한 물건'(제320조) 등이 있다.

(2) 한 계

3 서술 구성요건요소와 규범 구성요건요소 구별이 언제나 명확한 것은 아니다. 서술 구성요건

1) Welzel, Strafrecht, 82면.

요소도 대부분 일정한 규범 가치판단을 필요로 한다. '사람'은 서술 구성요건요소지만, 그 시기始期와 종기終期에 관한 규범 가치평가가 있어야 한다. 위에서 예로 든 '주거', '건조물' 등도 형법 특유의 규범 가치판단에 따라서 확정된다.

(3) 구별실익

양자 구별실익은 고의와 착오이론에 있다. 즉 서술 구성요건요소에 대한 고의는 육감 인식 4
으로 충분하지만 규범 구성요건요소에 대해서는 평가를 전제한 인식이 있어야 한다. 그 평가는 이른바 '일반인으로서 가능한 판단'이면 된다. 이 문제는 포섭착오(사안의 법적용에 대한 착오, 예컨대 문서를 잘못하여 형법이 말하는 문서에 해당하지 않는다고 본 경우), 불능미수와 환각범(포섭착오의 반대형태, 예컨대 단순한 종이조각을 문서로 잘못 생각한 경우) 구별에서 등장한다.

2. 객관 구성요건요소와 주관 구성요건요소

(1) 객관 구성요건요소

객관 구성요건요소는 행위 외부현상을 기술한다. 행위주체(행위자), 행위객체(대상), 행위, 행 5
위결과 그리고 특별한 행위유형이 여기 속한다. 결과범 인과관계도 객관 구성요건요소다. 객관적 인식대상의 모든 요소는 고의 인식대상이다. 형법 제250조를 예로 들자면, 주체는 "~한 자(사람)", 객체는 "사람(타인)", 행위는 "살해", 결과는 "사망" 그리고 특별한 행위유형은 "촉탁 또는 승낙을 받아"가 된다.

(2) 주관 구성요건요소

주관 구성요건요소는 행위 내부 현상, 즉 행위자 내심에 속하는 상황을 말한다.[1] 고의범 구 6
성요건고의, 과실범 주의의무위반, 목적범 목적, 경향범 경향 그리고 재산범죄 불법영득의사 등이 주관 구성요건요소이다.

3. 기술된 구성요건요소와 기술되지 않은 구성요건요소

(1) 기술된 구성요건요소

죄형법정주의 명확성원칙에 따라 대부분 구성요건요소는 구성요건에 기술되어 있다. 이를 7
기술된 구성요건요소라 한다. 위에서 설명한 모든 객관 구성요건요소와 주관 구성요건요소(불법영득의사만 예외)는 기술된 구성요건요소에 속한다.

(2) 기술되지 않은 구성요건요소

구성요건에 명시적으로 규정되어 있지 않지만 형법도그마틱(학설)에 따라 구성요건요소로 인 8
정되는 것을 기술되지 않은 구성요건요소라 한다. 재산범죄 **불법영득의사**가 대표적이다. 객관적 귀속도 인정하는 경우는 여기 속할 수 있지만 부정하는 경우는 해당 사항이 없다. 독일은 인과관계 명문규정이 없어서 기술되지 않은 구성요건요소로 보기도 하지만, 우리 형법 제17조는 인과관계를 규정하고 있기 때문에 이것은 기술된 구성요건요소다.

1) 행위자 내심에 속하는 일정 상태를 지칭하는 개념을 '**성향개념**'이라 한다. 성향개념은 그 존재의 객관적 확인과 관련하여 많은 절차 문제를 안고 있다. 그것은 해당개념을 의미론으로 구체화하여 달성할 수 있는 것이 아니기 때문이다. 자세한 설명 53/8 이하.

[45] Ⅳ. 구성요건 유형

1. 결과를 기준으로 한 구성요건유형 구별

(1) 결과범 또는 실질범

1 범죄행위와 함께 결과발생까지도 구성요건에서 요구하는 범죄를 말한다. 예를 들면 사망이나 상해 결과발생을 필요로 하는 살인죄(제250조), 상해죄(제257조) 등을 비롯하여 대부분 범죄가 여기 속한다. 고의 기본범죄에 과실의 중한 결과가 결합하여 형벌이 가중되는 결과적 가중범도 결과범 특수한 형태이다. 결과적 가중범의 가중책임은 기본범죄에 내포된 잠재 위험성이 중한 결과발생으로 연결된다는 점에 있다. 결과범은 행위와 결과 사이에 인과관계를 필요로 하는 점에서 아래 거동범 또는 형식범과 구별된다.

(2) 거동범 또는 형식범

2 거동범은 결과범처럼 외부 결과발생을 묻지 않고 단순히 구성요건에 규정된 행위를 함으로써 성립하는 범죄를 말한다. 예를 들면 주거침입죄(제319조), 무고죄(제156조), 위증죄(제152조) 등이 여기에 속한다. 주거침입 결과 현실적으로 주거평온이 침해되었거나 또는 위증 결과 법원이 착오에 빠졌는가는 이 범죄 성립에 영향을 미치지 않는다.

2. 보호법익의 침해 정도를 기준으로 한 구별

(1) 침 해 범

3 침해범은 구성요건이 행위대상에 대한 구체적 침해, 즉 현실적 가치훼손을 요구하는 범죄를 말한다. 예를 들면 살인죄 살인(제250조), 상해죄 상해(제257조), 폭행죄 폭행(제260조) 등이 여기 속한다.

(2) 위험범 또는 위태범

4 위험범 또는 위태범은 침해범과 대칭되는 개념으로서 구성요건이 보호하고자 하는 행위대상에 대해 위험 상태를 초래하는 것만으로 범죄가 성립하는 경우를 말한다. 예를 들면 유기죄(제271조), 방화죄(제164조), 통화위조죄(제207조) 등이 있는데, 유기 결과 피유기자에게 구체적 침해결과가 발생할 필요는 없고, 그러한 결과발생 위험성만 인정되면 해당 범죄는 성립한다. 위험범에 중한 결과가 결합한 경우는 결과적 가중범으로 가중처벌을 받는다.

5 1) 구체적 위험범 이는 구성요건 보호객체에 대한 구체적 위험발생을 성립요건으로 하는 범죄를 말한다. 자기소유건조물방화죄(제166조 제 2 항), 일반물건방화죄(제167조) 등이 여기 속한다. 구체적 위험범에서는 위험발생이 구성요건요소이기 때문에 위험에 대한 인식이 고의내용이 된다. 그러므로 실제로 야기된 위험을 행위자가 알았거나(고의) 또는 알 수 있었다는 사실(과실)이 입증되어야 한다.

6 2) 추상적 위험범 추상적 위험범은 보호객체에 대한 일반적 위험이 발생하는 것만으로 범죄가 성립하는 경우다. 행위대상에 대한 구체적 위험의 발생 여부는 문제 삼지 않는다. 예를 들면 현주건조물방화죄(제164조), 공용건조물방화죄(제165조) 등이 여기 속하고, 특히 금품수수죄(제 5 조), 잠입 · 탈출죄(제 6 조), 찬양 · 고무죄(제 7 조), 불고지죄(제10조) 등 국가보안법에 추상적 위험범으로 규정된 범죄유형이 많이 있다. '일반적 위험'의 발생요건은 위험발생이 추상적 위험범 구성요건표지가 아님을 말한다. 해당 행위가 경험법칙상 법익침해 일반적 위험만 있으면 성립하

므로 법관은 구체 사건에서 위험성을 입증해야 할 필요가 없다. 말하자면 추상적 위험범은 법익침해 전단계를 범죄화하는 것이다. 그만큼 가벌성 영역이 확대되어 법치국가적으로 많은 문제가 있다. 추상적 위험범은 공격적 형사정책을 펴는 사람에게 좋은 무기가 된다.[1]

[행위객체와 보호객체] 행위객체는 구성요건에 기술되어 있는 범죄행위의 직접 대상이 되는 공격객체를 말한다. 따라서 행위객체는 감각적으로 지각할 수 있는 **물적 대상**이다. 예컨대 살인죄에서는 사람, 절도죄에서는 타인재물이 행위객체가 된다. 행위객체는 객관적 구성요건요소다. 이에 대해 보호객체는 구성요건이 보호하는 추상화된 가치인 **법익**을 말한다. 법익은 형법이 보호하는 개인 · 사회 · 국가 이익이다. 살인죄 보호객체가 되는 법익은 사람 생명이고 절도죄는 타인재물에 대한 소유권이다. 형법의 궁극 목적은 법익보호에 있기 때문에 **보호법익**(보호객체) 없는 범죄는 생각할 수 없다. **행위객체**가 없는 범죄는 있다. 예를 들면 퇴거불응죄(제319조 제2항), 다중불해산죄(제116조) 등이 그 경우다.

3. 범죄행위 시간계속을 기준으로 한 구별

(1) 상 태 범

행위자 행위가 위법상태를 야기함으로써 기수가 되고 동시에 종료되는 범죄를 말한다. 상해 7
죄(제257조), 재물손괴죄(제366조) 등이 그렇다. 위법상태는 기수가 된 후에도 존속하는 것이 특징이다. 위법상태에 포섭되는 기수 후 행위는 불가벌 사후행위가 된다. 예컨대 절도범이 훔친 물건을 손괴 · 은닉 · 처분해도 이는 불가벌 사후행위로 별도 범죄를 구성하지 않는다.

(2) 계 속 범

계속범은 위법상태가 일정 시간 계속되어야만 성립하는 범죄를 말한다. 위법상태 계속은 행 8
위자 의사에 종속하기 때문에 위법상태의 단순한 야기로 기수가 되는 상태범과 구별된다. 체포감금죄(제276조), 주거침입죄(제319조) 등이 여기 속한다.

계속범도 상태범과 마찬가지로 위법상태를 야기함으로써 범죄가 완성되지만 범죄 종결은 위 9
법상태가 끝나야 한다는 점에서 상태범과 차이가 있다. 따라서 계속범에서는 위법상태 종료시점이 공소시효 기산점이 되므로 범죄기수 후 위법상태가 종료할 때까지 공범은 얼마든지 성립할 수 있다. 상태범에서는 범죄가 일단 기수로 되고 나면 공범이 성립할 수 있는 가능성은 없다.

[판례] 계속범과 상태범(즉시범)의 구별

***표준판례** 구 농지법(2005. 1. 14. 법률 제7335호로 개정되기 전의 것) 제2조 제9호에서 말하는 '농지의 전용'이 이루어지는 태양은, 첫째로 성토 등을 하여 농지의 형질을 외형상으로뿐만 아니라 사실상 변경시켜 **원상회복이 어려운 상태**로 만드는 경우가 있다. 둘째로 농지에 대해 외부적 형상을 변경하더라도 사회통념상 원상회복이 어려운 정도에 이르지 않은 상태에서 그 농지를 다른 목적에 사용하는 경우 등이 있다. 전자의 경우와 같이 농지전용행위 자체에 의해 당해 토지가 농지 기능을 상실하여 그 이후 토지를 농업생산 외의 목적으로 사용하는 행위가 더 이상 '농지의 전용'에 해당하지 않을 수 있다. 이 경우에 허가 없이 농지를 전용한 죄는, 그 행위가 종료됨으로써 즉시 성립 · 완성되는 **즉시범**에 해당된다. 그러나 후자의 경우와 같이 당해 토지를 농

1) 추상적 위험범은 '국가 · 환경 · 경제 · 보건' 등 확실한 형법법익을 포착하기 어려운 분야에서 주로 이용된다.

업생산 등 다른 목적으로 사용하는 행위를 여전히 농지전용으로 볼 수 있으면, 허가 없이 농지를 전용하는 죄는 계속범으로서 그 토지를 다른 용도로 사용하는 한 가벌적인 위법행위가 계속되는 것으로 보아야 한다.[1] *이 판결은 농지법상 '농지의 전용'에 관한 것이지만, 대법원이 즉시범(상태범)과 계속범을 구별하고, 그 실익을 **공소시효의 기산점**에서 찾은 판결임. 즉시범의 경우 정지작업의 종료시점이 공소시효의 기산점이 됨.

4. 정범이 될 수 있는 행위자 범위를 기준으로 한 구별

(1) 신 분 범

10 일정한 신분을 가진 자만 행위주체가 될 수 있는 범죄를 신분범이라 한다. 이에 반해 일반범은 누구나 행위자(정범)가 될 수 있는 범죄를 말한다. 일반범은 구성요건에서 행위자를 특별하게 지칭하지 않고 "~하는 자"로 되어 있다.

11 **1) 진정신분범** 가벌성이 신분에 종속하는 경우, 즉 일정한 신분 있는 자만 정범이 될 수 있는 범죄를 진정신분범이라 한다. 위증죄(제152조), 수뢰죄(제129조)가 대표적 경우다. 여기서는 신분이 없으면 범죄가 성립하지 않으므로 진정신분범 신분은 구성적 신분에 속한다. 진정신분범에 가담한 비신분자는 해당 진정신분범 구성요건에 따라서 처벌된다(제33조 본문).

12 **2) 부진정신분범** 신분에 따라서 가벌성이 가중 · 감경되는 범죄가 부진정신분범이다. 따라서 여기에 해당하는 신분을 가감적 신분이라고 한다. 해당 신분이 없으면 보통 범죄가 성립하고, 존속살해죄(제250조 제 2 항)가 있다. 부진정신분범에 가담한 비신분자는 보통 범죄 구성요건에 따라 처벌한다(제33조 단서).

(2) 자 수 범

13 원칙적으로 형법 대부분 범죄는 타인을 이용하거나(간접정범) 타인과 함께(공동정범) 범행하는 것이 가능하지만, 자수범은 이것이 불가능하여 오직 행위자 자신만 범행할 수 있는 범죄를 말한다. 위증죄(제152조), 허위공문서작성죄(제227조) 등이 여기 속한다. 이러한 범죄는 자수범 형태로만 해당 범죄의 특별한 행위반가치가 실현된다. 자수범에서 직접 실행행위를 하지 않은 자는 정범이 될 수 없고 공범이 가능할 뿐이다.

(3) 의 무 범

14 구성요건이 요구하는 의무를 가진 자만 행위자(정범)가 될 수 있는 범죄를 의무범이라 한다. 예를 들면 위증죄(제152조) '선서한 증인', 허위감정 · 통역 · 번역죄(제154조) '선서한 감정인', '통역인 · 번역인', 유기죄(제217조) '보호할 법률상 또는 계약상 의무 있는 자' 등이 여기 속한다.

5. 구성요건이 보호하는 법익 숫자를 기준으로 한 구별

(1) 단 일 범

15 한 개 구성요건에 한 개 법익이 보호되는 범죄를 단일범이라 한다. 예를 들면 살인죄(제250조), 상해죄(제257조), 폭행죄(제260조) 등이 있다.

(2) 결 합 범

16 이에 반해 결합범은 하나의 구성요건에 여러 개의 법익이 보호되는 범죄유형을 말하는데,

---

1) 대판 2009. 4. 16. 2007도6703 전원합의체.

예컨대 강도죄(제333조)는 자유와 소유권, 공갈죄(제350조)는 자유와 재산권을 함께 보호하는 기능을 한다. 그 밖에 결과적 가중범은 원칙적으로 결합범에 속한다. 예컨대 상해치사죄(제259조)는 신체의 완전성과 생명을 보호한다.

제 3 절 행위반가치와 결과반가치

[46] Ⅰ. 행위반가치와 결과반가치 의의

① 행위반가치는 행위불법, 결과반가치는 결과불법이라고도 한다. 불법은 구성요건해당성과 1
위법성을 통합하는 개념이고, 어떤 범죄체계를 선택하는 것과 상관없이 주관적 구성요건요소 존재가 일반적으로 인정되기 때문에 행위반가치와 결과반가치는 위법성단계의 불법론뿐만 아니라 구성요건해당성에서도 논의되는 것이 보통이다.

형법상 범죄는 행위와 결과로 구성된다. 행위반가치와 결과반가치에 관한 논의는 이 양자 2
가운데 어디에 더 중점을 둘 것인가 문제다. 여기에는 ② 행위반가치일원론, 결과반가치일원론 그리고 양자 모두 고려하는 이원적 불법론 견해가 있다. 현재는 이원적 불법론이 통설로 되어 있다. 형법상 '행위'가 없는 '결과'는 상정할 수 없고, 결과가 없는 행위(미수, 예비, 음모)는 어디까지나 예외 현상에 지나지 않기 때문에 행위반가치와 결과반가치가 함께 형법 불법을 구성한다.

[47] Ⅱ. 행위반가치론

1. 행위반가치론 의의

(1) 행위반가치 내용

행위반가치는 행위자가 금지된 목표를 달성하고자 하는 행위 반가치를 말한다. 이에는 객관 1
요소와 주관 요소 두 가지가 있다.

1) 행위반가치 객관 요소 행위반가치 객관 요소는 범죄행위 종류(살인, 강도, 절취 등 행 2
위), 방법(제261조 특수폭행죄에서 '단체 또는 다중 위력을 보이거나'), 수단(제309조 출판물에 의한 명예훼손죄에서 '신문, 잡지, 라디오 기타 출판물에 의하여'), 상황(제331조 특수절도죄의 '야간에') 등 행위 외부 양태가 그 내용이 된다.

2) 행위반가치 주관 요소 고의, 목적, 경향, 표현 그리고 과실범 주의의무위반 등 주관 3
구성요건요소가 행위반가치 주관 요소이다. 주관 요소는 행위 객관 요소에 대한 행위자 의사가 들어있다는 점에서 중요한 행위반가치 내용이 된다. 이러한 의사 없이 객관 요소만으로 구성요건해당성을 확정하는 것은 어렵다. 미수행위가 좋은 예이다.

(2) 행위반가치론

1) 인적人的 불법론 목적적 행위론에서 주장한 내용이다. 목적적 행위론에서는 행위를 4
인간 목적활동성 작용으로 보기 때문에 행위자와 관련된 객관적, 주관적 행위요소, 즉 행위반가치가 불법 핵심내용이 되고, 이것을 인적 불법론이라 한다. 즉 불법은 행위자로부터 단절된 단순한 결과야기에 있는 것이 아니고 결과를 일정한 행위자 작품으로 이해할 때 올바른 판단을 내릴 수 있다고 한다. 여기서 고려해야 하는 것은 행위자 목표설정, 심적 태도, 행위자에게 부여된 의무 등이다. 따라서 ① 위법성은 언제나 행위자와 관계된 행위의 부정 판단이고, 불법은 '행위자관련적인 인적 행위불법'이 된다.[1] ② 법익침해라는 결과반가치(사태반가치)는 위법한 행위반가치 가운데서만 의미를 가질 수 있다. 결과반가치는 결과범과 위험범에서 비독립 불법요소다. 불능미수는 결과반가치가 없음에도 행위반가치가 존재하는 대표 경우다.

5 2) 행위반가치 판단기준으로서 사회윤리 행위반가치가 독립 불법요소라고 하면 문제는 법익침해라는 결과반가치와 무관한 행위반가치 판단기준이다. 여기에 대해 **벨첼**(H. Welzel)은, 일탈행위는 반가치적인데, 사회 상당성은 '역사적으로 생성된 사회윤리 질서'라고 하여 결국 사회윤리가 행위반가치 궁극 판단기준이 된다고 한다. "형법 임무는 기본되는 사회윤리 심정가치 보호에 있다"는 말이 이것을 대변한다.[2]

6 3) 행위반가치를 우선하는 이유 목적적 행위론자들이 불법판단에서 행위반가치 우선을 주장하는 이유는, ① 형법이 금지하는 것은 행위지 결과가 아니라는 기본 생각이 있다. ② 결과는 행위 측면에서 보면 일어날 수도 있고 일어나지 않을 수도 있기 때문에 단지 우연으로 행위에 연결되어 있을 뿐이라고 한다. 이런 우연요소가 불법판단 중요 요소가 될 수 없다는 것이다. ③ 불법 중심을 행위에서 찾는 행위반가치론은 형법 결정규범성격을 극대화하는 데 큰 도움이 된다.

7 인적 불법론은 불법판단에서 결과반가치를 배제하는 정도에 차이를 보이는데, 결과반가치를 완전히 배제하는 입장을 행위반가치(행위불법) 일원론이라 한다.

2. 행위반가치일원론

8 1) 행위반가치일원론 의의 극단적 행위반가치론은 불법 중심을 행위에 두면 둘수록, 달리 표현하면 불법판단에서 결과불법을 완벽하게 배제하면 할수록 형법이 금지하는 행위 순수성이 그만큼 높아지고 범죄'행위'를 금지하고자 하는 형법 목적도 쉽게 달성할 수 있다는 믿음을 가지고 있다. 살인행위, 상해행위, 강간행위를 금지하려면 바로 살인 의도, 상해 의도, 강간 의도(행위반가치 주관 요소)를 금지하면 된다는 것이다. 이 '행위'를 금지하면 우리가 원하는 '결과'는 자연히 따라오는 부산물에 지나지 않는다고 생각한다. 따라서 불법 핵심은 오로지 행위반가치가 되어야 하고, 결과반가치는 객관적 처벌조건과 같은 것이라고 주장한다.

2) 행위반가치일원론에 대한 비판

9 (가) **형법의 결정규범 기능에 대한 과대평가** 불법판단에서 결과반가치가 전혀 의미가 없다는 주장은 지나치게 비현실적이고 관념적이다. ① 과실범이 처벌되는 것은 발생 결과가 아니라 주의의무위반 때문이라고 하지만, 일정한 결과발생과 연결하지 않고 주의의무위반을 말하는 것은 불가능하다. ② 형법은 법익침해결과가 발생했을 때 그것을 법치국가적으로 '처리'하는 것을 주된 과제로 한다. 그 처리하는 과정에 일반예방, 특별예방 같은 미래지향 희망을 담는다. 그렇더라도 처벌은 과거 범죄 때문이고 미래설계는 부가적 기대에 지나지 않는다. ③ 행위반가치일원론은 형법 결정규범 기능을 과대평가하여 범죄 없는 사회에 대한 '미래설계'가 형법 주된 임무라고 생각한다.

10 (나) **기타 문제점** ① 형법 사회윤리 기능을 강조하면 형법이 원칙적으로 사람 내심까

1) Welzel, Strafrecht, 62면.
2) 위 책, 4면.

지 개입하여 심정형법이 될 우려가 있다. 형법은 인간행위가 사회윤리에 위반하기 때문에 개입하는 것이 아니라 타인이익을 침해하거나 위험하게 하기 때문에 개입한다. ② 우리 형법은 결과가 발생한 기수와 결과가 발생하지 않은 미수를 구별하여 처벌한다. 그러나 불법에서 결과반가치를 완전히 배제하면 기수와 미수는 동일하게 처벌해야 한다. 과실치사와 과실치상은 행위반가치 측면에서는 같으므로 달리 처벌해야 할 이유가 없다. ③ 과실미수도 비록 일정 결과는 발생하지 않았더라도 주의의무위반이라는 행위불법은 존재하므로 처벌한다는 결론이 된다. 그러나 현행법에서 과실미수는 처벌대상이 아니다. ④ 결과반가치를 객관적 처벌조건처럼 이해하는 것도 납득하기 어렵다. 객관적 처벌조건은 형벌권 발생 여부에 관한 것일 뿐 처벌내용을 정하는 것은 아니다.

[48] Ⅲ. 결과반가치론

1. 결과반가치론 의의

(1) 결과반가치 내용

1) **법익침해 또는 법익위태화** ① 법익침해 또는 법익위태화가 결과반가치 주된 내용이다. ② 법익침해는 형법이 보호하는 이익, 즉 형법법익에 대한 직접 가치상실을 의미한다. 결과범에서는 현실적 침해결과 야기이고, 위험범에서는 위험상태 초래를 의미한다. 거동범은 행위 가운데 결과가 포함된 경우다. 1

③ 법익 위태화는 미수 경우에 볼 수 있는 것처럼 현실적으로 법익침해결과가 발생하지는 않았지만 결과발생이 가능했던 경우를 말한다. 결과발생이 현실적으로 완전히 불가능한 경우는 법익위태화가 아니므로 결과반가치가 인정되지 않는다. 형법 제27조 불능범(가벌적 불능범) 처벌근거가 되는 위험성도 결과반가치 관점에서 법익위태화로 설명할 수 있다. 이와 같은 위험성이 전혀 없는 불능범(불가벌적 불능범)은 처벌되지 않는다. 2

2) **법익평온상태 교란** 법익침해, 법익위태화 외에 ① '법익평온상태 교란'을 가장 약한 형태 결과반가치 또는 '제 3 결과반가치'로 인정하여 특별히 불능미수 결과반가치를 설명하는 기준으로 사용하는 견해가 있다.[1] 그러나 ② 법익평온상태 교란은 큰 무리 없이 법익위태화 가운데 포함시켜 설명할 수 있기 때문에 굳이 인정해야 할 필요성은 없다. 가벌성과 연결되는 결과반가치 목록이 늘어나는 것은 그만큼 가벌성이 확대되는 데 빌미를 제공한다. 3

2. 결과반가치론

(1) 결과반가치론 의의

1) **결과반가치일원론** 불법 핵심은 법익침해 또는 법익위태화라는 결과반가치에 그 실질이 있다고 주장하는 견해다. 결과반가치 일원론이라고도 한다. 이 입장은 불법판단에서 형법의 평가규범 성격을 강조하고, 결정규범은 책임귀속에 관한 문제로 보는 데서 가능하다. 결과불법론은 인과 범죄체계에서 유래한다. 4

2) **결과반가치론 특징** ① 행위반가치론에서 말하는 행위반가치의 주관, 객관적 요소도 법익침해의 일반 위험성과 연결하여 이해한다. 예를 들면 고의와 같은 주관 요소도 법익침해 또는 위태화라는 객관 요소로 환원하여 그것에 일정한 영향을 주었을 경우에만 불법요소로 인정한 5

1) 김일수, 한국형법 I, 461면.

다.[1] ② 고의를 일반 위법성요소로 인정하는 것은 위법성을 주관, 윤리화하여 위법성과 책임을 구별하는 범죄체계 취지를 무시하는 것으로 본다. 다만 ③ 미수범 경우에는 결과가 현실적으로 발생하지 않았으므로 그 위법성은 법익침해의 객관적 · 현실적 위험성이다. ④ 결과반가치론에서는 위법, 적법 판단을 객관적으로 내리기 때문에 정당방위에 해당하는 객관적 사실이 존재하면 방위의사 같은 주관 인식은 필요없다는 불필요설을 주장한다.[2] ⑤ 과실범도 주의의무위반이라는 행위반가치에 위법성이 있는 것이 아니라 고도의 예견가능성 아래서 결과를 야기했다는 결과반가치에 그 처벌 본질이 있다고 한다.[3]

(2) 결과반가치일원론에 대한 비판

6 ① 발생된 결과만으로 불법을 평가하면, 비록 불법단계기는 하지만, 고의범과 과실범을 구별하여 처벌하는 형법 규정을 설명하기 어렵다. 예를 들면 살인죄와 과실치사죄는 타인 생명을 침해하였다는 결과불법에는 차이가 없음에도 구성요건단계에서 양자를 구별하는 이유를 설명할 수 없다. ② 이 모든 문제가 책임단계에서 해결된다고 하지만, 책임에서 구성요건해당성 단계가 해결해야 할 죄명이 확정되는 것은 범죄체계론 체계정신에 위배되는 낭비다.

7 ③ 불법의 지나친 객관화는 불법판단 범위를 무한으로 확대하는 결과를 초래하는 부작용도 있다. 아무리 중대 결과반가치가 발생했더라도 자연재해와 같은 현상은 형법 불법판단 대상이 되지 않는다.

[49] Ⅳ. 행위반가치 · 결과반가치 이원론

1. 이원 불법론

1 불법판단에서 행위반가치와 결과반가치를 동등하게 고려해야 한다는 입장을 이원 불법론이라 한다. 함께 고려되는 행위반가치와 결과반가치 비중은 동일하고 이 중 어느 하나가 결여되면 궁극적 불법평가는 배제된다. 형법 기능은 결정규범뿐만 아니라 평가규범 성격도 동등하게 가진다는 견해를 토대로 한다. 우리나라 통설 입장으로 타당한 견해이다.

2. 위법성조각사유 경우

2 이원 불법론은 위법성조각사유(불법배제사유)에서 잘 설명 된다. 정당방위에 따른 살해행위는 비록 타인생명을 침해한 결과불법은 있더라도 '현재의 부당한 침해를 방위하기 위한 상당성'(제21조)이 있는 행위라는 행위불법이 탈락함으로써 결국 위법하지 않다. 피해자 승낙에 의한 행위(제24조)는 반대로 행위불법은 존재하지만 법익주체가 법익보호를 포기함으로써 결과불법이 탈락하여 위법성이 조각되는 경우다.

1) 차용석, 398면
2) 위 책, 406~407면.
3) 위 책, 409면

제 4 절 객관적 구성요건요소

행위 외부 현상을 기술하는 객관 구성요건요소에는 일반적으로 행위주체 · 객체 · 행위 · 결과 · 특별한 행위유형 등이 있다. 결과범 인과관계와 객관적 귀속이론도 분류하자면 객관 구성요건요소에 속한다. 이 가운데서 특별히 문제되는 것은 법인이 범죄주체가 될 수 있는가 하는 법인 범죄능력 그리고 인과관계와 객관적 귀속이론이다. 1

[50] Ⅰ. 법인의 범죄능력

1. 문제 소재

(1) 법인의 범죄행위와 양벌규정

오늘날 환경범죄에 대한 기업 책임문제는 큰 관심 대상이 된다. 이러한 여론을 반영하여 '환경범죄단속법'이 전문 개정되었다. 이 법률에 보면 오염물질을 불법 배출하여 공중 생명 또는 신체에 위해를 끼치거나 상수원을 오염시켜 먹는 물 사용에 위험을 끼친 자는 3년 이상 15년 이하 유기징역에 처하고(같은 법 제3조 제1항), 이 죄를 범하여 사람을 죽거나 다치게 한 자는 무기 또는 5년 이상 유기징역에 처한다(같은 조문 제2항). 뿐만 아니라 이런 행위를 한 법인에 대해서도 '양벌규정'으로 벌금형을 부과한다(같은 법 제10조). 즉 법률은 법인에 대한 '형벌'을 규정한다. 1

이와 관련한 형법문제가 바로 법인 범죄능력이다. 법인에 대한 범죄능력이 인정되면 법인에 대한 형벌부과는 논리적으로 아무 잘못이 없다. 하지만 그것을 부인하면 현실적으로 법인을 처벌하는 법률을 어떻게 이론 구성할 것인지 문제가 발생한다. 2

(2) 범죄주체로서 자연인

형법에서 범죄주체는 일반적으로 자연인, 즉 사람이다. 이 점은 이미 행위론에서 "인간 행위만이 형법심사 대상이 될 수 있다"는 명제로 설명하였다. 사람인 한 연령 · 정신상태와 같은 책임능력은 묻지 않는다. 따라서 형사미성년자나 정신병자도 얼마든지 범죄주체가 될 수 있다. 그러나 사람(자연인) 외에 법인도 형법 범죄주체가 될 수 있는가에 대해서 형법총칙은 아무 규정을 하고 있지 않기 때문에 논란이 된다. 법인 범죄능력에는 법인 행위능력, 책임능력 그리고 수형능력受刑能力 문제도 포함한다. 3

[개념정리] 범죄능력은 행위능력과 책임능력을 포괄하는 개념이다. 수형능력(형벌능력)은 형벌을 부담할 수 있는 능력으로서 범죄능력 결과가 귀속되는 곳이다. 따라서 엄격하게 보면 범죄능력과 구별되지만, 마치 동전 양면과 같아서 수형능력 없는 범죄능력은 아무 소득이 없기 때문에 같은 문제로 취급해야 한다. 법인 '형사책임'이라는 말을 사용하기도 한다. 이것은 행위능력을 전제한 책임능력과 함께 수형능력까지 포괄하는, 결국 법인 범죄능력과 같은 의미다.

2. 학설대립

4 통설과 판례는 법인 범죄능력을 부정하나 이를 긍정하는 소수설도 있다. 각각 논거를 살펴보면 다음과 같다.

(1) 부 정 설

5 법인 범죄능력을 부인하는 부정설 논거는 다음과 같다. ① 법인은 사람과 같은 심신을 갖고 있지 않아서 행위능력이 없다. ② 법인은 기관인 자연인을 통해서 행위하므로 자연인을 처벌하면 되고 법인까지 처벌할 필요는 없다. ③ 법인 처벌은 그 효과가 범죄와 무관한 법인 구성원까지 미치게 되어 자기책임원칙에 반한다. ④ 법인은 윤리적 자기결정능력이 없기 때문에 법인에게 형벌 전제가 되는 윤리적 책임비난을 할 수 없다. ⑤ 법인은 정관 목적범위 안에서만 권리능력이 인정되는데, 범죄가 법인 목적이 될 수는 없다. ⑥ 법인에게는 형벌 중심인 자유형을 부과할 수 없는 점으로 미루어 현행 형법은 자연인만을 범죄주체로 인정한다고 본다. ⑦ 법인이 위법행위로 얻은 불법재산 박탈은 벌금 외 다른 비형벌 수단에 따라서도 얼마든지 달성할 수 있다.

(2) 긍 정 설

6 법인 반사회활동에 대해서는 법인도 범죄능력을 인정하여 처벌할 수 있어야 한다는 견해다. 우리나라 소수견해다. ① 법인은 기관을 통해 의사를 형성하고 행위할 수 있다. 그 의사는 기관인 개인의사와 구별되므로 법인은 의사능력과 행위능력을 갖는다. ② 법인기관의 행위는 구성원인 개인 행위가 동시에 법인 행위라는 양면성을 가진다. 따라서 법인에 대한 처벌은 이중처벌이 아니다. ③ 법인의 반사회 활동으로부터 사회를 방위해야 할 필요가 있고, 책임근거를 반사회적 위험성으로 이해하면 법인에게도 사회책임을 물을 수 있다. ④ 재산형과 자격형은 법인에게도 부과할 수 있다. 법인해산, 영업정지 · 제한은 법인에 대한 생명형 · 자유형에 해당한다. ⑤ 법인의 사회 활동이 중요 비중을 차지하는 만큼 법인 범죄능력을 인정하는 것이 형사정책적으로 필요하다.

(3) 부분긍정설

7 형사범에 대한 법인 범죄능력은 부정하지만 행정범에 대해서는 인정하자는 견해다.[1] 행정범은 윤리적 요소보다 합목적 · 기술적 요소가 강하다는 것이 그 이유다. 법인 범죄능력은 일반적으로 부정하지만 법인처벌에 대한 명문규정이 있을 경우 예외로 한다는 견해도 부분긍정설에 속한다.[2]

3. 학설대립의 실제 이유

8 자연인 외 법인이 범죄주체일 수 있는가 하는, 법인 범죄능력은 원칙이 아닌 필요에 따라

---

1) 임웅 외, 77면; 유기천, 98면.

2) 오영근/노수환, 9/15~16.

제기되는 문제다. 그 필요는 다음과 같다.

(1) 형사정책적 처벌필요성

1) 법인에 대한 소속 법인에 대한 처벌은 현실적인 형사정책 요청을 반영한다. 법인 구 9
성원인 개인을 처벌하는 것만으로 형사정책 목적을 달성할 수 없을 뿐만 아니라 법적 정의에도 부합하지 않는다는 생각이다. 후기 산업사회를 지나 정보화사회에 살고 있는 오늘날 사람들은 크든 작든 일정한 단체, 즉 법인에 소속하여 살아갈 수밖에 없다. 현대인의 생계를 뒷받침하는 직장은 대부분 법인이고, 법인에 소속하지 않은 사람은 소수 자영업자거나 실업자뿐이다.

2) 동질성 상실 법인에 대한 개인 함몰 정도는 날이 갈수록 심화되고 있다. 산업화 진 10
전과 함께 개인이 속한 조직은 점차 비대해지고, 그 운영 또한 합리화 · 과학화 · 조직화되고 있다. 종업원이 수만을 헤아리는 기업에서 구성원인 개인의 동질성이란 찾을 수 없다. 어떤 부서에서 어떤 일을 담당하는 사람이 있을 뿐 누구누구라는 사람 개인 인격과 동질성은 문제되지 않는다. 그래서 현대인은 거대한 기계의 부속품처럼 살아간다. 조직 전체 의사결정에 영향을 미칠 수 있는 가능성은 희박하다. 부속품은 거대한 기계가 작동하는 대로 따라 움직이는 것으로 그 임무를 다한다.

3) 구성원 처벌의 한계 이런 상황에서 법인이 관련된 범죄행위가 발생했을 때, 직접 관 11
계된 구성원 몇 사람 처벌로 그치는 것은 얼마나 무의미한 일이 되겠는가. 사람들은 이런 범죄행위가 전적으로 몇몇 구성원 잘못에 기인하는 것으로 보지 않는다. 그들은 오히려 거대한 의사결정구조 속에서 전면에 등장할 수밖에 없었던 배우인 동시에 피해자일 것으로 생각한다. 사람들은 구성원 몇 사람의 구속 · 처벌에 전혀 영향을 받지 않는 조직(법인)을 보고 매우 의아하게 생각한다. 직접 실행한 하수인뿐만 아니라 그렇게 하도록 만든 조직 또한 응분의 처벌을 받아야 하고, 그렇게 될 때 비로소 같은 행위가 반복되지 않는 형사정책 목적은 달성될 수 있다고 믿는다.

(2) 양벌규정의 설명

법인 범죄능력은 위 '환경범죄처벌법'에서 본 것처럼, 실제로 법인을 처벌하는 규정이 있다 12
는 점에서 문제가 된다(예컨대 조세범 처벌법 제18조, 관세법 제279조 이하, 대기환경보전법 제95조, 노동조합 및 노동관계조정법 제94조, 수산업법 제101조, 항공법 제179조, 마약류관리에 관한 법률 제68조, 약사법 제97조, 문화재보호법 제102조 등). 이와 같은 법인에 대한 적지 않은 형사처벌규정, 즉 구성원과 법인을 함께 처벌하는 양벌규정은 형법도그마틱 해석과제가 아닐 수 없다. 법인에 대한 현행 형사처벌규정을 형법적으로 설명할 수 있어야 한다. 그 설명 열쇠는 법인 범죄능력에 달려 있다. 법인 범죄능력을 긍정하면 그러한 설명의 논리 문제는 발생하지 않는다. 그러나 부정하면 이중 설명구조를 가져야한다.[1)]

(3) 부정설의 이중 설명구조

법인 범죄능력을 부정하면서 양벌규정을 설명하는 방법으로, ① 법인은 범죄능력은 없지만 13
형벌능력은 있다고 하거나, ② 법인은 범죄능력, 수형능력 모두 없지만 법인에 대한 처벌규정이 있을 경우는 법인처벌을 인정하는 예외를 두어야 한다는 것이 있다.[2)] 하지만 부정설의 가장 논리적 결론은 현행 법인에 대한 양벌규정을 입법적으로 비판하는 것이다.

---

1) 임웅 외, 79면.

2) 김성돈, 149면; 이형국/김혜경, 129면.

4. 학설대립에 대한 평가

14 위에서 말한 부정설, 긍정설 그리고 부분긍정설은 법인도 범죄능력을 가질 수 있는가 하는 원칙 문제와 함께 법인에 대한 현행 양벌규정 문제를 포함해야 구체적으로 이해할 수 있다.

(1) 부정설 문제점

15 부정설은 현행 양벌규정을 제대로 설명하지 못하는 문제가 있다. 부정설이 법인은 범죄능력을 가질 수 없다는 것, 즉 형법 범죄주체는 자연인만 가능하다는 원칙문제를 제기한 것까지는 정당하다. 그러나 부정설은 현행 양벌규정을 설명하는 과정에서 이중 설명구조를 취하여 자기가 세운 원칙을 스스로 허물어 내는 모순 자세를 보인다. 양벌규정을 두고 다음과 같이 설명하는 것은 앞뒤가 맞지 않는다.

16 1) 범죄체계론 문제점 법인은 범죄능력은 없지만 형벌능력은 있다고 설명하는 것은 논거 자체가 논리적으로 옳지 못하다. 범죄능력 없으면 형벌능력도 없든가, 형벌능력이 있으려면 범죄능력도 있든가, 둘 중 하나만 성립할 수 있다. 범죄능력, 즉 행위능력과 책임능력이 없는데 형벌능력이 존재한다는 것은 모순이다. 행위 없으면 구성요건해당성 없고 구성요건해당성 없으면 위법성도 없다. 마찬가지로 위법성 없으면 책임도 없고 책임 없으면 형벌 또한 있을 수 없다. 범죄능력(행위능력과 책임능력) 없으면 형벌능력 또한 당연히 없어야 한다. 만일 있다면 그것은 **무과실책임**이다. 무과실책임은 형법 책임원칙에 어긋나며, 민법에서는 가능할지 몰라도 형법에는 존재하지도 않는다(제13, 14조). 따라서 불법이다.

17 2) 법실증주의 해석 법인은 범죄능력, 수형능력 모두 없으나 법인에 대한 처벌규정이 있을 경우는 법인처벌을 인정하는 예외를 두자는 견해도, 마찬가지로 앞에서 세운 원칙을 너무 쉽게 허물어버린다. 앞 원칙은 뒤 예외에 완전히 개방되어 있어서 원칙은 입법자 예외결정에 어떤 영향도 미칠 수 없다. 입법자가 내린 법인 처벌결정은 언제나 정당성을 확보함으로써 예외가 원칙을 좌우하는 상황에서 원칙은 이미 원칙 의미를 상실한다.

18 법인에 대한 처벌규정이 있으면 처벌을 인정한다는 말은 동어반복에 지나지 않는다. 법률 결정에 따른 처벌은 '인정' 여부 문제와 상관 없기 때문에 '인정'하지 않는다고 하여 처벌되지 않는 것은 아니다. 법률은 강제성이 있다.

19 3) 부정설 대안 결국 1), 2)와 같은 방법으로 법인 범죄능력을 부인해서는 아무 소득이 없다. 부정하는 이론과 처벌하는 현실 사이 괴리를 고민하여 해결하려고 하지 않고 너무 쉽게 **타협**해 버리고 만다. 한편으로 부정한다고 하면서 동시에 양벌규정에 대한 이론 정당화 길을 열어 주는 것은 차라리 법인 범죄능력을 긍정하여 논리 일관

된 처벌결론을 끌어내는 것보다 못하다.

부정설이 살아남을 수 있는 유일한 대안은 앞에서 세운 원칙을 관철하여 현행 **양벌규정을 비판**하는 길뿐이다. 따라서 형법 무과실책임규정을 비판해야 하며, 문제는 그 비판을 어떻게 논증하는가에 달려 있다. 법인의 형사정책 처벌필요성에 대해서도 이해할 만한 대답을 주어야 한다. 20

(2) 긍정설 문제점

1) 형법의 사법화私法化 경향

(가) **법인은 민법 '사람'** 법인의 범죄능력을 긍정하는 견해는 현행 양벌규정을 논리 모순 없이 설명할 수 있는 장점이 있다. 그러나 ① 긍정설은 형법상 자연인이 아닌 법인이 범죄주체로 행위할 수 있는가 하는 범죄체계 첫 단계 원칙문제에서 이미 한계에 부딪친다. 가벌성심사 첫 단계를 행위로 잡는 것은 특별한 의미가 있다. 그것은 바로 ② 인간 행위만이 형법 심사대상이 될 수 있다는 점이다. 동물이나 물건이 '행위'하지 못하는 이유도 여기 있다. 법인도 마찬가지다. ③ 법인은 형법 '인간', 즉 자연인에 해당되지 않는다. 법인은 **민법**이 그의 법률적 필요에 따라 만들어낸 '법률 사람'일 뿐이다(민법 제31조). 따라서 ④ 법인은 민법의 독립된 행위주체가 될 수 있고 **민사벌**을 받기도 한다(민법 제35조 법인의 불법행위능력과 손해배상책임, 제38조 법인의 설립허가취소). 그러나 형법은 '법률 사람'을 인정하지 않는다. 그러므로 ⑤ 법인이 관련된 일정한 범죄행위가 문제될 때, 법인을 대표하여 형법 행위를 한 자연인에게 그 책임을 물을 수 있을 뿐이다. ⑥ 법인 자체에 대한 제재는 그 법인을 만들어 낸 민법(또는 행정법)에서 해결해야 할 문제다. 21

(나) **민사제재의 형법도입** 이 점은 긍정설을 주장하는 사람 논거 가운데도 분명히 드러난다. 자연인의 생명형·자유형에 해당하는 것으로 법인해산·영업정지·면허박탈 등을 고려할 수 있다고 주장한다.[1] 그러나 이들은 모두 민법(또는 행정법) 제재에 속한다. 형법에는 이러한 형벌이 존재하지 않는다(제41조 '형벌의 종류'). 만일 "입법론적으로" 고려해야 한다면,[2] ① 해당 법분야에서 이미 그와 같은 제재를 규정하여 시행하고 있기 때문에 사회통제 전체체계 관점에서 필요 없다. ② 형법정책으로 보면, 그것은 형법의 사법화경향私法化傾向으로 형법 비대화를 초래한다. 즉 그런 식으로 하면 형법 '보충성', '단편성' 그리고 형벌 '최후수단성'은 지킬 수 없다. 우리에게 필요한 것은 오히려 **비범죄화**에 따른 형법 체중감량이다. 22

2) 형법과 민법 차이

민법이 인정한 '사람'(법인)이면 형법 '사람'으로도 될 수 있지 않을까 의문을 가질 사람이 있을지 모르겠다. 그러나 민법과 형법 가치판단기준은 23

1) 김일수/서보학, 137면.
2) 위의 책.

엄격히 구별된다는 점을 잊지 말아야 한다. 형법 기준은 형법률刑法律과 그의 고유한 가치판단으로부터 나올 뿐이다. 민법과 형법이 같은 개념을 쓰고 있는 경우도(예컨대 친족 · 소유 · 점유 등) 양자 개념내용은 같지 않다.

24 법인 행위능력이 인정되지 않으면 책임능력과 형벌능력은 더 이상 설명할 필요가 없다. 문제되지도 않고 또한 문제 삼을 필요도 없다.

(3) 부분긍정설 문제점

25 행정범을 형사범과 구별하여 법인 범죄능력을 인정하는 부분긍정설 또한 비판을 면하기는 어렵다. ① 행정범과 형사범 구별기준 자체가 분명하지 않고, ② 법적 효과로 형법의 형벌이 부과되는 모든 범죄는 형사범이기 때문에 본래 의미 행정범에 대해서는 행정벌만 가능할 수 있다.

26 법인 범죄능력을 일반적으로 부정하지만, 법인처벌에 대한 명문규정이 있을 경우 예외로 할 수 있다는 부분긍정설에 대해서는, 위 '부정설 문제점'에서 설명한 내용이 그대로 타당하다.

5. 결 론

(1) 형법이론

27 1) 민법 사람은 민법으로 법인은 범죄능력이 없다. 법인은 형법 '사람'이 아니기 때문에 형법 행위능력이 없고 따라서 책임능력과 형벌능력도 인정될 수 없다(**부정설 타당**). '민법 사람', 법인은 그것을 만든 민법에서 해결해야 할 문제다. 이 결론은 위에서 살펴본 미시 내용의 학설대립을 저울질하여 나온 것이 아니라 그보다 더 근본적인 형법 정당성을 문제 삼는 형법이론으로부터 나온다.

28 2) 형법 보충성 형법 정당성은 사회통제 전체체계에서 형법에 주어진 통제 몫, 즉 '최후수단' 위치를 지킬 때 비로소 얻어질 수 있다. 입법자가 아무리 국가의 가장 강력한 제재인 형벌로써 금지하고 싶은 정책 필요성을 갖더라도 그 필요성이 형법을 정당화시켜 주는 것은 아니다.[1] 그러한 필요를 끊임없이 제약해 온 것이 바로 형법 법치국가역사다. 최후수단으로서 형법은 형법이 그에 앞서 있는 사회규범이나 기타 다른 법규범에 대해 보충적일 것을 요구한다(형법의 보충성).

29 3) 형법 대상은 자연인 범죄행위 법인 범죄능력문제도 이러한 형법이론 관점에서 조명해야 한다. 법인은 민법이 법률로 만들어낸 '사람'이다. 따라서 이에 대한 제재문제는 그것을 만들어낸 민법이나 행정법에서 다루어야 할 사안이다. 형법에는 법인에 대한 규정이 없을 뿐만 아니라, 그러한 개념조차 존재하지 않는다. 형법은 법인에 속한

1) 코로나 19를 위한 감염병예방법 개정, 산업현장의 안전사고 예방을 위한 중대재해처벌법 제정이 좋은 보기다. 행정벌이나 행정구제수단으로 충분한 경우도 많다. 이원상, 「감염병예방법에 따른 형사처벌에 대한 고찰」(형사법연구 33, 2021), 217면 이하; 주현경, 「코로나 19와 감시의 형사정책의 한계」(형사정책 32, 2021), 157면 이하.

'자연인' 범죄행위에 대해서만 관여할 수 있다.

(2) 법인 처벌

1) 다른 법분야의 충분한 처벌 법인 자체에 대한 처벌은 민법 · 상법 · 행정법 30
등 해당 법 분야에 충분히 규정하여 실현하고 있다(예컨대 상법 제176조 회사 해산명령, 민법 제38조 법인 설립허가취소, 식품위생법 제75조 영업허가 취소, 잡지 등 정기간행물의 진흥에 관한 법률 제24, 25조 발행정지와 등록취소). 그러므로 법인 해산, 설립허가취소, 영업허가 취소, 등록취소 등 법인성을 박탈하는 제재는 형법이 관여할 필요도 없고 관여해서도 안 된다. 형법 보충성에 반하기 때문이다.

2) 법인에 대한 징역형? 그 밖에 법인에 대해 징역과 같은 자유형을 부과할 수 31
없는 것은 상식에 속한다. 법인은 '만든 사람'에 지나지 않기 때문에 자연인과 다르고 따라서 자유형 집행대상이 될 수도 없다. 결국 법인에 대해 실현가능한 유일한 형벌은 **벌금형**뿐이다. 그러나 법인에 대한 벌금형제도는 비록 그것이 집행가능하다고 해도 입법기술로 잘못된 것이며 형법이론으로 정당화할 수도 없다.

그것은 **과태료**[1]로 바꾸어야 한다. 동일한 제재효과를 거둘 수 있는데도 굳이 형벌인 벌금으로 규정하여 사회통제 전체체계 질서를 깨뜨려야 할 이유가 없다.

3) 전통사회 '벌罰'관념 이러한 파행적 입법관행은 전통사회 법사고法思考에 그 32
뿌리가 있는 것으로 보인다. 전통사회 '벌罰'에는 형벌만 존재하였고, 민사벌이나 행정벌 개념은 없었다. 그리하여 지금까지도 사람들은 '벌'에는 형벌밖에 없는 것으로 생각하는 모양이다. 입법사도 예외가 아니어서 지금 문제되고 있는 법인 양벌규정이 이에 대한 좋은 증거다. 형벌을 마치 **'최초수단'**(prima ratio) 또는 **'유일한 수단'**(sola ratio)처럼 남용해서는 형법 본래 통제영역에 대한 형벌효과를 기대하기 어렵다.

[판례]

***표준판례** 형법 제355조 제2항 배임죄에서 타인의 사무를 처리할 의무의 주체가 법인이 되는 경우라도, 법인은 다만 사법상의 의무주체가 될 뿐 범죄능력은 없다. 그 타인의 사무는 법인을 대표하는 자연인인 대표기관의 의사결정에 따른 대표행위에 의해 실현될 수밖에 없다. 그 대표기관은 마땅히 법인이 타인에 대하여 부담하고 있는 의무내용 대로 사무를 처리할 임무가 있다. 법인이 처리할 의무를 지는 타인의 사무에 관하여는 **법인이 배임죄의 주체**가 될 수 없다. 그 법인을 대표하여 사무를 처리하는 **자연인인 대표기관**이 바로 타인의 사무를 처리하는 자 즉 배임죄의 주체가 된다.[2] *형법상 의무 주체가 법인인 경우 법인 자체는 범죄능력이 없어 범죄 주체가 될 수 없고, 그 법인 대표자인 자연인이 의무 주체가 되어 범죄의 주체가 됨.

---

1) 과태료는 형벌인 벌금 · 과료(형법 제41조)와 구별되는 개념으로 행정법이나 사법(민 · 상법) 제재에 속한다.
2) 대판 1984. 10. 10. 82도2595 전원합의체. 제2, 5회.

6. 양벌규정 법적 성질

(1) 범죄능력과 형벌능력

33 1) 입법자결정 사후 정당화 법인 범죄능력여부에 관한 원칙문제가 해결되면 현행 양벌규정에 대한 판단기준은 이것으로부터 끌어오면 된다. 이런 논의 대부분은 입법자 결정을 사후로 정당화해 주는 이론작업으로 앞서 세운 원칙까지도 흐리게 하는 부작용이 있다. 아무리 어떤 법적 성질을 갖는 것으로 밝혀도, 그것은 법관 판단에 영향을 미치지 않는다. 즉 가벌성기준 구체화와 아무 상관이 없고, 따라서 의미 없는 수고에 지나지 않는다.

34 2) 다수설의 법실증주의 타협 법인 범죄능력을 부정하는 다수설은 특별한 경우(예컨대 이른바 행정형법이나 법인에 대한 처벌규정이 있는 경우) 형벌능력은 있다고 함으로써 현실과 타협한다. 이것은 범죄체계 모순이다. 형법학의 어떤 이론 논의든지 입법자 결정에 종속하여 그것을 정당화해 주는 것으로 만족하면 그것은 이미 학문성격을 상실했다고 보아야 한다.

(2) 학설대립

35 1) 무과실책임설 법인 범죄능력을 부정하는 견해(**부정설**)에서 나오는 논리 결과이다. 형법 일반원칙인 책임원칙에 대한 예외로서 일정한 행정단속 목적을 위해 무과실책임을 인정한 것이라는 주장이다.[1] 즉 양벌규정은 무과실책임으로 처벌되고 또 처벌할 수 있다는 것이 다수설 관점이다. 그러나 다시 말하지만 형법에 무과실책임이란 존재하지 않는다.[2] 양벌규정은 무과실책을 규정한 것이기 때문에 잘못된 입법이고 과태료로 전환해야 마땅하다. 다수설과 우리 결론은 여기에 차이가 있다.

36 2) 과실책임설 법인 범죄능력 **긍정설**의 논리 결론이다. 법인구성원 행위에 대해 법인을 처벌하는 것은 그 구성원을 선임 · 감독하는 과정에 법인 과실이 인정된다는 주장이다. 이것은 다시 과실추정설, 과실의제설, 과실책임설, 부작위감독책임설 등으로 나뉜다. ① **과실추정설**은 법인이 자신에게 과실이 없음을 증명하지 못하면 과실이 추정된다는 견해다. ② **과실의제설**은 법인 과실은 당연히 의제되므로 법인은 책임을 회피할 수 없다는 견해다. ③ **과실책임설**은 법인이 처벌되는 것은 법인 자신의 과실행위에 기인하는 과실책임이라는 견해다.[3] ④ **부작위감독책임설**은 법인이 처벌되는 것은 법인이 그 구성원에 대해 수행해야 할 감독의무를 이행 하지 않은 부작위 때문이고, 이 부작위는 고의뿐만 아니라 과실로도 가능하다고 한다.[4]

모두 양벌규정의 이론 정당화작업에 지나지 않는다. 말하자면 입법자의 잘못된 결정을 옳은 것처럼 포장해 주는 작업일 뿐이다.

37 3) 결 론 양벌규정 법적 성질을 굳이 밝혀야 한다면, 무과실책임이다. 무과실책임이기 때문에 형법 일반원칙인 책임원칙에 반하고 따라서 고쳐야 한다. 양벌규정 법적 성질에 대한 판례

1) 이재상 외, 7/19.
2) 같은 견해는 임웅 외, 79면.
3) 신동운, 91면; 오영근/노수환, 9/18.
4) 임웅 외, 81면; 김일수/서보학, 139면; 김성돈, 153면; 정성근/박광민, 93면.

태도는 일관되지 않다. 이것은 법인에 대한 형사처벌이 그만큼 부자연스럽다는 것을 의미한다.

[판례]

① 공중위생법 제45조의 규정은, 법인의 경우 종업원의 위반행위에 대해 행위자인 종업원을 벌하는 외에 업무주체인 법인도 처벌한다. 이 경우 법인은 엄격한 무과실책임은 아니더라도 그 **과실의 추정**을 강하게 하고 그 입증책임도 법인에게 부과함으로써 양벌규정의 실효를 살리자는 데 그 목적이 있다.[1]

② 법인을 처벌하는 '양벌조항'은 형벌의 자기책임원칙에 비추어 보았을 때 법인이 상당한 주의 또는 관리감독 의무를 게을리 한 경우에 한하여 적용된다고 봄이 상당하다. 구체적인 사안에서 법인이 **상당한 주의 또는 관리감독 의무**를 게을리 하였는지 여부는 당해 위반행위와 관련된 모든 사정을 전체적으로 종합하여 판단해야 한다.[2]

(3) 양벌규정에 대한 위헌결정

헌법재판소는 보건범죄단속법 제6조 양벌규정 가운데 개인 영업주 부분에 위헌결 38
정을 내렸다.[3] 종업원에 대한 **선임·감독과실** 등 귀책사유 없는 영업주에 대해 형사책임을 묻는 것은 헌법 제10조 인간존엄에 기초한 책임원칙에 반한다는 것이 그 이유다. 영업주 과실을 인정하더라도 고의범인 종업원과 동일한 법정형을 부과하는 것은 비례성원칙에 어긋난다고 지적하였다. 그 후 헌법재판소는 양벌규정 영업주 부분뿐만 아니라 법인에 대한 것도 위헌결정을 내렸다. 법인이 종업원 등 범죄에 대해 어떤 잘못이 있는지 전혀 묻지 않고 곧바로 그 종업원 등을 고용한 법인에게도 종업원 등에 대한 처벌조항에 규정된 벌금형을 부과하도록 규정하는 것은 형법 책임원칙에 어긋난다는 것이다. 오늘날 법인의 반사회적 법익침해행위에 대해 법인을 처벌해야 할 필요성이 아무리 강하더라도 입법자가 일단 '형벌'을 선택한 이상, 형벌에 관한 헌법원칙, 즉 법치주의와 죄형법정주의로부터 도출되는 책임원칙을 준수해야 한다. 그럼에도 법인이 종업원 등 위반행위와 관련하여 **선임·감독 주의의무**를 다하여 과실이 없는 경우까지 법인에게 형벌을 부과하는 것은 책임원칙에 반하여 헌법에 위반된다고 한다.[4] 이제 많은 법률에 산재해 있는 방대한 양벌규정은 현재와 같은 모습으로는 유지될 수 없게 되었다. 헌법재판소 요구대로 주의와 감독과실을 조건으로 법률을 개정하더라도, 특히 법인 경우에는 과실입증 어려움 때문에 유명무실하게 될 가능성이 높다. 그보다는 '과태료'가 훨씬 현실적 대안이다.

1) 대판 1992. 8. 18. 92도1395.
2) 대판 2010. 2. 25. 2009도5824.
3) 헌재 2007. 11. 29. 2005헌가10; 2009. 7. 30. 2008헌가10.
4) 헌재 2009. 7. 30. 2008헌가16 전원재판부. 이와 같은 결정 이후 헌법재판소는 종업원, 법인을 묻지 않고 양벌규정에 대한 위헌결정을 계속하여 내리고 있다.

(4) '행정형벌' 합리화

39 법인의 범죄능력 문제에 대한 직접 원인을 제공한 양벌규정은 이제 어떤 형태로든 변화를 겪지 않을 수 없게 되었다. 이것은 양벌규정이라는 입법형식 자체가 가지는 문제점을 보여주는 것이기도 하다. 헌법재판소 위헌결정이 아니더라도 상당수 국민과 기업인을 전과자로 전락시키는 현실은 양벌규정으로써 법인(또는 개인)도 범죄능력이 있다는 설명으로 해결할 수 있는 문제가 아니다. 불필요한 전과자 양산의 주된 원인은 행정목적 달성을 위한 제재수단에 형벌을 지나치게 투입하였다는 점에 있다. 과도한 행정형벌과 양벌규정 문제이다. 이 둘은 모두 행정법률에서 사용되는 공통점이 있다. 법인 범죄능력과 양벌규정은 형법도그마틱으로 '설명'할 문제가 아니라 '형법정책'으로 극복해야 할 문제다.

40 최근 상법 개정과 연계하여 배임죄 개정 또는 폐지가 활발하게 논의되는 것도 이 문제와 관련이 있다. '경제형벌 정비', '경영판단 보호' 등 주제이다. 2025년 상법개정은 이사 충실의무 범위를 주주까지 확대하고 있어서 기업인이 배임죄에 노출될 가능성은 그만큼 더 커진 상황이다. 배임죄에서 타인 사무를 처리하는 자의 '임무에 위배되는 행위' 범위가 추상적이고 모호하다는 비판은 경영판단 원칙과 함께 꾸준히 문제가 제기되어 왔다. 기업인을 모두 범죄자로 내몬다는 극단적 비판도 있었다. 그렇다고 손을 놓으면 재벌 총수 일가나 경영자 비리를 통제할 수 있는 방법이 사라진다. 배임죄를 완전히 폐지할 것인가 아니면 대체입법으로 해결할 것인가 문제와 함께 경제형벌을 순차적으로 정비하겠다고 하는데, 어떤 결실을 맺을 지 두고 볼 일이다.

[판례] 책임주의

***표준판례** '보건범죄단속에 관한 특별조치법' 제6조 중 제5조에 의한 처벌 부분은 종업원의 업무 관련 무면허의료행위가 있으면, 이에 대해 영업주가 비난받을 만한 행위가 있었는지 여부와 관계없이 자동적으로 영업주도 처벌하도록 규정하고 있다. 이에 대해 그 문언상 명백한 의미와 달리 "종업원의 범죄행위에 대해 영업주의 **선임감독상의 과실**(기타 영업주의 귀책사유)이 인정되는 경우"라는 요건을 추가하여 해석하는 것은, 문리해석의 범위를 넘어서는 것으로서 허용될 수 없다. 결국 위 법률조항은 다른 사람의 범죄에 대해 그 책임 유무를 묻지 않고 형벌을 부과함으로써, 법정형에 나아가 판단할 것 없이, 형사법의 기본원리인 '책임 없는 자에게 형벌을 부과할 수 없다'는 **책임주의**에 반한다.[1] *종업원의 위법행위에 대해 영업주의 책임 여부를 불문하고 처벌하도록 한 양벌규정은 책임주의에 반하여 위헌.

[양벌규정 판례]

① 양벌규정에 의한 영업주의 처벌은 금지위반행위자인 종업원의 처벌에 종속하는 것이 아니라

1) 헌재 2007. 11. 29. 2005헌가10 전원재판부; 2010. 9. 30. 2010헌가52·57·59·60·63·69·81(병합); 2012. 2. 23. 2012헌가2, 제10회.

독립하여 그 자신의 종업원에 대한 선임감독상의 과실로 인하여 처벌되는 것이다. **종업원의 범죄성립이나 처벌**이 영업주 처벌의 전제조건이 될 필요는 없다.1)

② 양벌규정에 의한 법인의 처벌은 어디까지나 형벌의 일종이므로 합병으로 인하여 소멸한 법인이 그 종업원 등의 위법행위에 대해 양벌규정에 따라 부담하던 형사책임은 그 성질상 이전을 허용하지 않는 것으로서 합병으로 인하여 존속하는 **법인에 승계**되지 않는다.2)

③ 지방자치단체가 그 고유의 자치사무를 처리하는 경우 지방자치단체는 국가기관의 일부가 아니라 국가기관과는 별도의 **독립한 공법인**으로서 양벌규정에 의한 처벌대상이 되는 법인에 해당한다.3)

④ 약국을 **실질적으로 경영하는 약사**가 다른 약사를 고용하여 그 고용된 약사를 명의상의 개설약사로 등록하게 해두고 실질적인 영업약사가 약사 아닌 종업원을 직접 고용하여 영업하던 중 그 종업원의 위반행위에 대한 양벌규정상의 형사책임은 그 실질적 경영자가 지게 된다.4)

⑤ 법인은 기관을 통하여 행위하므로 법인 대표자의 범죄행위에 대하여는 법인 자신이 책임을 져야 한다. 법인 대표자의 법규위반행위에 대한 법인의 책임은 **법인 자신의 법규위반행위**로 평가될 수 있는 행위에 대한 법인의 직접책임이다. 대표자의 고의에 의한 위반행위에 대하여는 법인 자신의 고의에 의한 책임을, 대표자의 과실에 의한 위반행위에 대하여는 법인 자신의 과실에 의한 책임을 진다.5)

⑥ 법인의 직원 또는 사용인이 위반행위를 하여 양벌규정에 의하여 법인이 처벌받는 경우, 법인에게 **자수감경에 관한 형법의 규정**을 적용하기 위하여는 법인의 이사 기타 대표자가 수사책임이 있는 관서에 자수한 경우에 한한다. 그 위반행위를 한 직원 또는 사용인이 자수한 것만으로는 부족하다.6)

⑦ 양벌규정으로 영업주의 책임을 묻는 것은 종업원 등에 대한 영업주의 선임감독상의 과실책임을 근거로 그 종업원이 영업주의 사업경영과정에 직접 또는 간접으로 참여하여 감독통제를 받고 있다는 것을 의미한다. 영업주 스스로 고용한 자가 아니고 **타인의 고용인**으로서 타인으로부터 보수를 받고 있더라도 객관적 외형상으로 영업주의 업무를 처리하고 영업주의 종업원을 통해 간접적으로 감독통제를 받는 자라면 위에 포함된다.7)

⑧ 회사 대표자의 위반행위에 대해 징역형의 **형량을 작량감경**하고 병과하는 벌금형에 대해 선고유예를 한 경우 양벌규정에 따라 그 회사를 처단할 때에도 같은 조치를 취해야 할 필요는 없다.8)

⑨ 법인에 대한 양벌규정이 개정되어 **면책규정**이 추가된 것은 형법 제1조 제2항에서 정한 '범죄 후 법률의 변경에 의하여 그 행위가 범죄를 구성하지 아니하거나 형이 구법보다 경한 경우'에 해당한다.9)

---

1) 대판 2006. 2. 24. 2005도7673. 제2회.
2) 대판 2007. 8. 23. 2005도4471. 제2회.
3) 대판 2009. 6. 11. 2008도6530.
4) 대판 2000. 10. 27. 2000도3570. 제10회.
5) 대판 2010. 9. 30. 2009도3876; 2010. 7. 29. 2009헌가25 전원재판부. 제10회.
6) 대판 1995. 7. 25. 95도391.
7) 대판 1987. 11. 10. 87도1213.
8) 대판 1995. 12. 12. 95도1893. 제2회.
9) 대판 2012. 5. 9. 2011도11264. 제2회.

⑩ 양벌규정에 면책규정이 신설된 이후에 구법을 적용한 원심판결은 잘못이다. 피고인 법인이 위와 같은 위반행위를 방지하기 위해 필요한 상당한 주의 또는 관리감독의무를 다하지 않은 과실이 충분히 인정되는 이상 현행 양벌규정에 의하더라도 유죄이다. 이러한 잘못이 판결결과에 영향을 미치지는 않는다.[1]

⑪ 공정거래위원회의 고발이 있어야 공소를 제기할 수 있는 범죄에 대해 **고소의 주관적 불가분원칙**을 규정한 형사소송법이 공정거래법에 준용된다고 볼 아무런 근거도 없다. 양벌규정에따라 처벌되는 법인이나 개인에 대한 고발의 효력이 그 대표자나 대리인, 사용인 등으로서 행위자인 사람에게까지 미친다고 볼 수 없다.[2]

⑫ **친고죄**의 경우에 있어서도 행위자의 범죄에 대한 고소가 있으면 족하고, 나아가 양벌규정에 의하여 처벌받는 자에 대해 별도의 고소를 요한다고 할 수는 없다.[3]

⑬ 법인격 없는 사단에 고용된 사람이 벌칙규정에 위반하는 행위를 하였더라도, **법인격 없는 사단의 구성원 개개인**을 양벌규정의 개인 사업주로 보아 이를 근거로 실제 위반행위자를 처벌할 수는 없다.[4]

⑭ 주식회사의 주식이 사실상 1인의 주주에 귀속하는 **1인회사**의 경우에도 양벌규정에 따른 책임을 부담한다.[5]

⑮ 법인이 설립되기 이전의 행위에 대하여는 법인에게 어떤 선임감독상의 과실이 있다고 할 수 없다. 특별한 근거규정이 없는 한 법인이 설립되기 이전에 자연인이 한 행위에 대해 양벌규정을 적용하여 법인을 처벌할 수 없다.[6]

⑯ 저작권법 제141조 양벌규정을 적용할 때에는 행위자인 법인의 대표자나 법인 또는 개인의 대리인·사용인, 그 밖의 종업원의 위와 같은 습벽 유무에 따라 친고죄 해당 여부를 판단해야 한다.[7]

⑰ 회사 대표자의 위반행위에 대해 징역형의 **형량을 작량감경**하고 병과하는 벌금형에 대해 선고유예를 한 이상, 양벌규정에 따라 그 회사를 처단함에 있어서도 같은 조치를 취해야 한다는 논지는 독자적인 견해에 지나지 않아 받아들일 수 없다.[8]

⑱ 폐기물관리법 제67조 양벌규정은 동법 제66조 등의 벌칙 규정이 적용되는 폐기물처리시설의 설치·운영자가 아니면서 그러한 업무를 실제로 집행하는 자가 있을 때 벌칙 규정의 실효성을확보하기 위해 적용대상자를 해당 업무를 **실제로 집행**하는 자까지 확장하여 처벌하려는 데 있다. 이러한 양벌규정은 해당 업무를 실제로 집행하는 자에 대한 처벌의 근거 규정이 된다.[9]

⑲ **합병**으로 인해 소멸한 법인이 그 종업원 등의 위법행위에 대해 양벌규정에 따라 부담하던

1) 대판 2011. 3. 24. 2009도7230.
2) 대판 2011. 7. 28. 2008도5757.
3) 대판 1996. 3. 12. 94도2423.
4) 대판 2017. 12. 28. 2017도13982.
5) 대판 2018. 4. 12. 2013도6962.
6) 대판 2018. 8. 1. 2015도10388.
7) 대판 2011. 9. 8. 2010도14475.
8) 대판 1995. 12. 12. 95도1893. 제10회.
9) 대판 2017. 11. 14. 2017도7492.

형사책임은 그 성질상 이전을 허용하지 않는 것으로서 합병으로 존속하는 법인에 승계되지 않는다.[1)]

⑳ ***표준판례** '사행행위 등 규제 및 처벌특례법'(2006. 3. 24. 법률 제7901호로 개정된 것) 제31조는, 법인이 종업원 등의 위반행위와 관련하여 선임 · 감독상의 주의의무를 다하여 아무런 잘못이 없는 경우까지도 법인에게 형벌을 부과하도록 하고 있다. 이는 법치국가의 원리 및 죄형법정주의로부터 도출되는 **책임주의원칙**에 반하므로 헌법에 위반된다.[2)] *법인의 범죄능력을 부정하면서도 양벌규정에 의한 법인의 형벌능력은 인정할 수 있다는 입장을 뒤집은 판례. 법인의 반사회적 법익침해활동에 대해 법인을 직접 처벌해야 할 필요성이 강하더라도, 입법자가 일단 "형벌"을 선택한 이상, 형벌에 관한 헌법상 원칙, 법치주의와 죄형법정주의로부터 도출되는 책임주의원칙은 준수해야 함.

㉑ ***표준판례** 법인은 기관을 통해 행위하므로 **법인이 대표자를 선임한 이상** 그의 행위로 인한 법률효과는 법인에게 귀속된다. 법인 대표자의 법규위반행위에 대한 법인의 책임은 법인 자신의 법규위반행위로 평가될 수 있는 행위에 대한 법인의 직접책임이다. 대표자의 고의에 의한 위반행위에 대하여는 법인 자신의 고의 책임, 대표자의 과실에 의한 위반행위에 대하여는 법인 자신의 과실 책임을 부담한다. 따라서 구농산물품질관리법(2002. 12. 26. 법률 제6816) 제37조 중 법인 대표자의 위반행위에 대해 법인에게도 해당 조의 벌금형을 과한다는 부분은 대표자의 책임을 요건으로 법인을 처벌하므로 책임주의원칙에 반하지 않는다.[3)] *법인의 **종업원 위반행위에** 대한 처벌은 법인의 선임감독상 의무위반이 인정되어야 하는 것과 달리, 법인 **대표자의 위법행위에** 대하여는 법인의 선임감독상 주의의무위반 여부와 관계없이 법인에게 형벌을 부과할 수 있다는 결정.

㉒ 법률의 벌칙규정의 적용대상자가 **일정한 '업무주'**로 한정되어 있는 경우, 업무주가 아니면서 그 업무를 실제로 집행하는 자가 그 벌칙규정의 위반행위를 한 경우, 양벌규정에 의하여 처벌할 수 있도록 한 행위자의 처벌규정임과 동시에 그 위반행위의 이익귀속주체인 업무주에 대한 처벌규정이라고 할 것이다.[4)]

㉓ 법인은 기관을 통해 행위하므로 법인 대표자의 행위로 인한 법률효과와 이익은 법인에게 귀속되고, 법인 대표자의 범죄행위에 대하여는 법인 자신이 책임을 져야 한다. **법인 대표자의 법규위반행위에 대한 법인의 책임은** 법인 자신의 법규위반행위로 평가될 수 있는 행위에 대한 **법인의 직접책임**이다. 따라서 대표자의 고의 위반행위에 대하여는 법인 자신의 고의책임, 대표자의 과실 위반행위에 대하여는 법인 자신의 과실책임을 져야 한다. 이 법리에 따라 법인 대표이사가 선행사건 확정판결 효력으로 면소판결을 선고받았더라도 해당 법인은 양벌규정으로 처벌할 수 있다.[5)]

---

1) 대판 2007. 8. 23. 2005도4471. 제2회.
2) 헌재 2009. 7. 30. 2008헌가14 전원재판부.
3) 헌재 2010. 7. 29. 2009헌가25,29,36,2010헌가6,25(병합) 전원재판부.
4) 대판 1999. 7. 15. 95도2870 전원합의체. 제10회.
5) 대판 2022. 11. 17. 2021도701.

[51] Ⅱ. 인과관계

1. 서 론

(1) 인과관계 의미

1 **1) 형법 제17조** 인과관계는 객관적 구성요건 두 번째 중요한 주제다. 결과발생을 필요로 하는 범죄(결과범 · 침해범)에는 구성요건에 해당하는 행위 외에 결과가 발생해야 기수가 된다.[1] 그렇지 않으면 미수가 문제될 뿐이다. 그런데 구성요건에 해당하는 행위와 결과의 단순한 확인만으로는 아직 불법행위라고 할 수 없다. 행위와 발생된 결과 사이에 일정한 인과관련이 있어야 불법행위가 된다. 이것이 바로 형법 인과관계문제이고, 형법 제17조는 "어떤 행위라도 죄의 요소되는 위험발생에 연결되지 않은 때는 그 결과로 인하여 벌하지 아니한다"고 하여 이 점을 명시적으로 규정한다.

2 **2) 객관적 귀속이론에 대한 관계** 뒤에서 설명할 객관적 귀속이론은 결과에 대한 행위의 인과관계만으로 결과의 객관 귀속이 충분히 달성될 수 없다고 주장한다. 이 이론에 따르면 객관 구성요건귀속은 제1단계 인과관계판단, 제2단계 객관 귀속기준에 따른 객관 귀속판단 두 단계로 이루어진다. 객관 귀속이론은 인과관계를 **사실 · 자연과학적 귀속방법**으로 본다. 따라서 인과관계는 규범적 결과귀속을 위한 객관 귀속 전 단계 또는 보조수단에 지나지 않게 된다. 인과관계는 결과발생을 필요로 하는 결과범에만 문제되고 형식범이나 거동범에는 문제 되지 않는다. 결과범에서 인과관계는 미수와 기수 구별기준이다.

(2) 인과관계 본질

3 **1) 철학 · 자연과학 인과개념** 형법 인과관계 본질이 무엇인가에 대한 논의가 있다. 왜냐하면 형법 외에 철학이나 자연과학에도 인과관계개념이 존재하기 때문이다. 그러나 철학이나 자연과학 인과개념이 그대로 규범과학인 형법에 적용될 수는 없다. 형법 인과관계는 그의 규범과학 성격에 알맞게 독자개념으로 형성되어야 하고 그 내용 또한 법적 · 사회적 관점에서 충족되어야 한다. 형법 인과관계는 **법적 · 사회적 개념**이다.

4 **2) 형법 인과개념은 규범 개념** 철학 인과개념은 결과를 발생시킨 모든 조건을 등가적等價的으로 보는 점에서 형법의 그것과 구별된다. 형법에서는 구성요건에 해당하는 사람의 행위만이 원인으로서 의미가 있기 때문에 그 밖의 조건은 형법 인과관련에서 제외된다. 자연과학 인과개념은 원인과 결과 사이 자연법칙 관련을 의미한다. 이러한 인과개념은 형법의 특별한 목적에 부합할 수 없는데, 예컨대 부작위범에서 자연법칙의 인과성은 발견되지 않는다. 그럼에도 부작위 행위와 일정한 법익침해결과 사이 인과관계를 인정하는 이유는 그것이 곧 법적 · 사회적 평가를 받는 관계개념이기 때문이다. 형법 인과관계는

---

1) 제12회.

규범 개념이므로 그 판단기준은 형법 스스로 만들어야 한다.

2. 인과관계이론

(1) 의 의

인과관계이론은 형법 제17조가 행위와 결과의 매개기준으로 규정하고 있는 '죄의 요소되는 5
위험발생의 연결'의 의미를 밝히기 위한 논의다. 각 학설 내용을 살펴보기에 앞서 먼저 인과관계 종류부터 개관하자.

(2) 인과관계 종류

1) **기본인과관계** 행위가 다른 개입원인 없이 직접 구성요건결과를 야기한 경우다. 결과 6
범에서 기본인과관계가 존재하면 인과관계 확인이 특별히 필요한 것은 아니다.

2) **이중인과관계 또는 택일인과관계** 단독으로 같은 결과를 야기할 수 있는 여러 개 원인 7
이 결합하여 일정한 결과가 발생한 경우를 말한다. 예컨대 합동살인, 합동상해 등이 여기 속한다.

3) **누적(중첩)인과관계** 독자적으로 같은 결과를 가져올 수 없는 조건이 공동작용하여 일 8
정 결과를 야기한 경우를 누적인과관계라고 한다. 예컨대 여러 사람의 상해행위가 결합하여 사망을 야기한 경우를 들 수 있다.

4) **가설인과관계** 발생 결과에 대한 원인행위가 없었더라도 가설 원인에 따라 같은 결과 9
가 발생했을 고도 개연성이 있는 경우를 말한다. 교과서범죄 예로 사망 직전 환자에게 독약을 먹이거나 또는 주사한 경우를 들 수 있는데, 이런 때는 독약을 투여하지 않았더라도 환자는 같은 시점에 사망하였을 개연성이 높다.

(가) **추월인과관계** 가설인과관계의 형태 가운데서 다른 원인 개입으로 결과발생이 앞당 10
겨진 경우를 추월인과관계라 한다. 이에 해당되는 예를 만들어 보면, 甲은 자기 부인이 그녀 정부와 짜고 자기를 속인 데 격분하여 서서히 약효가 발휘되는 독약을 부인에게 먹었는데 성부노 뒤늦게 자신이 부인에게 속았음을 알고 남편이 먹인 독약 약효가 나타나기 전에 그 부인을 살해한 경우를 들 수 있다. 더 흔한 보기로는 사행집행관이 교수대 포인트를 당기기에 앞서 피해자 어머니가 원수를 갚는다고 먼저 당겨서 사망시킨 경우도 전형적 교과서범죄이지만 이론적으로는 추월인과관계에 속한다.

(나) **경합인과관계** 가설인과관계 형태 중 어느 행위에 따르더라도 결과가 동시에 발생 11
하였을 것으로 생각되는 경우를 경합인과관계라 한다. 즉 가설인과관계의 현실 인과과정이 경합인과관계에 해당한다. 예를 들면 甲은 乙을 집에서 불러내어 살해하였는데, 乙은 甲의 행위가 없었더라도 丙이 설치해 놓은 시한폭탄으로 틀림없이 사망하였을 것으로 추정되는 경우가 여기에 해당한다.

5) **단절인과관계** 제3 독립행위가 개입하여 제1 원인행위 효력이 나타나기 전에 결과를 12
발생시킨 경우다. 흔한 교과서범죄 보기로 독약 약효가 나타나기 전에 다른 사람이 살해한 경우가 있다.

6) **비유형인과관계** 결과에 이르는 과정에 다른 조건이 비유형적으로 개입하여 결과가 13
발생한 경우를 말한다. 흔한 보기로 사망결과가 행위자 행위로 발생하지 않고 병원에 후송되는 과정에 '앰뷸런스 사고'로 발생하거나 또는 수술 도중에 '혈우병'이나 '의사의 치명적 실수'로 발

생한 경우를 들 수 있다.[1]

(3) 인과관계학설

1) 조 건 설

14 ㈎ **조건설 의의** 만일 그것이 없었다면 결과가 발생하지 않았으리라고 생각되는 모든 조건은 결과에 대한 원인이 됨으로써 인과관계가 인정된다는 학설이다. 이것을 이른바 **절대 제약공식**(conditio sine qua non-Formel)이라고 한다.[2] 하나의 결과에 대한 모든 조건은 같은 가치를 가지기 때문에(등가적), 조건설은 다른 말로 **등가설等價說**이라고도 한다. 조건설은 중요한 원인(조건)과 중요하지 않은 원인을 구별하지 않는다.

[절대 제약공식] 甲이 乙에게 칼 한 자루를 건네주었는데, 乙이 이 칼로 丙을 살해하였다고 가정해 보자. 이 경우에 절대적 제약공식(조건설)을 적용하면, 乙 행위와 마찬가지로 甲 행위 또한 형법 제250조 사망결과에 대한 원인 · 조건이 된다. 비록 甲이 칼을 건네준 행위가 乙 살해행위만큼 사망에 대해 중요 원인은 아니었더라도 말이다. 나아가서 칼을 만든 사람도 사망에 대한 조건을 제공한 것이다.

15 비유형인과진행 제 1 원인 제공자에게도 발생결과에 대한 인과관계가 인정된다. 제 3 자나 피해자 자신이 인과과정에 개입하더라도 인과관계는 중단되지 않는다. 예컨대 의사가 보관한 독약을 간호원이 훔쳐 살해한 경우도 의사 과실치사에 대한 인과관계는 인정된다. 만일 경찰이 방치한 총으로 자살하였으면 경찰 과실치사에 대한 인과관계가 인정된다.

㈏ **조건설에 대한 비판**

16 A. 조건설의 두 가지 수정방법 조건설은 그 범위가 지나치게 넓을 뿐 아니라 경우에 따라서는 매우 불합리한 결과도 가져온다. 순수 형태 조건설은 수정을 받을 수밖에 없는데, ① 첫 번째 시도는 **합법칙 조건설**이고, ② 두 번째는 **객관적 귀속이론**이다. 후자는 사실(자연적) 인과관계는 조건설이나 합법칙 조건설에 따르고 그것을 평가 · 규범적 객관 귀속이론으로 수정 · 보완하면 전체 객관적 구성요건 귀속문제는 원만하게 해결될 수 있다고 본다.

17 B. 조건설 내용에 대한 비판 조건설은, ① 발생결과로부터 그것에 대해 의미 있는 조건을 찾아 나가기 때문에 논리모순이 있다는 비판을 받는다. 즉 인과관계를 직접 밝히지 않고, 일단 결과를 전제한 뒤 가설 사고과정을 통해 의미 없는 조건을 제거하는 방법을 사용하는 것에 대한 비판이다. ② 인과관계 지나친 확장은 사리에 반한다는 비판을 받는다. 이것은 결과발생에 관계된 모든 조건을 등가적으로 평가하고 질적

---

1) 제 3 회 사례형 논점. 음주운전 사고 피해자 "B는 사고 직후 구급차에 실려 병원으로 후송되던 중 구급차가 교차로에서 신호를 무시하고 지나가는 트럭과 부딪혀 전복되는 바람에 그 충격으로 사망하고 말았다."

2) 제11회.

차이를 인정하지 않는 데서 나오는 결과이다.

C. 인과관계는 객관적 구성요건해당성 문제 이러한 명백한 모순에도 불구하고 18
조건설이 살아남는 이유는 무엇일까? 그것은 ① 조건설 결함이 객관 귀속이론의 추가심사로 보충될 수 있기 때문이다. 따라서 인과관계에서 조건설을 취하는 사람은 대부분 객관 귀속이론을 함께 받아들인다. ② 그렇지 않더라도 인과관계는 구성요건해당성단계의 객관 구성요건요소 귀속문제에 지나지 않고 가벌성 종국판단이 아니라는 점을 들 수 있다. 구성요건해당성 다음 위법성 또는 책임단계에서 인과관계의 미진했던 심사는 얼마든지 추가로 수정·보완할 수 있다.

2) 합법칙 조건설

(가) 합법칙 조건설 이것은 조건설 수정형태이다. 조건설 내용을 일상경험법칙 19
에 따른 **합법칙성**으로 수정한다. 이러한 합법칙 조건공식의 구체화내용은 '**결과가 행위에 시간적으로 뒤따르면서 합법칙으로 연결되어 있을 때**' 행위와 결과 인과관계는 인정된다는 것이다.[1)]

(나) 합법칙 조건설 수정내용 합법칙 조건설 수정내용을 구체적으로 살펴보면 20
다음과 같다. ① 이중인과관계에서는 각 행위가 결과에 대한 원인이 됨으로써 인과관계가 인정된다. ② 누적(중첩)인과관계에서도 각 행위와 결과는 인과관련을 갖는다. 다만 결과의 객관 귀속이 결여되어 미수책임을 지게 되는 것으로 수정한다(객관 귀속론에 따른 수정). ③ 가설인과관계에도 인과관계는 인정된다. 추월인과관계도 상황은 마찬가지다. ④ 단절인과관계는 제1행위와 결과 사이 인과관계가 부정된다. 그것에 따른 조건은 실현되지 않았기 때문이다. 그러나 제2행위와 결과 인과관계는 인정된다. ⑤ 비유형 인과관계에도 인과관계는 인정된다. 행위가 결과발생 원인이기만 하면 되고 그것이 유일한 조건 또는 주된 조건일 필요는 없기 때문이다(조건 등가성). ⑥ 부작위 인과관계도 인정된다. 부작위는 현실적인 힘 작용이 없기 때문에 절대 제약공식이 적용될 수 없다. 그러나 부작위는 행위를 하였으면 결과를 방지할 수 있었기 때문에 결과발생과 합법칙적 연관이 있다고 한다.

(다) 합법칙 조건설에 대한 비판 ① 합법칙 조건설의 핵심기준인 **합법칙성 내** 21
용이 분명하게 밝혀지지 않는 이상, 그것은 결국 법관의 규범상식에 의존하는 공허한 명칭·기준에 불과하다는 비판을 받는다. 말하자면 행위 어떤 부분이 구체적으로 결과발생에 대한 합법칙 원인을 제공하였는가를 설명할 수 있어야 한다. 그렇지 않으면 합법칙 조건설은 조건설과 큰 차이가 없다. 뿐만 아니라 ② 이것은 조건설에 대한 평가수정이 아니기 때문에 '합법칙성' 기준 또한 어차피 자연법칙적인 것에 지나지 않는다. 바로 이러한 이유 때문에 합법칙 조건설을 주장하는 사람도 인과관계 확정과 결과귀속

1) 제11회.

을 구별하여, 후자는 객관 귀속론에 따라서 법적·규범적으로 확정해야 한다고 한다. 이러한 방법은 조건설과 마찬가지고, 그렇게 하여 얻은 결론도 차이가 없다.

3) 상당인과관계설

22 (가) **상당인과관계설 의의** 우리나라 소수설·판례 관점이다. 위에서 살펴본 조건설과 합법칙 조건설은, 인과관계는 자연과학적 조건설(합법칙적 조건설에서는 조건설 수정형태)에 따르고 객관 귀속은 법률·평가적인 객관 귀속이론으로 나누는 **이원 방법**을 사용한다. 이에 대해 상당인과관계설은 이 양자를 형법 인과개념 안에 결합하려고 시도하는데, 인과관계와 귀속의 결합 또는 후자를 전자에 흡수하는 방법이다. 따라서 상당인과관계설에는 인과관계와 평가 귀속(객관 귀속) 구별이 없다.[1]

23 그리하여 상당인과관계설은 ① 행위가 자연과학적 또는 합법칙으로 결과를 야기하였는가 뿐만 아니라, ② 이 행위가 지금까지 일반 경험법칙(또는 생활경험)에 비추어 결과를 발생시키는 데 상당한가 또는 개연적인가를 인과관계 판단기준으로 삼는다(상당성 기준). 따라서 절대 제약공식에 따른 자연과학 인과관계 확정과 그것에 대한 법률 평가를 함께 내린다. 결과에 대해 '**상당히 개연적인 조건**'만을 원인으로 인정하고 결과귀속기준으로 삼겠다는 생각이다.

24 (나) **상당인과관계설 구체적 판단기준** 상당인과관계설은 인과관계개념 안에 자연과학 요소와 법률 요소를 함께 가지고 있음으로써 형법 필요에 따른 특별한 **법률 인과관계개념**을 만들었다고 할 수 있다. 즉 '상당히 인과적인 것'만을 인과관계로 인정한다. 상당인과관계설은 핵심되는 **상당성 판단기준**에 따라 다시 견해가 갈린다.

25 ① **주관 상당인과관계설**은 행위자가 행위당시에 인식하였거나 예견할 수 있었던 사정을 기준으로 판단한다(행위자 기준). ② **객관 상당인과관계설**은 행위당시 모든 사정을 제3자인 법관이 객관적으로 종합하여 상당성을 판단한다(일반인 인식·예견가능성을 기준). ③ **절충 상당인과관계설**은 행위자뿐만 아니라 일반인(통찰력 있는 사람)이 인식할 수 있었던 사정을 기초로 상당성을 판단한다(행위자·일반인 모두를 기준).

26 (다) **상당인과관계설과 객관적 사후예측** 이와 관련하여 상당성의 실질적 구체화기준으로 제시된 것이 '객관적 사후예측' 방법론이다. 즉 제3의 주의력 있는 객관적 관찰자(법관)가 행위상황에 존재하였거나 알 수 있었던 사정을 판단자료로 삼는다. 그리하여 만일 그가 실제로 발생한 인과진행을 예견할 수 있는 것으로 판단하면 상당성이 인정되어 인과관계를 긍정한다. 그러나 아무리 이성적 고려를 하여도 실제 인과진행을 예견할 수 없는 것으로 판단할 경우는 상당성 탈락으로 인과관계를 인정할 수 없게 된다. 따라서 객관적 사후예측 방법론은 위에서 설명한 객관 상당인과관계설과 그 내용이 같다고 할 수 있다. 이렇게 되면 행위자의 주관 인식 또는 인식가능성은 책임단계에서

1) 제11회.

고려한다.

㈑ **상당인과관계설에 대한 비판** 상당인과관계설에 대한 비판은 당연히 상당성 판단기준으로 집중된다. 27

A. 상당성이나 일반적 경험법칙 또는 일상생활경험 판단기준이 모호하다는 비판을 받는다. 그리하여 비유형 인과진행 개연성이 없는 결과 인과관계는 부정된다. 가설인과관계 · 단절인과관계는 객관적으로 귀속할 수 없는 결과를 상당한 조건관련이 있는 것으로 인정할 수 있다. 28

B. 인과관계(구성요건단계)와 결과귀속(비판자들은 책임단계로 이해)을 혼동한 체계잘못이 있다는 비판이 있으나 이 점은 잘 수긍이 가지 않는다. 여기 결과귀속은 어디까지나 객관적 구성요건결과에 대한 귀속이지 책임귀속 문제는 아니다. 조건설과 합법칙 조건설이 보완수단으로 삼는 객관 귀속이론도 결과귀속을 위한 것이다. 마찬가지로 객관적 구성요건해당성에 속하는 문제다. 29

C. 독일에서 상당인과관계설은 결과적 가중범의 중한 결과에 대한 형刑 가중을 책임주의와 일치하기 위해 고안한 이론이다. 이 점을 들어 우리 형법 제15조 제2항 결과적 가중범 규정은 예견가능성으로 해결하기 때문에 형법해석에 맞지 않는다는 비판이 있다. 그러나 독일 학설생성배경이 우리 형법 학설선택에 대한 규범기준으로 작용해야 할 이유는 없다. 얼마든지 재생산 · 재창조될 수 있는 문제고 또 그래야 한다. 30

4) 중 요 설 이 견해도 조건설을 기초로 하는 것은 다른 학설과 마찬가지다. 다만 중요설은 조건설에서 얻은 논리적 인과관계 내용을 각 범죄구성요건의 법률 중요성이라는 기준으로 수정한다. 다시 말하면 자연 · 논리적 인과관계확정은 조건설에 따르고 규범적 결과귀속은 각 구성요건 중요성으로 판단한다는 주장이다. 중요설에는 상당인과관계설의 상당성 기준 대신 '구성요건 중요성'이 등장함으로써 마찬가지로 그 실질 기준이 무엇인가 비판을 받는다. 31

5) 목 적 설 인과관계판단 근본목적은 기수와 미수를 구별하여 책임감경을 하는 것이라는 점에 착안한다. 책임감경 기준은 인과관계 진행 중 우연요소가 개입하여 그 결과가 발생하지 않았다는 것을 확인하는 것이므로 인과관계론은 무엇이 '우연'인가를 과학 입장(심층심리학)에서 규명해야 한다고 한다. 그리하여 행위가 결과에 필연이면 기수, 우연이면 미수로 본다. 목적설은 책임판단문제를 구성요건해당성단계의 인과관계에 끌어들인 점에서 비판받는다. 32

6) 기타 학설

㈎ **인과관계중단론** 인과관계 진행 중 타인의 고의행위와 예기치 않은 우연한 사정이 개입하여 인과관계를 지배하면 앞선 조건은 원인이 되지 않는다는 이론이다. 즉 인과관계가 중단된다는 것이다. 33

㈏ **소급금지이론** 인과관계중단론과 유사한 이론이다. 행위와 결과 사이에 고의 유책 행위가 개입하면 그 이전 조건으로 결과에 대한 원인성이 소급되지 못한다는, 원인이 되지 않는다는 이론이다. 34

35 (다) **비 판** 양자 모두 인과관계문제 한 단면을 포착한 것에 지나지 않는다. '상당성', '구성요건적 중요성', 또는 '객관적 귀속'의 한 유형을 말하고 있을 뿐이다.

3. 결 론

36 인과관계를 둘러싼 모든 학설 기본은 조건설에서 출발한다. 모든 학설은 조건설 내용을 합리적으로 제한하는 방법에서 차이를 보인다. 따라서 조건설과 다른 학설 관계는 어느 하나 절대적 타당성이 보장되는 택일관계에 있는 것이 아니라, 의존 · 보완관계에 있다. 형법 제17조가 '행위'와 '결과' 사이 인과관계기준으로 규정하는 것은 '죄의 요소되는 위험발생에 연결되지 않은 때'이다. 이 표지는 조건설, 합법칙 조건설 또는 상당인과관계설, 중요설 어느 학설에 따르더라도 해석할 수 있다. 형법 제17조 이 표지가 특정한 학설을 규정했다는 증거는 찾기 어렵다.

(1) 이원적 방법

37 조건설이나 합법칙 조건설을 취할 경우는 객관 귀속이론 보충을 받는다. 자연법칙 인과관계 확정은 위 학설에 따르고 평가적 결과귀속은 객관 귀속이론에 따르는 이원적 방법이다.

(2) 일원적 방법

38 상당인과관계설, 중요설을 취하면 인과관계 확정과 평가 귀속이 '상당성', '구성요건 중요성'이라는 표지로 통합된다. 일원적 방법이다. 그 결과 형법 제17조는 형법에 고유한 인과관계개념을 규정한 것이 되고 별도로 객관 귀속이론을 세워야 할 필요는 없다. 이 방법에 따르면 '상당성', '중요성'이라는 일반개념은 법이론적으로 구체화되어야 한다. 그렇지 않으면 그 실질 판단이 법관에게 일임되는 결과를 가져오기 때문에 법치국가 의문이 있다. 구체화하는 방법은 법이론 **유형비교類型比較**(Typenvergleich)이다.[1] 물론 구체화된 내용 · 기준은 객관 귀속이론과 큰 차이가 없다. 지금까지 상당인과관계설과 중요설은 포괄적 문제제기만 하고 그 핵심기준 구체화를 게을리한 반면, 객관 귀속이론은 평가적 귀속이론 문제를 따로 떼어 끊임없이 갈고 다듬었다는 데 공적이 있다.

(3) 선 택

39 위 두 가지 방법 가운데 두 번째 일원적 방법이 우리 법문화에 적합할 것으로 생각한다. 형법 인과관계 본질이 자연과학 · 철학적인 것이 아니라 형법 규범과학 성격에 맞게 법적 · 사회적인 것이라면, 그 인과관계 개념은 당연히 법적 인과관계여야 한다. 법적 인과관계는 평가귀속을 포함해야 한다(형법 제17조의 '인과관계'=법적 인과관계=자연법칙적 인과관계+평가적 귀속 ⇒상당인과관계). **상당인과관계설이 타당**하다.[2]

1) 유형비교의 구체적 방법에 대해서는 뒤 61/21 이하를 볼 것.
2) 같은 견해 오영근/노수환, 11/24.

일원적 해결방법 가운데 상당인과관계설을 취하면, 그 내용은 **객관 상당인과관계설** 40
이어야 한다. 인과관계는 어디까지나 객관 구성요건해당성 문제이기 때문이다. 행위자 주관 인식과 예견가능성은 책임문제에 속한다.

[판례] 상당인과관계 부정

① 파도수영장에서 물놀이 하던 초등학교 6학년 학생이 사망한 사건에 대해, 그 **사망원인이 구체적으로 밝혀지지 않은 상태**에서 수영장 안전요원과 관리책임자에게 업무상주의의무를 게을리한 과실을 인정하기는 어렵다.1)

② 강간피해자가 집에 들어가 음독자살한 것은, **강간의 당연한 결과**가 아니기 때문에 일상생활 경험에 비추어 볼 때, 양자 사이에는 인과관계를 인정할 수 없다.2)

③ 피해자가 피고인이 말한 차용금 용도의 목적이 실현되지 않더라도 어차피 돈을 꾸어주기로 합의하여 이를 피고인에게 교부하였다면, 피고인이 말한 **차용금 용도**가 비록 거짓이었다고 해도, 이 기망행위와 피해자의 재산처분행위 사이에는 상당인과관계가 있다고 보기 어렵다.3)

④ 녹색등화에 따라 직진하는 차량의 운전자는 대항 차선위의 다른 차량이 신호를 위반하여 **갑자기 좌회전**할 경우까지 예상하여 특별한 조치를 강구해야 할 주의의무는 없다. 사고당시 직진차량의 운전자가 과속 운전하였더라도 그러한 잘못과 사고 발생 사이에는 상당인과관계가 있다고 볼 수 없다.4)

⑤ 여관 4층에 **감금당한 강간피해자**가 피고인이 화장실에 간 사이에 창밖으로 뛰어내리다가 상해를 입었다. 이 상황에서 피해자가 강간을 모면하기 위해 4층에서 창문을 넘어 뛰어내리거나 또는 이로 인하여 상해를 입게 되리라고는 예견할 수 없다고 봄이 경험칙에 부합한다.5)

⑥ 피고인이 남편의 폭행으로 목을 다쳤을 뿐인데도 교통사고로 상해를 입었다는 취지로 보험금을 청구하여 다수의 보험회사들로부터 보험금을 편취하였다는 내용으로 기소되었다. 보험약관상 교통재해만이 보험사고로 규정되어 있을 뿐, **일반재해는 보험사고로** 규정되어 있지 않거나 교통재해의 보험금이 일반재해의 보험금보다 다액으로 규정되어 있는 경우에 해당한다는 점 등을 살피지 않고, 피고인의 **보험금청구가 기망행위**에 해당한다거나 인과관계가 있다고 단정한 것은 법리오해 또는 심리미진의 위법이 있다.6)

⑦ ***표준판례** 한의사인 피고인이 피해자에게 문진하여 과거 봉침을 맞고도 별다른 이상반응이 없었다는 답변을 듣고 부작용에 대한 충분한 사전 설명 없이 환부에 **봉침시술**을 하였는데, 피해자가 위 시술 직후 쇼크반응을 나타내는 등 상해를 입었다. 피고인의 설명의무 위반과 피해자의 상해 사이에 상당인과관계는 인정하기 어렵다.7)

⑧ 의사가 설명의무를 다하지 않았더라도 피해자가 **수술의 위험성을 충분히 인식**하고 있어 의사

1) 대판 2002. 4. 9. 2001도6601.
2) 대판 1982. 11. 23. 82도1446.
3) 대판 1984. 1. 17. 83도2818.
4) 대판 1993. 1. 15. 92도2579.
5) 대판 1993. 4. 27. 92도3229.
6) 대판 2011. 2. 24. 2010도17512.
7) 대판 2011. 4. 14. 2010도10104.

의 설명과 상관없이 피해자가 수술을 거부하지 않았을 것으로 판단된다.[1)]

⑨ 차량운행도중 버스의 페달브레이크 장치가 작동하지 않게 된 경우에 **사이드 브레이크**를 조작하지 않았다 하여 운전수에게 과실이 있다 할 수 없다.[2)]

⑩ 차를 도로에 주차한 점이나 **차의 미등 및 차폭등**을 켜 놓지 않은 것이 가령 도로교통법위반의 잘못이 있다손 치더라도, 그로 인해 오토바이운전자가 위 차를 뒤늦게 발견하여 사고가 일어났다고 인정되지 않는다면, 위 사고와 위 차의 주차 사이에 상당인과 관계가 있다고 할 수 없다.[3)]

⑪ 고속도로를 운행하는 자동차 운전자는, 일반적인 경우에 **고속도로를 횡단**하는 보행자가 있을 것까지 예견하여 보행자와 충돌사고를 예방하기 위해 급정차 등의 조치를 취할 수 있도록 대비하면서 운전할 주의의무는 없다.[4)]

⑫ 초지조성공사를 도급받은 수급인이, **불경운작업(산불작업)을 하도급**을 준 이후에 계속하여 그 작업을 감독하지 않은 잘못이 있다 하더라도, 이는 도급자에 대한 도급계약상의 책임이지 위 하수급인의 과실로 인해 발생한 산림실화에 상당인과관계가 있는 과실이라고 할 수는 없다.[5)]

⑬ 강간을 당한 피해자가 집에 돌아가 음독자살하기에 이르렀다. 그 원인이 강간을 당함으로 생긴 수치심과 장래에 대한 절망감 등에 있었다 하더라도, 그 자살행위가 바로 강간행위로 인해 생긴 당연한 결과라고 볼 수는 없다. **강간행위와 피해자의 자살행위** 사이에 인과관계를 인정할 수 없다.[6)]

⑭ 고등학교 교사가 제자의 잘못을 징계코자 왼쪽 빰을 때려 뒤로 넘어지면서 사망에 이르게 하였다. 피해자는 두께 0.5미리밖에 안 되는 비정상적인 얇은 두개골과 뇌수송을 가진 **심신허약자로서** 좌측빰을 때리자 급성뇌성압상승으로 넘어지게 된 것이었다. 위 소위와 피해자의 사망 사이에는 인과관계가 인정되지 않는다.[7)] *피해자가 **허약체질인** 경우, 폭행과 사망 간의 인과관계를 부정한 흔하지 않은 판결. 가해자의 행위 정도, 피해자의 허약체질의 정도가 관건으로 보임.

[판례] 상당인과관계 인정

① 피고인이 제왕절개수술 후 대량출혈이 있었던 피해자를 전원 조치하였으나, 전원 받는 병원 의료진의 조치가 다소 미흡하여 도착 후 약 1시간 20분이 지나 수혈이 시작되었다. 피고인의 **전원지체 등의 과실**로 신속한 수혈 등의 조치가 지연된 이상, 피해자의 사망과 피고인의 과실 사이에 인과관계가 인정된다.[8)]

② 피고인이 주먹으로 피해자의 복부를 1회 강타하여 장 파열로 인한 복막염으로 사망한 경우,

---

1) 대판 2015. 6. 24. 2014도11315. 제6, 12회.
2) 대판 1977. 3. 8. 76도4174.
3) 대판 1990. 11. 9. 90다카8760.
4) 대판 2000. 9. 5. 2000도2671.
5) 대판 1987. 4. 28. 87도297.
6) 대판 1982. 11. 23. 82도1446.
7) 대판 1978. 11. 28. 78도1961.
8) 대판 2010. 4. 29. 2009도7070.

비록 **의사의 수술지연 등의 공동원인**이 있었더라도, 양자 사이에는 인과관계가 인정된다.[1]

③ ***표준판례** 피해자를 2회에 걸쳐 두 손으로 힘껏 밀어 땅바닥에 넘어뜨리는 폭행을 가함으로써 심장마비로 사망하게 하였다면, 피해자에게 **심장질환 등의 지병**이 있었고 음주로 만취된 상태였더라도 피고인의 폭행과 피해자의 사망 사이에는 상당인과관계가 인정된다.[2] *피해자의 허약체질이 결과발생에 일부 영향을 주었더라도 상당인과관계 인정에는 영향이 없다는 판결.

④ 상당인과관계는 피고인의 행위가 피해자의 사망이라는 결과를 발생케 한 유일한 원인이거나 직접적인 원인이 되어야 하는 것은 아니다. 피해자나 **제3자의 과실 등이 경합**하여 결과가 발생한 경우에도 이를 인정할 수 있다. 예컨대 피해자가 평소 병약한 상태에 있었고 피고인의 폭행으로 그가 사망함에 있어서, 지병이 또한 사망결과에 영향을 주었다고 하여 폭행과 사망 간에 인과관계가 없다고 할 수 없다.[3]

⑤ 피고인이 야간에 오토바이를 운전하다가 도로를 무단 횡단하던 피해자를 치어, 그로부터 약 40초 내지 60 후에 **다른 사람이 운전하던 트럭**이 도로 위에 넘어져 있던 피해자를 다시 치어 사망하였다. 피고인의 과실과 피해자의 사망 사이에는 상당인과관계가 있다.[4]

⑥ 야간에 비로 시계까지 불량한 상황에서 **도로에 누워있던 피해자**를 미리 발견하지 못하고 역과한 경우, 피고인의 업무상 과실은 인정된다.[5]

⑦ ***표준판례** 호텔로 유인된 강간피해자가 피고인이 전화를 하는 사이 **객실 창문**을 열고 뛰어내리다가 28m 아래 지상으로 추락하여 사망한 경우, 피고인의 폭행 협박과 피해자의 사망 사이에는 상당인과관계가 있다.[6] *범죄에서 벗어나기 위해 피난행위를 하다가 사망한 경우에도 범행과 결과 사이에 인과관계가 인정된다는 판결.

⑧ 금융기관에 **허위의 재무제표 등을 제출**하여 대출을 받은 경우에는 기망행위와 대출 사이에 상당인과관계가 인정된다.[7]

⑨ 구회사채를 지급 보증한 금융기관이 회사의 요청에 따라 자신의 자금으로 구회사채를 우선상환한 다음, 그 직후 회사가 발행하는 신회사채를 지급 보증하는 방법으로 자금을 조달하여 위 구회사채 우선상환 자금을 변제받기로 하는 **포괄적 약정**을 체결하였다. 금융기관의 신회사채에 대한 지급보증과 회사의 재무상황에 대한 기망행위 사이에 인과관계가 인정된다.[8]

⑩ 피고인은 고속도로 2차로를 따라 자동차를 운전하다가 1차로를 진행하던 갑의 차량 앞에 **급하게 끼어 든 후 곧바로 정차**하여, 갑의 차량 및 이를 뒤따르던 차량 두 대는 급정차하였으나, 그 뒤를 따라오던 을의 차량이 앞의 차량들을 연쇄적으로 추돌케 하여 을을 사망에 이르게 하고 나머지 차량 운전자 등 피해자들에게 상해를 입혔다. 이 경우 피고인의 정차 행위와 사상의 결과 발생 사이에 상당인과관계가 있고, 사상의 결과 발생에 대한 예견가능성도 인정

1) 대판 1984. 6. 26. 84도831.
2) 대판 1986. 9. 9. 85도2433. 같은 취지는 대판 1989. 10. 13. 89도556; 1983. 1. 18. 82도697.
3) 대구지법 2008. 12. 17. 2008고합78.
4) 대판 1990. 5. 22. 90도580.
5) 대판 2001. 12. 11. 2001도5005.
6) 대판 1995. 5. 12. 95도425.
7) 대판 2003. 10. 10. 2003도3516.
8) 대판 2007. 6. 1. 2006도1813.

되어 일반교통방해치사상죄가 성립한다.1)

⑪ 피고인은 운행하던 자동차로 도로를 횡단하던 피해자를 충격하여 피해자로 하여금 반대차선의 1차선상에 넘어지게 하여 피해자가 **반대차선을 운행**하던 자동차에 역과되어 사망하게 하였다. 피고인은 그와 같은 사고를 충분히 예견할 수 있었고 또한 피고인의 과실과 피해자의 사망사이에는 인과관계가 인정된다.2)

⑫ 운전자 갑은 차를 세워 시동을 끄고 1단 기어가 들어가 있는 상태에서 시동열쇠를 끼워놓은 채 **11세 남짓한 어린이**를 조수석에 남겨두고 차에서 내려왔다. 그 동안 이 어린이가 시동열쇠를 돌리며 악셀러레이터 페달을 밟아 차량이 진행하여 사고가 발생하였다. 갑의 업무상 주의의무를 게을리 한 과실은 사고결과와 인과관계가 인정된다.3)

⑬ ***표준판례** 피고인의 범행으로 피해자에게 급성신부전증이 발생하였고 또 그 합병증으로 피해자의 직접사인이 된 패혈증 등이 유발되었다. 비록 그 직접사인의 유발에 피해자 자신의 과실이 개재되었더라도, 이와 같은 사실은 **통상 예견할 수** 있으므로 이 사건 범행과 위 피해자의 사망 사이에는 인과관계가 있다.4) *범죄행위와 결과의 중간에 다른 사실이 개재되더라도 인과관계가 인정될 수 있다는 판례.

⑭ 폭행 또는 협박으로 타인의 재물을 강취하려는 행위와, 이에 극도의 흥분을 느끼고 공포심에 사로잡혀 이를 피하려다 상해에 이르게 된 사실과는 상당인과관계가 인정된다. 이 경우 강취행위자가 상해결과를 예견할 수 있었다면 이를 강도치상죄로 다스릴 수 있다.5)

⑮ 야간에 2차선의 굽은 도로 상에 **미등과 차폭등**을 켜지 않은 채 화물차를 주차시켜 놓음으로써 오토바이가 추돌하여 그 운전자가 사망한 사안에서, 주차행위와 사고발생 사이에 인과관계가 인정된다.6)

⑯ 피해자가 피고인의 자상刺傷행위로 부상한 후 1개월이 지난 후 **패혈증** 등으로 사망하였다. 그 패혈증이 위 자창으로 인한 과다출혈과 상처의 감염 등에 연유한 것인 이상, 피고인의 행위와 피해자의 사망사이에 인과관계의 존재를 부정할 수는 없다.7)

⑰ 피고인은 갑의 뺨을 1회 때리고 오른손으로 목을 쳐 갑으로 하여금 뒤로 넘어지면서 머리를 땅바닥에 부딪치게 하여 상해를 가하였다. 갑이 두부 손상을 입은 후 병원에서 입원치료를 받다가 **합병증**으로 사망에 이른 경우에도, 피고인의 범행과 갑의 사망 사이에 인과관계를 부정할 수 없다.8)

⑱ ***표준판례** 피고인의 택시가 4거리에서 적색 등화임에도 횡단보도 앞 정지선에 정지하지 않고 횡단보도에 진입하였다. 횡단보도에 들어선 이후 신호등이 녹색 등화로 바뀌자 교차로로 계속 직진하여 교차로를 거의 통과한 갑의 승용차를 추돌하였다. 피고인이 적색 등화에 따라 **정지선 직전에 정지하였더라면** 교통사고는 발생하지 않았을 것이 분명하여 피고인의 신호위

1) 대판 2014. 7. 24. 2014도6206. 제5회.
2) 대판 1988. 11. 8. 88도928.
3) 대판 1986. 7. 8. 86도1048.
4) 대판 1994. 3. 22. 93도3612. 제7, 11, 12회.
5) 대판 1996. 7. 12. 96도1142.
6) 대판 1996. 12. 20. 96도2030.
7) 대판 1982. 12. 28. 82도2525. 제7회.
8) 대판 2012. 3. 15. 2011도17648. 제14회.

반행위가 교통사고 발생의 직접 원인이 되었다고 보아야 한다. 이와 달리 보고 공소를 기각한 원심판결은 인과관계 법리를 오해한 위법이 있다.[1] *피고인이 적색등화에서 정지선 직전에 정지 하지 않은 것을 교통사고의 직접원인이라고 본 판례.

⑲ ***표준판례*** 피해자의 수술에 사용된 마취제 할로테인은, 드물게는 간에 해독을 끼치고 특히 이미 간장애가 있는 경우에는 간장애를 격화시킬 위험이 있으므로 개복수술 환자의 경우 간 기능검사를 하는 것이 보편적이다. 그러나 피고인들은 **종합적인 간기능검사**를 하지 않고 시진, 문진 등 검사결과와 정확성이 떨어지는 소변에 의한 간 검사 결과만을 믿고 이 사건 개복수술을 감행하였다. 그 결과 피해자는 수술 후 22일 만에 급성전격성간염으로 사망하였다면 피고인들에게는 업무상과실이 인정된다. 피고인들의 과실과 피해자 사망 사이에 인과관계가 인정되기 위해서는 피고인들이 수술 전에 피해자에 대한 간 기능검사를 하였더라면, 피해자의 간 기능에 이상이 있다는 검사결과가 나왔으리라는 점이 증명되어야 한다. 원심은 피해자가 수술당시에 이미 간 손상이 있었다는 사실을 증거 없이 인정함으로써 채증법칙위반 및 인과관계에 관한 법리오해의 위법을 저질렀다.[2] *과실행위의 인과관계는 **적법한 행위**를 하였으면 결과가 발생하지 않았을 것인지 인정되어야 한다는 판결. 이 경우 학설은 일반적으로 객관적 귀속의 주의의무위반관련 문제로 다루지만, 판례는 인과관계 문제로 해결함.

⑳ ***표준판례(가습기살균제 사건)*** 유해성이 명확하게 밝혀지지 않은 물질 PHMG와 소비자의 사망 간의 인과관계 여부가 쟁점이 된 사건이다. 피고인 1의 **흡입독성시험 미실시로** 인한 주의의무 위반과 결과발생 사이의 인과관계가 없다는 주장은 다음과 같은 이유로 받아들일 수 없다. ㉮ 피고인 1이 (제품명 1 생략)의 주원료를 변경하는 과정에서 흡입독성이 없는 살균제 성분을 사용하거나, PHMG를 원료물질로 사용하더라도 흡입독성시험을 실시하는 등으로 흡입독성에 관한 객관적 자료를 확인하여 인체에 무해한 농도로 권장사용량을 정하였다면, (제품명 1 생략)을 사용한 피해자들이 폐질환으로 사망하거나 상해를 입는 결과가 발생하지 않았을 것으로 판단된다. ㉯ (제품명 1 생략)의 제조 · 판매가 중단된 이후 안전성평가연구소에서 실시한 PHMG에 대한 급성 흡입독성시험 결과, 고농도 노출군 전부 및 중농도 노출군 중 일부가 사망하고, 폐사한 중농도 · 고농도 노출군의 폐에서 염증세포 병소, 포말대식세포 축적, 기관지상피 변성 · 재생, 섬유증 등의 병변이 관찰되었다. (제품명 1 생략)의 제조 · 판매가 중단된 이후 안전성평가연구소에서 실시한 급성 흡입독성시험에서도, 고농도 노출군의 대부분이 사망하고, 중농도 · 고농도 노출군에서 시험물질에 의한 폐포벽 비후, 대식세포 탐식, 염증세포 증가 등이 관찰되었다. 피고인이 급성흡입독성시험을 실시하지 않은 업무상과실과 사상의 결과 사이에 인과관계가 인정된다.[3] *2000년 가습기 살균제를 판매하면서 독성 화학물질 폴리헥사메틸렌구아니딘(PHMG)의 안전성을 검증하지 않아 사망 73명 등 181명의 피해자를 낸 사건. 독성물질의 사용과 표시 등과 사망, 상해라는 결과 사이의 인과관계를 인정한 판결.

㉑ 선행 교통사고와 후행 교통사고 중 어느 쪽이 원인이 되어 피해자가 사망에 이르게 되었는지 밝혀지지 않은 경우, **후행 교통사고를** 일으킨 사람의 과실과 피해자의 사망 사이에 인과관계

1) 대판 2012. 3. 15. 2011도17117.
2) 대판 1990. 12. 11. 90도694.
3) 대판 2018. 1. 25. 2017도12537.

가 인정되기 위해서는 후행 교통사고를 일으킨 사람이 주의의무를 게을리 하지 않았다면 피해자가 사망에 이르지 않았을 것이라는 사실이 증명되어야 하고, 그 증명책임은 검사에게 있다.1)

㉒ 자동차의 운전자가 통상 예견되는 상황에 대비하여 결과를 회피할 수 있는 정도의 주의의무를 다하지 못한 것이 교통사고 발생의 직접적인 원인이 되었다면, 비록 자동차가 보행자를 직접 충격한 것이 아니고 **보행자가 자동차의 급정거에** 놀라 도로에 넘어져 상해를 입은 경우라고 할지라도, 업무상 주의의무 위반과 교통사고 발생 사이에 상당인과관계를 인정할 수 있다.2)

[52] Ⅲ. 객관적 귀속론

1. 객관적 귀속론 의의

(1) 평가적 결과귀속 분리

1 **1) 형법 제17조 의미** 자연법칙 인과관계 확정과 법적·평가적 결과귀속을 분리해야 한다는 관점에서 주장된 이론이다. 이 이론에 따르면, ① 형법 제17조 '인과관계'는 자연법칙 인과관계와 관련할 뿐이고 객관적 귀속은 형법도그마틱이론에 따라 해결할 수밖에 없다. ② 물론 이런 주장도 가능하다. 즉 형법 제17조는 인과관계와 함께 객관적 귀속도 규정한다는 것이다. 이것은 인과관계학설의 상당인과관계설과 중요설이 형법 제17조에 '상당성', '중요성' 평가내용이 들어있다는 주장과 비슷하다.

2 **2) 형법도그마틱이론으로서 객관 귀속론** 그러나 객관 귀속이론에 관한 한, ① 의미로 해석하는 것이 타당할 것으로 생각한다. 객관적 귀속이론은 최근에 발전한 이론으로서 최소 형법 제17조가 제정될 당시에는 이런 이론이 존재하지 않았고, 사람은 알지 못했다. 그럼에도 형법 제17조 "죄의 요소 되는 위험발생에 연결되지 아니한 때" 의미가 객관적 귀속을 규정한 것일 뿐만 아니라 그 귀속의 구체 기준까지도 포함한 것으로 보는 것3)은 아무래도 가능한 해석한계를 벗어난다. 이 점은 이른바 객관 귀속기준이 형법 제17조와 아무 상관없이 발전되어 왔고, 앞으로도 어디까지 이르러갈지 예측할 수 없는 상황을 감안하면 더욱 그렇다. 지금 우리나라에서 논의되는 기준은 모두 인과관계에 대한 명시 규정이 없는 독일 형법학이 만든 것을 그대로 옮겨 놓은 것이다. 만일 필요하다면 우리 형법 제17조를 토대로 한 독자 객관 귀속기준을 발전시켜야 한다. 그렇지 않고 독일 이론이 그들의 필요에 따라 만든 기준을 우리 형법 제17조 인과관계규정에 그대로 갖다 붙이는 것은 아무래도 무리가 있어 보인다.

(2) 기수와 미수 구별기준

3 인과관계 한 단면을 떼어 낸 객관 귀속은 어디까지나 객관 구성요건해당성 문제에 속한다. 따라서 고의와 같은 주관적 구성요건해당성(주관 귀속) 또는 책임(개별 귀속, 책임귀속) 문제와 구별된다. 범죄체계 각 단계가 그러하듯이 구성요건해당성단계에서 객관 귀속을 부인하면 가벌성심사는 일단 종결된다. 즉 가벌성이 탈락한다. 미수는 성립할 수 있으나 과실결과범에 대한 미수처벌

1) 대판 2007. 10. 26. 2005도8822. 제10회.
2) 대판 2022. 6. 16. 2022도1401.
3) 신동운, 186면; 김일수/서보학, 172면; 김성돈, 189면; 이재상 외, 11/52; 임웅 외, 135면.

은 없으므로 결국 고의결과범 미수만 문제된다.

객관적 귀속론은 실제로는 오늘날과 같은 위험사회에서 과실개념을 의제하기 위한 수단으로 4
등장하였다. 이것은 객관 귀속론이 주로 과실귀속에 해당되는 문제를 취급하는 데서도 드러난다. 현대 산업사회에서 과실귀속은 형법 법치국가원칙이 제대로 존중되지 않고 이루어진다.

2. 객관적 귀속 기준

독일 형법학 학설이 만들고 우리 교과서가 소개하는 객관 귀속기준을 열거하면 다음과 같 5
다.[1] 아래 귀속기준의 규범성은 법률에서 나오는 것이 아니다.[2] 사람이 불합리하다고 생각하는 조건설 유형을 모아서 이름 붙인 것에 지나지 않는다. 따라서 보통 법상식이 있는 사람이면 누구나 생각할 수 있는 기준이다. 그리고 이 기준목록이 완결된 것도 아니어서 불합리한 조건설 유형이 발견되는 대로 객관 귀속의 새로운 기준은 계속해서 만들어질 것이다.

(1) 지배가능성이론

행위자가 개시한 인과진행을 그의 작품으로 객관적으로 귀속시키기 위해서는 행위과정이 그 6
에게 지배가능한 것이어야 한다. 지배가능성은 결과에 대한 예견가능성과 회피가능성, 다른 말로는 조종가능성을 뜻한다. 지배가능성 구체 기준으로는 다음과 같은 것이 있다. 이런 조건에서는 객관 귀속이 부인된다.

1) 시간적으로 멀리 떨어진 조건 예를 들면, 나중에 살인자가 된 아이 출산행위 또는 살 7
인에 사용된 총기나 그 총기 금속 · 화약 등을 제조한 행위 등은 지배할 수 있는 행위에서 제외되기 때문에 결과를 행위자에게 객관적으로 귀속시킬 수 없다.

2) 지나치게 비유형적 인과과정 앞의 '비유형 인과과정'에서 예로 든 교통사고 환자가 병 8
원으로 후송되는 과정에 발생한 '앰뷸런스 사고' 또는 수술 중 우연히 발견한 '혈우병'이나 '의사 실수'로 시망한 경우 등이 여기에 해당될 수 있다. 물론 병원으로 실려 가게 한 원인을 제공한 사람에게 사망결과에 대한 객관 귀속은 시킬 수 없더라도 살인미수 책임은 돌아간다.

3) 제3자 고의행위의 자유로운 개입 '의사가 보관한 독약'이나 '경찰이 방치한 총'으로 9
사망결과가 발생한 경우가 여기에 해당한다.

(2) 의무위반 또는 위법성관련이론

발생결과가 행위자 의무위반행위에 기인할 때만 객관적으로 귀속시킬 수 있다는 이론이다. 10
따라서 의무에 합당한 행위를 하였더라도 같은 결과가 발생했을 것으로 판단될 경우는 객관적 귀속이 부정된다.

예컨대 한 운전자가 도로교통법 제19조에 규정한 일정한 안전거리 유지의무를 위반하여 차 11
를 몰고 가던 중 갑자기 길옆에서 뛰어든 사람이 차에 치어 죽었다. 감정인鑑定人 감정에 따르면 행인이 워낙 빠른 속도로 찻길에 뛰어들었기 때문에 운전자가 안전거리를 확보했더라도 행인은 마찬가지로 죽었을 것으로 판단되었다. 이때 사망결과는 그 운전자에게 객관적으로 귀속시킬 수 없다는 것이 의무위반관련이론 내용이다. 말하자면 이미 과실을 전제하고 사망귀속만을 문제삼는

---

1) 그러나 우리나라 판례는 이 기준에 해당되는 사건을 대부분 과실문제로 취급한다. 나는 이것이 객관적 귀속론보다 바람직한 방법이라고 생각한다. 왜냐하면 객관 귀속론은 그들 귀속기준에 해당하면 내용을 묻지 않고 무조건 과실이 있는 것으로 의제하지만, 판례처럼 직접 과실문제로 취급하면 과실유무 법치국가 심사가 가능하기 때문이다.

2) 독일 형법에 '인과관계' 규정이 없음을 다시 한 번 상기할 것.

다. 그러나 도로교통법위반이 곧 형법 업무상과실치사에서 말하는 과실을 의미하지는 않는다. 과실유무는 구체 상황을 검토하고 난 뒤에 비로소 내릴 수 있는 판단이다. 판례도 도로교통법에 규정한 의무를 위반했더라도 행위 당시 구체 사정(도로사정, 피고인의 앞지르기 방법 등)을 토대로 운전과실여부를 판단해야 한다.[1)]

(3) 보호목적관련이론

12 일정한 의무를 규정한 규범 보호목적에 따라 객관 귀속을 정하는 이론이다. 즉 행위자가 위반한 주의의무규정 목적으로 저지할 수 없는 결과는 객관적으로 귀속시킬 수 없다는 것이다.

13 예컨대 어떤 운전자가 법정속도를 위반하여 과속으로 질주하여 사고장소에 이르렀다. 그러나 사고장소에서는 적정속도를 유지해 운행하였는데 이때 갑자기 아이가 차도로 뛰어들어 사망하였다. 이 상황은 주의력 있는 운전자라도 예상할 수 없는 것이었다(즉 과실이 없다. 판례는 여기에서 결론을 맺는다). 이 경우 위 의무위반관계는 존재한다. 왜냐하면 과속하지 않고 적정속도로 사고장소에 이르렀다면 그 아이는 이미 길을 건넜을 것이기 때문이다. 그러나 속도제한 규범목적(도로교통법 제17조)은 일정 장소에 도달하는 것을 지연시키는 데 있지 않다. 그러므로 이런 경우는 사고발생이 속도제한을 규정한 규범 보호목적과 관련 없기 때문에 행위자에게 과실치사 객관적 귀속을 시킬 수 없다.

(4) 위험창출과 위험증대이론

14 1) 사실적으로 중요한 위험창출 문제된 행위가 법익에 대해 사실적으로 중요한 위험을 만들지 않았을 경우는 객관적 귀속이 배제된다. 예를 들면 범죄자 조상인 아담과 이브, 유산상속 목적으로 비행기에 태워 보낸 결과 실제로 떨어져 죽은 경우 또는 더 놀라운 교과서범죄 보기는 벼락 맞아 죽게 할 목적으로 들판에 심부름 보내 실제로 벼락 맞아 죽은 경우 등은 사실로 중요한 위험을 창출한 경우가 아니기 때문에 객관 귀속이 부인된다.

15 2) 허용된 위험이론 창출된 위험이 일반적으로 허용된 위험 한계 안에 있는 경우도 객관 귀속은 배제된다. 위 '보호목적관련이론'에서 들었던 보기에서 운전자가 법정속도를 지켰음에도 같은 사고가 난 경우 적용될 수 있다. 자동차운전행위는 허용 위험에 속하기 때문에 과실치사의 객관 귀속을 시킬 수 없다.

16 3) 위험감소이론 행위가 이미 존재하는 위험을 증가시키지 않고 오히려 감소시킨 경우 객관 귀속이 배제된다. 예컨대 몽둥이로 때리지 말고 주먹으로 치라고 한 경우, 불난 집에서 어린이를 창밖으로 던진 경우 등에서 발생한 결과(상해교사나 치상·치사)는 객관적으로 귀속시킬 수 없다. 전통적으로 긴급피난에 해당하는 사안이다.

17 4) 위험관련(실현)이론 행위자 행위와 특별히 결합된 위험이 결과에 실현되었을 경우에만 객관적 결과귀속은 가능하다는 주장이다. 예컨대 교통사고로 부상한 사람이 누구 과실도 없이 수술 도중 사망한 경우를 들 수 있다. 여기서 사망결과는 교통사고와 결합된 특별한 위험이 아닌 일반적 수술위험에서 연유하였을 뿐이기 때문이다.

18 5) 위험증대이론 일정한 의무위반행위가 비록 새로운 결과발생위험을 창출한 것은 아니지만 이미 발생한 위험을 증대시킨 경우는 결과귀속이 가능하다는 이론이다.[2)] 예를 들면 甲이 화

1) 대판 1986. 7. 8. 86도239.

2) 이미 인과관계이론에서 나온 문제다.

물차를 몰고 가던 중 도로교통법 제21조에 정한 추월방법을 위반하여 앞에서 자전거를 몰고 가던 乙을 추월하다가 사고를 일으켜 사망결과를 야기하였다. 감정인에 따르면 乙이 당시 대단히 취해 있었기 때문에 甲이 법정추월방법을 엄수하여 추월했더라도 乙이 사망했을 것으로 판단하였다. 위험증대이론에 따르면 이 경우 甲에게 乙 사망결과를 귀속시킬 수 있다(과실 의제擬制). 그러나 엄격하게 말하면 '위험증대'가 아닌 甲 과실유무로 결론을 내려야 할 문제다.

3. 객관적 귀속이론에 대한 결론

이상에서 설명한 여러 종류 객관적 귀속기준은 대립이 아닌 보완관계에 있다. 따라서 어느 19
하나 이론을 선택해야 하는 것으로 생각할 필요는 없다. 이들 상호 보완성은 각 기준이 서로 중첩되는 부분을 갖는 데서도 엿볼 수 있다. 즉 일정한 사안에 대한 객관 귀속판단은 특정한 하나의 기준뿐만 아니라 다른 기준에 따라서도 가능한 경우가 얼마든지 있다.

(1) 규범성 결여

객관적 귀속이론은 비교적 최근에 등장하였는데도 각광받는 분야다. '신이론'으로 받아들인 20
다. 세운 이론으로부터 해석이나 기타 특별한 매개과정을 거치지 않고 직접 사안에 대한 명쾌한 귀속해답을 끌어낼 수 있으니 논리적으로 보인다. 언제나 사안을 가지고 설명하기 때문에 추상성이 낮고 매우 구체적 · 현실적이라는 인상을 받는다. 이것은 형법총론 기타 문제가 갖는 높은 추상성과 비교하면 차이가 있다. 세운 기준 자체가 어떤 설명력을 갖기보다 사안을 통해 기준을 설명한다.

여기서 우리는 객관 귀속이론의 '새로움' 껍질을 벗길 수 있다. 그 허상을 발견한다. 그 새 21
로움이란 결국 형법 모든 이론이 지녀야 할 규범성을 저당잡히고 얻은 하잘 것 없는 대가에 지나지 않는다. 영미법계와 달리 대륙법계 법정신은 규범성을 생명으로 삼는다. 법관의 법률에 대한 규범 구속이 그 이념이다. 그럼에도 객관적 귀속이론은 이 근본정신을 뒤잎는다. 형법의 객관 구성요건해당성에 속하는 규범판단 문제인데도 그 규범성을 찾을 길이 없다. 모두가 임의적이고 자의적이다. 법관에 대한 구속이념과 거리가 멀다. 객관 귀속이론은 규범이 없는 틈에 생긴 영미법사고 흉내, 더욱 정확하게는 대륙법사고와 영미법사고 혼합형태라고 할 수 있다. 그래도 독일 형법에는 해당 규정이 없으니 '기술되지 않은 구성요건요소'로 어쩔 수 없다는 변명이라도 가능하다. 하지만 형법 제17조 인과관계에 관한 명문규정이 있는 우리나라에 이 이론을 그대로 갖다 붙이는 것은 비판 받아 마땅하다.

(2) 제한된 논리성

1) '생활세계 보편 경험'으로서 상당성 그렇다고 제시된 객관 귀속기준이 특별한 내용을 22
담고 있는 것도 아니다. 모두 보통 법상식이 있는 사람이면 누구나 판단할 수 있는 문제다. 이 상식은 생활세계 보편경험에 따라 판단하는 인과관계 '상당성' 또는 '구성요건 중요성'에도 얼마든지 표현할 수 있다. 즉 상당성 판단기준은 '생활세계의 보편 경험'이 제공한다. 이러한 기준 구체화에 힘쓰면 될 일이다. 그렇게 함으로써 최소한 형법 제17조 구속정신은 살릴 수 있다.[1)]

2) 부정 기준으로서 논리성 객관적 귀속이론의 논리성 · 실제성은 매우 제한적이다. 왜냐 23
하면 그 기준은 대부분 부정기준으로 일관하고 있기 때문이다. 즉 객관적 귀속 '부정'에서만 논리적

1) 같은 견해 오영근/노수환, 11/34 이하.

이고 실제적일 뿐이다. 그 부정판단은 결코 힘든 문제도 아니다. 쉬운 판단의 논리성과 실제성을 과대평가해야 할 이유는 없다. 객관 귀속을 긍정하면 범죄체계 다음 단계심사로 넘어간다. 이 다음 단계 심사에 객관 귀속이론의 논리성과 실제성이 기여하는 것은 아니다. 가벌행위를 확정하는 전체과정에서 보면 그 존재의미는 보잘것없다. 객관 귀속의 부정판단이 설사 조금 잘못되더라도 크게 문제될 것은 없다. 다음 단계 심사과정에서 언제든지 바로잡을 수 있다.

24 객관 귀속이론은 범죄체계 지혜를 새겨야 한다. 상당인과관계설이나 중요설이 평가귀속을 제대로 하지 못한다고 염려하지 않아도 괜찮다. 그것은 모두 객관적 귀속론의 이론 우월 · 만족에 지나지 않는다. 객관적 귀속이론의 **부정 논리성 · 실제성**은 구성요건해당성단계 결과귀속기준으로 인식한계를 드러낸 것이기도 하다.

제 5 절 주관적 구성요건요소

주관적 구성요건요소는 행위자 내부 심리상태를 기술하는 구성요건요소를 의미한다. 여기는 고의 · 과실 · 목적 · 경향 · 표현 등 주관적 불법요소와 재산죄 불법영득의사가 속한다. 주관적 구성요건요소에서 가장 문제 되는 것은 고의다.

① 목적범 '목적' 예를 들자면 형법 제87, 88, 90, 91조(목적 정의), 제109, 114, 156, 198, 207조 이하, 제225조 이하, 제244, 247, 288조 등이 있다. ② 경향범 '경향'은 주로 성범죄에서 성적 만족을 얻으려는 경향이다. 예컨대 형법 제245조 공연음란죄의 성욕을 자극시키는 행위자 경향이 있다. ③ 표현범 '표현' 예로는 형법 제152조 위증죄 선서한 증인의 일정한 내심경향, 즉 알고 있는 것과 다르게 표현하는 내심 의사가 있다. 그러나 법문은 경향범과 표현범을 목적범처럼 명시적으로 규정하지 않는다.

[53] Ⅰ. 고 의

1. 고의 의의

1 형법 제13조 규정에서 알 수 있듯이, 우리 형법은 "죄의 성립요소인 사실을 인식한" 고의행위만 처벌한다는 점을 분명히 한다. 다만 과실행위를 처벌하는 특별한 규정이 있을 경우는 예외로 하는데, 이것은 어디까지나 형법각칙 개별구성요건에서 인정되는 예외현상에 속한다. 결과적으로 형법은 고의와 과실 어느 하나도 없을 경우 처벌하지 못한다. 책임고의와 구별하기 위해 구성요건고의라는 이름을 사용하기도 한다.

2 고의는 **구성요건실현에 대한 인식과 의욕**이다. 여기서 인식은 고의 지적知的 요소, 의욕은 의적意的 요소라고 한다. 전자를 인식요소, 후자를 의욕요소로 부르더라도 상관없다. 형법 제13조는 '죄의 성립요소인 사실의 인식'이라고 하여 고의 지적 요소 · 인식요소는 분명히 규정하고 있지만 의적 요소 · 의욕요소에 대해서는 언급이 없다. 하지만

이것은 형법도그마틱 학설에 맡겨진 문제로 오늘날 고의가 양 요소를 포함한다는 점에 이견이 없다. 그러므로 형법 제13조는 의적 요소를 전제한다고 보아야 한다. 인식은 의욕을 전제하기 때문이다.

2. 고의 본질

종래에는 이에 대해 인식설과 의사설 대립이 있었지만 지금은 그렇지 않다. 고의는 지적·의적 요소를 모두 갖추어야 한다. 현재 통설은 고의 성립에 인식과 의욕이 병존해야 하는 것으로 본다. 그러나 행위자가 결과발생을 인식하고 의욕하지 않은 경우가 과연 존재할 수 있을지 의문이다. 아무래도 인식은 의욕을 전제하고 의욕도 인식을 전제하는 것으로 보는 것이 합당하다. 그렇다면 고의는 인식과 의욕 어느 하나로 설명할 수 있다. 이것은 물론 위 인식설, 의사설 대립과 다른 문제다. 3

3. 고의 체계적 지위

(1) 고의의 이중 지위(불법고의와 책임고의)

위 '고의 본질'과 마찬가지로 고전 테마에 속하면서도 끊임없이 반복해 등장하는 것이 바로 고의의 체계 지위에 관한 문제이다. 실무에서 도움 되지 않는 논의고 순수 이론만족을 위한 것에 지나지 않는다. 4

고의의 체계 지위란 고의를 범죄체계 어느 단계에 둘 것인가를 둘러싼 논쟁이다. 행위론에서 연유하는 극단적 두 입장과 절충입장이 있다. ① 고전 범죄체계는 모든 주관적인 것을 책임에 귀속시키기 때문에 고의도 책임에 속한다. ② 목적 범죄체계는 인간행위를 목적활동성 결과로 보기 때문에 고의는 전적으로 구성요건요소가 된다. 이에 대해 ③ 사회 범죄체계는 고의가 이중기능 또는 이중 지위를 갖는다고 한다. 즉 구성요건에 해당하는 객관·외부적 사실에 대한 인식·의욕인 구성요건고의(객관적 행위지향의 고의)와 책임형식인 책임고의(주관적 행위자지향의 고의)가 그것이다. 5

범죄체계는 옳고 그름 문제와 무관하게 단순한 선택에 속하는 문제라는 점은 이미 앞에서 설명하였다. 따라서 마찬가지로 ④ 고의도 범죄체계 어느 단계에 두더라도 상관없다. 자기가 선택한 체계 한 단계에서 한 번만 고려하면 그만이다. 고의의 체계 위치확정은 가벌성판단 내용과 아무 상관 없는 형식문제에 지나지 않을 뿐이다. 대부분 사람은 주관적 구성요건요소 발견을 목적적 행위론 공적으로 인정한다. 이 점에 대해서는 체계를 초월한 어느 정도 공감대가 있는 것으로 보이기 때문에 고의의 이중지위를 인정하여 고의를 주관 구성요건요소로 보는 데 큰 문제가 없다. 6

(2) 주관적 구성요건요소로서 고의

구성요건해당성은 구성요건에 서술되어 있는 행위의미와 실제행위 일치 여부를 가린다. 그런데 이 구성요건해당행위 의미는 언제나 고의를 함께 고려하지 않고는 파악할 수 없다. 예를 들면 형법 제329조 절도죄 구성요건에 해당하기 위해서는 절취행위가 있어야 한다. 그러나 어떤 행위가 절취행위인가는 행위자가 인식하고 의도한 내용, 즉 고의를 알아야 비로소 판단할 수 있다. 이 점은 미수에서 분명하게 드러난다. 미수 구성요건해당성은 이미 구성요건해당성단계에서 행위자 고의를 고려해야 판단할 수 있다. 겉으로 보기에는 같은 행위지만, 그 행위가 상해인가 아니 7

면 살인미수행위로서 형법 제254조 구성요건에 해당하는가 판단은 행위자가 그 행위를 가지고 의도한 내용, 즉 고의를 모르면 불가능하다. 이런 이유에서 사람들은 보통 고의가 주관적 구성요건요소가 되어야 한다고 생각한다.

4. 고의개념 법이론 특징

(1) 성향개념

8 1) 사람 마음을 읽어내는 문제 고의는 과실(인식 있는 과실) · 목적 · 경향 · 자의성(제26조) 등 개념과 함께 **성향개념**에 속한다. 성향개념은 사람 내심에 속하는 사실을 지칭하는 개념으로, 예를 들면 고의의 구성요건결과에 대한 인식 · 의욕, 과실의 예견가능성 등은 모두 행위자 머릿속에 들어 있는 내용을 대상으로 하는 성향개념에 속한다. 따라서 성향개념은 경험으로 확인할 수 있는 외계 대상(예컨대 나무 · 돌 · 시계 등)과 달리 신체 오관五官으로 직접관찰이 불가능하다. 예를 들면, 범행에 사용한 도구는 법관이 눈으로 직접 그 존재를 확인하거나 필요하면 전문가 감정으로 그렇게 할 수 있다. 경험 방법에 의존한 확인이기 때문에 판단 오류가 있을 가능성도 없다.

9 2) 인간내심의 경험적 확인 불가능 그러나 성향개념 경우는 이처럼 간단히 해결되지 않는 어려움이 있다. 왜냐하면 모든 학문분야를 통틀어 사람 마음을 직접 읽어낼 수 있는 과학 방법은 아직 발견되지 않고 있기 때문이다. 그렇다고 피고인으로부터 내심에 대한 솔직한 자백을 기대할 수도 없다. 자기에게 불리한 사실을 은폐하는 것은 인간 자기보호본능이다. 거기다가 형사소송법은 피고인 진술거부권을 보장하므로(제283조의2) 법관은 피고인의 완강한 부인이나 묵비 장애를 무릅쓰고 성향개념 존재여부를 밝혀야 하는 어려운 과제를 안는다.

(2) 성향개념 확인방법

10 1) 판단인자에 따른 우회 추론 성향개념은 피고인 내심에 대한 직접 관찰이 아닌 우회 추론으로 확인할 수밖에 없다. 즉 성향개념 존재 또는 부존재를 뒷받침하는 경험자료(예컨대 피고인 · 증인의 진술, 범행의 정황 기타 증거물 등)를 토대로 그러한 내심의사가 있었다는 식으로 **귀속**시키는 것이다. 성향개념에 대한 이 판단자료를 보통 **지적指摘인자** 또는 **판단인자**라고 한다. 성향개념 존재 또는 부존재를 지시 · 판단해 주는 자료라는 의미다. 우리 판례는 이 판단자료를 '간접사실'이라 부른다.

11 그러면 직접 관찰방법과 우회 추론방법이 어떤 차이가 있을까? 경험대상에 대한 직접 관찰방법은 100% 성공가능성이 있다. "이것은 총이다", "이것은 칼이다"라는 판단에 오류가 발생할 가능성은 없지만 판단인자를 통한 우회 추론방법은 그렇지 못하다. 왜냐하면 성향개념 존재를 100% 끄집어 낼 수 있는 자료는 없고, 모든 판단인자는 '가능성 다소'를 보여주는 데 지나지 않기 때문이다. 자료가치에 대한 평가는 '사람'이 한다. 같은

자료인데도 평가하는 사람에 따라 결과는 얼마든지 달라진다. 예를 들면 심급에 따라 판결내용이 차이를 보이는 것도 여기에 그 이유가 있다.

2) 간접확인의 높은 실패가능성 성향개념에 대한 우회추론 확인방법은 언제나 12
실패가능성이 있다는 문제가 있다. 만일 가정해서 90%가 성공하고 10%가 실패하면 10%에 속한 사람은 무고한 판결을 받는 결과가 된다. 이것은 불가피한 현실로 정당화할 수 있는 문제가 아니다. 인간인식 한계에 대한 부담은 개인이 아닌 국가가 져야 한다(in dubio pro reo: 의심스러울 경우는 피고인 이익으로). '형법학'은 바로 이 10%를 위해서 존재한다. 진리(100%)에 대한 접근은 모든 학문 과제이다. 이것이 바로 법치국가형법이다. 고의의 성향개념성을 도외시한 도그마틱이론은 고의범이론의 진리가치를 높이는 데 도움이 되지 않는다.

5. 고의 내용

고의 인식 · 의욕대상은 객관 구성요건요소다. 그런데 객관적 구성요건요소에는 기 13
술 요소와 규범 요소가 있기 때문에 결국 이 양자가 인식 · 의욕 대상이다.

(1) 고의 인식요소

고의 인식요소와 관련하여 중요한 문제는, ① 인식 대상, ② 인식 양태, ③ 인식 14
구체성, 그리고 ④ 인식 강도이다.

1) 인식대상 고의가 성립하기 위한 인식대상은 객관적 구성요건요소 전부다. 15
인식대상에는 기술 구성요건요소와 규범 구성요건요소 모두 포함한다. 예컨대 행위 주체 · 객체 · 행위결과 · 행위유형 등이 여기 속한다. 다만 결과적 가중범의 중한 결과에 대한 인식은 필요없고 예견가능성만 있으면 된다(제15조 제2항). 처벌조건이나 소추조건은 구성요건요소가 아니기 때문에 고의 내용으로 인식할 필요가 없다. 위법성인식은 고의 구성요건요소가 아니라 책임요소다(**책임설**).

2) 인식양태 고의 성립에 필요한 인식양태는 **의미인식**인데 이것 또한 기술 구 16
성요건요소와 규범 구성요건요소 모두에 해당한다. 양 표지 자체의 구별이 정확하지 않고 형법이 사용하는 모든 개념은 원칙적으로 일정한 규범성을 전제한다. 기술적記述的 개념에 대해서도 해석으로 그 의미내용을 밝혀야 하는 절차가 필요하다. 그러므로 기술 표지의 사실인식은 규범적 의미인식(평가)을 포함하고 규범 표지의 의미인식을 전제한다.

의미인식은 구성요건표지가 갖는 보통의 **사회적 의미내용**을 아는 것을 말하는데, 17
법률개념에 포섭하여 이해할 필요는 없고 유사한 일상개념으로 인식하면 된다. 즉 **일반인**(문외한)이 할 수 있는 소박한 인식 · 평가면 충분하고 전문가 인식수준을 요구하는 것은 아니다. 만일 이러한 의미인식에 착오가 있을 경우는 이른바 포섭착오로 고의는 조각되지 않고 형법 제16조 법률착오(금지착오)에 따라 해결한다.

[판례]

성적 수치심 또는 혐오감의 유발 여부는 **일반적이고 평균적인 사람**들을 기준으로 하여 판단함이 타당하다. 특히 성적 수침심의 경우, 피해자와 같은 성별과 연령대의 일반적이고 평균적인 사람들을 기준으로 그 유발 여부를 판단해야 한다.[1)]

3) 인식 구체성

18 (가) **구성요건 종개념種槪念에 대한 일반 인식** 인식 구체성문제는 특히 행위대상과 인과과정 인식에서 나타난다. 고의가 성립하기 위한 인식은 행위대상에 대한 개별 인식일 필요는 없고 구성요건이 전제하는 종류에 속한다는 인식으로 충분하다. 예를 들면 군중을 향해 폭탄을 던지는 경우도 희생자(행위대상)가 누구누구로 개별화되어 특정될 필요는 없다. 형법 제250조 '사람'이라는 종개념에 대한 인식만 있으면 살인고의가 성립하는 데 지장이 없다. 그러나 행위자가 구성요건이 정한 종류 가운데서 개별 대상을 특정하였는데 같은 종류 다른 대상에 결과가 발생하였을 경우는 착오문제가 발생한다.

19 (나) **인과관계 본질 내용에 대한 인식** 인과관계도 객관 구성요건요소에 속한다. 따라서 고의가 성립하기 위해서는 인과관계 인식도 필요하다. 그러나 행위와 결과 사이 모든 인과과정을 상세하게 인식할 필요는 없고 중요부분만 인식하면 된다. 여기서도 일반인(문외한)의 소박한 인식이 적용된다. 인과과정에 대한 상세한 인식요구는 행위자에게 무리한 전문지식을 요구하는 결과가 된다. 범행 당시 인과과정에 대한 표상이란 미래 불확실성과 결부된 예측 문제이므로 상세한 인식에는 한계가 있다. 만일 행위자가 일정한 방식의 인과과정을 표상했다가 그대로 되지 않았을 경우 그 과정의 이탈이 '본질적'이지 않을 때만 고의는 성립할 수 있다. 상정했던 인과과정이 본질적으로 빗나갔을 경우는 이른바 인과관계착오로 고의가 배제될 수 있다.

20 4) 인식강도 인식강도를 개념으로 단계 짓자면, ① 확실성단계, ② 개연성단계, ③ 충분한 가능성단계, ④ 가능성단계, ⑤ 가능성의 인식조차 없는 단계 등으로 나눌 수 있다. 그러나 모든 고의인식을 이렇게 등급매길 필요는 없다. 인식강도가 개념에 따른 이론 구별만큼 실제로 쉽게 확인할 수 있는 성질도 아니다. 고의가 성립하기 위해 필요한 인식강도에서 중요한 것은 고의와 과실 경계에 놓여 있는 인식 정도를 분명히 하는 일이다.

21 우선 행위자가 구성요건실현을 확실한 것으로 생각할 필요는 없다. 단지 결과발생이 가능한 것으로 보았어도 고의는 성립한다(이른바 미필고의). 위 등급 ①~④는 고의가 성립하고, ⑤ 가능성 인식조차 없는 단계는 과실(인식없는 과실)이 성립할 수 있을 뿐이다.

---

1) 대판 2017. 6. 8. 2016도21389.

(2) 고의 의욕요소

고의 의욕요소는 행위자가 인식한 내용을 실현하려는 의사, 구성요건 실현의사다. 22
의욕대상은 인식대상과 일치한다. 의욕 강도 또한 이론적으로 다음과 같은 등급을 매길 수 있다. 즉 ① 목표지향 의욕단계, ② 단순의욕단계, ③ 감수의사단계, ④ 감수의사조차 없는 단계로 나누는 것이다. 이러한 구분에는 감수의사단계까지 고의가 성립한다. 감수의사조차 없는 단계는 고의성립에 필요한 의욕에 포함되지 않으며 과실 성립이 문제될 수 있을 뿐이다.

6. 고의 종류

고의 형태는 고의 인식요소와 의욕요소의 변형에 따라서 나뉜다. 인식요소와 관련 23
한 변형은 확실한 인식에서 단순히 가능한 인식까지 걸쳐 있고, 의욕요소 변형은 목표지향 의욕에서 단순한 감수까지 가능하다. 이 변형에 따라서 고의는 의도적 고의, 지정고의 그리고 미필고의 셋으로 나눌 수 있다.

(1) 의도적 고의

의도적 고의는 가장 높은 **의욕형태**인 목표지향 의욕과 결합된 고의를 말한다. 이것 24
을 독일 형법에서는 'Absicht' 또는 'absichtlich'라는 말로 표현하고,[1] 우리말로는 의도적 고의라는 말이 가장 적합할 듯하다. 목표지향 의욕과 결합할 수 있는 인식요소는 확실성에서 단순한 가능성까지 가능하다. 이처럼 최고도 의욕요소를 가진 고의를 제1급 직접고의라 부른다.

우리 형법에는 '~할 목적으로' 또는 '~을 위하여'라고 규정한 이른바 목적범과 경 25
향범이 의도적 고의에 해당한다. 이에 대한 대표적 보기는 국가보안법 제5조 제1항(자진지원)이 있다. 이 밖에도 형법 제253조(위계 등에 의한 촉탁살인)도 위계 또는 위력 뒤에 행위자 의도가 숨어 있다는 점에서 의도적 고의 성격을 갖는다.[2]

(2) 지정고의知情故意

1) 지정고의 의의 지정고의는 고의 **인식요소**를 기준으로 한 구별이다. 그 가운 26
데서도 인식 최고단계인 **확실성**과 결합한 고의형태를 말한다. 그 사정을 알면서 범죄를 결심하였다는 점에서, 우리말로는 지정고의로 표현하는 것이 적합하다. 인식 최고단계인 확실성과 결합할 수 있는 의욕요소는 목표지향 의욕에서 감수의사까지 이른다. 이 가운데 목표지향 의욕 외의 의욕요소와 인식 여러 단계가 합쳐서 만들어진 고의를 제2급 직접고의라 부른다.

우리 형법에는 '사정을 알면서'라는 문언으로 지정고의를 명시하고 있는 범죄를 여 27

1) 예컨대 §§87 I, 145, 225, 242, 249, 253, 258 I · II, 259, 263, 265 StGB 참조.
2) 김일수/서보학, 190면.

러 곳에서 찾아볼 수 있다. 예를 들면, 형법 제133조 제2항(증뢰물지정수령), 제210조(위조통화취득 후 지정사용), 국가보안법 제5조 제2항, 제6조 제1항(잠입 · 탈출), 제7조 제1항(찬양 · 고무), 제8조(회합 · 통신), 제9조 제1 · 2항(편의제공), 제10조(불고지), 제11조(특수직무유기) 등이 있다.

28 **2) 의도적 고의와 지정고의 구별실익** 그러면 의도적 고의와 지정고의를 구별하는 실익은 어디 있을까? 고의를 가장 확실하게 법률적으로 표현하는 방법은 인식요소, 의욕요소 모두 규정하는 것이다. 예컨대 '~할 목적으로 ~사정을 알면서'라고 규정하는 방법이다. 대부분 입법례는 인식요소와 의욕요소 어느 하나만을 규정하는 것이 보통이다. 그것은 의도적 고의의 목표지향 의욕은 당연히 인식요소를 수반하고, 지정고의의 인식 확실성 또한 의욕요소를 포함하는 점을 인정한 것으로 볼 수 있다. 가장 높은 단계 의욕을 했음에도 가능성 인식조차 없었다거나 또는 확실한 인식을 했는데도 의욕은 감수의사조차 없었다는 것은 이론으로 생각해 볼 수 있을지 모르나 현실로는 불가능하다. 구성요건실현의 확실한 인식은 곧 그것을 원한 것이고 구성요건실현에 대한 최고도 의욕 또한 그것을 인식한 것으로 보아야 한다. 이 양자 어느 것에도 해당하지 않는 경우가 미필고의다.

(3) 미필고의

29 **1) 미필고의 의의** 미필고의는 고의 약화된 형태로 조건 고의라고도 한다. 가장 강한 의욕 또는 가장 강한 인식의 의도적 고의, 지정고의와 달리 미필고의는 매우 낮은 정도 인식과 의욕만 있는 경우다. 정의하자면 미필고의는 행위자가 결과발생을 가능한 것으로 인식(가능성 또는 충분한 가능성 단계의 인식)하고 그것을 감수하겠다는 의욕을 보인 경우다.

30 **2) 미필고의와 인식 있는 과실구별** 미필고의는 인식 있는 과실과 구별에서 특히 문제 된다. 결과발생가능성을 인식하였다는 점에서 양자는 동일하다. 그러나 의욕요소와 관련하여 미필고의는 결과발생을 감수하겠다는 소극적 의미의 의욕의사가 있는 반면, 인식 있는 과실은 그것조차 없는 경우다. 이처럼 양자는 비슷한 성향을 가지고 있으면서 어떤 법적 평가를 받는가에 따라서 하나는 고의범이 되고 다른 하나는 과실범이 됨으로써 매우 큰 실무 중요성을 가진다. 예컨대 미필고의에 의한 살인도 그 법정형이 사형, 무기 또는 5년 이상 징역에 해당되지만(제250조), 인식 있는 과실에 따른 사망결과 야기는 과실치사로 그 법정형이 2년 이하 금고형 또는 700만 원 이하 벌금에 지나지 않는다(제267조). 양자 구별기준으로 미필고의 의욕요소 구체적 강도를 둘러싸고 다음 학설이 있다.

31 **㈎ 인용설 또는 승낙설** 행위자가 가능한 것으로 인식한 결과발생을 내심으

로 시인하거나 시인하면서 감수하겠다고 생각한 경우, 즉 결과발생을 인용認容 또는 양해한 경우가 미필고의이고, 결과발생을 내심으로 거부하거나 희망하지 않은 경우는 인식 있는 과실이 된다는 견해다.

32 일상적인 말로 표하자면, "**결과가 발생할지도 몰라. 하지만 그래도 할 수 없지**"라고 생각했으면 미필고의이고,[1] 이에 반해 인식 있는 과실은 "**결과가 발생할지도 몰라. 그러나 괜찮을 거야**"라고 생각한 경우다. 고의 의적 요소를 미필고의 본질로 파악한 견해로서 행위결과를 적극적으로 의욕하지는 않았지만 부수결과로 받아들이면 미필고의가 된다는 것이다.

33 그러므로 미필고의가 성립하기 위해서는 3가지 조건이 구비되어야 하는데, ① 행위자는 법익침해위험성을 인식해야 하고, ② 동시에 그는 이 위험성을 진지하게 받아들여야 한다. ③ 이러한 조건이 있더라도 그는 구성요건 결과발생위험성을 용인해야 한다.[2] 이렇게 함으로써 행위자는 법익침해 실현가능성을 그의 행위결의 가운데 포함시킨 결과가 된다. 인용설은 독일 판례가 확립한 이론이고, 우리나라 다수설 · 판례 입장이기도 하다.[3]

[판례] 미필고의 인정사례

① 미필적 고의는 중대한 과실과 달리 범죄사실의 발생 가능성에 대한 인식이 있고, 나아가 범죄사실이 발생할 위험을 **용인하는 내심의 의사**가 있어야 한다. 행위자가 범죄사실이 발생할 가능성을 용인하고 있었는지는, 행위자의 진술에 의존하지 않고 외부에 나타난 행위형태와 행위상황 등 구체적 사정을 기초로, 일반인이라면 범죄사실이 발생할 가능성을 어떻게 평가할 것인지를 고려하면서 행위자의 입장에서 그 **심리상태를 추인해야** 한다.[4]

② 의무경찰이 택시 약 30㎝ 전방에 서서 이유를 설명하고 있는데, 운전자 갑은 신경질적으로 갑자기 좌회전하는 바람에 택시 우측 앞 범퍼부분으로 의무경찰의 무릎을 들이받았다. 갑은 앞에 있던 의무경찰을 충격하리라는 사실을 쉽게 알고도 이러한 결과발생을 용인하는 내심의 의사, 즉 미필적 고의가 있었다고 봄이 경험칙상 당연하다.[5]

③ 피고인이 무술교관출신으로서 인체급소를 잘 알고 있으면서도, **무술의 방법**으로 피해자의 울대를 가격하여 피해자를 사망케 한 행위는 살인의 미필적 고의가 있었다고 봄이 타당하다.[6]

④ 피고인 갑은 시위대원 3명과 같이 시내버스를 탈취한 후, 술이 취한 채 탈취한 버스를 운전하여 시위대를 진압하기 위해 차도를 차단하여 포진하고 있는 충남경찰국 기동대원을 향해

1) 제6회.
2) 정승환, 「인식 있는 과실과 과실범의 공동정범」(비교형사법연구, 2009), 391면 이하. 제6회 사례형 논점: "갑이 죽어도 어쩔 수 없다고 생각했던 경우와 갑의 죽음을 단지 예견할 수 있었던 경우를 나누어 죄책을 검토함."
3) 이형국/김혜경, 164면; 임웅 외, 153면; 신동운, 209면; 정성근/박광민, 172면; 김혜정 외, 109면.
4) 대판 2017. 1. 12. 2016도15470. 제7회.
5) 대판 1995. 1. 24. 94도1949.
6) 대판 2000. 8. 18. 2000도2231.

시속 50킬로미터의 속력으로 돌진하였다. 갑이 인도쪽으로 피하는 대원들을 따라 **일부러 핸들을 우측**으로 틀면서, 위 버스 전면차체부위로 피해자들을 들이받아 쓰러뜨려 대원들을 사망, 상해하게 한 경우는 살인과 살인미수의 미필적 고의를 인정할 수 있다.[1]

⑤ 피고인이 9세의 여자 어린이에 불과하여 항거를 쉽게 제압할 수 있는 피해자의 목을 감아서 졸라 **실신시킨 후** 그곳을 떠나버린 이상, 그와 같은 자신의 가해행위로 피해자가 사망에 이를 수도 있다는 사실을 인식하지 못하였다고 볼 수 없으므로 살인의 범의가 인정된다.[2]

⑥ 어음이 지급기일에 결제되지 않으리라는 점을 예견하였거나 지급기일에 지급될 수 있다는 **확신**이 없으면서도, 그러한 내용을 수취인에게 고지하지 않고 이를 속여서 할인을 받았다면 사기죄가 성립한다. 그 범의는 확정적인 고의가 아닌 미필적인 고의로도 족하다.[3]

⑦ 면허증에 그 유효기간과 적성검사를 받지 않으면 면허가 취소된다는 사실이 기재되어 있고, 이미 적성검사 미필로 면허가 취소된 전력이 있는데도, 갑은 면허증에 기재된 유효기간이 5년 이상 지나도록 적성검사를 받지 않은 채 자동차를 운전하였다. 갑은, 비록 **적성검사 미필**로 인한 운전면허 취소사실이 통지되지 않고 공고되었다 하더라도, 면허취소사실을 알고 있었다고 보아야 하므로 무면허운전죄가 성립한다.[4]

⑧ 갑과 을은 당시 고등학교 3학년 학생들이었고 을은 **특히 나이가 어려 보였다**는 것이므로, 병으로서는 갑과 을이 함께 여관에 들어가려고 하는 경우 신분증이나 다른 확실한 방법으로 청소년인지 여부를 확인해야 했다. 따라서 병이 이러한 확인을 하지 않고 갑과 을의 혼숙을 허용하였다면, 적어도 청소년 이성혼숙에 대한 미필적 고의가 있었다고 보아야 한다.[5]

⑨ 유흥업소 업주는, 다른 **공적 증명력** 있는 증거를 확인하지 않고 단순히 건강진단결과서의 생년월일을 확인하는 것으로는 청소년보호를 위한 연령확인의무이행을 다했다고 볼 수 없다. 이러한 의무이행을 다하지 않고 **대상자가 성인**이라는 말만 믿고 타인의 건강진단결과서만을 확인한 채 청소년을 청소년유해업소에 고용한 업주는, 적어도 청소년 고용에 관한 미필적 고의가 인정된다.[6]

⑩ ***표준판례** 살인죄의 범의는 자기행위로 인해 피해자가 사망할 수도 있다는 사실을 인식·예견하는 것으로 족하지 피해자의 사망을 희망하거나 목적으로 할 필요는 없다. 또 확정적 고의가 아닌 미필적 고의로도 충분하다. 피해자들에 대한 가해행위를 분담하여 직접 실행한 피고인 1· 3· 5· 6 등이 피해자들의 머리나 가슴 등 치명적 부위를 낫이나 칼로 찌르지는 않았더라도, 쇠파이프와 각목으로 피해자들의 머리와 몸을 마구 때리고 낫으로 팔과 다리를 난자한 이상, 피고인들이 자신들의 가해행위로 인해 **피해자들이 사망할 수도 있다는** 사실을 인식하지 못하였다고 볼 수는 없다. 오히려 살인의 미필적 고의가 있었다고 인정된다.[7]

⑪ ***표준판례** 피고인들이 피조개양식장에 피해를 주지 않도록 할 의도에서 선박의 닻줄을 7샤클

---

1) 대판 1988. 6. 14. 88도692.
2) 대판 1994. 12. 22. 94도2511.
3) 대판 1997. 12. 26. 97도2609.
4) 대판 2002. 10. 22. 2002도4203.
5) 대판 2002. 10. 8. 2002도4282.
6) 대판 2002. 6. 28. 2002도2425.
7) 대판 1994. 3. 22. 93도3612. 제11회.

(175미터)에서 5샤클(125미터)로 감아놓았다. 그 경우에 피조개양식장까지 거리는 약 30미터 근접한다는 것이므로 닻줄을 50미터 더 늘여서 7샤클로 묘박하였다면, 선박이 태풍에 밀려 피조개양식장을 침범하여 물적 손해가 예상된다. 그럼에도 불구하고 태풍에 대비한 선박의 안전을 위해 선박의 닻줄을 7샤클로 늘여 놓았다면, 이는 피조개양식장의 물적 피해를 인용한 것이라 할 것이어서 재물손괴의 점에 대한 미필적 고의를 인정할 수 있다.[1] *미필적 고의의 내용은 결과발생가능성을 예상하고 이를 인용한 것이라는 판례.

⑫ ***표준판례** 청소년유해업소 업주가 피고인 자신이 운영하는 유흥주점에 청소년인 갑(17세)을 종업원으로 고용하였다는 청소년보호법 위반으로 기소되었다. 원심판결은 업주인 피고인이 갑을 직접 고용하였다고 볼 수 없고, 위 주점 **지배인이** 갑을 고용한 것으로 보일 뿐이라는 이유로 피고인에게 무죄를 선고하였다. 이는 같은 법 제24조 '고용'의 해석 및 그 적용에 관한 법리오해의 위법이 있다. 공소외 1은 면접 당시 지배인 공소외 2로부터 주민등록증을 보여 달라는 요구를 받고도 이를 제시하지 않고 자신의 나이를 속였다. 그럼에도 피고인은 채용을 보류하거나 거부하지 않았다. 그 후 공소외 1이 2주 동안 위 유흥주점에서 일하였는데도 그의 신분과 연령을 확인하지 않았다. 피고인에게는 청소년임에도 불구하고 공소외 1을 고용한다는 점에 관해 미필적 고의가 있었다고 봄이 상당하다.[2] *청소년의 고용과 관련한 미필적 고의 인정 사례.

⑬ 피해아동의 계모인 피고인은 피해아동을 지속적으로 학대하여 피해아동의 건강상태가 급격히 악화되었는데도, 3일에 걸쳐 피해아동을 폭행하고 결박하여 움직이지 못하게 한 후, 아무런 조치 없이 방치하여 피해아동을 사망에 이르게 하였다. 피고인의 행위는 **피해아동에게 치명적인 결과가 발생할 가능성 내지 위험이 있음을 충분히 인식**하거나 예견할 수 있었을 것으로 평가되어 아동학대살해죄의 미필적 고의가 인정된다.[3]

⑭ 피고인은 **성명불상의 보이스피싱 조직원의** 제의에 따라 현금수거책으로 범행에 가담하여 피해자들로부터 현금을 건네받으면서 금융기관, 금감원장 명의의 공사문서를 위조, 행사하고, 위와 같이 받은 돈을 타인의 계좌에 타인의 이름으로 무통장입금함으로써 타인의 주민등록번호를 사용하거나 타인 실명으로 금융거래를 하였다. 이 경우는 피고인의 연령과 사회경험에 비추어 피고인에게는 적어도 이 사건 **사기죄 등에 대한 미필적 고의가** 있었다고 볼 여지가 크다.[4]

[판례] 미필고의 부정사례

① 신임 목사로 부임한 피고인이 전임목사에 관한 교회내의 불미스러운 **소문의 진위**를 확인하기 위해 이를 교회집사들에게 물어보았다. 이는 **경험칙상** 충분히 있을 수 있는 일로서 명예훼손의 고의 또는 미필적 고의가 없는 단순한 확인에 지나지 아니하여 사실의 적시라고 할 수 없다.[5]

1) 대판 1987. 1. 20. 85도221.
2) 대판 2011. 1. 13. 2010도10029.
3) 대판 2024. 7. 11. 2024도2940.
4) 대판 2024. 12. 12. 2024도10141.
5) 대판 1985. 5. 28. 85도588.

② 관할 경찰당국이 운전면허취소처분의 통지에 갈음하는 **적법한 공고**를 거쳤다 하더라도, 그것만으로 운전자가 면허가 취소된 사실을 알게 되었다고 단정할 수는 없다. 이 경우 운전자가 그러한 사정을 알았는지는 각각의 사안에서 면허취소의 사유와 취소사유가 된 위법행위의 경중, 같은 사유로 면허취소를 당한 전력의 유무 등을 두루 참작하여 구체적 · 개별적으로 판단해야 한다.[1)]

③ ***표준판례 대구지하철화재 사고 현장**을 수습하기 위한 **청소 작업**이 한참 진행되고 있는 시간 중에 실종자 유족들로부터 이의제기가 있었음에도, 대구지하철공사 A는 즉각 청소 작업을 중단하도록 지시하지 않고 수사기관과 협의하거나 확인하지 않았다. 위 A에게 그러한 청소 작업으로 인한 증거인멸의 결과가 발생할 **가능성을 용인**하는 내심의 의사까지 있었다고 단정하기는 어렵다.[2)] *미필적 고의가 인정되려면 범죄사실의 발생 가능성에 대한 인식과 범죄사실이 발생할 위험을 용인하는 **내심의 의사**가 있어야 함. 또한 고의의 유무는 행위자의 진술에 의존하지 않고 외부에 나타난 행위상황 등 구체적 사정을 기초로 **일반인이라면** 당해 범죄사실이 발생할 가능성을 어떻게 평가할 것인가를 고려하면서 **행위자의 입장에서** 그 심리상태를 추인해야 한다고 판시함.

34 (나) **타협설(감수설 · 묵인설)** 인용설과 유사한 견해다. 다만 미필고의가 성립하기 위해서는 소극적 인용으로는 부족하고 적극 타협(감수)을 요구함으로써 이론으로는 인용설을 강화시킨 측면이 있다.

35 그 내용은, 행위자가 결과발생가능성을 진지하게 받아들여 그것과 '타협(감수 · 묵인)' 하는 경우는 미필고의이고 그렇지 않으면 인식 있는 과실이 된다는 것이다. 고의 지적 요소보다는 **의적 요소**에 중점을 둔 견해라고 할 수 있으며, 타협(감수)의사는 구성요건실현을 묵인하고 결과발생 불명확성을 받아들이기로 작정하였다는 의미다.[3)] 타협설은 실제 결과는 인용설과 큰 차이가 없다. 왜냐하면 실무에서 인용은 감수를 전제할 수밖에 없기 때문이다. 판례와 학설 등 오늘날 인용설도 전부 이러한 방향으로 이해한다.

36 (다) **가능성설** 결과발생을 구체적으로 가능한 것으로 생각하고 그럼에도 행위했으면 미필고의고, 그렇지 않으면 인식 있는 과실이라는 주장이다. 뒤 개연성설과 비슷한 견해면서 미필고의 성립범위가 인식 있는 과실 영역까지 확대되는 결과를 가져오는 차이가 있다. 말하자면 개연성설에 비해 가벌성 범위를 넓게 잡는 이론이다. 판례 입장을 가능성설로 해석할 수 있는 여지도 있다.[4)] 그러나 위 인용설에서 본 것처럼 대법원은 결과발생가능성에 대한 예견 가운데 인용을 함축하고 있어서 인용설로 보는 것이 타당하다.

37 가능성설은 고의가 지적(인식) 요소뿐만 아니라 의적(의욕) 요소에 따라 구성되는 점을 무시하는 단점이 있다. 말하자면 행위자가 어떤 생각으로 그와 같은 행위결과를 야기하였는지 고려하지 않는다. 앞이 보이지 않는 커브 길에서 추월을 감행하다가 맞은편에 오던 자동차 운전자에게 치명

1) 대판 2004. 12. 10. 2004도6480.
2) 대판 2004. 5. 14. 2004도74.
3) 김일수/서보학, 196면; 신동운, 207면.
4) 인용에 대한 명시적 언급이 없는 것으로는 대판 1998. 6. 9. 98도980; 1994. 12. 22. 94도2511.

상을 입힌 경우는 충돌 구체적 위험은 인식한 것으로 볼 수 있다. 그러나 이런 경솔한 행위를 살인죄 고의로 인정하여 과실치사 대신 살인죄로 다스리는 것은 상식으로 이해하기 어려운 결론이다.

(라) **개연성설** **인식요소**를 중심으로 파악하고, 의욕요소는 불필요하거나 확인할 필요가 없다고 생각하는 견해다. 따라서 행위자가 결과발생 개연성이 있는 것으로 보았으면 미필고의이고 그렇지 않으면 인식있는 과실이라 한다. 여기 개연성은 단순한 가능성과 고도 개연성 중간 단계를 말함으로써 앞 가능성설보다 미필고의 성립범위를 좁게 잡는 차이점이 있다. 따라서 가능성설보다 결함이 적기는 하지만, 개연성이라는 인식요소가 의욕요소를 완전히 대체할 수 없는 한계가 있는 것은 근본적으로 가능성설과 큰 차이가 없다. 38

(마) **기타 학설** 이 밖에도 다음 여러 가지 학설이 있다. 그 내용을 간단히 살펴본다. 39

A. **무관심설** 행위자가 가능한 부수효과를 긍정적으로 받아들이거나 무관심한 태도를 보인 경우는 미필고의가 성립하고, 부수효과를 인정하지 않고 발생하지 않기를 희망한 경우는 인식 있는 과실이 된다고 본다. 이 학설은 통설인 인용설보다 더욱 엄격하게 미필고의를 제한한다. 즉 법익침해 단순한 인용 정도로는 안 되고 최소한 결과발생에 대한 적극적 무관심 표명이 있어야 미필고의가 성립할 수 있다. 하지만 무관심 표명이 없는 경우는 무조건 과실이 성립하는 부작용이 있다. 40

B. **회피설** 행위자가 결과발생가능성을 인식하였음에도 그것을 회피할 의사가 없을 경우는 미필고의가 성립하고, 결과가 발생하지 않도록 조종하여 회피의사를 작동한 경우는 인식 있는 과실이 된다고 본다. 결과를 아무리 회피하려고 해도 일단 구성요건실현에 대한 의사가 존재하였으면 고의책임을 면할 수 없다. 특별한 회피의사 없이 요행을 바라고 행위한 경우도 얼마든지 과실행위는 발생할 수 있다. 41

C. **신중설** 행위자가 결과발생을 신중하게 고려했으면(또는 **'예상했으면'**, **'감수하겠다고 생각했으면'**) 미필고의가 되고 행위자가 결과발생 가능성을 알았으나 그것을 경솔하게 생각했으면(**'발생하지 않을 것으로 신뢰했으면'**, **'감수할 의사가 없었으면'**) 인식 있는 과실이 성립한다고 보는 학설이다. 즉 신중설은 양자 구별기준으로 신중과 경솔, 예상과 신뢰 그리고 감수와 그러한 감수의사 부존재가 작용하여, 전자에 해당되면 미필고의, 후자에 해당되면 인식 있는 과실이 된다고 한다. 42

D. **결단설** 가능한 법익침해에 대한 행위자 결단 또는 구성요건실현 가능성을 시인하면서 행위결단을 한 경우는 미필고의가 되고 그렇지 않은 경우에는 인식 있는 과실이 된다고 보는 학설이다. 가능성설과 큰 차이가 없다. 43

E. 그 밖에 **무모설**無謀說(recklessness)을 도입하자는 주장도 있다. 이것은 입법론적으로 고의와 과실 중간책임영역을 인정하여 미필고의, 인식 있는 과실을 구별하지 않고 특별한 책임범주로 해결하자는 이론이다. 그러나 입법적으로 고의 · 과실 외에 제3 책임범주를 인정하지 않는 한 실현할 수 없는 이론이다.[1] 44

---

1) 자세한 연구 지유미, 「영미법상 주관적 범죄성립요건으로서 'Recklessness'에 대한 고찰」(가천법학 14, 2021), 91면 이하.

45 3) 결 론 미필고의와 인식 있는 과실 구별에서 중요한 것은 전반부에서 설명한 네 개 학설이다. 양자의 정확한 구별은 학설논쟁으로 해결될 문제는 아니다. 이론으로 가장 흠이 없는 학설을 찾아낸다고 해결될 수 있는 문제가 아니다. 여기에는 다음과 같은 중요한 이유가 있다.

46 ㈎ **성향개념** 고의는 형법학이라는 규범학 판단기준으로 작용하기 때문에 규범 개념이다. 그러나 그 내용은 경험적이다. 행위자가 구성요건실현을 인식하고 의욕한 것은 관념 문제가 아니고, 그가 구성요건실현이라는 경험 결과를 야기시키기 위해 실제로 계획하고 실천에 옮긴 것을 내용으로 한다. 따라서 ① 고의 개념성격은 **경험 내용의 규범개념**이라고 정의할 수 있다.[1]

47 그런데 고의내용 경험성은 특별한 데가 있다. 예컨대 '살해'(제250조)라는 구성요건실현결과는 사람이 경험으로 확인하는 데 어려움이 없고, 신체오관으로 얼마든지 쉽게 감각으로 증명할 수 있다. 같은 경험현상인데도 ② 행위자가 인식 · 의욕한 것은 다른 사람이 경험(감각)으로 확인할 재간이 없다. 그의 내심, 즉 머릿속에 든 문제기 때문이다. 이러한 성향개념은 추론하여 귀속시킬 수밖에 없다. 즉 ③ 고의를 뒷받침할 수 있는, 경험으로 확인 가능한 자료(판단인자 또는 간접사실)를 토대로 행위결과에 대한 인식 · 의욕이 있었다는 결론을 끌어내고(추론), 그것을 행위자 몫으로 돌린다(귀속). 추론과 귀속으로 고의를 확인하는 방법은 ④ 오류가능성을 내포한다. 100% 정확한 고의 입증은 불가능하다. 인간은 그것에 도달하기 위해 끊임없이 노력할 뿐이다.

48 ㈏ **개념조작의 경험 한계** 위 학설은, ① 고의개념의 경험속성을 무시하고 순수하게 규범화하여 해결하는 데 문제가 있다. 미필고의와 인식 있는 과실 구별기준으로 제시한 '인용', '타협(감수 · 묵인)', '가능성', '개연성', '무관심', '회피', '신중', '결단' 등은, ② 이 말의 개념 의미내용이 섬세하게 구별하는 것만큼, 그에 상응하는 경험현상이 같은 정도로 구별되지도 않고 또한 구별할 수도 없다는 점을 유의해야 한다. 아마 행위자 자신도 자기 인식 · 의욕형태가 '인용'에서부터 '결단'에 이르기까지 어디 속하는지 정확하게 판단하지 못할 것이다. 결국, ③ 비슷한 경험현상을 이 중 어떤 말(이른바 개념화된 기준)로 신문하고 조서를 꾸미고 판결을 내리는가에 따라 달라지는 문제일 뿐이다. 미필고의와 인식 있는 과실을 구별하는 기준은, ④ 최소한 규범내용을 지닌 가장 단순한 형식을 취하는 것이 좋을 것이다. 그 정도를 넘은 개념논쟁, 즉 기준인 개념의 사소한 어감 차이를 가지고 벌이는 논쟁은 사건 해결에 도움이 되지 않는다.

49 이유를 다시 정리하면, 개념의 경험적 내포內包를 무시한 이런 기준은 실제로는 인간이 확인할 수 없는 경우가 대부분이다. 그럼에도 위 학설이 제시한 기준은 개념 섬세화가 곧 문제해결에 직결되는 것처럼 생각하고 믿게 함으로써 법을 비현실과학, 관념과

1) 이진국/노수환, 「규범적 구성요건요소와 고의」(형사법연구 36, 2024), 161면 이하.

학으로 만든다.

결론으로 미필고의와 인식 있는 과실을 구별하는 가장 기본 학설인 인용설에 반대 50
할 이유가 없다. 개념으로 가장 단순할 뿐만 아니라 인식요소와 의욕요소 사이에 균형을 유지하는 점에서도 또한 그렇다.

[판례] 고의 판당방법

고의는 내심적 사실이므로 피고인이 이를 부정하는 경우에는 사물의 성질상 고의와 상당한 관련성이 있는 **간접사실을 증명하는 방법**에 의하여 입증할 수밖에 없다. 이때 무엇이 상당한 관련성이 있는 간접사실에 해당할 것인지는 정상적인 경험칙에 바탕을 두고, 치밀한 관찰력이나 분석력에 의해 사실의 연결상태를 합리적으로 판단하는 외에 다른 방법은 없다.[1)]

7. 기타 고의개념

고의개념은 범죄실행의사 존재시점에 따라서 다음과 같이 분류하는 것도 가능하다. 51
고의는 원칙으로 실행행위시에 있어야 하지만, 아래에서 설명하는 것은 이에 대한 예외현상으로 그 법적 평가 문제가 발생한다.

(1) 사전고의

구성요건 실현의사를 가지고 있었지만 정작 행위할 때는 그것이 없어진 경우를 말 52
한다. 고의가 사전에 있었다는 의미에서 사전고의라 한다. 그러나 고의가 성립하기 위한 구성요건실현 인식·의욕은 행위시에 있어야 하므로 사전고의는 형법 고의에 속하지 않으며 과실이 문제될 수 있을 뿐이다.

(2) 사후고의

사전고의 반대형태이다. 아무 인식·의욕없이 (과실로) 행위했으나 나중에 범죄실 53
현의사가 생긴 경우를 말한다. 사건이 일어난 뒤에 생긴 고의라는 의미에서 사후고의라 한다. 사후고의 또한 사전고의와 마찬가지로 범죄행위시 고의가 아니기 때문에 형법 고의에 속하지 않는다. 예를 들면 파경에 직면한 남편 폭행을 피해 도망가다가 부인이 난간을 헛디뎌 떨어져 사망한 경우 남편이 내심 잘 죽었다고 생각했더라도 살인죄 고의는 성립하지 않는다.

(3) 승계고의

고의가 인정되기 위해서는 범죄실현의사가 범죄행위시에 있어야 한다. 그런데 범죄 54
행위 중간에 생긴 고의를 범행전체에 대한 고의로 인정하는 것을 승계고의라 한다. 구성요건실현의사가 발생한 시점부터 행위자는 고의를 가지고 행위한 것이기 때문에 승계고의 개념은 인정할 수 없다. 즉 행위자는 범죄의사가 생긴 후 행위에 대해서만 고의범

1) 대판 2012. 6. 28. 2012도2628.

책임을 부담하면 그만이다.

55 예컨대 甲은 절도할 생각으로 피해자를 때려 실신시켰는데, 마침 그곳을 지나던 친구 乙을 만나자 함께 하자고 제안하였고, 이에 乙은 동의를 하고 甲이 금품을 절취하는 동안 망을 보았다. 이 경우 乙이 甲 사전행위(폭행)에 대한 책임까지 부담하여 강도죄가 성립한다고 하면 승계고의를 인정하는 결과가 된다. 그러나 이를 인정하지 않으면, 乙이 범행에 가담하기 시작한 후의 행위에 대해서만 책임을 부담하게 되므로 단순절도죄가 성립할 뿐이다. 여기에서 승계고의는 곧 승계 공동정범을 인정하는 수단이 된다. 따라서 승계고의를 부정하면 논리적으로 승계 공동정범도 부정하여 공동범행에 가담한 후 행위에 대해서만 공동정범을 인정하면 된다.[1]

(4) 택일고의

56 1) 택일고의 의의 여러 가지 결과 가운데서 어느 하나가 실현되기를 원하지만, 다른 결과가 발생하더라도 무방하다고 생각한 고의를 택일고의라고 한다. 택일고의 유형에는 행위객체가 하나인 경우, 둘인 경우 그리고 다수인 경우 세 가지가 있다. 행위객체가 하나인 경우는 피해자가 사망하기를 바라지만 상해를 입어도 무방하다고 생각하는 것처럼 성격이 서로 다른 두 가지 구성요건 사이 택일이 문제가 된다. 행위객체가 둘인 경우는 행위대상 어느 하나에 결과가 발생하기를 원하지만 다른 대상에 발생하더라도 괜찮다고 하는 경우처럼 양 객체 사이 택일이 문제 된다. 마지막으로 다수 행위객체에 대한 택일은 군중을 향한 범죄행위처럼 다수 가운데 한 사람 또는 일부 택일을 말한다.

57 2) 중첩고의 엄격한 의미에서 보면 택일고의와 중첩고의는 구별된다. 후자는 다수 구성요건을 각각 실현하거나 또는 예상되는 모든 결과발생을 용인한 경우 인정된다. 예를 들면 밀렵꾼이 어둠 속에서 자기를 쫓아온 감시원을 향해 총을 발사하면서 이것이 빗나가면 최소한 그의 사냥개에게 명중할 것을 기대한 경우가 해당된다. 실무로는 거의 구별이 불가능한 섬세한 개념차이일 뿐이다.

58 택일고의에 대한 해결방식으로 원한 결과 미수와 발생한 결과 기수의 상상적 경합 또는 둘 다 미수에 그친 경우는 양 미수 사이의 상상적 경합으로 해결 가능하다. 근본적으로 택일고의는 미필고의 한 양태로 보아야 하기 때문이다. 이에 대해 이견이 있는데, 원칙은 객관적으로 실현된 범죄에 따라 처벌하고, 다만 결과가 발생하지 않은 범죄가 중한 것일 때는 두 죄 상상적 경합으로 하자는 것이다. 그 주된 논거는, 앞 견해에 따르면 택일고의와 중첩고의를 구별할 수 없기 때문에 택일고의의 감경적 정상참작을 위해서는 이 방법밖에 없다는 것이다. 그러나 실무 결론에는 차이가 없기 때문에 중첩고의에 대한 구별보다 택일고의의 미필고의 성격을 부각하는 것이 더 중요한 문제다.

1) 판례는 일관되게 승계적 공동정범을 인정하지 않고 있다. 대판 1997. 6. 27. 97도163.

(5) 개괄고의

행위자가 일정한 결과발생을 실현하려고 했지만 그의 생각과 달리 계속된 다른 행위에 따라 결과가 발생한 경우를 개괄고의라고 한다. 예를 들면 살해하기 위해 몽둥이로 때려 의식불명이 된 사람을 죽은 줄 알고 땅 속에 묻거나 강물에 빠뜨렸는데, 실은 피해자가 계속된 행위로 질식 또는 익사한 경우다. 59

개괄고의를 고의 일종으로 처음 체계화한 사람은 **베버**(v. Weber)다.[1] 제 2 행위 발생결과를 제 1 행위 고의에 개괄적으로 포함시켜 하나의 고의행위로 처리하여 고의기수범으로 처벌한다는 의미에서 개괄고의라는 명칭을 사용하였다. 그러므로 이 말은 원래 이런 유형에 해당하는 사안을 해결하기 위한 열쇠로 등장한 개념이지 특수한 고의형태를 만들기 위한 것은 아니었다. 오늘날 개괄고의 문제는 개괄고의가 아닌 인과관계착오로 취급하는 것이 일반적이기 때문에 뒤 해당 부분에서 상세한 설명을 한다. 60

(6) 구성요건고의 · 불법고의

1) **구성요건고의** 구성요건에 해당하는 객관 · 외부적 사실에 대한 고의를 말한다. 즉 고의 인식대상범위가 객관적 구성요건표지에 국한되는 고의를 구성요건고의라고 한다. 61

2) **불법고의** 이른바 총체적 불법구성요건을 취하는 견해에 등장하는 고의개념이다. 총체적 불법구성요건이론에 따르면 구성요건해당성과 위법성 구별이 없어지고 두 단계가 하나로 합쳐진다. 따라서 불법고의는 객관적 구성요건표지에 대한 인식 · 의욕뿐만 아니라 위법성조각사유가 존재하지 않는다는 사실까지도 알고 있는 고의를 말한다. 법률전문가에게나 가능한 고의다. 62

[사례] ① **고의 종류** 甲은 밤에 乙을 살해하기 위해 아침에 총을 장전하여 두었다. 그런데 그만 실수로 총이 발사되어 乙을 명중하였고, 乙은 사망하였다. 甲은 이 사실을 알고 기뻐하였다. 첫 번째 질문, 甲을 살인죄(제250조 제 1 항)로 처벌할 수 있는가? 두 번째 질문, 만일 乙이 상해를 입었을 뿐인데, 甲이 의사를 부르는 등 적절한 구호조치를 취하지 않고 고의로 방치하여 乙이 사망하였다면, 甲의 죄책은 어떻게 되는가?

[해설] 이 사안에서 甲은 형법 제250조 제 1 항 살인죄로 처벌할 수 없다. 甲에게 살인죄 고의가 없기 때문이다. 아침에 총을 장전해 둔 것은 '**사전고의**'에 해당되고, 우연한 결과발생을 기뻐한 것은 '**사후고의**'에 해당된다. 양자 모두 형법 고의로 인정되지 않는다. 甲은 과실치사(제267조)로 처벌할 수 있을 뿐이다. 두 번째 질문에서 甲은 乙 상해부분에 대해 과실치상(제266조 제 1 항) 책임을 져야 한다. 그런데 甲은 자기행위로 야기된 위험발생을 방지하지 않았으므로(형법 제18조 선행행위로 인한 보증인의무의 불이행) 乙의 사망결과에 대한 부작위범 책임을 부담해야 한다. 즉 부작위 살인(제250조 제 1 항)에 해당된다. 앞 과실치상과 뒤 부작위 살인은 별개 행위이기 때문에, 甲은 결국 양 죄 실체적 경합(제37조)으로 처벌한다.

---

1) v. Weber, Über die verschiedenen Art des dolus, in; Archiv des Kriminalrechts, Bd. 7, 1825, 576면 이하.

② **고의 인식강도** 甲은 乙이 마시고 사망할 것을 기대하면서 농약이 든 막걸리 병을 건네주었다. 이 사실에 대해 甲은, 자기가 비록 주기는 했지만 乙이 그 술을 마신다는 보장이 없기 때문에 살인고의가 없다고 주장하였다. 甲의 주장은 옳은가?

[해설] 여기에서 甲의 고의가 없다는 주장은 근거 없다. 사람이 미래 사실을 정확히 예측할 수 없는 것은 사실이다. 즉 乙이 甲이 건네준 막걸리를 마실지 여부는 확실히 알 수 없다. 그렇다고 해서 이 불확실성이 고의 인식요소를 배제하는 것은 아니다. **결과발생 '가능성'만 인식**하더라도 고의가 성립하는 데 아무 지장이 없다. 오히려 甲은 그 이상 인식강도(개연성단계나 충분한 가능성 단계)를 가졌을 것으로 짐작된다. 乙이 술을 마시지 못하는 사람이라면 甲은 죽지 않았을 것이고(주어도 소용이 없으니까) 또한 乙이 받지도 않았을 것이기 때문이다.

③ **고의와 방법착오(악덕해운업자사건)** 행위자 甲은 악덕 해운업자다. 甲은 자기가 소유하고 있는 낡은 배 보험금을 타기 위한 목적으로(이른바 '보험사기') 배가 먼 공해상에서 항해 중 폭발할 수 있도록 폭발물을 장치하였다. 하지만 그 배는 출항을 앞두고 부산항에서 정박 중 폭발하였고, 이 사고로 배와 무관한 다수 부두노동자가 사망하였다. 甲에게 살인죄 고의를 인정할 수 있는가?

[해설] 악덕 해운업자 甲에게 부두노동자 사망에 대한 고의는 인정할 수 없다. 그 이유는 **방법착오**(aberratio ictus)와 고의 성립 여부 측면에서 찾을 수 있다. 甲 고의는 해당 배 승무원에 국한해 있으므로 그 밖의 피해자에 대해서는 과실치사가 문제될 수 있을 뿐이다. 그러나 살인미수는 인정할 수 있다. 따라서 甲 죄책은 살인미수와 과실치사 상상적 경합이다(방법착오에 대한 구체적 부합설 결론). 살인미수부분과 관련하여 甲이 해당 배의 승무원 사망을 원치 않았다고 주장하면 어떻게 될까? 즉 자기는 보험금에 관심이 있을 뿐이기 때문에 배만 침몰시키면 되고 승무원이 사망해야 할 필요까지는 없다는 주장이다. 아울러 배가 폭발하더라고 승무원은 구명정으로 얼마든지 탈출할 수 있다고 주장할 것이다. 하지만 甲은 사망결과의 '확실성'이나 '개연성'을 인식(직접고의)하였다고 보아야 한다. 설사 그것에 해당되지 않더라도 최소한 **사망결과의 감수의사**(미필고의)를 인정하는 데는 아무 어려움이 없다. 따라서 甲의 승무원에 대한 살인고의는 인정된다.

[54] Ⅱ. 사실의 착오

1. 사실착오 의의

1 고의의 성립범위와 관련하여 제기되는 문제로 사실착오가 있다.[1] 고의가 성립하기 위해서는 '죄의 성립요소인 사실'에 대한 인식, 즉 객관 구성요건사실에 대한 인식이 있어야 고의범으로 처벌할 수 있다(제13조). 그런데 구성요건사실 인식에는 행위자가 인식·의욕한 사실과 실현된 결과가 일치하지 않는 경우가 있다. 이런 경우 사실착오문제가

1) 사실착오나 법률착오(Rechtsirrtum) 개념은 독일 바이마르공화국(1919~1933) 제국재판소가 확립한 개념인데, 이것을 일본 형법이 받아들이면서 오늘에 이른다. 독일 형법은 오늘날 이 말 대신 구성요건사실에 관한 착오라는 의미에서 구성요건착오(Tatbestandsirrtum), 형법의 금지에 관한 착오라는 점에서 금지착오(Verbotsirrtum)라는 말을 쓴다(§ § 16, 17 StGB 참조). 엄격히 보면 앞 개념이 뒤의 것보다 부정확한 것은 사실이다. 그러나 아직도 우리 형법이 엄연히 사실착오, 법률착오라는 개념을 사용하고 있는 이상 이 개념을 버려야 할 이유는 없다. 같은 생각 오영근/노수환, 146면; 권오걸, 153면; 이재상 외, 178면.

생긴다. 사실착오는 행위자가 인식 · 의욕한 구성요건 사실과 실현된 결과 사이에 착오가 있는 경우, 다시 말하면 양자가 일치하지 않는 경우를 말한다. 가장 단순한 보기를 들자면, 물건을 깬다는 것이 사람을 다치게 한 경우다.

이런 사례에 대한 해결지침이 위 형법 제15조 제1항이다. '무거운 죄가 되는 사실'(위 보기로 하자면 사람을 상해한다는 사실)을 인식하지 못한 행위는 '무거운 죄'(즉 제257조 제1항 상해죄)로 처벌하지 못한다. 말하자면 상해고의가 성립하지 않는다는 규정이다. 사실착오는 형법 제15조 제1항이 상정하는 사안에 국한되지 않는 데 문제가 있다. 2

2. 사실착오에 해당하지 않는 유형

사실착오는 인식한 사실과 발생된 결과가 모두 구성요건에 해당할 수 있는 사실인 경우만 가능하다. 다음 유형은 사실착오에 해당되는 문제가 아니다. 3

1) 행위자가 인식한 사실은 구성요건사실이 아니지만 발생 결과가 구성요건사실일 경우. 예컨대 사냥꾼이 멧돼지로 알고 발포하였는데 실은 동료사냥꾼이 맞았다든가 남의 물건을 자기 것으로 알고 가져온 경우 등이다. 이때는 발생 결과에 대한 과실이 있으면 과실범으로 처벌한다. 4

[판례사례] 재물 타인성에 관한 착오　상습절도 등 전과가 여러 차례 있는 甲은 乙이 경영하는 평원닭집 앞 평상에서 시가 7,000원 상당 乙 소유 고양이 한 마리를 러닝 셔츠 속에 넣고 가다가 乙에게 발견되어 이를 돌려주었다. 절도죄로 조사를 받게 된 甲은 고양이를 들고 간 것은 사실이지만 자신이 다른 데서 빌려 가지고 있다가 잃어버린 고양이로 잘못 알고 가져가다가 주인이 자기 것이라고 하여 돌려주었을 뿐이라고 진술하였다. 甲이 공소 외 丙으로부터 고양이 한 마리를 빌린 것은 사실이었다.1)

[해설] 이 사건에 대해 대법원은 형법 제13조 '범죄사실에 대한 인식'이 없음을 이유로 甲 무죄를 선고하였다. 즉 절도죄에서 재물 타인성을 오신하여 그 재물이 자기에게 취득할 것이 허용된 동일한 물건(빌린 것)으로 오인하고 가져온 경우는 범죄사실에 대한 인식이 있다고 할 수 없으므로 범의가 조각되어 절도죄가 성립하지 않는다고 판시하였다.2) 이 문제는 절도죄에서 재물 타인성에 관한 착오를 묻고 있다.

① 현행법의 사실착오 · 법률착오 구도에 따르면 **인식사실이 구성요건사실이 아닌 경우**는 사실착오에 해당될 여지가 없고 발생 결과에 대한 **과실범 성립 여부만** 문제될 수 있을 뿐이다. 왜냐하면 형법 제15조 제1항은 발생 결과를 '무거운 죄'라고 함으로써 이에 대비되는 인식사실 구성요건 해당성을 전제하기 때문이다. 이에 대해, 우리 법률 규정과 상관없이, 사실착오 · 법률착오개념이 정확하지 않다고 보는 사람은 다음 비판을 제기한다. 즉 재물 타인성에 대한 오인은 그 타인성 여부가 민법에 따라 결정되므로 비형법 착오로 사실착오가 될 수 있다. 이것은 '사실'이라는 말 개념 범위가 넓기 때문에 더욱 그렇다. 반면에 재물 타인성에 대한 오인을 형법 절도죄가 되지 않는 것

1) 대판 1983. 9. 13. 83도1762.
2) 제8회.

으로 보았으면 **법률착오**도 될 수 있다. 결국 사실착오 · 법률착오 구도로는 착오문제를 제대로 해결할 수 없다는 것이 이들 주장이다.

② 그러므로 구성요건착오, 금지착오 해결방식을 제안한다. 즉 막연히 일반적인 '사실'이 아니라 객관 구성요건요소로 포섭할 수 있는 **구성요건사실에 대한 착오**를 구성요건착오로서 고의를 조각하는 것으로 한다. 그 대상은 행위, 행위결과, 인과관계, 행위수단 등 구성요건에 포섭할 수 있는 모든 행위상황이 가능하다. 금지착오는 구성요건에 해당하는 행위 위법성에 착오를 일으킨 것으로 파악한다. 위법성판단을 전제하는 구성요건요소에 대한 착오는 모두 금지착오가 된다. 이와 같은 해결구도에 따르면 위 사안에서 재물 타인성에 관한 착오는 그 재물(고양이)이 '타인'재물이라는 구성요건에 해당하는 행위상황, 즉 **절도죄 객관 구성요건요소**를 착오한 것이기 때문에 구성요건착오가 되고 고의범으로 처벌할 수 없다는 결론이 된다.

①과 ② 결론은 같다. 그러나 ②방법이 ①보다 논리정연한 것은 사실이다. 다만 현행법 내용과 맞지 않는 결함이 있다. 위 사건에서 대법원이 재물 타인성에 대한 착오를 **제13조에 따라 고의가 조각**되는 것으로 해석한 것은 **구성요건착오에 따른 해결방식**이라고 할 수 있다. 그러나 의도한 것으로는 보이지 않는다. 원심법원은 甲에 대해 절도 상습성을 이유로 특정범죄가중법의 상습절도죄(제5조의4 제1항, 무기 또는 3년 이상의 징역)를 인정하는 동시에 10년 보호감호(지금은 7년)를 병과하여 선고하였다. 대법원은 7,000원 상당 고양이를 훔친 행위 대가치고는 너무 가혹하다고 판단하여 이러한 편법을 사용한 것으로 보인다.

5 2) 인식사실은 구성요건사실이지만 발생 결과는 구성요건사실이 아닌 경우. 예컨대 사람을 향해 돌을 던졌는데 나무에 맞은 경우다.[1] 이 경우는 구성요건사실에 대한 인식이 있으므로 고의는 성립한다. 다만 결과가 발생하지 않았기 때문에 미수범 또는 불능범 문제로 처리한다.

6 3) 실제로 존재하지 않는 구성요건상황을 행위자가 존재하는 것으로 잘못 생각한 경우. 예컨대 타인물건으로 알고 절도했는데 알고 보니 자기물건이었던 경우를 들 수 있다. 이런 경우를 일컬어 '**반전된 구성요건착오**'라 한다. 이것은 착오로 해결할 문제가 아니고 해당 범죄 미수처벌규정이 있으면 불능미수이론에 따라 처리하면 된다.[2] 우리나라에서 불능미수 처벌기준은 '위험성'이다(제27조). 이에 반해 **반전된 금지착오**는 형법상 허용된 행위를 금지된 것으로 착오한 경우를 말한다. 이른바 '환각범'에 해당되는 것으로서 처벌대상이 되지 않는다.

3. 사실착오 유형

(1) 구체적 사실착오와 추상적 사실착오

7 구체적 사실착오는 인식사실과 발생사실이 구체적으로 일치하지 않지만 양자가 동일한 구성요건에 속하는 경우다. 예컨대 甲을 때리려고 했는데 옆에 있던 乙이 맞은

1) 제2회: "상해 고의로 사람에게 돌을 던졌으나 빗나가서 그 옆에 세워둔 장승에 맞아 그 일부가 손괴되었다." 과실재물손괴는 불가벌, 즉 구성요건 사실이 아니기 때문에 이 유형은 추상적 사실착오가 아니다.

2) 제8회.

경우를 들 수 있다. 인식대상과 결과발생대상이 구성요건으로 같은 가치라는 의미에서 **동가치同價値 객체간 착오**라고도 한다. 이에 대해 추상적 사실착오는 인식사실과 발생사실이 서로 다른 구성요건에 해당하는 경우를 말하며, **이가치異價値 객체간 착오**에 해당된다.

(2) 객체착오와 방법착오

객체(목적 · 대상)착오는 행위대상을 잘못 인식하여 착오한 경우다. 예컨대 甲이라 8
생각하고 구타했는데 실은 乙이 맞은 경우를 들 수 있다.[1] 방법(타격 · 수단)착오는 행위수단이나 방법이 잘못되어 의도하지 않은 대상에 결과가 발생한 경우를 말한다. 예컨대 甲을 쏜다는 것이 조준 미숙으로 옆에 있던 乙이 맞은 경우다.

객체와 방법착오는 구체적 사실착오와 추상적 사실착오 모두에 가능하다. 그러나 9
추상적 사실착오 경우는 아무 어려움이 없다. 인식사실 미수와 발생결과 과실의 상상적 경합으로 해결하면 된다. 예컨대 사람을 개로 오인하거나(객체착오) 방법이 잘못되어(방법착오) 사람을 살해한 경우는 재물손괴 미수와 과실치사의 상상적 경합으로 처리하면 된다. 사실착오는 주로 **구체적 사실착오**, 그 가운데서도 특히 **방법착오**에서 문제가 된다.

(3) 추상적 사실착오 유형

인식사실과 발생사실 사이의 구성요건 경중에 따라 다음 유형으로 나눌 수 있다. 10
① 가벼운 사실인식으로 무거운 결과가 발생한 경우가 있다. 예컨대 손괴의사로 돌을 던졌는데 사람이 맞아 상해 또는 사망한 경우다. ② 무거운 사실인식으로 가벼운 결과가 발생한 경우가 있다. ③ 형의 가중 · 감경사유에 관한 착오가 있다. 보통살인(형법 제250조 제1항)과 존속살인(형법 제250조 제2항) 사이 착오는 각각 구성요건을 달리하기 때문에 형식으로는 추상적 사실착오에 해당한다. 이 범죄유형에는 양자 사이에 '살해'라는 공통분모가 있으므로 구성요건의 형식 구별에서 보면 추상적 사실착오지만 실질적으로는 구체적 사실착오 성격도 함께 가진다. 말하자면 양자 중간지대에 있는 것으로 정의할 수 있다. 따라서 형의 가중 · 감경사유 착오에 대한 법적 평가를 일률적으로 추상적 사실착오 일반론으로 처리하는 것은 문제가 있다.

4. 형법 제15조 제1항에 대한 문제제기

(1) 추상적 사실착오 규정

그러면 "특별히 무거운 죄가 되는 사실을 인식하지 못한 행위는 무거운 죄로 벌하 11
지 않는다"는 형법 제15조 제1항 문언은 위 착오유형 어디까지 규율할 수 있을까? '특별히 무거운 죄'라는 말은 가벼운 죄를 전제한 개념이다. 따라서 이 조문은 인식사실과

1) 제10회 사례형 논점.

발생사실이 구성요건을 달리하는 추상적 사실착오를 규정한 것으로 보인다. 그 가운데서도 특히 인식하지 못하고 발생된 '무거운 죄'로 처벌하지 않는다. 즉 무거운 죄 고의 기수를 인정할 수 없다고 명시하기 때문에(물론 무거운 죄에 대한 과실 처벌가능성은 있다), '가벼운 사실 인식으로 무거운 결과가 발생한 경우'는 직접 해당한다. 인식하지 못한 가벼운 죄 경우도 당연히 포함된다. 이것은 **"소小는 대大에 포함된다"**(aminore ad maius)는 논증이론으로부터 나오는 당연한 귀결이다. 그러므로 '무거운 사실 인식으로 가벼운 사실이 발생한 경우'도 형법 제15조 제1항으로 해결하는 데 어려움은 없다.

12 그러므로 사실착오 가운데 추상적 사실착오는 객체·방법착오를 불문하고 큰 문제가 되지 않는다. 인식사실 미수와 발생사실 과실의 상상적 경합이 해결공식이다.[1] 해당 범죄에 대한 미수와 과실 처벌규정이 있어야 하는 것은 물론이다. 이 공식은 형법 제15조 제1항으로부터 직접 도출된다.

(2) 구체적 사실착오에 대한 침묵

13 그러나 인식사실과 발생사실 사이에 '무거운 죄'와 '가벼운 죄' 구별이 되지 않는 구체적 사실착오에 대해 형법 제15조 제1항은 침묵하고 있다. 그렇다고 제15조 제1항에서 유추할 수 있는 여지가 있는 것도 아니다. 왜냐하면 이 규정이 '특별히 무거운 죄'로 못 박음으로써 인식사실과 발생사실의 죄 경중을 명백하게 전제하기 때문이다. 결국 형법 제15조 제1항으로 해결할 수 없는 구체적 사실착오(정확하게는 구체적 사실착오에서 객체와 방법 착오유형)는 학설에 의존할 수밖에 없다.

5. 구체적 사실착오를 위한 학설

(1) 구체적 부합설

14 1) 의 의 구체적 부합설은 행위자가 인식한 사실과 발생된 결과가 구체적으로 부합하는 경우 결과에 대한 고의를 인정하자는 견해다(독일 판례·통설). 따라서 ① 구체적 사실착오 **객체착오**는 인식사실과 발생사실이 구체적으로 부합하므로 고의기수가 인정된다. 왜냐하면 행위자 측면에서 보면 인식한 사실대로 결과가 발생하였고, 행위대상을 잘못 믿은 것은 단순한 동기착오에 지나지 않기 때문이다.[2] 그러나 ② **방법의 착오**는 인식한 대로 결과가 발생하지 않았으므로 인식사실 미수와 발생사실 과실의 상상적 경합이 된다.[3]

2) 비 판

15 **(가) 고의의 좁은 인정범위** 구체적 부합설은 고의 인정범위가 너무 좁다는 비판을 받는다. 예컨대 사람을 살해할 고의로 사람을 살해하였음에도, 방법착오가 살인미

1) 제3회.
2) 제13회.
3) 제8회.

수와 과실치사 상상적 경합으로 처리하는 것은 불합리하다는 비판이다.

하지만 구체적 사실착오의 객체착오와 방법착오는 분명히 **행위구조**를 달리한다. 미 16
수가 현행법에 임의적 감경사유(제25조 제2항)로 되어 있기 때문에 실제로는 크게 불합리할 것도 없다. 기수와 미수 어감차이에 너무 집착한 비판이라고 할 수 있다.

(나) **교사범 착오** 구체적 부합설을 비판하는 내용 가운데 교사범의 착오를 드 17
는 경우가 있다. 즉 구체적 부합설에 따르면 **피교사자 객체착오**가 교사자에 대해서는 **방법착오**가 될 수 있다는 주장이다.[1)]

예컨대 甲이 乙을 교사하여 丙을 살해하도록 하였는데 乙이 丙으로 알고 사살한 사람이 丁 18
이었을 경우(정범의 객체착오) 교사자 甲은 방법착오가 될 수 있다는 것이다. 이렇게 되면 교사자에게 발생결과에 대한 교사범 성립(정범의 책임)을 인정할 수 없는 불합리한 결과가 된다. 그러나 이 비판은 수긍하기 어렵다. 피교사자 객체착오는 교사범성립에 영향을 미치지 않는다. 교사자는 피교사자가 일으킨 착오에 대해 착오 일반이론에 따른 책임을 져야 한다. 다시 말하면 범행을 교사한 이상 교사자는 피교사자가 일반적으로 범할 수 있는 착오에 대한 책임을 당연히 부담해야 한다. 피교사자 객체착오를 마치 교사자가 교사대상을 잘못 선택한 '방법의 잘못'으로 이해하는 것은 방법착오 개념을 인위적으로 확대한 결과이다. 이것은 일반적인 방법착오와 전혀 다른 구조를 가진다. 교사자가 아무 흠결 없이 범행을 제대로 지시하였음에도 그의 교사행위가 방법착오가 될지 여부는 피교사자 실행행위를 두고 보아야 알 수 있다는 결론이 된다. 이런 고무줄과 같은 방법착오는 없다.

뿐만 아니라 교사자가 교사방법에 착오를 한다는 것은 있을 수 없다. 방법착오는 실행행위 19
자(피교사자)만 할 수 있다. 한 가지 생각해 볼 수 있는 것으로 피교사자 개인능력에 관한 교사자 '착오'는 교사범의 고의성립에 영향을 미치지 않는다. 교사 고의는 피교사자 범행결의와 실행행위에 대한 고의(이른바 이중 고의)로써 충분하다.

(2) 법정적 부합설

구체적 부합설보다 고의행위 인정범위를 넓게 잡는 학설이다. 법정적 부합설은 행 20
위자가 인식한 사실과 발생된 사실이 같은 구성요건(**구성요건부합설**), 즉 같은 죄질(**죄질부합설**)에 속하면 고의를 인정하자는 견해다.[2)] 죄질부합설은 양자 사이에 구성요건이 같은 경우는 물론이고 죄질이 동일한 경우도 고의를 인정하므로 고의기수를 인정하는 범위가 그만큼 넓어진다. 따라서 구체적 사실착오의 객체와 방법착오는 모두 인식사실과 발생사실이 같은 구성요건에 속하므로 고의기수가 성립한다. 즉 방법착오의 고의기수를 인정하는 것이 구체적 부합설과 차이점이다(종래 다수설과 판례).

법정적 부합설은 고의기수 범위를 지나치게 확대한다는 점에 문제가 있다. ① 행위 21
자는 결과가 발생한 행위대상에 대해 어떤 고의도 갖고 있지 않다. 고의는 특정 행위대

1) 이재상 외, 13/19; 홍영기, 「객체의 착오, 방법의 착오에서 고의의 특정」(형사법연구 제26호, 2006 겨울), 212면 이하.
2) 신동운, 228면; 정성근/박광민, 185면; 임웅 외, 161면; 최선호, 「구성요건적 착오」(이형국화갑논문집), 111면 등.

상에 대한 것이지 구성요건부합, 죄질부합으로 인정할 수 있는 것은 아니다. ② 법정적 부합설에 따르면 인식사실에 대한 미수는 발생된 결과의 기수범에 흡수된다고 해석하지만, 예컨대 살인죄와 같은 중대 범죄위험에 직면했던 피해자가 어떤 사법조치도 할 수 없다는 것은 모순이다.

(3) 추상적 부합설

22 일본에서 들어온 학설로서 법정적 부합설보다 고의기수 범위를 더 넓게 잡는다. 이 학설은 인식사실과 발생사실이 추상적으로 일치하기만 하면 고의기수로 처벌해야 한다고 주장한다. 구체적 사실착오는 객체·방법착오를 묻지 않고 언제나 고의기수가 성립한다. 이 점은 법정적 부합설과 동일하다. 형법 제15조 제1항 때문에 추상적 부합설은 추상적 사실착오를 다음과 같이 나누어 고찰한다.

23 1) 가벼운 사실 인식으로 무거운 결과를 야기한 경우 예컨대 손괴의사로 살해한 경우는 **가벼운 죄 기수**와 무거운 죄 과실의 상상적 경합이 된다. 즉 이 학설은, 제15조 제1항 "무거운 죄로 벌하지 않는다"는 규정이 무거운 죄 기수를 인정하지 않는 것에만 관계할 뿐이고 가벼운 죄 기수를 인정하는 데는 아무 문제가 없다고 생각한다.

24 2) 무거운 사실의 인식으로 가벼운 결과를 야기한 경우 예컨대 살해의사로 손괴한 경우는 무거운 죄 미수와 역시 가벼운 죄 기수를 인정한다. 무거운 죄 미수를 처벌하는 규정이 없으면 가벼운 죄 기수로 처벌되고 그렇지 않으면 언제나 무거운 죄 미수로 처벌한다.

25 이 학설은 조금도 가치가 없다. 인식사실과 발생사실 일치 여부를 따지지 않고 죄의 경중을 기준으로 가벼운 죄의 기수를 무조건 인정하는 것은, 좋게 말하면 죄형법정주의에 반하고, 나쁘게 말하면 범죄자 처벌에 혈안이 된 학설이다.

(4) 결　론

26 구체적 사실착오를 해결하기 위한 위 세 학설 가운데서 ① **구체적 부합설**이 타당하다(다수설).[1] ② 법정적 부합설은 구체적 부합설과 추상적 부합설 중간에서 마치 절충 장점을 가지고 있는 것처럼 보이지만, 그것은 외견이 그러할 뿐이다. 언급할 가치조차 없는 추상적 부합설을 빼면 결국 ③ 구체적 부합설과 법정적 부합설 택일만 남는다. ④ 양자 유일한 차이는 구체적 사실착오 **방법착오**를 고의기수로 인정하는 것(법정적 부합설)과, 인식사실 미수와 발생사실 과실의 상상적 경합으로 하는 것(구체적 부합설)에 있다. 구체적 사실착오에서 객체와 방법착오는 분명히 행위구조를 달리하기 때문에 양자를 동일하게 취급할 수는 없다.

[판례]

① 피고인은 갑과 동인의 처를 살해할 의사로 **농약 1포를 숭늉그릇**에 투입하여 갑의 식당에 놓아둠으로써, 그 정을 알지 못한 갑의 장녀가 이를 마시고 사망하였다. 피고인은 갑의 장녀를

1) 김성돈, 217면; 김일수/서보학, 229면; 박상기, 135면; 오영근/노수환, 15/39.

살해할 의사는 없었다 하더라도 사람을 살해할 의사로 이와 같은 행위를 하였다. 그 행위로 살해라는 결과가 발생한 이상 피고인의 행위와 살해결과 사이에는 인과관계가 인정되고, 갑의 장녀에 대한 살인죄가 성립한다.[1] *방법착오의 법정적 부합설.

② 사람을 살해할 목적으로 총을 발사한 이상 그것이 목적하지 않은 다른 사람에게 명중하여 사망결과가 발생하였더라도 살인의 고의는 인정된다. 피고인이 하사 甲을 살해할 목적으로 발사한 총탄이, 이를 제지하려고 피고인 앞으로 뛰어들던 乙에게 명중하여 乙이 사망한 경우 乙에 대한 살인죄가 성립한다.[2]

③ ***표준판례** 피고인이 먼저 피해자 甲(피고인의 형수)을 향해 살의를 갖고 소나무 몽둥이로 힘껏 후려친 가격으로 갑이 피를 흘리며 마당에 고꾸라졌고, 갑의 등에 업힌 피해자 乙(피고인의 조카, 남 1세)의 머리부분이 함께 가격당해 乙이 현장에서 두개골절 및 뇌좌상으로 사망한 경우는 살인죄가 인정된다. 소위 **타격의 착오가 있는 경우**라 할지라도 행위자의 살인의 범의성립에는 영향이 없다.[3] *방법의 착오에 고의기수를 인정한 판결.

6. 특별한 착오유형: 형의 가중 · 감경사유에 관한 착오

(1) 문제제기

1) 형식 · 추상적 사실착오 중간 성격 형의 가중 · 감경사유에 관한 착오는 구체적 사실착오와 추상적 사실착오 어느 하나로 해결할 수 없는 특수성이 있다. 예컨대 보통살인 의사로 존속살해결과를 발생시킨 경우처럼 ① 형의 가중 · 감경사유에 관한 착오도 기본구성요건과 가중 · 감경구성요건 사이에 법정형 차이가 있기 때문에 형식으로는 가벼운 죄와 무거운 죄 구별이 가능하다. 그렇다면 ② 이러한 착오유형에 대해서도 제15조 제1항을 적용하여 추상적 사실착오에 대한 일반 해결방식으로 처리할 수 있는가 하는 문제가 등장한다. 27

만일 ③ 그렇다면 인식사실 미수와 발생사실 과실의 상상적 경합으로 해야 하는데, 존속 · 비존속 간 착오에서 이런 해결방법을 쓰는 사람은 없다. 살인에 대한 고의가 있고 사망결과가 발생하였음에도 살인미수와 과실치사 상상적 경합으로 한다는 것은 불합리하기 때문이다. 28

그러므로 존속 · 비존속 간 착오는 ④ 형식 구별로는 추상적 사실착오에 속하면서도 실질은 구체적 사실착오 성격을 동시에 가지고 있어서 일반적인 이질異質 · 이가치구성요건異價値構成要件 사이의 추상적 사실착오(예컨대 손괴고의에 상해결과 발생)와 다른 해결방법을 사용하지 않으면 안 된다. 즉 ⑤ 법정형 사이에 경중이 있다는 것은 이질적이지만 살인이라는 공통분모 측면에서 보면 동질요소를 가지기 때문이다. 그러므로 이런 공통요소에 기초를 둔 구체적 사실착오에 해당하는 부분을 적극적으로 고려하는 해 29

1) 대판 1968. 8. 23. 68도884.
2) 대판 1975. 4. 22. 75도727.
3) 대판 1984. 1. 24. 83도2813.

결방법을 찾지 않으면 안 된다.

30 2) 제15조 제1항을 직접 적용하는 견해 이에 대해 제15조 제1항은 이질異質 구성요건 사이 추상적 사실착오에는 적용되지 않고 오로지 기본·파생적 구성요건(보통살인과 존속살해) 또는 동일 죄질(점유이탈물횡령과 절도) 사이 착오에 대해서만 적용된다는 견해가 있다.

31 그러나 ① 손괴와 상해 사이에 '착오행위'를 인정할 수 있을 뿐만 아니라 제15조 제1항 의미에서 무거운 죄와 가벼운 죄를 구별할 수 있는 이상 동조가 무거운 죄인 상해죄로 처벌하면 안 된다는 의미를 담는 것으로 해석하지 말아야 할 이유가 없다. 왜냐하면 ② 그 적용을 배제하더라도 이 조문과 반대되는 결론으로 무거운 죄 기수, 즉 상해기수를 인정할 수는 없기 때문이다. 동일한 결론의 법률 구속을 거부하고 형법 법치국가성을 퇴색해야 할 이유는 없다. 그러므로 ③ 제15조 제1항은 기본·파생 관계 구성요건뿐만 아니라 가벼운 죄와 무거운 죄 구별이 가능한 이질 구성요건 사이 추상적 사실착오도 당연히 포함하는 것으로 해석해야 한다.

(2) 형의 가중사유에 관한 착오

32 자기행위가 가중구성요건에 속한다는 사실을 인식하지 못하고 착오하는 경우는 보통살인과 존속살해죄 외에도 특수절도죄(제331조 제2항), 특수강도죄(제334조 제2항), 현주건조물방화죄(제164조), 존속유기죄(제271조 제2항), 존속학대죄(제273조 제2항), 허위사실적시에 의한 가중적 명예훼손죄(제307조 제2항) 등에서 이들 기본구성요건과 문제될 수 있다.

33 1) 제15조 제1항을 직접 적용하는 견해 형법 제15조 제1항은 곧 형의 가중사유에 관한 착오를 규율하기 위한 것으로 보는 견해는 (보통살인의사로 존속살해를 하는 경우) 존속살해가 "무거운 죄", 기본구성요건에 해당되는 보통살인이 "가벼운 죄"가 된다. 그리고 이 조문을 직접·독점 적용하여 법문이 무거운 죄, 즉 존속살해로 처벌할 수 없다고 하기 때문에 보통살인죄 고의기수로 처벌해야 한다고 한다.[1] 이 조문이 형의 가중사유에 관한 착오를 직접 규정했다고 보는 근거는 법문의 "특별히"라는 구성요건표지다. 이 표지가 기본·파생 관계에 있는 구성요건에만 그 적용범위를 한정한다는 적극적 의미를 담고 있는 것으로 본다.

34 그러나 이 문언은 ① 무거운 죄를 강조하기 위한 의미로도 얼마든지 해석할 수 있으므로 이를 근거로 제15조 제1항 적용범위를 결정하는 것은 납득하기 어렵다. ② 재물손괴와 상해처럼 법정형 경중이 있는 사안에 대해서는 이 규정이 아니라 형법 제13조 고의성립에 관한 규정으로 해결해야 한다고 한다.[2] 이 해결방법은 형의 가중사유에 관한 착오가 의문 여지없이 추상적 사실착오에 해당된다는 관점으로부터 나온다.

35 그러나 ③ "무거운 죄로 벌하지 않는다"는 것이 곧 가벼운 죄 기수를 의미해야 하는 필연적 이유는 찾기 어렵다. ④ 제15조 제1항은 무거운 죄로 처벌하지 않는다는 소극적 선언만 하고 있을 뿐이고 가벼운 죄 고의기수를 인정한다는 내용은 어디에도 없다. 그럼에도 ⑤ 제15조 제1항의 직접 적용을 주장하는 학자 중 누구도 가벼운 죄 고의기수 성립에 대한 직접 논증을 하는 사람은 없다.

1) 김일수/서보학, 218면; 이재상 외, 13/6.
2) 김일수/서보학, 219면.

2) 구체적 사실착오 성격을 반영하는 해결방법

(가) **고의기수를 유보하는 소극적 제한** 다음으로 형법 제15조 제1항은 구성요건의 동종同種, 이종異種을 불문하고 원칙으로 법정형에 차이가 있는 모든 구성요건에 대해 적용된다고 보는 견해가 있다. 이 견해는 ① 이 조문 의미를 무거운 죄에 대한 고의기수를 유보하는 소극 제한으로 이해하고 구체적 법적 처리 내용은 학설에 일임한 것으로 본다. 따라서 ② 형의 가중사유에 관한 착오도 당연히 제15조 제1항 적용을 받아 행위자가 인식하지 못한 "무거운 죄"로 처벌해서는 안 된다. 36

그러나 ③ 법률이 적극적 사건처리지침에 대해 침묵하고 있는 상황에서 두 착오유형을 같은 방식으로 결론 내릴 수 없다는 데 문제가 있다. 이종異種·이질異質구성요건 사이 추상적 사실착오는 일률적으로 인식사실 미수와 발생결과 과실의 상상적 경합으로 처리하면 된다. 그러나 ④ 보통살인의사에 존속살해결과를 발생시킨 경우는 이 방식에 따라 보통살인미수와 과실치사[1] 상상적 경합으로 할 수는 없다. 37

(나) **두 구성요건 공통분모** 살인고의에 살인결과가 발생했기 때문에 최소한 보통살인 고의기수를 인정한다면, 그 결론은 제15조 제1항 소극적 제한에서 나오는 것이 아니라 ① 이 착오 구체적 사실착오 성격을 반영한 객체(또는 방법) 착오에 대한 처리결과라고 보는 것이 합당하다. 38

② 두 구성요건은 **살인이라는 공통부분**을 가지는데, 법정적 부합설은 양자 모두 고의기수를 인정하고 구체적 부합설은 방법착오 경우에만 인식사실 미수와 발생사실 과실의 상상적 경합을 주장하기 때문이다. 객체, 방법착오를 불문하고 보통살인 고의로 존속살해를 범한 경우를 오로지 제15조 제1항에 의지하여 보통살인 고의기수를 인정하는 것으로 결론지을 수는 없다. 즉 ③ 구체적 부합설을 취할 경우 방법착오는 그 결론을 달리하지 않으면 안 된다. 39

그럼에도 ④ "무거운 죄로 벌하지 않는다"는 의미를 가벼운 죄 기수로 처벌해도 괜찮은 것으로 해석하는 견해는 이러한 구별을 하지 않는다. 이 결론은 제15조 제1항 적용결과라기보다는 오히려 이론적으로 누구 지지도 받지 못하는 ⑤ 추상적 부합설 결론과 같다고 할 수 있다. 왜냐하면 추상적 부합설은 가벼운 죄와 무거운 죄 구별이 있는 추상적 사실착오 경우에 가벼운 죄 기수를 무조건 인정하기 때문이다. 이질·이종구성요건 사이 추상적 사실착오는 객체, 방법착오가 결론에 영향을 미치지 않는다. 40

3) 반전反轉된 사례 경우 형의 가중사유에 관한 착오가 반전된 경우, 예컨대 존속살해의사로 보통살인 결과가 발생한 경우, ① 제15조 제1항을 직접 적용하는 견해는 이 조문이 여기에 직접 해당되는 전형적 경우는 아니지만 그 의미를 반전시켜 ② 가벼운 범죄 범위 안에서 고의 41

1) 이론적으로는 과실존속치사가 되지만 이에 대한 처벌규정은 없다. 존속가중은 행위불법에 관계되는 것이기 때문에 과실범에 적용될 수는 없다. 제13회.

기수를 인정하여(보통살인기수) 무거운 범죄 미수(존속살해미수)와 상상적 경합에 따라 무거운 죄인 존속살해미수로 처벌해야 한다고 한다.[1] 하지만 이 결론은 객체착오와 방법착오를 가리지 않고 타당할 수 없을 뿐만 아니라 ③ 제15조 제1항으로부터 직접 도출할 수 없는 가벼운 죄 고의기수 인정의 의미를 반전시켜 적용하기 때문에 그 규범성은 이중의 불확실성을 안고 있다.

42 이 경우도 ① 구체적 사실착오 성격을 고려한 해결방법이 설득력이 있다. 즉 우선 법정적 부합설을 취하면 객체, 방법착오를 가리지 않고 존속살해의사에 따른 존속살해미수 그리고 살해결과의 법정적 부합에 따른 보통살인기수의 상상적 경합이 인정된다. 그러나 ② 구체적 부합설을 취하면 객체착오는 동일한 결론이 되지만, 방법착오는 존속살해미수와 과실치사의 상상적 경합으로 그 결론을 달리한다.

43 여기서 일반적 구체적 사실착오의 객체착오와 달리 존속살해미수가 상상적 경합 대상이 되는 것은 인식한 사실이 불법가중 구성요건에 해당하기 때문이다. 즉 이 부분은 이 착오유형이 추상적 사실착오에 속하는 것을 반영한 것으로 이해하면 된다. 이 점에서 ③ 추상적 사실착오와 구체적 사실착오를 종합하는 해결방법을 찾아야 한다.

44 결론은 **구체적 부합설이 타당**하다. 왜냐하면 방법착오에는 행위자가 인식한 대로 행위결과가 발생하지 않았기 때문이다. 즉 ④ 보통살인결과가 발생한 행위대상은 행위자가 의도했던 사실과 우연히 일치할 뿐이므로 행위자에게는 기껏해야 인식 없는 과실을 인정할 수 있을 뿐이다.

(3) 형의 감경사유에 관한 착오

45 1) 일반적인 경우 여기서는 상대방 촉탁 · 승낙이 있는 것으로 잘못 알고 살해하는 경우(촉탁 · 승낙살해의사로 보통살인)처럼 자신 행위가 형의 감경사유에 해당되는 것으로 착오한 행위가 문제된다. 형의 가중사유에 관한 착오에서 제15조 제1항 직접적용을 주장하는 견해는 이 조문이 감경사유에 관한 착오에 그대로 적용되기는 어렵다는 것을 인정한다. 다만 그 "취지 또는 의미"를 살려 감경구성요건 고의기수, 즉 촉탁 · 승낙살인죄로 처벌해야 한다고 한다.[2] 그러나 보통살인을 "무거운 죄"로 인정하더라도 고의 인식대상인 불법감경사유가 존재하지 않는 행위대상에 대해 그 고의기수를 인정하는 근거가 제시되어야 한다.

46 (촉탁 · 승낙)살인고의에 (보통)살인결과가 발생하면 최소한 살인미수가 아닌 살인기수를 인정하는 것이 합당하고 그 대상은 무거운 죄가 아닌 가벼운 죄여야 한다. 왜냐하면 책임원칙은 행위자가 인식한 고의 범위 안에서만 처벌할 것을 요구하기 때문이다. 이 경우도 객체와 방법착오를 구별하는 구체적 사실착오 해결방법을 부분적으로 원용하여 처리할 수 있다. 법정적 부합설은 양자 모두 고의기수를 인정하지만(촉탁살인기수) 구체적 부합설은 방법착오 경우에 인식사실 미수(촉탁살인미수)와 발생사실 과실(과실치사)의 상상적 경합을 인정한다. 법정적 부합설에 따르면 양자 결론은 동일하지만 논증방법은 큰 차이가 있다.

---

1) 김일수/서보학, 219면.
2) 이재상 외, 13/7; 박상기, 125면.

2) **반전된 사례 경우** 형의 감경사유에 관한 착오가 반전된 경우, 즉 행위자가 보통살인 의사로 살해행위를 하였지만 실제로는 피해자 촉탁·승낙이 있는 경우는, ① 기본구성요건인 보통살인 불능미수로 처리해야 한다는 견해, ② 보통살인미수와 감경구성요건인 촉탁·승낙살인기수의 상상적 경합으로 처리해야 한다는 견해 등이 있다. 그러나 이 결론에 대한 법적·이론적 근거는 제시되지 않고 있다. 47

이 유형도 가중구성요건에 관한 착오가 반전된 경우에 적용한 방법을 사용하면 논증이 가능하다. 법정적 부합설에 따르면 객체, 방법착오 가리지 않고 촉탁·승낙살인의사와 살해결과의 법정적 부합에 따른 촉탁·승낙살인기수 그리고 보통살인미수 사이에 상상적 경합이 된다. 그러나 구체적 부합설을 취하면 객체착오는 같은 결론이 되지만, 방법착오는 보통살인 미수와 과실치사 상상적 경합으로 결론이 달라진다. **구체적 부합설** 결론이 타당하다. 48

(4) 결 론

1) **제15조 제1항은 추상적 사실착오에 대한 일반규정** 제15조 제1항은 일반적 추상적 사실착오는 배제되고 ① 기본·파생적 구성요건 또는 동일죄질 사이에만 독점으로 적용된다고 보는 것은 가능한 해석 한계를 벗어난 것이다. 무조건 가벼운 죄 고의기수를 인정하는 결과에 대한 규범근거를 제시하지도 못할 뿐만 아니라 가중과 감경사유에 관한 착오를 함께 해결하지도 못하면서 착오론 전체체계에 지나친 희생을 강요한다. 행위자가 인식한 내용과 발생된 결과가 일치하지 않는 모든 사안은, 양자가 구성요건 의미를 가지고 있는 한, 형법 착오로 포섭하여 통일적으로 처리해야 한다. 49

제15조 제1항은 비록 미흡하긴 하지만 제13조 반면규정反面規定으로 사실착오에 대한 유일한 근거가 된다. 그러므로 ② 이 조문은 기본, 파생관계에 있는 구성요건 뿐만 아니라 가벼운 죄와 무거운 죄 구별이 가능한 모든 추상적 사실착오에 적용된다. 다만 양자에 대한 해결방법은 "무거운 죄로 벌하지 않는다"는 법률 소극적 제한 범위 안에서 서로 달리할 수밖에 없다. 그것은 ③ 형의 가중·감경사유 착오가 형식으로는 추상적 사실착오에 속하지만 실질로는 구체적 사실착오 성격을 겸비하고 있다. 따라서 이 착오유형을 해결하는 방식도 ④ 추가적 불법요소인 형의 가중·감경사유는 추상적 사실착오를 해결하는 제15조 제1항에 따른다. 나머지 양 구성요건에 공통되는 동가치 표지는 객체와 방법착오를 구별하는 구체적 사실착오를 해결하는 방식을 사용한다. 이것이 추상적 사실착오와 구체적 사실착오 중간지대에 있는 착오유형을 해결하는 데 적합한 해결방식이다. 50

2) **사실착오에 대한 명제 종합** 사실착오에 대한 명제를 종합 정리하면 다음과 같다. ① 추상적 사실착오는 형법 제15조 제1항에 따라 직접 규율 가능하다. 인식사실 미수와 발생사실 과실의 상상적 경합이 해결기준이다. 물론 해당범죄 미수와 과실에 대한 처벌규정이 있어야 한다. ② 사실착오 해결을 위한 학설대립은 구체적 사실착오 해결을 위해서만 필요하다. ③ 구체적 사실착오 객체착오는 고의기수로 처벌된다. ④ 구체 51

적 사실착오 방법착오는 인식사실 미수와 발생사실 과실의 상상적 경합이 된다(구체적 부합설). ⑤ 형의 가중 · 감경사유에 관한 착오는 추상적 사실착오와 구체적 사실착오 성격을 동시에 가지고 있는 예외 유형에 속한다.

7. 여론餘論: 객체착오와 방법착오의 구별 어려움

52 구체적 사실착오에서 구체적 부합설을 따르고자 할 때도 다음과 같은 문제는 있다. 즉 해당 사안이 방법착오에 해당하는가 아니면 객체착오에 해당하는가 문제가 명확하게 밝혀지지 않으면 또는 밝혀질 수 없다면 구체적 부합설을 법정적 부합설과 구별하는 실익이 없다. 실무로 양자 구별이 용이하지 않은 경우가 적지 않다.

(1) 문제점 내용

53 **1) 행위대상과 행위방법의 동시 착오** 앞서 객체착오는 행위대상을 잘못 인식한 경우고, 방법착오는 행위대상은 제대로 인식하였지만 행위수단이나 방법이 잘못되어 인식하지 않은 대상에 결과가 발생한 경우라고 설명하였다. 그러나 행위대상을 오인하였을 뿐만 아니라 행위방법도 의도한 것과 다른 경우처럼 두 가지 착오 내용이 모두 개입하고 있을 때, 둘 가운데 어느 것으로 해결해야 할 것인가 문제는 쉽지 않다. 양자는 서로 택일관계에 있는 것이 아니기 때문이다.

54 **2) 사 례** 특히 객체착오와 방법착오는 행위자와 피해자가 직접 대면하고 있는 경우가 아니라면 그 구별이 매우 어렵다. 예를 들어 특정인을 모욕할 의사로 전화를 걸어 수신인을 모욕한 경우 전화받은 사람이 의도했던 대상이 아니면, 객체 선택이 잘못되었다는 면에서 객체착오가 되고, 전화를 건 방법이 잘못되었다는 점에서는 방법착오가 될 수도 있다. 피교사자가 객체착오로 의도하지 않은 대상을 살해한 경우가 방법착오가 된다는 주장도 이러한 어려움을 반영한다.

(2) 방법착오가 문제되는 경우

55 객체착오와 방법착오가 명확하게 구별되지 않는 문제는 양자 법적 평가를 같이 하고자 하는 ① 법정적 부합설에 유리한 논거를 제공한다. 그러나 ② 객체착오와 구별되는 고유한 방법착오 유형은 분명히 존재하며 이에 대한 법적 평가는 객체착오 경우와 달리 해야 한다. 예컨대 甲을 살해하려고 총을 발사했는데 총알이 빗나갔고 이때 그 옆 수풀에 가려있던 乙이 총알에 맞은 경우를 보자. 이 경우 乙이 수풀 속에 없었다면 행위자는 단지 살인미수로 처벌 받는데, 우연히 乙이 있었다는 이유만으로 살인기수가 되는 것은 의문이다. ③ 고의귀속은 행위자 계획실현과 관련되어야 하는데, 인식과 예견가능성을 벗어난 행위대상에 대해 고의를 귀속시키는 것은 결과반가치만을 고려한 것으로 법치국가형법에 어긋난다.

56 바로 이 경우에 보는 것처럼 ④ **목표했던 대상이 행위자 주관 의사 가운데 명확하게 확인되고 결과가 발생한 대상이 행위자 인식 · 의욕 가운데 들어있지 않은 경우**는 방법착오에 해당되는 것으로 보아야 한다.

57 방법착오 범위를 이렇게 한정하면 객체착오와 구별해야 할 정책적 필요성이 있는 방법착오의 범주는 그다지 넓지 않다. 그러나 방법착오 범위가 좁아진다고 해서 구체적 부합설이 법정적 부합설과 같은 내용을 갖는 것은 아니다. ⑤ 법정적 부합설과 구체적 부합설 차이점은 고의 인식대상의 구체성에 있는 것이지 객체착오와 방법착오 범위에 있는 것은 아니다.

[55] Ⅲ. 인과관계 착오

1. 인과관계착오 의의

(1) 일반인으로서 소박한 인식

인과관계는 매우 중요한 객관적 구성요건요소다. 따라서 고의가 성립하기 위해서 인과관계에 대한 행위자 인식이 있어야 한다. 그러나 행위자가 자신 행위가 결과발생으로 연결되는 정확한 인과진행을 파악하는 것은 불가능한 일이다. 인과관계에 대한 인식도 고의 일반적 인식양태와 마찬가지로 인과관계에 대한 의미인식수준이면 된다. 즉 '**일반인(문외한)으로서 할 수 있는 소박한 인식 · 평가**'면 충분하고 전문가 인식수준을 요구하지 않는다. 그러므로 행위자가 행위와 결과발생 사이 인과과정을 세세한 부분까지 과학적으로 인식하지 못하더라도 고의성립에 지장이 없다. 다만 행위자가 인식 · 예견한 인과과정과 실제로 발생한 인과과정이 **본질적으로** 차이가 날 경우, 또는 인과과정 **중요부분을** 인식하지 못한 경우는 고의책임을 지울 수 없고 사실착오로 해결해야 한다. 이것을 인과관계착오 또는 인과과정 착오라고 한다. 1

(2) '본질성'에 대한 판단기준으로서 '일반 생활경험'

문제는 '본질성' 또는 '중요성'에 대한 판단기준이다. 여기에 대해서는 보통 '**일반 생활경험**'을 기준으로 제시한다. 행위자가 인식한 인과과정과 실제로 발생한 인과진행 사이에 있는 차이가 일반 생활경험, 즉 '**일반인의 소박한 인식수준'에서 보았을 때 예견할 수 있는 범위 안에 있는 것**이면 발생결과에 대한 고의는 인정된다.[1] 그러나 그러한 예견가능성 범위 밖에 있는 차이는 인과관계 본질적 부분 또는 중요부분을 인식하지 못한 것으로서 고의가 성립하지 않는다. 2

인과관계착오는 구체적 사실착오에만 문제되고, 고의부분에서 이미 설명한 개괄적 고의 사례가 여기 해당된다. 가장 흔한 인과관계착오 예를 들면, 살해목적으로 일정한 행위를 한 결과 의식불명이 된 사람을 죽은 줄 알고 웅덩이에 버렸는데 피해자가 이로 인해 사망(즉 익사)한 경우다. 3

2. 인과관계착오를 해결하기 위한 학설

(1) 개괄고의설

개괄적 고의는 **베버**(Weber)가 특수한 형태 고의로 처음 창안한 개념이다. 개괄고의는 행위결과가 제1행위와 제2행위라는 두 개 행위로 결합되어 있을 때, 제1행위 고의가 제2행위 인과관계를 포함하는 것으로 이해하여 양자를 '개괄하여' 하나의 고의기수범으로 취급해야 한다는 견해다.[2] 이렇게 되면 제2행위 인과관계일탈은 언제나 비 4

1) 제5회.

본질적인 것이 되어 고의성립에 영향을 미치지 않는다. 그만큼 행위자에 대한 가벌성 범위는 확대될 수밖에 없다. 현재 이 견해를 주장하는 학자는 찾아보기 어렵다. 우리나라 판례는 이 견해를 가지고 있는 것으로 보인다.[1)]

5 개괄고의설에 대한 비판은, ① 고의는 언제나 구체적 행위대상을 전제한 것이기 때문에 '개괄적으로' 고의를 인정하는 것은 문제가 있다. ② 개괄적 고의내용에 대해서 행위자는 행위당시에 어떤 인식·의욕도 한 바가 없다.

⑵ 미 수 설

6 고의는 언제나 행위시에 있어야 하기 때문에 제1행위로 발생된 결과에 대해서는 미수가 성립하고, 제2행위에 대해서는 행위자 인식이 없었으므로 발생결과의 과실범이 성립하여 양자는 실체적 경합관계에 있다는 견해다.[2)] 이 견해는, ① 고의는 행위 인과관계가 진행되는 동안에 존재하면 되는 것이기 때문에 제2행위를 과실범으로 분리해서 생각할 필연적 이유가 없다, ② 인과관계에 대한 착오 정도를 불문하고 모두 미수와 과실 실체적 경합으로 처리하는 것은 제1행위 기수범으로 처리할 수 있는 경우까지 배제하는 불합리한 점이 있다.

⑶ 객관적 귀속설

7 이는 개괄적 고의 문제를 객관 귀속론 관점에서 해결해야 한다고 보는 견해다. 구성요건결과가 제2행위에 따라 발생하고, 제2행위가 일반 생활경험상 범죄를 은폐하기 위한 전형적 행위로 평가될 수 있으면 발생결과에 대한 객관적 귀속은 가능하다. 만일 제2행위에 대한 객관 귀속이 불가능한 경우는 제1행위 미수가 성립한다.

8 그러나 객관적 귀속은, ① 객관 귀속이론을 인정하는 경우에도, 객관적 구성요건해당성 단계에 속하는 문제이므로 그것이 인정되고 난 다음 단계 문제에 속하는 고의 조각여부阻却與否를 판단하는 논증수단이 되기는 어렵다. ② 개괄고의에 해당되는 사례는 객관적 귀속이 아니라 고의 성립범위가 문제되는 경우다.

⑷ 인과관계착오설

9 개괄고의를 인과관계착오 한 형태로 보아서 행위자가 인식한 인과과정과 결과가 실현된 인과과정 사이에 '**본질적 차이**'가 없으면 고의 기수범으로 인정하고, 만일 그러한 차이가 있을 경우 인식사실 미수와 발생사실 과실의 상상적 경합으로 처리하자는 견해다. 본질성 판단기준은 **일반 생활경험에 따라서 예상할 수 있는 범위**를 든다. 이는 우리나라 다수설, 독일 판례·다수설이며, 타당한 견해다.

---

2) 제5회.

1) 대판 1988. 6. 28. 88도650: "피해자가 피고인들이 살해의 의도로 행한 구타 행위에 의하여 직접 사망한 것이 아니라 죄적을 인멸할 목적으로 행한 매장행위에 의하여 사망하게 되었다 하더라도 전 과정을 개괄적으로 보면 피해자의 살해라는 처음에 예견된 사실이 결국은 실현된 것으로서 피고인들은 살인죄의 죄책을 면할 수 없다." 제3, 5, 6, 13회.

2) 오영근/노수환, 15/14; 손동권, 132면; 이용식, 60면. 제5회.

[판례사례] 판례의 개괄고의설(*표준판례) 甲은 피해자 丙이 자기 부인을 희롱하였다는 말을 듣고 乙과 함께 丙을 구타하던 중 순간적으로 살인고의를 가지고 丙 머리를 돌멩이로 후려쳤다. 丙이 정신을 잃고 축 늘어지자 甲은 丙이 죽은 것으로 오인하고 사체를 몰래 파묻어 증거를 인멸할 목적으로 丙을 개울가로 끌고 가 웅덩이를 파고 매장하였다. 丙은 사망하였는데 실제로 그의 사망원인은 웅덩이에 매장된 끝에 일어난 질식사였다.1)

[해설] 이 사안에 대해 대법원은 개괄고의 개념으로 甲의 살인기수책임을 인정하였다. 즉 피해자가 피고인의 살해의도로 행한 구타행위로 직접 사망한 것이 아니라 범죄흔적을 인멸할 목적으로 행한 매장행위로 사망하게 되었더라도 전 과정을 개괄하여 보면 피해자 살해라는 처음에 예견한 사실이 결국 실현된 것으로서 피고인은 살인죄 죄책을 면할 수 없다. 그러나 판례가 취하는 개괄고의설은 사전고의를 인정하는 결함이 있기 때문에 인과관계 착오이론으로 해결하는 것이 바람직하다. 그러나 피고인이 인식한 사실과 발생된 결과가 구체적으로 부합하고 인과진행에도 본질적 차이를 발견할 수 없기 때문에 甲과 乙 살인기수를 인정하는 결론은 마찬가지다.

[인과관계착오 전형적 사례] 술주정뱅이 사건 대학생인 甲은 丙 아들이다. 丙은 술주정뱅이에다가 포악한 성격 소유자로서 술만 먹으면 그의 부인 乙을 폭행·학대해 왔다. 이를 참다 못한 乙은 丙에게 이혼해 줄 것을 수차 요구하였지만 丙은 그때마다 더욱 심하게 때렸다. 이에 甲은 丙을 살해하기로 결심하고 어느 날 丙이 술에 취해 행패를 부리다가 잠이 든 사이 甲은 丙의 목을 졸랐다. 丙이 의식을 잃자 甲은 丙이 죽은 것으로 생각하고 丙을 차에 싣고 강에 버렸다. 乙은 甲이 丙을 살해하는 사실을 알고 있었음에도 옆방에서 자는 척하고 있었다. 나중에 丙은 익사하였다는 사실이 밝혀졌다. 甲, 乙 죄책은 어떻게 될까?2)

[해설] 이 사안 쟁점은, ① 甲 행위는 목을 조른 제1행위와 강에 집어던진 제2행위로 나누어지고, 직접 사망결과를 야기한 제2행위시에 살인고의가 없었다. 그럼에도 甲에게 살인고의를 귀속시킬 수 있는가, 만일 가능하다면 그 이론구성은 어떻게 해야 하는가 문제가 된다. 쟁점은 이른바 개괄고의 문제다.

② 甲이 위법성조각사유로 정당방위를 주장할 수 있을까? 이 점은 방위행위 현재성과 관련하여 논증해야 한다. ③ 정당방위가 인정되지 않으면 긴급피난 성립 여부도 검토대상이 되어야 한다. 먼저 방어적 긴급피난으로 정당화 긴급피난에 해당될 수 있는가 심사해야 하고, 다음으로 침해이익이 생명이기 때문에 균형성요건을 일탈한 것으로 판단하면 면책 긴급피난 성립가능성을 검토해야 한다.

④ 乙에 대한 가벌성은 부작위 보증인지위가 인정될 수 있는지 먼저 살펴보아야 한다. 보증인지위가 인정되면 乙이 발생된 구성요건결과에 대한 정범이 되는지 아니면 공범이 되는지 판단해야 한다. ⑤ 乙에게 공범이 성립하는 경우도 그는 甲 존속살해행위에 신분 없는 자로 가공한 것이므로 보통살인죄 공범이 되는가 아니면 존속살해죄 공범이 되는가를 판단해야 한다.

이 사안 해결은 다음과 같이 정리할 수 있다. ① 결과를 직접 발생시킨 제2행위시에 살인고의는 없었으나 결과적으로 甲이 인식한 인과과정과 실현된 인과과정 사이에 본질적 차이가 있다고 보기는 어려워 존속살해죄 구성요건해당성은 인정된다(인과관계착오설).

1) 대판 1988. 6. 28. 88도650. 제2, 5, 9, 13회.

2) 제4회.

② 정당방위 대상이 되는 침해, 즉 공격은 현재적이어야 하는데, 그 현재성은 엄격하게 해석되고 대신 상당성심사에서 보호법익과 침해법익 사이 균형성은 요건으로 작용하지 않는다. 현재성은 법익에 대한 침해가 '바로 발생하였거나 급박한 상태'를 기준으로 한다. 따라서 정당방위에는 과거에 이미 발생한 침해나 미래에 발생할 개연성이 있는 침해는 현재성이 인정되지 않는다. 따라서 甲 행위시에 丙이 자고 있을 뿐이라면 평소 甲, 乙을 학대해 온 바가 있더라도 그것만으로 침해 현재성을 인정할 수 없다. 따라서 정당방위로 위법성이 조각되기는 어렵다.

③ 반면 긴급피난은 정당방위와 달리 그 현재성을 엄격하게 해석하지 않고, 이것은 정당방위에서 요구되지 않는 균형성심사가 추가됨으로써 상쇄된다. 따라서 丙 침해행위가 계속위난에 해당되는 것으로 판단하면 긴급피난 대상은 될 수 있다. 우선 긴급피난 상당성 가운데 필요성요건을 충족하기 위해서는 위난을 달리 방어할 방법이 없어야 한다. 이 가운데는 경찰 도움을 받을 수 있는 가능성, 어머니 乙을 안전한 곳으로 피신시킬 수 있는 방법 등이 고려되어야 한다. 정당방위는 자기보호와 동시에 법질서 수호를 위한 것이기 때문에 위법한 공격을 회피해야 할 의무(회피의무)가 없지만 긴급피난은 법질서수호를 위한 제도가 아니기 때문에 필요성원칙에는 회피의무도 포함한다. 甲과 乙이 처한 특수사정으로 이와 같은 최소침해 가능성이 없는 것으로 판단하면 다음 단계 균형성심사로 넘어간다. 丙의 포악한 성격은 필요성관문 통과를 어렵지 않게 할 것이므로 중요한 문제는 균형성단계에서 결정될 것으로 보인다.

甲은 위난을 유발한 당사자인 丙에 대해 긴급피난행위를 한 것이기 때문에 그의 행위는 방어긴급피난에 해당한다. 이 경우 위난유발자 이익은 그만큼 보호가치가 낮으므로 침해이익에 대한 보호이익의 본질적 우월성은 요건이 되지 않고 심지어 후자가 낮은 경우도 정당화 긴급피난에 해당될 수 있다. 만일 이 가능성을 부정하면 甲 행위는 친족 생명 · 신체를 보호하기 위한 것으로서 최소한 면책 긴급피난에는 해당될 수 있다.

④ 다음으로 부인 乙 가벌성과 관련하여 그는 丙과 부부관계에 있으므로 밀접한 공동체관계에 따른 작위의무가 인정된다. 그러므로 丙이 생명 위험에 빠지면 그를 구조해야 할 보증인의무가 있다. 이와 함께 乙이 부작위에 따른 살인죄 정범이 되기 위해서는 작위에 따른 살인죄와 동가치 행위지배가 있어야 한다. 그러나 옆방에서 자는 척하고 있던 乙에게 '구성요건과정에 대한 고의 장악'이 있다고 보기 어렵고, 단지 소극적으로 범행을 야기 · 촉진한 것에 지나지 않기 때문에 방조에 해당할 뿐이다. 甲 행위가 면책 긴급피난에 해당되더라도 乙의 공범성립에는 영향을 미치지 않는다(제한종속형식). ⑤ 이때 乙은 가중 신분이 없는 자가 신분자인 정범 행위에 가담한 경우에 해당되므로 제33조 단서가 적용되어 기본범죄 공범이 성립한다. 따라서 乙은 보통살인죄 방조범으로 처벌받는다.

제4장 위 법 성

제1절 위법성론

[56] Ⅰ. 위법성 의의

가벌성의 세 번째 심사단계는 위법성이다. 구성요건은 일정한 행위가 형법 의미에서 불법인가 아닌가 하는 점에 잠정판단을 내릴 수 있을 뿐이고, 불법에 대한 궁극 대답은 위법성영역에서 주어진다. 위법성에는 구성요건단계에서 내린 행위의 잠정 불법판단을 예외로 정당화하는 상황을 규정한다. 1

예컨대 위법하게 공격하는 사람에 대해 방어하는 자는, 비록 그가 공격자 신체를 침해하여 형법 제257조 상해 구성요건이나 형법 제250조 살인 구성요건을 실현하더라도 불법을 행한 것은 아니다(제21조 정당방위). 현행범인을 체포하는 사람은 비록 그가 다른 사람의 자유를 박탈하더라도(제276조 체포·감금) 적법하게 행위하는 것이다. 그는 형사소송법 제212조에 따라서 현행범인을 체포할 수 있는 권리를 가지기 때문이다(제20조 법령에 의한 정당행위). 위독한 자기 부인을 제때 병원으로 데려가기 위해 과속으로 질주하는 사람은 다른 교통참여자를 위험하게 함으로써 도로교통법 구성요건을 실현하였지만(같은 법 제17조), 형법은 그가 긴급피난행위를 하였기 때문에 적법한 것으로 간주한다(제22조). 그는 긴급한 위험에 빠진 인간의 중심되는 이익(부인 생명·신체 안전)을 그것보다 낮은 정도의 타인이익을 희생하여 관철시켰고 또한 행위자는 그 상황에서 달리 행위할 수 있는 가능성이 없었기 때문이다. 2

1. 구성요건해당성과 위법성 구별

구성요건해당성과 위법성 구별은 행위와 구성요건해당성 구별처럼 명백하지 않다. 후자 경우는 법적 평가(구성요건해당성)와 평가대상(인간의 행위)의 일목요연한 구별이 가능하지만, 전자는 그렇지 않다. 구성요건해당성과 위법성은 중복해서 법적 평가를 내린다. 구성요건 기초는 금지 또는 **요구규범**이고 위법성 기초는 **평가규범**이다. 3

2. 위법성과 불법

위법성과 유사한 개념으로 불법不法이 있다. 양자는 보통 같은 의미로 사용하지만 엄격하게는 구별이 가능하다. ① 위법성은 형식개념이고 불법은 실질개념이다. ② 위법성은 법규범에 위반한 행위, 다시 말하면 구성요건에 해당하는 행위의 속성을 말한다. 정당화사유를 고려하지 않은 형식적 구성요건해당성에서 본 행위속성을 일컫는다. 4

이에 반해 ③ 불법은 위법하게 평가된 행위 그 자체, 즉 구성요건에 해당하고 정당화사유가 존재하지 않는 행위 성질을 의미한다. 이것을 두고 ④ 위법성은 단순한 관계개념인 반면, 불법은 실체개념이라고 한다. 또는 ⑤ 위법성을 술어, 불법은 주어에 해당한다고 표현한다. ⑥ 관계개념인 위법성은 유무 판단만 가능하지만, 실체개념인 불법은 정도 차이가 있다. 살인과 상해는 모두 위법행위지만 전자가 후자보다 더 불법하여 높은 법정형 적용을 받는다.

5 흔히 사용하는 불법구성요건 개념은 구성요건해당성이 일단 위법성을 징표하고, 구성요건에 해당하는 행위는 예외로 정당화될 수 있으며, 원칙으로 위법(즉 불법)한 것이 보통이라는 관점에서 나온 명칭이다.

3. 형식적 위법성론과 실질적 위법성론

(1) 형식적 위법성론

6 형식적 위법성론은 위법성을 규범에 대한 형식적 위반으로 보는 견해다. 이렇게 되면 위법성 본질은 구성요건에 규정된 작위 또는 부작위의무 침해에 있다. 구성요건에 해당하는 행위는 모두 형식적으로 위법하다는 결론이다. 따라서 형식적 위법성은 구성요건 충족 이상의 의미를 가지고 있지 않다. 형식적 위법성론은 금지사실은 쉽게 확인해 줄 수 있지만 그것이 왜 금지되는지 이유는 설명하지 못한다.

(2) 실질적 위법성론

7 이에 반해 실질적 위법성론은 위법성을 규범에 대한 형식적 위반에 그치지 않고 실질적 내용에서 파악한다. 예컨대 ① 위법성 본질이 권리침해, 법익침해 또는 사회상규 위반에 있다고 보는 견해가 여기 속한다. 양자 구별은 형식적 · 실질적 범죄개념 구별과 비슷하다. ② 실질적 위법성은 입법과 양형기준이 될 뿐만 아니라 법률외적인 초법규 위법성조각사유도 인정할 수 있는 장점이 있다고 주장한다.

8 그러나 ③ 실질 위법성론은 위법성과 불법을 혼동하는 오류가 있다. 초법규 위법성조각사유 존재도 인정할 여지가 없다. ④ 위법성 실질을 불법으로 파악하면 형식적 · 실질적 위법성론 대립은 실익 없는 불필요한 논쟁이다. 순수 도그마틱 역사에 속하는 문제다.

4. 객관적 위법성론과 주관적 위법성론

(1) 객관적 위법성론

9 객관적 위법성론은 법률(규범)의 **평가규범 성격**만 인정하고, 위법성은 바로 이 객관적 평가규범에 대한 위반이라고 한다. 법률의 의사결정규범 성격은 단지 간접적 의미만 인정한다. 이렇게 되면 책임무능력자 행위도 객관적 평가규범에 대한 위반은 존재하므로 위법하고, 그의 주관적 행위능력에 대한 고려는 위법성이 아니라 책임판단 문제에 속할 뿐이라고 한다. 판례는 객관적 위법성론을 따르고 있는 것으로 보인다.

(2) 주관적 위법성론

10 이에 대해 주관적 위법성론은 위법성을 **주관적 의사결정규범**에 대한 위반으로 본다. 즉 법규범은 평가규범과 의사결정규범 성격을 동시에 가지고 있으므로 규범명령을 받을 능력이 있는

자만 법적 평가대상이 될 수 있다. 그러므로 책임무능력자는 규범 수명자가 될 수 없기 때문에 처음부터 위법한 행위를 할 수 없다. 위법성 판단에서 행위자 주관 능력을 고려한다는 점이 객관적 위법성론과 차이점이다. 이렇게 되면 책임무능력자 행위는 책임이 아니라 위법성이 조각된다는 결론이 된다.

(3) 비 판

① 객관적 위법성론과 주관적 위법성론 사이 논쟁은 규범의 평가규범 성격과 의사결정규범 성격 사이에 우열을 둘 경우에만 의미가 있다. 예를 들어 규범의 일차 기능을 평가규범으로 파악하면 객관 위법성론이 타당하다는 결론을 끌어낼 수 있다. 하지만 ② 오늘날 양자 사이에 어떤 우월관계가 있다고 보는 사람은 없다. 법률은 의사결정규범과 평가규범 성질을 함께 가지고 있다. 그러므로 이 논쟁 또한 학설사 의미밖에 없다. 11

③ 책임무능력자 행위에 대한 정당방위가 가능하고 보안처분을 부과할 수 있다는 점에서 객관 위법성론이 옳다는 견해가 일반적이다. 위법성을 불법과 구별하여 형식 개념으로 이해하면 위법성은 객관적 판단일 수밖에 없다. 그러나 책임무능력자에 대한 정당방위나 보안처분 문제는 객관적 위법성론의 논리 귀결이라기보다 ④ 정책 관점에서 위법한 공격을 받는 상대방이나 장래 범죄예방을 위한 고려에서 나온 것이다. 이 결론을 객관적 위법성론에 맞추어서 설명한 것에 지나지 않는다. 이것은 위법성 평가방법에 관한 논의가 없더라도 동일한 결론에 모두 동의할 것이라는 점에서 확인 가능하다. 이 논의가 특별한 실익도 없으면서 평가규범과 결정규범 사이에 우열을 두는 것은 찬성하기 어렵다. 12

5. 소극적 구성요건요소이론

(1) 총체 불법구성요건

이 이론은 구성요건해당성과 위법성 구별을 없애기 위해 주장한 것이다. 즉 전통적인 구성요건해당성, 위법성, 책임 3단계 범죄구조가 아닌 불법과 책임 2단계 범죄구조를 위한 도그마틱 구조물이다. 따라서 소극적 구성요건요소이론은 위법성조각사유 존재를 인정하지 않고, 이것은 소극적 구성요건요소로서 구성요건에 속한다고 한다. 이렇게 하여 생겨난 구성요건이 총체적 불법구성요건이다. 즉 정당화사유를 발생시키는 표지(예컨대 법률위임이나 위법한 공격)는 다만 표현형식 문제와 법률체계론 이유에서 특별한 단계(즉 위법성단계)에 놓여 있을 뿐이고, 사실은 구성요건에 속하는 것이라고 한다. 왜냐하면 구성요건해당성과 위법성 종합으로부터 형법적 불법을 판단할 수 있기 때문이다. 13

그러므로 소극적 구성요건이론에 따르면, 예를 들어 형법 제307조 '명예훼손죄'는 제310조 소극적 구성요건표지와 결합하여 다음과 같이 읽어야 한다. "공연히 사실을 적시하여 사람의 명예를 훼손한 자는, 그의 행위가 진실한 사실로서 오로지 공공의 이익에 관한 것이 아닌 한 2년 이하의 징역이나 금고 또는 500만 원 이하의 벌금에 처한다." 14

(2) 소극적 구성요건요소이론에 대한 비판

1) 구성요건과 위법성 구별 　소극적 구성요건이론은 구성요건과 위법성영역 차이점을 간과한다. 위법성단계는 용어뿐만 아니라 실체적으로도 소극성을 띠고 있는 데 그 특징이 있다. 구성요건단계 임무는 **불법 근거지움**이지만, 위법성단계 과제는 **불법 배제**다. 이것은 가벌성을 심사 15

하는 법률가에게 급격한 시각변화를 의미한다. (적극적) 비난과 (소극적) 정당화를 동시에 내릴 수는 없다. 불법을 근거짓고 난 뒤 그것의 배제를 찾으려고 하면 명백히 영역을 바꾸어야 한다.

16 2) 불가침 한계 나아가서 '구성요건을 충족하고 위법하지 않은 행위'가 구성요건단계에 들어오지 않는 '형법적으로 무의미한 행위'와 다르다는 점을 보여주기 위해서도 구성요건해당성과 위법성단계는 구별해야 한다. 결과를 두고 볼 때, 형법 불법이 아니라는 점에서는 양자가 공통이지만, 정당방위로 사람을 살해하는 행위와 밥 먹는 행위가 동일할 수는 없다. 정당방위상황의 살해도 분명히 인간에 대한 침해이며 금지 영역을 일탈하는 행위이다. 다만 사후로 정당화된다는 차이가 있을 뿐이다. 따라서 그것은 우리 법문화가 규정하는 불가침한계를 벗어나는 것이다. 법령에 따른 정당행위로 평가되는 형벌도 마찬가지여서, 형벌이 비록 법률에 따라 허용되고 요구되는 것이기는 하여도 자유박탈이라는 속성에는 변함이 없다. 위법성과 구성요건단계 구별은 적법한 침해도 침해라는 사실, 즉 형벌도 형법이 스스로 부과하는 침해라는 점을 상기시키기 위한 형법의 예민성을 보유하는 수단이 된다.[1)]

[57] Ⅱ. 정당화사유 또는 위법성조각사유

1. 의 의

1 구성요건에 해당하는 행위는 원칙으로 위법하다. 이것을 두고 구성요건해당성은 위법성을 징표한다고 말한다. 따라서 특별한 사유가 존재하면 위법성은 배제될 수 있고 구성요건해당성 가벌성은 없어진다. 이러한 특별한 사유를 일컬어 정당화사유 또는 위법성조각사유라 한다. 현행 형법은 정당행위(제20조), 정당방위(제21조), 긴급피난(제22조), 자구행위(제23조) 그리고 피해자승낙(제24조) 등 다섯 가지 위법성조각사유를 형법총칙에 규정하고, 형법각칙에는 개별적 위법성조각사유가 있기도 한다(예컨대 제310조 명예훼손죄 위법성조각사유).

2. 위법성조각사유 효과

(1) 내 용

2 구성요건에 해당하는 행위지만 위법성조각사유가 존재할 경우 다음 효과가 발생한다. 우선 ① 행위자에 대한 효과로, 행위자는 가벌성이 탈락하므로 형벌을 받지 않는다. 뿐만 아니라 보안처분도 위법행위를 전제하기 때문에 보안처분대상도 되지 않는다. ② 공범에 대한 효과는, 행위자(정범)가 정당화사유 존재로 불가벌이 될 때, 그 행위에 관여한 교사범(제31조 제1항)이나 종범(제32조 제1항)과 같은 공범 가벌성도 탈락한다. 개별적 공범이 되기 위해서는 고의의 위법한 정범행위를 전제하기 때문이다(공범 정범종속성). ③ 마지막으로 피해자에 대한 효과로서 위법성조각사유가 존재하는 행위 피해자는 정당방위 권한이 없다. 이러한 행위는 형법 제21조 정당방위 "부당한 침해"에 해당되지

1) 김선복, 「소극적 구성요건요소이론에 관한 비판적 고찰」(비교형사법연구 제9권 제1호, 2007), 25면 이하.

않는다. 정당화된 행위를 방어하기 위해 공격하면 오히려 그 행위가 위법하게 된다.

(2) 면책사유효과와 구별

이런 점에서 위법성조각사유 효과는 면책사유 또는 책임조각사유 효과와 구별된다. 3
① 책임 없이 행위하는 자에게 형벌을 부과할 수 없지만 보안처분은 가능하다. ② 책임 없는 정범 행위에 대해 가담한 공범도 가벌적일 수 있다(제34조 제1항 공범 제한종속). ③ 책임 없는 행위자 공격(예컨대 정신병자)에 대해서도 원칙으로 정당방위는 가능하다.

3. 위법성조각사유 구조 · 성격

(1) 허용규범 기초

형벌구성요건은 금지규범을 기초로 한다. 이에 대해 위법성조각사유는 구성요건에 4
해당하는 행위를 예외로 허용하는 허용규범을 토대로 한다. 형법각칙 금지구성요건은 허용구성요건인 정당화사유와 대칭관계에 있고, 금지구성요건과 허용구성요건 대칭성(평행성)은 그들 구성요소까지 이어진다.

(2) 금지규범과 권리규범

한 가지 유의해야 할 것은 위법성조각사유가 행위자에게 일정한 권리를 부여하는 권 5
리규범이 아니라는 점이다. 형벌구성요건 본질은 원래 금지규범이기 때문에 형법은 권리규범과 거리가 멀다. 위법성조각사유도 마찬가지다. 위법성조각사유는 법이 구성요건에 해당하는 행위지만(즉 원칙적으로 금지되어 있지만) 상황 특수성에 따라 예외 · 사후적으로 위법하지 않은 것으로 평가해 허용해 줄 뿐이다. 따라서 행위자가 위법성조각사유에 해당하는 행위에 대한 '권리'를 갖는 것은 아니다.

예를 들면 정당방위 행위자는 칼을 들고 달려드는 상대방을 살해할 수 있는 '권 6
리'가 있는 것은 아니다. 어쩔 수 없이 그런 행위를 하였을 때 법이, "당신은 형법이 원칙으로 금지하는 행위를 하였지만 그것은 불가피한 상황이었기 때문에 예외적으로 위법하지 않은 것으로 간주하고 처벌하지 않겠다"는 평가를 내려줄 뿐이다. 그러므로 위법성조각사유는 어디까지나 원칙인 금지규범에 대한 예외지 원칙 포기가 아니다. 따라서 일정한 행위권리를 새롭게 창설해 주는 것으로 이해해서는 안 된다. 그렇게 되면 원칙인 금지와 맞지 않는다.

4. 주관적 정당화요소

(1) 주관적 정당화요소 필요설과 불필요설

1) 행위불법과 결과불법 상쇄 ① 객관적으로 위법성조각사유가 존재하더라도, 7
고의가 성립하기 위해서는 금지행위에 대한 인식 · 의사가 있어야 하는 것과 마찬가지로, 정당화상황에 대한 인식과 정당화의사가 필요한가 하는 점이 주관적 정당화요소 문제다. 예를 들면 정당방위 방위의사, 긴급피난 피난의사, 자구행위 자구의사, 피해자승낙에 의한 행위의 승낙인식 등이 그것이다(**필요설**). ② 이에 대해서는 비록 소수 견해이긴 하지만 위법성조각사유 성립에 주관적 정당화요소 존재가 필요없다는 견해도 있다(**불필요설**).[1] 이러한 결론은 객관적 위법성론에 따라서 불법이 순수한 결과반가치에 따라 이루어진다고 보는 입장으로부터 나온다.[2] 결과반가치는 이미 그 결과 속에 침해위험성이 평가되어 있기 때문에 행위자 주관에 따라서 위험성을 판단해야 할 필요는 없다고 한다.[3] ③ 지금 이 견해를 취하는 사람은 없으며, 구성요건 불법은 결과불법과 행위불법으로 이루어진다는 점에 견해가 일치한다(**필요설 타당, 통설 · 판례**). 그러므로 위법성조각사유에도 순수하게 객관적으로 이루어지는 위법성조각은 존재하지 않으며, 결과불법 외에 행위불법까지도 없어질 때 비로소 정당화가 가능하다. 따라서 금지구성요건 결과반가치에 대해서는, 이것을 상쇄할 수 있는 허용구성요건의 결과가치가 있어야 하고, 금지구성요건 행위반가치에 대해서도 마찬가지로 허용구성요건의 행위가치가 대칭관계에 있어야 한다.[4]

8 2) 주관적 정당화요소에 따른 행위반가치 제거 다시 설명하면 위법성조각사유에서 금지구성요건의 결과반가치를 제거하는 것은 허용구성요건에서 다른 법익을 보호하기 위한 또는 법익주체가 보호를 포기하는 객관적 정당화조건이다. 예를 들면 긴급피난(제22조)에서 재물손괴(결과반가치) 수단으로 사람 생명을 구하는 경우(결과가치), 피해자승낙(제24조)에서 당사자 승낙에 따른 상해행위 등이 있다. 금지구성요건 행위반가치는 주관적 구성요건요소나 불법요소에 대칭되는 것으로 허용구성요건 행위가치인 주관적 정당화요소에 따라 제거된다. 행위자의 범죄의사가 그와 반대되는, 사회적으로 승인된 다른 의사에 따라 상쇄된다. 원칙적으로 범죄 행위반가치는 모든 정당화사유에서 정당화의사로 없어질 수 있다. 이것은 정당방위(제21조)의 "현재의 부당한 침해를 방위하기 위한 행위", 긴급피난(제22조)의 "현재의 위난을 피하기 위한 행위"에서 볼 수 있는 것처럼 위법성조각사유를 규정한 법문에서도 드러난다.

9 3) 행위반가치와 결과반가치 형법 범죄는 행위와 결과로 구성된다. 따라서 형법 불법은 행위불법(행위반가치)과 결과불법(결과반가치)으로 이루어진다. 행위반가치는 행위자가 금지된 목표를 달성하고자 하는 행위 반가치를 말하며, 결과반가치는 이러한 행위로 초래된 법익침해를 의미한다. 행위반가치가 같은 경우에도 결과반가치가 다르면 형벌에 차이가 나는 것이 일반적인데, 예컨대 단순한 도로교통법 위반과 그 결과로 야기된 과실치상 또는 과실치사의 형벌차이가 그것이다. 결과반가치 발생으로 전혀 새로운 상황이 전개된다. 엄격하게 말하면 형법은 일정한 '결과'를 금지하는 것이 아니라 오히려 그런 결과로 지향된 '행위'를 금지한다. 그 점에서 형법 불법구조는 행위불법적이다. 그러나 이 행위불법의 형법 중요성이 결과불법 영향을 받기 때문에 결국 양자 공동작용으로 불법이 규정된다. 따라서 양자를 택일로 보는 학설대립은 찬성하기 어렵다.

1) 차용석, 594면 이하.
2) 제 5 회.
3) 차용석, 위의 책, 596면.
4) 홍영기, 「불법평가에서 주관적 정당화요소의 의의」(형사법연구 제27권, 2015), 25면 이하.

⑵ 주관적 정당화요소 내용

1) 인식필요설과 의사필요설 주관적 정당화요소 필요설을 취하는 경우에도 인식필요설과 10
의사필요설을 나누기도 하지만, 이것은 마치 고의성립에 인식설과 의사설 대립처럼 논의 자체가 무의미하다. 왜냐하면 ① 고의성립에 지적知的 요소와 의적意的 요소 병존을 요구한다면, 정당화사유에서도 이 구도를 벗어나야 할 이유가 없고, ② 실질적으로도 인식은 의사를 수반하고 동시에 의사는 인식을 전제한다는 점을 감안하면 더욱 그렇다. ③ 현행 형법이 위법성조각사유 성립에 방위의사, 피난의사 등 주관적 정당화요소를 명시적으로 요구하기 때문에 이미 입법으로 해결된 문제라고 할 수 있다. 정당화사유의 주관적 정당화요소로서 정당화의사는, 굳이 말하자면 인식을 전제한 것이고, 인식은 미필인식으로도 충분하다.

2) 양심적 심사 여기에서 의사를 고의 의적 요소를 초과하는 목적과 동기로 해 11
석하여 위법성조각사유 성립을 어렵게 해야 할 이유는 없다. 왜냐하면 허용구성요건 경우에도 금지구성요건과 마찬가지로 고의에 대응하는 주관 요소(이른바 정당화고의) 외에 초과주관적 요소를 요구해야 할 까닭이 없기 때문이다. 물론 피해자의 추정 승낙에 따른 행위처럼 '**양심적 심사**' 또는 '**의무합치적 심사**'라고 하는 별도 주관 요건을 요구하는 경우가 있다. 이것은 현실 승낙과 추정 승낙 사이 법치국가적 괴리를 메우기 위한 도그마틱 수단으로서 허용될 수 있다. 이것은 개별 위법성조각사유 해석과 관련되는 문제일 뿐이다.

⑶ 주관적 정당화요소가 없는 경우의 법적 효과

1) 주관적 정당화요소 결여상황 만일 행위자에게 주관적 정당화요소가 존재하지 12
않는 경우, 즉 정당화상황이 객관적으로 존재한다는 사정을 모른 체 구성요건을 실현한 경우, 그의 행위는 위법성이 조각되지 않는다. 위법성조각은 객관 조건과 주관 조건의 결합에 따라서만 그 효과가 발생하기 때문이다.

가장 흔한 교과서범죄 예를 들자면, 甲은 평소 감정이 좋지 않은 乙 집 창문을 밤중에 돌을 던져 깨뜨렸는데, 마침 그때 乙은 연탄가스에 중독되어 사망할 위기에 처해 있었다고 할 경우,[1] 甲 행위가 결과적으로 乙 생명을 구제한 결과가 되었지만 그의 손괴행위가 긴급피난으로 위법성이 조각되는 것은 아니다. 즉 그의 행위는 위법하다는 평가를 면할 수 없다. 왜냐하면 긴급피난이 성립하기 위한 피난의사가 없고, 乙이 생명을 건진 것은 단순한 우연에 지나지 않기 때문이다. 이때 행위자 甲의 법적 책임을 어떻게 구성할 것인가에 대해 기수범설과 불능미수범설의 두 가지 학설이 있다. 물론 이런 경우도 주관적 정당화요소 불필요설 입장에서는 당연히 위법성이 조각된다는 결론을 맺는다. 선한 결과는 나쁜 동기를 치유할 수 있다고 믿기 때문이다.

2) 불능미수범설 행위자가 객관적 정당화상황이 존재한다는 사실을 알지 못하 13
고 행위한 경우는 원칙적으로 위법하지만, 행위반가치만 남고 결과반가치는 탈락하기 때문에 구조상 미수와 유사하다. 그 가운데서도 특히 결과실현이 객관적으로 불가능하

---

1) 제4, 5회.

다는 점에서 불능미수 또는 그 규정을 유추적용할 수 있다는 견해다.[1] 그러나 이미 기수로 발생한 결과를 미수로 처리하는 것은 근거가 없다. 만일 발생된 결과가 과실행위거나 미수에 해당하는 경우는 과실범 미수나 미수의 미수가 되어 처리할 수 없는 결과가 된다.[2]

14 3) 기수범설 이는 원칙에 충실한 학설이다. 즉 행위자가 객관적 정당화상황 존재를 인식하지 못하고 행위한 경우도 객관적·주관적 구성요건은 실현된 것이다. 위법성조각사유에 따른 정당화도 객관·주관적 정당화요소 결합에 따라서 인정될 수 있다. 따라서 주관적 요건이 결여된 경우는 위법하고 기수범으로 처벌해야 한다는 견해다.[3] 정당화상황이 존재하는 경우와 그렇지 않은 경우를 동일하게 취급하여 불법판단에 유연성이 없고 행위자에게 가혹한 판단을 한다.

15 4) 결 론 불능미수범설은 객관적 정당화상황이 존재하지만 인식하지 못한 경우를 처음부터 이런 상황이 존재하지 않는 경우와 구별해서 보는 점은 옳다. 다만 그 방법론에서 ① 행위구조가 같지 않은 미수규정을 유추 적용하는 것은 편의적이다. 행위자에게 유리한 결론을 끌어내는 것이 유일한 목적이 될 수는 없고, 이를 위한 다른 방법은 없는지 살펴볼 일이다. 불능미수범설은 구성요건실현으로 발생된 결과반가치가 정당화상황에 따라 상쇄된다는 것이 논거이다. 그러나 ② 행위자가 인식하지 못한 우연한 상황, 다시 말하면 행운에 속하는 상황이 불법평가에 고려되는 것은 형법 엄격성에 반한다. 그러므로 ③ 기수와 미수 어감 차이에 너무 집착하지 말고, 법률판단으로 논리성에 흠결이 없는 기수범설을 취하고, 양형과정에서 행위상황 특수성을 고려하여 형을 감경하는 방법을 사용하면 된다(**기수범설 타당**). 미수도 감경하지 않으면 기수와 동일한 형벌을 받고 기수 또한 감경절차를 밟으면 얼마든지 미수보다 가벼운 처벌을 받는다.

16 위에서 설명한 유형에 반대되는 것으로 정당화상황이 존재하지 않는데도 존재하는 것으로 잘못 믿은 경우는 정당화상황 착오, 위법성조각사유 전제사실의 착오 또는 허용구성요건착오로 논란이 된다. 행위자가 금지되지 않는 것으로 잘못 생각하고 위법성조각 법 한계를 넘어선 허용착오도 여기에서 함께 문제된다. 이런 경우는 사실착오와 동일하게 취급하여 잘못 믿은 것에 과실이 있으면 과실행위로 처벌하는 것이 바람직하다. 상세한 것은 법률착오에서 설명한다.

5. 위법성조각사유 법적 기초

17 위법성조각사유의 형법 기초로 형법총칙 제20조에서 제24조까지 다섯 가지 위법성조각사유와 형법각칙 개별 조각사유가 있다. 그러나 형법 제20조 정당행위 판단기준의 포괄적 위임(예컨대

1) 김성돈, 256면; 임웅 외, 197면; 김일수/서보학, 282면; 정성근/박광민, 211면.
2) 제5회.
3) 이재상 외, 16/28.

'법령에 의한 행위', '기타 사회상규에 위배되지 아니하는 행위')은 형법이나 기타 성문법률이 정당화사유 전부가 아님을 암시한다. 말하자면 형법 정당화사유는 실질적으로 법규범 전체로부터 나온다 할 수 있다.

(1) 법질서 통일성

민법 · 행정법 · 헌법 또는 소송법 등이 일정한 행위를 합법적인 것으로 선언하면 형법이 이 18
것을 위법한 것으로 하여 처벌할 수 없다. 그것은 형법 제20조 '법령에 의한 정당행위'가 되기 때문이다. 이 원칙은 법질서 통일성으로부터 나온다.[1] 거꾸로 법질서통일의 효력범위가 형법에서 다른 법률로 미칠 수 있는가 문제, 예를 들면 ① 형법에서 정당화된 행위가 다른 법률 적법행위 適法行爲가 될 수 있는가 하는 문제는 별개고 각각 법 영역에 따라 위법성판단이 달리 내려진다. 이것은 사회통제 전체체계에서 형법이 차지하는 특수한 성격, 즉 사회통제 최후수단이라는 점에 그 이유가 있다. 형벌 최후수단성, 형법 보충성은 형법에 앞서 있는 다른 법 통제수단이 내린 적법판정을 존중하도록 요구한다. 그렇지 않고서는 사회통제 전체체계 질서가 무너지고 형법에 앞선 다른 법 통제는 불가능하게 된다. 그러나 반대로 ② 형법이 보충 · 예외적으로 내린 위법성배제판단이 더욱 포괄적인 다른 법률 위법성배제에 구속적으로 작용할 수는 없다. 형법판단은 언제나 다른 법률 판단보다 훨씬 사려 깊고 신중하게 내려지기 때문이다. 이것은 곧 형벌 최후수단 성격에 따른 형법 예민성을 말한다.

(2) 기타 일반 법원리

정당화사유는 형법 일반원리(형법 제20조 '사회상규') 또는 그것을 구체화하는 '사회 관행'으로 19
부터 도출될 수도 있다. 헌법 법률주의(헌법 제12조, 제13조 제1항; 형법 제1조 제1항)는 가벌성 근거지움에 대해서만 타당하기 때문에 성문법률 없이 가벌성을 배제하는 것을 금지하지 않는다. 예컨대 교사와 부양의무자 징계권을 들 수 있는데, 초 · 중등교육법(제18조)은 학교장 징계권만 규정하고 있다.

6. 위법성조각사유 기본원칙

여기 학문적 관심사는 현행 법률이 규정하는 위법성조각사유 상위원칙이 되는 일반원리를 20
구성하는 것이다. 만일 그것이 가능하면 현행 규정을 체계화하고 새로운 정당화사유를 발견하여 입법하는 데도 유용하다.

(1) 일 원 론

모든 위법성조각사유를 하나의 법원칙으로 설명하기 위해서는 그 내용이 추상적이고 형식적 21
이면 된다. 대표적 일원론으로 목적설과 이익형량설이 있다.

1) 목 적 설 이 학설 대표 주장자는 **슈미트**(Eb. Schmidt)다. 일정한 행위가 비록 구성요 22
건에 해당하는 경우에도 국가가 승인하는 공동생활의 정당한 목적을 달성하기 위해 상당한 수단이면 위법한 것으로 평가할 수 없다. 따라서 ① 목적설은 목적 정당성과 수단 상당성으로 모든 위법성조각사유 기본원리를 삼는다. 주관적 정당화요소를 인정할 수 있는 장점이 있다. ② 단점은 정당성이나 상당성 개념이 추상적, 형식적이어서 구체적 기준을 끌어내기가 쉽지 않다. 국가 입장만을 고려하였다는 것도 비판 대상이다.

---

1) 박달현, 「법질서의 통일성과 형법의 독자성에 관한 연구」(비교형사법연구 19, 2017), 1면 이하.

23 2) **이익형량설** 이 학설에서는 위에서 본 '목적' 대신 충돌하는 이익의 우월관계를 비교하여 조정하는 방법이 위법성조각사유 일반원리로 등장한다. 즉 정당한 이해관계 사이 충돌을 해소하기 위해서는 경미한 이익의 희생을 통해 중대한 이익을 보호하는 수밖에 없다. 이러한 행위는 비록 구성요건에 해당하더라도 위법성이 조각되는 것으로 보아야 한다는 것이다. 대표적 이익형량설로는, 국가적으로 손해보다 이익을 가져다주는 것이 많을 경우는 적법한 것으로 보아야 한다는 ① **자우어**(Sauer)의 "**손해보다 이익이 많은 경우 원칙**"을 들 수 있다. ② 목적설만큼 내용이 추상적이며 또한 법익교량 방법이 유일한 정당화사유 근거가 된다고 보기는 어려울 것 같다. 왜냐하면 긴급피난 경우에는 법익교량에 따른 우월이익원칙으로 설명하는 것이 적합하지만, 정당방위나 피해자승낙 등에는 이 관점이 그렇게 중요하게 작용하지 않는다.

(2) 다 원 론

24 정당화상황 다양성을 존중하여 위법성조각사유에 대한 일반원칙도 획일적으로 보지 않고 복합적 법사상에서 찾아야 한다는 것이 다원론이다. 대표적으로는 **메츠거**(Mezger) 이분설과 **야콥스**(Jakobs) 삼분설이 있다. **메츠거**는 위법성조각사유 일반원리로 우월이익원칙과 이익흠결원칙을 든다.[1] 우월이익원칙은 구성요건해당행위로 침해된 이익이 그 행위에 의해 보호된 이익과 충돌할 경우, 후자가 전자보다 우선하는 이익이면 그 행위는 정당화된다는 것이다. 긴급피난과 정당방위가 여기 해당한다. 이익흠결원칙은 이익주체가 보호를 포기함으로써 구성요건해당행위가 침해하는 이익이 탈락하면 그 행위는 정당화된다고 한다. 특히 피해자승낙(제24조)이나 추정적 승낙에 의한 행위(각칙에서 개별적으로 이론에 따라 인정됨)가 여기에 해당된다.

25 **야콥스** 삼분설은 다음 내용을 가진다.[2] ① 책임원칙은 정당방위, 방어 긴급피난과 같이 공격 피해자가 조직적으로 저항함으로써 정당화되는 경우를 말한다. ② 이익규정원칙은 추정 승낙에 의한 행위처럼 공격 피해자가 공격자체를 이익이 된다든지 수용할 수 있는 것으로 규정해야 하는 경우를 말한다. ③ 연대성원칙은 공격적 긴급피난이 대표적 예에 속한다. 공격피해자가 타인 또는 일반인에 대한 연대관계에서 행하는 행위를 적법한 것으로 평가해야 하는 경우를 말한다.

(3) 결 론

26 다양한 위법성조각사유를 한 가지 법원칙으로 설명하는 것은 구체성에 한계가 있기 때문에 일원론보다는 다원론이 설득력이 있다. 그러나 **야콥스** 실질적 분류방법에서 알 수 있듯이, 다원론은 위법성조각사유 개별 특성을 빠짐없이 고려한 일반원칙을 세우는 것이 불가능하다는 문제점에 직면한다. 상위원칙 또는 지도원칙으로 '일반원칙'은 일정한 추상성을 가질 수밖에 없는데, 이것을 완벽하게 구체화하려고 하면 이미 그 내용은 일반원칙 성격을 상실한다. 그런 식으로 세운 일반원칙은 더 이상 일반 성격을 갖지 못하고 개별 원칙으로 전락한다.

27 정리하면, ① 위법성조각사유를 총괄하는 일반원칙을 세운다는 문제제기 자체가 처음부터 마치 정의 내용을 밝히겠다고 하는 것만큼이나 과욕이다. ② 완벽하지는 않지만 중간 추상화단계를 가진 답변으로 비교적 보편성이 있는 것을 든다면, **우월이익원칙과 이익흠결원칙**이다. 다원론을 모든 법사상을 전부 고려해야 하는 것으로 이해하면,[3] 그것은 결국 문제를 문제로 답하는 결과다.

---

1) Mezger, Lehrbuch, 205면 이하.

2) Jakobs, AT, 11/3.

3) 예컨대 이재상 외, 16/22.

7. 위법성조각사유 경합

(1) 위법성조각사유 경합의 의의

구성요건에 해당하는 행위가 한 개 이상 위법성조각사유에 해당하는 경우도 있는데, 이것을 일컬어 위법성조각사유 경합이라고 한다. 예를 들어 의사 치료행위는 법령에 의한 행위 또는 업무로 인한 행위로서 정당행위에 해당된다. 동시에 피해자승낙에 의한 행위일 수도 있으며 긴급피난 원리에도 부합한다. 다른 예를 들면, 자동차를 손괴하고 도망가는 사람을 붙잡는 경우, 그것은 현행범체포로 정당행위가 될 수 있고, 정당방위도 될 수 있으며 아울러 긴급피난 요건에도 부합한다. 만일 그 행위가 수리비에 대한 청구권을 보전하기 위한 것이라면 자구행위도 될 수 있다. 이처럼 위법성조각사유가 경합할 때 전부 적용되는 것으로 볼 것인가 아니면 일정한 법원리에 따라 선택 적용이 가능한가 문제가 발생한다. 28

(2) 특별관계 성립가능성

이 문제는 주로 제20조 정당행위正當行爲와 제21조 이하 다른 위법성조각사유가 경합할 때 발생한다. 이에 대해서는 ① 정당행위에 관한 규정은 다른 위법성조각사유의 일반법 또는 포괄적 정당화사유 성격을 갖기 때문에 일반·특별관계의 본질상 정당행위 외 다른 위법성조각사유를 우선 적용해야 한다는 견해가 있다.[1] 그러나 위법성조각사유 사이에 일반법과 특별법 관계가 존재한다고 보기는 어렵다. 제20~24조에 이르는 다섯 가지 위법성조각사유는 모두 동등한 지위를 갖는 것이므로 ② 정당행위가 다른 위법성조각사유에 대해 보충적으로 고려대상이 되어야 할 규범 근거를 찾을 수 없다. 다만 ③ 제20조 정당행위 요건 가운데 "기타 사회상규에 반하지 않는 행위"는 정당행위의 법령에 의한 행위, 업무로 인한 행위 그리고 그 밖의 기타 위법성조각사유에 해당되지 않으면서도 위법성을 조각해야 할 필요성이 있는 사안에만 적용되는 것으로 보아야 한다. 입법자는 ④ 이 일반적 위법성조각사유를 통해서 구체적 위법성조각사유가 포섭하지 못하는 일정 범위 사안을 정책적으로 구제하고자 하는 의도를 갖고 있다. 그러므로 ⑤ 구체적 위법성조각사유와 일반적·포괄적 위법성조각사유가 경합하는 사안은 전자가 먼저 적용되어야 한다. 그렇지 않으면 구체적 위법성조각사유가 존재해야 할 의미가 없다. ⑥ 위법성조각사유는 '사회상규' 하나만 있으면 된다는 결론이 된다. 이 점에서 대법원이 사회상규를 구체적 논증 생략수단 또는 은폐수단으로 사용하는 것은 위법성조각사유 전체체계 관점에서 문제가 있다. 29

(3) 중복 정당화사유

원칙적으로 위법성조각사유가 경합할 경우 어떤 것을 우선 적용해야 할 것인가 심각하게 고려할 필요는 없다. 왜냐하면 위법성이 조각된다는 실무결론은 변함이 없기 때문이다. 예컨대 의사 치료행위가 정당행위 업무로 인한 행위에 해당되는가 아니면 언제나 환자의 동의를 수반하기 때문에 피해자승낙 행위로 정당화되는가 문제는 사실 어느 것으로 보든 상관 없다. '중복 정당화사유'로 이해하면 그만이다. 그 이유는 위법성조각사유의 소극적 기능에 있다. 다시 말해 가벌성을 적극적으로 근거 짓는 규정은, 그 우선적용 문제를 분명히 하지 않으면 법효과면에서 차이를 보일 수 있다. 하지만 구성요건해당성 배제를 목적으로 하는 위법성조각사유는 어차피 불법 존재의 '없음'을 보여주기만 하면 그 기능을 다한다. 30

---

1) 신동운, 279; 임웅 외, 262면; 김일수/서보학, 276면.

제 2 절 정당행위

[58] Ⅰ. 정당행위 의의

1. 의 의

1 형법 제20조가 규정한 세 가지 행위유형, 즉 ① 법령에 의한 행위, ② 업무로 인한 행위, ③ 기타 사회상규에 위배되지 않는 행위가 정당행위다. 이와 같은 행위유형에 해당하면 타인법익을 침해하더라도 위법성이 조각되어 범죄행위를 구성하지 않고 처벌받지도 않는다. 말하자면 형법 제20조 정당행위는 위법성조각사유가 된다. 그 중에서도 '기타 사회상규' 요건은 정당행위 범위를 일정 정도로 확대하는 기능을 한다.

1a 2018년 대법원은 그동안 **양심 병역거부자**에 대해 실형선고를 하던 관례를 깨고 무죄를 선고하여 **대체복무**라는 돌파구를 마련하는 획기적 결단을 내렸다.[1] 이는 헌법 양심자유와 관련되는 형법의 오랜 숙제 가운데 하나였다. 그런데 이 판결의 무죄판결 근거가 된 것은 병역법 제88조 제1항 "**정당한 사유**"이다. 즉 현역입영 또는 소집 통지서를 받은 사람이 정당한 사유 없이 입영하지 않거나 소집에 응하지 않으면 3년 이하 징역에 처한다. 여기 '정당한 사유'는 병역법이라는 개별 구성요건에 규정되어 있기 때문에 구성요건조각사유이다. 구체적 상황에서 일반조항인 '정당한 사유'를 판단하기는 쉽지 않다. 그러나 일단 법관 판단과정을 거쳐 이 사유가 존재하는 것으로 판단하면, **병역법 구성요건해당성 자체가 없어져서** 병역법위반죄 자체가 성립하지 않는다. 그러므로 이 '정당한 사유'는 위법성조각사유인 정당행위나 책임조각사유인 기대불가능성과 다르다.[2] 양심적 병역거부자는 병역법위반에 해당되지만, 형법 정당행위나 기타 책임조각사유에 따라 처벌을 면하는 것이 아니다. 이 설명은 '정당한 사유'를 개별 구성요건요소로 규정하는 모든 법률에 타당하다.

[판례] 양심적 병역거부 인정

① 병역법 제88조 제1항은 국방의 의무를 실현하기 위해 현역입영 또는 소집통지서를 받고도 정당한 사유 없이 이에 응하지 않은 사람을 처벌한다. 여기에서 정당한 사유는 구성요건해당성을 조각하는 사유이다. 이른바 **양심적 병역거부**는 종교적·윤리적·도덕적·철학적 또는 이와 유사한 동기에서 형성된 양심상 결정을 이유로 집총이나 군사훈련을 수반하는 병역의무 이행을 거부하는 행위를 말한다. 양심적 병역거부자에 대해서는 현재 일률적으로 1년 6개월 이상 징역형의 실형을 선고하고 있으며, 그 수는 1년 평균 약 600명 내외에 이른다. 양심적 병역거부의 허용 여부는, 헌법 제19조 양심의 자유 등 기본권 규범과 헌법 제39조 국방의무

1) 대판 2018. 11. 1. 2016도10912.

2) 위 판례.

규범 사이의 충돌·조정 문제가 된다. 이는 병역법 제88조 제1항에서 정한 '**정당한 사유**' 해석으로 해결해야 한다. 양심적 병역거부는 소극적 부작위에 의한 양심실현에 해당한다. 양심적 병역거부자들은 헌법상 국방의무 자체를 부정하지 않고, 단지 그 병역의무 이행의 방법으로 정하고 있는 집총이나 군사훈련을 수반하는 행위를 거부한다. **양심의 자유**는 인간의 존엄성을 유지하기 위한 필수적 조건이다. 진정한 양심적 병역거부자에게 집총과 군사훈련을 수반하는 병역의무 이행을 강제하고 그 불이행을 처벌하는 것은 양심의 자유에 대한 과도한 제한이 되거나 본질적 내용에 대한 위협이 된다. 자유민주주의는 다수결의 원칙에 따라 운영되지만, **소수자에 대한 관용과 포용**을 전제로 할 때에만 정당성을 확보할 수 있다. 그 신념에 선뜻 동의할 수 없더라도 이제 이들을 관용하고 포용할 수 있어야 한다. 진정한 양심에 따른 병역거부라면, 이는 병역법 제88조 제1항의 '정당한 사유'에 해당한다.[1][2]

② 인간의 내면에 있는 양심 자체는 직접 객관적으로 증명할 수 없을지라도, 피고인이 **특정 종교를 신봉하고** 있다는 취지로 변소하는 것만으로는 진정한 양심에 기반을 둔 병역거부라고 단정할 수 없다. 종교적 신념에 따른 양심적 병역거부의 주장에 관해서는 양심과 관련된 **간접사실 또는 정황사실이** 객관적으로 증명되었는지를 신중하고 충실하게 심리해야 한다. 이를 바탕으로 피고인이 병역거부에 이르게 된 원인으로 주장하는 '양심'이 과연 그 주장에 상응하는 만큼 깊고 확고하며 진실된 것인지, 종교적 신념에 의한 것이라는 피고인의 병역거부가 실제로도 절박하고 구체적인 양심에 따른 것으로서 병역법 제88조 제1항의 정당한 사유에 해당하는지를 판단해야 한다.[3] *9년 동안 여호와의 증인 활동을 중단했다가 **입영전날** 입영을 거부하기로 마음먹고 종교활동을 재개한 경우는 '정당한 사유'에 해당되지 않음.[4]

③ 진정한 양심에 따른 병역거부는 병역법 제 88조 제1항의 '정당한 사유'에 해당한다. 예비군 훈련도 집총이나 군사훈련을 수반하는 병역의무의 이행이라는 점에서 병역법 제88조 제1항에서 정한 '정당한 사유'에 관한 법리에 따라 예비군법 제15조 제9항 제1호에서 정한 '정당한 사유'를 해석함이 타당하다. 따라서 진정한 양심에 따른 **예비군훈련 거부의** 경우에도 예비군법 제15조 제9항 제1호에서 정한 '정당한 사유'에 해당한다고 보아야 한다.[5]

④ 종교적 신념이 아닌 '인간에 대한 폭력과 살인 거부'라는 **윤리적·도덕적·철학적 신념** 등을 이유로 예비군훈련과 병력동원훈련소집에 따른 입영을 거부한 경우에도, 이른바 '양심적 예비군훈련거부'에서 말하는 '진정한 양심'에 따라 예비군법의 '정당한 사유'에 해당될 수 있다.[6]

2. 법적 성격

정당행위의 법적 성격은 형법 제20조에 규정된 "벌하지 않는다"의 의미를 둘러싸고 전개된 2
논쟁을 말한다. 이에 대해서는 다음과 같은 견해가 있다. ① **구성요건해당성배제사유설**은 정당행위는 처음부터 적법행위適法行爲로서 구성요건해당성이 없기 때문에 처벌되지 않는다고 보는 견

1) 위 판례.
2) 이 판결에 따라서 2019. 12. 31. '대체역의 편입 및 복무 등에 관한 법률'이 제정되었다. 대체복무기간은 36개월이고, 2020. 7월 양심적 병역거부자의 첫 대체역 편입이 이루어졌다.
3) 대판 2020. 7. 23. 2018도14415.
4) 대판 2020. 9. 3. 2020도8055.
5) 대판 2021. 1. 28. 2018도4708.
6) 대판 2021. 2. 25. 2019도18442.

해다. ② **구성요건배제 · 위법성조각사유설**은 정당행위에는 처음부터 적법인 행위와 구성요건에 해당하면서 위법성이 조각되는 두 가지 경우가 있다는 주장이다. ③ **위법성조각사유설**은 형법 제20조 정당행위를 위법성조각사유로 파악하는 견해인데, 이것이 다수설 입장이다. 이 견해에 따르면 정당행위 세 가지 행위유형은 구성요건에 해당하지만 위법성이 배제되기 때문에 정당화된다는 결론이 된다.

3 정당행위 법적 성격에 관한 논의는 범죄체계 문제로서 특별한 실익이 있는 것은 아니다. 벌하지 않는 체계적 이유와 근거를 제시하고자 하는 도그마틱 이론관심에서 나온 것이고, 실무적 의미는 없다. 굳이 결론을 내려야 한다면, 정당행위를 위법성조각사유로 파악하는 견해가 옳다(**위법성조각사유설 타당**). 구성요건해당성배제사유라는 제3 개념을 필요로 하지 않을 뿐만 아니라 불법을 근거짓는 구성요건해당성과 불법을 배제하는 위법성조각사유는 구별해야 할 평가단계이기도 하다.

[59] Ⅱ. 법령에 의한 행위

1 법령에 의한 행위는 법령이 규정한 권리 · 의무를 행사하는 행위 또는 법령을 집행하는 행위를 말한다. 형법 위법성판단은 법질서 통일성을 해치지 않는 범위 안에서 내려야 하므로 형법 외 다른 법 분야(헌법 · 민법 · 노동법 등)에서 적법 평가를 받은 행위가 형법에서 위법한 것으로 평가되어서는 안 된다. 이것은 최소 요청이고 국가 법정책의 당연한 귀결이다. 형법의 최후수단성격은 그 위법성 범위도 다른 법률의 범위에 비해 현저하게 좁게 잡을 것을 요구한다.

2 여기서 법령은 실체법, 절차법을 가리지 않고 모든 실정법률을 말한다. 형법과 형사소송법도 당연히 포함될 뿐만 아니라 정당한 법률을 근거로 제정 · 공포된 규칙이나 명령도 법령에 속한다. 법령에 의한 행위는 크게 나누어 공무원 직무집행행위, 징계행위, 사인 현행범체포행위, 노동쟁의행위 등이 있다.

1. 공무원 직무집행행위

3 공무원의 직무집행행위는, ① 공무원 스스로 법령이 규정한 직무를 집행하는 행위와 ② 법령에 근거한 상관명령을 집행하는 행위로 나눌 수 있다.

(1) 법령에 따른 직무집행행위

4 공무원이 법령에 정한 직무를 수행하면서 타인 법익을 침해하더라도 정당행위로 위법성이 조각된다. 예를 들면 ① 형법의 사형, 징역형, 벌금형, 노역장유치(제66~70조)와 같은 형벌집행행위, ② 형사소송법의 구속(제70, 201조), 체포(제200조의2), 긴급체포(제200조의 3), 현행범인체포(제212조), 압수 · 수색 · 검증(제106~112, 139, 215조)과 같은 법원이나 검사 · 사법경찰관의 강제처분행위, ③ 기타 민사집행법 집행관의 강제집행행위(제43조), 경찰관직무집행법의 불심검문(제3조), 보호조치(제4조), 장구 · 최루탄 · 무

기사용행위(제10조의 2, 10조의 3, 10조의 4) 등이 있다.

이러한 공무원 직무집행행위가 정당행위로 위법성이 조각되기 위한 절차요건으로 5
는 사무 · 직무 관할범위를 준수해야 하고, 법령이 규정하고 있는 법치국가 적정절차 또한 준수해야 한다.

(2) 상관 명령에 따른 직무집행행위

상관 명령에 의한 직무집행행위가 정당행위로 위법성이 조각되기 위해서는 다음 6
요건을 갖추어야 한다. ① 명령 자체가 적법한 것이어야 한다. ② 위법명령, 예컨대 직무범위를 벗어난 명령을 집행한 행위는 원칙으로 위법성이 조각되지 않는다.[1] ③ 하지만 **거역할 수 없는 명령을** 집행한 행위는 책임이 조각된다(통설 · 판례). 그러므로 불법명령을 집행하는 행위는 그 행위가 위법행위이기 때문에 정당방위를 할 수 있고 상관은 간접정범(제34조 제1항)으로 처벌받는다. 이때 ④ 위법성 경중을 구분하여 위법성이 경미할 경우 위법성이 조각되고, 위법성이 중대할 경우는 면책 긴급피난이나 면책 의무충돌 또는 기대불가능성에 따른 초법규 면책 가능성을 검토해야 한다는 견해[2]가 있다. 그러나 위법성이 경미하다고 해서 상대방이 불법명령 집행을 참고 견뎌야 할 이유가 없기 때문에 옳지 않다. 그러므로 ⑤ 구속력 없는 위법명령을 집행한 행위는 위법성과 책임 모두 조각되지 않고 가벌행위가 된다.[3]

[판례사례] 위법명령과 정당행위(*표준판례) 피고인인 사병 甲은 소속 중대장의 당번병으로서 근무시간 중은 물론 근무시간 후에도 밤늦게까지 수시로 영외에 있는 중대장 관사에 머물면서 집안일과 그 자녀들을 보살피며, 중대장 또는 그 처가 관사를 떠나면서 심부름으로 시키는 일을 해오고 있었다. 하루는 중대장 지시에 따라 관사를 지키고 있던 중 중대장과 함께 외출한 그의 처 乙로부터 밤 12시경 비가 오고 밤이 늦어 혼자서는 도저히 여우고개를 넘어 귀가할 수 없으니, 관사로부터 1.5킬로미터 가량 떨어진 여우고개까지 우산을 들고 마중을 나오라는 연락을 받고 당번병으로서 당연히 해야 할 일로 생각하여 마중을 나가 밤 1시경 귀가하였다. 군 검찰은 사병 甲을 군형법 무단이탈죄(제79조)로 기소하였다.[4]

[해설] 이 사건의 논점은, ① 위법명령에 따른 행위가 형법 정당행위가 될 수 있는가, ② 사병이 상관 위법명령을 적법한 명령으로 오인한 경우 처리는 어떻게 해야 하는가 하는 점이다. 먼저 ① 논점과 관련하여 정당행위 일반 요건을 설명하고 법령에 의한 행위 가운데서 상관 명령에 의한 직무집행행위가 정당행위가 되기 위한 조건을 설명한다. 무엇보다도 명령이 적법한 것이어야 한다.

그런데 이 사건에서 보면 甲이 乙을 마중 나간 행위는 중대장이 甲으로 하여금 관사 일을 처리하도록 명령한 데서 비롯된다. 군대 구성원인 사병에게 사사로운 집안일을 처리하게 한 중대장 명

1) 최관호, 「위법하지만 구속력 있는 명령에 복종한 행위의 위법성 판단」(일감법학 제38호, 2017), 229면 이하; 대판 1961. 4. 15. 4290형상201.
2) 김일수/서보학, 338~339면.
3) 대판 1955. 1. 28. 4287형상230.
4) 대판 1986. 10. 28. 86도1406.

령은 적법한 명령이라고 할 수 없다. 더구나 '마중'은 중대장 직접 지시도 아니고 그 처 乙이 내린 것이어서 더욱 그렇다. 그러므로 甲이 중대장 명령에 따라서 관사 일을 돌본 것은 **위법명령을 집행한 행위**로 위법성이 조각되지 않는다. 그러나 그 명령은 부하로서 거역할 수 없는 명령에 속하기 때문에 甲의 집행행위는 책임이 조각된다(통설 · 판례). 그러나 구속력 없는 위법명령을 집행한 행위는 위법성과 책임 모두 조각되지 않고 가벌행위가 된다.

문제는 ② 논점과 관련하여 사병 甲이 중대장 처 乙 마중지시를 중대장의 **적법 명령인 것처럼 오인**한 데 있다. 이 점은 당번병으로서 당연히 해야 할 일이라고 생각하였다는 기록에서 드러난다. 甲의 이 착오는 위법성조각사유 전제사실의 착오에 해당한다. 그러므로 이 착오를 해결하기 위한 이론을 설명해야 한다. 엄격책임설과 제한책임설 그리고 제한책임설 가운데서 유추적용제한책임설과 법효과제한책임설을 구별해야 한다(법률착오 부분 참조). 통설인 법효과제한책임설에 따라서 甲의 오인에 '정당한 이유'가 있을 경우에 책임고의만 탈락시켜 불가벌로 하는 것이 바람직하다(형법 제16조). 군대 안 당번병에 대한 일반화된 관행을 생각하면 甲 오인에는 충분히 정당한 이유가 있는 것으로 보인다.

그러나 대법원은 전통적으로 위법성인식이 고의 성립요소가 된다는 고의설을 취한다. 이렇게 되면 甲 오인에 정당한 이유가 있으면 고의범으로 처벌되지 않고(면책), 그러한 오인에 과실이 있으면 과실범으로 처벌된다. 그럼에도 대법원은 이 사건에서만 유독 피고인 甲 행위는 당번병으로서 그 임무범위 안에 있는 것으로 오인한 행위로서 그 오인에 정당한 이유가 있어 '위법성이 없다'고 판시한다. 이렇게 되면 甲의 착오는 금지착오가 아니라 위법성조각사유에 해당한다는 결론이 되는데 찬성하기 어렵다. 위법명령을 집행한 또는 적법한 명령이 있는 것으로 착오한 甲의 행위는 면책사유에 해당되어 무죄로 보는 것이 타당하다.

[판례] 적법명령의 복종의무

공무원이 그 직무를 수행하면서 상관은 하관에게 범죄행위 등 위법한 행위를 하도록 명령할 직권은 없다. 하관은 소속상관의 **적법한 명령에 복종할 의무**는 있으나, 그 명령이 참고인으로 소환된 사람에게 가혹행위를 가하라는 등과 같이 **명백한 위법 내지 불법한 명령**인 경우, 이는 직무상 지시명령이라 할 수 없으므로 이를 따라야 할 의무는 없다.[1]

2. 징계행위

7 학교장의 학생 징계행위(초 · 중등교육법 제18조 제1항, 고등교육법 제13조 제1항) 그리고 소년원장의 보호소년 징계행위(보호소년법 제15조)는 법령에 의한 행위이기 때문에 정당행위로 위법성이 조각된다. 문제는 징계권 한계에 있고, 그 초점은 체벌 허용여부다.

(1) 부모의 자녀 징계권 폐지와 자녀 체벌

8 형법 보충성원칙에 따라 가정에 대한 형법개입은 자제해 왔다. 부모의 자녀에 대한 체벌을 형법문제로 고려하지 않는 것이 바람직하다. 그러나 민법이 개정되어(2021. 1. 26. 시행) 친권자 징계권 규정(민법 제915조)이 삭제된 지금 체벌을 포함한 친권자의 자녀

1) 대판 1988. 2. 23. 87도2358.

에 대한 징계행위를 법령에 따른 행위로 볼 근거는 사라졌다.[1] 이제 자녀에 대한 징계행위는 '기타 사회상규에 반하지 않는 행위'로 위법성이 조각될 수 있는 가능성만 남았다. 물론 가혹 잔인한 체벌은 정당화될 수 없으며, 이러한 행위는 가정폭력처벌법과 가정폭력방지법 적용대상이 된다.

(2) 법률 '징계권'에 체벌은 불포함

① 초·중등교육법이 정하는 학교장 징계내용은 '학교 내 봉사, 사회봉사, 특별교육, 출석정지, 퇴학처분'이다(같은 법 시행령 제31조). 따라서 학교장 징계에 체벌은 포함되지 않는다. 학교장 징계권에 체벌이 포함되지 않으면 교사 체벌행위는 더욱 인정될 여지가 없다.[2] ② 소년원장 징계권에도 체벌권은 포함되지 않는다. 보호소년법 제15조는 훈계, 원내 봉사활동, 체육활동 점거 등과 같은 징계를 규정하고 있을 뿐이다. 9

[판례]

① **체벌의 예외적 허용** 학생에게 신체적, 정신적 고통을 가하는 체벌, 비하하는 말 등의 언행은 교육상 불가피한 때에만 허용되는 것이어서, **사회통념상 용인**될 수 있을 만한 객관적 타당성을 갖추었을 경우에만 정당행위로 볼 수 있다. 지도교사의 **성격 또는 감정**에서 비롯된 지도행위라든가, 다른 사람이 없는 곳에서 개별적으로 훈계, 훈육의 방법으로 지도·교정될 수 있는 상황이었음에도 **공개적으로** 가하는 지도행위라든가, 학생의 신체나 정신건강에 위험한 물건 또는 지도교사의 신체를 이용하여 학생의 신체 중 부상의 위험성이 있는 부위를 때리거나, 학생의 성별, 연령, 개인적 사정에서 **견디기 어려운 모욕감**을 주는 지도행위 등은 사회통념상 객관적 타당성을 갖추었다고 보기 어렵다.[3]

② 교사가 학생을 엎드리게 한 후 몽둥이와 당구큐대로 그의 둔부를 때려 3주간의 치료를 요하는 우둔부심부혈종좌이부좌상을 입혔다. 비록 학생주임을 맡고 있는 교사로서 제자를 훈계하기 위한 것이었다 하더라도, 이는 징계의 범위를 넘는 것으로서 형법 제20조 정당행위에 해당하지 않는다.[4]

③ 중학교 교사인 피고인이 학생들에게 초·중등교육법 시행령과 **학교의 생활지도 규정에서 금지하는 수단과 방법**을 사용하여 체벌을 하였다면 훈육 또는 지도 목적으로 행하여졌다고 할지라도 신체학대행위에 해당하여 허용될 수 없다. 무죄로 판단한 원심은 법리를 오해한 위법이 있다.[5]

---

1) 친권자 징계권 규정이 아동학대 가해자인 친권자 항변사유로 이용되는 등 아동학대를 정당화하는 데 악용될 소지가 있다. 징계권 규정을 삭제하여 이를 방지하고 아동 권리와 인권을 보호하는 것이 개정 목적이다.

2) 김일수/서보학, 340면; 신동운, 356면; 이재상 외, 21/8. 판례는 일정한 범위 안에서 학교장과 교사의 체벌권 행사를 정당행위로 인정한다.

3) 대판 2004. 6. 10. 2001도5380.

4) 대판 1991. 5. 14. 91도513.

5) 대판 2022. 10. 27. 2022도1718.

3. 사인의 현행범체포행위

10 사인私人이 현행범인을 체포하는 행위도 법령에 따른 행위로 위법성이 조각된다. 형사소송법(제212조)에 현행범인은 누구든지 영장 없이 체포할 수 있다고 규정한다. 따라서 체포에 수반되는 자유구속은 범죄가 되지 않는다. 그러나 현행범인 체포로 위법성이 조각되는 것은 체포에 필요한 최소한 수단에 국한되며 체포를 위한 모든 수단이 정당화되는 것은 아니다. 따라서 현행범 체포를 위해서 타인주거에 침입하거나 무기사용 또는 상해를 입히는 것은 위법성이 조각되지 않는다.

4. 노동쟁의행위

11 헌법이 보장하는 노동삼권(단결권, 단체교섭권, 단체행동권)을 행사하기 위한 행위와 그에 따라 발생하는 결과는 법률이 허용하는 것으로서 위법성이 조각된다(헌법 제33조 제1항). 그러나 노동쟁의행위가 정당성을 갖기 위해서는 다음 한계를 지켜야 한다. ① 쟁의행위 주체가 단체교섭 주체로 될 수 있는 자이어야 한다. ② 쟁의행위 목적이 근로조건, 근로자 경제 지위향상을 위한 노사간 자치교섭을 조성하는 데 있어야 한다(노동조합 및 노동관계조정법 제1조). 이런 목적과 무관한 쟁의행위(예컨대 정치 목적)는 정당하지 않다. ③ 사용자가 근로자 근로조건 개선에 관한 구체적 요구에 단체교섭을 거부하였을 때 쟁의행위는 개시하되 특별한 사정이 없으면 조합원 찬반투표 등 법령이 규정한 절차를 거쳐야 한다. ④ 쟁의행위 수단·방법이 사용자 재산권과 조화를 이루어야 하고 폭력·파괴적 쟁의행위는 인정되지 않는다. 공장 등 안전시설을 훼손·방해하는 행위도 할 수 없다(같은 법 제42조).[1)]

12 판례는 쟁의목적 당부當否는 주된 목적 또는 진정한 목적내용에 따라서 판단하고, 그 밖에 부수적 일부 내용이 정당하지 않더라도 상관없다고 한다. 다만 부당한 요구사항이 아니면 쟁의행위를 하지 않았을 것으로 판단될 경우, 그 목적은 주된 목적으로 간주되어 쟁의행위 전체가 정당성을 가질 수 없다.[2)]

13 그 밖에 판례가 **정당한 쟁의행위**로 인정한 경우는, ① 쟁의행위가 전체적으로 협력업체 노동조합 지침에 따라 이루어졌고, 그 기간이 매우 짧고 시간도 오전 또는 오후 반나절만 이용한 경우,[3)] ② 노동조합이 노동위원회에 노동쟁의조정신청을 하여 조정절차를 마치거나 조정이 종료되지 않은 채 조정기간이 끝난 경우,[4)] ③ 냉각기간과 사전신고절차에 대해서만 절차위반이 있었던 경우,[5)] ④ 쟁위목적이 위법하지 않고 시위행위가 병원 업무개시

1) 대판 2006. 5. 25. 2002도5577; 1998. 1. 20. 97도588.
2) 대판 2003. 12. 11. 2001도3429; 2001. 6. 26. 2000도2871.
3) 대판 2004. 9. 24. 2004도4641.
4) 대판 2003. 12. 26. 2001도1863.
5) 대판 1992. 9. 22. 92도1855.

전이거나 점심시간을 이용하고, 쟁의행위방법이 폭력행위를 수반하지 않은 경우[1] 등이 있다.

14 그러나 다음 경우는 **부당한 쟁의행위**로 위법성이 조각되지 않는다. ① 집단 노무제공 거부가 위력으로 업무 정상운영을 방해할 정도에 이른 경우,[2] ② 사용자가 정리해고를 해서는 안 된다는 취지로 사용자의 경영권을 근본적으로 제약한 경우,[3] ③ 부당노동행위에 해당하지 않는 사용자측 단체교섭회피에 대항하여 쟁의행위를 한 경우,[4] ④ 일부 조합원 집단이 노동조합 승인 없이 또는 지시에 반하여 쟁의행위를 한 경우,[5] ⑤ 9시 전에 출근하여 업무준비를 한 후 9시부터 근무하도록 되어 있는 직원에게 집단으로 9시 정각에 출근하도록 시킨 경우,[6] ⑥ 근로자를 선동하여 통상적 연장근로를 집단으로 거부한 경우,[7] ⑦ 회사가 단체협약에 따라 관행으로 시켜오던 휴일근로를 집단으로 거부한 경우,[8] ⑧ 사업장 시설을 전면적으로 지배하여 조합원 아닌 사람 출입을 저지하고 사용자측 관리지배를 배제한 경우[9] 등이다.

5. 그 밖의 법령에 의한 행위

15 모자보건법에 따른 인공임신중절수술(모자보건법 제14조)은 형법 낙태죄(제269조)를 구성하지 않는다(낙태죄 대체입법이 이루어지기 전까지는 아님). 의사 · 한의사의 감염병신고의무(감염병의 예방 및 관리에 관한 법률 제11조 제1항), 승마투표권발매(한국마사회법 제2조 제1호, 제36조 제1호) 등도 업무상비밀누설죄(제317조), 복표에 관한 죄(제248조)의 구성요건에 해당하지만 법령에 따른 행위로 위법성이 조각된다.

[판례]

① **쟁의행위 정당성의 조건** 근로자의 쟁의행위가 형법상 정당행위가 되기 위하여는, 첫째 그 주체가 단체교섭의 주체로 될 수 있는 자이어야 한다. 둘째 그 목적이 근로조건의 향상을 위한 노사간의 자치적 교섭을 조성하는 데 있어야 한다. 셋째 사용자가 근로자의 근로조건 개선에 관한 구체적 요구에 대해 단체교섭을 거부하였을 때 개시하되, 특별한 사정이 없는 한 조합원의 찬성결정 등 법령이 규정한 절차를 거쳐야 한다. 넷째 그 수단과 방법이 사용자의 재산권과 조화를 이루어야 함은 물론 폭력의 행사에 해당되지 않아야 한다. 특히 쟁의행위를 할 때에는, **조합원의 직접 · 비밀 · 무기명투표에 의한 찬성결정이**라는 절차를 거쳐야 한

1) 대판 1992. 12. 8. 92도1645.
2) 대판 2003. 12. 26. 2001도1863.
3) 대판 2001. 4. 24. 99도4893.
4) 대판 1998. 1. 20. 97도588.
5) 대판 1997. 4. 22. 95도748.
6) 대판 1996. 5. 10. 96도419.
7) 대판 1996. 2. 27. 95도2970.
8) 대판 1991. 7. 9. 91도1051.
9) 대판 1991. 6. 11. 91도383.

다는 노동조합법 제41조 제1항의 규정을 지켜야 한다. 이 절차는 조합원의 **민주적 의사결정이 실질적으로 확보**되었다고 하여 생략될 수 있는 것은 아니다.[1]

② **사용자의 직장폐쇄**는, 사용자와 근로자의 교섭태도와 교섭과정, 근로자의 쟁의행위의 목적과 방법 및 그로 인해 사용자가 받는 타격의 정도 등 구체적 사정에 비추어 근로자의 쟁의행위에 대한 방어수단으로서 상당성이 있어야 한다. 사용자의 직장폐쇄가 정당한 쟁의행위로 인정되지 않으면, 근로자가 평소 출입이 허용되던 사업장 안에 들어가는 것은 **주거침입죄**를 구성하지 않는다.[2]

③ 근로자의 쟁의행위 등 구체적 사정에 비추어 직장폐쇄의 개시 자체는 정당하다고 할 수 있다. 그러나 어느 시점 이후에 근로자가 쟁의행위를 중단하고 **업무에 복귀할 의사**를 표시하였음에도 사용자가 직장폐쇄를 계속 유지하면서, 근로자의 쟁의행위에 대한 방어적 목적에서 벗어나 적극적으로 노동조합의 조직력을 약화시키기 위한 **공격적 직장폐쇄**의 성격으로 변질된 경우, 그 이후의 직장폐쇄는 정당성을 상실한 것으로 보아야 한다.[3]

④ 회사와 노동조합이 체결한, '노동조합과 합의에 의해 정리해고를 실시할 수 있다'는 취지의 단체협약 조항에도 불구하고, 쟁의행위의 주된 목적은 회사의 긴박한 경영상 필요에 의해 실시되는 정리해고 자체를 전혀 수용할 수 없다는 노동조합 측 입장을 관철하기 위한 것이었다. 이러한 요구는 **사용자의 정리해고**에 관한 권한 자체를 전면적으로 부정하고, 경영권의 본질적 내용을 침해하는 것으로서 **단체교섭 대상**이 될 수 없는 사항에 관한 것이므로, 목적의 정당성을 인정받을 수 없다.[4]

⑤ 쟁의행위가 추구하는 목적이 여러 가지로서 그 중 일부가 정당하지 못한 경우에는 **주된 목적 내지 진정한 목적**을 기준으로 정당성 여부를 판단해야 한다. 만일 부당한 요구사항을 뺐더라면 쟁의행위를 하지 않았을 것이라고 인정될 때에는, 그 쟁의행위 전체가 정당성을 갖지 못한다고 보아야 한다.[5]

⑥ 연장근로가 당사자의 합의에 의해 이루어지는 것이라고 하더라도, 근로자들을 선동하여 근로자들이 통상적으로 해 오던 **연장근로**를 집단적으로 거부하도록 함으로써 회사업무의 정상운영을 방해하였다면, 이는 쟁의행위로 보아야 한다.[6]

⑦ 직장 또는 **사업장시설을 전면적, 배타적으로 점거**하여 조합원이외의 자의 출입을 저지하거나, 사용자측의 관리지배를 배제하여 업무의 중단 또는 혼란을 야기케 하는 것과 같은 행위는 이미 정당성의 한계를 벗어난 것이라고 볼 수 있다.[7]

⑧ 노동조합법 시행령 제17조에서 규정하고 있는 쟁의행위의 일시 · 장소 · 참가인원 및 그 방법에 관한 서면신고의무는, 쟁의행위를 하는데 그 세부적 · 형식적 절차를 규정한 것으로서 쟁의행위에 적법성을 부여하기 위해 필요한 본질적인 요소는 아니다. 따라서 **신고절차의 미준**

1) 대판 2001. 10. 25. 99도4837 전원합의체; 2020. 7. 29. 2017도2478.
2) 대판 2002. 9. 24. 2002도2243.
3) 대판 2017. 7. 11. 2013도7896.
4) 대판 2011. 1. 27. 2010도11030.
5) 대판 2014. 11. 13. 2011도393.
6) 대판 1996. 2. 27. 95도2970.
7) 대판 1991. 6. 11. 91도383.

수만을 이유로 쟁의행위의 정당성을 부정할 수는 없다.[1]

⑨ 병원의 업무개시 전이거나 점심시간을 이용하여 구호를 외치거나 노동가 등 노래를 합창하고 또는 피켓을 들고 침묵시위를 하며 행진하는 등 **폭력행위를 수반하지** 아니한 점에 비추어, 그 수단, 방법에 있어 정당성이 결여되었다고 하기도 어려워 업무방해죄의 형사책임을 물을 수 없다.[2]

⑩ 민사소송법 제335조에 따른 **법원의 감정인 지정결정** 또는 같은 법 제341조 제1항에 따른 법원의 감정촉탁을 받은 경우에는 **감정평가업자가 아닌 사람이더라도** 그 감정사항에 포함된 토지 등의 감정평가를 할 수 있다. 이러한 행위는 법령에 근거한 법원의 적법한 결정이나 촉탁에 따른 것으로 형법 제20조 정당행위에 해당하여 위법성이 조각된다.[3] *감정평가사가 아닌 피고인 및 그가 운영하는 피고인 회사가 법원의 감정인 지정결정 및 감정촉탁을 받고 수용대상 토지상에 재배되고 있는 산양삼의 수량, 품종, 손실보상액 등에 대한 감정을 한 사안.

⑪ 한국철도시설공단 노동조합 위원장인 피고인은 노조간부 7명과 함께 공단 방송실 관리자인 총무부장 승인 없이 무단으로 방송실 안으로 들어가 문을 잠근 다음, 쟁의행위 목적을 알리고 이를 준비하기 위한 노동조합 중식간담회 참석을 독려하는 방송을 하였다. 이때 다른 노조간부들은 방송실 문 밖에서 다른 직원들이 방송실에 들어가지 못하도록 막았다. 피고인은 노조간부 7명과 공모하여 위력으로 방송실 관리업무를 방해하였다는 공소사실로 기소되었다. 피고인 행위는 그 주체와 목적의 정당성이 인정되고, 절차 요건을 갖추어 **적법하게 개시된 쟁의행위 목적을** 공지하고 이를 준비하기 위한 부수적 행위이자, 관행적으로 실시되던 방식에 편승하여 이루어진 행위이다. 피고인 행위가 **전체적으로 수단과 방법의 적정성을** 벗어난 것으로 보이지 않으므로, 형법상 정당행위에 해당하여 위법성이 조각된다.[4]

[60] Ⅲ. 업무로 인한 행위

업무를 수행하는 행위도 정당행위로 위법성이 조각된다. 업무는 **사람이 사회생활지위에 따라 계속·반복의사로 행하는 사무**를 말한다. 업무행위가 법령에 직접 근거가 있을 경우는 법령에 따른 행위로 정당화되지만, 법령에 규정이 없는 경우도 정당한 업무내용으로 인정되는 행위는 위법성이 조각된다. 여기에 속하는 대표적인 것은, ① 의사 치료행위, ② 변호사 변론, 성직자 종교행위, ③ 치료행위와 관련된 안락사 문제가 있다. 1

의사나 변호사 활동은 법적 근거가 있다(예컨대 의료법 제2조; 형사소송법 제34, 36, 287, 303, 387조; 변호사법 제1, 3조). 그러나 이러한 법률은, ① 의사나 변호사의 포괄적 의료·변론행위를 규정하고 있을 뿐이고, 법령에 따른 행위에서 볼 수 있는 것과 같은 행위의 구체적 내용(예컨대 사형집행, 구속과 같은 내용)을 규정하고 있지는 않다. 예컨대 2

1) 대판 2007. 12. 28. 2007도5204.
2) 대판 1992. 12. 8. 92도1645.
3) 대판 2021. 10. 14. 2017도10634.
4) 대판 2022. 10. 27. 2019도10516.

의료법에는 의사가 환자 치료를 위해 개복開腹과 같은 환자 신체를 훼손할 수 있다는 규정은 없다. 변호사법에도 변호사가 변론에서 타인 명예를 훼손해도 괜찮다는 규정은 없다. 의료 · 변론할 수 있다는 규정만 있을 뿐이다. 바로 이 이유 때문에 ② 법령에 의한 행위가 아닌 '업무로 하는 행위'로써 위법성조각 근거가 마련된다. 성직자 종교행위에 대한 법적 근거는 없다. ③ 우리나라에는 국가차원 교회법이 없고 각 종교집단 내부 규율이 있을 뿐인데, 이것은 법규범이 아니고 사회규범에 속한다. 따라서 성직자 종교행위는 순수한 업무행위로 파악할 수 있다.

1. 의사 치료행위

3 의사가 '의료행위'(의료법 제12조)를 하면서 환자 신체를 훼손하면 상해죄 구성요건에 해당하지만 업무에 따른 정당행위로 위법성이 조각된다는 것이 통설 · 판례 견해다. 여기 의료행위, 즉 보통 말하는 치료행위는 **주관적 치료목적**과 **객관적 의술법칙**에 맞는 신체침해를 뜻한다. 따라서 이러한 요건이 없는 치료행위는 정당행위가 되지 않는다.[1)]

4 이 견해에 대해서는 다음 비판이 있다. ① 의사 치료행위는 환자나 보호자 승낙 또는 추정 승낙에 따라 이루어지는 것이 대부분이고 '업무행위'에 포섭할 필요 없이 피해자승낙(제24조)으로 얼마든지 처리할 수 있다. 그러나 어느 견해를 취하더라도 위법성조각 결론은 같기 때문에 구별의 특별한 실익이 있는 것은 아니다. '**중복 정당화사유**'로 보면 된다. ② 치료행위는 건강을 회복 · 증진시키기 위한 행위이기 때문에 상해고의가 없다. 따라서 상해죄 구성요건에 해당하지 않으므로 형법 제20조 업무로 인한 행위로 위법성이 조각되는 것이 아니라 구성요건해당성이 없다.

5 이런 논의는 범죄체계론 관심을 표현한 것에 지나지 않기 때문에 어떻게 처리하더라도 상관없다. ① 일관되게 소극 구성요건요소이론을 취하지 않는 이상 설득력도 없다. 이런 논리대로 하자면, 사형집행관 '살인'도 형법 제250조 '살인고의'가 있다고 볼 수 있을까? 특별히 의사 경우에만 고의내용을 문제삼는 이유를 설명하기 어렵다. 의사 · 사형집행관 가릴 것 없이 침해는 침해다. 아무리 ② 적법한 침해라도 자기가 하는 행위가 사람 생명 · 신체와 관련한다는 점을 상기시키는 데(불가침한계 일반성) 위법성조각사유제도 의미가 있다. 의사 치료행위를 업무행위로 파악하여 정당화하는 통설 · 판례 견해에 무리가 없다.

[판례]

① ***표준판례** 한의사인 피고인은 피해자에게 문진하여 과거 봉침을 맞고도 별다른 이상반응이 없었다는 답변을 듣고, 부작용에 대한 충분한 사전 설명 없이 환부인 목 부위에 봉침시술을

1) 최민영/이석배, 「의료사고와 법적 책임의 귀속」(형사정책연구원 연구총서, 2024), 1면 이하; 임상규, 「의료행위의 정당화와 면책가능성」(법학논고 64, 2019), 125면 이하.

하였다. 피해자는 위 시술 직후 쇼크반응을 나타내는 등 상해를 입었다. 피고인이 봉침시술에 앞서 **설명의무**를 다하였더라도 피해자가 반드시 **봉침시술을 거부**하였을 것으로 볼 수 없으면, 피고인의 설명의무 위반과 피해자의 상해 사이에 상당인과관계를 인정하기 어렵다.[1)]

② 피고인이 **태반의 일부**를 떼어낸 행위는, 그 의도, 수단, 절단부위 및 그 정도 등에 비추어 볼 때, 의사로서의 정상적인 진찰행위의 일환이라고 못 볼 바 아니어서 형법 제20조 소정의 정당행위에 해당한다.[2)]

③ 의사가 모발이식시술을 하면서, 이에 관해 어느 정도 지식을 가지고 있는 **간호조무사**로 하여금 모발이식시술행위 중 일정 부분을 직접 하도록 맡겨둔 채 별반 관여하지 않은 것은 정당행위에 해당하지 않는다.[3)]

④ **한의사가 초음파 진단기기**를 사용하여 진단행위를 한 것은 의료법 제27조 제1항 '한의사의 면허된 것 이외의 의료행위'에 해당하지 않으므로 **무면허의료행위가** 아니다. 그 이유는, ㉮ 한의사의 초음파기기 사용을 금지하는 규정이 없다. ㉯ 현대 과학기술 발전 수준을 감안할 때 한의사가 진단 보조수단으로 이를 사용하는 것이 보건위생의 위해가 생길 우려가 있는 경우에 해당하지 않는다. ㉰ 한의사가 초음파 진단기기를 사용하는 것이 한의학 의료행위 원리와 무관하다고 증명되지 않았다. 피고인을 유죄로 판단한 원심을 파기한다.[4)] *대법관 2명 반대의견 있음.

⑤ 종합병원을 운영하는 법인인 피고인의 사용인인 의사들이 소속 **간호사들로 하여금 골수 검사를** 하게 함으로써, 피고인의 업무에 관하여 무면허 의료행위를 하였다는 의료법 위반으로 기소되었다. 원심은 의사 입회 여부와 상관없이 간호사는 골수 검사를 직접 수행할 수 없다고 보았다. 그러나 대법원은, 골수 검사는 의사만이 할 수 있는 의료행위 자체는 아니고 의사의 일반적인 지도 감독 아래 골수 검사에 자질과 숙련도를 갖춘 **간호사로 하여금 진료의 보조행위로서 시행하게 할 수 있는** 의료행위로 판단하였다.[5)]

[판례사례] 수술동의와 의사 설명의무 산부인과 전문의 수련과정 2년차인 甲은 난소수술을 받아 임신할 수 없는 피해자 乙의 병이 자궁외임신인지 자궁근종인지 판별하기 위한 정밀 진단을 하지 않은 채 자신의 시진視診, 촉진觸診결과 등을 믿고 자궁근종으로 판단하였다. 피해자에게 자궁적출수술 불가피성을 알려준 후 수술동의서를 받고 자궁적출수술을 하였는데 실상 乙의 병은 자궁외임신이었다.[6)]

[해설] 사소한 치료행위는 그렇지 않지만 수술과 같은 중대한 의료행위를 할 경우 의사는 환자로부터 수술동의서를 받는다. 말하자면 피해자 명시적 승낙을 받아서 만일 사태에 대비한 면책근거로 삼는다. 이렇게 되면 수술행위는 업무로 인한 행위보다 피해자 승낙 행위에 더 가깝다. 의사나 환자 모두 의료과실 책임소재를 분명하게 하는 장점이 있기 때문에 후자 방법을 선호하는 것도 사실이다.

---

1) 대판 2011. 4. 14. 2010도10104.
2) 대판 1976. 6. 8. 76도144.
3) 대판 2007. 6. 28. 2005도8317. 제5회.
4) 대판 2022. 12. 22. 2016도21314 전원합의체. 자세한 평석 정도희, 「한의사의 진단기기 사용과 '면허된 것 이외의 의료행위'에 대한 최근 법원의 판단 및 검토」(법학연구 36, 2025), 341면 이하.
5) 대판 2024. 12. 12. 2023도10286.
6) 대판 1993. 7. 27. 92도2345; 이석배, 「의료후견주의와 환자의 자기결정권」(고려법학 49, 2007), 935면 이하.

그러나 최근 판례는 의사가 **환자 수술동의서**를 면책(정확하게는 위법성조각) 만능근거로 삼는 데 제동을 건다. 즉 의사가 정확한 진단에 따른 충분한 설명을 하지 않은 상태에서 환자로부터 수술 승낙을 받는 것은 승낙 자체가 부정확한 근거로 이루어진 것이기 때문에 수술 위법성을 조각할 수 있는 유효한 승낙이 될 수 없다는 것이다. 이와 같은 **설명의무 부과**는 한편으로 지금까지 의료과실 입증곤란의 일방 수혜자였던 **의사 과실부담을 높여준 결과**가 된다. 다른 한편 전문가의 횡포에 속수무책일 수밖에 없었던 **환자 권익을 신장하는 의미**가 있다. 그러나 의사 설명의무는 경우에 따라서 제한이 불가피한 경우도 있다. 예컨대 암과 같은 중병 경우에 환자에게 병명을 정확하게 말하는 것이 치료에 도움이 되지 않는다고 판단할 경우 보호자에 대한 설명으로 그 의무가 대체될 수도 있다. 이런 특별한 경우를 제외하고는 의사가 설명의무를 다하지 않으면 형법 제24조 피해자 승낙에 따른 행위를 주장할 수 없는 것이 타당하다.

2. 변호사나 성직자 업무행위

6 변호사 업무는 피고인을 위해 변호활동을 하는 의무를 포함한다. 따라서 변호사가 법정에서 변론하는 가운데 다른 사람 명예를 훼손하는 사실을 말하거나, 변호업무를 처리하면서 알게 된 다른 사람 비밀을 누설하더라도 명예훼손죄(제307조), 업무상비밀누설죄(제317조) 위법성이 없다. 업무로 인한 정당행위로 위법성이 조각되기 때문이다.

7 성직자 경우도 마찬가지다. 성직자가 고해성사로 알게 된 범죄사실을 고발하지 않더라도 불고지죄(국가보안법 제10조)나 범인은닉죄(제151조 제1항) 방조의 위법성이 인정되지 않는다. 그러나 적극적으로 범인을 은닉하거나 도피시키는 것은 성직자 업무행위를 넘는 것으로서 위법성이 조각되지 않는다.[1)]

3. 안 락 사

8 죽음에 직면한 중환자 고통을 덜어 주기 위해 인위적으로 사기死期를 앞당기는 안락사(Euthanasie)[2)] 허용 여부는, ① 업무 행위, ② 피해자승낙 행위, ③ 기타 사회상규에 반하지 않는 행위 등으로 나누어 논의된다. 안락사는 크게 나누어 다음 세 가지 유형이 있다.

(1) 간접 안락사

9 고통을 완화시키기 위한 처치(약물투여)가 필수로 생명단축 부수효과를 가져오는 경우를 말한다. 예컨대, 말기 암환자에게 모르핀을 주사하는 경우다.

(2) 소극 안락사 또는 존엄사 도입(2016. 2월)

10 이것은 환자를 고통으로부터 빨리 벗어나게 하기 위해 생명연장의 적극 수단을 사용하지 않는 경우를 말한다. 예컨대 환자치료를 중단하는 것으로 수혈이나 인공호흡장

1) 대판 1983. 3. 8. 82도3248.
2) 'Euthanasie'라는 말의 어원은 '아름다운 죽음'(schöner Tod)을 뜻한다고 한다.

치를 하지 않거나 또는 제거하는 경우다.

그동안 이 문제를 둘러싸고 사회 · 법률적으로 많은 논란이 있었다. 연명의료에 대한 법적 기준이 마련되어 있지 않아서 의료계도 현실과 법률 사이에 곤혹스럽기는 마찬가지였다. 2016. 2월 이에 대한 법률이 제정되었다. 법률 명칭은 "호스피스 · 완화의료 및 임종과정에 있는 환자의 연명의료결정에 관한 법률"이다. 보통은 '**존엄사법**' 또는 '**웰다잉법**'으로 부른다. 10a

이 법률은 연명의료에 대한 기본원칙, 연명의료결정 관리체계, 연명의료결정과 그 이행 등에 필요한 사항을 정해 임종과정에 있는 환자의 연명의료결정을 제도화하여 환자 자기결정을 존중하고 환자 존엄과 가치를 보장하는 데 목적을 둔다(위 법률 제1조). "임종과정"은 회생가능성이 없고 사망이 임박한 상태를 말한다. "연명의료"는 심폐소생술, 혈액투석, 항암제 투여, 인공호흡기 착용 등 대통령령이 정하는 의학시술을 의미한다. "연명의료중단 등 결정" 대상이 되는 "말기환자"는 암, 후천성면역결핍증, 만성 폐쇄성 호흡기 질환, 만성 간경화 및 그 밖에 보건복지부령으로 정하는 질환이다. 이에 대한 판단은 담당의사 1명과 해당 분야 전문의 1명이 내린다(연명의료결정법 제2조, 제16조). 10b

연명의료(중단)결정 이행은 환자가 사전에 작성한 연명의료의향서(또는 연명의료계획서)가 있으면 그에 따르고, 없는 경우는 환자가족 2명 이상 일치하는 진술과 담당의사 확인으로 대신할 수 있다. 이 부분이 환자 인간존엄과 관련하여 다소 문제가 될 수 있다. 연명의료결정을 이행하는 경우도 통증완화를 위한 의료행위, 영양분 공급, 물 공급, 산소의 단순 공급을 보류하거나 중단해서는 안 된다(연명의료결정법 제15~20조). 10c

(3) 적극 안락사

고통제거를 위해 적극적으로 생명단축수단을 사용하는 경우로 진정한 의미 안락사다. 예컨대 이렇게 고통스러워 할 바에는 차라리 편히 잠드는 게 낫겠다고 생각하여 인공적으로 심장을 멈추게 하는 등 방법으로 생명을 끊는 행위를 하는 경우다. 11

간접 안락사와 소극 안락사는 이제 법령에 따른 행위로 정당화된다. 환자가 의식을 가지고 연명의료중단을 요청하면, 그것은 법률 이전에 환자 진료거부권 행사에 속한다. 주로 문제가 되는 것은 환자가 의식이 없는 경우인데, 이는 위 존엄사법에 따라서 해결하면 된다. 그러나 본래 의미 안락사인 적극 안락사는, 존엄사법 제정에도 불구하고, 환자나 보호자 동의 또는 요청과 상관없이 허용될 수 없다고 생각한다. 육체 고통이 생명보호절대원칙을 상쇄할 수는 없고, 인간의 본질 법익인 생명보호에 대한 예외는 가급적 인정하지 않는 것이 바람직하다. 생명가치 상대화는 곧 남용위험에 직면한다(**위법성인정설**). ④ 이에 대해 무의미한 생명연장보다 환자 고통을 덜어주는 것이 더 인도적일 수 있고, 남용위험성은 방법론으로 해결할 문제라는 이유로 적극 안락사를 찬성하는 견해도 있다(**위법성조각설**). 12

13 서구에서 안락사를 옹호하는 사람은 '인간존엄'(헌법 제10조)에 '인간답게 살 수 있는 권리'뿐만 아니라 '**인간답게 죽을 수 있는 권리**'도 포함되어 있다고 주장한다. 이렇게 되면 안락사는 인간의 본질 권리에 속한다. 인간답게 죽을 수 있는 권리에 대한 논의는 가까운 시일 안에 활발하게 이루어질 것이다. 우리나라도 사적 통제에 맡겼던 부분이 점차 법적 통제영역으로 흡수되는 경향을 보인다.

[61] Ⅳ. 기타 사회상규에 위배되지 않는 행위

1. 사회상규의 법률 기능

(1) 의 의

1 형법 제20조가 규정하는 사회상규는 정당행위 세 번째 요건이다. 즉 법령에 의한 행위, 업무로 인한 행위 외에 "기타 사회상규에 위배되지 않는 행위"는 정당행위로 위법성이 조각된다. 그러므로 사회상규는 어디까지나 독립된 정당행위 요건이다. ① 법령에 의한 행위나 업무로 인한 행위에 포섭될 수 있는 행위는 제3 요건인 '사회상규'와 관계할 필요가 없다. ② 사회상규는 앞 두 가지 요건에 해당하지 않지만 정당행위로 위법성이 조각되어야 할 필요가 있는 사례를 규율하는 것으로 그 임무는 끝난다. 입법자는 사회상규를 통해 정당행위가 될 수 있는 행위범위를 일정한 만큼 확대하는 것뿐이다.[1)]

(2) 구별개념

2 **1) 초법규 위법성조각사유** 그러므로 형법 제20조의 '사회상규'는 법령에 의한 행위, 업무행위 또는 그 밖의 위법성조각사유를 총괄하는 초법규적 위법성조각사유가 아니다.[2)] 예컨대 ① 법령행위, 업무행위가 추가로 사회상규에 위배되지 말아야 위법성이 조각된다는 견해가 여기 속한다. 사회상규는 형법 제20조가 규정하는 위법성조각사유고, 그것도 정당행위 세 가지 요건 가운데 하나일 뿐이다. 사회상규를 초법규적으로 이해하면 사회상규 이중지위를 인정해야 한다. 말하자면 ② 모든 위법성조각사유 통일원리로서 사회상규와 형법 제20조 좁은 의미 사회상규가 그것이다. 그러나 이것은 가능한 해석한계를 넘어서는 것으로서 법치국가원칙에 어긋난다.

3 **2) 사회 상당성** 사회상규 초법규성을 인정하면 사회상규는 독일에서 발전한 이른바 사회적 상당성과 같은 개념이 된다. 그러나 양자는 구별해야 한다.

4 이러한 오류는 사회상규가 불확정개념으로 매우 포괄적 내용을 담을 수 있다는 데 원인이 있어 보인다. 하지만 개념외연이 넓다고 규범성이 증대되는 것은 아니다. 입법자가 사회상규를 위법성조각 머리원칙으로 선언하지 않은 이상, 정당행위 세 번째 요건

1) 김준호, 「형법 제20조 '사회상규에 위배되지 아니하는 행위'의 유형에 관한 연구」(법학논총 54, 2022), 109면 이하; 홍영기, 「위법성조각사유의 경합」(고려법학 50, 2008), 310면 이하.

2) 최민영, 「형법 제20조 사회상규의 적용범위」(비교형사법연구 17, 2015), 131면 이하.

에 부합하는 정도로 개념을 구체화하면 된다. 정당방위(제21조) · 긴급피난(제22조) 요건의 상당성과 여기 사회상규내용이 같아야 할 이유나 필요는 없다. 그런데도 판례는 사회상규 기능을 확대하여 상당성과 같은 엄격한 요건을 요구하는 것으로 해석한다. 이렇게 되면 정당행위 적용범위는 그만큼 좁아진다.

2. 사회 상당성

(1) 역사적으로 생성된 사회생활질서

사회 상당성은 법률개념이 아니라 이론이 만들어낸 개념이다(주의: 아래 정당방위 · 5
긴급피난 '상당성'과 혼동하지 말 것). 즉 사회 상당성개념은 목적적 행위론 창시자인 **벨첼**(H. Welzel)이 구성요건배제사유를 전개하면서 사용한 개념이다. 그는, "**역사적으로 생성된 사회생활질서 안에 있는 행위**"[1]는 사회적으로 상당한 행위로 구성요건해당성이 없다고 한다. 예를 들면, 일상생활에 흔히 발생하는 사소한 폭행 – 밀치거나 멱살을 잡는 경우 또는 폭언을 하는 경우 등 – 은 폭행죄(제260조 제1항) 구성요건해당성이 없다는 것이다.

(2) 구성요건배제사유

벨첼 사회적 상당성이론을 인정하더라도, 그것은 어디까지나 구성요건배제사유이기 6
때문에 위법성조각사유인 사회상규와 구별되는 개념이다. 사회상규는 행위의 구성요건해당성을 전제하고 일정한 경우에 예외로 위법성을 배제하는 기준이다.

(3) 사회 상당성 개념의 불필요성

일반 해석원칙으로 사회 상당성개념을 인정할 필요는 없다고 생각한다.[2] 그 이유는 다음과 7
같다. ① 구성요건을 배제하는 사회 상당성의 일반해석원칙을 취하지 않더라도, 문제되는 가벼운 사안은 대부분 개별구성요건 해석과 위법성조각사유 적용으로 해결할 수 있다. 이것은 형법각칙 해석에서 이미 보편화되어 있는 방법이기도 하다. ② 구성요건배제사유인 사회 상당성은 위법성 심사를 앞당기는 이론이다. 그러나 가벌성의 엄격한 심사를 위해서는 구성요건해당성과 위법성단계를 구별하여 상세히 검토해야 한다. 그러므로 아무리 "역사적으로 생성된 사회생활질서"에 부합하는 행위라 할지라도 그것이 타인 법익과 저촉되는 경우 위법성단계에서 어떤 정당화근거가 있는지 살펴야 한다. 이것은 가벌성판단을 종합적으로 한꺼번에 하지 않고 논리적으로 단계를 지어 접근하는 범죄체계사상의 지혜 · 요청이기도 하다. ③ '사회적으로 상당한' 행위 불가벌성에 대한 종국판단은 어차피 위법성단계에서 내릴 수 있다. 이 판단을 구성요건단계에서 해야 할 이론 · 현실적 필요는 없다.

결국 구성요건해당성과 위법성단계 구별 그리고 그 구별의 형법적 의미를 부인하는 사회 상 8
당성이론은 찬성할 수 없다. 순수한 이론 관심에서 나온 것이기 때문에 실무에 도움이 될 수 있는 도그마틱 구성물이 되기는 어렵다.

---

1) Welzel, AT, 55면.
2) 최민영, 위의 글(61/2), 131면 이하.

3. 사회상규 의미내용

(1) 사회상규 불명확성

9 문제 핵심은 사회상규 내용이 무엇인가 하는 점이다. 이것은 앞서 말한 것처럼 '사회상규'가 불확정개념이기 때문에 개념 내포內包와 외연外延이 분명치 않은 데서 생기는 문제다. 일상언어와 마찬가지로 법률언어도 어느 정도 불명확성은 법률 해석문제에 속하는 것으로 어쩔 수 없는 현상이다. 법률언어가 일반성과 구체성을 동시에 충족하는 것은 처음부터 불가능한 일인지도 모른다. 바로 이러한 이유 때문에 법률에는 늘 해석문제가 뒤따른다. 법개념 불명확성은 법이론적인 구체화를 필요로 할 뿐이지 배척해야 할 대상은 아니다. 예를 들면 정당방위(제21조), 긴급피난(제22조)의 "상당성" 요건도 사회상규 못지 않게 불명확한 개념이다. 민법으로 가면 그 사정은 더욱 심각하다. "관습 · 조리"(민법 제1조)와 "신의성실"(제2조)은 민법의 "통칙", 즉 민법총칙에 들어 있다. 그리고 "선량한 풍속 기타 사회질서(이른바 공서양속)에 위반한 사항"을 내용으로 하는 법률행위는 무효다(제103조).

(2) 사회상규 구체화

1) 사회상규 내용

10 (가) **규범 실체가 없는 개념** 사회상규 의미내용을 먼저 확정하고 난 뒤 그것에 '위배되지 않는 행위'를 판단하는 방법은 실패한다. 예를 들면 사회상규를 '일상규칙', '준칙규범', '문화규범', '사회 상당성', '법질서 전체정신', '사회통념', '조리 · 공서양속', '건전한 도의감' 등으로 먼저 개념 정의하고 이에 위반하지 않는 행위를 찾는 방법이 여기 속한다.[1]

11 사회상규가 성문이나 불문의 어떤 규범실체가 있는 것으로 생각하는 것은 잘못이다. ① 사회상규라는 '규범'은 없다. 바로 이런 이유(설명대상이 존재하지 않는 이유) 때문에 사회상규를 직접 설명하려고 하는 위 내용은 사회상규 못지않게 추상적인 말로 이루어질 수밖에 없다. 이것은 설명이나 개념정의가 될 수 없고 동어반복일 뿐이다. 이렇게 되면 설명대상인 사회상규보다 그것을 설명하는 내용이 더 어려운 결과를 가져온다. ② 사회상규는 법령행위, 업무행위 외에 정당행위로 인정해야 할 필요가 있는 일정한 행위를 통칭하여 그 위법성조각 근거로 내세운 가공 기준에 지나지 않는다. 그러므로 우리에게 중요한 것은 ③ **'사회상규'가 아니고 '사회상규에 위배되지 않는 행위'** 유형을 밝히는 것이다.

12 (나) **판례의 사회상규에 대한 정의** 판례는 사회상규내용을 다음과 같이 정의한다. "본조에 규정된 사회상규는 그 입법정신에 비추어 국가질서 존중성 인식을 기초

---

1) 김일수/서보학, 348면; 이형국/김혜경, 247면 등.

로 한 국민일반의 건전한 도의감을 지칭한다."[1] "'사회상규에 위배되지 않는 행위'라 함은 법질서 전체 정신이나 그 배후에 놓여 있는 사회윤리 내지 사회통념에 비추어 용인될 수 있는 행위를 말한다…."[2]

이에 대해서도 위 비판이 그대로 적용된다. 이런 말 성찬으로 사회상규 의미내용을 밝히기는 힘들다. "**국민일반 건전한 도의감**"은 명확성원칙의 대표 위반사례로 꼽히는 나치스 형법 제2조 "**건전한 국민감정**"(gesundes Volksempfinden)을 연상시킨다.

2) 방 법 론 사회상규 구체화는 '사회상규에 위배되지 않는 행위' 구체화로 이 13
해해야 한다. 사회상규에 위배되지 않는 행위를 판단하는 기준은 보통 다음과 같은 두 가지 방법을 사용한다.

(가) 이론 방법

A. 이론 방법 내용 판단기준으로 법학방법론, 형법 규범원칙을 제시한다. 14
열거하면, ① 이익형량원칙은 가해자 이익(위법판단 여부)과 피해자 이익(법익에 대한 침해)을 저울질하여 판단한다. ② 비례성원칙은 행위목적과 행위수단의 정당성·비례성을 구하며, 비례성에는 긴급성·보충성 등이 포함된다. ③ 사회 상당성 그리고 ④ 위법성조각 일반원리를 사회상규 판단기준으로 삼는 경우도 있다. 판례도 이상과 같은 규범원칙을 판단기준으로 삼는다.

이러한 기준을 토대로 구체 사안과 관련하여 "합목적·합리적으로 판단"[3]하거나 15
"종합적 관점에서 총체적 판단"[4]을 내려야 한다고 한다. 덧붙여 "법질서 전체 정신이나 사회윤리"[5]를 기론하기도 한다.

B. 이론 방법에 대한 비판 아무래도 이런 방법으로 사회상규에 대한 법관의 16
자의 판단을 구속할 수 있을 것 같지는 않다. ① 사회상규는 형법이 규정한 다섯 가지 위법성조각사유(정당행위, 정당방위, 긴급피난, 자구행위, 피해자승낙) 하나인 정당행위 세 번째 요건이다. 위법성조각 일반원칙도 아니고 정당행위에서 차지하는 비중도 3분의 1에 지나지 않는다. 따라서 사회상규는 지극히 제한된 의미·기능을 갖고 있을 뿐이다.

그런데 ② 이 작은 개념을 구체화하기 위해 끌어들인 이론틀은 그 포섭범위가 17
매우 넓은 일반 원칙이다. 이익형량원칙은 법학방법론 일반원칙이고 비례성원칙은 모든 법질서에 타당한 헌법 원칙이다. 그 밖 것들은 구성요건이나 위법성조각 일반원칙에 속한다. '일반적'인 만큼 그 내용은 더욱 개방적이고 구체화 과제를 안고 있다. 내용을 갖고 있다기보다는 일정한 판단을 내릴 수 있는 형식·틀로 이해해야 하고 내용은 이 틀

1) 대판 1956. 4. 6. 4289형상42.
2) 대판 2004. 8. 20. 2003도4732; 1997. 11. 14. 97도2118.
3) 이재상 외, 21/22.
4) 이형국/김혜경, 249면.
5) 이재상 외, 21/19.

에 따라서 다시 찾아야 한다.

18 이러한 ③ 일반원칙의 보편개념으로 형법 제20조 작은 개념인 사회상규를 설명할 때, 그것은 결국 '일반'·'추상'수준에 머무를 수밖에 없다. 이 점은 위에서 이미 확인된다('합목적적, 합리적, 총체적, 종합적'). 구속은 내용 구체성에 비례하기 때문에 일반 언명에 법관이 구속되기는 어렵다. ④ 사회상규 구체화는 사회상규가 형법 제20조에서 차지하고 있는 비중과 같은 차원에서 이루어져야 한다. 비유해 말하자면 위 이론 방법론은 '참새를 잡기 위해 대포를 들이댄 격'이다.

(나) **결의決疑 방법**

19 A. **판례법 체계** '결의론'(Kasuistik)은 로마법에서 만든 방법 원칙으로 법분야 외에 신학·철학·의학 등에서도 논의된다. 원래 로마법은 **개별사건에 대한 판결**(즉 'Casus')로부터 일정 규칙을 얻어내고 유사 성격의 사건이 발생하면 이 규칙을 판단기준으로 삼는다. 결의론의 대표적 영향은 영미 판례법(case law) 체계에서 찾을 수 있다.

20 B. **결의 방법의 예** 형법 제20조 사회상규에 대한 결의적 구체화방법 보기를 들자면, 대법원이 지금까지 사회상규에 위배되지 않는 행위로 판시한 경우를 열거하여 이들을 해석 구속기준으로 삼는 방법이 있다. 하지만 대륙법체계에서 최고법원 판시내용이 곧 다른 유사사건에 대한 규범기준이 되는 것은 아니다. 판례는 그 자체가 학문 비판대상이 될 뿐만 아니라(이른바 '판례비판'), 기껏해야 일반조항과 같은 불확정개념을 구체화한 보기 또는 그것에 대한 참고자료 의미가 있을 뿐이다. 법학 학문이론은 판례 구속을 받지 않는다. 학문은 오히려 독자 해석지침을 마련하여 실무에 제공해야 할 과제·임무를 띤다. 그러므로 '사회상규에 위배되지 않는 행위'를 결의방법으로 해결하는 것은 찬성할 수 없고 제3의 독자 해결방법을 제시해야 한다.

3) **유형비교類型比較 구체화 방법**

(가) **해석학 법이론**

21 A. **유형비교 방법** '사회상규에 위배되지 않는 행위'는 해석학 법이론의 유형비교(Typenvergleich) 고찰방법으로 탐구할 수 있다. 여기서 ① '유형비교'라 함은, 사회상규에 위배되지 않는 행위의 판단기준은 추상적·개념적이 아니고 **실제사안과 관련해서만 결정되고 비교될 수 있음**을 뜻한다.[1] 판례도 "어떤 행위가 사회상규에 위배되지 아니하는가는 구체적 사정 아래에서 합목적적·합리적으로 고찰하여 개별적으로 판단"해야 한다고 함으로써 유형판단 필요성을 언급한다.[2] 따라서 사회상규에 위배되지 않는 행위에 대한 올바른 심사는 이런 행위 유형표지를 사안과 사안 표지에 제대로 연결하였을 때 가능하다. 이 심사과정에서 비로소 사회상규에 위배되지 않는 행위기준이 구체 사안을 포

1) Hassemer, Tatbestand, 113-115면; Bae, Verhältnismäßigkeit, 190면 이하.
2) 대판 2004. 6. 10. 2001도5380.

괄하고 있는지 드러날 수 있다. 해석절차에 이 양자 요소, 즉 구성요건과 사안은 서로 규정을 받는 관계에 있다.

B. '규범 유형'의 현실관련성 ② 사회상규에 위배되지 않는 행위 정도(규범적 유형)를 정확하게 규정하는 것은 불가능하다. 왜냐하면 그 규범유형은 그의 현실관련성 때문에 정의되지 않고 서술될 수 있을 뿐이기 때문이다. 사회상규에 위배되지 않는 행위 정도에 접근하는 것은 가능하겠지만 마지막 세부 모습까지 완전히 파악하는 것은 불가능하다. 22

(나) **헌법 유형표지標識** 사회상규에 위배되지 않는 행위의 유형표지는 일반적으로 ① 헌법, 개별로는 그러한 행위의 구성요건해당성이 문제될 수 있는 각칙 개별구성요건 가운데서 찾을 수 있다. 헌법은 심사의 구체 기준을 제공하지 않는다. 유형파악을 위한 일정한 방향을 제시해 줄 뿐이다. 개인 자유권보장과 일반인 법익보호 사이의 일반적 판단기준을 헌법에서 끌어낼 수는 없다. 양자는 원칙적으로 동등한 가치를 가진다. 다만 개인 자유에 대한 제한(사회상규에 위배되는 행위로 판단하는 경우)은 그것이 다른 사람의 자유보호를 위해 불가피하다고 판단될 경우만 인정될 수 있다(자유제한의 목적에 대한 구속). ② 우리 헌법은 **자유원칙**을 토대로 한다. 이 원칙은 국가간섭으로부터 가능하면 개인 자유를 극대화할 것을 요구한다.[1] 자유의 지도 유형은 현실로 존재하는 개인 자유 가운데서 찾아야 한다. 말하자면 ③ 사회상규에 위배되지 않는 행위에 대한 판단은 가능하면 개인 자유를 극대화하는 방향으로 이루어져야 한다. 즉 위법성이 조각되는 사회상규에 해당하는 범위를 넓게 잡아야 한다. 23

(다) **유형비교**

A. 비교대상이 되는 유형인자 이러한 형법 해석지침을 가지고 문제되는 구체 사안이 해당할 수 있는 구성요건 유형표지를 비교·검토해야 한다. 예를 들면 밀치거나 멱살을 잡는 또는 폭언을 하는 사소한 폭행이 제260조 제1항 '폭행'유형의 위법성을 인정할 수 있는가 문제가 그것이다. 여기에 비교대상이 되는 유형인자는, ① 위법성인정의 **목적가치**와 그것의 실현가능성(일반인 법익보호측면: 해당 행위를 위법판단하여 형벌을 부과하는 의미)과, ② 행위자의 자유에 대한 **침해 정도**(범죄자에 대한 보장측면: 행위자가 형벌로 받게 될 정신·신체적 고통)를 제3 비교인자인, ③ 헌법 자유원칙에서 유래하는 당사자 **희생한계**(Opfergrenze)에 비추어 비교·평가해야 한다. 이것으로부터 다음 두 가지 결론이 나온다. 24

B. 유형비교 방법 첫째, ③ 희생한계관점에서 보았을 때, ② 침해 정도가 ① 위법성인정을 위한 수단으로 인정할 수 없다고 판단하면 사안의 문제된 행위는 25

1) Bae, Verhältnismäßigkeit, 38~42, 51면; 윤영철, 「법치국가에서의 안전지향형법에 대한 비판적 고찰」(원광법학 34, 2018), 131면 이하.

'사회상규에 위배되지 않는 행위'로 정당화된다. 둘째, 그러나 ① 행위위법성 정도가 ②의 자유침해 정도를 상쇄할 만하다고 판단하면 그 행위는 사회상규에 위배되지 않는 행위로 정당화되는 행위범주에서 제외한다.

26 **C. 유형비교의 소극 심사방법** 여기에서 한 가지 주목할 것은 이 심사방법이 소극적이라는 점이다. 즉 이 심사는 사회상규에 '**위배되는 행위**'를 찾는 것이 아니고 '**위배되지 않는 행위**'를 판단하는 것이다. 법률의 소극 심사규정은, ① 사회상규에 위배되는 행위를 찾는 적극 심사보다 위배되지 않는 행위를 판단하는 소극 심사가 훨씬 용이하다는 점과, ② 정당행위 세 번째 요건이 의도하는 것은 고도의 목적(위법성조각의 일반기준과 같은)을 위한 것이 아니라는 점을 분명히 한다. 현존하는 위법성조각사유체계 흠결을 보완하는 목적이 있을 뿐이다. 그리하여 정당방위, 긴급피난, 자구행위, 피해자승낙 그리고 정당행위의 법령에 의한 행위, 업무로 인한 행위로도 위법성이 조각되지 않는 특별한 사안이나 작용을 위법성판단에서 제외하고자 한다.

[판례] 사회상규 판단기준

***표준판례** 형법 제20조 소정의 '사회상규에 위배되지 아니하는 행위'라 함은 **법질서 전체의 정신**이나 그 배후에 놓여 있는 **사회윤리 내지 사회통념**에 비추어 용인될 수 있는 행위를 말한다. 어떤 행위가 사회상규에 위배되지 않는 정당한 행위로서 위법성이 조각되는 것인지는 구체적인 사정 아래서 합목적적, 합리적으로 고찰하여 개별적으로 판단해야 한다. 이와 같은 정당행위를 인정하려면, 첫째 그 행위의 동기나 목적의 정당성, 둘째 행위의 수단이나 방법의 상당성, 셋째 보호이익과 침해이익과의 법익균형성, 넷째 긴급성, 다섯째 그 행위 외에 다른 수단이나 방법이 없다는 보충성 등의 요건을 갖추어야 한다.[1] *옛날 판례에는, "국가질서의 존중이라는 인식을 바탕으로 한 국민일반의 **건전한 도의적 감정**에 반하지 않는 행위로서 **초법규적 기준**"으로 판단해야 한다는 말이 나온다.[2] 40여 년 전 일이고, 지금은 이런 표현 쓰지 않음.

[판례] 사회상규에 위배되는 행위(정당행위 아님)

① 시민단체의 특정 후보자에 대한 **낙선운동**은 시민불복종운동으로서 정당행위 또는 긴급피난에 해당한다고 볼 수 없다.[3]

② 피고인이 찜질방 내에서 **부항과 부항침**을 놓고 일정한 금원을 받은 행위는 사회상규에 위배되지 않는 행위로 보기 어렵다.[4]

③ 신고한 옥외집회에서 **고성능 확성기** 등을 사용하여, 시위의 목적달성 범위를 넘어 사회통념상 용인될 수 없는 정도로 타인에게 심각한 피해를 주는 소음을 발생시킨 행위는 업무방해죄

---

1) 대판 2010. 5. 27. 2010도2680. 강우예, 「대법원 판결에 나타난 '전체 법질서' 개념의 의미와 성격」(법철학연구 27, 2024), 139면 이하.

2) 대판 1983. 11. 22. 83도2224. 제 8 회.

3) 대판 2004. 11. 12. 2003다5222.

4) 대판 2004. 10. 28. 2004도3405. 제 8 회.

를 구성한다.[1)]

④ 교사가 **스스로의 감정을 자제하지 못한** 나머지, 많은 낯모르는 학생들이 있는 교실 밖에서 피해자 학생들을 손이나 주먹으로 머리 부분을 때렸고, 자신이 신고 있던 슬리퍼로 학생들의 양손을 때렸으며, 감수성이 예민한 여학생인 피해자들에게 모욕감을 느낄 지나친 욕설을 한 행위는 사회관념상 객관적 타당성을 잃은 지도행위여서 정당행위로 볼 수 없다.[2)]

⑤ 피해자에 대해 금전채권을 갖고 있는 자가 **사회통념상 용인되기 어려운** 협박 수단을 이용하여 재물의 교부 또는 재산상의 이익을 받은 경우는 공갈죄에 해당된다.[3)]

⑥ ***표준판례** 상관의 적법한 직무상 명령에 따른 행위는 정당행위로서 형법 제20조에 의해 그 위법성이 조각된다. 그러나 상관의 **위법한 명령**에 따라 범죄행위를 한 경우에는 상관의 명령에 따랐다고 하여 부하가 한 범죄행위의 위법성이 조각되는 것은 아니다.[4)] *12.12 쿠데타와 광주민주화운동진압에 대한 판결. 부당한 침해가 존재하지 않는 경우에는 정당방위가 성립하지 않음.

⑦ 사단법인 이사장이 의안에 관하여 발언하다가 타인의 명예를 훼손하는 내용의 말을 하였다면, 사회상규에 반하지 않는다고 할 수 없다.[5)]

⑧ 아파트 입주자대표회의 회장이 다수 입주민들의 민원에 따라 위성방송 수신을 방해하는 케이블TV방송의 시험방송 송출을 중단시키기 위해 위 **케이블TV방송**의 방송안테나를 절단하도록 지시한 행위는, 긴급피난 내지 정당행위에 해당한다고 볼 수 없다.[6)]

⑨ 의사인 피고인들은, 자신들이 운영하는 병원의 모든 시술에서 특별한 제한 없이 **프로포폴**을 투여해 준다는 소문을 듣고 찾아온 사람들에게 환자에 대한 진료 및 간호사와 간호조무사에 대한 구체적인 지시 · 감독 없이, 간호사와 간호조무사로 하여금 프로포폴을 제한 없이 투약하게 한 것은 무면허의료행위에 해당된다.[7)]

⑩ 피해자의 개가 자신의 개를 물어뜯자 소지하고 있던 기계톱으로 공격하는 개를 절개하여 죽인 경우는, 동물보호법 제 8 조 제 1 항 제 1 호 '**잔인한 방법**으로 죽이는 행위'에 해당되고, 위법성 조각사유가 있다고 보기 어렵다.[8)]

⑪ 불법 감청 · 녹음 등에 관여하지 않는 언론기관이, 그 통신 또는 대화내용이 **불법 감청 · 녹음 등에 의해 수집된** 것이라는 사정을 알면서도, 그것이 공적인 관심사항에 해당한다고 판단하여 이를 보도하여 공개하는 행위는 형법 제20조 정당행위에 해당되지 않는다.[9)] *위법한 방법에 의해 통신비밀을 취득한 것이 아니어야 함.

⑫ 후보자가 선거구 내 거주자에 대한 결혼축의금으로서 중앙선거관리위원회규칙이 정한 금액인 금 30,000원을 초과하여 금 50,000원을 지급한 사유가, 후보자가 모친상시 그로부터 받은

---

1) 대판 2004. 10. 15. 2004도4467.
2) 대판 2004. 6. 10. 2001도5380. 제 9 회.
3) 대판 2000. 2. 25. 99도4305.
4) 대판 1997. 4. 17. 96도3376 전원합의체.
5) 대판 1990. 12. 26. 90도2473.
6) 대판 2006. 4. 13. 2005도9396. 제 8 회.
7) 대판 2014. 9. 4. 2012도16119. 제 5 회.
8) 대판 2016. 1. 28. 2014도2477. 제 6 회.
9) 대판 2011. 3. 17. 2006도8839 전원합의체.

같은 금액의 **부의금에 대한 답례취지였다** 하더라도, 그것이 미풍양속으로서 사회상규에 위배되지 않는다고 볼 수 없다.[1]

⑬ 공직선거법 제250조 제 2 항 소정의 **허위사실공표죄가 성립**하는 경우에는, 그 행위가 공공의 이익을 위한 것이라고 하여 위법성이 조각된다고 볼 수 없다. 아울러 피고인의 행위가 사회상규에 위배되지 않는 행위로서 형법 제20조 소정의 정당행위라고 볼 수도 없다.[2]

⑭ 택시 운전사인 피고인이 고객인 가정주부들에게 입에 담지 못할 욕설을 퍼부은 데서 발단이 되어, 가정주부인 피해자 등으로부터 핸드백과 하이힐 등으로 얻어맞게 되었다. 피고인은 그 때문에 입은 상처를 고발하기 위해 파출소로 끌고 감을 빙자하여 **피해자의 손목을 잡아 틀어** 상해를 가하였다. 피고인의 행위는 사회통념상 용인될 만한 상당성이 있는 정당행위라고 볼 수 없다.[3]

⑮ 피고인은 외근형사로서 조직폭력배 특별단속 전담업무를 맡아 오면서 무기를 휴대할 필요를 느껴 왔다. 그 무렵 마침 위 경찰서 구내방송에서 경찰청장이 권장하는 분사기를 구입하라고 하여 다른 동료들과 함께 이를 구입하였으나, 제작회사에서 즉시 제작증을 발급해 주지 않아 **소지허가를** 받지 못한 경우는 위법성이 조각되지 않는다.[4]

⑯ 남북정상회담의 개최과정에서 이루어진 대북송금 행위는 형법상 정당행위에 해당되지 않는다.[5]

⑰ 사무실 임차인이 임대차계약 종료 후 갱신계약 여부에 관한 의사표시나 명도의무를 지체하고 있다는 이유로, **임대인이 단전조치**를 취한 경우는 정당행위가 되지 않는다.[6]

⑱ 채권자가 채권관리를 위해 근저당권이 설정된 회사의 공장건물에 무단침입하고, 건물에 부착되어 있던 자물쇠를 손괴한 행위는 정당행위가 되지 않는다.[7]

⑲ 피해자가 불특정 · 다수인의 통행로로 이용되어 오던 기존통로의 일부 소유자인 피고인으로부터 사용승낙을 받지 않고, 통로를 활용하여 공사차량을 통행하게 함으로써 피고인의 영업에 다소 피해가 발생하였다. 피고인이 공사차량을 통행하지 못하도록 자신 소유의 **승용차를 통로에** 주차시켜 놓은 행위는 정당행위가 되지 않는다.[8]

⑳ 갑 주식회사 대표이사인 피고인이 주주총회 등에서 특정 의결권 행사방법을 독려하기 위한 방법으로, 갑 회사의 주주총회 등에 참석하여 사전투표 또는 직접투표 방식으로 의결권을 행사한 주주들에게 **갑 회사에서 발행한 상품교환권 등을** 제공한 행위는, 상법상 주주의 권리행사에 관한 이익공여죄에 해당한다.[9]

㉑ 주위토지통행권의 존부와 범위에 관한 확인 및 주위통행권을 방해하는 옹벽 부분에 관한 철거를 명하는 판결과 그 강제집행을 따르지 않고 **임의로 옹벽을** 철거한 행위는, 도로에 관한 주위통행권을 인정할 수 있는지 여부와 관계없이 정당행위에 해당하지 않는다.[10]

---

1) 대판 1999. 5. 25. 99도983.
2) 대판 2011. 12. 22. 2008도11847.
3) 대판 1991. 12. 27. 91도1169.
4) 대판 1996. 7. 30. 95도2408.
5) 대판 2004. 3. 26. 2003도7878.
6) 대판 2006. 4. 27. 2005도8074.
7) 대판 2005. 4. 29. 2005도381.
8) 대판 2005. 9. 30. 2005도4688.
9) 대판 2018. 2. 8. 2015도7397.
10) 대판 2008. 3. 27. 2007도7933.

㉒ 갑 주식회사 감사인 피고인은 회사 경영진과의 불화로 한 달 가까이 결근하다가, 자신의 **출입카드가** 정지되어 있는데도, 이른 아침에 경비원에게서 출입증을 받아 컴퓨터 하드디스크를 절취하기 위해 회사 감사실에 들어갔다. 피고인의 위 방실침입 행위는 정당행위에 해당하지 않는다.1)

㉓ 피고인이 백범 김구의 암살범인 **안두희를 살해한 범행**의 동기나 목적은 주관적으로 정당성을 가진다고 하더라도, 우리 법질서 전체의 관점에서는 사회적으로 용인되기 어렵다. 피고인은 그 처단의 방법으로 살인을 선택하였으나, 우리나라 현재 상황이 안두희를 살해해야 할 만큼 긴박한 상황으로 볼 수도 없다. 피고인의 행위는 사회상규에 위배되지 않는 행위로서 정당행위에 해당한다고 볼 수 없다.2)

㉔ 자신의 종교적 신념에 반하는 **상징물(단군상)이 공공의 시설 내에** 설치된 경우에, 적법한 절차나 방법으로써 이를 비판하거나 그 시정을 촉구하는 것은 각자의 종교적 자유의 영역에 속하는 것이다. 하지만 폭력적 방법으로 타인의 재산인 그 상징물을 제거하거나 손괴하는 것은 우리 사회의 법질서에 비추어 허용될 수 없다.3)

㉕ 주택재건축조합 조합장인 피고인이 자신에 대한 감사활동을 방해하기 위해 조합 사무실에 있던 **컴퓨터에 비밀번호를 설정**하고, 하드디스크를 분리 · 보관함으로써 조합 업무를 방해한 행위는, 형법 제314조 제2항 컴퓨터 등 장애 업무방해죄에 해당한다.4)

㉖ ***표준판례** 호텔 내 주점의 임대인이 임차인의 차임 연체를 이유로 **계약서상 규정에** 따라 단전 · 단수조치를 취하였다. 이 경우, 약정 기간이 만료되었고 임대차보증금도 차임연체 등으로 공제되어 이미 남아있지 않은 상태에서 미리 예고하고 단전 · 단수조치를 하였다면, 임대인의 행위는 형법 제20조 정당행위에 해당된다. 그러나 약정 기간이 만료되지 않았고 임대차보증금도 상당한 액수가 남아있는 상태에서 계약해지의 의사표시와 경고만을 한 후 단전 · 단수조치를 하였다면 정당행위로 볼 수 없다.5) *계약서에 의한 정당행위 기준을 제시한 판결.

㉗ 호스피스 의료기관에서 근무하는 의사인 피고인은 **자신의 부재중**에 입원환자가 사망하자 간호사인 피고인들에게 환자의 사망 여부를 확인하고 **사망진단서를 작성**하여 유족들에게 발급하도록 하여 무면허 의료행위로 인한 의료법위반 및 이에 대한 교사로 기소되었다. 간호사인 피고인들이 환자에 대한 사망징후관찰을 할 수 있더라도 이는 사체검안의 보조행위로서 의사가 사망 당시 또는 사후에라도 현장에 입회하여 **환자의 사망 징후를 집적 확인하는 것을** 전제한다. 간호사인 피고인들이 환자의 사망 징후를 확인하고 이를 바탕으로 유족들에게 사망진단서 등을 작성 · 발급한 행위는 전체적으로 사망 진단으로서 무면허 의료행위에 해당한다.6)

---

1) 대판 2011. 8. 18. 2010도9570. 제5회.
2) 대판 1997. 11. 14. 97도2118.
3) 대판 2001. 9. 4. 2001도3167.
4) 대판 2012. 5. 24. 2011도7943.
5) 대판 2007. 9. 20. 2006도9157.
6) 대판 2022. 12. 29. 2017도10007.

[판례] 사회상규에 위배되지 않는 행위(정당행위 해당)

① 시장번영회 회장이 이사회의 결의와 시장번영회의 관리규정에 따라서, **관리비 체납자의 점포에** 대해 실시한 단전조치는 정당행위로서 업무방해죄를 구성하지 않는다.[1]

② **수지침을 시술한 행위**는 체침과 현저한 차이가 있고 일반인들도 관용의 입장에 기울어 있기 때문에 정당행위로 볼 수 있다.[2] *대가를 받지 않는 수지침 시술행위를 사회상규에 위배되지 않는 정당행위로 본 판결. 그러나 영리목적의 부항시술행위[3]나 체침[4]의 경우에는 위법성을 인정하였음.

③ 후보자의 회계책임자가 자원봉사자인 후보자의 배우자, 직계혈족 기타 친족에게 **식사를 제공한 행위**는, 지극히 정상적인 생활형태의 하나로서 역사적으로 생성된 사회질서의 범위 안에 있는 것이어서 사회상규에 위배되지 않고 위법성이 조각된다.[5]

④ ***표준판례** 피고인의 차를 손괴하고 도망하려는 피해자를 도망하지 못하게 멱살을 잡고 흔들어 피해자에게 전치 14일의 흉부찰과상을 가한 경우는, 정당행위에 해당한다.[6] *현행범 체포에서 적정한 한계를 벗어나는 행위인가 여부는 결국 정당행위의 일반적 요건을 갖추었는지 여부에 따라 결정되어야 할 것이지, 그 행위가 소극적 방어행위인가 적극적 공격행위인가에 따라 결정되는 것은 아니라는 판결.

⑤ "**앞으로 수박이 없어지면** 네 책임으로 한다"고 말한 경우, 그것만으로는 구체적으로 어떤 법익에 어떤 해악을 가하겠다는 것인지 알 수 없어 이를 해악의 고지로 보기 어렵다. 피고인이 위와 같이 말한 것으로 인해 피해자가 어떤 공포심을 느꼈더라도, 이는 정당한 훈계의 범위를 벗어나는 것이 아니어서 사회상규에 위배되지 않는다.[7]

⑥ 조사보고서의 관련자료에 **타인에 대한 고소장 사본을 첨부**한 행위가, 자신의 주장의 정당성을 입증하기 위한 자료의 제출행위로서, 그 고소장의 내용에 다소 타인의 명예를 훼손하는 내용이 들어 있다 하더라도 위법하지 않다.[8]

⑦ 뽕밭을 유린하는 소의 고삐가 나무에 얽혀 풀 수 없는 상황에서, **고삐를 낫으로 끊고** 소를 밭에서 끌어낸 것은, 사회상규상 용인되는 행위로서 처벌할 수 없다.[9]

⑧ 회사의 이익을 빼돌린다는 소문을 확인할 목적으로, 피해자가 사용하면서 비밀번호를 설정하여 비밀장치를 한 전자기록인 개인용 컴퓨터의 **하드디스크를 검색한 행위**는 형법 제20조 '정당행위'에 해당된다.[10]

⑨ 집회의 신고내용에 포함되지 않은 **삼보일배 행진**을 한 것은, 신고제도의 목적 달성을 심히 곤란하게 하는 정도에 이른다고 볼 수 없으므로 사회상규에 반하지 않는 행위로서 위법성이 조각

1) 대판 2004. 8. 20. 2003도4732. 제2회.
2) 대판 2000. 4. 25. 98도2389.
3) 대판 2004. 10. 8. 2004도3405.
4) 대판 2002. 12. 26. 2002도5077.
5) 대판 1999. 10. 22. 99도2971.
6) 대판 1999. 1. 26. 98도3029.
7) 대판 1995. 9. 29. 94도2187.
8) 대판 1995. 3. 17. 93도923.
9) 대판 1976. 12. 28. 76도2359.
10) 대판 2009. 12. 24. 2007도6243.

된다.[1)]

⑩ 신문기자인 피고인은 고소인에게 2회에 걸쳐 증여세 포탈에 대한 취재를 요구하면서, 이에 응하지 않으면 **자신이 취재한 내용대로 보도**하겠다고 말하면서 협박하였다. 설령 협박죄에서 말하는 해악의 고지에 해당하더라도, 특별한 사정이 없는 한 사회상규에 반하지 아니하는 행위라고 보는 것이 타당하다.[2)]

⑪ 갑과 자신의 남편과의 관계를 의심하게 된 상대방은, 자신의 아들 등과 함께 갑의 아파트에 찾아가 현관문을 발로 차는 등 소란을 피우다가, 출입문을 열어주자 곧바로 갑을 밀치고 신발을 신은 채로 거실로 들어가 상대방 일행이 서로 합세하여 갑을 구타하기 시작하였다. 갑은 이를 벗어나기 위해 손을 휘저으며 발버둥치는 과정에서 상대방 등에게 상해를 가하였다. 이는 **위법한 공격으로부터 자신을 보호**하고, 이 상황을 벗어나기 위해 사회관념상 상당성 있는 방어행위에 해당된다.[3)]

⑫ 갑 주식회사를 사실상 관리하는 을은, 갑 회사가 사업용 부지로 매수한 토지에 관하여 처분금지가처분등기를 마쳐두었다. 을은 토지를 매수하려는 병에게서 가처분을 취하해 달라는 청탁과 함께 돈을 수수하였다. 을에게는 배임수재죄가 성립하나, 병이 돈을 교부한 행위는 사회상규에 위배되지 아니하여 **배임증재죄를 구성할 정도의 위법성**은 없다.[4)]

⑬ '남성의 발기된 성기사진'은 음란물에 해당하지만, 이를 블로그에 게재한 것은 사진과 학술적, 사상적 표현 등이 결합된 결합표현물로서, 형법 제20조 사회상규에 위배되지 않는 행위에 해당한다.[5)]

⑭ 공직선거법 위반행위(제112조 제1항)의 경우에 같은 법 제2항 의례적 행위, 직무상 행위에 해당하지 않더라도, 그것이 **지극히 정상적인 생활형태의 하나**로서 역사적으로 생성된 사회질서의 범위 안에 있는 것이라면, 의례적 행위나 직무상의 행위로서 사회상규에 위배되지 않는다.[6)]

⑮ 가정주부가 술에 취하여 비틀거리던 피해자의 **행패를 저지하려고** 동인의 어깨를 밀자 동인이 시멘트 바닥에 넘어지며 이마를 부딪쳐 사망한 경우, 위 행위는 정당행위에 해당한다.[7)]

⑯ ***표준판례** 목이 졸리게 된 피고인이 피해자를 떼어놓기 위해, 왼손으로 자신의 목 부근 넥타이를 잡은 상태에서 오른손으로 피해자의 손을 잡아 비틀면서 서로 밀고 당기고 하였다면, 피고인의 그와 같은 행위는 목이 졸린 상태에서 벗어나기 위한 **소극적인 저항행위**에 불과하여, 형법 제20조 소정의 정당행위에 해당한다.[8)] *정당방위에 해당되는 사례를 소극적 저항행위의 정당행위로 판결한 내용. 판례는 정당방위 인정에 매우 인색함.

⑰ 피고인이 그 소유건물에 인접한 대지 위에 건축허가조건에 위반되게 건물을 신축, 사용하는 소유자로부터, 일조권 침해 등으로 인한 **손해배상에 관한 합의금**을 받은 것은, 사회통념상

---

1) 대판 2010. 4. 8. 2009도11395.
2) 대판 2011. 7. 14. 2011도639.
3) 대판 2010. 2. 11. 2009도12958. 제3회.
4) 대판 2011. 10. 27. 2010도7624.
5) 대판 2017. 10. 26. 2012도13352.
6) 대판 2017. 4. 28. 2015도6008.
7) 대판 1992. 3. 10. 92도37.
8) 대판 1996. 5. 28. 96도979.

용인되는 범위를 넘지 않는 것이어서 공갈죄가 성립하지 않는다.[1]

⑱ 분쟁이 있던 옆집 사람이 야간에 술에 만취된 채 시비를 하며 거실로 들어오려 하므로, 이를 **제지하며 밀어내는 과정에서** 2주 상해를 입힌 피고인의 행위는 정당행위에 해당한다.[2]

⑲ 사용자인 수급인에 대한 정당성을 갖춘 쟁의행위가 도급인의 사업장에서 이루어져 형법상 보호되는 **도급인의 법익을** 침해한 경우, 그것이 항상 위법하다고 볼 것은 아니다. 그것이 법질서 전체의 정신이나 그 배후에 놓여있는 사회윤리 내지 사회통념에 비추어 용인될 수 있는 행위에 해당하는 경우에는 형법 제20조의 '사회상규에 위배되지 아니하는 행위'로서 위법성이 조각된다.[3]

⑳ 어떤 행위가 범죄구성요건에 해당하지만 정당행위라는 이유로 위법성이 조각된다는 것은 그 행위가 **적극적으로 용인, 권장된다는** 의미가 아니라 단지 특정한 상황하에서 그 행위가 범죄행위로서 **처벌대상이 될 정도의 위법성을** 갖추지 못하였다는 것을 의미한다. 甲 아파트 입주자대표회의 회장인 피고인은 자신의 승인 없이 동대표들이 관리소장과 함께 게시한 입주자대표회의 소집공고문을 뜯어내 제거함으로써 재물손괴로 기소되었다. 1심은 정당행위로 무죄, 원심은 이를 부정하고 유죄선고를 하였다. 그러나 대법원은 원심이 정당행위에 관한 법리를 오해하였다는 이유로 원심을 파기하였다.[4] *갑 아파트 관리규약에 따르면 입주자대표회의는 회장 명의로 소집 · 공고되어야 하고, 피고인이 위 공고문을 발견한 날은 공휴일 야간이고 다음 날이 회의당일이라 다른 적절한 방안을 찾기 어려웠던 점 등이 사회통념상 허용되는 범위 안에 있는 것으로 판단함.

㉑ 인터넷 신문사 소속 기자 甲이 작성한 기사가 인터넷 포털 사이트 '핫이슈' 난에 게재되자, 피고인이 "이런 걸 기레기라고 하죠?"라는 댓글을 게시하였다. 이 경우 **'기레기'는 모욕적 표현에** 해당하나, 위 댓글의 내용, 작성 시기와 위치, 위 댓글 전후로 게시된 다른 댓글의 내용과 흐름 등을 종합하면, 위 댓글을 작성한 행위는 사회상규에 위배되지 않는 행위로서 형법 제20조에 의하여 위법성이 조각된다.[5]

㉒ 피고인은 자신의 페이스북에 "**철면피, 파렴치, 양두구육, 극우부패세력**" 등의 표현이 포함된 글을 게시하여 피해자를 모욕하였다는 공소사실로 기소되었다. 피고인이 피해자의 공적 활동과 관련한 자신의 의견을 담은 게시글을 작성하면서 이 사건 표현을 한 것은 사회상규에 위배되지 않는 행위로서 형법 제20조에 의하여 위법성이 조각된다고 볼 여지가 크다.[6]

㉓ 노동조합원인 피고인이 페이스북에 노동조합 간부들을 상대로 '**악의 축'이라고** 적시한 것은 모욕적 표현에 해당하여 구성요건이 인정된다고 한 원심 판단은 정당하나, 피고인이 **노동조합 집행부의 공적 활동과** 관련한 자신의 의견을 담은 게시글을 작성하면서 이 사건 표현을 한 것은 사회상규에 위배되지 않는 행위로서 형법 제20조에 의하여 위법성이 조각된다고 볼 여지가 크다.[7]

1) 대판 1990. 8. 14. 90도114.
2) 대판 1995. 2. 28. 94도2746.
3) 대판 2020. 9. 3. 2015도1927.
4) 대판 2021. 12. 30. 2021도9680.
5) 대판 2021. 3. 25. 2017도17643.
6) 대판 2022. 8. 25. 2020도16897.
7) 대판 2022. 10. 27. 2019도14421.

제 3 절 정당방위

[62] Ⅰ. 정당방위 의의

1. 정당방위 개념

정당방위 법 근거는 형법 제21조 제1항이다. 정당방위는 현재의 부당한 침해로부터 자기 또는 타인 법익을 방위하기 위하여 한 행위를 말한다. 이러한 정당방위행위는 상당한 이유가 있을 때 처벌하지 않는다고 함으로써 현행 형법은 정당방위를 위법성조각사유로 규정한다. 정당방위는 자기보호 또는 법질서수호원칙을 근거로 한 위법성조각사유다. 즉 법률은 부당(위법)한 공격을 해 오는 사람의 법익을 구성요건해당행위로 반격하여 침해하는 것을 허용함으로써 공격받는 사람의 이익을 보호하고 아울러 법질서를 수호한다. 그렇다고 해서 정당방위상황에 처한 사람이 공격자를 반격할 수 있는 '권리'가 있는 것은 아니다. 그러면 그 우선하는 이유는 무엇일까?[1] 1

2. 정당방위 정당화근거

부당한 침해를 받는 대상은, ① 당사자 법익과, ② 법질서 자체다. 따라서 정당방위는 이 양자 이익을 보호하기 위한 제도다. 2

(1) 자기보호원칙

정당방위는 타인의 위법한 침해를 스스로 방위하는 것을 허용하기 위한 제도다. "누구도 자신에 대한 침해를 방관할 필요는 없다." 이 원칙을 보통 법法 대 불법不法 관계에서 나오는 "자연법 권리"[2]로 설명하는 경우도 있으나, ① 이렇게 추상적으로 설명하는 것은 정당방위의 형법 의미를 규명하는 데 큰 도움이 되지 않는다. ② 이런 의미의 자기보호요청은 정당방위에만 국한되는 것도 아니고 또한 절대적인 것도 아니다. 예를 들면 자기보호를 위한 모든 행위가 형법으로 정당화되는 것은 아니다. 정당방위에서 자기보호원칙이 갖는 형법이론 의미는 다음과 같다. 즉 **시간 · 공간 특수사정**으로 형법 법익보호를 침해받는 사람 스스로 달성해야 하는 상황일 때 그의 행위는 형법상 정당하다는 의미를 가진다. 다시 말하면 ③ 정당방위는 형사사법의 법익보호 사각지대死角地帶에서 형법 법익보호기능을 연장하는 제도라고 할 수 있다.[3] 3

(2) 법질서수호원칙

정당방위는 법질서를 수호하기 위한 행위이기 때문에 정당화된다는 논리다. 이에 대한 설명으로 ① "법은 불법에 양보할 필요가 없다"는 명제를 제시한다. 하지만 이 설 4

1) 자세한 연구는 최석윤, 「정당방위의 근본사상에 관한 연구」(형사정책연구 제21권 제3호, 2010), 260면 이하.

2) 신동운, 288면; 이재상 외, 17/3.

3) Hassemer, Bockelmann-FS, 240면.

명도 동어반복에 지나지 않는다. 왜냐하면 '법'(Recht) 개념에는 이미 불법에 길을 내주어서는 안 된다는 명제가 들어 있기 때문이다. 불법에 양보하는 것은 법이 될 수 없다. 그러므로 ② 법질서수호원칙의 형법이론 의미는 국가가 독점하고 있는 형벌권을 시민에게 이양하는 것으로 이해해야 한다. 즉 시민만이 법을 관철할 수 있는 특별히 위급한 상황이 발생했을 때, 형법은 국가형벌권독점원칙 예외를 인정해서라도 법질서를 수호하겠다는 뜻을 가진다. 따라서 정당방위는 '**국가형벌권 연장수단**' 기능을 수행한다.

[63] Ⅱ. 정당방위 성립요건

1 정당방위 성립요건은 형법 제21조 제1항으로부터 나온다. 정당방위는, ① **정당방위상황**("자기 또는 타인의 법익에 대한 현재의 부당한 침해"), ② **방위행위**("방위하기 위하여 한 행위"), ③ **상당성**("상당한 이유") 세 가지 요건을 구비해야 한다.

1. 정당방위상황: "자기 또는 타인의 법익에 대한 현재의 부당한 침해"

(1) 자기 또는 타인법익

2 1) 보호법익 범위 법이 보호하는 모든 이익은 정당방위로 보호될 수 있으며, 여기서 법은 형법에 국한하지 않고 민법도 포함한다. 따라서 형법의 개인 법익(생명 · 신체 · 자유 · 명예 · 재산 등)뿐만 아니라,[1] 민법 점유 또는 일반적 인격권 대상이 되는 사생활영역도 정당방위 보호대상에 속한다.[2] 정당방위상황 특수성은 형법 사회통제가 지켜야 할 보충성원칙을 이미 충족한 것과 같은 결과를 빚어내기 때문이다.

3 2) 긴급구조 형법 제21조 제1항 본문은 자기 법익뿐만 아니라 타인법익을 보호하기 위한 정당방위도 인정한다. 이런 정당방위를 긴급구조라 한다. 타인법익은 자기 외 자연인, 법인 또는 국가가 귀속주체인 모든 법익을 말한다.

4 3) 국가를 위한 정당방위 정당방위가 보호하는 법익 보호주체가 국가라 할지라도 그 법익이 개인 법익일 경우(예컨대 국가소유 건물이나 물건에 대한 절도 · 손괴 · 방화 등과 같은 위법행위를 하는 경우)는 얼마든지 정당방위가 허용될 수 있다. 그러나 문제는 국가의 자유 · 민주주의질서, 법치국가질서와 같은 국가 법익에 대한 침해가 정당방위 대상이 될 수 있는가 하는 점이다. ① 이것은 부인해야 한다(**부정설**). 이런 국가질서는 경찰 · 검찰 등과 같은 공권력이 보호해야 하고 개인의 정당방위로 방어해야 할 성질의 것이 아니기 때문이다. ② 국가를 위한 정당방위를 예외로 인정해야 하는 경우로 첩자가 극비 국가기밀문서를 가지고 국경을 넘는 경우를 보기로 들기도 한다(**긍정설**). 그러나 이것은 형사소송법 현행범체포(제212조)로 보면 되고 국가를 위한 정당방위로 이론을 구성

1) 대판 1957. 5. 10. 4290형상73.
2) 대판 1974. 5. 14. 73도2401.

해야 할 까닭은 없다.

(2) 현재의 부당한 침해

1) 침 해 침해는 법익에 대한 공격이나 위태화를 의미한다. 침해 고의 · 과 5
실과 같은 책임은 문제삼지 않으므로 책임 없는 자의 공격도 얼마든지 침해가 될 수 있다. 침해는 사람 행위로 한 것이어야 한다. 동물 공격은 사람이 사주한 경우에만 정당방위가 가능하다. 침해행위는 물론 행위개념에 적합한 인간행위여야 하므로 반사행위, 무의식행위, 절대 힘의 지배로 한 행위는 긴급피난만 가능할 수 있다. 보증인지위가 전제된(즉 작위의무 있는) 부작위에 따른 침해도 여기 침해에 해당한다.

2) 침해 현재성 정당방위는 자기 또는 타인법익에 대한 침해, 즉 공격이 '현재 6
적'일 것을 요구한다. 과거 침해나 장래에 발생할 침해에 대한 정당방위는 인정되지 않는다. 계획적인 범죄예방이나 법익보호는 원칙으로 국가임무에 속하지만 공격 '현재성' 때문에 방위행위는 국가형벌권독점 예외로 정당화된다.

현재성판단은 '법익에 대한 침해가 **급박한 상태**에 있거나 바로 발생하였거나 아직 7
계속되고 있는 것'(**엄격한 현재성**)을 기준으로 한다. 실행에 착수하지 않은 행위도 예외로 정당방위가 가능할 수 있다. 범죄가 기수가 된 후에도 침해가 현장에서 계속되고 있으면 현재성은 있다. 예컨대 절도범인을 현장에서 추격하여 격투로 도품盜品을 탈취하는 행위는 정당방위에 해당한다(**통설**).

현재 침해는 없지만 반복되는 침해를 예방하기 위한 '**예방 정당방위**'는 인정될 수 없다.[1] 이것은 긴급피난에서 '계속위난'이 현재성 범위에 들어오는 것과 대조된다. 예를 들면 거듭되는 의붓아버지 성폭행을 견디다 못한 딸이 남자친구와 공모하고 가해자가 잠든 사이 살해하는 행위나(진관 · 보은 사건),[2] 술만 마시면 행패를 부리는 습성이 있는 포악한 성격 아버지를 그가 잠든 사이 어머니와 아들이 공동으로 살해하는 행위 등은 정당방위에 해당될 여지가 없다. 정당방위 정당화 근거는 경찰 보호를 기다릴 수 없는 '위급' 상황(**급박한 현재성**)에 대한 시민의 예외적 형사사법에 있기 때문이다.

3) 침해 부당성 침해는 부당한 것이어야 한다. 법문(제21조)의 "부당한"이라는 8
요건은 입법오류로 보인다. '위법한'으로 고쳐야 하고, 지금도 그런 의미로 이해하는 것이 보통이다. 부당성은 세계관, 윤리관, 정치관 또는 개인경험 등 차이에 따라 얼마든지 다를 수 있다. 이와 같은 매우 불확실한 기준으로 방위행위자의 가벌성을 결정하는 것은 법치국가형법에 어긋난다.

㈎ **법질서전체 기준** 침해 위법성은 법질서전체를 기준으로 파악한다. 이것은 9

1) 김성돈, 263면; 손동권/김재윤, 11/14; 신동운, 294면; 오영근/노수환, 19/31; 이재상 외, 17/12; 김혜정 외, 154면.
2) 대판 1992. 12. 22. 92도2540(***표준판례**). 평석은 김혜경, 「예방적 정당방위의 성립가능성」(형사판례연구, 2007), 23면 이하.

형법 불법에만 국한되는 것은 아니다. 객관적으로 구성요건이 없는 침해행위에 대한 정당방위도 얼마든지 가능하다. 예를 들면 남의 집 담벼락에 무단으로 벽보를 붙이는 행위도 정당방위를 할 수 있다. 형사미성년자나 정신병자 등 책임능력 없는 자의 공격에 대한 정당방위도 가능하다. 현행범 요건을 갖추지 않은 자를 경찰관이 체포하려 하자 저항하는 과정에서 경찰관에게 상해를 가한 경우도 정당방위가 성립한다.[1] 그러나 침해 자체가 형법 위법성조각사유로 정당화되는 것일 때는 위법한 침해가 되지 않는다. 따라서 정당방위, 긴급피난 또는 정당행위에 대한 정당방위는 허용될 수 없다. 예컨대 피고인 甲이 乙을 살해하기 위해 먼저 가격하였는데, 이에 乙이 반격을 하자 甲이 乙을 살해한 경우 甲의 살해행위는 정당방위가 될 수 없다.[2] 甲이 먼저 가격한 이상 乙의 반격행위가 정당방위가 되기 때문에 정당방위에 대한 정당방위는 인정되지 않는다.

(나) **싸움의 정당방위** 싸움에서 정당방위가 성립할 수 있는가 문제가 있는데, 싸움은 서로 위법한 공격을 주고받는 특징이 있다. 따라서 어느 한편 행위만을 위법한 것으로 판단하여 정당방위를 인정할 수는 없다. 싸움에는 원칙적으로 정당방위가 성립하지 않는다.[3] 싸움에서도 일반적으로 예상할 수 있는 정도를 초과하여 갑자기 흉기를 들이댈 경우 이에 대한 반격은 정당방위로 인정된다.

[판례]

① **긴급구조(*표준판례)** 노동위원회 위원장인 피고인은, 조합원들이 전투경찰대원들에게 불법적으로 체포되는 것을 제지하기 위해 방패를 당기고 밀치는 등 유형력을 행사하여 그들에게 상해결과를 발생시켰다. 그러나 이 유형력의 행사는 전투경찰대원들의 불법체포행위로 조합원들의 신체자유가 침해되는 것을 방위하기 위한 수단으로, 그 정도가 **전투경찰대원들의 피고인에 대한 유형력의 정도에** 비해 크다고 보이지 않는다. 따라서 피고인이 유형력을 행사한 경위와 동기 등 모든 사정에 비추어, 피고인의 행위가 정당방위에 해당된다는 원심의 판단은 정당하다.[4]

② ***표준판례** 차량통행문제를 둘러싸고 피고인의 부와 다툼이 있던 피해자가, 그 소유의 차량에 올라타 문안으로 운전해 들어가려 하자, 피고인의 부가 양팔을 벌리고 이를 제지하였다. 그러나 위 피해자가 이에 불응하고 그대로 차를 피고인의 부 앞쪽으로 약 3미터 가량 전진시켰다. 위 차의 운전석 부근 옆에 서 있던 피고인이 부가 위 차에 다치겠으므로 이에 당황하여, 위 차를 정지시키기 위해 운전석 옆 창문을 통해 피해자의 머리털을 잡아당겼다. 이 때 피해자의 흉부가 차의 창문틀에 부딪혀 약간의 상처를 입은 경우, 이는 **부의 생명, 신체**에 대한 현재의 부당한 침해를 방위하기 위한 행위로서 정당방위에 해당한다.[5] *자초한 정당방위상

1) 대판 2002. 5. 10. 2001도300.
2) 대판 1983. 9. 13. 83도1467.
3) 대판 1984. 5. 22. 83도3020. 제3회.
4) 대판 2017. 3. 15. 2013도2168.
5) 대판 1986. 10. 14. 86도1091. 제12회.

황의 경우 정당방위가 제한될 수 있다는 판결.

③ 국군보안사령부의 민간인에 대한 **정치사찰을 폭로한다는 명목**으로 군무를 이탈한 행위는 정당방위나 정당행위에 해당하지 않는다.[1)] *국가를 위한 정당방위 아님.

④ **싸움과 정당방위(*표준판례)** 가해자의 행위가 피해자의 부당한 공격을 방위하기 위한 것이라기보다는, 서로 공격할 의사로 싸우다가 먼저 공격을 받고, 이에 대항하여 가해하게 된 것이라고 봄이 상당한 경우, 그 가해행위는 **방어행위인 동시에 공격행위**의 성격을 가지므로 정당방위 또는 과잉방위행위라고 볼 수 없다.[2)] *싸움의 경우에는 공격과 방위의사가 교차하기 때문에 방위의사만 있다고 할 수 없고 따라서 정당방위가 인정되지 않음.

⑤ ***표준판례** 싸움을 하면서 격투를 하는 자 중의 한사람의 공격이 그 격투에서 **당연히 예상할 수 있는 정도**를 초과하여 살인의 흉기 등을 사용하였다. 이는 '부당한 침해'에 해당하므로 이에 대하여는 정당방위를 할 수 있다.[3)] *초소근무 교대시간에 늦었다는 이유로 언쟁 중 구타를 당하자 피해자가 카빙소총을 피고인의 등 뒤에 겨누며 장전하는 등 발사할 듯이 위협하자 피고인이 먼저 사살한 사건. 살인사건에 정당방위를 인정한 드문 케이스. 총기의 살해의사는 실제로 발사해봐야 알 수 있다는 해석은 정당방위의 상당성으로 채택되지 않음. 오상방위 문제도 결합되어 있음. 판례원본 필독.

⑥ 피고인과 피해자가 서로 욕설을 하던 중에 싸움이 일어났다는 이유만으로 피고인의 행위가 정당방위에 해당된다는 주장을 배척하였다. 싸우는 과정에서 발생한 상해라 하여, 그 **구체적 발생원인은** 살펴보지도 않고 별다른 증거 없이 상대방의 행위로 인한 것으로 단정한 것은 법리 오해의 위법이 있다.[4)]

⑦ 겉으로는 서로 싸움을 하는 것처럼 보이더라도, 실제로는 한쪽 당사자가 일방적으로 위법한 공격을 가하고, 상대방은 이러한 공격으로부터 자신을 보호하고 이를 벗어나기 위한 **저항수단으로서 유형력을 행사**하였다. 이는 사회관념상 허용될 수 있는 상당성이 있는 것으로서 위법성이 조각된다.[5)]

⑧ 정당방위에서 '**침해의 현재성**'은 침해행위가 형식적으로 기수에 이르렀는지에 따라 결정되는 것이 아니라 자기 또는 타인의 법익에 대한 침해상황이 종료되기 전까지를 의미하는 것이므로 일련의 연속되는 행위로 인해 침해상황이 중단되지 아니하거나 **일시 중단되더라도 추가 침해가** 곧바로 발생할 객관적인 사유가 있는 경우에는 그중 일부 행위가 범죄의 기수에 이르렀더라도 전체적으로 침해상황이 종료되지 않은 것으로 볼 수 있다.[6)]

⑨ 부인인 청구인이 남편인 피해자에게 일방적으로 발로 차이고, 잡혀 끌려가자 이에 저항하며 피해자의 손을 떼어내려고 시도하고 그 과정에서 손톱으로 피해자의 팔을 할퀴었다. 청구인의 행위가 남편의 폭행을 회피하기 위한 최소한의 방어수단으로서 사회관념상 허용될 수 있는 상당성이 있는 것이므로 정당행위 또는 정당방위에 해당할 여지가 충분하다. 피청구인(검

1) 대판 1993. 6. 8. 93도766. 제6회.
2) 대판 2000. 3. 28. 2000도228. 제3회.
3) 대판 1968. 5. 7. 68도370.
4) 대판 1996. 12. 23. 96도2745.
5) 대판 2010. 2. 11. 2009도12958. 제3, 6, 12회.
6) 대판 2023. 5. 9. 2020도6874. 자세한 평석 김환권, 「정당방위 요건 중 '침해의 현재성'에 대한 소고」(외법논집 47, 2023), 67면 이하.

찰)이 이를 **쌍방폭행으로 인정하여 기소유예처분**을 내린 것은 수사미진, 법리오해의 잘못이 있다.[1]

2. 방위행위: "방위하기 위한 행위"

(1) 방위의사 존재

11 방위행위는 공격에 대한 방어행위를 말한다. 방위행위가 되기 위해서는 주관적 정당화요소인 방위의사가 있어야 한다.[2] 이것은 "방위하기 위한 행위"라는 법문 규정에서 드러나고 있다. 방위의사는 정당방위상황에 대한 인식을 넘어서 방위행위를 실현하는 것에 대한 인식을 필요로 한다. 방위의사는 고의(불법을 행하는 결정)를 상쇄시킬 만한 것이어야 하기 때문이다. 고의와 마찬가지로 방위의사에 다른 동기나 목적이 수반되어도(분노, 복수심 등) 정당방위 성립에 지장이 없다.

(2) 보호방위와 공격방위

12 방위행위는 소극 방어를 하는 보호방위와 적극 공격형태로 행해지는 공격방위 양자를 포함한다. 예컨대 때리려고 하는 상대방 주먹을 막는 것은 보호방위고, 주먹질하는 사람을 때려눕히는 것은 공격방위에 해당한다.[3] 그러나 이들 구체적 허용여부는 뒤에서 설명하는 상당성심사를 추가로 받아야 한다. 방위행위는 공격자에 대해서만 할 수 있다. 따라서 공격과 무관한 제3자 법익을 반격하여 침해하는 것은 정당방위가 될 수 없고 상황에 따라 다른 위법성조각사유(예컨대 긴급피난)에 따른 정당화가 고려된다.

3. 상당성: "상당한 이유"

13 나아가서 방위행위는 상당한 이유가 있어야 한다. 방위행위 상당성은 형법 정당성 조건인 법치국가원칙(국가형벌권의 정형적 행사)과 상황 특수성으로 이에 대한 예외를 인정해야 할 필요성(국가형벌권의 탈정형화)의 긴장구조 가운데서 법관이 구체 사안을 토대로 판단해야 할 문제이다. 그러므로 여기 상당성은 일반 기준을 제시하는 것으로 만족해야 한다.

14 상당성개념은 원래 법치국가원칙 핵심내용인 **비례성원칙**으로부터 유래한다. 방위행위자의 방위행위는 공격행위에 대해 비례적이어야 하는데, 그 '비례' 내용이 곧 상당성이다. 다만 제21조 정당방위 비례성은 통상의 비례성보다 **'약화된 비례성'**을 의미한다. 정당방위상황 특수성은 방위행위의 엄격한 법치국가 구속을 애당초 불가능하게 만들기 때문이다. 예컨대 법치국가원칙을 엄격하게 적용하면 정당방위는 인정되기 힘들다. 범죄에 대한 대처는 국가가 해야 할 의무에 속하고 국가를 대신해서 사인私人이 할 수 있

---

1) 헌재 2023. 8. 31. 2021헌마994.
2) 제1회.
3) 제1회.

는 성질의 것은 아니다. 그럼에도 그 방위행위 행사가 법치국가 구속으로부터 완전히 자유로울 수 없다는 일정한 구속 정도, 방위행위 정형적 행사요청이 곧 상당성이다. 상당성의 약화된 비례성내용은 다음과 같다.

(1) 적합성원칙

방위행위는 자기 또는 타인법익에 대한 현재의 위법한 침해를 방위하는 데 '적합 15
한' 수단이어야 한다. 다시 말하면 방위행위자는 공격을 '**즉시, 확실하게 종국적으로**' 마감시키는 수단을 선택할 수 있다. 그는 불충분한 방위행위 위험부담을 져야 할 필요가 없다. 이것을 적합성원칙이라고 한다. 그러나 이 원칙 범위는 매우 넓어서 이것으로부터 방위행위에 대한 법치국가 제한을 기대하기는 힘들다. 대부분 방위수단은 적합판정을 받기 마련이다.

(2) 필요성원칙

방위행위자는 방위에 적합한 여러 수단 가운데 공격자에게 가장 경미한 손실을 입 16
히는 수단을 선택해야 한다. 필요성원칙은 다른 말로 '**최소침해원칙**'이라고도 한다. 예를 들어 보호방위로 충분한데도 공격방위를 하는 것은 상당성이 없다. 위협하는 말로 충분한 방위에 폭력을 사용하는 것도 허용되지 않는다. 불가피하게 무기를 사용하는 경우도 가급적이면 가장 경미한 침해를 입히는 수단을 선택해야 한다. 예컨대 머리를 내려치기보다는 팔, 다리와 같은 덜 치명적인 부위에 반격하는 방법이 그것이다. 그러나 공격을 받는 자가 도망하는 등 방법으로 그 상황을 회피할 수 있더라도 공격에 대한 **회피의무**가 있는 것은 아니다. 이것은 정당방위 근거가 되는 '법질서수호원칙'에서 나오는 결과다.

즉시, 효과적으로 국가(예컨대 경찰) 도움을 받을 수 있는 상황이라면 정당방위는 17
허용되지 않는다. 법수호는 원칙으로 국가 독점권한 · 과제이므로 사인이 폭력을 행사하여 법을 수호하는 정당방위는 보충적일 뿐이다. 즉 국가가 그 과제를 충족할 수 없을 경우에만 인정된다.

[판례사례] 경찰비례 원칙 공소외公訴外 망亡 서은석은 1989. 12. 5. 20 : 30분경 술에 취한 상태에서 대전시 중구 대흥 2동 532의 7 소재 변덕시 신경외과의원에 교통사고로 입원중인 동인同人 형인 소 외 서용석을 문병하러 갔다가 입원실에 있던 과도를 들고 "우리 형 살려내라" 고함을 치며 1층 복도에 있던 접수실 대형 유리창문을 칼로 쳐 깨뜨리고 잠궈 놓은 원무과 문을 발로 차고 들어가 그곳에 있던 4명 직원을 향해 자신의 복부에 칼을 대고 할복자살하겠다고 하며 "우리 형 살려내라", "원장 나와라" 등 고함을 치며 난동을 부렸다. 대전경찰서 명정로 파출소 소속 순경 甲은 칼빈 소총 1정과 실탄 15발, 가스총 1정, 경찰봉, 수갑 등을 휴대하고 의경 乙과 같이 위 병원으로 출동하여 난동자 체포업무에 임하였다. 당시 상황은 위 서은석이 원무과로 들어가 칼을 들고 직원을 위협하고 있었고 그가 깨뜨린 유리조각이 복도바닥에 흩어져 있었으며 그가 유리를 깨뜨리면서 손에서 피를 흘린 관계로 복도바닥에 핏자국이 묻어 있었다. 위 순경 甲은 이러한 상

황을 보고 위 서은석 난동으로 인명피해가 발생한 것으로 판단하여 휴대하고 있던 칼빈소총에 실탄을 장전하여 위 의경 乙과 같이 원무과 출입문으로 가서 서은석을 향해 칼을 버리고 나올 것을 명령하였다. 그러나 위 서은석은 甲과 乙을 보자 "이 새끼들아 쏠 테면 쏴라" 하며 오른손에 칼을 들고 동인 앞으로 다가섰고 이에 위협을 느낀 위 甲은 총구를 서은석 앞으로 들이대고 다가오지 말 것을 명령하였다. 그러나 위 서은석은 계속 칼을 들고 동인에게 다가오자 주춤주춤 복도를 따라 뒤로 밀리다가 약 11미터 정도 뒤로 밀려 복도 끝 부분에 이르자, 더 이상 물러설 공간이 없음을 알고 총구로 위 서은석의 가슴을 밀어냈으나 동인이 그래도 계속 다가오자 甲은 방아쇠를 잡아 당겨 1회 발사함으로써 위 서은석을 총기관통에 의한 횡경막파열, 간파열, 위장파열 등 상해를 입혀 그 후 사망하였다.[1] 甲과 乙 죄책은 어떻게 되는가?

[해설] 문제는 甲 행위가 정당행위 또는 정당방위가 될 수 있는가 하는 점이다. 경찰은 일정한 경우 총기를 사용할 수 있다(경찰관직무집행법 제10조의 4). 따라서 甲이 만일 총기사용 한계를 지켰다면, 그의 행위는 법령에 의한 정당행위가 된다. 그러나 甲의 위 서은석에 대한 총기발사행위는 경찰비례원칙에 어긋나므로 이 한계를 지키지 않은 위법행위가 된다. 즉 위 서은석이 칼을 들고 甲 등을 위협하였다고 하여도 동인들이 약 11미터나 뒤로 밀리는 동안 공포탄을 발사하거나 가스총이나 경찰봉을 사용하여 서은석 항거를 억제할 충분한 시간 여유와 보충 수단을 가질 수 있었기 때문이다. 복도 끝에 밀려 부득이 총을 발사할 수밖에 없었더라도 가슴부위가 아닌 **하체부위로 발사함으로써** 그 위해를 최소한으로 줄일 수 있는 여지가 있었다. 따라서 甲 총기사용행위는 경찰관직무집행법이 정하는 총기사용한계를 벗어난 것이다. 같은 이유에서 甲 행위는 정당방위 상당성요건, 그 가운데서도 필요성원칙(최소침해원칙)에 어긋나기 때문에 정당방위에도 해당되지 않는다. 甲은 상해치사 죄책을 면할 수 없고 乙은 무죄다. 대법원도 이와 같이 판시하였다. 정황에 따라서 형을 감경 또는 면제받을 수 있는 가능성은 있다(형법 제21조 제 2 항).

(3) 균형성원칙

18 비례성 원래 내용에는 균형성원칙이 포함되어 있다. 그 내용은 침해법익과 보호법익 사이 법익 균형성을 뜻한다. 그러나 이 원칙은 정당방위 상당성에는 적용되지 않는 것으로 보아야 한다(**균형성원칙 부적용**). 이 원칙은 정당방위의 법치국가 정형성에서 제외되는(탈정형화) 부분이다. 정당방위상황은 방위행위자가 자기 보호이익과 공격자가 침해받는 이익을 사려깊게 저울질하여 행동할 수 있을 만큼 **여유 있는 상황**이 아니기 때문이다(정당방위상황 특수성). 한 마디로 방위행위자가 충족할 수 없는 무리한 요구다. 그러므로 재산이나 정조에 대한 침해를 방위하기 위해 생명이나 신체를 반격하는 것도 그것이 위 필요성 범위 안에 있으면 얼마든지 허용될 수 있다.[2] 대법원은, 이혼소송중인 남편이 찾아와 가위로 폭행하고 변태 성행위를 강요하는 데 격분하여 처가 남편 복부를 칼로 찔러 사망하게 한 경우, 그 행위는 방위행위 정도를 넘어선 것으로서 사회통념상 용인될 수 없으므로 정당방위나 과잉방위에 해당하지 않는다고 판시하였다.[3]

---

1) 대판 1991. 9. 10. 91다19913.
2) 신동일/김나경, 「형법상 정당방위의 요건에 대한 비판적 이해」(법학연구 28, 2017), 445면 이하.
3) 대판 2001. 5. 15. 2001도1089. 제 8 회.

[판례]

① **비례성원칙 내용** 어떤 행위가 위법성조각사유로서 정당행위나 정당방위가 되는지 여부는 구체적 경우에 따라 합목적적·합리적으로 가려야 한다. 또 행위의 적법여부는 국가질서를 벗어나서 이를 가릴 수는 없다. 정당행위로 인정되려면, 첫째 행위의 동기나 **목적의 정당성**, 둘째 행위의 수단이나 **방법의 상당성**, 셋째 보호법익과 침해법익의 **법익균형성**, 넷째 **긴급성**, 다섯째 그 행위 이외의 다른 수단이나 방법이 없다는 **보충성**의 요건을 모두 갖추어야 한다. 그리고 정당방위가 성립하려면, 침해행위에 의해 침해되는 법익의 종류, 정도, 침해의 방법 등 일체의 구체적 사정을 참작하여 방위행위가 **사회적으로 상당**한 것이어야 한다.[1]

② **균형성은 정당방위 요건 아님(*표준판례)** 갑과 을은 공동으로, 인적이 드문 심야에 혼자 귀가중인 병녀에게 뒤에서 느닷없이 달려들어 양팔을 붙잡고 어두운 골목길로 끌고들어가 담벽에 쓰러뜨린 후, 갑이 음부를 만지며 반항하는 병녀의 옆구리를 무릎으로 차고 억지로 키스를 하였다. 병녀는 정조와 신체를 지키려는 일념에서 엉겁결에 갑의 **혀를 깨물어 설절단상을 입혔다**. 병녀의 범행은 자기의 신체에 대한 현재의 부당한 침해에서 벗어나려고 한 행위로서, 그 행위에 이르게 된 경위 등 제반사정에 비추어 보았을 때 위법성이 결여된 행위이다.[2] *정당방위에 해당함. *유사 사건으로 '**강제키스 혀 절단사건**'(일명 '**최말자 혀 절단사건**')이 있음. 60여년 전(1964) 사건으로 가해자는 중상해 기수(1.5㎝ 혀 절단), 피해자는 강간미수 혐의가 인정되지 않음. 2020년 재심을 청구하였고 2023년 대법원은 재심청구를 기각한 원심을 파기 환송. 2025년 부산지법 재심 결심 공판에서 검찰은 무죄 구형하고 법원은 정당방위를 인정함으로써 긴 여정이 끝남. 가해자가 정당방위를 인정받는 데 걸린 시간 60년.

③ 경찰관이 **현행범의 체포요건을** 갖추지 못하였는데도 실력으로 현행범인을 체포하려고 하였다면 적법한 공무집행이라고 할 수 없다. 현행범이 체포행위가 적법한 공무집행을 벗어나 불법인 것으로 볼 수밖에 없다면, 현행범이 체포를 면하려고 반항하는 과정에서 경찰관에게 상해를 가한 것은 **불법체포**로 인한 신체에 대한 현재의 부당한 침해에서 벗어나기 위한 행위로서 정당방위에 해당된다.[3]

④ 절도범으로 오인받은 자가 야간에 군중들로부터 무차별 구타를 당하자 이를 방위하기 위해 소지하고 있던 손톱깍기 칼을 휘둘러 상해를 입힌 행위는 정당방위에 해당한다.[4]

⑤ 검사가 참고인 조사를 받는 줄 알고 검찰청에 자진출석한 변호사사무실 사무장을 **합리적 근거 없이 긴급체포**하자, 그 변호사가 이를 제지하는 과정에서 위 검사에게 상해를 가한 것은 정당방위에 해당한다.[5]

⑥ ***표준판례** 정당방위는 긴급피난과 달리 불법한 침해를 **달리 피할 방법이 없어야** 하는 것은 아니다. 피고인이 다중의 가해를 피할 수 있었다는 한 가지 이유만을 들어 상당성이 없는 것으로 피고인의 정당방위 주장을 배척한 것은, 결국 정당방위에 관한 법리를 오해하여 법률적

---

1) 대판 2018. 12. 27. 2017도15226.
2) 대판 1989. 8. 8. 89도358.
3) 대판 2011. 5. 26. 2011도3682. 제7, 11회.
4) 대판 1970. 9. 17. 70도1473.
5) 대판 2006. 9. 8. 2006도148. 제6회.

용을 그르친 것이라고 할 수 있다.[1] *옛날 판결로는 보기 드물게 정당방위를 인정함. 정당방위는 긴급피난과 달리 **보충성을** 요하지 않는다는 판결. 행위 당시의 구체적 사정을 종합한 상당성 판단.

⑦ 피해자가 피고인 운전의 **차량 앞에 뛰어 들어** 함부로 타려고 하고, 이에 항의하는 피고인의 바지춤을 잡아 당겨 찢고 피고인을 끌고 가려다가 넘어지자, 피고인이 피해자의 양 손목을 경찰관이 도착할 때까지 약 3분간 잡아 누른 경우는 정당방위에 해당한다.[2] *술에 취해 인도에서 택시를 기다리고 있던 피해자가 피고인 운전의 차를 자신의 회사직원이 타고 가는 차로 오인하고 차도로 나와 위 승용차를 세워 타려고 하면서 발생한 사건.

⑧ **의붓아버지의 강간행위에** 의해 정조를 유린당한 후 계속적으로 성관계를 강요받아 온 피고인이 상피고인과 사전에 공모하여 범행을 준비하고, 의붓아버지가 제대로 반항할 수 없는 상태에서 식칼로 심장을 찔러 살해한 행위는 **사회통념상 상당성을 결여하여** 정당방위가 성립하지 않는다.[3]

⑨ **경찰비례의 원칙** 병원에서 일어난 난동을 제압하기 위해 출동한 경찰관이 칼을 들고 항거하던 피해자를 총격 사망하게 하였다. 그러나 경찰관 등은 공포를 발사하거나 소지한 가스총과 경찰봉을 사용하여 위 망인의 항거를 억제할 시간적 여유와 **보충적 수단**이 있었다고 보여진다. 또 부득이 총을 발사할 수밖에 없었더라도 하체부위를 향하여 발사함으로써 그 **위해를 최소한도**로 줄일 여지도 있었다고 판단된다. 위 경찰관의 직무집행상의 총기사용은 한계를 벗어난 것으로서 위법하다.[4]

⑩ **적법한 총기사용(*표준판례)** 경찰관인 피고인 갑이 **공포탄 1발을 발사하여 경고**를 하였음에도 을은 병의 몸 위에 올라탄 채 계속하여 병을 폭행하고 있었다. 또 을이 소지하고 있던 칼을 꺼내어 병이나 피고인을 공격할지 알 수 없다고 생각하고 있던 급박한 상황에서, 피고인 갑은 병을 구출하기 위해 을을 향해 권총을 발사하였다. 이러한 피고인의 권총 사용이, 경찰관직무집행법 제10조의4 제1항의 허용범위를 벗어난 위법한 행위라거나 피고인에게 업무상과실치사의 죄책을 지울만한 행위라고 선뜻 단정할 수는 없다.[5]

⑪ 공직선거 후보자 합동연설회장에서 후보자 갑이 적시한 연설 내용은, 다른 후보자 을에 대한 명예훼손 또는 후보자비방의 요건에 해당되나 그 위법성이 조각되는 경우이다. 이 때 갑의 연설 도중 을이 마이크를 빼앗고 욕설을 하는 등 갑의 연설을 방해한 행위는, 갑의 '**위법하지 않은 정당한 침해**'에 대해 이루어진 것일 뿐만 아니라, '상당성'을 결여하여 정당방위요건을 갖추지 못하였다.[6]

⑫ **침해의 현재성 없음** 피해자의 침해행위에 대해 자기의 권리를 방위하기 위한 부득이한 행위가 아니고, 그 **침해행위에서 벗어난 후** 분을 풀려는 목적에서 나온 공격행위는 정당방위에

---

1) 대판 1966. 3. 5. 66도63.
2) 대판 1999. 6. 11. 99도943. 제9회.
3) 대판 1992. 12. 22. 92도2540. 가정폭력에 대한 정당방위 문제는 장응혁, 「가정폭력에 대한 정당방위의 비교법적 검토」(이화젠더법학 17, 2025), 135면 이하.
4) 대판 1991. 9. 10. 91다19913.
5) 대판 2004. 3. 25. 2003도3842.
6) 대판 2003. 11. 13. 2003도3606.

해당한다고 할 수 없다.[1)]

⑬ ***표준판례** 피고인은 피해자와 말다툼을 하다가, 건초더미에 있던 낫을 들고 **반항하는 피해자로부터 낫을 빼앗아** 그 낫으로 피해자의 가슴, 배, 등, 뒤통수, 목, 왼쪽 허벅지 부위 등을 10여 차례 찔러, 피해자로 하여금 다발성 자상에 의한 기흉 등으로 사망하게 하였다. 피고인의 행위는 살인죄에 해당되고 정당방위나 과잉방위는 성립하지 않는다.[2)]

⑭ 피고인은 피해자로부터 빰을 맞는 등 폭행을 당하여 **서로 멱살을 잡고** 다투었다. 주위 사람들이 싸움을 제지하였으나 피고인은 피해자에게 대항하기 위해 깨진 병으로 피해자를 찌를 듯이 겨누어 협박하였다. 피고인의 행위는 정당방위나 야간의 공포나 당황으로 인한 과잉방위에 해당하지 않는다.[3)] *맨손에 대한 깨진 병은 사회통념상 상당성이 없음. 주변 사람들이 말린 상황은 공포나 당황하고도 상관없음.

[64] Ⅲ. 정당방위 사회윤리적 제한

현재의 정당방위도그마틱은 위 성립요건에 추가하여 "정당방위의 사회윤리적 제한"이라는 논증토포스를 끌어들인다.[4)] 이것은 독일형법의 '필요성'(우리 형법은 '상당성')에 대한 해석 연장으로 전개된 이론이다. 즉 사회윤리적 제한을 받는 정당방위는 상당성이 없는 것으로 평가한다. 1

여기에 해당되는 사례군으로, ① 책임무능력자 침해에 대한 방위, ② 보증관계(부부나 친족)에 있는 사람의 침해에 대한 방위, ③ 지극히 불균형인 방위행위, ④ 도발한 침해에 대한 방위를 든다. 2

1. 사회윤리적 제한에 대한 일반적 비판

(1) 형법 도덕화

사회윤리적으로 제한되는 정당방위는 정당방위로 인정되지 않음으로써 가벌행위가 된다. 다시 말하면 ① 정당방위 사회윤리적 제한은 그만큼 가벌성이 확장되는 것, 즉 처벌범위가 확대되는 것을 의미한다. 이것은 곧 법치국가형법 예외를 인정하는 이론이기 때문에 그 예외 근거는 엄격한 논증을 받아야 한다. 사람을 아무런 근거 없이 함부로 처벌하거나 처벌범위를 확대하는 것은 법치국가원칙에 어긋나는 것으로서 용납될 수 없다. 문제는 '사회윤리'가 가벌성근거가 될 수 있는가 하는 점이다. 형법이 사회윤리 가치를 보호하는 수단은 아니다. 즉 "형법을 도덕화해서는 안 된다"는 것은 근대형법 기본원칙이다(형법 단편성 · 보충성, 형벌 최후수단성). 그런데도 정당방위 사회윤리적 제한이론은, 형벌을 형법에 규정되지도 않은 사회윤리를 유지 · 고양시키는 수단으로 삼는다. 3

② 어떤 사회윤리가 유지 · 고양되는가는 형법도그마틱 이론 · 실무가 또는 특정집단의 자의적 판단에 맡겨 놓고 있다. 이처럼 가벌성을 판단할 때 법관의 법률에 대한 구속을 완전히 풀어주는 이론은 형법 법치국가원칙, 그 가운데서도 법률주의원칙에 정면으로 배치된다. 즉 법률 근거 없이 사람이 만든 이론에 따라서 방위행위자가 처벌되는 결과를 가져온다. 지금은 네 가지로 4

1) 대판 1996. 4. 9. 96도241.
2) 대판 2007. 4. 26. 2007도1794. 제6, 11회.
3) 대판 1991. 5. 28. 91도80. 제11회.
4) 대표적으로 이재상 외, 17/21; 김일수/서보학, 298면; 신동운, 260면.

되어 있지만, 이 이론 내용은 얼마든지 더 만들어질 수도 있다.

(2) 형벌권 확장

5 결국 사회윤리에 따른 정당방위 제한은 ① 방위행위자가 동의하지 않을 수도 있는 사회윤리 관념을 빌미로 형벌권을 확장하는 것에 지나지 않는다.[1] 위법성조각사유, 그 가운데서도 특히 ② 정당방위는 실무가 매우 인색하게 제한된 범위에서 인정한다.[2] 그러므로 여기에 ③ 사회윤리 제한이라는 추가 제한을 인정하면 정당방위는 거의 작동불능상태에 빠진다는 사실을 염두에 두어야 한다. 이 점은 정당방위를 광범위하게 인정하는 서구 여러 나라와 구별해야 할 점이다. 그러므로 정당방위 사회윤리적 제한이라는 실정법과 무관한 형법도그마틱 논증토포스는 형법이론적으로 이미 하나의 오류라고 할 수 있다.

2. 사회윤리 제한에 대한 개별 비판

(1) 책임무능력자 침해에 대한 방위

6 정당방위 상황의 침해는 위법하면 되고 책임까지 있을 필요는 없다. 따라서 책임무능력자의 위법한 침해에 대해서도 정당방위는 얼마든지 가능하다. 그렇다면 유아, 정신병자, 만취자, 법률착오에 빠진 사람, 긴급피난자 등에 대해서도 아무 제한 없이 정당방위를 할 수 있는가 하는 문제가 있다.

정당방위는 침해(공격행위)가 빚어내는 사회 갈등해소에 필요한 부담을 공격자 혼자 짊어지는 제도다. 이것은 공격자가 '위법하게' 행동했다는 점에 근거를 가진다. 하지만 ① 공격자는 자신 행위가 '위법'하다는 이유만으로 어떤 반격이든지 받아들여야 한다면, 그것은 **책임원칙**과 충돌할 수 있다. 예컨대 유아, 정신병자, 만취자 등 위법한 공격에 대한 정당방위는, 책임능력 없는 공격행위자 측에서 보면, 책임원칙을 벗어난 제재를 받는 셈이다. 만일 ② 정당방위행위가 형사정책의 책임원칙에 구속되어야 한다면 책임능력 없는 자의 공격에 대한 정당방위는 허용되지 말아야 한다. 그러나 정당방위상황 긴급성은 방위행위자에게 그처럼 고도의 정형적 방위행위행사를 기대할 수 없게 한다. 이러한 긴장구조로부터 다음 결론이 나온다. 즉 ③ 책임무능력자 공격에 대한 정당방위는 원칙으로 인정되지만 완전한 정당방위의 일정한 수정형식을 띠어야 한다. 예컨대 ④ 그것은 **방어 긴급피난**에 가까운 형태여야 한다. 그러므로 책임무능력자 침해에 대한 방위권제한은 책임원칙 부분 반영에 지나지 않고, '사회윤리 제한'으로 파악할 문제는 아니다.

(2) 보호관계에 있는 사람의 침해에 대한 방위

7 부부와 부자 그리고 그 밖에 친족관계와 같은 밀접한 인적 관계에 있는 사람 사이 정당방위는 제한된다는 것이 그 내용이다. 이들은 서로 ① 상대방을 보호해야 할 보증관계에 있기 때문에 법수호이익은 상대방에 대한 법익보호의무로 제한된다. 그러나 이 제한도 유교적 가족관계와 같은 어떤 사회윤리를 근거로 설명할 문제는 아니고 오히려 ② 고전적 법익보호영역의 **비범죄화경향**으로 이해해야 한다(예컨대 제328조 '친족상도례규정'). 즉 형법은 전통적으로 가족 · 친족 사이에 일어난 문제에 개입하는 것을 꺼리기 때문이다("가정에 형법이 침투해서는 안 된다"). 위에서 우리는

1) 임웅 외, 220면; 오영근/노수환, 19/60.

2) 배종대, 「정당방위의 이론과 현실」(고려법학 제49호, 2007), 33면 이하; 이원상, 「정당방위의 성립에 대한 비판적 고찰」(비교형사법연구 제17권, 2015), 169면 이하; 정도희, 「가정폭력피해자와 정당방위에 대한 소고」(비교형사법연구 제17권, 2015, 199면 이하; 하민경, 「국민참여재판을 통해 본 정당방위 판단기준 분석」(법학논총 33, 2020), 259면 이하.

정당방위 대상이 되는 보호법익범위는 형법 · 민법을 총괄하는 포괄적인 것이라고 하였다. 만일 이 기준을 그대로 가정에 적용하여 정당방위를 인정하면, 그것은 곧 위 비범죄화경향 정신에 어긋난다. 즉 ③ 가정에 대한 불필요한 형법개입을 의미한다. 바로 그 이유 때문에 부부 · 친족과 같은 밀접한 인적 관계에 있는 사람 사이 정당방위는 일정한 범위(극한상황은 제외)에서 제한된다. '사회윤리 제한'으로 설명할 문제는 아니다.

(3) 지극히 불균형인 방위행위

공격으로 위협받는 법익과 반격으로 침해하는 법익이 극단으로 불균형일 경우 정당방위로 8
인정되지 않는다는 주장이다. 과격한 방위는 법질서를 수호하는 것이 아니라 오히려 법 남용에 해당된다. 교과서범죄 예를 들자면 사탕 몇 알을 훔쳐 도망가는 사람을 쫓아가 중상을 입히거나 살해하는 경우가 있다. 하지만 이것은 사회윤리 제한과 아무 관계가 없다. 오히려 ① 형사정책의 일반원칙인 형법 보충성(단편 성격)이 표현된 결과로 이해하면 된다. 여기 제한범주에 속할 수 있는 공격행위는 형법 사회통제의 경계선에 놓여 있는 지극히 경미한 법익침해뿐이다. ② 그 밖에 상당성이 없는 불균형한 방위행위는 과잉방위(제21조 제2 · 3항) 문제로 처리하고 사회윤리적 제한으로 설명할 문제는 아니다. 그런데 이와 같은 지극히 경미한 법익침해는 대부분 형법의 불법인정이 의문스러운 행위이고 형법 정당방위로 문제될 여지가 없는 것이다. 따라서 사회윤리적 제한이라는 별도기준이 없더라도 얼마든지 해결할 수 있다.

(4) 도발한 침해에 대한 정당방위

도발한 침해에 대한 정당방위도 사회윤리적으로 제한된다고 한다. 제한되는 유형을 다음 두 9
가지로 구별한다.

1) **의도한 도발** 행위자가 정당방위를 구실로 공격자를 침해하기 위한 의도에서 고의로 10
공격을 유발하는 경우를 의도한 도발이라고 하며 고의 도발이라고도 한다. 의도한 도발은 정당방위권이 인정되지 않는다는 것이 **통설**이다. 왜냐하면 그런 행위자에게는, ① 법질서수호원칙이 적용될 수 없다. 의도한 도발에 따른 정당방위는 법 남용이고 고의범으로 처벌해야 한다. 그 밖에 ② 원인에서 위법한 행위(actio illicita in causa)이론으로 제한근거를 설명하는 사람도 있다. 의도한 도발 경우에도 행위자가 공격을 피할 방법이 없으면 이를 반격한 정당방위행위 자체는 정당화될 수 있다. 그러나 원인행위인 도발행위가 정당방위를 하기 위한 불순한 목적에서 나온 '원인이 위법한 행위'이고 따라서 이 원인행위와 인과관계가 있는 모든 결과(상대방의 공격)는 행위자 스스로 책임을 져야 하기 때문에 정당방위를 할 수 없다. ①과 ② 어디에 따르든지 결과는 마찬가지다.

의도한 도발행위에 따른 정당방위 허용여부에 대해 판례가 명시하여 언급한 것은 찾기 어렵 11
다. 그러나 싸움에 정당방위를 부정하면서 서로 상대방 범법행위를 유발하였다는 논거는 보인다.[1] 그러나 이 판례는 '유발'이라는 표현을 쓰기는 하였지만 도발한 침해에 대한 정당방위를 직접 취급한 판례로 보기는 어렵다. 여기서는 서로 공격을 주고받는 싸움에서 정당방위가 허용되는가 문제가 핵심이다. 상대방으로 하여금 위법한 공격을 하게 하여 정당방위를 수단으로 합법적으로 상대방을 반격하겠다는 행위구도가 들어있는 것은 아니다.

2) **과실 도발** 행위자가 고의로 공격을 도발하지는 않았지만 법적 · 사회적으로 승인되지 12

1) 예컨대 대판 1986. 12. 23. 86도1491; 1984. 6. 26. 83도3090.

않은 의무위반행위가 있을 경우도 정당방위는 제한된다. 즉 피할 수 있는 상황에 방위행위를 하면 고의범으로 처벌되고, 다른 방어방법이 없이 피할 수 없는 상황이면 정당방위가 인정된다.

13 3) 비 판 ① 도발한 침해에 대한 사회윤리 제한 이론은 찬성할 수 없다. 도발행위가 비록 어떤 특정한 사회윤리관념에 비추어 부당한 것이라도 그것이 법질서에 따라 '위법한' 것이 아니면[1] 정당방위권을 부인하거나 제한해야 할 이유는 없다. 정당방위상황을 연출하는 인간관계는 대개 서로 공격과 방어를 주고받는 연쇄 상호작용으로 이루어진다. 이에 대해 형법 제21조는 위법한 공격에 대해서만 방위행위를 할 수 있게 하는 단순한 규범프로그램을 사용한다. 이것은 형법 손이 제대로 미치지 못하는 보호 사각지대에서 시민 방어행위가 지켜야 할 최소한의 정형요건이다. 그러므로 ② 도발행위가 사회윤리적으로 비난할 수 있는 행위라 하더라도 법적으로 금지된 행위가 아니면 이에 대해 공격하는 것은 위법하다. 따라서 이러한 공격에 대해서는, 만일 ③ 경찰관이 현장에 있었다면 일정한 법적 조치를 취해야 하는 것처럼, 도발자도 정당방위행위를 할 수 있다. 그러나 ④ 도발행위가 공격자로 하여금 도발자의 단순한 **범죄도구**로 이용될 정도에 이르렀다면 정당방위는 허용되지 않는다. 하지만 이것은 도발한 정당방위의 사회윤리 제한문제가 아니고 도발자가 **간접정범**(제34조 제1항) 책임을 져야 할 문제다.

[65] Ⅳ. 정당방위 효과

1 정당방위 요건을 구비한 행위는 구성요건해당성에도 불구하고 위법성이 조각되고 불법이 배제되어 가벌성심사 대상에서 제외한다. 이 판단은 종국적이어서 그 가벌성이 다시 살아날 가능성은 없다. 정당방위로 평가하는 행위는 위법하지 않은 행위가 되기 때문에 정당방위에 대한 정당방위는 허용되지 않는다. 경우에 따라서 매우 제한된 범위이긴 하지만 긴급피난이 성립할 수 있는 가능성은 있다. 정당방위 효과가 미치는 범위는 위법한 침해를 감행하는 당사자에 국한하고 이와 무관한 제3자에게 주장할 수 없다. 면책 긴급피난 가능성은 있다.

[66] Ⅴ. 과잉방위와 오상방위

1. 과잉방위

(1) 의 의

1 과잉방위 법적 근거는 형법 제21조 제2·3항이다. 즉 방위행위가 그 정도를 초과한 때, 즉 상당성 정도를 넘은 경우를 과잉방위라 한다. 상당성 판단은 객관적으로 이루어지기 때문에 상당성 초과에 대한 인식은 과잉방위 요건이 아니다. 따라서 인식 없는 방위초과뿐만 아니라 인식 있는 고의의 방위초과도 과잉방위에 해당할 수 있다. 과잉방위는 상당성 없는 행위이기 때문에 원칙적으로 위법하다. 정황에 따라서(제21조 제2항) 또는 행

1) 도발행위가 모욕과 같은 '위법행위'가 되면 이에 대한 상대방 공격이 곧 정당방위가 되고, 이 정당방위는 위법행위가 아니기 때문에 다시 정당방위를 할 수 없다.

위가 야간이나 그 밖의 불안스러운 상황에서 공포, 경악, 흥분 또는 당황하였을 때 등 행위자의 특별한 심리상태(제21조 제3항)에 비롯한 경우는 형刑을 감경하거나 면제한다.

(2) 법적 성질

2 과잉방위의 법적 성질에 관해서는, ① **책임감소·소멸설**, ② **위법성감소·소멸설** 그리고 ③ **위법성·책임감소·소멸설**이 있다. 법률이 규정하는 '형 감경·면제'에 대한 체계적 근거를 밝히기 위한 학설이지만 실제적 의미가 있는 논쟁은 아니다. 통설은 책임감소·소멸설 태도를 가지고 있다. 즉 이것은 과잉방위가 면책사유가 된다는 의미다. 이렇게 되면 과잉방위 위법성에는 변함이 없기 때문에 이에 대해 정당방위를 하는 것도 허용된다.

(3) 처 벌

3 제21조 제2항은 초과방위행위에 대해 고려할 만한 일반적 정황이 있을 때 법관은 그 형을 임의로 감경·면제할 수 있다(임의적 감면사유)고 규정한다. 말하자면 과잉방위에 대한 일반규정이다. 제21조 제3항은 특별한 정황을 열거하면서 필요적 형벌면제(필요 면제사유)를 규정한다. 이 요건은 "야간이나 그 밖의 불안한 상태에서 공포를 느끼거나 경악하거나 흥분하거나 당황하였기 때문에 그 행위를 하였을 때"다. 그러므로 제2항은 제3항 특별한 정황이 존재하지 않는 경우에 적용된다.[1]

[판례사례] ① 정당방위와 과잉방위 경계 피고인 甲은 밤 10시 30분경 그의 처 乙(30세)과 함께 영화구경을 마치고 귀가하는 중이었다. 이때 피해자 丙(19세)이 피고인의 조카 정명옥(14세) 등 소녀들에게(음경을 내놓고 소변을 보면서) 키스를 하자고 달려들었다. 피고인이 술에 취했으니 집에 들어가라고 타이르자 도리어 피고인 甲 뺨을 때리고 돌을 들어 구타하려고 따라오는 것을 피고인이 피하였다. 이때 피해자 丙이 피고인 처 乙을 땅에 넘어뜨려 깔고 앉아서 구타하는 것을 피고인이 다시 제지하였지만 듣지 않고 돌로 乙을 때리려는 순간 피고인 甲이 농구화를 신은 발로 위 피해자 丙 복부를 한 차례 걷어찼다. 이 때문에 피해자 丙은 약 2개월 후 십이지장파열로 사망하였다.[2]

[해설] 이 사건은 판례가 과잉방위로 드물게 무죄를 선고한 사건 가운데 하나다. 문제는 甲이 丙 복부를 강타한 행위가 상당성 범위 안에 있는가 하는 점이다. 그 범위를 벗어났다고 판단할 경우 비로소 과잉방위 문제가 등장한다. 甲의 복부강타행위는 정당방위(제21조 제1항) 상당성, 구체적으로는 적합성과 필요성 범위 안에 들어갈 수 있다.

먼저 ① 적합성부분을 살펴보면, 방위행위자는 공격을 '즉시, 확실하게 종국적으로' 마감할 수 있는 수단을 선택할 수 있다(앞 정당방위요건 참조). 즉 불충분한 방위행위 위험부담을 질 필요가 없다. 위 사안에서 보면, 甲이 자기 부인을 깔고 앉아 돌로 치려는 丙을 점잖게 밀어내고, 丙이 다시 달려드는 악순환과 위험을 감수할 필요가 없다. 만일 그렇게 할 경우는 어떤 상황이 전개될지 예측할 수 없기 때문이다.

1) 한영수, 「과잉방위의 개념을 제한적으로 해석하는 판례에 대한 비판적 고찰」(아주법학 10, 2016), 147면 이하.
2) 대판 1974. 2. 26. 73도2380.

② 문제는 甲의 복부강타행위가 '적합한' 여러 방어수단 가운데 최소침해에 해당하는가 하는 필요성이다. 이 원칙은 충족하는 것으로 판단한다. 甲이 丙을 밀어내고 도망해야 할 **회피의무**는 없다. 일행이 여러 사람이라 함께 도망하기도 힘든 상황이다. 그렇다면 돌로 내리치는 순간 丙에 대한 적합성 범위 안에 있는 최소침해는 어떤 것일까. 그렇다고 머리를 걷어찰 수도 없는 일이다. 머리는 복부보다 더 위험하다. 신체 어떤 부위를 공격대상으로 선택하더라도 위험하기는 다 마찬가지다. 나아가서 甲 입장에서 보면 **이런저런 고려를 할 수 있는 여유 있는 상황**이 아니다. 뚜렷한 최소침해수단이 보이지 않는 상태에서 甲 행위는 필요성 범위 안에 있다고 보아야 한다. 甲의 타인을 위한 방위행위(긴급구조)가 적합성 · 필요성을 충족하면, ③ 우연히 발생한 결과(발로 걷어차인 사람이 모두 사망하는 것은 아니다)가 이 판단에 영향을 미쳐서는 안 된다. 그것은 결과책임사상 잔재일 뿐이다. 설사 방위행위 객관적 판단이 사망이 예견될 정도라 하더라도 '깔고 앉아 돌로 내려치는' 중대한 공격에 대한 방위행위는 얼마든지 정당성을 가질 수 있다. 정당방위에서 침해법익과 보호법익 사이 균형성은 요건이 아니다.

그런데도 ④ 판례는 사망이라는 결과 때문에 과잉방위(제21조 제3항)로 해결하는 잘못을 하고 있다. 즉 사망 때문에 '과잉'방위가 된 것이다. 甲의 행위를 '야간이나 그 밖에 불안한 상태에서 공포, 경악, 흥분, 당황'으로 행위를 한 것으로 보기는 어렵다. 검찰 기록으로는 '일반이 통행하는 도로'라 하였고(그러나 검찰은 과잉방위도 부정하는 입장), 丙의 '고추'가 보일 정도면 불빛도 있었다는 결론이다. 일행도 여러 명 있었다. 제21조 제3항은 이런 상황에서 벌어진 사건에 적용하기 위한 조문은 아니다. 최소한 제21조 제3항보다는 같은 조 제1항 정당방위규정이 훨씬 적합한 사건이다.

② 집단구타와 과잉방위 피고인 甲은 공소 외 이대용 경영 신백 식품점 앞길을 술에 취해 지나가던 1심 공동피고인 乙, 丙 그리고 丁(사망)이 이유 없이 욕설을 하고 피고인이 이에 대꾸를 하자 위 丁이 피고인 얼굴에 연필깎이용 면도칼을 들이대며 찌를 듯이 위협하였다. 이에 겁이 난 피고인은 위 신백 식품점 안으로 일단 피신하였으나 가게주인이 나가라고 요구하므로 가게 밖으로 나올 수밖에 없었다. 이때 위 丁은 부근 가게에서 가지고 온 소주병을 깨어 던져서 피고인 왼 손목에 맞게 하였다. 위 乙은 신백 식품점에서 들고 나온 사이다 병을 깨어 던져 피고인 오른 손목에 맞게 하였다. 위 丙도 "이 새끼 죽으려고 환장하였느냐"고 하면서 시멘트 벽돌을 집어던지는 등 공격행위를 하였다. 피고인 甲은 3명의 이와 같은 집단공격행위에 대항하기 위해 자신이 전화케이블 공사도구로 사용하던 곡괭이 자루를 집어 들고 약 50미터 떨어진 일신타이어 수리점 앞까지 도망하였다. 뒤쫓아 온 乙은 각목으로, 丁은 전화케이블선을 마구 휘둘러 피고인을 마구 때리자 피고인은 이에 대항하기 위해 곡괭이 자루를 마구 휘두른 결과 위 丁이 머리 뒷부분을 맞고 사망하였다. 乙은 상해를 입었으며 피고인 자신도 왼쪽 셋째 손가락이 부러지는 상해를 입었다.[1]

[해설] 문제는 甲 행위가 정당방위가 될 수 있는가에 있다. ① 대법원은 甲 행위를 **과잉방위**로 판시하였다. 하지만 그것에 대한 논거제시는 없다. 다만 "집단구타를 당하게 된 피고인이 더 이상 도피하기 어려운 상황에서 이를 방어하기 위해 반격행위를 하려던 것이 그 정도가 지나친 행위를 한 것이 뚜렷하므로 이는 과잉방위에 해당한다"고 하고 있을 뿐이다. 그러나 이것은 판결에 대한 이유가 될 수 없으며, ② 甲의 행위는 전형적으로 정당방위에 해당할 수 있다. 甲은 현재의 부당한 침해를 방어하기 위해 '상당한' 행위를 한 것으로 보아야 한다. 정당방위상황에 대해서는 의문

1) 대판 1985. 9. 10. 85도1370.

여지가 없고, 방위행위는 **공격방위 형식**을 취하고 있다. 상당성에서도 적합성과 필요성원칙에 어긋남이 없다. 계속해서 뒤쫓아와 집단구타를 하는 상황에서 甲에게 달리 행위할 것을 기대하는 것은 무리다. 상대방이 집단으로 각목, 케이블선 등으로 마구 때리는데, 甲에게만 최소침해 신체부위로 반격할 것을 요구할 수는 없다. 그렇다고 甲이 반격에 사용한 곡괭이 자루가 피해자가 공격에 사용한 도구보다 더 위험한 것도 아니다. 甲은 오히려 불충분한 방위행위 위험부담을 져야 할 필요가 없다(적합성 요청). 균형성은 정당방위 요건이 아니므로 우연히 야기된 丁에 대한 사망결과가 甲 정당방위 판단에 영향을 미칠 수는 없다. 그럼에도 대법원은 정당방위요건을 실질적으로 심사하기보다는 형식적으로 사망결과만 가지고 과잉방위로 판단하는 잘못을 하고 있다. 이것은 상당성요건에 어긋나는 판단이라고 할 수 있다.

[판례]

① 피고인은 22:40경 그의 처와 함께 극장구경을 마치고 귀가하는 도중이었다. 피해자(19세)는 피고인의 질녀(14세) 등 소녀들에게(음경을 내놓고 소변을 보면서) 키스를 하자고 달려들었다. 피고인이 술에 취했으니 집에 돌아가라고 타이르자, 피해자는 도리어 피고인의 빰을 때리고 돌을 들어 구타하려고 따라왔다. 피고인이 피하자 위 피해자는 피고인의 처를 땅에 넘어뜨려 깔고 앉아서 구타하였다. 피고인이 다시 제지하였지만 듣지 않고 **돌로서 그의 처를 때리려는 순간**, 피고인이 그 침해를 방위하기 위해 농구화 신은 발로 위 피해자의 복부를 한차례 걷어찼다. 이로 인해 피해자는 약 2개월 후 십이지장파열로 사망에 이르게 되었는데, 피고인의 행위는 형법 제21조 제2항 소정의 **과잉방위에 해당**한다.[1)]

② 갑은 각목을 들고, 을은 전화 케이블선을 들고 계속 쫓아와 마구 휘두르며 피고인의 어깨, 머리, 왼손, 옆구리 등을 마구 때렸다. 피고인도 이에 대항하여 곡괭이자루를 마구 휘두른 결과, 갑의 머리뒷부분을 1회 힘껏 맞게 하여 동인도 사망하고 을은 상해를 입었다. 피고인도 왼쪽 셋째손가락이 부러지는 상해를 입었다. 이 경우, **집단구타**를 당하게 된 피고인이 더 이상 도피하기 어려운 상황에서 이를 방어하기 위해 반격행위를 하려던 것이 그 정도가 지나친 행위를 한 것이 뚜렷하므로, 이는 **과잉방위**에 해당한다.[2)]

③ ***표준판례** 이혼소송중인 남편이 찾아와 **가위로 폭행하고 변태적 성행위**를 강요하는 데 격분하여, 처가 칼로 남편의 복부를 찔러 사망에 이르게 한 경우, 그 행위는 방위행위의 한도를 넘어선 것으로서 사회통념상 용인될 수 없고 정당방위나 과잉방위에 해당하지 않는다.[3)] *폭행행위와 살해행위 사이의 불균형을 이유로 정당방위를 인정하지 않은 판결.

④ 피고인은 피해자와 싸움 중 피해자를 가격하여 피해자에게 언어장애 및 우측 반신마비 등의 **중상해를** 입혔다. 이 사안에서 피고인은 과잉방위를 주장하였다. 그러나 피고인의 행위는 피해자의 부당한 공격을 방위하기 위한 것이라기보다는 **서로 공격할 의사로** 싸우다가 먼저 공격을 받고 이에 대항하여 가해를 한 경우이고, 가해행위는 방어행위인 동시에 공격행위의 성격을 가지므로 과잉방위행위라고 볼 수 없다.[4)]

---

1) 대판 1974. 2. 26. 73도2380.
2) 대판 1985. 9. 10. 85도1370.
3) 대판 2001. 5. 15. 2001도1089. 제8회.
4) 대판 2021. 6. 10. 2021도4278.

2. 오상방위

(1) 의 의

4 오상방위에 대한 형법 규정은 없다. 오상방위란 객관적으로 정당방위상황이 존재하지 않는데도 이것이 있는 것으로 잘못 알고 방위행위를 한 경우를 말한다. 예를 들면 장난으로 들이댄 장난감 총을 진짜로 오신하고 생명에 위협을 느낀 나머지 이에 대해 정당방위 행위를 한 경우가 있다. 오상방위는 정당방위상황이 존재하지 않는다는 점에서 정당방위와 다르고, 정당방위상황은 존재하지만 방위정도를 초과한 과잉방위하고도 구별된다. 따라서 제21조 제1항 정당방위나, 같은 조 제3항 과잉방위규정이 적용될 여지는 없다.

(2) 법적 성질과 처리

5 오상방위는 정당방위가 아니기 때문에 위법성이 조각되지 않는다. 이것은 정당방위가 허용되는 상황이 존재하는 것으로 착오한 것으로서 이른바 허용상황 착오(다른 이름으로는 위법성조각사유 전제사실의 착오)에 해당되는 문제이다. 허용상황 착오는 법률착오와 사실착오 중간형태다. 범죄행위원인이 된 허용상황이라는 사실을 착오한 것이기 때문에 사실착오와 유사하다. 그러나 죄 성립요소인 사실(구성요건사실)에 대한 착오가 아니라 허용규범에 따라 금지규범 적용이 배제되는 것으로 착오한 점에서 법률착오 성격을 가지고 있기도 하다.

6 이에 대한 처리방법으로, ① **엄격책임설**, ② **제한책임설**, ③ **소극적 구성요건요소이론** 등이 있는데 책임고의만 탈락시켜 처벌하지 않는, 법효과면에서만 사실착오와 동일하다고 보는 견해(**제한책임설**)가 타당하다.

[판례사례] ① 싸움과 오상방위 피고인인 상병 甲은 소속부대 경비병으로서 초소 야간근무를 하던 중 교대근무자인 상병 乙이 1시간 30분이나 늦게 나타나자 화가 난 나머지 그와 다투다가 주먹을 휘둘러 乙의 코피를 흘리게 하였다. 乙은 코피를 닦으며 흥분한 상태에서 "월남에서 사람 죽이는 것은 파리 죽이는 것과 같다. 너 하나 못 죽일 줄 아느냐"라고 하면서 소지하고 있던 칼빈 소총을 甲의 등 뒤에 겨누며 실탄을 장전하는 등 발사할 듯이 위협하였다(그러나 乙에게 정말 살해의사가 있었는지는 확인할 길이 없다). 甲은 당황하여 먼저 乙을 사살하지 않으면 자신이 위험하다고 생각하고 뒤로 돌아서면서 소지하고 있던 칼빈 소총을 乙 복부에 발사하여 사망케 하였다. 이 사건에 대해 육군고등군법회의는 살인 유죄를 인정하여 무기징역을 선고하였고, 피고인은 정당방위를 주장하면서 대법원에 상고하였다.[1]

[해설] 이 사건 논점은 두 가지로 요약할 수 있다. ① 싸움에서 정당방위가 성립할 수 있는가 그리고 ② 오상방위 문제다.

①의 논점을 살펴보면, 싸움에는 원칙적으로 정당방위가 성립할 수 없음을 먼저 설명해야 한다.

---

1) 대판 1968. 5. 7. 68도370.

대법원은 싸움에서 격투자 행위는 서로 상대방에 대해 공격을 함과 동시에 방위를 하는 것이므로 그 중 일방 당사자 행위만 부당한 침해라 하고, 다른 당사자 행위만 정당방위에 해당하는 행위라고 할 수 없다고 판시한다. 그러나 이에 대해서 예외가 인정되는데, 즉 **싸움에서 보통 예상할 수 있는 정도를 초과**하여 공격을 해 올 경우는 정당방위가 가능하다. 대법원도 격투를 하는 자 중 한 사람 공격이 그 격투에서 당연히 예상할 수 있는 정도를 초과하여 살인 흉기 등을 사용한 경우는 부당한 침해이므로 이에 대해 정당방위를 허용해야 한다는 태도를 보인다.

그러면 甲에게 싸움이지만 예외로 정당방위가 인정된다면 이제 甲 방어행위가 정당방위 일반 요건을 구비하고 있는지 검토해야 한다. **정당방위상황**, **방위행위**(방위의사), **상당성**에 관한 검토다. 정당방위상황의 '부당한 침해'와 관련해서는 뒤 오상방위가 문제되지만 우선 침해 '현재성' 부분을 살펴본다. 고등군법회의는 이 점에 대해 甲이 발사할 때까지 乙이 발사하지 않은 점으로 미루어 乙에게 살해의사가 있다고 볼 수 없으므로 甲 생명에 대한 현재 위험은 없다는 취지로 판시하였다. 그러나 이런 식으로 현재성 범위를 좁히면 정당방위는 현실적으로 성립 불가능하다. 만일 甲 등 뒤에서 乙이 칼빈 소총을 발사하였으면 이미 그 침해행위는 종료되고 따라서 피고인 甲 방위행위는 있을 수 없기 때문이다. 법익침해가 급박한 상태도 현재성에 포함된다. 상당성에는 적합성과 필요성(최소침해 원칙)을 차례로 살펴본다. 균형성은 정당방위 요건이 아니다. 甲 행위에 대한 침해 현재성, 방위의사, 상당성을 인정하는 데는 큰 문제가 없다.

다음으로 ② 논점인 오상방위에 관한 검토다. 이 고찰은 정당방위상황 가운데서 '부당한 침해' 존부에 대한 의문에서 출발한다. 왜냐하면 乙은 이미 사망한 상태이기 때문에 乙이 실탄을 장전하는 등 발사할 듯한 자세를 보인 것이 **정말로 살해의사**를 가지고 한 행위인지 아니면 단순히 **겁을 주려고** 한 행위인지 확인할 수 없기 때문이다. 만일 후자 경우라면 甲 방위행위는 오상방위, 즉 객관적으로 정당방위상황이 아님에도 이를 잘못 알고 정당방위를 한, 이른바 **위법성조각사유 객관적 전제사실에 관한 착오**(허용구성요건 착오)에 해당된다. 따라서 이것을 해결하기 위한 학설을 설명해야 한다. 엄격책임설과 제한책임설 그리고 제한책임설 가운데서도 유추적용제한책임설과 법효과제한책임설을 구별해야 한다(이에 대한 상세한 설명은 뒤 '법률착오' 부분에 들어 있다). 현재 통설은 법효과제한책임설이고, 판례는 엄격책임설의 태도를 따른다. 부수적으로 위법성인식이 고의내용이 된다는 고의설과 총체적 불법구성요건에서 나온 소극적 구성요건요소이론을 곁들여서 설명하면 금상첨화가 될 수 있다.

그러나 하지 않더라도 상관없다. 오상방위와 관련한 甲의 행위에 대해서는 두 가지 판단을 할 수 있다. 甲이 현재의 부당하고 급박한 침해가 있는 것으로 오인하는 데 '정당한 이유'가 있을 때 형법 제16조를 직접 적용하여 불가벌로 하는 방법이 있다(대법원이 취한 엄격책임설 입장). 그러한 이유가 없으면 고의범으로 처벌된다. 오인의 정당한 이유로 '코피, 월남 운운, 장전 등'이 고려될 수 있다. 다음으로 甲의 오인에 정당한 이유가 있을 때 책임고의만을 탈락시켜(구성요건 고의는 그대로 남고 따라서 이에 대한 공범성립이 가능하다) 불가벌로 하는 방법이 있다(법효과제한책임설). 이 방법이 타당하다. 그러므로 甲의 행위는 형법 제13조를 준용하여 책임이 조각되고 무죄다.

② 허용상황 착오에 빠진 자의 공격에 대한 방위행위 자전거를 훔친 사실이 없는 피고인 甲은 자전거 절취범으로 오인받아 군중에게 둘러싸여 무차별 구타를 당하였다. "나는 자전거 절도범이 아니다"고 외쳤으나, 군중은 그것을 믿지 않고 구타를 계속하므로 야간에 불안과 당황에 처한 甲

은 이를 제지하기 위해 자기가 갖고 있던 손톱깎이에 달린 줄칼을 꺼내 휘둘렀고 이에 공소 외 乙 등을 찔러 1주간 치료를 요하는 상해를 입혔다.[1]

[해설] 간단해 보이는 사안이지만 정당방위에 관한 몇 가지 중요한 논점이 있다. 乙을 포함한 사람들은 甲이 자전거를 훔친 것으로 잘못 알고, 그 절도행위를 방어하거나(정당방위) 현행범을 체포하기 위해(정당행위) 폭행을 행사하였다. 이와 같은 경우를 가리켜 ① 위법성조각 전제사실에 관한 착오에 따른 행위라고 하였다. 위 문제에서 본 것처럼 법효과제한책임설에 따르면 책임고의가 조각되므로 사람들 행위에는 가벌성이 없다. 그렇다면 이에 대처한 甲 행위는 어떻게 보아야 할까. 甲 스스로 절도범이 아니라고 부인하고 있는 점으로 보아, 甲은 사람들이 자신을 절도범으로 오인하고 공격한다는 사실을 알고 있었다. 착오에 빠진 군중들 행위는, 고의 자체는 그대로 존속하지만 책임고의만 탈락되기 때문에 결국 ② '책임 없는 자의 공격에 대한 방위' 문제가 된다. 정당방위 요건을 좁게 해석하면 甲은 군중 폭행이 불법한 것이 아니므로 자신이 정당방위상황에 놓이지 않았다는 점을 간파하고 최소한 방어 또는 긴급피난만을 해야 한다고 할지 모른다.

③ 한편 甲이 절도범으로 오인받을 만한 행위를 했다고 가정하면 사람들 폭행은 '과실에 의한 도발'에 이어진 침해가 되어(정당방위 사회윤리 제한을 긍정하는 입장에 따른다면) 역시 정당방위가 제한되어, 甲이 피할 수 있는 상황이었다면 적극적으로 방위행위를 하지 못하는 경우에 속한다. 그러나 사안을 어떻게 구성하든 이러한 제한은 타당하지 않다. ④ 전혀 법질서에 반하는 행위를 하지 않았음에도 여러 사람에게 일방적 공격을 당하는 甲에게 자신의 방어행위를 제한해야 한다고 요구할 수는 없다. 이 사안은 '책임 없는 자의 공격에 대한 방위' 또는 '과실에 의한 도발'에 대한 일반적 학설 태도가 실제로 법감정에 맞지 않는다는 것을 보여준다. 대법원은 甲 방위행위가 정당방위에 해당한다고 하여 제21조 제1항을 적용하였다. 타당한 견해로 판단하고 甲은 무죄다.

3. 오상과잉방위

(1) 오상과잉방위 의의

7 오상과잉방위는 오상방위와 과잉방위가 결합한 경우다. 즉 정당방위상황이 아닌데도 있는 것으로 착오하고 방위행위도 상당성 정도를 초과한 경우를 말한다. 이에 대한 형법규정이 없기 때문에 이를 오상방위로 취급할 것인가 아니면 과잉방위로 취급할 것인가 학설이 나뉜다.

(2) 오상과잉방위 해결

8 오상과잉방위 해결을 둘러싸고 다음 견해가 있다. ① 우선 오상과잉방위는 상당성이 충족되지 않았을 뿐만 아니라 그나마 착오한 것이므로 위법성이 조각되지 않는다는 견해가 있다. 그러나 위 두 가지 요건이 겹쳐 있다는 사실만으로 위법성조각사유 적격을 인정하지 않을 이유는 없다.

9 ② 오상과잉방위 이중성격을 고려해서 상당성 초과를 인식한 경우는 과잉방위로 보고, 착오로 인식하지 못한 경우는 오상방위로 보아야 한다는 견해가 있다. 그러나 오

1) 대판 1970. 9. 17. 70도1473.

상과잉방위가 일어나는 상황에서 행위자가 상당성 초과 사실을 인식하는 것은 사실상 어렵기 때문에 그는 정당방위 행위자와 같은 상황에 있다고 보는 것이 옳다. 그러므로 그의 착오 여부로 법적 평가를 달리하는 것은 다분히 관념적 이론구성이라 할 수 있다.

③ 오상과잉방위는 오상방위나 과잉방위에 속하는 것이 아니고 고유한 별개 범죄 유형으로 보아야 한다는 견해가 있다. ④ 오상과잉방위를 오상방위와 동일하게 취급하는 견해도 있다. 오상과잉방위도 **오상방위 일종**이기 때문에 이 견해가 타당하다. 이 견해는 다시 엄격책임설에 따라 고의범 금지착오처럼 해결하는 견해, 제한책임설에 따라 과실범으로 처벌하는 견해로 나뉜다. 이것도 오상방위 해결공식에 따라서 행위 과실책임에 따라 형벌을 검토하는 **제한책임설**이 타당하다. 즉 정당방위상황이 아니라는 것을 부주의로 인식하지 못한 경우는 과실범으로 처벌하고, 잘못 판단할 수밖에 없는 회피불가능한 상황이라면 불가벌로 보는 것이 옳다. 10

이렇게 이론구성을 하면 오상과잉방위에 대해 제21조 제2 · 3항 과잉방위규정이 적용될 여지는 없다(**통설**). 오상과잉방위 기초는 어디까지나 오상방위고, 형법 근거가 없는 오상과잉방위에 대해 이 규정을 적용하는 것은 잘못이다. 이 규정은 정당방위의 과잉방위를 대상으로 한 것일 뿐이다. 11

제 4 절 긴급피난

[67] I. 긴급피난 의의

1. 시민의 경찰역할

긴급피난 법적 근거는 형법 제22조다. 자기 또는 타인 법익에 대한 현재 위난을 피하기 위한 상당한 이유가 있는 행위를 긴급피난이라고 한다(제22조 제1항). 예를 들면 강도 추적을 피하기 위해 남의 집으로 뛰어 들어가거나, 연탄가스에 중독된 사람을 급히 병원으로 이송하기 위해 도로교통법 제한속도를 초과하여 과속 질주하는 경우 또는 물에 빠진 사람을 구조하기 위해 남의 보트를 무단으로 사용하는 경우 등이 있다. 동조 제2항은 위난을 피하지 못할 책임이 있는 자에 대해서 전항 긴급피난규정을 적용할 수 없도록 한다. 1

이처럼 긴급피난제도는 국가권력(경찰)이 그의 법익보호임무를 다할 수 없는 상황에서 개인이 그의 법익이나 제3자 법익을 보호하는 행위를 법적으로 인정해 주는 제도다. 즉 긴급피난제도는 경찰 법익보호 사각지대에서 그 기능을 시민을 통해 연장하는 제도, 다시 말하면 시민이 '**경찰 역할**'을 대신하는 제도다. 2

그렇다고 해서 긴급피난이 어떤 새로운 권리를 창설해 주는 규범은 아니다. 법문은 3

일정 요건을 구비한 피난행위를 "벌하지 않겠다"고 하였을 뿐이지, 피난행위를 '할 수 있다' 또는 그러한 '권리가 있다'고 규정하지는 않는다. 아무리 위급 상황이더라도 자기 이익을 보호하기 위해 무고한 제3자 이익을 희생시킬 수 있는 '권리'가 행위자에게 인정되는 것은 아니다.

2. 긴급피난과 정당방위 구별

4 ① 긴급피난은 법익보호를 위한 긴급행위로 처벌되지 않는다는 점에서 정당방위와 유사한 성격이다. 정당방위는 상대방의 부당한 침해에 대한 반격이지만, 긴급피난은 충돌하는 양자가 모두 정당한 이익이라는 점에 차이가 있다. 긴급피난행위 피해자는 아무 까닭 없이 손해를 보는 사람이다. 그러므로 ② 긴급피난행위가 정당성을 갖기 위해서는 원칙적으로 보호법익 가치가 피해법익보다 높을 것을 요구한다. 이것은 긴급피난이 정당화될 수 있는 최소한 요건에 해당한다. 자기나 타인 법익보호를 위해 무고한 제3자 법익은 얼마든지 희생해도 괜찮다는 생각은 극단적 이기주의 표현으로 용납될 수 없다. 그러므로 ③ 긴급피난제도는 우월이익원칙을 토대로 하고 그 개별 정당화도 보호이익과 피해이익 사이의 이익교량이 중요한 역할을 한다. 이 부분도 긴급피난이 정당방위와 구별되는 점이다. 즉 정당방위는 법질서수호원칙을 토대로 하며, 보호법익과 침해법익이 극심한 불균형을 이루는 경우를 제외하고는 양자 균형성은 정당방위 요건이 되지 않는다. 그러나 현행 긴급피난규정은 긴급피난의 이러한 조건을 분명하게 규정하고 있지 않다. ④ 결국 '상당성' 해석으로 해결해야 할 문제다. 먼저 "벌하지 않는다"는 현행 규정을 범죄체계론으로 자리매김하는 것부터 문제 실마리를 풀어야 한다.

[68] Ⅱ. 긴급피난 법적 성질

1 긴급피난을 '벌하지 않는' 체계적 근거에 대해 의견이 나뉘는데, ① **책임조각설**, ② **위법성조각설**, 그리고 ③ 긴급피난은 위법성조각사유인 긴급피난과 책임조각사유인 긴급피난 양자로 나누어진다는 **이분설**이 있다.

2 '법적 성질'이나 '본질'이라는 이름으로 행해지는 논의는 대개 첨예한 학설대립 양상을 띠고 있어서 매우 중요한 문제로 비칠 수도 있다. 하지만 이러한 논의의 실제 의미는 그렇게 높지 않다. 입법자가 규정한 법률내용을 사후에 이론으로 정당화해 주는 것이 대부분이다. 즉 ① 언제나 법률을 전제하고 법률에 대한 설명을 하는 것이기 때문에 순수한 의미의 학문 본질·근본에 관한 논의로 보기는 어렵다. 전제(법률)에 대한 도그마틱의 자리매김일 뿐이고, 그렇다고 그 자리매김에 실무 중요성이 있는 것도 아니다. ② 책임조각, 위법성조각을 가릴 것 없이 가벌성이 없다는 결과에는 모두 마찬가지다. 범죄체계 어느 단계에서 가벌성이 배제되더라도 형법 효과는 동일하다. 절차 근거에 대한 도그마틱 과욕 그리고 사안해결에 한 점 이론적 예외도 없어야 한다는 지나친 완벽주의(예컨대 '위법한', 즉 책임이 조각될 뿐인 긴급피난에 대해서는 정당방위가 가능하다는 문제점)는 현실적 요청과 거리가 먼 관념문제와 관련있다. 일의 중요성과 선후를 생각할 필요가 있다. 거시 안목이 결여된 미시적 집착은 자칫 잘못하면 자기목적의 이론만족 함정에 빠질 염려가 있다.

다만 앞서 말한 것처럼 현행법은 긴급피난이 정당화될 수 있는 조건을 충분히 규정 하고 있지 않아서 이와 같은 ③ **입법 흠결**을 긴급피난 법적 성질 또는 본질이라는 원론적 논의를 통해 어느 정도 보충해 줄 수 있을 것으로 기대한다. 즉 긴급피난 법적 성질에 따라서 상당성개념(제22조)이 달라질 수 있다는 데 논의실익이 있다. 이것은 법률 흠결이 없는 다른 규정의 법적 성질에 관한 논의와 구별되는 점이기도 하다. 3

1. 책임조각설

책임조각설은, 긴급피난행위는 무고한 타인 법익을 침해하기 때문에 일단 위법한 것이지만, 긴급상황을 모면하기 위한 것으로서 다른 적법행위에 대한 기대가능성이 없으므로 책임이 조각될 뿐이라는 견해다. 현재 이 견해를 취하는 학자는 없다. 이 견해는 형법 제22조가 함께 규정하는 '타인을 위한 긴급피난'을 설명하기 어려운 난점이 있다. 즉 타인을 위한 긴급피난은 적법행위에 대한 기대가능성이 없는 경우가 아니므로 책임이 조각된다고 할 수 없다. 4

2. 위법성조각설

긴급피난상황에서 행한 피난행위는 우월이익원칙에 따라서 보호법익이 침해법익보다 우월한 가치가 있으면 정당화된다는 것이 위법성조각설 판단이다. 우리나라 소수설(종래 다수설)이다.[1] 그러나 문제는 생명과 생명, 신체와 신체 법익이 충돌하는 경우처럼 이익교량을 할 수 없는 한계상황에 있는 긴급피난을 어떻게 처리할 것인가 하는 점이다. 5

(1) 한계상황에 대한 처리방법

1) 긴급피난을 긍정할 경우 　만일 이런 경우 피난행위도 위법성조각사유에 해당한다고 하면, 그것은 긴급피난피해자 **희생한계**(Opfergrenze)에 어긋난다. 이미 앞서 설명한 것처럼 긴급피난 피해자는 아무 까닭 없이 피해를 입는 사람이다. 까닭 없이 입는 피해가 생명 · 신체에 대해서도 위법성조각사유로 정당화되고 따라서 피해자가 참을 수밖에 없다면(피난행위가 위법하지 않으므로 피해자는 자기 생명 · 신체를 위한 정당방위도 할 수 없다), 그것은 법이 요구할 수 있는 한계 밖에 놓인 문제로 허용될 수 없다. 6

2) 긴급피난을 부정할 경우 　그렇다고 이러한 피난행위를 완전히 가벌 행위로 하는 것도 문제가 있다. 생명 · 신체에 대한 위난을 피하고자 하는 것은 인간의 자기보존본능에 속한다. 이와 같은 긴급한 위난상황에도 불법 아닌 적법행위를 요구하는 것, 즉 타인 생명 · 신체를 존중하라고 요구하는 것은 한 마디로 법의 무리한 요구로 행위자에게 기대할 수 없다. 그러므로 위법성은 조각되지 않더라도 일정한 상당성 요건을 구비했을 때 면책免責될 수 있는 길은 열어 줄 필요는 있다. 7

---

1) 손동권/김재윤, 12/11; 임웅 외, 231면; 오영근/노수환, 20/10; 김혜정 외, 165면.

(2) 기대불가능에 따른 면책

8 위법성조각설을 취하는 사람도 우월이익을 가질 수 없는 동가치법익에 대한 긴급피난 면책필요를 인정한다. 다만 그 면책근거를 초법규 책임조각사유인 기대불가능성에서 찾는다.[1] 기대불가능성은 책임조각사유 기본원리이기 때문에 생명과 생명, 신체와 신체 동가치법익이 충돌하는 긴급피난은 적법행위에 대한 기대가능성이 없기 때문에 면책될 수 있을 뿐이라고 한다.

9 그러므로 이 학설 특징은, ① 형법 제22조 긴급피난에는 우월이익을 가질 수 있는, 즉 높은 가치 법익을 위해 낮은 가치 법익에 대해 긴급피난행위를 하는 것만이 위법성조각사유로 규정되어 있는 것으로 본다. ② 그 밖에 동가치법익 사이 긴급피난은 형법 제22조에 따라 규율되지 않고, 책임 일반원리인 기대가능성 유무에 따라 면책 여부가 가려진다. 이것은 기대불가능성을 초법규 책임조각사유로 인정하는 논리 결과이다.

(3) 위법성조각설에 대한 비판

10 하지만 이 견해 문제는 바로 ① 기대불가능성을 초법규 책임조각사유로 인정하는 데 있다. 기대가능성이 책임 일반원리가 되는 것은 형법이 규정한 책임조각사유(예컨대 제10조 '심신장애자', 제12조 '강요된 행위', 제21조 제 3 항 '과잉방위', 제22조 제 3 항 '과잉피난' 등)의 일반적 입법동기로서 기대가능성이 공통으로 들어 있다는 의미다. 다시 말하면 ② 기대가능성은 형법이 규정하고 있는 책임조각요건을 보편·추상화시켜 통칭한 것에 지나지 않는다. 그러므로 ③ 형법에 명시규정이 없는데도 적법행위에 대한 기대가능성이 없으면 책임이 무조건 조각되는 것으로 생각하는 것은 큰 잘못이다. 그렇게 되었을 경우 법관은 법률에 구속되지 않고 오히려 해방됨으로써 형법 법치국가이념이 파괴되는 결과를 초래한다. 구체적으로 말하자면, ④ 책임조각 한계가 불분명하고 법적 안정성은 심각한 손상을 입는다. 형법규정을 초월하여 타당한 '초법규'책임조각사유는 존재하지 않는다. 그러므로 동가치법익에 대한 긴급피난 면책근거를 기대불가능성이라는 초법규 책임조각사유에서 찾는 것은 인정할 수 없다.

3. 이 분 설

(1) 의 의

11 이분설은 위 위법성조각설이 갖는 이런 딜레마를 형법 제22조 해석으로 극복하려고 시도한다. 현행 긴급피난규정은 어차피 긴급피난이 정당화될 수 있는 본질 요건을 충분히 반영하지 못한다. 이것은 일종의 입법흠결이다. 분명히 취급을 달리해야 할 우월이익을 위한 긴급피난과 동가치법익 사이 긴급피난을 구별하지 않는 것은 '상당한 이유'라는 포괄 요건을 통해 치유 방법을 찾아야 한다. 그리하여 이분설은 형법 제22조

1) 이형국/김혜경, 187면; 이재상 외, 18/11.

긴급피난에, ① **정당화 긴급피난**(위법성을 조각하는 긴급피난)과 ② **면책 긴급피난**(책임을 조각하는 긴급피난)이 함께 포함된 것으로 본다.[1] 전자는 우월적 법익을 위한 긴급피난에 해당되고 후자는 생명 · 신체와 같은 동가치법익 사이 긴급피난에 해당한다(현재 다수설). 물론 이런 해석을 가능케 하는 실마리는 법률의 '상당한 이유', 즉 상당성이다. 그러므로 정당화 긴급피난과 면책 긴급피난은 그 내용을 달리하는 이원 구조를 가진다. 위법성을 조각하는 긴급피난에는 '상당한 이유'가 우월이익 보호로 되고, 면책 긴급피난에는 적법행위를 기대할 수 없는 한계상황이 그 주된 내용이 된다.

(2) 위법성조각설과 차이점

우선 이분설과 위법성조각설은 동가치법익 사이 긴급피난에 ① 면책필요성을 인정 12
하는 것과 면책된다는 결론에는 차이가 없다. 우월적 법익을 위한 긴급피난의 위법성이 조각된다는 점도 동일하다. 그러나 결론을 같이 하면서도 그 결론에 이르러가는 과정에는 다소 차이가 있다. 즉 ② 위법성조각설은 형법 제22조 외에 초법규 책임조각사유를 끌어들이고, ③ 이분설은 해석 힘을 빌려 위법성이 조각되는 긴급피난과 면책 긴급피난을 형법 제22조 한 조문으로 해결한다. 이런 차이에도 불구하고 효과면에서 보면 학설대립 실제의미는 그다지 크지 않다. 이 점은 위 '긴급피난 법적 성질'에 관한 논의를 시작하면서 한 우리 설명, 즉 '법적 성질'이나 '본질'에 관한 학설대립은 겉으로 보는 것처럼 그렇게 중요한 의미를 갖지 않는다는 설명을 뒷받침한다.

4. 결　　론

(1) 결함이 적은 학설

긴급피난의 법적 성질에 관한 학설대립이 비록 동일한 결론에 이르러가는 과정의 13
차이에 있다고 해도 법률가 엄격함에 예외가 없다면 어느 학설을 택해야 할까? 위법성조각설과 이분설은 장 · 단점을 함께 가지고 있다. ① 형법 제22조 제1항 긴급피난을 법률의 다른 위법성조각사유와 마찬가지로 일관되게 위법성조각사유만을 규정한 것으로 보고, 상당성개념도 가변적이지 않은 통일적 기준으로 파악하는 것은 위법성조각설 장점이다. 반면에 ② 이분설은 법률의 가능한 해석한계를 벗어나고, 법률 규정에 엄연한 내용차이가 있는데도 독일 통설과 입법례를 토대로 하는 점에서 비판대상이 될 수 있다. 그렇지만 ③ 이분설이 위법성조각설보다 결함이 적은 것으로 판단한다. 논란이 되는 초법규 책임조각사유를 끌어들여 법치국가원칙을 파괴하기보다 조금 무리가 있더라도 해석으로 입법흠결을 보충하는 것이 낫다. 물론 궁극적 해결을 위해서는 정당화 긴급피난과 면책 긴급피난을 나누어 규정하는 ④ 형법개정이 이루어져야 한다. 이것은 다른 위법성조각사유와 구별되는 긴급피난 특수성으로부터 비롯되는 문제다.

1) 김성돈, 292면; 신동운, 314면; 김일수/서보학, 308면.

(2) 이분설의 제한적용

14 이분설을 취할 때도, 면책 긴급피난이 되는 범위는 원칙적으로 자기 또는 자기와 가까운 타인(예컨대 친족)의 생명 · 신체에 국한해야 한다. 법률에 명문규정이 없는 예외적 면책사유를 마치 원칙인 것처럼 '보편적'으로 인정할 수는 없다. 예외는 제한적용을 전제한다. 그러므로 동가치법익 사이 모든 긴급피난이 면책되는 것은 아니다. 자기와 무관한 타인 생명 · 신체에 대한 위난을 피하기 위해 무고한 제3자 생명 · 신체를 침해하는 것도 면책에서 제외된다. 이런 경우는 적법행위에 대한 기대가 불가능한, 즉 면책이 불가피한 상황으로 볼 수 없다.

[69] Ⅲ. 긴급피난의 위법성조각과 책임조각 이론근거

1 이것은 형법 제22조 긴급피난 입법동기에 관한 물음을 내포한다. 긴급피난이 위법성을 조각하거나 일정한 조건 아래 면책되는 가장 본질적 근거 · 이유는 법률이 그렇게 하도록 규정하기 때문이다. 그러므로 여기서 말하는 '이론근거'는 법률이 그렇게 규정한 근거, 즉 입법의 이론 배경이 무엇인지 묻는다. 따라서 현행 법률이 개정 도마 위에 올라서 근본에 관한 물음을 다시 하는 상황이 아닌 이상 이와 같은 '근거' 논의는 특별한 실익이 없고 중요하지도 않다. 법관은 이 내용을 모르더라도 형법 제22조를 적용하는 데 어려움이 없다. 이론적 근거가 혹시 해석에 간접 도움을 주는 의미를 가질지는 모르겠다.

2 긴급피난제도는 국가 힘이 미치지 않는 법익보호 사각지대에서 시민 스스로 그 기능을 대행함으로써 '경찰권 연장'을 인정해 주는 제도라고 설명하였다. 인정근거는 두 가지 측면으로 나누어 생각할 수 있다. ① 먼저 인정원리는 자기를 위한 긴급피난은 자기보호원칙 표현이라 할 수 있다. 타인을 위한 긴급피난은 사회연대성 원리에 기초한다. ② 제한원리는 이러한 요청이 무제한으로 인정될 수 없다는 점에 있다. 다시 말하면 피해자의 무고한 희생을 무제한으로 강요하여 행위자 이익만을 일방적으로 관철할 수는 없다. 따라서 긴급피난행위는 행위자와 피해자 사이에 최소한 형평을 유지하기 위해 일정한 법치국가 틀 안에서 정형화하여 행사해야 할 필요가 있다. 이 제한원리가 바로 법익교량원칙이다. 그러므로 정당화 긴급피난은 보호법익 가치가 피해법익보다 높을 것을 요구한다(**우월이익원칙**). 면책 긴급피난에서는 충돌하는 양 법익이 적어도 동가치적이어야 한다(**법익보호원칙**). 이와 같은 인정원리와 제한원리 결합으로 긴급피난 입법 정당성은 주어진다.

[70] Ⅳ. 정당화 긴급피난 성립요건

1 위법성을 조각하는 긴급피난이 성립하기 위해서는, ① **긴급피난상황**("자기 또는 타인의 법익에 대한 현재의 위난"), ② **피난행위**("위난을 피하기 위한 행위"), ③ **상당성**("상당한 이유") 요건이 구비되어야 한다.

1. 긴급피난상황: "자기 또는 타인의 법익에 대한 현재의 위난"

(1) 자기 또는 타인의 법익

1) 의 의 정당방위로 보호될 수 있는 법익이면 긴급피난으로 보호받을 수 있다. 법률이 보호하는 이익이면 되고 형법법익에 국한할 필요도 없다. 생명 · 신체 · 명예 · 재산 등 형법법익뿐만 아니라 그 밖에 민법, 노동법 등 법익도 포함한다. 긴급피난은 타인 법익을 위해서도 가능한데, 이것을 긴급구조라고 한다. 2

2) 국가를 위한 긴급피난 지배 견해는 개인법익 외에 사회 · 국가적 법익도 긴급피난 대상이 되는 것으로 본다.[1] 문제되는 것은 주로 국가를 위한 긴급피난, 즉 국가긴급구조다. 그러나 국가긴급구조는 다음 이유에서 인정할 수 없다. 국가경찰권이 제때에 투입되지 않는 법익보호 사각지대에서 시민개인이 법익 자격이 있는 국가의 어떤 이익을 형법 보호법익을 침해하면서 보호할 수 있는 경우는 저항권을 행사할 수 있는 상황을 빼고는 없다. 다시 말하면 시민이 국가를 위해 긴급피난을 해야 하는 상황은, ① 경찰권이 제때 법익을 보호할 수 없을 경우 발생하는 것이 아니라 경찰권 자체가 본연 임무를 수행하지 못할 때 발생한다. 그 밖의 경우는 ② 불법이 아닌 상황 속에서 서로 충돌하는 국가이익과 개인이익 사이 조정만 문제될 수 있을 뿐이다. 이러한 조정행위는 이미 국가 활동영역 안에 들어와 있다. 국가행위 목표, 절차, 효과 등은 헌법과 법률에 따라 개별적으로 규율된다. 국가적 법익보호에 대한 경찰권 임무태만을 사인이 국가긴급구조로 메워 주어야 할 필요가 없을 뿐만 아니라 이론적 정당성도 없다. 3

(2) 현재 위난

1) 위난 개념 위난은 일정한 상황진전을 그대로 방치하면 법익침해가 발생할 개연성이 높은 상태, 즉 **법익침해가 예측되는 상태**를 말한다. 그러므로 위난은 이미 발생한 법익침해가 아니라 장래에 발생할 법익침해에 대한 현재 진단이다. 위난과 법익침해 사이에는 언제나 예측문제가 있고, 위난이 곧 법익침해를 뜻하는 것은 아니다. 4

2) 위난 원인 위난원인에는 제한이 없다. 반드시 위법할 필요도 없는데, 이것은 정당방위와 다른 점이다. 자연현상이나 동물에 의한 경우도 긴급피난 단서가 될 수 있다.[2] 책임 여부는 긴급피난 요건이 아니기 때문에 위난이 피난자 책임으로 발생한 **자초위난** 경우에도 상당한 이유가 있으면 긴급피난은 가능하다. 이것은 과실뿐만 아니라 고의 자초위난에 대해서도 타당하다. 다만 그 고의 정도가 피난자가 상대방을 긴급피난을 빌미로 한 단순한 범죄도구로 이용할 정도에 이르렀다면 긴급피난은 인정되지 않는다. 이런 경우에 위난을 자초한 사람은 간접정범(제34조 제1항)으로 처벌되어야 하기 때문이다. 5

1) 이재상 외, 18/14; 김일수/서보학, 310면; 신동운, 278면.

2) 예컨대 야생멧돼지에 쫓겨 타인 전원주택으로 몸을 숨기더라도 주거침입죄 위법성은 조각된다. 제1회.

[판례사례] 상당성이 없는 자초위난(*표준판례) 피고인 甲은 간음할 목적으로 피해자 乙 집에 침입하였다. 甲이 乙을 향해 손을 뻗는 순간, 乙이 놀라서 소리를 쳤고, 저지시키기 위해 甲은 입을 왼손으로 막고 오른손으로 음부를 더듬었는데, 이때 乙이 피고인 손가락을 깨물며 반항하자 甲은 물린 손가락을 비틀며 빼냈다. 이 과정에서 乙은 우측하악측절치치아결손 상해를 입었다.[1)]
[해설] 사상 결과가 간음행위 자체로 발생한 경우나 강간 수단으로 사용한 폭행으로 발생한 경우, 나아가 강간에 수반되는 행위에서 발생한 경우도 강간치사상에 포함된다는 것이 판례 태도다.[2)] 이 사안 경우, 乙이 이가 부러지는 상해를 입은 것은 甲이 저지르려던 강간에 수반하여 일어난 결과라고 보는 데 문제가 없다. 甲은 폭력행위처벌법위반, 강간치상죄에 해당한다. 판례 결론도 동일하다. 사안은 여기서 해결되지만 공소과정에서 피고인 甲이 자신 행위가 긴급피난에 따른 것이라고 주장하기 때문에 그 해당 여부를 잠시 짚어본다. 乙이 손가락을 깨문 행위는 강간(위법행위)을 막기 위한 정당방위(적법행위)기 때문에, 손가락을 빼서 치아를 부러뜨린 甲 행위 위법성을 조각하려면, 그것이 정당방위가 아닌 긴급피난에 해당해야 한다. 사안의 경우 乙 행위는 정당방위에 의한 것으로, 이때 甲이 자초한 행위는 '구성요건에 해당하나 위법하지 않은 행위를 이용한 행위(간접정범)'로 볼 수 있다. 그러므로 이 상황은 긴급피난에 해당하는 자초위난이 될 가능성은 없다. 이론 구성이 복잡하지만 결국 甲 행위가 정당화되지 않는다는 '상식적' 판단과 다르지 않다.

6 3) 위난 현재성과 계속위난 위난은 현재적이어야 한다. 현재 위난은 **'법익침해 발생이 근접한 상태'**를 말하며, 이 현재성 범위는 정당방위 경우보다 넓다(**유연한 현재성**).[3)] 이것은 긴급피난이 정당방위보다 더욱 엄격한 규범적 제한원칙('상당성') 구속을 받음으로써 상쇄된다. 따라서 미래에 예상되는 침해도 즉시 구제할 필요가 있으면 현재 위난과 동격으로 보아야 한다. 이 점에서 **'계속위난'**에 대한 긴급피난도 인정된다. 계속위난은 위험상태가 오랫동안 계속·반복되어 앞으로도 같은 침해가 예상되는 경우다. 이에 대한 가장 적합한 예는 '보은·진관사건'에서 찾을 수 있다.[4)] 보은에 대한 의붓아버지의 오랫동안 계속된 성폭행(강간)과 생명위협은 앞으로도 동일한 행위가 예상되기 때문에 계속위난에 속하는 것으로서 현재성 요건을 충족하는 것으로 보아야 한다. 그러나 두 사람의 의붓아버지 살해행위가 긴급피난이 되기 위해서는 추가로 상당성 요건을 구비해야 한다. 즉시 피난행위를 해야 할 필연적 이유와 달리 피할 수 있는 방도(예컨대 경찰권 개입)가 없어야 한다(필요성·보충성 요건). 그리고 균형성원칙에도 맞아야 한다. 만일 그것이 불균형 피난행위였다면 면책 긴급피난이 고려될 가능성은 있다. 긴급피난에서 위난의 현재성 판단은 위험상황에 빠진 사람이 경찰의 계획적 법익보호 사각지대에 있는가에 대한 경험·사실적 판단이라고 할 수 있다.

1) 대판 1995. 1. 12. 94도2781. 제11회.
2) 대판 1988. 11. 8. 88도1628.
3) 김일수, 한국형법 I, 563면; 정성근·박광민, 246면; 이용식, 「정당방위와 긴급피난의 몇 가지 요건」(형사판례연구 3), 92면. 이견은 오영근/노수환, 20/21.
4) 대판 1992. 12. 22. 92도2540(***표준판례**).

4) 위난에 대한 예측

(가) **예측판단 기준시점** 법익침해 개연성에 대한 예측은 법관이 사후에 하는 것이지만 긴급피난행위에 바로 앞선 시점(ex ante)을 기준으로 한다. 7

(나) **예측 객관성** 위난예측은 객관적이어야 한다. 여기서 '객관적'이라는 말은, 문제된 상황을 판단하는 데 적합한 **전문가 예측**을 기준으로 삼는다는 의미다. 이에 대해 피난행위자가 속한 사회구성원 전체의 평균능력을 기준으로 해야 한다는 견해가 있다. 그러나 이것은 긴급피난제도가 시민 사이 형평성 있는 손해분담을 도모한다는 기능을 간과하는 문제가 있다. 피난행위자 진영의 능력을 기준으로 하면 희생자와 그 관련 집단이 너무 많은 부담을 지는 결과를 초래한다. 결과적으로 형법 투입 없는 갈등해소를 어렵게 만든다. 긴급피난이 아닌 침해행위에 대한 불법귀속과정에는, 예컨대 행위자가 속한 하위문화권의 규범 감수성도 고려된다. 그러나 긴급피난 위험예측능력을 정할 때는 행위자와 피해자집단의 형평을 고려해야 한다. 이 형평은 위난예측을 할 때 전문가 능력을 기준으로 이루어진다. 8

나아가서 예측 객관성은 긴급피난행위시점에 달성된 전문지식을 토대로 예측하는 것을 뜻한다. 행위시점 후에 새롭게 발전한 전문지식은 **판결변경소급금지원칙**에 따라 해당사건에는 적용되지 않고 그 후 장래 사건부터 적용한다. 만일 행위자가 특별히 그 전문지식을 이미 알고 자신의 위난예측자료로 삼았다면, 그것은 법관의 위난판단 기초가 될 수 있다. 행위자가 개인적으로 알고 있던 위난 개연성을 좌우하는 특별한 상황요소도 법관 위난판단에 고려될 수 있다. 9

2. 피난행위: "위난을 피하기 위한 행위"

피난행위는 현재 위난을 피하기 위한 모든 행위다. 따라서 객관적으로는 우월 법익보호를 위해 형법 불법구성요건을 실현하는 행위고, 주관적으로 행위자가 위난을 피한다는 피난의사가 있어야 한다. 객관적으로 '현재 위난'이 있더라도 피난의사가 없는 행위는 긴급피난이 되지 않는다. 피난의사는 긴급피난 주관적 정당화요소다. 10

3. 상당성: "상당한 이유"

(1) 상당성 의의

피난행위가 정당성을 갖기 위해서는 '상당한 이유'(제22조)가 있어야 한다. 상당한 이유라는 법문 표현은 매우 포괄적 일반조항이기 때문에 해석과 입법차원에서 더욱 구체적으로 규율해야 한다. 그러나 형법이론으로 잘 정돈된 긴급피난도그마틱을 전개하는 데 걸림돌이 되지 않는 장점은 있다. 예컨대 면책 긴급피난도 '상당성'으로 해결실마리를 찾을 수 있다(**이분설**). 여기서는 위법성을 조각하는 긴급피난 상당성에 대해서만 살펴본다. 11

(2) 비례성원칙 표현

12 상당성개념은 정당방위 경우와 마찬가지로 법치국가원칙 핵심인 비례성원칙으로부터 유래한다. 우월이익을 보호하기 위한 피난행위는 무고하게 희생되는 피해자 법익과 비례관계에 있어야 한다. 이 '비례' 내용이 곧 상당성이다. 다만 긴급피난 비례성은 정당방위 경우보다 강화된 형태로 나타난다. 왜냐하면 정당방위에는 방위행위가 상대방의 위법한 공격을 원인으로 하지만 피난행위는 피난상황 발생과 아무 관계없는 제3자의 정당한 이익을 침해하는 것이기 때문이다. 정당방위 비례성이 '약화된 비례성'이라면, 긴급피난은 '**강화된 비례성**'이라고 할 수 있다. 강화근거는 피난상황 긴급성이라는 긴급피난의 특수한 성격 때문이다. 즉 시민이 경찰 역할을 대신해야 하는 예외상황에서 피난행위의 완전한 법치국가적 행사를 요구하는 것은 처음부터 무리다. 비례성에 대한 어느 정도 '수정'은 불가피하다.

(3) 상당성 내용

13 피난행위가 상당성(비례성)을 갖기 위해서는, ① 적합성원칙, ② 필요성원칙, ③ 균형성원칙을 충족해야 한다. 심사절차도 이 순서이며, 뒤로 갈수록 엄격한 심사가 된다.

14 1) 적합성원칙 자기 또는 타인 법익을 보호하기 위한 피난행위는 문제가 된 위난을 피하는 데 적합한 것이어야 한다. 이것을 적합성원칙이라고 하며, '**즉시, 확실하게 종국적으로**' 위난을 피할 수 있는 모든 수단은 적합 판정을 받는다. 그러나 위난을 피하는 데 '적합한' 수단범위는 매우 넓기 때문에(결과적으로 위난을 피한 모든 행위는 '적합' 판정을 받는다) 이 원칙으로 피난행위를 법치국가적으로 제한하기는 힘들다. 따라서 다음 단계 필요성심사를 받아야 한다.

15 2) 필요성원칙 피난행위자는 위난을 피하는 데 '적합한' 여러 수단 가운데 피해자에게 가장 경미한 손실을 입히는 수단을 선택해야 한다. 다른 말로 '**최소침해원칙**'이라고 한다. 필요성은 보충성을 전제한다. 따라서 구성요건에 해당하는 법익침해수단을 쓰지 않고 달리 피할 수 있는 최소침해방법이 있으면 필요성원칙을 충족할 수 없다. 예컨대 타인 법익에 대한 침해 없이 자력으로 위난을 피할 수 있는 경우 또는 침해가 불가피한 상황이라도 필요 이상의 침해행위를 한 경우는 위법성이 조각되지 않는다. 최소침해원칙에 어긋나기 때문이다.

16 3) 균형성원칙 상당성판단을 위한 비례성원칙 마지막 심사단계가 균형성이다. 그 원래내용은 보호법익과 침해법익 사이 법익균형성을 뜻한다. 하지만 정당화 긴급피난의 전제조건은 보호법익이 침해이익보다 **본질적으로 우월관계**에 있어야 하기 때문에 여기 균형성도 그렇게 이해하면 된다. 거꾸로 침해이익이 보호이익보다 우월하거나 동등 관계에 있는 상황은, 경우에 따라서 면책 긴급피난에 해당할 수 있을지 몰라도 위법

성을 조각하는 긴급피난에 해당되지 않는다.

(가) **우월성판단의 기초** 충돌하는 양 법익 사이 이익교량은 단순한 법익비교 17
차원을 넘어 이 법익과 관련 맺는 모든 이익을 종합적으로 비교·검토해야 한다. 예컨대 보호법익 가치뿐만 아니라 이 법익에 대한 위난종류·원인, 위난 정도와 개연성, 침해법익가치와 침해 정도, 특별한 보호의무 그리고 피난행위에 의한 구조가능성 등을 들 수 있다.

A. **법익 가치** 이익교량에서 가장 중요한 비교인자는 충돌하는 양 법익 가치이다. 생 18
명·신체·자유·명예와 같은 ① 인격법익은 재산법익보다 우선한다. 인격법익 안에서 생명·신체는 자유·명예 가치보다 우월한 이익이다. 이 밖에 법익가치를 비교하는 데 ② 법정형 범위도 보충적 판단자료로 사용된다. 법률이 정하는 형량을 통해 입법자가 해당 법익을 얼마나 높게 판단하고 있는지 알 수 있기 때문이다. 그러나 이것은 어디까지나 참고자료에 지나지 않고, 그것도 형법각칙에 국한된다. 법정형 높고 낮음으로 형법각칙과 특별형법 사이에 일정한 법익 중요성을 판단하기는 어렵다. 예를 들면 형법 제250조 살인죄 법정형은 '사형, 무기, 5년 이상 징역'이지만 성폭력특별법 제3조 이른바 '가정파괴범', 즉 절도나 강도가 강간한 경우는 살인죄가 아닌데도 사형, 무기, 5년 또는 10년 이상 징역으로 법정형이 오히려 더 높다. 특정범죄가중법 제5조의8 제1호는 절취목적 범죄단체를 구성한 우두머리에 대해 사형, 무기 또는 10년 이상 징역에 처하도록 가혹한 형벌을 규정한다.

B. **법익침해 정도** 법익의 추상적 가치 외에 구체 상황에서 발생하는 법익침해 정도 19
도 이익교량의 중요 자료가 된다. 이 관점에 따르면 ① 낮은 가치 법익을 보호하기 위해 높은 가치 법익을 침해하는 것도 정당화되는 경우가 있다. 예컨대 인격법익은 재산법익보다 일반적으로 높은 가치를 갖지만 그 침해 정도가 경미할 경우(예컨대 가벼운 상처나 무해한 건강침해 등)에 막대한 재산손해(예컨대 화재 등)를 방지하기 위한 긴급피난은 허용될 수 있다. ② 동등한 법익 사이에는 양적 교량 가능성도 있다(예컨대 막대한 재산 손해를 피하기 위해 경미한 재산을 희생시키는 긴급피난). 하지만 ③ 사람 생명은 최고 법익성을 갖는 절대가치다. 따라서 생명과 생명의 양적 또는 질적 비교는 있을 수 없다. 한 생명을 구조하기 위해 다른 생명을 침해하는 것은 위법성이 조각되지 않는다. 여러 생명을 구조하기 위해 한 생명을 희생시키는 것도 마찬가지다. 다만 면책 긴급피난으로 면책가능성은 있다.

C. **법익침해 개연성** 보호법익에 대한 손해발생 개연성이 높을수록 구조필요성도 그 20
만큼 높아진다. 그러므로 이런 행위는 쉽게 정당화될 수 있다. 특히 이 관점에 따르면 구체적 위험을 피하기 위해 추상적 위험범에 대한 피난행위를 하는 것은 정당화된다. 예를 들면 생명이 위독한 교통사고 환자를 구조하기 위해 술을 마시던 의사가 차를 질주해 가는 경우가 있는데, 전자는 구체적 위험이고 후자는 추상적 위험이다.

D. **구조가능성** 피난행위를 하더라도 구조가능성이 희박하면 다른 법익을 침해할 근 21
거도 그만큼 약해진다. 구조가능성이 전혀 없는 경우 피난행위는 적합성원칙에 어긋난다. 동등한 법익 사이 피난행위는 법익침해 개연성과 구조가능성을 서로 교량較量하는 것만으로 정당성심사를 할 수 있다. 이 점은 특히 법익주체가 동일인일 때 그렇다. 예컨대 그대로 방치하면 사망이 확실한 화재현장 어린아이를 구조하기 위해 창밖으로 던졌으나 살아남지 못한 경우를 들 수 있다. 창 밖에 던짐으로써 생명을 건질 수 있는 가능성이 현저히 크기 때문에 이 행위는 긴급피난으로 위법성이 조각된다.

22 E. **특별한 보호의무** 위난을 피하지 못할 책임 있는 사람은 긴급피난을 할 수 없다(제22조 제2항). 이 범주 사람은 ① 직무나 업무로 위난을 피할 수 없는 특별한 보호의무를 지는 사람이다. 예컨대 군인 · 경찰관 · 소방관 · 의사 · 선장 등이 여기에 속한다. 하지만 이들은 직무 특수성 때문에 일반인과 같은 정도 긴급피난이 허용되지 않을 뿐이다. 일반인보다 높은 위험의무를 부담하지만, 그렇다고 ② 절대적 희생의무가 있는 것은 아니므로 이들도 생명과 신체의 중대 위험에 직면하면 긴급피난을 할 수 있다. ③ 특별한 보호의무 있는 자 외에도 위난감수책임 있는 자들이 있다. 예컨대 현행범으로 체포되는 사람이나 형집행을 받는 사람 등은 자신 생명 · 신체에 대한 위난을 긴급피난으로 모면할 수 없다. 그 밖에도 지진, 홍수 같은 자연재난 또는 전쟁, 경제공황처럼 공동체 구성원이 함께 겪는 고통에 대해서도 긴급피난행위는 제한된다. 구성원이 함께 고통을 분담해야 하는 상황이기 때문이다.

23 (나) **보호법익의 본질적 우월성** 긴급피난 위법성이 조각되기 위해서는 보호법익이 침해되는 법익보다 본질적 우월관계에 있어야 한다. 따라서 ① 양 법익 차이가 근소하거나 또는 약간 우월한 정도로는 위법성이 조각되지 않는다. 그 이유는 긴급피난이 자기 또는 타인 법익을 보호하기 위해 무고한 타인을 수단으로 삼기 때문이다. 이러한 피난양태를 **공격 긴급피난**이라 한다. 아무 까닭 없이 손해를 감수해야 하는 피해자에게 행위자가 용서를 구할 수 있는 유일한 근거는 보호법익의 본질적 우월성뿐이다.

24 그러나 비록 드물긴 하지만 ② 긴급피난 피해자가 바로 위난을 유발한 당사자인 **방어 긴급피난** 경우에는 상황이 다를 수 있다. 위난유발자 이익은 그만큼 보호가치가 낮으므로 보호이익이 침해이익보다 본질적 우월관계에 있지 않거나 또는 심지어 낮은 가치일 경우도 정당화될 수 있다. 예를 들면 위험하지만 현재는 위법한 공격이 없는 정신병자를 감금하는 경우 또는 미래의 생명 · 신체 위협자에 대한 상해나 살해 경우를 들 수 있다. 물론 후자 경우는 즉시 피난행위를 해야 하는 필연적 이유가 있어야 한다. 이 점에서 위 '보은 · 진관사건'에서 두 사람의 의부義父 살해행위는 필요성 요건만 충족되면 긴급피난으로 정당화될 수 있는 가능성이 매우 높다.[1)]

25 본질적 우월성에 대한 판단은 양 법익이 갖는 추상적 가치를 평가하는 외에 위에서 설명한 구체 상황과 관련한 '법익침해 정도', '법익침해 개연성', '구조가능성' 등도 함께 고려해야 한다.

---

1) 이와 같이 위법한 위난을 피하기 위한 행위를 "예방 정당방위"로 보는 견해도 있었지만 현재는 자취를 감추었다. 대신 방어 긴급피난으로 보는 견해가 지배적이다. 원형식, 「소위 "예방적 정당방위"에 관한 연구」(형사법연구 제16호, 2001 겨울), 84면 이하 참조.

4. 주관적 정당화요소

긴급피난 주관적 정당화요소는, ① 피난상황의 객관적 존재에 대한 인식과, ② 피난의사다. 피난의사는 '위난을 피하기 위한 행위'라는 형법 제22조 법문 표현에도 분명히 드러난다. 피난상황 인식은 피난의사 기초가 된다. 따라서 행위자가 이 양자 주관적 요소를 갖지 않는 경우는 물론 피난상황에 대한 인식만 있고 피난의사가 없는 경우도 위법성은 조각되지 않는다. 26

5. 효 과

이상 요건을 다 갖춘 피난행위는 불법구성요건을 실현하더라도 위법성조각사유에 해당하므로 처벌되지 않는다. 따라서 ① 그 침해는 위법하지 않기 때문에 이에 대한 정당방위는 허용되지 않는다. 그러나 ② 피난행위 못지않게 피해자 이익보호에 대한 길도 열려 있어야 하기 때문에 긴급피난은 가능하다. 이것은 긴급피난제도 취지에 부합하는 것이기도 하다. 피해자의 일방적 희생강요(수인의무)는 피해자를 긴급피난 수단으로 전락시킨다. 말하자면 행위자와 피해자 사이에 형평을 꾀해야 할 최소 법치국가요청에 어긋나고 정당화될 수 없다. 27

[판례]

① **긴급피난의 상당성 내용** 형법 제22조 제1항의 긴급피난은 자기 또는 타인의 법익에 대한 현재의 위난을 피하기 위한 상당한 이유 있는 행위를 말한다. 여기서 '상당한 이유 있는 행위'에 해당하려면, 첫째 피난행위는 위난에 처한 법익을 보호하기 위한 **유일한 수난**이어야 하고, 둘째 피해자에게 가장 **경미한 손해**를 주는 방법을 택하여야 하며, 셋째 피난행위에 의하여 보전되는 이익은 이로 인하여 **침해되는 이익보다 우월**해야 하고, 넷째 피난행위는 그 자체가 사회윤리나 법질서 전체의 정신에 비추어 **적합한 수단**일 것을 요하는 등의 요건을 갖추어야 한다.[1] *이것은 일반적인 비례성원칙(적합성, 필요성, 균형성)의 내용. 상당성과 비례성을 같은 것으로 보고 있음.

② **긴급피난 인정(*표준판례)** 피고인들이 피조개양식장에 피해를 주지 않기 위해서는, 선박의 닻줄을 5샤클(125미터)로 감아 놓아야 피조개양식장까지 거리가 약 30미터가 된다. 태풍에 대비한 선박의 안전을 위해 선박의 닻줄을 7샤클(175미터)로 늘여 놓았다면, 피조개양식장의 재물손괴에 대한 미필적 고의가 인정된다. 피고인들이 다른 해상으로 이동을 하지 못하고 있는 사이에 태풍을 만난 위급한 상황에서, 선박과 선원들의 안전을 위해 **사회통념상 가장 적절하고 필요불가결하다고** 인정되는 조치를 취하였다면, 형법상 긴급피난에 해당되어 범죄가 성립하지 않는다.[2]

③ 피고인은 우회전을 하다가 전방에 정차하고 있는 버스를 발견하고 급제동조치를 취하였으나,

---

1) 대판 2006. 4. 13. 2005도9396. 제7회.
2) 대판 1987. 1. 20. 85도221. 제3, 7회.

빗길 때문에 미끄러져 미치지 못하고 중앙선을 침범하게 되었다. 피고인이 버스를 피하기 위해 다른 적절한 조치를 취할 방도가 없는 상황에서 부득이 중앙선을 침범하게 된 것이라면, 교통사고처리특례법 제3조 제2항 단서 제2호에 해당되지 않는다.[1]

④ **긴급피난 부정** 피고인의 모가 갑자기 기절을 하여 이를 치료하기 위해 군무를 이탈하였더라도, 이는 본조 **범행의 동기에** 불과하므로 이를 법률상 긴급피난에 해당한다고 할 수 없다.[2]

⑤ 피고인 갑은, 상관인 피해자 을로부터 뺨을 한대 얻어맞고 홧김에 그 뒤통수를 대검 뒷자루로 한번 치자, 을도 야전삽으로 대항하던 중 갑이 위 대검으로 다시 을의 쇄골부분을 찔러 사망하게 하였다. 을의 구타행위가 부정한 침해행위이기는 하지만 **급박한 경우에** 해당한다고 볼 수도 없고, 갑의 반격행위도 상당한 이유가 있어 보이지 않는다. 갑의 행위는 긴급피난에 해당되지 않는다.[3]

⑥ 피고인은 갑에게 어떤 채무도 없는 상황에서, 갑의 요청으로 단순히 **잠시 빌려준 피고인 발행약속어음**을 갑이 을에게 배서 양도하여 을이 소지중 피고인이 이를 찢어버린 것은 문서손괴죄에 해당한다. 이를 자구행위 또는 긴급피난이라고 볼 수 없다.[4] *법정절차에 따른 구제가 우선해야 함.

⑦ ***표준판례** 아파트 입주자대표회의 회장이 다수 입주민들의 민원에 따라 위성방송 수신을 방해하는 케이블TV방송의 시험방송 송출을 중단시키기 위해, 위 케이블TV방송의 **방송안테나를 절단하도록** 지시한 행위는 긴급피난 내지 정당행위에 해당한다고 볼 수 없다.[5] *방송국에 방송송출 중단을 요청하지도 않고 바로 절단하였음. 상당성 요건의 결여.

⑧ 갑 정당 당직자인 피고인 등은 국회 외교통상 상임위원회 회의장 앞 복도에서 출입이 봉쇄된 회의장 출입구를 뚫을 목적으로, 회의장 출입문 및 그 안쪽에 쌓여있던 집기를 손상하고, 국회 심의를 방해할 목적으로 회의장 내에 물을 분사하였다. 피고인들의 **공용물건손상 및 국회회의장소동 행위**는 위법성이 조각되는 정당행위나 긴급피난의 요건을 갖춘 행위로 평가하기 어렵다.[6]

⑨ 자신의 애완견을 공격하는 피해견을 **기계톱으로** 절개하여 죽인 행위는 동물보호법 제8조 제1항 제1호에서 규정하는 '잔인한 방법으로 죽이는 행위'에 해당하고, 긴급피난이나 책임을 조각하는 과잉피난에 해당되지 않는다.[7]

6. 여론餘論: 정당방위와 긴급피난 비교

28 위에서 살펴본 긴급피난 요건 · 효과에 따라서 정당방위와 긴급피난의 공통점 · 차이점을 정리하면 다음과 같다. 긴급피난과 정당방위는 매우 유사한 성격을 가진 제도이기 때문에 양자를 정확하게 구별하는 것은 그들을 정확하게 적용하는 데 도움이 된다.

1) 대판 1990. 5. 8. 90도606.
2) 대판 1969. 6. 10. 69도690.
3) 대판 1970. 8. 18. 70도1364.
4) 대판 1975. 5. 27. 74도3559.
5) 대판 2006. 4. 13. 2005도9396.
6) 대판 2013. 6. 13. 2010도13609. 제7회.
7) 대판 2016. 1. 28. 2014도2477. 제6, 7회.

(1) 정당방위와 긴급피난 공통점

1) 보호법익 ① 법이 보호하는 모든 이익은 정당방위와 긴급피난으로 보호될 수 있다. 29
생명 · 신체 · 명예 · 재산 등 형법법익뿐만 아니라 그 밖에 민법, 노동법 등과 같은 다른 법률에 따른 것도 포함한다. 보호받는 법익주체가 자신뿐만 아니라 타인법익을 포함한다는 점도 정당방위와 긴급피난은 차이가 없다. 이를 두고 양자 경우에 구별 없이 모두 긴급구조라 한다. ② 국가를 위한 정당방위나 긴급피난 허용여부에 대해서 긍정하는 견해도 있지만, 양자 성질이 긴급상황에서 국가 공권력 부재를 개인이 스스로 보완하는 데 있다고 보아야 하기 때문에 국가를 위한 정당방위 · 긴급피난은 인정하지 않는 것이 타당하다. 국가 법익은 경찰 · 검찰과 같은 공권력으로 보호해야 하고 시민이 그 임무를 부담해야 할 문제는 아니다. 국가법익을 보호하는 데 개인 법익 보호수단을 사용해야 할 만큼 급박한 상황이란 공권력 마비상태가 아니고는 생각하기 어렵다.

2) 주관적 정당화요소 정당방위와 긴급피난은 위급한 침해상황에 놓인 법익을 보호하고 30
자 하는 ① 행위자 주관적 정당화의사, 즉 정당방위의사와 긴급피난의사가 있어야 한다. ② 금지구성요건 행위반가치는 허용구성요건 행위가치인 주관적 정당화요소에 따라 제거될 수 있기 때문이다. 위급한 상황에 처한 자기 또는 타인법익을 보호하기 위해 타인법익을 침해하는 수단을 사용하는 위법성은 정당화의사에 따라서만 없어질 수 있다. 만일 객관적으로 현재 침해나 위난이 존재하는 경우도 행위자가 이러한 정당화상황 객관적 존재를 인식하지 못하고 방위의사나 피난의사 없이 구성요건을 실현한 경우는 위법성이 조각되지 않는다.

3) 법적 효과 정당방위와 정당화 긴급피난은 모두 위법성조각사유라는 점에서 그 성질 31
과 법적 효과를 같이 한다. 위법하지 않은 행위에 대한 정당방위는 인정되지 않지만 경우에 따라서 요건이 충족되면 긴급피난이 가능할 수 있다. 그 밖에 상당성이 결여된 과잉방위 · 과잉피난이나 착오에 따른 오상방위 · 오상피난 경우도 양자 법적 효과는 동일하다.

(2) 정당방위와 긴급피난 차이점

1) 법익이 위협받는 원인 정당방위와 긴급피난이 구별되는 이유는 ① 보호법익이 위험에 32
빠지게 된 원인이 다르다는 점에 있다. 제21조 제1항 정당방위 규정의 "부당한 침해" 요건과 제22조 제1항 긴급피난 규정의 "위난"이라는 요건을 비교해보면 분명한 차이를 알 수 있다. 즉 ② 정당방위에서 말하는 법익위태화 원인은 인간 침해행위와 관련되는 것이어야 할 뿐만 아니라 그것이 부당해야 하지만, ③ 긴급피난 경우는 위난원인 내용을 묻지 않는다. 그러므로 인간행위로 볼 수 없는 자연위난, 반사행위, 무의식행위, 절대 힘의 지배로 한 행위 등 위난에 대해서는 정당방위가 아니라 긴급피난만 가능하다. 정당방위의 "부당한 침해"는 "위법한 침해"라는 더 명확한 기준으로 해석해야 한다는 점은 앞에서 설명한 바 있다.

2) 현재성 범위 정당방위 요건이 되는 침해, 긴급피난 요건이 되는 위난에 ① 현재성이 33
있어야 하는 점은 양자 모두 동일하다. 과거에 있었거나 장래에 발생할 위급한 상황에 대한 정당방위 · 긴급피난은 허용될 수 없다. 그러나 양자 현재성 범위는 동일하지 않다. ② 정당방위 현재성이 "법익에 대한 침해가 긴박한 상태에 있거나 바로 발생하였거나 또는 아직 계속되고 있는 상태"를 의미하는 데 반해(**엄격한 현재성**) ③ 긴급피난 현재성 범위는 "위험상태가 오랫동안 계속 · 반복되어 앞으로도 같은 침해가 예상되는 계속위난 경우"까지 포함한다(**유연한 현재성**). 이처럼 ④ 상이한 현재성 범위는 곧 정당방위 또는 긴급피난 범위와 직접 연결되므로 상당성이라는 또 다른 규범척도에 따라 법치국가적으로 조정되지 않으면 안 된다. 예컨대 긴급피난의 상대적으로 넓은 현재성 범위는 정당방위보다 현저히 강화된 상당성요건으로 상쇄되는 절차를 밟는다.

34 3) 상당성 정도 양자 모두 상당성을 요건으로 하는 점은 같지만 위에서 설명한 것과 같은 내용 차이가 있다. 즉 ① 침해법익과 보호법익간 비례성 내용을 결정하는 내용이 다르다. 타인의 부당한 침해를 요건으로 하는 ② 정당방위는 상황 특수성으로 통상 비례성보다 약화된 비례성을 의미한다. 다시 말해 정당방위상황이라면 타인 법익에 대한 침해를 종국적으로 마감할 수 있는 적합한 수단을 선택할 수 있으며, 그 정도도 최소침해에 그치게 하는 정도면 충분하다. 즉 정당방위 상당성은 비례성 요건 가운데 적합성과 필요성을 요건으로 하고 침해법익과 보호법익 사이 엄격한 균형성은 요구되지 않는다. 이 점은 "부당한 침해"의 엄격한 현재성으로 상쇄될 수 있기 때문이다.

35 그러나 ③ 긴급피난 경우는 위난을 피할 수 있는 적합한 수단 가운데 최소침해수단을 선택해야 하는 동시에 보호법익이 침해되는 법익보다 본질적으로 우월하지 않으면 안 된다(**강화된 비례성**). 긴급피난은 현재성 범위가 넓게 인정됨으로써 그 상당성은 비례성원칙의 적합성원칙, 필요성원칙(최소침해원칙) 그리고 균형성원칙 모두 충족해야 한다. 따라서 ④ 정당방위와 구별되는 긴급피난 상당성 핵심은 바로 균형성원칙에 있다.

36 4) 행위대상 같은 이유로 정당방위와 긴급피난은 행위 대상면에서도 차이가 있다. 정당방위는 법익을 부당하게 침해하는 침해자 또는 그 도구에 대해서만 방위행위를 할 수 있음에 반해 긴급피난 경우에는 위난을 가져온 행위상황과 무관한 제3자도 행위대상으로 삼을 수 있다. 이를 두고 공격 긴급피난이라 한다.

[71] Ⅴ. 면책 긴급피난의 특별한 성립요건

1. 의 의

1 면책 긴급피난은 보호법익의 본질적 우월성을 전제한 정당화 긴급피난과 달리 **동가치법익 사이에 행해진 긴급피난**을 말한다. 면책 긴급피난은 위법성은 존재하고 책임이 조각될 수 있을 뿐이기 때문에 이에 대해서는 정당방위가 가능하고 공범도 성립할 수 있다. 면책 긴급피난은 책임조각사유에 해당하므로 범죄체계론에서 보면, 책임론에서 다루어야 하지만 이해편의를 위해 여기서 설명한다. 면책 긴급피난이 정당화 긴급피난과 같은 조문(제22조)에 근거하고(이분설) 긴급피난과 중첩되는 부분이 있기 때문이다.

2. 정당화 긴급피난과 공통되는 성립요건

2 위 위법성을 조각하는 긴급피난 성립요건에서 설명한, ① 피난상황("자기 또는 타인의 법익에 대한 현재의 위난"), ② 피난행위("위난을 피하기 위한 행위"), ③ 상당성("상당한 이유") 가운데 적합성과 필요성원칙, ④ 특별한 보호의무(제22조 제2항), ⑤ 주관적 정당화요소(피난상황에 대한 인식과 피난의사) 등은 면책 긴급피난에도 그대로 적용된다. 따

라서 이 요건에 대해 상세한 것은 위 해당 부분을 참고하면 된다.

3. 면책 긴급피난의 특별한 성립요건

면책 긴급피난의 본질적 차이점은 상당성 세 번째 표지인 '**균형성**'에 있다. 그 내용 3
은 보호법익의 본질적 우월이 아닌 충돌하는 양 법익 동가치성이다. 그 중에도 면책 긴급피난이 인정되는 범위는 원칙적으로 자기 또는 자기와 가까운 타인(예컨대 친족) 생명 · 신체로 국한된다. 그 이유는 다음과 같다. ① 명문규정이 없기 때문에 적용범위를 축소해야 할 필요가 있다. ② 자기와 무관한 제3자 생명 · 신체를 위한 면책 긴급피난(무고한 제3자 생명 · 신체에 대한 침해)은 우리 법문화가 인정하기 힘든 상황이다(강한 자기보호원칙과 약화된 사회연대성). 그리고 ③ 면책되지 않는 그 밖 피난행위는 양형절차에 따라 임의적 형벌감경(제53조)이 가능하기 때문이다.

정당화 긴급피난 '균형성' 가운데 '법익침해 개연성'과 '구조가능성'은 면책 긴급피 4
난을 정당화하는 데도 고려되는 요소다. 예컨대 생명 · 신체에 대한 침해 개연성 또는 구조가능성이 높을수록 면책 긴급피난은 그만큼 쉽게 정당성을 확보한다.

[72] Ⅵ. 과잉피난과 오상피난

1. 과잉피난

상당성 정도를 초과한 긴급피난을 과잉피난이라 한다. 과잉피난도 위법성조각사유 1
가 아니라 정황에 따라 형을 감경 또는 면제할 수 있을 뿐인(제22조 제3항) 책임감경 또는 면책사유다. 과잉피난행위가 야간 기타 불안스러운 상태에서 공포 · 경악 · 흥분 또는 당황으로 발생한 경우는 벌하지 않는다(제22조 제3항).

2. 오상피난

오상피난에 대한 법적 근거가 없는 것도 오상방위와 마찬가지다. 오상피난은 객관 2
적으로 긴급피난상황이 아닌데도 잘못 알고 피난행위를 한 경우를 말한다. 오상피난은 긴급피난이 아니기 때문에 이른바 허용상황착오(위법성조각사유 전제사실의 착오)에 해당한다. 따라서 그 법 처리는 오상방위와 마찬가지로 책임고의만 탈락시켜 처벌하지 않는 법효과면에서 사실착오와 동일하게 취급하는 방법(제한책임설)이 타당하다.

[73] Ⅶ. 의무충돌

1. 의무충돌 의의

의무충돌이란 둘 이상 작위의무가 동시에 충돌하여 행위자가 그 가운데 어느 하나만 이행할 1
수밖에 없고, 다른 의무를 이행하지 못한 것이 구성요건에 해당되어 가벌 행위가 되는 경우를 말한다. 예를 들면 연탄가스에 중독되어 생명이 위독한 환자는 두 사람인데 고압산소치료기는 한 대밖에 없어서 부득이 그 중 한 사람 생명만 구하고 다른 사람은 사망한 경우가 여기에 해당한다. 의무충돌 유형에는 ① 둘 이상 작위의무가 충돌하는 경우 외에 작위의무와 부작위의무 또는 ② 둘 이상 부작위의무가 충돌하는 경우를 생각해 볼 수 있다. 여기서 부작위의무와 부작위의무가 충돌하는 경우는 의무충돌에 해당하지 않는다. 행위자는 둘 이상 부작위의무를 얼마든지 동시에 이행할 수 있기 때문이다. ③ 작위의무와 부작위의무가 충돌하는 경우도 정당화 긴급피난에 해당하기 때문에 의무 충돌로 포섭해야 할 필요가 없다. 타인 법익을 침해하는 자는 언제나 부작위의무에 대한 침해를 수반한다. 따라서 의무충돌은 작위의무 사이에서만 문제된다.

2. 의무충돌 법적 성질

(1) 긴급피난과 의무충돌

2 의무충돌도 긴급피난 예를 좇아서 정당화 의무충돌과 면책 의무충돌 둘로 나눌 수 있다. 즉 의무 충돌은 긴급피난이론에 따라 정당화 · 면책된다. ① 정당화 의무 충돌은 서로 가치가 다른 의무충돌에서 높은 가치 의무를 수행한 경우를 말한다. 이에 대해 ② 면책 의무충돌은 동가치법익 사이 의무충돌이나 가치가 다른 의무 사이에서 낮은 가치 의무를 수행한 경우를 말한다. 전자는 정당화 긴급피난 일종으로 파악하면 된다. 그러나 어쩔 수 없는 한계상황을 정당한 행위로 포섭하는 것은 금기禁忌 한계를 건드리는 잘못이 있다. 정당화 긴급피난을 인정하지 않는 사람은 이 경우가 초법규 위법성조각사유에 해당하는 것으로 본다.

3 후자, 즉 동가치법익 사이 의무 충돌이나 낮은 가치 의무를 수행한 경우는 면책 긴급피난의 문제로 다루면 된다. 이에 대해서도 적법행위에 대한 기대가능성이 없으면 초법규 책임조각사유가 된다고 보는 견해도 있다. 기대가능성 초법규성을 인정할 경우 가능한 주장이다. 위법성과 책임 가벌성판단에 초법규 기준이란 없다.

(2) 법으로부터 자유로운 영역

4 의무충돌이 법으로부터 자유로운 영역(rechtsfreier Raum)에 속한다는 견해가 있다.[1] ① 법으로부터 자유로운 영역이란 말 그대로 법적인 평가를 내릴 수 없고 개인양심에 맡길 수밖에 없는 분야를 말한다. 그러므로 이런 분야에 대해서는 법적 금지나 허용을 말할 수 없다. 이에 대한 보기로서 자살이나 정당화사유에 따른 낙태를 든다. 그러나 ② 구성요건해당성 이전 문제에 속하는 경우는 몰라도 일정한 행위가 구성요건에 해당하는 이상 법으로부터 자유로운 영역은 인정하기 어렵다. 어떤 형태로건 법 평가를 내려야 하기 때문이다. 의무충돌 경우도 마찬가지다. 정당화 의무충돌이나 면책 의무충돌에서 발생하는 법익침해는 법이 사후에 허용해 주는 행위이지 개인 양심에 맡긴 법으로부터 자유로운 영역이라고 말할 수 없다. 만일 현존하는 갈등상황을 법으로부터 자유로운 영역이라는 이유로 법 판단을 하지 않으면 법규범 법익보호기능을 포기하는 것과 같다.

3. 의무충돌 종류

(1) 논리적 충돌과 실질적 충돌

5 ① 논리적 충돌은 의무를 발생시키는 법규가 서로 모순되기 때문에 발생하는 충돌을 말한다. 예를 들면 감염병예방법(제11조)에 따른 의사 신고의무와 형법(제317조)의 의사 비밀유지의무가 서로

1) Arthur Kaufmann, Rechtsfreier Raum und eigenverantwortliche Entscheidung, Maurach- FS, 337면.

충돌하는 경우가 있다. ② 실질적 충돌은 의무를 발생시키는 법규와 상관없이 행위자 개인사정에 따라서 발생하는 충돌을 말한다. 의무충돌은 이러한 실질적 충돌 경우만 의미한다. 논리 충돌은 작위의무와 부작위의무가 충돌하는 경우로서 정당화 긴급피난 적용대상이 된다. 작위의무를 부작위의무가 제한하는 것은 의무충돌과 구별된다. 법률이 명시적으로 요구한 작위의무는 원칙적으로 의무충돌에 앞서 고찰해야 한다.

(2) 해결할 수 있는 충돌과 해결할 수 없는 충돌

해결할 수 있는 충돌은 행위자가 적법행위와 위법행위 사이에 어느 하나를 선택할 수 있는 경 6
우를 말한다. 그러나 해결할 수 없는 충돌은 그와 같은 선택가능성 없이 어느 하나 의무를 이행하면 다른 의무 불이행이 법률에 위반되는 경우다. 전자는 법익교량이 가능한 이가치법익異價値法益 사이 의무충돌이고, 후자는 그것이 불가능한 동가치법익 사이 의무충돌이다(생명과 생명의 충돌). 그러므로 문제되는 것은 후자의 해결할 수 없는 동가치법익 사이 의무충돌을 정당화 의무충돌로 볼 것인가 면책 의무충돌로 볼 것인가 하는 점이다. 당연히 면책 의무충돌로 보는 것이 옳다. 비록 어쩔 수 없는 한계상황이었다 할지라도 침해는 침해라는 사실을 일깨워주기 위한 형법 예민성은 어떤 방식으로든 표현되어야 하기 때문이다. 정당화 의무충돌로 보는 것은 긴급피난에서 양자를 구별하는 취지하고도 맞지 않는다.

4. 의무충돌 요건

의무충돌이 정당화 또는 면책되기 위해서 갖추어야 할 조건은 다음과 같다. 7

(1) 의무충돌

의무충돌이 되기 위해서는 두 개 이상의 법적 의무가 서로 충돌하여 하나의 의무를 이행함 8
으로써 다른 의무를 이행하는 것이 불가능할 뿐만 아니라 형법 구성요건에 해당되는 경우여야 한다. 단순한 도덕·종교적 의무에 따른 작위의무는 여기 포함되지 않는다. 법적 의무는 이러한 의무에 우선하기 때문이다. 법적 의무라 할지라도 이시異時에 이행이 가능한 의무 사이는 의무충돌이 되지 않는다.

행위자의 고의·과실 등 책임으로 의무충돌이 발생한 경우 처리를 둘러싸고 다음 견해가 있 9
다. ① 다수설은 고의·과실에 따른 충돌상황 야기는 위법한 것으로 본다. 따라서 정당화나 면책될 가능성이 없다. ② 여기서 경미한 과실에 따른 충돌상황은 제외한다는 수정견해도 있다. ③ 다음으로 의무충돌상황이 있는 이상 그 원인은 묻지 않는다는 견해도 있다. 정당방위(정당방위 사회윤리적 제한)나 긴급피난(자초위난)의 제한이 인정되지 않으면 행위자 고의·과실에 따른 책임으로 충돌상황이 발생한 경우도 의무충돌을 인정하지 말아야 할 이유가 없다. 다만 의무충돌을 빌미로 상대방을 범죄도구로 이용할 정도에 이른 경우는 정당화나 면책이 될 수 없다. 이 경우에 충돌상황을 야기한 사람은 간접정범(제34조 제1항)으로 처벌되어야 한다.

(2) 상 당 성

의무충돌은 긴급피난이론에 따라서 정당화·면책되므로 어느 한 의무 이행에 상당성이 있어 10
야 한다. 여기서는 긴급피난과 마찬가지로 의무교량 관점이 중요한 역할을 한다.

1) 정당화 의무충돌　이가치의무異價値義務 충돌에서 높은 가치 의무를 수행하고 낮은 가 11
치 의무를 태만히 함으로써 구성요건에 해당되는 경우는 위법성이 조각된다. 의무교량에는 해당의무가 보호하는 법익이 우선하여 고려된다. 예컨대 생명가치는 재산가치보다 우선한다. 위험의 경중이나 정도 · 개연성, 구조가능성 등도 종합으로 비교 · 검토해야 한다. 긴급피난에서처럼 이행한 높은 가치 의무가 태만한 낮은 가치 의무보다 본질에서 우월 관계에 있어야 할 필요는 없다. 의무충돌에는 행위강제상황이 존재하기 때문이다.

12 2) **면책 의무충돌** 동가치의무가 충돌하여 어느 하나 의무만 이행한 경우는 면책사유로 보는 것이 옳다. 특히 생명 · 신체와 같은 중대 법익이 관련하는 경우는 더욱 그렇다. 행위자는 어느 한 의무를 선택할 수밖에 없고, 법이 불가능한 것을 요구할 수 없다는 이유로 정당화되는 것은 아니다. 어떤 경우도 다른 생명 · 신체에 대한 포기가 '정당'한 것으로 평가되는 것은 우리 사회 금기한계를 침해할 위험성이 있다. 한계상황 생명도 생명이라는 사실을 일깨워주고 쉽게 포기하는 것을 막기 위해서는 면책사유로 파악해야 한다.

13 3) **주관적 정당화요소** 의무충돌이 정당화 · 면책되기 위해서는 주관적 정당화사유가 존재해야 한다. 따라서 의무충돌에 처한 행위자는 충돌상황에 대한 인식이 있어야 한다. 높은 가치나 적어도 동가치의무 사이에 어느 한 의무를 수행한다는 의사를 가지고 행위해야 한다. 이것은 긴급피난에서 피난상황에 대한 인식과 피난의사가 있어야 하는 경우와 마찬가지다. 행위자가 이러한 의사를 가지고 의무를 선택하는 한 그 밖의 내심 동기는 문제 삼지 않는다. 설사 윤리적으로 비난받을 만한 동기를 가지고 있었더라도 법 효과에 영향을 미칠 수 없다.

제 5 절 자구행위

[74] Ⅰ. 자구행위自救行爲 의의

1 형법 제23조 제1항은 법이 정한 절차에 따라서 청구권을 보전하기 불가능한 경우 그 청구권의 실행불능 또는 현저한 실행곤란을 피하기 위한 행위는 상당한 이유가 있을 때 벌하지 않는다고 함으로써 자구행위를 규정한다. 즉 자구행위는 불법으로 권리를 침해당한 사람이 공권력 힘을 빌리지 않고 자력으로 그 권리를 구제 · 회복하는 제도다. 민법 자력구제(민법 제209조)와 유사하다. 자구행위는 앞서 설명한 정당방위, 긴급피난과 함께 위법성조각사유에 해당한다.

2 근대법치국가에서 청구권 보전은 원칙적으로 법적 절차에 따라야 한다. 그러나 공권력에 의한 법적 구제절차를 기대하기 힘든 긴급상황이 있을 경우 자력으로 행하는 즉각적 구제를 인정할 필요가 있다. 그렇지 않으면 법이 불법 실현을 방관하는 결과를 가져온다. 자구행위 예를 들면 길에서 우연히 만난 절도범인으로부터 피해자가 도품盜品을 강제로 환수하거나, 채무면탈 목적으로 도망가는 채무자를 채권자가 붙잡는 경우 등이 있다.

[75] Ⅱ. 자구행위 본질

자구행위를 규정한 형법 제23조 제1항의 이론 정당성은 위법성조각사유 일반원리인 법질서수호원칙과 자기보호원칙에서 찾을 수 있다. ① 자구행위가 공권력 구제를 기다릴 수 없는 긴급상황에서 발생하는 불가피한 조치라는 점은 정당방위, 긴급피난과 마찬가지다. 불법한 침해가 원인이 되는 것은 정당방위와 같다. 다만 ② 차이점은 정당방위와 긴급피난이 피해발생을 예방하기 위한 사전 긴급행위임에 반해 자구행위는 이미 침해된 청구권을 구제하기 위한 사후 긴급행위라는 점이다. 따라서 ③ 자구행위 정당성근거(위법성조각의 근거)도 긴급상황의 불법 침해에 대해 사인이 '국가권력을 대행'하는 점에서 찾을 수 있다. 그렇다고 자구행위에 대한 권리가 있는 것(이른바 **권리행위설**)으로 파악하면 안 된다. 형법은 원래 권리규범이 아니고 금지규범이다. 위법성조각사유에 대한 형법규정도 마찬가지다. 청구권 보전은 원칙적으로 법절차에 따라야 한다. 그러나 긴급상황이라는 특수성 때문에 법이 자력으로 하는 구제행위를 구성요건에 해당하지만 예외로 위법하지 않은 것으로 평가해 줄 뿐이다. 그 평가는 행위가 있고 난 뒤 법이 사후에 내리는 것이고 행위 당시 행위자가 내리는 판단은 아니다. 권리행사 일종이라면 '상당성'(제23조 제1항)이 있어야 위법성이 조각된다는 법 판단을 기다릴 필요가 없다. 1

[76] Ⅲ. 자구행위 성립요건

자구행위가 성립하기 위해서는 ① **자구행위상황**("법률에서 정한 절차에 따라서는 청구권을 보전할 수 없는 경우"), ② **자구행위**("청구권의 실행이 불가능해지거나 현저히 곤란해지는 상황을 피하기 위한 행위"), ③ **상당성**("상당한 이유") 세 가지 요건이 있어야 한다. 1

1. 자구행위상황: "법률에서 정한 절차에 따라서는 청구권을 보전할 수 없는 경우"

(1) 청 구 권

청구권은 타인의 작위 또는 부작위를 요구할 수 있는 권리를 말한다. 2

1) 청구권 범위 청구권은 채권, 물권을 가리지 않는다. 주로 문제되는 것은 재산 청구권이겠지만, 꼭 그것에 국한할 필요는 없고 무체재산권 · 상속권 · 친족권에서 발생하는 청구권도 포함한다. 그러나 자구행위는 이미 발생한 침해상태를 회복하기 위한 제도기 때문에 한 번 침해됨으로써 회복이 불가능한 권리는 여기 청구권에 포함되지 않는다. 생명 · 신체 · 자유 · 정조 · 명예 등 권리가 그 예에 속한다.

2) 자기 청구권 청구권은 자기 청구권에 국한한다. 정당방위, 긴급피난과 달리 3

타인을 위한 자구행위는 인정되지 않는다. 다만 청구권자로부터 자구행위실행을 위임받은 경우는 가능하다.

(2) 청구권에 대한 불법한 침해

4 법문의 명시 규정은 없지만 자구행위는 청구권에 대한 불법침해를 전제한다. 불법침해가 없는 청구권은 법률이 정한 절차에 따라 그 구제가 얼마든지 가능하기 때문에 자구행위를 인정해야 할 필요가 없다. 그 침해는 과거에 발생한 침해여야 한다. 현재 침해에 대해서는 정당방위가 가능할 뿐이다. 이와 관련하여 다음 문제에 논란이 있다.

5 1) 절도물 탈환 절도범인을 현장에서 추적하여 절도물을 탈환하면, 위법상태가 계속되는 현재 침해에 해당되기 때문에 정당방위가 성립한다. 따라서 이때 폭행·협박을 하더라도 폭행·협박죄가 성립하지 않는다. 그러나 나중에 길거리에서 우연히 만난 절도범인으로부터 절도물을 탈환하는 것은 자구행위에 해당한다.

6 2) 부작위에 의한 침해 예컨대 퇴거불응자를 강제퇴거시키는 행위는 정당방위인가 아니면 자구행위인가. 통설은 정당방위로 본다. 침해 현재성이 있고, 정당방위 침해는 작위침해에 국한해야 할 이유가 없기 때문에 타당하다.

(3) 법률이 정한 절차에 따른 청구권보전 불가능

7 1) 법률이 정한 절차 법률이 정한 절차는 보통 가압류, 가처분과 같은 민사 사법절차를 의미한다. 그러나 사법절차가 아니더라도 경찰 기타 국가기관 구제가 가능한 경우면 그것도 여기 법률이 정한 절차에 포함된다.

8 2) 청구권보전 불가능 청구권 보전불가능은 사법절차와 같은 법률이 정한 구제절차를 밟다가는 자기 청구권이 실행불능에 빠지거나 현저한 실행곤란이 올 가능성이 있는 경우를 말한다. 예컨대 장소·시간관계로 법률이 정한 구제를 기다릴 여유가 없는 급박한 사정이 여기에 해당한다. 이 요건을 **자구행위 보충성**이라 한다. 자구행위는 법률이 정한 절차에 따른 청구권보전이 불가능할 때 법률이 정한 절차를 보충하기 위한 제도라는 의미다. 따라서 단순한 권리행사를 위해 폭행·협박·편취·강취하는 행위는 자구행위에 해당할 수 없다. 자구행위는 법률이 정한 절차에 의한 청구권보전 불가능을 요건으로 하기 때문이다. 다만 사안 경중에 따라 형법 제20조 정당행위 '기타 사회상규에 반하지 않는 행위'로 위법성이 조각될 가능성은 있다.

2. 자구행위: "청구권의 실행이 불가능해지거나 현저히 곤란해지는 상황을 피하기 위한 행위"

(1) 청구권 실행불가능 또는 현저한 실행곤란

9 지체 없이 자구행위를 하지 않으면 청구권 실행이 불가능하거나 현저히 곤란해지는 사정이 있어야 한다. 법률이 정한 절차에 따른 청구권보전이 불가능하더라도 이런

사정이 없으면 자구행위를 할 수 없다. 예컨대 법률이 정한 절차에 따른 구제는 불가능하더라도 채권에 대한 충분한 인적 · 물적 담보가 확보된 경우가 여기 해당된다. 청구권 실행불가능뿐만 아니라 그 실행이 매우 어렵게 되는 상황도 자구행위는 가능하다.

(2) 자구의사

자구행위는 청구권 실행불가능이나 현저한 실행곤란을 '피하기 위한' 행위다. 그러 10
므로 행위자는 자구의사를 가져야 한다. 이 밖의 다른 목적을 위한 행위는 자구행위로 인정되지 않는다. 자구의사는 자구행위 주관적 정당화요소이다.

3. 상당성: "상당한 이유"

자구행위에 필요한 상당성 내용도 정당방위, 긴급피난과 마찬가지로 비례성원칙으 11
로부터 그 내용에 대한 시사를 받는다.

(1) 자구행위 적합성

자구행위는 실행불가능이나 현저한 실행곤란에 빠진 청구권을 보전하는 데 '적합 12
한' 수단이어야 한다. '즉시, 확실하게 종국적으로' 청구권을 보전할 수 있는 수단이 적합하다. 하지만 그 범위는 매우 넓다.

(2) 자구행위 필요성

자구행위는 상대방 불법침해로부터 청구권을 보전하기 위한 제도기 때문에 보호법 13
익과 침해법익 사이 엄격한 균형성은 요건이 아니다. 이 점은 긴급피난과 구별되고 정당방위와 유사하다. 그러나 양자 사이 극심한 불균형, 말하자면 청구권보전 이익보다 훨씬 큰 손해를 입히는 자구행위는 허용될 수 없다. 예컨대 도품탈환을 위해 절도범을 살해하는 경우를 들 수 있다. 권리남용에 해당하지 않는 한 상해 · 폭행 · 협박 등 수단은 상당성이 있다. 나아가서 자구행위는 어디까지나 청구권 보전수단이기 때문에 그 정도를 넘어 채권을 강제추심하거나 재산을 임의로 처분하여 이행받는 것은 자구행위 상당성을 벗어난다.

4. 효　　과

이상 세 가지 자구행위요건이 구비되면 그 행위가 비록 구성요건에 해당하더라도 14
위법성이 조각되어 범죄가 성립하지 않고 처벌되지 않는다. 자구행위는 위법한 행위가 아니므로 이에 대한 정당방위는 성립하지 않는다. 자구행위에 폭력으로 맞서면 현재의 위법한 침해로 오히려 이에 대한 정당방위가 가능하다.

[판례] 자구행위 부정

① 피고인이 피해자에게 석고를 납품한 대금을 받지 못하고 있던 중 피해자가 화랑을 폐쇄하고 도주하자, 피고인이 야간에 폐쇄된 화랑의 베니어판 문을 미리 준비한 드라이버로 뜯어내고 피해자의 물건을 몰래 가지고 나왔다. 위와 같은 피고인의 강제적 채권추심 내지 이를 목적으로 하는 물품의 취거행위를 형법 제23조 소정의 자구행위라고 볼 수 없다.[1]

② 소유권의 귀속에 관한 분쟁이 있어 **민사소송이 계속 중인** 건조물에 관하여 현실적으로 관리인이 있음에도 위 건조물의 자물쇠를 쇠톱으로 절단하고 침입한 소위는 법정절차에 의하여 그 권리를 보전하기가 곤란하고 그 권리의 실행불능이나 현저한 실행곤란을 피하기 위해 상당한 이유가 있는 행위라고 할 수 없다.[2]

③ ***표준판례** 이 사건에서 피고인들에 대한 채무자인 피해자가 부도를 낸 후 도피하였고 다른 채권자들이 채권확보를 위하여 피해자의 물건들을 취거해 갈 수도 있다는 사정만으로는 피고인들이 법정절차에 의하여 자신들의 피해자에 대한 청구권을 보전하는 것이 불가능한 경우에 해당한다고 볼 수 없다. 또한 피해자 소유의 가구점에 **관리종업원이 있음에도** 불구하고 위 가구점의 시정장치를 쇠톱으로 절단하고 들어가 가구들을 무단으로 취거한 행위가 피고인들의 피해자에 대한 청구권의 실행불능이나 현저한 실행곤란을 피하기 위한 상당한 이유가 있는 행위라고도 할 수 없다.[3]

④ 이 사건 도로는 피고인 소유 토지상에 무단으로 확장 개설되어 그대로 방치할 경우 **불특정 다수인이 통행할** 우려가 있다는 사정만으로는 피고인이 법정절차에 의하여 자신의 청구권을 보전하는 것이 불가능한 경우에 해당한다고 볼 수 없다. 또한 이미 불특정 다수인이 통행하고 있는 육상의 통로에 구덩이를 판 행위가 피고인의 청구권의 실행불능이나 현저한 실행곤란을 피하기 위한 상당한 이유가 있는 행위라고도 할 수 없다.[4]

⑤ 피고인이 이 사건 토지의 소유권자로서 공소외 주식회사에 대하여 사용대차계약을 해지하고 이 사건 **토지의 인도 등을 구할 권리**가 있다는 이유만으로 공소외 주식회사로 들어가는 진입로를 폐쇄하였다. 피고인이 법정절차에 의하여 자신의 공소외 주식회사 및 피해자에 대한 토지인도 등 청구권을 보전하는 것이 불가능하였거나 현저하게 곤란하였다고 볼 수 없다. 뿐만 아니라 피고인의 행위가 그 청구권의 보전불능 등을 피하기 위한 상당한 행위라고 할 수도 없어 자구행위에 해당되지 않는다.[5]

⑥ **인근 상가의 통행로로** 이용되고 있는 토지의 사실상 지배권자가 위 토지에 철주와 철망을 설치하고 포장된 아스팔트를 걷어냄으로써 통행로로 이용하지 못하게 하였다. 이는 일반교통방해죄를 구성하고 자구행위에 해당하지 않는다.[6]

⑦ 임대인인 피고인의 승낙 없이 건물을 전차한 전차인은 비록 불법 침탈 등의 방법에 의하여 건물의 점유를 개시한 것이 아니고 그동안 평온하게 음식점 영업을 하면서 점유를 계속하여

1) 대판 1984. 12. 26. 84도2582.
2) 대판 1985. 7. 9. 85도707.
3) 대판 2006. 3. 24. 2005도8081.
4) 대판 2007. 3. 15. 2006도9418.
5) 대판 2007. 5. 11. 2006도4328.
6) 대판 2007. 12. 28. 2007도7717. 제3회.

온 이상 동인들의 업무를 업무방해죄에 의하여 보호받지 못하는 권리라고 단정할 수 없다. 피고인으로서는 마땅히 **정당한 소송절차에 의하여** 점유를 회복하여야 하고 위력으로 그 권리를 행사할 수 없다고 할 것이므로 임대인이 그 건물의 열쇠를 새로 만들어 잠근 행위는 업무방해죄의 위법성을 조각하는 자구행위에 해당하지 않는다.[1)]

[77] Ⅳ. 과잉자구행위와 오상자구행위

1. 과잉자구행위

자구행위가 상당성 정도를 초과한 경우를 과잉자구행위라 한다. 형법은 형법 제23조 제2항에서 자구행위가 그 정도를 초과한 경우는 정황에 따라 그 형을 감경하거나 면제할 수 있다고 규정한다. 따라서 과잉자구행위는 위법성조각사유가 아니라 책임감경 또는 면제사유라 할 수 있다. 과잉방위나 과잉피난에 준용되는 형법 제21조 제3항은 과잉자구행위에 해당되지 않는다.[2)] 1

2. 오상자구행위

객관적으로 자구행위상황이 아닌데도 잘못 알고 자구행위를 한 경우를 오상자구행위誤想自救行爲라 한다. 이에 대한 법적 근거는 없다. 오상자구행위는 자구행위가 아니기 때문에 위법성이 조각되지 않는다. 이것은 자구행위상황에 대해 착오한 것이므로 허용상황 착오(위법성조각사유 전제사실의 착오)에 해당한다. 그 처리는 오상방위, 오상피난과 마찬가지로 법효과면에서 사실착오와 동일하게 취급하는 방법(제한책임설)이 타당하다. 책임고의가 탈락하여 고의범으로 처벌되지 않고 다만 착오에 과실이 있으면 과실범으로 처벌된다. 2

제 6 절 피해자의 승낙

[78] Ⅰ. 피해자승낙 의의와 문제점

1. 피해자승낙 의의

피해자승낙은 피해자가 가해자에게 자기법익에 대한 침해를 허락한 경우 그 가해행위의 형법상 불법을 배제시키는 제도를 말한다(**이익흠결 원칙**). 법적 근거는 형법 제24조고 "처분할 수 있는 자 승낙에 의하여 그 법익을 훼손한 행위는 법률에 특별한 규정이 없는 한 처벌하지 않는다"고 하여 피해자승낙을 위법성조각사유로 규정한다. 1

1) 대판 1986. 12. 23, 86도1372, 제12회.
2) 제1회.

2. 피해자승낙제도 문제점

2 우리나라 피해자승낙에 관한 형법도그마틱은 중대한 법이론, 형법이론 문제점을 안고 있다. 그 내용을 요약하면 다음과 같다. ① 우선 법이론 문제점을 들면, 대부분 학자는 독일이론 영향을 받아 구성요건해당성을 조각하는 **양해**(Einverständnis)와 위법성을 조각하는 **승낙**(Einwilligung)을 구별한다.[1] 그러나 이것은 불법구성요건 해석학 지평에 대한 오해와 범죄체계론 과신에 비롯된 것으로 보인다. 양해와 승낙을 엄격히 구별하는 기준이 없을 뿐만 아니라, 구성요건 개별 해석을 통해 얼마든지 일원적으로 해결할 수 있다.

3 ② 다음으로는 **형법이론 문제점**이 있다. 피해자승낙제도 형법 정당성과 관련한 문제인데, 즉 우리나라 피해자승낙 도그마틱은, 구성요건배제든 위법성배제든 상관없이, 피해자승낙이 왜 형법 불법을 배제시키는가 형법이론적으로 근거 짓지 못한다. 피해자승낙을 마치 민법 제도인 것처럼 이해하는 경향이 있다. 이렇게 되면 형법 민사화에 대한 제동은 불가능하다.

[79] Ⅱ. 피해자승낙 본질

1 피해자승낙이 형법이론적으로 정당화되는 근거는, ① 피해자지향, ② 형법 보충성, ③ 형법 민사화현상에서 찾을 수 있다.

1. 피해자지향

2 피해자승낙은 오늘날 새로운 형사정책 흐름인 피해자지향 관점에서 이해할 수 있다. **피해자지향**은 범죄자에 대한 형법 통제과정 가운데 범죄자 반대편에 놓인 피해자를 여러 가지 측면으로 고려하는 것을 말한다.[2] 이미 현행 형법과 형사소송법은 이러한 피해자지향 단서를 담고 있는데, 정당방위(제21조), 양형규정(제51조 제2호), 친고죄, 반의사불벌죄 조항, 촉탁 · 승낙살인죄 조항 그리고 고소, 증인 등에 대한 다수 형사소송법규정이 여기 해당된다. 지금은 여기서 더 나아가 피해자의 일정한 행동, 특히 자기법익에 대한 보호포기가 침해행위 불법배제근거로 인정되기도 한다. 피해자의 형사절차에 대한 개입가능성이 중재이념으로 확대된다. 피해자승낙제도도 이러한 피해자지향이라는 큰 흐름의 하나로 전통적 행위자지향형법에 대한 수정형식으로 이해하면 된다.

2. 형법 보충성

3 피해자승낙 불법배제근거는 비례성원칙 두 번째 내용인 필요성, 즉 형법 보충성에서도 찾을 수 있다. 법익주체인 피해자가 자기법익에 대한 보호를 포기하면 그 법익에 대한 형법 보호필요성은 없어진다. 법률에 특별한 규정이 없는 한(제24조) 당사자 사이에 합의된 침해내용에 형법이

1) 김성돈, 296면 이하; 정성근/박광민, 273~274면; 오영근/노수환, 22/14; 하민경, 「구성요건해당성배제사유와 위법성조각사유의 구별 기준」(한양법학 43, 2013), 403면 이하.

2) 강효원, 「형사입법상 피해자 중심/지향 담론의 엄벌주의적 함의」(피해자학연구 32, 2024), 1면 이하; 권순민, 「형사사법에서 '피해자 중심'의 의미와 법정책」(비교형사법연구 23, 2021), 167면 이하.

개입해야 할 이유는 없다. 이것은 행위자에 대한 가벌성이 비례성원칙으로 정형화된다는 사실을 보여준다. 그러므로 피해자승낙은 형법 사회통제를 정형화하기 위한 실체법의 한 제도로 이해할 수 있다.

3. 형법의 민사화현상

(1) 의 의

피해자승낙이 형법 불법을 배제하는 것은 형법 집행에 관한 처분권한이 시민개인에게 이양된 결과와 같다. 즉 피해자승낙제도 방향은, 예컨대 민사 불법행위에 대한 **손해배상** 여부를 피해자 자율의사에 맡긴 것과 유사하다. 이것은 '형법 민사화경향'이라 이름 붙일 수 있으며, 이러한 성격은 형법 사회통제의 법치국가 정형화이념과 대립한다. 그러므로 피해자승낙제도는, 그것이 행하는 정형화기능과 이에 역행하는 민사화기능 긴장구조 안에서 가장 적합한 실현모델을 찾아야 한다.[1] 4

(2) 피해자승낙 위법성조각근거에 대한 전통 견해

1) **법률정책설** 피해자승낙이 위법성을 조각하는 근거는 법률정책 고려 때문이라는 견해다.[2] 우리나라 **다수설** 입장이다. 개인 자유행사는 다른 사회 이익과 비교하여 특별한 침해가 없는 한 최대한 존중해야 하므로 자기 법익침해에 대해 피해자가 승낙하면 위법성이 조각된다고 보는 견해다. 이익비교 관점이 토대가 되는 점에서 이익교량설이라고 한다. 5

2) 이익포기설 처분권을 가진 피해자가 보호받을 이익을 스스로 포기하면 형법이 보호해야 할 필요성은 없다고 보는 견해다. 이 견해는 형법이 법익과 함께 법익주체 처분권한도 보호하는 것으로 본다. 그러나 개인 주관적 의사에 국가 행위가 좌우되는 이유 그리고 생명에 대한 피해자승낙은 인정하지 않으면서 다른 개인 법익에 대해서 인정하는 이유를 설명하지 못하는 단점이 있다. 6

3) 법률행위설 피해자승낙을 법률행위로 파악하는 견해다. 이 법률행위가 행위자에게 침해권리를 부여하므로 이러한 권리행사는 위법할 수 없다는 것이다. 그러나 민법 권리행사가 언제나 형법 정당화사유가 되어야 하는 것은 아니다. 형법과 민법 평가기준은 엄격히 구분된다. 형법 민사화현상과 비교되는 학설이다. 7

4) 상 당 설 피해자승낙이 사회 질서이념에 비추어 상당하기 때문에 위법성이 조각된다고 보는 견해다. 그러나 개념 외연이 너무 넓다. 이런 말로 설명되지 않을 사안은 많지 않을 것이다. 8

[80] Ⅲ. 피해자 양해

형법 제24조가 피해자 '승낙'으로 못 박고 있음에도 통설은 구성요건을 조각하는 '양해' 개념을 도입한다. 이것은 다음과 같은 이유에서 찬성할 수 없다. 1

1. 해석학적 부적합

구성요건해당성이 조각되는 '양해' 보기로 보통 다음 경우를 든다. 절도죄는 타인재물을 절 2

1) 제5회.
2) 김혜정 외, 184면; 이재상 외, 20/10; 정성근/박광민, 279면; 임웅 외, 282면 등.

취함으로 성립한다. 그런데 피해자가 동의하면 절취가 아니고 절도죄가 성립할 수 없다. 마찬가지 이유로 부녀가 간음에 동의하면 강간이 되지 않고, 주거자 동의가 있으면 주거침입죄가 성립할 수 없다. 그러나 이 보기들은 구성요건해당성이 조각되는 경우가 아니라, 애초 구성요건해당성을 부인하는 해석결론을 양해(동의)라는 일상언어로 표현한 것에 지나지 않는다. 해석은 원래 구성요건과 구체 사안의 해석학적 일치에 관한 판단이다. 그러나 위 보기에서 거론된 경우는 해당 구성요건표지, 예컨대 절취 · 강간 · 침입 등 규범 · 언어적 효력 밖에 있는 것들이다. 그 효력영역 안에 있으면서 특별한 근거로 규범효력을 예외로 배제하는 경우가 아니다.

2. 논증기준 부적합

3 나아가서 '양해' 개념은 구성요건의 올바른 적용을 위한 기준이 되지도 못한다. 예컨대 강간죄 양해(동의)는 강요되지 않은 것이어야 한다. 절도죄 양해는 강요 여부가 아무 역할을 하지 못한다. 사기죄 양해는 경제측면에서 착오가 없어야 한다. 그러나 절도죄 · 강간죄는 그런 착오가 중요하지 않다. 결론적으로 '양해' 개념은 이런 구성요건을 해석하는 데 어떤 역할도 하지 못한다. 다시 말해 양해개념은 이들 구성요건해석에 의미 있는 규칙을 제공할 수 없다. 양해개념은 규범 관점과 논증대상을 연결하는 데 적합하지 않은 말이고, 범죄체계론 조어에 지나지 않는다.

3. 구성요건배제기준 불필요성

4 그렇다고 '승낙'이라는 법률의 명백한 위법성조각기준 외에 별도로 '양해'라는 구성요건배제기준을 설정해야 할 현실적 필요가 있는 것도 아니다. 구성요건해당성단계의 미진한 심사는 위법성단계에서 얼마든지 보완할 수 있다. 범죄체계론의 진정한 지혜는 바로 이런 점에 있다. 양해기준으로 구성요건해당성을 조각하려는 사안은, 위에서 말한 문제점을 양보하더라도 모두 승낙에 포섭할 수 있다. 다시 말하면 이 사안이 위법성심사단계를 통과할 수 있는 가능성은 없다. 그렇다면 결국 '양해'개념은 승낙으로 위법성이 조각되는 사안 가운데 특별히 구성요건해당성이 배제되는 사안을 가리기 위한 것이다. 이것이 범죄체계론의 이론 만족 외에 어떤 실익이나 필요가 있을지 모르겠다. 판사 입장에서도 승낙 외에 양해개념을 도입해야 할 실무적 필요성을 찾을 수 없을 것이다. 우리나라는 형법 제24조 피해자승낙에 관한 판례도 몇 개 되지 않는다. 이것은 대부분 승낙행위가 형법문제로 되지 않으며, 형법 이전 통제과정으로 해결되는 것을 의미한다.

[81] Ⅳ. 피해자 승낙

1. 피해자승낙의 법치국가 정형화

1 피해자승낙이 형법 불법을 배제함으로써, ① 행위자에게는 법치국가 인권보장을 확대하고, ② 피해자에게는 형법규범 집행에 관한 처분가능성이 주어지기 때문에 시민 자율영역을 확대하는 결과를 가져온다. 그러나 사회통제 최후수단인 형법 임무는 단순한 법익보호에 그치지 않고 법익보호 밑거름이 되는 규범의 올바른 정립에 기여해야 한다. 즉 시민이 규범을 자신 내면 속에 받아들여 행위규범으로 내재화하는 요청(적극적 일반예방)은 형법 사회통제의 본질 요소다. 그러므로 피해자 개인에게 형법 효력을 좌우시키는

것은 단지 예외로 인정해야 한다. 모든 형법규범 효력이 피해자의 주관 의사에 종속될 수는 없다. 따라서 예외로 불법을 배제하는 피해자승낙은 법익침해행위를 정당화시키는 국가형사사법의 엄격한 규율과 정형화를 필요로 한다. 예외 허용에도 불구하고 규범에 대한 일반인 신뢰는 여전히 유지되어야 하고, 그것을 통한 형법의 보충적 법익보호기능도 달성되어야 한다.

2. 피해자승낙 요건

(1) 승낙주체

피해자승낙은 법익 처분권한을 가진 사람이 자기 법익침해에 동의하는 것을 말한다. 2
타인 법익이라도 그에 대한 처분권을 가진 사람의 침해동의가 있으면 피해자승낙으로 효력이 있다. 법익침해행위는 고의행위뿐만 아니라 과실행위에 의한 경우도 가능하다.[1)]

(2) 처분할 수 있는 법익

피해자승낙 대상이 되는 법익은 다음 두 가지 차원에서 제한된다. 3

1) 개인 법익 피해자승낙제도는 법익보호에 대한 규범의 일반 효력을 개인의사 4
에 맡기는 것이 아니다. 개인이 자신 법익에 대한 보호를 일회적으로 포기하는 것을 허용해 줄 뿐이다. 그러므로 피해자가 승낙으로 처분할 수 있는 법익은 개인 법익에 국한한다.[2)] 예컨대 재산권 · 명예 · 신용 · 성적 자결권 · 신체 완전성 등이 여기 속한다. 국가 · 사회적 법익은 개인이 처분할 수 없는 법익이기 때문에 승낙대상이 되지 않는다.

2) 승낙 상당성 비록 개인법익이긴 하지만 **생명**, **신체**에 대한 처분은 다른 개 5
인법익처럼 피해자 의사에 완전히 내맡길 수 없는 특별한 성격을 가진다. 피해자승낙에 따라 개인 자율성영역이 확대되는 것도 좋지만 형법의 보충적 법익보호기능에 심각한 장애가 발생할 경우 형법은 일정한 법치국가 제한을 하지 않을 수 없다. ① 생명보호에 대한 규범가치는 어떤 경우도 동요되어서는 안 된다. 그러므로 생명은 피해자가 승낙할 수 있는 법익에서 제외된다. 형법도 촉탁 · 승낙살인죄(제252조 제1항)를 처벌한다. ② 신체에 대한 피해자승낙은 훼손행위에 **위법한 의도**가 있을 경우 제한된다. 헌법이 규정한 국민의무(예컨대 병역의무)를 면탈할 목적(병역법 제86조, 군형법 제41조)이나 민법의 공서양속에 반하는 계약(민법 제103조)에 따른 승낙상해(예컨대 채무면제 대가로 행하는 상해)는 허용되지 않는다.[3)] 판례에 나타난 예로는 피고인이 피해자와 공모하여 교통사고를 가장하여 보험금을 편취할 목적으로 피해자에게 상해를 가한 경우를 들 수 있다.[4)] 이때 피해자승낙이 있었더라도, 이는 위법한 목적에 이용하기 위한 것이므로 피고인 행위가

---

1) 제2회.
2) 제10회.
3) 제11회.
4) 대판 2008. 12. 11. 2008도9606.

피해자승낙으로 위법성이 조각되지는 않는다. 모두 본인 승낙 여부와 상관없이 범죄가 성립한다.[1] ③ 미성년자를 대신하는 보호자 동의가 권리남용으로 공서양속에 반한다고 인정될 경우 위법성은 조각되지 않는다.[2]

[판례]

***표준판례** 피고인은 피해자와 공모하여 교통사고를 가장하여 **보험금을 편취할 목적으로** 피해자에게 상해를 가하였다. 비록 피해자의 승낙이 있었다고 하더라도, 이는 **위법한 목적에** 이용하기 위한 것이므로, 피고인의 행위는 피해자의 승낙에 의해 위법성이 조각된다고 할 수 없다.[3] *피해자의 승낙이 윤리적 · 도덕적으로 사회상규에 반하면 위법성이 조각되지 않는다는 판결.

(3) 승 낙

1) 승낙능력

6 (가) **자연적 통찰능력** 승낙은 자기 법익침해에 동의하는 것을 말한다. 그러므로 이러한 동의행위는 피해자가 법익 의미와 침해에 대한 결과를 인식할 수 있는 이성 판단능력을 가지고 있어야 한다. 이것을 승낙능력이라 한다. 피해자 승낙능력은 민법 행위능력과 구별되고, 형법에서는 보통 자기행위 의미를 파악할 수 있는 '**자연적 통찰 · 판단능력**'으로 정의한다. 이 능력은 사실에 관한 판단문제이기 때문에 일정한 연령을 기준으로 하는 것은 아니지만 형법이 개별적으로 승낙할 수 있는 연령을 규정하는 경우도 있다. 예컨대 미성년자간음죄(제305조)는 13세 미만, 아동혹사죄(제274조)는 16세 미만인 사람은 해당 침해행위에 대한 승낙능력이 없다. 즉 피해자가 승낙하더라도 위법성이 조각되지 않고 범죄가 성립한다.[4]

7 피해자승낙에 자연적 통찰 · 판단능력으로는 부족하고 전문지식이 필요한 경우가 있다. 수술에 동의하는 환자 경우를 들 수 있는데, 이 경우 의사에게 '**설명의무**'가 부과된다. 의사의 불충분한 설명을 근거로 환자가 동의하더라도 피해자승낙으로 위법성이 조각되지 않는다.[5]

8 (나) **자유의사에 따른 승낙** 나아가서 피해자승낙은 의사흠결 없이 자유의사에 따라 이루어져야 한다. 강요, 기망, 착오, 흠결 있는 의사로 하는 승낙은 정당화사유로 인정될 수 없다. 마찬가지로 피해자가 법익포기 · 침해 범위와 관련되는 모든 상황을 인식하지 못하고 행한 승낙도 효력이 없다. 예컨대 경찰관을 사칭하고 물건을 압수한 경우 상대방이 이에 순순히 응하더라도 피해자승낙으로 위법성이 조각되는 것은 아니다.

---

1) 제1회.
2) 제1, 5, 10회.
3) 대판 2008. 12. 11. 2008도9606. 제1, 12회.
4) 제5회.
5) 제5, 10회.

피해자가 물건을 순순히 내어준 것은 단순한 수동적 인내에 지나지 않기 때문에 가해자는 절도죄(제329조)에 해당하고, 피해자의 자발적 재산처분이 없으므로 사기죄가 성립하는 것도 아니다.

다른 예를 하나 더 들어보면, 의과대학 학생 甲이 의사로 행세하고 환자 乙을 수술하였고, 9
甲이 의사가 아니라는 사실을 안 乙이 甲을 상해죄로 고소하였다고 가정해보자. 甲은 상해죄(제257조 제1항)에 해당된다. 乙이 甲 수술행위에 동의한 것은 甲을 의사로 알았기 때문이고 따라서 乙 승낙은 본질적 의사흠결(착오)이 있으므로 효력이 없다.

2) 승낙 표시방법 승낙이 외부에 표시되는 방법에 대해서는 다음 학설이 있다. 10

(가) **주 관 설** **의사방향설**이라고도 한다. 승낙을 행위자의 순수한 내심적 법익 11
포기의사로 파악하여 외부에 표현될 필요 없이 내면적 동의만 있으면 충분하다는 입장을 말한다. 이처럼 순수한 주관적 입장은 외부확인이 불가능하여 법적 안정성을 해칠 단점이 있다.

(나) **객 관 설** 객관설은 다른 말로 **의사표시설**이라고도 하며 주관설 반대되는 12
입장이다. 즉 승낙을 민법 법률행위 일종으로 파악하여 피해자가 외부적으로 의사표시 행위를 해야 한다고 한다. 승낙을 엄격하게 제한할 수 있는 장점은 있다. 반대로 피해자 지향 관점에서 그의 자율성을 확대하는 피해자승낙 본질에 역행하는 단점이 있다.

(다) **절 충 설** 절충설은 위 두 견해를 절충하여 승낙행위가 민법 법률행위와 같 13
은 형식을 가질 필요는 없지만, 어떤 방식이든 외부에서 인식할 수 있는 표시가 있어야 한다는 입장이다. 의사표시 법률적 방법에 집착하지 않는다는 점에서 주관설에 가까운 절충이다. 절충설은 피해자 자율성보장과 형법의 법치국가 정형화 사이에 균형을 잃지 않고 있기 때문에 타당한 견해다. 절충설에 따를 때 묵시 승낙은 승낙이 될 수 없다. 승낙은 명시적이거나 최소한 외부에서 인식할 수 있는 형식을 띠어야 한다.

3) 승낙시기 승낙은 법익침해 전에 있어야 한다. **사후승낙**은 위법성을 조각하 14
지 않으며 경우에 따라 양형 고려사항이 될 수 있다. 승낙은 언제든지 자유롭게 철회할 수 있다.[1)]

(4) 주관적 정당화요소

피해자승낙도 주관적 정당화요소로서 승낙인식이 있어야 한다. 피해자가 승낙을 하 15
였더라도 행위자가 이를 인식하지 못하고 행위하면 위법성이 조각되지 않는다.[2)] 그 반대 경우, 피해자승낙이 없는데도 있는 것으로 오인한 경우는 허용상황착오(위법성조각사유 전제사실의 착오)로 그 예에 따라서 처리하면 된다. 고의책임은 조각되지만 오신에 과실이 있으면 과실범으로 처벌된다.

1) 제5회.
2) 제10회.

[판례]

① ***표준판례** 산부인과 전문의 수련과정 2년차인 의사가 자신의 시진, 촉진결과 등을 과신한 나머지 초음파검사 등 피해자의 병증이 자궁외 임신인지, 자궁근종인지를 판별하기 위한 정밀한 진단방법을 실시하지 않은 채 피해자의 병명을 자궁근종으로 오진하였다. 이에 근거하여 의학에 대한 전문지식이 없는 피해자에게 자궁적출술의 불가피성만을 강조하고, 진단상의 과오가 없었으면 **당연히 설명 받았을** 자궁외 임신에 관한 내용을 설명 받지 못한 피해자로부터 수술승낙을 받았다. 위 승낙은 부정확 또는 불충분한 설명을 근거로 이루어진 것으로서 수술의 위법성을 조각할 유효한 승낙이라고 볼 수 없다.[1] *피해자가 충분한 정보를 갖지 않는 상태에서 **의사의 불충분한 설명**에 기초하여 행한 승낙은 유효한 승낙이 될 수 없다는 판결. 피해자가 이미 난소를 제거하여 임신불능상태에 있었다는 사정은 신체의 완전성, 생활기능에 대한 장애의 판단에 영향이 없음. 업무상과실치상죄 성립.

② 피할만한 여유도 없는 좁은 장소와, 상급자인 피고인이 하급자인 피해자로부터 아프게 반격을 받을 정도의 상황에서 신체가 더 건강한 피고인이 피해자에게 약 1분 이상 가슴과 배를 때렸다면, 사망결과에 대한 예견가능성을 부정할 수 없다. 위와 같은 상황에서 이루어진 폭행이 **장난권투**로서 피해자의 승낙에 의한 사회상규에 어긋나지 않는 것으로 볼 수는 없다.[2]

[82] Ⅴ. 추정적 승낙

1. 추정적 승낙 의의

1 추정적 승낙은 피해자가 현실로 승낙하지 않았지만 그가 행위 당시 사정을 알았다면 틀림없이 승낙했을 것으로 믿고 행위한 경우를 말한다.[3] 예컨대 의사가 무의식상태에 빠진 응급환자를 수술하거나 불이 난 이웃집 문을 부수고 들어가 진화작업을 벌이는 경우 등을 들 수 있다. 추정적 승낙에 따른 행위도 위법성이 조각된다는 점에 이견이 없다. 그러나 형법 명시규정이 없을 뿐만 아니라 형법 제24조 명시적 승낙과 성격이 다르기 때문에, 위법성이 조각되는 근거와 성립요건은 피해자승낙과 구별된다.

2. 추정적 승낙 법적 성질

2 추정적 승낙의 법적 성질에 대해서는 다음 견해가 있다. 특별히 중요한 문제는 아니다.

(1) 긴급피난설

3 추정적 승낙을 긴급피난(정당화적 긴급피난)의 일종으로 보는 견해인데, 추정적 승낙과 긴급피난은 구조를 달리한다. 추정적 승낙은 피해자의 기대되는 승낙이 중심이 되고 이익교량은 이러한 승낙을 확정하는 보조수단에 지나지 않는다. 즉 피해자의 소극적 이익포기가 중요한 것이 아니라 행위자가 피해자 이익을 위해서 적극적으로 행위한다는 점에 특징이 있다. 그러므로 추정적 승낙

1) 대판 1993. 7. 27. 92도2345. 제5회.
2) 대판 1989. 11. 28. 89도201.
3) 제1회.

도 이익충돌 없이 행위자 이익을 위해 행위하는 경우도 얼마든지 적용될 수 있다. 긴급피난에는 이러한 점을 찾아볼 수 없다.

(2) 피해자승낙설

추정적 승낙을 피해자승낙과 같이 보는 견해다. 즉 만일 피해자가 행위당시 사정을 알았더 4
라면 틀림없이 승낙했을 것으로 추정되는 경우는 이익흠결원칙에 따라 피해자승낙 연장으로 이해할 수 있다는 것이다. 이에 대해서는 현실적 승낙의 의사표시가 없음에도 마치 있는 것처럼 보는 것은 이론적으로 옳지 않다는 지적이 있다.

(3) 사무관리설

이 견해는 민법 사무관리가 형법에 적용된 경우로 보는 견해인데, 그러나 추정적 승낙의 모 5
든 경우가 민법 사무관리에 해당한다고 보기는 어렵다. 즉 이 견해에 따르면 법익주체 의사에 맞는 행위도 객관적 관점에서 그의 이익을 위한 것이 아니라고 판단되면 처벌해야 한다는 잘못된 결론이 나온다. 형법 위법성조각근거를 민법에서 찾는 것은 처음부터 잘못이다.

(4) 독자적 위법성조각사유설

추정적 승낙을 긴급피난이나 피해자승낙과 무관한 독자적 위법성조각사유로 파악하는 견해 6
다. 그 논거로 추정적 승낙이 객관적 이익교량에 근거를 두는 것이 아니고 피해자 가상적假想的 의사에 근거를 두면서 그 의사판단에 합리적 개연성을 기초로 하는 점을 든다. 이것은 추정적 승낙이 긴급피난과 피해자승낙 중간에 자리하는 반증이 된다고 한다.

(5) 이 원 설

추정적 승낙이 그 유형에 따라 긴급피난, 사회 상당성 또는 허용된 위험 원리로 정당화된다 7
는 견해다. 이렇게 되면 추정적 승낙을 통일적으로 설명하기 어렵다.

(6) 결 론

추정적 승낙의 구조적 성격은 긴급피난의 긴급구조 또는 피해자승낙과 유사한 면이 있다. 8
그러나 그 성립요건은 이들과 구별되는 독자성이 있다는 이유로 독자적 위법성조각사유설을 취하는 것이 일반적이다. 이렇게 볼 경우 추정적 승낙 법적 근거가 모호해지는 단점이 있다. 법관의 법률 구속이념은 가벌성 근거와 배제를 법률에서 찾을 것을 요구한다. 그러므로 명칭이야 어떻든 추정적 승낙을 피해자승낙 연장으로 파악하는 것이 바람직하다. 즉 추정적 승낙의 위법성이 조각되는 법적 근거는 형법 제24조 피해자승낙이고, 다만 승낙형식에서 구별되는 특수성은 추정적 승낙의 독자 이론으로 메우면 된다. 추정적 승낙이 독자적 위법성조각사유라면 굳이 피해자승낙 장章에서 함께 설명해야 할 이유는 없다.

3. 추정적 승낙의 유형

(1) 피해자 이익을 위한 경우

행위자가 피해자의 높은 가치 이익을 구조하기 위해 낮은 가치 법익을 침해하는 경 9
우다(**우월이익원칙**). 이러한 형태의 추정적 승낙은 법익주체와 침해주체가 동일한 경우 타인을 위한 긴급피난, 즉 **긴급구조**와 동일한 구조를 가진다. 이 경우는 긴급피난의 특수 형태에 속하기 때문에 추정적 승낙이 우선 적용된다.

(2) 행위자나 제3자 이익을 위한 경우

10 이것은 행위자가 자기나 제3자 이익을 위해 행위하였지만 피해자승낙이 추정되는 경우를 말한다. 강학상 보기를 들면, 기차시간에 늦지 않기 위해 친한 친구 자전거를 무단 사용하거나 가정부가 주인이 버릴 것으로 생각되는 물건을 미리 처분하는 경우 등이 있다. 침해되는 법익이 중대하지 않으면 위법성이 조각된다(**이익흠결원칙**). 위법성조각 근거는 법익주체의 추정의사다.

4. 추정적 승낙 성립요건

(1) 피해자승낙과 공통되는 성립요건

11 추정적 승낙이 피해자승낙과 공통으로 갖는 성립요건은, ① 피해자가 해당 법익에 대한 처분능력을 가지고 있고, 그 대상이 되는 법익 성격이 처분 가능한 것이어야 한다. 물론 법익주체는 침해결과에 대한 통찰·판단능력을 가지고 있어야 한다. 다만 의식 없는 환자에 대한 의사 수술은 당사자가 상황설명을 들어서 동의할 것으로 예견되는 경우라면 추정적 승낙을 인정할 수 있다. ② 승낙 추정은 행위시에 있어야 한다. 사후승낙은 인정되지 않는다. ③ 추정적 승낙으로 하는 행위도 승낙 상당성이 있어야 한다.

(2) 추정적 승낙 특별한 성립요건

12 1) 현실승낙 불가능 추정적 승낙은 현실 승낙을 얻는 것이 불가능할 경우에 성립한다. 이것을 일컬어 **추정적 승낙 보충성**이라고 한다. 불가능한 이유는 피해자가 승낙을 거부했기 때문이 아니라 극복할 수 없는 장애로 피해자승낙을 제때 받지 못하는 상황이다.

13 2) 승낙의 객관 추정 승낙이 객관적으로 추정될 수 있어야 한다. 다시 말하면 행위 당시 객관적 정황에 비추어 피해자가 이 사실을 안다면 틀림없이 승낙할 것으로 기대되는 경우여야 한다. 그러면 피해자의 명시 반대의사가 있는 경우도 추정적 승낙이 가능할 수 있을까? 피해자에게 이익이 되면 가능하다는 견해, 피해자의 의사·이익을 고려하여 구체적인 경우 사회적 상당성에 따라 해결해야 한다는 견해 등이 있으나 인정하지 않는 것이 바람직하다. 추정적 승낙은 어디까지나 행위자가 피해자 결정을 대리하는 제도고 법익주체 의사는 비합리적인 경우도 존중해야 하기 때문이다.

14 3) 양심적 심사 현실 승낙과 추정적 승낙 사이 법치국가 괴리를 메우기 위해 행위자는 행위상황에 대한 면밀한 심사를 해야 한다. 이것을 '양심에 따른 심사'라 한다.[1] 양심적 심사는 추정적 승낙의 성립요건이 아니라는 견해도 있다.[2] 그러나 명시적 법적 근거가 없는 추정적 승낙 법치국가성을 높이기 위한 기준으로 인정하는 것이 바람직하다.

---

1) 다수설로 임웅 외, 258면; 신동운, 352면; 이형국/김혜경, 236면; 이재상 외, 20/37 등.
2) 김성돈, 308면; 김일수/서보학, 332면; 오영근/노수환, 22/63.

5. 추정적 승낙 효과

이상 요건을 갖춘 추정적 승낙에 따른 행위는 피해자승낙에 따른 행위(제24조)와 15
마찬가지로 위법성이 조각되어 범죄가 성립하지 않는다. 추정적 승낙에서 구성요건해당성을 조각하는 경우는 있을 수 없다. 피해자승낙에서도 구성요건을 조각하는 '양해' 기준을 인정할 수 없다고 하였는데, 그렇지 않더라도 추정 승낙에서 양해와 같은 상황이 발생할 가능성은 없다.

[판례]

① 일반인의 출입이 허용된 음식점이라 하더라도, 영업주의 명시적 또는 추정적 의사에 반하여 들어간 것이라면 주거침입죄가 성립된다. 기관장들의 조찬모임 대화내용을 도청하기 위한 **도청장치를 설치할 목적**으로 손님을 가장하여 그 조찬모임 장소인 음식점에 들어간 경우에는 영업주가 그 출입을 허용하지 않았을 것으로 보는 것이 경험칙에 부합한다. 그와 같은 행위는 주거침입죄가 성립한다.[1] *판례변경

② 명의자의 명시적 승낙이나 동의가 없다는 것을 알면서도 명의자 이외의 자의 의뢰로 문서를 작성하는 경우, 명의자가 문서작성 사실을 알았다면 **승낙하였을 것으로 기대하거나 예측**한 것만으로는 그 승낙이 추정된다고 단정할 수 없다.[2]

③ 비록 **채권을 확보할 목적일지라도** 취거 당시에 점유 이전에 관한 점유자의 명시적 · 묵시적인 동의가 있었던 것으로 인정되지 않는 한, 점유자의 의사에 반하여 점유를 배제하는 행위를 함으로써 절도죄는 성립한다. 그러한 경우에 특별한 사정이 없는 한 불법영득의사는 인정된다.[3]

④ **해고근로자인 피고인들**이 당시 노조간부들이 무단으로 점거하여 사용하고 있던 노조 임시사무실에 출입한 행위는 관리자인 회사측의 의사 내지 추정적 의사에 반하는 것이다.[4]

⑤ ***표준판례** 건물의 소유자라고 주장하는 피고인과 그것을 점유관리하고 있는 피해자 사이에 건물의 **소유권에 대한 분쟁**이 계속되고 있는 상황이라면, 피고인이 그 건물에 침입하는 것에 대한 피해자의 추정적 승낙이 있었다거나, 피고인의 이 사건 범행이 사회상규에 위배되지 않는다고 볼 수 없다.[5]

⑥ 피고인이 피해자에게 이 사건 밍크 45마리에 관하여 자기에게 그 권리가 있다고 주장하면서 이를 가져간 데 대해 **피해자의 묵시적인 동의**가 있었다. 피고인의 주장이 후에 허위임이 밝혀졌더라도 피고인의 행위는 절도죄의 절취행위에 해당하지 않는다.[6]

⑦ 피고인은 계원들로 하여금 甲 대신 자신을 계주로 믿게 하여 계금을 지급하고 불입금을 지급받아 위계를 사용하여 甲의 계 운영업무를 방해하였다. 피고인에 대해 다액의 채무를 부담하고 있던 甲으로서는 채권확보를 위한 피고인의 요구를 거절할 수 없었기 때문에 피고인이 계

1) 대판 1997. 3. 28. 95도2674.
2) 대판 2008. 4. 10. 2007도9987.
3) 대판 2006. 3. 24. 2005도8081.
4) 대판 1994. 2. 8. 93도120.
5) 대판 1989. 9. 12. 89도889.
6) 대판 1990. 8. 10. 90도1211.

주의 업무를 대행하는 것을 **승인 내지 묵인한 사실**이 인정된다. 피고인의 소위는 甲의 승낙이 있었던 것으로서 위법성이 조각되어 업무방해죄가 성립하지 않는다.[1]

⑧ 종친회 결의서의 피위조명의자 중 피고인의 **형제 2명이 승낙한 사안**에서, 피고인의 아들들이나 위 형제들의 아들들은 나이가 젊고 각자 먹고 살기가 바빠서 종중일에 관심이 없었다. 행정대서업을 하는 피고인이 사전에 그들의 개별적 승낙을 받지 않고 혼자서 위 서류를 작성하였다고 할 경우, 추정적 승낙을 인정할 여지가 있다.[2]

[판례사례] '안수기도'와 피해자 승낙 피고인 甲은 병을 앓고 있는 피해자 乙에게 몸속에 있는 잡귀 때문에 병이 있다고 말하고 乙은 자신 몸으로부터 잡귀를 물리쳐줄 것을 부탁하였다. 이에 피고인 甲은 피해자 乙 집에서 처음에는 피고인 1~3과 함께, 그 다음에는 연락을 받고 그곳에 차례로 온 피고인 4~7과 합세하여 乙 몸에서 잡귀를 물리친다면서 뺨 등을 때리며 팔과 다리를 붙잡고 배와 가슴을 손과 발로 힘껏 누르고 밟는 등 그로 하여금 우측간 저면파열, 복강내출혈로 사망에 이르게 하였다. 이 경우 甲 외 7인 죄책은 어떻게 될까? 검사는 이들을 폭행치사죄로 기소하였고 원심은 폭행치사죄 공동정범으로 유죄를 인정하였다. 피고인들은 피해자승낙으로 죄가 되지 않는다고 주장하면서 상고하였다.[3]

[해설] 이 사건 논점은, ① 피해자승낙과 ② 공동정범이다. 검토순서는 위법성조각사유에 해당하는 피해자승낙이 먼저다. 이들 행위가 위법성이 없는 것으로 판명되면 그 다음 공동정범 성립여부는 검토할 필요가 없기 때문이다.

① 피해자승낙의 일반적 요건과 관련해서는 피해자 乙에게 승낙능력이 있어야 하고 승낙에 착오가 없어야 한다. 승낙능력은 자기행위 의미를 파악할 수 있는 자연적 통찰 · 판단능력을 의미한다. 만일 乙이 법익침해와 관련되는 모든 상황을 인식하지 못하고 승낙하였으면 그것은 효력이 없다. 문제는 승낙 상당성에 있다. 생명 · 신체에 대한 처분은 완전히 개인의사에 맡길 수는 없다. 여기서 乙이 이른바 안수기도라는 것과 그것에 수반되는 다소간 신체접촉행위를 승낙한 것은 상당성이 없다고 보기는 어렵다. 승낙 그 자체에 어떤 위법한 의도가 들어 있는 것은 아니기 때문이다. 다만 乙이 승낙한 내용은 **통상 안수기도를 벗어나는**, 생명이 위태로울 수도 있는 정도 신체폭행은 아닐 것이다.

만일 그렇지 않다면 乙 승낙능력에 문제가 있는 경우로서 역시 그 효력을 부인해야 한다. 즉 피해자승낙을 받고 행하는 침해행위도 사회 윤리 · 도덕 보편규범이라 할 수 있는 사회상규에 반할 경우 그 효력을 부인해야 한다. 그러므로 피해자 승낙내용을 벗어난, 다시 말하면 사회에서 일반적으로 인정할 수 있는 안수기도 범위를 벗어난 甲 등의 乙에 대한 신체침해행위는 발생결과에 대한 과실책임(폭행치사의 책임)을 면하기 어렵다. 대법원은 이 부분을 우회적으로 표현한다. 폭행으로 사람을 사망에 이르게 하는 일에 피해자'승낙'은 범죄성립에 아무 장애가 될 수 없는 윤리 · 도덕적으로 허용될 수 없는, 즉 사회상규에 반하는 것이라고 한다. 그러나 사실은, 사망에 이를 수 있는 폭행을 피해자가 승낙했을 리는 만무하기 때문에 '승낙'이 상당성이 없는 것이 아니고 오히려 피고인의 '승낙에 따른 침해행위'의 **사회 윤리성 · 도덕성** 결핍으로 상당성이 없는 것으로 보아야 할 것이다.

1) 대판 1983. 2. 8. 82도2486.
2) 대판 1993. 3. 9. 92도3101.
3) 대판 1985. 12. 10. 85도1892.

다음으로 ② 논점, 甲 외 7인의 피고인에 대한 공동정범 성립 여부를 검토해야 한다. 먼저 판례에 따를 경우 다음 결론이 된다. 공동정범이 성립하기 위해서는 우선 주관적으로 공동 범행의사(의사 공동)가 있어야 하고 객관적으로 공동 실행행위(행위 공동)가 있어야 한다. 이 사건에서는 甲외 7인 피고인 사이에 공동 범행의사가 있었는지 문제가 된다. 왜냐하면 기록에 따를 때 피고인이 순차적으로 乙 집에 온 것으로 되어 있고, 그들이 함께 모여 **공동모의하였다는** 내용은 없기 때문이다. 그러나 범행의사 연락방법은 묵시적인 것이라도 상관없다. **우연 공동정범**도 얼마든지 가능하다. 그러므로 甲 등 행위에 공동범행의사가 없었다고 보기는 어렵고 공동 실행행위도 인정된다. 따라서 甲 외 7인 피고인은 폭행치사죄(제26조) 공동정범 책임을 져야 한다. 이것은 **과실범 공동정범**을 인정하는 판례 결론이다. 그러나 사후 평가개념인 과실행위를 공동으로 하는 것은 불가능하기 때문에 중한 결과에 대한 7인 각각의 예견가능성(제15조 제2항)에 따라 개별적으로 **폭행치사죄 죄책**을 묻는 것이 타당하다(결과적 가중범 공동정범 부정설). 대법원도 같은 취지에서 피고인의 상고이유를 받아들이지 않았다.

한 가지 참고적으로, 이 사건과 직접 관련은 없지만, 순차적으로 도착한 피고인의 실행행위에 차이가 있을 경우 승계적 공동정범 문제가 발생할 수 있다. 승계적 공동정범을 긍정하는 견해는 후행자가 선행자 행위를 포함한 행위전체에 공동정범 책임을 져야 한다는 판단이다. 부정하는 견해는 후행자가 개입한 후 행위에 대해서만 공동정범이 성립한다는 생각으로 판례와 다수 학설 견해이다. 그러나 선행자 선행행위에 대해 후행자의 기능적 행위지배가 있었다고 보기 어렵기 때문에 부정설이 타당하다.

제5장 책 임

제1절 서 론

[83] Ⅰ. 책임 의의

1 가벌성심사 네 번째 단계는 책임이다. 위법성단계 정당화심사를 마치면 행위에 대한 판단이 내려진다. 다시 말하면 일정한 행위가 실체형법 판결기준에 따라 모든 사람에게 타당한 자유 한계를 넘었는가, 즉 불법이었는가 여부가 일단 확정된다. 지금까지 행위, 구성요건해당성, 위법성 단계에 따르면 행위자에 대한 체계적 지식이나 정보는 가질 수 없었다.

2 우리가 구성요건해당성 단계에서 살펴본 주관적 구성요건요소(고의, 목적, 경향과 같은 주관적 불법요소)도 확실히 행위주체에 대한 지식인 것은 사실이지만, 그러나 여기에서 수집된 것은 행위자에 대한 관심이 아니라 행위에 대한 관심에서 나온 것이다. 따라서 행위자 시각에서 보면 단편적인 것에 지나지 않는다. 이들은 행위에 일정한 자격을 부여하는 요소일 뿐이다. 행위자에 대한 체계적 지식은 책임단계에서 비로소 수집된다. 이 단계에 이르면 앞선 단계가 심사한 불법행위를 행위자에게 귀속시킬 수 있는가, 즉 그에게 자기 행위 책임을 지울 수 있는가 심사한다. 범죄구조 이 네 번째 단계에서 일정한 인간에 대한 불법의 주관 귀속이 논의 · 결정된다.

1. 책임 · 구성요건해당성과 행위 · 위법성단계 공통점 · 차이점

3 책임과 구성요건해당성단계는 여러 가지 점에서 공통점이 있고, 행위 · 위법성 단계와 구별된다. 행위단계는 어떤 관점에 따르더라도 형법적 의미를 가질 수 없는 상황이 매우 개괄 · 잠정적으로 제외된다. 위법성단계는 구성요건에 해당하지만 예외적으로 형법 가치질서에 모순되지 않는 행위를 골라서 정당화시키고 가벌성심사에서 제외한다. 즉 행위와 위법성단계는 '**귀속 제거 · 배제**'를 문제삼는 반면, 구성요건해당성과 책임영역은 '**귀속 근거지움과 포함**'을 임무로 한다. 전자는 객관적 관점에서, 후자는 주관적 관점에서 이루어진다.

4 행위와 위법성영역은 '소극적'(배제하는) 표지를, 구성요건해당성과 책임은 '적극적'(근거 짓는) 표지를 다룬다. 행위단계는 처음부터 형법 의미가 없는 세 가지 행위상황을 취급한다. 위법성단계는 구성요건해당행위 불법영역을 예외로 정당화시키는 사유를 가진다. 이에 대해 구성요건해당성단계는 행위의 형법 중요성을 근거짓는 표지, 예컨대 행위자('누가' 또는 '누가 공무집행자로서'), 행위('타인의 재물절취'), 행위결과('재산상의 손해발생') 표지를 다룬다. 그러면 책임단계의 주관 귀속을 근거짓는 적극 표지는 과연 무엇이 있을까?

2. 책임표지와 문제점

(1) 고의 · 과실

책임단계의 주관 귀속을 적극적으로 근거짓는 표지 첫 번째는 인간행위의 고의와 과실이다. 5
발생한 객관적 행위결과를 행위자에게 주관적으로 귀속시키기 위해서는 해당 행위에 대한 행위자
내적 관련이 있어야 하는데, 고의 · 과실이 바로 그 요소다. 즉 행위자가 자기행위를 이미(내적으
로) 인식하고 의욕했다는 사실(고의), 또는 그가 실현된 결과를 원치는 않았지만 최소한 결과발생
을 예견할 수 있었고(예견가능성) 따라서 회피할 수 있었음에도(회피가능성), 필요한 주의를 게을리
하였기 때문에(주의의무위반) 결과가 발생했다는 사실(과실)은 책임 첫 번째 요소다.

(2) 책임능력

두 번째 책임표지는 책임능력이다. 행위자는 그 성장 정도(제 9 조 형사미성년자)와 정신 · 신 6
체 건강면에서(제10, 11조 심신장애인, 청각 및 언어 장애인) 책임능력이 있어야 한다. 즉 자기행위 불
법을 통찰하고, 행위를 이 통찰에 따라 조종할 수 있는 상황에 있어야 한다. 그러나 형법은 위 해
당 조문에서 책임능력이 아닌 **책임무능력을** 소극적으로 규정하고 있을 뿐이다.

(3) 위법성 인식(금지인식 또는 불법의식)

세 번째 책임표지는 위법성 인식이다. 즉 행위자는 자기행위가 규범 금지 · 명령에 위반한다 7
는 것을 인식할 수 있어야 한다(제16조 법률의 착오). 어떤 금지된 행위를 한다는 것을 전혀 인식할
수 없었던 행위자에게 행위에 대한 책임을 지울 수 없다. 이 표지 또한 형법은 **법률착오라는** 소
극 형식으로 규정하고 있다.

(4) 기대가능성

네 번째 책임표지는 기대가능성이다. 법이 명령하는 행위가 행위자에게 기대가능해야 한다 8
(제21조 제2 · 3항 과잉방위, 제22조 제 3 항 과잉피난, 제12조 강요된 행위). 공포, 흥분, 당황 또는 강박
으로 어쩔 수 없었던 행위는 그의 책임으로 귀속시킬 수 없다. 이 표지도 형법은 **기대 불가능한**
상황을 규정하는 소극적 방법을 쓰고 있다.

(5) 책임표지 문제점

책임능력, 위법성인식, 기대가능성이 고의 · 과실과 마찬가지로 적극적 성격을 가지고 있는 9
데도 법률에 소극 형식으로 규정된 이유는 무엇일까? 그것은 책임능력, 위법성인식, 기대가능성
을 배제하는 소극적 상황이 존재하지 않으면 실무는 법적으로 이러한 표지 **존재를 의제**하는 것을
의미한다. 말하자면 **이중부정을 통해서 하나의 긍정으로** 이르러가는 방법이다. 이와 같은 우회
방법은 형사소송에서 실제적이고 적극적인 책임 근거지움을 법관에게 기대할 수 없다는 법률 표
현이다. 이러한 구조에는 책임능력, 위법성인식 등은 입증되지 않고 오히려 전제된다. 법관이 입
증할 수 있는 것은 책임을 탈락시키는 예외조건에 대한 상황인자뿐이다. 형사법관은 책임 적극적
표지를 근거지워야 할 의무가 없고 예외상황이 등장할 때까지 책임표지가 존재하는 것으로 간주
할 수 있게 된다.

이것은 결국 책임의 실제 근거지움이 소송과 그 확정으로부터 빠져 나와 전제되어 있음을 10
의미한다. 피의자가 자신이 야기한 결과에 대해 구체적으로 무엇을 할 수 있었던가 소송에서 상
황인자로 검토될 뿐이고 근거지워지지 않는다. 이것은 형사법관들에게는 비교적 손쉬운 절차가

되겠지만 '형법이론'에 대해서는 큰 부담이다. 책임개념은 가벌성 전제조건 가운데 예외 성격을 가지고 있다. 책임은 가장 어렵고도 모호한 형법체계 수단이며, 원칙과 내용에서 매우 논란 된다. 책임개념은 우리 일상생활경험에 가장 깊숙이 뿌리박고 있으면서 동시에 가장 겉돌고 있는 형법개념에 속한다. 책임원칙(책임 없으면 형벌 없다)은 현대형법의 가장 중요한 원칙 가운데 하나이고, 이 원칙을 부인할 사람은 없을 것이다. 하지만 이 원칙을 인정하는 모든 사람이 같은 목적을 추구하지는 않는다.

[84] Ⅱ. 책임에 대한 우리 형법 태도

1. 우리나라와 독일 책임규정

(1) 우리 형법의 '책임'개념 부존재

1 이렇게 논란 되는 책임에 우리 형법은 어떤 태도를 가지는지 살펴볼 필요가 있다. 이것은 책임본론에 들어가기 전 책임에 대한 우리 문제제기에 해당된다. 우리는 위에서 책임표지로 고의 · 과실(제13, 14조), 책임능력과 심신장애(제9, 10, 11조), 위법성인식(제16조 법률의 착오), 기대가능성(제12조, 제21조 제2 · 3항, 제22조 제3항)을 들었다. 그런데 매우 흥미로운 사실은, 이런 규정에서 '책임'이라는 명시 언급은 단 한 번도 등장하지 않는다는 점이다. 그렇다고 책임에 관한 판례가 있는 것도 아니다. '심신장애', '법률착오'에 관한 판례는 있어도 책임에 관한 것은 없다.[1]

(2) 우리 형법과 독일 형법 책임관련 규정 비교

2 우리나라 형법과 독일형법 책임규정을 비교해 보면 다음과 같다. 우선 우리 형법은 책임무능력자를 '형사미성년자'(제9조)라 규정하는 데 반해 독일 형법은 '어린이 책임무능력'(제19조)으로 정의한다. '심신장애인'(우리 형법 제10조)는 '정신장애로 인한 책임무능력'(독일 형법 제20조), '벌하지 아니한다'(우리 형법 제16조, 제22조 제1 · 3항)는 '책임이 없다'(독일 형법 제17조, 제35조 제1항) 또는 '면책된다'(독일 형법 제35조 제2항) 그리고 '청각 및 언어 장애인'(우리 형법 제11조)은 '감경된 책임능력'(독일 형법 제21조)으로 되어 있다.

3 우리 형법에 없는 것으로서 **"행위자의 책임은 양형 기초가 된다"**는 독일 형법 제46조 제1항 양형원칙을 들 수 있다. 이 규정은 독일에서 책임논의의 가장 중요한 법적 근거가 되고 있다. 이에 반해 우리 형법 제51조는 범인 연령, 범행 동기 등 네 가지 개별적 양형조건을 열거하고 있을 뿐이다.

2. 책임논의 허구성

4 이와 같은 대비가 어느 것의 좋고 나쁨을 말하는 것은 아니다. 그러나 책임은 형법에서 가장 중요하면서도 해결되지 않은 문제라는 명제가 우리 형법에도 그대로 타당할 수 있는가에 대한 문제제기는 될 수 있다. 우리나라에서는 법률과 실무 어디를 보더라도 책임이 중요한 문제로 자리잡고 있는 것 같지 않다. 어쩌면 가장 중요하지 않은 문제 하나로 되어 있는지도 모를 일이다. 두 나라 법적 기초가 분명히 다른데도 그 차이가 고려되지 않은 데 우리나라 책임논의 문제점이 있다.

5 도그마틱은 법률 위에 존재하는 것이 아니고 법률과 사건을 매개하는 수단에 지나지 않을 따름이다. 따라서 도그마틱은 어디까지나 해당 국가 법률에 자리 잡고 있어야 한다. 우리 책임논

---

1) 박달현, 「헌법재판소결정에 나타난 책임원칙에 관한 연구」(법학논총 42, 2018), 71면 이하.

의는 다음 두 가지 점에서 실마리를 찾아야 한다.

① 범죄구조 제 4 단계인 책임 필요성(행위에 대한 행위자 내적 관련의 고려필요성)을 포기할 수 6
없는 한, 지금 책임관련 규정은 이에 대한 분명한 내용을 담을 필요가 있다. 그렇지 않고서는 책임도그마틱과 책임실무 괴리를 메울 수 없다. ② 그렇게 되기 전까지 우리 책임도그마틱은 현행 법률에 터 잡을 수 있도록 구성되어야 한다.

[85] Ⅲ. 책임개념 유래

1. 계몽주의철학

책임개념의 역사·철학적 기원은 18세기 **계몽주의철학과 자연법론**에서 찾을 수 있다. 인간 1
을 이성존재로 파악한 계몽주의철학은 행위가 인간자유 산물인지 상세히 탐구한다. 그리하여 자기가 한 행위에 대해 행위자가 '책임'져야 할 부분을 묻는다. 따라서 형법 책임을 인간의 **자유의사 남용**으로 파악한다. 이러한 철학기초에서 19세기와 20세기 초 형법도그마틱은 불법과 책임을 구별하기에 이른다. 그리하여 외부 행위과정에 대한 객관 귀속은 불법으로, 개인의 내부 행위관련에 대한 주관 귀속은 책임으로 분류하고, 행위자가 규범합치 행위를 결정할 수 있는 가능성을 가질 때, 개인책임은 부과될 수 있다고 보았다.

2. 의사자유 문제

위에서 말한 것처럼 책임원칙은 인간의 의사결정자유를 전제한다(비결정주의). 그러나 인간에 2
게 자유의사가 있는가 문제는 오랫동안 논란이 되었으며, **결정주의와 비결정주의** 대립이 그것이다. 결정주의는 인간행위가 외부환경 영향에 따라서 인과법칙으로 결정되는 것으로 파악함으로써 인간에게 의사결정자유가 없다고 보는 입장이다. 이에 대해 비결정주의는 인간행위가 외부환경에 따라 결정되지 않고 완전히 인간 자유의사 산물이라고 이해한다. 이렇게 되면 인간은 의사결정자유를 가진 것으로 되고 따라서 형법적으로 보면 범죄를 결정할 수 있는 완전한 자유를 가진다는 결론에 이르러간다.

결정주의와 비결정주의 논쟁은 역사 유물에 속하며 오늘날 이 문제를 심각하게 접근하는 사람 3
은 보기 힘들다. 오랜 논쟁을 거쳐 사람들은 두 가지 태도 모두 입증될 수 있는 성질의 것이 아니고 결국 어느 한 태도에 대한 고백밖에 나올 수 없다는 것을 깨달았다. 매우 중요하기는 하지만 인간인식 한계 밖에 놓인 문제라고 할 수 있다. 그럼에도 형법 책임은 인간의 보편적 행위자유를 전제하여, 이 자유가 구체적 상황에서도 타당한 것으로 간주한다. 엄격하게 보면 이것은 하나의 허구에 지나지 않는다. 하기는 형법 관점에서는 형벌을 정당화하는 '국가에 필요한 허구'이기는 하다.

	비결정주의	결정주의
명제	인간의사는 절대적으로 자유롭다. 인간은 아무 제약 없이 법과 불법을 선택할 수 있는 자유를 가진다.	인간행위는 남김없이 인과법칙으로 결정된다. 범죄는 개인 소양과 환경의 필연 소산이다.
비판점	의사자유는 보편적일 뿐이고 구체 상황에서는 입증되지 않는다.	인간은 본래 충동을 억제하고 가치에 따라 행위를 결정할 수 있는 유일한 존재이다.

[86] Ⅳ. 책임 근거

1 이러한 딜레마 가운데서 사람은 당연히 형법 책임근거를 찾는 데 부심하였다. 지금까지 제시된 가능한 책임근거를 살펴보면 다음과 같다.[1]

1. 도의적 책임론

2 **비결정주의** 입장에서 나오는 책임론이다. 즉 도의적 책임론은 자유의사를 가진 행위자가 그의 자유로운 의사결정에 따라 적법행위를 하지 않고 위법행위를 선택하였기 때문에 받는 **도의적 비난**이 책임근거가 된다고 본다(**의사책임**).[2] 따라서 자유의사가 없는 책임무능력자에 대해서는 책임에 따른 형벌을 부과할 수 없다. 그러므로 자유의사를 가진 자(책임능력자)에게 부과하는 형벌과, 그렇지 않은 자에 대한 보안처분은 질적 차이를 가진다(**형사제재 이원론**). 도의적 책임론은 자유의사를 전제하는 전통적 **고전학파**(구파) 입장이고 행위자보다 행위에 중점을 두는 객관주의 책임론이다(**행위책임**). 도의적 책임론의 형벌은, 잘못 사용한 자유의사에 대한 응징으로 나타남으로써 응보형주의가 된다.

2. 사회적 책임론

3 이것은 위 도의적 책임론과 완전히 상반된다. 사회적 책임론은 **결정론** 관점에서 인간의 자유의사존재를 부인하고 행위자의 반사회 성격에서 책임근거를 찾는다(**성격책임**). 따라서 책임무능력자에 대해서도 사회방위를 위한 보안처분을 내린다. 그러므로 책임능력은 형벌능력을 의미하고 사회방위수단이라는 점에서 형벌과 보안처분은 성격이 같고, 양자 질적 차이는 없으며(**형사제재 일원론**) 양적 차이가 있을 뿐이다. 사회적 책임론은 **근대학파**(신파), 주관주의(**행위자책임**), 목적형주의와 결부된 책임론이다.

3. 인격적 책임론

4 인격적 책임론은 위 양 극단적 책임론을 **절충**하는 견해다. 그리하여 구체적 행위와 함께 그 행위 배경이 된 행위자의 생활영위(**생활영위책임**), 생활결정(**생활결정책임**) 또는 행위자 인격형성(**인격적 책임**)에서 책임근거를 찾는다. 행위책임에 덧붙여 행위자책임을 고려할 수밖에 없다는 관점에서 인격책임 의미가 인정되기도 한다. 예를 들면 인식 없는 과실, 법률착오 회피가능성판단, 누범가중(제35조), 양형 조건인 범인 연령, 성행, 지능, 환경(제51조 제1호) 등이 여기에 속한다.

[87] Ⅴ. 책임 본질(책임내용)

1 책임근거와 마찬가지로 책임내용에 관해서도 학설이 대립하는데, 심리적 책임론과 규범적 책임론 그리고 최근의 예방적 책임론 등이 그것이다.

1. 심리적 책임론

2 심리적 책임론은 책임을 행위에 대한 행위자의 **심리적 사실관계로** 이해한다. 따라서 고의와 과실은 책임형식으로서 이러한 심리적 사실관계를 나타내는 가장 중요한 요소가 된다. 결국 심리

1) "사회적 책임론, 심리적 책임론, 도의적 책임론, 기능적 책임론, 규범적 책임론"의 내용은 제2회.
2) 제8회.

적 책임론에 따르면, 행위를 인식 · 의욕한 **고의**와 필요한 주의를 게을리 하여 이를 피하지 못한 **과실**이 책임이 된다. 심리적 책임개념은 모든 외부 · 객관적인 것은 불법, 내부 · 주관적인 것은 책임으로 분류하던 초창기 범죄론에 근거한다.

오늘날 이 명제를 그대로 받아들이는 사람은 많지 않으며, 그것에 대한 반증이 바로 주관적 구성요건요소 또는 주관적 불법요소 인정이다. 예를 들면 ① 심리적 사실관계가 전혀 존재하지 않는 인식 없는 과실과 같은 경우는 심리적 책임개념으로써 설명이 불가능하다. ② 고의 · 과실이라는 심리적 사실관계만 있으면 책임이 인정되므로 그러한 사실관계가 존재하지만 책임무능력, 책임조각사유 경우에 책임이 부정되는 이유를 설명하기 곤란하다. 3

2. 규범적 책임론

(1) 규범적 책임론 의의

규범적 책임론은 심리적 책임개념을 극복하기 위해 등장한 이론으로서 오늘날도 많은 추종자를 가지고 있다. 이 책임론은 **행위자 심리과정에 대한 평가**를 책임본질로 이해하여 책임판단은 '**행위자에 대한 무가치판단**'이라고 한다. 따라서 책임에는 언제나 규범평가가 들어간다. 다시 설명하면 책임은 행위자가 결과발생을 인식 · 의욕(고의) 또는 주의의무에 위반하였다는(과실) 사실에 있는 것이 아니라, 오히려 이러한 사실을 토대로 행위자가 적법행위를 할 수 있었음에도(이른바 '**타행위가능성**'Andershandelnkönnen) 그렇게 하지 않았다는 비난(사실에 대한 평가)에 책임본질이 있다고 보는 관점이다. 따라서 규범적 책임론은 '위법행위에 대한 무가치판단 또는 **비난가능성**'을 책임 핵심개념으로 삼는다. 4

(2) 책임개념 규범화 문제점

1) 평균인 일반적 타행위가능성　　규범적 책임론처럼 책임개념을 규범화하게 되면, 구체적 행위자 개인의 실제 행위가능성과 무관하게 원하는 책임귀속 · 책임비난은 언제나 이루어질 수 있는 문제가 있다. 규범 요청이라는 미명으로 실제로는 판단자 자의에 문을 열어 주는 수단으로 책임이 사용된다. 5

규범 책임론에 따른 책임비난근거는 개인 타행위가능성과 일반 타행위가능성 사이 괴리다. 평균인이라면 적법행위를 하였을 텐데(일반적 타행위가능성), 당신은 그렇게 하지 않았다는 비난이 곧 책임내용이 된다. 따라서 개인 타행위가능성을 평가 · 판단하는 기준은 어디까지나 평균인 **일반적 타행위가능성**이다. 행위자의 '**개인 타행위가능성**' 때문에 책임비난이 부과되지 않는다는 점에 주목할 필요가 있다. 행위자 개인적 타행위가능성을 알기 위해서는, 그러한 자유가 실제로 존재하고 그 자유가 그가 선택한 행위와 사이에 인식 · 측정 가능해야 한다. 그러나 그것을 객관적으로 증명하는 것이 불가능하다. 결국 경험 기준인 개인 타행위가능성은 규범화된 기준인 일반적 타행위가능성으로 대체되고, 이것이 책임비난 유일한 판단근거로 작용한다. 6

여기에 규범화된 책임비난 함정이 있다. 즉 평균인 일반적 타행위가능성이란 실제로 존재하는 가능성이 아니다. 이른바 '평균인'은 실재하는 사람이 아니며, 우리와 같은 사람 가운데 평균인이 있는 것으로 또는 있을 것으로 기대하는 것은 오산이다. 자기 스스로 평균인이라고 자처할 사람이 과연 누구며, 평균인의 객관적 판단기준은 또한 무엇일까? 모든 것은 평균인이라는 허상 속에 공백으로 남아 있다. 평균인은 이 세상 사람이 아니고, 그것은 인위적으로 만든 관념적 허구에 지나지 않는다. 7

8 **2) 비난논증 면책** 따라서 평균인이 가진 일반적 타행위가능성이라는 능력도 결국 머릿속에나 존재하는 상상력 산물임을 알 수 있다. 이러한 판단기준으로 책임비난을 할 때, **법관은 증명을 하거나 근거를 댈 필요가 없다.** 어차피 관념 속 허상에 지나지 않기 때문에 하려고 해도 할 수 있는 방법이 없다. 따라서 법관은 책임비난을 원하는 곳에 '평균인'을 등장시키기만 하면 되고, 그것으로 그의 임무는 끝난다. 법관 관점에서 보면 매우 편리한 일이 아닐 수 없다. 책임개념 규범화가 가지는 유일한 장점은 책임비난 근거를 밝히지 않으면서 비난할 수 있다는 것이다.

9 규범 책임론은 책임개념을 관념화시킨다. 철학으로 만든다. 정신과학으로 만든다. 이 세상을 떠나게 한다. 경험적 인간 개인의 책임문제(즉 경험적 문제)를 정신과학으로 풀 수는 없는 일이다. 왜냐하면 대상과 방법이 일치하지 않기 때문이다. 정신과학 방법의 형법도그마틱은 도그마틱 자기목적성을 중시하여 형법을 철학처럼 하려고 했던 형법 낭만주의시대(1960~70년대) 방법에 속한다. 그러나 형법은 범죄라는 속세의 경험문제 때문에 존재하는 학문이다.

(3) 책임개념 비난요소 문제점

10 **1) 현실적 타행위가능성 외면** 허구적 평균인 타행위가능성에 근거한 책임개념은 비난요소 자체를 의심스럽게 만든다. 왜냐하면 비난의 유일한 근거는 행위자가 일반적 가능성 척도를 충족시키지 않았다는 것, 즉 평균인과 그가 가지고 있는 차이 때문이다. 그러나 자세히 관찰해 보면 현실 인간이 **허상 평균인과** 차이가 있다고 해서 비난하는 것은 이유가 되지 않는다. 행위자도 이 차이를 유감스럽게 여기겠지만, 그에게 중요한 것은 이 차이가 비난대상이 되는 근거라는 점이다. 말하자면 그가 이 차이를 메우기 위해 할 수 있고 실제로 해야 했던 내용이 중요하다.

11 이와 같은 **개인 타행위가능성**으로부터 눈을 돌리고 가공 평균인으로 비난근거를 찾는 사람은 결국 다음과 같이 말할 수밖에 없다. "네가 해야 했던 내용은 우리가 알고 있다. 그러나 네가 실제로 네 상황에서 그것을 할 수 있었는가는 알 필요가 없다. 즉 네가 평균인과 갖는 차이를 메우기 위해 구체적으로 할 수 있었던 것에 대해 우리는 아는 바 없다. 우리가 너에게 하는 비난에 대해 우리는 상세한 것을 알려고 애쓸 필요가 없다. 비난하는 데 평균인에 대한 객관적 차이로 충분하고, 우리는 그것을 정확하게 측정하였다."

12 이와 같은 독특한 양태 비난에 대해 행위자는 매우 이상하게 생각할 것이다. 결국 **법정法廷 비난**이라 여길지도 모른다. 만일 일상생활에서 이와 같은 근거 없는 비난을 하면 지탄 대상이 된다. 비난판단을 하기 전에 내 말을 한 번 들어보라는 정당한 항변이 나올 것이기 때문이다.

13 **2) 비결정주의 고백** 일상적 행위가능성에 비추어 볼 때, 책임 비난요소는 정당한 근거가 없는 특별한 성격을 갖는다. 사람은 보통 다른 사람을 비난할 때 매우 조심스러워야 한다고 배운다. 비난하는 경우에도 잘 모르고 하는 비난일 수 있다는 여지를 남기려고 애쓴다. 상대방에 대한 비난을 책임질 수 있을 만큼 그 사람을 정확하게 알지 못하기 때문이다. 그러나 형법은 다른 방법을 쓴다. 책임비난의 정당한 근거가 매우 희박함에도 규범화된 형법 책임개념은 비난하는 데 주저하지 않는다. 심지어 그것을 법효과로 못 박고 전과기록부에 올리는 데도 주저함이 없다.

14 규범화된 책임개념 비난요소는 궁극적으로 비결정주의에 대한 믿음으로부터 나온다. 그러나 결정주의, 비결정주의 논쟁을 떠나서 오늘날 범죄가 내적 요인과 외적 요인(즉 개인과 사회)의 상호작용 산물이라는 점에 의문을 갖는 사람은 없다. 책임 비난요소는 이러한 범죄현상을 무시한다. 주관적 귀속 차원을 넘어서 비난으로 도덕적 심판까지 해야 할 사명을 형법이, 나아가서 책

임이 갖고 있지는 않다. 책임은 형벌 근거(이른바 **근거책임**)가 아니고 주관적 귀속척도로서 형벌을 제한하는 수단(이른바 **제한책임**)이 될 수 있을 뿐이다. 다시 말하면 행위자의 비난가능한 책임 때문에 형벌이 부과되는 것이 아니라, 형벌은 사회와 국가 필요에 따른 형법 과제로부터 그 정당성이 주어진다. 만일 책임이 형벌을 정당화시켜 주는 근거가 된다면("책임은 형벌을 요구한다") 입법자의 형사정책 결단이 아니라 책임원칙 때문에 처벌된다는 결론이 되어야 한다. 형벌은 책임을 전제하지만, 책임이 형벌을 요구하는 것은 아니다. 전체(형법 과제)와 부분(형법의 한 구성요소인 책임 과제)을 혼동해서는 안 된다. 책임 비난요소가 이 혼동을 부채질하는 데 일조를 하고 있다.

3. 예방 책임론

(1) 예방 책임론 의의

최근 들어서 책임내용을 행위자의 **적법행위가능성適法行爲可能性**이 아닌 형벌 목적(일반예방·특별예방목적) 또는 일정한 형사정책 목적으로부터 찾으려는 시도가 있다. 이러한 일련의 시도를 묶어서 예방 책임론(기능 책임론)으로 이름 붙일 수 있다. 이 이론에 따르면 책임판단과 형벌목적의 결합은 다음처럼 이루어진다. 즉 형법이 범인 재사회화, 잠재적 범인에 대한 위하, 일반인 규범의식 강화와 같은 **예방 형벌목적**을 달성할 수 있을 때, 행위자가 일반적 타행위가능성을 이탈하였다는 책임판단은 의미가 있다. 그러나 이러한 형벌목적이 실현될 수 없을 경우 일반적 타행위가능성 기준을 묻는 것은 무의미하고 정당하지 않다. 왜냐하면 그것은 현실에 충실하지 못하기 때문이다. 즉 행위자 현실(재사회화 가능성)뿐만 아니라 다른 사람 현실(위하와 규범의식강화 가능성)을 반영할 수 없다는 것이다. 15

이와 같이 일반적 타행위가능성 기준을 형벌목적에서 찾는 예방 책임론은 우리 모두에게 유익한 목적추구 합리성으로 책임을 설명한다. 종래 과거지향 책임에서 탈피하여 미래지향적으로 행위자와 일반인 모두에게 유익한 내용으로 채워보자는 생각이 저변에 깔려 있다.[1] 16

(2) 예방 책임론 비판

1) 형법과 형사정책 역기능 관계 예방 책임론은 **형법과 형사정책의 과제**를 혼동하는 오류를 범한다. 책임개념을 형벌목적으로 구체화하는 것은 어디까지나 형사정책 관심방향을 대변하는 것이다. 형사정책 한계를 제공하는 형법 방향이라고 할 수 없다. 우리는 여기에서 형법은 "범죄자 대헌장"인 동시에 "**형사정책의 뛰어넘을 수 없는 한계**"라는 **프란츠 폰 리스트**(Franz v. Liszt)의 유명한 말을 떠올리지 않을 수 없다. 이것은 형법이 국가형벌권에 효과적으로 대처할 수 있는 '범죄자를 위한 보장책'이 됨을 의미한다. 이를 위한 대헌장인 형법은 형사정책에 대해 긋는 그 한계가 실제로 뛰어넘을 수 없는 것이어야 한다. 말하자면 형법과 형사정책은 역기능관계에 놓여야 하므로 형법이 형사정책의 기능 부속물이어서는 안 된다. 오히려 그것에 맞서서 제동을 걸어야 하고 필요한 경우 방해를 할 수 있어야 한다. 그것이 바로 법 정책에 대한 형법의 법치국가, 권력분립 관계 참모습이다. 17

형법이 범죄자와 형사정책 사이에서 한계구실을 하지 못하고 오히려 그것의 목적달성을 위해 기능화 될 때, 범죄자는 법치국가 보호를 받지 못하고 자기를 교화·개선 또는 자기를 수단으로 다른 사람을 위하하고자 하는 정책 희생물('**단순한 수단**'-Kant)이 된다. 형법은 범죄자를 형사정 18

1) 홍영기, 「형벌을 통한 규범신뢰의 강화」(고려법학, 2015), 311면(343면) 이하.

책 관심과 일반인 보호욕구로부터 지켜줄 수 있는 유일한 방패다. 이 보호는 범죄자가 그의 이익을 스스로 대변할 수 없는 처지에 있을 때 더욱 중요하다. 형사정책에 대한 형법 한계를 침범하지 못하도록 하는 것이 곧 국가 임무다.[1)]

19 2) 형법과 형사정책 통합 그럼에도 예방적 책임론은 일반적 타행위가능성 기준을 예방적 형벌목적에서 찾음으로써 형법에 대한 형사정책 침범을 조장한다. 형사정책에 대한 형법의 확고한 한계가 흐려질 위험이 있다. 예방 책임론은 역기능 관계로 남아 있어야 할 형법과 형사정책을 섣부르게 통합하는 이론으로서 형법 **법치국가 정형화과제에 위반**된다.

4. 책임내용 결론

(1) 형사제재에 대한 비례성

20 우리는 위에서 어떤 책임개념도 책임을 적극적으로 근거지울 수 없다는 것을 확인하였다. 일상 '책임에 대한 막연한 기대 · 믿음'에서 출발한 형법 책임개념은 처음부터 근거지울 수 없는 것이었다. 우리는 여기서 앞서 제기한 의문에 대한 해답을 찾는다.

21 1) 우회적 책임추론 의미 책임능력, 위법성인식, 기대가능성이 고의 · 과실과 마찬가지로 책임은 적극 성격을 갖는 표지임에도 법률은 왜 소극 형식으로 규정할까? 왜 직접 책임을 말하지 않고 책임을 배제시키는 사유가 없으면 책임이 있다는 식으로 이중 부정을 통해 긍정에 이르러 가는 우회 방법을 쓸까? 이것은 입법자가 이미 책임의 적극적 근거지움이 형사소송에서 이루어질 수 없다는 것을 알고 있기 때문이다. 오늘 책임이론은 이 사실을 믿으려고 하지 않는다. 그래서 책임이론과 실제는 언제나 평행선을 긋는다.

22 2) 내적 관여와 형사제재 비례관계 그렇다면 책임개념에 남는 것은 무엇일까? 그것은 범죄에 대한 행위자 내적 관여 여러 단계가 형사제재와 비례관계를 이루어야 한다는 요청뿐이다. 형벌은 책임을 전제하지만 책임 때문에 처벌되는 것은 아니다. 책임이 형벌근거가 되지는 않는다. 따라서 책임 비난요소는 아무 근거가 없을 뿐 아니라 도움도 되지 않는다. 비난은 형법 규범원칙인 책임에 맡겨진 과제를 벗어나게 한다. 비난은 객관적이고 중립적이어야 할 국가 반작용을 감정적으로 만든다. 국가가 개인과 같은 감정 주체일 수는 없다. 국가에 맡겨진 사명은 범죄에 대한 법치국가 처리이지 **감정 비난**이 아니다.

23 3) 범죄를 증오하는 형법학 형법은 '형사정책의 뛰어넘을 수 없는 한계'라는 선각자 지혜를 새겨야 할 필요가 있다. 형사정책을 형법으로 초대하는 것은 범죄인의 법치국가 희생 위에서만 가능하다. 그 희생은 내일 우리 문제로 등장한다. 정책 관심에는 끝이 없고, 그 관심의 극단적 추구형태가 전체주의형법 모습으로 나타난다는 역사 경험을 잊지 말아야 한다. 범죄에 대한 처리지혜를 탐구해야 할 형법학이 범죄에 대한 **대중 증오심**을 대변하는 데 오늘 책임개념 문제가 있다. 적합한 비유가 될지 모르나 의학이 질병을 증오하는 학문은 아니지 않은가? 질병을 증오하면서 치료하는 의사가 어디 있으며 또 그렇게 해서 무슨 도움이 되겠는가? 우리는 **범죄를 증오하는 형법학**을 해서는 안 되고 책임이 그 창구일 수는 없다.

(2) 비례성 기준

24 범죄에 대한 행위자의 상이한 내적 관여단계가 형벌에 반영되어야 한다는 비례성 요청은 헌

1) 윤영철, 「법치국가에서의 안전지향형법에 대한 비판적 고찰」(원광법학 34, 2018), 131면 이하.

법 평등원칙(제11조 제1항)과 부합한다. 동일한 것은 동일하게 취급하고 동일하지 않은 것은 그 동일하지 않은 만큼 동일하지 않게 처리해야 한다. 내적 관여 정도가 다른 행위는 형벌에서도 달리 취급해야 한다. 양자 사이에 비례관계가 있어야 한다. 이 내용을 대변하는 원칙이 비례성원칙이다. **과잉금지원칙**, **희생평등원칙**도 같은 이름이다. 이 원칙은 헌법원칙이면서 형법원칙이다. 입법원칙인 동시에 법해석 원칙이다.[1]

비례성원칙은 작용과 반작용, 근거와 결과, 범죄와 형벌이 내용적으로 일치할 것을 요구한 25
다. 그것은 곧 정의의 요청이다. 즉 그 어느 누구도 자기 행위 정도를 넘어가는 과도한 제재를 받아서는 안 된다. 범죄에 대한 내적 관여 정도가 다른 고의와 과실은 형벌에서도 각각 달리 취급해야 한다. 범죄와 형벌 비례를 결정해 주는 기준은 실정법으로부터 나오는 것이지 법철학으로부터 나오지 않는다.

법철학은 '근본적인 것'을 문제 삼고, 실정법은 각 분야 '구체적인 것'을 취급한다. 예컨대 26
조세법에서 수입은 평등을 결정하는 중요 기준이 되지만 형법에서는 그렇지 않다. 민법 고의와 과실 차이는 비례적 배상액 산정에 큰 의미를 갖지 않으나 형법에는 중심 기준이 된다. 형법이 규정한 범죄와 형벌 비례성기준으로는 다음과 같은 것이 있다. 즉 침해된 법익 등급(생명 대 재산), 법익침해 강도(재물의 훼손과 파괴, 자전거파괴 대 가옥파괴), 상이한 범행양태(초범 대 상습범), 피해자에 대한 관계, 행위자 내적 관여 정도(고의 대 인식 없는 과실), 범죄자에 미칠 형벌효과 등이다. 이 밖에도 형법은 범죄와 형벌의 비례에 관한 풍부한 기준을 담고 있다(제35조 누범, 제52조 자수·자복, 제251조 특별한 심리적 동기, 제288조 영리목적, 제273조 제2항 존속학대, 제264조 상습성, 폭력행위처벌법 제4조 범죄단체 조직 등). 책임능력(제9, 10, 11조), 위법성인식(제16조), 기대가능성(제12조, 제21조 제2·3항, 제22조 제3항)도 행위자가 어떻게 할 수 없는 상황에 대해 주관적 귀속을 하는 것은 반비례적인 것으로 규정한다. 종래 책임개념에 따르면 이러한 책임배제사유 부존재가 곧 책임이 된다.

[판례] 책임원칙과 비례성

형사법상 책임원칙은 기본권의 최고이념인 인간의 존엄과 가치에 근거한 것으로, 형벌은 범행의 경중과 행위자의 책임, 즉 **형벌 사이에 비례성**을 갖추어야 함을 의미한다. 따라서 기본법인 형법에 규정되어 있는 구체적 법정형은 개별적 보호법익에 대한 통일적 가치체계를 표현하는 것으로 보아야 한다. 사회적 상황의 변경으로 특정 범죄에 대한 형량이 더 이상 타당하지 않을 때에는 원칙적으로 법정형에 대한 새로운 검토를 요하나, 특별한 이유로 형을 가중하는 경우에도 형벌의 양은 **행위자의 책임 정도**를 초과해서는 안 된다.[2]

1) 정희철, 「비례성원칙과 보호처분」(형사정책연구 18, 2007), 192면 이하 참조.
2) 헌재 2004. 12. 16. 2003헌가12.

제 2 절 책임능력

[88] Ⅰ. 책임능력 의의

1 책임능력은 법규범 명령 · 금지를 인식할 수 있는 통찰능력과 이 통찰에 따라 행위할 수 있는 행위 조종능력을 말한다. 책임능력 판단기준은 첫째, 연령이고(제 9 조) 둘째, 심신장애인과 청각 및 언어 장애인의 통찰능력 · 조종능력 결함이다(제10, 11조). 이 가운데 형사미성년자(제 9 조)와 심신상실자(제10조 제 1 항)는 어떤 경우에도 형사책임을 부담하지 않는 형사책임무능력자이다. 이에 반해 심신미약자(제10조 제 2 항)와 청각 및 언어 장애인(제11조)은 책임이 감경된다는 의미에서 한정책임능력자라고 부른다.

[89] Ⅱ. 책임무능력자

1. 형사미성년자

1 형법(제 9 조)은 14세 되지 않은 자 행위는 처벌하지 않는다고 함으로써 형사미성년자를 규정한다. 14세 미만자는 정신 · 신체적으로 미숙하다고 판단하여 일률적으로 책임무능력자로 규정하는 방식이다. 따라서 14세 미만자는 자기행위에 대해 원칙적으로 형사책임을 부담하지 않는다. 형벌과 보안처분 형사제재를 받지 않는다. 그러나 소년법은 이에 관한 예외를 두고 있다. 형벌법령에 위반되는 행위를 한 10세 이상 14세 미만 촉법소년觸法少年(소년법 제 4 조 제 1 항 제 2 호)과 그러한 행위를 할 우려가 있는 10세 이상 우범소년虞犯少年(같은 법 제 4 조 제 1 항 제 3 호)은 소년법 보호처분(같은 법 제32조)을 부과할 수 있다. 14세 이상 자는 형법 책임능력자에 해당하지만 19세 미만 소년이면 소년법의 특별 처분을 받는다. 소년이 건전하게 성장하도록 돕는 것을 목적으로 하기 때문이다(같은 법 제 1 조). 예를 들면 일반형법에서 인정되지 않는 부정기형선고(같은 법 제60조 제 1 항), 심리분리(같은 법 제57조), 구속영장제한(같은 법 제55조), 사형 · 무기형 완화(같은 법 제59조) 등이 있다.

2. 심신상실자

2 형법 제10조 제 1 항이 여기에 해당한다. 인체의 생물학 · 정신병리학적 비정상으로 사물을 변별할 능력이 없는 자는 책임능력이 인정되지 않는다(제10조 제 1 항 전단). 예컨대 정신병, 백치와 같은 계속 장애요인이 여기에 해당한다. 이러한 판단방법을 생물학 판단방법이라 한다. 심신장애로 의사결정능력이 없는 자도 책임능력이 부정되는(제10조 제 1 항 후단) 심리학 판단방법을 함께 사용하는데, 예를 들면 실신, 마취, 최면, 극도 피로, 충격, 격정상태, 만취상태 등 대부분 일시 장애요인이 여기에 해당한다.

심신상실 판단은 전문가 감정을 토대로 법관이 내린다. 감정은 법률적 심신상실판단의 자료일 뿐 법관을 구속하지는 않는다. 경우에 따라서 전문가 감정 없이 행위 전후 사정, 기록에 나타난 자료, 공판정에서 피고인 태도 등을 종합하여 판단한다.[1] 전문가 감정은 인과적 · 기술적 부분이 강한 반면 심신상실에 대한 판단은 법적 개념으로 법관이 규범적으로 평가해야 한다.[2] 이 점에서 전문가 감정은 법관의 가치판단을 위한 참고자료에 지나지 않는다. 책임능력 없는 심신상실자는 형벌을 받지 않는다. 그러나 치료감호법의 치료감호(치료감호법 제2조 제1항 제1호), 보호관찰(동법 제32조)과 같은 보안처분은 받을 수 있다. 3

[판례]

① 소년법이 적용되는 '소년'이란 심판시에 19세 미만인 사람을 말하므로, 소년법의 적용을 받으려면 심판시에 19세 미만이어야 한다. 따라서 소년법 제60조 제2항의 적용대상인 '소년'인지의 여부도 심판시, 즉 **사실심판결 선고시**를 기준으로 판단해야 한다.[3]

② 피고인은 제1심 선고 당시 소년에 해당하였고 살인죄 및 사체유기죄 유죄로 소년법 제60조 제1항 단서의 특칙인 특정강력범죄처벌법 제4조 제2항의 장기와 단기의 최상한인 징역 장기 15년, 단기 7년의 부정기형을 선고받았다. 이에 대해 피고인만 항소하였다. 원심은 피고인이 **원심 선고 이전에 성년에** 도달하자 직권으로 제1심판결을 파기하고 정기형을 선고하면서 **불이익변경금지 원칙상** 제1심이 선고한 부정기형의 단기인 징역 7년을 초과하는 징역형을 선고할 수 없다는 이유로 피고인에게 징역 7년을 선고하였다. 원심이 제1심에서 선고한 부정기형 대신 정기형을 선고하면서 불이익변경금지 원칙 위반 여부를 판단하는 기준은 부정기형의 **장기와 단기의 중간형**, 즉 징역 11년이 되어야 한다. 이와 달리 판단한 원심판결은 법리오해의 잘못이 있다.[4] *반대의견 있음.

[90] Ⅲ. 한정책임능력자

1. 심신미약자(2018. 11월 개정)

심신장애로 사물변별능력이나 의사결정능력이 미약한 자의 행위는 형을 감경할 수 있다. '강서구 PC방 살인사건'(일명 '김성수법')을 계기로 필요적 감경사유에서 **임의적 감경사유로 개정**하였다. 일부 범죄자가 심신미약을 감형 수단으로 악용하는 데 대한 국민 공분을 반영한 법률이다. 이제 심신미약자에 대한 감형 여부는 법관 재량과 사건 경중에 따라 유연하게 적용할 수 있게 되었다(제10조 제2항). 1

1) 대판 2018. 9. 13. 2018도7658. 제9회.
2) 법률가와 의료인의 협업 필요성에 대한 적절한 지적은 최민영, 「정신장애 범죄인의 책임능력 판단과 정신감정」(의료법학 20, 2019), 83면 이하; 同 최민영, 「신경과학의 발달과 형법 제10조 책임능력의 문제」(형사법연구 34, 2022), 195면 이하.
3) 대판 2009. 5. 28. 2009도2682,2009전도7. 제3, 11회.
4) 대판 2020. 10. 22. 2020도4140 전원합의체. 제11회.

1a 심신미약자는 자기행위에 대한 완전한 통찰 · 조종능력을 갖고 있지는 않지만 그렇다고 완전한 심신상실상태에 이르지 않은 자를 말한다. 심신상실 요건과 마찬가지로 형법 제10조 제2항 전반부는 생물학적 요건이고 후반부는 심리학적 요건이다. 생물학적 심신미약조건으로는 경미한 장애요인, 예컨대 정신박약, 간질 등 해당될 수 있다. 충동조절장애와 같은 성격결함은 원칙적으로 형 감면사유인 심신장애에 해당하지 않는다. 그러나 그것이 매우 심각하여 원래 의미 정신병을 가진 사람과 같다고 평가할 수 있는 경우는 심신장애에 해당될 수 있다.[1] 의사결정능력이 미약한 심리학적 심신미약조건도 심신상실 정도에 이르지 않은 것으로서 일시 신경쇠약, 만취 이전의 주취상태 등이 있다. 심신미약 판단이 전문가 감정을 기초로 법관이 내리는 법률문제인 것은 심신상실 경우와 마찬가지다.

2. 청각 및 언어 장애인

2 청각 및 언어 장애인의 행위는 형을 감경한다(제11조). 청각 및 언어 장애인은 듣지도 못하고 말하지도 못하는, 청각과 발음기능 모두 장애가 있는 자를 말한다. 어느 한쪽이 정상인 경우는 여기 해당되지 않는다. 청각 및 언어 장애인을 특별히 한정책임능력자로 규정하기보다는 통찰 · 조종능력 정도에 따라 심신상실이나 심신미약 규정으로 처리하는 것이 바람직하다는 비판이 있다. 농아교육 발달과 보지 못하는 맹자盲者와 불균형을 이유로 든다.

3. 한정책임능력의 효과

3 심신미약자는 형을 감경할 수 있고, 청각 및 언어 장애인은 형을 감경한다. 즉 심신미약자는 임의적 감경, 청각 및 언어 장애인은 필요적 감경이다. 그러나 치료감호법의 치료감호, 보호관찰 등 보안처분대상이 될 수 있는 것(같은 법 제2조 제1항 제1호, 제32조)은 심신상실자와 마찬가지다.

[판례]

① 심신장애의 유무는 법원이 형벌제도의 목적 등에 비추어 판단해야 할 법률문제로서 그 판단에 전문감정인의 **정신감정결과**가 중요한 참고자료가 되기는 하나, 법원이 반드시 그 의견에 구속되는 것은 아니다. 그러한 감정결과뿐만 아니라 범행의 경위, 수단, 범행 전후의 피고인의 행동 등 기록에 나타난 여러 자료 등을 종합하여 **독자적으로 심신장애의 유무**를 판단해야 한다.[2]

② ***표준판례** 형법 제10조에서 말하는 사물을 판별할 능력 또는 의사를 결정할 능력은 자유의사를 전제로 한 의사결정의 능력에 관한 것이다. 그 능력의 유무와 정도는 **감정사항에 속하는**

1) 대판 2011. 2. 10. 2010도14512. 제6, 10회.
2) 대판 2018. 9. 13. 2018도7658. 제10회.

사실문제라 할지라도, 그 능력에 관한 확정된 사실이 심신상실 또는 심신미약에 해당하는 여부는 **법률문제**에 속한다.1) *심신장애의 유무 및 정도의 판단은 법률적 판단으로서 반드시 감정인의 판단에 기속되는 것은 아님. 전문감정인의 감정결과는 참고자료.

③ 피고인에게 우울증 기타 정신병이 있고 특히 생리도벽이 발동하여 절도 범행을 저지른 의심이 들면, 전문가에게 피고인의 정신상태를 감정시키는 등의 방법으로 **심신장애 여부를 심리해야** 한다.2)

④ 범행당시 정신분열증으로 심신장애의 상태에 있었던 피고인이 **피해자를 살해한다는** 명확한 의식이 있었고 범행 경위를 소상하게 기억하고 있다고 하여, 범행당시 사물의 변별능력이나 의사결정능력이 결여되지 않고 미약한 상태에 있었다고 단정할 수는 없다. 피고인은 피해자를 "사탄"이라고 생각하고, 피해자를 죽여야만 피고인 자신이 천당에 갈 수 있다고 믿어 살해하기에 이르렀다. 따라서 피고인은 범행당시 **정신분열증에** 의한 망상에 지배되어 사물의 선악과 시비를 구별할 만한 판단능력이 결여된 상태에 있었던 것으로 볼 여지가 있다.3)

⑤ ***표준판례** **소아기호증**과 같은 질환(또는 **충동조절장애**와 같은 성격적 결함4))이 있다는 사정이나 그 자체만으로는 형의 감면사유인 심신장애에 해당하지 않는다. 다만 그 증상이 매우 심각하여 원래 의미의 정신병이 있는 사람과 동등하다고 평가할 수 있거나, 다른 심신장애사유와 경합된 경우 등에는 심신장애를 인정할 여지가 있다.5) *중한 소아기호증은 상황에 따라서심신장애로 볼 수 있다는 판결.

⑥ 피고인이 범행을 기억하고 있지 않다는 사실만으로 바로 피고인이 범행당시 심신상실 상태에 있었다고 단정할 수는 없다.6)

⑦ 피고인이 평소 **간질병 증세**가 있었더라도 범행 당시에는 간질병이 발작하지 않았다면, 이는 책임감면사유인 심신장애 내지는 심신미약의 경우에 해당하지 않는다.7)

⑧ 형법 제10조에 규정된 심신장애는, 정신병 또는 비정상적 정신상태와 같은 정신적 장애가 있는 외에, 이와 같은 정신적 장애로 말미암아 **사물에 대한 변별능력**이나 그에 따른 행위통제능력이 결여 또는 감소되었음을 요한다. 정신적 장애가 있는 자라고 하여도 범행 당시 정상적 사물변별능력과 행위통제능력이 있었다면 심신장애로 볼 수 없다.8)

⑨ 무생물인 옷 등을 성적 각성과 희열의 자극제로 믿고 이를 성적 흥분을 고취시키는 데 쓰는 **성주물성애증**이라는 정신질환이 있다. 하지만 그러한 사정이 있다는 것만으로 절도 범행에 대한 형의 감면사유인 심신장애에 해당한다고 볼 수 없다. 다만 그 증상이 매우 심각하여 원래 의미의 정신병이 있는 사람과 동등하다고 평가할 수 있거나, 다른 심신장애사유와 경합된 경우 등에는 심신장애를 인정할 여지가 있다.9)

---

1) 대판 1968. 4. 30. 68도400.
2) 대판 1999. 4. 27. 99도693,99감도17. 제12회.
3) 대판 1990. 8. 14. 90도1328.
4) 대판 1995. 2. 24. 94도3163. '정신병질'도 같은 개념.
5) 대판 2007. 2. 8. 2006도7900. 제4, 6, 8, 10회.
6) 대판 1985. 5. 28. 85도361.
7) 대판 1983. 10. 11. 83도1897.
8) 대판 2013. 1. 24. 2012도12689. 제4, 11회.
9) 대판 2013. 1. 24. 2012도12689. 제9회.

⑩ 원칙적으로 충동조절장애와 같은 성격적 결함은 형의 감면사유인 심신장애에 해당하지 않는다. 그러나 **충동조절장애**와 같은 성격적 결함이라 할지라도 그것이 매우 심각하여 원래 의미의 **정신병을 가진 사람과 동등**하다고 평가할 수 있는 경우에는, 그로 인한 범행은 심신장애로 인한 범행으로 보아야 한다.[1]

⑪ 피해자가 '음주 후 필름이 끊겼다'고 진술한 경우 음주량과 음주속도 등 사정들을 심리하지 않은 채 알코올 **블랙아웃의 가능성을** 쉽사리 인정해서는 안 된다. 알코올의 영향은 개인적 특성 및 상황에 따라 다르게 나타날 수 있으므로, 피해자가 어느 순간 몸을 가누지 못할 정도로 비틀거리지는 않고 스스로 걸을 수 있다거나, 자신의 이름을 대답하는 등의 행동이 가능하였다는 점만을 들어 범행 당시 심신상실 등 상태에 있지 않았다고 섣불리 단정할 것은 아니다. 피해자와 피고인의 관계 등 제반 사정에 대한 고려 없이, 블랙아웃이 발생하여 피해자가 당시 상황을 기억하지 못한다는 이유만으로 바로 피해자가 동의하였을 가능성이 있다고 보아 이를 합리적 의심의 근거로 삼는 것은 타당하지 않다.[2]

⑫ 정신적 장애가 정신분열증과 같은 **고정적 정신질환의 경우에는** 범행의 충동을 느끼고 범행에 이르게 된 과정에서 범인 **의식상태가 정상인과 같아 보여도** 범행 충동을 억제하지 못한 것이 흔히 정신질환과 연관이 있을 수 있다. 이러한 경우에는 정신질환으로 말미암아 행위통제능력이 저하된 것이어서 심신미약이라고 볼 여지가 있다.[3]

[91] Ⅳ. 원인에서 자유로운 행위

1. 의 의

(1) 자의自意로 심신장애 야기

1 원인에서 자유로운 행위는 행위자가 고의 또는 과실로 심신상실이나 심신미약상태를 야기하고, 그 상태를 이용하여 범죄하는 경우를 말한다. 법적 근거는 형법 제10조 제3항인데, "위험발생을 예견하고 자의로 심신장애를 야기한 자의 행위는 심신상실과 심신미약 규정을 적용하지 아니한다"고 하여 형벌감면 혜택을 받을 수 없도록 한다.

2 원인에서 자유로운 행위 예를 들면, 맨 정신으로 범죄할 용기를 갖지 못한 자가 음주대취한 후 만취상태를 이용 상대방에게 폭행, 상해, 살인 또는 기타 범죄행위를 하는 경우가 있다('**고의의 원인에서 자유로운 행위**'). 자동차 운전자가 음주운전으로 불법행위를 한 경우는 대부분 '**과실에 의한**(즉 운전해야 한다는 사실을 망각하고 과도하게 술을 마신 과실) **원인에서 자유로운 행위**'에 해당한다. 이처럼 고의 또는 과실로 책임무능력이나 한정책임능력상태를 야기하여 범죄한 사람은 형벌면제나 감경을 받지 못하고 행위에 대한 완전한 책임을 부담해야 한다.

1) 대판 2009. 2. 26. 2008도9867. 제6회.
2) 대판 2021. 2. 9. 2018도9781.
3) 대판 1992. 8. 18. 92도1425. 제14회.

(2) 책임원칙에 대한 관계

원인에서 자유로운 행위가 책임원칙과 결부될 수 있는가 문제가 있다. 즉 책임원칙에 따를 때 행위자는 행위시에 책임능력이 있어야 한다. 다시 말하면 행위와 책임능력이 동시에 존재해야 한다(**행위와 책임능력 동시존재원칙**). 그러나 원인에서 자유로운 행위는 원인행위와 실행행위를 분리하여 실행행위는 책임이 없음에도 원인행위만으로 책임을 인정하는 결과를 가져온다. 이것이 책임원칙에 부합할 수 있는가 하는 점이다. 원인에서 자유로운 행위를 한 자는 위험발생을 예견하고 자의로 심신장애상태를 야기한 자(제10조 제3항)이기 때문에 처음부터 책임능력이 없었던 자와 구별해야 한다. 3

2. 원인에서 자유로운 행위 가벌성 근거

우리 형법은 원인에서 자유로운 행위 가벌성을 입법으로 해결한다. 원인에서 자유로운 행위 가벌성근거를 어떻게 잡느냐에 따라 실행 착수시기가 달라지기 때문에 이것에 관한 논의는 현실적으로 중요한 의미를 갖는다. 크게 나누어 원인행위에서 가벌성을 찾는 견해와 실행행위에서 찾는 견해가 있다.[1] 4

(1) 원인행위에 있다고 보는 견해

1) 행위와 책임능력 동시존재원칙 행위와 책임능력 동시존재원칙을 고수하는 사람은 원인행위가 곧 실행행위기 때문에 가벌성이 인정된다는 결론을 끌어낸다. 그 근거로 **간접정범이론**을 원용한다. 즉 원인에서 자유로운 행위를 하는 자는 자신을 도구로 이용하는 간접정범에 해당된다는 것이다. 간접정범 실행행위가 이용행위(원인행위)에 있는 것처럼 원인에서 자유로운 행위도 책임능력 있는 원인행위시에 이미 실행착수가 있다. 이렇게 되면 원인행위와 실행행위 구별은 없어진다. 5

2) 비 판 이 견해에 대한 비판은 원인에서 자유로운 행위가 **간접정범**과 다른 구조를 가진다는 것으로 모아진다. 6

① 간접정범 피이용자는 얼마든지 책임능력자일 수도 있기 때문에 언제나 자신의 책임능력 결함과 관련되는 원인에서 자유로운 행위는 그 구조가 다르다. 특히 공범성립의 제한종속형식에 따를 때 책임무능력자에 대한 교사·방조는 원칙적으로 공범이 성립할 수 있을 뿐이므로 정범이 되는 원인에서 자유로운 행위와 같을 수 없다. 7

② 원인행위는 구성요건 정형성이 없어서 실행행위 또는 실행착수로 볼 수 없다. 예컨대 살해의사로 음주한 경우 음주행위를 살인행위 일부로 볼 수는 없다. 그렇지 않으면 만취만 하고 살해행위로 나가지 못한 경우도 살인미수를 인정해야 한다는 불합리한 결과를 가져온다. 이 견해는 결국 실행행위와 예비행위 구별을 어렵게 만든다. 8

---

1) 가벌성 근거에 관한 아래 3가지 견해 내용은 제3회.

(2) 원인행위와 실행행위 결합에 있다고 보는 견해

9 1) 행위와 책임능력 동시존재원칙 예외 이것은 원인에서 자유로운 행위가 행위와 책임능력 동시존재원칙의 예외가 된다는 견해이다. 원인행위가 실행행위가 될 수 있는 것은 아니지만 원인행위가 책임능력 흠결상태에서 행한 실행행위와 불가분 관계가 있기 때문에 책임이 인정된다는 주장이다. 즉 책임능력 흠결상태에서 행한 실행행위는 책임이 없지만, 스스로 그러한 상태를 야기한 원인행위는 책임이 인정되고, 이 원인행위로 구성요건실행행위가 발생하였기 때문에 처벌하는 것이 합당하다고 한다.

10 2) 원인행위에 대한 책임 이 견해는 원인에서 자유로운 행위 책임비난대상이 실행행위에 있지 않고 그에 앞선 원인행위에 있다는 점을 분명히 한다. 말하자면 책임비난 대상이 앞당겨진 것이다. 바로 이 앞당겨진 책임비난 때문에 원인행위와 실행행위 사이에 적어도 비난받을 만한 불가분 연관관계가 있어야 한다.

11 원인에서 자유로운 행위 가벌성을 인정하는 데 가장 무난한 이론으로 보인다. 다만 행위시에 책임능력이 있어야 한다는 책임원칙 예외를 인정함으로써 실행행위 정형성에서 벗어나는 법치국가 부담이 있다.[1]

(3) 범죄실행행위에 있다고 보는 견해

12 1) 실행행위에 대한 반무의식상태 책임 실행행위가 책임능력 없는 상태에서 행해졌다고는 하지만 그것이 완전한 무의식상태에서 이루어진 것은 아니기 때문에 실행행위에 가벌성 근거가 있다는 주장이다. 현대 심리학 입장에서 주장된 이론이다.[2] 원인행위는 예비단계에 지나지 않지만 이 원인행위인 예비단계로부터 실행행위 단계로 돌입하는 것은 반무의식상태에서 행해진 것이기 때문에 원인과 결과 연관성을 인정할 수 있고 반무의식 실현으로 범죄 실행행위는 시작된다. 실행행위시 반무의식상태는 범죄 주관적 요소가 되기에 충분하다고 한다.

13 2) 광범위한 책임인정 이 견해는 양면성을 가진다. 즉 이론적으로는 책임원칙을 손상시키지 않고 원인에서 자유로운 행위를 설명할 수 있는 장점이 있는 것처럼 보이지만, 현실적으로는 반무의식상태 개념으로 사실상 대부분 행위에 책임능력을 인정하는 결과를 가져올 수 있다. 이것은 책임원칙 고수라는 이론적인 법치국가 장점이 오히려 광범위한 책임인정이라는 반법치국가적 현실로 귀결이 되는 모순을 의미한다.

3. 실행 착수시기

14 원인에서 자유로운 행위 실행착수시기는 가벌성 근거를 어떻게 잡느냐에 따라 달라진다.

---

1) 제11회.

2) 유기천, 138면 이하.

(1) 원인행위시설

원인행위시설은 가벌성 근거가 원인행위에 있다고 보는 견해로, 실행착수도 원인행 15
위시에 있는 것으로 본다. 이렇게 되면 가벌행위를 준비하는 단계로 술 마시는 행위가 이미 살인 · 상해 · 폭행 등 실행착수행위가 되므로 가벌성이 지나치게 확대될 위험이 있다. 술 마시는 행위를 두고 아직 살인, 상해, 폭행행위라고 말할 수는 없기 때문이다.

(2) 구성요건행위시설

그러므로 구성요건행위시설에 따르면 실행착수는 객관적인 구성요건 정형定型을 떠 16
나서 논증할 수 없다는 원칙을 가지고 원인에서 자유로운 행위도 책임능력 흠결상태에서 구성요건해당행위를 시작한 때 실행착수가 있는 것으로 본다.[1] 이것은 원인에서 자유로운 행위 가벌성근거가 원인행위와 실행행위 결합에 있다고 보는 견해의 논리적 귀결이기도 하다. 이 견해가 타당하다. 현재 다수설 견해다.

4. 형법 규정

(1) 위험발생 예견과 예견가능성

형법 제10조 제 3 항 문언은 위험발생을 예견한 경우로 국한하고 있지만, 여기에는 17
구성요건실현을 인식 · 의욕한 고의뿐만 아니라(고의의 원인에서 자유로운 행위), 그 가능성을 예견한 과실도 포함한다(과실의 원인에서 자유로운 행위).[2] 여기 고의와 과실의 구별은 형법각칙의 고의 또는 과실범구성요건으로 연결된다.

1) 고의의 원인에서 자유로운 행위 고의의 원인에서 자유로운 행위는 행위자가 18
결과발생을 예견하면서 의식적으로 자신을 심신장애상태에 빠뜨리고 작위 또는 부작위로 구성요건을 실현하는 경우를 말한다. 즉 원인행위와 실행행위 모두에 대한 고의 또는 미필고의가 있어야 한다. 원인행위를 과실로 야기한 경우도 고의범이 성립한다는 견해가 있지만, 우리나라는 해당될 여지가 없다. 우리는 형법이 "자의에 의한 심신장애 야기"를 명문으로 규정하고 있어서 과실 원인행위를 생각할 수 없기 때문이다.

2) 과실의 원인에서 자유로운 행위 과실의 원인에서 자유로운 행위는 심신장애 19
상태를 야기하여, 구성요건 실현가능성을 예견하였음에도 이를 부주의로 회피하지 못하고 작위 또는 부작위로 구성요건을 실현하는 경우를 말한다. 즉 고의(자의)로 원인행위를 야기하고 과실범 구성요건을 실현하면 과실의 원인에서 자유로운 행위가 된다. 원인행위 과실도 여기에 포함시키는 경우가 있다. 하지만 실행행위 과실을 원인행위 과실로 혼동해서는 안 된다. 결과발생이 예견가능한 경우(과실)는 실행행위 과실을 의미한다.

1) 오영근/노수환, 24/30; 박상기, 232면; 이재상 외, 23/39 등.
2) 제 8 회.

[판례] 고의의 원인에서 자유로운 행위

***표준판례** 피고인들은 피해자들을 살해할 의사를 가지고 범행을 공모한 후 대마초를 흡연하고 범행을 하였다. 대마초 흡연 시에 이미 **범행을 예견**하고 자의로 심신장애를 야기하였으므로 형법 제10조 제3항의 심신장애로 인한 감경을 할 수 없다.[1)]*원인에서 자유로운 행위가 고의범으로 처벌될 수 있다는 것을 명시한 판결. 원인행위시에 이중의 고의(원인행위와 실행행위)가 있어야 함.

[판례사례] 과실의 원인에서 자유로운 행위(*표준판례) 甲은 자동차를 가지고 술집에 가서 술을 마셨다. 만취한 甲은 자동차를 운전하여 귀가하다가 행인 乙을 치었다. 甲은 의식을 잃고 쓰러진 乙을 길옆 하수구에 옮겨서 버리고 도주하였다. 사고로 심한 상처를 입은 乙은 계속된 출혈로 사망하였다.[2)]

[해설] 판례에 보면 변호인은 甲이 심신장애상태에 있었다는 이유로 형 감경을 주장하였다. 그러나 甲은 음주시에 교통사고를 일으킬 위험성을 예견하였는데도 술을 마셔 자의로 심신장애를 야기한 경우에 해당하므로 형법 제10조 제3항에 따라 심신장애를 이유로 형의 감경을 받을 수 없다. 전형적인 과실에 의한 원인에서 자유로운 행위에 해당된다. 즉 甲이 음주운전을 할 의사를 가지고 음주 만취한 후 운전을 결행하여 교통사고를 일으킨 것은 **음주시에 교통사고를 일으킬 위험성을 예견**하였음에도 자의로 심신장애를 야기한 경우에 해당된다. 따라서 甲은 음주운전죄(도로교통법 제44조 제1항, 제148조의2)와 특정범죄가중법상의 도주차량(일명 뺑소니) 죄책(같은 법 제5조의3 제1항)을 면할 수 없다.

(2) 자의로 심신장애 야기

20 자의 의미와 관련하여, 과실로 심신장애를 야기한 자는 '자의'에 포함되지 않는다고 보는 것이 합당하다. ① 고의로 심신장애상태를 야기하여 고의 또는 과실범 구성요건을 실현한 때 제10조 제3항 원인에서 자유로운 행위가 된다고 해석한다.[3)] ② 자의를 고의 · 과실 양자를 포함하는 것으로 해석하는 경우도 있다.[4)]

21 그러나 ③ 자의를 고의 · 과실과 연결시키지 않고, "행위자가 책임능력 있는 상태에서 스스로"라는 의미로 해석하여 비자의적(강제적)이 아닌 한 심신장애상태는 고의 또는 과실 어느 쪽 따라서도 야기될 수 있다는 주장도 있다.[5)] 술을 마시면 행패를 부리는 습성이 있는 사람이 이 사실을 믿지 않고(인식 있는 과실) 음주하여 구성요건해당행위를 한 경우도 자의에 포함된다는 것이다.

22 그러나 ④ 과실은 언제나 실행행위와 관련해서만 판단할 수 있기 때문에 '**술 마시는 행위의 과실**'은 상정하기 어렵다. 즉 실행행위 과실을 원인행위 과실로 의제하거나 혼동할 필요는 없다. 술은 **자의로**(**고의로**) 마신 것이고, **위험발생을 예견하지 못한 과실**

1) 대판 1996. 6. 11. 96도857. 제10회.
2) 대판 1992. 7. 28. 92도999; 1994. 2. 8. 93도2400. 제8, 10, 12회.
3) 김성돈, 359면; 오영근/노수환, 24/37; 이재상 외, 23/42.
4) 손동권/김재윤, 17/38; 신동운, 359면; 임웅 외, 287면.
5) 김일수/서보학, 386면; 박상기, 231면.

때문에 면책되지 않을 뿐이다. 위 판례문제에서도 甲의 술 마신 행위가 '과실'이 되는 것은 아니다. 만일 甲이 술을 마신 뒤 운전을 하지 않았으면 형법문제는 발생할 여지가 없다. 술은 **자발적으로** 마신 것이고, 그 뒤 운전하면서 행인에게 중상을 입혔기 때문에 비로소 과실행위가 된다. 그러므로 이 경우 '자의' 요건을 확대해석할 필요 없이 전형적으로 과실의 원인에서 자유로운 행위에 해당된다.

(3) 원인에서 자유로운 행위 효과

원인에서 자유로운 행위는 심신상실과 심신미약을 야기한 모든 경우에 해당된다(제10조 제3항). 위와 같은 요건을 갖추면 심신상실의 책임무능력상태에서 한 행위도 면책되지 않고, 심신미약의 한정책임능력으로 행위한 경우도 형이 감경되지 않는다. 23

제3절 위법성의 인식

[92] Ⅰ. 위법성인식 의의

형법 제16조는 "자기 행위가 법령에 의하여 죄가 되지 않는 것으로 오인한 행위는 그 오인에 정당한 이유가 있을 때에 한하여 벌하지 않는다"고 하여 법률착오를 규정한다. 이것은 바꾸어 표현하면, 형법 범죄가 성립하기 위해서는 자기 행위가 법률에 위반하여 죄가 된다는 사실, 즉 위법하다는 사실을 인식해야 한다는 것을 의미한다. 이것을 위법성 인식이라고 하고, 이러한 인식을 하지 못한 경우가 법률착오다. 1

1. 위법성인식 개념

위법성인식은 자기 행위가 법질서에 반하고 금지되어 있다는 행위자 인식을 말한다. 그렇다고 법질서 구체적 내용(예컨대 형법 몇 조에 대한 위반이라는 식으로)까지 인식할 필요는 없다. 자기 행위가 공동사회 질서를 침해하고 법적으로 금지되어 있다는 사실 인식으로 충분하다. 이런 의미에서 공동사회 가치위반 또는 법가치위반은 위법성인식 기초가 된다. 위법성인식은 도덕이나 윤리가치 위반에 대한 인식과 구별된다. 2

위법성인식(제16조)과 고의(제13조)는 다르다. 위법성인식은 자기 행위가 법적으로 금지되어 있다는 인식으로서 자기 행위에 따라 침해되는 '**금지규범에 대한 인식**'을 말한다. 이에 반해 고의는 금지(형벌)규범에 속하는 범죄사실과 그 범죄사실의 사회적 의미에 관한 인식을 말한다. 즉 '**금지사안에 대한 인식**'이다. 나아가서 위법성인식은 고의 구성요소가 되는 것도 아니다. 현행 형법은 고의(제13조)와 구별되는 요소로서 위법성인식(제16조)을 별도로 규정한다. 3

4 고의를 구성요건요소로 보는 견해에 따르면 양자는 심지어 범죄체계단계까지도 달리한다(위법성인식은 책임요소). 고의를 전적으로 책임단계에 귀속시키는 견해에 따르더라도 위법성인식은 특별한 책임요소로 고의와 구별된다. 따라서 위법성인식이 없는 법률착오(제16조)는 고의를 배제하지 않는다. 법률착오를 하더라도 법령 오인에 정당한 이유가 없을 때는 얼마든지 고의범으로 처벌할 수 있다.

2. 위법성인식 체계적 지위(고의와 위법성인식 관계)

5 위에서 언급한 고의와 위법성인식 관계에 대해 학설대립이 있다. 위법성인식은 고의와 구별되는 별도 책임요소라는 견해를 **책임설**이라 하고, 고의 성립요소가 된다는 견해를 **고의설**이라고 한다.[1]

(1) 고 의 설

6 고의설은 위법성인식이 범죄사실에 대한 인식(구성요건고의)과 함께 고의 구성요소가 되고, 이 고의가 책임요소가 된다고 보는 견해다. 따라서 고의를 책임요소로 파악하는 **고전 범죄체계**(인과적 행위론)에서 주장하는 학설이다. 종래 통설에 속한다.[2]

7 이처럼 위법성인식을 고의 성립요소로 볼 경우, 위법성인식이 결여(법률착오)되면 고의행위가 성립하지 않고 고의범으로 처벌할 수 없다. 정당한 이유가 없더라도 법률착오를 일으킨 데 과실이 인정되고, 또한 과실을 처벌하는 명문규정이 있을 경우 과실범 성립은 문제될 수 있다(면책과 과실범성립 택일). 고의설은 다시 위법성인식 정도에 따라 엄격고의설과 제한고의설로 나뉜다.

8 1) 엄격고의설 엄격고의설은 범죄사실 인식 외에 '**현실적 위법성 인식**'이 있어야 고의가 성립한다는 견해다. 이렇게 되면 사실착오와 법률착오 구별이 무의미하고 형법 착오는 모두 동일한 기준에 따라 처리되는 결과를 가져온다.

9 이 견해는 찬성하기 어렵다. 법에 무관심하거나 행위 당시 심리상태가 매우 격앙되어 위법성을 인식할 수 없었던 모든 사람은 고의범이 성립할 수 없다. 기껏해야 과실범으로 처벌할 수 있을 뿐인데, 만일 과실범처벌규정이 없을 경우는 무죄를 선고해야 하는 불합리한 결과를 가져온다. 이런 문제를 해결하기 위해서 나온 것이 제한고의설이다.

10 2) 제한고의설 제한고의설은 고의성립에 필요한 위법성인식은 반드시 현실적 인식일 필요는 없고 '**인식 가능성**'만 있으면 충분하는 견해다. 다른 말로 **가능성설**이라고 한다. 그리하여 행위자가 법률맹목성이나 법률적대성으로 위법성을 인식하지 못한 경우는 고의를 인정해야 한다는 주장을 편다.

11 그러나 제한고의설은 고의와 과실을 결합하는 논리 모순이 있다. 왜냐하면 인식가능성은 과실요소고 이러한 과실요소 부존재가 현실적인 위법성 인식인 고의와 같을 수는 없다. 그 결과 법관은 원하기만 하면 위법성인식이 없는 경우도 얼마든지 고의를 인정할 수 있는 길이 열린다. 이것은 마치 사후로 과실을 의제하는 것과 같다.

---

1) 고의설과 책임설의 법률의 착오에 대한 결론 차이 제5회.

2) 고의설에 대한 새로운 자리매김 하민경, 「위법성조각사유의 전제사실에 대한 착오」(형사법의 신동향 68, 2020), 172면 이하.

(2) 책 임 설

책임설은 위법성인식이 고의와 '별개 독자 책임요소'가 되는 것으로 보며, **목적적 범죄체계**에서 주장하는 이론이다. 책임은 고의 이중기능에 따라 책임요소가 되는 고의와 독자 책임요소인 위법성인식 양자로 구성된다. 위법성인식 없는 경우는 고의성립에 영향이 없고 책임 핵심내용이 빠짐으로써 책임이 탈락하는 결과를 가져올 뿐이다.[1] 즉 행위자가 위법성에 관해 착오(법률착오)를 한 경우도 그 착오에 정당한 이유가 없으면 얼마든지 고의범으로 처벌할 수 있다(면책과 고의범 성립 택일). 그러나 위법성조각사유 객관적 전제사실에 관한 착오 해결을 둘러싸고 책임설은 다시 엄격책임설과 제한책임설로 나뉜다. 상세한 설명은 법률착오 부분에서 하고 여기서는 그 개념만 정리한다. 12

1) 엄격책임설 책임설을 엄격하게 유지하는 견해는 고의 · 과실을 불법구성요건에 한정시키고 위법성조각사유에 관한 행위자의 주관 표상은 책임에 속하는 것으로 본다. 이렇게 되면 위법성조각사유 전제사실은 구성요건요소가 되지 않고 이에 관한 착오도 구성요건착오(사실착오)가 아니라 위법성착오(**법률착오**)가 된다.[2] 즉 위법성조각사유에 관한 착오는 고의가 아니고 위법성 인식을 배제한다는 것이다. 13

2) 제한책임설 제한책임설은 위법성조각사유 전제사실은 **구성요건사실**에 유사하기 때문에 이에 관한 착오도 **사실착오**에 준하여(그래서 '제한'책임설이다) 고의책임을 배제하자는 견해다.[3] 즉 위법성조각사유 전제사실에 관한 착오는 법률착오보다 사실착오에 가깝다고 본다. 다시 말하면 행위자는 법에 충실하였지만 다만 그 상황에 착오를 일으킨 것으로 이해한다. 그러나 사실착오와 완전히 같다고 보지는 않기 때문에 책임설 내용을 제한적으로 수용한다. 14

(3) 결 론

우리 형법 제13, 16조 규정으로 미루어 책임설이 타당한 견해다. 우리나라는 고의(제13조)와 위법성인식(제16조)을 구별하여 규정한다. 형법 제16조가 다만 "벌하지 아니한다"고 규정하고 있어서 위법성인식이 책임요소인가 하는 점은 분명하지 않을 수도 있다. 이 점은 고의가 없으면 "벌하지 아니한다"는 형법 제13조도 마찬가지다. 그러나 최소한 제13조 고의와 제16조 위법성인식 분리규정, 내용 차이(금지사안에 대한 인식과 금지규범에 대한 인식)로 볼 때 위법성인식이 고의 구성요소일 수 있는 가능성은 처음부터 없다. 그럼에도 우리 대법원은 법률착오가 범의犯意(고의)를 조각한다고 함으로써 **고의설 입장**을 가지고 있다.[4] 15

[93] Ⅱ. 위법성인식 내용

위법성인식은 행위의 '법적' 금지에 대한 인식이다. 그러므로 언제나 법적 인식과 관련하기 때문에 행위가 윤리적으로 승인되지 않는다는 인식만으로는 부족하다. 그러나 법적 인식이라고 하여 금지하고 있는 구체 법률조문까지 인식할 필요는 없다. 법이 보호하는 이익을 침해한다는 인식, 즉 법적 가치위반에 대한 인식으로 충분하다. 그 법을 꼭 형법으로 인식할 필요도 없으며 1

1) 제5회.
2) 제6, 10회.
3) 제10회.
4) 대판 1974. 11. 12. 74도2676; 1970. 9. 22. 70도1206.

민법이나 행정법 금지로 인식해도 상관없다.

2 위법성인식은 행위의 법적 '금지'에 대한 인식이다. 금지인식이면 충분하므로 행위자가 자기행위 가벌성까지 알아야 할 필요는 없다. 이 점에서 책임을 배제시키는 법률착오와 책임에 아무런 영향을 미치지 않는 가벌성 착오(예컨대 객관적 가벌조건에 대한 착오)는 구별된다. 정치·종교·윤리적 확신에 따라서 옳다고 생각하고 법에 위반되는 행위를 하는 **확신범**이나, 양심에 비추어 필요한 것으로 판단하고 행위하는 **양심범**에도 위법성인식은 존재한다.[1]

[94] Ⅲ. 위법성인식 형태

1 고의 등급과 마찬가지로 위법성인식이 확실한 인식(이른바 확정적 위법성인식)일 필요는 없다. 자기 행위가 위법일 수 있는 가능성을 인식하고 감수하겠다는 미필의 위법성인식도 무방하다. 이것은 미필고의에 대응하는 개념이다. 위법성인식은 행위자가 행위시에 현재적顯在的으로 갖는 것뿐만 아니라 그보다 정도가 낮은 잠재인식이어도 괜찮다. 이 점은 고의에서 현재적 인식을 요구하는 것과 구별된다. 불법인식 가능성으로 잠재적 불법인식은 과실범과 부작위범에 대해서도 요구된다.

[95] Ⅳ. 위법성인식 결여

1 형법 제16조에 따라 위법성 인식 없이 행위한 경우는 법률착오가 된다. 법률착오도 정당한 이유가 있으면 처벌하지 않는다. 즉 책임이 조각된다. 만일 행위자 법률오인에 정당한 이유가 없으면 고의범으로 처벌 가능하다(**책임설**).

2 위법성인식 검토와 관련하여 다음 예를 들어보자. 甲이 자기 아이 乙을 살해하였다고 할 경우 위법성인식에 대한 검토가 필요할까? 만일 甲이 乙을 굶어 죽게 한 경우는 어떻게 될까?

3 우선 첫 번째 질문에서 위법성인식은 甲이 특별한 사정으로 위법성인식 없이 행위한 가능성이 있을 경우만 검토하면 되기 때문에 검토대상이 아니다. 그러나 두 번째 질문 부작위범 경우는 명령착오 가능성을 늘 염두에 두어야 하는 점이 작위범과 차이가 있다. 즉 부작위가 불법하기 위해서는 특별한 요건을 갖추어야 한다. 예컨대 행위자의 일반·개별적 행위가능성, 보증인지위, 동가치성 등이 여기 속한다.

1) 김병수, 「형법상 정당한 사유로서 양심에 근거한 병역거부와 대체복무제도의 방향」(비교형사법연구 20, 2018), 191면 이하.

제 4 절 법률의 착오

[96] Ⅰ. 법률착오 의의

1. 위법성에 관한 착오

위법성인식과 직접 관련되는 문제가 법률착오고 형법 제16조가 규정한다. 법률착오는 행위자가 착오로 자기행위가 위법함을 인식하지 못한 경우다. 다시 말하면 구성요건사실에 대한 인식은 있으나 착오로 그 **사실 위법성**을 인식하지 못한 경우다. 행위자는 자기가 무엇을 하고 있는지 알고 있었지만(예컨대 살인, 상해, 폭행한다는 사실에 대한 인식), 그것이 금지되어 있음을 몰랐던 상황, 즉 그러한 행위를 법률이 금지하지 않고 허용하고 있는 것으로 잘못 생각한 경우가 여기 해당된다. 이런 의미에서 법률착오를 **위법성에 관한 착오** 또는 **금지착오**라고 한다. 1

이와 반대되는 경우, 예컨대 형법이 허용한 행위를 금지된 것으로 잘못 알고 행위한 경우는 '**반전된 금지착오**'라고 하며, 이것은 금지착오(법률착오)가 되는 것이 아니라 환각범에 속한다. 환각범은 형법이 처벌하지 않는다. 2

2. 법률착오 형태

(1) 직접 법률착오

행위자가 고의행위와 직접 관련된 금지규범 위법성인식을 하지 못한 경우다. 이것은 다시 다음 형태로 세분한다. ① **금지규범존재에 관한 착오**로서 행위자가 그의 행위에 직접 해당되는 금지규범을 전혀 알지 못한 경우를 말한다. ② **효력착오**는 행위자가 금지규범이 효력이 없는 것으로 오인한 경우를 말한다. ③ **포섭착오**는 행위자가 법률해석에 착오를 일으켜 자기행위가 법적으로 허용되는 것으로 오인한 경우를 말한다. 3

직접 법률착오는 흔치 않은 경우다. 객관 · 주관적 구성요건을 실행한 행위자는 대부분 그에 상응하는 위법성인식을 갖는 것이 보통이기 때문이다. 부수형법의 특별한 규정이나 법과 불법에 관해 관념이 다른 문화권에서 온 외국인 경우에 일어날 수 있는 착오다.[1] 직접 법률착오는 형법 제16조로 해결하면 된다. 4

(2) 간접 법률착오

행위자가 금지된 행위를 한다는 것까지는 알았으나 자기 경우에는 특별한 사정이 있어서 행위해도 괜찮은 것으로 오인하였을 경우 간접 법률착오라 한다. 직접 법률착오보다 빈번히 발생한다. 5

6
이 착오형태를 다시 분류하면, ① 허용상황착오 또는 위법성조각사유 객관적 전제사실에 관한 착오로서 존재하지 않는 정당화상황을 존재하는 것으로 잘못 생각한 경우가 있다. 예를 들면 정당방위상황이 아닌데도 위법한 공격을 하는 것으로 착각하여 상대방을 때려눕힌 경우가 이에

1) 제 5 회. 금지규범 존재에 관한 착오는 법률착오의 전형적인 사례가 아니다.

해당한다(이른바 오상방위).

7 ② 허용규범착오는 형법이나 기타 규범에 없는 위법성조각사유를 있는 것으로 착각한 경우고, 허용한계착오는 위법성조각사유 한계에 착오를 일으켜 자기 행위가 예외로 허용되는 것으로 잘못 생각하고 행위한 경우다. 이 양자를 합쳐 허용착오라 한다. 허용한계착오가 형법 제16조 법률착오 예에 따라 처리되어야 한다는 점에 이견은 없다. 허용상황착오는 논란이 있다.

[97] Ⅱ. 위법성조각사유 전제사실의 착오

1. 성 격

1 위법성조각사유에 해당되는 행위상황이 없음에도 있다고 착각하여 행위하는 위법성조각사유 전제사실의 착오(허용상황착오)는 오상방위, 오상피난, 오상자구행위 등 경우다.[1] 이러한 허용상황착오는 사실착오와 법률착오 가운데 어느 하나로 분명히 성격규정하기가 힘들기 때문에 그 처리를 둘러싸고 논란이 있다. 즉 위법성조각사유 전제사실의 착오는 범죄행위 원인이 된 허용상황이라는 사실을 착오한 것이기 때문에 사실착오와 유사하다(**허용상황착오**). 그러나 죄 성립요소인 사실(구성요건사실)에 대한 착오가 아니라 허용규범에 따라 금지규범 적용이 배제되는 것으로 착오한 점에서 법률착오 성격도 가진다.

2. 학설대립

2 허용상황착오를 사실착오와 법률착오 중 어느 것으로 취급할 것인가 다음 견해가 있다.[2][3]

(1) 엄격책임설

3 허용상황착오를 **법률착오**로 보는 견해다. 주로 **목적적 행위론자**가 주장하는 견해로 허용상황착오를 허용착오(**허용규범, 허용한계착오**)와 같이 취급하여 형법 제16조 법률착오 규정을 적용해야 한다고 한다.[4] 이 견해는 허용상황착오가 위법성인식을 갖고 있지 않다는 **결과**만 주목하고 행위자가 어떻게 그런 결과에 이르러가게 되었는가 과정은 문제삼지 않는다.

4 엄격책임설이라는 명칭이 붙은 이유는 위법성인식은 고의성립과 무관한 독립 책임요소가 된다는 책임설 기준을 엄격하게 예외 없이 적용하기 때문이다. 그 결과 허용상황을 착오한 것에 정당한 이유가 없으면 행위자는 고의범으로 처벌되고, 그러한 이유가 있으면 형법 제16조에 따라 불가벌로 된다.[5] 착오에 이르게 된 상황의 특수성을

---

1) 제12회.

2) 체계관점에서 자세한 연구 홍영기, 「위법성조각사유의 전제사실에 관한 착오」(고려법학 81, 2016), 295면 이하.

3) 제 2 회.

4) 김성돈, 382면; 정성근/박광민, 351면; 오영근/노수환, 26/21.

5) 제 3, 7, 10, 14 회.

고려하지 않는 점에서 이 견해는 찬성하기 힘들다.

(2) 제한책임설

허용상황, 즉 위법성조각사유 전제사실의 착오를 **사실착오**로 보는 견해다. 제한책 5
임설은 허용상황착오에 대해 사실착오규정을 적용하여 고의범으로 처벌할 수 없으며, 착오에 과실이 있고 그에 대한 처벌규정이 있는 경우 **과실범**이 성립할 수 있을 뿐이라고 한다. 책임설 내용을 제한적으로 적용한다는 의미에서 제한책임설이다.

제한책임설 논거는 정당화상황이 존재하는 것으로 오인한 사람에 대해 법규범 호 6
소는 먹히지 않고, 이것은 범죄가 된다는 사실을 인식하지 못한 사실착오와 같은 상황이라는 점에 있다. 양자 모두 그가 해야 할 바를 모르고 있다는 점에서 공통이며, 이 상황은 바로 형법 제15조 사실착오에 해당한다. 허용상황착오를 일으킨 사람은 자기가 법질서에 맞게 행위 하는 것으로 생각한다. 즉 자기 자신은 법질서에 충실하다. 이런 사람에게 형법 제16조 법률착오규정을 적용하는 것은 온당하지 않다는 것이다. 제한책임설은 다시 다음과 같이 견해가 나뉘는데, 이들은 사실착오를 간접 적용해야 한다는 견해다.

1) 유추적용제한책임설 이 견해는 형법 제15조 사실착오규정을 위법성조각사유 7
전제사실의 착오에 유추적용해야 한다고 주장한다.[1] 허용상황착오는 법률에 직접 규율되지 않은 사안이다. 그러나 사실착오와 본질은 유사하고 구성요건불법에 대한 실현의사 결여로 행위불법을 인정할 수 없기 때문에 사실착오를 유추적용할 수 있는 것으로 본다. 이 견해에 따르면 허용상황착오는 사실착오규정이 그대로 적용되기 때문에 **고의가 조각되는** 결과를 가져온다. 구성요건고의가 조각되면 이에 대한 공범성립이 불가능한 단점이 있다.

2) 법효과제한책임설 허용상황에 관한 착오는 사실착오와 단지 **법효과**를 같이 8
할 뿐이라는 견해다. 이 견해는 허용상황착오를 독자 형태 착오로 파악한다. 이 착오로 구성요건고의는 영향을 받지 않지만 그 특수성으로 고의형벌을 배제하여 법효과만 사실착오와 동일하게 취급하자는 주장이다.[2] 즉 행위자는 법에 충실하려고 했지만 부주의로 상황을 착오하여 구성요건결과를 야기한 것이니 완전한 고의책임을 부담할 수 없고 과실범에 따라 처벌하는 것이 타당하다. 따라서 존재하지 않는 정당화상황을 존재하는 것으로 착오한 데 과실이 있으면 과실범으로 처벌한다.

이것은 고의행위자를 과실범으로 처벌하는 결과가 됨으로써 고의책임과 과실책임 9
을 혼합한 형태의 법적 효과를 인정하는 결과가 된다. 이 견해에 따를 때 행위자는 고의형벌을 받지 않을 뿐이고 고의 그 자체는 그대로 존속하므로, 즉 책임고의는 탈락하고 구성요건고의는 그대로 남기 때문에(고의 이중기능에 따른 이론구성) 공범성립의 제한

1) 김일수/서보학, 288면. 제10회.
2) 제10회.

종속형식에 따라 교사범 · 종범이 성립할 수 있다. 즉 교사범이나 종범이 되기 위해서는 정범 고의행위를 전제하므로 착오에 빠진 행위자가 과실범처벌규정이 없어 처벌받지 않을 경우도 이를 교사 · 방조한 행위자에 대한 처벌은 가능하다. 독일 통설이고 우리나라 다수설 견해다.[1] 타당한 견해다.

10 **3) 비독립책임설** 비독립책임설은 법효과제한책임설을 변형한 이론이다. 결론은 같고 이론구성에 약간 차이가 있다. 즉 법효과로 과실범 형벌을 단순히 준용하는 것이 아니라 과실형벌에 종속하여 고의형을 현실화하자고 주장한다.[2] 즉 허용상황을 착오한 행위를 고의범으로 보지만 처벌만은 과실범 형량범위로 제한하자는 이론이다. 고의범이지만 과실형벌에 종속시키자는 의미에서 '비독립'책임설이라는 명칭이 붙었다. 이 견해에 따르면 회피불가능한 허용상황착오에 대해서도 공범이 성립할 수 있다.

(3) 소극적 구성요건요소이론

11 위법성조각사유를 소극적 구성요건요소로 구성요건단계에서 고려해야 한다는 이론에 따르면 허용상황착오는 구성요건 범죄사실에 대한 착오가 되고 고의를 조각한다.[3] 즉 형법 제13, 15조 사실착오규정이 직접 적용된다. 이 이론은 구성요건해당성과 위법성 차이를 인정하지 않는 근본 문제가 있기 때문에 찬성하기 어렵다.

3. 결 론

12 정당화상황이 존재하는 것으로 오인한 허용상황착오는 법률착오와 사실착오 중간 형태다. 그러나 허용상황착오는 순수한 위법성에 대한 착오가 아니기 때문에 법률착오로 취급하는 것은 문제가 있다. 그렇다고 사실착오규정을 아무 제한 없이 적용하여 고의를 조각하는 것으로 보면 범죄체계 문제가 있을 뿐만 아니라, 이 착오형태가 갖는 법률착오성격을 무시하는 결함이 있다. 중간 형태에 어울리는 중재 해결방법으로 **책임고의**만을 탈락시켜 처벌하지 않는 법효과면에서 사실착오와 동일하게 보는 **법효과제한책임설**이 타당하다.

[판례]

① ***표준판례** 소속 중대장의 당번병 갑은 근무시간 중은 물론 근무시간 후에도 밤늦게 까지 수시로 영외에 있는 중대장 관사에 머물면서 집안일을 도와주고 그 자녀들을 보살피고, 중대장 또는 그 처의 심부름을 관사를 떠나서까지 시키는 대로 하였다. 갑은 사건당일 중대장의 지시에 따라 관사를 지키고 있던 중, 중대장과 함께 외출나간 그 처로부터 24:00경 비가 오고 밤이 늦어 혼자 귀가할 수 없으니 관사로부터 1.5킬로미터 가량 떨어진 지점까지 우산을 들고 마중을 나오라는 연락을 받았다. 갑은 **당번병으로서 당연히 해야 할 일로 생각하고** 그 지

1) 김혜정 외, 239면; 이재상 외, 25/14; 임웅 외, 315면. 이 학설 문제점은 정승환, 「독일의 형법 및 형법학과 한국의 형법이론」(형사법연구 28, 2016), 61면.
2) Jakobs, AT, 11/58.
3) 제6, 10회.

점까지 나가 동인을 마중하여 그 다음날 01:00경 귀가하였다. 갑의 관사이탈 행위는 중대장의 직접 허가를 받지 않았다 하더라도, 당번병으로서 그 임무범위 내에 속하는 일로 오인하고 한 행위로서 그 오인에 정당한 이유가 있어 위법성이 없다고 볼 것이다.[1] *위법성의 오인에 정당한 이유가 있는 경우에는 위법성이 조각될 수 있다고 본 판결.

② 내용 중에 일부 허위사실이 포함된 신문기사를 보도한 사안에서, 기사 작성의 목적이 공공의 이익에 관한 것이고 그 기사 내용을 **작성자가 진실하다고 믿었으며**, 그와 같이 믿은 데 객관적인 상당한 이유가 있는 경우 명예훼손의 위법성을 부인한 원심판결은 정당하다.[2]

[98] Ⅲ. 형법 제16조 '정당한 이유'

1. 회피가능성

1 형법 제16조는 자기행위 위법함을 인식하지 못한 법률착오가 처벌되지 않기 위해서는 그런 오인에 '**정당한 이유**'가 있어야 한다고 명시한다. 따라서 정당한 이유가 없을 경우 고의범으로 처벌된다(**책임설**). 그러므로 법률착오 관건은 정당한 이유 해석에 있다. 우리나라에서는 보통 정당한 이유를 독일 형법의 예(독일 형법 제17조는 '회피할 수 없는 때'로 명시하고 있다)에 따라서 **회피가능성으로** 해석한다.[3] '정당한 이유'보다는 구체화된 기준으로 표방할 수 있는 견해로 생각한다. 우리 판례[4]가 죄가 되지 않는다는 오인에 '과실이 없을 때' 정당한 이유가 있는 것으로 보는 것과도 연결 가능하다. 과실의 주의의무위반은 예견가능성 요소와 회피가능성으로 이루어지기 때문이다.

2 따라서 형법 제16조 '정당한 이유'는 위법성에 대한 구체적 인식가능성을 토대로 한 회피가능성에서 찾으면 된다. 위법성을 인식할 능력이 있는데도 그 능력을 다하지 않은 경우는 회피불가능한 착오에 해당되지 않고 책임이 조각될 수 없다.

3 위법성에 대한 인식가능성판단은 **행위자 지적知的 인식능력을** 기준으로 한다. 어디까지나 구체적 행위자 자신의 인식능력이 문제된다. 일반인이나 평균인 또는 건전한 상식을 가진 사람 등으로 규범화해서 판단할 문제가 아니다. 죄가 되지 않는다는 오인은 개인에게서 비롯되는 현상이기 때문이다. 따라서 보통사람에게는 상식에 속하는 문제라도 행위자 개인에게 회피할 수 없었던 특별한 사정도 있다. 이러한 판단은 행위자 개인이 처한 구체 상황(예컨대 나이, 학력 또는 직업 경험 등)을 토대로 인식에 필요한 주의를 다하였는가를 기준으로 내려야 한다. 판례는 변호사가 법률문제를 검토한 것만으로 '정당한 이유' 근거가 되지 않는다고 판시한다.[5] 법률 위반행위 중간에 일시적으로 판례가

1) 대판 1986. 10. 28. 86도1406.
2) 대판 1996. 8. 23. 94도3191.
3) 김일수/서보학, 406면; 이재상 외, 25/16. 이견은 김성돈, 265면. 제5회.
4) 대판 1983. 2. 22. 81도2763.
5) 대판 2009. 5. 28. 2008도3598.

그 행위를 처벌대상이 되지 않는 것으로 해석한 적이 있더라도 그것만으로 자신 행위가 처벌되지 않는 것으로 믿은 데 정당한 이유가 될 수 없다고 한다.[1]

[판례] 정당한 이유 인정

① 정당한 이유는, 행위자에게 자기 행위의 위법 가능성에 대해 심사숙고하거나 조회할 수 있는 계기가 있어, 자신의 지적 능력을 다해 **진지한 노력을 했더라면** 위법성을 인식할 수 있었는가에 따라 판단해야 한다. 이러한 위법성의 인식에 필요한 노력의 정도는, 구체적 행위정황과 행위자 개인의 인식능력 그리고 행위자가 속한 사회집단에 따라 달리 평가되어야 한다.[2] *정당한 이유 판단기준.

② 갑은 행정청의 허가가 있어야 함에도 불구하고 허가를 받지 않아 처벌대상이 되는 행위를 하였다. 갑은 허가를 담당하는 **공무원이 허가를 요하지 않는 것으로** 잘못 알려 주어 이를 믿었기 때문에 허가를 받지 않은 것이었다. 갑이 허가를 받지 않더라도 죄가 되지 않는 것으로 착오를 일으킨 것은 정당한 이유가 있는 경우에 해당된다.[3]

③ 가사 18세 이상 19세 미만의 사람을 비디오감상실에 출입시킨 업주는 형사처벌 대상이 된다고 하더라도, 마치 법에 의해 부과된 "18세 이상 19세 미만의 청소년에 대한 출입금지 의무"가 다시 법시행령 제19조와 위 음반 등 법 및 그 시행령의 연관해석을 통해 면제될 수 있을 것 같은 외관을 제시하고 있다. 실제로 개정된 법이 시행된 후에도 관할부서는 '만 18세 미만의 연소자' 출입금지표시를 업소출입구에 부착하라고 행정지도를 하였을 뿐, 법에서 금지하고 있는 **'만 18세 이상 19세 미만'의 청소년** 출입문제에 관하여는 특별한 언급을 하지 않았다. 이로 인해 피고인을 비롯한 비디오물감상실 업주들은 여전히 출입금지대상이 **'18세 미만의 연소자'**에 한정되는 것으로 인식하였다. 사정이 위와 같다면, 피고인이 자신의 비디오물감상실에 18세 이상 19세 미만의 청소년을 출입시킨 행위가 법률에 의해 허용된다고 믿은 것은 정당한 이유가 있는 경우에 해당한다.[4]

④ 광역시의회 의원이 선거구민들에게 의정보고서를 배부하기에 앞서 미리 관할 선거관리위원회 소속 공무원들에게 자문을 구하고, 그들의 지적에 따라 수정한 의정보고서를 배부한 경우는 형법 제16조에 해당하여 벌할 수 없다.[5]

⑤ 피고인은 발가락 삽입부가 5개로 형성된 양말을 주문받아 생산하던 중, 이 사건 피해자로부터 발가락 삽입부가 5개로 형성된 양말은 동인의 의장권을 침해한다 하여 그 제조의 중지요청을 받고 그 즉시 **변리사에게 문의**하였다. 피고인은 변리사로부터, 양자의 의장이 색채와 모양에 있어 큰 차이가 있으므로 동일 유사하다고 할 수 없다는 회답을 받았다. 피고인은 또 **감정인에게 감정**을 의뢰하여 양자의 의장은 동일 또는 유사하다고 할 수 없다는 전문 감정을 받았다. 이에 따라 피고인 스스로 자신이 제조하는 양말에 대해 의장등록출원을 하여 특허국

1) 대판 2021. 11. 25. 2021도10903. 제14회.
2) 대판 2017. 3. 15. 2014도12773. 제8회.
3) 대판 1992. 5. 22. 91도2525.
4) 대판 2002. 5. 17. 2001도4077.
5) 대판 2005. 6. 10. 2005도835. 제3회.

으로부터 등록사정까지 받았다. 이러한 상황에서 피고인이 피해자의 의장권을 침해하는 것이 아니라고 믿은 것은 정당한 이유가 있는 경우에 해당한다.[1]

⑥ 관할관청은, 장의사영업허가를 받은 상인에게 장의소요기구, 물품을 판매하는 도매업에 대하여는 가정의례법 제5조 제1항의 **영업허가가 필요없는 것으로** 해석하여 영업허가를 해 주지 않고 있다. 피고인 역시 영업허가 없이 도매를 해 왔다면, 동인에게는 같은 법률위반에 대한 인식이 있었다고 보기 어렵다.[2]

⑦ ***표준판례** 서울특별시 공문, 식품제조허가지침 등의 공문은, 곡물을 단순히 볶아서 판매하거나 가공위탁자로부터 제공받은 고추, 참깨, 들깨, 콩 등을 가공할 경우, 양곡관리법 및 식품위생법상의 허가대상이 아니라는 취지였다. 따라서 피고인은, 사람들이 물에 씻어 오거나 볶아온 쌀 등을 빻아서 미싯가루를 제조하는 행위는 별도의 허가를 얻을 필요가 없다고 믿었다. 피고인이 자기행위가 법령에 의해 죄가 되지 않는 것으로 오인함에 **어떤 과실이 있음을** 가려낼 수 없어 정당한 이유가 있는 경우에 해당한다.[3]

⑧ 갑은 가감삼십전대보초와 한약 가지수에만 차이가 있는 십전대보초를 제조하고 그 효능에 관해 광고를 한 사실에 대해 이전에 **검찰의 혐의없음 결정**을 받은 적이 있다. 갑이 비록 허가 없이 의약품인 가감삼십전대보초를 판매하였더라도, 자기 행위가 법령에 의해 죄가 되지 않는 것으로 오인한 것은 정당한 이유가 있다.[4]

⑨ 피고인은 건설폐기물 처리업 허가를 받고 건설폐기물 처리시설을 설치한 후 변경허가를 받음으로써 **변경허가 없이** 그 시설 소재지를 변경하였다고 하여 건설폐기물법 위반으로 기소되었다. 피고인이 시설 등을 미리 갖추고 실제 영업행위를 하기 전에 변경허가를 받으면 된다고 그릇 인식한 것은, 정당한 이유 있는 법률의 착오에 해당한다.[5]

⑩ 피고인은 복싱클럽 관장과 회원인 피해자(17세)의 몸싸움을 지켜보던 중 피해자가 왼손을 주머니에 넣어 휴대용 녹음기를 꺼내어 움켜쥐자 피해자의 왼손 주먹을 강제로 펴게 함으로써 위 관장과 동시에 피해자를 폭행하여 피해자에게 약 4주간의 치료가 필요한 손가락 골절 상해를 입혔다. 피고인이 피해자가 위험한 물건을 꺼내는 것으로 오인하여 이를 확인하기 위한 행위를 한 것이라면 상해죄 고의를 인정하기 어렵다. 유죄를 인정한 원심은 위법성조각사유 전제사실의 착오, 정당한 이유 존부에 관한 법리를 오해한 위법이 있다.[6]

[판례] 정당한 이유 부정

① 피고인들은 갑이 이 사건 아파트의 관리소장으로 관리업무를 수행하기 전에 공무원을 찾아가 주택관리사보자격만 있는 갑에게 이 사건 아파트의 관리업무를 수행하도록 하여도 법 위반이 되는지 질의하였다. 그러나 위 공무원은 법에 위반되지 않는다는 **확실한 답변**은 하지 않았

1) 대판 1982. 1. 19. 81도646.
2) 대판 1989. 2. 28. 88도1141.
3) 대판 1983. 2. 22. 81도2763.
4) 대판 1995. 8. 25. 95도717.
5) 대판 2015. 1. 15. 2013도15027.
6) 대판 2023. 11. 2. 2023도10768.

다. 피고인들이 공무원에게 질의를 하였다는 사정만으로는 오인에 정당한 이유가 있는 경우라고 할 수 없다.[1]

② 식사와 함께 부수적으로 음주행위가 허용되는 영업허가를 받은 업소라고 하더라도, 실제로는 **주로 주류를** 조리 · 판매하는 영업행위가 이루어지고 있는 경우에는 청소년보호법상의 19세 미만자 고용금지업소에 해당한다. 주간에는 주로 음식류, **야간에는 주로 주류**를 조리 · 판매하는 업소도 청소년고용금지업소에 해당한다.[2]

③ 긴급명령 위반행위 당시 **긴급명령이 시행된** 지 그리 오래되지 않아 금융거래의 실명전환 및 확인에만 관심이 집중되어 있었고, 비밀보장의무는 관계기관의 유권해석이나 금융관행이 확립되어 있지 않았다는 사정은, **단순한 법률의 부지**에 불과하다. 해당 은행에서는 긴급명령상의 비밀보장에 관해 상당한 교육을 시행하였음을 알 수 있어, 피고인들의 행위가 죄가 되지 않는다고 믿은 것은 정당한 이유가 있는 경우에 해당하지 않는다.[3]

④ 스크린 스크래핑 프로그램 제작자가 **변호사**에게 프로그램을 통한 고객 정보 수집의 적법 여부만을 검토한 것만으로는, 금융실명법 제4조 제1항 위반행위에 정당한 이유가 없어 법률의 착오에 해당하지 않는다.[4]

⑤ 가처분결정으로 직무집행정지 중에 있던 종단대표자가 종단소유의 보관금을 소송비용으로 사용하면서 **변호사의 조언**을 받았다는 것만으로는, 보관금인출 사용행위가 법률의 착오에 의한 것이라 할 수 없다.[5]

⑥ ***표준판례** 한국간행물윤리위원회나 정보통신윤리위원회가 이 사건 만화에 대해 심의하여 음란성 등을 이유로 청소년유해매체물로 판정하였을 뿐, 더 나아가 관계기관에 **형사처벌 또는 행정처분**을 요청하지 않았다 하더라도, 피고인들의 행위가 죄가 되지 않는 것으로 오인한 데 정당한 이유가 있다고 볼 수 없다.[6] *부작위에 의해서도 방조범이 성립할 수 있음을 명시한 판결.

⑦ 부동산중개업자가 **부동산중개업협회의 자문**을 통해 인원수의 제한 없이 중개보조원을 채용하는 것이 허용되는 것으로 믿었다고 하더라도, 그러한 사정만으로 자신의 행위가 법령에 저촉되지 않는 것으로 오인함에 정당한 이유가 있는 경우에 해당한다거나 범의가 없었다고 볼 수는 없다.[7]

⑧ 기공원을 운영하면서 환자들을 대상으로 척추교정시술행위를 한 자가, 정부 공인의 체육종목인 '활법'의 **사회체육지도자 자격증**을 취득한 자라 하여도, 자신의 행위가 무면허 의료행위에 해당되지 않는다고 믿은 데 정당한 사유가 있다고 할 수 없다.[8]

⑨ 피고인 을은 신축 당시 의료시설(병원)로 건축허가를 받고, 지하 1층 부분에 대해 의료시설(병원) 및 제2종 근린생활시설(음식점)로 사용승인을 받았다. 피고인 갑이 피고인 을로부터 지하

1) 대판 2003. 4. 11. 2003도451.
2) 대판 2004. 2. 12. 2003도6282.
3) 대판 1997. 6. 27. 95도1964.
4) 대판 2009. 5. 28. 2008도3598.
5) 대판 1990. 10. 16. 90도1604. 변리사, 은행직원 등의 조언에 따라 행위한 경우도 마찬가지다.
6) 대판 2006. 4. 28. 2003도4128.
7) 대판 2000. 8. 18. 2000도2943.
8) 대판 2002. 5. 10. 2000도2807.

1층 장례식장 시설을 임차하여 **장례예식장 등으로** 영업신고 및 사업자등록을 마쳤다는 사정만으로는, 법률상 제한된 용도인 장례식장을 운영한 피고인들의 행위가 죄가 되지 않는 것으로 오인하는 데 정당한 이유가 있다고 볼 수 없다.1)

⑩ 사무실 임차인이 임대차계약 종료 후 갱신계약 여부에 관한 의사표시나 명도의무를 지체하고 있다는 이유로 **임대인이 단전조치**를 취한 경우는 법률의 착오에 해당하지 않는다.2)

⑪ ***표준판례** 피고인은 그 보좌관을 통해 관할 선거관리위원회 직원에게 구두로 문의하여, 이 사건 의정보고서에 낙천대상자로 선정된 사유에 대한 해명과 낙천대상자 선정이 부당하다는 취지의 제 3 자의 반론 내용과 이를 보도한 내용을 전재하는 것이 허용된다는 답변을 들었다. 이것만으로는 자신의 지적 능력을 다하여 이를 회피하기 위한 **진지한 노력**을 다 하였다고 볼 수 없다.3) *법률착오의 '정당한 이유'를 구체화한 판결. 죄가 되지 않는 것을 오인한 정당한 이유는 심사숙고나 조회 등 자신의 지적능력을 다한 진지한 노력이 있어야 인정됨. 단순한 회신만으로는 부족하다고 봄.

⑫ **수사처리 관례상** 일부 상치된 내용을 일치시키기 위해 적법하게 작성된 참고인 진술조서를 찢어버리고, 진술인의 진술도 듣지 않고 그 내용을 일치시킨 새로운 진술조서를 작성한 행위는, 그 행위를 적법한 것으로 잘못 믿었다고 할지라도 그렇게 잘못 믿은데 대해 정당한 이유가 있다고 볼 수 없다.4)

⑬ 자격기본법에 의한 민간자격관리자로부터 **대체의학자격증**을 수여받은 자가 사업자등록을 한 후 침술원을 개설하였다. 국가의 공인을 받지 못한 민간자격을 취득하였다는 사실만으로는, 자신의 행위가 무면허 의료행위에 해당되지 않는다고 믿은 데 정당한 사유가 있다고 할 수 없다.5)

⑭ 피고인은 이 사건 아파트 분양권의 매매를 중개할 당시 '일반주택'이 아닌 **'일반주택을 제외한 중개대상물'**을 중개하는 것이어서 교부 받은 수수료가 법에서 허용되는 범위 내의 것으로 믿었다. 그러한 사정만으로는 자신의 행위가 법령에 저촉되지 않는 것으로 오인함에 정당한 사유가 있는 경우에 해당한다고 볼 수는 없다.6)

⑮ 관할 환경청은 비록 **폐기물 배출업자**가 차량을 임차하여 폐기물을 수집 · 운반하는 경우에도 '스스로 폐기물을 수집 · 운반하는 경우'에 해당하는 것으로 해석하고 **특정폐기물 수집 · 운반 차량증**을 발급해 주었다. 그러한 사정만으로는 관할 환경청이 무허가 업자에게 위탁하여 폐기물을 수집 · 운반하게 하는 행위까지 적법한 것으로 해석하였다고 볼 수는 없다. 피고인이 피고인 회사의 폐기물 수집 · 운반 방법이 죄가 되지 않는 것으로 믿었다 하더라도, 그와 같이 믿는데 정당한 이유가 있다고 보기는 어렵다.7)

⑯ 피고인들은 공중송신권을 침해하는 게시물인 영상저작물에 연결되는 링크를 자신이 운영하는

1) 대판 2005. 9. 29. 2005도4592.
2) 대판 2006. 4. 27. 2005도8074.
3) 대판 2006. 3. 24. 2005도3717. 제 3, 5 회.
4) 대판 1978. 6. 27. 76도2196.
5) 대판 2003. 5. 13. 2003도939.
6) 대판 2005. 5. 27. 2004도62.
7) 대판 1998. 6. 23. 97도1189.

사이트에 영리적 · 계속적으로 게시하여 공중송신권을 침해한 정범의 범죄를 방조한 혐의로 기소되었다. 그런데 피고인들은 링크 저작권 침해 게시물 등으로 연결되는 링크 사이트 운영 도중 그 행위가 **처벌대상이 되지 않는 것으로 해석한 판례**(2012도13478)가 있다는 사정을 들어 정당한 이유가 있는 법률의 착오를 주장하였다. 그러나 대법원은 이 주장을 배척하였다. 법률 위반 행위 중간에 일시적으로 판례에 따라 그 행위가 처벌대상이 되지 않는 것으로 해석된 적이 있었다고 하더라도 그것만으로 자신의 행위가 처벌되지 않는 것으로 믿은 데에 정당한 이유가 있다고 할 수는 없다.[1] *사실상의 이유는 말하지 않음. 이 판례가 행위자의 '적극적 오인'의 근거가 되었다고 보지 않음. 담당 변호사가 판례를 '찾아냈다'고 보는 것이 현실적이겠지만, 대법원은 원론만 제기하고 이런 부분에 관한 언급을 하지는 않음.

⑰ 피고인은 택시기사가 승차를 거부한다고 주장하면서 신고를 받고 현장에 나온 경찰관 A에게 소리치고 욕설하면서 몸을 밀쳤다는 이유로 공무집행방해로 기소되었다. 원심은 위법성조각사유 전제사실 착오의 정당한 이유가 있는 것으로 보아 무죄를 선고하였다. 그러나 대법원 판단은 달랐다. 피고인은 경찰관들에게 고성으로 항의만 하였을 뿐 유형력을 행사할 의도가 없었는데도 경찰관 A가 자신의 몸을 밀치자 이를 위법하다고 오인하여 저항한 것이라고 주장하였다. 피고인이 경찰관 A를 밀치게 된 전제사실 자체는 피고인 인식에 어떤 착오도 존재하지 않고, 다만 경찰관 A의 **직무집행 적법성에 대한 주관적인 법적 평가가 잘못되었을** 여지가 있을 뿐이므로 위법성 조각사유 전제사실에 대한 착오가 있었다고 보기 어렵다.[2]

2. 양심긴장과 조회의무

(1) 인수책임

4 주의의무 구체 내용과 관련하여 독일 판례[3]는 양심긴장의무와 조회의무를 요구한다. 전자는 행위자가 그의 모든 지적 인식능력과 가치관을 총동원하여 양심적 숙고를 해야 하는 의무를 말한다. 후자는 필요할 경우 전문가나 해당 기관에 금지존재 내용이나 의미를 문의해야 한다는 것이다.[4]

5 그러나 조회의무는 주로 특별한 법률과 관계 맺는 전문가집단에 요구될 뿐이다. 이때 인정되는 책임이 인수책임引受責任이다. 금지착오 회피가능성은 원칙적으로 행위자 개별능력에 따라 판단해야 한다. 최근에는 행위자 직업생활영역이나 법적으로 특별하게 규율되는 생활영역(예컨대 도로교통)에는 회피가능성을 행위자 개별능력에 따르지 않고 '규범적으로 설정한 일반기준'으로 판단해야 한다는 주장이 나온다. 이 기준으로 행위자가 지는 책임이 바로 인수책임이다. 그러므로 인수책임이 인정되는 생활영역에 속한 행위자에게는 조회의무를 요구할 수 있다.

---

1) 대판 2021. 11. 25. 2021도10903. 제12, 13회.
2) 대판 2024. 7. 25. 2023도16951.
3) BGHSt 2, 194; 4, 15; 4, 242; 5, 289; 21, 18.
4) 임웅 외, 301면; 이재상 외, 25/19; 이형국/김혜경, 237면.

(2) 조회의무 한계

그러나 조회의무를 모든 금지착오 행위자에게 보편적으로 요구하기는 어렵다. 조회의무를 성실하게 이행하면 법률착오에 빠질 사람이 아무도 없을 것이기 때문이다. 만일 그렇게 할 경우 주의의무 정도는 너무 높아지고, 법률착오를 주장할 수 있는 사람 범위는 그만큼 좁아진다. 하지만 법률착오에서 행위자 위법성인식에 대한 주의의무 정도가 과실범 그것보다 특별히 높아야 할 이유는 없다. 가벌성을 근거짓는 기준으로 양자는 같다고 보는 것이 옳다. 다만 과실행위 주의의무 판단기준을 일반인·평균인한테서 찾으면 (**객관설**), 행위자 자신을 기준으로 판단하는 법률착오 주의의무와 그 정도는 다를 수 있다. 그러나 후자가 전자보다 꼭 높게 나타나라는 법은 없다. 착오행위자의 지적 인식능력이 예외적으로 높을 때는 높을 수도 있고, 반대로 낮을 때는 얼마든지 낮게 나타날 수도 있다. 6

(3) 판례의 '적극적 오인' 요구

조회결과 책임있는 기관의 잘못된 답변에 의존하여 한 행위에 대해 판례는 오인誤認에 정당한 이유가 존재하는 것으로 인정한다. 행정청 허가가 있어야 하는데도 허가를 받지 않고 처벌대상이 되는 행위를 한 경우도 허가 담당 공무원이 허가가 필요없는 것으로 잘못 알려주어 이를 믿었기 때문에 허가를 받지 않은 것이라면, 허가를 받지 않더라도 죄가 되지 않는 것으로 착오를 일으킨 데 정당한 이유가 인정되므로 처벌할 수 없다고 한다.[1] 그러나 이 태도는 일관되지 않아서 뒤 판례에서 보듯이 어떤 경우는 책임 있는 기관에 조회하는 것만으로 불충분하고 이에 덧붙여 **적극적 오인**이 있어야 정당한 이유가 인정될 수 있다고 한다. 7

[판례]

① **정당한 이유의 판단 기준과 방법** 형법 제16조의 "정당한 이유"는, 행위자에게 자기 행위의 위법 가능성에 대해 **심사숙고하거나 조회**할 수 있는 계기가 있었고, 자신의 지적 능력을 다하여 이를 회피하기 위한 **진지한 노력**을 하였더라면, 스스로의 행위에 대해 위법성을 인식할 수 있는 가능성이 있어야 한다. 그럼에도 이를 다하지 못한 결과 자기 행위의 위법성을 인식하지 못한 것인지에 따라 판단해야 한다.[2]

② **단순한 법률의 부지와 적극적 오인** 피고인이 자신의 행위가 건축법상의 허가대상인 줄을 몰랐다는 사정은 **단순한 법률의 부지**에 불과하다. 특히 법령에 의해 허용된 행위로서 죄가 되지 않는다고 **적극적으로 그릇 인식한 경우**가 아니어서, 이를 법률의 착오에 기인한 행위라고 할 수 없다.[3]

1) 대판 1992. 5. 22. 91도2525.
2) 대판 2017. 3. 15. 2014도12773
3) 대판 2011. 10. 13. 2010도15260. 제5, 13회.

[판례사례] ① **단순한 법률 부지와 적극적 오인(*표준판례)** 피고인 甲은 의정부시내에서 디스코 클럽을 경영하면서 미성년자 10명을 출입시켜 맥주 등 주류를 판매한 혐의로 기소되었다. 그런데 이 사건 있기 약 8개월 전 의정부경찰서 강당에서 있었던 청소년선도 관련 업주회의에서 업주들은 만 18세 이상자나 대학생인 미성년자 업소출입 가부에 관한 질의를 하였으나 확답을 받지 못했다. 그 뒤 경기도 경찰국장 명의로 청소년유해업소 출입단속대상자가 만 18세 미만자와 고등학생이라는 내용 공문이 의정부경찰서에 내려오고 그 내용은 관내 각 지서 · 파출소 등에 알려졌다. 위 같은 사정을 알게 된 피고인 甲은 종업원에게 단속대상자가 만 18세 미만자와 고등학생임을 알려주고 그 기준에 맞게 위 미성년자 10명을 출입시키고 주류를 판매하다가 미성년자보호법(제 4 조) 위반혐의로 기소되었다. 미성년자보호법은 미성년자(만20세 미만자) 청소년유해업소 출입을 금지하고, 위반시에는 일정한 형벌을 부과하도록 규정한다.[1]

[해설] 이 사안에서 甲이 경찰서 단속지침을 믿고 한 행위가 법률착오(형법 제16조)에 해당되는지 묻고 있다. 대법원은 위 판례에서 든 이유대로 甲 유죄를 선고하였다. 즉 甲 행위는 **단순한 법률 부지**에 불과하고 특별히 법령에 허용된 행위로 죄가 되지 않는다고 **적극적으로 그릇 인식한 경우**는 아니므로 범죄성립에 지장이 없다는 것이다. 형법 제16조 '오인의 정당한 이유'는 적극적 오인에 한정하겠다는 태도다. 우선 상식으로 잘 이해가 되지 않는다. 특별한 논거없이 정당한 이유 범위를 이처럼 좁게 잡으면 그만큼 가벌성은 확대된다. 이것은 죄형법정주의에 반한다.

대법원은 범죄성립에 영향을 주지 않는 단순한 법률 부지와 법률착오로 인정되는 적극적 오인을 구별한다. 하지만 이 구별은 법률 근거없이 자의적으로 가벌성범위를 확대시키는 해석이 아닐 수 없다. 단순한 법률 부지와 적극적 법률 오인 사이에는 위법성을 인식하지 못하였다는 점은 차이가 없다. 양자 어느 것에 따르건 자기 행위 위법성을 인식하지 못한 데 '정당한 이유'가 있으면 법률착오로 처벌되지 않는다.

문제는 이 '정당한 이유' 내용이다. 위법성 인식수준은 어디까지나 행위자 지적 인식능력을 기초로 한다. 일반인, 평균인 등을 규범화해서 해결될 문제가 아니다. 행위자 회피불가능성은 곧 구체적 행위자 자신의 인식능력으로부터 나오는 문제다. 행위자가 양심을 긴장하여도 위법성 여부에 관한 확실한 판단을 할 수 없는 경우는 권한있는 **관계기관이나 전문가에게 조회할 의무**가 있다. 甲은 특별한 법률과 관계를 맺는 직업집단에게 속하기 때문이다. 만일 甲이 이런 집단에 속하지 않는다면 조회의무도 요구할 수 없다. 이렇게 조회해서 그들 지시나 판단을 신뢰하고 그들 견해를 따랐다면 정당한 이유가 있는 착오로 인정해야 한다. 그렇지 않고서는 조회의무를 요구할 근거가 없다.

이 사안에서 甲은 미성년자 업소출입에 대한 단속권한이 있는 **도경찰국장 지시**에 따라 미성년자보호법 단속대상을 만 18세 미만자로 오인했다. 이것은 행위자뿐만 아니라 일반인도 회피할 수 없는 착오로 정당한 이유가 있는 착오에 해당된다. 따라서 甲은 형법 제16조 정당한 이유가 있는 착오에 빠졌으므로 불가벌이 되어야 한다.[2] 즉 형사소송법 제325조 전단에 따라 행위자에게 무죄

---

1) 대판 1985. 4. 9. 85도25.

2) 그럼에도 대법원판례 중 관계기관에 문의하고 한 행위, 심지어 감독관청 주선으로 한 행위에 대한 위법성착오도 정당한 이유가 있는 것으로 인정하지 않는다(대판 1987. 12. 22. 86도1175; 1987. 4. 14. 87도160 참조). 이렇게 되면 조회에 응해 줄 수 있는 기관이 없다. 모든 국민은 철저한 행정관청 불신원칙 가운데 오로지 자기만 믿고 행위할 수밖에 없다는 요구다. 이것은 헌법의 국가 · 국민상에 어긋난다.

를 선고해야 한다.

이와 상반되는 관점의 판례도 있다. "행정청 허가가 있어야 함에도 허가를 받지 않아 처벌대상 행위를 한 경우라도, 허가를 담당하는 공무원이 허가를 요하지 않는 것으로 **잘못 알려주어** 이를 믿었기 때문에 허가를 받지 않은 것이라면 허가를 받지 않더라도 죄가 되지 않는 것으로 착오를 일으킨데 정당한 이유가 있는 경우에 해당하여 처벌할 수 없다고 할 것이다."[1)]

결국 '허가를 담당하는 공무원'과 '미성년자 업소출입에 대한 단속권한을 가진 도경찰국장' 사이에 어떤 차이가 있는지 대법원은 설명해야 할 의무가 있다.

② 금지착오와 허위공문서작성죄 간접정범(*표준판례) 피고인 甲은 면사무소 호병계장으로 재직하고 있음을 기화로 그의 동거여인인 공소 외 乙 사이에서 출생한 자를 자신의 법률상 처인 丙 사이에 출생한 것처럼 호적부에 허위기재한 후 그 정을 모르는 면장으로 하여금 이에 날인케 하였다.[2)]

[해설] 검사는 甲을 허위공문서작성죄 간접정범으로 기소하였고 원심은 유죄를 인정하였다. 甲은 자기 子를 자신 호적에 올리는 행위가 죄가 되는 것은 물론 허위공문서작성죄에 해당되는 줄은 꿈에도 몰랐다고 주장하면서 상고하였다. 이 사건 논점은 ① 금지착오(법률착오), ② 허위공문서작성죄 간접정범성부다.

우선 ① 논점과 관련하여 위법성인식이 범죄성립에 필요하다는 점을 설명한다(제16조). 고의와 위법성인식 관계에 대해 고의설, 책임설, 책임설 가운데도 엄격책임설, 제한책임설을 설명한다. 다음으로 甲의 부지주장과 관련하여 위법성인식이 '법적 금지'에 관한 인식이라는 점을 밝혀야 한다. '법적' 인식은 **법적 가치위반에 대한 인식**으로 충분하고 법조문까지 인식할 필요는 없다. '금지'인식은 가벌성까지 인식하는 것은 아니다.

이 점을 대법원은 매우 포괄적으로 표현하여, 범죄성립에서 위법성인식은 그 범죄사실이 **사회정의와 조리**에 어긋나는 것을 인식하는 것으로 충분하다고 한다. 이 사건에서 甲은 동거여인과 사이에 낳은 아들을 본부인과 사이에 낳은 것처럼 호적에 올리는 행위가 조문 이전의 인식단계인 사회정의 · 조리에 어긋난다는 점을 인식하지 못했다고 보기는 어렵다. 왜냐하면 사정을 모르는 면장을 이용하여 날인케 함으로써 호적부를 완성하였다는 점이 이것을 뒷받침한다.

甲이 자기행위 위법성을 정말 몰랐다고 하더라도 그의 행위가 법률착오로 면책되기 위해서는 오인에 '정당한 이유'가 있어야 한다(제16조). 정당한 이유는 보통 **회피가능성**으로 해석한다. 우리 판례는 오인에 '과실이 없을 때' 정당한 이유가 있는 것으로 본다. 과실의 주의의무위반은 예견가능성과 회피가능성으로 이루어지기 때문에 양 해석 사이에 큰 차이는 없다. 문제는 회피가능성 또는 과실유무 판단기준이다. 우선 구체적 행위자 자신의 지적 인식능력이 있어야 한다. 위 호병계장인 甲은 이 점에 관해 문제될 것이 없다. 이 능력을 토대로 자신 행위가 법질서에서 어떤 평가를 받게 될지 **양심을 긴장**하여 살펴보아야 한다(양심긴장의무). 만일 그 사안이 단순한 법률위반 차원을 넘어 사회구성원의 보편적 법감정에 반하는 것으로 평가되면 과실은 쉽게 인정될 수 있다.

다음으로 조회의무가 있다. 이 요건은 일반적으로 요구할 수는 없지만 필요할 경우 전문가나 해

1) 대판 1992. 5. 22. 91도2525.
2) 대판 1987. 3. 24. 86도2673.

당 기관에 금지존재 내용 · 의미를 문의해야 하는 의무를 말한다. 그러나 호병계장 지위에 있는 이 사건 피고인 甲은 그럴 필요가 없다. 자신이 바로 공무원신분을 가진 사람으로서 공문서 의미가 어떤지 누구보다도 잘 알기 때문이다. 甲의 오인에 정당한 이유를 발견하기는 어렵다.

다음으로 논점 ② 허위공문서작성죄 간접정범 성부문제를 살펴본다. 총론 간접정범과 각론 허위공문서작성죄에 상세한 설명이 있으니 참조하기 바라고, 여기서는 간단히 명제만 정리한다. 보조공무원이 상사 부지를 이용하여 기명 · 날인을 받아 허위공문서를 완성한 경우 통설 · 판례는 일치하여 **보조공무원**의 허위공문서작성죄 간접정범성립을 인정한다. 가능한 해석 범위 안에서는 현실적 처벌필요성을 충족시켜줄 수 있는 해석을 하는 것이 바람직하다. 작성권한 있는 상사는 작성명의인으로 형식적 작성권자에 속하고 **실질적 작성권한**은 공문서를 직접 기안 · 작성하는 **실무담당공무원**이 가지고 있다. 그렇다면 이 사건에서 호병계장 甲의 허위공문서작성죄(제227조) 간접정범을 인정하는 데 어려움이 없으며 대법원도 같은 취지로 판시하였다.

제 5 절 기대가능성

[99] Ⅰ. 기대가능성 의의

1 책임능력, 위법성인식에 이어 책임 세 번째 표지는 기대가능성이다. 기대가능성은 행위자에게 행위 당시 구체적 사정으로 미루어 범죄행위 대신 적법행위를 기대할 수 있는 가능성을 의미한다. 형법 일반 법원칙으로 기대가능성을 규정한 것은 없다. 다만 총칙 가운데 적법행위에 대한 기대불가능을 이유로 면책을 규정한 조문이 있을 뿐이다. 이것이 기대가능성의 간접 법 근거로 작용한다. 즉 강요된 행위(제12조), 과잉방위(제21조 제 3 항), 과잉피난(제22조 제 3 항), 과잉자구행위(제23조 제 2 항) 등이 그것이다. 즉 이런 경우는 법이 명령하는 행위가 행위자에게 기대될 수 없기 때문에 그의 책임으로 귀속시킬 수 없다고 형법은 판단한 것이다.

[100] Ⅱ. 기대가능성 체계적 지위

1 기대가능성을 범죄체계 어느 단계에 둘 것인가 하는 문제가 기대가능성 체계적 지위에 관한 논의다. 이에 대해서는 세 가지 견해가 있는데, 이론 · 실무적으로 특별한 의미가 있는 것은 아니며 이미 극복된 문제이기도 하다.

1. 고의 · 과실 구성요소설

2 이 학설은 기대가능성이 없으면 고의나 과실이 조각된다고 보는 입장이다. 그러나 고의 · 과실은 행위에 대한 행위자 내적 · 심리적 연관임에 반해, 기대가능성은 이 차원을 넘어 외부 · 객관적 사정까지도 포함하는 개념이기 때문에 양자는 같은 것으로 볼 수 없다. 이 점은 기대불가능한 상황을 예증적으로 규정하는(**예증적 입법방법**) 위 세 조문(과잉방위, 과잉피난, 과잉자구행위)을 보면 알 수 있다. 이 견해는 찬성하기 어렵다. 이에 대해 다음 두 견해는 서로 연결점을 가지고 있지

만, 그러나 대립할 필요가 없는 문제다.

2. 독립된 책임요소설

이 견해는 기대가능성을 책임능력, 책임조건(고의 · 과실)과 같은 위치에 있는 독립 책임요소로 본다. 말하자면 기대가능성에 높은 비중을 두어 그 독자성까지도 인정한다는 주장이다. 그 이유는 책임을 비난가능성이라고 할 때 비난가능성판단의 가장 본질요소는 기대가능성이므로 이것을 책임판단 독자요소로 인정해야 한다는 것이다. 이렇게 되면 기대가능성은 책임의 적극적 요소가 된다. 그러나 기대가능성에 관한 현실 판단은 소극적으로 이루어진다. 3

3. 책임조각사유설

이 학설 주장내용을 그대로 옮기면, 기대가능성은 책임의 적극 요소가 아니라 책임능력과 책임조건이 존재하면 원칙적으로 책임이 인정되고, 기대가능성이 없을 때는 예외적으로 책임이 조각될 뿐이라고 한다.[1] 즉 책임 핵심내용을 비난가능성이라고 할 경우도 규범을 준수할 수 있는 자에게 비난할 수 있고 그 준수가 불가능하면 비난가능성도 없다고 한다. 이같은 적법행위에 대한 기대가능성판단은 행위당시 부수사정을 고려하여 불가피하게 불법행위로 나아간 경우 비난할 수 없고 책임이 조각된다고 한다. 우리나라 다수설 태도다. 4

4. 평 가

(1) 소극적 책임배제사유

우선 독립된 책임요소설과 책임조각사유설 사이 논쟁은 기대가능성이 없을 때 양자 모두 책임이 조각된다는 점에서 공통이기 때문에 실익이 없는 논쟁이다. 즉 어느 견해를 취하더라도 결과는 마찬가지다. 5

다음으로 이 두 견해는 각각 기대가능성 한 단면만을 본 것에 지나지 않으므로 처음부터 학설로 대립할 문제가 아니다. 앞에서 이미 살펴보았듯이 책임을 근거짓는 표지로서 고의 · 과실, 책임능력, 위법성인식, 기대가능성 네 가지가 있다. 이 점에서 기대가능성이 제3 독립된 책임요소가 된다는 주장은 틀리지 않다. 그러나 책임능력, 위법성인식, 기대가능성 세 가지 책임표지는 고의 · 과실과 마찬가지로 책임을 근거짓는 적극 표지여야 함에도 해당 법률은 언제나 소극적으로 배제하는 규정을 하고 있는 데 책임개념 문제가 있다. 6

다시 말하면 책임능력이 아닌 책임무능력, 위법성인식이 아닌 위법성인식에 대한 착오 그리고 기대가능성이 아닌 기대불가능성에 대한 형법 규정이 그렇다. 이 한도에서 기대가능성이 책임조각사유가 된다는 견해는 법률현실을 그대로 반영한다는 점에서 틀리지 않다. 그러나 이 견해가 전제하는 책임능력이 책임 적극적 요소가 된다는 생각은 옳지 않다. 책임능력도 기대가능성과 마찬가지로 책임무능력의 소극적 배제요소에 지나지 않는다(형법 제9~11조). 책임조건인 고의 · 과실은 책임 적극요소다. 7

(2) 책임개념 한계

기대가능성이 마치 당위적으로 소극적 요소가 되어야 하는 것처럼 주장하는 것은 맞지 않다. 8
① 법률의 소극 규정은 적극적으로 근거짓기 힘든 책임개념 한계 때문이지 거기에 무슨 당위 요청이 있는 것은 아니다. 이 한계 은폐수단이 바로 법률이 하는 것처럼, 이중의 부정을 통해서 하나

1) 김일수/서보학, 411면; 이재상 외, 26/8; 정성근/박광민, 356면.

의 긍정에 이르러감으로써 책임을 적극적으로 근거짓지 않고 앞에 전제하는 방법이다. 즉 형사미성년자, 심신장애자가 아니면(즉 **책임무능력자가 아니면**: 이중의 부정) 책임능력이 있다(**하나의 긍정**), 형법 제12조 저항할 수 없는 폭력 등 적법행위에 대한 기대불가능사유에 해당하지 않으면(**이중의 부정**) 기대가능성이 있다(**하나의 긍정**), 또는 형법 제16조 위법성인식에 대한 오인이 없으면(이중의 부정) 위법성인식이 있다(하나의 긍정)는 형식의 규정방식이다.

9 이런 형식을 요약하면, ② 책임배제사유가 없으면 책임이 있다는 것으로서 책임은 근거지워지지 않고 언제나 전제된다. 고의 · 과실(제13, 14조)도 문언상으로는 똑같이 소극적 형식으로 되어 있는 것처럼 보이지만, 비고의 · 비과실에 대한 부인으로 고의 · 과실 결론에 이르지 않는다는 점에서 위 것과 본질에서 차이가 있다.[1]

10 기대가능성이 소극적 형식(즉 기대가능성이 없으면 책임이 조각된다는 책임조각사유 형식)으로 규정된 것은 적극적으로 근거짓기 힘든 책임개념 자체 문제점 때문이지 당위적 이유가 있어서 그런 것은 아니다. 오히려 책임이론은 기대가능성이 적극적으로 근거 지워지고 규정될 것을 요구한다. 역설로 말하면, 기대가능성이 책임요소와 책임조각사유가 된다는 견해대립이 곧 책임의 이와 같은 어려움을 반영한다.

11 정리하면, 기대가능성은 책임표지다. 그러나 ③ 적극적으로 근거지울 수 없기 때문에 입법자는 책임조각사유로 규정할 수밖에 없다. 따라서 책임요소설과 책임조각사유설 사이 논쟁은 각각 기대가능성 문제 한 면만을 지적한 것으로서 실익도 필요도 없다.

[101] Ⅲ. 기대가능성의 초법규 책임조각사유

1. 문제제기

1 기대가능성에 대한 다음 쟁점은 기대가능성이 책임조각사유 일반원리로서 **초법규 책임조각사유**로 인정될 수 있는가 하는 문제다. 여기서 '초법규적'이라 함은 문자 그대로 형법규정을 초월하여 보편적으로 타당하다는 의미다. 이렇게 되면 위에 열거한 형법총칙 4개 기대불가능사유(**강요된 행위, 과잉방위, 과잉피난, 과잉자구행위**) 그리고 형법각칙에 있는 개별 기대불가능사유(예컨대 제151조 제 2 항 친족간 범인은닉, 제155조 제 4 항 증거인멸)에 해당하지 않더라도, 고의 · 과실 · 작위 · 부작위범을 가리지 않고 행위 당시 구체 정황에 비추어 불법행위 대신 적법행위를 기대할 수 없을 때는 책임이 조각되어 처벌하지 않는다는 결론이 나온다.[2] 그러나 이 주장은 다음과 같은 이유에서 찬성할 수 없다.

2. 반대논거

2 우선 형법이 규정한 기대불가능상황 외에 별도로 적법행위에 대한 기대가능성이 없기 때문에 책임을 조각해야 할 만한 상황을 찾기 어렵다. 말하자면 현행 형법규정으

1) 예컨대 고의는 구성요건사실을 인식 · 의욕하였기 때문에 인정되고, 과실은 주의의무에 위반하였기 때문에 있다고 판단된다.

2) 김성돈, 389면, 손동권/김재윤, 19/11; 이재상 외, 26/10; 임웅 외, 320면.

로 포섭되지 않는 기대불가능상황이다. 판례에도 이에 대한 예는 보이지 않는다.

(1) 초법규성 규범 근거

다음으로 '초법규성'에 대한 규범근거가 제시되지 않고 있다. '초법규적'으로 형법 3
차원을 넘어선다고 하면 상위 법률인 헌법으로부터 그것의 규범 타당성에 대한 근거가 도출되어야 한다. 판결기준은 오로지 헌법과 법률에 따라 주어지기 때문이다(**법관의 헌법과 법률에 대한 구속이념**). '초법규'라는 말만으로 해결될 문제는 아니다. 기대가능성 초법규성을 주장하기에 앞서 그것의 헌법적 타당성근거를 먼저 제시하고 그렇지 않으면 설득력이 떨어진다. 형법 제12조 강요된 행위와 기대가능성 관계에서 이 점을 논증해 보자.

[판례] 납북어부사건

북괴에 납북된 피고인들은 앞으로 대한민국으로 돌아갈 수 있을 것인지조차 명백히 알 수 없는 상태에서, 그들 요구대로 강연을 하는 등 북괴의 활동을 찬양 고무하고 정보를 제공하는 행위를 하였다. 피고인들의 행위는 생명, 신체에 대한 위해를 방어할 방법이 없는 협박에 의해 강요된 행위이며, 이를 **거부할 기대가능성이 없다**고 봄이 상당하다.[1)]

(2) 기대가능성과 강요된 행위

그러면 이에 대해 다음과 같은 질문을 한 번 던져보면 어떨까. 납북된 어부들의 찬 4
양·고무, 정보제공행위가 면책되는 것은, 그것이 형법 제12조 강요된 행위에 해당하기 때문일까 아니면 기대가능성이 없기 때문일까? 위 판결은 두 가지 개념을 모두 사용한다. 따라서 이런 행위는 기대가능성이 없기 때문에 처벌되지 않는다는 말도 맞는 것처럼 보인다.

그렇다면 다시 다음과 같이 질문을 바꾸어 보자. 형법 제12조 강요된 행위에 관한 5
규정이 없어도 납북 어부의 국가보안법 위반행위는 기대가능성이 없기 때문에 마찬가지로 처벌되지 않는가? 기대가능성 '초법규성'을 주장하는 사람은 이 물음에 **긍정** 대답을 해야 한다. 그러나 만일 그렇게 되었을 경우 법관의 법률에 대한 구속이념은 물거품으로 변하고, 반대로 법관 자의에 대한 문호는 활짝 열린다.

범죄, 비범죄에 대한 유일한 판단기준은 **형법**이다. 이 판단에 헌법이 직접 개입할 6
수도 없다. 다시 말하면 형사법관이 헌법을 원용해서 구체 사건에 판결을 내리지 않는다. 헌법은 하위 법률인 형법 위헌성이 문제될 때 헌법재판기준으로 작용한다(헌법 제111조 제1항 제1호). 그러므로 헌법은 형법과 형사법관 판결이 헌법에 위반될 수 없다는 소극·간접적 의미에서 법관을 구속할 뿐이다. 하물며 헌법에 명문 규정이 있는 것도 아니고, 그렇다고 헌법근거가 충분하지도 않은 기대가능성이 형법에 '초법규적'으로 타당하기는 어렵다.

1) 대판 1971. 12. 14. 71도1657.

3. 일반 법원리로서 기대가능성

(1) 형법도그마틱 논증도구

7 기대가능성은 형법 제12조 강요된 행위가 구체적으로 정하고 있는 요건을 보편화시켜, 즉 **추상화시켜 통칭**한 것에 지나지 않는다.[1] 다시 말하면 기대가능성은 시민 자유영역에 한계를 설정해 주는 **일반법원리**이다. 형법도그마틱의 어떤 논증도구에 속하는 것은 아니다. 강요된 행위, 과잉방위 · 과잉피난 · 과잉자구행위(형법 제21조 제3항, 제22조 제3항, 제23조 제2항) 등에 반영되어 구체적 모습으로 나타난다. 따라서 위 4개 조문은 기대가능성보다 훨씬 구체적 기준을 담고 있으며 동시에 그 규범성이 법률로 담보된다. 법률의 구체화된 기준을 마다하고 추상으로 질주하여 기대가능성을 끌고 들어와야 할 이유는 없다.[2]

8 엄격하게 말하면 강요된 행위 등이 처벌되지 않는 이유는 형법이 그렇게 규정하고 있기 때문이지 **기대가능성** 때문은 아니다. 사실 위 납북어부사건에서 기대가능성이란 말을 빼더라도 아무 상관 없다. 강요된 행위라는 구체적 기준으로 판결해 놓고, 그 뒤에 그것을 보편화시킨 추상적 기준을 갖다 붙이는 것은 내용적으로 기여하는 부분이 있어서가 아니다. 강요된 행위에 관한 판례는 대부분 유사한 납북어부사건으로 메워져 있는데, 이 가운데 위 판결처럼 기대가능성이란 말을 사용한 판결은 소수에 불과한 것을 보아도 이 점은 분명하다.

(2) 추상어 함의含意

9 현행 강요된 행위, 과잉방위, 과잉피난이 기대가능성이 없기 때문에 처벌되지 않는다고 하면, 그 말은 틀리지 않다. 왜냐하면 추상어 함의는 언제나 구체어를 포함하기 때문이다. 예를 들면 "강요된 행위 등은 정의에 반하기 때문에 처벌되지 않는다"고 하더라도 틀린 말은 아니다. 하지만 처벌되지 않는 기대불가능 사례는 **입법자가 결정할 문제**이지 법관이 결정할 문제는 아니다. 입법자만 할 수 있는 일을 법관도 할 수 있다고 생각하는 데 기대가능성 초법규 주장의 문제가 있다. 기대가능성에 대한 분명한 자리매김이 필요하다.

(3) '법규적' 책임조각사유

10 그런데 매우 흥미로운 사실 하나가 있다. 그것은 기대가능성 초법규적 책임조각사유를 인정하는 사람도 기대불가능한 책임조각사유 보기로 강요된 행위, 과잉방위, 과잉피난 그리고 친족간의 범인은닉 · 증거인멸 등 **형법 테두리**를 벗어나지 않는다는 점이다.

1) 대법원도 초창기에는 기대불가능성을 일반적 책임조각사유로 인정하는 듯한 판결을 한 적이 있다(대판 1966. 3. 22. 65도1164; 1961. 7. 13. 4294형상194). 그러나 이것도 뒤 판례문제분석에서 보듯이 꼭 그렇게 해석할 문제는 아닌 것으로 판단한다. 대법원은 이 점을 모해위증사건(대판 1987. 7. 7. 86도1724) 판례변경을 통해 분명히 하였다.

2) 같은 생각 신동운, 460면; 박상기, 180면; 김일수, 한국형법(II), 111면. 기대불가능성을 초법규 책임조각사유로 인정하는 견해는 김성돈, 389면; 오영근/노수환, 25/36; 이재상 외, 26/10; 임웅 외, 321면.

즉 말로는 '초법규적'이라고 하지만 실제로는 그에 대한 증명을 하지 못한다. 결국 형법 관련조문을 벗어나지 못하는 상황에서 '초법규적'이라는 주장은 할 수도 없고 또한 할 필요도 없다. **'법규적' 내용**은 굳이 기대가능성이라는 '초법규적' 사족을 붙이지 않더라도 법률 판단을 내리는 데 아무 문제가 없다.

[판례사례] ① 수험생에 대한 기대가능성 그러면 기대가능성 초법규성을 인정하는 듯한 다음 판례문제를 한 번 풀어보자. 甲은 1965년도 서울시내 사립 및 공립고등학교 전기 입학고사 연합시험에서 공동피고인인 그의 누이 乙로부터 채점기준표인 답을 넘겨받아 암기한 후 그 암기에 따라 답안을 작성·제출하여 합격하였다. 甲은 이 기준표를 매수하여 입수한 사실은 없었다. 이 사건에서 甲 행위가 위계에 의한 업무방해죄(제314조)에 해당될 수 있는가 문제다.[1)]

이에 대해 대법원은 이 범죄 성립을 부정하면서 다음 논거를 제시한다. 즉 "입학시험에 응시한 수험생으로서, 자기 자신이 부정한 방법으로 탐지한 것이 아니고 우연한 기회에 미리 출제될 시험문제를 알게 되어 그에 대한 답을 암기하였을 경우, 그 암기한 답에 해당된 문제가 출제되었다 하여도 위 같은 경위로서 암기한 답을 그 입학시험 답안지에 기재하여서는 안 된다는 것을 일반 수험자에게 기대한다는 것은 보통 경우 도저히 불가능하다 할 것인 바, 이 사건에서 피고인은 자기 누이로부터 어떠한 경위로 입수되었는지 모르는 채점기준표를 받았고, 그에 기재된 답을 암기하였으며, 그 암기한 답에 해당된 문제가 출제되었으므로 미리 암기한 기억에 따라 답안을 작성·제출하였다는 것이므로, 위 같은 경우에 피고인으로 하여금 미리 암기한 답에 해당된 문제가 출제되었다 하여도 그 답안지에 미리 암기한 답을 기입해서는 안 된다고 기대하는 것은 **수험생들의 일반적 심리상태**로 보아 도저히 불가능하다 할 것이다."

[해설] 언뜻 보면 이 판례는 기대불가능성의 초법규적 면책사유를 인정한 것으로 보인다. 그러나 이 사건은 앞에서 설명한 납북어부사건과 본질에서 차이가 없다. 왜냐하면 "수험생에게 미리 암기한 답을 기재하지 말 것을 기대하는 것은 도저히 불가능하다"는 논거는 실질적 무죄이유가 되지 않기 때문이다. 甲이 무죄인 법률근거는 오히려 그가 채점기준표를 부정한 방법으로 탐지한 것이 아니고, 누이로부터 어떤 경위로 입수되었는지도 모를 상황에서 넘겨받아 암기하였다는 점에 있다. 이것은 곧 甲이 **업무방해죄 고의**가 없다는 것을 뜻한다. 물론 대법원이 이 점을 분명히 하였다면 불필요한 오해는 불식시킬 수 있었다. 그러므로 이 사건은 기대가능성 초법규성으로 논증할 문제가 아니고 형법 업무방해죄에 도그마틱으로 해결할 문제라는 것이 분명하다.

'초법규적'이 아니라 '법규적'(법률적)으로 문제에 접근해야 한다는 우리 명제는 유사 사건을 취급한 다음 판례사례에서 분명하게 드러난다.

② 기대가능성이 아니라 업무방해죄 고의로 해결한 사례 교수인 피고인 甲은 출제교수들로부터 대학원신입생전형시험문제를 제출받아 알게 된 것을 틈타서 피고인 乙, 丙에게 그 시험문제를 알려주자 그들이 답안쪽지를 작성한 다음 이를 답안지에 그대로 베껴 써서 사정을 모르는 시험감독관에게 제출하였다. 甲 가벌성은 문제가 없겠지만, 乙, 丙이 위계에 의한 업무방해죄에 해당될 수 있을까?[2)]

1) 대판 1966. 3. 22. 65도1164.
2) 대판 1991. 11. 12. 91도2211.

[해설] 이 사건은 위 판례와 큰 차이가 없어 보이는데도 대법원은 甲과 함께 乙, 丙 유죄도 인정한다. 그러면서 변호인측 기대불가능 주장을 받아들이지 않는다. 여기 판단기준도 기대가능성이 아니라 **업무방해죄 고의**에 있다. 앞 사건과 달리 여기서 乙, 丙은 입학시험문제 입수경위를 알고 있었을 뿐만 아니라 모범답안을 작성하여 시험에서 그대로 베껴 썼다고 하였다.

물론 위계에 의한 업무방해죄 고의를 인정하는 데는 앞 사건 피고인이 중등학생이었던 반면 이 사건은 대학원시험이었기 때문에 피고인이 자기행위 의미를 충분히 알 수 있는 연령에 있다는 점도 작용하였다. 어쨌거나 이 사건에도 '초법규적으로' 판결을 논증할 문제가 아니라 업무방해죄에 관한 개별 도그마틱으로 해결한다는 점을 알 수 있다. 대법원도 결론에서, "피고인들은 위계로써 입시감독업무를 방해하였으므로 이에 대해 형법 제313, 314조(위계에 의한 업무방해죄)를 적용한 것은 정당하고, 변호인측이 주장하는 바와 같이 원심이 업무방해죄 또는 기대가능성에 대한 법리를 오해한 위법은 없다"고 판시한다.

[판례] 기대불가능성을 일반적 면책사유로 인정한 원심판결

피고인 甲은 乙에게 공소사실기재 건물에 대한 소유권이전등기 소요서류를 구비하여 주면 이를 사장 丙에게 보이고 자금을 지원받아 가등기 등으로 담보된 채무와 매매잔대금을 정리해 주겠다고 거짓말을 하여 위 등기서류를 교부받은 다음 피고인의 처 이름으로 소유권이전등기를 마침으로써 사기, 공정증서원본부실기재, 동행사죄를 범하였다는 이유로 수원지방법원에 구속·기소되어 사건이 계류 중이었다. 그러던 중 1983. 6. 29일 서울지방법원 북부지원에서 위 乙에 대한 배임사건의 증인으로 소환을 받아 선서한 다음 증언함에 있어 위에서 본 바와 같이 乙을 속여 소유권이전등기서류를 교부받아 그의 처 이름으로 등기이전을 하였음에도 불구하고 "당시 乙이 위 건물에 다른 채권자들이 압류하게 될지 모르고 또 인감시효도 만료되어가니 빨리 피고인 甲앞으로 명의를 이전해가라고 독촉을 하여 위 건물의 소유권을 피고인의 처 앞으로 이전한 것이다"라고 기억에 반하는 허위진술을 하여 위증한 사실이 인정되었다.

형사소송법 제148조에 의하면 누구든지 자기의 유죄판결을 받을 사실이 발로될 염려 있는 증언을 거부할 수 있다고 규정하고 있으나 한편 동 제150조에 의하면 그 증언거부사유를 소명하여야 한다고 규정하고 있으므로 증인으로 소환된 피고인으로서는 ① 자기가 유죄판결을 받을 범죄사실을 암시함으로써 증언을 거부하든가 또는 위 암시를 하지 아니하고 선서한 후 ② 피고인의 범죄사실(피고인이 고소인 乙을 기망하여 소유권이전등기에 소요되는 서류를 교부받아 피고인의 처 앞으로 그 소유권을 이전한 사실)을 진술하든가 또는 ③ 허위진술을 함으로써 위증죄의 처벌을 각오하든가의 삼자택일을 하지 아니하면 아니 된다. 그러나 증언거부권을 인정한 입법취지나 형사소추된 피고인에게 묵비권을 인정한 인권의 기본원칙에 비추어 볼 때 피고인이 증언을 거부하거나 혹은 진실한 증언을 한다는 것은 기대할 수 없다고 할 것이고 따라서 마지막 남은 방법인 허위진술의 길을 택한 피고인의 이 사건 행위는 **적법행위의 기대가능성**이 없어서 범죄로 되지 아니한다.[1]

1) 서울형사지방법원 1986. 7. 4. 85노6824. 이 하급심판결 결론은 종래 판례태도(대판 1961. 7. 13. 4294형상194)와 일치한다.

[판례] 기대불가능성의 일반적 면책사유성을 부정한 대법원판결

위증죄성립을 부정한 위 원심판결을 파기하고 모해위증의 유죄를 인정한 대법원의 논지는 다음과 같다. "원심은 피고인이 증인으로 선서한 이상 진실대로 진술한다고 하면 자신의 범죄를 시인하는 진술을 하는 것이 되고, 증언을 거부하는 것은 자기의 범죄를 암시하는 것이 되어 피고인에게 사실대로의 진술을 기대할 수 없다는 이유로 위증죄의 성립을 부정하고 있으나, 피고인과 같은 처지의 증인에게는 증언을 거부할 수 있는 권리를 인정하여 위증죄로부터의 탈출구를 마련하고 있는 만큼 **적법행위의 기대가능성**이 없다고 할 수 없고, 선서한 증인이 증언거부권을 포기하고 자기의 범죄사실을 은폐하기 위하여 허위의 진술을 한 이상 위증죄의 처벌을 면할 수 없다 할 것이다. 자기에게 형사상 불리한 진술을 강요당하지 아니할 권리(헌법 제12조 제2항)는 결코 적극적으로 허위의 진술을 할 권리를 보장한 취지는 아닌 것이다. 이러한 견해와 저촉되는 당원 1961. 7. 13. 선고, 4294형상194 판결은 폐기하기로 한다. 그렇다면 원심은 위증죄의 법리를 오해하였다 할 것이므로 논지는 이유 있다."[1)]

[해설] 그러나 대법원은 스스로 기대가능성에 대한 자신의 태도를 변경한 것으로 말하고 있지만, 문제 본질은 여전히 **위증죄 고의**에 대한 논증에 있다. 왜냐하면 증언거부권과 기대가능성은 사실상 내용 관련성이 없기 때문이다. 유죄를 묻는 질문에 대한 묵비는, 원심이 밝힌 것처럼, 간접적인 시인으로 해석될 수도 있으므로 이것을 적극적으로 허위사실로 위장하고 싶은 것은 어쩌면 인간본성에 속한다. 그렇다면 묵비에 대한 기대가능성이, 법원 판단처럼 꼭 있다고 보기도 어렵다.

그러나 피고인의 위증죄에 대한 가벌성은, "적법행위 기대가능성이 없지 않기" 때문이 아니라 오히려 증언거부권을 포기하고 자신의 유죄를 은폐하기 위해 적극적으로 허위진술을 한 것이 바로 위증죄 고의를 반증하는 것이라고 하면 논리적으로 한결 타당하다. 원심에서 적법행위에 대한 기대불가능성을 주장하였기 때문에 이런 판결이 나온 것으로 보이지만, 그렇더라도 대법원은 위증죄 개별 도그마틱인 **고의 문제**로 접근하였다면 굳이 종래 판결을 폐기하지 않고도 얼마든지 동일한 결론을 이끌어낼 수 있었다. 대법원이 자주 말을 바꾸는 것은 법적 안정성 측면에서 결코 바람직한 일은 아니다.

(4) '초법규성'에 대한 판례의 현재 태도

단순히 적법행위에 대한 일반적 기대가능성이 없다는 이유만으로 무죄를 선고하는 11
대법원 판결은 최근에 나오지 않는다. 이는 결과적으로 대법원이 기대가능성 초법규성을 인정하지 않는다는 것과 같은 의미다. 그럼에도 기대가능성과 관련 있는 판례를 찾아보면 적법행위에 대한 '**기대가능성 유무**'를 예외 없이 쟁점으로 취급하면서 '**적극**'이라는 의사표시를 하고 있는 것을 볼 수 있다. 이것은 마치 판례가 일반적(초법규적) 면책사유로 기대가능성 유무를 다루고 있는 듯한 인상을 준다. 그러나 이는 어디까지나 원심에서 이 문제를 다투었기 때문에 결론을 내려주는 것일 뿐, 판례 스스로 기대가능성 초

1) 대판 1987. 7. 7. 86도1724 전원합의체. 이 판례는 대판 2010. 1. 21. 2008도942 전원합의체 판결로 변경되었다. 자세한 내용은 각론 위증죄 부분(162/8)을 참고하기 바람.

법규성을 인정하기 때문은 아닌 것으로 보인다. 기대가능성에 대한 현재의 판결 구도는, 가끔 하급심에서 이를 인정하는 판결이 나오면 대법원에서는 이것을 모두 부정하는, 즉 기대가능성이 없지 않다는 '적극'의 결론을 내는 것이 일반 도식처럼 되어 있다. 아래 판례가 가장 최근에 나온, 그와 같은 대표 경우에 속한다.

[기대가능성 부정 원심판결] 피고인은 공범이기는 하나 강도상해죄로 이미 유죄판결이 확정된 상태여서, 공동피고인의 경우와 달리 증언거부권이 인정되지 않는다. 피고인으로서는 공범으로 별건 기소된 甲의 피고사건에 증인으로 채택되어 소환된 이상, 위와 같은 사유를 들어 증언을 거부할 수는 없다. 위증죄로부터 탈출할 수 있는 길이 마련되어 있지 않은 피고인에게, 그동안 일관된 진술을 뒤엎고 자신의 범죄사실을 시인하는 증언을 기대하는 것은 어렵다. 자신의 범행사실을 부인하는 증언을 한 피고인의 행위는 **적법행위의 기대가능성**이 없으므로 무죄이다.[1]

[기대가능성 인정 대법원 판결] ***표준판례** 피고인에게 적법행위를 기대할 가능성이 있는지 여부를 판단하기 위하여는 평균인의 관점에서 판단해야 한다. 자기에게 형사상 불리한 진술을 강요당하지 않을 권리가 결코 적극적으로 허위진술을 할 권리를 보장하는 취지는 아니다. 이미 유죄의 확정판결을 받은 경우에는 **일사부재리원칙**에 따라서 다시 처벌되지 않으므로 증언을 거부할 수 없다. 이는 사실대로의 진술, 즉 **자신의 범행을 시인하는 진술**을 기대할 수 있기 때문이다. 설사 피고인이 자신의 형사사건에서 시종일관 그 범행을 부인하였다 하더라도, 이를 이유로 피고인에게 사실대로 진술할 것을 기대할 가능성이 없다고 볼 수는 없다.[2] *적법행위에 대한 기대가능성 기준을 사회적 평균인으로 본 판결.

[102] Ⅳ. 기대가능성 판단기준

1 기대가능성 쟁점 가운데 하나로 그 판단기준을 어디 둘 것인가 문제다. 그러나 이것도 사실은 이와 같이 보편화하여 논의할 문제는 아니다. 법관이 적법행위가 기대불가능한 구체적 사건에 대해 적용하는 법률은 강요된 행위, 과잉방위, 과잉피난, 과잉자구행위 또는 형법각칙 해당 규정이지 기대가능성이라는 보편화된 기준은 아니다. 그러므로 중요한 것은 위 형법규정이 정하는 요건에 대한 판단문제다. 그 요건은 해당 규정에 구체적으로 명시되어 있다. 예를 들면 강요된 행위는 "저항할 수 없는 폭력, 자기 또는 친족의 생명 · 신체에 대한 위해를 방어할 방법이 없는 협박"이고 과잉방위는 "야간 기타 불안스러운 상태의 공포, 경악, 흥분 또는 당황"이다. 이러한 구체적 기준에 대한 판단을 마다하고 추상화된 기대가능성의 판단기준을 논의하는 것은 실익이 없다. 법관에게 어떤 도움을 줄 수도 없고 이에 대한 판례도 없다. 그러나 지금까지는 다음과 같은 일반적 기준을 논의한다.

1. 행위자표준설

2 행위자표준설은 행위 당시 행위자 구체적 사정을 토대로 그 행위 대신 다른 적법행위를 할

1) 부산지방법원 2005. 12. 14. 2005노3276.
2) 대판 2008. 10. 23. 2005도10101. 제1, 6, 12회.

수 있는 가능성을 기준으로 판단한다. 행위자를 떠나서 기대가능성을 논하는 것은 책임근거로 적합하지 않고 인간에게 초인적인 것을 요구한다. 그러므로 기대가능성은 행위자 개인 능력과 사정을 토대로 판단해야 할 것이라고 한다. 우리나라 소수설이다.

2. 평균인표준설

기대가능성의 유무는 행위자가 아닌 사회 평균인을 기준으로 판단해야 한다는 주장이다. 보 3
호목적 입장에서 객관적인 것을 공정한 것의 대명사로 여기는 사람 생각이며, 우리나라 **통설**에 속한다.[1] 그러나 '평균인'이라는 사람은 없다. 마치 있는 것처럼 생각하지만 실제로는 없다. 이것은 납북어부 '평균인' 또는 과잉방위 '평균인'을 상정하면 알 수 있다. 그것은 규범화된 관념표상이고, 객관적 판단기준이 없기 때문에 법관이 주관적으로 생각한 것이 평균인으로 된다. 결국 법의 객관을 위해 제시한 '평균인' 기준은 법관의 주관과 자의를 마치 객관적인 것처럼 포장시켜 주는 수단에 지나지 않다. 이런 기준으로 판결하라고 하면 법관은 자기가 원하는 결론을 얼마든지 정당화시킬 수 있다. **대법원**은 기대가능성 판단기준으로 평균인표준설을 취한다. "피고인에게 적법행위를 기대할 가능성이 있는지 여부를 판단하기 위해서는 행위 당시 구체적 상황에서 행위자 대신 **사회적 평균인**을 두고 이 평균인 관점에서 기대가능성 유무를 판단하여야 한다."[2]

3. 국가표준설

국가의 적법행위 기대를 기준으로 하자는 주장이다. 이렇게 되면 국가 요구가 기대가능성을 4
좌우하기 때문에 전체주의 국가관에 따른 학설이다. 법은 국가를 위해 존재하는 것이 아니다. 법은 시민의 자유와 권리를 극대화시키기 위한 수단이고 국가는 이것을 관철하기 위해 필요한 존재일 뿐이다. 즉 국민이 목적이고 국가는 수단이다(헌법 제10조). 전체주의 국가관은 이것을 거꾸로 생각한다.

4. 결 론

위 세 학설 가운데 굳이 하나를 선택하라면 행위자표준설밖에 없다. 강요된 행위, 과잉방위 5
등 형법이 규정하고 있는 기대불가능 사례는 모두 구체적 행위자 개인 사정과 능력을 토대로 한다. "저항할 수 없는 폭력"이나 "공포, 경악, 흥분, 당황" 표지는 행위자 개인의 주관적 상황, 심리상태를 떠나서 말할 수 없다. 말하자면 평균화할 수 없는 표지다. 기대가능성을 범죄체계에서 책임표지(책임조각사유)로 분류하는 것은 '행위자표준'의 한 증명이 될 수 있다. 책임귀속은 행위자 자신 개인으로 예견 · 지배가능한 것을 기준으로 하기 때문이다. 그러나 이런 결론은 어디까지나 위 학설대립을 있는 그대로 받아들였을 때만 타당하다. 기대불가능상황을 규정한 형법 내용이 '행위자표준설'보다 훨씬 구체적이라는 사실을 상기하면, 이 학설은 법률의 구체적 기준을 추상화시켜 이름 붙인 것에 지나지 않는다. 위 학설대립은 실익이 없다.

1) 김일수/서보학, 411면; 이재상 외, 26/17; 임웅 외, 289면; 오영근/노수환, 25/13.
2) 대판 2008. 10. 23. 2005도10101(***표준판례**). 제12회.

[103] Ⅴ. 기대가능성에 대한 착오

1 엄격하게 말하면 책임조각사유인 기대가능성일반에 대한 착오란 있을 수 없다. 강요된 행위나 과잉방위 · 과잉피난 · 과잉자구행위상황이 아님에도 그런 것이 있다고 잘못 믿은 착오가 있을 뿐이다. 앞 경우에는 강요된 행위에 대한 착오가 될 것이고, 뒤의 두 경우는 오상방위 · 오상피난 문제가 된다. 이런 경우는 위법성조각사유 객관적 전제사실에 관한 착오(**허용상황의 착오**)의 예에 따라 해결하면 된다. 그런 착오에 정당한 이유가 있을 때(회피가능성 유무), 법효과면에서 사실착오와 동일하게 취급하여 처벌하지 않을 수 있다. 이 밖에 기대가능성이 그야말로 '초법규 책임조각사유'인 줄 알고 착오하여 행위한 경우(이른바 **허용착오**)는 형법 제16조 법률착오 예에 따라 처리하면 된다. 정신병자인 아들을 살해하는 것은 '기대가능성' 관점에서 책임이 조각된다고 생각한 경우가 있다면 이런 유형에 속한다.

[104] Ⅵ. 현행 형법의 기대불가능 책임조각사유

1. 기대불가능사유

1 강요된 행위(제12조), 과잉방위(제21조 제2 · 3항), 과잉피난(제22조 제3항), 과잉자구행위(제23조 제2항)는 형법총칙이 규정하는 기대불가능사유다. 형법각칙의 대표적인 것으로는 친족간 범인은닉 · 증거인멸(제151조 제2항, 제155조 제4항) 등이 있다. 이 밖에도 형법에서 차지하는 기대가능성 지위의 높낮이에 따라 사람마다 관련 조문이 늘어나기도 한다.

2 예를 들면 심신상실자(제10조 제1항), 형사미성년자(제9조) 행위를 벌하지 않고, 죄의 성립요소인 사실을 인식한 고의행위만을 원칙으로 처벌하고, 과실은 특별한 규정이 있을 경우 예외로 처벌하는 것(제13조)도 모두 기대가능성사상 표현이라고 할 수 있다. 그러나 이런 식으로 표현하면 더 포괄적으로 '정의正義 요청'이라고도 할 수 있으며, 인간 존엄도 해당된다. 이렇게 계속 높이자면 형법은 "정의에 반하는 행위는 처벌한다"는 한 조문만 있으면 된다. 그리고 이 정의가 무엇인지 탐구하면 될 것이다. 하지만 법철학 보편성과 형법 구체성을 동시에 충족할 수 있는 방법을 찾는 것은 매우 힘든 일이다. 위 기대불가능성사유 가운데 설명할 필요성이 있는 것은 강요된 행위다.

2. 강요된 행위

(1) 의 의

3 형법 제12조는 "저항할 수 없는 폭력이나 자기 또는 친족의 생명, 신체에 대한 위해危害를 방어할 방법이 없는 협박에 의하여 강요된 행위는 벌하지 아니 한다"고 하여

강요된 행위를 면책사유로 규정한다. 강제에 못 이겨 한 행위는 적법행위에 대한 기대가능성이 없는 전형적 경우에 해당한다. 즉 구성요건을 실현하는 행위가 정당방위나 긴급피난에는 해당되지 않더라도 부득이한 강요상태에서 이루어진 경우 기대가능성이 없기 때문에 처벌하지 않는다는 것이다.

(2) 법적 성질

강요된 행위와 긴급피난(제22조) 차이점을 '법적 성질'이라는 말로 논의한다. 양자 4
모두 긴급상황을 배경으로 하는 공통점이 있으나, 법률이 정하는 요건으로 보면 다음 차이점이 있다. ① 긴급피난은 자기 또는 타인 법익에 대한 현재 위난이 있어야 한다. 강요된 행위는 폭행 · 협박 등 불법적 강요상태를 전제한다. ② 긴급피난에는 이익형량 원칙이 적용되지만 강요된 행위에서는 강요상태에 따른 적법행위가능성이 없는 것으로 충분하다. 이런 문제는 '법적 성질'로 논의될 것이 아니라 있는 그대로 강요된 행위와 긴급피난 차이점으로 설명하는 편이 내용에 부합한다.

(3) 성립요건

1) 저항할 수 없는 폭력으로 강요된 행위

(가) **폭력 개념** 폭력은 상대방 의사를 제압하기 위한 힘의 행사를 의미한다. 폭 5
력에는 **절대폭력**(vis absoluta)과 **강제폭력**(vis compulsiva) 두 종류가 있다. 절대폭력은 수갑을 채우는 것처럼 상대방 의사결정이나 의사실현을 완전히 배제하는 폭력을 말한다. 강제폭력은 상대방 물건을 깨뜨리는 것처럼 상대방 의사결정 · 의사실현을 침해하는 경우다. 절대적 힘의 지배로 한 행위는 형법 행위가 되지 않고 의사없는 도구가 될 뿐이기 때문에 절대폭력은 강요된 행위에서 말하는 폭력에 해당되지 않는다. 여기 폭력은 강제폭력에 국한된다.

(나) **저항할 수 없는 폭력 기준** 저항할 수 없는 폭력은 피강요자가 대항할 수 6
없을 정도로 힘을 행사하는 것을 의미한다. 물리적으로 대항할 수 없는 경우와 거부할 수 없는 경우 모두 포함한다. 폭력 수단 · 방법에는 제한이 없다. 저항할 수 없는 폭력의 판단은 폭력 성질 · 수단 · 방법, 피강요자 성격 · 처지 등 모든 사정을 종합하여 행위자를 표준으로 결정한다.

2) 협박으로 강요된 행위

(가) **협박 개념** 협박은 상대방을 두렵게 하여 공포심을 갖게 할 목적으로 해악 7
을 가하겠다고 알리는 행위를 말한다. 단순한 경고와 구별되고 해악 그 자체를 내포하는 폭력과 구별된다.

(나) **자기 또는 친족의 생명 · 신체에 대한 위해** 협박내용은 자기 또는 친족 8
생명 · 신체에 대한 위해여야 한다. 생명 · 신체로 한정하고 있기 때문에 그 밖의 법익, 예컨대 재산 · 명예 · 비밀 · 신용 · 성적 자결권 등에 대한 위해 · 협박은 여기에 속하지 않는다. 경우에 따라 긴급피난(면책적 긴급피난)은 가능하고, 친족 범위는 민법으로 결정한다. 사실혼관계에 있는 부부와 사생아도 보통 여기에 포함된다고 해석한다(다수설).

9 (다) **방어할 방법이 없는 협박** 위해를 방어할 방법이 없다는 것은 강요하는 대로 범죄를 하는 외에 위해를 피할 다른 수단 · 방법이 없는 경우를 말한다. 이에 대한 판단도 위 저항할 수 없는 폭력과 마찬가지로 모든 사정을 종합하여 행위자를 기준으로 결정한다.

10 (라) **자초한 강제상태** 행위자가 강제상태를 자초한 경우는 형법 제12조 저항할 수 없는 폭력이나 방어할 방법이 없는 협박에 해당되지 않는다. 기대불가능상황을 자초한 일차 책임은 행위자 자신이 져야 하기 때문이다. 대법원도 "반국가단체 지배하에 있는 북한지역으로 탈출하는 자는 특별한 사정이 없는 한 북한집단구성원과 회합이 있을 것이라는 사실을 예측할 수 있고, 자의로 북한에 탈출한 이상 그 구성원과 회합은 예측하였던 행위이므로 강요된 행위라 인정할 수 없다"고 판시한다.[1)]

11 (마) **강요된 행위** 강요된 행위는 위 폭력이나 협박에 따라 의사결정 · 의사실현 자유가 침해되므로 강요자가 요구하는 대로 행위할 수밖에 없는 경우를 말한다. 폭력 · 협박과 강요된 행위 사이에는 인과관계가 있어야 한다. 그렇지 않을 경우 행위자 책임은 조각되지 않고 강요자와 공범관계가 성립한다.

(4) 효 과

12 강요된 행위는 적법행위를 기대할 수 없기 때문에 벌하지 않는다. 범죄체계론으로 말하자면 책임이 조각된다. 따라서 행위 위법성이 조각되는 것은 아니기 때문에 이에 대한 정당방위는 가능하다. 강요자는 행위자를 도구로 범죄하였기 때문에 간접정범(제34조 제1항)으로 처벌된다.

[판례]

① 형법 제12조 소정의 **저항할 수 없는 폭력**은, 심리적 의미에서 육체적으로 어떤 행위를 절대적으로 하지 않을 수 없게 하는 경우와 윤리적 의미에서 강압된 경우를 말한다. **협박은** 자기 또는 친족의 생명, 신체에 대한 위해를 달리 막을 방법이 없는 협박을 말한다. **강요는** 피강요자의 자유스런 의사결정을 하지 못하게 하면서 특정한 행위를 하게 하는 것을 말한다.[2)]

② 형법 제12조에서 말하는 저항할 수 없는 폭력은 심리적 의미에서 육체적으로 일정한 행위를 절대적으로 해야 하는 경우와 **윤리적 의미에서 강압된** 경우를 말한다. 협박은 자기 또는 친족의 생명, 신체에 대한 위해를 달리 막을 방법이 없는 경우다. 강요는 피강요자의 자유스런

1) 대판 1973. 1. 30. 72도2585.
2) 대판 1983. 12. 13. 83도2276. 제6, 7회.

의사결정을 하지 못하게 하면서 특정 행위를 하게 하는 것을 말한다.[1]

③ 18세 소년이 취직할 수 있다는 감언에 속아 도일하여, 조총련 간부들의 감시 내지 감금하에 강요에 못 이겨, 공산주의자가 되어 북한에 갈 것을 서약한 행위는 강요된 행위에 해당된다.[2]

④ **자초한 강제상태** 어로저지선을 넘어 어로작업을 하면 북괴구성원에게 납치될 염려가 있으며, 만약 납치되면 대한민국의 각종 정보를 북괴에게 제공하게 되는 것은 일반적으로 예견되는 일이다. 피고인은 그전에 납북경험이 있는 자로서 **월선하자고 상의하여** 월선조업을 하다가 납치되어 북괴의 물음에 답하여 제공한 사실은 강요된 행위에 해당되지 않는다.[3]

⑤ 북괴에 가게된 것이 자의가 아니었다고 하더라도, 북괴로부터 무전기와 난수표, 공작금을 받고 남한에 잠입한 점, 잠입 후 바로 수사기관에 자수하지 않은 점 등에 비추어 보면, 피고인의 북괴지역에서의 행위 내지 남한에서의 간첩방조행위가 강요된 행위 내지 기대가능성이 없는 행위라고 볼 수는 없다.[4]

⑥ 단체사이의 **상하관계**에서 오는 구속력 때문에 이루어진 행위라는 사유만으로는 그 행위를 강요된 행위라 볼 수 없다.[5]

⑦ ***표준판례** 형법 제12조에서 말하는 강요된 행위는, 저항할 수 없는 폭력이나 생명, 신체에 위해를 가하겠다는 협박 등 다른 사람의 강요행위에 의해 이루어진 행위를 의미한다. 어떤 사람의 성장교육과정을 통해 형성된 **내재적 관념 내지 확신**으로 인해, 행위자 스스로의 의사결정이 사실상 강제되는 경우까지 의미하는 것은 아니다.[6] *KAL기 폭파 김현희 사건.

⑧ 안기부가 엄격한 상명하복의 관계에 있는 조직이라고 하더라도 안기부 직원의 정치관여는 법률로 엄격히 금지되어 있다. 피고인도 상관 갑의 의도를 잘 알고 있었다. 상관의 지시에 따라, 대통령선거를 앞두고 특정 후보에 대한 부정적 여론을 조성할 목적으로 **허위사실의 책자를 발간, 배포한 행위**는 강요된 행위로서 적법행위에 대한 기대가능성이 없다고 볼 수는 없다.[7]

3. 기타 문제

강요된 행위와 유사한 다음 경우는 보통 초법규 책임조각사유로 간주되어 처벌되지 않는다 13
고 본다. 기대가능성이 없다는 것을 이유로 든다. 그러나 초법규 책임조각사유를 인정하지 않을 경우는 논거를 달리해야 한다.

(1) 위법 명령에 따른 행위

1) **초법규 책임조각사유** 군인이나 공무원 등 상관의 위법한 명령을 집행한 행위는 위법 14
성이 조각되지 않는다. 그러나 위법명령이 법적 구속력은 없더라도(예컨대 군형법 제44조는 상관의 '정당한 명령'에 복종하지 않았을 때 항명죄抗命罪가 된다고 규정한다) 사실상 구속력이 있을 경우는 이에 따른 행위를 처벌할 수는 없다. 부하는 명령 집행도구에 지나지 않기 때문이다. 이때 **다수설**

---

1) 대판 2007. 6. 29. 2007도3306. 제11회.
2) 대판 1972. 5. 9. 71도1178.
3) 대판 1971. 2. 23. 70도2629.
4) 대판 1968. 9. 24. 68도841.
5) 대판 1986. 9. 23. 86도1547.
6) 대판 1990. 3. 27. 89도1670.
7) 대판 1999. 4. 23. 99도636.

은 기대가능성이 없기 때문에 초법규 책임조각사유에 해당하여 처벌되지 않는다고 한다. 기대가능성 '초법규성'을 인정할 수 없으므로 이 견해는 찬성하기 어렵다.

15 **2) 면책 긴급피난** 다음으로 상관 위법명령을 집행한 행위는 면책 긴급피난에 해당되어 처벌되지 않는다는 견해가 있다.[1] 우리 형법에는 면책 긴급피난에 대한 명문규정이 없다. 이 견해는 우리 형법 제22조 제1항 긴급피난이 정당화 긴급피난과 면책 긴급피난 양자를 함께 규정한다는 이분설을 토대로 한다. 표방할 수 있는 견해이고 최소한 위 다수설보다는 합리적 해결방법이다.

16 **3) 강요된 행위** 거역할 수 없는 위법명령에 따른 행위는 무리 없이 강요된 행위(제12조)에 포섭할 수 있다.[2] 정당성 없는 위법명령은 폭력이고, 심리 폭력으로서 **의사폭력**에 해당된다. 폭력개념을 물리적인 것(이른바 '유형력')에 한정하는 것은 옳지 않다. 정신 · 심리적 폭력은 경우에 따라서 신체 · 물리적 폭력보다 더 큰 강요 힘을 발휘한다. 예컨대 마피아와 같은 거대 범죄조직의 상하명령 · 복종관계를 연상하면 불복종은 배반을 의미하고, 배반은 곧 죽음을 뜻한다. '저항할 수 없다'는 의미도 물리적으로 **대항**할 수 없는 경우뿐만 아니라 **거부**할 수 없는 경우도 포함한다는 점에 이견이 없다.[3] 나아가서 그것에 대한 판단은 행위자(피강요자)가 처한 모든 사정을 종합하여 행위자를 표준으로 내린다. 그렇다면 사실상 거부할 수 없는 상관의 위법명령을 실행한 사람은 강요된 행위를 한 사람으로서 형법 제12조에 해당된다.

17 그러나 판례는 위법명령에 따른 행위가 형법 제12조에 해당하지 않는 것으로 보고, 초법규 책임조각사유 또는 면책 긴급피난도 인정하지 않는다. **구속력 없는 위법명령**에 따른 행위는 면책되지 않고 처벌해야 한다는 것이 판례 일관된 태도다. 공무원이 그 직무를 수행하면서 상관이 하관에게 범죄행위와 같은 위법행위를 하도록 명령할 직권은 없다. 또한 하관은 소속 상관의 적법명령에 복종할 의무는 있지만 고문과 같은 위법, 불법한 명령은 직무상 지시명령이라 할 수 없으므로 이에 따라야 할 의무는 없다.[4]

설령 "치안본부 대공수사단 직원은 상관의 명령에 절대 복종하여야 한다는 것이 그 주장과 같이 불문율로 되어 있다 할지라도, 국민의 기본권인 신체의 자유를 침해하는 고문행위 등이 금지되어 있는 우리의 국법질서에 비추어 볼 때 그와 같은 불문율이 있다는 점만으로는 이 사건 판시 범죄와 같이 중대하고도 명백한 위법명령에 따른 행위가 정당한 행위에 해당하거나 강요된 행위로서 적법행위에 대한 기대가능성이 없는 경우에 해당한다고 볼 수는 없다."[5] 이와 같은 특수기관이 아닌 일반 직장 경우도 판례는, 상사의 범법행위에 가담한 부하에 대해 직무상 지휘 · 복종관계에 있다는 이유만으로 범법행위에 가담하지 않을 기대가능성을 부정하지 않는다.[6] 그러므로 예컨대 "휘발유 등 군용물의 불법매각이 상사인 부대장이나 인사계 상사의 지시에 의한 것이라 하여도 그 같은 지시가 저항할 수 없는 폭력이나 자기 또는 친족의 생명 · 신체에 대한 위해를 방어할 방법이 없는 협박에 상당한 것이라고 인정되지 않는 이상 강요된 행위로서 책임이 조각된

1) 김일수/서보학, 424면.
2) 최관호, 「위법하지만 구속력 있는 명령에 복종한 행위의 위법성 판단」(일감법학 제38호, 2017), 229면 이하.
3) 제6회.
4) 대판 1980. 5. 20. 80도306.
5) 대판 1988. 2. 23. 87도2358. 제12회.
6) 대판 2007. 5. 11. 2007도1373. 제12회.

다고 할 수 없다"고 판시한다.[1)]

(2) 의무의 충돌

동시에 수행해야 할 가치가 서로 다른 의무가 충돌했을 경우 행위자가 만일 높은 가치 의무 18
를 수행하였으면, 그것은 위법성이 조각되는 긴급피난(제22조 제1항)과 유사한 경우로서 그 예에 따라 처리해야 한다. 그러나 동가치 의무나 낮은 가치 의무를 수행하였을 경우는 이에 해당하지 않기 때문에 위법성이 조각되지 않는다. 예를 들면 화재시 국보인 문화재와 어린아이를 구출해야 하는 의무충돌, 중상자와 경상자의 구출의무 충돌, 그 경상자가 자기 아들이었을 경우 등이 있다. 이 경우도 다수설은 적법행위에 대한 기대가능성이 없으면 초법규 책임조각사유에 해당된다고 이론구성을 한다. 그러나 의무충돌상황은 면책 긴급피난 문제로 다루는 것이 바람직하고, 물론 모두 책임이 조각될 수 있는 것은 아니다.

(3) 생명 · 신체 이외 법익에 대한 강요행위

형법 제12조가 강요행위 요건을 "자기 또는 친족의 생명 · 신체"로 제한하고 있기 때문에 재 19
산 · 명예 · 비밀 · 신용 · 정조 등 그 밖의 법익에 대한 폭력 · 협박은 여기에 해당하지 않는다. 이 경우도 다수설은 기대가능성이 없을 경우 초법규 책임조각이 이루어진다고 하지만, 상황에 따라 면책 긴급피난이 성립할 수 있다.

[판례] 기대가능성 부정

① 입학시험에 응시한 수험생으로서, 자기 자신이 부정한 방법으로 탐지한 것이 아니고 **우연한 기회**에 미리 출제될 시험문제를 알게 되어 그에 대한 답을 암기하였을 경우, 그 암기한 답을 그 입학시험 답안지에 기재해서는 안 된다는 것을 일반 수험생에게 기대하는 것은 불가능하다.[2)]

② 시험 출제위원이 문제를 선정하여 **시험실시자에게 제출하기 전에** 이를 유출하였다고 하더라도, 이러한 행위 자체는 위계를 사용하여 시험실시자의 업무를 방해하는 행위가 아니라 그 준비단계에 불과하다. 그 후 그와 같이 유출된 문제가 시험실시자에게 제출되지도 않았다면, 그러한 문제유출로 인해 시험실시 업무가 방해될 추상적 위험조차도 없으므로 업무방해죄가 성립하지 않는다.[3)]

③ 수학여행 온 대학교 3학년생 중 일부만의 학생증을 제시받아 성년임을 확인하고 나이트클럽에 단체입장을 시켰는데, 그들 중에 섞여 있던 미성년자(19세 4개월 남짓 된 여학생) 1인을 위 업소에 출입시킨 결과가 되었다. 피고인이 단체 입장하는 학생들이 모두 성년자일 것으로 믿은 데에는 정당한 이유가 있었다고 할 것이다. 이 상황에서 학생들 중에 미성년자가 섞여 있을지도 모른다는 것을 예상하여, 그들의 증명서를 일일이 확인할 것을 요구하는 것은 **사회통념상 기대가능성이 없다**고 봄이 상당하다.[4)]

④ 기업이 불황이라는 사유만으로 사용자가 근로자에 대한 **임금이나 퇴직금을** 체불하는 것은 허

1) 대판 1983. 12. 13. 83도2543.
2) 대판 1966. 3. 22. 65도1164.
3) 대판 1966. 3. 22. 65도1164.
4) 대판 1987. 1. 20. 86도874.

용되지 않는다. 그러나 모든 성의와 노력을 다했어도 임금이나 퇴직금의 체불이나 미불을 방지할 수 없었다는 것이 사회통념상 긍정할 정도가 되어, 사용자에게 적법행위를 기대할 수 없는 경우에는 근로기준법 등에서 정하는 임금 및 퇴직금지급의무 위반죄의 책임은 조각된다.[1]

[판례] 기대가능성 인정

① 피고인이 비서라는 특수신분 때문에 주종관계에 있는 **공동피고인들의 지시**를 거절할 수 없어 뇌물을 공여하였더라도, 그와 같은 사정만으로는 피고인에게 뇌물공여 이외의 반대행위를 기대할 수 없는 경우였다고 볼 수 없다.[2]

② 직장 상사의 범법행위에 가담한 부하에 대해, **직무상 지휘 · 복종관계**에 있다는 이유만으로 범법행위에 가담하지 않을 기대가능성이 없다고 할 수는 없다.[3]

③ ***표준판례** 자신의 강도상해 범행을 일관되게 부인하였으나 유죄판결이 확정된 피고인이, 별건으로 기소된 공범의 형사사건에서 **자신의 범행사실을 부인하는** 증언을 한 경우, 피고인에게 사실대로 진술할 기대가능성이 있으므로 위증죄가 성립한다.[4]

④ 영업정지처분에 대한 집행정지 신청이 잠정적으로 받아들여졌다는 사정만으로는, 구 음반 · 비디오물 및 게임물에 관한 법률 위반으로 기소된 피고인에게 적법행위의 기대가능성이 없다고 볼 수는 없다.[5]

⑤ 당국이, 피고인이 간부로 있는 전국교직원노동조합이나 기타 단체에 대해 모든 옥내외 **집회를 부당하게 금지**하고 있다고 하여, 그 집회신고의 기대가능성이 없다고 할 수는 없다. 위와 같은 이유만으로 관할경찰서장에게 신고하지 않고 옥외집회를 주최한 것이 죄가 되지 않는다고 할 수 없다.[6]

[판례사례] 위법명령과 강요된 행위(박종철 고문치사사건) 대학생 박종철은 동료학생 국가보안법 위반사건에 대한 참고인자격으로 경찰 대공요원에 의하여 치안본부 남영동 대공분실로 연행되었다. 박종철에 대한 조사에는 상관인 피고인 甲과 부하인 乙 외 3인이 참여하였다. 상관 甲은 부하에게 고문하여 조사하도록 지시하였다. 이에 따라 乙 외 3인 조사관은 참고인 박종철의 양손과 양 발목을 결박하고 양쪽 팔, 다리, 머리 등을 밀어 누름으로써 피해자의 얼굴을 욕조의 물속으로 강제로 찍어 누르는 가혹행위를 반복하였다. 이 과정에서 피해자 박종철은 욕조 턱에 목부분이 눌려 질식 · 사망하였다. 검사는 피고인 甲과 乙외 3인을 특정범죄가중법(제4조의2 제2항)의 고문치사 등으로 기소하였고 원심은 이들에 대한 유죄를 인정하였다. 그러나 피고인은 피해자 사망을 예견하지 못하였을 뿐만 아니라 특히 乙 외 3인은 상관 명령에 절대 복종해야 하는 대공수사단 직원으로서 상관 명령을 집행한 것에 지나지 않기 때문에 정당행위 또는 강요된 행위를 주장하면서 상고하였다. 피고인 甲과 乙 외 3인의 죄책은 어떻게 될까?[7]

1) 대판 2015. 2. 12. 2014도12753. 제8, 9회.
2) 대판 1983. 3. 8. 82도2873.
3) 대판 2007. 5. 11. 2007도1373. 제7회.
4) 대판 2008. 10. 23. 2005도10101. 제12회.
5) 대판 2010. 11. 11. 2007도8645.
6) 대판 1992. 8. 14. 92도1246.

[해설] 이 사건의 논점은 ① 결과적 가중범의 예견가능성, ② 상관명령에 의한 정당행위, 또는 ③ 상관의 거역할 수 없는 위법명령에 따른 강요된 행위다.

먼저 ① 논점부터 살펴보면, 이것은 결국 결과적 가중범의 인과관계와 관련된 문제다. 만일 인과관계에서 객관적 상당인과관계설을 취하면 제15조 제2항 법문 예견가능성은 주관적 예견가능성을 뜻한다(주관설). 법문 예견가능성을 인과관계와 같은 것으로 보면 그 내용은 객관적 예견가능성이 되고(객관설) 주관적 예견가능성은 결과적 가중범 책임요소가 될 것이다. 어떤 견해를 취하더라도 객관적 예견가능성에 대한 검토를 한 번은 거쳐야 하기 때문에 결과는 마찬가지다. 즉 乙 외 3인이 합세한 피고인들의 박종철에 대한 고문행위를 보면 **'우리 경험칙상'**(대법원) 또는 **생활세계 보편적 경험**에 따를 때 사망의 중한 결과는 어렵지 않게 예견할 수 있기 때문이다.

대법원 논거를 빌리자면, 기록에 나타난 가혹행위를 반복할 경우 욕조 구조나 신체구조상 피해자 목 부분이 욕조 턱에 눌릴 수 있고, 더구나 물속으로 들어가지 않으려고 반사적으로 반항하는 피해자 행동을 제압하기 위해 강하게 피해자 머리를 잡아 물속으로 누르게 될 경우 욕조 턱에 피해자 목 부분이 눌려 질식현상 등 치명적인 결과를 가져올 수 있다는 것은 우리 경험칙상 누구나 예견할 수 있다. 그러므로 피고인의 고문행위와 피해자 사망 사이에 인과관계 내지 예견가능성을 인정하는 데 어려움이 없다.

다음 ② 논점인 상관명령에 의한 정당행위가 성립하려면 명령이 적법한 것이어야 한다. 상관 甲의 乙 외 3인에 대한 고문지시는 직무범위를 벗어난 위법한 명령으로서 이것을 집행한 행위는 위법성이 조각될 여지가 없다. 다만 거역할 수 없는 위법명령을 집행한 행위는 강요된 행위로 책임이 조각될 수 있는데(통설), 이것은 ③ 논점과 관련한다. 다만 대법원은 고문과 같이 헌법(제12조 제2항)에 위배되는 **명백히 위법한 명령**은 직무상 지시명령이 될 수 없기 때문에 이에 복종해야 할 의무가 없다고 단언한다. "공무원이 그 직무를 수행함에 있어 상관은 하관에 대하여 범죄행위 등 위법한 행위를 하도록 명령할 직권이 없는 것이며, 또한 하관은 소속 상관의 **직법한 명령에 복종할 의무**는 있으나 그 명령이 참고인으로 소환된 사람에게 가혹행위를 가하라는 등과 같이 명백한 위법 내지 불법한 명령인 때에는 이는 벌써 직무상의 지시명령이라 할 수 없으므로 이에 따라야 할 의무는 없다 할 것이다."

마지막으로 ③ 논점인 강요된 행위 주장을 살펴본다. 형법 제12조 강요된 행위로 면책되려면 위법한 명령이 저항할 수 없는 폭력이나 자기 또는 친족의 생명, 신체에 대한 위해를 방어할 방법이 없는 협박에 의한 것이어야 한다. 그러나 피고인들이 아무리 대공수사업무에 종사하는 공무원으로서 절대 명령복종관계가 불문율로 되어 있더라도 그 **협박 정도**가 '자기의 생명, 신체에 대한 위해'로 볼 수 없을 뿐만 아니라 이에 대해 방어할 방법이 없었다고 보기도 어렵다. 고문행위가 하기 싫다면 경찰신분에 대한 사표를 제출하면 될 것이기 때문이다. 이것은 형법 제12조 강요된 행위가 납북어부들이 북한에서 강요당한 행위에 대해 주로 적용된 사실을 보아도 알 수 있다. 기대가능성 문제는 별도로 논할 필요는 없다. 강요된 행위가 기대불가능한 사유를 구체적으로 규정한 것이기 때문에 여기에 포함시켜 설명하면 된다. 대법원은 고문과 같은 중대한 위법행위에 대해 명령복종 의무를 적법행위 기대불가능사유로 볼 수 없다고 못 박고 있다. 상관 甲과 乙 외 3인의 피고인은 특정범죄가중법 제4조의2 제2항 고문치사 죄책을 면할 수 없다.

---

7) 대판 1988. 2. 23. 87도2358.

제6장 미 수 론

제1절 서　　론

[105] Ⅰ. 범죄 실현단계

1 미수는 범죄가 기수에 이르지 못한 단계이고 미수가 기수로 되는 것은 시간경과에 따른다. 그러므로 범죄의 시간 발전단계를 살펴보는 것은 의미가 있다. 고의범은 보통 다음과 같은 진행과정을 거치고 과실범은 여기에 해당되지 않는다.

1. 범죄결심

2 일정한 범죄행위를 결심하고 그것을 마음속으로 준비하는 것은 형법상 범죄가 되지 않는다. 외부에 실현되지 않은 범죄의사는 형법 대상이 될 수 없다. 이것은 '**생각은 자유다**'는 말로 표현한다. 범죄 생각까지도 형법 처벌대상으로 삼는 형법을 **심정형법이라** 하고, 전체주의형법 대명사로 인식한다. 여러 사람과 범죄를 모의하는 것은 형법 제28조(음모)와 각칙 특별규정(예컨대 제101조)에 따라 처벌될 수 있다.

2. 예　　비

3 예비는 범죄에 대한 외부 준비행위를 말하는데, 예컨대 범행대상 물색, 범행장소 사전답사 또는 범행도구 준비 등을 들 수 있다. 예비는 구성요건실행행위 전 단계에 지나지 않기 때문에 원칙적으로 처벌되지 않는다. 그 자체는 범죄행위가 아니고 기수와 상당한 거리가 있기 때문이다. 예비에서 명백한 범죄의사를 입증한다는 것도 쉬운 일은 아니다. 그러나 형법상에 특별한 규정이 있으면(제28, 101조) 예외적으로 처벌될 수 있고, 이런 상황은 입법자가 특별한 위험성이 있다고 판단한 경우다.

3. 미　　수

4 범죄 실행에 **착수**하여 행위를 종료하지 못하거나 결과가 발생하지 않은 행위는 미수범으로 처벌한다(제25조 제1항). 따라서 실행착수는 예비와 미수를 구별하는 기준이고 미수는 결과가 발생하지 않은 점에서 기수와 구별된다.[1] 미수범은 처벌규정이 있을 경우에만 처벌된다(제29조).

4. 기　　수

5 법률이 정하는 구성요건 모든 표지가 실현되었을 때 범죄는 기수가 된다. 범죄 형

1) 제4회.

식적 완성인 기수와 범죄 **실질적 종료**는 구별되는 개념이다. 법률은 기수를 행위 종료라고 표현한다(제25조 제1항). 기수단계 후에 교사범은 성립할 수 없고 사후방조나 범죄비호는 가능하다.

5. 종 료

범죄 기수가 성립한 후 보호법익에 대한 침해행위가 실질적으로 끝났을 때 범죄행 6
위는 종료된다. 여기에 다음 문제상황이 있다.

(1) 구성요건 계속실현

감금죄(제276조 제1항) 같은 **계속범**에는 일정한 장소에 감금함으로써 감금죄 기수 7
가 성립한다. 그러나 피해자가 풀려날 때까지 감금행위가 계속되면 감금행위가 끝날 때 감금죄는 종료된다. 반복행위에 따른 상해(제257조 제1항) 경우에도 첫 번째 상해행위로 기수는 성립하고 마지막 상해행위로 상해죄는 종료된다.

(2) 구성요건 이후 행위

절도죄(제329조) 기수는 타인재물을 절취함으로 성립한다. 그러나 절취한 물건을 8
안전한 장소에 운반할 때 절도죄는 종료되고, 범죄기수가 성립한 후에도 그 행위가 종료할 때까지 방조(사후방조)는 가능하다. 승계적 공동정범은 그 성립을 긍정하는 견해가 있지만 부정하는 것이 옳다.

예를 들면 甲이 피해자 乙을 감금한 후 丙이 와서 乙이 도망하지 못하도록 함께 감 9
시하는 경우, 형법 제30조 공동정범 '2인 이상의 공동' 의미를 둘러싼 학설대립 가운데 행위공동설에 따르면 丙은 감금죄 공동정범이 된다. 그러나 범죄공동설에 따르면 종범이 성립할 뿐이다.

가중 구성요건도 범죄 기수 후 종료 전까지 실현될 수 있으며, 예컨대 감금한 사람 10
이 사망한 경우(제281조)가 있다. 공소시효는 범죄가 실질적으로 종료한 때부터 개시된다(형사소송법 제252조).

[106] Ⅱ. 미수 처벌근거

미수범 처벌근거를 찾는 논의를 미수 본질이라고 한다. 미수범 처벌근거는 무엇일까? 가장 1
명확한 대답은 형법 제25~27조 그리고 제29조다. 형법 이 규정 때문에 미수는 처벌된다. 그렇다면 미수 처벌근거에 관한 논의는 형법규정 이전의 처벌근거, 다시 말하면 형법 미수처벌규정이 생기게 된 이유 또는 그것의 입법 정당성 문제와 관련한다. 따라서 이 논의는 미수규정의 해석·적용과 직접 관련은 없고, 있다면 간접적일 뿐이다. 왜냐하면 형법 미수규정을 적용하는 판사나 검사는 이러한 논의에 관심을 두지 않을 뿐만 아니라 모르더라도 아무 상관없다. 간접적 관련은 현행 미수규정에 입법적 의문이 나올 때 필요하다는 의미에서 인정되는 것이다. 오늘날 미수처벌근거에 관한 논의는 이런 맥락과 아무 상관없이 맹목·습관적으로 이루어진다. 미수를 처벌해야 한다는 합의가 상식에 속하는 한, 그것의 처벌근거를 찾는 논의는 실익이 없으며 도그마틱 역사에 속하는 문제일 뿐이다.

1. 객 관 설

2 미수 처벌근거가 '보호법익에 대한 구체적·객관적 위험'에 있다고 보는 학설이다. 구성요건을 실현할 만한 위험성은 객관적인 것이고, 행위의 이 객관적 측면 때문에 미수는 처벌된다는 주장이다. 객관설은 행위자의 주관, 즉 의사를 완전히 무시하는 특징이 있다. 그러나 미수는 구체적 법익침해결과 또는 그 위험성보다 행위자 내심이 중요한 처벌근거가 된다. 객관설에 따르면 불능미수는 처벌할 수 없다. 결과까지 발생한 기수는 미수와 법적 취급을 달리한다.

2. 주 관 설

3 객관설의 반대 입장으로 '행위에 드러난 법적대적 의사'가 미수 처벌근거가 된다는 주장이다. 주관설에 따르면 기수와 미수는 법적대적 의사에 차이가 없기 때문에 동일하게 처벌해야 한다.[1] 불능미수 가벌성도 인정된다. 미수의 불법은 오로지 행위반가치만으로 이루어지기 때문이다. 뿐만 아니라 미수 전단계인 예비·음모까지 가벌성이 인정된다. 하지만 주관적 요소를 이처럼 강조하면 미수 가벌성범위가 지나치게 확대되어 형법을 심정형법으로 만들 위험이 있다.

3. 절 충 설

4 절충설은 객관설과 주관설 결합 형태이다. 일단 주관설에서 출발하여 미수 처벌근거를 행위자의 법적대 의사에서 찾는다. 따라서 불능미수 가벌성을 원칙적으로 인정한다(제27조). 그러나 그 밖의 미수범영역은 객관적으로 엄격한 제한을 받는다. 예컨대 '실행착수'라는 객관적 요건 요구(제25조 제1항), 미수범 형벌의 임의적 감경(제25조 제2항) 그리고 위험성 없는 불능미수 불처벌과 위험성 있는 경우 형의 감경·면제(제27조)가 객관적 제한에 속한다. 범죄인의 주관적 범죄의사가 객관적으로 드러남으로써 일반인의 법질서에 대한 신뢰, 법감정을 저해하는 범죄인상 또는 법동요 인상을 주었다는 의미에서 인상설印象說이라고도 한다.[2]

4. 결 론

5 현행 형법은 미수처벌에 관해 당연히 주관과 객관 양 요소를 함께 고려한다.[3] 이것은 학설 대립 결과라기보다는 상식 요구에 지나지 않는다. 행위자 의사를 고려하지 않는 객관적 입장의 극단은 결과형법으로 가고, 그 반대로 객관적으로 드러난 행위와 상관없이 행위자 주관적 의사를 유일한 처벌근거로 삼는 학설은 **심정형법** 또는 **의사형법**으로 갈 위험이 있다. 의사형법의 대표적인 예는 미수 필요적 감경을 폐지하여 기수와 동일하게 처벌할 수 있도록 규정한 1935. 12. 5. 나치스 폭력범처벌규정(Gewaltverbrecherverordnung) 제4조를 들 수 있다.[4] 나치스시대는 의사형법을 필요로 한다는 것이 그 입법이유였다. 행위와 행위자, 객관과 주관, 외부와 내부, 행위지향과 행위자지향 사이 기본 균형은 형법이 풀어야 할 영원한 숙제다.

---

1) 제7회.
2) 권오걸, 447면; 오영근/노수환, 306면; 김일수/서보학, 514면.
3) 임웅 외, 340면; 정성근/박광민, 383면; 이재상 외, 27/12 등.
4) RGB, 1939 I, 2378.

[107] Ⅲ. 미수 종류

1 현행 형법 미수에는 다음 세 가지가 있다. ① 장애미수(제25조)는 행위자가 결과를 실현하려고 하였지만 외부 장애로 범죄를 완성하지 못한 경우를 말한다. 보통 미수라고 할 때(협의 미수)는 장애미수를 의미한다. ② 중지미수(제26조)는 행위자가 실행에 착수한 행위를 자의로 중지하거나 결과발생을 방지한 경우고, 법률제목은 중지범으로 되어 있다. ③ 불능미수(제27조)는 범죄수단이나 대상 착오로 결과발생이 불가능한 경우로서 위험성이 있으면 미수범으로 처벌된다. 법률제목은 불능범이다.

제 2 절 장애미수

[108] Ⅰ. 장애미수 의의

1 장애미수는 행위자가 자신의 의사에 반하여, 즉 외부 장애로 범죄를 완성하지 못한 경우를 말한다. 법적 근거는 형법 제25조인데, 제 1 항은 "범죄 실행에 착수하여 행위를 종료하지 못하였거나 결과가 발생하지 않은 때는 미수범으로 처벌한다"고 되어 있고, 동 제 2 항은 장애미수 형을 임의적 감경사유로 규정한다.

[109] Ⅱ. 장애미수 성립요건

1 일정한 행위가 형법 제25조 장애미수에 해당되는지 판단하기 위해서는 법률에 드러난 다음 세 가지 구성요건요소를 차례로 심사해야 한다. ① 의도한 구성요건결과가 발생하지 않았다는 사실, 즉 범죄 미완성을 먼저 확인해야 한다. 결과가 발생하였으면 기수가 되기 때문에 미수문제에서 벗어난다. 해당 범죄에 미수처벌규정이 있는지 확인해야 하는데 처벌규정도 없는 미수범심사는 무의미하다. 이 두 가지 사전심사는 뒤따르는 주관·객관적 구성요건심사에 앞서 해야 한다.

2 ② 주관적 구성요건인 결과실현의사, 즉 고의를 심사한다. 기수범에는 객관적 구성요건을 주관적 구성요건보다 먼저 심사하는 것이 보통이다. 그러나 미수범에는 행위자 고의가 확인되지 않으면 해당되는 범죄유형을 찾을 수 없기 때문에 주관적 구성요건을 먼저 심사해야 한다. 예를 들어 어떤 남자가 한 여자를 껴안는다고 했을 때 그로 인한 객관적 행위결과는 아직 나타나지 않은 상태다. 이 경우 행위자가 의도한 고의내용을 알아야만 강간미수(제300조), 상해미수(제257조 제 3 항) 또는 형법과 거리가 먼 사랑표현 등 판단이 비로소 가능할 수 있다.

3 마지막으로 ③ 객관적 구성요건인 실행착수를 검토한다. 이상 세 가지 심사가 모두

긍정될 때 해당 범죄 미수범은 존재한다.

1. 범죄 미완성

4 장애미수가 성립하기 위해서는 우선 구성요건결과가 발생하지 않아야 한다. 형법 제25조 제1항은 이 경우 **착수미수와 실행미수**를 구별한다.[1] 전자는 실행에 착수한 행위를 종료하지 못한 경우고(제25조 제1항 전단), 후자는 행위를 종료하였으나 결과가 발생하지 않은 경우를 말한다(같은 조문 후단). 그러나 양자 모두 결과가 발생하지 않았다는 점에서 공통이기 때문에 그 구별은 장애미수 판단에 아무 의미가 없다. 뒤에서 설명할 중지미수 심사에는 중요한 기준으로 작용한다.

5 장애미수에서 결과가 발생하지 않게 된 원인은 묻지 않는다. 어떤 상황이라도 결과발생에 장애를 주었으면 된다. 수단을 잘못 사용하였거나 객체착오를 한 경우, 예컨대 범행대상을 명중시키지 못하였거나 또는 범행대상을 착각하여 결과를 달성하지 못한 경우 또는 범행 중 붙들린 경우 등 어느 것이라도 상관없다. 결과가 발생했더라도 인과관계가 없으면 범죄는 역시 미완성이다. 행위자 목적달성은 결과발생 판단에 영향을 미치지 않는다.

2. 주관적 구성요건: 범행결의

6 미수범 주관적 구성요건은 범행결의고, 범행결의는 고의와 그 밖의 주관적 불법요소(예컨대 목적 · 경향 등)를 포괄한다.[2] ① 고의는 기수고의와 동일하다. 즉 모든 객관적 구성요건요소를 실현하려는 고의이고 따라서 과실 미수는 있을 수 없다. 고의는 미필적이라도 상관없는데, 기수범은 미필고의에 따라서도 성립하기 때문이다. ② 구성요건고의 외에 특별한 주관적 불법요소를 요구하는 범죄는 그러한 불법요소가 함께 존재해야 한다. 예컨대 재산죄에서 불법영득의사가 없으면 고의가 있더라도 해당 범죄 미수는 성립하지 않는다. ③ 범행 여부가 확정되어 있으면 조건부 범행결의도 무방하다.[3] 예컨대 장롱을 뒤져 보아서 현금이나 귀금속이 있으면 훔치고 그렇지 않으면 그만둔다는 결의 또는 특별한 반항이 없으면 강간하고 그렇지 않으면 그만둔다는 생각 등이 이에 속한다.

3. 객관적 구성요건: 실행착수(예비와 미수)

7 미수범 객관적 구성요건은 실행착수고, 실행착수는 '**범행 직접개시**'를 의미한다. 언제 범행 직접개시가 있다고 볼 수 있는가 실행착수 시기를 두고 학설이 대립한다. 실행착수는 곧 실행착수 시기에 관한 문제이고, 실행착수 시기는 불가벌 예비와 가벌 미수의 한계를 긋는 기준이다. 이에 대해 객관적 입장은 구성요건에 해당하는 실행행위, 주

1) 김선복, 「중지미수에서 착수미수와 실행미수의 구별」(인문사회과학연구 19, 2018), 373면 이하.
2) 제7회.
3) 제5회.

관적 입장은 행위자 의사를 기준으로 하고, 나아가서 양자 종합을 시도하는 절충 입장이 있다.

(1) 형식적 객관설

가장 오래된 학설로 실행착수를 순수하게 형식적으로 파악한다. 즉 '**구성요건에 해당하는 행위 또는 그 행위 일부가 시작되었을 때**', 예를 들면 절도죄 경우에는 재물을 손으로 잡았을 때 실행착수가 있는 것으로 본다. 이렇게 되면 불가벌 예비범위는 넓어지고 가벌 미수 범위는 좁아진다. 구성요건 전단계 행위는 모두 실행착수에서 제외된다. 8

(2) 실질적 객관설

1) 밀접행위설 형식적 객관설 수정형태이다. 형식적 객관설 내용을 포함하면서 동시에 다음 같이 그 범위를 확대한다. ① 자연적으로 **구성요건행위와 필연적 결합관계에 있는 행위**도 실행착수에 해당하는 것으로 본다. 이것은 **프랑크**(Frank)의 자연 · 객관적 견해에 해당된다. ② 법익침해에 **직접 위험한 행위 또는 밀접한 행위**를 했을 때(밀접행위설) 실행착수가 있다고 보는 견해도 실질적 객관설에 속한다. 밀접행위설을 취하면 침해 구체적 대상이 있어야 한다(판례). 9

2) 모호개념 실질적 객관설에 따르면, 일정한 구성요건 전단계 행위도 미수에 포함시킬 수 있다. 그러나 제시된 기준인 '필연적 결합', '직접위험', '밀접행위' 등 모호개념은 판단자 자의에 문호를 개방하는 위험이 있다. 말하자면 문제에 대한 사실적 해결보다는 개념을 통한 해결이라는 비판이 가능하다. 예를 들어 절도목적으로, ① 집 주위를 배회하는 행위, ② 담장에 사다리를 설치는 행위, ③ 그 사다리에 올라선 행위, ④ 사다리를 타고 담장을 넘는 행위, ⑤ 문을 열고 현관에 들어선 행위, ⑥ 방에 들어가 훔칠 물건을 찾는 행위, ⑦ 물건을 잡은 행위 등에서 어느 단계 행위까지 위 '필연, 직접, 밀접' 개념에 포함시킬 수 있을까? 물론 이것은 예시를 위해 관념으로 구성한 절도과정이지만 적어도 실질적 객관설 문제점은 확인할 수 있다. 10

(3) 주 관 설

주관설은 실행착수를 객관적으로 판단하지 않고 오로지 행위자 주관 의사에 따라 결정하여 '**범의에 비약적 표동**'[1]이 있으면 실행착수를 인정하는 견해다. 그러므로 행위자가 **범죄실행의사로 한 모든 행위**(전단계행위)는 실행착수가 되고, 이렇게 되면 가벌 미수 범위가 지나치게 확대된다. 대법원이 간첩죄 경우 국가기밀을 수집하기 위해 대한민국 지배지역 안에 잠입한 때 그 기밀탐지나 수집행위 실행착수가 있다고 한 것은 주관설 태도다.[2] 11

(4) 절 충 설

1) 주관 · 객관 혼합설 행위자 주관적 범죄계획에 비추어 **구성요건실현에 대한** 12

---

1) 정영석, 205면.
2) 대판 1969. 10. 28. 69도1606.

직접행위(직접성)가 있을 때 실행착수가 있다고 보는 학설이다. 주관 · 객관 각 견해 장점을 망라할 수도 있으나 그렇다고 각 학설 단점이 없어지는 것은 아니다. 예컨대 위에서 말한 객관설 문제점이 그대로 타당할 수 있다. 우리나라 다수설이다.[1)]

13 **2) 실행착수 판단기준** 절충설에 따른 실행착수시기 판단기준은 다음과 같이 종합할 수 있다. ① 구성요건해당행위 또는 그 행위 일부가 시작되었을 때 실행착수는 존재한다(**형식적 객관설**). 위 모든 견해에 공통된 기준이며 문제될 것이 없다.

14 ② 구성요건실현에 직접 연결되는 구성요건 전단계 행위도 실행착수에 해당한다(**실질적 객관설**). '**직접성**'을 보충하는 기준으로 구성요건행위에 대한 시간 접근, 피해대상 또는 피해자에 대한 장소 접근 또는 중간행위 개입 없이 구성요건에 이르러 갈 수 있는 상황을 들기도 한다(**시간 · 장소적 근접성**). 이렇게 되면 침해 구체적 대상이 정해지지 않은 경우도 실행착수가 인정될 수 있다(다수설). 절도죄를 보기로 하면, 타인 점유를 침해하는 데 시간 · 장소적으로 근접한 행위 또는 의도한 행위에서 물러날 수 없는 상황 등이 여기 속한다. 예컨대 내리막길에 주차된 자동차를 절취할 목적으로 차안에 들어가 시동을 걸려고 시도하는 등 기기를 이것저것 만지다가 핸드브레이크가 풀려 시동이 걸리지 않은 상태에서 약 10미터 전진하다가 가로수를 들이받고 멈춘 경우, 절도 실행착수는 인정되지만 절도죄 기수가 되지 않는 것은 물론 도로교통법의 자동차운전에도 해당되지 않는다.[2)]

15 ③ 행위자 범죄계획을 고려한다(**주관설**). 이 기준은 새로운 실행착수영역에 대한 적극적 근거가 되기보다는 실질적 객관설의 불합리한 결론을 수정하는 소극적 역할을 한다. 예컨대 객관적으로 구성요건실현에 '직접' 연결되는 행위라도 행위자 범죄계획과 무관한 것이면 실행착수가 되지 않는다.

[판례사례] ① 손전등 사건 甲은 길에 세워놓은 자동차 안에서 물건을 훔칠 생각으로 유리창을 통해 내부를 손전등으로 비추어 보다가 체포되었다. 행위 당시 甲은 자동차 유리창을 따기 위해 면 장갑을 끼고 있었고 칼도 소지하고 있었다.[3)]

[해설] 이 사건에서 甲은 타인 특정재물의 점유침해를 위한 '밀접행위'를 한 것은 없다('직접성' 결여). 즉 실질적 객관설과 절충설 어느 학설에 따르더라도 절도죄 실행착수를 인정하기 어렵다. 유리창을 통해 '손전등으로 내부를 살핀 것'은 절취할 물건을 물색하는 행위, 즉 **범행대상 물색**으로 전형적인 예비에 해당된다. '면장갑', '칼'도 여기에 영향을 미칠 수 없다.

따라서 甲 행위는 절도예비에 해당되는데, 처벌규정이 없기 때문에 결국 甲은 무죄다(불가벌적 예비). 대법원 견해도 이와 같다. 참고적으로 강도예비죄는 처벌된다(제343조).

② 밍크코트 사건 甲은 피해자 乙 소유 자동차 안에 들어 있는 밍크코트를 발견하고, 이를 절

1) 김일수/서보학, 518면; 오영근/노수환, 27/27; 임웅 외, 335면; 박상기, 345면 등.
2) 대판 1994. 9. 9. 94도1522. 제2회.
3) 대판 1985. 4. 23. 85도464. 제3, 4, 11회.

취할 생각으로 공범이 위 차 옆에서 망을 보는 사이 차 오른쪽 앞문을 열려고 손잡이를 잡아당기다가 乙에게 발각되어 체포되었다.[1]

[해설] 이 사건에서 甲은 밍크코트라는 **구체적 범행대상**을 두고 점유침해를 향한 일정한 행위(밍크코트를 절취하기 위해 자동차문 손잡이를 잡아당긴 행위)를 하였다. 따라서 甲은 절도미수(제342조)에 해당한다.

③ 빈 주머니 소매치기 소매치기 甲은 금품을 절취할 목적으로 피해자 乙 주머니에 손을 넣었으나, 그 안에 금품이 들어 있지 않아 목적을 달성하지 못하고 체포되었다.[2]

[해설] 이 사안에서 甲 행위는 乙 주머니에 들어 있는 물건 점유를 침해하는 직접개시에 해당된다. 절도죄 실행착수가 있다. 즉 **주머니에 들어 있는 모든 물건**은 값의 고하高下를 묻지 않고 절취될 위험성에 놓인 것이다. 그러므로 절취할 재물을 찾는 과정에 체포된 경우와 구별된다. 甲의 손은 乙 주머니에 들어 있는 금품을 '무조건' 끄집어 내오기 위해 들어간 것이지, 절취할 재물을 물색하기 위해 들어간 것은 아니다. 주머니가 비어서 결과발생에 장애가 되었을 뿐이고, 그 장애가 없었다면 절도결과는 당연히 발생하였을 것이다. 장애미수 성립에 결과가 발생하지 않게 된 원인은 묻지 않는다('범죄미완성'요건 참조). 그러므로 甲 행위는 절도 장애미수에 해당된다. 판례도 같은 견해다.

한 가지 참고로 이 사건에 대해 불능미수가 아닌지 의문을 가진 적이 있었다. 이러한 오해는 대법원이 판결문에서 "비록 그 주머니 속에 금품이 들어 있지 않았다 하더라도 **결과발생 위험성**을 충분히 내포하고 있다"고 판시한 것에서 비롯된다. 그러나 이것은 '불능미수에 해당되지 않는다(위험성이 없다)'는 상고심 변호사의 주장을 대법원이 부정한 표현일 뿐이다. 그 부정이 곧 위험성을 판단기준으로 하는 불능미수에 해당된다는 적극적 표현으로 이해되어서는 곤란하다. 그렇지 않으면 변호사 변론이 죄명을 좌우하는 잘못된 결과가 발생한다.

나아가서 이 사건을 보통 '빈 주머니에 대한 소매치기사건'으로 부르는 것도 또 다른 오해의 원인이 된다. 이 명칭은 사건을 처음부터 '빈' 주머니로 확정하고 들어가는 듯한 인상을 준다. 하지만 그것은 행위자 손이 피해자 주머니에 들어갔다 나온 결과 사후로 밝혀진 사실일 뿐이다. 행위자 甲이 소매치기를 위해 손을 넣을 당시에는 피해자 乙 **주머니가 비었는지 아닌지 알 수 없는 상황**이고, 그런 상황에서 행위하다가 甲은 체포된 것이다.

따라서 甲에게 乙 주머니가 비었다는 사실은 **우연에 속하는** 외부장애일 따름이다. 다시 말하면 甲은 乙 주머니에 무언가 들어 있을 것으로 생각하고 손을 넣었다. 처음부터 빈 주머니라는 사실을 알면서도 소매치기하겠다고 나설 사람은 없다. 만일 그럼에도 불구하고 손을 넣은 사람이 있다면, 그것은 결과발생 불가능을 분명히 인식하고 있었기 때문에 고의 결여로 불능미수에 해당될 여지도 없다. 불능미수는 실행수단 또는 대상착오로 객관적으로 결과발생이 불가능하더라도 최소한 행위자 자신만은 결과가 발생할 수 있다고 믿은 경우에만 성립할 수 있다.

④ 강간죄 실행착수 피고인 甲은 1989. 7. 18. 02 : 50경 자기 사촌 여동생인 피해자 乙(여, 18세)을 강간할 목적으로 경남 산청읍 옥산리 소재 위 피해자 집에 담을 넘어 침입한 후 안방에 들어가 자고 있던 피해자 乙 가슴과 엉덩이를 만지면서 강간하려 하였으나 피해자가 '야' 하고 크

1) 대판 1986. 12. 23. 86도2256. 역시 '손잡이를 잡아당긴' 사건은 제 6 회.
2) 대판 1986. 11. 25. 86도2090. 홍영기, 「불능미수의 가능성 표지」(형사법연구 제20권, 2008), 55면 이하.

게 고함을 치고 도망하는 바람에 목적을 달성하지 못하였다.[1)]

[해설] 이 사건에서 甲 행위가 강간죄 실행착수에 해당할 수 있는가 하는 점이 관건이다. 만일 해당될 수 있다면 甲은 강간미수가 된다. 그러나 강간죄 실행착수가 있으려면 **강간수단으로 폭행이나 협박**을 한 사실이 있어야 한다(형법 제297조 참조). 따라서 위 사안에서 甲이 강간목적으로 피해자 집에 침입하여 피해자 가슴과 엉덩이를 만지면서 간음을 기도하였다는 것만으로는 강간수단으로 피해자에게 폭행이나 협박을 개시하였다고 하기 어렵다. 따라서 대법원 결론과 마찬가지로 강간에 관한 한 甲은 무죄다. 만일 검찰이 공소장에 택일 또는 예비적 기재로 야간주거침입죄(폭력행위처벌법 제2조 제2항)를 청구하였다면, 그 죄에 해당될 수 있는 가능성은 있다. 이 판례 이후 형법이 개정되어 지금 甲 행위는 강간예비죄(제305조의 3)로 처벌된다.

⑤ **강간죄 실행착수와 결과적 가중범** 피고인 甲은 피해자 乙을 간음하려고 새벽 4시 乙 혼자 있는 방문 앞에 가서 문을 열어 주지 않으면 부수고 들어갈 듯한 기세로 방문을 두드렸다. 위험을 느낀 乙은 창문에 걸터앉아 가까이 오면 뛰어 내리겠다고 말하였다. 그럼에도 甲이 베란다를 통해 창문으로 침입하려고 하자 乙은 이를 피하기 위해 뛰어 내리다가 중상을 입었다.[2)]

[해설] 여기서는 앞 판례와 마찬가지로 甲 행위가 강간죄 실행착수가 되는가 하는 점이 핵심이다. 앞 문제와 달리 甲은 피해자 乙 몸에 손을 댄 적이 없다. 그럼에도 강간을 위한 폭행·협박(침입행위)을 개시하였기 때문에 강간죄 실행착수가 인정된다. 강간 실행에 착수한 이상 그 수단이 된 폭행·협박으로 피해자가 상해를 입었으면, 즉 양자 사이에 인과관계가 인정되면 강간치상죄가 성립한다.[3)] 성폭력특별법에 결과적 가중범 미수를 인정하는 규정이 있지만, 甲 행위는 성폭력특별법 강간죄에 해당될 여지는 없다. 그러므로 甲은 기본범죄인 강간죄 기수·미수와 상관없이 결과적 가중범 기수로 처벌된다. 甲 행위는 강간치상죄(제301조)에 해당된다. 판례 견해도 같다.

[판례] 실행착수 인정

① 야간에 타인의 재물을 절취할 목적으로 사람의 주거에 침입한 경우에는, 주거에 침입한 행위의 단계에서 이미 형법 제330조에서 규정한 **야간주거침입절도죄**라는 범죄행위의 실행에 착수한 것이다.[4)]

② 피고인이 격분하여 피해자를 살해할 것을 마음먹고 밖으로 나가 낫을 들고 피해자에게 다가서려고 하였으나, 제3자가 이를 제지하여 그 틈을 타서 피해자가 도망함으로써 살인의 목적을 이루지 못한 경우, 피고인이 낫을 들고 **피해자에게 접근**함으로써 살인의 실행행위에 착수하였다고 할 것이므로 살인미수에 해당한다.[5)]

③ ***표준판례** 피고인이 방화의사로 뿌린 휘발유가 인화성이 강한 상태로 주택주변과 피해자의 몸에 적지 않게 살포되어 있는 사정을 알면서도 라이터를 켜 불꽃을 일으킴으로써 피해자의 몸에 불이 붙었다. 비록 외부적 사정에 의해 불이 방화 목적물인 주택 자체에 옮겨 붙지는

---

1) 대판 1990. 5. 25. 90도607.
2) 대판 1991. 4. 9. 91도288
3) 대판 1984. 7. 24. 84도1209; 1972. 7. 25. 72도1294.
4) 대판 1984. 12. 26. 84도2433.
5) 대판 1986. 2. 25. 85도2773.

않았다고 하더라도 **현주건조물방화죄의 실행착수가** 있었다고 봄이 상당하다.[1] *범죄의 실행착수는 구성요건 일부가 실현된 경우뿐만 아니라 구성요건이 실현될 **현실적 위험성이** 있는 행위를 시작하는 것으로도 인정됨.

④ ***표준판례** 야간에 아파트에 침입하여 물건을 훔칠 의도로 아파트의 베란다 철제난간까지 올라가 **유리창문을 열려고** 시도하였다면, 야간주거침입절도죄의 실행에 착수한 것으로 보아야 한다.[2] *원심이 인정한 사실관계는 피고인이 베란다 난간을 잡고 소형손전등으로 아파트 창문이 잠겨 있는지 살피던 중 발각되었다는 것이고(예비단계), 대법원은 철제난간까지 올라가 유리창을 열려고 시도하였다는 것으로 차이가 있음.

⑤ 법률사무의 수임에 관하여 당사자를 특정 변호사에게 소개한 후 그 대가로 금품을 수수하면, 변호사법 제109조 제2호, 제34조 제1항을 위반하는 죄가 성립한다. 그 경우 소개의 대가로 금품을 받을 고의를 가지고 **변호사에게 소개를 하면** 실행행위의 착수가 있다.[3]

⑥ 주거침입죄의 실행착수는 구성요건의 일부를 실현하는 행위까지 요구하는 것은 아니고, 구성요건실현에 이르는 현실적 위험성을 포함하는 행위를 개시하는 것으로 충분하다. 출입문이 열려 있으면 안으로 들어가겠다는 의사 아래 **출입문을 당겨보는 행위**는 바로 주거의 사실상의 평온을 침해할 객관적 위험성을 포함하는 행위이다. 그것으로써 주거침입죄의 실행착수는 인정된다.[4]

⑦ 피고인 등이 사기도박에 필요한 준비를 갖추고 피해자들에게 **도박에 참가하도록 권유한 때** 또는 늦어도 그 정을 알지 못하는 피해자들이 도박에 참가한 때에는 이미 사기죄의 실행에 착수하였다.[5]

⑧ 진정한 임차권자가 아니면서 허위의 **임대차계약서를** 법원에 제출하여 임차권등기명령을 신청하면, 그로써 소송사기의 실행행위에 착수한 것으로 보아야 한다. 그 임차보증금 반환채권에 관하여 현실적으로 청구의 의사표시를 해야만 사기죄의 실행착수가 있다고 볼 것은 아니다.[6]

⑨ 소유권이전등기청구권에 대한 압류는, 당해 부동산에 대한 경매 실시를 위한 사전 단계의 의미를 가지나, 전체로서의 강제집행절차를 위한 일련의 시작행위라고 할 수 있다. 허위 채권에 기한 공정증서를 집행권원으로 하여 채무자의 소유권이전등기청구권에 대해 **압류신청을 한 시점**에 소송사기의 실행착수는 인정된다.[7]

⑩ 소매치기의 경우, 피해자의 양복상의 주머니로부터 금품을 절취하려고 그 호주머니에 손을 뻗쳐 **그 겉을 더듬은 때에는**, 절도 범행은 예비단계를 지나 실행에 착수하였다고 봄이 상당하다.[8]

⑪ ***표준판례** 피고인이 밤에 술을 마시고 배회하던 중, 버스에서 내려 혼자 걸어가는 피해자 갑

1) 대판 2002. 3. 26. 2001도6641.
2) 대판 2003. 10. 24. 2003도4417.
3) 대판 2006. 4. 7. 2005도9858 전원합의체.
4) 대판 2006. 9. 14. 2006도2824.
5) 대판 2011. 1. 13. 2010도9330. 제9, 11회.
6) 대판 2012. 5. 24. 2010도12732.
7) 대판 2015. 2. 12. 2014도10086.
8) 대판 1984. 12. 11. 84도2524.

을 발견하고 마스크를 착용한 채 뒤따라가다가 인적이 없고 외진 곳에서 가까이 접근하여 껴안으려 하였다. 그러나 갑이 뒤돌아보면서 소리치자 그 상태로 몇 초 동안 쳐다보다가 다시 오던 길로 되돌아갔다. 갑의 행위는 **강체추행미수죄에** 해당한다.1) *청소년성보호법 제7조 제3항의 강제추행죄는 폭행협박 후 추행행위를 하는 경우뿐만 아니라 **폭행행위 자체가 추행행위로** 인정되는 경우도 포함. 후자의 경우에는 폭행행위를 한 때에 실행착수가 인정됨.

⑫ ***표준판례** 주거침입죄의 범의는 반드시 신체의 전부가 타인의 주거 안으로 들어간다는 인식이 있어야 하는 것은 아니다. **신체의 일부라도** 타인의 주거 안으로 들어간다는 인식이 있으면 족하다. 예컨대 주거로 들어가는 문의 시정장치를 부수거나 문을 여는 등 침입을 위한 구체적 행위를 시작하였으면 주거침입죄의 실행착수는 인정된다. 야간에 타인의 집 창문을 열고 **집 안으로 얼굴을 들이미는** 등의 행위를 하였다면 피고인이 자신의 신체 일부가 집 안으로 들어간다는 인식하에 하였더라도 주거침입죄 범의는 인정된다. 또한 비록 신체 일부만이 집 안으로 들어갔다고 하더라도 사실상 주거의 평온을 해하였다면 주거침입죄 기수는 인정된다.2) *주거침입죄의 실행종료시기에 관한 대표적 판례.

⑬ ***표준판례** 피고인 갑은 피해자 소유의 영산홍 1그루를 캔 다음, 남편 을에게 전화를 걸어 영산홍을 차에 싣는 것을 도와 달라고 하여 을이 그곳으로 와서 함께 운반하였다. 피고인이 영산홍을 캐낸 시점에 이미 피해자의 점유가 침해되어 절도죄는 **기수**에 이르렀다. 그 이후 을이 영산홍을 차까지 운반한 행위는 다른 죄에 해당하는지의 여부는 별론으로 하고(장물운반죄), 을이 갑과 합동으로 절취행위를 하였다고 할 수는 없다.3) *입목立木에 대한 절도죄는 이를 캐낸 시점에 기수가 되고 운반이나 반출 등의 행위는 필요하지 않다는 판결.

⑭ ***표준판례** 피고인은 이 사건 수목 40그루를 피해자 C를 위해 보관하던 중, 위 피해자로부터 이 사건 수목을 처분해도 좋다는 허락을 받지 않았음에도, D와 E에게 이 사건 수목을 대금 1억 9,000만 원에 매도하는 매매계약을 체결하였다. 그리고 즉석에서 **계약금 명목으로** 5,000만 원을 교부받아 이를 임의로 사용하였다. 피고인은 시가 1,200만 원 상당의 피해자 C 소유의 수목 40그루를 임의로 처분하여 횡령한 혐의로 기소되었다. 그러나 피고인이 단순히 수목에 관한 매매계약을 체결하고 계약금을 수령한 사실만으로는 횡령죄의 '실행착수'의 단계를 넘어 '기수범'에 이르렀다고 보기는 어렵다.4) *횡령행위의 종료시기를 명확히 한 판결. 계약금을 수령한 단계에서는 계약금의 배액 상환으로 얼마든지 해약 가능. 매수인 명의의 명인明認, 수목의 분리 보관이나 반출이 없는 한 횡령죄는 미수에 그침.

⑮ ***표준판례** 갑 주식회사 대표이사인 피고인이, 자신이 별도로 대표이사를 맡고 있던 을 주식회사의 병 은행에 대한 대출금채무를 담보하기 위해 병 은행에 갑 회사 명의로 액면금 29억 9,000만 원의 **약속어음**을 발행하였다. 피고인이 대표권을 남용하여 약속어음을 발행한 사실은 병 은행이 알았거나 알 수 있었던 때에 해당하여 그 발행행위는 갑 회사에 대해 효력이 인정되지 않는다. 따라서 피고인의 행위로 갑 회사에 현실적인 손해나 재산상 실해 발생위험

1) 대판 2015. 9. 10. 2015도6980,2015모2524. 제8회.
2) 대판 1995. 9. 15. 94도2561.
3) 대판 2008. 10. 23. 2008도6080. 제2회.
4) 대판 2012. 8. 17. 2011도9113. 제12회.

이 초래되었다고 볼 수는 없다. 피고인의 행위를 배임죄 기수로 판단한 원심판결은 법리오해의 잘못이 있다.[1] *배임죄 미수. 의무부담행위의 결과 실제로 채무이행이 이루어졌거나 민법상 불법행위책임을 부담해야 배임죄 기수가 됨.

⑯ ***표준판례*** 신용카드를 절취한 사람이 대금을 결제하기 위해 신용카드를 제시하고 카드회사 승인까지 받았다고 하더라도, 매출전표에 **서명한 사실이 없고** 도난카드임이 밝혀져 최종적으로 매출취소로 거래가 종결되었다면, 신용카드 부정사용 미수행위에 불과하다.[2] *이 판례는 미수행위에 대한 처벌규정이 없어 불가벌이라는 결론을 내리고 있지만, 2009년 여신전문금융업법이 부정사용 미수행위에 대한 처벌규정을 도입함으로써 현재는 **신용카드부정사용 미수죄가** 성립함.

⑰ 피고인은 성폭력처벌법위반(카메라 등 이용 촬영)죄의 미수로 기소되었다. 원심은 휴대전화를 든 피고인의 손이 피해자가 용변을 보고 있던 화장실 칸 너머로 넘어온 점, 카메라 기능이 켜진 위 휴대전화의 화면에 피해자의 모습이 보인 점 등에 비추어 그 실행의 착수가 인정된다고 보아 유죄로 판단한 것은 정당하다.[3] *카메라 등 이용 **촬영범행에 밀접한 행위가** 판단기준.

[판례] 실행착수 부정

① 가압류는 강제집행의 보전방법에 불과한 것이어서, 허위 채권을 피보전권리로 삼아 **가압류를 하였다고** 하더라도, 그 채권에 관하여 현실적으로 청구의 의사표시를 한 것이라고 볼 수는 없다. 본안소송을 제기하지 않고 가압류를 한 것만으로는 사기죄의 실행에 착수하였다고 할 수 없다.[4]

② 갑은 필로폰을 매수하려는 자로부터 필로폰을 구해 달라는 부탁과 함께 돈을 지급받았다. 그러나 당시 필로폰을 소지 또는 입수한 상태에 있었거나 그것이 가능하였다는 등 **메매행위에 근접 · 밀착한 상태**에서 대금을 받은 것은 아니었다. 단순히 필로폰을 구해 달라는 부탁과 함께 돈을 받은 것에 불과한 경우, 갑의 행위는 필로폰 매매행위의 실행착수에 이른 것으로 볼 수 없다.[5]

③ 피고인이 히로뽕 제조원료 구입비로 금 3,000,000원을 공동피고인에게 제공하였는데, 공동피고인이 그 돈을 가지고 **구입할 원료를 물색 중** 적발되었다. 피고인의 소위는 히로뽕제조에 착수하였다고 볼 수 없다.[6]

④ 입영대상자가 병역면제처분을 받을 목적으로 병원으로부터 **허위의 병사용진단서**를 발급받았다고 하더라도, 이러한 행위만으로는 사위행위의 실행에 착수하였다고 볼 수 없다.[7]

⑤ 은행강도 범행으로 강취할 돈을 송금받을 **계좌를 개설한** 것만으로는 범죄수익 등의 은닉에

1) 대판 2017. 7. 20. 2014도1104 전원합의체. 제11회.
2) 대판 2008. 2. 14. 2007도8767. 제7회.
3) 대판 2021. 3. 25. 2021도749.
4) 대판 1988. 9. 13. 88도55.
5) 대판 2015. 3. 20. 2014도16920.
6) 대판 1983. 11. 22. 83도2590.
7) 대판 2005. 9. 28. 2005도3065.

관한 죄의 실행에 착수한 것으로 볼 수 없다.[1)]

⑥ ***표준판례** 갑은 강도의 범의로 야간에 칼을 휴대한 채 타인의 주거에 침입하여 집안의 동정을 살피다가 피해자를 발견하고 갑자기 욕정을 일으켜 칼로 협박하여 강간을 하였다. 이 경우, 야간에 흉기를 휴대한 채 타인의 주거에 침입하여 **집안의 동정을 살피는** 것만으로는 특수강도의 실행에 착수한 것으로 볼 수 없다. 특수강도의 실행에 착수하기도 전에 저질러진 갑의 강간행위는 특정범죄가중법상의 특수강도강간죄에 해당하지 않는다.[2)] *특수강도강간죄의 실행착수 시기는 주거침입시가 아니라 **폭행 또는 협박시를** 기준으로 해야 한다고 본 판결. **야간주거침입강도죄**의 경우에는 주거침입시를 실행착수 시기로 보고 있음.[3)]

⑦ 태풍 피해복구보조금 지원절차는 행정당국에 의한 실사를 거쳐 피해자로 확인된 경우에 한하여 보조금 지원신청을 할 수 있도록 되어 있다. 피해신고는 국가가 보조금의 지원 여부 및 정도를 결정하는 데 그 직권조사를 개시하기 위한 참고자료에 불과하다. **허위의 피해신고**만으로는 위 보조금 편취범행의 실행에 착수한 것으로 볼 수 없다.[4)]

⑧ 부동산 이중양도에 있어서 매도인이 제2차 매수인으로부터 계약금만을 지급받고 **중도금**을 수령한 바 없다면, 배임죄의 실행착수가 있었다고 볼 수 없다.[5)]

⑨ 부동산 경매절차에서 피고인들이 허위의 공사대금채권을 근거로 **유치권 신고**를 한 경우, 소송사기의 실행착수는 인정되지 않는다.[6)]

⑩ 위장결혼의 당사자 및 브로커와 공모한 피고인이 허위로 결혼사진을 찍고 혼인신고에 필요한 서류를 준비하여 위장결혼의 당사자에게 건네준 것만으로는, 공전자기록 등 부실기재죄의 실행에 착수한 것으로 볼 수 없다.[7)] *이 죄의 실행착수시기는 공무원에 대해 허위신고를 하는 때.

⑪ 형법 제331조 제2항 **특수절도에서 주거침입**은 그 구성요건이 아니다. 절도범인이 범행수단으로 주거침입을 한 경우에, 그 주거침입행위는 절도죄에 흡수되지 않고 별개로 주거침입죄를 구성하여 절도죄와 실체적 경합관계에 있다. 2인 이상이 합동하여 야간이 아닌 주간에 절도목적으로 타인의 주거에 침입하여도 아직 절취할 물건의 **물색행위를 시작하기 전**이라면 특수절도죄의 실행에 착수한 것으로 볼 수 없어 그 미수죄가 성립하지 않는다.[8)]

⑫ 피고인이 아파트 신축공사 현장 안에 있는 건축자재 등을 훔칠 생각으로 공범과 함께 위 공사현장 안으로 들어간 후, 창문을 통해 신축 중인 **아파트 지하실 안쪽을 살핀 행위**는 특수절도죄의 실행착수에 해당하지 않는다.[9)]

⑬ 피고인은 일화 500만 ¥은 기탁화물로 부치고 일화 400만 ¥은 휴대용 가방에 넣어 국외로 반출하려고 하였다. 500만 ¥에 대하여는 기탁화물로 부칠 때 이미 국외로 반출하기 위한

1) 대판 2007. 1. 11. 2006도5288.
2) 대판 1991. 11. 22. 91도2296.
3) 대판 1992. 7. 28. 92도917.
4) 대판 1999. 3. 12. 98도3443.
5) 대판 2010. 4. 29. 2009도14427.
6) 대판 2009. 9. 24. 2009도5900.
7) 대판 2009. 9. 24. 2009도4998. 제1회.
8) 대판 2009. 12. 24. 2009도9667.
9) 대판 2010. 4. 29. 2009도14554.

행위에 **근접 · 밀착한 행위**가 이루어졌다고 보아 실행의 착수가 있었다고 할 것이다. 그러나 휴대용 가방에 넣어 비행기에 탑승하려고 한 나머지 400만 ¥에 대하여는 그 휴대용 가방을 보안검색대에 올려놓거나 이를 휴대하고 통과하는 때에 비로소 실행착수가 있다고 볼 것이다. 피고인이 휴대용 가방을 가지고 공항에서 탑승을 기다리던 중 체포되었다면, 일화 400만 ¥에 대하여는 실행착수가 있다고 볼 수 없다.[1)]

⑭ 절도죄의 실행착수 시기는 재물에 대한 타인의 사실상 지배를 침해하는 **밀접한 행위를 개시한 때**라고 보아야 한다. **야간이 아닌 주간**에 절도목적으로 타인의 주거에 침입하였다고 하여도, 아직 절취할 물건의 물색행위를 시작하기 전이라면 주거침입죄만 성립하고 절도죄의 실행에 착수한 것으로 볼 수 없어 절도미수죄는 성립하지 않는다.[2)]

⑮ ***표준판례** 피고인은 정보관계 담당 순경으로서 증거수집을 위해 설시 정당의 지구당집행위원회에서 쓸 회의장소에 몰래 도청기를 마련해 놓았지만 회의 개최 전에 들켜 뜯겼다. 이 때문에 회의가 열릴 시간이 10분 늦어졌다. 원심은 도청장치의 설치가 정당한 목적으로 적법한 범위에서 한 일이 아니며, 비록 사전에 발각되어 도청은 못했지만 회의를 예정보다 10분 지연시켰으니 권리행사방해죄가 성립하는 것으로 판시하였다. 회의가 10분 늦어진 것은 공소범위를 벗어난 것으로 인정된다. 도청장치가 뜯겨 도청을 못하였다면, 희의진행을 도청당하지 않을 **권리가 침해된 현실적 사실은** 없으므로 직권남용죄 기수는 아니다. 미수에 대한 처벌규정은 없으니 직권남용죄의 죄책을 지울 수는 없다.[3)] *권리방해행위 이외에 그 결과가 발생할 것을 명시하고 있는 판결.

(5) 개별 문제점

미수개념 자체가 형법각칙의 일정한 범죄유형과 결합해야 하는 것처럼 실행착수 16
판단도 형법각칙 개별 구성요건행위와 결합하여 구체적으로 내려야 할 문제다. 총칙이 정하는 공통적 범죄유형과 관련된 실행착수문제는 다음과 같은 것이 있다.

1) 공동정범 실행착수 이는 공동정범자 전원의 행위를 기초로 판단한다. 따라 17
서 공동정범 한 사람이 공동 범행계획에 따라 실행에 착수하면 모든 공동정범에 대해 실행착수가 인정된다.

2) 간접정범 실행착수 피이용자가 구성요건에 해당하는(또는 직접 연결되는 전단 18
계) 행위를 시작한 때 간접정범 실행착수는 존재한다. 그러나 이용행위만으로 피이용자 구성요건실현이 확실시되는 경우(이른바 선의의 도구)는 이용행위를 한 때 실행착수가 인정된다(독일 통설 · 판례입장). 하지만 우리나라 다수설은 이용자가 피이용자를 이용하기 시작한 때 간접정범 실행착수가 있다. 간접정범에서 정범은 어디까지나 이용자이고 피이용자는 이용자 의사지배를 받는 도구에 지나지 않다. 이 견해를 취하면 전자의 견해보다 간접정범 미수범위가 그만큼 넓어진다.

---

1) 대판 2001. 7. 27. 2000도4298. 제3회.
2) 대판 1992. 9. 8. 92도1650, 92감도80. 제2, 13회.
3) 대판 1978. 10. 10. 75도2665.

19 **3) 원인에서 자유로운 행위 실행착수** 간접정범 실행착수와 연결되는 문제다. 원인에서 자유로운 행위는 책임무능력상태를 야기하여 구성요건 또는 그 전단계 행위를 시작한 때 실행착수가 있다고 보는 것이 일관된 태도다. 그러나 일부 학설은 간접정범 경우와 마찬가지로 원인행위시에 실행착수가 있다고 해석하여 그 미수범위를 확장시킨다. 왜냐하면 원인에서 자유로운 행위는 자신의 책임능력흠결상태를 도구로 이용하는 간접정범과 같은 것으로 이해하기 때문이다.

[110] Ⅲ. 장애미수 처벌

1 미수범처벌은 형법각칙에 특별한 규정이 있을 때 한한다(제29조). 장애미수 형은 기수범보다 감경할 수 있다(제25조 제 2 항). 임의적 감경사유다. 그러므로 법관은 경우에 따라 기수범과 동일한 형량을 선고할 수도 있는데, 임의적 감경은 입법자가 찾은 행위지향과 행위자지향 사이 균형점 · 타협점이라고 하겠다.

[111] Ⅳ. 장애미수 관련 문제

1 결과발생을 필요로 하지 않는 거동범과 진정부작위범에는 미수가 있을 수 없지만 부진정부작위범 미수는 가능하다는 것이 일반적 견해다. 결과적 가중범 미수에 대해서는 다음과 같이 세분하여 살펴본다.

1. 결과적 가중범 미수

2 기본범죄 미수가 이미 중한 결과를 야기한 경우가 있다. 예를 들면 강간미수에 그쳤는데 피해자가 사망한 경우가 있는데, 독일 형법에서는 이때 결과적 가중범의 미수(강간치사미수)가 법률적으로 가능하고(§ 177 III, § 22, § 23 I StGB), 통설도 이를 인정한다. 그러나 지금까지 우리나라에는 결과적 가중범에 대한 미수처벌규정이 없었기 때문에 강간치사죄 기수(제301조)가 성립하였다.

3 하지만 1994년 성폭력처벌법이 제정 · 시행되면서 예상치 않은 결과적 가중범 미수처벌규정이 생겨났다. 즉 같은 법 제14조는 특수강간(제 4 조), 친족관계에 의한 강간(제 5 조) 그리고 장애인에 대한 준강간(제 6 조)으로 사람을 치상하거나 치사하는 경우 미수처벌을 규정한다. 1995년 개정형법에서도 이와 유사한 규정이 강요죄에서 만들어졌다. 즉 형법 제324조의5는 강요죄(제324조), 인질강요죄(제324조의 2) 외에 인질상해 · 치상죄(제324조의 3)와 인질살해 · 치사죄(제324조의 4)에 미수처벌규정을 두었으며(제324조의 5), 강도치상죄(제337조)와 강도치사죄(제338조)에도 미수처벌규정을 두고 있다(제342조).

4 이제 우리나라는 두 법률에서 결과적 가중범 미수를 인정하는 나라가 되었다. 하지

만 이것을 입법자가 의도한 결과로 해석하기는 무리가 있다. 이에 대한 이론·실무적 문제점은 뒤 결과적 가중범을 설명하면서 자세히 살펴본다.

2. 부진정결과적 가중범 미수

부진정결과적 가중범은 고의 기본범죄에 결합된 중한 결과발생이 과실과 함께 고 5
의로도 가능한 범죄를 말한다. 법률에서 **'치상' 형식으로 규정된 범죄유형**이 여기 속한다. 중한 결과에 대한 고의가 있는 부진정결과적 가중범에서 행위자가 의도한 결과가 발생하지 않았을 때 부진정결과적 가중범 미수가 문제될 수 있다. 예를 들면 강간기수에 피해자의 상해에 대한 고의 또는 미필적 고의가 존재하는 경우다. 이때도 독일 형법은 의도한 중한 결과가 발생하지 않았을 때 결과적 가중범 미수, 즉 강간치상 미수를 인정한다. 우리 형법은 형법각칙 보통 강간죄에는 이에 대한 미수처벌규정이 없기 때문에 강간치상 미수가 성립할 여지가 없다. 따라서 강간죄와 상해미수 상상적 경합이 된다. 이론적으로도 부진정결과적 가중범 미수가 가능한가에 대해 이견이 있다. 이에 대한 자세한 설명도 뒤 결과적 가중범에서 한다.

제 3 절 중지범(중지미수)

[112] Ⅰ. 중지미수 의의

중지미수는 범죄 실행에 착수한 자가 아직 범죄가 완성되기 전에 자기의사(자의自 1
意)로 범행을 중지하거나 결과발생을 방지하는 경우를 말하고 필요적 감면사유로 되어 있다(제26조). 핵심표지는, ① 자의성, ② 범행 중지·결과발생 방지이다. 중지미수도 결과가 발생하지 않았다는 점에서 미수 일종이고, 자발적으로 범죄를 중지하였다는 점에서 장애미수·불능미수와 구별된다. 특히 장애미수와 중지미수 구별에 대해 판례는, 자의에 따른 중지 중에도 일반사회통념상 장애에 따른 미수로 보이는 경우를 제외한 것을 중지미수로 풀이하는 것이 타당하다고 한다.[1] 즉 장애미수를 기준으로 한 구별이다.

[113] Ⅱ. 중지미수 법적 성격

중지미수의 필요 감면규정은 장애미수의 임의적 감경, 불능미수의 임의적 감면과 비교해 보 1
면 매우 관대한 취급이다. 독일 형법 제24조는 중지미수를 처벌하지 않는 것으로 더욱 관대한 규정을 한다. 이렇게 관대하게 처벌하는 이유에 대해 다음과 같은 설명을 한다.

1) 대판 1985. 11. 12. 85도2002.

1. 형사정책설

2 중지미수를 관대하게 취급하는 이유는 비록 범죄실행에 착수하였더라도 범죄완성을 방지하도록 유도하기 위한 형사정책 고려에 있다는 이론이다. 형사정책설은, 중지미수가 범행으로부터 물러날 수 있는 황금 다리를 놓아준다는 의미에서, '황금 다리이론'이라고도 한다. 그러나 독일 형법 불가벌과 달리 필요적 감면에 불과할 뿐인 현행 규정에서 보면, 형사정책적 고려가 얼마나 효과가 있을지는 의문이다.

2. 은사설恩赦說(보상설)

3 중지미수 관대한 처벌은 행위자가 자의로 범죄완성을 중지한 것에 대한 은사표현이라고 한다. 은사설은 다른 말로 **보상설**, **공적설**이라고도 한다. 실행에 착수한 행위책임이 자발적 중지행위에 따라 어느 정도 감면될 수 있다는 견해다. 이 학설은 중지미수를 책임조각사유 일종으로 파악하는 견해로 우리나라 다수설이다. 중지미수 감면처벌은, 형벌을 예외적으로 포기 · 감면하는 은사문제가 아니라 형벌필요성에 근거한 형법문제라는 비판을 받는다.

3. 형벌목적설

4 중지미수는 자발적으로 범행을 중지하거나 결과발생을 방지한 경우이기 때문에 처벌필요성(일반예방, 특별예방과 같은 형벌목적)이 없거나 줄어든 것으로 본다. 형벌목적을 기준으로 판단하므로 형벌목적설이라고 한다. 중지가 우연한 외부영향에 따라 일어날 수도 있기 때문에 행위자 범죄의사나 위험성이 반드시 약화되었다고 보기는 어렵다. 즉 이런 경우는 처벌필요성이 줄었다고 볼 수 없다.

4. 법 률 설

5 법률설은 중지미수 범행중지가 범죄성립요건의 하나인 위법성이나 책임을 감소 · 소멸시켜 형이 감경 또는 면제되는 것으로 파악하는 견해다. 위법성감소 · 소멸설과 책임감소 · 소멸설로 나누어진다.

(1) 위법성감소 · 소멸설

6 미수범에서 고의는 주관적 불법요소가 되기 때문에 중지미수의 자의적 중지의사도 위법성을 감소 · 소멸시키는 주관적 요소가 된다는 이론이다. 그러나 일단 발생한 위법성이 사후에 감소 · 소멸된다는 것은 이해하기 어렵다. 위법성이 소멸되면 무죄판결을 해야 하지만 우리 형법은 중지미수에 대해 형 면제를 규정하고 있을 뿐이다.

(2) 책임감소 · 소멸설

7 중지미수에서 자의의 범행중지는 자기행위 가치를 부정하는 규범의식 각성 또는 중지행위에 나타난 행위자 인격태도로 말미암아 책임비난이 감소 또는 소멸된다는 견해다. 중지로 책임이 소멸된다고 보기는 어렵고, 마찬가지로 형면제를 규정한 우리 형법과 맞지 않는다.

5. 결 합 설

8 형사정책설과 법률설을 결합하여 중지미수 형 감경 · 면제를 설명하는 학설이다. 형면제는 형사정책설, 형감경은 법률설에 따라 설명한다. 그 결합유형에 따라서 ① 형사정책설과 위법성감소설의 결합, ② 형사정책설과 책임감소설의 결합 그리고 ③ 형사정책설과 위법성감소 · 책임감

소설의 결합 등이 있다. 우리나라는 두 번째 견해가 다수설이다. 결합설은 감경과 면제를 각각 다른 기준으로 설명하기 때문에 중지미수를 통일적으로 파악할 수 없는 단점이 있다.

6. 결 론

모두 일면적 타당성을 가지고 있기 때문에 이러한 학설대립에서는 굳이 어느 하나 학설을 선택하려고 할 필요는 없다. 이 논쟁은 법률이 규정한 중지범의 해석 · 적용과 직접 관련되는 것도 아니며 중지미수를 필요적으로 감면처벌하는 입법동기를 묻고 있을 뿐이다. 그러한 입법동기는 언제나 복합적이기 마련이다. 모든 학설이 장 · 단점을 함께 가지는 이유도 어느 한 측면으로부터 중지미수 전체를 설명하려고 하기 때문이다. 접근 가능한 모든 관점을 열거하자면 행위, 행위자, 형사정책 관점, 형벌목적 그리고 체계적 관점 등이 있다. 우리나라에서는 은사설과 결합설(형사정책적 책임감소설)이 주류를 이루는 것 같고, 형벌목적론적 책임감소설을 주장하는 학자[1]도 있다. 9

[114] Ⅲ. 중지미수 성립요건

형법 第26조가 규정하고 있는 중지미수 성립요건으로는, ① 주관적 요건으로 자의성이 있어야 하고, ② 객관적 요건으로 실행행위중지와 결과발생방지가 있어야 한다. 실행행위중지는 행위자가 실행에 착수하였으나 결과발생에 필요한 행위를 다하지 않은 착수미수에 해당한다. 결과발생방지는 실행행위는 종료하였지만 결과가 발생하지 않은 실행미수에 해당되는 요건이다. 1

1. 주관적 요건: 자의성

자의성, 즉 범죄의 자발적 미완성은 착수미수와 실행미수에 공통된 성립요건이다. 자의성 유무에 따라 중지미수와 장애미수로 구별한다. 2

(1) 자의성 판단

1) 객 관 설　　**외부사정**으로 범죄를 완성하지 못하였으면 자의성이 없는 장애미수가 된다고 보는 견해다. 그러나 **내부원인**으로 범죄를 완성하지 못한 경우는 자의성이 있고 따라서 중지미수가 성립하는 것으로 본다. 이 학설은 외부사정과 내부원인의 엄격한 구별이 곤란하기 때문에 자칫 잘못하면 중지미수범위가 지나치게 **확대**될 위험이 있다. 내부원인에 대한 객관적 판단에는 한계가 있다. 3

2) 주 관 설　　내부원인을 구체화하여 그것으로부터 출발하는 학설이다. 후회, 동정, 연민과 같은 주관적 · 윤리적 동기에 따른 범죄 미완성은 중지미수로 보고 그렇지 않은 경우는 모두 장애미수가 된다는 입장이다. 이렇게 되면 중지미수에 해당할 수 있는 자의성범위가 지나치게 **좁아지는** 문제가 있을 뿐만 아니라 자의성과 윤리성을 혼동 4

1) 김일수/서보학, 535면.

했다는 비판을 받기도 한다.[1]

5 3) **절 충 설** 위 객관설과 주관설을 혼합한 견해다. 그리하여 범행 당시 객관적 사정과 행위자 내부원인을 종합하여 행위자가 **자율적**으로 범행을 중지하거나 결과발생을 방지하면 자의성 있는 중지미수가 된다. 그러나 그 범죄 미완성이 **타율적**으로 판단되면 장애미수가 된다. 우리나라 다수설 입장이다.[2] 문제가 없는 것은 아니지만 비교적 결함이 적은 학설이다. 판례도 "범죄 실행행위를 중지한 경우에 자의에 의한 중지가 일반 사회통념상 장애에 의한 미수라고 보이는 경우가 아니면 이는 중지미수에 해당한다"고 하여 이 견해를 따른다.[3]

6 4) **프랑크(Frank) 공식** '할 수 있었지만 원치 않아서' 그만두었으면 자의 중지이고, '하기를 원했으나 할 수 없어서' 그만둔 경우는 장애미수가 된다는 공식이다.[4] 철저하게 행위자 심리상태를 기준으로 하는 심리학적 이론이다. 하지만 법정에 선 피고인이 '원했다'고 솔직히 자백할 사람이 몇이나 될지 의문이다. 다른 학설에도 이런 문제가 없는 것은 아니지만, 순전히 행위자 심리상태에 종속한 프랑크 공식은 실현가능성면에서 문제가 있다.

7 5) **규 범 설** 이 학설은 행위자가 범행을 중지하게 된 내심태도를 형법 관점에서 규범적으로 **평가하여** 중지사유가 이 목적과 일치하는 범위 안에서 중지미수를 인정한다는 견해다.[5] 행위자가 자율적으로 범행을 중지한 경우도 그 동기가 더욱 나은 상황에서 범행을 계속하기 위한 단순한 범행연기일 수 있다는 점을 중시하고 자의성에 규범 의미를 부여함으로써 이러한 문제점을 해결하자는 의도에서 나온 것이다. 심리적 방법과 규범적 방법을 절충하는 견해도 이 부류에 속한다.[6]

8 그리하여 규범적 여과기준으로 제시되는 "**합법성에 대한 회귀**", "**법의 궤도에 대한 회귀**"가 있으면 자의성이 인정되고, 비이성 이유로 하는 중지는 중지미수 혜택을 줄 수 없다고 한다.[7] 이 견해는 자의성을 엄격하게 해석함으로써 중지미수 성립범위를 **제한하는** 결과를 가져온다. 독일 형법 경우는 중지미수를 형벌면제사유로 규정하기 때문에 이 견해가 타당할 수도 있지만, 우리나라는 필요적 감면사유에 지나지 않으므로 근거가 없다. 뒤에서 설명하는 '범행의 종국 포기'를 중지미수에서 요구하지 않는 것도 바로 같은 이유에서 이해하면 된다.

---

1) 하민경, 「미국 형법상 주관주의에 기초한 미수범 처벌 확장의 비교법적 쟁점」(비교법연구 24, 2024), 401면 이하.
2) 이형국/김혜경, 346면; 이재상 외, 28/19; 오영근/노수환, 30/27.
3) 대판 1993. 10. 12. 93도1851.
4) 제5회.
5) 박상기, 353면.
6) 김일수/서보학, 539면; 정성근/박광민, 400면.
7) 이재상 외, 28/20.

(2) 자의성판단의 구체적 척도

절충설에 따르면 자의성판단의 구체적 척도는 '**자율 동기**'다. 행위상황이 행위자에게 결정적으로 불리하게 변화하여 범행을 중지하면 타율적 동기가 된다. 그 밖의 경우는 자율적 동기에 해당된다. 예컨대 형벌에 대한 두려움, 양심 가책, 후회, 부끄러움, 피해자에 대한 동정심 또는 설득에 따른 중지도 자율 중지에 해당하고 따라서 자의성이 인정된다. 그렇다고 범행중지 동기가 윤리가치를 가질 필요는 없다. **외부사정 변화가 없는데도** 스스로 실행에 착수한 행위를 그만두었다는 점이 **자율동기** 핵심이다. 그러므로 외부사정 변화 때문에 곧 발각되어 처벌될 것을 염려한 나머지 범행을 중단한 경우는 자의성이 인정되지 않는다. 판례는 자의성을 적극적으로 개념 규정하여 중지미수를 인정하는 방법을 사용하지 않고 오히려 외부적으로 자의 중지로 판단되면, "그 중지가 일반 사회통념상 장애미수로 보이는 경우가 아니면 중지미수에 해당된다"는 우회 판단방법을 즐겨 사용한다.[1] 아래 사례에서 자의성판단의 실무 의미를 살펴볼 때 이 점을 참고하기 바란다. 9

[판례사례] 애원에 따른 중지를 인정한 사례(*표준판례) 甲은 乙女를 강간할 마음을 가지고 폭행한 다음 강간하려다가 乙女가 다음번에 만나 친해지면 응해 주겠다는 취지로 강간하지 말 것을 간곡히 부탁하자 범행을 그만두고 피해자를 자신 차에 태워 집까지 데려다 주었다. 검사는 甲을 강간죄 미수범으로 기소하였고 원심은 장애미수 유죄를 인정하였다. 甲은 중지미수를 주장하면서 상고하였다.[2]

[해설] 사건 논점은 중지미수에서 자의성판단이다. 그에 앞서 중지미수가 성립하기 위한 일반적 요건을 설명한다. 사건으로 돌아가 甲 행위가 폭행으로 개시된 일련의 실행행위를 중지한 것이기 때문에 착수미수에 해당된다는 것을 설명한다. 다음으로 핵심인 실행행위 중지와 관련된 자의성판단으로 들어간다. 甲의 실행행위 중지가 타율 동기에 따른 것인가 아니면 자율 동기에 따른 중지인가 하는 점이 관건이다. 피해자 乙의 간곡한 부탁을 외부장애로 보면 타율 중지로 장애미수가 된다.

그런데 자율동기에 따른 실행중지에서 그 동기내용은 어떤 것이라도 상관없고 반드시 윤리가치를 가져야 할 필요도 없다. 행위자에게 결정적으로 불리한 외부사정 변화가 없는데도 **스스로 실행에 착수한 행위를** 그만두었으면 자의성이 인정된다. 친해지면 다음에 응해 주겠다는 乙의 간곡한 부탁은 행위자에게 결정적으로 불리한 **외부사정 변화로** 볼 수 없기 때문에 중지미수를 인정하는데 큰 어려움이 없다. 대법원은 이 사정이 사회통념상 범죄실행에 대한 장애로 여겨지지 않는다고 판시한다. 甲의 행위는 강간죄 중지미수에 해당된다.

---

1) 대판 1997. 6. 13. 97도957.

2) 대판 1993. 10. 12. 93도1851. 평석 김종구, 「중지범의 자의성판단에 대한 비교법적 고찰」(비교형사법연구 제17권, 2015), 67면 이하; 강우예, 「중지미수의 자의성 개념의 비결정성」(형사판례연구 31, 2023), 127면 이하; 정재환, 「판례의 '자의성 · 중지미수 판단' 비판」(형사법연구 35, 2023), 107면 이하.

[판례] 자의성 판단기준

범죄의 실행행위에 착수하고 그 범죄가 완수되기 전에 자기의 **자유로운 의사**에 따라 범죄의 실행행위를 중지하였다. 그 중지가 일반 사회통념상 범죄를 완수하는 데 **장애가 되는 사정에** 의한 것이 아니라면 이는 중지미수에 해당된다.1)

[판례] 중지미수 부정

① 피고인은 갑에게 위조한 예금통장 사본 등을 보여주면서 외국회사에서 투자금을 받았다고 거짓말하며 자금 대여를 요청하였다. 그러나 피고인은 갑과 함께 그 **입금 여부를 확인하기** 위해 은행에 가던 중 은행 입구에서 차용을 포기하고 돌아가 사기미수로 기소되었다. 이는 피고인이 범행이 발각될 것이 두려워 범행을 중지한 것으로서, 일반 사회통념상 범죄를 완수하는 데 장애가 되는 사정에 해당하여 자의에 의한 중지미수로 볼 수 없다.2)

② 강도가 강간하려고 하였으나 잠자던 피해자의 **어린 딸이 잠에서 깨어** 우는 바람에 도주하였고, 또 피해자가 시장에 간 **남편이 곧 돌아온다고** 하면서 임신 중이라고 말하자 도주한 경우에는, 자의로 강간행위를 중지하였다고 볼 수 없다.3)

③ ***표준판례** 피고인은 피해자를 강간하려고 작은 방으로 끌고 가 팬티를 강제로 벗기고 음부를 만지던 중, 피해자가 수술한 지 얼마 안 되어 **배가 아프다면서 애원하는** 바람에 그 뜻을 이루지 못하였다. 피고인이 간음행위를 중단한 것은 피해자를 불쌍히 여겨서가 아니라, 피해자의 신체조건상 강간을 하기에 지장이 있다고 본 데에 기인한 것이므로 중지범의 요건인 자의성을 결여하였다.4)

④ ***표준판례** 피고인들은 야간에 피해자 H의 집에 이르러 피고인 C가 담을 넘어 들어가 대문을 열고, 나머지 피고인들이 집에 들어가 피고인 F가 부엌에서 식칼을 들고 방안에 들어가는 순간 비상벨이 울려 도주함으로써 뜻을 이루지 못하였다. 피고인들이 위와 같이 야간에 주거에 침입한 이상 특수강도죄의 실행에 착수한 것으로서 그 미수범으로 처단되어야 한다.5) ***야간주거침입강도죄는** 주거침입과 강도의 결합범으로서 시간적으로 주거침입행위가 선행되는 것이므로 주거침입을 한 때에 본죄의 실행에 착수한 것으로 봄.

⑤ 갑은 살해의사로 피해자를 칼로 수회 찔렀으나 **많은 피가 흘러나오는** 것을 보고 겁을 먹고 범행을 그만 두었다. 이는 일반 사회통념상 범죄를 완수함에 장애가 되는 사정으로 보아야 하므로, 갑의 행위는 자의에 의한 중지미수에 해당되지 않는다.6)

⑥ 피고인 갑은 장롱 안에 있는 옷가지에 불을 놓아 건물을 소훼하려 하였으나 불길이 치솟는 것을 보고 **겁이 나서** 물을 부어 불을 껐다. 위와 같은 상황에서 치솟는 불길에 놀라거나 자신의 신체안전에 대한 위해 또는 범행 발각시의 처벌 등에 두려움을 느끼는 것은 일반 사회

1) 대판 1997. 6. 13. 97도957.
2) 대판 2011. 11. 10. 2011도10539. 제 5 회.
3) 대판 1993. 4. 13. 93도347.
4) 대판 1992. 7. 28. 92도917.
5) 대판 1992. 7. 28. 92도917.
6) 대판 1999. 4. 13. 99도640.

통념상 범죄를 완수함에 장애가 되는 사정에 해당한다. 갑의 행위는 자의에 의한 중지미수라고 볼 수 없다.1)

⑦ 갑은 범행당일 미리 제보를 받은 세관직원들이 범행장소 주변에 잠복근무를 하고 있어 그들이 왔다갔다하는 것을 보았다. 갑은 범행의 **발각을 두려워한** 나머지 자신이 분담하기로 한 실행행위를 하지 못하였다. 이는 갑의 자의에 의한 범행중지가 아니어서 형법 제26조 중지범에 해당하지 않는다.2)

⑧ 피고인 등의 이 사건 범행은 원료불량으로 인한 제조상의 애로, 제품의 판로문제, **범행탄로시의** 처벌공포, 원심 공동피고인의 포악성 등으로 인해 히로뽕 제조를 단념한 것이므로, 자의에 의한 범행의 중지에 해당되지 않는다.3)

⑨ 피고인은 기밀탐지 임무를 부여받고 대한민국에 입국하여 기밀을 탐지 수집중, 경찰관이 피고인의 **행적을 탐문하고 갔다는** 말을 전해 듣고 지령사항 수행을 보류하고 있다가 체포되었다. 피고인은 기밀탐지의 기회를 노리다가 검거된 것이므로 이를 중지범으로 볼 수는 없다.4)

⑩ 타인의 재물을 공유하는 자가 공유자의 승낙을 받지 않고 공유대지를 담보에 제공하고 **가등기를 경료한** 경우 횡령행위는 기수에 이르고, 그 후 가등기를 말소했다고 하여 중지미수에 해당하는 것은 아니다.5)

⑪ 피고인은 대마 2상자를 사가지고 돌아오다, 이 장사를 다시 하게 되면 내 인생을 망치게 된다는 생각이 들어 이를 불태웠다. 이는 양형에 참작되는 사유는 될 수 있을지언정, **이미 성립한 죄에는** 아무 소장이 없어 중지미수에 해당된다고 할 수 없다.6)

2. 객관적 요건: 실행중지(착수미수) 또는 결과방지(실행미수)

중지미수 객관적 성립요건은 실행에 착수한 행위를 중지하거나 실행행위를 완료하였더라도 자의로 그 결과발생을 방지하는 것이다. 전자는 착수미수(미종료미수), 후자는 실행미수(종료미수)의 객관적 요건에 해당된다. 착수미수와 실행미수 구별기준은 실행행위 종료여부다. 10

(1) 착수미수와 실행미수 구별기준

1) 주 관 설 　주관설은 행위자 의사를 기준으로 실행행위 종료시점을 결정한다. 즉 행위자 범행계획 가운데 실행이 계속되는 것으로 되어 있으면, 객관적으로 결과가 발생할 수 있는 행위가 종료해도 실행행위는 종료되지 않은 것으로 보는 태도다. 주관설은 실행착수시기와 중지시기에 행위자 의사(범행계획)가 얼마든지 변경될 수 있다는 점을 간과한다. 11

1) 대판 1997. 6. 13. 97도957. 제12회.
2) 대판 1986. 1. 21. 85도2339.
3) 대판 1985. 11. 12. 85도2002.
4) 대판 1984. 9. 11. 84도138.
5) 대판 1978. 11. 28. 78도2175.
6) 대판 1983. 12. 27. 83도2629,83감도446.

12 2) 객 관 설 객관설은 객관적으로 결과발생가능성이 있는 행위가 있으면 행위자 의사와 상관없이 실행행위는 종료한 것으로 본다. 이 경우도 결과가 발생하지 않으면 실행행위 중지를 인정할 수 있다는(착수미수가 됨) 비판이 있다.

13 3) 절 충 설 절충설은 행위자 의사와 행위당시 객관적 사정을 종합하여, 결과발생에 필요한 행위가 끝났다고 인정되는 때 실행행위는 종료된다고 한다.[1] 여기서 말하는 객관적 사정이란 행위자 범행계획과 상관없이 계속된 행위가 단일행위인가(착수미수) 새로운 범행인가(실행미수) 하는 점을 말한다. 만일 후자에 속하는 경우는 당연히 결과발생방지가 있어야만 중지미수가 성립한다.

14 4) 결 론 실행착수시기에 대해 절충설을 취하면 실행행위 종료시기에 대해서도 절충 견해를 따르는 것이 논리적이다.

(2) 착수미수 중지

15 1) 실행중지 착수미수가 성립하기 위해서는 실행행위중지가 있어야 한다. 실행중지는 범행계속을 포기하는 부작위이고, 예를 들면 강간범이 피해자 애원에 못 이겨 범행을 그만두는 경우가 있다. 실행종료 후에는 행위를 중지하더라도 착수미수가 되지 않고, 결과발생을 방지하면 실행미수가 성립할 뿐이다.

16 2) 행위의 종국적 포기 실행행위중지는 범행목적의 종국적 포기여야 할까? 독일 통설은 범행결의를 완전히 포기하고 합법으로 돌아올 것을 요구한다. 이렇게 되면 범행방법 변경, 실행행위 일시 유보 등은 중지미수가 되지 않는다(우리 형법으로는 제25조 장애미수 성립). 독일 형법은 중지미수를 **불가벌**로 하지만 우리 형법은 단지 형벌의 **필요적 감면**으로 규정하고 있을 뿐이기 때문에 실행중지를 독일처럼 엄격하게 요구할 필요는 없다. 범행을 종국적으로 포기하지 않은 실행중지도 중지미수가 될 수 있다.[2]

17 3) 결과 불발생 행위자가 실행행위를 중지하더라도 결과가 발생하면 기수가 성립하고 중지미수가 되지 않는다.[3] 그러므로 착수미수형태 중지범이 성립하기 위해서는 실행행위를 중지함과 아울러 결과가 발생하지 않아야 한다. 만일 행위자가 자신의 자의 범행중지로 결과가 발생하지 않으리라 믿었으나 결과가 발생한 경우는 단순한 인과관계 착오에 지나지 않기 때문에 고의기수 책임을 져야 한다.

(3) 실행미수 중지

18 실행미수는 실행행위를 이미 종료한 경우이므로 자의로 결과발생을 방지하는 적극적 행위에 따라서 실행미수 중지범은 가능하다. 예컨대 독약을 다 먹여 놓고 갑자기 양심가책을 느껴 의사를 불러 생명을 건지게 하는 경우를 들 수 있다. 다음과 같은 객관

1) 김일수/서보학, 543면; 오영근/노수환, 30/39.
2) 김일수/서보학, 543면; 이재상 외, 28/33.
3) 제3회.

요건이 필요하다.

1) **결과방지** 행위가 종료한 뒤 결과발생을 방지하는 행위는 자의로 인과진행을 19
적극적으로 중단시키는 행위여야 하고 또한 그 조치는 결과발생을 방지하는 데 객관적으로 적합한 것이어야 한다.[1] 행위자가 요청하여 제3자 도움을 받더라도 상관없다. 물론 이 경우도 결과방지에 대한 행위자 '**진지성**'이 확인되어야 한다. 진지성은 결과발생을 방지해야 할 법적 책임의 이행으로 결정된다. 방지행위와 결과불발생 사이에 인과관계만 있으면 '최소한 필요한 노력'으로도 진지성은 인정된다.

2) **결과 불발생** 위 결과방지노력에 대한 **실제 성과**가 있어야 한다. 즉 결과가 20
발생하지 않아야 한다.[2] 아무리 진지한 방지노력을 하였더라도 결과가 발생하면 기수책임을 면할 수 없다. 이 경우 결과가 발생하게 된 원인은 묻지 않고, 다만 인과과정이 행위자가 생각한 것과 본질에서 어긋날 때는 발생결과에 대한 책임이 없다. 예를 들면 피해자가 병원으로 운송되는 도중 교통사고로 사망하였거나 또는 의사나 간호사 과실로 사망한 경우가 여기 해당된다.

3) **인과관계** 방지행위와 결과불발생 사이에 인과관계가 있어야 한다. 그러므로 21
방지행위가 아닌 다른 원인으로 결과가 발생하지 않은 경우는 중지미수가 되지 않는다. 결과발생이 처음부터 불가능한 경우도 행위자가 이를 모르고 자의로 결과방지를 위한 진지한 노력을 하였으면 불능미수 중지미수가 되는 것으로 보아야 한다(**적극설**). 행위자의 방지행위 때문에 결과가 발생하지 않은 것은 아니라는 비판이 가능하겠지만(**소극설**), 불능미수 임의적 감면과 중지미수 필요적 감면 때문에 불능미수 중지범을 인정하지 않으면 형평에 어긋난다.

예를 들면 결과발생이 가능한 범죄행위를 하고 결과를 방지한 자는 중지범으로 가 22
벼운 처벌을 받고, 결과발생이 처음부터 불가능한 경우는 이 가능성이 배제되어 불능미수 무거운 처벌을 감수해야 하는 것은 균형이 맞지 않는다. 행위불법은 양자가 마찬가지지만 결과불법은 오히려 전자가 더 높다.

[115] Ⅳ. 중지미수 처벌

중지미수 형벌은 감경하거나 면제한다(제26조). 필요적 감면이다. 착수미수와 실행 1
미수는 형벌에 차이가 없다. 중지 동기·내용 그리고 피해자에게 입힌 손해 등은 법관이 양형에서 고려할 수 있다. 다만 중지범이 범행을 중지하였으나 다른 죄명에 해당하는 결과가 발생하면 어떻게 될까?

중지미수 형을 감면하는 우리 형법에는 다음 두 경우가 문제된다. ① 법조경합 경 2

1) 제7회.
2) 제3, 4회.

우는 살인행위를 중지하였으나 상해결과가 발생한 경우 중한 죄 미수범으로 처벌하면 되고, 경한 죄는 이에 흡수되어 독립해서 처벌할 필요는 없다. ② 상상적 경합 경우는 원래 여러 개 죄가 성립하기 때문에 한 죄 중지는 다른 죄 가벌성에 영향을 미치지 않는다. 형법 제40조에 따라 처리하면 된다.

[116] Ⅴ. 중지미수 관련 문제

1. 예비중지

1 예비중지는 예비행위를 하는 과정에서 그 행위를 자의로 중단하는 경우 또는 예비행위는 전부 종료하였지만 자의로 실행착수를 포기하는 경우를 의미한다. 양자 모두 예비죄 성립에 영향이 없다. 예비중지가 문제되는 까닭은, ① 예비중지에 관한 형법규정이 없고, ② 그렇다고 예비 중지행위를 예비죄로 처벌하면 중지미수와 형벌균형이 맞지 않는다. 즉 예비행위를 거쳐 실행에 착수한 행위를 중지하면 형벌이 **필요적으로 감면**되는데, 실행에 착수하기 전에 중지한 행위는 반드시 예비죄로 처벌되는 모순이 발생한다. ③ 그러므로 중지미수규정을 예비중지에도 준용하는 문제가 발생하고, 이에 대해 다음 학설이 있다.

(1) 부 정 설

2 1) **자수규정 유추적용** 형법 제26조 중지미수는 실행에 착수한 행위를 자의로 중지한 경우기 때문에 실행착수가 없는 예비에 대해 중지미수 개념을 인정할 여지가 없다는 견해다(판례).[1] 이에 따른 처벌 불균형은 예비중지가 자수 정도에 이른 때에만 예비죄 자수에 대한 필요적 감면규정(예컨대 제90조 제1항 단서, 제101조 제1항 단서 등)을 유추 적용하여 시정할 수 있다고 한다.[2]

3 2) **유추 한계** 그러나 앞 견해는 형법각칙 개별적 자수에 대한 감면규정을 전혀 성격이 다른 범죄유형에 적용하는 유추한계 문제가 있다. 형법각칙에는 예비죄 자수에 관한 필요 감면규정이 여러 개 있다. 이 가운데 어느 감면규정을 자수에 이른 예비중지에 적용해야 할 것인가 문제도 있다. 공소장과 유죄판결에는 적용법조문을 명기해야 한다(형사소송법 제254조 제3항 제4호, 제323조 제1항). 뒤 견해는 형법각칙 예비죄 처벌규정이 형법총칙 중지미수를 해석하는 기준으로 작용하는 문제가 있다. 총칙은 각칙에 대한 보편 규정이고 각칙 구속을 받지 않는다.

[판례] 예비의 중지

중지범은 범죄의 실행에 착수한 후 자의로 그 행위를 중지한 때를 말하는 것이고, 실행의 착수가 있기 전인 **예비음모의** 행위를 처벌하는 경우에 있어서 중지범의 관념은 이를 인정할 수 없다.[3]

---

1) 대판 1991. 6. 25. 91도436(***표준판례**). 제4회.
2) 김일수/서보학, 552면.
3) 대판 1999. 4. 9. 99도424. 제1, 4, 10, 13회.

(2) 긍 정 설

예비중지에 대해서도 중지미수 규정을 준용하자는 견해다. 긍정설은 준용되는 범위와 관련하여 다시 여러가지로 나뉜다. 다수설은 예비 형이 중지미수 형보다 무거울 때 형 균형을 위해서 중지미수규정을 준용해야 한다고 한다. 4

가장 바람직한 해결방법은 예비중지에 관한 형벌의 필요 감면규정을 신설하는 것이다. 현행법은 그런 규정을 두고 있지 않기 때문에 예비중지와 중지미수의 형벌규정을 맞추어야 할 필요가 있다. 그 방법은 긍정설 가운데서도 형벌균형에 착안한 다수설 견해에 큰 무리가 없어 보인다. 5

2. 공범과 중지미수

형법 제26조는 단독범 중지미수에 관한 규정이다. 그러나 공범 중지미수, 즉 범죄에 가담자가 있는 경우 중지미수에 관한 규정은 없다. 따라서 공범 경우도 단독범 중지미수요건이 그대로 적용될 수 있는가 문제된다. 현재 공범에 중지미수가 성립할 수 있다는 점에 의문을 품는 사람은 없다. 그러나 공범은 행위구조와 과정이 단독범과 다르기 때문에 성립요건에 관해 특별한 고찰이 필요하다. 문제가 되는 케이스는, ① 공동정범, ② 간접정범, ③ 협의의 공범인 교사범과 종범이다. 6

(1) 공동정범 중지미수

공동정범 중지미수가 성립하기 위해서는 공범자 한 사람이 자의로 자기 공동실행행위를 중지하거나 자기가 분담한 결과발생을 방지하는 것만으로는 부족하다. 다른 공범자 전원 실행행위를 중지시키거나 **모든 결과발생**을 완전히 방지한 경우만 중지미수가 된다.[1] 공동정범 가벌성은 공범자 전체 행위를 기준으로 판단하기 때문이다. 중지미수상태가 달성된 경우도 중지범 형벌감면 혜택은 자의로 중지한 자에게 국한된다.[2] 그 밖 가담자는 장애미수 책임을 져야 한다. 7

[판례] 결과가 발생한 경우

① 피고인은 **갑과 합동하여** 피해자를 텐트 안으로 끌고 간 후 갑, 피고인의 순으로 성관계를 하기로 하고, 피고인은 주변에서 망을 보고 갑은 피해자의 반항을 억압한 후 1회 간음하여 강간하였다. 이어 피고인이 위 텐트 안으로 들어가 피해자를 강간하려 하였으나, 피해자가 반항을 하며 강간을 하지 말아 달라고 사정을 하여 강간을 하지 않았다. 갑이 피고인과 공모하여 강간행위에 나아간 이상, 비록 **피고인이 강간행위를 하지 않았다고** 하더라도 중지미수에 해당하지 않는다.[3]

② 피고인은 갑 중위와 **범행을 공모하여** 갑 중위는 엔진오일을 매각 처분하고, 피고인은 송증정리를 하기로 한 것은 사후에 범행이 용이하게 탄로 나지 않도록 하는 안전방법의 하나이지, 갑 중위가 보관한 위 군용물을 횡령하는데 송증정리가 없으면 절대 불가능한 것은 아니었다. 피고인이 후에 범의를 철회하고 송증정리를 거절하였다 하여도 공범자인 갑 중위의 **범죄 실**

1) 제4, 5회.
2) 제5, 10회.
3) 대판 2005. 2. 25. 2004도8259. 제4회.

행을 중지케 한 것은 아니므로 중지미수를 인정할 수 없다.1)

③ 피고인은 갑이 위조약속어음인 정을 알고 그것을 행사할 의사가 있다는 사실을 알면서 이를 교부하였다. 피고인은 후에 이를 다시 **회수하려고 노력하였지만** 갑이 이 어음을 행사하였다면, 피고인은 갑과 위조약속어음 행사죄와 사기죄의 공동정범에 해당한다.2) *결과발생 방지의 실패.

④ 행위자 상호간에 범죄실행을 공모하였다면, 다른 공모자가 이미 실행에 착수한 이후에는 그 **공모관계에서 이탈하였다고** 하더라도 공동정범의 책임을 면할 수 없다. 피고인 등이 금품을 강취할 것을 공모하고 피고인은 집 밖에서 망을 보기로 하였으나, 다른 공모자들이 피해자의 집에 침입한 후 담배를 사기 위해 망을 보지 않았다고 하더라도, 피고인은 강도상해죄 공동정범의 죄책을 면할 수 없다.3)

⑤ 피고인은 공범들과 **다단계금융판매조직의** 사기범행을 공모하고 피해자들을 기망하여 그들로부터 투자금명목으로 피해금원의 대부분을 편취한 단계에서 위 조직의 관리이사직을 사임하였다. 피고인의 사임 이후 피해자들이 납입한 나머지 투자금명목의 편취금원도 같은 기망상태가 계속된 가운데 같은 공범들에 의해 같은 방법으로 수수된 경우, 피해자별로 포괄일죄의 관계에 있으므로 이에 대하여도 피고인은 공범의 책임을 부담한다.4)

[판례사례] 공동정범 중지미수(*표준판례) 상습 절도전과가 있는 피고인 甲과 乙은 함께 대전역 부근에 있는 丙이 경영하는 사무실 금품을 절취하기로 공모하고, 甲은 그 부근 포장마차에서 망을 보고 있는 사이 乙은 위 사무실 열린 출입문을 통해 안으로 들어가 훔칠 물건을 물색하였다. 이때 甲은 자신 범행전력 등을 생각하며 가책을 느낀 나머지 사무실 주인 丙에게 乙 침입사실을 알리고 그와 함께 乙을 체포하였다. 검사는 甲과 乙을 특정범죄가중법 제5조의4 제1항 위반(절도)으로 기소하였다. 원심은 乙에 대한 유죄를 인정하였지만 甲에 대해서는 중지미수 요건을 갖추었다는 이유로 형면제판결을 선고하였다. 이에 검사는 위 특정범죄가중법조항이 "그 미수죄"를 범한 자도 대상으로 한다는 이유로 甲에 대한 상고를 제기하였다.5)

[해설] 이 사건 논점은, ① 乙 행위가 절도미수죄에 해당되는가, ② 특정범죄가중법 제5조의4 제1항 위반죄에 형법 제26조 중지미수규정을 적용할 수 있는가 두 가지로 요약할 수 있다.

먼저 ① 논점은 실행착수시기 판단과 관련되는 문제이다. 이에 대한 학설로 주관설, 실질적 객관설(밀접행위설), 절충설 세 견해가 있다. 주관설은 행위자가 범죄실행의사로 한 모든 행위는 실행착수로 인정한다. 밀접행위설은 법익침해(타인 재물에 대한 점유침해)에 밀접한 행위를 했을 때 실행착수를 인정한다. 그러므로 이 학설에는 침해의 구체적 대상이 있어야 한다. 판례는 일관되게 이 견해를 취한다. 학계 다수설인 절충설은 행위자 범행계획을 고려하여 **중간행위 개입없이**(또는 구성요건행위에 시간적으로 접근하여, 범행대상 · 피해자에 장소적으로 접근하여) 곧 구성요건 실현행위, 즉 타인재물의 사실상 지배를 침해할 수 있는 행위로 발전할 수 있는가에 따라 실행착수를 결정한다.

1) 대판 1969. 2. 25. 68도1676.
2) 대판 1970. 2. 10. 69도2070.
3) 대판 1984. 1. 31. 83도2941.
4) 대판 2002. 8. 27. 2001도513.
5) 대판 1986. 3. 11. 85도2831.

절충설에는 구체적 범행대상이 정해지지 않은 상황에도 절도죄 실행착수가 인정될 수 있는 특징이 있다. 절충설은 밀접행위설보다 실행착수범위를 넓게 잡는다.

그러면 이 사건으로 돌아와서 乙이 사무실에서 금품을 찾은 행위는 실질적 객관설(밀접행위설)과 절충설 어느 학설에 따르더라도 절도 실행착수를 인정하는 데 어려움이 없다. 설사 절취할 물건을 구체적으로 정하지 않고 사무실에 침입한 경우도 특정구획인 사무실 안에 있는 모든 물건이 직접 침해위험에 직면하는 점에서 밀접행위설에 따른 실행착수 인정도 얼마든지 가능하다. 물론 절충설에 따를 경우는 당연히 인정된다. 판례 입장도 같다.

다음으로 ② 논점은 특정범죄가중법 제5조의4 제1항이 형법 제329조 또는 제331조 기수범뿐만 아니라 미수범도 처벌대상으로 하고 있는 데서 비롯된다. 즉 형법 제331조 2명 이상이 합동한 특수절도를 아무리 중지하여도 위 특정범죄가중법규정에 해당되는 데는 아무 영향이 없다는 형식논리가 가능하기 때문이다. 검사 상고이유도 여기에 기초한다. 이에 대해 대법원은 위 특정범죄가중법규정의 독자지위를 인정하지 않고 형법 중지미수규정이 적용되어야 한다고 판시한다. 즉 특정범죄가중법 제5조의4 제1항은 상습으로 형법 제329조 또는 제331조 죄나 그 미수죄를 범한 자를 무기 또는 3년 이상 징역에 처하도록 규정하고 있는데, 이는 절도, 야간주거침입절도, 특수절도 및 그 미수죄 상습범행을 형법각칙이 정하는 형보다 **무겁게 가중 처벌하고자** 함에 그 입법목적이 있을 뿐 달리 형법총칙규정 적용을 배제할 이유가 없으므로 중지미수에 관한 형법 제26조 적용을 배제하는 명문규정이 없는 한 위 특정범죄가중법위반죄에 형법규정의 적용이 없다고 할 아무런 이유가 없다고 판시한다.

이것은 대법원이 특별법의 무분별한 형벌가중을 조금이라도 완화시키고자 하는 목적론 해석을 한 것으로 보인다. 대법원이 이처럼 법률문언의 형식논리를 벗어나는 해석을 한 것은 매우 이례적인 일이고, 특별형법의 지나치게 높은 법정형 문제를 간접 시인한 것으로도 볼 수 있다. 위 사건에서 甲을 중지범으로 형면제 판결을 내린 원심 조치는 정당하다. 乙은 비록 그의 행위가 미수에 그쳤을지라도(장애미수) 특정범죄가중법 제5조의4 제1항 위반죄로 처벌된다. 중지미수 형벌감면 혜택은 중지행위자 일신에 전속하기(인적 처벌조각사유) 때문이다.

(2) 간접정범 중지미수

타인을 이용하여 범행하는 간접정범이 중지미수가 되기 위해서는 간접정범 행위자가 자의로 8
피이용자 실행행위를 중지시키거나 결과발생을 방지하게 해야 한다. 즉 간접정범 중지미수는 피이용자가 **간접정범자의 의식적** 의사대리에 따라 중지한 경우만 인정된다. 그렇지 않고서 피이용자 스스로 중지하거나, 이 중지행위를 간접정범자가 사후에 추인하는 것은 간접정범 중지미수가 되지 않는다.

(3) 교사범과 종범 중지미수

교사범과 종범 중지미수도 정범 실행행위를 중지하게 하거나 결과발생을 방지한 경우에만 성 9
립한다. 예컨대 정범이 자의로 실행행위를 중지하거나 결과발생을 방지하면 정범은 중지미수가 되지만 교사·방조자는 장애미수 처벌을 받는다.[1] 교사·방조자의 중지에 대해 정범에게 자의성이 없으면, 전자는 중지미수가 되고 후자는 장애미수가 된다. 교사범은 적극적 저지행위를 필요로 하지만, 방조범은 방조행위의 소극적 철회에 따라서도 중지미수요건을 충족할 수 있다.

1) 제9회.

제 4 절 불능범(불능미수)

[117] Ⅰ. 불능미수 의의

1. 개념정리

1 형법 제27조 표제는 "**불능범**"으로 되어 있지만 그 내용은 가벌 불능범, 즉 **불능미수**를 규정한다. 불가벌 불능범은 처음부터 구성요건이 실현될 위험성이 없기 때문에 범죄가 되지 않는 행위를 말한다. 이에 반해 불능미수는 결과발생이 불가능하더라도 위험성이 있기 때문에 미수로 처벌되는 행위를 말한다. 형법은 이것을 "실행 수단 또는 대상의 착오로 인하여 결과발생이 불가능하더라도 위험성이 있는 때에는 처벌한다"고 하면서 형벌의 임의적 감면사유로 규정한다(위 조문). 판례에 나타난 불능미수 예로는 치사량에 미치지 못하는 농약을 우물에 혼입하거나,[1] 치사량에 현저히 미달하는 농약을 먹게 하여 사람을 살해하고자 한 경우[2] 등이 있다.

2 다수견해는 '불능범'을 불가벌적 불능범으로 이해하여 불능미수와 구별되는 개념으로 본다. 즉 '불능범'은 불가벌 불능범으로, '불능미수'는 가벌 불능범으로 이해하는 등식이다. 그러나 법률 표제가 "불능범"으로 되어 있으니 불능범은 위험성 있는 불능범인 불능미수와 같은 뜻으로 이해하는 것이 옳다. 물론 정확한 명칭으로 보기는 힘들어 불능미수로 법률을 개정하는 것이 가장 바람직하다. 그것은 위에서 살펴본 장애미수(제25조), 중지미수(제26조) 경우도 마찬가지다. 명칭 때문에 발생하는 '형법 제27조 성격'에 관한 복잡하기 이를 데 없는 논쟁은 지양해야 한다. 명칭은 제27조 해석 · 적용에 영향을 미치지 않을 뿐만 아니라 불능범을 불가벌 불능범으로 못 박은 선판단先判斷에서 출발하고 있기 때문이다.

2. 구별개념

(1) 환 각 범

3 환각범은 그 행위에 해당되는 구성요건 자체가 없는 경우다. 즉 사실상 허용된 행위를 형법이 금지하는 것으로 잘못 생각하여, 예를 들면 탈세가 아닌데도 탈세에 해당된다고 생각한 경우가 있다. 이런 유형은 이른바 '반전된 금지착오'에 속하는데, 결과발생이 불가능한 점은 불능미수와 같지만 처벌하는 구성요건이 없다는 점에서 구별된다.

(2) 미 신 범

4 미신범迷信犯은 실현 불가능한 비과학적 미신수단 또는 주술 수단으로 범행하는 것을 말한다. 결과발생이 불가능한 점은 불능미수와 같으나 형법적 의미가 없는 행위이다. 범죄 실현가능성이 없기 때문에 구성요건고의와 실행착수를 인정할 수 없고 따라서 불가벌 불능범에 해당한다.

(3) 구성요건흠결이론

5 구성요건흠결이론은 미수성립을 구성요건요소의 인과관계흠결에 국한시키고, 그 밖 구성요

1) 대판 1973. 4. 30. 73도354.
2) 대판 1984. 2. 14. 83도2967(***표준판례**).

건요소, 즉 주체(공무원 아닌 자의 공무원 범죄) · 객체(자기 재물의 절도) · 수단(설탕물 살해) 또는 행위상황(화재발생이 없는 진화방해)이 흠결된 경우는 불가벌 불능범이 된다는 이론이다. 즉 구성요건결과가 흠결인 것은 불능미수가 되지만 그 밖 구성요건요소가 흠결된 경우는 미수 구성요건해당성이 없기 때문에 범죄가 성립하지 않는다. 우리 형법은 이런 기준에 따르지 않고 '위험성'을 척도로 한다.

[판례] 환각범

수입자동승인품목을 수입제한 또는 **금지품목으로** 잘못 알고 수입허가를 받을 의도로 반제품인 양 표시하여 수입허가를 받았더라도, 이를 사위 기타 부정한 행위로써 수입허가를 받은 경우로 볼 수 없다.[1]

[118] Ⅱ. 불능미수 성립요건

형법 제27조가 규정하는 불능미수 성립요건은, ① 실행착수, ② 실행수단이나 대상착오로 결과발생이 불가능할 것, ③ 위험성이 있어야 한다. 1

1. 실행착수

불능미수도 미수 일종이기 때문에 실행착수가 있어야 한다. 법문에 직접 표현은 없지만 당연히 전제된 요건이다. 불능미수 실행착수는 행위자가 자신 범행계획에 따른 구성요건실현을 직접 개시하는 것을 의미한다. 물론 실행수단이나 대상에 착오가 있기 때문에 실행에 착수하더라도 결과발생 가능성은 없다. 만일 그런 착오가 없다면, 결과발생이 가능한 성질의 행위에 돌입하는 것이 불능미수 실행착수에 해당한다. 이것은 실행착수시기에 관한 '절충설' 견해로 범죄계획과 구성요건개시행위를 함께 고려해 결정한다. 실행착수는 불가벌 불능범과 불능미수를 구별하는 기준이다. 2

2. 실행수단 또는 대상착오로 결과발생이 불가능

불능미수는 행위자가 실행수단이나 대상을 착오함으로써 결과발생이 불가능해야 한다.[2] 즉 처음부터 기수가 될 수 없는 범죄다. 따라서 결과발생 불가능은 불능미수와 가능미수를 구별하는 기준이다. 그 불가능을 판단하는 시점은 실행행위를 직접 개시한 때, 즉 실행의 착수단계를 기준으로 한다. 3

(1) 수단 착오

행위자가 선택한 범죄수단으로는 처음부터 결과발생이 불가능한 '**수단 불가능**'을 말한다. 즉 결과가 발생할 수 없는 수단을 마치 적합한 수단인 것처럼 착오한 경우다. 예 4

1) 대판 1984. 6. 26. 84도341.
2) 제3회.

를 들면 소화제로 낙태하려 하거나 설탕물로 살해하려는 행위 등이 있다. 하지만 이것은 사실착오에서 말하는 방법(타격) 착오와 성질을 달리한다. 여기서 말하는 수단착오(불가능)는 수단 그 자체에 착오가 있는 경우를 의미할 뿐이다. 만일 처음부터 결과발생이 불가능한 줄 알면서 실행에 착수하였으면, 기수고의가 없어서 위험성이 인정되더라도 불능미수는 성립할 수 없다.[1)]

(2) 대상 착오

5 행위대상이 없거나 또는 범죄대상이 될 수 없는데도 범죄가 가능한 것으로 착오한 '**대상 불가능**'을 뜻한다. 대상의 착오는 사실착오에서 말하는 객체착오(행위객체 동일성에 대한 착오)와 구별되는 독자 의미가 있다. '시체 살인', '자기재물 절도', '상상임신 낙태' 등이 여기에 속한다. 대상 불가능의 원인은 사실적인 것이든(시체 살인) 또는 법률적인 것이든(피해자승낙이 있는 재물 절도) 묻지 않는다.

(3) 주체 착오

6 1) 학설대립 법률은 수단 · 대상의 착오만을 규정하고 주체착오는 언급이 없다.[2)] 주체착오로 결과발생이 불가능한 경우도 불능미수가 될 수 있는가 문제가 발생한다. 주체착오는 신분흠결로 범죄주체가 될 수 없음에도 있는 것으로 착오한 '**주체 불가능**'을 의미한다. 예컨대 공무원 아닌 자가 공무원으로 착각하고 수뢰죄를 범하는 것처럼 비신분자가 신분이 필요한 진정신분범을 행하는 경우다. 이에 대해서는, ① 불능미수가 성립한다는 **긍정설**, ② 성립하지 않는다는 **부정설**이 있다. 부정설에는 불능미수 대신 환각범으로 취급해야 한다는 견해도 포함되어 있다. 부정설이 다수설이다.

7 2) 위험성 있는 불능미수 이 학설대립은 현실적으로 큰 의미는 없다. '위험성'이 있는 불능미수만 처벌대상에 속하기 때문에 주체착오 가운데 위험성이 있는 경우가 확인되지 않으면 이 논의는 무의미하다. 주체착오 가운데 위험성이 있는 상황이 없을 뿐만 아니라 이에 대한 판례도 없다. 대부분 주체착오는 위험성이 없기 때문에 불능미수 긍정설과 부정설 실제 결론은 같다고 할 수 있다. 결국 어느 학설에 따르더라도 주체착오로 말미암은 결과발생 불가능은 처벌되지 않는다.

[판례] 주체의 불가능 부정

법령에 기한 임명권자에 의하여 임용되어 공무에 종사하여 온 사람이, 나중에 그가 임용결격자이었음이 밝혀져 **당초의 임용행위가 무효라고** 하더라도, 그가 임용행위라는 외관을 갖추어 실제로 공무를 수행한 이상 공무 수행의 공정과 그에 대한 사회의 신뢰 및 직무행위의 불가매수성은 여전히 보호되어야 한다. 따라서 이러한 사람은 형법 제129조에서 규정한 공무원으로 봄이 타당하고, 그가 그 직무에 관하여 뇌물을 수수한 때에는 수뢰죄로 처벌할 수 있다.[3)]

---

1) 제3, 8회.
2) 제8회.
3) 대판 2014. 3. 27. 2013도11357.

3. 위 험 성

(1) 위험성 의의

불능미수의 세 번째 성립요건은 위험성이다. 즉 불능미수로 처벌되기 위해서는 결과발생이 불가능하더라도 위험성이 있어야 하며 위험성이 없으면 불가벌 불능범으로 처벌되지 않는다. 문제되는 것은 위험성 판단기준인데, 이에 대해서는 객관설, 주관설, 절충설 등 견해가 있다. 8

(2) 위험성표지의 실질적 필요성

이에 대한 구체적 논의를 하기에 앞서 다른 나라와 달리 우리 형법에만 있는 "위험성" 표지의 실질적 필요성에 관한 문제를 살펴보자. 쟁점은 불능미수도그마틱이 위험성표지를 중심으로 전개되는 것은 "해석 오류"에 지나지 않기 때문에 이를 시정해야 할 필요가 있을 뿐만 아니라 입법론 재고가 요망된다는 것이다.1) 9

그 이유는, ① 불능미수는 행위자가 실행수단 또는 대상을 착오하여 처음부터 결과발생이 불가능한 것을 전제한 개념이기 때문에 결과발생과 연결된 일정한 위험성을 불능미수 실체로 파악하는 것은 앞뒤가 맞지 않는다. ② 미수행위와 관련된 위험성은 불능미수에 국한되는 것은 아니고 장애미수, 중지미수를 포함한 모든 범죄행위 공통 속성이다. ③ "위험성 있는 미수"란 위험성 없는 미수를 상정할 수 있어야 하는데, 그런 경우는 없다. ④ 그러므로 불능미수 핵심표지는 위험성이 아니라 "행위자 착오에 따른 결과발생 불가능"이기 때문에 형법 제27조 "위험성"은 삭제하더라도 불능미수 해석결과에 영향이 없다. 10

(3) 위험성표지의 법치국가 의미

비록 외국에 없는 입법례라고 하더라도 위험성을 불능미수 가벌요건으로 규정한 것은 이론 · 실무적으로 의미가 있다. 우선 불능미수에서 말하는 "위험성"과 다른 범죄 위험성은 그 구체성에 차이가 있다. 즉 다른 범죄 경우는 위험성보다 훨씬 구체적인 가벌성기준이 마련되어 있어서 위험성이 직접 가벌성기준이 되어야 할 필요가 없지만 불능미수 경우는 그렇지 않다는 점이 다르다. 11

불능미수 위험성의 내용은 행위수단, 대상의 착오로 사후에 보면 비록 결과발생이 불가능하더라도 사전에 판단했을 경우 사회가 위험하다고 받아들이는 정도가 해석 관건이다. 위험하지 않은 불능미수행위가 없겠지만 형법이 가벌성 대상으로 삼을 수 있는 위험성 정도는 구별할 수 있어야 한다. 결과가 발생하지 않은 미수행위 가운데 실행수단 또는 대상 착오로 결과발생이 불가능하면 '자의적으로' 형을 감경 또는 면제할 수 있다고 해석하는 것은 문제가 있다. 그런 경우도 위험성이 확인되지 않으면 처벌할 수 없다는 적극적 가벌조건으로 해석하는 것이 법치국가적으로 진일보한 내용이다. 12

다시 말하면 형법적으로 무의미한 미신범과 가벌 불능미수 사이 그리고 감경대상이 되는 불능미수와 면제대상이 되는 불능미수 사이에는 잠재적 처벌대상이 되는 매우 다양한 불능미수행위가 가능하다. 이들을 '위험성'과 연결하여 가벌성을 제한하는 요소로 사용하는 것은 충분한 의미 13

1) 천진호, 「불능미수범의 위험성판단」(비교형사법연구 창간호, 1999), 67면 이하; 허일태, 「불능미수범에 있어서 위험성의 의미」(형사법연구 제13호, 2000), 113면 이하.

가 있다. 불능미수 위험성은 행위결과로 향하는 현실적 위험성이 아니라 행위의 사회적 의미에 따른 가설적 위험성을 의미할 뿐이다. 이렇게 약화된 불법을 내용으로 하기 때문에 그에 대한 법적 효과는 임의적 감면으로 되어 있다.

(4) 위험성 판단기준

1) 객 관 설

14 (가) **구객관설** 구객관설은 결과발생 불능을 절대적 불능과 상대적 불능으로 구별하여 **상대적 불능**만이 위험성 있는 것으로 보는 관점이다. 예를 들면 '시체 살해'는 객체의 절대 불능, '설탕물살해'는 수단의 절대 불능, '방탄복을 입은 자에 대한 발포'는 객체의 상대 불능 그리고 '치사량 미달 독약'은 수단의 상대 불능에 속한다.

15 이것은 우리 판례가 이전에 취했던 태도인데,[1] 학자 가운데 이 학설을 지지하는 사람은 없다. 구객관설은 절대 불능과 상대 불능을 구별하는 명확한 기준이 없다는 데 문제가 있으며, 행위상황과 관점에 따라 양자 구별은 얼마든지 유동적일 수 있다.

16 (나) **신객관설 또는 구체적 위험설** 신객관설은 행위 당시 행위자가 인식한 주관적 사정과 일반인이 인식할 수 있었던 객관적 사정을 기초로 일반 경험법칙(통찰력 있는 사람의 판단)에 비추어 **구체적 위험성**이 있다고 판단되면 불능미수로 처벌한다는 견해다(**행위자+일반인 기준**). 현재 우리 판례 관점이다.[2] 판례는 '**과학적 일반인**'이라는 개념을 사용하기도 하며 그 위험성판단은 사후적이다. 이 학설 특징은 행위사정에 대한 평가를 일반경험법칙이라는 객관입장에서 내린다는 점이다. 이에 대해서 행위자 인식사정과 일반인 인식사정이 일치하지 않을 때, 어느 사정을 기초로 하는지 문제가 있다는 지적을 받는다.

17 2) 주 관 설 행위자의 **반사회 범죄의사**가 외부로 표출되면 결과발생이 객관적으로 불가능하더라도 위험성이 인정된다는 이론이다. 다만 미신범은 예외로 한다. 이 학설은 위험성판단을 행위자 주관적 표상을 기준으로 하는 점에 특징이 있다. 불가벌불능범을 인정하지 않는 독일에 적합한 이론이고, 독일 통설·판례 입장이기도 하다. 그러나 법제상 우리나라 실정에는 맞지 않는다.

3) 절 충 설

18 (가) **추상적 위험설 또는 법질서위험설** 추상적 위험설은 **행위자**가 인식한 사정을 기초로 **일반인 관점**에서 위험성을 판단하는 이론이다.

19 결과발생의 **일반적 위험성**(**추상적 위험범**) 또는 법질서에 대한 일반적(추상적) 위험성이 있다고 판단되면 가벌적 미수가 성립한다. 위 주관설을 수정한 형태이며, 구체적 위험설(신객관설)과 다른 점은 행위자가 인식한 사정만 판단자료로 한다는 점이다(**행위자 기**

1) 대판 1973. 4. 30. 73도354.
2) 대판 2005. 12. 8. 2005도8105. 제1, 2, 4, 10, 12회.

준). 양자 판단기준인 '일반경험법칙'과 '일반인'이 모두 객관적이라는 공통점이 있지만, 구체적 위험설은 규범 색채가 강하고 추상적 위험설은 사실적이다.

(나) **인 상 설** 인상설은 행위자의 법적대 의사가 일반인에게 법질서를 침해하 20
는 인상을 심어 줄 경우 위험성 있는 것으로 판단한다. 일반인 규범의식강화라는 적극적 일반예방사상을 토대로 한 학설이다. 독일에서 장애미수 위험성판단 또는 불능미수 성립범위를 제한하는 기준으로 사용되는 학설이다.

4) 결 론

(가) **균형사상** 위 학설은 모두 불가벌 불능범을 인정하지 않는 독일에서 전개된 21
이론이다. 해결 실마리는 '위험성'을 불능범 처벌요건으로 하는 우리 법제 특수성에서 찾아야 한다. 입법자가 그렇게 규정한 의도는 무엇일까? 아마도 극단적 행위자지향을 행위지향으로 수정하여 균형을 유지하려는 데 목적이 있을 것으로 생각한다. 왜냐하면 형법이론 궁극과제는 행위와 행위자, 객관과 주관, 외부와 내부 또는 **행위지향과 행위자지향 사이 균형점**을 찾아내는 것이기 때문이다. 그 균형 내용은 문화와 역사에 따라 얼마든지 다를 수 있다.

(나) **구체적 위험설** 그렇다면 우리 형법 '위험성' 판단기준은 극단적 객관이나 22
극단적 주관 입장이 되어서는 안 된다. 따라서 선택폭은 일단 구체적 위험설, 추상적 위험설, 인상설로 좁혀진다. 인상설은 불능미수 처벌여부를 결정하는 위험성판단기준이 되기에는 너무 막연하고 포괄적인 것이 흠이다. '일반인의 법질서에 대한 신뢰를 침해하는 인상'에 따라 형벌을 주고 안 주고 하는 문제를 결정할 수는 없다.

구체적 위험설과 **추상적 위험설**을 비교하면, 후자는 일반인이 판단한 결과발생의 추 23
상적 위험성, 즉 법질서라는 포괄적 가치에 대한 위험성을 기준으로 삼기 때문에 전자보다 **처벌범위가 넓어진다**. 우리나라처럼 범죄자가 되기 쉬운 나라에서(과도한 특별형법과 지나치게 높은 법정형) 불능미수와 같은 해프닝까지 형벌범위를 확대해야 할 이유는 없다. 그러므로 우리 형법에서 일반인에 대한 과도한 보호욕구와 범죄인에 대한 법치국가 보장 사이 균형을 회복하는 데 조금이라도 보탬이 될 수 있는 대안은, 비록 학설내용이 복잡한 흠은 있지만, 구체적 위험설밖에 없다(**구체적 위험설 타당**).

[119] Ⅲ. 불능미수 처벌

형법 제27조는 결과발생이 불가능하더라도 위험성이 있으면 처벌하고, 다만 그 1
형은 감경 또는 면제할 수 있다고 규정한다. 즉 임의적 감면사유다. 따라서 장애미수 임의적 감경보다 가볍고 중지미수 필요적 감면보다 무거운 중간형태다. 물론 불능미수에 대한 처벌은 형법각칙과 특별법의 해당 범죄에 미수 처벌규정이 있을 경우에만 가능하다(제29조).

[판례]

① **장애미수와 불능미수의 구별** 피고인이 피해자를 독살하려 하였으나 **동인이 토함으로써** 그 목적을 이루지 못한 경우에는, 피고인이 사용한 독의 양이 치사량 미달이어서 결과발생이 불가능한 경우도 있을 것이다. 한편 형법은 장애미수와 불능미수를 구별하여 처벌하고 있으므로, 원심으로서는 이 사건 독약의 치사량을 좀 더 심리하여 피고인의 소위가 위 미수 중 어느 경우에 해당하는지 가렸어야 할 것이다.1)

② **불능미수 부정** 피고인은 요구르트 한 병에 1.6그램의 농약을 섞어 사람을 살해하려고 하였다. 그런데 실험에 의하면, 쥐에 대한 농약의 치사량은 체중 1킬로그램 당 0.451그램이라고 한다. 따라서 성인의 체중을 60킬로그램으로 할 때 치사량은 27.06그램, 체중 10킬로그램인 어린의 경우는 4.51그램이 된다. 그러나 이 사건 농약의 치사추정량은 **쥐에 대한 것을 인체에 대해 추정하는** 극히 일반적 추상적인 것이다. 피고인이 요구르트 한 병마다 섞은 농약 1.6그램이 그 치사량에 약간 미달한다 하더라도, 이를 마시는 경우 사망의 결과발생 가능성을 완전히 배제할 수는 없다.2)

③ 피고인이 갑에게 피해자 을을 살해하라고 하면서 준 원비-디 병에 성인 남자를 죽게 하기에 족한 용량의 농약이 들어 있었다. 또 피고인은 피해자 소유 승용차의 브레이크호스를 잘라 브레이크액을 유출시켜 주된 제동기능을 완전히 상실시켰다. 그 때문에 피해자가 자동차를 몰고 가다가 반대차선의 자동차와 충돌을 피하기 위해 브레이크 페달을 밟았으나 전혀 제동이 되지 않아서 사이드브레이크를 잡아당김과 동시에 인도에 부딪치게 함으로써 겨우 위기를 모면하였다. 피고인의 위 행위는 어느 것이나 사망의 **결과발생에 대한 위험성**을 배제할 수 없다 할 것이므로 각 살인미수죄를 구성한다.3)

④ 권총에 탄자를 충전하여 발사하였으나 **탄자가 불량하여** 불발된 경우에도, 이러한 총탄을 충전하여 발사하는 행위는 결과발생을 초래할 위험이 내포되어 있으므로 (불가벌적) 불능범은 아니다.4)

⑤ 불능범은 범죄행위의 성질상 결과발생의 위험이 절대로 불가능한 경우를 말한다. 피고인 갑은 향정신성의약품인 메스암페타민, 속칭 "히로뽕" 제조를 위해 그 원료인 염산에 페트린 및 수종의 약품을 교반하여 "히로뽕" 제조를 시도하였으나, 그 **약품배합미숙으로** 완제품을 제조하지 못하였다. 갑의 위 행위는 그 성질상 결과발생의 위험성이 있으므로 이를 습관성의약품 제조미수범으로 처단한 것은 정당하다.5)

⑥ 피고인이 우물과 펌프에 혼입한 농약(스미치온)의 악취가 심하여 보통의 경우에 마시기가 어렵고 또 그 혼입한 농약의 분량으로 보아 사람을 치사에 이르게 할 정도는 아니었다. 그럼에도 위 농약의 혼입으로 살인의 **결과가 발생할** 위험성이 없다고 단정할 수 없는 이상 피고인

1) 대판 1984. 2. 14. 83도2967.
2) 대판 1984. 2. 28. 83도3331.
3) 대판 1990. 7. 24. 90도1149.
4) 대판 1954. 1. 30. 4286형상103.
5) 대판 1985. 3. 26. 85도206.

게 살인미수 등의 죄책을 인정하였음은 정당하다.[1)]

⑦ 피고인이 갑과 공모하여 일정량 이상을 먹으면 사람이 사망에 이를 수도 있는 '초우뿌리' 또는 '부자' 달인 물을 피해자에게 마시게 하여 피해자를 살해하려고 하였으나 피해자가 이를 **토해버림으로써** 미수에 그친 행위는 불능범이 아닌 살인미수죄에 해당된다.[2)]

⑧ 피고인이 다른 공범자들과 공모하여 향정신성의약품인 메스암페타민을 매수하려 하였으나 매도인이 **소금을 대신** 교부함으로써 미수에 그친 경우, 위 매매행위가 성사될 가능성이 있었다고 보이므로 이를 향정신성의약품의 매매미수범으로 처단한 원심의 조치는 옳다.[3)]

⑨ **불능미수 인정** 임대인과 임대차계약을 체결한 임차인이 임차건물에 거주하기는 하였으나 그의 처만이 전입신고를 마친 후, 경매절차에서 배당을 받기 위해 임대차계약서상의 **임차인 명의를 처로 변경하여** 경매법원에 배당요구를 하였다. 실제의 임차인은 그 명의를 처로 변경하지 않았더라도 소액임대차보증금에 대한 우선변제권 행사로 배당금을 수령할 권리가 있다. 경매법원이 실제의 임차인을 **처로 오인하여** 배당결정을 하였더라도, 이로써 재물의 편취라는 결과발생은 불가능하다. 이러한 임차인의 행위를 객관적으로 결과발생 가능성이 있는 행위로 볼 수도 없으므로 형사소송법 제325조에 따라서 무죄를 선고해야 한다.[4)]

⑩ ***표준판례** 민사소송법상 소송비용의 청구는 **소송비용액 확정절차에** 의하도록 규정하고 있다. 이 절차에 의하지 않고 손해배상금청구의 소 등으로 소송비용의 지급을 구하는 것은, 소의 이익이 없는 부적법한 소로서 허용될 수 없다. 따라서 소송비용을 편취할 의사로 **소송비용의 지급을 구하는** 손해배상청구의 소를 제기하였더라도, 이는 객관적으로 결과발생가능성이 없어 위험성이 인정되지 않는다.[5)] *불능범의 위험성판단 기준으로 피고인이 행위 당시에 인식한 사정을 토대로 객관적으로 일반인 관점에서 판단해야 함.

⑪ 불능범의 판단기준으로서 위험성 판단은, 피고인이 행위 당시에 인식한 사정을 놓고 이것이 객관적으로 일반인의 판단으로 보아 결과발생가능성이 있느냐를 따져야 한다. 히로뽕제조를 위해 에페트린에 빙초산을 혼합한 행위가 (불가벌적) 불능범이 아니라고 인정하려면, 위와 같은 사정을 놓고 객관적으로 제약방법을 아는 **과학적 일반인의 판단으로** 보아 결과발생가능성이 있어야 한다.[6)]

⑫ ***표준판례** 피고인이 피해자가 심신상실 또는 항거불능상태에 있다고 인식하고 그러한 상태를 이용하여 간음할 의사로 피해자를 간음하였으나, 피해자가 실제로는 심신상실 또는 **항거불능의 상태에** 있지 않았던 경우, 준강간죄의 불능미수가 성립한다.[7)] *실행의 수단 또는 대상의 착오로 준강간죄에서 규정하고 있는 구성요건결과의 발생이 처음부터 불가능. 준강간의 고의 실현이 불가능. 재판부의 견해가 갈렸는데, 다수의견은 준강간의 결과가 발생할 위험성을 인정. 반대의견은 실행수단 내지 대상의 착오 자체를 부정.

1) 대판 1973. 4. 30. 73도354.
2) 대판 2007. 7. 26. 2007도3687.
3) 대판 1998. 10. 23. 98도2313.
4) 대판 2002. 2. 8. 2001도6669.
5) 대판 2005. 12. 8. 2005도8105. 제1, 2, 4, 10, 12회.
6) 대판 1978. 3. 28. 77도4049.
7) 대판 2019. 3. 28. 2018도16002 전원합의체. 제9, 11, 13회. 평석 홍영기, 「준강간의 미수」(법조 제68권, 2019), 659면 이하.

제5절 예 비 죄

[120] Ⅰ. 예비 의의

1. 예 비

1 예비는 실행착수에 이르지 않은 범죄 준비행위를 말한다. 실행착수가 없다는 점에서 미수와 구별된다. 형법상 예비가 되기 위해서는 단순한 내적 범죄결심만으로는 부족하다. 외부에 표출되지 않은 범죄의사는 어떤 경우에도 형법 처벌대상이 되지 않는다. '생각은 자유'이고 사람 내심을 처벌하는 '**심정형법心情刑法**'은 전체주의형법 대명사다. 실행에 착수하지 않았지만 내적 범죄결심을 외부로 표출하는 행위, 즉 외부 준비행위가 있어야 한다. 다시 말하면 예비는 내적 범죄결심을 넘어선 단계부터 실행착수 이전단계까지를 말한다. 예비 법 근거는 형법 제28조이고 음모와 함께 규정한다. 즉 "범죄의 음모 또는 예비행위가 실행의 착수에 이르지 않은 때에는 법률에 특별한 규정이 없는 한 처벌하지 않는다"고 하여 소극적 형식을 띤다. 범행대상 물색, 범행장소 사전답사 또는 범행도구 준비 등이 전형적 예비행위에 속한다.

2 예비도 미수와 마찬가지로 법률에 특별한 규정이 있을 경우에 처벌되는데, 처벌규정은 입법자가 특별한 위험성이 있다고 판단한 경우다. 가장 빈번한 예비죄 적용은 형법각칙(제90조 제1항을 비롯한 14개의 규정이 있음)보다 국가보안법에 있다. 현행 국가보안법은 구법보다 예비죄 범위를 다소 축소하였지만 존속시킨 것이 훨씬 많기 때문에 상황이 크게 변하지는 않았다.

2. 예비와 음모 구별

3 법률 예비처벌규정에는 언제나 음모가 붙어 다닌다. 즉 "~행위를 예비 또는 음모한 자는 ~형에 처한다"는 규정형식이다. 이 형식에 대한 예외는 없다. 법률이 '예비 또는 음모'라는 택일형식으로 규정하기 때문에 양자는 분명히 구별해야 할 개념이다. 예비 없이 음모만 한 경우도 처벌대상이 되므로 예비와 구별되는 음모내용은 무엇인지 밝혀야 한다. 예비와 음모가 늘 함께 처벌된다는 이유로 구별실익이 없다는 견해는 찬성하기 어렵다.

4 예비와 음모 구별기준에는 다음 견해가 있다. ① 음모를 예비 전단계로 보는 견해다. 이것은 형법 제28조 "음모 또는 예비" 배열순서에서 연유한다. 그러나 각칙과 특별법은 모두 "예비 또는 음모"로 그 배열을 달리한다. ② 음모를 예비 내용으로 보는 견해는 우리 법률과 맞지 않다. ③ 물적 준비행위가 예비고, 음모는 인적(심리적) 준비행위라는 견해다.[1)]

5 음모의 일상언어 의미는 '타인과 범죄 모의하는 것'이다. 즉 단독행위 음모란 생각할 수 없다. 특별히 법률 의미를 덧붙여야 할 사항이 아닌 다음에는 이 언어의미에서 출발해야한다. 그러므로 '음모'는 2명 이상이 범죄를 공모하는 심리 준비행위로 보는 견해가 옳다.

1) 대판 1986. 6. 24. 86도437.

[판례] 음모 의미

형법상 음모죄가 성립하는 경우의 음모란 2인 이상의 자 사이에 성립한 범죄실행의 합의를 말한다. 범죄실행의 합의가 있다고 하기 위하여는 단순히 범죄결심을 외부에 표시 · 전달하는 것만으로는 부족하고, 객관적으로 보아 특정한 범죄의 **실행을 위한 준비행위**라는 것이 명백히 인식되고, 그 합의에 실질적인 위험성이 인정될 때 비로소 음모죄가 성립한다.[1)]

[121] Ⅱ. 예비죄 법적 성격

1. 기본범죄 수정형식설 또는 발현형식설

1 예비죄는 기본구성요건 수정형식에 지나지 않고 독립된 범죄유형이 아니라는 견해다. 그 이유는 예비죄 처벌규정이 "～죄를 범할 목적으로 예비한 자는"(예컨대 제255조 살인예비죄)이라고 기본구성요건에 종속하는 형식을 띠기 때문이다. 우리나라 다수설이다.

2. 독립범죄설

2 위 수정형식설과 반대 입장으로 예비죄는 기본범죄와 독립된 범죄유형이고 독자적 불법성을 가진다는 견해다. 그 근거는 예비죄가 미수규정("본죄 미수범은 처벌한다")과 달리 행위 · 행위자 · 형벌을 기본구성요건과 마찬가지로 각각 독립해 규정하기 때문이라고 한다.

3. 이 분 설

3 예비죄에 위 양자가 다 포함되어 있다는 견해로 그 근거는 일본 형법에서 찾는다. 일본 형법에는 준비행위 다른 내용을 독자적으로 열거하는 규정을 두고 있지만, 우리나라 경우는 "～의 죄를 범할 목적으로 예비한 자는"이라고 하여 행위내용은 한결같이 예비로만 되어 있기 때문에 문제될 여지가 없다.

4 한 가지 참고적으로 예비죄 법적 성격과 관련하여 타인을 위한 예비행위가 예비죄(이른바 '타인예비죄')로 성립될 수 있는가 문제가 논의된다. 이 점은 뒤에서 다시 설명하겠지만 이분설과 마찬가지로 일본에서나 가능한 주장이다.

4. 결　　론

5 기본범죄 수정형식설은 예비죄 독립된 처벌규정을 설명하기 힘들고, 독립범죄설은 언제나 기본범죄에 종속하는 예비행위라는 점에서 마찬가지로 한계가 있다. 결국 행위형식은 기본구성요건 수정형식이지만 처벌은 독립적이라는 결론이 된다. 어느 학설이라도 상관없다. 즉 양설 모두 예비죄 공범이 성립할 수 있다는 결론은 같고 과정에 차이가 있을 뿐이다. 하지만 독립범죄설이 논리적으로 일관되고 명료하다. 그 이유는 입법자의 선택 처벌과 독립된 법정형 그리고 예비죄 공범과 관련하여 예비 실행행위성을 인정해야 할 필요성 등에서 찾을 수 있다.

1) 대판 1999. 11. 12. 99도3801. 제13회.

[122] Ⅲ. 예비죄 성립요건

1 예비죄가 성립하기 위해서는 주관 요건으로, ① 예비 고의와, ② 기본범죄를 범할 목적, 객관 요건으로, ③ 실행착수에 이르지 않은 외부 준비행위가 있어야 한다.

1. 주관적 요건

(1) 예비 고의

2 예비죄는 고의가 있어야 한다. 과실 예비와 과실범 예비죄는 이미 개념이 모순이다. 예비 고의내용과 관련하여 '기본범죄에 대한 고의(**기본범죄고의설**)'와 '준비행위에 대한 고의(**예비고의설**)'가 있다. 예비죄를 기본범죄 수정형태로 보는 견해는 앞 견해를 취하고, 뒤 견해는 독립범죄로 보는 견해의 논리적 결과이다. 기본범죄에 대한 고의는 목적내용이 되기 때문에 여기 고의는 준비행위에 대한 고의로 이해하는 것이 합당하다(**예비고의설 타당**).

(2) 기본범죄를 범할 목적

3 이것은 법률이 빠짐없이 규정하는 주관 요건이다. 따라서 ① 예비죄는 **기본범죄에 대한 '확실한 인식'**이 있어야 하고 미필인식으로 부족하다(**확실한 인식설**). 예비죄 궁극목적은 기본범죄 실현으로 달성될 수 있기 때문이다. 즉 목적내용은 기본범죄 실현에 대한 확실한 인식이다.

이에 대해 ② 기본범죄를 범할 목적은 고의 일반이론에 따라 기본범죄에 대한 확실한 인식은 물론 미필인식으로도 충분하다는 견해가 있다(**미필적 인식설**). 판례도 "목적에 대한 인식 정도는 적극적 의욕이나 확정적 인식일 필요는 없고 미필인식이면 충분하다"고 하여 이 견해를 따른다.[1]

[판례사례] 실패한 교사 甲은 乙에게 권총 · 수류탄 · 행동자금을 주면서 丙 등을 살해하라고 하였다. 그러나 乙은 범죄실행결의를 하지 않고 실행에 옮기지도 않았다. 이때 甲의 죄책은? 만일 이 경우 甲이 살해대상자를 지칭하지 않았다면 또 어떻게 될까?[2]

[해설] 이 사건에서 丙 등을 살해하라고 권총 등을 건네준 甲 행위는 그 자체로 독립하여 살인예비죄(제255조)를 구성한다. 다만 乙이 실행행위(살해행위)를 하였을 경우 甲은 교사범으로 정범인 乙과 동일한 형을 받는다(제31조 제1항). 이 사안에서 甲의 교사가 실패한 경우(**실패한 교사**)에 해당되기 때문에 甲만 살인예비죄 책임을 지고, 乙은 무죄다(제31조 제3항). 만일 乙이 범죄실행을 승낙하고 실행에 착수하지 않았으면, 이른바 **'효과 없는 교사'**로 甲, 乙 모두 살인예비죄에 해당한다(제31조 제2항). 그러나 甲이 구체적 범행대상을 지칭하지 않고 권총 등을 건네준 경우는 살인예비죄가 되지 않는다. 예비죄가 성립하기 위해서는 주관 요건으로 기본범죄를 범할 목적, 즉 기본범죄 실현에 대한 **확실한 인식이** 있어야 한다. 미필인식으로는 부족하다. 미래의 개방된 범행대상은

1) 대판 2004. 3. 26. 2003도7112.
2) 대판 1950. 4. 18. 4283형상10; 1959. 9. 1. 4292형상387.

고의성립에 필요한 인식의 구체성범위 밖에 있다. 예컨대 "내 간첩행위를 방해하는 놈은 죽이겠다"는 것은 범행대상 구체성이 없기 때문에 살인고의가 인정되지 않는다. 즉 기본범죄에 대한 고의가 없다.

2. 객관적 요건

(1) 외부적 준비행위

예비죄가 성립하기 위해서는 주관 요건 외에 외부 준비행위가 있어야 한다. 외부 준비내용에 따라 예비와 음모가 가려진다. **물적物的 준비**는 예비에 속하고, 다수인의 **심적心的 모의**는 음모에 해당하지만 그 차원을 넘어선 다수인 물적 준비는 예비다. 따라서 외부 준비행위 핵심은 물적 준비라 할 수 있다. 예외적으로 인적 준비가 포함될 수 있는 경우는 알리바이 조작을 위한 대인접촉, 장물을 처분할 사람 확보 등을 들 수 있다. 물적 준비 수단 · 방법 · 종류는 제한이 없다. 4

(2) 자기예비와 타인예비

우리 형법 "죄를 범할 목적"과 달리 일본 형법이 "죄에 공할 목적"(예컨대 일본 형법 제183조)이라고 규정함으로써 자기예비 외에 이른바 타인예비도 예비죄에 포함되는가를 둘러싸고 견해대립이 있다. 자기예비는 자기 스스로 또는 타인과 공동으로 실행행위를 할 목적으로 준비하는 행위를 말하고 타인예비는 타인 실행행위를 위해 준비하는 행위를 말한다. 5

우리나라와 일본 입법형식이 달라서 우리 형법 "죄를 범할 목적"은 예비자 스스로 실행의사를 가져야 하는 것으로 되어 있다(**타인예비 부정설**). 타인예비는 타인이 실행에 착수하면 교사범이나 종범이 성립하고 그렇지 않으면 예비죄가 된다. 정범 발전단계에 따라 동일한 타인예비가 공범행위가 되기도 하고 예비행위가 되기도 하는 것은 모순이다. 후자 예비행위는 정범에 속하는데, 어떤 경우에도 공범과 정범은 구별해야 한다. 예비에 타인예비를 포함시키면 예비죄 가벌성 범위가 지나치게 넓어지는 법치국가 문제도 발생한다(**타인예비 부정설 타당**). 6

(3) 실행착수 이전 행위

외부 준비행위가 실행착수에 이르면 미수 또는 기수 문제가 발생하고, 예비는 여기 흡수된다. 예비죄가 성립할 여지가 없어진다.[1] 그러므로 외부 준비는 실행착수에 이르지 않아야 한다. 7

(4) 처벌규정의 존재

앞에서도 몇 번 말한 것처럼, 예비죄는 법률에 특별한 규정이 있을 경우에 처벌된다(제28조). 8

---

1) 제6회.

[123] Ⅳ. 예비죄 관련 문제

1. 예비죄 중지

1 예비죄 중지미수에 대해서는 앞 중지미수 「관련 문제」 부분을 참조하기 바란다.

2. 예비죄 공범

2 예비죄 공범에는, ① 예비죄 공동정범과, ② 예비죄 교사범 · 종범이 문제될 수 있다. 앞의 것은 2명 이상이 공동하여 기본범죄를 실현하려고 하였으나 예비에 그친 경우고, 뒤의 것은 정범을 교사 · 방조하였으나 정범이 실행에 착수하지 않고 예비에 해당하는 경우를 말한다.

(1) 예비죄 공동정범

3 학설 · 판례[1]는 예비죄 공동정범이 가능하다고 본다. 독립범죄설은 예비죄 실행행위성을 인정하기 때문에 공동정범을 인정하는 것은 당연한 결과이고, 수정형식설(발현형식설)을 취하면 예비행위 실행행위성에 대한 **긍정설**과 **부정설** 학설대립을 거쳐 긍정설(다수설)만이 예비죄 공동정범을 인정하는 결론에 이른다. 부정설(소수설)을 갖지 않는 이상 수정형식설 결론도 독립범죄설과 차이가 없다.

(2) 예비죄 교사범 · 종범

4 1) 의 의 예비죄 교사범(교사의 미수)에 대해서는 형법이 예비에 준하여 처벌한다는 특별규정을 두고 있기 때문에(제31조 제2 · 3항), 여기서는 예비죄 종범만 문제된다. 그것도 공범종속성설에 따를 경우에만 문제된다. 왜냐하면 공범독립성설에 따르면 예비죄 종범은 종범 미수로 처벌되어야 하기 때문이다. 공범종속성설이 다수견해다.

5 2) 학설대립 예비죄 종범성립 여부에 대해서는 **긍정설**과 **부정설** 견해가 있는데, 다수설과 판례[2]는 부정설 입장이다. ① 부정설은 그 이유로 교사 미수에 관한 제31조 제2 · 3항과 같은 방조미수에 관한 처벌규정이 없다는 점, 처벌범위가 지나치게 확대된다는 점을 든다. 즉 후자와 관련해서 방조방법에 제한이 없고, 예외적으로 처벌하는 예비에 대한 종범까지 인정하는 것은 지나치다는 생각이 깔려 있다. ② 예비행위 실행행위성을 인정하면 예비죄 종범을 긍정하는 것이 논리적으로 맞다. 그러나 부정설 견해처럼 예비죄에 대한 종범은 공동정범이나 교사범과 구별되는 매우 낮은 정도불법성을 갖기 때문에 처벌되지 않는 것으로 보아도 무방하다(**부정설 타당**).

[판례]

① **예비죄의 이중고의(*표준판례)** 피고인 갑은 피해자 병을 살해하기 위해 피고인 을과 정을 고용하였고 그들에게 살인의 대가를 지급하기로 약정하였다. 피고인 갑에게는 **살인죄를 범할 목적 및 살인의 준비에 관한 고의가** 인정될 뿐 아니라, 그가 살인죄의 실현을 위한 준비행위를 하였음을 인정할 수 있다. 따라서 피고인 갑에 대하여 살인예비죄가 성립한다.[3] *예비죄의 개념과 예비죄의 성립요건을 명시한 판결.

---

1) 대판 1979. 5. 22. 79도552; 1978. 2. 23. 77도340. 제1, 6회.

2) 대판 1979. 5. 22. 79도552.

3) 대판 2009. 10. 29. 2009도7150. 제10회.

② 피고인이 **북한공작원들과의 사전 연락하**에 주도한 민중당의 방북신청은, 그러한 정을 모르는 다른 민중당 인사들에게는 남북교류협력의 목적이 있었다 할 수 있음은 별론으로 하고, 피고인 자신에 대한 관계에서는 남북교류협력을 목적으로 한 것이라고 볼 수 없다. 피고인의 방북신청은 국가보안법상의 탈출예비에 해당한다.1)

③ 피고인은 행사할 목적으로 미리 준비한 물건들과 옵세트 인쇄기를 사용하여 한국은행권 100원권을 사진 찍어 그 **필름 원판 7매와** 이를 확대하여 현상한 **인화지 7매를** 만들었다. 피고인의 행위는 아직 통화위조의 착수에는 이르지 않았고 그 준비단계에 불과하다.2)

④ 피고인들은 실제 북한과 범민족단합대회추진을 위한 예비회담을 하기 위해 판문점을 향해 출발하려고 하였다. 비록 피고인들이 그 주체와 **의사연락하에** 위 행위를 하였고, 당국의 제지가 없었더라면 위 회담이 반드시 불가능하지는 않았다고 보여진다. 위 피고인들의 소위는 국가보안법 제8조 제4항, 제1항 회합예비죄에 해당한다. 회합장소인 판문점 평화의 집으로 가던 중 그에 훨씬 못 미치는 검문소에서 경찰의 저지로 그 뜻을 이루지 못한 것이라면, 아직 반국가단체의구성원과의 회합죄의 실행에 착수하였다고 볼 수 없다.3)

⑤ 갑은 관세를 포탈할 목적으로 수입 물품의 수량과 가격이 낮게 기재된 계약서를 첨부하여 수입예정 물량 전부에 대한 과세가격 사전심사를 신청함으로써 과세가격을 허위로 신고하였다. 그리고 갑이 이에 따른 **과세가격 사전심사서를** 미리 받아둔 것은 관세포탈예비죄에 해당한다.4)

⑥ **예비죄 성립 부정** 살해용도로 쓰기 위해 흉기를 준비했더라도 그 흉기로써 살해할 **대상자가 확정되지** 않았으면 살인예비죄로 다스릴 수 없다.5)

⑦ 피고인은 간첩에 당하여 불특정 다수인인 경찰관으로 부터 체포 기타 방해를 받을 경우에는 이를 배제하기 위해 무기를 휴대한 것이 명백하다. 이 경우의 무기소지는 **살인대상**이 특정되지 않았으므로 살인예비죄가 성립하지 않는다.6)

⑧ ***표준판례** 내란음모가 성립하기 위해서는 개별 범죄행위에 관한 세부적 합의가 있을 필요는 없다. 그러나 **공격 대상과 목표가** 설정되어 있고, 그 밖의 실행계획에 사항의 윤곽을 공통적으로 인식할 정도의 합의는 있어야 한다. 내란음모죄에 해당하는 합의는 단순히 내란에 관한 범죄결심을 외부에 표시·전달하는 것만으로는 부족하다. **객관적으로** 내란범죄의 실행을 위한 합의라는 것이 명백하고, 그러한 합의에 실질적인 위험성이 있어야 한다.7) *특정 정당 소속의 국회의원 피고인 갑 및 지역위원장 피고인 을을 비롯한 피고인들이, 이른바 조직원들과 회합을 통하여 회합 참석자 130여 명과 한반도에서 전쟁이 발발하는 등 유사시에 상부 명령이 내려지면 바로 전국 각 권역에서 국가기간시설 파괴 등 폭동할 것을 주장한 행위에 대해 내란선동죄의 유죄는 인정하였으나 폭동의 통모에 대한 내란음모죄는 인정하지 않음. **통진당 이석기 내란선동사건.**

1) 대판 1993. 10. 8. 93도1951.
2) 대판 1966. 12. 6. 66도1317.
3) 대판 1990. 8. 28. 90도1217.
4) 대판 1999. 4. 9. 99도424. 제13회.
5) 대판 1959. 9. 1. 4292형상387.
6) 대판 1959. 7. 31. 4292형상308.
7) 대판 2015. 1. 22. 2014도10978 전원합의체.

[판례] 예비죄 종범 성립 부정

형법 제32조 제1항 소정 타인의 범죄란 정범이 범죄의 실현에 착수한 경우를 말하는 것이므로 종범이 처벌되기 위해서는 **정범의 실행착수가 있는** 경우에만 가능하고 형법 전체의 정신에 비추어 정범이 실행착수에 이르지 아니한 예비의 단계에 그친 경우에는 이에 가공하는 행위가 **예비의 공동정범이** 되는 경우를 제외하고는 이를 종범으로 처벌할 수 없다고 할 것이다. 왜냐하면 범죄의 구성요건개념상 예비죄의 실행행위는 무정형, 무한정한 행위이고 종범의 행위도 무정형, 무한정한 것이고 형법 제28조에 의하면 범죄의 음모 또는 예비행위가 실행의 착수에 이르지 아니한 때에는 법률에 특별한 규정이 없는 한 벌하지 아니한다고 규정하여 예비죄의 처벌이 가져올 범죄의 구성요건을 부당하게 유추 내지 확장 해석하는 것을 금지하고 있기 때문에 형법각칙의 예비죄를 처단하는 규정을 바로 독립된 구성요건개념에 포함시킬 수는 없다고 하는 것이 죄형법정주의의 원칙에도 합당한 해석이기 때문이다. 따라서 형법 전체의 정신에 비추어 예비의 단계에 있어서는 그 **종범의 성립을 부정하고** 있다고 보는 것이 타당한 해석이다.[1]

[해설] 예비죄의 종범과 관련되는 문제는 예비죄의 법적 성질로부터 그 해결 실마리를 찾는 것이 순서이다. **수정형식설**(발현형식설)은 예비죄가 기본구성요건의 수정형식에 지나지 않고 독립된 범죄유형이 아니라는 견해이다. 이렇게 되면 정형성이 없는 예비행위에 가공하는 예비죄 종범은 불처벌이라는 논리적 결론을 도출할 수 있다. 그러나 예비죄를 독자적 불법성을 가진 독립된 범죄유형으로 보는 **독립범죄설**에 따르면 예비죄 방조범에 대한 처벌은 가능하다는 결론이 된다. 그러므로 정범이 실행에 착수하지 않은 예비의 종범에 대한 처벌을 주장하는 검사의 입장은 독립범죄설에 따른 것이다. 그러나 위 판례는 반대로 수정형식설을 취한다. 독립범죄설을 따르면서 예비죄 종범성립을 부정할 수 있는 방법은 그것의 **낮은 불법성을** 주장하는 것이다. 수정형식설을 토대로 한 대법원의 논지핵심은 예비의 공동정범이 되는 경우를 제외하고는 정범이 실행에 착수하지 않은 예비단계에 대한 종범은 처벌할 수 없다는 것이다.

---

1) 대판 1976. 5. 25. 75도1549. 제1, 3, 4, 6, 10회.

제 7 장　정범과 공범

제 1 절　정범과 공범의 기초이론

[124] Ⅰ. 범죄 참가형태

'공범' 용어를 둘러싸고 법률과 이론 사이에 오해를 살 부분이 있어 이것부터 정리 1
할 필요가 있다. 범죄참가형태는 말 그대로 행위자가 범죄에 참가하는 형태 · 방식을 의미한다.

예컨대 생각해 볼 수 있는 구별기준은, ① 한 사람이 범행하는 것과 두 사람 이상 2
이 하는 경우의 구별, ② 자기 스스로 범행하는 것과 다른 사람의 도움을 받아 하는 경우의 구별이 있다. 이러한 범죄참가형태는 형법총칙 제 2 장 제 3 절 '공범'이 규정한다. 제목을 '공범'으로 달고 그 내용은 공동정범(제30조), 교사범(제31조), 종범(제32조) 그리고 간접정범(제34조)이 있다. 그런데 문제는 공동정범과 간접정범은 이미 양 개념이 시사하고 있는 것처럼 공범이 아니고 정범이라는 점이다. 비록 범죄에 다수인이 참가하는 형태이긴 해도 양자가 정범이라는 점에 이의가 있을 수 없다. 나아가서 제 3 절 '공범'은 정범에 관한 규정이 없으면서 공동정범과 간접정범을 말한다. 도무지 종잡을 수 없는 용어 혼란이다. 이것을 정리하는 방법으로 다음 두 가지가 있다.

1. 법률 관점

이 견해는 가급적이면 법률 규정형식에서 벗어나지 않으려고 한다. 그리하여 제목의 '공범' 3
이라는 말도 살리고 공동정범, 간접정범과 같은 정범도 여기에 포섭할 수 있는 방법을 찾는다. 우리나라 지배적 견해고 그 내용은 다음과 같다.

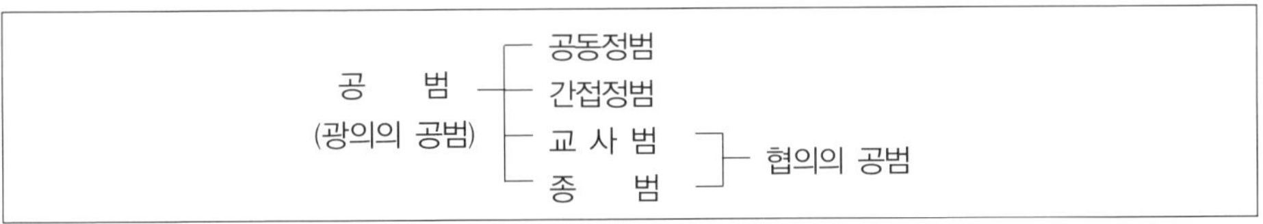

2. 이론 관점

이 견해는 공범은 정범개념을 전제하여 성립할 수 있다("정범 없이 공범 없다")는 이론면에 충 4
실하려고 한다. 그리하여 제목이 비록 '공범'으로 되어 있더라도 여기에는 당연히 정범이 전제돼 있는 것으로 해석한다. 따라서 '공범'이라는 제목도 '정범과 공범'으로 이해하고 언젠가는 그렇게 고쳐야 할 것이라고 주장한다. 그 내용을 도표로 보면 다음과 같다.

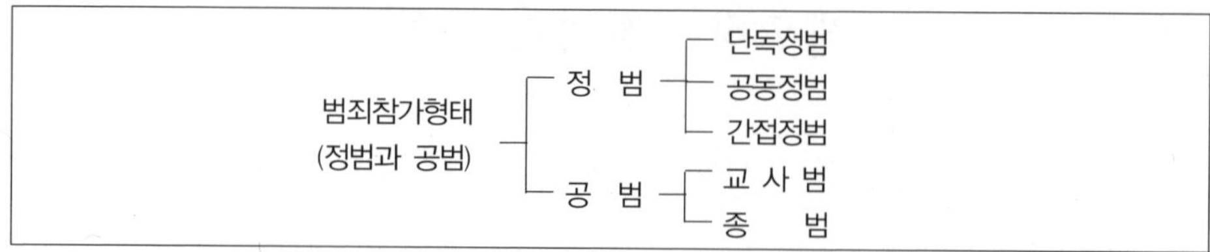

3. 결 론

5 어느 견해가 옳다고 말하기는 힘들다. 앞 법률에 충실한 관점은 이론적으로 깨끗하지 못한 흠은 있으나 현실을 반영하는 장점이 있다. 현실은 법률 규정형식과 우리 용어사용현실을 말한다. 그러나 공범개념을 특별한 근거없이 광의·협의로 나눔으로써 정범과 공범을 두루뭉술하게 그냥 공범으로 불러도 틀리지 않도록 편법을 사용한 것은 아무래도 이론적으로 잘 이해가 되지 않는다.

6 이에 대해 뒤의 이론에 충실한 견해는 이론적으로 매우 정연하다. 다툼이 있을 수 없다. 그런데 정범에 관한 별도규정이 없는 상황에서 교사범과 종범만을 공범으로 분류하는 것은 지금 보편화되어 있는 공범에 대한 이해와 잘 맞지 않는 문제가 있다. 비록 그 이해가 이론적으로 합당하지 않더라도 법률에서 비롯되는 이 상황은 어쩔 수 없는 현실이다.

7 하지만 이러한 개념 분류 차이가 법률이 규정하고 있는 각각 범죄양태 내용에 영향을 미치는 것은 없다. 각자 사용하고 있는 개념 의미맥락이 어떤 분류에 따른 것인지 분명히 하면 큰 문제는 없다.

[125] Ⅱ. 정범과 공범 구별

1 공범은 정범을 전제한 개념이다. 그러므로 공범이론에서 가장 기본되는 문제는 정범과 공범 구별이다. 양자 관계가 확정되지 않고서는 공범성립의 정범 종속성, 독립성 문제 그리고 공동정범·간접정범과 종범·교사범 구별은 어렵다. 먼저 정범개념부터 살펴보고 양자 구별기준에 대한 학설을 검토한다.

1. 정범개념

(1) 확장 정범개념

2 모든 조건 동가치성을 인정하여 구성요건실현에 원인을 제공한 모든 사람은 정범이 된다는 견해다. 정범 범위를 매우 넓게 잡기 때문에 확장 정범개념이라고 한다. 이 개념에 따르면 정범과 공범 구별이 없는 통일 정범개념이 만들어진다. 교사범과 종범도 정범이지만 특별규정으로 요건을 완화하거나 형벌을 감경하기 때문에 형벌축소사유에 해당한다.

(2) 제한 정범개념

3 형법각칙 형벌구성요건을 '스스로' 실현한 자만 정범이라는 견해다. 그 밖에 교사범, 종범처럼 범행에 가담한 사람은 공범으로 정범과 구별된다. 이러한 공범을 처벌하기 위해서는 법률의 특별한 규정을 필요로 한다. 따라서 공범은 제한 정범개념 관점에서 보면 형벌확장사유가 된다.

(3) 형법 태도

우리 형법에 정범개념에 대한 독립 규정은 없다. 그러나 형법 제30~34조는 **고의범**에 대해 정범과 공범을 구별한다. 그러므로 이 규정은 **제한 정범개념**을 기초로 한다. 이 점은 특히 교사범(제31조)에서 분명히 드러나는데, 법문은 교사자를 '죄를 실행한 자와 동일한 형으로 처벌한다'고 함으로써 정범과 교사범을 구별한다. 따라서 형법각칙 구성요건은 원칙적으로 스스로 구성요건을 실현한 정범에 대해서만 적용된다. 형법 제31, 32조의 교사범, 종범규정에 따라서 타인 범죄행위에 가담한 자에게 형벌이 미친다. 그러므로 총칙 이 규정은 형벌확장사유다. 하지만 **과실범** 영역에서는 정범과 공범 구별이 없고 과실로 결과를 야기한 모든 사람은 과실범 정범이 된다. **과실범의 공범**(교사범 · 종범)은 없으므로 현행법 과실범은 확장 정범개념을 따른다. 4

2. 정범과 공범 구별기준

정범과 공범 구별이 문제되는 상황은 다음 두 가지로 압축할 수 있다. ① 간접정범은 다른 사람을 이용하여 범행하는 경우를 말한다. 그런데 그 '이용'은 대개 **교사敎唆** 형태를 띠게 마련이어서 간접정범과 교사범 구별은 정범과 공범 구별이 문제되는 경우가 된다. ② 공동정범은 여러 사람이 공동으로 구성요건을 실현하기 때문에 관계된 모든 사람이 전체 구성요건을 스스로 실현할 필요는 없고 그 역할을 분담하는 것도 얼마든지 가능하다. 이와 같은 구성요건실현 역할분담은 대부분 **종범** 형식을 갖는다. 그러므로 공동정범과 종범 구별도 정범과 공범 한계가 문제되는 경우의 하나다. 정범과 공범 구별기준으로 다음 견해가 있다. 5

(1) 객 관 설

제한 정범개념을 기초로 하는 객관설에는 형식 객관설과 실질 객관설이 있다. 6

1) 형식 객관설 지금 이 학설을 주장하는 사람은 없다. 형식 객관설에 따르면 구성요건을 '직접' 실현한 자는 정범이고 그렇지 않은 범행가담자는 공범이 된다(**직접성**). 제한적 정범개념에 따른 학설이다. 정범개념을 지나치게 축소함으로써 간접정범과 공동정범을 제대로 설명할 수 없다는 비판을 받는다. 7

2) 실질 객관설 범죄에 대한 **행위기여 비중**에 따라 정범과 공범을 구별하는 견해다. 오늘날 지배적 견해인 행위지배설 기초가 된 학설이다. 8

실질 객관설 관점에서 나온 것으로 필연설과 동시설이 있다. ① **필연설**은 결과발생에 '필수적인' 행위를 한 자는 정범이고 그렇지 않은 자는 공범이라는 견해다(필수성). ② **동시설**은 행위수행 시점을 기준으로 '행위시에' 가담한 자는 정범이고 그 전후에 가담한 자는 공범이라는 견해다(**동시성**). 9

그러나 어느 학설에 따르건 객관 기준만으로 정범과 공범을 구별하면 교사범이나 간접정범을 제대로 파악할 수 없다. 필연설에 따르면 타인에게 범죄를 결의시킨 교사범은 언제나 정범이 되어야 한다. 동시설에 따를 때 간접정범은 행위시에 가담한 자가 아니므로 공범이 된다는 모순된 결론이 나온다. 행위자 주관적 의사를 고려하지 않고 정범과 공범을 구별하는 것은 불가능하다. 10

(2) 주 관 설

확장 정범개념에 따르면 구성요건실현에 대한 모든 행위기여는 동가치가 된다. 그러므로 정범과 공범 구별은 주관적 척도에 따라서만 가능하다. 11

12 1) **극단 주관설** 극단 주관설은 행위기여 양태, 객관적 비중과 같은 객관 요소를 고려하지 않고 오로지 '범죄관여자 의지'에 따라 정범과 공범을 구별하는 이론이다. 그리하여 '**정범의사를 가지고 행위한 자**'가 정범이고, 공범은 '**공범의사로 행위한 자**'라고 한다. 여기에서 행위자 의사를 판단하는 기준으로, ① **이익설**은 행위결과를 자신 이익을 위해 하면 정범, 타인 이익을 위해 하면 공범으로 본다. ② **고의설**은 범죄관여자가 자신 의사를 정범 의사와 같은 것으로 보았는가, 즉 정범과 같은 고의가 있으면 정범이고 그렇지 않으면 공범이라는 견해이다. 그러므로 고의설에 따르면 구성요건을 자기 스스로 완전히 직접 실현한 자도 만일 공범의사를 가지면 단순한 종범에 지나지 않는다.

13 극단적 주관설은 정범과 공범을 구별하는 데 객관 요소를 고려하지 않고 완전히 행위자 의사에 의존하기 때문에 법관의 자의적 개념규정이 개입할 수 있는 위험성이 있다. 행위자 의사는 성향개념에 속하므로 경험으로 확인할 수 있는 대상이 아니다. 즉 이러한 개념 존재를 확인하는 것은 전적으로 외부 자료에 따른 추론에 의존할 뿐인데, 이 자료 평가는 법관 손에 달려 있다. 그러므로 법관은 얼마든 자기가 원하는 결론을 합리화할 수 있으므로 극단 주관설은 곧 극단 행위자지향의 문제점을 안고 있다. 행위지향과 행위자지향 균형이 모든 형법이론의 궁극 과제가 된다는 점은 이미 언급하였다.

14 2) **제한 주관설** 제한 주관설은 극단 주관설 문제점을 시정하기 위해 나온 학설이다. 행위자 주관 척도에 행위기여 양태, 행위과정 지배와 같은 객관 요소를 결합시킨다. 그러나 극단 주관설 토대를 벗어나지 못하고 단지 수정하려고 하기 때문에 대안이 되기는 미흡하다.

(3) 행위지배설

15 1) **핵심인물과 주변인물** 행위지배설은 정범과 공범 구별기준을 객관 요소와 주관 요소 결합에서 찾는다. 그 결합 기준을 '행위지배' 라는 말로 표현한다. 따라서 범죄에 대한 행위지배가 있으면 정범, 그런 것이 없이 단순히 범행을 야기 · 촉진한 사람은 공범이 된다. 행위지배는 보통 '**구성요건과정에 대한 고의 장악**'으로 설명한다. 따라서 정범은 행위과정에 대한 '**핵심인물**'로 행위지배를 계획적으로 조종하고 형성하는 사람이다. 즉 정범은 그의 의사에 따라 구성요건실현 여부를 결정할 수 있는 사람이고, 공범은 독자적 행위지배가 없는 '**주변인물**'에 지나지 않는다.

16 2) **행위지배 다양성** 행위지배는 직접정범, 간접정범 그리고 공동정범에서 각각 다른 형태로 나타난다. ① 직접정범은 구성요건을 스스로 실현하는 사람이다. 따라서 직접정범 행위지배는 구성요건에 해당하는 실행행위 그 자체에 대한 실행지배 형태로 나타난다. 이 점은 형식 객관설의 결론과 같다. ② 간접정범은 타인을 이용해서 범행하는 사람이기 때문에 그의 행위지배는 피이용자에 대한 의사지배 형태로 나타난다. 즉 간접정범은 우월 의사를 가지고 피이용 의사를 지배하여 그가 범죄하도록 만든다. ③ 여러 사람이 공동으로 범행하는 공동정범은 기능 역할분담을 특징으로 한다. 따라서 공동정범 행위지배는 기능적이어서 각각 기능 행위지배가 결합하여 공동 행위지배를 구성한다. 이러한 특수성으로 전체범행 한 부분을 수행하는 기능을 한 사람도 정범으로 처벌된다.

(4) 결 론

17 정범과 공범 구별기준으로 행위의 주관 측면과 객관 측면을 동시에 고려하는 **행위지배설**이 타당하다(**다수설**). 무엇보다도 주관설 자의적 결론을 배제할 수 있는 장점이 있다. 행위지배내용에

대한 평가문제는 여전히 남지만, 그 유형이 주관설보다 훨씬 뚜렷하기 때문에 법적 안정성에 기여할 수 있다. 범행 핵심인물 또는 범행과정의 주도적 조종이라는 판단기준은 객관 상황을 고려해야 하기 때문에 형법각칙 구성요건유형과 부합하는 것이기도 하다.

[판례]

공동정범의 본질은 분업적 역할분담에 의한 **기능적 행위지배**에 있다. 공동정범은 공동의사에 의한 기능적 행위지배가 있음에 반하여, 종범은 그 행위지배가 없는 점에서 양자가 구별된다.[1)]

[126] Ⅲ. 동 시 범

정범 종류에는 직접정범과 간접정범, 그리고 직접정범은 다시 범죄를 실행하는 사 1
람 숫자에 따라 단독정범과 공동정범으로 나뉜다. 직접정범은 행위자 자신이 직접 범죄를 실행하는 경우고, 간접정범은 타인을 도구로 이용하여 간접적으로 실행한다. 단독정범은 직접정범 행위자가 1명일 때를 말하고 공동정범은 그 행위자가 여러 사람인 경우다.

1. 독립행위 경합

동시범은 두 사람 이상 행위자가 '의사연락 없이' 같은 대상에 동시 또는 이시異時 2
에 범행하는 경우를 말한다. 형법은 이것을 독립행위 경합으로 표현한다(제19조). 동시정범, 다수정범이라는 말을 사용하기도 한다. 행위자가 두 사람 이상이라는 점에서 단독정범과 구별되고, 의사연락이 없다는 점에서 공동정범·합동범과 구별된다. 구별해야 할 개념으로 합동범이 있는데, 이것은 형벌구성요건이 특별히 "2인 이상이 합동하여" 범행하는 것으로 규정한 범죄를 말한다(제146조, 제331조 제2항, 제334조 제2항). 합동범 본질에 대해서는 견해대립이 있으나 공동정범 일종으로 보는 견해가 지배적이다.

2. 동시범 성립요건

형법 제19조는 "동시 또는 이시 독립행위가 경합한 경우에 그 결과발생 원인된 행 3
위가 판명되지 않은 때는 각 행위를 미수범으로 처벌한다"고 규정하는데, 이를 토대로 동시범요건을 열거하면 다음과 같다.

1) 두 사람 이상 **실행행위가** 있어야 한다. 행위자가 한 사람일 경우는 동시범이 문제될 여지가 없다.

2) 행위자 사이에 **의사연락이** 없어야 한다. 법문은 이것을 "독립행위가 경합한 경우"라고 표현한다. 만일 의사연락이 있으면 공동정범이 성립한다. 문제는 공동정범 의

1) 대판 1989. 4. 11. 88도1247, 제7회.

사연락내용을 어떻게 파악하느냐에 따라 동시범 성립범위가 달라진다는 점이다.

예컨대 범죄공동설에서 보면 의사연락은 범죄공동의사, 즉 고의공동을 뜻한다. 따라서 고의가 공통되지 않은 고의범과 고의범, 고의범과 과실범, 과실범과 과실범 사이에는 동시범이 성립한다.

다음으로 행위공동설 의사연락은 구성요건행위에 대한 공동의사로써 충분하고 결과공동의사(고의의 공동)를 필요로 하지 않는다. 그러므로 고의범과 고의범 공동정범, 과실 공동정범, 고의범과 과실범 공동정범도 가능하다. 그만큼 동시범 범위가 좁아지는 결과를 가져온다. 행위공동의사는 쌍방으로 존재해야 하므로 일방 공동의사만 있는 이른바 편면 공동정범은 동시범에 속한다.

3) **행위객체가** 동일해야 한다.

4) 행위 장소 · 시간은 다르더라도 상관없다. 법문 "동시 또는 이시의 독립행위"가 이것을 의미한다. 한 사람 실행행위 중에 의사연락을 하여 공동실행하는 승계 공동정범은 동시범이 아니다.

5) 결과발생 **원인 행위가** 판명되지 않아야 한다. 입증책임은 검사에게 있다. 원인행위가 판명되면 각자는 그 내용에 따라 고의 또는 과실 책임을 질 것이기 때문에 동시범문제가 발생하지 않는다.

3. 동시범 처벌

4 이상 요건을 갖추었을 때 각 행위자는 결과에 대한 미수범 책임을 진다(제19조). 결과책임을 배제하고, '의심스러우면 피고인 이익으로'(in dubio pro reo) 법치국가원칙에 충실한 입법이다.

4. 상해 동시범특례

(1) 검사 입증곤란

5 형법 제263조는 상해 동시범을 공동정범 예에 따라 처벌한다고 규정함으로써 형법 제19조 예외를 인정한다. 입법취지는 보통 상해 동시범이 빈번하게 발생하는데도 검사가 원인행위를 입증하는 것은 매우 어렵다는 점을 든다. 말하자면 검사 입증곤란을 덜어 주기 위한 정책 규정으로 '의심스러우면 피고인 이익으로' 판단하라는 형법 규범원칙에 대한 예외를 인정한 것이다.

(2) 법치국가형법 예외

6 검사 입증곤란을 일방으로 피고인에게 부담시키는 합리적 근거를 찾을 수 없다. 검사 적극 입증이 곤란한 만큼 피고인도 자기행위로 상해결과가 발생하지 않았다는 소극 입증을 하는 것이 마찬가지로 용이하지 않다. 이 특례규정은 피고인의 일방 자유희생을

대가로 검사 입증곤란을 해소하고 결과적으로 형벌권을 확장한다.

상해 동시범특례는 형법 법치국가원칙에 어긋나는 **매우 의심스러운 입법형식**이다. 7
같은 취지에서 제263조를 제한 적용하려고 한 판례는 있다. "흉기로 피해자 얼굴을 상해한 것이 피고인 중 어느 한 사람 소행일 가능성도 없는 상황, 즉 현장에 있던 행위자가 가해행위를 했는지 그 자체가 분명하지 않은 상황이라면 피고인에 대해 상해행위 부분까지 그 죄책을 물을 수는 없다"고 판시하였다.[1]

[판례]

① **이시異時의 독립행위 경합** 시간적 차이가 있는 독립된 상해행위나 폭행행위가 경합하여 사망결과가 일어나고, 그 사망의 원인된 행위가 판명되지 않은 경우에는 공동정범의 예에 의하여 처벌한다. 2시간 남짓한 시간적 간격을 두고 피고인이 두 번째의 가해행위인 이 사건 범행을 한 후 피해자가 사망하였다. 그 **사망 원인**을 알 수 없다고 보아 피고인을 **폭행치사죄의 동시범**으로 처벌한 원심판단은 정당하다.[2]

② 형법 제263조의 동시범은 상해와 폭행죄에 관한 특별규정으로서, 동 규정은 그 보호법익을 달리하는 **강간치상죄**에는 적용할 수 없다.[3]

③ 2인 이상이 상호의사연락 없이 동시에 범죄구성요건에 해당하는 행위를 하였을 때 그 결과발생의 원인된 행위가 분명하지 않으면 각 행위자를 미수범으로 처벌한다(독립행위의 경합). 이 독립행위가 경합하여, 특히 상해의 경우에는 공동정범의 예에 따라 처단(동시범)하는 것이므로, **상호 의사연락이 있어** 공동정범이 성립하면 독립행위경합 등의 문제는 아예 제기될 여지가 없다.[4]

[판례사례] 결과적 가중범 공동정범과 동시범(*표준판례) 피고인 甲은 공동피고인 乙, 丙 그리고 공소 외 丁 등과 함께 뱃놀이하면서 술을 마셔 만취 상태에서 술을 더 마시자고 의논이 되어 사건현장 술집에 가게 되었다. 甲과 乙이 앞서 가다가 甲이 마루에 걸터앉아 있던 피해자 戊 앞을 지나가면서 그의 발을 건 것이 발단이 되어 시비가 일어났다. 화가 난 甲은 손으로 피해자 戊의 멱살을 잡아 흔들다 뒤로 밀어버려 피해자로 하여금 그곳 토방 시멘트바닥에 넘어져 나무기둥에 뒷머리를 부딪치게 하였다. 이때 뒤따라오던 丙이 그 장면을 보고 들고 있던 쪽대(고기망태기)를 마당에 집어던지고 욕설하면서 피해자 戊에게 달려들어 양손으로 멱살을 잡고 수회 흔들다가 밀어서 피해자를 뒤로 넘어뜨려 피해자로 하여금 뒷머리를 토방 시멘트바닥에 다시 부딪치게 하였다. 이어 丙은 그 곳 부엌 근처에 있던 삽을 들고 피해자 얼굴 우측부위를 1회 때려 동인으로 하여금 넘어지면서 뒷머리를 장독대 모서리에 부딪치게 하였다. 그 결과 피해자는 뇌저부경화동맥파열상을 입고 사망에 이르렀다.[5] 甲과 丙 죄책은 어떻게 될까?

---

1) 대판 1984. 5. 15. 84도488. 제2회.
2) 대판 2000. 7. 28. 2000도2466. 제7, 9회.
3) 대판 1984. 4. 24. 84도372.
4) 대판 1997. 11. 28. 97도1740. 제7회.
5) 대판 1985. 5. 14. 84도2118. 제9회.

[해설] 이 사건에 대해 원심은 甲과 丙을 **상해치사죄 공동정범으로** 처단하였다. 말하자면 결과적 가중범 공동정범을 인정한 것이다. 그러나 공동정범은 주관 요건으로 범행의사 공동과 객관 요건으로 실행행위 공동이 있어야 한다. 이때 범행의사 공동은 공동행위자 상호간에 있어야 하고 행위자 일방의 가공의사(이른바 편면 공동정범)만으로는 공동정범관계가 성립할 수 없다. 원심이 인정한 싸움 경위와 내용에 비추어 보면 甲과 丙 각 범행은 **우연한 사실에** 따라 우발로 발생한 독립적인 것으로 보일 뿐 양인간에 범행에 관한 사전모의가 있었던 것 같지는 않다. 또 丙이 피고인 甲 범행을 목격하고 이에 가세한 것으로 인정되지만 甲이 丙 가세사실을 미리 인식·의욕한 것으로 보기도 어렵다. 피해자에 대한 甲과 丙 행위는 별개로 이루어졌기 때문에 공동 실행행위로 볼 수 없다. 그렇다고 암묵의 공동실행의사가 양인 사이에 형성된 것으로 보기도 어렵다.

이 사건은 **전형적인 동시범에** 해당한다. 따라서 甲과 丙 행위는 형법 제19조 적용을 받아 상해치사 미수범으로 처벌되어야 하는데, 이에 대한 처벌규정이 없으므로 甲과 丙은 결국 상해죄로 처벌된다. 물론 상해치사 원인행위가 밝혀지면 그 결과에 따라 처벌한다. 그런데도 판례는 상해 동시범특례를 규정한 형법 제263조가 상해치사죄에도 적용되는 것으로 본다. 이렇게 되면 위 피해자 사망이 甲과 丙 누구에 따른 것인지 판명되지 않으면 예외로 상해치사 공동정범 예로 처벌된다. 그러나 이 결론은 찬성할 수 없다. 법치국가적으로 의심스러운 입법형식을 확대적용 하는 것은 부당할 뿐만 아니라, 상해치사라는 결과적 가중범 공동정범을 인정하는 결과가 되기 때문이다. 과실행위를 공동으로 하는 것은 있을 수 없기 때문에 **결과적 가중범 공동정범은** 불가능하다(그러나 판례는 인정). 결국 대법원 결론도 원심과 같은데, 甲과 丙을 공동정범(결과적 가중범 공동정범)으로 봄으로써 형법 제263조 적용가능성을 살피지 않은 위법이 있다. 원심은 피해자 사망이 누구 행위에 따른 것인지 검토하여 그 원인행위가 판명되지 않을 경우만 예외로 공동정범 예로 처벌한다는 사실을 간과하였다.

[127] Ⅳ. 공범 종류

1 법률 공범분류방식에 따르면 공범(광의 공범)을 다음과 같이 나눈다. 특별히 문제될 것은 없고 정확한 분류도 아니기 때문에 개념을 익히기 위한 작업이다.

1. 임의 공범

2 공동정범, 교사범, 종범 셋을 합쳐 임의 공범으로 부르기도 한다. 즉 형법총칙 공범을 일컫는 말이다. 그러나 공동정범은 정범이 다수일 뿐이고 본래 의미 공범은 아니기 때문에 교사범과 종범을 본래 공범(협의 공범)이라 한다. 동어반복이고 새로운 인식은 없다.

2. 필요 공범

3 필요 공범은 범죄 성질이 당연히 여러 사람 공동이 필요한 범죄로 형법각칙 개별 구성요건 자체가 2명 이상 행위참가를 전제하는 경우를 말한다. 그 참가형태는 공동정범·교사범·방조범 등 어떤 것이라도 상관없다. 필요 공범은 다시 다음과 같이 나뉜다.

(1) 진정필요 공범·부진정필요 공범

4 1) 진정필요적 공범 진정필요 공범은 2명 이상 참가가 범죄성립조건이 되는 행위유형을 말한다. 대향범(도박죄 등)이 여기 속하고, 아래 부진정필요 공범인 집합범과 구별된다.

2) 부진정필요 공범　부진정필요 공범은 1명 행위에 따라서도 범죄가 성립하지만 2명 이상이 참가하면 형벌이 특히 가중되는 유형을 말하고 집합범이 여기 속한다. 예를 들면 특수도주죄(제146조) · 특수절도죄(제331조) · 특수강도죄(제334조 제2항) 등 합동범과 특수주거침입죄(제320조) · 해상강도죄(제340조) 등이 있다. 5

(2) 집합범 · 대향범

1) 집 합 범　집합범은 다수인이 같은 방향, 같은 목표를 지향하는 공범형태로 다수인 집합범죄다. 집합범은 내부 공범 사이 법정형을 기준으로 특수도주죄(제146조) · 특수절도죄(제331조) · 특수강도죄(제334조 제2항) 등 합동범 그리고 소요죄(제115조) · 해상강도죄(제340조) 등은 법정형이 동일한 경우고, 내란죄(제87조), 반국가단체구성죄(국가보안법 제3조) 등은 법정형이 다른 경우다. 6

2) 대 향 범　대향범은 2명 이상 참가자가 서로 다른 방향에서 같은 목표를 실현하는 경우를 말한다. 말하자면 상대가 있어야 성립할 수 있는 공범형태다. 대향범 역시 도박죄(제246조 제1항) · 아동혹사죄(제274조) · 부녀매매죄(제288조 제2항) 등과 같이 대향자에게 법정형이 동일한 경우, 수뢰죄(제129조) · 배임수증죄(제357조 제1항) 등과 같이 대향자끼리 법정형이 다른 경우,[1] 범인도피죄(제151조 제1항) · 촉탁승낙살인죄(제252조 제1항) 등과 같이 대향자 가운데 일방만 처벌받는 경우로 나눌 수 있다. 7

(3) 공범규정 적용

필요 공범은 총칙 공범이 아니라 각칙 개별 구성요건 문제기 때문에 총칙 공범규정은 적용될 여지가 없다. 그러나 그 밖의 외부 가담자에게 얼마든지 적용할 수 있으며 공동정범이 될 수 있는가도 각 구성요건에 따라 다르다. 8

1) 집 합 범　예컨대 소요죄 경우 집단 밖에서 관여한 자가 소요행위에 기능적 행위지배를 하는 경우는 총칙 공범규정이 적용되어 소요죄 공동정범이 성립할 수 있다.[2] 합동범 경우는 그 일반원칙에 따라 합동범과 공동정범 성립 여부를 파악한다. 내란죄에는, 내란죄를 교사 · 방조한 자를 교사범 또는 방조범으로 처벌할 수 있는가 문제가 있는데, 내란죄 구성요건에 교사 · 방조행위 규정이 있을 뿐만 아니라 방조보다 넓은 개념인 선동행위도 처벌하므로(제90조 제2항) 이는 부정하는 것이 옳다. 9

2) 대 향 범　대향자에게 동일한 형벌이 규정되어 있는 경우 또는 대향자끼리 법정형이 다른 경우는 정범 외에 별도로 총칙 공범규정이 적용되지 않는다. 다만 대향자 가운데 일방만 처벌하는 경우 처벌규정이 없는 대향자에게 공범규정이 적용될 수 있는가 문제가 발생한다. 이는 구성요건에 따라 개별로 해결해야 할 문제다. 예컨대 음화를 판매한 자를 처벌하는 음화반포죄에서 매수행위는 이론적으로 이 죄 방조범에 해당할 수 있지만 실무로는 그렇게 보지 않는 것으로 해석하는 것이 법조문 취지에 부합한다. 그러나 판매를 교사한 정도가 되면 교사범 책임을 면하기 어렵다. 10

(4) 필요 공범과 신분

필요 공범 안에는 형법 제33조가 적용될 여지가 없다. 그러나 신분범인 필요 공범에 대해 11

---

1) 제4회.

2) 배종대, 형법각론, 91/6.

외부 제３자가 개입한 경우는 형법총칙 공범과 신분이 적용될 수 있다. 예를 들어 필요 공범 가운데 수뢰죄 경우 공무원 신분 없는 제３자가 이를 교사 · 방조한 경우 형법 제33조 본문에 따라 교사범이나 방조범이 성립한다.

[판례]

① 2인 이상의 서로 대향된 행위의 존재를 필요로 하는 대향범에 대하여는 **공범에 관한 형법총칙 규정**이 적용될 수 없다. **공무상비밀누설죄**(제127조)는 공무원 또는 공무원이었던 자가 법령에 의한 직무상 비밀을 누설하는 행위만을 처벌하고 있을 뿐, 직무상 비밀을 누설 받은 상대방을 처벌하는 규정은 없다. 따라서 직무상 비밀을 누설 받은 자에 대하여는 공범에 관한 형법총칙 규정이 적용될 수 없다.1)

② 특정범죄가중법 제８조의２ 제１항, 조세범처벌법 제10조 제３항 제３호의 처벌대상인 '재화 또는 용역을 공급하는 자가 허위의 매출처별 세금계산서합계표를 정부에 제출하는 행위'와 '재화 또는 용역을 공급받는 자가 허위의 매입처별 세금계산서합계표를 정부에 제출하는 행위'가 **대향범 관계에** 있지는 않다. 그러나 재화 또는 용역을 공급받는 자가 이를 공급하는 자의 허위 매출처별 세금계산서합계표 제출행위에 가담한 경우, 범행의 공동정범이나 교사범 또는 종범이 성립할 수 있다.2)

③ 금품 등을 공여한 자에게 따로 처벌규정이 없는 이상, 그 공여행위는 그와 **대향적 행위의 존재**를 필요로 하는 상대방의 범행에 대해 공범관계가 성립하지 않는다. 오로지 금품 등을 공여한 자의 행위에만 관여하여 그 공여행위를 교사하거나 방조한 행위도 **상대방의 범행에 대해** 공범관계가 성립하지 않는다.3)

④ **변호사 아닌 자에게** 고용된 변호사를, 변호사 아닌 자가 변호사를 고용하여 법률사무소를 개설 · 운영하는 행위를 처벌하도록 규정하고 있는 변호사법 제109조 제２호, 제34조 제４항 위반죄의 공범으로 처벌할 수는 없다.4)

⑤ 정범의 판매목적의 의약품 취득범행과 **대향범관계**에 있는 정범에 대한 의약품 판매행위에 대하여는 형법총칙상 공범이나 방조범 규정이 적용될 수 없어 정범의 범행에 대한 방조범으로 처벌할 수 없다.5)

⑥ ***표준판례** 변호사 사무실 직원인 피고인 갑은 법원공무원인 피고인 을에게 부탁하여, 수사중인 사건의 체포영장 발부자 53명의 명단을 누설 받았다. 피고인 을이 직무상 비밀을 누설한 행위와 피고인 갑이 이를 누설 받은 행위는 **대향범 관계**에 있으므로 공범에 관한 형법총칙 규정이 적용될 수 없다. 그럼에도 피고인 갑의 행위가 공무상비밀누설교사죄에 해당한다고 본 원심판단은 법리오해의 위법이 있다.6)

⑦ 형법 제127조는 공무원 또는 공무원이었던 자가 법령에 의한 직무상 비밀을 누설하는 행위만

1) 대판 2017. 6. 19. 2017도4240; 2011. 4. 28. 2009도3642. 제４, ７회.
2) 대판 2014. 12. 11. 2014도11515.
3) 대판 2014. 1. 16. 2013도6969. 제10회.
4) 대판 2004. 10. 28. 2004도3994. 제５회.
5) 대판 2001. 12. 28. 2001도5158. 제６회.
6) 대판 2011. 4. 28. 2009도3642. 제４회.

을 처벌하고 있을 뿐, 직무상 비밀을 누설 받은 상대방을 처벌하는 규정은 없다. 직무상 비밀을 누설 받은 자에 대하여는 공범에 관한 형법총칙규정이 적용될 수 없다.[1)]

⑧ **대향범 일방의 범죄 불성립과 상대방의 처벌** 정치자금을 기부한 자와 기부 받은 자는 이른바 **대향범인 필요적 공범관계**에 있다. 이러한 공범관계는 행위자들이 서로 대향적 행위를 하는 것을 전제로 하는데, 각자의 행위가 범죄구성요건에 해당하면 그에 따른 처벌을 받을 뿐이고 반드시 협력자 전부에게 범죄가 성립해야 하는 것은 아니다. 정치자금을 기부하는 자의 범죄가 성립하지 않더라도, 정치자금을 기부 받는 자가 정치자금법이 정하지 않은 방법으로 정치자금을 제공받는다는 의사를 가지고 받으면 정치자금부정수수죄가 성립한다.[2)]

⑨ 쟁의행위 기간 중 그 쟁의행위로 중단된 업무의 수행을 위하여 당해 사업과 관계없는 자를 채용 또는 대체하는 사용자에게 **채용 또는 대체되는 자의 행위에** 대하여는 일반적인 형법 총칙상의 공범 규정을 적용하여 공동정범, 교사범 또는 방조범으로 처벌할 수 없다.[3)] *사용자가 쟁의행위로 중단된 업무의 수행을 위해 당해 사업과 관계없는 자를 채용 또는 대체하면 1년 이하의 징역 또는 1천만 원 이하의 벌금으로 처벌됨(노동조합법 제91조, 제43조 제1항). 채용 또는 대체하는 행위와 채용 또는 대체되는 행위는 **대향범관계에** 있지만 노동조합법은 후자를 따로 처벌하지 않음.

⑩ 구성요건에는 단독으로 실행할 수 있는 형식으로 되어 있는데 단지 **구성요건이 대향범의 형태로 실행되는** 경우에는 대향범에 관한 법리가 적용된다고 볼 수는 없다. 마약류 불법거래 방지에 관한 특례법 제7조 제1항에서 정한 '불법수익 등의 출처 또는 귀속관계를 숨기거나 가장하는 행위'는 처벌규정의 구성요건 자체에서 2인 이상의 서로 대향된 행위의 존재를 필요로 하지 않으므로 정범의 이러한 행위에 가담하는 행위에는 형법 총칙의 공범 규정이 적용된다.[4)]

[128] Ⅴ. 공범 종속성과 처벌근거

1. 공범 종속성

1 교사범과 종범은 정범을 교사하거나 방조하여 범행하도록 하기 때문에 정범 존재를 전제한다. 이것을 두고 일반적으로 공범종속성원칙이라 한다. 그러나 이에 대해서 비록 소수 견해이긴 하지만 공범 성립은 정범과 독립해서 이루어진다는 반대견해(공범독립성설)가 있다.

(1) 공범종속성설

2 공범(교사범, 종범) 성립은 정범 성립에 종속한다는 견해다. 공범은 정범을 전제한 개념이다(**정범개념 우위성**). 즉 공범은 교사·방조 형태로 정범 실행행위에 가담할 뿐 직접 실행행위를 하는 사람은 정범이다. 공범은 정범 행위를 야기·촉진한 원인 제공자에 지나지 않는다. 그 원인이 정범 행위를 통해 결과로 나타나지 않으면 야기·촉진은 아무 의미가 없다. 따라서 공범 불법은

1) 대판 2017. 6. 19. 2017도4240.
2) 대판 2017. 11. 14. 2017도3449.
3) 대판 2020. 6. 11. 2016도3048.
4) 대판 2022. 6. 30. 2020도7866. 제13회.

정범 불법에서 나오고 그 범죄성립 또한 정범 행위에 종속하여 정범이 범죄로 될 경우만 가능하다. 그렇다고 정범 처벌을 조건(처벌의 종속성)으로 하지는 않는다. 정범이 위법한 실행착수를 하면 공범은 성립한다(성립 종속성). 공범종속성설은 객관주의범죄론에서 나온 학설이다.

(2) 공범독립성설

3 공범은 정범에 속하는 것이 아니라 오히려 독립 범죄라는 입장이다. 따라서 공범은 정범과 무관하게 독자로 성립한다. 이것은 주관주의범죄론을 반영한 학설이다. 즉 범죄를 행위자 반사회성 징표로 파악하면, 교사 · 방조행위는 그 자체가 이미 반사회성을 드러내는 행위이기 때문에 정범 실행행위와 상관없이 범죄성이 인정된다. 따라서 미수에 그친 공범도 마땅히 처벌해야 하고 교사범과 간접정범도 구별할 필요가 없다. 피교사자 책임능력 여부는 가려야 할 필요가 없으며 간접정범은 교사범에 흡수된다.

(3) 결 론

4 현행 형법은 공범종속성설에 근거한다. "타인을 교사하여 죄를 범하게 한 자"(제31조 제1항), "타인 범죄를 방조한 자"(제32조 제1항)라 규정함으로써 정범 존재를 전제한다. 공범에 대한 처벌도 정범을 기준으로 한다. 교사 미수(제31조 제2 · 3항)에 대한 법정형을 미수범으로 하지 않고 예비 · 음모에 준하게 한 것도 공범종속성설 표현으로 보아야 한다.

2. 종속성 정도

5 위에서 설명한 공범종속성설과 공범독립성설 대립은 어느 정도 극복되었다. 문제되는 것은 오히려 정범이 어느 정도 실행행위를 했을 때 공범이 성립할 수 있는가 종속성 정도다.

6 종속성 정도에 관해서 보통, ① **최소종속형식**, ② **제한종속형식**, ③ **엄격(극단)종속형식**, ④ **초극단종속형식** 네 가지가 거론되지만, 현재 의미가 있는 것은 제한종속형식과 엄격종속형식 두 가지다. 나머지는 주장하는 사람도 없고 현행법 해석에도 맞지 않기 때문에 학설사 의미가 있을 뿐이다.

(1) 제한종속형식

7 정범 행위가 구성요건에 해당하고 위법하면 공범이 성립하고 반드시 유책할 필요가 없다는 관점이다. 따라서 책임무능력자를 교사한 사람도 교사범 책임을 진다.[1] 독일 형법이 취하는 견해고 우리나라 다수설이기도 하다.

(2) 엄격(극단)종속형식

8 정범 행위가 범죄성립의 모든 요건, 즉 구성요건해당성, 위법성, 책임을 완전히 갖추었을 때 공범이 성립한다는 견해로 일본 통설이다.

(3) 기타 견해

9 참고로 최소종속형식은 공범성립에 정범 구성요건해당성만 있으면 된다는 견해다. 초극단종속형식은 정범의 구성요건해당성, 위법성, 책임뿐만 아니라 기타 가벌성조건까지도 갖추어야 한다는 견해다. 모든 이론을 도해로 표시하면, 최소종속형식(구성요건해당성) 〉 제한종속형식(구성

1) 제6회.

요건해당성 · 위법성) 〉 엄격종속형식(구성요건해당성 · 위법성 · 책임) 〉 초극단종속형식(구성요건해당성 · 위법성 · 책임 · 기타 가벌조건) 순서가 된다.

(4) 결　　론

현행 형법 해석에는 **제한종속형식이 타당**하다. 그 이유는, ① 제31조 제2 · 3항은 피교사자가 실행에 착수하지 않은 때도 교사자를 예비, 음모에 준하여 처벌하도록 규정한다. 따라서 제31조 제1항과 제32조 제1항 "범죄"는 책임과 무관한 불법 행위(구성요건해당성과 위법성) 의미로 이해하는 것이 옳다. 책임은 실행착수 후 비로소 문제될 수 있다. 10

② 제34조 간접정범규정이 책임 없는 자("어느 행위로 인하여 처벌되지 않는 자")를 대상으로 하는 것은 사실이다. 그렇다고 책임 없는 자에 대한 모든 교사 · 방조가 간접정범으로서 정범이 되고 공범이 성립하지 않는 것은 아니다. 책임 없는 자라도 범죄 단순한 도구로 이용되지 않고 자신의 행위지배가 있을 경우 교사 · 방조자는 간접정범이 아닌 교사 · 방조범으로 처벌된다. 따라서 형법 제34조가 극단종속형식에 기초를 둔 것으로 볼 필요는 없다. 11

3. 공범 처벌근거

공범 처벌근거는 법률(제31, 32조)에 있다. 그러면 형법이 어떤 구성요건해당 행위도 하지 않고 단지 정범 실행행위를 야기 · 촉진했을 뿐인 교사 · 방조를 처벌하도록 규정한 근거는 무엇일까? 그것이 공범 처벌근거에 관한 논의다. 말하자면 교사 · 방조 개별규정을 포괄하는 공통 처벌근거를 찾기 위한 논의다. 12

(1) 책임가담설

책임가담설은 공범이 정범의 유책한 범죄행위를 야기시켰다는 점, 즉 정범 책임에 가담하였다는 점에 그 처벌근거가 있다는 이론이다. 다시 말하면 공범이 정범 행위에 가담함으로써 정범이 유책 행위를 하게 하는 데 공범 불법성이 있다고 보는 학설이다. 공범에 따른 법익침해가 아니라 '공범에 따른 정범 타락' 때문에 공범이 처벌된다는 것이다. 엄격종속형식에 터잡은 학설인데 지금 이 주장을 펴는 사람은 없다. 13

(2) 불법가담설

불법가담설은 공범이 처벌되는 이유가 정범 불법행위를 야기 · 촉진함으로써 그것에 적극 가담하였다는 점에 있다고 본다. 이것은 책임가담설을 제한종속형식에 따라 변형한 이론이다. 이 견해에 따르면 신분범에 대한 비신분자 공범성립이 가능하고 함정수사 불법성도 인정된다. 그러나 종범에는 그런 적극 불법가담이 없기 때문에 공범의 통일 처벌근거로 미흡하다는 비판이 있다. 14

(3) 순수야기설

이 학설은 공범 가벌성을 정범에서 구하지 않고 '공범 자체'에서 찾는 이론이다. 그리하여 공범은 정범과 상관없이 각칙 특별한 법익을 침해하기 때문에 처벌된다고 한다. 즉 공범은 타인 행위에 불법하게 가담함으로써 공범 자신도 법익을 침해한 것이 되고 공범의 고유한 행위반가치가 인정된다고 한다. 공범에 독자 불법성을 인정하기 위한 이론인데 공범 종속성과 맞지 않는 결함이 있다. 15

(4) 종속야기설

종속야기설은 '공범의 정범 종속성'에서 공범 처벌근거를 찾는 이론이다. 즉 공범이 정범 행 16

위를 종속적으로 야기 · 촉진했기 때문에 처벌된다는 것이다(다수설). 따라서 공범 불법은 정범으로부터 나온다. 순수야기설 관점을 수정하였다는 점에서 수정 야기설이라고도 한다. 독일 통설이고, 우리나라에도 이 견해를 따르는 학자가 있다.

(5) 혼합야기설

17 이 학설은 순수야기설과 종속야기설 관점을 절충한 견해이다. 공범 처벌근거는 정범의 결과 실현에 대한 종속과 공범 자신의 교사 · 방조행위에 따른 법익침해 양자로 구성된다. 즉 공범은 정범 법익침해행위에 간접 가담함으로써 처벌된다는 이론이다. 공범 법익침해라는 결과반가치 측면은 순수야기설에 따르고 정범 행위를 야기 · 촉진한 행위반가치 측면은 종속야기설에서 찾는 특징이 있다.

(6) 결 론

18 선택폭은 종속야기설과 혼합야기설로 좁혀진다. 혼합야기설은 상반된 관점인 순수야기설과 종속야기설의 타협을 시도하기 때문에 순수야기설 단점을 그대로 안고 있다. 교사 · 방조행위의 규범 의미가 정범과 분리하여 평가될 수 없다면, 종속야기설 관점이 타당하다. 종속야기설이 공범 종속성에 부합하는 일관된 태도다(**종속야기설 타당 · 다수설**).

[판례]

정범의 성립은 교사범, 방조범의 구성요건의 일부를 형성하고, 교사범, 방조범의 성립에는 먼저 **정범의 범죄행위가 인정**되어야 한다. 교사범, 방조범의 사실 적시에 있어서도 정범의 범죄 구성요건이 되는 사실 전부를 적시해야 하고, 이 기재가 없는 교사범, 방조범의 사실 적시는 죄가 되는 사실의 적시라고 할 수 없다.[1]

제 2 절 공동정범

[129] Ⅰ. 공동정범 의의

1 공동정범은 '2인 이상이 공동으로 범행'하는 것이다. 공동정범은 공동행위자 각자가 구성요건을 전부 실행하는 경우도 있지만(**부가 공동정범**), 대부분 구성요건의 분업 실현을 특징으로 한다(**기능 공동정범**). 전자 경우에 공동정범을 인정하는 것은 아무 문제가 없다. 후자 경우에 정범성이 인정되는 이유는 참가한 모든 사람들이 공동 범행계획에 따라 각각 동등한 일원으로 범죄실행행위를 함께 하였다는 점에 있다. 비록 전체범행 일부밖에 수행하지 않았지만 다른 공동행위자가 수행한 몫도 자기가 행위한 것과 동일하게 취급한다. 이 부분이 전부 결합하면 각자 자기 스스로 행위 전체를 실현한 것과 마찬가지다. 따라서 공동행위자 전원 행위 전체를 대한 행위지배하였기 때문에 정범으

1) 대판 1981. 11. 24. 81도2422.

로 처벌된다. 이것을 명시한 규정이 형법 제30조로 "2인 이상이 공동하여 죄를 범한 때 각자 그 죄 정범으로 처벌한다"고 선언한다.

공동정범과 인접하면서도 구별할 개념으로 다음 것이 있다. 먼저 단독정범은 행위 2
자 숫자가 단수라는 점에서 다르고, 교사범은 실행행위 직접 가담이 없다는 점에서 공동정범과 차이가 있다. 종범은 실행행위를 분담하지 않고 단순히 보조하는 것에 불과하고, 동시범은 의사연락이 없다는 점에서 공동 실행의사를 가지는 공동정범과 다르다. 필요적 공범은 각칙 구성요건이 처음부터 2명 이상 실행을 예정하고 있다는 점에서 총칙 공동정범과 다르다.

[130] Ⅱ. 공동정범 본질

공동정범이 무엇을 공동으로 하는가 범죄공동설과 행위공동설이 있다. 1

1. 범죄공동설

범죄공동설은 여러 사람이 **특정범죄를 공동으로 행한 것**을 공동정범으로 보는 견해다. 즉 2
범죄 공동을 기준으로 한다. 우리 법문 "2인 이상이 공동하여 죄를 범한 때"라는 규정에 충실한 견해다. '범죄공동' 의미에 대해서 다시, ① 고의 공동(고의공동설), ② 객관적 구성요건사실 공동(구성요건공동설), ③ 중첩되는 구성요건 공동(부분범죄공동설) 등으로 견해가 갈린다. 고의공동설은 동일한 고의범을 공동으로 실행하는 것을 공동정범으로 보는 견해다. 구성요건공동설은 각자 고의 내용과 무관하게 객관 구성요건을 공동으로 실현하는 것을 공동정범으로 이해한다. 부분범죄공동설은 수인의 공동행위 가운데 구성요건이 중첩되는 범위 안에서 공동정범이 성립한다는 견해다.

2. 행위공동설

행위공동설은 특정범죄를 떠나서 여러 사람이 '**사실적으로 행위를 공동**'으로 하는 점에 공동 3
정범 특징이 있다고 한다. 공동으로 행하는 범죄사실이 하나로 특정될 필요가 없고 동일 고의를 가질 필요도 없다. 고의범과 고의범, 고의범과 과실범 또는 과실범과 과실범 공동정범도 성립한다.

3. 결　론

범죄공동설은 '공동정범 성립범위를 엄격하게 제한'하므로 ① 책임원칙에 **충실**한 장점은 있 4
으나, ② 형사정책 합목적이 없는 단점도 있다. 행위공동설에는 오히려 반대현상이 나타난다. 이것은 양자 모두 바람직한 해결방법이 될 수 없다는 것을 암시한다. 오늘날 보편적으로 인정되는 승계 공동정범이나 과실범 공동정범만 하더라도 어느 한 학설로 설명하기는 어렵다.

공동정범에서 '공동' 의미를 찾는 이유는 **공동정범 범위**를 정하기 위해서다. 연역적으로 '공 5
동' 기준을 설정하여 그것에 따라 공동정범 범위를 정할 수도 있겠지만, 정범과 공범(특히 교사범) 구별문제로 환원하여 해결하는 방법도 가능하다. 그렇다면 공동정범 본질 문제도 주관과 객관 대립을 극복한 **행위지배이론**으로도 해결할 수 있다. 즉 범죄에 대한 행위지배가 있으면 정범, 범행을 단순히 야기·촉진하였으면 공범으로 판단할 수 있다.

[131] Ⅲ. 공동정범 성립요건

1 공동정범은 2인 이상이 공동으로 죄를 범한 때 성립한다. 따라서 공동정범이 성립하기 위해서는, ① 주관으로 공동 범행의사(의사 공동)와 ② 객관으로 공동 실행행위(행위의 공동)가 있어야 한다.

1. 주관적 요건: 의사 공동

(1) 공동범행의사

2 공동정범이 성립하기 위해서는 행위자 사이에 주관으로 공동 범행결의가 있어야 한다. 공동범행의사는 범행을 함께 한다는 의사연락을 말한다. 타인 범행을 인식하면서도 이를 제지하지 않고 용인하는 것만으로 부족하다. 공동 의사로 특정 범죄행위를 하기 위해 일체가 되어 서로 다른 사람 행위를 이용하여 자기 의사를 실행에 옮기는 것이다.[1] 범죄 실행에 가담한 사람 경우도 그가 공동의사에 따라 다른 공범자를 이용하여 실현하는 행위가 자신에게 범죄가 되지 않으면, 특별한 사정이 없으면 공동정범 죄책을 지지 않는다.[2] 의사연락이 없는 2인 이상 범행은 **동시범**에 해당된다. 동시범은 단순한 단독정범 결합에 지나지 않고 그 결과발생의 원인행위가 판명되지 않으면 각 행위 미수범으로 처벌한다(제19조).

3 **1) 편면片面 공동정범** 공동정범에서 공동범행의사는 범행을 위한 행위자 사이 상호 의사연락이다. 따라서 어느 일방에게만 공동범행의사가 있는 편면 공동정범은 공동정범이 될 수 없다. 이 경우는 동시범이나 종범 성립이 문제될 수 있을 뿐이다(통설). 판례도 "공동가공 의사는 공동행위자 상호간에 있어야 하며 행위자 일방 가공의사만으로는 공동정범관계가 성립할 수 없다"고 하여 같은 견해를 취한다.[3] 따라서 피해자 일행을 한 사람씩 나누어 강간하자는 피고인 일행 제의에 아무 대답도 하지 않고 따라다니다가 자신의 강간 상대방으로 남은 부녀에게 일체 신체 접촉도 하지 않은 채 다른 일행이 인근 숲속에서 강간을 마칠 때까지 그 부녀와 함께 이야기만 나눈 경우, 피고인에게 다른 일행 강간 범행에 공동으로 가공할 의사가 있다고 볼 수 없다고 판시하였다.[4]

4 모든 공동정범자는 공동범행의사에 따른 공동정범 고의가 있어야 하고 그 범위 안에서 공동정범으로 처벌된다. 그러므로 공동범행 어느 참가자가 공동범행계획에 없는 **초과행위**(Exzeß)를 한 경우 다른 참가자는 그 부분에 대한 공동정범 책임을 부담하지 않는다.[5] 초과부분은 그 행위자 개인 책임일 뿐이다. 예를 들어 甲과 乙이 공동모의로 절도를

1) 보이스피싱 수거책의 공동정범 성립 가능성과 관련하여 이정민, 「보이스피싱 수거책에 대한 형법적 고찰과 형사정책」(비교형사법연구 27, 2025), 101면 이하. 대판 2015. 10. 29. 2015도5355.
2) 대판 2017. 4. 26. 2013도12592. 제 9 회.
3) 대판 1985. 5. 14. 84도2118(***표준판례**). 제 1, 9 회.
4) 대판 2003. 3. 28. 2002도7477(***표준판례**).
5) 자세한 연구 강효원/최민영, 「공범 혹은 공동정범의 초과행위에 대한 형사책임 성립요건」(형사법연구 35, 2023), 57면

한 경우 乙이 甲 몰래 흉기를 소지하고 있다면 甲은 단순절도(제329조), 乙은 특수절도(제331조 제2항)로 처벌된다.

[판례]

① **질적 초과**(*표준판례) 갑, 을, 병 세 사람은 **강도를 공모하고** 피해자의 집 안방에 들어가 갑과 병은 피해자에게 과도를 들이대고, 다시 갑이 전화선으로 피해자의 손발을 묶고 병이 주먹과 발로 피해자를 수회 때려 반항을 억압하였다. 갑은 장롱 등을 뒤져 여자 손목시계 1점 등 시가 합계 510,000원 상당을 가지고 나와 이를 강취하고, 병은 그녀의 유방을 만지고 을은 강제로 1회 간음하여 강간하였다. 갑이 을의 강간사실을 알게 된 것은 **이미 실행의 착수가 이루어지고** 난 다음이었다. 강간사실을 알고 나서도 암묵리에 그것을 용인하여 그로 하여금 강간하도록 할 의사로 강간의 실행범인 을과, 강간 피해자의 머리 등을 잡아준 병과 함께 일체가 되어, 을, 병의 행위를 통해 자기의사를 실행하였다고는 볼 수는 없다. 갑에게 강도강간의 공모사실을 인정할 증거는 없다.[1]

② **양적 초과** 수인이 가벼운 **상해 또는 폭행 등의 범의**로 범행 중 1인의 행위로 **살인 결과**를 발생케 한 경우, 그 나머지 자들은 상해 또는 폭행죄 등과 결과적 가중범의 관계에 있는 상해치사 또는 폭행치사 등의 죄책은 면할 수 없다. 그러나 위 살인 등 행위는 전혀 예기치 못하였다 할 것이므로, 그들에게 살인죄의 책임을 물을 수는 없다.[2]

③ 강도의 공범자 중 1인이 강도기회에 피해자에게 폭행 또는 상해를 가하여 살해한 경우, 다른 공모자가 **살인의 공모를 하지** 않았더라도, 그 살인행위나 치사의 결과를 예견할 수 없었던 경우가 아니면, 강도치사죄의 죄책을 면할 수 없다.[3] *결과적 가중범의 공동정범.

[판례사례] ① 공동정범 양적 초과 공동피고인 甲, 乙, 丙은 이 사건 피해자 丁이 서울민사지방법원 주지직무집행 방해금지가처분결정에 따른 집달관 강제집행에 따라 신흥사 주지로 부임하기 위해 그 수행원을 대동하고 춘천지방법원 강릉지원 소속 집행관과 함께 신흥사 사천왕문을 향해 걸어오는 것을 폭력을 행사해서라도 실력으로 제지하기로 모의하였다. 피고인과 피해자 일행 사이에 옥신각신 몸싸움이 벌어지고 폭력이 오가는 사이 甲은 소지하고 있던 칼로 피해자 丁을 살해하고 그 일행 중 3인에게 2주에서 4개월 치료를 요하는 상해를 입혔다.[4]

[해설] 이 사건 논점은 공범자 과잉이다. 乙과 丙이, 甲이 공모내용보다 초과하여 실행한 살해행위 공동정범 책임을 부담하는가에 있다. 공범자 과잉에는 질적 초과와 양적 초과 두 가지가 있다. 이 문제는 공동정범뿐만 아니라 교사범에도 발생한다. **공동정범 질적 초과는** 공모자 한 사람이 공모내용과 전혀 다른 구성요건에 속하는 범죄를 초과 실현한 경우다(예컨대 강도공모에 강간). 이에 대해 양적 초과는 초과한 내용이 구성요건을 달리하지만 공통요소가 있는 경우다(절도공모에 강도). 이러한 **질적 · 양적 초과행위**는 다른 공범자가 책임을 지지 않는 것이 원칙이다.

이 사건에서 보면 피고인이 공동모의한 내용은 폭력행사(폭행이나 가벼운 상해)기 때문에 甲 살해

이하.

1) 대판 1988. 9. 13. 88도1114.

2) 대판 1984. 10. 5. 84도1544.

3) 대판 1991. 11. 12. 91도2156. 제3회.

4) 대판 1984. 10. 5. 84도1544.

행위는 공동범행계획에 없던 양적 초과행위다. 이 초과부분에 대한 책임은 甲이 지고 甲 살인행위를 전혀 예상할 수 없었던 乙과 丙은 공동모의 부분에 대한 책임만 부담하면 된다. 甲은 피해자 丁에 대한 살인죄와 그 밖 피해자 3인에 대한 상해죄(고의내용에 따라서 살인미수도 가능함)의 경합범으로 처벌되고, 乙과 丙은 다른 피해자에 대한 상해죄로 처벌된다(결과적 가중범 공동정범 부정설). 물론 여기에서 乙, 丙이 개별적으로 甲 결과적 가중범에 해당하는 행위(상해치사)에 대해서 예견가능성, 인과관계가 있는가를 검토하여 상해치사 책임을 지울 수 있다. 이것은 **예견가능성** 검토 없이 무조건 기본범죄에 대한 공동의사만으로 중한 결과에 대한 공동정범을 인정하는 결과적 가중범 공동정범 긍정설과 다르다. 여기서는 甲 돌발 살해행위에 대한 乙, 丙 예견가능성을 인정하기는 어려울 것으로 보인다.

乙, 丙 상해책임과 관련하여 그 상해결과가 甲에 의한 것일지라도 공동모의 내용이 상해(또는 폭행)이고 함께 실행에 착수한 이상 乙과 丙은 甲 상해행위에 대한 공동정범 책임을 면할 수 없다. 甲, 乙, 丙 상해행위에 대해서는 폭력행위처벌법 가중규정인 집단상해 · 폭행죄(같은 법 제3조 제1항)가 적용된다. 대법원은 乙과 丙의 丁에 대한 상해치사 공동정범을 인정한다(결과적 가중범 공동정범 긍정설). 이것은 판례가 일관되게 과실범 공동정범과 결과적 가중범 공동정범을 인정해온 결과다.

공범자 과잉행위에 대한 명제를 정리하면, 공범(교사범에서는 정범) **양적 · 질적 초과행위에** 대해서 다른 공범자는 원칙으로 책임을 부담하지 않는다. 다만 양적 초과 경우 개별적인 결과적 가중범 성립가능성을 검토한다. 판례는 양적초과 경우 결과적 가중범 공동정범을 인정한다.

② **공동정범 양적 초과** 　피고인이 **등산용 칼을** 이용하여 노상강도를 하기로 공모한 사건에서 범행 당시 차안에서 망을 보던 피고인 甲이나 등산용 칼을 휴대하고 있던 피고인 乙과 함께 차에서 내려 피해자로부터 금품을 강취하려 했던 피고인 丙으로서는 그때 우연히 현장을 목격하게 된 다른 피해자를 피고인 乙이 소지 중인 등산용 칼로 살해하여 강도살인행위에 이를 것을 전혀 예상하지 못하였다고 할 수 없으므로 피고인 모두 강도치사죄로 의율 처단함이 옳다.[1]

[해설] 이 판례도 위에서 본 것과 같은 공범자 양적 초과와 관련한 내용이다. 다만 차이는 칼을 이용한 노상강도 공모에 있다. 즉 칼을 이용한 강도는 그것에 대한 결과적 가중범인 강도치사죄에 대한 예견가능성을 상당부분 내포한다. 甲이 乙의 결과적 가중범에 해당하는 행위에 대해 개별적으로 예견가능성, 인과관계가 있는가를 검토하여 강도치사 책임을 지우는 것은 조금도 잘못이 없다. 그러나 결과적 가중범의 공동정범 긍정설 입장에서 개별적인 예견가능성 여부를 살피지 않고 **기본범죄에 대한 공동의사만으로** 무조건 결과적 가중범 공동정범을 인정하는 것은 찬성할 수 없다. 위 판례에는 이 부분이 명확하게 드러나 있지 않다. 그러나 판례는 과실범 공동정범을 인정하는 관점에서 기계적으로 예견가능성을 인정하면 후자 관점과 차이가 없다. 대법원은 공동정범 질적 초과는 일관하게 다른 공범자 책임을 부정한다.[2]

5 2) **의사연락 방법** 　공모하는 의사연락 방법에는 제한이 없다. 구체적 일시 · 장소 · 내용 등을 상세하게 할 필요는 없고 의사합치가 드러나는 정도면 된다.[3] 명시적인

1) 대판 1990. 11. 27. 90도2262. 제5회.
2) 대판 1988. 9. 13. 88도1114.
3) 대판 1996. 3. 8. 95도2930.

것이 대부분이겠지만 묵시적 의사연락도 상관없다.[1] 연쇄 의사연락 또는 간접의사연락도 공동범행의사를 만들 수 있다. 공동행위자 전원 한 장소에 모여 모의해야 할 필요도 없다.[2] 의사연락은 적어도 실행행위를 할 때까지 있어야 한다.

의사연락 시기와 관련하여 다음 세 가지 개념을 구별한다. ① **공모공동정범**(예모적 공동정범)은 의사연락이 실행행위 전에 있는 경우다. ② **우연 공동정범**은 실행행위를 시작할 때 우연히 의기가 투합하여 공동의사가 생긴 경우다. ③ **승계 공동정범**은 실행행위 도중, 즉 실행행위 일부 종료 후 기수 성립 전에 다른 사람 공동의사를 물려받아 그 의사를 갖게 된 경우다. 6

공모공동정범과 우연 공동정범은 문제가 되지 않는다. 승계 공동정범 성립범위는 학설이 대립한다. 공동범행의사는 원래 범행 공동을 인식 · 의욕한 고의의사여야 하고 또 그것이 대부분이다. 과실범 공동정범이 가능한가에 대해서도 학설이 갈린다. 7

[판례]

① **공모관계 인정** 2인 이상이 범죄에 공동 가공하는 공범관계에서 공모는 법률상 어떤 정형을 요구하는 것이 아니고, 2인 이상이 공모하여 어느 범죄에 공동 가공하여 그 범죄를 실현하려는 의사의 결합만 있으면 된다. 비록 전체의 모의과정이 없었다고 하더라도, 수인 사이에 **순차적으로 또는 암묵적으로 상통**하여 그 의사의 결합이 이루어지면 공모관계가 성립한다. 이러한 공모가 이루어진 이상 실행행위에 직접 관여하지 않은 자라도 다른 공모자의 행위에 대해 공동정범의 형사책임을 진다. 이와 같은 공모에 대하여는 직접증거가 없더라도 정황사실과 경험법칙에 의해 이를 인정할 수 있다. 상명하복 관계에 있는 자들 사이에도 범행에 공동 가공한 이상 공동정범이 성립하는 데 아무런 지장이 없다.[3]

② 형법상 공모는 반드시 사전에 이루어질 필요는 없다. 사전모의가 없더라도 **우연히 모인 장소**에서 수인이 각자 상호간의 행위를 인식하고 암묵적으로 의사의 투합, 연락하에 범행에 공동 가공하면, 수인은 각자 공동정범의 책임을 면할 수 없다.[4]

③ 특수강도의 범행을 모의한 이상 범행의 실행에 가담하지 않고 공모자들이 강취해 온 **장물의 처분을 알선**만 하였더라도, 특수강도의 공동정범이 성립하므로 장물알선죄로 의율할 것은 아니다.[5]

④ 갑은 안수기도에 참여하여 목사가 안수기도의 방법으로 폭행을 하는 데 시종일관 폭행행위를 보조하였을 뿐 아니라, 더 나아가 스스로 피해자를 폭행하기도 하였다. 갑은 목사의 폭행행위를 인식하고도 이를 안수기도의 한 방법으로 알고 묵인함으로써 폭행행위에 관하여 **묵시적으로 의사가 상통**하였고, 나아가 그 행위에 공동 가공함으로써 공동정범의 책임을 면할 수 없다.[6]

1) 대판 1995. 9. 5. 95도1269.
2) 대판 1987. 9. 8. 87도1507.
3) 대판 2012. 1. 27. 2010도10739.
4) 대판 1987. 10. 13. 87도1240. 제7회.
5) 대판 1983. 2. 22. 82도3103, 82감도666.
6) 대판 1994. 8. 23. 94도1484.

⑤ 갑이 이른바 딱지어음을 발행하여 매매한 이상 사기의 실행행위에 직접 관여하지 않았더라도 공동정범의 책임을 면하지 못한다. 갑이 딱지어음의 전전유통경로나 중간 소지인들 및 그 기망방법을 구체적으로 몰랐다고 하더라도 공모관계를 부정할 수 없다.1)

⑥ 피고인이 갑 등과 공모하여 이른바 **딱지어음을** 대량 발행한 후 일정한 가격으로 시중에 유통시켰다. 을 등이 그 중 일부를 취득하여 이러한 사실을 숨긴 채 피해자들에게 교부하여 어음할인금을 편취하거나 채무이행의 유예를 받았다. 피고인 등 딱지어음 발행인들과 을 등 딱지어음 취득자들 사이에 사기 범행에 관하여 공모관계가 성립되어 사기죄의 공동정범이 성립한다.2)

⑦ ***표준판례** 학부모들이 대학교 교무처장 등에게 자녀들의 부정입학을 청탁하면서 그 대가로 대학교측에 기부금명목의 금품을 제공하고 이에 따라 교무처장 등은 그들의 실제 입학시험성적을 임의로 고쳐 그 석차가 모집정원의 범위 내에 들도록 사정부를 허위로 작성하였다. 그리고 이를 그 정을 모르는 **입학사정위원들에게** 제출하여 그들로 하여금 그 사정부에 따라 입학사정을 하게 함으로써 자녀들을 합격자로 사정처리 하게 한 것은 위계로써 입학사정위원들의 사정업무를 방해한 것이다.3) *피고인, 부정입학을 알선의뢰 받은 교수, 교무처장 사이의 암묵적 의사연락에 의한 순차공모관계를 인정한 판결.

⑧ 공동정범이 성립하기 위해서는 반드시 공범자간에 사전에 모의가 있어야 하는 것은 아니다. **우연히 만난 자리에서** 서로 협력하여 공동의 범의를 실현하려는 의사가 암묵적으로 상통하여 범행에 공동 가공하더라도 공동정범은 성립한다.4)

⑨ 공동정범이 성립하기 위해서는 주관적 요건으로서 공동가공 의사와 객관적 요건으로 공동의사의 기능적 행위지배에 따른 범죄 실행사실이 필요하다. 주관적 요건으로서 공동가공 의사는 타인 범행을 인식하면서도 이를 **제지하지 않고 용인하는** 것만으로는 부족하고, 공동 의사로 특정한 범죄행위를 하기 위해 일체가 되어 **서로 다른 사람의 행위를 이용하여** 자기 의사를 실행에 옮기는 것을 내용으로 해야 한다.5)

⑩ **공모관계 부정** 회사직원이 영업비밀을 경쟁업체에 유출하거나 스스로의 이익을 위해 이용할 목적으로 **무단으로 반출한 때** 업무상배임죄의 기수에 이르렀다고 할 것이다. 그 이후에 위 직원과 접촉하여 영업비밀을 취득하려고 한 자는 업무상배임죄의 공동정범이 될 수 없다.6)

⑪ 오토바이를 절취해 오면 그 물건을 사 주겠다고 한 것은, 절도죄에 있어 공동정범의 성립을 인정하기 위해 필요한 공동가공의 의사가 있었다고 보기 어렵다.7)

⑫ 을이 이미 주식회사의 대표이사를 사임하고 회사의 고문으로 있던 갑에게, 병의 문제를 해결하기 위해서는 병에게 금 3억 원을 주어 무마하는 수밖에 없다고 보고하자, 피고인 갑이 **아무 말도 없이 창밖만** 쳐다보았으므로 을은 이에 동의한 것으로 알았다. 그 후 을은 갑에게 돈을 준 사실을 보고하지 않았다. 이 사실만으로는 피고인 갑이 을과 공모하여 횡령 범행을

1) 대판 1997. 9. 12. 97도1706.
2) 대판 2011. 12. 22. 2011도9721.
3) 대판 1994. 3. 11. 93도2305.
4) 대판 1984. 12. 26. 82도1373. 제10회.
5) 대판 2000. 4. 7. 2000도576. 제13회.
6) 대판 2003. 10. 30. 2003도4382. 제1, 6회.
7) 대판 1997. 9. 30. 97도1940.

저질렀다고 인정하기에는 부족하다.[1)]

⑬ 어음, 수표의 발행인이 그 지급기일에 결제되지 않으리라는 정을 예견하면서도 이를 발행하고 거래상대방을 속여 할인을 받거나 물품을 매수하였다면, 위 발행인의 사기행위는 이로써 완성된다. **거래 상대방이** 그 어음, 수표를 타에 양도함으로써 전전 유통되고 최후소지인이 지급기일에 지급 제시하였으나 부도된 경우, 그 최후소지인에 대한 관계에서 발행인의 행위를 사기죄로 의율할 수는 없다.[2)]

(2) 승계 공동정범

실행행위 도중 뒤늦게 타인 범행의사에 가담한 승계 공동정범을 공동정범으로 인정할 수 있는가 긍정과 부정 견해가 있다.[3)] 8

1) **긍 정 설** 이것은 **후행자**는 **선행자** 행위를 포함한 행위전체에 대해 공동정범 책임을 져야 한다는 견해다. 그 이유는 선행자 범행의사에 가담한 후행자는 당연히 범행전체에 대한 공동의사를 전제하기 때문이라고 한다. 즉 승계적 공동정범은 공동의사 성립시기에 관한 문제다. 공동정범에서 공동의사가 사전에 있어야 하는 것이 아니면 행위 도중에 공동의사가 형성된 경우도 공동정범 성립을 인정해야 한다. 9

2) **부 정 설** 부정설은 후행자가 개입한 후 행위에 대해서만 공동정범이 성립한다는 견해다. 그 근거로 후행자 의사와 선행자 행위 사이에 인과관계가 없고 공동범행의사는 소급될 수 없다는 이유를 든다. 선행행위를 인식하고 동의하는 후행자 가담의사와 전체범행에 대한 공동의사는 구별해야 한다. 이 점은 이미 지나간 행위과정을 후행자가 지배할 수 없는 데서도 드러난다. 승계 공동정범은 공동정범 성립요건인 공동범행의사와 공동 실행행위를 인정하기 어렵다. 다수설 견해다. 10

3) **결 론** 승계 공동정범으로 공동정범 범위를 확대하는 것은 법치국가 문제가 있다. 후행자가 선행자 행위를 인식했더라도 공동범행의사를 소급하는 것은 공동정범 본질을 오해한 것이다. 그렇다고 선행자 선행행위에 후행자 **기능 행위지배**가 있다고 보기도 어렵다. 긍정설 결론은 형법 자기책임원칙에 어긋난다. 후행자도 가담한 후 자기행위에 대한 공동정범 책임을 지는 만큼 그 범위를 인위적으로 확대해야 할 형사정책 이유는 없다(**부정설 타당**). 판례도 승계 공동정범을 인정하지 않는다.[4)] 11

[판례사례] 승계 공동정범과 종범(*표준판례) 체육교사 피고인 甲은 중학생 丙을 유인하여 그 부모로부터 금품을 갈취하기로 마음먹고 丙을 자기 아파트로 유인하여 감금하던 중, 탈진상태에 빠진 丙을 그대로 방치함으로써 사망케 하였다. 이후 甲은 공동피고인인 여고생 乙을 만나 丙을 유

1) 대판 1999. 9. 17. 99도2889.
2) 대판 2005. 10. 13. 2005도4589.
3) 승계적 공동정범은 제1회: "…피의자 갑은 이를 피해 계속 도망하다가 대전교도소에서 함께 복역한 적이 있던 을을 만났다. 갑은 을에게 사정을 이야기하고 도와달라고 부탁하였고 을은 이를 승낙하여 갑과 을은 그곳 길바닥에 있던 깨진 소주병을 한 개씩 들고…."
4) 대판 2007. 11. 15. 2007도6336.

인, 살해한 사실을 알리고 앞으로 그 부모로부터 금품을 갈취하는 데 도와줄 것을 권유하자 乙은 이를 승낙하였다. 이에 따라 乙은 丙 부모에게 금품을 요구하는 협박전화를 22회, 협박편지를 5회 발송하였다. 검사는 甲을 특정범죄가중법 유괴살해죄(제5조의2 제2항 제2호) 그리고 乙을 특정범죄가중법 유괴 후 금품요구죄(제5조의2 제2항 제1호)로 기소하였다. 원심은 각각 유죄를 인정하였으나 乙은 甲 금품요구범행을 도운 것에 지나지 않기 때문에 자신 행위는 공갈죄 방조범은 될 수 있을지언정 위 특정범죄가중법위반죄 종범은 될 수 없다는 주장으로 상고하였다.[1]

[해설] 이 사건 논점은 승계 공동정범이다. 먼저 승계 공동정범 개념과 이것을 긍정하는 견해 · 부정하는 견해를 설명한다. 판례와 학계 다수설은 부정설이다.

이 사건과 관련해서, ① **승계 공동정범 긍정설에** 따를 경우 乙은 특정범죄가중법 제5조의2 제2항 제2호 유괴살해죄 공동정범(법정형은 사형 또는 무기징역)이라는 무리한 결론이 된다. 이것은 받아들이기 어렵다. 甲이 乙에게 그의 범죄사실을 알려주었다는 것만으로 乙 공동범행의사를 소급시키는 것은 문제가 있다. 甲 선행행위에 乙 기능적 행위지배가 있었다고 보기 어렵다. 이 결론은 형법 자기책임원칙에 어긋난다.

② **승계적 공동정범 부정설은** 후행자는 공동의사가 형성된 후 행위에 대해서 공동정범 책임을 진다. 이렇게 되면 乙이 협박전화, 협박편지로 금품을 요구한 부분에 대해서만 공동정범이 인정된다. 금품요구는 실패하였으므로 乙은 결국 공갈미수죄(제350, 352, 25조: 10년 이하의 징역 또는 2000만 원 이하 벌금에 대한 임의적 감경)로 처벌된다.

③ 승계 공동정범 부정설에서 후행자를 전체범죄 **방조범으로** 처벌하자는 견해가 있다. 판례 태도다. 이렇게 되면 乙은 유괴살해죄(위 특정범죄가중법 제2호) 종범이 되어야 한다. 그러나 이 사건에는 검찰이 乙을 유괴 후 금품요구죄(위 특정범죄가중법 제1호)로 기소하였기 때문에 이 종범으로 판시한다. 만일 원칙대로 乙을 유괴살해죄 종범으로 하면 그 법정형은 사형, 무기에 대한 필요 감경이다. 선택형을 무기로 하면 7년 이상 15년 이하 범위 안에서 선고형이 결정된다. 이론적으로는 이 견해도 대안이 될 수 있다.

다만 현실적으로 형법각칙과 특별형법 법정형 간극이 너무 크기 때문에, 자기책임원칙을 근거로 승계 공동정범을 부정한 취지에 어긋나는 결론이 나올 수 있다. 즉 판례가 이 방법을 택한 것은 부정설을 취하면서도 최대한 **선고형을 높이기 위한** 의도로 보인다. 이 점은 위 높은 처단형에서 드러난다.

정범은 공범에 우선하기 때문에 명백한 정범행위가 있음에도 필요한 형량확보를 위해 공범으로 처리하는 것은 편법이다. ② 견해가 타당하고 乙의 증가된 행위책임은 양형과정에서 고려할 수 있다. 공갈미수 법정형은 낮지 않을 뿐만 아니라, 장애미수는 임의 감경사유에 지나지 않기 때문에 형사정책적으로도 문제될 것이 없다. 甲은 특정범죄가중법 유괴살해죄, 乙은 공갈미수죄로 처벌하는 것이 옳다.

[판례]

① 공범자가 공갈행위의 실행에 착수한 후 그 범행을 인식하면서 **그와 공동의 범의**를 가지고, 그 후의 공갈행위를 계속하여 재물의 교부나 재산상 이익의 취득에 이른 때에는 공갈죄의 공

1) 대판 1982. 11. 23. 82도2024.

동정범이 성립한다.[1)]

② **승계적 공동정범 부정** 연속된 필로폰 제조행위 도중에 공동정범으로 범행에 가담한 자는, 비록 그가 그 범행에 가담할 때에 이미 이루어진 종전의 범행을 알았다 하더라도, 그 가담 이후의 범행에 대해서만 공동정범의 책임을 진다. 비록 이 사건에서 을의 제조행위 전체가 포괄하여 하나의 죄가 된다 할지라도, 피고인 갑에게 그 가담 이전의 제조행위까지 유죄를 인정할 수는 없다.[2)]

③ ***표준판례** 범인도피죄는 범인을 도피하게 함으로써 기수에 이르지만, 범인도피행위가 계속되는 동안에는 범죄행위도 계속되고 행위가 끝날 때 비로소 범죄행위가 종료된다. 공범자의 범인도피행위 도중에 그 범행을 인식하면서, 그와 공동의 범의를 가지고 **기왕의 범인도피상태를 이용하여** 스스로 범인도피행위를 계속한 자에 대하여는 범인도피죄의 공동정범이 성립한다.[3)] *계속범은 범행이 기수가 된 이후에도 공동정범이 성립할 수 있다는 판결.

④ 2인 이상이 범죄에 공동 가공하는 공범관계에서 공모관계를 인정하기 위해서는 엄격한 증명이 요구된다. 그러나 피고인이 범죄의 주관적 요소인 **공모의 점을 부인하는 경우**에는 사물의 성질상 이와 상당한 관련성이 있는 **간접사실 또는 정황사실**을 증명하는 방법으로 이를 증명할 수밖에 없다. 이때 무엇이 상당한 관련성이 있는 간접사실에 해당할 것인가는, 정상적인 경험칙에 바탕을 두고 치밀한 관찰력이나 분석력에 의해 사실의 연결상태를 합리적으로 판단하는 방법으로 하여야 한다.[4)]

⑤ **포괄일죄의 범행 도중에** 공동정범으로 범행에 가담한 자는, 비록 그가 그 범행에 가담할 때에 이미 이루어진 종전의 범행을 알았다 하더라도 그 가담 이후의 범행에 대하여만 공동정범으로 책임을 진다.[5)] *피고인 3인의 포괄일죄인 업무상배임행위에 대해, 그 중 1인이 가담하기 이전의 일부 범행에 대해 그 1인은 책임이 없다고 판시함.

(3) 과실범 공동정범

1) 의 의 과실범의 공동정범은 **2인 이상 공동과실**로 구성요건에 해당하는 12
결과가 발생한 경우 공동정범이 성립할 수 있는가 문제다. 만일 그 성립을 인정하면, 공동과실로 결과를 야기한 모든 사람은 과실범 공동정범으로 처벌받는다.

[판례]

① **장작트럭사건** 운전사가 트럭에 장작을 가득 싣고 밤 11경 검문소에 이르렀는데, 검문 경찰관이 전지를 들고 정차신호를 하자 시속 5마일로 서행하면서 정차 하던 중, 옆에 앉아 있던 하주가 '**그대로 가자**'라고 하기에 운전사는 급속력을 내어 다시 달렸다. 이 때 검문을 하려던 경찰관이 뒷바퀴에 치어 사망하였다. 형법 제30조에 '공동하여 죄를 범한 때'의 '죄'는 고의

---

1) 대판 1997. 2. 14. 96도1959.
2) 대판 1982. 6. 8. 82도884. 제2회.
3) 대판 1995. 9. 5. 95도577.
4) 대판 2011. 12. 22. 2011도9721.
5) 대판 2019. 8. 29. 2019도8357.

범이고 과실범이고를 불문한다고 해석하여야 할 것이다. 2인 이상이 어떤 과실행위를 서로 의사연락을 하고 범죄 되는 결과를 발생시켰으면, 여기에 **과실범의 공동정범**이 성립한다. 피고인은 원심 공동 피고인과 서로 의사를 연락하여 경관의 검문에 응하지 않고 트럭을 질주케 하였음이 명백하므로, 피고인은 본 건 과실치사죄의 공동정범이 된다.[1]

② **선임 탑승자의 과실범 공동정범(*표준판례)** 운전병이 운전하던 **짚차의 선임 탑승자**는 운전병의 안전운행을 감독해야 할 책임이 있는데, 오히려 운전병을 데리고 주점에 들어가서 같이 음주한 다음 운전케 하였다. 그 결과 운전병이 음주로 인해 취한 탓으로 사고가 발생한 경우에는 위 선임 탑승자에게도 과실범의 공동정범이 성립한다.[2] *제30조 "공동하여 죄를 범한 때"의 "죄"가 고의범, 과실범을 불문한다고 명시한 판결. 과실범의 공동정범 긍정설.

③ **동승자의 과실범 공동정범 부정** 운전자가 아닌 동승자가 교통사고 후 운전자와 공모하여 운전자의 도주행위에 가담하였더라도, 동승자에게 과실범의 공동정범의 책임을 물을 수 있는 특별한 경우가 아닌 한, 특정범죄가중법의 도주차량죄 공동정범으로 처벌할 수는 없다.[3]

13 2) 문제 소재 과실공동정범 인정 여부에 대한 문제 초점은 '**의사연락**'에 있다. 공동정범이 성립하기 위해서는 행위자 사이에 주관적 의사연락이 있어야 한다. 그 의사는 공동으로 범행하자는 모의, 즉 공동범행에 대한 고의를 내용으로 한다. 그렇다면 과실공동정범에는 어떤 구성요건표지를 의사연락으로 볼 수 있는가 문제된다. 위 판례도 고의 공동을 뜻하는 '의사연락' 개념을 사용하지만 그 내용은 범죄의사 연락이 아니고 '**단순한 행위의사 연락**'을 뜻한다.[4] 판례는 행위공동설 관점에서 범죄의사와 무관한 행위의사연락을 공동정범 '의사연락'으로 본다.

14 3) 학설 대립 과실범 공동정범이 성립할 수 있는가 긍정과 부정 학설이 있다.

(가) **긍 정 설**

15 A. 행위공동설 공동정범 '공동'은 특정한 범죄 공동이 아니라 '사실적인 행위 공동'에 있다고 보는 행위공동설은 당연히 과실범 공동정범을 인정한다. 그러나 사실적인 행위 공동은 형법으로 아무 의미가 없는 공동행위이기 때문에 이것으로 공동정범 근거를 삼을 수 없다. 위 판례보기로 설명하자면, "그대로 가자"는 **사실행위는 그 자체가 과실행위는 아니다.** 그 행위가 나중에 구성요건결과를 발생시켰기 때문에 사후로 주의의무를 위반한 과실행위로 평가될 뿐이다. 같은 행위를 하였더라도 구성요건결과가 발생하지 않았으면 과실행위가 되지 않는다. 과실행위는 존재론적 개념이 아니고 **평가개념**이다. 그러므로 사후 평가개념인 과실행위에서 공동이란 있을 수 없으며 그것은 개념적으로 모순이다. 주의의무위반 공동도 마찬가지다. 형법으로 무의미한 사실행위 공동을 과실행위 공동으로 둔갑시키고, 사실행위에 대한 의사연락을 법적 행위에 대한 의사연

1) 대판 1962. 3. 29. 4294형상598. 제 4 회.
2) 대판 1979. 8. 21. 79도1249.
3) 대판 2007. 7. 26. 2007도2919.
4) 정승환, 「인식 있는 과실과 과실범의 공동정범」(비교형사법연구 11, 2009), 391면 이하.

락으로 혼동한 것이 바로 행위공동설이다.

B. **공동행위주체설** 이것은 '공동행위주체'가 되면 공동정범이 성립한다는 학 16
설이다. 공동행위주체는 의사 공동과 함께 실행행위 분담이 있어야 한다. 따라서 과실범에도 공동행위주체로서 실행행위를 분담하면 공동정범이 성립할 수 있다. 문제는 공동행위주체가 되기 위한 '의사 공동'에 있다. 과실범에서 의사공동은 사실행위에 대한 것이고, 형법적으로 의미 있는 행위에 대한 것이 아니라는 위 비판이 그대로 타당하다.

C. **과실공동 기능적 행위지배설** 공동정범의 본질이 기능적 행위지배에 있다 17
고 보는 이 견해는 과실범에도 기능적 행위지배가 인정되면 공동정범이 성립할 수 있는 것으로 본다. 그 성립요건은 '**주의의무위반 공동과 기능적 행위지배**'다. 기능적 행위지배의 '행위지배'는 '구성요건과정에 대한 고의 장악'으로서 고의를 전제한 개념이다. 그러므로 과실범에는 그러한 행위지배가 불가능하다는 비판을 받는다.

[판례]

① **건축주와 수급인 사이의 과실범 공동정범** 형법 제30조 "2인 이상이 공동하여 죄를 범한 때"의 "죄"에는 고의범뿐만 아니라 과실범도 포함된다. 이 사건의 경우 피고인 갑과 을 및 원심 공동피고인 병 등은 각자 협력하여 이 사건 건물을 안전하고도 견고하게 신축해야 할 주의의무가 있을 뿐만 아니라, 서로 의사를 연락하여 이 사건 건물을 신축하였던 것이므로, 이들 사이에는 형법 제30조 소정의 공동정범관계가 성립한다. 이와 견해를 같이 하여 피고인 갑과 원심 공동피고인 병사이에 업무상과실치사상죄의 공동정범관계가 성립하는 것으로 본 원심판단은 정당하다.[1)]

② 건물(**삼풍백화점**) 붕괴의 원인이 건축계획의 수립, 건축설계, 건축공사공정, 건물 완공 후의 유지관리 등의 과실이 복합적으로 작용한 데에 있으므로 각 단계별 관련자들은 업무상과실치사상죄의 공동정범에 해당된다.[2)]

③ 터널굴착공사를 도급받은 **건설회사 현장소장 갑과 공사발주회사의 지소장** 을은 공사의 진행정도를 정확하게 파악하고 암반상태 등을 확인하여 발파시기를 정하는 등 사고를 미연에 방지할 업무상 주의의무가 있다. 그럼에도 이를 게을리 하여 운행하던 열차가 전복되었다면, 양자의 의사연락 하에 과실행위를 하여 범죄결과를 발생하게 한 것으로서 과실범의 공동정범이 성립한다.[3)]

④ 본 건 제116 **열차의 퇴행**에서 피고인은 원심 피고인 갑 및 을과 서로 상론 동의함으로써 이에 가공하였다는 사실을 수긍할 수 있다. 피고인이 정기관사의 지휘감독을 받는 부기관사이기는 하나, 위 열차의 퇴행에 관하여 상론 동의한 이상 이에 과실이 있다면 과실책임을 면할 수 없다. 이때 공동정범은 고의범이나 과실범을 불문하고 의사의 연락이 있으면 모두 해당된다.[4)]

1) 대판 1994. 3. 22. 94도35.
2) 대판 1996. 8. 23. 96도1231.
3) 대판 1994. 5. 24. 94도660.
4) 대판 1982. 6. 8. 82도781.

⑤ ***표준판례 가습기살균제의** 개발 · 제조 · 판매에 관여한 피고인 15명은 공동의 주의의무와 인식 아래 업무상과실로 결함 있는 가습기살균제를 각각 제조 · 판매하였고, 그 결함으로 그중 두 종류 이상의 가습기살균제를 사용한 피해자들에게 사망 또는 상해결과가 발생하였다. 위 피고인들과 공소외 8명 중 특정 피해자가 중복 사용한 가습기살균제들의 제조 · 판매에 관해 업무상과실이 있는 사람들 간에는 업무상과실치사상죄의 공동정범이 성립한다.[1] *밀폐된 공간에서 사용할 경우건강에 위험할 수 있으므로 살균제 농도가 올라가지 않도록 정확한 사용법과 위험성을 경고하지 않은 과실 인정.

⑥ **과실범의 공동정범 부정** 갑은 운전자의 부탁으로 차량의 조수석에 동승한 후, 운전자의 차량운전행위를 살펴보고 잘못된 점이 있으면 이를 지적하여 교정해 주려고 하였다. 갑이 전문적인 운전교습자가 피교습자에게 차량운행에 관해 모든 지시를 하는 경우와 같이 **주도적 지위에서** 동 차량을 운행할 의도가 있었다거나, 실제로 그 같은 운행을 하였다고 보기는 어렵다. 그 같은 운행 중에 야기된 사고에 대해 과실범의 공동정범 책임을 물을 수는 없다.[2]

⑦ 주원료가 상이한 **가습기살균제 제조 · 판매자들 사이에 과실범의 공동정범이** 성립할 수 있을까. 원심은 수긍하였다. 그 이유는, 현대 산업사회에서는 경쟁관계에 있는 복수의 제조업자가 동일한 유형의 제품을 제조 · 판매하고 소비자가 시중에 유통되는 여러 종류의 제품들을 사용하는 것이 당연히 예정되어 있다는 것이다. 그러나 대법원은 이를 부정하였다. 그렇게 할 경우 대량생산과 대량소비를 특징으로 하고 인터넷망 등을 통해서 국경을 초월한 상품의 구매 · 소비가 용이하게 이루어지는 현대사회에서 상품 제조 · 판매자들 등에 대한 과실범의 공동정범 성립범위가 무한정 확장될 수밖에 없기 때문이다.[3]

㈏ 부 정 설

18 A. 범죄공동설 공동정범 본질이 '특정한 범죄 공동'에 있다고 보는 견해에 따르면 과실범 공동정범은 인정할 수 없다. 특정범죄 공동은 고의범에 대해서만 가능하기 때문이다. 범죄공동설 자체가 공동정범 본질을 제대로 파악한 견해가 아니기 때문에 이 학설을 부정 논거로 삼는 것은 무리가 있다.

19 B. 목적적 행위지배설 과실범에는 목적적 행위지배가 없기 때문에 공동정범이 성립할 수 없다고 보는 견해다. 목적적 행위론이 주장한 것으로서 과실범과 고의범에서 두 개 정범개념을 인정해야 가능한 이론이다.

20 C. 기능 행위지배설 과실범에는 공동범행의사에 기초를 둔 실행행위의 기능 역할분담이 없기 때문에 공동정범이 성립할 수 없다고 보는 견해다. 공동과실로 야기된 결과는 동시범으로 처리한다. 이 견해는 위 긍정설 '기능 행위지배설'과 명칭은 같지만 준거로 삼는 내용 방향이 다르기 때문에 구별해야 한다.

---

1) 대판 2018. 1. 25. 2017도12537. 제 8 회.
2) 대판 1984. 3. 13. 82도3136.
3) 대판 2024. 12. 26. 2024도1856.

(다) **결 론**

A. 형법으로 무의미한 사실행위 공동의사 과실범 공동정범은 인정하지 않는 것이 옳다. 그 논거는 기능 행위지배설이 타당하다. 과실범 공동정범이론도 형법 제30조 '공동정범' 테두리 안에서 구성되어야 하는데, 과실범에는 공동정범 필수요건인 **공동범행의사**를 찾을 수 없다.[1] 과실범 '의사연락'은 형법으로 무의미한 사실행위에 대한 의사소통일 뿐이고 범행모의와 아무 상관없다. 주의의무를 위반한 모든 행위가 과실범으로 처벌되지는 않는다. 아무리 부주의하더라도 구성요건결과를 야기하지 않으면 과실행위로 평가되지 않는다. 그러므로 그들 행위가 과실행위로 될지 안 될지 모르는 상황에서 **과실행위를 공동 모의**하는 것은 불가능하다. 과실범 공동정범이론은 형법 책임원칙을 위반하면서 가벌성을 부당하게 확장한다. 21

B. 동시범으로 해결가능 이 이론을 인정해야 할 특별한 형사정책 실익이 있는 것도 아니다. 예컨대 이것을 인정함으로써 일반인 규범의식을 강화하는 적극적 일반예방효과를 거둘 수 있는 것도 아니다. 사실행위 공동이 필연으로 과실범으로 연결되는 것은 아니므로 결과발생은 인간 지배범위 밖에 있는, 즉 우연에 속한다. 과실범 공동현상은 형법 동시범이론(제19조)이나 민사 손해배상으로 해결할 수 있다.[2] 22

C. 주의의무공동의 법치국가 문제점 이에 대해, 우리 형법이 과실범 미수를 처벌하지 않기 때문에 동시범으로 해결하는 것은 충분하지 않고 따라서 과실공동정범을 인정하는 실익이 있다는 비판이 있다.[3] 그러나 형법 제19조 동시범규정은 결과 원인행위가 판명되지 않은 경우에 적용되므로 '만일 원인행위가 밝혀지면 과실범으로 처벌하고 그렇지 않으면 동시범으로 불가벌'이 된다. 그러나 과실에서 후자 경우는 극히 예외적이라는 점을 유의해야 한다. 주의의무를 가진 자는 여러 명 있을 수도 있으나, 결과발생에 직접 관계된 행위자는 특정되어 있는 경우가 대부분이다. 그 행위자를 과실범으로 처벌하면 된다. 결과발생에 대한 행위 공동이 없음에도 **주의의무 공동**이 있다고 하여 가벌성이 인정되는 것은 아니다. 결과발생에서 추론되는 주의의무 범위는 한정이 없다. 과실범에서 주의의무는 사실 **결과책임의 이론 정당화수단**에 지나지 않는다. 행위요소만으로 처벌할 수 없기 때문에 찾아낸 행위자요소, 즉 규범 사후 요청을 표현하는 개념일 뿐이지 존재론적 개념과 거리가 멀다. 이에 대한 가장 대표적 예가 바로 인식 없는 과실이다. 이처럼 막연하기 이를 데 없는 주의의무 공동을 이유로 행위요소가 없는 과실공동정범을 인정하는 것은 정당화될 수 없는 극단적 주관화 경향을 뜻한다. 23

형법 정당성은 주관과 객관, 행위와 행위자의 '균형'고려에 따라서 주어진다. 그렇지 못한 양 극단 보기가 바로 심정형법과 결과책임형법이다. 위 판례에서 운전사는 과 24

1) 고명수, 「공동정범과 개별 인과관계」(비교형사법연구 24, 2022), 81면 이하; 김성돈, 522면.
2) 오영근/노수환, 33/29; 임웅 외, 410면.
3) 정성근/박광민, 557면.

실치사 책임을 져야 하나 하주는 무죄다.

[판례사례] 성수대교 붕괴사건 성수대교 시공을 맡은 D건설 기술담당 상무이사 피고인 甲과, 철구부장 공동피고인 乙은, 트러스 제작기간 단축을 위해 감독을 소홀히 하여 부실용접을 방치하였다. 현장소장 피고인 丙은, 강판을 설계도대로 절삭하지 않고 급경사를 이루도록 제작된 것을 발견하지 못하고 이를 교량가설에 사용토록 하는 등 시공상 잘못을 방치하였다. 교량건설에 발주청인 서울특별시 현장감독공무원이었던 피고인 丁 등은, 용접공의 자격확인, 방사선검사 등 용접공사, 가조립공사, 시공과정의 철저한 현장확인 등을 하지 않았다. 그 결과 다리 수직재 용접 부분이 차츰 떨어져나가 복부판에 균열이 생기면서 1994. 10. 21. 07 : 30경 그 균열 부분이 완전히 끊어지고 트러스를 포함한 상판 일체가 한강으로 떨어지면서 때마침 그곳을 지나던 자동차 6대가 한강으로 떨어져 수십 명이 사상하였다.[1]

[해설] 이 사건은 ① 인과관계문제, ② 업무상과실일반교통방해죄에서 '손괴' 개념, ③ 구 형법 제189조 2항에서 말하는 '업무상과실'의 주체에 해당하는지 여부, ④ 업무상과실일반교통방해죄와 업무상과실자동차추락죄의 죄수관계, ⑤ 교량붕괴에서 과실 공동정범 성립 또는 독립행위 경합(형법 제19조)과 불능미수 여부, ⑥ 업무상과실치사상죄 공소시효 기산점 등 논점과 관련이 있다.

과실공동정범을 중심으로 살펴보면, 이 사건에는 피고인들이 각 단계에서 제작 · 시공 · 감독 주의의무를 다하지 않은 것(업무상과실)이 합쳐져 사고발생 원인이 된 것으로 볼 수 있다(누적인과관계). 대법원은 공동행위 경합으로서 미수에 해당한다거나 각 과실행위만으로는 결과가 발생할 수 없으므로 불능미수가 된다는 피고인측 주장을 반박한다. 피고인 사이에 성수대교를 안전하게 건축한다는 **공동목표와 의사연락이** 있었다고 보아, 업무상과실치사상등죄 공동정범이 성립한다고 판시하였다. 이러한 판례태도는 이 경우 공동정범 요건인 '주관적 의사연락'을 공동범행 고의로 보지 않고, 다리를 만들자는 행위의사 연락으로 본다(행위공동설). 특히 이 사건과 같이 사회 관심대상이 되고 있는 경우는 일반인 감정과 예방필요성을 고려해서 더욱 이와 같은 관점이 필요했는지도 모른다.[2]

그러나 형사정책 고려가 공동정범 요건을 대신할 수 있는 것은 아니다. 피고인 사이에 다리가 붕괴되는 구성요건결과에 대한 의사연락이 있었다고 볼 수 없기 때문에 **동시범으로** 처리하는 것이 바람직하다. 여기서 과실범 미수로 불가벌이 되는 것을 방지하기 위해 사고 원인된 행위를 판명하는 노력이 있어야 한다. 이 부담은 궁극적으로 법원과 검찰이 져야 한다. 그럼에도 그러한 논증의무 해태의 책임을 업무상과실치사상죄를 인정함으로써 피고인에게 전가시키는 태도는 정당할 수 없다. 이와 같은 근거 없는 처벌 경우에는 마음먹기에 따라서 그 가벌성 범위가 얼마든지 확대될 수 있다. 이러한 상황에서 처벌받는 당사자나 제 3 자는 그 형벌이 정당하다고 인정할 사람이 없으며, '억울하게' 또는 '재수가 없어서' 희생되는 것으로 여길 것이다.

교량은 건설도 중요하지만 사후관리 또한 못지않게 중요하다는 것은 널리 알려진 사실이다. 그럼에도 서울시 당국의 부실한 관리책임은 문제삼지 않고 건설당시 제작 · 시공 · 감독책임만 묻겠다는 것은 상식에 반하는 일이 아닐 수 없다. 완공된 지 15년 된 교량(구 성수대교는 1979. 10. 15일 완공, 1994. 10. 21일 붕괴되었다) 붕괴에 대한 형사책임은 특별예방과 일반예방 어느 관점에서도 의미를 찾

1) 대판 1997. 11. 28. 97도1740.
2) 삼풍백화점붕괴사고에 대한 대법원 판결(1996. 8. 23. 96도1231)에서도 같은 견해였다.

기 힘들다. 부실공사 척결은 사후약방문인 형법수단이 아니라 건설당시 하도급 또는 뇌물 비리와 같은 부실공사원인을 철저하게 행정 · 제도적으로 차단하는 노력이 선행되어야 한다. 아무리 **잘된 사고수습도** 사고가 발생하지 않은 것만은 못하다. 형법이 **부실행정 면책수단이** 되어서도 안 된다. 대형사고 경우에 과실공동정범을 인정하는 '형사정책' 실익은 생각만큼 높지 않다.

2. 객관적 요건: 행위 공동

(1) 공동 실행행위

1) 객관적 행위기여 공동정범이 성립하기 위해서는 주관적 범행의사 공동 외에 25
'객관적으로 실행행위 공동'이 있어야 한다. 실행행위 공동은 **공동 범행계획**에 기초하여 구성요건 전부 또는 일부를 실현하는 **객관적 행위기여**를 의미한다. 실행행위를 정신 · 물질적으로 도와준다거나 준비시키는 행위도 객관적 행위기여가 된다. 구성요건표지 전부 또는 일부를 기능적으로 분담하여 직접 실행하는 경우는 문제될 것이 없다. 예를 들면 범행장소에 데려다 주는 사람, 망보는 사람, 문을 따는 사람, 재물을 뒤지는 사람, 그 재물을 운반하는 사람 그리고 물건 처분을 담당한 사람 등은 그것이 공동모의로 이루어지는 한 모두 특수절도죄(제331조 제2항) 합동범(공동정범)이 된다. 사람에 대한 폭행이나 협박이 수반되면 강도죄(제333조)나 특수강도죄(제334조) 합동범이 성립한다.

2) 지원 · 준비행위 실행행위에 대한 단순한 지원 · 준비행위도 공동정범이 될 26
수 있다. 그러기 위해서는 지원 · 준비행위가 공동 범행계획에 따른 것이어야 하고, 참가자들이 그것을 직접 구성요건을 실행한 행위와 맞먹는 것으로 생각할 정도여야 한다. 예를 들면 절도에 쓰일 공구나 열쇠를 준비해 주거나 금고에 들어 있는 돈, 금고 열쇠 번호, 건물 비상구, 경비원이 있는 위치 등을 알려준 사람은 절도죄 공동정범이다. 상해나 폭행이 용이하도록 피해자를 붙들고 있는 사람도 공동정범이다.

그러나 이런 준비 · 지원행위가 전체 범행계획과 참가자의 주관 표상에 따라 단순 27
한 종범으로 처벌될 수 있는 가능성은 있다. 범행을 지휘 · 통솔하는 '**범죄단체 우두머리**'는 범행전체에 대한 지배력을 가지고 있어서 실행행위에 직접 참가하지 않고 범행장소에 없더라도 공동정범이 성립한다. 왜냐하면 범죄단체 우두머리에게 인정되는 기능 행위지배는 구성요건에 해당하는 실행행위 분담이라는 좁은 의미가 아니라 그가 '전체 범행계획에서 빼놓을 수 없는 **본질적 역할분담**을 함으로써 인정되는 공동정범 정범성표지로서 기능 행위지배'를 뜻하기 때문이다.

[판례]

① **행위공동 인정 판례** 피고인은 공범들과 함께 강도범행을 저지른 후, 피해자의 신고를 막기 위해 공범들이 묶여있는 피해자를 옆방으로 끌고 가 강간범행을 할 때 **자녀들을 감시하고** 있었다. 피고인은 공범들의 강도강간범죄에 공동 가공한 것이므로, 비록 직접 강간행위를 하지

았다 하더라도 강도강간의 공동죄책을 면할 수 없다.[1)]

② 두목급 수괴의 지위에 있는 을은 부하들이 흉기를 들고 싸움을 하고 있는 도중에 폭력 현장에 모습을 나타내고, 더욱이나 부하들이 흉기들을 소지하고 있어 살상결과를 초래할 것을 예견하면서도 **전부 죽이라는 고함을** 쳤다. 을은 이로써 위 싸움에 가세한 것이라고 보지 않을 수 없다. 나아가 부하들이 칼, 야구방망이 등으로 피해자들을 난타, 난자하여 사망하게 하였다면, 을은 살인죄의 공동정범의 죄책을 면할 수 없다.[2)]

③ 공동피고인은 위조된 부동산임대차계약서를 담보로 제공하고 피해자로부터 돈을 빌려 편취할 것을 계획하면서, 피해자가 계약서상의 임대인에게 전화를 하여 확인할 것에 대비하여 피고인에게 미리 전화를 하여 임대인 행세를 해달라고 부탁하였다. 피고인은 위와 같은 사정을 잘 알면서도 이를 승낙하였다. 그리고 실제로 피해자 남편으로부터 전화를 받자, **자신이 실제의 임대인인 것처럼** 행세하여 전세금액 등을 확인해 줌으로써 위조사문서행사에 관한 역할분담을 하였다. 피고인의 행위는 위조사문서행사에 있어서 기능적 행위지배의 공동정범 요건을 갖추었다고 할 것이다.[3)]

④ 저작권법 제137조 제1항 제1호는 저작자 아닌 자를 저작자로 하여 실명·이명을 표시하여 저작물을 공표한 자를 형사 처벌한다고 정하고 있다. 실제 저작권자가 자신이 집필한 교재의 개정판에 **저작자 아닌 자를 저작자로 표시하는 것을 허락하여** 저작자 아닌 자를 저작자로 표시하여 저작물을 공표하는 범행에 가담하였다면 저작권법 제137조 제1항 제1호 위반죄의 공범으로 처벌할 수 있다.[4)] ***표지갈이 사건**

⑤ **행위공동 부정 판례** 보호자가 의학적 권고에도 불구하고 치료를 요하는 환자의 퇴원을 간청하여 담당 전문의와 주치의가 치료중단 및 퇴원을 허용하는 조치를 취함으로써 환자를 사망에 이르게 하였다. 보호자, 담당 전문의 및 주치의가 **부작위에 의한 살인죄의 공동정범**으로 기소되었다. 담당 전문의와 주치의에게 환자의 사망이라는 결과발생에 대한 정범의 고의는 인정되나, 환자의 사망이라는 결과나 그에 이르는 사태의 핵심적 경과를 계획적으로 조종하거나 저지·촉진하는 등으로 지배하고 있었다고 보기는 어렵다. 이들에게 공동정범의 객관적 요건인 **기능적 행위지배**가 흠결되어 있어 **작위에 의한 살인방조죄**만 성립한다.[5)]

⑥ 갑 주식회사의 지사 직원들인 피고인 을 등이 갑 회사의 대표이사 등과 공모하여 **무등록 다단계판매조직**을 개설·관리·운영하였다고 하여 방문판매법 위반으로 기소되었다. 회사 내 직위·역할을 비롯한 제반 사정에 비추어 피고인 을은 대표이사 등이 행한 위 **범행을 공동으로 실현하려는 의사**로 범행에 가담하였다고 보기는 어렵다. 피고인 을에 대해서까지 유죄를 인정한 원심의 조치는 공동정범에 관한 법리오해 등 위법이 있다.[6)]

⑦ ***표준판례** 피고인은 갑, 을의 부탁으로 자신이 운영하는 가게 옆에 크레인 게임기들을 설치할 장소와 이용할 전력을 제공하고 대가를 받음으로써 이들과 공모하여 무등록 청소년게임제공업

---

1) 대판 1986. 1. 21. 85도2411.
2) 대판 1987. 10. 13. 87도1240.
3) 대판 2010. 1. 28. 2009도10139.
4) 대판 2021. 7. 15. 2018도144.
5) 대판 2004. 6. 24. 2002도995.
6) 대판 2012. 4. 26. 2010도2905.

을 영위하였다는 내용으로 기소되었다. 영업활동에 지배적으로 관여하지 않고 단순히 영업자의 직원으로 일하거나 영업을 위하여 보조한 경우, 또는 영업자에게 **영업장소 등을 임대하고** 사용대가를 받은 경우 등에는 게임산업진흥법 제45조 위반에 대한 본질적인 기여를 통한 기능적 행위지배를 인정하기 어렵다. 이들을 방조범으로 처벌할 수 있을지는 별론으로 하고 공동정범으로 처벌할 수는 없다.[1] *공동범행의사에 의한 기능적 행위지배는 타인의 범행을 단순히 인식, 용인하는 차원을 넘어 다른 사람의 행위를 이용하여 자기의사를 실행에 옮겨야 함.

[판례사례] ① 강제집행면탈죄와 공동정범 부동산 1번 가등기권자인 甲과 제 3 취득자 乙은 부동산소유자인 채무자 丙 이익을 위해 후순위 채권자 강제집행을 막고자 乙이 그 부동산을 정당한 가격으로 매수하고 그 매매대금 일부로 그 부동산 가등기권자에 대한 채무를 변제하되 일단 가등기권자 甲 명의로 소유권이전 본등기를 마쳤다. 그리고 함께 다른 채권자의 가압류 및 강제경매 기입등기를 직권 말소케 하는 등기절차를 거쳤다.[2]

[해설] 이 사건에서 후순위 채권자에 대한 강제집행면탈죄 주범은 부동산소유자이면서 채무자인 丙이다. 즉 甲 명의로 소유권이전 본등기를 경료해 준 주체는 바로 丙이다. 문제는 甲과 乙 죄책에 있다. 비록 甲은 1번 가등기권자로 자기 채권담보의 실행책으로 소유권이전 본등기를 하고 또 乙은 정당한 가격으로 이 건 부동산을 매수하였다 할지라도 두 사람은 채무자 丙 이익을 위해 사전에 서로 협의 공모하여 그러한 행위를 하였으므로 丙 강제집행면탈죄 공동정범 죄책을 면할 수 없다. 여기에서 공동정범 일반 성립요건에 관한 검토를 해야 한다. 甲과 乙이 취한 강제집행면탈 방법은 재산'은닉'이다(제327조 참조). 재산은닉은 재산 소유관계를 불명케 하는 행위도 포함한다. 위와 같이 사전에 모의하여 乙이 매수하고 甲 앞으로 소유권이전 본등기를 하였음은 재산은닉에 해당한다. 결론은 丙은 강제집행면탈죄(제327조) 정범이고, 甲과 乙은 같은 죄 공동정범으로 처벌된다. 판례견해도 같다.

② 오토바이 절도사건 중고 오토바이 판매점을 경영하는 피고인 甲은, 乙과 丙이 오토바이를 절취하여 오면 이를 처분하기로 공모하였다. 乙, 丙은 1996. 6월 초순부터 같은 해 9월 초순까지 乙이 길가에 있는 오토바이를 끌어와 丙이 운전하는 승합차에 싣고 가는 방법으로 8회에 걸쳐 오토바이를 절취하였다.[3]

[해설] 피고인 甲과 乙, 丙 사이에 공동가공 의사가 있는가 문제된다. 이 경우 사실관계에 따라 두 가지 가능성이 있다. 만약 甲이 乙, 丙과 공모한 내용이 "우리가 함께 오토바이를 훔치자. 다만 현장에서 훔치는 일은 너희들이 맡아서 해라. 그러면 장물은 내가 맡아서 처분하겠다"는 것이었다면 절도 의사공동이 있고, "너희들이 오토바이를 훔쳐라. 그러면 장물은 내가 사 주겠다"는 것이었다면 甲을 절도죄 공동정범으로 보기 어렵다. 원심은 사안을 전자 내용처럼 파악하여 甲에게 절도죄가 있다고 보았으나 대법원은 이를 파기하고 사실관계를 후자와 같이 파악하여 甲 절도죄를 부인하는 것으로 판시하였다. 이렇게 보면 乙, 丙 죄책은 절도죄, 甲 죄책은 절도교사죄와 장물죄 실체적 경합에 해당한다.

1) 대판 2011. 11. 10. 2010도11631.
2) 대판 1983. 5. 10. 82도1987.
3) 대판 1997. 9. 30. 97도1940.

(2) 공모공동정범

28 공동정범 객관적 요건인 공동실행행위 범위와 관련해서 공모공동정범 문제가 발생한다.

29 1) 공모공동정범 의의 '범죄공모에만 가담하고 실행행위를 함께 하지 않은 사람도 공동정범이 된다'고 할 때 이를 보통 공모공동정범이라고 한다. 이것을 다른 말로 "2명 이상이 공모하여 범죄를 실행한 자"라고 정의하기도 한다. 대칭개념으로 형법 제30조 본래 의미 공동정범을 실행공동정범으로 부르기도 한다.[1]

30 (가) **조직범죄 배후거물에 대한 처벌 필요성** 공모공동정범에서 문제되는 것은 그것의 인정 여부다. 이 개념을 인정할 필요성은 ① 조직범죄에서 실행행위에 직접 가담하지 않고 배후에서 조종하는 거물을 하수인보다 가볍게 처벌할 수 없다는 점이다. 다시 말하면, 범죄단체 우두머리는 아니면서 범행을 배후에서 조종하는 **단순공모자**도 공동정범으로 처벌하기 위해 나온 이론이다. ② 범죄단체 우두머리는 실행행위에 직접 가담하지 않더라도 일정한 역할 분담으로 전체 범행계획에 중요한 기여를 하면 기능 행위지배가 인정된다. 따라서 얼마든지 공동정범으로 처벌할 수 있다. 공동정범에서 공동실행행위는 꼭 구성요건에 해당하는 행위여야 할 필요는 없다. 사회감정 측면에서 보더라도 조직 우두머리는 범행모의에만 가담할 뿐이고 실행행위라는 궂은일은 그 부하들이 전담하기 마련이다. 이 부하들을 정범으로 하고 현장에 나타나지 않은 배후 거물을 공범으로 하는 것은 이해하기 어렵다.[2]

31 (나) **공모공동정범과 교사범 차이점** 설사 ③ 이를 공범으로 인정하여 교사범으로 처벌하더라도 이는 공모공동정범 행위구조와 근본적으로 다르다. 즉 공모공동정범은 2명 이상 범행을 공모하여 합의함으로써 범죄의사를 서로 나누어 가지고 그 중 일부가 실행행위를 하는 것이다. 교사범에는 처음부터 범죄의사가 없는 사람에게 그 의사를 심어주고 실행행위로 나아가게 하는 것이기 때문에 양자는 다르다.[3] 그러므로 공모공동정범은 교사범과 구별되는 별개 범행형식이다. 공모공동정범이론은 일본 판례 · 학설이 전개하였고, 우리 대법원도 인정한다. 일본은 아주 오래전부터 조직범죄('야쿠자')가 사회생활 일부로 되어 있는 지구상에서 몇 안 되는 나라다.

[판례]

① **공모자는 모두 정범** 형법 제30조에서 "2인 이상이 공동하여 죄를 범한 때"라 함은 반드시 범죄의 구성요건에 해당하는 행위의 전부 또는 일부의 실행에 공동 가공한 경우만을 가리키는 것은 아니다. 수인이 공동하여 범죄의 실행을 모의하고 그 공동의사를 실행하기 위해 **모**

1) 김종수, 공모공동정범의 이론, 1973, 6면.
2) 김종수, 위의 책, 89면.
3) 김종수, 위의 책, 93면.

의자 중의 일부만이 실행행위를 담당하여 범죄를 수행한 경우에도 공모자는 모두 정범으로 처벌된다.[1)]
② 2인 이상이 범죄에 공동 가공하는 공범관계에서 공모는 법률상 어떤 정형을 요구하는 것은 아니다. 2인 이상이 공모하여 어느 범죄에 공동 가공하여 그 범죄를 실현하려는 의사결합만 있으면 된다. 비록 전체 모의과정이 없었더라도, 수인 사이에 **순차적 또는 암묵적으로 상통**하여 그 의사결합이 이루어지면 공모관계가 성립한다. 이런 공모가 이루어진 이상 **실행행위에 직접 관여**하지 않은 자라도 다른 공모자의 행위에 공동정범의 형사책임을 진다.[2)]

2) 학설대립 　공모공동정범 인정 여부에 대해 긍정과 부정 견해가 있다. 32

(가) **긍 정 설**

A. 공동의사주체설 　일본에서 나온 학설인데, 우리 대법원도 이 견해를 따르고 있는 것으로 보인다. 이 학설은, 범죄를 실현할 공동목적으로 모의한 사람은 일심동체 공동의사주체를 형성한다. 따라서 실행행위에 나가지 않은 공모자도 발생 결과가 공동의사주체의 행위에 따른 것이기 때문에 공동정범이 된다. 한 마디로 개인을 단체에 함몰시켜 이해하는 전체주의 이론이다. 형법 개별책임원칙에 어긋나며, 우리 판례가 이 입장을 따르는 것은 놀라운 일이다. 33

B. 간접정범유사설 　공모공동정범은 타인을 도구로 이용하여 범죄행위를 하는 간접정범과 유사한 구조를 갖고 있으므로 공동정범으로 처벌해야 한다는 주장이다. 함께 모의한 사람에 대한 신의로 실행행위자가 그 내용을 포기할 수 없기 때문이라고 한다. 위 공동의사주체설과 마찬가지로 전체주의 학설이며 일본최고재판소가 취하는 입장이다. 단체에 속한 개인을 전체주의로 이해하지 않는 한 공모공동정범은 간접정범과 유사성이 없다. 34

C. 적극이용설 　실행자를 적극적으로 이용한 공모자는 공동정범이 되어야 한다는 주장이다. 즉 '공모자의 적극 이용행위'를 실행행위와 같은 것으로 본다.[3)] 위 '간접정범유사설'을 변경시킨 학설이다. 적극 이용의 내용이 명확하지 않지만, 만일 그 정도가 범행 지휘·통솔에 이른다면 이미 그 자체가 공동정범 객관적 요건을 구비한 것으로 볼 수 있다. 35

[판례]

① **공동의사주체설** 　공모공동정범은 공동범행 인식으로 범죄를 실행하는 것으로 공동의사주체로서 집단 전체가 하나의 범죄행위를 실행함으로써 성립한다. 공모자 모두 그 실행행위를 분담하여 실행할 필요가 없고, 실행행위를 분담하지 않아도 공모로 수인간에 **공동의사주체가**

1) 대판 1990. 9. 11. 90도16.
2) 대판 2004. 8. 30. 2004도3212.
3) 김종수, 공모공동정범의 이론, 99면; 同「공모공동정범」, 형사법강좌, 750면.

형성되어 범죄의 실행행위가 있으면, 공동의사주체로서 정범의 죄책을 면할 수 없다.[1]

② **간접정범유사설** 공모공동정범이 성립하려면 두 사람 이상이 공동의사로 특정 범죄행위를하기 위해 일체가 되어 서로 **다른 사람의 행위를 이용**, 각자 자기의사를 실행에 옮기는 것을 내용으로 하는 모의를 하고, 그에 따라 범죄를 실행한 사실이 인정되어야 한다. 이와 같이 공모에 참여한 사실이 인정되는 이상 직접 실행행위에 관여하지 않았더라도, 다른 사람의 행위를 자기의사의 수단으로 하여 범죄를 하였다는 점에서, 자기가 직접 실행행위를 분담한 경우와 형사책임의 성립에 차이를 둘 이유가 없다.[2]

③ **기능적 행위지배설(*표준판례)** 건설회사 대표 갑은 장기간에 걸쳐 건설공사 현장소장들의 뇌물공여행위를 보고받고 이를 확인·결재하는 등의 방법으로 위 행위에 관여하였다. 비록 갑이 사전에 구체적인 대상 및 액수를 정하여 뇌물공여를 지시하지 않았더라도, 그 핵심경과를 계획적으로 조종하거나 촉진하는 등 **기능적 행위지배**를 하였으면 공모공동정범의 죄책을 진다.[3] *공모자가 직접 실행행위를 분담하지 않았더라도 공동의사의 기능적 행위지배를 통한 범죄실행이 있으면 공모공동정범으로 처벌될 수 있다는 판결.

④ 국가정보원 원장 피고인 갑, 3차장 피고인 을, 심리전단장 피고인 병은 심리전단 산하 사이버팀 직원들과 공모하여 인터넷 게시글과 댓글 작성, 찬반클릭, 트윗과 리트윗 행위 등의 사이버 활동을 함으로써 국가정보원 직원의 직위를 이용하여 정치활동에 관여하고, 동시에 제18대 대통령선거와 관련하여 공무원의 지위를 이용한 선거운동을 하였다고 하여 국가정보원법과 공직선거법 위반으로 기소되었다. 사이버팀 직원들이 한 사이버 활동 중 일부에 대해, 그들과 순차 공모하여 그가 단순한 공모자에 그치는 것이 아니라 **범행에 대한 본질적 기여를 통한 기능적 행위지배**를 함으로써 범행에 가담한 사실을 인정하여 유죄를 선고한 원심판단은 정당하다.[4]

⑤ ***표준판례** 노조의 조합원 중 약 2,500명은 조합장 또는 집행부 간부들인 피고인들의 주도 아래 포스코의 출입을 통제하고 본사 건물을 점거하였다. 그 과정에서 조합원들이 다중의 위력을 이용하여 감금, 시설물 손괴, 진입 경찰 등에 대한 폭행 및 상해 등의 범죄행위를 저질렀다. 피고인들로서는 당시의 인원 규모나 과열된 분위기 등을 감안할 때 노조원들의 과격한 행동, 진압을 위한 경찰과의 물리적 충돌과 그에 따른 집단적 폭행, 상해 및 손괴 행위가 뒤따를 것을 충분히 예상할 수 있었다. 이를 방지하는 데 충분한 합리적이고 적절한 조치를 취하지 않고 오히려 집단행동을 독려하고 감행하였다. 피고인들은 비록 조합원들의 감금, 손괴, 폭행, 상해 등 범죄행위들 중 일부에 대해 직접 모의하거나 실행행위를 분담하지 않았더라도, 각 범행에 대한 **암묵적인 공모**와 본질적 기여를 통한 **기능적 행위지배**가 인정된다.[5]

⑥ 공범관계에서 공모가 이루어진 이상 실행행위에 직접 관여하지 않은 자라도 다른 공모자의 행위에 대해 공동정범의 형사책임을 진다. 이와 같은 공모에 대해 직접증거가 없더라도 정황사실과 경험법칙으로 이를 인정할 수 있다. **상명하복관계에** 있는 자들 사이에서도 범행에 공

1) 대판 1983. 3. 8. 82도3248.
2) 대판 1988. 4. 12. 87도2368.
3) 대판 2010. 7. 15. 2010도3544.
4) 대판 2018. 4. 19. 2017도14322 전원합의체. 제10회.
5) 대판 2007. 4. 26. 2007도428. 제10회.

동 가공한 이상 공동정범이 성립하는 데 아무런 지장이 없다.[1]

⑦ 공모공동정범의 공모자들은 그 공모한 범행을 수행하거나 목적 달성을 위해 나아가는 도중에 부수적인 다른 범죄가 파생될 것을 예상하거나 충분히 예상할 수 있었다. 그럼에도 이를 방지하기 위한 합리적 조치를 취하지 않고 공모한 범행에 나아갔다가 결국 예상된 범행들이 발생하였다. 이 경우 비록 **파생된 범행 하나하나에** 대한 개별적 의사연락이 없었더라도 당초의 공모자들 사이에 그 범행 전부에 대해 암묵적 공모와 기능적 행위지배가 존재한다고 보아야 한다.[2]

(나) **부 정 설** 형법 제30조가 실행행위 분담을 공동정범 요건으로 규정한다는 36
점은 해석에 이의가 없으므로 실행행위분담 없는 공모공동정범은 인정할 수 없다는 것이 부정설 입장이다. 우리나라 통설이면서 타당한 견해다(**부정설 타당**).

부정설은, ① **조직범죄**에 효과적으로 대처할 수 없다는 비판을 받기도 한다. 그러 37
나 이 비판은 근거없다. 범행을 계획하고 지휘·감독한 조직범죄 **우두머리**는 실행행위에 대한 직접가담이 없더라도 '범행전체 장악이라는 본질적 행위지배'를 통해 어차피 공동정범으로 처벌된다. ② **단순공모자**도 공동정범이 인정되지 않는다고 하여 불가벌로 방면되는 것이 아니라 교사·방조로 처벌할 수 있다. ③ 교사범 형은 정범과 동일하고(제31조 제1항), 종범 형은 필요 감경사유에 해당할 뿐이다. ④ 특히 제34조 2항(특수교사·방조) 규정은 조직범죄 우두머리에 대한 처벌을 공모공동정범이론에 따르지 않고 해결할 수 있는 길을 열어준다. 그렇다면 공모공동정범을 인정해야 할 형사정책 필요성은 생각만큼 그렇게 높지 않다.

판례입장이 너무 확고하기 때문에 차라리 이론이 태도를 바꾸어 공모범위를 합리 38
적으로 제한하는 것이 바람직하다는 지적도 가치가 없다. 그것은 형법이 학문이기를 포기하라는 말과 같다. 이론에 따라 판례가 변경되어야지, 판례가 이론을 좌우하는 상황이 발생해서는 안 된다.

(다) **결 론** 공모공동정범과 교사범 행위구조가 내용으로 차이가 있다는 주장 39
은 범죄단체 우두머리를 처벌할 수 있는 길이 있는 이상 실질적 의미는 없다. 오히려 공동정범, 교사범, 방조범을 실무적으로 구별하여 입증하는 것이 곤란하다는 이유로 집단범행 모든 관여자를 공동정범의 연좌범으로 처리하는 실무의 안이한 발상이 더 큰 문제다(**부정설 타당**).

공모공동정범의 공모만으로 공동정범을 인정할 수 있다고 하면 검사는 공범 세부 40
내용을 밝혀서 입증해야 할 필요가 없다. 이는 당연히 공범이론 공동화, 공동정범의 근거없는 확장으로 이어진다. 공모공동정범은 형법의 명백한 행위기준을 무시하면서 처벌

1) 대판 2013. 7. 11. 2011도15056. 제10회.
2) 대판 2018. 4. 19. 2017도14322 전원합의체. 제10회.

을 능사로 삼겠다는 이론이다. 말하자면 '범죄구축이론' 대표격이며 전체주의 발상의 산물이다. 따라서 형법 법치국가원칙에 어긋나고 구체적으로는 책임원칙에 반한다. 공모공동정범이론은 '보호' 필요가 강조되는 만큼 '보장' 필요도 동시에 같은 정도로 강조되어야 형법은 정당화될 수 있다는 점을 간과한다. 단순공모자는 **모의에 가담한 정도만큼** 책임을 지면 되고 그 이상 책임을 부담해야 할 이유는 없다.

41 ㈑ **대법원 제한해석** 공모공동정범을 긍정하는 대법원 입장은 여전하지만, 시간이 흐르면서 약간 변화조짐이 있다. 이전에는 조직범죄 배후거물뿐만 아니라 단순 공모자도 공모공동정범을 넓게 인정했다. 그러나 최근에 들어서 공모공동정범이 성립하려면 범행에 대한 단순 공모 이상의 "**본질적 기여를 통한 기능적 행위지배**"가 있어야 한다는 판결이 계속 등장한다. 이것은 종래 공모공동정범이론에 대한 의미 있는 제한해석이며, 동시에 공모공동정범 문제를 상당 부분 완화하는 것이기도 하다. 즉 대법원은 공모공동정범이 성립하기 위해서는 "전체 범죄에서 행위자가 차지하는 지위 · 역할이나 범죄경과에 대한 지배 또는 장악력 등을 종합하여 그가 단순 공모자에 그치는 것이 아니라 범죄에 대한 본질적 기여를 통한 기능적 행위지배"가 존재해야 한다고 한다.[1] 전체 범행에 일정한 지위와 장악력을 가지고 본질적 기여를 하는 사람은 사실상 조직범죄 우두머리나, 그것에 버금가는 위치에 있는 자만 가능하다. 어떤 경우도 단순 공모자가 이 요건에 해당되기는 어렵다. 우리는 위에서, 조직범죄 우두머리는 실행행위에 직접 가담하지 않더라도 '**범행전체를 장악하는 본질적 행위지배**'가 있으면 공동정범으로 처벌된다고 하였다. 이 견해와 대법원의 변화된 태도는 결론에서 큰 차이가 없어 보인다. 그렇다면 이제 대법원이 말하는 '공모공동정범'은, 최소한 이 판결에서는, 이름만 남고 내용은 본래 모습이 사라진 것으로 판단된다. 이 변화는 2007년 판결에 처음 나타났고,[2] 그 이후 계속 이어지고 있으며,[3] 2010년 판결에서도 같은 내용을 다시 확인할 수 있다. 최근에는 이 경향이 대세인 것으로 보인다. 그러나 아무 조건 없이 공모만으로 공모공동정범이 성립한다는 종래 입장을 고수하는 판결도, 많지는 않지만 여전히 눈에 띈다.

[판례]

① **제한해석 1: 단순한 공모에 본질적 기여 요구** 형법 제30조의 공동정범은 공모자 중 구성요건행위를 직접 분담하여 실행하지 않은 사람도 공모공동정범의 죄책을 질 수 있다. 구성요건행위를 직접 분담하여 실행하지 않은 공모자가 공모공동정범으로 인정되기 위해서는 전체 범죄에서

1) 대판 2010. 7. 15. 2010도3544.

2) 대판 2007. 4. 27. 2007도236; 2007. 4. 26. 2007도235. 시간으로 앞서는 2007도235 판결이 기준 시점이 되는 것 같다. 그 직전에 있었던 대판 2007. 3. 15. 2006도8929 판결은 여전히 종래 견해를 고수하고 있으며, 예컨대 그 앞의 2006. 8. 24. 2006도3070 판결 같은 경우도 마찬가지다.

3) 대판 2009. 9. 24. 2008도6994; 2009. 8. 20. 2008도11138.

그가 차지하는 지위 · 역할, 범죄 경과에 대한 지배나 장악력 등을 종합하여, 그가 **단순한 공모자**에 그치는 것이 아니라 범죄에 대한 **본질적 기여를** 통한 기능적 행위지배가 존재한다고 인정되어야 한다.1)

② **제한해석 2: 확실한 증명 요구** 형법 제30조 공동정범에서 공모공동정범의 성립 여부는, 범죄 실행의 전 과정을 통해 각자의 지위와 역할, 공범에 대한 권유내용 등을 구체적으로 검토하고 이를 종합하여, 상호이용의 관계가 **합리적 의심을** 할 여지가 없을 정도로 증명되어야 한다. 그와 같은 증명이 없다면, 설령 피고인에게 유죄의 의심이 간다고 하더라도 피고인의 이익으로 판단할 수밖에 없다.2)

③ 전국금속노동조합 부위원장인 피고인 갑은 공장점거파업 중인 갑 주식회사 노조(지부)와 공모하여 위력으로 갑 회사의 업무를 방해하였다는 내용으로 기소되었다. 지부의 불법파업으로 인한 업무방해행위에 대한 암묵적 공모 및 그에 대한 **본질적 기여를 통한** 기능적 행위지배를 인정하여, 갑에게 유죄를 인정한 원심판단은 수긍할 수 있다.3)

④ **종래 입장: 단순 공모만으로 공동정범 성립** 형법 제30조 공동정범은 공범자들 상호 간에 비록 전체의 모의과정이 없었더라도, 순차적 또는 암묵적으로 상통하여 어느 범죄에 공동 가공하고, 그 범죄를 실현하려는 의사의 결합이 이루어지면 공모관계가 성립한다. 이러한 **공모가 이루어진 이상** 실행행위에 직접 관여하지 않은 자라도, 다른 공모자의 행위에 대해 공동정범의 형사책임을 진다.4)

⑤ **공모공동정범 인정 판례** 공모공동정범에 있어서 공모는 2인 이상의 자가 협력해서 공동의 범의를 실현시키는 의사에 대한 연락을 말하는 것으로서, 실행행위를 담당하지 않은 공모자에게 그 실행자를 통해 자기의 범죄를 실현시킨다는 주관적 의사가 있어야 한다. 그러나 반드시 배후에서 **범죄를 기획하고** 그 실행행위를 부하 또는 자기가 지배할 수 있는 사람에게 실행하게 하는 **실질상의 괴수의** 위치에 있어야 할 필요는 없다.5)

⑥ 피고인 등은 상피고인의 **사무실에서 대기**하고, 실행행위를 분담한 공모자 일부가 사건현장에 가서 피해자를 상해하여 사망케 하였다면, 피고인은 상해치사범죄의 공동정범에 해당한다.6)

⑦ 미신고 옥외집회 또는 시위의 주최에 관하여 공동가공의사와 공동의사에 기한 기능적 행위지배를 통해 그 실행을 공모한 자는, 비록 구체적 실행행위에 직접 관여하지 않았더라도 다른 공범자의 **미신고 옥외집회** 또는 시위의 주최행위에 대해 공모공동정범의 죄책을 면할 수 없다.7)

⑧ 배임증재의 공모공동정범이 다른 공모공동정범에 의하여 수재자에게 재물 또는 재산상 이익이 제공되는 방법을 구체적으로 몰랐다고 하더라도 공모관계를 부정할 수 없다.8)

⑨ 공범관계에서 공모는 **법률상 어떤 정형을** 요구하는 것이 아니고 2인 이상이 공모하여 범죄

1) 대판 2018. 4. 19. 2017도14322 전원합의체. 마찬가지로 대판 2017. 1. 12. 2016도15470. 제4, 11회.
2) 대판 2018. 9. 13. 2018도7658, 2018전도54, 55, 2018보도6, 2018모2593. 제9회.
3) 대판 2011. 10. 27. 2010도7733.
4) 대판 2010. 4. 29. 2009도13868.
5) 대판 1980. 5. 20. 80도306. 제13회.
6) 대판 1991. 10. 11. 91도1755.
7) 대판 2011. 9. 29. 2009도2821.
8) 대판 2015. 7. 23. 2015도3080.

에 공동 가공하여 범죄를 실현하려는 의사의 결합만 있으면 충분하다. 비록 전체의 모의과정이 없더라도 여러 사람 사이에 순차적으로 또는 암묵적으로 의사의 결합이 이루어지면 공모관계가 성립한다. 이러한 공모관계를 인정하기 위해서는 **엄격한 증명이** 요구되지만, 피고인이 범죄의 주관적 요소인 공모관계를 부인하는 경우에는 사물의 성질상 이와 상당한 관련성이 있는 간접사실 또는 정황사실을 증명하는 방법으로 이를 증명할 수밖에 없다.[1)]

⑩ **공모공동정범 부정 판례** 전국노점상총연합회가 주관한 도로행진시위에 참가한 피고인 갑은 다른 시위 참가자들과 함께 경찰관 등에 대한 특수공무집행방해 행위를 하던 중 체포되었다. 단순 가담자인 갑에게, **체포된 이후에** 이루어진 다른 시위참가자들의 범행에 대하여는 본질적 기여를 통한 기능적 행위지배가 존재한다고 보기 어려워 공모공동정범의 죄책을 인정할 수 없다.[2)]

[판례사례] 등기부등본 위조 국유지 사기사건 피고인 甲은 법원 등기과 공무원인 乙과 함께 국유지인 이 사건 땅 등기부등본을 위조하여 甲의 형 명의로 돌려놓은 다음 그것을 행사하여 다른 사람에게 팔기로 모의하였다. 그리하여 甲은 위조된 등기부등본을 가지고 다른 공모자 乙과 상관없이 독자적으로 이 사건 토지를 피해자 丙에게 매도하여 금품을 편취하였다.[3)]

[해설] 이에 원심은 甲의 丙에 대한 사기에 피고인 乙이 공모한 사실은 인정되지 않는다고 무죄를 선고하였다. 그러나 검사는 甲과 乙이 등기부등본을 위조하기로 공모할 때 이것을 이용하여 다른 사람 금원을 편취하기 위한 사기공모가 이루어진 것으로 보아야 한다(사기죄의 공모공동정범)는 주장으로 상고하였다.

이 사건 논점은 검사 상고이유에 나와 있는 대로 乙이 甲의 丙에 대한 사기행위 공동정범이 될 수 있는가 하는 점이다. 먼저 공모공동정범 긍정, 부정 학설을 설명하고 사건을 분석한다. 판례는 **공모공동정범 긍정설을** 취하고 통설은 부정하는 견해다. 부정설이 타당하다.

이 사건을 토대로 보면, 甲과 乙이 국유지 등기부등본을 위조하기로 공모할 때 이 사건 피해자인 丙에 대한 사기범행까지 함께 공모하지는 않았다. 따라서 乙에게 이 부분 책임을 물을 수는 없다. 말하자면 丙에 대한 사기 의사공동이 없는 것이다. 이 결론은 공모공동정범을 부정하는 경우는 말할 것도 없고, 긍정하는 경우도 마찬가지다. 대법원은 공모공동정범을 인정하면서도 **간접정범유사설을** 취한다. 즉 이 사건에서 피고인 乙이 甲 피해자 丙에 대한 사기범행을 자기 범죄수단으로 이용하여 사기죄를 범했다고 볼 수 없다는 취지로 검사 상고를 기각하였다.

판시내용을 그대로 인용하면, 이른바 공모공동정범이 성립하기 위해서는 두 사람 이상이 공동의사로 특정한 범죄행위를 하기 위해 일체가 되어 서로 다른 사람의 행위를 이용하여 각자 자기의사를 실행에 옮기는 모의를 하여 그에 따라 범죄를 실행한 사실이 인정되어야 한다. 그러나 이 사안에는 乙이 甲의 丙에 대한 사기행위를 자신 범죄수단으로 이용하여 사기죄를 범하였다고 볼 수 없다(간접정범유사설). 그러나 간접정범유사설은 대등한 공범자를 **간접정범 도구와** 같이 파악하는 데 무리가 있다. 간접정범에서 이용자는 피이용자를 강력한 의사로 지배하고, 이것을 바탕으로 그의 행위까지도 마치 자기 손발을 쓰는 것처럼 지배하는 관계가 있지만 공동정범에는 이러한 관계를

1) 대판 2018. 4. 19. 2017도14322 전원합의체. 제10회.
2) 대판 2009. 6. 23. 2009도2994.
3) 대판 1988. 4. 12. 87도2368.

찾을 수 없다.

甲과 乙이 국유지 등기부등본을 위조하여 다른 사람에게 팔아먹기로 공모한 것은 결국 다른 사람 금원을 편취하기 위한 것이니 그때 사기 공모 또는 모의가 이루어진 것으로 보아야 한다는 주장도 가능하다(공동의사주체설). 검사 상고는 공동의사주체설을 바탕으로 한다. 그러나 이것은 고의 성립요건을 간과한다. **개방된 범행대상에** 대해 사기고의가 인정될 수는 없다("아무나 걸려들면 사기하겠다"). 공동의사주체설은 민법 조합이론을 형사법에 도입한 전체주의 학설이다. 이것은 형법 자기책임원칙에 반한다. 재산관계를 규율하는 사법영역과 국가형벌권 발동을 논하는 형사법영역은 분명히 구별해야 한다.

乙에 대한 사기죄가 인정되려면 두 사람 모의내용 가운데 구체적 범행대상으로 丙이 들어 있어야 하고, 이것을 기초로 실행행위 분담과 같은 행위공동이 있어야 한다(공모공동정범 부정설). 乙 행위는 현행법에서 범죄로 처벌되지 않는 사기죄 예비단계 모의에 지나지 않는다. 甲은 공문서위조죄(제225조)와 사기죄(제347조) 경합범, 乙은 공문서위조죄 책임을 부담한다.

[132] Ⅳ. 공동정범 처벌

공동정범은 각자 그 죄의 정범으로 처벌한다(제30조). 즉 공동자 모두 그 범행으로 1
야기된 결과에 대해 단독으로 야기한 것과 같은 처벌을 받는다. 따라서 참가자 전원 법정형이 동일하다. 그러나 양형절차에 따라 각자가 실제로 받는 형벌은 얼마든지 다를 수 있다.

공동정범은 공동의사 범위 안에서만 책임을 부담한다. 이 점은 이미 앞에서도 설명 2
하였으며, 공동의사를 초과한 부분은 그 부분을 실행한 자 단독정범이 될 뿐이다. 초과부분에 다른 공동자 과실이 있으면 개별적으로 결과적 가중범이 성립할 수 있다. 그러므로 판례처럼 과실공동정범을 인정하지 않는 이상 결과적 가중범 공동정범을 인정할 수 있는 여지는 없다. 왜냐하면 사후 평가개념인 과실행위를 공동으로 한다는 것은 현실적으로 불가능하기 때문이다.

[판례]

① **암묵적 의사연락 공모공동정범(*표준판례)** 공동정범이 성립하기 위하여는 공모가 있는 이상 반드시 각 범행의 실행을 분담할 것을 요하지 않고, **단순히 망을 보았어도** 공범의 책임을 면할 수 없다. 강간을 모의한 공동피고인중의 1인이 강간하고 있는 중, 다른 피고인이 강간피해자의 딸을 살해하고, 다시 전자는 강간을 끝내고 망을 보고 있는 사이에 후자가 강간피해자를 묶고 집에 불을 놓아 피해자를 살해한 경우, 전자는 강간 이후의 다른 피고인의 일련의 범행에 대해 공동정범의 죄책을 면할 수 없다.[1)]

② 2인 이상이 범죄에 공동 가공하는 공범관계에 있어 공모가 이루어진 이상, 실행행위에 직접 관여하지 않은 사람이라도 다른 공범자의 행위에 대해 공동정범의 형사책임을 진다. 따라서

1) 대판 1982. 10. 26. 82도1818.

사기의 공모공동정범이 그 **기망방법을 구체적으로** 몰랐다고 하더라도 공모관계를 부정할 수 없다.1)

③ 수인이 재물강취의 의사로 피해자를 상해하고, 그 중 1인이 몰래 피해자가 도망가면서 남겨 둔 옷에서 돈을 꺼내어 사용한 경우, 위 1인의 강도행위를 나머지 행위자들이 예측할 수 있었다고 보이므로 강도상해의 공동정범이 성립한다.2)

④ 피고인들이 공소외인과 **암묵적으로 상통하여** 피해자를 살해하기로 공모하였다고 인정되고, 피고인들이 직접 삽으로 피해자를 내려쳐 살해하지 않았다는 것만으로는 위 공소외인의 행위에 대해 공동정범의 책임을 면하지 못한다.3)

⑤ 명시적 또는 암묵적 공모관계가 성립하면 그 수수한 금품이나 이익 전부에 관하여 각 죄의 공모공동정범이 성립한다. 수수할 금품이나 이익의 규모나 정도 등에 대해 사전에 서로 의사연락이 있거나, **수수한 금품 등 구체적 금액**을 공범자가 알아야 공모공동정범이 성립하는 것은 아니다.4)

[133] V. 공동정범 관련 문제

1. 공동정범과 신분

1 신분관계로 성립하는 범죄, 즉 진정신분범에 비신분자가 가담한 경우도 공동정범이 성립한다(제33조). 비신분자가 단독으로 진정신분범 정범이 될 수는 없지만, 신분자와 함께 하는 경우는 신분범이 될 수 있다는 특별규정이다. 예컨대 공무원신분이 아닌 사람도 수뢰죄나 허위공문서작성죄 공동정범이 될 수 있다. 그러나 신분관계로 형의 경중이 있을 때 중한 죄로 처벌하지 않는다(제33조 단서). 형 가중 · 감경, 책임조각, 인적 처벌조각사유는 그 사유가 있는 사람에게만 적용된다. 예컨대 존속살인죄에 가담한 타인은 보통살인죄, 본인은 존속살해죄로 처벌받는다.

2. 공동정범 미수와 공모관계이탈

(1) 원 칙

2 공동정범 1명이 미수에 그치더라도 다른 공동자가 기수에 도달하면 공동정범 전원이 기수책임을 진다. 예컨대 강간을 공모하고 폭행 · 협박을 개시한 자가 미처 간음행위에 이르지 못했더라도 다른 공동자가 강간 기수에 도달하면 간음하지 않은 공모자도 강간기수 죄책을 부담한다.

(2) 공모관계이탈

3 이것은 공모한 범죄가 기수에 이르기 전에 공모관계에서 이탈한 공동자를 어떻게

1) 대판 2013. 8. 23. 2013도5080. 제2회.
2) 대판 2004. 10. 28. 2004도4437.
3) 대판 2004. 3. 12. 2004도126.
4) 대판 2010. 10. 14. 2010도387. 제2회.

처리해야 할 것인가 문제다.

1) **실행착수 후 공모관계이탈** 실행에 착수한 후 공모관계에서 이탈한 경우 공동 4
정범 중지미수 문제가 발생한다. 이때 중지미수는 결과발생을 완전히 방지하거나 공동정범 전원이 실행행위를 중지해야 성립할 수 있다. 중지미수가 성립한 경우도 자의성이 없는 사람은 장애미수로 처벌된다.[1)]

2) **실행착수 전 공모관계이탈** 실행착수 있기 전 공모관계에서 이탈한 경우는 5
다음과 같이 나눌 수 있다.

① 우선 공모가 이루어지는 중간에 이탈한 경우 **예비 중지**가 문제되는데, 다수설은 예비 형이 중지 형보다 무거울 때 형 균형을 위해서 중지미수규정을 준용해야 하는 것으로 본다.

② 다음으로 공모 마친 후 실행행위 전에 이탈한 경우는 **공모공동정범 성립문제**와 동일하다. 앞에서 설명한 대로, 우리나라 다수설은 공모공동정범 공동정범성을 인정하지 않는다. 공동의사주체설이나 간접정범유사설에 따르면 이탈자도 공동정범으로 볼 수 있지만 기능 행위지배설에 따르면 공모만 하고 실행행위에 가담하지 않은 자는 예비·음모죄에 해당할 수 있을 뿐이다.

판례도 공모자 1명이 다른 공모자가 실행행위에 이르기 전에 공모관계에서 이탈한 경우 범행에 대한 공동정범 책임을 지지 않으며, 이탈자의 명시적 이탈의사가 요구되지 않는다고 판시한다.[2)] 다만 피고인이 포괄일죄 관계에 있는 사기범행 일부를 실행한 후 공범관계에서 이탈하였으나 다른 공범자가 나머지 범행을 한 경우 피고인은 관여하지 않은 부분에 대해서도 죄책을 부담해야 한다.[3)]

[판례]

① **공모관계이탈 요건** 공모공동정범의 공모자 중 1인이 다른 공모자가 실행행위에 이르기 전에 그 공모관계에서 이탈하면, 그 이후의 다른 공모자의 행위에 관하여는 공동정범의 책임을 지지 않는다. 그러나 공모관계이탈은 공모자가 공모로 담당한 **기능적 행위지배를 해소**하는 것이 필요하다. 공모자가 공모에 주도적으로 참여하여 다른 공모자의 실행에 영향을 미친 때에는, 범행을 저지하기 위해 적극적으로 노력하는 등 실행에 미친 **영향력을 제거해야** 한다. 공모자가 구속되었다는 등의 사유만으로는 공모관계에서 이탈하였다고 할 수 없다.[4)]

② **공모관계이탈 부정** 갑은 을과 공모하여 가출 청소년 병(여, 16세)에게 낙태수술비를 벌도록 해 주겠다고 유인하였고, 을로 하여금 병의 성매매 홍보용 나체사진을 찍도록 하였다. 병이

1) 공모관계이탈은 제5회: "을이 망을 보고 있는 사이…공원을 순찰 중이던 경찰관이 비명소리를 듣고 달려오자 을은 혼자서 급히 다른 곳으로 도주하였다…" 역시 제6회.

2) 대판 1996. 1. 26. 94도2654; 1995. 7. 11. 95도955. 제1회.

3) 대판 2002. 8. 23. 2001도513.

4) 대판 2010. 9. 9. 2010도6924. 제2, 4회.

중도에 약속을 어길 경우 민형사상 책임을 진다는 각서를 작성하도록 한 후, 자신이 별건으로 체포되어 구치소에 수감 중인 동안 병이 을의 관리 아래 12회에 걸쳐 불특정 다수 남성의 성매수 행위의 상대방이 된 대가로 받은 돈을 병, 을 및 갑의 처 등이 나누어 사용하였다. 병의 성매매 기간 동안 **갑이 수감되어** 있었더라도 갑은 을과 함께 미성년자유인죄, 청소년성보호법 위반죄의 책임을 진다.[1]

③ 피고인 갑은 공범들과 다단계금융판매조직에 의한 사기범행을 공모하고, 피해자들을 기망하여 그들로부터 투자금 명목으로 피해금원의 **대부분을 편취한 단계**에서, 위 조직의 관리이사직을 사임하였다. 갑의 사임 이후 피해자들이 납입한 나머지 투자금 명목의 편취금원도 같은 기망상태가 계속된 가운데 같은 공범들에 의해 같은 방법으로 수수되었다. 이 행위들은 피해자별로 포괄일죄의 관계에 있으므로 이에 대해서도 피고인은 공범의 책임을 부담한다.[2]

④ 처가 구속된 남편을 대행하여 그의 지시를 받아 회사를 운영하면서 조세포탈행위를 하다가 협의이혼하고 스스로 회사를 경영한 사안에서, 남편은 처와 조세포탈의 공범관계에 있으며 **협의이혼 후의 조세포탈에** 관하여도 마찬가지이다.[3]

⑤ 피고인 갑은 다른 공범들과 특정 회사 주식의 시세조종 주문을 내기로 공모한 다음, 시세조종행위의 일부를 실행한 후 공범관계로부터 이탈하였다. 다른 공범들은 그 이후의 나머지 시세조종행위를 계속하였다. 갑이 다른 공범들의 범죄실행을 저지하지 않은 이상, 그 이후 나머지 공범들이 행한 시세조종행위에 대하여도 공동정범의 죄책을 부담한다.[4]

⑥ **공모관계 종료 후의 이탈** 소말리아 해적인 피고인 등은 공모하여 공해상에서 대한민국 해운회사가 운항 중인 선박을 납치하여 대한민국 국민인 선원 등에게 해상강도 등 범행을 저질렀다는 내용으로 국내법원에 기소되었다. 피고인 갑이 선장 을을 살해할 의도로 을에게 총격을 가하여 미수에 그친 사실은 충분히 인정할 수 있다. 그러나 해적행위에 관한 **공모관계가 실질적으로 종료**된 상황에서, 나머지 피고인들로서는 피고인 갑이 을을 살해하려고 할 것이라는 점까지 예상할 수는 없었다고 보는 것이 타당하다.[5]

⑦ ***표준판례** 다른 3명의 공모자들과 강도모의를 주도한 피고인이, 다른 공모자들이 피해자를 뒤쫓아 가자 단지 "어?"라고만 하고 더 이상 만류하지 아니하여 공모자들이 강도상해의 범행을 하였다. 피고인은 공모관계에서 이탈하였다고 볼 수 없다.[6]

⑧ **공모관계이탈 인정** 피고인 갑은 다른 피고인들과 택시강도를 하기로 모의한 일이 있지만, 다른 피고인들이 피해자에 대한 폭행에 착수하기 전에 겁을 먹고 미리 **현장에서 도주**해 버렸다. 이 경우 갑에게 다른 피고인들과 사이에 강도의 실행행위를 분담한 협동관계가 있었다고 보기는 어렵다. 갑을 특수강도의 합동범으로 다스릴 수는 없다.[7]

⑨ 피고인은 갑, 을과 함께 명진상사 창고에 몰래 들어가 피혁을 훔치기로 약속하였으나, 피고인은 절취할 마음이 내키지 않고 처벌이 두려워, 만나기로 한 시간에 **약속장소로 가지 않고** 포

---

1) 위 판례.
2) 대판 2002. 8. 27. 2001도513.
3) 대판 2008. 7. 24. 2007도4310.
4) 대판 2011. 1. 13. 2010도9927.
5) 대판 2011. 12. 22. 2011도12927. 제 7 회.
6) 대판 2008. 4. 10. 2008도1274. 제 3 회.
7) 대판 1985. 3. 26. 84도2956.

장마차에서 술을 마신 후, 인근 여관에서 잠을 잤다. 갑 등은 약속장소에서 피고인을 기다리다가 그들끼리 모의된 범행을 결행하기로 하였다. 갑은 그 창고 앞에서 망을 보고 을은 창고에 침입하여 가죽 약 1만평을 절취하였다. 그렇다면 피고인은 특수절도의 공동정범이 성립될 수 없음은 물론, 다른 공모자들이 실행행위에 이르기 이전에 그 공모관계로부터 이탈한 것이 분명하므로, 그 이후의 다른 공모자의 절도행위에 관하여도 공동정범의 책임을 지지 않는다.[1)]

⑩ ***표준판례** 구체적 살해방법이 확정되어 피고인을 제외한 나머지 공범들이 피해자의 팔, 다리를 묶어 저수지 안으로 던지는 순간에 피해자에 대한 살인행위의 실행착수가 있다 할 것이다. 따라서 피고인은 살해모의에는 가담하였으나 다른 공모자들이 실행행위에 이르기 전에 그 **공모관계에서 이탈**하였다 할 것이고(피고인은 피해자를 살려주자고 하였으나 다른 공범들이 말을 듣지 않음), 그렇다면 피고인이 위 공모관계에서 이탈한 이후의 다른 공모자의 행위에 관하여는 공동정범의 책임을 지지 않는다.[2)]

⑪ 피고인은 갑 등과 같이 술을 마시고 있다가 같은 조직원으로부터 '파라다이스'파에게 보복을 하기 위해 무심천 로울러스케이트장에 간다는 말을 들었다. 다른 조직원들이 여러 대의 차에 분승하여 출발하려고 할 때, 피고인은 사태의 심각성을 실감하고 범행에 휘말리기 싫어서 그곳에서 택시를 타고 집에 왔다. 그렇다면 피고인은 피해자 을에 대한 폭력행위처벌법 위반 및 피해자 병에 대한 살인의 점에 대해 모의가 있었다고 보기 어렵다. 설령 피고인에게도 그 범행에 가담하려는 의사가 있어 공모 관계가 인정된다 하더라도, 다른 조직원들이 범행에 이르기 전에 그 **공모 관계에서 이탈하였으므로,** 피고인은 그 이후의 행위에 대하여는 공동정범의 책임을 지지 않는다.[3)]

[판례사례] 공모관계이탈과 공동정범 甲, 乙, 丙은 자신들이 소속된 폭력조직(시라소니파)으로부터 반대파 조직원 丁을 살해할 것을 명령받아 공동모의하고 살해방법까지 정하였다. 甲은 다른 공모자 乙, 丙이 실행행위에 착수하기 전에 죄책감을 느껴 살인행위에 가담하지 않기로 마음먹고, 아무 말 없이 공모관계에서 이탈하고 떠나버렸다. 그 뒤 乙, 丙은 공동모의한 방법대로 피해자 丁을 살해하였다.[4)]

[해설] 만약 협의 공범이 예비단계에서 중지한 후 정범이 될 자도 역시 예비단계에 머물면 원칙적으로 중지미수 문제는 발생하지 않고 공범 미수문제에 그친다. 기도된 교사는 예비죄가 있는 경우 예비죄로, 기도된 방조는 무죄로 해결된다. 여기서 다른 공모자 乙, 丙이 실행행위에 착수하기 전 甲만 공모관계에서 이탈하였기 때문에 공동정범 객관적 성립요건인 '**실행행위 공동**'이 없다. 다시 말하면, 공동범행계획에 터잡은 구성요건 전부 또는 일부 실현에 대한 객관적 행위기여가 없다. 그렇다고 甲에게 기능 행위분담을 찾을 수도 없다. 따라서 甲은 乙, 丙 살해행위에 대한 공동정범 책임을 지지 않는다.

대법원은 공모자 중 1명이 다른 공모자가 **실행행위에 이르기 전에** 그 공모관계에서 빠져 나온 경우 그 후 다른 공모자 행위에 관해서는 공동정범 책임을 지지 않는다는 태도를 유지한다. 甲과

1) 대판 1989. 3. 14. 88도837.
2) 대판 1986. 1. 21. 85도2371, 85감도347. 제1회.
3) 대판 1996. 1. 26. 94도2654.
4) 대판 1996. 1. 26. 94도1564.

乙, 丙은 배후조종자와 하수인 관계도 아니기 때문에 공모공동정범을 인정할 수 있는 여지가 있는 것도 아니다. 乙, 丙이 실행에 착수하기 전 공모관계에서 이탈하였으므로 甲에게 미수 문제는 발생하지 않는다. 따라서 공동정범 중지미수성립요건인 진지한 의사표시, 결과발생방지 노력 등은 필요하지 않다. 甲은 살인예비죄(제255조, 다만 그 처단형이 중지미수 보다 높을 때 중지미수규정을 준용), 乙, 丙은 살인죄(제250조 제1항) 공동정범으로 처벌된다.

3. 합 동 범

(1) 합동범 의의

6 공동정범과 유사한 범죄유형으로 합동범이 있다. 합동범은 범죄구성요건 자체가 "2인 이상이 합동"할 것을 요건으로 규정하는 것으로 형법각칙에는 특수도주죄(제146조), 특수절도죄(제331조 제2항), 특수강도죄(제334조 제2항) 세 가지가 있다. 그 밖에 특별법으로 성폭력처벌법의 특수강간죄 · 특수강제추행죄 · 특수준강간 및 준강제추행죄(같은 법 제4조 제1~3항)가 있다.

(2) 합동범 본질

7 합동범 본질을 파악하는 문제는 '합동범과 공동정범 경계'를 긋는 문제와 관련맺는다. 다음 견해가 있다.

1) 공모공동정범설

8 (가) **합동범규정에 공모공동정범 포함** 합동범을 상위개념으로 하고 그 가운데 형법총칙 공동정범과 공동의사주체설을 토대로 한 공모공동정범이 함께 포함된다고 보는 견해다. 이렇게 되면 형법각칙과 특별형법 합동범 규정은 판례가 인정하는 공모공동정범을 입법으로 규정한 것이라는 결론에 이른다. 형법에 다양한 군중범죄 또는 집단범죄가 있음에도 위에 열거한 몇 가지 경우만 "공동"이라는 말 대신 "합동"이라는 용어를 사용하고 있다는 점을 주목한다.

9 예컨대 특수공무방해죄(제144조), 특수폭행죄(제261조), 특수협박죄(제284조), 특수주거침입죄(제320조) 등도 분명히 집단범죄에 속하는데도 "합동"이라 하지 않고 "단체 또는 다중의 위력을 보이거나 위험한 물건을 휴대하여"라고 달리 규정하는 이유를 찾는다. 그 이유는, ① 절도 · 강도 · 도주 등 죄는 다른 집단범죄와 달리 형사정책적으로 우두머리나 배후거물과 같은 무형 공동가공자를 공모공동정범으로 처벌해야 할 필요성이 있다. ② 이러한 범죄유형에서 배후거물을 부하 개별 행위와 관련하여 교사, 방조행위를 입증하는 것은 실무에서 매우 어려운 일일뿐만 아니라 부하가 이미 범죄결심을 하고 있을 경우 배후 우두머리는 형을 필요적으로 감경해야 하는 종범으로 처벌할 수밖에 없다. 이것은 가장 책임이 무거운 자를 가장 가볍게 처벌하는 불합리한 결과를 가져온다.[1] 하지만 합동범을 공모공동정범으로 파악하면 배후 우두머리에게 공동정범 객관요건인 행위공동은 필요 없고 의사공동이라는 주관요건만으로 공동정범을 인정할 수 있다.

10 (나) **공모공동정범이론에 대한 집착** 이 견해는 일제시대 이후 지속해온 판례의 공모공동정범 긍정론은 나름대로 타당한 이유가 있을 뿐만 아니라 가까운 시일 안에 변경될 같지 않기 때문에 차라리 법 근거를 마련해 주는 것이 좋겠다는 생각에서 나온다.[2] 그러나 각칙 합동범

1) 김종수, 「공모공동정범」(법조 1965. 2), 21~23면; 同 공모공동정범의 이론, 1973, 198면 이하.

규정으로 총칙 공동정범에 관한 규정이 변경된다고 보기는 무리가 있다. 형사정책 필요성이 형법 규범내용을 좌우하는 것은 법치국가원칙에 대한 중대한 위반이다. 이렇게 되면 형법은 형사정책 한계로 작용하는 것이 아니라 오히려 그 수단으로 전락한다.

2) 가중 공동정범설

(가) **'합동'과 '공동'을 같은 의미로 해석** 주로 목적적 행위론 진영에서 주장한 이론 11
이다. 즉 목적적 행위지배설 관점은 '공동정범, 공모공동정범, 합동범을 그 본질에서 동일'하게 본다. 그리하여 합동범은 그 본질이 공동정범이지만, **집단범죄**에 대처하기 위해 특별히 형을 가중한 것으로 해석하여 현장에서 공동하는 경우뿐만 아니라 비록 현장에서 공동하지 않았더라도 공동실행 사실이 공동정범이 될 정도에 이르면 합동범으로 형을 가중할 수 있다고 본다. 그러나 법률은 '**합동**'과 '**공동**'을 구별하기 때문에 이 학설에 따르면 그 이유를 설명할 수 없다. 현행법에서 인정하는 합동범은 특수절도(제331조 제2항), 특수강도(제334조 제2항), 특수도주(제146조) 셋인데, 이에 대해서만 집단범죄 대책으로 형을 가중한다는 것도 설명하기 어렵다.

(나) **합동범의 공동정범 긍정설에 대한 이론 토대제공** 가중적 공동정범설은 합동범 12
을 필요 공범으로 보지 않음으로써 가능한 학설이다. 즉 합동범은 단순절도나 단순강도처럼 한 사람으로도 가능하지만 2인 이상이 관여하여 특별히 형이 가중되는 경우에 지나지 않기 때문에 굳이 필요적 공범이라고 할 이유가 없다는 것이다. 이렇게 되면 합동범에도 형법총칙 임의 공범 규정인 형법 제30조 공동정범 규정이 얼마든지 적용될 수 있다. 이것은 뒤에 설명하는 합동범 공동정범 긍정설과 자연스럽게 연결된다.

3) 현 장 설

(가) **현장성이 강조된 공동정범 특수형태** '합동범을 공동정범 하위개념'으로 13
보고(즉 공모공동정범설과 반대 입장), '**시간·장소적으로 밀접한 협동**(**시간·장소적 현장성**)' 만을 합동으로 이해하는 견해다(통설·판례). 이렇게 되면 합동범은 현장성이 강조된 공동정범 특수 형태가 된다. 합동범은 필요 공범이므로 임의 공범인 형법 제30조 공동정범에 관한 규정은 여기에 적용될 여지가 없다.

현장설은 현행 합동범규정의 역사 유래를 토대로 한다. 즉 구법시대 도범방지법 제 14
2조 제2호가 "2인 이상이 현장에서 공동하여 범한 때"로 규정하고 있던 것을 현행법 특수절도죄가 "2인 이상이 합동하여"라고 바꾸었다는 것이다.[1] 이렇게 보면 합동범은 "2인 이상이 현장에서 공동하여 범한 자"로 해석하는 것이 옳다고 한다. 따라서 합동범은 공동정범 요건과 현장성을 동시에 갖추어야 하므로 당연히 공동정범보다 좁은 개념이 된다. 공모공동정범설이나 가중적 공동정범설보다 합동범 성립범위는 **축소**된다.

---

2) 이 견해를 주장한 김종수 변호사는 일제치하에서 사법과 시험을 합격하고 해방 후 검찰 고위직까지 지낸 사람이다. 그 후 법학박사학위를 받고 한양대와 단국대에서 교수로 활동하기도 하였다. 처음에는 형법 합동범규정에 한해 공모공동정범을 인정하는 제한적 태도를 보이다가(위의 「공모공동정범」, 20면) 나중에는 "공모자 중 중요한 역할을 한 자 내지 행위지배·이용행위가 있는 자는 모두 공동정범에 해당된다"는 전면적인 공모공동정범 긍정론을 전개하였다(위 공모공동정범의 이론, 198면). 그의 주장은 검찰출신이라는 개인 이력과 무관치 않은 것으로 보인다.

1) 김종수, 「공모공동정범」, 20면; 김종구, 「합동범에 관한 연구」(비교형사법연구 제5권 제1호, 2003), 163면 이하.

15 (나) **현장설에 대한 비판** 현장설에 대해서는 다음 비판이 있다. ① 역사적 해석 준거점으로 삼은 도범방지법에는 분명히 "현장" 요건이 명문화되어 있지만 현행 합동범규정에는 그런 것을 찾을 수 없다. ② 합동 의미를 반드시 시간 · 장소적 협력관계로 이해할 것이 아니라 "범죄 계획 · 지도 · 감시 등 무형적 · 정신적 가공"에 따른 협력도 포함되는 것으로 보아야 한다.[1] ③ 역사 해석은 현행 합동범규정이 특수절도에만 국한하지 않고 특수도주나 특수강간 등에도 입법되어 있는 것을 설명하기 어렵다. ④ 합동범의 지나친 축소는 합동하지 않고 기능 행위지배를 한 특수절도 우두머리, 배후거물 등이 특수절도죄 공동정범이 아니라 그 교사 또는 방조나 기본범죄인 단순절도죄 공동정범으로 처벌받는 것은 부당하다는 비판을 받는다.

4) 현장 공동정범설

16 (가) **합동범과 공동정범의 동격 취급** 이 견해는 현장설 관점에 가중 공동정범설 요소를 절충한다. 즉 합동범을 "**현장 공동정범**"으로 이해하기 때문에 합동범은 현장설처럼 공동정범 하위개념이 되지 않고 공동정범과 동등 개념이 되어 그 성립범위는 현장설보다 넓다. 그러나 목적적 행위지배설에 따라 확대된 정범개념을 현장성으로 제한하기 때문에 가중적 공동정범설보다 좁다고 할 수 있다. 즉 현장적 공동정범설은 '**가중적 공동정범설과 현장설 중간**'에 있다.

17 (나) **공동정범의 기능 역할분담 고려** 그 내용은 '현장'을 시간 · 장소적 협동관계로 이해하지 않고 공동정범요소인 기능 역할분담을 함께 고려한다는 것이다(**시간 · 장소 · 기능적 현장성**). 그리하여 합동범 공동정범 요소는 현장성을 구비한 경우도 공범과 정범 일반 구별기준에 따라 정범이 될 수 없는 사람은 합동범이 되지 않고 교사범이나 방조범밖에 되지 않는다는 결론이다. 예컨대 2명이 현장에서 범행을 실행하는 경우도 1명만 정범표지를 갖추고 다른 사람은 공범표지만 가지고 실행하였다면 양자는 합동범이 될 수 없다. 반면에 현장에 함께 있지 않은 경우도 합동범에 기능적 행위지배를 한 배후거물이나 우두머리는 공동정범의 정범성표지에 관한 기능적 행위지배 기준에 따라 합동범 공동정범이 될 수 있다(**합동범 공동정범 긍정**).[2]

18 (다) **현장 공동정범설에 대한 비판** 현장 공동정범설에 대해서는 다음 비판이 제기된다. ① 정범과 공범 구별에 관한 행위지배설을 취하더라도 "기능적 행위지배 내용에 대한 평가문제"는 여전히 남기 때문에 정범표지와 공범표지 구별은 쉬운 문제가 아니다. ② 기능 행위지배가 정범의 유일한 표지가 되는 것도 아니다. ③ 현장 공동정범설은 필요 공범인 합동범 본질에 어긋난다는 비판도 받는다. 즉 필요 공범 내부에 속하는 자를 교사범, 방조범과 같은 공범으로 처벌하거나 또는 그 외부자를 정범(공동정범)으

1) 김종수, 공모공동정범의 이론, 193면.
2) 김일수/서보학, 619면 이하.

로 처벌하는 결과를 가져온다. ④ 현장 공동정범설은 합동범 본질을 정범과 공범 구별에 관한 기능 행위지배 문제로 환원하기 때문에 현장성은 큰 의미를 가질 수 없다. 그러므로 현장성을 결여한 단순공모자 경우를 제외하고 대부분 가중 공동정범설과 결론을 같이 한다.

5) 결　론　　합동범 본질과 관련된 학설대립 핵심은 통설 · 판례 견해인 현장 19
설에 대한 비판이 얼마나 설득력을 가질 수 있는가 하는 점이다. ① **공모공동정범설**과 **가중 공동정범설**은 범죄자를 지나칠 정도로 수단으로 만든다는 점에서 민주사회 형법이론으로 주장하기는 어렵다.

② **현장 공동정범설**은 그 내용에서 가중 공동정범설과 실질적으로 큰 차이가 없는 20
문제가 있다. 즉 가중 공동정범설의 결론을 현장성으로 제한하는 의도는 배후거물이나 우두머리를 기능 행위지배 기준에 따라 "합동범 공동정범"으로 규율해야 한다[1]고 함으로써 양 설은 실질적인 차이가 없다. 현실적으로 기능 행위지배가 인정될 수 있는 단순공모자는 제한된 범위에서만 가능할 것이기 때문이다.

"공동"과 "합동"을 동등한 개념으로 인정하여 가벌성을 확장함으로써 집단범죄에 21
효율적으로 대처하겠다는 주장은 현재 우리나라 법률과 형사정책 현실을 감안할 때 아무래도 형법의 시대 사명에 역행하는 감이 없지 않다. 현장성이 결여된 우두머리를 포함한 공모자 등은 상황에 따라 특수교사 · 방조(제34조 제2항)로 교사 경우는 오히려 공동정범보다 그 형을 가중할 수 있다. 뿐만 아니라 일반 교사만 하더라도 그 법정형은 정범과 동일하다(제31조 제1항). 결론적으로 **현장설이 타당**하다.

(3) 합동범의 공동정범 성부成否

1) **합동범에 대한 공동정범 규정 적용문제**　　합동범의 공동정범 문제는 위에서 설 22
명한 형법각칙과 특별법 합동범규정에 대해 공동정범 일반이론이 적용될 수 있는가 관련을 맺는다. 즉 만일 이를 긍정할 경우, 예를 들면 2명 이상이 현장에서 합동으로 절취행위를 하였다. 비록 현장에 있지는 않았지만 공동 범행계획에 따른 기능 행위분담이 인정되는 제3자도 합동절도 공동정범이 인정된다. 이러면 단순절도 공동정범 혹은 합동절도 교사범이나 방조범보다 가중된 형벌을 받는 근거가 마련된다.[2]

이를 부정할 경우 범죄현장에 행동대원을 투입하고 배후에 숨어서 범행의 모든 과 23
정을 지배 · 조종하는 우두머리나 수괴에 대해 가중된 처벌은 고사하고 단순절도 정범 혹은 합동절도 교사범으로 처벌해야 한다. 이 문제는 특히 대법원이 합동절도 공동정범성립에 관한 종래 부정설로부터 전원합의체판결을 통해 긍정설로 판례변경[3] 함으로써 더

1) 김일수, 한국형법 II, 300면; 同 한국형법 III, 570면.

2) 합동절도의 공동정범 문제는 제2회: "甲은 乙, 丙 에게 A의 집에 들어가 금품을 훔쳐 나누어 갖기로 제안하고, 乙, 丙은 이에 동의하였다 … 甲은 乙, 丙에게 전화로 A의 집에 대한 관찰결과를 알려준 뒤 자신은 동네사람들에게 얼굴이 알려져 있으니 현장에는 가지 않겠다고 양해를 구하였다…."

욱 관심을 끌게 되었다.

2) 학설대립

24 (개) **긍 정 설** 합동범 공동정범 성부문제는 합동범과 공동정범 관계를 어떻게 설정하는가 결론을 달리한다.

25 A. **공모공동정범설 관점** 우선 공모공동정범설은 범죄공모에만 가담하고 실행행위를 함께 하지 않은 사람도 공모공동정범이 되는 것으로 본다. 따라서 합동범 경우도 공모만 하고 실행행위를 합동으로 하지 않더라도 당연히 합동범이 성립한다. 그러므로 공모공동정범설 경우 우두머리, 단순 가담자를 불문하고 실행행위를 분담하지 않은 공모자에 대한 공동정범 성부문제는 처음부터 발생하지 않는다.

26 B. **가중 공동정범설 관점** 이에 대해 가중 공동정범설은 합동범을 본질적으로 공동정범과 동일한 것으로 보고 단지 집단범죄에 대처하기 위해 특별히 형을 가중하는 차이가 있을 뿐이라고 한다. 따라서 현장에서 공동 실행행위를 하지 않더라도 그 공동실행 사실이 공동정범 기능 행위분담 정도에 이르면 현장에 가지 않은 공모자도 합동범이 성립한다.

27 그러나 가중 공동정범설이 주장하는 2명 이상이 가담하여 발생하는 법익침해 특별한 위험성은 이미 그 법정형 가운데 반영되어 있다. 그럼에도 합동범 정범표지인 현장성을 완화하는 해석은 범죄자에게 아무 근거 없이 이중부담을 안겨준다.

28 C. **현장 공동정범설 관점** 현장 공동정범설에 따르면 현장에 있지 않았던 공모자도 공동정범 성립수준의 기능 행위지배가 인정되면 언제든 합동범 공동정범이 성립한다. 그러나 여기서 말하는 "기능 행위지배"는 합동범 정범표지인 현장성을 공동정범 수준으로 완화시키는 수단으로 사용된다. 엄밀한 의미에서 합동범 정범성과 무관하다. 이미 법률에 반영된 불법내용을 해석으로 다시 그 가벌성 범위를 확대하는 것은 용인하기 어렵다.

(내) **부 정 설**

29 A. **현장설 관점** 반면 현장설에 따르면 합동범을 공동정범 하위개념으로 파악하여 현장성이라는 본질적 차이가 있는 것으로 본다. 따라서 '공모와 함께 현장 합동행위'가 존재하지 않으면 합동범 정범은 되지 않는다. 즉 합동범 성립요건은 공동정범 그것보다 엄격하다. 그러므로 시간·장소적 협동관계가 결여된 배후거물에 대해 공동정범수준 공모 혹은 공동실행 사실만으로 합동범 공동정범을 인정하는 것은 불가능하다. 기본범죄 공동정범이나 합동범 공범(교사범이나 방조범) 또는 특수교사죄가 성립할 수는 있다.

30 B. **합동범 공동정범과 책임원칙** 합동범 공동정범을 인정하는 것이 책임원칙에 반한다는 지적도 같은 맥락이다. 즉 합동범 행위불법이 가중되는 이유는 범죄현장

3) 대판 1998. 5. 21. 89도321.

협동관계로 법익침해의 현실 위험성이 증대하기 때문이다. 그럼에도 그와 같은 시간·장소적 협동관계가 없는 자에게 행위불법을 가중하고 이에 따른 책임을 부담시키는 것은 책임주의에 반한다.

(다) **결 론** 합동범 본질에 관하여 현장설을 취하면 합동범 공동정범은 인정 31
될 여지가 없다. 그것이 논리적으로 타당하다. 현장성은 합동범의 포기할 수 없는 정범표지다. 합동을 공동과 같은 의미로 이해하여 공동정범수준의 기능 행위지배로 격하시키지 않는 한 합동범 공동정범은 부정하는 것이 타당하다. **부정설이 다수설**이다.

3) 판례변경

[종전 판례] 합동절도의 공동정범 부정(황소절취사건)

형법 제331조 제2항 후단 합동절도 경우에 주관적 요건으로서 공모 외에 객관적 요건으로서 시간적으로나 장소적으로 협동관계가 있는 실행행위 분담이 있어야 하므로 甲이 공모한 내용대로 국도에서 乙, 丙 등이 당일 마을에서 절취하여 온 황소를 대기하던 트럭에 싣고 운반한 행위는 시간적으로나 장소적으로 절취행위와 협동관계가 있다고 할 수 없어 합동절도죄로 문의할 수는 없으나 공동정범에 서 범죄행위를 공모한 후 그 실행행위에 직접 가담하지 않았더라도 다른 공범자 죄책을 면할 수 없으니 甲의 소위는 본건 공소사실 범위에 속한다고 보이므로 甲은 일반절도죄 공동정범 또는 합동절도방조 죄책을 면할 수 없다.[1)]

[변경된 판례] 합동절도의 공동정범 긍정(삐끼주점사건)

[사실관계] 속칭 삐끼주점 지배인인 피고인이 피해자 오건수로부터 신용카드를 강취하고 신용카드 비밀번호를 알아낸 후 현금자동지급기에서 인출한 돈을 삐끼주점 분배관례에 따라 분배할 것을 전제로 원심 공동피고인 김한근(삐끼), 임태균(삐끼주점 업주) 및 공소 외 박성철(삐끼)과 피고인은 삐끼주점 내에서 오건수를 계속 붙잡아 두면서 감시하는 동안 김한근, 임태균 및 박성철은 오건수의 위 신용카드를 이용하여 현금자동지급기에서 현금을 인출하기로 공모하였고, 그에 따라 김한근, 임태균 및 박성철이 1997. 4. 18. 04 : 08경 서울 강남구 삼성동 소재 엘지마트 편의점에서 합동하여 현금자동지급기에서 현금 4,730,000원을 절취한 사실을 인정하기에 넉넉한 바, 비록 피고인이 범행 현장에 간 일이 없다 하더라도 위와 같은 사실관계하에서라면 피고인이 합동절도의 범행을 현장에서 실행한 김한근, 임태균 및 박성철과 공모한 것만으로서도 그들의 행위를 자기의사의 수단으로 하여 합동절도의 범행을 하였다고 평가될 수 있는 합동절도 범행의 정범성의 표지를 갖추었다고 할 것이고, 따라서 위 합동절도 범행에 대하여 공동정범으로서의 죄책을 면할 수 없다.

[판결내용] 3인 이상의 범인이 합동절도 범행을 공모한 후 적어도 2명 이상의 범인이 범행 현장에서 시간·장소적으로 협동관계를 이루어 절도 실행행위를 분담하여 절도범행을 한 경우는 공동정범 일반이론에 비추어 그 공모에는 참여하였으나 현장에서 절도 실행행위를 직접 분담하지 않은 다른 범인에 대하여도 그가 현장에서 절도범행을 실행한 위 2명 이상의 범인의 행위를

1) 대판 1976. 7. 27. 75도2720.

자기의사 수단으로 하여 합동절도의 범행을 하였다고 평가할 수 있는 **정범성 표지를** 갖추고 있다고 보이는 한 그 다른 범인에 대하여 합동절도의 공동정범의 성립을 부정할 이유가 없다. 형법 제331조 제2항 후단의 규정이 위와 같이 3명 이상이 공모하고 적어도 2명 이상이 합동절도의 범행을 실행한 경우에 대하여 공동정범의 성립을 부정하는 취지라고 해석할 이유가 없을 뿐만 아니라, 만일 공동정범의 성립 가능성을 제한한다면 직접 실행행위에 참여하지 아니하면서 **배후에서 합동절도의 범행을 조종하는 우두머리는** 그 행위 기여도가 강력함에도 불구하고 공동정범으로 처벌받지 아니하는 불합리한 현상이 나타날 수 있다. 그러므로 합동절도에서도 공동정범과 교사범·종범 구별기준은 일반원칙에 따라야 하고, 그 결과 범행현장에 존재하지 아니한 범인도 공동정범이 될 수 있으며, 반대로 상황에 따라서는 장소적으로 협동한 범인도 방조만 한 경우에는 종범으로 처벌될 수 있다.[1]

32 (가) **대법원의 판례변경에 대한 문제제기** 이 전원합의체 판례변경에 대해 몇 가지 확인해야 할 사안이 있다. 우선 대법원이 합동절도 공동정범을 긍정하는 판례'변경' 대상으로 삼은 것은 앞 '종전판례'인 황소 합동절도사건뿐이다. 이것은 대법원이 합동범 공동정범을 인정하는 판결을 내린 것이 위 전원합의체판결이 처음이 아니라는 것을 말한다.

33 비록 오래되긴 했으나 대법원은 1956년에 "합동이라 함은 2명 이상이 협력하여 그 절취 실행행위에 가담해야 한다"는 것을 의미한다는 변호인의 주장에 대해 ① "합동이 반드시 동일 장소에서 공동으로 범죄를 수행한 경우에 인정되는 것은 아니다"는 판시를 한 적이 있다.[2] 1960년에도 ② "2명 이상의 자가 범죄실행을 통모하고 각자 그 소임을 수행함으로써 소기 결과를 완성하였을 때 설령 직접 실행행위를 분담한 자가 아닐지라도 정범 죄책을 면할 수 없다"고 하여 합동절도 공동정범을 인정하였다.[3] 그 후 합동절도에 관한 한 같은 취지 판결은 없다가 ③ 1998년 위 전원합의체 판결에서 다시 합동절도 공동정범을 인정하는 판결로 회귀하였다고 할 수 있다. 그러므로 이것을 엄밀한 의미 판례변경이라고 보기는 다소 무리가 있다.

34 ④ 대법원은 이미 오래전부터 폭력행위처벌법(제2조 제2항)의 폭력공동범("2명 이상이 공동하여")에 대해 공동정범 성립을 인정하고 있다.[4] 대법원은 "2명 이상 공동"을 "수인이 동일 장소에서 동일 기회에 상호 다른 자 범행을 인식하고 이용하여 범행"[5]하는 것으로 해석하여 합동범과 차이를 두지 않는다. 이것은 결국 대법원이 폭력공동범(합동범)에 2명 이상 현장성을 요구하고 그 공동정범 성립도 가능한 것으로 이해하고 있음을 의미한다.

1) 대판 1998. 5. 21. 98도321 전원합의체.
2) 대판 1956. 5. 1. 4289형상35.
3) 대판 1960. 6. 15. 4293형상60.
4) 대판 1996. 12. 10. 96도2529; 1994. 4. 12. 94도128.
5) 대판 1986. 6. 10. 85도119.

(나) **판례변경에 대한 평가** 대법원은 이미 오래전부터 합동범 공동정범에 대해 35 익숙한 상태에 있었다. 폭력공동범 역사는 매우 오래되었고, 다만 합동절도는 1976년 명시적 부정판결(위 "종전판결") 때문에 그 방향을 다시 한 번 정리할 필요성을 느꼈을 것이다. 이것이 전원합의변경 형식으로 나타났다. 그렇다면 이제 남은 관심은 그 "변경" 동기 또는 배경이다. 즉 판결에 대한 해석 문제다.

A. 합동절도로 평가될 수 있는 '객관적 행위지배' 변경된 판례 논거를 요약하 36 면 두 가지다. 우선 합동절도를 공모하고 범행현장에 나가지 않은 사람도 "그가 현장에서 절도범행을 실행한 2명 이상 범인 행위를 자기의사 수단으로 하여 합동절도 범행을 하였다고 평가할 수 있는 정범성 표지를 갖추고 있다고 보이는 한" 합동절도 공동정범이 성립한다는 것이다. 즉 대법원이 이해하는 합동절도 정범성 표지는 "**공모 + 합동절도로 평가될 수 있는 기능적 행위지배**"다. 문제는 후자 평가 부분에 있다. 일정한 행위결과에 대한 평가 귀속은 구속적 판단기준이 없기 때문에 판단자 재량범위를 그만큼 넓혀준다. 이것은 대부분 경우 가벌성 확대로 연결되기 쉽다.

B. 공모공동정범이론 추종 공동정범 일반 성립요건은 주관적으로 의사공동이 37 있어야 하고 객관적으로 실행행위 공동이 있어야 한다. 실행행위 공동은 공동 범행계획에 기초를 두고 구성요건 전부 또는 일부를 실현하는 객관적 행위기여를 의미한다. 이와 같은 객관적 행위기여 없이 주관적 공모만으로 공동정범이 성립한다고 보는 것이 공모공동정범이론이다. 그러나 현재 판례를 제외하고 이 이론을 찬성하는 학자는 없다. 그러므로 공모공동정범이론을 취하지 않는 한 합동범 공동정범이 성립하기 위해서는 합동행위 공동이라는 객관적 행위기여가 있어야 한다. 합동범 실행행위 공동에서 빼놓을 수 없는 부분은 곧 현장성이다. 현장성 없는 단순한 실행행위 공동을 합동범 공동으로 이해하는 것은 공동정범과 합동범을 구별하지 않을 경우만 가능하다. 입법자는 특별한 불법가중사유로 '합동'을 공동정범과 달리 규정한다. 판례가 현장 합동범행을 "자기의사를 수단으로 한 합동절도 범행"을 한 경우라고 하는 것은 합동범행, 즉 합동절도에 대한 객관적 행위기여가 아니라 기껏해야 현장성을 갖춘 합동범 교사범 또는 방조범에 지나지 않는다.

C. 합동범 공범과 합동범 정범의 혼동 판례가 적시하는 '현장'이라는 말은 겉 38 으로는 현장설과 관련을 맺고 있는 듯하다. 그러나 사실은 합동범 공동정범으로서 정범이 갖추어야 할 조건이 아닌 공범 이용대상이 된 정범 조건을 말할 뿐이다. 하지만 양자는 정범과 공범으로서 분명히 구별해야 한다. 공동정범 일반 성립요건을 존중하는 한, 시간·장소적 협동관계 없이 '합동절도로 평가'될 수 있는 기능적 행위지배는 존재하지 않는다. 판례는 처벌강화를 위해 '평가' 개념까지 도입하면서 합동범 공범을 합동범 정범으로 만드는 작업을 한다.

39 D. **양형 불합리** 다음으로 변경 판례는 합동범 공동정범을 인정하지 않으면 "직접 실행행위에 참여하지 않으면서 배후에서 합동절도 범행을 조종하는 우두머리는 그 행위 기여도가 강력함에도 공동정범으로 처벌받지 않는 불합리한 현상"이 나타날 수 있다는 점을 중요 논거로 제시한다.

40 하지만 이것은 형사정책 처벌필요성을 나타낸다. 이러한 필요성이 형법의 규범 해석기준이 될 수 없고 되어서도 안 된다. 오히려 이러한 현실 필요를 형법이 한계로 작용하여 제동을 걸어야 하는 것이 법치국가 형법전통이다. 오히려 여기서 관심을 끄는 것은, 실행행위에 직접 가담하지 않으면서 배후에서 조종하는 **조직범죄 우두머리**를 포함한 공모자를 공동정범으로 처벌해야 한다는 형사정책 필요에 관한 주장은 판례 공모공동정범이론에도 등장한다는 점이다.[1] 공모공동정범은 모의자 중 일부만 실행행위를 담당하여 수행한 경우도 공모자 모두 공동의사주체를 형성하기 때문에 정범으로 처벌한다는 것이 판례 확고한 태도다. 이 관점에서 보면 합동절도 공동정범을 인정한 위 변경판례는 논리적으로 지극히 당연한 귀결이다.

E. 결 론

41 (i) 현장설과 공모공동정범이론의 부조화 위 판례변경은, 대법원 관점에서 보면, 황소 합동절도를 부정한 일시 외도에서 벗어나 이제 비로소 정도正道로 들어섰다고 평가할 수 있다. 그 주된 동인이 된 것은 **공동의사주체설에 따른 공모공동정범이론이다.** 판례가 공동정범 객관 성립요건으로 요구하는 "공동의사에 따른 기능적 행위지배"[2]에서 말하는 "기능적"이라는 말은 학계에서 일반적으로 쓰는 것과 그 의미가 다르다. 즉 구성요건표지 전부 또는 일부에 대한 기능적 행위분담 의미가 아니고 일정한 형사정책 표상에 대한 순기능적 행위지배 의미다. 이 순기능을 매개하는 요소는 객관 통제가 매우 힘든 '평가'라는 요소다. 일반 합동범은 현장성을 "**실행행위 시간·장소적 협동관계**"라는 법치국가 의미로 일관되게 요구한다. 그러다가[3] 그 공동정범을 논할 때 갑자기 효율성을 지향하는 "근대 의미 형사정책"[4]으로 태도를 돌변하는 이중성을 판례는 어떻게 설명할 수 있을지 모르겠다.

42 (ii) 변경 판례와 현장 공동정범설 관계 다음으로 변경판례와 현장 공동정범설의 관계를 밝혀야 할 필요가 있다. 양자는 합동범 공동정범을 긍정하는 점에서 견해를 같이 한다. 뿐만 아니라 그 논거도 현장 실행행위에 직접 관여하지 않았지만 범행을 배후에서 조종하는 합동절도 우두머리도 공동정범으로 다스려야 할 형사정책 필요성이 있다는 점에 양자는 공감한다. 언뜻 보면 ① 우리 판례가 합동범 공동정범을 인정하

1) 대판 1992. 8. 18. 92도1244; 1990. 9. 11. 90도1639.
2) 대판 1997. 9. 30. 97도1940; 1997. 1. 24. 96도2427.
3) 대판 1998. 2. 27. 97도1757; 1988. 9. 13. 88도1197.
4) 이것의 부정적 의미는 배종대, 「정치형법의 이론」(법학논집 제26집, 1991), 235면 이하; 同 형법각론, 137/3.

면서 현장 공동정범설을 채용한 것으로 이해할 수도 있다.

그러나 ② 판례는 합동범은 **현장설**을 취하면서도 그 공동정범은 공동정범 일반이 43
론, 그 가운데서도 **공모공동정범이론**으로 이 결론에 도달한다. 이렇게 되면 변경판례가 배후 우두머리 처벌필요성을 들지만, 그 정도에 미치지 않는 **단순공모자** 경우도 '기능행위지배' 개념을 정책적으로 확대 해석하여 처벌하는 길을 열어둔다.

합동범은 이미 입법으로 가중된 불법으로 높은 법정형이 규정되어 현장설을 취하 44
더라도 크게 문제될 것은 없다. 그러나 그 공동정범에 대해서는 단순절도 공동정범이나 합동절도 공범으로 그 불법을 다시 낮출 수 없다. 그래서 다시 공모공동정범이론으로 동일한 법정형이 적용되도록 하겠다는 것이 판례 의도로 보인다. 그러므로 ③ 합동범 공동정범에 관한 한 현장설 또는 현장 공동정범설은 아무 연관이 없다. 그러나 현장 공동정범설이 합동범을 공동정범 한 형태로 파악하여 공동정범 정범성표지인 '기능적 행위지배'로 합동범 공동정범이 인정될 수 있도록 함으로써 판례 (공모)공동정범이론이 발붙이는 데 일조한 것은 사실이다.

(iii) 합동범 공범으로 해결가능 합동범 공동정범을 인정해야 할 현실 필요 45
성은 부정설도 충족할 수 있다. ① 조직범죄 우두머리는 공모공동정범이론을 동원하지 않더라도 **특수교사죄**(제34조 제2항)로 가중처벌할 수 있다. ② 그 정도에 미치지 않는 단순 공모자는 **합동범 교사 또는 방조**로 처벌할 수 있다. 교사범 형은 정범과 동일하고 (제31조 제1항), 종범 형은 필요적 감경사유에 해당할 뿐이다. 합동범 (공동)정범이 아니라 공범이 성립한다는 어감 차이에 집착할 문제는 아니다.

[판례]

① **합동범 성립요건** 합동범이 성립하기 위하여는 주관적 요건으로 공모와 객관적 요건으로 실행행위의 분담이 있어야 한다. 그러나 그 공모는 법률상 어떤 정형을 요구하는 것이 아니어서 공범자 상호간에 직접 또는 간접으로 범죄의 **공동가공의사가 암묵리에 상통하면** 된다. 사전에 반드시 어떤 모의과정이 있어야 하는 것도 아니어서, 범의내용에 대해 포괄적 또는 개별적인 의사연락이나 인식이 있었다면 공모관계가 성립한다. 그 실행행위는 시간적, 장소적으로 협동관계에 있다고 볼 수 있는 사정이 있으면 된다.[1)]

② 피고인 갑이 피해자를 간음하기 위해 화장실로 갈 무렵에는 피고인들이 술에 취해 반항할 수 없는 피해자를 간음하기로 공모하였다. 피고인 을이 갑에게 간음하기에 편한 자세를 가르쳐 주고, 갑이 간음 행위를 하는 방식으로 실행행위를 분담하였다. 피고인들은 **시간적 · 장소적 협동관계**에 있었다고 판단할 수 있다.[2)]

③ 피고인들 중 피고인 C가 피해자의 집 담을 넘어 들어가 대문을 열어 피고인 A, F로 하여금

1) 대판 2012. 6. 28. 2012도2631. 제8회.
2) 대판 2016. 6. 9. 2016도4618.

들어오게 한 다음, 피고인 F, C는 드라이버로 현관문을 열고 들어가 그 곳에 있던 식칼 두 개를 각자 들고, 피고인들 모두 안방에 들어가서 피해자들을 칼로 협박하고 손을 묶은 뒤 장롱서랍을 뒤져 귀금속과 현금 등을 강취하였다. 피고인 A가 소론과 같이 직접 문을 열거나 식칼을 든 일이 없다고 하여도, 다른 피고인들과 함께 행동하면서 범행에 협동한 이상 **현장에서 실행행위를 분담**한 것이라고 볼 것이다.1)

④ 피고인은 갑, 을과 실행행위의 분담을 공모하고 갑, 을의 절취행위 장소부근에서 피고인이 운전하는 차량 내에 대기하여 실행행위를 분담하였다. 다만 갑, 을이 범행대상을 물색하는 과정에서 절취행위 장소가 피고인이 대기 중인 차량으로부터 다소 떨어지게 된 때가 있었으나, 그렇다고 하여 **시간적, 장소적 협동관계**에서 이탈하였다고 보이지는 않는다. 피고인에게 특수절도를 인정한 원심판결은 정당하다.2)

⑤ 피고인 등이 특정한 1명씩의 피해자만 강간하기로 하고, 사전모의에 따라 심야에 인가에서 멀리 떨어져 있어 쉽게 도망할 수 없는 야산으로 피해자들을 유인한 다음, 곧바로 암묵적 합의에 따라 각자 마음에 드는 피해자를 데리고, 불과 100m 이내의 거리에 있는 곳으로 흩어져 동시 또는 순차적으로 피해자들을 강간하였다. 이 경우 각 강간의 실행행위는 시간적, 장소적으로 협동관계에 있다고 보아야 할 것이므로, 피해자 3명 모두에 대한 특수강간죄가 성립한다.3)

⑥ ***표준판례** 3인 이상이 합동절도를 모의한 후 2인 이상이 범행을 실행한 경우, 직접 실행행위에 가담하지 않은 자에게도 공모공동정범이 인정된다. 피고인이 갑, 을과 공모한 후 범행도구인 면장갑과 쇼핑백을 건네주었고, 갑, 을은 피해자 회사의 사무실 금고에서 현금을 절취하고, 피고인은 위 사무실로부터 약 100m 떨어진 곳에서 망을 보고 그들을 기다려 절취한 현금을 함께 운반한 후 그 중 일부를 분배 받았다. 피고인은 공동피고인 갑, 을의 합동절도 범행의 단순한 공모를 넘어 **본질적 기여를 통한 기능적 행위지배를** 한 것으로 인정되어 공동정범의 죄책을 면할 수 없다.4)

[판례사례] ① 합동범 성립요건 강도 전력이 있는 甲, 乙, 丙은 다시 강도하기로 결의하고 피해자 丁 집을 털기로 하였다. 피고인 중 甲이 먼저 丁 집 담을 넘어 들어가 대문을 열고 乙, 丙으로 하여금 들어오게 하였다. 이때 甲과 丙은 드라이버로 현관문을 열고 부엌으로 가서 그곳에 있던 식칼 두 개를 각자 들고 피고인 셋이 함께 안방에 들어가 丁 외 피해자를 칼로 협박하고 손을 묶은 뒤 장롱서랍을 뒤져 귀금속과 현금 등을 강취하였다. 검사는 위 세 피고인을 특정범죄가중법 제5조의4 제3항 위반죄(상습특수강도)로 기소하고 원심도 합동범 법리를 원용하여 이를 인정하였다. 그러나 乙은 대문을 열거나 식칼을 든 일이 없어서 위 특정범죄가중법 합동범에 해당되지 않는다는 이유로 상고하였다.5)

[해설] 이 사건 논점은 합동범 성립요건이다. 먼저 합동범 의의와 본질을 설명한다. 합동범 본질에 관한 학설은 공모공동정범설, 가중적 공동정범설, 현장설이 있다. 통설 · 판례는 현장설이다.

1) 대판 1992. 7. 28. 92도917.
2) 대판 1988. 9. 13. 88도1197. 제2회.
3) 대판 2004. 8. 20. 2004도2870. 제8회.
4) 대판 2011. 5. 13. 2011도2021.
5) 대판 1992. 7. 28. 92도917. 특정범죄가중법 제5조의4 제3항은 삭제되었다. 현재는 형법 제341조 적용.

즉 합동범을 공동정범 하위개념으로 보고 공동정범 주관적 요건인 공모 외에 객관적으로 현장에서 시간 · 장소적으로 밀접한 협동행위가 있으면 합동범이 성립하는 것으로 본다. 판례는 그 협동 정도와 관련하여 실행행위 분담이 반드시 동시에 동일 장소에서 실행행위를 특정하여 분담하는 것만 뜻하지 않고 **시간, 장소적으로 협동관계에** 있으면 충분하다고 판시한다. 이것은 합동범 성립범위를 **다소 넓히는 견해**다. 어쨌거나 이러한 현장설 관점에서 보면 위 乙 주장은 근거없다. 대법원도 乙 상고를 기각하였다.

② 합동범 성립요건 피고인 甲, 乙은 1995. 1. 21. 18 : 00경 광주 동구 운림동 소재 증심사 입구 버스정류소 부근에서 피해자 丙(여, 14세) 일행을 불러 세워, 부근 야산에서 함께 이야기를 나누고 술을 마시며 놀다가 의도적으로 丙에게 술을 많이 마시게 하여 의식을 잃게 하였다. 甲은 자신이 타고 온 트럭에 丙을 태워 자신 집으로 가서 방안에 丙을 눕혀놓고 丙 친구인 丁을 정류장에 바래다주었는데, 이 사이 乙은 甲 방안에서 丙을 강간하였다. 甲은 돌아와 방문을 열고 乙이 강간하고 있는 것을 본 후, 丙 바지를 꺼내 가지고 나와 물에 빨던 중, 욕정을 느껴 방문을 열고 乙에게 교대하자는 취지로 눈짓을 보내, 甲도 이어 丙을 강간하였다.[1]

[해설] 甲과 乙이(현재 법률로) 성폭력처벌법 제 4 조 제 1 항 합동범이 되는가 문제다. 원심은 乙이 강간할 당시 甲은 망을 보거나 밖에서 다른 행위를 했을 뿐이므로 피고인들의 공모 · 합동사실을 인정하기 부족하여 피고인들에 대한 성폭력처벌법위반 공소사실은 무죄라고 하였다. 그러나 대법원은 공범자 상호간에 직 · 간접적인 공동가공의사가 서로 상통하고 **실행행위가 시간적으로나 장소적으로 협동관계에** 있다고 볼 수 있으므로, 원심이 성폭력처벌법 위반을 무죄로 판단한 것은 채증법칙 위배 및 합동범에 관한 법리를 오해하고 있다고 판단하여 이를 파기 환송하였다.

이 사건도 역시 '시간 · 장소적 협동관계'에 대한 판단기준 문제다. 대법원 판례는 합동범 성립범위를 비교적 넓게 잡는 관점이므로 합동범으로 판시한 데 특별한 점이 있는 것은 아니다. 원심은 성폭력처벌법 제 4 조 제 1 항 단서 법정형이 무기 또는 3년 이상 징역임을 고려할 때, 3년 이상 징역을 법정형으로 하는 형법 강간죄로 보는 것이 피고인에게 적절할 것으로 판단한 것 같다. 지나치게 높은 성폭력처벌법 법정형 적용을 제한한 것인데, 대법원은 이를 인정하지 않았다.

4. 공동정범 착오

공동정범 착오는 사실착오에 관한 일반이론으로 해결하면 된다. 공동정범의 한 사 46
람이 구체적 사실착오를 한 경우 다른 공동정범 고의는 영향을 받지 않는다. 추상적 사실착오는 형법 제15조 제 1 항으로 처리한다. 공범자 한 사람이 추상적 사실착오를 하면, 착오당사자는 모의사실 미수와 발생사실 과실의 상상적 경합이 되고, 이것은 다른 공범자에 대해서도 마찬가지다. 물론 이것은 발생사실에 대한 다른 공범자 과실이 있는 것을 전제한다. 그런 과실이 없으면 다른 공범자는 단지 모의사실 미수로 처벌될 뿐이다.

1) 대판 1996. 7. 12. 95도2655. 이 판례에 적용된 법률은 구 '성폭력범죄의 피해자보호 등에 관한 법률'인데 2010년 폐지되었고, 지금은 '성폭력범죄의 처벌 등에 관한 특례법'(성폭력처벌법)으로 바뀌었다.

5. 공동정범과 교사 · 방조범의 경합

47 교사 · 방조자가 공동정범으로 된 경우는 교사 · 방조죄는 별도로 성립하지 않고 공동정범에 흡수된다. 이것은 일종의 법조경합에 속한다. 무거운 범죄 외에 가벼운 범죄 성립을 별도로 인정해야 할 필요가 없기 때문이다.

제 3 절 간접정범

[134] Ⅰ. 간접정범 의의

1 간접정범은 '**타인을 이용하여 범행하는 것**'을 말한다. 즉 타인을 도구로 이용하여 자신을 위해 범행하도록 하는 경우다. 여기에 이용되는 사람을 범행매개자라고 한다. 예를 들면 정신이상자 또는 14세 미만자를 충동하여 타인을 살해하게 한 사람은 살인죄 간접정범이 된다. 여기서 정신이상자는 살인죄에 이용된 도구이고 범행매개자다.

2 형법은 "어느 행위로 인하여 처벌되지 아니하는 자 또는 과실범으로 처벌되는 자를 교사敎唆 또는 방조하여 범죄행위 결과를 발생케 한 자는 교사 또는 방조의 예에 의하여 처벌한다"(제34조 제1항)고 간접정범을 규정한다. 특별히 "자기의 지휘, 감독을 받는 자를 교사 또는 방조하여 전항 결과를 발생케 한 자는, 교사인 때는 정범에 정한 형의 장기 또는 다액에 그 2분의 1까지 가중하고, 방조인 때는 정범의 형으로 처벌한다"[1)]고 중하게 처벌한다(같은 조문 제2항).

3 간접정범은 스스로 범죄구성요건을 실현하는 직접정범에 대응하는 개념이다. 직접정범은 스스로 범행하는 자이지만 간접정범은 우월한 사실인식을 토대로 타인 행위를 지배하고 범행을 실현하는 자이다.[2)] 여기에 이용되는 타인은 범행에 사용되는 도구와 같다.

[135] Ⅱ. 간접정범 본질

1 간접정범은 타인을 매개로 범행하는 점이 직접정범과 구별되고 오히려 교사범과 유사하다. 여기서 간접정범이 정범과 공범의 한계에 놓여있음을 알 수 있다. 특히 형법은 간접정범을 교사 또는 방조의 예에 따라 처벌한다고 규정함으로써 간접정범 정범성에 의문을 갖게 한다. 이처럼 간접정범을 정범으로 볼 것인가 아니면 공범으로 볼 것인가 논의가 간접정범 본질에 관한 논의다.

2 간접정범 본질은 정범설과 공범설이 있다. 학설대립 실익은, ① 정범으로 했을 경우 형법 각 조문에 규정한 법정형 적용을 받는 반면, 공범으로 하면 교사범은 죄를 실행한 자와 동일한 형으로 처벌되고(제31조 제1항), 방조범은 정범 형보다 필요적으로 감경한다(제32조 제2항). ② 간접정범을 공범으로 보면 공범미수는 예비 · 음모에 준하여 처벌되므로 형량이 가볍다(제31조 제

1) 제4회.
2) 제8회.

2 · 3항). ③ 착오 주체나 실행착수 시점에 관해 정범설은 이용자를 중심으로 파악하지만 공범설은 피이용자를 중심으로 한다.

1. 정 범 설

(1) 학설대립

정범설은 간접정범을 정범으로 보는 견해인데, 그 근거는 ① 확장 정범개념, ② 공범종속성 3
설, ③ 행위지배설에서 찾는 세 견해가 있다.

정범이론의 **확장 정범개념**에 따르면 '직접 · 간접으로 구성요건실현에 원인을 제공한 모든 4
사람'은 정범이 된다. 그러므로 간접정범도 당연히 정범이다. 공범도 원래 정범이지만 총칙 공범 규정으로 처벌범위를 제한하는 형벌축소사유에 지나지 않는다. 이렇게 되면 공범과 간접정범은 본질에서 차이가 없다.

이에 반해 공범종속성설 견해는 도구이론에 따라 간접정범 정범성을 인정한다. 간접정범이 5
사람을 도구로 이용하는 것은 직접정범이 물적 도구를 이용하는 것과 아무 차이가 없기 때문에 정범이 된다는 주장이다. 다만 인적 도구와 물적 도구가 어떻게 같을 수 있는지 의문이다.

행위지배설은 간접정범이 단순히 범행을 야기 · 촉진한 공범이 아니라 '피이용자 범행을 행 6
위지배'하였기 때문에 정범이 된다는 이론이다. 정범과 공범 구별기준에 관한 통설 견해인 행위지배설을 토대로 한 것인데 타당하다. 그 논거는 다음과 같다.

(2) 행위지배설 내용

1) 의사지배에 따른 행위지배 간접정범 정범표지는 행위지배에 있다. 이 행위지배는 도 7
구인 피이용자를 지배함으로써 이루어진다. 사람에 대한 지배는 의사지배를 전제한다. 도식화하면, 의사지배 → 사람에 대한 지배 → 행위에 대한 지배의 형태다. 그러므로 이용자인 간접정범은 피이용자 행위를 마치 '자기가 행위하듯이 조종 · 지배'할 수 있는 위치에 있는 사람이다. 이렇게 하여 이루어진 피이용자 행위는 자신 행위가 아닌 이용자의 조종의사 결과물로 보아야 한다.

그러면 간접정범에서 이처럼 철저한 '지배'가 가능한 이유는 어디 있을까? 그것은 말할 것 8
도 없이 도구인 피이용자 결함에서 원인을 찾을 수 있다. 이용자는 피이용자 결함을 직시하고 악용하는 것이다. 이 결함은 일반적으로 피이용자 개인의 가벌성배제사유(예컨대 고의나 책임 결여)와 같은 의미를 갖는 경우가 많다. 이것으로부터 간접정범의 여러 가지 유형이 나온다.

2) 피이용자 사실적 결함 간접정범 유형에서 중요한 것은 물론 책임배제사유와 같은 법 9
적 결함이 아니라 오히려 간접정범 행위지배가 가능하고 정범 인정근거가 된 피이용자의 사실적 결함이다. 이것은 피이용자의 구성요건에 해당하지 않는 행위, 적법한 행위를 이용한 간접정범에서 드러난다.

2. 공 범 설

(1) 공범설 논거

간접정범을 공범으로 파악하는 관점의 가장 핵심 논거는 다음과 같다. ① 형법 제34조 제1 10
항 문언이 간접정범 행위를 교사 또는 방조로 명문화하고 있다. 다시 말하면 간접정범이 성립하기 위해서는 이용자의 교사 · 방조행위와 그것에 따른 피이용자 실행행위가 있어야 한다. ② 이용자에 대한 처벌도 교사 또는 방조 예에 따르도록 함으로써 간접정범 공범 성격을 분명히 한다.

③ 현행 형법이 간접정범규정을 둔 것은 어느 행위로 처벌되지 않는 자 또는 과실범으로 처벌되는 자를 이용하여 죄를 범하는 경우 공범성립 제한종속형식에 따르면 교사범 · 종범 규정으로 처벌할 수 없는 불합리를 극복하기 위한 것이다. ④ 형법 제34조 제1항이 이용자 교사 · 방조행위 외에 피이용자 행위로 범죄행위결과가 발생할 것을 요건으로 두는 것은 간접정범 처벌범위를 제한하기 위한 것으로 보아야 한다.

(2) 공범설에 대한 비판

11 공범설은 찬성하기 어렵다. 우선 형법 제34조 표제가 간접'정범'으로 되어 있는 것과 맞지 않다. 행위유형과 처벌을 협의 공범례에 따른다고 정범이 공범이 되는 것은 아니며, 그것은 입법기술 문제에 지나지 않는다. 대법원이 간접정범의 공범성 근거로 든 국가모독죄 규정은 그 자체가 매우 문제가 많은 조문이었기 때문에 곧 폐지되었다.[1] 이 조문이나 이 조문에 대한 판례를 근거로 간접정범 공범성을 논증하는 것은 무리가 있다. 공범설은 교사범 · 종범 외에 제3 공범형태를 인정해야 가능한 주장인데 우리 형법 협의 공범에는 두 가지 종류밖에 없다.

[136] Ⅲ. 간접정범 성립요건

1 형법 제34조 제1항이 규정하는 간접정범 성립요건은, ① 어느 행위로 처벌되지 않는 자 또는 과실범으로 처벌되는 자를, ② 교사 또는 방조하여, ③ 범죄행위결과를 발생케 하는 것이다.

1. 피이용자 범위

2 간접정범이 도구로 이용하는 사람은 어느 행위로 처벌되지 않는 자 또는 과실범으로 처벌되는 자다.

(1) 어느 행위로 처벌되지 않는 자

3 피이용자가 처벌되지 않는 근거는 구성요건해당성, 위법성, 책임의 흠결에서 찾을 수 있다. 따라서 '어느 행위로 처벌되지 않는 자'는 다시, ① 구성요건에 해당하지 않는 행위 이용, ② 구성요건에 해당하지만 위법하지 않은 행위 이용, ③ 구성요건에 해당하고 위법하지만 책임 없는 행위를 이용하는 셋으로 나눌 수 있다.

1) 구성요건에 해당하지 않는 행위 이용

4 (가) **객관적 구성요건에 해당하지 않는 도구** 피이용자 행위가 객관적 구성요건에 해당하지 않는 경우다. 예컨대 이용자 강요나 기망으로 피이용자가 자살 또는 자상自傷한 경우를 들 수 있다. 살인 · 상해죄의 '사람'은 타인을 의미하기 때문에 자살, 자상행위는 원칙으로 범죄가 되지 않는다. 구성요건해당성이 없다. 그러나 이용자는 강요나 기망으로 피이용자를 살인 또는 상해 도구로 삼은 경우 간접정범으로 처벌된다.

1) 대판 1983. 6. 14. 83도515 전원합의체 참조. 그러나 대법원이 간접정범의 공범성 논거로 삼았던 국가모독죄규정(제104조의2)이 폐지된 것은 1988. 12. 31일이었다.

살인죄나 상해죄 간접정범이 성립한다.

5 이 경우에 해당되는 사례를 들면, 매우 부유한 미망인 乙은 그에게 친절한 의사 甲을 상속인으로 지정하였다. 甲은 상속재산을 빨리 물려받고 싶은 생각에서 乙에게 "당신은 불치 암에 걸려 있고 매우 고통스러운 죽음을 맞이할 것이다" 거짓말하였다. 甲이 예상한 대로 乙은 그 후 자살하였다. 이 사건에서 甲은 '객관적 구성요건에 해당하지 않는 도구'를 이용한(즉 구성요건해당성 없는 乙 자살행위 이용) 살인죄 간접정범에 해당한다. 甲 행위지배(의사지배)는 미망인 乙이 자살하게 된 과정에 대한 지배로부터 나온다.

[판례]

① ***표준판례** 피고인은 스마트폰 채팅 앱을 통해 알게 된 피해자들을 협박하여 나체사진, 동영상 등을 촬영하도록 하여 이를 전송받았다. **강제추행죄**는 정범 자신이 직접 범죄를 실행해야 성립하는 자수범이 아니므로 처벌되지 않는 타인을 도구로 삼아 피해자를 강제로 추행하는 **간접정범의 형태**로도 범할 수 있다. 즉 강제추행에 관한 간접정범의사를 실현하는 도구의 타인에는 피해자도 포함된다. 피해자를 도구로 삼아 피해자의 신체를 이용하여(구성요건해당성이 없는 자기촬영행위의 이용) 추행행위를 한 경우에도 강제추행죄의 간접정범에 해당된다.[1]

② 갑은 **보이스피싱 범죄**에서 피해자에 대한 사기범행을 실현하는 수단으로 타인 을을 기망하여 그를 피해자로부터 편취한 재물이나 재산상 이익을 전달하는 도구로 이용하였다. 갑에게 피해자에 대한 사기죄 외에 도구로 이용된 타인 을에 대한 사기죄의 간접정범이 별도로 성립하는 것은 아니다.[2]

③ ***표준판례** 피고인은 동거한 사실이 있는 피해자인 공소외인 여인에게 피고인을 탈영병이라고 헌병대에 신고한 이유와 다른 남자와 정을 통한 사실들을 추궁하였다. 피해자가 이를 부인하자 하숙집 뒷산으로 데리고 가 계속 부정을 추궁하면서 상대 남자를 말하자, 대답을 하지 못하고 당황하던 동 여인에게 소지 중인 면도칼 1개를 주면서 "네가 네 코를 자르지 않을 때는 돌로서 죽인다"는 등 위협을 가하였다. 생명에 위험을 느낀 동 여인은 자신의 생명을 보존하기 위해 위 면도칼로 콧등을 길이 2.5센치, 깊이 0.56센치 절단함으로써 동 여인에게 전치 3개월을 요하는 상처를 입혔다. 이와 같이 피고인에게 피해자 여인의 상해결과에 대한 인식이 있고, 또 그 여인에게 대한 협박 정도가 그의 의사결정 자유를 상실케 할 정도인 이상 피고인에게는 **중상해의 간접정범**이 성립한다.[3]

6 (나) **고의 없는 도구** 피이용자 행위가 객관 구성요건에 해당하지만 구성요건 고의가 없는 경우는 고의 없는 도구를 이용한 간접정범이다. 예컨대 의사가 사정을 모르는 간호사에게 독약을 주사하게 한 경우를 들 수 있다. 간호사 행위는 살인죄 객관

1) 대판 2018. 2. 8. 2016도17733. 제8, 11회.
2) 대판 2017. 5. 31. 2017도3894. 제8, 9, 11회.
3) 대판 1970. 9. 22. 70도1638.

적 구성요건을 충족하지만 고의가 없기 때문에 살인죄로 처벌되지 않는다. 간접정범 고의 없는 도구로 이용되었을 뿐이기 때문이다. 간호사에게 과실이 있더라도(과실치사죄) 의사 간접정범성립에는 지장이 없다. 형법은 과실범을 이용한 간접정범 성립을 명문으로 규정한다.

[판례]

자기에게 유리한 판결을 얻기 위해 소송상의 주장이 사실과 다름이 객관적으로 명백하거나 증거가 조작되어 있다는 정을 인식하지 못하는 제 3 자를 이용하여, 그로 하여금 소송의 당사자가 되게 하고, 법원을 기망하여 소송 상대방의 재물 또는 재산상 이익을 취득하려 하였다면 **간접정범의 형태에 의한 소송사기죄**가 성립한다.[1]

7 (다) **신분이나 목적 없는 고의 도구** 이것은 정범표지가 없는 도구를 이용한 간접정범 유형이다. 예컨대 진정신분범과 목적범에서 신분과 목적 없는 경우는 해당범죄 정범이 될 수 없다. 이런 경우 신분 없는 고의 도구나 목적 없는 고의 도구를 이용한 경우도 간접정범이 성립할 수 있을까? 앞 보기로는 공무원이 처를 이용해 뇌물을 받는 경우가 있고, 뒤 보기로는 불법영득의사 없는 행위자를 시켜 절도하게 한 경우를 들 수 있다. 양자 모두 이용자가 피이용자에게 없는 정범표지를 가지고 있는 한 간접정범이 성립하고, 피이용자는 이 정범에 대한 방조범이 된다. 이에 대해 이용자에게 사실적 행위지배가 없다는 이유로 간접정범 성립을 부인하는 견해가 있다.[2] 그러나 행위지배 의미를 규범적으로 이해하면 이용자의 법적 지배 영향을 인정하는 데 어려움이 없다.

[판례]

① **목적 없는 고의의 도구 이용(*표준판례)** 피고인들은 12 · 12**군사반란으로** 군의 지휘권을 장악한 후, 국헌문란의 목적을 달성하기 위해 비상계엄을 전국적으로 확대하는 것이 전군지휘관회의에서 결의된 군부의 의견인 것을 내세워, 그와 같은 조치를 취하도록 대통령과 국무총리를 강압하고, 폭력적 불법수단을 동원하여 비상계엄의 전국 확대를 의결 · 선포하게 하였다. 위 비상계엄 전국 확대가 국무회의의 의결을 거쳐 대통령이 선포함으로써 외형상 적법하였다고 하더라도, 이는 피고인들에 의하여 국헌문란의 목적을 달성하기 위한 수단으로 이루어진 것이므로 내란죄의 폭동에 해당한다. 또한 이는 피고인들에 의해 국헌문란의 목적을 달성하기 위해 그러한 **목적이 없는 대통령을 이용하여** 이루어진 것이므로, 피고인들이 간접정범의 방법으로 내란죄를 실행한 것으로 보아야 한다.[3] *목적범에서 목적 없는 자를 이용한 간접정범.

② ***표준판례** 국회의원이 **후원회를 통해** 후원금을 받은 경우에도 국회의원이 직접 후원금을 기부 받은 것과 마찬가지로 보아야 한다. 따라서 정치자금법 제32조 제 3 호가 금지하는 공무

1) 대판 2007. 9. 6. 2006도3591.
2) 김일수/서보학, 577~581면.
3) 대판 1997. 4. 17. 96도3376 전원합의체. 제 3 회.

원이 담당 · 처리하는 사무에 관하여 청탁 또는 알선하는 일과 관련하여 정치자금을 수수한 것이라 할 것이다. 에쓰오일 회장인 피고인은, 자세한 **내막을 알지 못하여** 정치자금법 위반죄를 구성하지 않는 직원들의 기부행위를 유발하고, 이를 이용하여 자신의 범죄를 실현한 것이어서 간접정범의 죄책을 면할 수 없다.[1)]

③ 피고인이 축산업협동조합이 점유하는 타인 소유의 창고의 패널을 점유자인 위 조합으로부터 명시적 허락을 받지 않은 채 소유자인 타인으로 하여금 취거하게 한 경우, **소유자를 도구**로 이용한 절도죄의 간접정범이 성립될 수 있다.[2)]

④ 경찰서 보안과장인 피고인이 갑의 음주운전을 눈감아주기 위해 그에 대한 음주운전자 적발보고서를 찢어버리고, 부하로 하여금 일련번호가 동일한 가짜 음주운전 적발보고서에 을에 대한 음주운전 사실을 기재하도록 하였다. 그리고 **그 정을 모르는 담당 경찰관**으로 하여금 주취운전자 음주측정처리부에 을에 대한 음주운전 사실을 기재하도록 하였다. 피고인은 을이 음주운전으로 처벌을 받았는지 여부와 관계없이 허위공문서작성 및 동 행사죄의 간접정범의 죄책을 면할 수 없다.[3)]

⑤ 보증인이 아니더라도 허위보증서 작성의 **고의 없는 보증인**들로 하여금 허위의 보증서를 작성하게 한 경우에는, 부동산소유권 이전등기 특별조치법 제13조 제1항 제3호에 정한 '허위보증서작성죄'의 간접정범이 성립한다.[4)]

⑥ 출판물에 의한 명예훼손죄는 간접정범으로 범하여질 수도 있다. 타인을 비방할 목적으로 허위의 기사재료를 그 정을 모르는 기자에게 제공하여 신문 등에 보도되게 한 경우에도 성립할 수 있다. 그러나 제보자가 **기사의 취재 · 작성과 직접 연관이 없는 자**에게 허위사실을 알렸을 뿐인 경우에는 출판물에 의한 명예훼손죄의 책임을 물을 수 없다.[5)]

⑦ ***표준판례** 유가증권변조죄에 있어서 변조는, 설사 진실에 합치하도록 변경하였더라도 권한 없이 변경한 경우에는 변조로 되는 것이고, 정을 모르는 제 3 자를 통해 **간접정범의 형태로도** 범할 수 있다. 신용카드를 제시받은 상점점원이 그 카드의 금액란을 정정 기재하였다 하더라도, 그것이 카드소지인이 점원에게 자신이 금액을 정정기재 할 수 있는 권리가 있는 양 기망하여 이루어졌다면, 이는 간접정범에 의한 유가증권변조로 봄이 상당하다.[6)] *유가증권변조의 **고의가 없는 자를 이용하여** 유가증권 내용을 변경한 경우에 유가증권변조죄의 간접정범이 성립할 수 있음.

2) 구성요건에 해당하지만 위법하지 않은 행위 이용 적법한 도구의 행위이용이 8
여기 해당된다. 피이용자의 정당행위, 정당방위, 긴급피난행위를 이용하는 세 종류가 있다.

㈎ **정당행위 이용** 예컨대 경찰공무원이나 판사에게 허위사실을 신고하여 사 9

1) 대판 2008. 9. 11. 2007도7204.
2) 대판 2006. 9. 28. 2006도2963.
3) 대판 1996. 10. 11. 95도1706.
4) 대판 2009. 12. 24. 2009도7815.
5) 대판 2002. 6. 28. 2000도3045. 제11회.
6) 대판 1984. 11. 27. 84도1862.

람을 체포 · 구금하게 하면 이용자는 타인의 정당행위를 이용한 간접정범이 된다. 그러나 진실한 사실에 기초를 둔 적법한 이용행위일 경우 간접정범이 성립할 여지가 없다.

10 (나) **정당방위 이용** 예컨대 甲을 살해 · 상해할 목적으로 甲에게 乙을 공격하도록 사주하고, 乙 정당방위를 이용하여 그 목적을 달성하면 살인이나 상해죄 간접정범이 성립한다. 만일 乙에게 방위의사가 없어서 정당방위가 성립하지 않으면 간접정범이 되지 않는다(乙 공격에 대한 교사범).

11 (다) **긴급피난 이용** 흔한 경우는 아니지만 긴급피난상황을 유발하고 그 긴급피난행위를 이용하여 제3자 법익을 침해하는 유형이 여기 해당된다.

[판례] 정당행위 이용

***표준판례** 감금죄는 간접정범의 형태로도 행하여질 수 있다. 인신구속에 관한 직무를 행하는 자 또는 이를 보조하는 자가 피해자를 구속하기 위해 **진술조서 등을 허위로** 작성한 후, 이를 기록에 첨부하여 구속영장을 신청하고, 진술조서 등이 허위로 작성된 정을 모르는 **검사와 영장전담판사를 기망하여** 구속영장을 발부받은 후, 그 영장에 의해 피해자를 구금하였다면, 형법 제124조 제1항 직권남용감금죄가 성립한다.[1]

12 3) 구성요건에 해당하고 위법하지만 책임 없는 행위 이용 책임 없는 도구의 행위를 이용하는 경우다. 통설인 공범의 제한종속형식을 따르면, 피이용자에게 책임이 없을 때도 공범은 성립할 수 있으며 이용자는 교사범이나 종범으로 처벌할 수 있다. 그러므로 이런 경우 간접정범과 교사범 · 종범의 성립관계가 문제된다. 우월한 의사지배로 행위를 지배 · 조종할 경우 간접정범이 성립한다. '책임 없는 도구'에는 다음 세 종류가 있다.

13 (가) **책임무능력자** 형사미성년자, 심신상실자 같은 책임무능력자를 범행에 이용하면 간접정범이 성립한다. 피이용자 책임무능력상태를 인식하고 이를 이용하는 경우다. 인식과 이용의사가 없으면 교사범 또는 종범이 성립한다. 책임무능력자라 할지라도 의사지배를 통한 행위지배가 불가능한 상태일 경우, 예컨대 스스로 범행결심을 한 경우는 마찬가지로 교사범 · 종범이 성립한다.

14 (나) **법률착오에 빠진 자** 피이용자의 정당한 법률착오를 이용한 행위도 간접정범에 해당한다. 이용자가 그런 착오를 의도적으로 유발하거나, 착오에 빠진 상태를 인식하고 이용한 경우다. 이런 이용의사가 없는 경우 교사범 또는 종범이 성립한다.

15 (다) **강요된 행위자** 강요된 행위는 면책된다(제12조). 강요된 행위를 범행에 이용한 사람(강요자)은 간접정범으로 처벌된다. 만일 피이용자에게 범행의 자발적 의사가 있을 경우 강요자는 교사범이나 종범으로 처벌된다.

---

1) 대판 2006. 5. 25. 2003도3945.

4) '정범배후 정범이론'

(가) **정범배후 정범이론 의의** 피이용자가 구성요건에 해당하고 위법하고 책임 16
까지 갖춘 경우, 즉 피이용자가 완전한 정범(실행정범) 요건을 구비하고 있다. 이 사람을 이용할 경우 배후 사람에게 간접정범 죄책을 물을 수 있다는 이론이 '정범배후 정범이론'이다. 이용자 의사지배가 피이용자 실행지배를 압도하면 간접정범 성립을 부정할 이유가 없다(**정범배후 정범이론 긍정설**).[1] 배후범행자의 간접정범 성립은 정범개념 우위성에 따라 이용자 범행지배 특징에서 찾아야 하고 피이용자 자격이 문제될 것은 아니다. 따라서 이용자인 배후범행자가 피이용자를 지적 · 의적으로 우월한 지위에서 범행지배를 하면 피이용자가 고의범으로 처벌되는 것과 상관없이 배후자를 간접정범으로 처벌해야 한다고 주장한다.

(나) **정범배후 정범이론 유형**

A. 피이용자의 회피가능한 금지착오(법률착오, 위법성착오)를 이용하는 경우 피이 17
용자가 자기행위가 법령에 따라 죄가 되지 않는 것으로 오인하더라도 '정당한 이유'가 있으면 면책되어 벌하지 않는다(**책임설**). 정당한 이유는 일반적으로 '회피가능성'으로 해석한다. 그러면 피이용자가 금지착오에 빠졌더라도 회피가능성이 있으면 면책되지 않고 고의범으로 처벌한다. 이때도 이용자가 이같은 상황을 이용하면 그에게 간접정범 죄책을 물어야 한다는 것이 독일 다수 견해다. 피이용자 회피가능성 유무와 이용자 우월적 의사지배는 내용적으로 무관하다는 것이 그 이유다.

B. 피이용자 객체착오를 이용하는 경우 예컨대 甲이 乙을 살해하기 위해 매복 18
해 있는 것을 알고 丙을 그 장소에 보내 甲이 丙을 乙로 알고 살해하였으면 이용자는 간접정범으로 처벌된다. 甲 객체착오는 이용자 의사지배에 어떤 영향도 미치지 않는다. 불법 등급에 관한 착오도 이 범주에 넣어 설명하기도 한다. 예를 들면 값비싼 도자기를 모조품으로 속여 손괴하게 하는 경우다.

C 절대 명령체계가 갖추어진 조직에서 상급자가 부하를 이용하는 경우 이에 대 19
해서는 **스타신스키 사건**(Staschynskij-Urteil)이 있다. 구소련 비밀경찰이었던 스타신스키는 비밀경찰 암살지령을 받고 두 사람의 구소련 정치망명객을 살해하였다. 이에 대해 독일연방최고법원은 스타신스키를 살인방조범으로 판결하였다.[2] 그러나 정범배후 정범이론에 따르면 스타신스키는 살인 정범이며, 암살지령을 내린 사람도 간접정범으로 처벌해야 한다.

(다) **정범배후 정범이론에 대한 비판** 독일형법 간접정범 규정인 제25조 제1 20
항은 "타인을 통하여"(durch einen anderen)라는 표현을 쓰고 있어서 피이용자가 고의

---

1) 우리나라에서 이 견해를 주장하는 학자는 김일수/서보학, 424면; 손동권/김재윤, 518면.
2) BGHSt 18, 87.

정범으로 처벌되는 경우도 이용자를 간접정범으로 처벌할 수 있는 여지가 있다. 그러나 우리 형법 제34조는 "어느 행위로 처벌되지 않는 자 또는 과실범으로 처벌되는 자"를 이용한 경우 간접정범이 성립하여 간접정범 **피이용자 범위**를 명시적으로 제한한다. 따라서 우리 법제에는 고의 정범이나 공범은 간접정범 피이용자에 포함될 여지가 없다(**정범배후 정범이론 부정설**). 간접정범 피이용자 범위를 외국 입법례를 쫓아 임의로 확대하는 것은 가능한 해석 한계를 벗어난다. 고의의 실행정범을 이용하는 자는 일반 교사범, **스타신스키** 사건 같은 경우는 특수교사 · 방조(제34조 제2항)로 처벌하면 된다. 교사범은 정범과 동일한 형으로 처벌할 수 있기 때문에(제31조 제1항) 간접정범을 인정해야 할 형사정책 실익이 있는 것도 아니다. 정범배후 정범이론은 우리 법률에 맞지 않는다.

[정범배후 정범이론 사례] 甲은 평소 원한관계에 있는 乙에게 앙갚음하기 위한 수단으로 자신이 직접 나서지 않고 다른 사람을 이용함으로써 법망을 피할 수 있는 방법이 없을까 궁리하였다. 그 결과 甲은 丙이 丁에게 좋지 않은 감정을 갖고 있으며 성질이 불같아 약간 자극만 주어도 즉시 반응하리라는 것을 알고 丙에게 다가가 "丁이 당신을 두고 멍청한 인간"이라고 하였다고 거짓말을 하고 丁의 현재 소재를 귀띔해 주었다. 격분한 丙은 그곳으로 달려가서 "丁"을 향해 주먹을 날렸으나 사실 그는 乙이었다.

[해설] 이 사안 쟁점은 구성요건해당성 · 위법성 · 책임 모두 인정되는 자를 이용한 행위가 간접정범이 될 수 있는가 하는 것이다. 현행 형법에서 간접정범은 "어느 행위로 처벌되지 않는 자 또는 과실범으로 처벌되는 자"를 이용할 것을 요구하기 때문에 문제될 수 있다. 이것에 대한 해결책을 보면, ① 丙이 폭행죄 책임을 지는 것은 문제가 없다. 乙을 丁으로 안 것은 고의에 영향을 주지 않는 구체적 사실착오의 객체착오에 해당된다. ② 甲에게 간접정범이 성립할 수 있는가 하는 문제는 '정범배후의 정범이론'과 관련한 것이다.

우선 이 이론에 대한 긍정설 논거는 다음과 같다. 간접정범 처벌근거는 이용자가 구성요건고의를 가지고 우월 지위에서 피이용자 의사를 지배하고 이 의사지배가 행위지배로 연결되었다는 점에 있다(정범배후 정범이론 긍정설). 이처럼 **피이용자에 대한 의사지배에** 간접정범 본질의 무게를 두게 되면 피이용자 처벌여부는 중요하지 않은 사실이 될 수 있다. 이 사안에서 甲은 전체 범죄행위 진행에 대한 완전한 인식 · 의욕을 가지고 丙 착오를 이용하여 그의 행위를 지배하고 있기 때문에 丙이 고의범으로 처벌되는 것과 관계없이 폭행죄 간접정범이 성립하는 것으로 이론을 구성한다.

그러나 이 견해는 현행 간접정범규정의 피이용자 범위와 맞지 않는 문제가 있다(정범배후 정범이론 부정설). 甲은 결국 폭행죄 교사범으로 처벌할 수밖에 없는데, **교사범은 정범과 동일한 형**으로 처벌할 수 있으므로(제31조 제1항) 굳이 (간접)정범으로 무리하게 이론구성을 해야 할 실익이 없다. 정범배후 정범이론 긍정설은 간접정범 본질에 관한 '이론'으로 현행 법률 내용을 수정하여 해석할 경우만 가능하다. 그러나 이것은 가능한 해석 한계를 넘어선다. 부정설이 타당하다.

(2) 과실범으로 처벌되는 자

21 위 첫 번째 요건인 "어느 행위로 처벌되지 않는 자"에 속한 피이용자는 과실범구성요건에 해당하지 않는다. 피이용자에게 일정한 과실이 있어 과실범구성요건을 충족하

는 경우 이용자는 간접정범이 된다(제34조 제1항). 과실은 있지만 과실범처벌규정이 없어 불가벌인 때도 마찬가지다(예컨대 과실재물손괴).

[판례사례] 허위공문서작성죄 간접정범 면面 호적계장인 甲은 허위내용 호적부를 작성하여 그 사정을 모르는 작성권자인 면장 乙에게 제출하여 기명 · 날인케 하여 공문서를 완성하였다.1)

[해설] 이 사건에서 통설 · 판례는 일치하여 보조공무원인 호적계장 甲 허위공문서작성죄 간접정범 성립을 인정한다. 즉 공문서 작성권한 있는 공무원을 보좌하여 그 기안을 담당하는 공무원이 직위를 이용하여 행사할 목적으로 허위공문서를 만들어 그 사실을 모르는 상사 서명날인을 받아 공문서를 완성한 경우 허위공문서작성죄 간접정범이 된다는 것이다.

이에 대해 소수 반대견해가 있다. 즉 허위공문서작성죄는 **진정신분범이기** 때문에 행위주체는 **공문서작성권한 있는 면장 乙에** 국한하므로 보조공무원 甲에게 허위공문서작성죄 간접정범성립이 인정될 수 없다는 것이다. 이렇게 되면 甲에 대한 처벌흠결이 발생하는데, 이것은 입법이 해결할 문제라고 한다. 그러나 이 주장은 '입법 해결'이 있기 전까지 甲 행위를 처벌해야 할 필요가 있는데도 처벌할 수 없다는 결론이 되어 받아들이기 어렵다. 그렇다고 어떤 특별형법(예컨대 호적법)을 적용할 수 있는 가능성이 있는 것도 아니다. 나아가서 보조공무원인 甲 행위는 공정증서원본부실기재죄(제228조)에도 해당하지 않는다. 그의 행위는 법문이 규정하는 '공무원에 대한 허위신고'에 해당되지 않는다. 그의 행위는 '신고'가 될 수 없다. 이론적으로 매끄럽지는 않더라도, 법률흠결을 해석으로 보충하여 가벌성을 근거짓는 이론구성을 할 필요가 있다. 소수설은 무기력한 도피밖에 되지 않는다. 해결방법은 간접정범성립을 인정하는 길인데, 문제는 그 논거에 있다.

이 죄 '공무원'은 문서작성권한 있는 공무원을 의미한다. 그런데 **작성권한 있는 공무원과 작성명의인은** 구별해야 한다. 위 사안에서 상사上司인 면장 乙은 호적부 작성명의인일 뿐이고, 사실상 작성권한은 호적부를 기안 · 작성하는 실무담당공무원 甲이 가지고 있다. 현실적으로 그렇다. 상사는 실무자가 제출한 문서에 결재하는 것으로 효력발생 형식요건을 충족할 뿐이다. 따라서 **실질적 작성권자는 실무담당공무원이고**, 문서명의인인 상사는 형식적 작성권자라고 할 수 있다. 상사만 작성권자가 된다는 것은 지나친 형식논리다. 그렇다면 하위공무원이 상급자 부지를 이용해 결재를 받아 허위공문서를 완성한 경우 허위공문서작성죄 간접정범을 인정하는 데 어려움은 없다. 甲은 허위공문서작성죄 간접정범에 해당된다.

[판례] 보조공무원의 허위공문서작성죄 간접정범

① 허위공문서작성의 주체는 직무상 그 문서를 작성할 권한이 있는 공무원에 한하고 작성권자를 보조하는 직무에 종사하는 공무원은 허위공문서작성죄의 주체가 되지 못한다. 다만 공문서의 작성권한이 있는 **공무원의 직무를 보좌하는 사람**이 그 직위를 이용하여 행사할 목적으로 허위의 내용이 기재된 문서 초안을 그 정을 모르는 상사에게 제출하여 결재하도록 하는 등의 방법으로 작성권한이 있는 공무원으로 하여금 허위의 공문서를 작성하게 한 경우에는 허위공문서작성죄의 간접정범이 성립한다.2)

1) 대판 1990. 10. 30. 90도1912.
2) 대판 2011. 5. 13. 2011도1415; 2010. 1. 14. 2009도9963. 제4회.

② ***표준판례** 공문서의 작성권한 있는 **공무원의 직무를 보좌하는 자가** 그 직위를 이용하여 행사할 목적으로 허위내용이 기재된 문서 초안을 그 정을 모르는 상사에게 제출하여 결재하도록 하는 등의 방법으로 허위 공문서를 작성하게 한 경우에는 간접정범이 성립한다. 이와 공모한 자 역시 그 **간접정범의 공범의 죄책을** 면할 수 없다. 여기서 말하는 공범은 반드시 공무원의 신분이 있는 자로 한정되는 것은 아니다.[1] *피고인은 예비군훈련을 받은 사실이 없음에도 예비군동대 방위병 B에게 예비군훈련을 받았다는 내용의 확인서를 발급하여 달라고 부탁하자, 동인은 작성권자인 예비군 동대장 C에게 그 사실을 보고하여 그로부터 피고인이 예비군훈련에 참가한 여부를 확인한 후 확인서를 발급하도록 지시를 받았다. B는 미리 예비군 동대장의 직인을 찍어 보관하고 있던 예비군훈련확인서용지에 피고인의 성명 등 인적사항과 위 부탁받은 훈련일자 등을 기재하여 피고인에게 교부한 사건.

2. 이용행위

(1) 교사 또는 방조

22 이용자가 피이용자를 범행도구로 사용하는 방법은 '교사敎唆 또는 방조'다. 여기서 교사 또는 방조의 의미는 교사범·방조범과 달리, 단지 **사주** 또는 **이용** 뜻으로 이해하는 것이 통설 견해다. 그 이유는 간접정범 경우 피이용자에게 범행을 결의하게 하거나(교사), 그런 의사를 가진 자를 원조하는 것(방조)은 처음부터 생각할 여지가 없기 때문이다. 간접정범 이용행위가 갖는 특징은, 첫째 교사는 우월한 의사지배를 통한 조종행위고, 둘째 방조는 우월한 의사지배에 따른 원조행위라는 점이다.

(2) 부작위에 의한 간접정범

23 부작위로 간접정범이 성립할 수 있는가 긍정설과 부정설이 있다. 여기 속하는 예를 들면 정신병원 의사 또는 간호사가 어떤 환자가 다른 환자를 상해하는 것을 보고도 고의로 방치한 경우가 있다. 부정설은 이런 경우 부작위 직접정범이 성립한다고 한다. 의사지배에 따른 행위지배가 있다고 보기 힘들기 때문에 부정설이 타당하다.[2]

(3) 실행착수시기

24 간접정범 실행착수시기는, ① 이용자가 이용행위를 개시한 때 간접정범 실행착수가 있다고 보는 견해가 있다(**이용자행위시설**). ② 피이용자 실행행위를 기준으로 파악하는 견해도 있다. 피이용자가 실행행위를 개시하였을 때 간접정범 실행착수가 있다(**피이용자행위시설**). 구성요건의 사회 정형성을 강조한 견해다. ③ 다수설은 간접정범 실행착수시기는 구체적 사안과 관련하여 개별적으로 판단해야 할 문제로 파악한다(**개별 해결설**). 피이용자가 구성요건에 해당하거나 직접 연결되는 전단계 행위를 개시한 때 간접정범 실행착수는 존재한다. 이용행위만으로 피이용자 구성요건실현이 확실한 경우는 이용행위

1) 대판 1992. 1. 17. 91도2837. 제12회.
2) 심재무, 「환경법에 있어서 공무원의 형사책임」(비교형사법연구 제2호, 2000), 22면.

를 시작한 때 실행착수가 있다.

3. 범죄행위결과 발생

범죄결과발생은 구성요건에 해당하는 사실의 실현을 의미한다. 그러나 결과가 발생 25
하지 않더라도 실행착수가 있는 이상 미수범으로 처벌할 수 있다. 기본범죄에 대한 미수처벌규정이 있을 경우 간접정범 미수는 얼마든지 가능하다. '결과발생' 요건은 간접정범 기수에 해당할 뿐이다.

[판례]

***표준판례** 위조문서행사죄에서 행사 상대방에는 아무런 제한이 없고, 다만 문서가 위조된 것임을 이미 알고 있는 공범자 등에게 행사하는 경우에는 위조문서행사죄가 성립할 수 없다. 그러나 간접정범을 통한 **위조문서행사범행에 도구로 이용된 자라고** 하더라도 문서가 위조된 것임을 알지 못하는 자에게 행사한 경우에는 위조문서행사죄가 성립한다. 이 사건 피고인은 위조한 전문건설업등록증 등의 컴퓨터 이미지 파일을 공사 수주에 사용하기 위해 발주자인 갑과 을에게 이메일로 송부하였다. 갑과 을은 피고인으로부터 이메일로 송부받은 컴퓨터 이미지 파일을 프린터로 출력할 당시 그 이미지 파일이 위조된 것임을 알지 못하였다. 피고인의 행위는 형법 제229조의 위조·변조공문서행사죄를 구성한다.[1] *위조된 이미지파일을 전송하여 그들로 하여금 출력하여 인식할 수 있는 상태에 놓은 것이 행사. 위조문서행사의 도구를 행사 상대방으로 하는 위조문서행사죄 성립 가능.

[137] Ⅳ. 간접정범 처벌

1. 간접정범기수 처벌

피이용자가 범죄결과를 발생시킨 경우 이용자는 교사 또는 방조의 예에 따라서 처 1
벌한다(제34조 제1항). 사주·이용행위가 교사에 해당하면 교사범(제31조), 방조에 해당하면 방조범(제32조)으로 처벌한다는 의미다. 교사범 형은 정범과 동일하고(제31조 제1항) 방조범 형은 정범보다 감경한다(제32조 제2항).

2. 간접정범미수 처벌

간접정범을 교사 또는 방조 예에 따라 처벌한다고 간접정범이 공범으로 되는 것은 2
아니다. 간접정범은 어디까지나 '정범'이고 공범은 아니다. 그러므로 간접정범 미수, 예컨대 이용자는 이용행위를 마쳤으나 피이용자 행위가 미수에 그친 경우는 일반 미수조항(제25~27조) 적용을 받고, 교사의 미수(제31조 제3항)로 처벌되지 않는다. 만일 그렇게 되면 이미 실행에 착수한 정범을 예비·음모로 처벌하는 모순된 결과가 발생한다.

1) 대판 2012. 2. 23. 2011도14441. 제11회.

[138] Ⅴ. 간접정범 관련 문제

1. 간접정범 착오

1 간접정범에 관계되는 두 사람, 즉 이용자와 피이용자 모두 착오에 빠질 수 있다.

(1) 이용자 착오

2 이용자가 피이용자에 대해 착오하는 것으로는, ① 이용자가 피이용자를 어느 행위로 처벌되지 않는 자로 알았는데 사실 그가 고의 있는 책임능력자인 경우가 있다. 이럴 경우 의사지배에 따른 행위지배가 사실상 불가능하기 때문에 이용자는 교사범으로 처벌된다. ② 피이용자가 책임무능력자인데도 책임능력자인 것으로 잘못 알고 범행을 교사·방조한 경우는 간접정범이 성립하지 않는다. 피이용자를 도구로 하는 행위지배 고의가 없기 때문에 교사 또는 방조범이 성립할 뿐이다.

(2) 피이용자 착오

3 이것은 피이용자가 실행행위를 하면서 착오를 일으킨 경우다. 객체·방법 착오를 생각해 볼 수 있는데 착오 일반이론으로 해결할 문제다. 구체적 사실착오 가운데 객체착오는 이용자 간접정범성립에 영향을 미치지 않는다. 구체적 사실착오 가운데 방법착오는 의도한 사실 미수와 실현된 사실 과실의 상상적 경합이 된다(구체적 부합설). 피이용자가 추상적 사실착오를 하였을 경우는 형법 제15조 제1항으로 직접 규율할 수 있으며, 의도한 사실 미수와 발생한 사실 과실의 상상적 경합이 해결기준이다. 피이용자가 이용자 의사를 초과하여 실현한 경우 이용자는 이 부분에 대한 책임을 지지 않는다. 이용자가 그 결과에 대한 미필고의가 있거나 중한 결과에 대한 예견가능성이 있으면 그렇지 않다(제15조 제2항).

4 사안으로 설명하면, 의사 甲이 사정을 모르는 간호사 乙에게 독약이 든 주사기를 건네주고 丙에게 주사하도록 하였는데 乙은 이것을 잘못 듣고 丁에게 주사하여 사망케 한 경우를 들 수 있다. 이 사안은 착오, 그 중에서도 방법착오와 결합된 간접정범 문제로 간호사 乙은 범죄에 이용된 '고의 없는 도구'로 무죄다. 사실착오의 구체적 부합설에 따라서 甲은 丙에 대한 살인미수, 丁에 대한 과실치사 죄책을 부담하고, 양자 상상적 경합으로 처벌된다. 법정적 부합설에 따를 경우는 丙에 대한 살인미수와 丁에 대한 살인기수 상상적 경합이 된다.

2. 신분범과 간접정범

5 진정신분범에서 신분 없는 자는 정범적격이 없다. 간접정범도 정범이므로 신분범의 간접정범이 되기 위해서는 간접정범자에게 해당 범죄가 요구하는 신분이 있어야 한다. 신분 없는 자가 신분 있는 자를 이용하여 진정신분범 간접정범이 될 수는 없다. 이 규정은 비신분자의 신분범에 대한 가공을 인정한 것이기 때문에 비신분자가 단독으로 신

분범 정범이 되는 문제와 다르다.

[판례] 비신분자의 신분자 이용

① 레미콘 제조업자인 피고인들은 한국산업규격을 위반한 레미콘을 생산하여 건설업체들에 공급하였다고 하여 건설기술관리법 위반으로 기소되었다. **건설업자 아닌 피고인**들이 간접정범의 형태로 '건설업자'라는 일정한 신분을 요하는 신분범인 같은 법 위반죄를 범할 수는 없으므로 무죄를 인정한 원심판단은 정당하다.[1)]

② ***표준판례** 부정수표단속법의 목적이 부정수표 등의 발행을 단속 처벌함에 있고(제1조), 허위신고죄를 규정한 위 법 제4조가 "수표금액의 지급 또는 거래정지처분을 면하게 할 목적"이 아니라 "수표금액의 지급 또는 거래정지처분을 면할 목적"을 요건으로 하고 있다. 수표금액의 지급책임을 부담하는 자 또는 거래정지처분을 당하는 자는 **오로지 발행인에 국한되는** 점에 비추어 볼 때, 발행인 아닌 자는 위 법조가 정한 허위신고죄의 주체가 될 수 없다. 허위신고의 고의 없는 발행인을 이용하여 간접정범의 형태로 허위신고죄를 범할 수도 없다.[2)]

3. 자수범과 간접정범

(1) 자수범 의의

자수범自手犯은 '행위자가 직접 실행행위를 해야 성립하는 범죄'를 말한다. 예를 들면 위증죄 · 허위공문서작성죄 등이 여기에 속한다. 그러므로 자수범 경우는 타인을 이용하여 범행하는 **간접정범**이 불가능하다. 공동정범도 마찬가지다. 자수범죄를 교사 · 방조한 사람은 교사범이나 방조범이 될 수 있을 뿐이다. 6

[판례] 자수범은 간접정범 성립 불가

① 형법 제155조 제1항에서 타인의 형사사건에 관하여 증거를 위조한다 함은 증거 자체를 위조하는 것을 말한다. 선서무능력자로서 범죄현장을 목격하지도 못한 사람으로 하여금 형사법정에서 범죄현장을 목격한 양 허위증언을 하도록 하는 것은, 위 조항이 규정하는 증거위조죄를 구성하지 않는다.[3)] ***위증죄는 자수범**이고 자수범은 간접정범 성립 불가.

② 농업협동조합법 제50조 제2항 소정의 호별방문죄는 '임원이 되고자 하는 자'라는 신분자가 스스로 호별방문을 한 경우만을 처벌하는 것으로 보아야 한다(**자수범**), 비록 신분자가 비신분자와 통모하였거나 신분자가 비신분자를 시켜 방문케 하였다고 하더라도(**간접정범**), 비신분자만이 호별방문을 한 경우에는 신분자는 물론 비신분자도 같은 죄로 의율하여 처벌할 수 없다.[4)]

(2) 자수범에 관한 학설

1) 부 정 설　　자수범 인정 여부를 둘러싼 견해대립으로 부정설 가운데, ① 가장 고전적 7
견해는 자연과학 인과론에 따른 것이다. 행위와 결과 사이에 자연과학적 인과관계만 있으면 누구

1) 대판 2011. 7. 28. 2010도4183.
2) 대판 1992. 11. 10. 92도1342. 제7회.
3) 대판 1998. 2. 10. 97도2961.
4) 대판 2003. 6. 13. 2003도889.

나 정범이 될 수 있으므로 자수범 관념은 인정할 여지가 없다는 것이 그 내용이다. 하지만 규범요소가 완전히 배제된 형법 판단은 없다. ② 확장 정범개념에 따를 경우도 구성요건결과에 조건을 제공한 모든 사람은 정범이 되므로 마찬가지로 자수범은 인정여지가 없다. 이것은 정범개념의 지나친 확대다.

8 ③ 그 밖에 형법 제34조가 간접정범을 공범 예에 따라 처벌한다고 하여 제33조가 적용되므로 현행법에서 자수범은 인정할 수 없다는 견해도 있다. 그러나 형법 제33조에도 불구하고 정범이 직접 실현해야 하는 범죄는 있다.

2) 긍 정 설

9 (가) **문언설文言說과 거동범설** 자수범을 긍정하는 견해로 고전적인 것은 문언설(또는 형식설)과 거동범설이다. 문언설은 구성요건 문언이 정범 실행행위를 전제할 때 자수범이 성립한다는 견해다. 그러나 법률문언 명확성에는 한계가 있다. 거동범설은 일정한 신체거동만으로 범죄가 성립하는 거동범은 자수범이라는 견해다. 그러나 모든 거동범이 자수범이 되는 것은 아니며, 주거침입죄는 거동범이면서도 자수범은 아니다.

10 (나) **진정 · 부진정자수범 이분설** 자수범을 진정자수범과 부진정자수범으로 나누는 견해다. 진정자수범에는 상습도박죄(제246조 제2항), 영리목적 약취 · 유인죄(제288조)처럼 제3자가 아닌 행위자만 구성요건 불법을 지배할 수 있는 "행위자 형법 범죄"가 속한다. 부진정자수범에는 위증죄(제152조), 도주죄(제145조), 유기죄(제271조)와 같이 의무범 일종으로서 일신 전속적 의무침해가 구성요건표지가 되기 때문에 타인에 의한 범행이 불가능한 범죄가 속한다.

11 그러나 이분설이 행위 반윤리성 또는 의무 자체만으로 자수범죄가 성립할 수 있다고 보는 것은 잘못이다. 침해되는 법익이 존재하지 않는 행위유형은 원칙적으로 자수범죄를 비롯한 형법 어떤 범죄가 되어서도 안 된다.

12 (다) **헤르츠베르크 삼분설** **헤르츠베르크**(Herzberg)는 진정자수범과 부진정자수범 구별을 부정하고 대신 자수범을 다음과 같이 3가지 유형으로 나눈다.[1] ① 행위자 자신의 신체를 행위수단 또는 행위대상으로 하는 범죄로 병역법의 자상행위(제86조)는 자수범에 속한다. ② 제3자에 의해서는 불가능하고 행위자자신의 인격적 태도표현에 따라서만 구성요건이 실현될 수 있는 명예훼손죄(제307조), 모욕죄(제311조), 업무상비밀누설죄(제317조) 등은 자수범이다. ③ 범죄 성질에 근거하지 않고 소송법 기타 법률이 행위자 자신의 범행을 요구하는 위증죄(제152조), 군무이탈죄(군형법 제30조) 등은 자수범에 속한다.

13 (라) **결 론** 형법 가운데 수범자를 일정 범위로 제한하면 자수범 관념은 인정하지 않을 수 없다. 그 판단기준은 구성요건의 구체 내용에 따라 개별적으로 분석 판단할 문제다. 분석대상은 주체를 제한하는 이유, 보호법익, 행위양태, 타인의 실현가능성 등인데 **헤르츠베르크** 삼분설은 비록 완벽하지 않더라도 이런 유형을 일반화했다는 점에서 참고가 된다.

(3) 자수범 개념분류

14 자수범에는 위 자수범에 관한 학설과 무관하게 다음과 같이 진정자수범과 부진정자수범, 실질적 자수범과 형식적 자수범 개념을 구별하기도 한다.

15 1) 진정 · 부진정자수범 진정자수범은 신분자 혼자만 범행할 수 있는 범죄유형을 말하고,

1) Herzberg, Eigenhändige Delikte, ZStW 82(1970), 913면 이하.

부진정자수범은 자수범 가운데 비신분자가 신분자를 이용하여 간접정범을 범할 수 없는 범죄유형을 말한다(예컨대 수뢰죄). 이 구별은 신분범 정범적격과 관련되는 문제이지 자수범 문제가 아니라는 비판이 있다. 비신분자가 신분자를 이용하여 간접정범으로 신분범을 범할 수 없는 것은 신분범 성질에서 유래하는 결론일 뿐이다.

2) 실질 · 형식적 자수범 실질 자수범은 범죄 성질이 일정한 주체의 행위로만 범행이 가능한 경우다. 즉 간접정범 형태로 범할 수 없는 자수범을 말한다. 예컨대 신분범, 목적범, 진정부작위범, 단순거동범, 형식범 등이 여기 속한다. 이에 반해 형식 자수범은 범죄형식이 이미 간접정범 형태로 되어 있어서 별도로 간접정범성립을 인정할 필요가 없는 범죄다. 예를 들면 공정증서원본부실기재죄(제228조)가 있다. 16

(4) 형법의 자수범

이상 견해를 종합하여 우리 형법 자수범은 다음과 같이 분류 · 정리할 수 있다. 이것은 위 **헤르츠베르크** 삼분설을 토대로 한다. ① 범죄실행에 정범 신체가담을 필요로 하는 자수범이 있다. 예를 들면 준강간죄 · 준강제추행죄(제299조), 피구금부녀간음죄(제303조)가 있다. ② 정범의 인격 태도표현을 요구하는 자수범이 있다. 업무상비밀누설죄(제317조)가 여기에 해당된다. ③ 형법 외의 법률(예컨대 소송법)이 정범 자신의 행위를 요구하는 자수범죄가 있다. 위증죄(제152조)가 대표적이고 군무이탈죄(군형법 제30조)도 여기 해당된다. 17

4. 과실 간접정범

과실 간접정범은 성립할 수 없다(다수설). 과실범의 경우 정범과 공범 구별은 의미가 없는데, 이용자의 우월 의사지배에 기초한 행위지배가 없기 때문이다. 이 문제는 과실범 동시범으로 해결하면 된다. 18

[139] Ⅵ. 특수교사 · 방조

형법 제34조 제2항 문제다. 이 규정은 이용자의 피이용자에 대한 특별관계로 행위불법이 높은 사안을 가중처벌하도록 한다. 타인을 지휘 · 감독하는 지위에 있는 사람이 그 지위를 이용하여 범행을 교사 · 방조하는 것은 확실히 비난가능성이 높다. 불법가중근거는 지위 남용에 있다. 1

이 조항 법 성질에 대해서는, ① **특수간접정범설**, ② **특수공범(교사 · 방조범)설** 그리고 ③ **특수공범과 특수간접정범이 모두 포함된다는 학설** 등이 있다. 특별한 실익이 없는 논쟁이지만 특수공범과 특수간접정범을 함께 규정한 것으로 보는 것이 옳다. 형법 제34조 제1항 간접정범 이용행위는 '교사 · 방조'이고, 그 특별한 유형에 해당되기 때문이다. 즉 행위면에서는 특수공범이고, 결과면에서는 특수간접정범이라고 할 수 있다. 2

지휘 · 감독을 받는 자 범위는 법령, 계약, 사무관리에 따른 경우뿐만 아니라 사실상 지휘 · 감독을 받는 사람도 모두 포함한다. 예컨대 상관과 부하, 친권자와 미성년자, 3

주인과 가정부 사이도 특수교사 · 방조는 가능하다. 이 범죄는 지위를 이용하는 특수성으로 가중처벌되는 것이므로 이용자는 피이용자가 자기 지휘 · 감독을 받는 사람이라는 것에 대한 인식이 있어야 한다.

제 4 절 교사범教唆犯

[140] Ⅰ. 교사범 의의

1 교사범은 타인에게 범죄를 결의시켜 실행케 하는 자를 말한다. 법적 근거는 형법 제31조이고, ① 교사범은 범죄를 직접 실행한 정범과 행위불법면에 차이가 없기 때문에 양자를 동일하게 처벌한다(같은 조 제1항). ② 만일 교사를 받은 자가 범죄 실행을 승낙하고 실행행위에 착수하지 않은 **효과 없는 교사**의 경우 교사자와 피교사자는 음모 또는 예비에 준하여 처벌한다(같은 조 제2항). ③ 교사를 받은 자가 범죄 실행을 승낙하지 않은 **실패한 교사** 경우도 교사자는 효과없는 교사와 마찬가지로 음모 또는 예비에 준하여 처벌한다(같은 조 제3항).

2 교사범이 다른 범죄유형과 구별되는 점은, ① 공동정범과는 업무를 분담하여 스스로 실행행위에 참여하지 않는 점이 다르다. ② 간접정범과는 정범이 아니고 타인을 도구로 이용하는 의사지배가 없다는 점이 다르다. ③ 방조범은 이미 범죄결의를 갖고 있는 사람을 도와주는 것이지만, 교사범은 범죄결의가 없는 사람에게 그러한 결의를 갖게 하는 점에서 구별된다.

[141] Ⅱ. 교사범 성립요건

1 교사범이 성립하기 위해서는, ① 교사자 교사행위, ② 정범 실행행위가 있어야 한다. 교사행위는 교사자가 고의로 타인에게 범행을 결의하게 하는 것을 말하고, 이 결의에 따라 피교사자인 정범 실행행위가 나온다.

1. 교사자의 교사행위

(1) 교사행위 의의

2 교사행위教唆行爲는 '타인에 대한 고의적 범행결의 야기'를 의미한다. 따라서 이미 구체적인 범행결의를 하고 있는 사람에게는 교사행위가 성립할 수 없고 방조와 교사미수가 가능할 뿐이다.[1)] 범행결의가 확고하지 않은 사람에 대한 교사는 성립할 수 있다. 피교사자가 결심하고 있는 것과 다른 방법으로 범행하게 하는 것도 교사에 해당된다.

1) 대판 1991. 5. 14. 91도542(***표준판례**).

범행을 결의하고 있는 사람에게 가중 구성요건을 실현하도록 교사한 경우는 전체행위에 대한 교사가 성립한다. 그 반대의 경우, 즉 결의한 내용보다 가벼운 범죄를 하도록 한 경우는 교사가 되지 않는다. 경우에 따라 방조는 가능할 수 있다. 교사자 교사행위가 범행결의의 유일한 원인이 아니어도 상관없다.

(2) 교사행위 수단

교사수단에는 제한이 없기 때문에 명령 · 지시 · 설득 · 애원 · 유혹 · 요청 · 이익제 3
공 · 기망 · 위협 등 어떤 수단이라도 상관없다. 명시 · 묵시적 방법을 가리지 않는다. 다만 법률착오에 빠지게 하는 기망수단이나 강요수단 등은 간접정범이 성립할 수 있기 때문에 그런 경우는 교사행위가 되지 않는다. 교사하는 범행내용은 특정되어야 하지만 범행 세부사항까지 지시할 필요는 없다. 부작위나 과실로 하는 교사는 불가능하다. 소극적 부작위가 적극적 범행결의를 야기하는 적절한 수단이 될 수 없기 때문이다. 교사는 고의적인 것이어야 하므로 과실에 의한 교사도 인정되지 않는다. 교사자가 2명 이상일 경우 기능 행위지배이론에 따라 공동교사가 성립할 수 있다.

(3) 교사 고의

교사 고의는 이중적 고의를 내용으로 한다. 피교사자의 ① 범행결의와 ② 실행행위 4
에 대한 고의가 그것이다. 이 고의는 미필적이라도 상관없다.

1) **고의의 특정** 교사자 고의는 특정되어야 한다. 특정대상은 교사하는 범죄와 5
교사를 받는 사람, 즉 피교사자이다. 피교사자가 특정되어 있는 이상 여러 사람이라도 상관없다. 피교사자에 대한 특정이 그 사람의 정확한 신원까지 알아야 하는 것은 아니다. 특정범죄에 대한 고의는 정범이 범하게 될 특정구성요건행위에 대한 인식을 의미한다. 목적범이나 신분범을 교사할 경우는 정범이 그러한 목적 · 신분을 갖고 있음을 인식해야 한다.

2) **기수의 고의** 교사자 고의는 구성요건결과를 실현하겠다는 범죄기수에 대한 6
고의를 의미한다. 따라서 처음부터 미수에 그치게 할 의사로 행한 교사(이른바 미수의 교사)는 고의가 없다. 왜냐하면 미수의 교사 경우는 구성요건결과 발생에 대한 인식 · 의욕이 없기 때문이다. 그러므로 교사의 미수는 처벌되지만(제31조 제2 · 3항) 미수의 교사는 처벌할 수 없다.

3) **함정교사** 미수의 교사가 문제되는 것은 주로 함정교사 또는 함정수사(agent 7
provocateur)가 가벌행위인가 하는 점이다.[1] ① 함정교사는 타인을 처벌할 목적으로 범죄하도록 사주하여 그 범죄가 기수에 이르기 전에 체포하는 것을 말한다. 예를 들면 경찰이 마약구입자인 것처럼 가장하여 마약을 판매하도록 사주하고, 마약을 꺼내 놓을 때

1) 김성진, 「미국에서의 아동성범죄에 대한 형사법적 대응」(중앙법학, 2013), 91면 이하; 안정빈, 「미수이론과 함정수사」(홍익법학 23, 2022), 185면 이하.

체포하는 방법이 있다(**기회제공형 함정수사**).[1] 이런 경우는 교사자 고의를 인정할 수 없기 때문에 가벌성이 없다(**불가벌설 · 통설**). 교사자 고의가 성립하기 위해서는 피교사자 범행결의와 실행행위에 대한 두 가지 고의가 있어야 한다. 구성요건결과에 대한 실현의사가 없는 고의는 인정할 수 없다. 그러나 범죄의사가 없는 자에게 함정수사로 범죄의사를 갖도록 하는 '**범죄유발형 함정수사**'는 학설 · 판례가 일치하여 위법한 수사로 간주한다.

② 이에 대해 미수의 교사 가벌성을 인정하는 견해도 있다(**가벌설**). 이 견해는 교사범 고의는 정범이 실행에 착수할 것을 의욕하면 되므로 미수의 교사도 교사범 고의를 인정할 수 있다는 것을 근거로 한다. 그러나 ③ 교사범에서 정범 실행'행위'에 대한 고의를 실행'착수'에 대한 고의로 좁게 해석해야 할 이유는 없기 때문에 불가벌설이 타당하다(**불가벌설 타당**).

8 미수의 교사를 하였으나 피교사자가 기수에 이른 경우는, ① 과실유무에 따른 과실책임과, ② 방조 예에 따라 처벌하는 두 가지 견해가 있다. 교사행위의 과실은 생각할 수 없기 때문에 후자가 타당하다.

[판례] 함정수사 위법성

본래 범의를 가지지 않은 자에 대해 수사기관이 사술이나 계략 등을 써서 범의를 유발시켜 범죄인을 검거하는 함정수사는 위법하다. 이러한 함정수사에 기한 공소제기는 그 절차가 법률의 규정에 위반하여 무효인 때에 해당한다. 그러나 범의를 가진 자에 대해 단순히 **범행의 기회를 제공**하는 것에 불과한 경우에는 위법한 함정수사라고 단정할 수 없다. 경찰관이 취객을 상대로 한 이른바 **부축빼기 절도범**을 단속하기 위해, 공원 인도에 쓰러져 있는 취객 근처에서 감시하고 있다가, 마침 피고인이 나타나 취객을 부축하여 10m 정도를 끌고 가 지갑을 뒤지자 현장에서 체포하여 기소한 경우는 위법한 함정수사에 해당되지 않는다.[2]

2. 피교사자 실행행위

(1) 피교사자 범행결의

9 교사행위敎唆行爲의 결과 피교사자가 범행결의를 해야 한다. 교사받은 자가 범행결의를 하지 않으면 교사자는 교사한 범죄 예비 또는 음모에 준하여 처벌한다(제31조 제3항 **실패한 교사**). 교사행위와 피교사자 범행결의 사이에 인과관계가 있어야 한다. 과실범에 대한 교사는 불가능하다(**통설**). 형법은 과실범으로 처벌되는 자를 이용하여 범죄행위 결과를 발생케 한 자를 간접정범으로 처벌한다(제34조 제1항).

---

1) 그러나 범의를 가진 자에 대해 범행기회를 주거나 범행을 용이하게 한 것에 불과한 경우는 함정수사라고 말할 수 없다(대판 1992. 10. 27. 92도1377; 1983. 4. 12. 82도2433).

2) 대판 2007. 5. 31. 2007도1903.

(2) 피교사자 실행행위

교사범이 성립하기 위해서는 피교사자(정범)가 범행결의를 실행행위로 옮겨야 한다. 10
실행행위는 실행에 착수하는 것으로 충분하고 반드시 기수에 도달해야 할 필요는 없다. 만일 이러한 실행행위가 없을 경우 형법 제31조 제2항(**효과 없는 교사**) 예비·음모에 준한 처벌을 받을 뿐이고 교사범이 성립하지는 않는다.[1] 정범 실행행위는 제한종속형식에 따라 구성요건에 해당하는 위법행위이면 충분하고 책임까지 있어야 할 필요는 없다.[2] 신분범이나 목적범 경우는 정범에게 그러한 신분 또는 목적이 있어야 한다.

[판례사례] '열심히 일하라' 사건(*표준판례) 피고인 甲은 乙, 丙, 丁 등이 절취하여 온 장물을 상습으로 19회에 걸쳐 시가 3분의 1 또는 4분의 1 가격으로 매수·취득해 오다가 乙, 丙에게 일제 드라이버 1개를 주면서 "丁이 구속되어 도망 다니려면 돈도 필요할 텐데 열심히 일하라"고 하였다. 그 후 乙과 丙은 두 차례 절도범행을 하였다. 甲 죄책은 어떻게 될까? 검사는 甲을 특정범죄가중법위반죄(장물취득)와 특수절도교사죄(제331, 31조)로 기소하였다. 원심은 피고인 유죄를 인정하였고 피고인은 자기행위가 절도교사가 되지 않는다면서 상고하였다.[3]

[해설] 이 사건의 논점은, ① 교사고의 특정, ② 교사 방법 그리고 ③ 교사행위와 정범의 인과관계다.

① 논점은 甲이 乙, 丙에게 일제 드라이버 한 개를 사주면서 도망 다니려면 돈이 필요할 테니 열심히 일하라고 말한 행위가 과연 교사가 될 수 있는가이다. 교사범이 성립하기 위해서는 교사고의가 특정되어야 한다. 즉 교사하는 범죄와 **피교사자가 특정되지** 않으면 교사범이 성립할 수 없다. 여기에서 위 甲은 특정범죄를 꼬집어서 말한 바 없기 때문에 자기행위는 절도교사가 되지 않는다고 주장한다. 교사범죄의 특정 정도와 관련되는 문제다. 대법원은 甲 행위가 절도교사가 되는 것으로 판시한다. 즉 교사행위는 막연히 "범죄를 하라"거나 "절도를 하라"는 등으로는 부족하지만 타인으로 하여금 일정한 범죄를 실행할 결의를 하도록 하는 행위를 하는 것으로 충분하다. 일제 드라이버 한 개를 사주면서 **열심히 일하라**고 말한 취지는 결국 종전에 丁과 같이하던 절도를 계속하면 그 장물을 매수해 주겠다는 의사표시로 보아야 한다는 것이다. 이것은 충분히 절도교사에 해당된다.

② 논점인 교사방법 문제는 甲이 乙, 丙에게 '열심히 일하라'고 하였을 뿐 구체적으로 언제, 누구 집에서, 무엇을, 어떤 방법으로 절도하라고 특정하여 말한 바 없다는 점과 관련한다. 그러나 대법원은 교사 수단·방법에는 제한이 없다고 명시한다. 교사범이 성립하기 위해서는 범행 일시, 장소, 방법 등 세부사항까지 특정해 교사할 필요는 없고, 정범으로 하여금 일정한 **범죄실행을 결의할 정도에** 이르면 교사범이 성립한다고 한다.

③ 인과관계 문제는 乙, 丙은 이미 19회나 절도전력이 있는 자이기 때문에, 甲이 열심히 일하라고 말한 것은 이미 결의하고 있는 절도행위에 더욱 강한 동기를 부여할 수는 있어도(방조) 새롭게 절도결의를 하게 한 것은 아니라는 주장과 관련 맺는다. 이에 대해 대법원은 교사범의 교사가 정

---

1) 제10회.
2) 제3회.
3) 대판 1991. 5. 14. 91도542.

범이 죄를 범한 **유일한 조건일** 필요는 없다고 하면서, 교사행위에 따라 정범이 실행을 결의한 이상 비록 정범에게 범죄습벽이 있어 그 습벽과 함께 교사행위가 원인이 되어 정범이 범죄를 실행한 경우도 교사범 성립에 영향이 없다고 판시한다.

[판례] 교사범 인과관계

***표준판례** 피교사자가 범죄실행에 착수한 경우, 그 범행결의가 교사자의 교사행위에 의해 생긴 것인지는 교사자와 피교사자의 관계, 교사행위의 내용 및 정도, 피교사자가 범행에 이르게 된 과정 등 제반 사정을 종합적으로 고려하여 판단해야 한다. 이러한 판단 방법에 의할 때, 피교사자가 교사자의 **교사행위 당시에는** 일응 범행을 승낙하지 않은 것으로 보여지더라도, 이후 그 **교사행위에 의해 범행을 결의한 것으로 인정되는** 이상 교사범의 성립에는 영향이 없다.[1] *피고인이 결혼을 전제로 교제하던 여성 갑의 임신 사실을 알고 수회에 걸쳐 낙태를 권유하다가 거부당하였는데, 그 후 갑이 피고인에게 알리지 않고 낙태시술을 받은 사안에서 낙태교사죄 인정. 낙태죄는 현재 헌법불합치결정을 받은 상태.[2] 낙태죄 개선입법은 아직 이루어지지 않고 있음.

[142] Ⅲ. 교사범 착오

1 교사범의 착오는 교사자가 인식한 고의내용에 잘못이 있는 경우다. 따라서 착오대상은 피교사자와 실행행위이다.

1. 피교사자에 대한 착오

2 이것은 피교사자 책임능력에 착오가 있는 경우다. 예컨대 피교사자를 책임능력자로 알고 교사했는데 사실은 책임무능력자였던 경우나 또는 그 반대 경우를 생각할 수 있다. 피교사자 책임능력에 대한 인식은 교사자의 고의내용에 포함되지 않으므로 이와 같은 경우는 교사범성립에 영향을 미치지 않는다.

2. 실행행위에 대한 착오

3 이것은 피교사자가 교사자 교사내용과 다른 실행행위를 한 경우다.

(1) 구체적 사실착오

4 교사자 교사내용과 피교사자 실행행위가 일치하지 않더라도 양자가 동일한 구성요건에 속하는 구체적 사실착오는 착오 일반이론에 따라 해결하면 된다. ① 피교사자 객체착오는 교사범 성립에 영향을 주지 않는다.[3] ② 피교사자가 방법착오를 한 경우 교사자는 실현된 범죄 교사범이 되지 않는다. 교사자는 교사한 범죄 미수와 실현된 범죄 과실의 상상적 경합으로 처벌된다(**구체적 부합설**).

---

1) 대판 2013. 9. 12. 2012도2744.
2) 헌재 2019. 4. 11. 2017헌바127.
3) 제6회.

(2) 추상적 사실착오

5 교사내용과 실행행위가 서로 다른 구성요건에 속하는 추상적 사실착오는 다음과 같이 나누어 고찰한다.

6 1) 교사내용보다 적게 실행한 경우　공범의 정범종속성에 따라 교사자는 원칙적으로 **피교사자가 실행한 범위 안**에서만 책임을 진다. 피교사자가 교사내용보다 적게 실행한 경우는 그 실행행위 범위 안에서 교사범 책임을 지면된다. 예컨대 특수강도 교사에 피교사자가 강도 실행행위를 한 경우 교사자는 강도죄 교사에 대한 책임만 부담한다.

7 그러나 해석으로 여기에 대한 예외를 인정해야 할 경우가 있다. 피교사자의 실행행위 법정형보다 교사한 범죄의 예비·음모 형이 더 중한 경우는 상상적 경합에 따라 후자의 형이 적용될 수밖에 없다. 예컨대 강도 교사에 피교사자가 절도를 실행한 경우 절도 교사범이 성립한다. 그러나 강도를 교사한 행위는 교사의 미수에 해당되므로(제31조 제2항 효과 없는 교사) 교사자는 절도 교사범과 강도 예비·음모 가운데 중한 죄인 후자 형으로 처벌된다.[1)]

8 2) 교사내용을 초과하여 실행한 경우　피교사자가 교사받은 이상으로 실행한 경우 교사자는 초과부분에 대해 원칙적으로 **책임을 부담하지 않는다**. 교사자는 피교사자 실행행위가 그의 고의와 일치하는 범위 안에서만 책임을 부담한다. 상세한 내용은 양적 초과와 질적 초과 둘로 나누어서 고찰할 필요가 있다.

9 (가) **양적 초과**　교사내용과 실행행위가 구성요건을 달리하지만 **공통요소**가 있는 경우를 양적 초과라고 한다. 양적 초과 경우에 교사자는 초과부분에 대한 책임을 지지 않는다. 예를 들어 절도 교사에 강도를 실행한 경우 절도죄 교사범이 성립한다. 다만 결과로 형이 중한 죄, 예컨대 상해 교사에 사망 결과를 야기한 경우 결과에 대한 교사자 과실(예견가능성: 제15조 제2항 결과적 가중범)이 있으면 결과적 가중범 교사, 즉 상해치사죄 교사범이 성립한다.[2)]

10 (나) **질적 초과**　질적 초과는 교사내용과 실행행위가 **완전히 다른 구성요건**에 속하는 경우다. 교사자는 질적 초과에 대한 책임을 지지 않는다.[3)] ① 예컨대 강도 교사에 피교사자가 강간을 실행하면 교사자는 강도죄 교사에 대한 책임만 부담한다. 다만 교사자는 형법 제31조 제2항 '효과없는 교사'에 해당하기 때문에 교사한 범죄의 예비·음모로 처벌된다. 앞에서 든 예 경우에 교사자는 제343조 강도죄 예비·음모로 처벌된다.[4)] 그러나 ② 교사내용과 실행행위의 질적 차이가 본질적이지 않은 경우 교사자는 교사한 범죄 교사범 책임을 면할 수 없다. 예를 들어 사기교사에 공갈을 하거나 공갈교사에 강도

1) 제3회.
2) 제3, 5회.
3) 제8, 10회.
4) 제6회.

를 행한 경우 등이 여기 속한다.

[판례사례] ① 양적 초과 피고인 甲은 자신 영업에 사사건건 방해를 하면서 협박을 해오던 피해자 丙에게 보복하기로 작정하였다. 이를 위해 甲은 丙 경호원으로 있다가 사이가 나빠진 乙을 소개받아 착수금 명목으로 500만 원을 제공하면서 乙로 하여금 丙에게 중상해를 가해 활동을 못하게 하라고 부탁하였다. 그런데 乙은 살인고의를 가지고 丙 온몸을 칼로 찔러 살해하였다. 검사는 甲을 상해치사죄 교사범, 乙을 살인죄로 기소하였다. 원심은 이들의 유죄를 인정하였고, 甲은 이에 불복, 상고하였다.[1)]

[해설] 이 사건 논점은 피교사자 양적 과잉이다. 교사범에서 정범 과잉행위를 일반적으로 설명하고 사안을 분석한다. 피교사자 양적 초과에서 교사자는 원칙적으로 초과부분에 대한 책임을 지지 않는다. 다만 결과적 가중범에서 중한 결과를 예견하지 못한 교사자 과실이 있으면 결과적 가중범의 교사범이 성립할 수 있다. 이 사건에서 甲이 바로 여기에 해당된다. 피교사자 질적 과잉 경우 교사자는 초과부분에 대한 책임을 지지 않는다. 효과 없는 교사로 교사한 범죄의 예비·음모로 처벌될 수 있을 뿐이다.

그러나 양적 초과 경우는 양 구성요건 공통성으로 인과관계, 예견가능성을 검토하여 결과적 가중범 해당 여부를 판단한다. 이 사건에서 甲은, 乙이 丙을 중상해하면 그 결과 丙이 죽을 수도 있다는 사실을 예견할 수 있었다고 보인다. 기본범죄인 중상해와 중한 결과인 사망은 표리관계에 있다. 같은 취지에서 대법원도 甲을 상해치사죄 교사범, 乙을 살인죄로 처단한 원심 조치는 정당하다고 판시하였다.

피교사자 초과행위에 대한 명제를 정리하면, **질적 초과**에 대해서 교사자는 책임을 지지 않는다. **양적 초과**에 대해서는 개별적 예견가능성, 인과관계를 검토하여 **결과적 가중범(결과적 가중범의 교사범)** 해당 여부를 살펴야 한다.

② 양적 초과 甲은 乙에게 정신차릴 정도로 丙을 때려주라고 지시했고 이에 乙은 丙을 폭행하다가 살해하였다.[2)]

[해설] 甲, 乙의 죄책과 관련하여 우선 甲이 "丙을 정신차릴 정도로 때려주라"고 한 것이 상해교사에 해당하는지 문제된다. 교사하는 범행내용은 특정되어야 하지만 **범행 세부사항까지** 지시할 필요는 없다. "흠씬 패주어라", "손 좀 봐주어라" 따위 지시도 상해교사가 될 수 있다. 피교사자 양적 초과문제는, 피교사자인 乙이 교사받은 내용을 넘어서 살해한 경우, 甲에게 丙이 사망할 수도 있을 것이라는 사실에 대해 예견가능성이 있다면 상해치사죄 교사범이 될 수 있다. 그러나 '정신차릴 정도로 때려주라' 식으로 말한 甲이 그 결과 丙이 죽을 수 있다는 것까지 예견할 수 있었다고 보기는 어렵다. 따라서 대법원도 甲 상해치사죄 교사범 죄책을 부정한다. 甲은 상해교사죄, 乙은 살인죄 죄책을 진다.

③ 교사범의 공범관계 이탈 사례(*표준판례) 피고인 갑은 을에게 전화하여 피해자 병의 불륜관계를 이용하여 공갈할 것을 교사하였다. 이에 을은 피해자를 미행하여 피해자 병이 여자와 함께 호텔에 들어가는 현장을 카메라로 촬영한 후, 피고인 갑에게 이를 알렸다. 그러나 피고인 갑은 을에

1) 대판 1993. 10. 8. 93도1873. 제12, 13회.
2) 대판 1997. 6. 24. 97도1075. 제9회.

게 여러 차례 전화하여, 그 동안 수고비로 500만 원 또는 1,000만 원을 줄 테니 촬영한 동영상을 넘기고 피해자를 공갈하는 것을 단념하라고 범행을 만류하였다. 그럼에도 을은 피고인 제안을 거절하고 촬영한 동영상을 피해자 병 핸드폰에 전송하고, 전화나 문자메시지 등으로 1억 원을 주지 않으면, 여자와 호텔에 들어간 동영상을 가족과 회사에 유포하겠다고 피해자에게 겁을 주어 현금 500만 원을 교부받았다.[1]

[판시내용] 피고인 갑은, 위 범행을 교사하기는 하였으나 피교사자인 을이 범죄실행에 착수하기 전에 범행을 중지시켰고, 그 이후 을 실행행위는 을의 독자적 판단으로 이루어진 단독 범행이므로, 피고인 교사는 을 공갈행위와 인과관계가 없다고 주장하였다. 또 피고인 갑은 공범관계에서 이탈한 것이라고 주장하였다. 그러나 이는 모두 근거 없다. 갑 교사행위에 따라 을이 범행결의를 하였고, 그 후 공갈 실행행위에 착수하여 피해자로부터 500만 원을 교부받음으로써 **범행이 기수**에 이르렀으므로, 피고인 갑 교사행위와 을 범행 결의 및 실행행위 사이에 인과관계가 인정된다. 또 피고인이 전화로 범행을 만류하는 취지 말을 한 것만으로는, 피고인 갑 교사행위와 을 실행행위 사이에 **인과관계가 단절**되거나 피고인이 **공범관계에서 이탈**한 것으로 볼 수 없다.

[판례]

① 무면허 운전으로 사고를 낸 사람이 동생을 경찰서에 대신 출두시켜 피의자로 조사받도록 한 행위는 범인도피교사죄를 구성한다.[2]

② 교사범의 교사가 정범이 죄를 범한 **유일한 조건일** 필요는 없다. 교사행위에 의해 정범이 실행을 결의하게 된 이상, 비록 정범에게 범죄습벽이 있어 그 습벽과 함께 교사행위가 원인이 되어 정범이 범죄를 실행한 경우에도 교사범의 성립에는 영향이 없다.[3]

③ 위증죄로 처벌되지 않는 **선서무능력자**로서 사고현장을 목격한 일이 없는 사람에게 부탁하여, 타인의 형사사건을 재판하는 법정에서 현장을 목격한 것처럼 허위진술을 하게 하는 것은 증거위조죄에 해당되지 않는다.[4] *증거위조죄는 증거자체에 대한 위조가 있어야 함.

④ 피고인이 연소한 제1심 피고인에게 "**밥 값을 구하여 오라**"고 말한 점은 절도범행을 교사한 것으로 볼 수 없다.[5] *고의의 특정이 없음.

⑤ ***표준판례** 피고인 1은 피고인 3,4,5 및 원심 공동피고인 7에게 피고인과 사업관계로 다툼이 있었던 피해자를 혼내 주되, 평생 후회하면서 살도록 허리 아래 부분을 찌르고, 특히 허벅지나 종아리를 찔러 **병신을 만들라는 취지로** 이야기 하였다. 피고인 2는 위와 같이 1이 상 피고인들에게 범행을 지시할 때 그들에게 연락하여 모이도록 하였으며, "피고인 1을 좀 도와주어라" 등의 말을 하였다. 그 결과 상피고인들이 피해자의 종아리 부위 등을 20여 회 칼로 찔러 살해한 사실을 인정하였다. 그 당시 상황으로 보아 피고인 1과 2는 공모관계에 있고, 피해자가 죽을 수도 있다는 점을 예견할 가능성이 있었다고 판단하여, 상해치사죄로 의율한 조

1) 대판 2012. 11. 15. 2012도7407. 제8회.
2) 대판 2006. 12. 7. 선고 2005도3707.
3) 대판 1991. 5. 14. 91도542.
4) 대판 1998. 2. 10. 97도2961.
5) 대판 1984. 5. 15. 84도418.

치는 정당하다.[1] *상해 내지 중상해 교사에 살인을 행한 경우 결과에 대한 예견가능성이 있으면 교사자(피고인 1과 2)에게 상해치사의 책임을 물을 수 있다는 판결.

⑥ 무고죄에서 스스로 본인을 무고하는 자기무고는 무고죄 구성요건에 해당하지 아니하여 무고죄를 구성하지 않는다. 그러나 **피무고자의 교사·방조** 하에 제3자가 피무고자에 대한 허위사실을 신고한 경우에는 제3자의 행위는 무고죄 구성요건에 해당한다. 따라서 제3자를 교사·방조한 피무고자도 교사·방조범의 죄책을 부담한다.[2]

⑦ 피고인은 자신이 관리하는 건물 5층에 거주하는 피해자를 내쫓을 목적으로 자신의 아들인 甲을 교사하여 그곳 현관문에 설치된 **피고인 소유 디지털 도어락의 비밀번호를** 변경하게 하였다는 권리행사방해교사의 공소사실로 기소되었다. 교사범이 성립하려면 교사자의 교사행위와 정범의 실행행위가 있어야 하므로, 정범의 성립은 교사범 구성요건의 일부이고, 교사범이 성립하려면 정범의 범죄행위가 인정되어야 한다. 甲이 자기의 물건이 아닌 위 도어락의 비밀번호를 변경하였다고 하더라도 권리행사방해죄가 성립할 수 없다. 정범인 甲의 권리행사방해죄가 인정되지 않는 이상 교사자인 피고인에 대하여 권리행사방해교사죄도 성립할 수 없다.[3]

[143] Ⅳ. 교사범 처벌

1 교사범은 정범과 동일한 형으로 처벌된다(제31조 제1항). 이것은 정범이 실행한 범죄와 동일한 법정형으로 처벌된다는 의미다. 양형절차에서 양자의 구체적 선고형이 달라질 수 있음은 물론이다. 교사범에 대한 처벌이나 법적 판단이 정범의 그것에 종속하거나 구속되는 것은 아니다. 경우에 따라서 정범이 현실적으로 처벌되지 않는 상황에서도 교사범은 얼마든지 처벌될 수 있으며, 교사범 처벌을 위해 반드시 정범이 먼저 처벌되어야 하는 것도 아니다. 공범이 처벌 종속성을 갖는 것은 아니기 때문이다. 자기 지휘·감독을 받는 자를 교사한 경우 정범에 정한 형의 장기 또는 다액 2분의 1까지 형이 가중된다(제34조 제2항). 진정신분범에서 비신분자도 교사범이 될 수 있지만(제33조 본문) 신분자가 비신분자를 교사한 경우는 진정신분범 간접정범이 성립한다. 신분관계에 따른 형 가중·감면은 해당 신분자에게만 적용되기 때문이다(제33조 단서).

[144] Ⅴ. 교사범 관련 문제

1. 교사의 교사

1 교사敎唆의 교사에는, ① 간접교사와, ② 연쇄교사가 있다. 이에 대해서는 형법에 명문규정이 없기 때문에 학설로 해결해야 한다.

---

1) 대판 2002. 10. 25. 2002도4089.
2) 대판 2008. 10. 23. 2008도4852. 제9회.
3) 대판 2022. 9. 15. 2022도5827.

(1) 간접교사

간접교사는 교사자와 피교사자 사이에 한 사람의 중간교사자가 개입되어 있는 경우를 말한다. 예를 들면 타인에게 제3자를 교사하여 범행하게 하거나 또는 피교사자가 직접 범죄를 실행하지 않고 제3자를 시켜 실행케 한 경우 등이 있다. 간접교사 가벌성에 대해서는 긍정과 부정 견해가 있다. 그러나 형법은 교사방법에 제한을 두지 않으며, 간접교사자와 교사자 사이에 질적 차이를 발견할 수 없기 때문에 간접교사 가벌성은 인정하는 것이 옳다. 우리나라 다수설인 동시에 판례 태도이기도 하다.[1] 2

(2) 연쇄교사

연쇄교사는 교사자와 피교사자 사이에 여러 사람의 중간교사자가 개입되어 있는 경우를 말한다. 간접교사 가벌성을 인정하면 연쇄교사 경우도 부정해야 할 이유가 없다. 예컨대 피고인 甲이 乙로부터 '소속부대 창고에 있는 군용물을 부정인출하여 처분해 달라는 말을 丙에게 전해달라'는 부탁을 받고 그 취지를 丙에게 전달하였다면, 丙이 범의를 일으켜 군용물을 처분할 것이라는 사실을 알았고 그 결과를 용인한 것이므로 甲의 행위 역시 교사죄에 해당한다는 것이 판례 태도다.[2] 3

2. 교사의 미수

(1) 효과 없는 교사와 실패한 교사

교사범은 피교사자와 동일하게 정범으로 처벌되므로 피교사자가 미수에 그친 경우도 미수처벌규정이 있으면 교사범은 미수 책임을 져야 한다. 그러나 교사의 미수는 이것과 구별되는 개념이다. 형법이 규정하는 교사 미수에는 효과 없는 교사(제31조 제2항)와 실패한 교사(제31조 제3항) 둘이 있고, 이 양자를 합쳐 '기도된 교사'라 한다. 4

효과 없는 교사는, ① 피교사자가 범죄실행을 승낙만 하고 실행에 착수하지 않은 경우, ② 실행에 착수하였지만 예비·음모에 그친 경우, ③ 실행에 착수하였지만 불가벌 미수에 그친 경우 등을 말한다. 실패한 교사는 피교사자가 범죄실행을 승낙하지 않음으로써 교사 자체가 실패한 경우 또는 피교사자가 이미 범죄실행 결의를 가지고 있는 경우를 말한다. 5

(2) 법적 처리

교사 미수에 대한 처벌은 공범종속성설과 공범독립성설이 결론을 달리한다. 공범종속성설에 따를 경우 정범이 기수가 되거나 적어도 실행에 착수해야 공범이 성립하므로 피교사자 범죄실행이 없는 교사의 미수는 교사범이 성립하지 않는다. 공범독립성설에 따르면 공범 가벌성은 정범 행위와 상관없이 결정되므로 교사자가 일단 교사행위를 하였으면 피교사자 승낙이나 실행착수 여부와 상관없이 교사자는 미수범으로 처벌한다. 6

형법은 효과 없는 교사는 교사자와 피교사자를 예비 또는 음모에 준하여 처벌하고, 7

1) 대판 1974. 1. 29. 73도3104; 1967. 1. 24. 66도1586: "甲이 乙에게 범죄를 저지르도록 요청하는 것을 알면서 甲의 부탁을 받고 甲의 요청을 乙에게 전달하여 乙로 하여금 범의를 야기케 한 것은 교사에 해당한다."

2) 대판 1974. 1. 29. 73도3104.

실패한 교사는 교사자만 예비 또는 음모에 준하여 처벌하도록 규정한다. 양자 가벌성을 모두 인정한 것은 공범독립성설 견해에 따른 것이다. 그러나 미수가 아닌 예비·음모로 가벌성을 낮춘 것은 공범종속성설에 접근하는 태도로 볼 수 있다. 교사의 미수에 대한 현행 형법 규정은 공범 독립성과 종속성을 절충한 견해라고 할 수 있다.[1]

제 5 절 종범從犯

[145] Ⅰ. 종범 의의

1 종범은 '**타인의 범죄행위를 방조하는 자**'를 말하며, 방조범이라고도 한다. 방조는 도와준다는 의미로 타인이 범죄행위를 쉽게 하도록 도와주거나 법익침해를 강화하도록 도와주는 행위가 곧 방조다. 종범에 대한 법적 근거는 형법 제32조이고, 행위 불법성이 낮은 관계로 종범 형은 정범 형보다 감경한다(필요적 감경사유). 방조방법은 언어방조와 거동방조로 나눈다. 언어방조는 말로써 하는 지적·정신적 방조고, 거동방조는 몸으로 하는 기술·물질적 방조를 의미한다.

2 종범과 교사범의 공통점은 둘 다 직접 범죄 실행행위를 하지 않고 정범 실행행위에 간접으로 가담할 뿐이라는 점이다. 그러나 양자 차이는, 교사범은 '범행결의가 없는 사람'에게 그것을 결의하게 하는 것이지만, 종범은 '**이미 범행결의를 갖고 있는 사람**'의 실행행위를 도와주거나 그 결의를 강화시켜 주는 점이다. 종범과 공동정범 구별에 대해서는 '정범과 공범 구별이론'이 그대로 적용된다. 공동정범은 공동 의사를 기초로 한 역할분담에 따른 기능 행위지배가 있지만, 종범은 반드시 그러한 의사연결을 필요로 하지 않고 행위지배도 없는 것이 차이다.[2]

[146] Ⅱ. 종범 성립요건

1 종범이 성립하기 위해서는, ① 종범 방조행위, ② 정범 실행행위가 있어야 한다.

1. 종범 방조행위

(1) 방조행위 방법

2 1) 방조방법의 무제한　정범 실행행위를 도와주는 방조방법에는 제한이 없다. 정신·물질적 방조 어느 것이라도 상관없다. 정신 방조로는 조언, 격려, 충고, 정보제공 등과 같은 무형 지원방법이 있고, 물질 방조로는 범행도구나 장소 제공, 범행자금 제공

1) 제7회.
2) 대판 1989. 4. 11. 88도1247.

등과 같은 유형적 방법이 있다. 그러나 양자 방법이 언제나 엄격하게 구별되는 것은 아니다. 범행에 제공한 도구를 사용하지 않은 경우도 범행결의를 강화시켜 주는 정신적 지원 관점에서 방조행위가 성립할 수 있다.

예컨대 甲이 절도범 乙에게 만능열쇠를 만들어 주었으나 乙이 범행에서 그 열쇠가 필요없기 때문에 사용하지 않은 경우도 甲 행위는 정신적 방조에 해당되고 따라서 甲은 절도죄 방조범으로 처벌된다. 그러나 이미 스스로 입영기피를 결심하고 집을 나서는 사람에게 이별을 안타까워하는 뜻에서 "잘 되겠지. 몸조심하라" 하고 악수를 나눈 행위는 입영기피 범죄의사를 강화시킨 방조행위에 해당한다고 볼 수 없다는 것이 판례 견해다.[1] 3

2) **부작위 방조** 부작위에 따른 교사가 인정되지 않는 것과 달리 부작위에 의한 방조는 얼마든지 가능하다.[2] 그러기 위해서는 물론 결과발생을 방지할 보증인지위가 있어야 한다. 예컨대 죄수 탈주를 방치한 교도관이나 절도를 묵인한 수위는 부작위에 의한 종범에 해당한다. 4

(2) 방조행위 시기

방조행위 시기는 정범 실행착수 전후 어느 때라도 무방하다.[3] 실행착수 전 예비행위에 대한 방조나 범행결의를 강화시켜 주는 고무 · 격려 등이 가능하다. 뿐만 아니라 정범 실행착수 전에 장래 실행행위를 미필적으로나마 예상하고 이를 용이하게 하기 위해 방조한 경우도 그 후 정범이 실행행위에 나아갔으면 방조범이 성립할 수 있다.[4] 실행에 착수한 후 결과가 발생하기 전까지도 갖가지 형태 정신 · 물질적 방조는 가능하다. 정범 행위가 기수가 된 뒤에도 그 범죄가 종료되기 전까지 방조범이 성립할 수 있다. 예컨대 이미 연소하고 있는 건물에 대한 방화의 방조, 감금상태 계속에 대한 방조 또는 절도범 도피에 대한 방조는 기수범죄에 대한 방조범이 성립한다. 그러나 범죄가 종료하고 난 뒤 사후방조는 종범에 해당되지 않는다. 범죄완료 후 범인은닉, 증거인멸 등은 사후종범이 아니고 독립된 범죄유형에 속한다(제151, 155조). 5

불가벌 사후방조에 속하지 않는 것으로 판시한 판례보기 하나를 보자. 진료부는 환자의 계속진료에 참고가 되는 진료상황부이므로 간호보조원의 무면허 진료행위가 있은 후 이를 **의사가 진료부에** 기재하는 행위는 정범 실행행위종료 후 단순한 사후행위에 불과하다고 볼 수 없고 무면허진료행위의 방조에 해당된다.[5] 6

(3) 방조행위 인과관계

종범이 성립하기 위해 방조행위와 정범 실행행위 사이에 인과관계가 필요한가 **불필** 7

1) 대판 1983. 4. 12. 82도43.
2) 대판 1995. 9. 29. 95도456.
3) 제1회.
4) 대판 2018. 9. 13. 2018도7658 제9회. 2013. 11. 14. 2013도7494.
5) 대판 1982. 4. 27. 82도122. 제1회.

요설과 필요설이 있다. ① **불필요설**은 방조행위가 정범 실행행위를 용이하게 하면 되고, 그것에 대해 꼭 원인적일 필요는 없다고 주장한다(**촉진설**). 방조행위는 정범의 결과발생 위험성을 증대하는 행위에 불과하기 때문에 인과 관련이 필요 없다는 '**위험증대설**'도 불필요설 가운데 하나다. 그러나 방조범이 성립하기 위해서는 방조행위가 적어도 정범 실행행위에 영향을 주어야 하고, 그 한도에서 인과관계도 존재해야 한다. 공범 처벌근거는 타인 범죄행위를 야기하거나 촉진하는 데 있으므로 정범 범죄행위에 어떤 원인도 제공하지 않은 사람을 공범으로 처벌해야 할 이유는 없다(**필요설 타당**).

8 ② **필요설** 가운데, '**결과야기설**'은 방조행위가 결과를 공동으로 야기해야 하므로 방조행위와 정범 실행행위 사이에 인과관계가 있어야 한다고 주장한다. **기회증대설**도 있는데, 방조행위가 인과관계 필요 차원을 넘어 구성요건결과발생 기회를 증대시켜야 한다는 견해다. 이렇게 되면 종범 성립범위가 명시적으로 축소되는 효과가 있을지 모르지만 내용적으로 인과관계 필요설과 큰 차이가 없다. 특히 인과관계판단을 **상당인과관계설**에 따를 경우는 더욱 그렇다. 그러므로 방조행위가 정범 실행행위에 대한 엄격한 조건이었나 묻지 않고 상당히 개연적인 원인행위가 되면 인과관계는 인정된다. 즉 방조행위가 정범 범행을 정신 · 물질적으로 용이하게 해 줌으로써 결과발생에 기여한 부분이 있으면 인과관계는 인정된다. 그러므로 정범 범죄행위와 직접 관련이 없는 사항을 도와주는 것은 방조행위가 되지 않는다. 예를 들면 간첩인 줄 알면서 숙식을 제공하거나 안부편지, 사진을 전달하는 것만으로 간첩죄 방조행위가 되지 않는다.[1]

(4) 종범의 고의

9 1) **이중 고의** 종범은 교사범과 마찬가지로 이중 고의를 가져야 한다.[2] ① 종범은 정범 실행행위를 방조하는 것에 대한 인식, 즉 **방조 고의**가 있어야 한다. ② 정범 실행행위가 구성요건에 해당되는 결과를 발생시키는 것에 대한 인식, 즉 **정범의 고의**를 가져야 한다. 이때 정범 고의는 정범이 실현할 범죄의 구체 내용을 인식할 필요는 없고 미필인식 또는 예견으로 충분하다. 고의 없는 과실에 의한 방조는 인정되지 않는다. 경우에 따라 과실범 정범으로 처벌될 가능성은 있다. 정범 실행행위에 대한 인식은 범죄 본질적인 것만 알면 되고 세부 내용까지 알 필요는 없다. 정범 인적 사항, 실존유무를 모르더라도 방조범은 성립할 수 있다.[3]

10 2) **범죄기수 고의** 종범 고의는 교사범과 마찬가지로 구성요건결과를 실현하는 범죄기수에 대한 고의다. 처음부터 미수에 그치게 할 의사로 방조하는 미수의 방조는 방조행위가 되지 않는다. 정범의 범죄가 실현될 수 없는 방조를 한 경우도 마찬가지다.

---

1) 대판 1967. 1. 31. 66도1661; 1965. 8. 17. 65도338.
2) 제8회.
3) 대판 2018. 9. 13. 2018도7658 제9회. 1977. 9. 28. 76도4133.

종범이 성립하기 위해서 종범과 정범의 의사가 일치해야 할 필요는 없다. 정범이 방조를 인식하지 못하는 편면 종범도 가능하다. 이 점은 의사공동이 없으므로 편면적 공동정범이 성립할 수 없는 것과 구별된다.

[판례사례] ① 부작위 방조 은행지점장 甲은 그의 부하직원이 어음부정지급보증과 당좌부정결재 방법으로 영동개발(주)에 대해 자금융통 편의를 봐주는 사실을 발견하였다. 그럼에도 甲은 이미 발생한 손해 보전에 필요한 조치를 취하지 않고 그대로 방치하였다.[1]

[해설] 이 사건은 부작위에 의한 방조가 가능한지 묻는다. 우선 지점장 甲은 부하직원 위법행위를 감시 · 감독해야 할 보증인의무가 있다('특별한 위험발생방지의무'로부터 나오는 작위의무). 그런데도 甲은 이 보증인의무를 다하지 않고 부하직원 범죄행위를 방치함으로써 결과적으로 정범 실행행위를 용이하게 하였다. 즉 부작위로 정범 실행행위를 방조하였다. 따라서 甲은 배임죄(제355조 제2항) 방조범으로 처벌된다.

② G백화점 잡화부 소속직원 甲은 공동피고인 乙이 운영하는 잡화매장에서 가짜 외국 유명상표가 새겨진 혁대가 판매되는 것을 알면서도 이를 제지하거나, 상급자에게 보고하여 판매를 금지하는 조치를 취하지 않았다.[2]

[해설] 앞서 확인한 대로 방조는 부작위에 의해서도 가능하다. 법익침해 결과발생을 방지할 법적 작위의무(보증인의무)를 지고 있는 자가 결과발생을 용인하여 방관하고, 그 부작위가 작위에 의한 법익침해와 동등한 형법 가치가 있는 것이어서 해당 범죄 실행행위로 평가될 만한 것이라면(동가치성) 부작위범 요건을 갖추게 된다. 잡화부 소속직원으로서 매장에서 고객 불만이 있는지 조사하고 계약된 물품이 매장에 있는지 확인하는 업무를 수행해 온 甲은 계약 또는 선행행위를 통해 그 의무를 인수한 것이므로 보증인지위를 갖는다. 甲은 상표법위반방조 및 부정경쟁방지법위반방조죄에 해당한다. 판례 견해도 같다.

2. 정범 실행행위

공범의 정범종속성으로 종범이 성립하기 위해서는 정범 실행행위가 있어야 한다. 11
그 종속 정도는 제한종속형식에 따른다. 즉 정범 실행행위는 구성요건에 해당하는 위법행위이면 충분하고 책임이 존재해야 할 필요는 없다. 정범행위는 고의범이어야 한다. 과실행위에 대한 방조는 성립할 수 없고, 경우에 따라서 간접정범이 문제될 수는 있다.

정범행위는 기수에 도달하거나 적어도 가벌적 미수단계에 이르러야 한다.[3] 그러므 12
로 기도된 방조(효과 없는 방조와 실패한 방조)는 처벌대상이 되지 않는다. 이것은 기도된 교사를 처벌하는 특별규정(제31조 제2 · 3항)이 있는 것과 구별되는 점이다. 정범행위가 예비단계에 그친 경우도 종범은 성립할 수 없다. 이에 대해서는 예비죄도 독립된 범죄구성요건으로 보아야 하기 때문에 예비에 대한 방조도 가능하다는 이견이 있다. 하지만

1) 대판 1984. 11. 27. 84도1906. 대판 1997. 3. 14. 96도1639. 제4, 11회.
2) 대판 1997. 3. 14. 96도1639.
3) 제4, 6회.

방조 경우는 미수에 관한 처벌규정도 없고, 예비죄에 대한 방조는 공동정범 · 교사범과 달리 매우 낮은 정도 불법성을 갖고 있기 때문에 처벌되지 않는 것으로 보는 것이 좋다. 판례도 같은 견해다.

[판례]

① **방조 방법** 형법상 방조행위는, 정범이 범행을 한다는 정을 알면서 그 실행행위를 용이하게 하는 직접 · 간접의 모든 행위를 가리킨다. **유형적, 물질적인 방조**뿐만 아니라 정범에게 범행 결의를 강화하도록 하는 것과 같은 **무형적, 정신적 방조행위**까지도 포함한다. 종범은 정범의 실행행위 중에 이를 방조하는 경우뿐만 아니라, 실행착수 전에 장래의 실행행위를 예상하고 이를 용이하게 하는 행위를 하여 방조한 경우에도 성립한다.[1]

② **이중 고의와 증명방법** 방조범은 정범의 실행을 방조한다는 이른바 **방조의 고의**와 정범의 행위가 구성요건에 해당하는 행위인 점에 대한 **정범의 고의**가 있어야 한다. 그러나 이와 같은 고의는 내심적 사실이므로 피고인이 이를 부정하는 경우에는, 사물의 성질상 고의와 상당한 관련성이 있는 **간접사실을 증명**하는 방법에 의하여 증명할 수밖에 없다. 방조범에서 요구되는 정범의 고의는, 정범에 의해 실현되는 범죄의 구체적 내용을 인식할 것을 요하는 것은 아니고 미필적 인식이나 예견으로 족하다.[2]

③ **방조 인정** 덕적도 핵폐기장 설치 반대 시위의 일환으로 행하여진 대학생들의 인천시청 기습 점거 시위에 대해 전혀 모르고 있다가, 시위 직전에 주동자로부터 지시를 받고 **시위현장의 사진촬영**을 한 행위는, 시위행위에 대한 공동정범의 범의는 인정되지 않지만 방조범의 죄책은 인정된다.[3]

④ 의사인 피고인이, 입원치료를 받을 필요가 없는 환자들이 보험금 수령을 위해 입원치료를 받으려고 하는 사실을 알면서도 **입원을 허가하여**, 형식상으로 입원치료를 받도록 한 후 입원확인서를 발급하여 준 경우에는 사기방조죄가 성립한다.[4]

⑤ 자동차운전면허가 없는 자에게 **승용차를 제공하여** 그로 하여금 무면허운전을 하게 하였다면, 이는 도로교통법위반(무면허운전) 범행의 방조행위에 해당한다.[5]

⑥ 도박하는 자리에서 도박자금으로 사용하리라는 점을 알면서 채무변제조로 금원을 교부하였다면, 도박을 방조한 행위에 해당한다.[6]

⑦ 부동산소개업자로서 부동산의 등기명의수탁자가 그 명의신탁자의 승낙 없이 이를 제 3 자에게 매각하여 불법영득하려고 하는 점을 알면서도, 그 범행을 도와주기 위해 수탁자에게 **매수할 자를 소개하여 주는** 등의 방법으로 그 횡령행위를 용이하게 하였다면, 이러한 부동산소개업자의 행위는 횡령죄의 방조범에 해당한다.[7]

---

1) 대판 2018. 9. 13. 2018도7658. 제 9 회.
2) 대판 2018. 9. 13. 2018도7658, 2018전도54, 55, 2018보도6, 2018모2593. 제9, 10, 11, 12회.
3) 대판 1997. 1. 24. 96도2427.
4) 대판 2006. 1. 12. 2004도6557.
5) 대판 2000. 8. 18. 2000도1914.
6) 대판 1970. 7. 28. 70도1218.
7) 대판 1988. 3. 22. 87도2585.

⑧ 갑 주식회사 전무이사 피고인 B는 갑 주식회사가 시공 중인 아파트의 시행사 대표인 피고인 A로부터, 위 아파트에 관한 갑 주식회사 대표이사 명의의 분양계약서, 분양대금 입금표 등을 위조하여, 이를 담보로 중앙상호저축은행 등으로부터 대출금 명목으로 금원을 편취하겠다는 제의를 받았다. B는 이를 승낙하고 갑 주식회사의 **법인 인감증명서를** A에게 교부하여 주었다. B의 행위는 정범인 A에게 범행결의를 강화하도록 하고, 그의 대출금편취 범행을 용이하게 하여 이를 방조한 행위에 해당한다.1)

⑨ 백화점 입점점포의 위조상표 부착 상품 판매사실을 알고도 방치한 백화점 직원은 **부작위**에 의한 상표법위반 방조 및 부정경쟁방지법위반 방조죄에 해당된다.2)

⑩ 종범은 정범이 실행행위에 착수하여 범행을 하는 과정에서 이를 방조한 경우뿐 아니라, 정범의 실행착수 이전에 **장래의 실행행위**를 미필적으로나마 예상하고 이를 용이하게 하기 위해 방조한 경우에도, 그 후 정범이 실행행위에 나아갔다면 성립할 수 있다.3)

⑪ 진료부는 환자의 계속적인 진료에 참고로 제공되는 진료상황부이다. 간호보조원의 무면허 진료행위가 있은 후에 이를 의사가 진료부에다 기재하는 행위는, 정범의 실행행위종료 후의 단순한 사후행위에 불과하다고 볼 수 없고 **무면허 의료행위의 방조**에 해당한다.4)

⑫ ***표준판례** 저작권법이 보호하는 복제권의 침해를 방조하는 행위는 정범의 복제권 침해행위 중에 이를 방조하는 경우는 물론, 복제권 침해행위에 착수하기 전에 장래의 복제권 침해행위를 예상하고 이를 용이하게 해주는 경우도 포함한다. P2P 프로그램을 이용하여 음악파일을 공유하는 행위가 대부분 정당한 허락 없는 음악파일의 복제임을 예견하면서도 MP3 파일 공유를 위한 **P2P 프로그램인 소리바다 프로그램을** 개발하여 이를 무료로 널리 제공한 행위는, 이용자는 복제, 서비스 운영자는 복제권 침해행위의 방조에 해당한다.5) *방조범에 있어 정범의 고의는 미필적 인식 또는 예견으로 충분하다는 판결.

⑬ ***표준판례** 공범자의 범인도피행위 도중에 그 범행을 인식하면서 그와 공동의 범의를 가지고 기왕의 범인도피상태를 이용하여 **스스로 범인도피행위**를 계속한 경우에는 범인도피죄의 공동정범이 성립한다. 이는 공범자의 범행을 방조한 종범의 경우도 마찬가지이다.6) *甲이 수사기관 및 법원에 출석하여 乙 등의 사기범행을 자신이 저질렀다는 취지로 허위 자백하였다. 그 후 甲의 사기 피고사건 변호인으로 선임된 피고인이 甲과 공모하여 진범 乙 등을 은폐하는 허위자백을 유지하게 함으로써 범인을 도피하게 하였다는 내용으로 기소된 사건. 실행착수 전에 장래의 범죄행위를 예상하고 이를 용이하게 한 경우에도 방조범이 성립할 수 있음을 명시한 판결.

⑭ 피고인은 자신이 개설하여 운영하는 '**다시보기 링크사이트**' 게시판에, 성명불상의 정범들이 저작재산권자의 이용허락 없이 해외 동영상 공유사이트에 업로드한 영상저작물에 연결되는 링크를 450회에 걸쳐 게시하여 **저작권법 위반 방조죄**(정범들의 공중송신권 침해행위를 방조)로

1) 대판 2007. 4. 27. 2007도1303.
2) 대판 1997. 3. 14. 96도1639.
3) 대판 2013. 11. 14. 2013도7494.
4) 대판 1982. 4. 27. 82도122.
5) 대판 2007. 12. 14. 2005도872.
6) 대판 2012. 8. 30. 2012도6027.

기소되었다. 링크 행위자가 정범이 공중송신권을 침해한다는 사실을 충분히 인식하면서 그러한 침해 게시물에 쉽게 접근할 수 있도록 링크 행위를 한 경우에는 침해 게시물을 공중의 이용에 제공하는 정범의 범죄를 용이하게 하므로 **공중송신권 침해의 방조범이** 성립한다.[1] *정범의 행위는 침해게시물을 업로드함으로써 종료되고 그 이후에 방조행위는 불가능하다는 종래 판례(2012도13748)를 변경함. 저작권 침해물 링크사이트의 폐해는 방조개념의 확장이 아닌 입법적 해결이 바람직하다는 대법관 3인의 반대 의견 있음.

⑮ 피고인은 성명 불상자로부터 불법 환전 업무를 도와주면 대가를 지급하겠다는 제안을 받고 자신의 금융계좌번호를 알려주었다. 성명불상자는 전기통신금융사기 편취금을 은닉하기 위해 피고인의 금융계좌로 편취금을 송금 받았다. 피고인은 성명불상자의 탈법행위 목적 타인 실명 금융거래를 용이하게 하였다는 금융실명법위반죄의 방조범으로 기소되었다. 피고인은 정범인 성명불상자가 **무등록 환전 영업을** 하기 위해 타인 명의로 금융거래를 하려고 한다고 인식하였다. 정범인 성명불상자는 이 계좌로 전기통신금융사기 범행을 통한 편취금을 송금 받아 타인 실명의 금융거래를 하였다. 그렇다면 피고인에게는 구 금융실명법 제6조 제1항 위반죄의 방조범이 성립한다. 피고인이 정범인 성명불상자가 목적으로 삼은 **탈법행위의 구체적인 내용이** 어떤 것인지를 정확히 인식하지 못하였다고 하더라도 범죄성립에는 영향을 미치지 않는다.[2] *정범이 목적으로 삼은 행위와 방조범이 인식한 정범의 목적 내용이 다르더라도 방조범이 성립할 수 있음

⑯ **양적 초과** 피고인 을은 처음에 피고인 갑이 피해자를 폭행하려는 것을 제지하였다. 피고인은, 갑이 취중에 남의 자동차를 손괴하고도 상급자에게 무례한 행동을 하는 피해자를 교육시킨다는 정도로 가볍게 생각하고, 각목을 갑에게 건네주었다. 피고인은 그 후에도 양인 사이에서 폭행을 제지하려고 애쓴 사실이 인정된다. 피고인으로서는 피해자가 **갑의 폭행으로 사망할 것으로 예견하기는** 어렵기 때문에, 피고인에 대해 특수폭행치사방조의 점은 무죄로 판단하고, 특수폭행방조를 인정한 것은 타당하다.[3]

⑰ **질적 초과** **방조자의 인식과 피방조자의 실행간**에 착오가 있고, 양자가 구성요건을 달리하는 경우에는 원칙적으로 방조자의 고의는 조각된다. 그러나 그 구성요건이 중첩되는 부분이 있으면, 그 중복되는 한도 안에서 방조자의 죄책을 인정해야 한다. 피고인은, 정범인 갑 등이 특정범죄가중법상 밀수행위에 해당하는 범죄행위를 한 것을 전혀 인식하지 못하고, 오로지 관세법상 관세포탈행위를 방조하는 것으로 인식하였다. 그렇다면 특정범죄가중법상 밀수행위의 방조범으로 처벌할 수는 없고, 동 죄와 구성요건이 중복되는 관세포탈행위의 종범으로서만 처벌해야 한다.[4]

⑱ **방조 부정** 정범 갑은 사위의 방법으로 병사용 진단서를 발급받았지만 관할 병무청에 제출하지는 않았으므로 병역법 제86조에서 정하고 있는 **사위행위의 실행에 착수**한 것으로 볼 수는 없다. 그와 같은 갑의 사위행위를 방조하였다는 공소사실은 무죄이다.[5]

---

1) 대판 2021. 9. 9. 2017도19025 전원합의체.
2) 대판 2022. 10. 27. 2020도12563.
3) 대판 1998. 9. 4. 98도2061.
4) 대판 1985. 2. 26. 84도2987.
5) 대판 2005. 11. 10. 2005도1995.

⑲ 종범은 정범의 실행행위 전이나 실행행위 중에 정범을 방조하여 그 실행행위를 용이하게 하는 것을 말하므로, 정범의 범죄종료 후의 이른바 **사후방조**를 종범이라고 볼 수는 없다.[1)]

⑳ 웨이타인 피고인들은 손님들을 단순히 출입구로 안내를 하였을 뿐, 미성년자 여부의 판단과 출입허용 여부는 2층 출입구에서 **주인이 결정하게** 되어 있었다. 피고인들의 위 안내행위를 곧 미성년자를 클럽에 출입시킨 행위 또는 그 방조행위로 볼 수는 없다.[2)]

㉑ 병원 원장인 피고인 갑 등은 을 등에게 허위의 입 · 퇴원확인서를 작성한 후 교부하여, 을 등이 보험회사로부터 보험금을 편취하는 것을 방조하였다는 내용으로 기소되었다. **정범인 을 등의 범죄가** 성립되지 않는 이상 방조범에 불과한 피고인 갑 등의 범죄도 성립될 수 없다.[3)]

㉒ **예비의 방조(*표준판례)** 형법 32조 1항(종범)에서 타인의 범죄는, 정범이 범죄의 실행에 착수한 경우를 말하는 것이므로 종범이 처벌되기 위하여는 **정범의 실행착수가 있는** 경우에만 가능하다. 형법 전체의 정신에 비추어 정범이 실행착수에 이르지 않고 예비단계에 그친 때, 이에 가공하는 행위는 예비의 공동정범이 되는 경우를 제외하고는 종범이 성립하지 않는다.[4)] *정범의 예비행위를 방조한 다음 그 정범이 실행착수로 나아가면 결국 정범의 실행행위를 방조한 것이므로 정범의 실행행위에 대한 방조의 죄책 부담.

㉓ 비정규직노조 조합원들이 ○○자동차 생산라인을 점거하면서 쟁의행위를 하였다. 위 노조 국장인 피고인2가 위 자동차정문 앞 집회에 참가하여 점거 농성을 지원하고, 점거 농성장에 들어가 비정규직지회 조합원들을 독려하고, 위 노조 공문을 비정규직지회에 전달하는 등 역할을 수행하였다. 원심은 피고인2에 대해 업무방해방조를 인정하였으나 대법원은 이를 파기하였다. 피고인2의 **농성현장 독려 행위는** 정범의 범행을 더욱 유지 · 강화시킨 행위에 해당하여 업무방해방조로 인정할 수 있다. 그러나 **집회 참가 및 공문 전달 행위는** 업무방해 정범의 실행행위에 해당하는 생산라인 점거로 인한 범죄 실현과 밀접한 관련성이 있다고 단정하기 어려워 방조범의 성립을 인정할 정도로 업무방해행위와 인과관계가 있다고 보기 어렵다. 그럼에도 피고인2의 모든 행위를 업무방해방조로 인정한 원심판결은 유지되기 어렵다.[5)] *노동3권의 실질적 보장을 위해서는 제3자의 조력을 폭넓게 받을 수 있어야 하고, 이러한 기본권이 위축되지 않도록 업무방해방조죄의 성립범위를 신중하게 판단해야 함.

㉔ 피고인은 마약매도인으로부터 9회에 걸쳐 대마를 매수하면서, 마약매도인의 요청에 따라 차명계좌에 **제3자 명의로 대마 매매대금을 무통장입금하여** 정범인 마약매도인이 마약류범죄의 발견에 관한 수사를 방해할 목적으로 불법수익 등의 출처 및 귀속관계를 숨기는 행위를 방조한 혐의로 기소되었다. 대법원은 마약거래방지법 제7조 제1항에서 정한 '불법수익 등의 출처 또는 귀속관계 등을 숨기거나 가장하는 행위'에 대해 피고인에게 방조범이 성립하지 않는 것으로 판단하였다. 위 조항이 정하는 행위의 의미는 불법수익 등을 정당하게 취득한 것처럼 **취득 원인에 관한 사실을** 숨기거나 가장하는 행위 또는 불법수익 등이 귀속되지 않은

1) 대판 2009. 6. 11. 2009도1518.
2) 대판 1984. 8. 21. 84도781.
3) 대판 2017. 5. 31. 2016도12865.
4) 대판 1976. 5. 25. 75도1549. 제6, 13회.
5) 대판 2021. 9. 16. 2015도12632.

것처럼 **귀속에 관한 사실을** 숨기거나 가장하는 행위를 의미한다.[1] *방조의 고의와 정범의 고의가 없는 것으로 판단함.

㉕ 철도노조 조합원 2인이 한국철도공사의 순환전보방침에 반대하고자 높이 15m가량 조명탑 중간 대기 장소에 올라가 이를 점거함으로써 한국철도공사로 하여금 위 조합원의 안전을 위해 조명탑 전원을 차단하게 하여 위력으로 한국철도공사의 야간 입환업무를 방해하였고, 피고인들은 위 조합원 농성을 지지하고자 조명탑 아래 천막을 설치하고, **지지집회를 개최**하고, **음식물 등 물품을 제공**하였더라도 업무방해방조의 인과관계를 인정하기는 어렵다.[2]

㉖ 방조범이 성립하려면 방조행위가 정범의 범죄 실현과 밀접한 관련이 있고 정범으로 하여금 구체적 위험을 실현 시키거나 범죄 결과를 발생시킬 기회를 높이는 등 **정범의 범죄 실현에 현실적인 기여**를 하였다고 평가할 수 있어야 한다. 정범의 범죄 실현과 밀접한 관련이 없는 행위를 도와준 데 지나지 않는 경우에는 방조범이 성립하지 않는다.[3]

[147] Ⅲ. 종범 처벌

1 종범의 형은 정범의 형보다 감경한다(제32조 제2항). 즉 종범은 필요 감경사유다. 필요적 감경 근거는 입법자가 종범의 불법 · 책임이 정범의 그것보다 낮다고 판단하기 때문이다. 즉 종범은 정범 범죄실행을 도와줌으로써 결과발생에 간접 영향을 미친 것에 지나지 않는다. 형법이 특별히 종범의 필요적 감경에 대한 예외를 규정하는 경우는 있다. 예컨대 간첩방조(제98조 제1항)와 관세법위반(같은 법 제271조 제1항) 종범은 정범과 동일한 형을 부과한다.

2 만일 정범 행위가 미수에 그친 경우 종범은 이중으로 형 감경을 받을 수 있다. 정범이 미수범일 때 그 형은 임의적 또는 필요적으로 감경되고(제25, 26조), 종범의 형은 정범 형보다 감경해야 하기 때문에(제32조 제2항) 이중 혜택을 받는다. 자기 지휘 · 감독을 받는 자를 방조하여 범죄결과를 발생시키는 특수방조는 정범의 형으로 처벌한다(제34조 제2항). 종범에 대해서도 공범과 신분에 관한 형법 제33조가 적용된다. 그 결과 신분 없는 자도 진정신분범 종범이 될 수 있다. 부진정신분범에서 비신분자는 기본범죄 종범이 될 뿐이다. 종범은 공동정범 · 교사범과 흡수관계에 있다.

[148] Ⅳ. 종범 관련 문제

1. 종범 착오

1 종범의 착오는 방조자가 인식한 사실과 정범 실행행위가 일치하지 않을 경우 발생한다. 이에 대해서는 교사범 착오에 관한 이론을 그대로 적용한다. 그 내용을 정리하면

1) 대판 2022. 6. 30. 2019도14349.
2) 대판 2023. 7. 7. 2017도9835.
3) 대판 2023. 10. 18. 2022도15537. 제13, 14회.

다음과 같다. ① 피방조자 책임능력에 대한 착오는 종범성립에 영향을 미치지 않는다. ② 구체적 사실착오에서 피방조자가 객체착오를 한 경우도 종범은 성립한다. 구체적 사실착오에서 피방조자가 방법착오를 한 경우는 실현된 범죄 종범이 되지 않는다. 결과에 대한 과실이 있을 경우 과실범으로 처벌될 가능성은 있다. ③ 추상적 사실착오에서 정범이 방조자가 인식한 것보다 적게 실현한 경우는 정범 실행행위 안에서 종범이 성립한다. 추상적 사실착오에서 정범의 양적 초과부분에 대한 종범 책임은 없다. 결과에 대한 예견가능성이 있을 때 결과적 가중범의 종범은 될 수 있다. 정범 질적 초과는 언제나 종범이 성립하지 않는다. 교사 경우와 달리 종범의 미수는 불가벌이기 때문이다.

2. 기타 문제

(1) 종범 방조

종범과 정범 사이에 한 사람 또는 여러 사람 중간방조자가 개입하는 간접방조나 2
연쇄방조도 종범이 된다. 방조방법에는 제한이 없고, 간접방조자와 방조자 사이에 질적 차이가 있는 것도 아니기 때문이다. 정범 실행행위를 돕는다는 인식과 정범 실행행위가 구성요건결과를 발생하는 것에 대한 인식만 있으면 모든 중간방조자는 종범으로 처벌된다.

(2) 교사 방조

교사범을 방조한 자도 종범으로 처벌한다(이설異說 있음). 교사범을 매개로 한 종범 3
과 정범 고의만 인정되면 문제될 것이 없다. 다만 기도된 방조가 불가벌이기 때문에 정범이 실행에 착수해야 교사 종범은 성립할 수 있다. 즉 기도된 교사에 대한 방조는 처벌되지 않는다.

(3) 종범 교사

종범의 방조가 가능하다면 종범에 대한 교사도 실질적으로 정범을 방조한 행위로 4
보는 것이 옳다. 중간개입자의 종범이 성립하는 한, 이를 교사한 사람도 종범으로 취급한다.

제 6 절 공범과 신분

[149] Ⅰ. 공범과 신분 서론

1. 문제 소재

(1) 신분자와 비신분자 공범관계

1 '공범과 신분'은 신분이 범죄성립이나 형벌 가감에 영향을 미칠 경우, 신분 있는 자와 신분 없는 자가 공범관계에 있을 때, 이를 어떻게 취급할 것인가 문제다. 예를 들면 신분이 범죄 성립요건이 되는 것으로는 수뢰죄(제129조 이하)가 있다. 공무원이나 중재인 신분에 있지 않은 사람은 형법 수뢰죄 주체가 될 수 없다. 신분이 형벌 가감에 영향을 미치는 경우는 존속 범죄가 있다.

(2) 공범종속성설과 공범독립성설

2 '공범과 신분' 문제가 발생하는 이유는 공범 종속성 · 독립성 때문이다. 공범종속성설에 따르면 신분자와 비신분자 사이 공범관계는 얼마든지 성립할 수 있고 형벌에 가감이 있을 필요도 없다. 그러나 공범 독립성을 일관하게 유지하면 신분자와 비신분자 사이 공범관계는 불가능하므로 진정신분범에서 비신분자가 신분자에 가공한 행위는 범죄가 되지 않는다. 제33조 본문은 비신분자가 신분자에 가담하여 신분범의 공동정범, 교사범, 종범이 될 수 있다고 규정한다. 이것은 공범종속성설 입장을 반영한 것이다. 그러나 신분관계로 형 경중이 있을 경우 중한 형으로 처벌하지 않는다는 단서규정은 공범독립성설을 따른 것이다.

2. 신분 의의 · 종류

(1) 신분 의의

3 신분은 범죄에 관한 특별한 인적 표지로 범인 인적 성질, 범인 인적 지위 그리고 범인 인적 상태를 의미한다. ① 범인 인적 성질은 성별 · 연령 · 심신장애 등 사람의 정신 · 육체적 또는 법적 특성을 말한다. ② 범인 인적 지위는 공무원 · 의사 · 친족관계 등과 같은 사람의 사회지위나 관계를 의미한다. ③ 범인 인적 상태는 위 두 가지에 해당되지 않는 범인의 특별한 표지로 업무 · 상습성과 같은 것이 있다.

4 신분의 인적 표지는 행위자표지에 국한하고 행위표지는 여기에 포함되지 않는다. 그러므로 고의 · 목적 · 불법영득의사와 같은 주관 불법요소는 단순히 행위에 관련된 표지이기 때문에 신분개념에 들어가지 않는다. 반면에 보증인지위나 작위의무는 행위자표지로서 신분에 포함된다. 신분은 반드시 계속성을 가져야 하는 것은 아니다. 일시 성격을 띠는 것도 얼마든지 가능하다. 이 점은 특히 범인의 인적 상태에 관한 특별한 표지

에서 두드러진다.

(2) 신분 분류

1) **형식 분류방법** 이것은 형법 제33조 법문을 기준으로 하는 전통 분류방법이다. 신분 5
이 범죄에 미치는 영향에 따라 구성 · 가감 · 소극 신분으로 나눈다. 우리나라 통설이다.

(가) **구성 신분** 이것은 신분이 범죄구성요건이 되는 경우를 말한다. 구성적 신분을 필요 6
로 하는 범죄가 진정신분범이다. 예를 들면 수뢰죄(제129조)의 공무원 또는 중재인, 위증죄(제152조)
의 선서한 증인, 허위진단서작성죄(제233조)의 의사 · 한의사 · 치과의사 · 조산사, 횡령죄(제355조 제
1항)의 타인재물을 보관하는 자, 배임죄(제355조 제2항)의 타인사무를 처리하는 자 등이 여기 속한
다. 이러한 구성 신분을 갖고 있지 않은 사람은 해당 범죄 주체가 될 수 없다.

(나) **가감 신분** 신분이 없어도 범죄는 성립하지만, 신분에 따라 형벌이 가중 또는 감경 7
되는 경우를 말한다. 가감적 신분에 해당하는 범죄가 부진정신분범이다. 예를 들면 존속살해죄(제
250조 제2항)의 직계비속, 업무상횡령죄(제356조 제1항)의 업무상 지위는 형벌가중 신분이다.

(다) **소극 신분** 이것은 신분에 따라 범죄성립이나 형벌이 배제되는 신분을 말한다. 예 8
를 들면 의료행위 · 변호행위에서 의사 · 변호사 신분은 위법성을 배제하는 신분이다. 물론 해당
법률에 위반되지 않는 것을 전제한다. 14세 되지 않은 자(제9조), 범인은닉죄(제151조 제2항) · 증
거인멸죄(제155조 제4항)의 친족 · 호주 · 동거하는 가족의 신분은 책임배제 신분이다. 친족상도례
(제328조)에서 친족신분은 형벌(처벌)을 배제하는 신분에 속한다.

2) **실질 분류방법** 오스트리아 형법 제14조가 쓰는 방법으로, 위법성과 관계되는 신분은 9
위법신분, 법적 비난에 관계되는 신분은 책임신분으로 분류한다. 그 밖에 처벌조각신분을 별도로 거
론한다. 이 분류방법은 형법 제33조 내용과 맞지 않는다. 참고로 그 내용을 살펴보면 다음과 같다.

(가) **위법신분**

A. **구성 위법신분** 이것은 일정한 신분자가 아니면 행위주체가 될 수 없는 경우를 말 10
한다. 예컨대 강간죄(제297조), 수뢰죄(제129조), 위증죄(제152조), 횡령 · 배임죄(제355조) 등이 여기
속한다.

B. **가감 위법신분** 가중 위법신분으로는 도주원조죄(제148조), 직권남용죄(제123, 125 11
조) 등이 있고, 감경적 위법신분으로는 자기낙태죄(제269조 제1항) 등이 있다.

(나) **책임신분** 가중 책임신분은 책임비난을 가중시키는 신분을 의미하며, 존속살해죄(제 12
250조 제2항)가 해당된다. 감경적 책임신분 가운데 책임비난이 감경되는 신분으로는 한정책임능력
자(제10조 제2항, 제11조)가 있고, 형벌이 감경되는 것으로는 중지미수(제26조), 자수 · 자복(제52조)
등이 있다. 조각적 책임신분은 책임이 면제되는 신분으로서 책임무능력자(제9조), 중지미수, 자
수 · 자복자, 범인은닉죄 · 증거인멸죄의 친족 · 호주 · 동거가족 등이 있다.

3) **결 론** 아래 형법 제33조 해석에는 통설인 형식적 분류방법에 따른다. 실질 분류 13
방법은 위법신분과 책임신분 구별이 명확하지도 않거니와 우리 법률 내용에 맞지 않는다. 해석은
법률을 기준으로 한다.

[150] Ⅱ. 형법 제33조 본문 해석

1 형법 제33조 본문은 "신분이 있어야 성립되는 범죄에 신분 없는 사람이 가담한 경우 그 신분 없는 사람에게도 제30조부터 제32조까지 규정(공동정범, 교사범, 종범)을 적용한다"고 되어 있다. 이것은 신분 없는 자도 신분범 공범이 될 수 있다는 의미로서 이 규정 해석 쟁점은 다음 두 가지다. ① '신분이 있어야 성립되는 범죄'에 진정신분범뿐만 아니라 부진정신분범도 포함되는가? ② '제30조부터 제32조까지 규정' 가운데 간접정범이 포함될 수 있는가?

1. '신분관계로 성립되는 범죄' 의미

(1) 진정신분범설(다수설)

2 통설은 본문 이 내용이 진정신분범만을 의미한다고 해석한다. 부진정신분범의 신분은 범죄성립에 영향을 미치지 않고, 형벌가감 기능을 가질 뿐이기 때문에 제33조 단서에 별도로 규정되어 있는 것으로 본다(**다수설: 진정신분범은 본문, 부진정신분범은 단서**).

(2) 진정신분범 · 부진정신분범 포함설(소수설 · 판례)

3 그러나 소수설은 본문의 '신분이 있어야 성립되는 범죄'에 진정신분범뿐만 아니라 부진정신분범도 포함되고, 단서는 부진정신분범 과형을 규정한 것으로 해석한다. 그래야 부진정신분범에 대한 공범성립 근거가 마련될 수 있다는 것이다. 즉 소수설 견해에 따르면 부진정신분범에 가공한 비신분자도 제33조 본문 규정에 따라서 부진정신분범 공범이 성립하고 처벌은 동조 단서에 따라 결정된다고 한다.[1] 예컨대 아들을 교사하여 그의 아버지를 살해하도록 교사한 사람에게 성립하는 범죄는 존속살해교사지만 처벌은 단서규정에 따라 보통살인교사로 한다는 것이다. 대법원은 소수설 견해를 취하는 것으로 판단된다. 하지만 부진정신분범은 '신분이 있어야 성립되는 범죄'가 아니라는 어려움이 있다. 말하자면 통설은 법문에 충실한 장점이 있고, 소수설은 해석에 비약은 있지만 논리성이 강한 장점이 있다(**소수설: 진정신분범은 본문, 부진정신분범은 본문 + 단서**).

[판례] 제33조 본문 적용

① 공무원 신분이 없는 자라 하더라도 **공무원과 공모하여** 공무원이 직무에 위배한 배임행위를 하여 국가에 손해를 입혔을 때는 형법 제33조에 의해 업무상배임의 공동정범으로 처벌할 것이다.[2]

② 병가중인 자의 경우는, 구체적 작위의무 내지 국가기능의 저해에 대한 구체적 위험성이 있다고 할 수 없어 직무유기죄의 주체가 되지 않는다. 그러나 병가중인 피고인들과 나머지 피고

---

1) 제5회.
2) 대판 1961. 12. 28. 4294형상564.

인들 사이에 **직무유기의 공범관계가** 인정되면, 병가중인 피고인들도 직무유기죄의 공동정범으로 처벌받아야 할 것이다.[1]

③ 점포의 임차인 갑은 임대인이 그 점포를 타에 매도한 사실을 알고 있으면서, 점포의 임대차 계약 당시 "타인에게 점포를 매도할 경우 우선적으로 임차인에게 매도한다"는 특약을 구실로, 임차인이 매매대금을 일방적으로 결정하여 공탁하고, **임대인과 공모하여** 임차인 명의로 소유권이전등기를 경료하였다. 갑은 임대인의 배임행위에 적극 가담한 것으로서 배임죄의 공동정범에 해당한다.[2]

④ 친모인 피고인1과 그 남자친구인 피고인2가 공모하여 피해아동 A를 학대하여 사망에 이르게 하였다. 아동학대처벌법 제4조 제2항은 **보호자가 아동학대범죄를** 범하여 그 아동을 사망에 이르게 한 경우를 처벌하는 규정으로 형법 제33조 본문의 '**신분관계로 인하여 성립될 범죄**'에 해당한다. 피고인2에 대해 형법 제33조 본문에 따라 아동학대처벌법 위반(아동학대치사)죄의 공동정범이 성립한다. 따라서 피고인2에 대해 형법 제33조 단서를 적용하여 형법 제259조 제1항 상해치사죄에 정한 형으로 처단한 원심은 법리오해의 위법이 있다.[3]

[판례] 제33조 단서 적용

① 상호신용금고법 제39조 제1항 제2호 위반죄는 상호신용금고의 발기인 · 임원 등의 지위에 있는 자의 배임행위에 대한 형법상의 배임 내지 업무상배임죄의 가중규정이고, 형법 제355조 제2항의 배임죄와 관계에서는 신분관계로 인하여 형의 경중이 있는 경우이다. 위와 같은 신분관계가 없는 자가 그러한 신분관계에 있는 자와 공모하여 위 상호신용금고법위반죄를 저질렀다면, 그러한 신분관계가 없는 자에 대하여는 **형법 제33조 단서에 의해** 형법 제355조 제2항에 따라 처단해야 한나. 그러한 경우에는 신분관계가 없는 자에게도 일단 업무상배임으로 인한 상호신용금고법 제39조 제1항 제2호 위반죄가 성립한 다음, 형법 제33조 단서에 의하여 중한 형이 아닌 형법 제355조 제2항에 정한 형으로 처벌된다.[4]

② 은행원이 아닌 자가 은행원들과 공모하여 업무상 배임죄를 저질렀다 하여도, 이는 업무상 타인의 사무를 처리하는 신분관계로 형의 경중이 있는 경우이다. 따라서 그러한 신분관계가 없는 자에 대하여서는 **형법 제33조 단서에 의해** 형법 제355조 제2항에 따라 처단해야 한다.[5]

③ ***표준판례** 업무상배임죄는, 타인의 사무를 처리하는 지위라는 점에서 보면 신분관계로 인하여 성립될 범죄이고, 업무상 타인의 사무를 처리하는 지위라는 점에서 보면 단순배임죄에 대한 가중규정으로서 **신분관계로 인하여 형의 경중이** 있는 경우이다. 그와 같은 신분관계가 없는 자가 그러한 신분관계가 있는 자와 공모하여 업무상배임죄를 저질렀다면, 그러한 신분관계가 없는 공범에 대하여는 형법 제33조 단서에 의해 단순배임죄에 정한 형으로 처단해야 한다. 이 경우에 신분관계 없는 공범에게도 같은 조 본문에 따라 일단 신분범인 업무상배임

1) 대판 1997. 4. 22. 95도748.
2) 대판 1983. 7. 12. 82도180.
3) 대판 2021. 9. 16. 2021도5000.
4) 대판 1997. 12. 26. 97도2609. 제8회.
5) 대판 1986. 10. 28. 86도1517. 제1, 5회.

죄가 성립하고, 다만 과형에서만 무거운 형이 아닌 단순배임죄의 법정형이 적용 된다.[1] *다른 예로서 **상습도박죄는** 단순도박죄에 대한 가중규정으로 신분관계로 형의 경중이 있는 경우에 속함. 상습도박자인 갑이 도박의 습벽 없는 을을 도박에 가담하도록 교사한 경우, 갑은 상습도박죄의 교사범, 을은 단순도박죄의 정범으로 처벌.[2)]

④ 회계관계직원이라는 신분관계가 없는 자가 그러한 신분관계 있는 자의 횡령 범죄를 방조하는 방법으로 국고손실 범행에 가담하였다면 신분관계 없는 공범에 대하여는 형법 제33조 단서에 의해 형법상 단순 횡령방조죄에 정한 형으로 처벌해야 하고, 이 경우 공소시효도 형법상 단순 횡령방조죄의 법정형에 의해야 한다.[3)] *이명박 대통령 사건. 이 전 대통령이 전 국정원장으로부터 국정원장 특별사업비를 받은 것은 대통령의 직무와 관련이 있다거나 대가관계에 있는 금원을 교부받은 것으로 보기 어렵다고 판단함. 뇌물죄가 아닌 횡령방조죄.

4 그러나 양자 결론은 마찬가지다. 진정신분범이나 부진정신분범에 가담한 공범 법정형은 어느 학설에 따르더라도 동일하다. 따라서 이 견해대립은 결론에 이르러가는 **과정**을 서로 다르게 파악한 것에 지나지 않는다. 법문을 비약하여 해석하면서까지 논리성을 갖추어야 할 필요는 없을 것으로 판단한다. 부진정신분범에 대한 공범성립 근거는 그다지 중요한 문제도 아니고 오히려 중요한 것은 비신분자가 진정신분범 공범이 될 수 있는가이다. 형법 제33조 본문은 이에 관해 규정한 것으로 보아야 하기 때문에 다수설 견해가 옳다.

2. '제30조부터 제32조까지의 규정' 의미

(1) 비신분자의 신분자에 대한 가공

5 **1) 공동정범 · 교사범 · 종범** 형법 제33조에서 '제30조부터 제32조까지의 규정'은 공동정범, 교사범 그리고 종범을 뜻한다. 신분 없는 자가 신분자 범죄행위를 교사 · 방조하였을 경우 신분범 교사범이나 종범이 된다는 점은 의문 여지가 없다. 교사나 방조 그 자체는 범죄 실행행위가 아니므로 신분 없는 자도 얼마든지 신분자를 교사 · 방조하여 신분범을 범하게 할 수 있다. 예를 들면 공무원 아닌 자가 공무원을 교사 · 방조하여 뇌물을 받게 하면 수뢰죄 교사범이나 종범이 성립한다.

6 그러나 공동정범 경우에는 이론적으로 논란이 있다. 진정신분범에서 신분 없는 자는 정범적격이 없고, 공동정범은 어디까지나 정범이기 때문에 진정신분범 공동정범이 되기 위해서는 원칙적으로 공범 각자에게 신분이 있어야 한다. 따라서 비신분자가 신분자와 공동 범행하더라도 신분이 얻어지는 것은 아니므로 비신분자를 진정신분범 공동정범으로 처벌하는 것은 결론을 달리할 수 있다. 하지만 형법 제33조는 '제30조부터 제32조

1) 대판 1999. 4. 27. 99도883; 2018. 8. 30. 2018도10047. 제8, 10, 12, 13, 14회.
2) 제 9 회.
3) 대판 2020. 11. 5. 2019도12284.

까지의 규정' 가운데 공동정범을 포함시킴으로써 이 문제를 입법으로 해결하였다. 신분 없는 자도 진정신분범 공동정범이 될 수 있다. 예컨대 공무원 아닌 자가 공무원과 함께 그 공무원 직무와 관련된 뇌물을 받으면 수뢰죄 공동정범이 성립한다.

2) 간접정범 신분 없는 자가 신분 있는 자를 이용하여 진정신분범 간접정범이 7
될 수 있을까? 예를 들면 공무원 아닌 자가 공무원을 이용하여 진정신분범인 수뢰죄 간접정범이 될 수 있는가 문제다. 형법 제33조 '제30조부터 제32조까지의 규정'에 간접정범은 분명히 포함되어 있지 않다. 형법 제34조가 간접정범을 공범 예에 따라 처벌하도록 하고 있기 때문에 간접정범도 '공범과 신분'을 규정한 형법 제33조 적용을 받아야 한다는 견해가 있다(**간접정범 포함설**). 그러나 형법 제33조 본문은 비신분자가 진정신분범의 공동정범이 될 수 있다는 규정이지, 비신분자가 단독으로 진정신분범 정범이 될 수 있다는 의미는 아니다. 그러므로 단독정범 한 형태인 간접정범은 여기에 포함될 수 없다고 해석하는 것이 타당하다(**간접정범 불포함설 타당**).

(2) 신분자의 비신분자에 대한 가공

형법 제33조 본문은 비신분자가 신분자에게 가공한 경우에 적용되는 규정이다. 거 8
꾸로 신분자가 비신분자에게 가공한 경우는 간접정범이 성립하고, 본문은 여기에 적용될 여지가 없다. 진정신분범의 신분은 구성요건요소이기 때문에 비신분자 행위는 구성요건에 해당하지 않는다. 이처럼 어느 행위로 처벌되지 않는 자를 교사·방조하여 범행하는 신분자는 신분 없는 고의의 도구를 이용한 간접정범에 해당한다. 예컨대 공무원이 공무원 아닌 자를 교사하여 뇌물을 받게 한 경우는 수뢰죄 간접정범이 되고, 형법 제33조 본문이 적용되지 않는다. 즉 교사범이 성립하는 것은 아니다(**통설**).[1]

[판례]

① 형법 제323조의 권리행사방해죄는 타인의 점유 또는 권리의 목적이 된 자기의 물건을 취거, 은닉 또는 손괴하여 타인의 권리행사를 방해함으로써 성립하는 것이므로, 그 취거, 은닉 또는 손괴한 물건이 자기의 물건이 아니라면 권리행사방해죄가 성립할 수 없다. **물건의 소유자가 아닌 사람**은 형법 제33조 본문에 따라 소유자의 권리행사방해 범행에 가담한 경우에 한하여 그의 공범이 될 수 있을 뿐이다. 그러나 권리행사방해죄의 공범으로 기소된 물건의 소유자에게 고의가 없는 등으로 **범죄가 성립하지 않는다면** 공동정범이 성립할 여지가 없다.[2]

② 치과의사가 환자의 대량유치를 위해 **치과기공사**들에게 내원환자들에게 진료행위를 하도록 지시하여, 동인들이 각 단독으로 진료행위를 하였다면 무면허의료행위의 교사범에 해당한다.[3]

③ ***표준판례** 의사가 **간호사**에게 의료행위의 실시를 개별적으로 지시하거나 위임한 적이 없음에

1) 제6회.
2) 대판 2017. 5. 30. 2017도4578. 제9, 10회.
3) 대판 1986. 7. 8. 86도749. 제10회.

도, 간호사가 그의 주도 아래 전반적인 의료행위의 실시 여부를 결정하고, 간호사에 의한 의료행위의 실시과정에도 의사가 지시 · 관여하지 않은 경우라면, 이는 무면허의료행위에 해당한다. 그리고 의사가 이러한 방식으로 의료행위가 실시되는 데 간호사와 함께 공모하여 그 공동의사에 의한 기능적 행위지배가 있었다면, **의사도 무면허의료행위의 공동정범**으로서 죄책을 진다.[1]

④ 의료인일지라도 **의료인 아닌 자의 의료행위**에 공모하여 가공하면 의료법 제25조 제1항이 규정하는 무면허의료 행위의 공동정범의 책임을 진다.[2]

⑤ 공무원이 뇌물공여자로 하여금 공무원과 뇌물수수죄의 공동정범 관계에 있는 비공무원에게 뇌물을 공여하게 한 경우에는, 공동정범의 성질상 **공무원 자신에게 뇌물을 공여하게** 한 것으로 볼 수 있다. 공무원과 공동정범 관계에 있는 비공무원은 제3자뇌물수수죄에서 말하는 **제3자가 될 수 없고**, 공무원과 공동정범 관계에 있는 비공무원이 뇌물을 받은 경우에는 공무원과 함께 뇌물수수죄의 공동정범이 성립하고 제3자뇌물수수죄는 성립하지 않는다.[3] *박근혜 · 이재용 사건.

⑥ 금품이나 이익 전부에 관하여 뇌물수수죄의 공동정범이 성립한 이후에 뇌물이 실제로 공동정범인 공무원 또는 비공무원 중 누구에게 귀속되었는지는 이미 성립한 뇌물수수죄에 영향을 미치지 않는다. 공무원과 비공무원이 사전에 **뇌물을 비공무원에게 귀속시키기로** 모의하였거나, 뇌물의 성질상 비공무원이 사용하거나 소비할 것이라고 하더라도, 이러한 사정은 뇌물수수죄의 공동정범이 성립한 이후 **뇌물의 처리에 관한** 것에 불과하므로 뇌물수수죄가 성립하는 데 영향이 없다.[4] *박근혜 · 이재용 사건.

⑦ ***표준판례** B는 육군 보충대에 입영하였다가 국군병원에서 실시된 **신체검사결과 귀향조치를** 받음으로써 현역병 입영대상자 신분으로 복귀하였다. B는 더 이상 군인 신분을 갖고 있지 않아서 군형법 제41조 위반행위의 주체가 될 수 없다. 피고인들이 위 B와 공모하여 신체검사장에서 B가 재검에서 정신이상자 행세를 함으로써 제2 국민역 판정을 받아 군무를 기피할 목적으로 위계하였다는 것이다. B는 재검 당시 군인신분을 갖고 있지 않아서 병역법 제75조 위반죄가 됨은 별론으로 하고 군형법 제41조(근무기피 목적의 사술詐術)의 행위주체가 될 수는 없다. 피고인들을 군형법 위반죄의 공범으로 처벌할 수는 없다.[5]

[151] Ⅲ. 형법 제33조 단서 해석

1 형법 제33조 단서 "신분 때문에 형 경중이 달라지는 경우 신분 없는 사람은 무거운 형으로 벌하지 아니한다"는 부진정신분범 과형에 관한 규정으로 이해한다. 이 규정은 공동정범과 교사범 · 종범 모두 적용된다. ① **가중 신분**과 관련하여 이 단서규정을

---

1) 대판 2012. 5. 10. 2010도5964. 자세한 평석 최민영, 「무면허의료행위에 가담한 의사의 형사책임」(형사법연구 36, 2024), 35면 이하.
2) 대판 1986. 2. 11. 85도448. 제5회.
3) 대판 2019. 8. 29. 2018도2738. 제9, 11, 12회.
4) 대판 2019. 8. 29. 2018도13792. 제11회.
5) 대판 1992. 12. 24. 92도2346.

적용하는 것은 문제될 것이 없다. 예컨대 존속살해에 가담한 비신분자는 무거운 형인 존속살해죄 적용을 받지 않고 보통살인죄 법정형 적용을 받는다(다수설 견해. 그러나 소수설·판례는 비신분자에 대한 존속살해죄가 성립하고 과형은 보통살인죄로 해야 한다고 함). 즉 보통살인죄 공동정범이나 교사범 또는 종범으로 처벌한다. 왜냐하면 단서가 분명히 무거운 형으로 처벌하지 않는다고 규정하기 때문이다.

② 형법 제33조 단서는 본문과 달리 신분자가 비신분자에 가공하여 부진정신분범을 범한 경우도 적용된다. 이에 대해서는 이론異論이 없다. 예를 들면 타인을 교사하여 자기 부친을 살해하게 한 사람은 존속살해죄 교사범이 되고, 실행행위를 한 타인은 보통살인죄 정범으로 처벌된다.[1) 2

[152] Ⅳ. 공범과 신분 관련 문제

1. 소극 신분과 공범

형법 제33조는 진정신분범에 가공하는 행위 공범성(구성적 신분)과 부진정신분범의 공범에 대한 과형원칙(가감적 신분)을 규정한다. 그러나 신분으로 범죄가 성립하지 않거나 형벌이 배제되는 소극 신분과 공범 관계에 대해서는 아무 언급이 없다. 이 문제는 제한종속형식원칙에 따라 다음과 같이 해결할 수 있다. 1

(1) 위법성배제신분과 공범

위법성배제신분자의 행위(예컨대 의사 의료행위)에 비신분자가 가공한 경우는 범죄가 되지 않는다. 신분자 행위는 적법행위이기 때문이다. 그러나 신분자가 비신분자 행위에 가공한 경우는 형법 제33조 본문 취지에 따라 공동정범 또는 종범이 성립한다. 예컨대 의료인이 비의료인의 의료기관 개설행위에 공모하여 가공하면 의료법위반죄(제33조 제2항, 제87조 제2항 제2호) 공동정범에 해당된다.[2] 2

[판례]

변호사가 변호사 아닌 자에게 고용되어 법률사무소의 개설·운영에 관여하는 행위는, 변호사법 위반죄가 당연히 예상되고 또한 범죄가 성립해야 한다. 그러나 이를 처벌하는 규정이 없는 이상, 그 입법 취지에 비추어 볼 때 변호사 아닌 자에게 고용되어 법률사무소의 개설·운영에 관여한 변호사의 행위가 일반적인 형법 총칙상의 공모, 교사 또는 방조에 해당되더라도, 변호사를 **변호사 아닌 자의 공범**으로 처벌할 수는 없다.[3]

(2) 책임배제신분과 공범

책임배제신분자(예컨대 형사미성년자)의 행위에 비신분자가 가공한 경우는 신분자 책임은 배제되지만, 비신분자는 해당 범죄 공동정범, 교사범 또는 종범으로 처벌된다. 이것은 공범 제한종 3

1) 제3, 12, 13회. 대판 1994. 12. 23. 93도1002 참조.
2) 대판 2017. 4. 7. 2017도378.
3) 대판 2004. 10. 28. 2004도3994. 제5회.

속형식을 취할 때 나오는 당연한 결과다. 반대로 책임배제신분자가 비신분자 범죄에 가공한 경우는, 비신분자는 해당 범죄 정범으로 처벌되고 가공한 신분자 책임은 없어진다. 예컨대 형사미성년자가 타인을 교사하여 절도하게 한 경우 타인은 절도죄 정범이 되고 형사미성년자는 책임이 없다.

(3) 형벌배제신분과 공범

4 형벌배제신분자(예컨대 친족상도례 친족신분) 행위에 비신분자가 가공한 경우도 비신분자 책임은 없어지지 않는다. 신분자는 범죄가 성립하지만 처벌이 배제된다. 반대로 신분자가 비신분자 행위에 가공한 경우는(예컨대 친족이 타인을 교사하여 자기 가족 재물을 절도하도록 교사한 경우) 책임배제신분 경우와 마찬가지로 제한종속형식에 따라 신분자에 대한 처벌은 배제된다. 그러나 비신분자는 해당범죄 정범으로 처벌된다.

2. 입법 문제점

5 형법 제33조에 대한 입법 문제점으로 다음과 같은 것이 있다.

6 1) 진정신분범에 대한 비신분자 공동정범을 인정한 것은 타당하지 않다는 지적이 있다.[1] 진정신분범에서 신분은 정범적격 요건인데, 이러한 요건이 없는 비신분자까지 처벌범위를 확대하는 것은 적합하지 않다는 비판이다. 옳은 비판으로 여겨지며, 교사범이나 종범으로 해결하는 것이 바람직하다.

7 2) 진정신분범에 대한 비신분자의 교사범을 인정할 경우도 그 형은 신분자보다 감경해야 한다는 지적이 있다. 교사범은 정범과 동일한 형으로 처벌하기 때문에(제31조 제1항) 불법 정도가 높은 신분자와 그렇지 않은 비신분자를 동일하게 처벌할 수 없다는 이유다. 그러나 종범 경우는 필요적 감면사유에 해당하므로 문제되지 않는다.

8 3) 단서 "무거운 형으로 벌하지 않는다"는 표현이 모호하다는 지적이 있다. 차라리 형 가중, 감경 또는 배제사유는 신분자에게만 적용한다는 식으로 명확하게 규정할 필요가 있다.

9 4) 금품수수, 매도매수와 같은 대향범의 공범에 대한 형법총칙 규정은 없다. 따라서 금품 등 공여자에게 따로 처벌규정이 없는 경우, 공여행위를 교사 또는 방조한 행위가 공여자의 상대방 범행에 공범관계가 성립하지는 않는다.[2]

[판례]

① 형법 제152조 제1항과 제2항은 위증을 한 범인이 형사사건의 피고인 등을 '**모해할 목적**'을 가지고 있었는가 아니면 그러한 목적이 없었는가 하는 범인의 특수한 상태에 따라서 범인에게 과할 형의 경중을 구별하고 있다. 이는 바로 형법 제33조 단서 소정의 "신분관계로 인하여 형의 경중이 있는 경우"에 해당한다고 봄이 상당하다.[3]

② ***표준판례** 피고인이 갑을 모해할 목적으로 을에게 위증을 교사한 이상, 가사 정범인 을에게 모해목적이 없었다고 하더라도, 형법 제33조 단서규정에 의해 피고인을 **모해위증교사죄**로 처단할 수 있다. 신분관계로 인해 형의 경중이 있는 경우에, **신분이 있는 자가 신분이 없는**

1) 이형국/김혜경, 454면; 이재상 외, 36/22.
2) 대판 2014. 1. 16. 2013도6969. 제6회. 같은 취지 대판 2016. 10. 13. 2014도17211: "거래상대방의 대향적 행위의 존재를 필요로 하는 유형의 배임죄에서, 업무상배임죄의 실행으로 이익을 얻게 되는 수익자를 배임죄 공범으로 볼 수는 없다."
3) 대판 1994. 12. 23. 93도1002. 제5회.

자를 교사하여 죄를 범하게 한 때에는, 형법 제33조 단서가 형법 제31조 제1항에 우선하여 적용됨으로써, 신분이 있는 교사범이 신분이 없는 정범보다 중하게 처벌된다.[1]

[판례사례] 모해위증과 신분관계 피고인 甲은 건축 동업자였던 피해자 乙과 돈 문제가 생기자 乙을 횡령 및 사기죄로 고소하였다. 甲은 형사재판에서 乙 유죄가 인정되면 민사소송에서도 유리할 것으로 생각하고 丙에게 연립주택 1세대를 대가로 형사재판 증인으로 출석하여 위증해 줄 것을 요청하였다. 丙은 이에 따라 사실관계를 잘 알지 못한 채 자기 기억에 반하는 내용의 증언을 하였다. 검사는 丙을 단순위증죄로 기소하여 유죄판결을 받은 후 다시 甲을 모해위증죄로 기소하여 제1심·항소심에서 유죄판결을 받았다. 변호인은 丙이 단순위증죄로 처벌받았으므로 甲도 단순위증교사죄로 처벌되어야 하는데 단순위증죄 공소시효인 5년이 지났기 때문에 면소판결을 내려야 한다는 이유로 상고하였다.[2]

[해설] 대법원판결은 '형법 제33조 신분관계는 남녀 성별, 내·외국인 구별, 친족관계, 공무원 자격과 같은 관계뿐만 아니라 일정한 범죄행위에 관련된 **범인 인적관계**인 특수한 지위 또는 상태라고 할 수 있다'고 넓게 해석한다. 형법 제152조 제1항(단순위증죄)은 '법률에 의하여 선서한 증인이 허위의 공술을 한 때에는 5년 이하의 징역 또는 1천만 원 이하의 벌금에 처한다'고 규정하고, 같은 조 2항(모해위증죄)은 '형사사건 또는 징계사건에 관하여 피고인, 피의자 또는 징계혐의자를 모해할 목적으로 전항의 죄를 범한 때에는 10년 이하의 징역에 처한다'고 규정한다. 따라서 위증을 한 범인의 '**모해할 목적**'이라는 특수한 상태 차이에 따라 형 경중을 구별하고 있으므로, 이는 형법 제33조 단서 "신분 때문에 형의 경중이 달라지는 경우"에 해당한다고 봄이 상당하다고 판시하여 甲 모해위증죄를 인정하였다.[3]

이러한 대법원 입장은 모해할 **'목적'을 '신분'으로 파악**하고 있다는 점에서 논란이 된다. 대법원이 이와 같이 이론구성을 한 이유는 丙에 대한 단순위증죄 공소시효가 지나 검찰이 이를 피하기 위해 피고인을 모해위증죄로 기소했기 때문인 것으로 추측한다. 즉 공범을 처벌해야 하는 형사정책 필요에 따라서 형법 제33조를 끌어들인 것이라고 할 수 있다. 그러나 '목적'은 특별한 주관적 불법표지, 즉 **행위관련 표지로서** 범인의 일시 심리상태에 지나지 않으므로 신분이라고 할 수 없다. 목적과 같은 행위관련 표지는 제한 종속형식에 따라 공범에게 완전히 귀속될 수 있다. 게다가 일상언어사용 의미에서 '목적'은 도저히 '신분'이 될 수 없다. 일반인이 쓰는 말로, '이룩하거나 도달하려고 하는 목표나 방향'을 의미하는 **'목적'이** '구성원이 사회에서 계속해서 차지하는 일반적인 지위'를 의미하는 **'신분'**은 될 수 없다. 대법원 해석은 형법 제33조 단서 가능한 언어의미를 넘어선다. 그러므로 모해목적 없는 정범을 교사한 모해목적을 가진 교사범은 공범종속성에 따라 단순위증죄 교사범으로 보는 것이 타당하다.

---

1) 대판 1994. 12. 23. 93도1002. 제3, 6, 12, 13회.

2) 대판 1994. 12. 23. 93도1002(***표준판례**).

3) 제5회.

제4편 특수한 범죄유형

제1장 과 실 범

[153] Ⅰ. 과실범 서론

1. 과실 개념

(1) 정상의 주의를 게을리 함

1 과실범 법적 근거는 형법 제14조다. 이에 따르면 정상적으로 기울여야 할 주의注意를 게을리하여 죄 성립요소인 사실을 인식하지 못한 경우를 과실로 규정한다. 과실은 형법에 특별한 규정이 있을 경우만 처벌한다. 그러므로 필요한 주의의무를 다하지 않아 범죄가 되는 사실을 알지 못하고, 과실처벌을 규정한 구성요건을 실현한 경우 성립하는 범죄가 과실범이다. 따라서 과실범을 특징짓는 본질 표지는 과실이고, 과실의 본질 표지는 주의의무위반이다. 주의의무위반은 예견가능성과 회피가능성을 내용으로 한다. 즉 구성요건결과발생을 예견하고 그에 따라 결과발생을 회피할 수 있었는데 그렇게 하지 않았다는 법적 평가가 주의의무위반이다. 이 전체내용을 도식화하면, **과실범 → 과실 → 주의의무위반 → 예견가능성 + 회피가능성**으로 정리할 수 있다.

(2) 예외적 처벌

2 과실범은 구성요건결과를 적극적으로 인식·의욕하지 않았다는 점에서 고의범과 본질적으로 구별되고 그 불법성 또한 현저히 낮다. 고의범과 달리 과실범은 법률에 특별한 규정이 있을 경우만 예외적으로 처벌되고, 형벌이 고의범보다 낮은 이유도 여기 있다. 형법각칙 과실범 처벌규정으로는 실화죄(제170, 171조), 과실폭발물파열죄(제173조의 2), 과실일수죄(제181조), 과실교통방해죄(제188조), 과실치사상죄(제266, 268조) 등이 있다. 결코 처벌규정이 많다고 볼 수 없지만 과실범의 현실 비중은 매우 높다. 산업사회 진전과 함께 산업장과 교통(자동차·철도·선박·항공기 등) 영역에서 발생하는 대부분 범법행위는 과실범죄다. 최근에는 '**의료과실**'도 빼놓을 수 없는 중요한 사회 문제의 하나다.

2. 과실개념 특징

(1) 성향개념

3 과실 가운데서도 인식 있는 과실은 고의, 목적, 경향, 자의성, 불법영득의사 등과 함께 성향개념에 속한다. 성향개념은 **인간 내심에 속하는** 일정한 사실을 지칭하기 때문에 그 개념이 지시하는 대상의 존재 여부를 관찰하여 직접 확인할 수 없는 특징이 있다. 이것은 사람 마음을 읽는

것이 불가능하다는 점에서 비롯된다. 따라서 성향개념 존재(또는 부존재)를 뒷받침하는 경험자료인 **판단인자**를 토대로 그런 내심 의사가 있었다는 식으로 추론하여 귀속하는 **우회적 확인방법을** 쓸 수밖에 없다.

이러한 간접 방법은 그만큼 오류가능성을 내포한다. 형법 과실이론은 이것을 문제 삼아서 무고한 과실범죄자가 한 사람이라도 줄어들 수 있도록 법치국가 노력을 게을리하지 말아야 한다. 법치국가 형사사법에서 인간인식 한계로 생기는 부담은 개인이 아닌 국가가 져야 한다(in dubio pro reo). 그러므로 인식 있는 과실을 확정할 때도 판단인자가 과실의 절차 구성요소가 된다는 점을 직시하여 가급적이면 많은 간접사실을 수집해야 한다. 그래야만 과실개념의 법치국가성을 지킬 수 있다. 4

(2) 가벌성 하한선으로서 과실

1) 인식 없는 과실과 비과실 구별 형법 가벌성이 인정되기 위해서는 고의나 과실 어느 하나가 있어야 한다. 그 가운데서도 과실은 **가벌성 하한선을** 구성한다. 형법은 과실 없는 행위, 즉 행위자가 예견·회피할 수 없는 행위를 처벌하지 않는다. 그러므로 과실과 비과실은 가벌성과 불가벌성의 경계를 긋는다. 과실 없는 행위는 단순한 사고일 뿐 형법 범죄행위가 되지 않는다.[1] 여기서 가벌성 범위 안에 들어오는 과실 최하한선을 어떻게 규정하는가 어려운 문제가 발생한다. 이것이 바로 인식 없는 과실과 비과실 구별문제이다. 5

2) 미필고의와 인식 있는 과실 구별 과실범에 대한 처벌규정이 없는 순수한 고의범 경우도 비고의행위(책임능력이 없거나 면책사유가 있는 행위)는 가벌성이 없다. 그러나 과실범 처벌규정이 있는 고의범에서 비고의는 가볍게 처벌할 수 있는 가능성을 의미할 뿐이다. 즉 고의와 과실은 가벌성 정도를 결정하는 기준으로 작용한다. 그러므로 여기서 고의 최하한선과 과실 최상한선의 경계를 긋는 문제가 발생하는데, 그것이 곧 미필고의와 인식 있는 과실의 구별문제다. 6

[154] Ⅱ. 과실의 체계 지위

1. 문제제기 내용

'고의의 체계 지위'와 같은 성질 문제로 특별히 중요한 의미가 있는 것은 아니다. 형법도그마틱의 이론 완전을 위한 형식 논의에 지나지 않는다. 이제 이런 논의는 그만둘 때가 되었고, 지금은 '현실의 불완전을 개선할 수 있는 이론'으로 눈을 돌려야 할 필요가 있다. 과실의 체계 지위는 과실을 범죄체계 어느 단계에 둘 것인가 논쟁이다. 행위론에서 연유하는 여러 가지 범죄체계에 따라 그 내용이 달라지며 세 입장이 있다. 1

(1) 책임요소설

고전적 범죄체계는 모든 주관 요소를 책임에 귀속시키기 때문에 과실도 고의와 함께 책임에 속하는 것으로 본다. 따라서 과실범 불법은 구성요건결과 발생과 인과관계만 있으면 인정된다는 점에서 고의범과 구별이 없고 책임단계 주관적 사실관계에 따라서 비로소 차이가 난다. 과실범 책임요소로서 주의의무위반도 순수하게 행위자의 주관 기준에 따라서 결정된다. 책임요소설은 불법을 구성하는 요소 가운데 주관 요소의 필요성을 간과함으로써 고의범과 과실범의 불법을 동일 2

1) 민법의 고의·과실개념은 형법과 다르고 경우에 따라서 무과실책임도 인정된다.

하게 간주한 것은 이론 오류라고 할 수 있다.

(2) 구성요건요소설

3 **목적적 범죄체계**는 과실(주의의무위반)을 과실범 구성요건요소로 본다. 구성요건해당성은 위법성을 징표하는 것으로 위법성요소가 되기도 한다. 목적적 범죄체계는 불법내용이 결과반가치뿐만 아니라 행위반가치에 따라 결정된다고 하면서, 그 내용은 구성요건에 있다고 한다. 즉 과실범 불법을 예로 들자면, 구성요건결과를 발생시킨 결과반가치는 주의의무위반이라는 행위반가치로 실현되기 때문에 양자는 불가분의 구성요건요소가 된다.

(3) 이중적 지위설

4 **사회적 범죄체계**는 고의와 과실의 이중기능 또는 이중 지위를 인정한다. 객관적 과실(객관적 주의의무위반)은 구성요건요소가 되고 주관적 과실(주관적 회피가능성)은 책임요소가 된다. 즉 과실범 행위반가치인 주의의무위반에는 우선 사회생활을 영위할 때 누구에게나 요구되는 일반·객관적 주의의무가 있고, 이것은 주관적 구성요건요소를 구성한다. 그러나 일반적·객관적으로 아무리 결과회피가 가능하였더라도 구체적 행위자 개인에게 그것이 가능하였는가 문제는 별개다. 만일 후자가 불가능하다고 판단될 경우 결과발생을 행위자 개인 책임으로 돌릴 수 없다. 따라서 주관적 주의의무위반은 과실범 책임요소가 된다.

2. 결 론

5 과실도 고의와 마찬가지로 범죄체계 어느 단계에 속하더라도 상관없다. 어떤 범죄체계에 따르건 한 단계에서 한 번만 고려하면 그만이다. 일정한 범죄체계를 선택하는 것과 무관하게 과실의 이중 지위를 인정하는 것은 큰 문제가 없다. 주관적 구성요건요소는 체계를 초월하는 어느 정도 공감대가 형성된 것으로 보인다. 그러나 어느 체계의 옳고 그름과 상관없이 주관적 구성요건요소를 인정해야 할 현실 필요성은 쉽게 확인할 수 있다. 예를 들면 미수행위 구성요건해당성은 행위자 주관적 의사를 고려하지 않으면 판단할 수 없다. 과실은 주관적 구성요건요소인 동시에 책임형식에 속한다.

[155] Ⅲ. 과실過失 종류

1. 인식 있는 과실과 인식 없는 과실

(1) 개념 구별

1 이것은 발생된 결과에 대한 행위자 심리관계에 따른 과실 구별이다. 인식 있는 과실은 행위자가 법적 구성요건 실현가능성을 인식했으나 필요한 주의의무를 다하지 않음으로써 자신에게는 그런 결과가 발생하지 않을 것으로 믿은 경우다. 위험에 대한 과소평가, 자신 능력에 대한 과대평가 또는 단순히 행운을 바라는 마음 등이 그 원인일 수 있다. 이에 반해 인식 없는 과실은 필요한 주의의무를 게을리 함으로써 법적 구성요건 실현가능성을 인식하지 못한 경우를 말한다.

⑵ 인식 없는 과실 문제점

형법은 인식 있는 과실과 인식 없는 과실에 차별을 두지 않고 동일하게 처벌한다. 그러나 양 2
자의 불법과 책임내용이 같은 것으로 평가될 수 있는가 의문이다. 우선 ① 인식 있는 과실행위자는 나중에 발생할 구성요건침해 위험성을 보고 있다. 비록 자기에게는 그런 결과가 발생하지 않을 것으로 믿었더라도 위험성을 인식한 것은 사실이다. 그러나 인식 없는 과실행위자가 인식한 내용은 아무 것도 없다. 그는 다만 **무엇인가 인식해야 했을 뿐**이다.

인식 있는 과실에는 위험에 대한 실제 지각이 있으나 ② 인식 없는 과실에서는 위험을 지각 3
해야 할 의무, 즉 **규범 요청이** 있을 뿐이다. 행위 측면에서 본다면 이 차이는 큰 의미가 없다. 왜냐하면 양자 모두 사실상의 위험이 사실상의 결과로 이르렀기 때문이다. 그러나 규범 요청 측면에서 보면 이 차이는 매우 중요하다. 인식 없는 과실 행위자가 처한 상황은 어떤 사실적 호소를 할 수 있는 상황이 아니다. 그것은 지극히 중립적인 상황으로서 구체적 위험이 아닌 **추상적 위험을** 보여주는 정도에 지나지 않는다.

예를 들면 자동차운전이나 건널목 횡단은 언제나 위험을 수반하기 때문에 주의해야 하는 그 4
런 정도 위험이다. 인식 있는 과실행위자는 위험한 일을 시작할 때 거리낌이나, 위험 가운데서는 불상사가 일어나지 않도록 주의를 게을리하지 않고 일정한 조치를 취해야 하는 자연적 경향 등 기회를 가질 수 있다. 다만 그는 이 기회를 이용하지 않았고 따라서 결과가 발생했다는 비난을 할 수 있다. 하지만 인식 없는 과실행위자는 그러한 가능성이 전혀 존재하지 않는다. ③ 행위자 측면에서 보면 인식 있는 과실과 인식 없는 과실을 **동일하게 취급하는** 것은 체계적으로 옳지 않다. 가벌성 판단기준으로 행위와 행위자측면이 균형적으로 고려되기 위해서도 이와 같은 동일취급은 지양해야 한다. 형사정책과 법정책 관점에서도 그것은 바람직하지 않다.

2. 보통과실과 업무상과실

형법은 업무상과실을 보통과실과 구별하여 무겁게 처벌한다. 업무상과실로는 업무 5
상교통방해죄(제189조 제2항), 업무상실화죄(제171조), 업무상과실치사상죄(제268조), 업무상장물취득죄(제364조) 등이 있다. 업무상과실과 보통과실의 주의의무는 동일하다. 하지만 업무자는 보통인보다 높은 주의능력을 갖는다. 따라서 같은 주의의무에 위반하더라도 업무자는 위법성이 크기 때문에 업무상과실은 더 무겁게 처벌한다.

3. 경과실과 중과실

형법은 중과실을 특별히 규정하여 업무상과실과 같은 법정형으로 가중처벌한다. 경 6
과실은 중과실에 대응하는 개념으로서 중과실이 아닌 모든 과실을 통칭한 것에 지나지 않는다. 위 보통과실에 속하는 것이 경과실에도 해당한다고 보면 된다. 형법이 규정하는 중과실로는 중실화죄(제171조), 중과실교통방해죄(제189조 제2항), 중과실치사상죄(제268조) 그리고 중과실장물죄(제364조)가 있다.

중과실은 중대한 주의의무위반을 뜻한다. 즉 **약간의 주의만 기울였더라도** 결과발생 7
을 방지할 수 있었던 경우의 과실을 말한다. 즉 이름은 중대한 과실(중과실)로 되어 있지만 그 내용은 **경솔함으로 야기된 과실**(경솔한 과실)이라고 할 수 있다. 중과실은 구체 사건에서 사회통념을 바탕으로 판단하며,[1] 이에 대한 일반 기준을 제시하는 것은 어렵다.

[판례]

① **행정상의 단속**을 주안으로 하는 법규라 하더라도, '명문규정이 있거나 해석상 과실범도 벌할 뜻이 명확한 경우'를 제외하고는, 형법의 원칙에 따라 '고의'가 있어야 벌할 수 있다.[2]

② **중과실인정** 형법 제171조가 정하는 중실화는, 행위자가 **극히 작은 주의**를 함으로써 결과발생을 예견할 수 있었는데도 부주의로 이를 예견하지 못하는 경우를 말한다.[3]

③ 피고인이 성냥불로 담배를 붙인 다음 그 성냥불이 꺼진 것을 확인하지 아니한 채, 휴지가 들어 있는 플라스틱 휴지통에 던진 것은 중대한 과실이 있는 경우에 해당한다.[4]

④ 피고인이 관리하던 주차장 출입구 문주의 하단부분에 금이 가 있어 **도괴될 위험성이** 있었다면, 피고인으로서는 소유자에게 그 보수를 요청하는 외에, 그 보수가 있을 때까지 임시적으로라도 **받침대를 세우는** 등 도괴를 방지하거나, 그 근처에 사람이나 자동차 등의 근접을 막는 등, 도괴로 인한 인명의 피해를 막도록 조치를 해야 할 주의의무가 있다. 동 주차장에는 사람이나 자동차의 출입이 빈번하고, 근처 거주의 어린아이들이 문주근방에서 놀이를 하는 사례가 많은데도 불구하고 소유자에게 그 보수를 요구하는데 그쳤다면, 그 주의의무를 심히 게을리한 중대한 과실이 있다고 할 것이다.[5]

⑤ **중과실부정** 전기에 관한 전문지식이 없는 오락실경영자가 **부실공사를 그대로** 방치하였는데, 그로 인하여 전선의 합선에 의한 방화가 발생할 것 등을 쉽게 예견할 수 있었다고 보기는 어렵다. 위 오락실경영자에게 위와 같은 과실이 있었더라도 사회통념상 이를 화재발생에 관한 중대한 과실이라고 평가하기는 어렵다.[6]

⑥ 연탄아궁이로부터 80센티미터 떨어진 곳에 쌓아둔 스폰지요, 솜 등이 연탄아궁이 쪽으로 넘어지면서 화재현장에 의한 화재가 발생한 경우라고 하더라도, 그 스폰지요, 솜 등을 쌓아두는 방법이나 상태 등에 관하여 **아주 작은 주의만** 기울였더라면, 스폰지요나 솜 등이 넘어지고 또 그로 인해 화재가 발생할 것을 예견하여 회피할 수 있었다. 그럼에도 부주의로 이를 예견하지 못한 것은 "중대한 과실"로 화재가 발생한 것으로 볼 수 있다.[7]

⑦ ***표준판례** 호텔 사장 또는 영선과장인 피고인들은 오보가 잦다는 이유로 자동화재조기탐지 및 경보시설인 수신기의 지구경종스위치를 내려 끈 채 봉하고, 영업상 미관을 해친다는 이유로 각층에 설치된 갑종방화문을 열어두게 하고 옥외 피난계단으로 통하는 을종방화문은 도난방지 등의 이유로 고리를 끼워 피난구의 역할을 다하지 못하게 하였다. 이와 같은 피고인들의 주의의무 해태가 결과적으로 건물의 화재발생시에 숙박객 등을 비상구를 통해 신속하게 옥

1) 대판 1980. 10. 14. 79도305.
2) 대판 2010. 2. 11. 2009도9807. 제2, 6회.
3) 대판 1988. 8. 23. 88도855.
4) 대판 1993. 7. 27. 93도135.
5) 대판 1982. 11. 23. 82도2346.
6) 대판 1989. 10. 13. 89도204.
7) 대판 1989. 1. 17. 88도643.

외로 대피시키지 못하게 하는 것은 경험상 명백하다. 이 사건 화재로 인한 숙박객 등의 사상 결과는 충분히 예견가능하다.[1] *결과발생에 대한 인식가능성이 없는 경우에도 **인식없는 과실로서** 과실책임이 인정됨.

[156] Ⅳ. 과실범 체계

고의범과 마찬가지로 과실범이 성립하기 위해서도 구성요건해당성, 위법성, 책임이 있어야 한다. 그러나 각 단계 내용이나 배열에는 견해 차이가 있다. 아래에서 되도록 불필요한 체계논쟁은 지양하고 현실로 필요한 중요요건만 간추려 설명한다. 1

1. 과실범 구성요건

과실범 구성요건에 해당하기 위해서는, ① 객관적 주의의무위반, ② 객관적 예견가능성, ③ 결과발생, ④ 인과관계가 있어야 한다. 2

(1) 객관적 주의의무위반

1) 객관적 주의의무 의의　과실범은 주의의무에 위반하여 구성요건결과를 실현한 특징이 있다. 즉 행위자가 객관적으로 요구되는 주의의무를 다하였으면 결과발생을 당연히 인식 · 예견하여 결과를 회피할 수 있었는데 부주의로 그렇게 하지 못했다는 점에 과실 본질이 있다. 그러므로 행위자가 아무리 객관적으로 요구되는 주의를 다하였더라도 결과가 발생할 수밖에 없었다면, 그것은 불가항력으로 과실범 구성요건에 해당되지 않는다.[2] 3

2) 객관적 주의의무 내용　결과발생을 방지하기 위해 필요한 사전준비의무 내용은 **내적 주의와 외적 주의**로 나눈다. 내적 주의는 행위자가 사전에 주의력을 집중하여 법익침해 위험성을 인식해야 하는 의무다. 내적 주의는 구체적 행위상황과 관련하여 이루어져야 한다. 4

도로교통 경우를 예로 들면, 자동차운전자는 사고가 발생하지 않도록 주의력을 집중하여 자동차를 운전해야 할 의무가 있다. 이 주의의무는 도로의 구체적 상황, 예컨대 눈 · 비와 같은 불순한 일기, 교통량, 통행인 등을 고려한 구체적인 주의력집중을 의미한다. 이에 반해 외적 주의는 내적 주의로 알게 된 위험성을 방지하는 데 필요한 외적 행위의무를 말한다. 자동차 고장 유무에 대한 점검뿐만 아니라 필요한 장비 장착(스노우타이어, 체인, 마모가 심한 타이어 교체 등)과 과속, 과로 운전금지 등에 대한 의무가 여기 속한다.

5

3) 객관적 주의의무 판단기준　과실범 구성요건해당성단계에서 문제되는 주의의

1) 대판 1984. 2. 28. 83도3007. 제13회.

2) 결과귀속 관점에서 접근한 연구 류부곤, 「과실범의 주의의무위반과 결과귀속」(형사법연구 32, 2020), 27면 이하; 고명수, 「과실범의 행위불법」(비교형사법연구 23, 2021), 39면 이하.

무는 어디까지나 '객관적' 주의의무다. 행위자 개별 사정을 기초로 한 주관적 주의의무는 책임단계에서 고려한다. 주의의무 판단기준을 두고 객관설과 주관설이 있다.

6 (가) **객 관 설** 객관설은 과실범의 구성요건단계 주의의무를 객관적으로 판단해야 한다는 관점이다. 즉 행위자 위치에 있는 일반적인 사람을 판단기준으로 삼는다(**일반인 표준설 또는 평균인 표준설**). 예컨대 보통 운전자, 의사, 간호사 등이 인식 · 예견할 수 있는 사정을 기준으로 한다. 이것을 '사회생활에서 요구되는 주의 태만'으로 표현하기도 한다. 여기서 말하는 '일반인' 또는 '평균인'은 행위자가 속한 집단의 '사려깊은 사람', '신중한 사람', '통찰력 있는 사람' 등을 의미한다. 말하자면 실수를 할 수 있는 '보통사람' 의미가 아니다.[1] 이러한 일반인을 초과하는 행위자 개인의 특별한 지식과 경험, 능력 등 특수지식은 여기서 고려할 필요가 없고 책임단계에 귀속시키면 된다. 객관설은 우리나라 통설이다.

7 (나) **주 관 설** 이것은 주의의무위반을 행위자 개인적 주의의무위반으로 파악해야 한다는 견해다(**행위자표준설**). 이렇게 되면 일반인이 아니고 행위자 개인 능력과 지식이 주의의무위반 판단기준으로 작용한다. 따라서 객관설이 책임단계에서 고려하는 주관적 주의의무가 구성요건단계로 올라오는 결과를 가져온다. 이렇게 되면 평균인 이하 주의능력을 가진 사람이 구성요건결과를 예견하지 못하면 객관설에는 과실 책임의 조각으로 불가벌이 되는데, 주관설에서는 과실불법의 조각으로 불가벌이 된다.

8 (다) **결 론** 통설은 객관설이지만, 어느 학설을 취하더라도 상관없다. 범죄체계 차이에서 비롯되는 문제는 가벌성 판단에 영향을 미치지 않는다. 객관설처럼 과실범 구성요건단계 주의의무를 '객관 주의의무'로 파악하면 **주관 주의의무는 책임단계에서** 고려하면 된다. 그러나 주관설에서는 객관적 주의의무는 객관적 구성요건요소가 되고, 주관적 주의의무는 과실범의 주관적 구성요건요소가 된다.

9 주관적 구성요건요소 존재를 부분적으로 인정하더라도 체계 단순화를 위해 객관요소는 구성요건단계, 주관 · 개인적 사정은 책임단계에서 고찰하는 큰 방향을 지키는 것은 필요하다. 이렇게 보면 과실범 구성요건단계 주의의무는 객관적 주의의무로 부르는 것이 바람직하다.

[판례]

① **주의의무 판단기준** 임차인이 자신의 비용으로 설치 · 사용하던 가스설비의 **휴즈콕크를** 아무런 조치 없이 제거하고 이사를 간 후, 가스공급을 개별적으로 차단할 수 있는 주밸브가 열려져 가스가 유입되어 폭발사고가 발생하였다. 휴즈콕크를 제거하면서 그 제거부분에 아무런 조치를 하지 않으면, 주밸브가 열리는 경우 유입되는 가스를 막을 안전장치가 없다. 이는 가

1) 이 점에서 '우수자표준설'이라는 말이 더 적합하다는 지적도 있다. 오영근/노수환, 13/75.

스 유출로 인한 대형사고로 이어질 수 있다는 것은 **평균인의 관점**에서 충분히 예견할 수 있다. 임차인의 과실과 가스폭발사고 사이에는 상당인과관계가 인정된다.1)

② **의사의 주의의무** 의료과오사건에서 의사의 과실을 인정하려면, 결과 발생을 예견할 수 있고 또 회피할 수 있었는데도 예견하거나 회피하지 못한 점을 인정할 수 있어야 한다. 의사의 과실이 있는지는, 같은 업무 또는 분야에 종사하는 **평균적인 의사가** 보통 갖추어야 할 통상의 주의의무를 기준으로 판단하여야 하고, 사고 당시의 일반적인 의학 수준, 의료환경과 조건, 의료행위의 특수성 등을 고려해야 한다.2)

③ 의사에게는 환자의 상황, 당시의 의료수준, 자신의 지식 · 경험 등에 따라 적절하다고 판단되는 진료방법을 선택할 **폭넓은 재량권이** 있다. 의사가 특정 진료방법을 선택하여 진료를 하였다면, 해당 진료방법 선택과정에 합리성이 결여되어 있다고 볼 만한 사정이 없는 이상, **진료결과만을 근거로** 하여, 그 중 어느 진료방법만이 적절하고 다른 진료방법을 선택한 것은 과실에 해당한다고 말할 수 없다.3)

④ 마취환자의 마취회복업무를 담당한 의사는 마취환자가 수술 도중 특별한 이상이 있었는지 확인하여, 이상이 있었던 경우에는 보통 환자보다 더욱 감시를 철저히 해야 한다. 또한 마취환자가 의식이 회복되기 전에는 호흡이 정지될 가능성이 적지 않으므로 의식이 완전히 회복될 때까지 주위에서 관찰하거나, 적어도 환자를 떠날 때는 피해자를 **담당하는 간호사를** 특정하여 그로 하여금 환자상태를 계속 주시하도록 하고, 만일 이상이 발생할 경우에는 즉시 응급조치가 가능하도록 할 의무가 있다.4)

⑤ 미용성형을 시술하는 의사는 고도의 전문적 지식에 입각하여 시술 여부, 시술의 시기, 방법, 범위 등을 충분히 검토한 후, 그 미용성형 시술의 의뢰자에게 **생리적, 기능적 장해**가 남지 않도록 신중을 기해야 한다. 회복이 어려운 후유증이 발생할 개연성이 높은 경우, 그 미용성형 시술을 거부 내지 중단해야 할 의무가 있다.5)

⑥ 피해자와 공소외 갑은 피고인이 수술 위험성에 관해 설명하였는지 여부와 관계없이, 간경변증을 앓고 있는 피해자에게 이 사건 수술이 위험할 수 있다는 점을 **이미 충분히 인식**하고 있었던 것으로 보인다. 그렇다면 피고인이 피해자나 갑에게 공소사실 기재와 같은 내용으로 수술 위험성에 관해 설명하였다고 하더라도, 피해자나 갑이 수술을 거부하였을 것으로 단정하기는 어렵다. 피고인의 **설명의무 위반과** 피해자의 사망 사이에 상당인과관계가 있다는 사실이 합리적 의심의 여지없이 증명되었다고 보기는 어렵다.6)

⑦ ***표준판례** 간호사가 의사의 처방에 의한 **정맥주사**(Side Injection 방식)를 의사의 입회 없이 간호실습생(간호학과 대학생)에게 실시하도록 하여 발생한 의료사고에 대해 의사에게는 과실이 부정된다.7) *의사의 지시를 받은 간호사의 이전 주사에는 부작용이 없었음.

---

1) 대판 2001. 6. 1. 99도5086.
2) 대판 2018. 5. 11. 2018도2844.
3) 대판 2015. 6. 24. 2014도11315.
4) 대판 1994. 4. 26. 92도3283.
5) 대판 2007. 5. 31. 2007도1977.
6) 대판 2015. 6. 24. 2014도11315. 제6, 7, 12회.
7) 대판 2003. 8. 19. 2001도3667. 제11회.

⑧ **운전자 주의의무** 보행신호등의 녹색등화의 **점멸신호 전에** 횡단을 시작하였는지 여부와 상관없이, 보행신호등의 녹색등화가 점멸하고 있는 동안에 횡단보도를 통행하는 모든 보행자는 도로교통법 제27조 제1항에서 정한 횡단보도의 **보행자보호의무의 대상**이 된다.[1)]

⑨ 피해자는 보행신호등의 녹색등화가 점멸되고 있는 상태에서 횡단보도를 횡단하기 시작하여 횡단을 완료하기 전에 보행신호등이 **적색등화로 변경**된 후, 차량신호등의 녹색등화에 따라서 직진하던 피고인 운전차량에 충격되었다. 피해자는 신호기가 설치된 횡단보도에서 **녹색등화의 점멸신호에 위반하여** 횡단보도를 통행하고 있었던 것이어서 횡단보도를 통행중인 보행자라고 보기는 어렵다. 피고인은 도로교통법 제24조 제1항 소정의 보행자보호의무를 위반한 잘못은 없다.[2)]

⑩ 고속도로 노면이 결빙된 데다가 짙은 안개로 시계가 20m 정도 이내였다면, 차량운전자는 제한시속에 관계없이 장애물 발견 즉시 제동 정지할 수 있을 정도로 속도를 줄여야 한다. 단순히 제한속도를 준수하였다는 사실만으로는 주의의무를 다하였다고 할 수 없다.[3)]

⑪ 피고인이 녹색등화에 따라 사거리 교차로를 통과할 무렵 **제한속도를 초과하였더라도**, 신호를 무시한 채 왼쪽도로에서 사거리 교차로로 가로 질러 진행한 피해자에 대한 업무상 과실치사의 책임은 없다.[4)]

(2) 객관적 주의의무 제한원리

10 객관적 주의의무를 제한하는 일반원리로, ① **허용된 위험 이론**과, ② **신뢰원칙**이 있다. 이들은 이론과 판례가 만든 것으로 형법에 명문 근거가 있는 것은 아니다.[5)] 법률범위를 벗어나는 가벌성 판단 또는 배제 근거를 제시할 때 법률가는 특별히 신중해야 한다(헌법 제103조 '법관의 법률에 대한 구속이념'). 이러한 일반원리는 현행 법률이 포섭하지 못하는 지극히 제한된 부분에 보조 판단기준으로 작용한다. 그것도 헌법과 법률로부터 도출할 수 있는 내용이어야 한다. 구체적 행위에 대한 가벌성을 논증할 때, 법률을 제쳐두고 너무 쉽게 일반원리를 원용하는 것은 위험하기 이를 데 없다. 가벌성을 근거지우는 데는 엄격해야 하겠지만 가벌성을 배제하는 데는 어느 정도 융통성을 두더라도 괜찮다는 생각도 위험하기는 마찬가지다. 범죄인보장(보장목적)을 위해 **일반인보호(보호목적)가 일방적으로 희생**되어야 할 이유는 없다. 물론 우리나라 법현실은 거꾸로 되어 있지만, 양자를 동시에 같은 정도로 추구해야 한다. 즉 죄 없는 사람이 처벌되거나 죄가 있더라도 자기 죄값 이상으로 처벌받는 일이 없어야 한다. 그러나 법률에 특별한 규정이 없는 한 죄 있는 사람이 **자기 죄값만큼** 처벌받는 일 또한 포기해서는 안 된다. 가벌성 근거와 배제 어느 쪽이건 법치국가 구멍이 생길 때, 그것은 곧 다른 한쪽에도 그런 일

1) 대판 2009. 5. 14. 2007도9598.
2) 대판 2001. 10. 9. 2001도2939.
3) 대판 1990. 12. 26. 89도2589.
4) 대판 1990. 2. 9. 89도1774.
5) 김성진, 「과실범에 있어서 객관적 주의의무의 제한원리」(중앙법학, 2008), 223면 이하.

이 발생할 수 있는 빌미가 된다.

1) 허용된 위험

(가) **허용된 위험의 의의 · 본질** 현대 산업사회가 불가피하게 인정하는 위험을 허용된 위험이라 한다. 과실범죄 극소화를 위해서라면 우리 일상생활, 사회생활에서 예견 · 회피가능한 모든 위험한 행위를 금지하면 된다. 그러나 현대 고도로 발달한 산업사회는 일정한 위험을 안고 살아야 하는 구조를 가진다. 즉 이런 위험요소를 모두 배제하면 이 사회가 돌아가지 않는 더 불행한 사태가 온다. 그러므로 이런 종류 위험은 '허용된 위험'으로 인정할 수밖에 없다. 이것은 곧 인간이 **기술문명 편리함에** 대해 치러야 하는 대가이기도 하다. 허용된 위험 예를 들면 자동차 · 탄광 · 공장 · 원자력 발전소 그리고 기타 건축행위 등이 있다. 11

그러나 '허용된 위험'은 상식을 개념화한 것에 지나지 않는다. 객관적 주의의무를 제한하는 데 구체적으로 기여할 수 있는 부분은 없다. 오늘날 자동차, 탄광 등이 위험하기 때문에 그것을 금지해야 한다고 생각하는 사람은 없다. 법률가는 '허용된 위험'이라는 말로 정당성을 구할지 모르지만, 일반인은 그것을 생활 일부로 느끼며, 의심조차 갖는 사람도 없다. 그렇다고 형법의 허용된 위험이론이 원자력발전소 존폐를 결정해 줄 수 있는 것도 아니다. 그것은 정치결단에 속하는 문제일 뿐이다. 12

이해 편의를 위해 다시 예를 들어 보자. 우리는 지금 자동차운전자가 지켜야 할 객관적 주의의무를 찾고 있다. 이것은 곧 자동차운행 자체는 의심할 여지없이 허용되어 있다는 것을 전제한다. 그러므로 여기서 자동차는 위험한 물건이지만 허용되어 있다는 인식은 과실범 객관적 주의의무를 제한하는 데 도움될 것이 없다. 우리가 추구하는 구체성과 허용된 위험의 추상성 간극이 너무 크다. 이 이론 의미를 굳이 찾자면, ① 과실 원천이 되는 행위의 근본 허용 여부부터 밝혀야 한다는 법률가 특유의 관념 논리성을 만족시켜주고, ② 허용되지 않는 위험으로 금지하기 위한 입법기준의 기능을 할 수 있다는 데 있을지 모르겠다. 그러나 **과실 해석론에는** 도움이 되지 않는다. 13

(나) **허용된 위험의 법 성격** 허용된 위험의 법적 성격을 둘러싸고 구성요건해당성배제사유설, 위법성조각사유설, 책임조각사유설의 견해가 있다. 허용된 위험의 독자성을 인정하지 않으면 의미 없는 논쟁이기 때문에 그 내용만 개관한다. 14

A. 구성요건해당성배제사유설 허용된 위험에 구성요건결과가 발생하더라도 형법 구성요건해당성 자체가 배제된다는 이론이다. 즉 허용된 위험과 사회적 상당성을 같은 범주에 속하는 것으로 보고 허용된 위험에 따른 행위는 사회적으로 상당하고 거래질서에 부합하는 행위로 파악한다. 이러한 행위는 주의의무를 준수한 것이기 때문에 객관적 귀속이 부인되고 따라서 구성요건해당성을 배제하는 사유가 된다. 그러나 주의의무 위반 여부는 구체 상황에 따라 결정될 문제이지 허용된 위험이라는 일반 기준에 따르는 것은 아니다. 사회 상당성은 그 자체가 불명확 개념이기 때문에 일반적 구성요건배제사유로 인정하는 것은 문제가 있다. 15

16 B. **위법성조각사유설** 허용된 위험에 따른 행위는 독자적 위법성조각사유가 된다는 견해다. 그러나 허용된 위험과 허용된 위험의 결과는 구별해야 한다. 허용된 위험이 그것에 따라 발생한 결과까지 허용하는 것은 아니다. 허용된 위험이라는 정상 상황을 정당방위 · 긴급피난과 같은 예외 정당화상황과 동일시하는 것은 이해하기 어렵다.

17 C. **책임배제사유설** 이 견해는 허용된 위험을 과실행위 책임요소인 주의의무위반과 예견가능성 문제로 보고 그 결과발생은 책임을 배제한다. 심리 책임론에 근거한 타당하지 않은 견해고, 과실범의 객관적 측면과 주관적 측면을 혼동한다.

18 D. **결 론** 어떤 견해에 따르더라도 허용된 위험의 독자성을 인정하기는 미흡하다. 허용된 위험은 우리 사회가 안고 있는 다양한 위험원천을 형법 의미에서 총체적으로 정당화하는 관념 기능밖에 하지 못한다. 허용된 위험이 구체적 형법문제를 해결하기는 그 추상성이 너무 높다. 이와 관련된 문제는 허용된 위험 법리에 따르지 않고도 정당행위, 긴급피난, 과실범이론 등 대부분 실정법으로 해결이 가능하다.

2) 신뢰 원칙

(가) 신뢰원칙의 의의 · 적용범위

19 A. **의 미** 신뢰의 원칙은 허용된 위험보다 구체적 모습을 띤다. 과실범 객관적 주의의무를 제한하는 데 기여하는 부분도 있으며, 주로 도로교통 교통참여자 사이에서 문제된다. 신뢰원칙은, 과실범에서 주의의무규칙을 준수하는 사람은 다른 참여자도 그렇게 하리라는 것을 신뢰해도 괜찮다는 것을 뜻한다. 즉 그렇게 신뢰하고 한 행위결과로 구성요건결과가 발생하더라도 과실행위가 되지 않는다는 것이다. 그러므로 다른 참여자에 대한 '신뢰'가 행위자의 객관적 주의의무를 제한하는 기능을 한다. 다시 도로교통 경우를 예로 들면, 스스로 교통규칙을 준수하고 운행하는 운전자는 다른 운전자들도 자기와 마찬가지로 교통규칙을 준수하리라는 것을 신뢰할 수 있고, 규칙에 위반되는 돌발사태까지 예상하여 주의할 필요가 없다는 것을 내용으로 한다. 이 원칙은 히틀러 시절 독일제국재판소[1]가 처음 도입한 후 스위스, 오스트리아, 일본 등 판례에서도 채택하였다.

20 B. **판 례** 신뢰원칙이 우리나라 대법원판결에 등장한 것은 1957년[2]이고 그 후 지금까지 이어지고 있다. 신뢰원칙을 명시적으로 인정한 판례를 들자면, "교통정리가 행해지고 있지 않은 교차로 넓은 도로로부터 진입하는, **통행 우선순위를** 가진 차량 운전자는 이와 교차하는 좁은 도로에서 진입하는 차량이 교통법규에 따라 적절한 행동을 취하리라고 신뢰하고 운전할 것이므로 그와 같은 기대신뢰하에 상당한 주의를 한 이상, 상대방차량의 부주의로 야기되는 충돌사고로 그 차에 탄 사람이 상해를 입은 경우에도 업무상과실치상의 죄책을 물을 수 없다".[3]

1) 1935. 12. 9 판결. RGST 70, 71.
2) 대판 1957. 2. 22. 4289형상330.
3) 대판 1998. 2. 27. 97다48241; 1977. 3. 8. 77도409.

[판례] 신뢰원칙 인정 유형 21

① 고속도로 **양측에 휴게소가** 있는 경우에도 고속도로를 무단 횡단하는 보행자가 있음을 예상하여 감속 등의 조치를 취할 주의의무는 없다.[1]

② 고속도로에서 **상대방차량이** 중앙선을 침범하여 진입할 것까지 예견하고 감속 등의 조치를 취해야 할 주의의무는 없다.[2]

③ 중앙선이 표시되어 있지 아니한 비포장도로라고 하더라도 승용차가 서로 마주보고 진행할 수 있는 정도의 너비가 되는 도로라면, 마주 오는 차가 도로의 중앙이나 **좌측부분으로** 진행하여 올 것까지 예상하여 특별한 조치를 강구해야 할 업무상 주의의무는 없다.[3]

④ **자동차전용도로인** 강변도로에서 그 도로 안으로 사람이 들어오리라는 것을 예견할 수는 없다.[4]

⑤ **자전거출입이** 금지된 서울시 잠수교에서 운전자는 자전거를 탄 사람이 갑자기 나타날 것으로 예상할 수 없다.[5]

⑥ 신호등의 표시(녹색신호)에 따라서 직진한 차량의 운전자는 다른 차량이 **신호를 위반**하여 좌회전할 경우까지 예상하여 주의할 의무는 없다.[6]

⑦ 보행자의 횡단이 금지된 **육교 밑을** 운행하는 운전자는 보행자가 뛰어들 것을 예상하여 주의할 의무는 없다.[7]

⑧ 횡단보도의 신호가 적색인 상태에서 반대차선상에 정지해 있는 차량의 뒤로 보행자가 건너오지 않을 것이라고 신뢰하는 것은 당연하다.[8]

⑨ 'ㅏ'자형 삼거리 교차로에 이르기 직전 왼쪽 도로 쪽에서 오토바이가 빠른 속도로 나올 것까지 기대할 수 없다.[9]

⑩ 교차로에 진입한 이상 **통행의 후순위 차량이** 통행법규를 위반하면서 빠르게 진입해 들어올 가능성까지 예상하여 운전해야 할 주의의무는 없다.[10]

⑪ 운전자에게 야간에 무등화인 자전거를 타고 차도를 무단 횡단하는 경우까지 예상하여 제한속력을 감속하고, 잘 보이지 않는 **반대차선상의 동태까지** 살피면서 서행 운행할 주의의무는 없다.[11]

⑫ 피해자 운전의 오토바이가 신호를 무시하고 갑자기 횡단보도를 **무단 횡단하는** 경우까지 예상하여 사고예방을 위해 필요한 조치를 취해야 할 업무상 주의의무는 없다.[12]

⑬ 교차로에 먼저 진입한 운전자에게, 다른 차량이 **자신의 진행속도보다** 빠른 속도로 교차로에 진입하여 자신의 차량과 충격할지 모른다는 것까지 예상하고 대비하여 운전해야 할 주의의무

1) 대판 1977. 6. 28. 77도403; 2000. 9. 5. 2000도2671.
2) 대판 1982. 4. 13. 81도2720.
3) 대판 1992. 7. 28. 92도1137.
4) 대판 1977. 9. 28. 77도2559.
5) 대판 1980. 8. 12. 80도1446.
6) 대판 2001. 11. 9. 2001다56980; 1985. 1. 22. 84도1493.
7) 대판 1985. 9. 10. 84도1572.
8) 대판 1993. 2. 23. 92도2077; 1987. 9. 8. 87도1332.
9) 대판 1994. 6. 28. 94도995.
10) 대판 1999. 8. 24. 99다21264; 1998. 2. 27. 97다48241.
11) 대판 1984. 9. 25. 84도1695.
12) 대판 1994. 4. 26. 94도548.

는 없다.[1]

⑭ 차 높이 제한표지가 설치되어 있는 지점을 통과하는 운전자들은, 그 표지판이 차량의 **통행에 장애가 없을 정도의** 여유고를 계산하여 설치된 것이라고 믿고 운행하면 된다. 구조물의 실제 높이와 제한표지상의 높이와의 차이가 전혀 없어졌을 가능성을 예견하여, 차량을 일시 정차시키고 그 충돌 위험성이 있는지 여부까지 확인한 후 운행해야 할 주의의무는 없다.[2]

⑮ 편도 5차선 도로의 1차로를 신호에 따라 진행하던 자동차 운전자에게, 도로의 오른쪽에 연결된 소방도로에서 오토바이가 나와 맞은편 쪽으로 가기 위해서 편도 **5차선 도로를 대각선 방향으로** 가로 질러 진행하는 경우까지 예상하여 진행할 주의의무는 없다.[3]

⑯ 피고인이 **좌회전 금지구역에서** 좌회전한 것은 잘못이나, 이러한 경우에도 피고인으로서는 50여 미터 후방에서 따라오던 후행차량이 **중앙선을 넘어** 피고인 운전차량의 좌측으로 돌진하는 등 극히 비정상적인 방법으로 진행할 것까지 예상하여 사고발생 방지조치를 취해야 할 주의의무는 없다.[4] *좌회전금지와 중앙선침범의 불법차이.

⑰ 중앙선에 서서 도로횡단을 중단한 **피해자의 팔을 갑자기 잡아끌어** 도로를 횡단하게 하여 피해자가 사망하는 교통사고가 발생한 경우, 피고인은 피해자의 안전을 위한 주의의무를 다하지 않았으므로 피해자의 사망에 대한 과실책임을 면할 수 없다.[5]

⑱ ***표준판례** 녹색등화에 따라 왕복 8차선 간선도로를 직진하는 차량의 운전자는, 특별한 사정이 없는 한 왕복 2차선의 접속도로에서 진행하여 오는 다른 차량들도 **교통법규를 준수하여** 함부로 금지된 좌회전을 시도하지 않을 것으로 신뢰할 수 있다. 접속도로에서 진행하여 오던 차량이 아예 허용되지 않는 좌회전을 감행하여 직진하는 자기 차량의 앞을 가로질러 진행하여 올 경우까지 예상하여 주의해야 할 의무는 없다. 또한 운전자가 제한속도를 초과하여 과속으로 진행한 잘못이 있다 하더라도, 그러한 잘못과 교통사고 발생 사이에 상당인과관계가 있다고 볼 수는 없다.[6] *교통신호를 신뢰하고 운행한 운전자는 사고발생을 방지하기 위한 특별한 조치를 강구할 의무가 없다는 판결.

22 C. 인색한 판례태도 우리 판례는 신뢰원칙을 인정하는 데 매우 인색하다. 그것도 업무상과실치상 경우는 신뢰원칙이 적용될 수 있는 여지가 원천적으로 봉쇄되어 있다. 도로교통에서 발생하는 업무상과실치상죄 또는 중과실치상죄 대부분은 '**교통사고처리특례법**'으로 행정적으로 처리되기 때문이다(같은 법 제3조 제2항 참조). 이 법은 교통사고를 일으킨 차가 보험이나 공제회보험에 가입해 있으면 피해자 의사와 상관없이 기소하지 못하도록 규정한다(같은 법 제4조 제1항). 말하자면 교통사고처리특례법의 '특례'는 차 운전자에 대한 공소제기조건을 규정한다.[7] 이에 대해서는, 교통사고 피해자에

1) 대판 1992. 8. 18. 92도934.
2) 대판 1997. 1. 24. 95도2125.
3) 대판 2007. 4. 26. 2006도9216.
4) 대판 1996. 5. 28. 95도1200.
5) 대판 2002. 8. 23. 2002도2800. 제7회.
6) 대판 1998. 9. 22. 98도1854.
7) 대판 2017. 5. 31. 2016도21034.

게 불구, 불치 또는 난치 질병이 생긴 경우(같은 법 제 4 조 제 2 항), 필요한 구호조치를 취하지 않고 도망간 '**도주운전**' 그리고 이른바 '**12개항**'[1] 예외가 있을 뿐이다. 이것은 형법 과실범이론에 매우 중대한 의미가 있다. 즉 도로교통에서 발생하는 업무상과실치상 행위는 형법 통제대상에서 제외되어 **보험법 문제**로 되었다. 예외조항에 해당하지 않는 한 어차피 형사문제가 될 가능성은 없다. 따라서 형법 과실 여부를 따져야 할 필요도 실익도 없다. 가해차량이 보험에 가입돼 있기만 하면 피해자 치료비, 기타 손해배상 산정을 위한 민사 과실 정도가 중요 문제가 될 뿐이다. 이것은 가능하면 보험금을 적게 지급하기 위한 보험회사 관심사고 경찰과 무관한 문제다. 형법문제는 완전히 뒷전으로 밀려난다. 이것은 잘못된 비범죄화방법이다.[2]

형법통제와 민법통제는 구별해야 한다. 형법 과실범문제와 민법 손해배상문제는 구 23
별해야 한다. 도로교통 업무상과실치상범을 보험을 통해 일률적으로 비범죄화하는 것은 다른 과실범 처리와 균형이 맞지 않는다. 그렇다고 양자가 불법성에 차이가 있는 것도 아니다. 이런 식으로 하자면, 모든 과실범죄를 보험으로 처리하자는 말도 나올 법하다. 도로교통에 필요한 비범죄화는 형법적 방법인 신뢰원칙 확대적용으로도 얼마든지 달성할 수 있다. 교통사고처리특례법은 형법 과실범이론을 공동화시킨다.

신뢰원칙은 도로교통뿐만 아니라 공장, 병원 등 여러 사람이 분업 공동작업을 하는 24
경우도 적용 가능하다. 예컨대 외과수술 경우 의사는 함께 참여한 다른 의사의 주의의무를 신뢰할 수 있고, 간호사가 건네주는 수술도구가 수술에 적합한 것으로 신뢰해도 무방하다.

범죄체계 문제로, 신뢰원칙이 구성요건해당성배제사유인가 아니면 위법성조각사유 25
인가를 두고 작은 논쟁이 있다. 어떻게 보더라도 상관없으나, 자신의 규칙준수를 전제하고 객관적 주의의무를 제한하는 점에서 전자 견해에 무리가 없다.

[판례]

① 정신병(조증)으로 입원한 환자에게 투여한 조증치료제인 클로르포르마진의부작용으로 발생한 기립성저혈압을 치유하기 위해 포도당액을 과다 주사한 과실로, 환자가 전해질이상 등으로 인한 쇼크로 사망하였다. 이 경우 그 치료과정에서 **야간당직의사의 과실이** 일부 개입하였다고 하더라도, 그의 **주치의사 및 환자와의 관계에** 비추어 볼 때, 환자의 주치의사는 업무상과

1) 특례가 적용되지 않는 '12개항'은, ① 교통신호 또는 경찰관의 지시위반, ② 중앙선침범, 횡단 · 유턴 · 후진위반, ③ 제한속도 시속 20km 초과, ④ 앞지르기 방법 · 금지위반, ⑤ 건널목통과방법위반, ⑥ 횡단보도의 보행자보호의무위반, ⑦ 무면허운전, ⑧ 음주운전, ⑨ 보도침범, ⑩ 승객추락방지의무를 위반하여 운전한 경우, ⑪ 「도로교통법」 제12조 3항에 따른 어린이 보호구역에서 같은 조 제 1 항에 따른 조치를 준수하고 어린이의 안전에 유의하면서 운전하여야 할 의무를 위반하여 어린이의 신체를 상해에 이르게 한 경우, ⑫ 「도로교통법」 제39조 제4항을 위반하여 자동차의 화물이 떨어지지 아니하도록 필요한 조치를 하지 않은 경우 등이다(교통사고처리특례법 제 3 조 제 2 항 제 1~12호). 2016. 12월 개정.

2) 상세한 연구 주현경, 「형사특별법을 통한 형사법의 확장」(형사법연구 27, 2015), 173면 이하; 김성진, 앞의 글(156/10), 223면 이하.

실치사죄의 책임을 면할 수 없다.[1]

② 의사가 다른 의사와 의료행위를 분담하는 경우에도 자신이 환자에 대해 **주된 의사의 지위에** 있거나 다른 의사를 사실상 지휘 감독하는 지위에 있다면, 의사는 자신이 주로 담당하는 환자에 대해 다른 의사가 하는 의료행위의 내용이 적절한 것인지 여부를 **확인하고 감독해야** 할 업무상 주의의무가 있다. 만약 의사가 이와 같은 업무상 주의의무를 소홀히 하여 환자에게 위해가 발생하였다면, 의사는 그에 대한 과실 책임을 면할 수 없다.[2]

③ 의사는 간호사로 하여금 의료행위에 관여하게 하는 경우에도, 그 의료행위는 의사의 책임하에 이루어지는 것이고 **간호사는 그 보조자**에 불과하므로, 간호사가 과오를 범하지 않도록 충분히 지도 · 감독하여 사고발생을 미연에 방지해야 할 주의의무가 있다. 이를 소홀히 하여 간호사의 과오로 환자에게 위해가 발생하면, 의사는 그에 대한 과실책임을 면할 수 없다.[3]

④ ***표준판례** 내과의사가 신경과 전문의에 대한 협의진료 결과 피해자의 증세와 관련하여 신경과 영역에서 **이상이 없다는 회신**을 받았다. 그는 그 회신내용을 신뢰하여 뇌혈관계통 질환의 가능성을 염두에 두지 않고 내과 영역의 진료행위를 계속하다가, 피해자의 증세가 호전되기에 이르자 퇴원하도록 조치하였다. 위 내과의사는 피해자의 지주막하출혈을 발견하지 못한 데 대해 업무상과실이 인정되지 않는다.[4] *의료사고에서 **전문의와 협의진료를** 신뢰한 경우에는 과실을 인정할 수 없다는 판결.

⑤ 의료사고에서 의료종사자의 과실을 인정하기 위해서는, 의료종사자가 결과발생을 예견할 수 있고 또 회피할 수 있었는데도 이를 예견하거나 회피하지 못한 과실이 인정되어야 한다. 그러한 과실 유무를 판단할 때에는 같은 업무와 직무에 종사하는 **보통인의 주의 정도를 표준**으로 해야 하며, 이에는 사고 당시의 일반적 의학 수준과 의료환경 및 조건, 의료행위의 특수성 등을 고려해야 한다.[5]

⑥ ***표준판례** 의사는 자기의 지식경험에 따라 적절하다고 판단되는 진료방법을 선택할 **상당한 범위의 재량을** 가진다. 그것이 합리적인 범위를 벗어난 것이 아닌 한 진료 결과를 놓고 그중 어느 하나만이 정당하고 이와 다른 조치를 취한 것은 과실이 있다고 말할 수는 없다. 소아외과 의사가 5세의 급성 림프구성 백혈병 환자의 항암치료를 위해 쇄골하 정맥에 중심정맥도관을 삽입하는 수술을 하는 과정에서 환자의 우측 쇄골하 부위를 주사바늘로 10여 차례 찔렀다. 이로 인해 환자가 우측 쇄골하 혈관 및 흉막 관통상에 따른 외상성 혈흉으로 인한 순환혈액량 감소성 쇼크로 사망하였다. 이 경우 담당 소아외과 의사에게 형법 제268조의 업무상 과실은 인정되지 않는다.[6]

⑦ 피고인은 백색실선을 침범하여 1차로에서 2차로로 진로를 변경한 업무상 과실로, 2차로를 따라 진행하던 개인택시가 추돌을 피하기 위해 갑자기 정지하였고, 이로 인하여 택시 승객인 피해자가 약 2주간의 치료가 필요한 상해를 입었다. 도로면의 **백색실선은** 교통사고처리법 제

1) 대판 1994. 12. 9. 93도2524.
2) 대판 2007. 2. 22. 2005도9229.
3) 대판 1998. 2. 27. 97도2812.
4) 대판 2003. 1. 10. 2001도3292.
5) 대판 2011. 9. 8. 2009도13959. 제2, 6회.
6) 대판 2008. 8. 11. 2008도3090.

3조 제3조 제2항 단서 제1호에서 정한 **'통행금지를 내용으로 하는 안전표지'에** 해당하지 않고, 피고인이 운전한 승용차가 자동차종합보험에 가입되어 있었으므로 이 사건 공소제기의 절차가 법률의 규정을 위반하여 무효인 때에 해당한다는 이유로 이 사건 공소를 기각한 원심 판결을 수긍하였다.[1] *다른 견해에 있던 종래 판례를 변경함.

(나) **신뢰원칙 적용한계** 도로교통과 기술분업 공동작업에서 다른 참여자를 신 26
뢰할 수 없는 특별한 사정이 있는데도 신뢰원칙이 적용되는 것은 곤란하다. 따라서 다음 같은 경우는 그 적용이 제한된다.

A. 스스로 규칙을 위반한 경우 스스로 규칙을 위반하여 야기한 위험을 타인이 27
극복할 것으로 신뢰할 수는 없다. 다시 말하면 타인에 대한 신뢰가 자신의 주의의무위반을 구제해 주지는 않는다. 스스로 야기한 위험은 스스로 방지해야 할 책임이 있고, 신뢰원칙을 들어 그 책임을 타인에게 전가할 수는 없다. 대법원도 "위험한 곡로曲路에서 도로 중앙선을 제한속도를 초과한 고속으로 운전하다가 반대방향에서 우측으로 진행하여 오던 택시와 충돌한 것은 오로지 피고인 과실로 발생한 것이다" 판시한다.[2] 그렇다고 규칙위반이 언제나 신뢰원칙을 배제하는 것은 아니다. 행위자 규칙위반이 결과발생의 결정적 원인이 아닌 경우는 정황에 따라 신뢰원칙이 인정될 수 있다.[3]

B. 상대방 규칙위반을 인식한 경우 행위자가 다른 참여자의 규칙위반을 이미 28
알고 있거나 알 수 있는 경우는 신뢰원칙이 제한된다.

"고속도로를 무단횡단하는 보행자를 충격하여 사고를 발생시킨 경우라도 운전자가 상당한 거리에서 보행자의 무단횡단을 미리 예상할 수 있는 사정이 있었고, 그에 따라 즉시 감속하거나 급제동하는 등 조치를 취하였다면 보행자와 충돌을 피할 수 있었다는 등 특별한 사정이 인정되는 경우는 자동차 운전자의 과실이 인정될 수 있다."[4]

또는 "반대방향에서 오는 차량이 이미 중앙선을 침범하여 비정상적인 운행을 하고 있음을 29
목격한 경우는 자기의 진행전방에 돌입할 가능성을 예견하여 그 차량의 동태를 주의깊게 살피면서 속도를 줄여 피행하는 등 적절한 조치를 취함으로써 사고발생을 미연에 방지할 업무상 주의의무가 있다."[5]

외과수술 경우 의사는 간호사가 과로한 상태에 있다는 사실을 알았거나 또는 간호 30
사가 의사처방이 잘못되었다고 의심할 만한 동기를 가졌을 때 신뢰원칙은 적용될 수 없다.

31
C. 상대방의 규칙준수가능성이 없는 경우 노인, 불구자, 어린아이 등과 같이 정신·신체적 결함 또는 지적 능력 흠결로 상대방이 의무규칙을 알지 못하거나 알 수

1) 대판 2024. 6. 20. 2022도12175 전원합의체.
2) 대판 1973. 6. 12. 73다280.
3) 대판 1970. 2. 24. 70도176.
4) 대판 2000. 9. 5. 2000도2671; 1981. 3. 24. 80도3305.
5) 대판 1986. 5. 27. 86도549; 1986. 2. 25. 85도2651.

없는 경우 신뢰원칙은 배제된다. 사고빈발지역도 마찬가지다. 앞차 또는 뒤차 운전자가 음주운전을 하고 있다는 사실을 알았을 경우 그는 신뢰대상에서 제외된다. "버스운전자가 40미터 전방 우측노변右側路邊에 어린아이가 같은 방향으로 걸어가고 있음을 목격한 경우 자동차운전자는 그 아이가 진행하는 버스 앞으로 느닷없이 튀어나올 수 있음을 예견하고 이에 대비할 주의의무가 있다."[1)]

[판례]

***표준판례** 신뢰원칙은 상대방 교통관여자가 도로교통의 제반법규를 지켜 도로교통에 임하리라고 신뢰할 수 없는 특별한 사정이 있는 경우에는 그 적용이 배제된다. 이 사건의 사고지점이 **노폭 약 10미터의 편도 1차선 직선도로이며**, 진행방향 좌측으로 부락으로 들어가는 소로가 정(丁)자형으로 이어져 있는 곳이고, 당시 피해자는 자전거 **짐받이에 생선상자를** 적재하고 앞서서 진행하고 있었다. 이 경우 피해자를 추월하고자 하는 자동차운전사는 자전거와 간격을 넓힌 것만으로는 부족하고, 경적을 울려서 자전거를 탄 피해자의 주의를 환기시키거나 속도를 줄이고 그의 동태를 주시하면서 추월하였어야 할 주의의무가 있다.[2)]

(3) 객관적 예견가능성

32 행위자가 행위 당시 객관적으로 인식·예견할 수 없었던 결과발생은 행위자에게 귀속시킬 수 없다. 발생된 구성요건결과가 행위시점에 '**일반생활경험**'으로 미루어 상당한 것, 즉 행위의 **비정상 결과**가 아니라고 판단되면 객관적 예견가능성은 존재한다. 일반생활경험을 뛰어넘는 행위자의 특별한 지식은 여기에 포함되지 않고 책임단계에서 고려한다. 객관적 예견가능성은 결과 그 자체뿐만 아니라 결과에 이르러가는 중요과정에도 존재해야 한다. 누구도 예상할 수 없을 만큼 일반생활경험에서 벗어난 과정으로 발생한 결과는 객관적 예견가능성이 없기 때문에 과실행위가 되지 않는다. 예를 들면 주의의무에 위반한 행위로 발생한 교통사고에서 피해자가 병원으로 옮기는 도중 다른 교통사고로 사망하면 원래 행위자에게 과실치사책임을 물을 수 없다.

(4) 결과발생

33 과실 구성요건은 구성요건결과가 발생해야 충족될 수 있다. 구성요건결과의 발생양태는 고의범과 마찬가지로 침해범뿐만 아니라 위험범으로도 가능하다. 과실일수過失溢水(제181조)는 위험범에 속한다. 부작위에 의한 과실범도 가능하다.

(5) 인과관계

34 과실범이 구성요건에 해당하기 위해서는 행위와 결과 사이에 인과관계가 있어야 한다. 상당인과관계, 그 중에서도 **객관적 상당인과관계설이** 판단기준이다. 결과에 대해

1) 대판 1970. 8. 18. 70도1336.
2) 대판 1984. 4. 10. 84도79.

상당히 개연적 조건(상당히 보편적인 것)만이 원인으로 인정되어 결과귀속 기준이 된다. 인과관계이론을 가벌 인과관계 확정에 국한하고, 평가적 결과귀속은 객관 귀속이론에 따르는 이원 방법을 쓰는 사람은 과실범 인과관계에 대해서도 객관 귀속문제를 함께 설명한다. 그러나 상당인과관계설을 취하면 평가적 결과귀속은 여기에 포함되기 때문에 객관적 귀속을 별도로 논의해야 할 필요는 없다.

[판례사례] 의사가 간호사에게 신뢰원칙을 주장할 수 있는 조건　甲은 마취담당의사, 乙은 간호사 그리고 丙은 환자로서 피해자다. 피해자 丙은 A병원에서 마취상태로 수술을 받았다. 수술 후 丙은 의사 甲으로부터 마취회복 처치를 받고 회복실로 이송되었다. 甲은 환자 丙에게 자발호흡이 있는 것만 확인하고 의식회복은 분명치 않은 상태에서 두고 그 장소를 떠났다. 그런데 성명불상의 어느 간호사가 의사 甲이 환자 丙에게 부착한 심전도기를 떼어버리는 일이 발생하였다. 이때 회복실에는 원래 회복실담당은 아니지만 자기가 맡은 환자 회복처치를 하고 있던 간호사 乙이 있었다. 丙이 회복실로 이송된 지 30분이 경과할 무렵 공소 외 의사 丁은 환자 丙에게 호흡중단의 생리장애가 일어난 것을 발견하고 응급처치를 하였으나 丙은 의식을 회복하지 못하였다. 丙은 무산소증 또는 저산소증에 따른 뇌손상으로 2개월 후 사망하였다.[1)]

[해설] 검찰은 甲과 乙을 업무상과실치사죄(제268조)로 기소하였고, 원심법원은 甲은 유죄, 乙에게는 무죄를 선고하였다. 이에 대해 피고인 甲은 회복실에 간호사가 있었고 심전도기 탈착은 성명불상 다른 간호사가 행한 것이므로 자신에게는 과실이 없다는 이유로 상고하였다. 검사는 간호사 乙에 대해 회복실 내 환자를 보살피지 않은 과실이 있다는 주장으로 상고하였다. 대법원은 피고인과 검사 상고를 모두 기각하였다. 그 논거가 문제다.

이 사건은 과실범의 객관적 주의의무를 제한하는 신뢰원칙이 적용되기 위한 조건을 묻고 있다. 즉 의사 甲에게 신뢰원칙을 적용할 수 있다면 甲은 과실범 죄책을 부담하지 않아도 된다. 그러므로 신뢰원칙에 관한 일반 설명을 먼저 해야 한다. 도로교통을 중심으로 생성된 배경과 그 밖에도 공장, 병원 등 고도 분업활동을 하는 영역까지 확대 적용되고 있다는 점 그리고 그 적용한계를 설명한다. 이 사건에도 마취, 수술, 마취회복 등 일련의 분업 수술행위에서 참여하는 각 의료인에게 신뢰원칙을 적용하지 않으면 신속하고 효과적인 수술은 어렵다. 문제는 의사 甲이 신뢰원칙 적용을 받을 수 있는 충분한 사전조취를 취하였는가에 있다. 회복실에 옮긴 환자 丙 마취회복에 대한 1차 임무를 지고 있는 사람은 의사 甲이다. 甲은 간호사 乙에게 환자 丙을 감시하도록 **업무를 인계하지** 않은 이상, 乙이 丙을 감시할 것으로 신뢰할 수 없다. 그러므로 이러한 인계를 받지 않은 乙은 환자 丙을 특별히 감시해야 할 주의의무가 발생하지 않고 丙이 사망하더라도 업무상과실치사죄 책임을 져야 할 이유가 없다. 이 점에서 대법원은, 적어도 환자를 떠날 때 환자를 담당하는 간호사를 특정하여 그로 하여금 환자 상태를 주시하도록 하여 만일 이상이 발견되면 즉시 응급조치가 가능하도록 해야 할 의무가 있다고 판시한다. 마취환자가 의식이 회복되기 전까지 호흡이 정지될 가능성이 있기 때문이다. 만일 이 사건에도 甲이 乙에게 그러한 **사전조치를 취하고** 떠났다면, 甲은 乙을 신뢰할 수 있고 그 결과 발생된 결과에 대해 甲이 아닌 乙이 과실범 책임을 부담해야 한다. 그러한 조치를 취하지 않은 甲은 업무상과실치사죄 죄책을 면할 수 없고 乙은 무죄다.

---

1) 대판 1994. 4. 26. 92도3283.

2. 과실범 위법성

(1) 주관적 정당화요소 필요성

35 고의범과 마찬가지로 과실범에도 불법구성요건이 실현되면 정당화사유(위법성조각사유)가 존재하지 않는 한 위법성은 징표된다. 즉 정당화사유에 따라 과실범 위법성은 언제든지 배제될 수 있다.

36 한 가지 쟁점으로, 과실범의 위법성조각에 주관적 정당화요소가 필요한가에 대해 **긍정설**과 **부정설** 그리고 **부분긍정설**이 있다. 그러나 과실범에는 객관적 정당화사유 존재로 충분하고 주관적 정당화사유는 필요 없다. 그 이유는, 과실범에도 객관적 정당화사유가 존재하면 법익침해나 법익위태화에 놓여 있는 결과불법은 없어진다. 남는 것은 행위불법인데, 이것은 미수상황에 해당된다. 그러나 과실범 미수는 고의범 미수와 달리 처벌대상이 되지 않는다. 과실미수는 없다. 그러므로 과실범에는 행위불법을 주관적 정당화요소로 상쇄시켜야 할 필요가 없다.

(2) 개별 정당화사유

37 과실범의 개별 위법성조각사유로는 정당방위, 긴급피난, 피해자승낙이 있다.

38 1) 정당방위 과실로 야기된 결과가 만일 고의로 야기되었더라도 정당방위에 해당할 수 있으면 그 과실행위는 정당방위로 위법성이 배제된다. 예컨대 위법한 공격자에게 경고사격을 한다는 것이 잘못하여 총상을 입힌 과실행위는 정당방위로 위법성이 조각된다. 동일한 행위결과를 고의로 야기하였더라도 정당방위에 해당하기 때문이다. 방위행위에 결합된 일정한 위험범위 안에 있는 과실행위도 정당방위로 인정된다. 예컨대 절도범 도주를 막으려고 했는데 거리가 너무 멀어 치명적 총상을 입힌 과실치사행위는 총격 필요성이 인정될 경우 정당방위가 된다.

39 이상과 같은 과실행위에 의한 정당방위도 형법 제21조 정당방위의 일반 요건인 정당방위상황, 방위행위(주관적 정당화요소인 '방위의사'는 필요 없음) 그리고 상당성을 구비해야 한다. 방위행위 중 공격자가 아닌 제3자에게 피해를 입힌 것은 정당방위가 되지 않는다.

40 2) 긴급피난 과실행위는 긴급피난에 의해서도 정당화가 가능하다. 주로 도로교통분야에서 문제되는데, 교통규칙위반으로 보존하고자 하는 이익이 교통규칙 준수이익보다 우월하면 긴급피난이 성립한다. 예컨대 중환자를 병원으로 급히 이송하는 과정에서 발생한 과실행위에 대해 생각해 볼 수 있다. 긴급피난의 일반적 요건을 갖추어야 하는 것은 물론이다.

41 3) 피해자승낙 피해자승낙에 의한 과실행위 정당화는 주의의무위반행위를 염두에 두고 그 위험성을 승낙하면 된다. 따라서 침해결과에 대한 승낙은 필요 없다. 술 취한 운전자인 줄 알면서 동승한 사람이나, 운동경기에 수반된 위험을 예로 들 수 있다. 승낙자가 해당 법익의 주체여야 함은 고의범 경우와 같고, 정당방위, 긴급피난과 마찬가지로 피해자승낙의 일반적 요건을 구비해야 한다.

3. 과실범 책임

42 과실범의 책임표지는 고의범과 공통인 책임능력, 위법성인식, 기대가능성 외에 특

별한 것으로 주관적 과실이 있어야 한다.

(1) 책임능력 · 위법성인식 · 기대가능성

과실범에도 행위자는 유책하게 행위할 수 있는 책임능력(제9, 10조)을 갖추어야 한다. 위법성인식은 현실적인 것뿐만 아니라 잠재적인 것도 무방하다. 과실행위자는 자기가 위반한 주의의무가 법적 의무라는 사실을 알고 있거나 또는 알 수 있어야 한다. 기대가능성은 행위자에게 주의의무 준수를 기대할 수 없는 특별히 어려운 상황에서 문제된다. 그러나 책임의 일반 표지로 기대가능성이 적용되는 경우는 거의 없고, 주로 형법 제21조 제3항 면책 과잉방위와 제22조 제3항 면책 긴급피난으로 구현된다. 43

(2) 주관적 과실

과실범의 책임은 객관적 과실, 즉 객관적 주의의무위반과 객관적 예견가능성이 주관적 과실과 연결되어야 한다. 주관적 과실은 과실범의 고유한 책임요소이다. 주관적 과실은 주의의무를 충족하는 결과를 예견할 수 있는 행위자의 개인 · 주관적 능력을 기준으로 판단한다. 아무리 객관적 주의의무위반과 객관적 예견가능성이 있더라도 그것이 행위자 개인의 주관적 능력을 벗어난 경우는 그의 책임으로 돌릴 수 없다. 즉 책임이 없으므로 과실범으로 처벌되지 않는다. 44

1) 주관적 주의의무위반

(가) **인수과실引受過失** 행위자는 개인적으로 객관적 주의의무를 충족할 수 있는 상황에 있어야 한다. 즉 그는 일반인에게 제기된 주의의무 요청을 개인적으로 인식하고 부응할 수 있어야 한다. 그러므로 기준이 되는 것은 그의 개인 능력인데, 예컨대 정신 · 신체적 능력, 지식 · 경험 등이 여기 속한다. 만일 행위자가 이런 개인 능력의 결함으로 객관적 주의의무를 다할 수 없을 경우 그의 책임으로 돌릴 수 없다. 그러나 행위자가 그의 능력에 벗어나는 일을 스스로 하겠다고 나선 경우는 과실책임이 인정되고, 이것을 **인수책임** 또는 인수과실이라 한다. '인수'한 행위요청을 충족할 수 없다는 사실을 알았을 경우 인수책임은 인정된다. 45

(나) **감독과실** 인수과실과 유사 개념으로 감독과실이 있다. 이 개념은 구성요건결과를 직접 야기한 행위자 외에 이를 감독하는 상급감독자의 형사책임을 추궁하기 위해 일본에서 개발된 이론이다. 이렇게 되면 직접 행위자와 감독자 모두 발생 결과에 대한 과실범 책임을 면할 수 없다. 따라서 감독과실 개념은 **과실범 공동정범**을 인정하는 것과 같은 결과가 되어 과실범 가벌성을 **확대시키는** 이론이다. 이때 감독의무는 주의의무인 동시에 '작위의무'이고 감독의무 불이행이라는 '감독과실'은 곧 '과실 부작위범'과 같다. 감독과실을 인정한 판례는 **'성수대교붕괴사건'**을 들 수 있다. 46

이 판례는 위 「과실범 공동정범」 부분에서 상세하게 평석한 바 있다.[1] 과실은 사 47

1) 위 131/24 판례문제 참조.

후 평가개념에 지나지 않아서 결과가 발생되지 않은 행위는 아무리 주의의무위반행위가 있더라도 '과실행위'라는 평가를 내리지 않는다. 이러한 과실개념 특성을 무시하고 '감독책임'을 근거로 과실범을 인정하는 것은 구성요건결과가 발생된 거의 모든 행위에 대해 감독자에게 과실범 공동정범과 같은 책임을 지울 수 있다. 이것은 국민의 법에 대한 예측가능성 범위를 일탈함으로써 과실범 책임을 '우연책임'으로 하는 것과 같아서 법치국가원칙에 어긋난다. 이런 식으로 하면 과실범 처벌범위는 너무 넓어진다.

47a 도급인은 수급인에 대해 감독자 지위에 있지 않다. 법령에 따라서 도급인에게 수급인 업무에 관해 구체적 관리 · 감독의무가 부여되어 있거나 도급인이 공사시공이나 개별 작업에 관해 구체적으로 지시 · 감독하였다는 등 특별한 사정이 없는 한, 도급인에게 수급인 업무와 관련하여 사고방지에 필요한 안전조치를 할 주의의무가 없다.[1]

48 **2) 주관적 예견가능성** 개인적 예견가능성은 과실결과범 책임요소다. 구성요건결과와 사건진행과정의 본질 부분을 예견할 수 있는 개인 능력을 구비하고 있어야 한다. 이것은 인식 없는 과실 경우에만 문제된다. 인식 있는 과실행위자는 결과발생가능성을 이미 예견하고 있다.

[판례] 감독과실 인정(성수대교붕괴 사건)

이 사건 교량 시공을 맡은 동아건설 주식회사의 당시 기술담당 상무이사인 피고인 갑과 같은 공장 철구부장인 공동피고인 을은, 이 사건 트러스를 설계도대로 정밀하게 제작하도록 **지휘 · 감독할 직접적이고 구체적인 업무상 주의의무**가 있다. 그럼에도 이들에 대해 무리하게 트러스 제작 공기단축을 독려하고 **감독을 소홀**히 하여 부실용접을 방치하였다. 그리고 당시 동아건설 주식회사 현장소장인 피고인 병은 성수대교 시공현장에 거의 나타나지 않았다. 병은 행정업무뿐만 아니라 공사에 관한 **기술적 지휘 · 감독**을 해야 하고, 시공하는 교량의 공법과 구조 등을 숙지하여 공사를 지휘하고 시공에 사용되는 자재의 재질이나 규격이 설계도대로 제작되어 정확한지 여부 등을 최종적으로 확인 · 점검할 의무가 있다. 현장소장에게 요구되는 통상 주의를 기울였다면 이 사건 트러스 제작의 잘못을 발견할 수 있었을 것이다.[2]

[인수과실 사례] 성형외과의사 甲은 환자 乙의 무리한 성형수술요구를 받았다. 얼굴 전체를 어느 배우처럼 고쳐 달라는 것이었는데, 그건 甲 능력 밖에 있는 일이었다. 그럼에도 乙 요구에 못 이겨 수술을 감행하다가 乙이 실명하는 불상사가 발생하였다.

[해설] 이 사안은 다음과 같이 나누어 고찰해야 한다. 우선 수술 그 자체로 볼 때, 甲은 과실범 구성요건에 해당한다. 그러나 수술내용은 그의 능력 밖에 있는 것이므로 일단 과실에 대한 책임은 없다. 그리고 나서 **수술하겠다고 나선 책임**('**인수책임**')을 물어야 한다. 인수과실 문제다. 甲은 스스로 능력 밖에 있는 일을 하겠다고 나섰기 때문에 그 책임을 부담해야 한다. 즉 甲은 그 수술을 하지 않아야 했다. 따라서 甲은 과실범 구성요건에 해당하고 과실범 책임도 인정된다. 인수과실 또는 인수책임이 있다. 甲 행위는 업무상과실치상(제268조)에 해당된다.

1) 대판 2015. 10. 29. 2015도5545. 제6회.
2) 대판 1997. 11. 28. 97도1740.

제 2 장 결과적 가중범

[157] Ⅰ. 고의범과 과실범의 결합

1. 결과적 가중범 의의

결과적 가중범은 고의 기본범죄가 본래 구성요건결과를 넘어 행위자가 예견하지 못한 중한 결과를 발생시킨 경우 형이 가중되는 범죄를 말한다. 즉 '고의의 기본범죄와 과실의 중한 결과발생이 결합한 범죄유형'이다. 그러나 형법은 제15조 2항에서 "결과 때문에 형이 무거워지는 죄의 경우에 그 결과발생을 예견할 수 없었을 때에는 무거운 죄로 벌하지 아니한다"는 형태의 소극적 규정방식을 취한다. 형법각칙이 규정하는 결과적 가중범으로는 상해치사(제259조), 폭행치사상(제262조), 유기치사상(제275조), 체포감금치사상(제281조), 강간치사상(제301조), 강도치사상(제337, 338조) 등이 있다. 예외 없이 기본범죄는 고의범에 국한하고 과실범에 대한 결과적 가중범은 인정하지 않는다. 그런데 형법 제15조 2항은 무거운 결과발생에 대한 예견가능성이 없을 때 무거운 죄로 처벌하지 않는다고 규정함으로써 '무거운 결과발생에 대한 과실'을 결과적 가중범 요건으로 한다. 그러므로 현행 결과적 가중범은 고의 기본범죄와 과실 결과발생으로 성립하는 '**고의와 과실의 결합형태**'라고 할 수 있다. 다시 말하면 결과적 가중범은 고의범과 과실범이 하나의 구성요건 안에 결합한 범죄유형이다. 1

형법 제259조 상해치사를 보기로 하여 형법 제15조 제 2 항 결과적 가중범 의미를 다시 살펴보자. 상해치사 기본범죄는 '상해'다. 행위자는 상해에 대한 고의를 가지고 있다. 그런데 그 결과, 행위자가 원치 않는 사망이 발생한 경우 상해치사(3년 이상의 유기징역)의 무거운 죄로 처벌하기 위해서는 사망이라는 결과발생에 대한 행위자 과실이 있어야 한다. 만일 그런 과실이 없을 때, 즉 행위자가 사망 결과발생을 전혀 예상할 수 없을 경우 행위자는 사망에 대한 책임을 지지 않는다. 단순 상해죄로 처벌될 뿐이다. 그러므로 결과적 가중범인 '상해치사'는 고의범(상해)과 과실범(과실치사)의 결합형태다. 그 형벌(3년 이상의 유기징역)은 단순한 과실범(과실치사 법정형은 2년 이하의 금고 또는 벌금)보다 무겁고 상해와 과실치사를 상상적 경합한 것보다도 무겁다(상해의 법정형은 7년 이하의 징역 또는 벌금). 결과적 가중범이 '무거운 죄'라고 하는 것은 바로 이것을 두고 하는 말이다. 2

결과적 가중범에 대한 판례보기를 하나 들면, "술에 취한 사람의 얼굴을 한 번이라도 잘못 때리면 뒤로 넘어질 염려가 있고, 경우에 따라서는 머리를 땅에 부딪쳐서 뇌출혈을 일으킬지도 모른다는 것은 경험법칙상 쉽게 예견할 수 있기 때문에 폭행치사[1]의 결과적 가중범에 해당된다."[2] 3

---

1) 폭행치사는 상해치사와 동일하게 처벌한다(제262조).

2) 대판 1970. 4. 28. 70도518.

2. 결과적 가중범과 책임원칙

4 형법의 결과적 가중범은 해당 범죄의 고의 기본범죄와 무거운 결과에 대한 과실범을 상상적 경합한 것보다 법정형을 높게 규정한다. 형벌을 받는 행위자 관점에서 보면 이와 같은 가중처벌이 자기 책임에 상응하는 정당한 형벌이 될 수 있는가 문제, 다시 말하면 결과적 가중범을 단순한 과실범보다 무겁게 처벌하는 합리적 근거가 무엇인가 하는 문제가 책임원칙과 관련한 논의다. 만일 기본범죄와 무거운 결과발생 사이에 특별한 가중근거를 요구하지 않고 단순한 조건설 인과관계만으로 가중처벌을 인정하면, 그것은 곧 전근대 결과책임사상 잔재고 근대형법에서 확립한 책임원칙에 어긋난다. 결과적 가중범이 책임원칙과 조화를 꾀할 수 있는 방법은 두 가지가 있다.

(1) 무거운 결과발생에 대한 중과실 요구

5 현행 형법은 결과적 가중범의 일반 성립요건으로 예견가능성을 요구한다. 예견가능성은 과실의 본질 요소기 때문에 이 표지는 곧 과실로 해석하더라도 문제는 없다(**통설·판례**). 결과적 가중범의 가중처벌이 정당화되기 위해서는 단순한 과실로 부족하고 무거운 결과에 대한 인식 있는 과실이나 중과실 또는 경솔함을 요구해야 책임원칙에 부합한다. 기본범죄 실현 가운데 있는 광범위한 위험성은 무거운 결과발생에 대한 예견가능성을 항상 내포하므로 결과적 가중범은 언제나 무거운 결과에 대한 책임을 질 수밖에 없다. 이것은 사실상 결과책임과 다를 것이 없으므로 그 과실 등급을 높이지 않으면 책임원칙에 어긋난다는 것이다.

6 그러나 '경솔한 과실'에 의한 중대한 결과발생이라는 행위자 개인 능력에 기초를 둔 주관적 기준으로 결과적 가중범의 무거운 형벌이 제한되고 그 법치국가성 또는 책임주의가 달성될 수 있을지 미지수다. 오히려 결과적 가중범이라는 이유만으로 지나치게 높은 법정형을 규정하는 관행을 먼저 고쳐야 한다. 그리고 난 뒤 기본범죄와 무거운 결과발생 사이 특별한 관련성, 즉 직접성원칙으로 그 적용범위를 제한하는 이론을 세워야 한다. 이미 책임원칙을 벗어난 결과적 가중범 법정형을 중과실 요구라는 해석론으로 치유하는 데는 한계가 있다.

(2) 직접성원칙

7 **1) 직접성원칙 의의** 결과적 가중범이 동일한 결과를 야기한 단순한 과실범보다 무겁게 처벌하는 이유는 무거운 결과발생이 기본범죄의 잠재 위험에 속하여 '**기본범죄와 직접 연결**'되어 있기 때문이다. 즉 이러한 전형적 위험을 주의의무에 위반하여 간과하고 무거운 결과를 발생시킨 것은 단순한 과실범보다 행위불법이 크다고 할 수 있다. 이것을 두고 직접성원칙이라고 한다.[1] 그러므로 무거운 결과발생이 기본범죄의 전형적 위험

1) 안경옥, 「결과적 가중범의 직접성의 원칙」(형사법연구 제12호, 1999), 137면 이하.

과 직접 관련성이 없는데도 결과적 가중범으로 처벌하는 것은 책임원칙에 반한다. 왜냐하면 그런 경우 무거운 결과가 발생한 것은 단순한 우연에 지나지 않기 때문이다. 판례는 강간, 폭행 등 기본범죄를 피하기 위해 피해자 스스로 초래한 무거운 결과에 대해서도 직접성을 인정한다.[1] 예컨대 아파트 안방에 감금된 피해자가 가혹행위를 피하려고 창문을 통해 아파트 아래 잔디밭에 뛰어 내리다가 사망한 경우, 중감금행위와 피해자의 사망 사이에도 직접성(인과관계)을 인정하여 중감금치사죄가 성립하는 것으로 본다.[2]

결국 직접성은 고의 기본행위와 중한 결과발생 사이 직접 연결관계를 문제 삼는 것이기 때문에 인과관계 또는 객관 귀속의 내용이 된다. 즉 상당인과관계설을 취하면 직접성은 인과관계 내용이 되지만, 인과관계 확정과 평가 결과귀속을 분리하는 객관귀속이론에 따르면 직접성은 기본행위와 무거운 결과발생 사이 합법칙적 연관 외에 별도로 요구되는 귀속척도가 된다.[3] 그러나 객관적 귀속척도는 '일상 생활경험'을 판단기준으로 하는 인과관계 상당성을 구체화한 것에 지나지 않기 때문에 양자 내용이 차이가 날 것은 없다. 8

2) **판단기준** 직접성 판단기준은 다음 세 가지가 있다. 9

(가) **행위기준설** 기본범죄의 '행위'에 중점을 두는 견해는 기본행위결과와 상관없이 **기본행위자체 위험성이** 중한 결과발생에 대한 직접성 표지가 되는 것으로 본다. 기본범죄행위의 특별한 위험성 또는 기본행위 중과실을 요구하는 견해도 이 범주에 속한다. 그러나 기본행위와 무거운 결과 사이에 중간행위가 개입하는 경우를 설명하기 어렵고 무거운 결과(예컨대 치사)는 기본행위 결과(예컨대 상해에 따른 부상)에 따라 발생한다는 점에서 순수하게 행위 중심으로 파악하는 것은 문제가 있다. 결과적 가중범의 법치국가 제한을 완화하는 견해다. 10

(나) **결과기준설** 반대로 기본범죄 '**결과**'**로부터** 무거운 결과발생 직접성이 도출되어야 한다고 보는 견해는 후자에 대한 전자의 **치명성**을 요구한다. '치명적 기본행위결과가 무거운 결과발생의 직접 원인'이 되어야 한다고 보기 때문에 결과적 가중범의 법치국가 제한을 강화하고 중간행위가 개입할 여지를 주지 않는다. 그러나 결과는 언제나 일정한 행위 산물이라는 점에서 인위적으로 행위불법을 배제하는 것은 현실성이 떨어진다. 11

(다) **절 충 설** 절충 견해는 '**행위와 결과 양자를** 모두 직접성 표지'로 고려한다. 기본행위 위험성이 그 결과에 실현되어 무거운 결과발생으로 연결되었을 때 직접성이 인정될 수 있다는 것이다.[4] 그리하여 가급적이면 구성요건외 위험요소는 배제하고 기 12

---

1) 대판 1990. 10. 16. 90도1786; 1978. 7. 11. 78도1331.
2) 대판 1991. 10. 25. 91도2085.
3) 오영근/노수환, 13/25.
4) 안경옥, 위의 글(157/7), 144면.

본범죄 고의를 무거운 결과발생에 접근시켜 이해한다. 즉 후자는 전자의 양적 연장에 지나지 않고 행위자는 이 점에 대해 착오를 한 것과 유사하다는 것이다. 다시 말하면 기본범죄 고의위험의 넓은 범위 가운데 무거운 결과발생이라는 부수 효과가 얼마든지 포함될 수 있다. 이 견해가 타당하다(**절충설 타당**).

[158] Ⅱ. 진정결과적 가중범과 부진정결과적 가중범

1. 진정결과적 가중범

(1) 진정결과적 가중범 의의

1 결과적 가중범을 ① 진정결과적 가중범과 ② 부진정결과적 가중범으로 분류하기도 한다. 중요한 문제는 아니고 개념을 익히는 정도로 충분하다. 진정결과적 가중범은 고의 기본범죄와 과실의 무거운 결과발생 결합형태로 이루어지는 일반적인 결과적 가중범 형태를 말한다. 형법에서 상해치사, 폭행치사 등 '치사' 형식으로 규정되어 있는 결과적 가중범이 여기 속한다. 이런 유형에서 무거운 결과발생에 대한 고의가 있으면 결과적 가중범이 되지 않고 바로 살인죄가 성립한다. 예를 들면 사망하기 위해 상해한 것이 곧 살인이고 살인죄 법정형은 상해치사보다 높다.

(2) 강간치사죄와 강간살인죄

2 형법은 강간치사죄(제301조의 2)와 강간살인죄(같은 법조) 법정형을 달리 규정한다. 그러므로 강간치사죄에서 살인에 대한 고의가 있으면 보통살인죄가 아니라 강간살인죄가 성립한다. 하지만 강간치사죄가 진정결과적 가중범에 속하는 점에는 변함이 없다.

2. 부진정결과적 가중범

(1) 부진정결과적 가중범 의의

3 이에 대해 부진정결과적 가중범은 고의 기본범죄에 결합된 무거운 결과발생이 과실과 함께 고의로도 가능한 경우를 말한다. 교통방해치상(제188조), 강간치상(제301조), 현주건조물방화치상(제164조 제 2 항 전단) 등 '치상' 형식으로 되어 있는 결과적 가중범이 여기 속한다. 중상해(제258조)도 포함된다.

(2) 강간치상죄와 강간상해죄

4 강간치상(제301조)은 같은 조문 안에 강간상해죄가 규정되어 있기 때문에 상해에 대한 고의가 있으면 바로 이 죄가 성립하므로 부진정결과적 가중범이라고 할 수 없다. 비록 법정형 차이가 없어 결과면에서는 동일하지만 최소한 명칭으로는 구별된다. 부진정결과적 가중범을 인정하지 않는 견해도 있다.[1] 그러나 법률이 결과적 가중범 법정형

1) 정성근/박광민, 447면.

을 무거운 결과에 대한 고의범보다 높게 규정해 놓은 이상 부진정결과적 가중범은 인정하지 않을 수 없다. 이것은 입법 결과이기 때문에 이론에서 인정하지 않는다고 해서 그렇게 될 문제는 아니다.

(3) 현주건조물방화치사죄

'치사' 형식으로 규정되어 있음에도 부진정결과적 가중범에 속하는 유일한 예외는 5
현주건조물방화치사죄(제164조 제2항 후단)다.[1] 그 이유는 이 죄 법정형을 사형, 무기 또는 7년 이상 징역으로 **과실범인데도** 살인죄보다 높게 규정하기 때문이다. 따라서 사망결과에 대한 고의가 있는 경우도 살인죄가 아니라 이 죄로 처벌되는 결과를 가져온다. 양자를 상상적 경합하더라도 결국 현주건조물방화치사죄가 성립할 수밖에 없다.[2]

그런데도 판례는 이 죄를 진정결과적 가중범으로 파악하여 무거운 결과에 대한 고 6
의가 있을 경우 살인죄와 현주건조물방화죄의 상상적 경합 또는 실체 경합으로 해결해야 한다고 주장한 적이 있었다.[3] 그러나 이 결론은 '과실치사' 법정형을 살인죄보다 높게 규정한 입법 잘못을 판례가 무리하게 구제하고자 한 것으로서 법률의 가능한 해석한계를 벗어난다. 살인 수단으로 사용된 방화를 별개 행위로 파악할 수는 없다. 즉 판례는 '살인죄'에 대한 과실치사 선고를 두려워한 것이다. 이 문제에 대한 근본해결은 이 죄 법정형을 살인죄보다 낮추어 원래 진정결과적 가중범 위치로 돌려 놓는 것뿐이다. 그러나 최근 판례는 태도를 바꾸어 이 죄 **부진정결과적 가중범** 성격을 인정한다.

3. 진정결과적 가중범과 부진정결과적 가중범 구별실익

진정결과적 가중범과 부진정결과적 가중범 구별이 특별한 실익이 있는 것은 아니 7
다. 치상 형식으로 규정된 부진정결과적 가중범에서 고의의 무거운 결과인 상해죄에 대한 법정형이 해당 결과적 가중범의 그것보다 낮기 때문에 생기는 문제일 뿐이다. 만일 입법자가 높게 규정했으면 이들도 모두 진정결과적 가중범이 된다. 부진정결과적 가중범은 기본범죄와 결과의 불법성이 진정결과적 가중범에서만큼 큰 차이가 있는 것은 아니기 때문에 양자 불법성이 상승작용을 하여 전체 불법성을 높인 경우로 이해하면 된다.

[판례]

① ***표준판례** 기본범죄를 통하여 고의로 중한 결과를 발생하게 한 경우에 가중 처벌하는 **부진정결과적가중범**에 있어서, 고의로 중한 결과를 발생하게 한 행위가 별도의 구성요건에 해당하고, 그 고의범에 대해 결과적가중범에 정한 형보다 더 무겁게 처벌하는 규정이 있는 경우에 그 고의범과 결과적가중범은 상상적 경합관계에 있다. 그러나 고의범에 대해 더 무겁게 처벌

---

1) 제5회.
2) 제4, 6회.
3) 대판 1983. 1. 18. 82도2341 제9회. 자세한 내용 배종대, 형법각론, 99/1 참조.

하는 규정이 없는 경우에 결과적가중범은 고의범에 대해 특별관계에 있으므로 결과적가중범만 성립하고, 이와 법조경합관계에 있는 고의범에 대하여는 별도의 죄가 성립하지 않는다. 따라서 직무를 집행하는 공무원에 대해 위험한 물건을 휴대하여 고의로 상해를 가한 경우에는 **특수공무집행방해치상죄**만 성립하고, 이와 별도로 폭력행위처벌법 위반죄(집단 · 흉기 등 상해)를 구성하지 않는다.[1] *부진정결과적 가중범에서 중한 결과에 대한 고의가 있으면 양죄가 상상적 경합이나 법조경합이 될 수 있음.

② 피고인들이 피해자들의 재물을 강취한 후 그들을 살해할 목적으로 현주건조물에 방화하여 사망에 이르게 한 경우, 피고인들의 행위는 강도살인죄와 **현주건조물방화치사죄**에 모두 해당하고, 그 두 죄는 상상적 경합범관계에 있다.[2]

③ ***표준판례** 형법 제164조 후단이 규정하는 **현주건조물방화치사상죄**는, 그 전단이 규정하는 죄에 대한 일종의 가중처벌 규정으로서 과실이 있는 경우뿐만 아니라 고의가 있는 경우도 포함한다. 사람을 살해할 목적으로 현주건조물에 방화하여 사망에 이르게 한 경우에는 현주건조물방화치사죄로 의율해야 하고, 이와 더불어 살인죄와 상상적경합범으로 의율할 것은 아니다. 다만 존속살인죄와 현주건조물방화치사죄는 상상적경합범 관계에 있으므로 법정형이 중한 존속살인죄로 의율함이 타당하다.[3] *1995년 개정된 현행 형법에서 **존속살해죄**의 법정형은 사형, 무기 또는 7년 이상의 징역으로 현주건조물방화치사죄와 같아졌다. 따라서 양죄의 법정형이 동일한 이상 상상적 경합으로 할 필요는 없고, 어느 죄명으로 처벌하더라도 상관없게 되었다.

④ 특수공무집행방해치상죄는 원래 결과적가중범이기는 하지만, 이는 중한 결과에 대하여 예견가능성이 있었음에 불구하고 예견하지 못한 경우에 벌하는 진정결과적가중범이 아니라 그 결과에 대한 예견가능성이 있었음에도 불구하고 예견하지 못한 경우뿐만 아니라 **고의가 있는 경우까지도 포함하는 부진정결과적가중범**이다.[4]

[판례사례] 개괄적 과실과 결과적 가중범   피고인 甲은 호텔에서 피해자 乙 뺨을 때리고 손으로 우측 가슴부위를 수회 때리고 멱살을 잡아 머리를 벽에 수회 부딪치게 하고 바닥에 넘어진 乙 우측 가슴부위를 수회 때리고 밟았고, 乙은 그 충격으로 정신을 잃고 빈사상태에 빠졌다. 이때 甲은 乙이 사망한 것으로 오인하고 자살로 가장하기 위해, 乙을 베란다 밑 약 13미터 아래 바닥으로 떨어뜨려 乙을 사망에 이르게 하였다.[5]

[해설] 원심법원은 甲의 일련 행위를 포괄적으로 파악하여 하나의 상해치사죄로 보았는데,[6] 이에 대해 변호인은 포괄일죄 법리상 위와 같은 두 개 행위를 포괄하여 하나의 죄로 볼 수 없을 뿐만 아니라 피고인의 제2행위로 인과관계가 중단된 것이므로 피고인에게 과실이 있는 경우에 한하여 상해죄와 과실치사죄 경합범이 성립될 뿐이라는 이유로 상고하였다. 대법원은 원심법원과 마찬가지로 甲 행위를 포괄일죄로 보아 이를 상해치사죄에 해당한다고 하였다.[7] 이와 같은 판례 태도는

1) 대판 2008. 11. 27. 2008도7311. 제2, 4, 5, 12회.
2) 대판 1998. 12. 8. 98도3416. 제3, 6, 7, 11회.
3) 대판 1996. 4. 26. 96도485. 제6회.
4) 대판 1995. 1. 20. 94도2842. 제13회.
5) 대판 1994. 11. 4. 94도2361. 제11회.
6) 서울고법 1994. 7. 27. 94노1060.

이해하기 어렵다. 만약 판례가 본 것처럼 甲이 乙을 폭행한 제1 행위에 살인고의가 있다면 개괄고의에 해당하여 살인죄가 성립한다(**통설 · 판례**). 그러나 사안에서 짐작하기로는 甲에게 살인고의가 있다고 보기는 어렵고 상해 또는 폭행고의를 인정하는 편이 타당할 것으로 생각된다. 甲에게 상해고의만 있다면 두 가지 행위가 침해한 법익이 다르고 범의도 동일하지 않기 때문에 甲 행위를 포괄일죄라고 할 수 없다. 이렇게 각각 나누어 보면, 甲이 저지른 제1 행위는 상해죄에 해당하고, 제2 행위에도 甲에게는 살인고의가 없으므로 과실치사죄에 해당한다. 결국 甲은 상해죄와 과실치사죄 경합범이 된다.[1] 甲 살인고의 유무를 달리하여 어떻게 사안을 구성하더라도 판례와 같은 상해치사죄 결론을 도출하기는 어렵다.

甲에게 제1 행위에 대해 상해고의만 인정되는데도 사망한 것으로 오인하고 자살을 가장하기 위해 베란다에서 떨어뜨린 제2 과실행위에 따라 상해치사죄라는 결과적 가중범으로 처벌하면 행위 전체를 개괄적 과실범으로 파악한다는 의미에서 "**개괄적 과실**"이라는 개념을 사용하기도 한다.[2] 그러나 개괄적 과실에 따른 결론은 받아들이기 어렵다. 결과적 가중범의 직접성이 인정되기 위해서는, ① 기본행위의 특별한 위험성이 무거운 결과에 실현되어야 하고, ② 이미 기본범죄를 행할 때 중한 결과발생에 대한 예견가능성, 즉 과실이 있어야 한다. 그럼에도 이 사안에는 기본행위와 무관한 새로운 위험으로 사망이라는 결과가 발생하였다.

원심법원과 대법원 판결은 甲 행위에서 드러난 불법성을 전체로 봐서, 법정형이 2년 이하 금고 또는 700만 원 이하 벌금인 과실치사죄보다 3년 이상 유기징역을 법정형으로 하는 **상해치사죄로** 보는 것이 법감정에 맞다고 판단한 것 같다. 그러나 자신이 폭행한 사람이 죽은 것으로 생각했을 때 일어날 수 있는 당혹감을 감안하면, 무모하게 사건을 은폐하려 한 甲 불법성을 그렇게 높게 평가하지 않을 수도 있다. 어차피 상해죄와 과실치사죄 경합범으로 7년까지 징역형을 선고할 수 있기 때문에 낮은 형량을 걱정해야 할 이유도 없다.

[159] Ⅲ. 결과적 가중범 성립요건

1. 결과적 가중범 구성요건해당성

결과적 가중범의 구성요건해당성을 위해서는, ① 고의 기본범죄와 무거운 결과발 1
생 사이 인과관계, ② 무거운 결과발생에 대한 예견가능성이 있어야 한다.

(1) 인과관계

1) 예견가능성과 인과관계 구별 결과적 가중범은 무거운 결과발생이 구성요건 2
요소로 되어 있는 결과범이다. 따라서 무거운 결과가 발생하지 않으면 결과적 가중범이 성립하지 않는다. 그러므로 다른 결과범과 마찬가지로 결과적 가중범의 구성요건에 해

7) 제2회.

1) 같은 견해는 안경옥, 위의 글(157/7), 149면; 장영민, 「개괄적 과실?」(형사판례연구 6), 83면.

2) 장영민, 위의 글, 62면 이하. 개괄적 과실은 개괄적 고의와 대비되는 개념으로 만들어졌다. **개괄적 고의**가 제1 고의행위에 제2 과실행위를 개괄적으로 포섭하는 반면 **개괄적 과실**은 제2 과실행위에 제1의 고의행위를 역으로 포섭하여 결과적 가중범을 인정한다는 의미에서 등장하였다. 즉 제1 고의행위에 중한 결과발생을 연결시켜 결과적 가중범을 인정하는 것은 내용만 다를 뿐 개괄적 고의와 유사한 구조를 가지고 있다는 것이다. 이 말은 원래 행위자의 중간행위가 개입한 경우도 결과적 가중범성립을 긍정하는 사람이 만들었다.

당하기 위해서는 고의 기본범죄와 무거운 결과발생 사이에 인과관계가 있어야 한다. 형법 제15조 제2항이 결과발생에 대한 예견가능성을 규정하고 있기 때문에 인과관계가 필요 없다고 볼 수도 있으나 인과관계와 예견가능성 문제는 구별하는 것이 옳다.

3 2) 객관적 상당인과관계설 결과적 가중범의 인과관계에 대한 판단은 상당인과관계설, 그 가운데서도 객관적 상당인과관계설에 따른다. 기본범죄로부터 무거운 결과가 발생한 것이 지금까지 일반적 경험법칙에 비추어 개연성이 있다고 판단하면 인과관계는 인정된다. 상당성 · 개연성 판단은 제3자나 법관이 행위 당시 모든 사정을 종합하여 '**일반인의 인식 · 예견가능성**'을 기준으로 내린다(**통설 · 판례**). 판례는 '상당성' 개념을 사용하면서도 그 내용에 관한 논증을 생략하거나 비약하기 때문에 실제로는 조건설을 취하는 경우가 적지 않다.

4 3) 객관적 귀속론 자연적 인과관계 확정과 평가 결과귀속을 분리하는 사람들은 여기서도 같은 방법에 따른다. 인과성 유무 판단은 합법칙 조건설에 따르고, 결과의 평가 귀속은 객관 귀속론에 따라 별도로 논의한다(이원적 방법). 그러나 형법 제17조 인과관계는 형법에 고유한 법률 인과관계개념이기 때문에 양자를 분리할 이유가 없다. 상당인과관계설은 자연적 인과관계 확정과 평가적 결과귀속을 포괄하는 일원적 인과관계 확정방법이다.

(2) 예견가능성

5 1) 주관적 구성요건요소 결과적 가중범 인과관계는 일상 생활경험에 비추어 일반인이 인식 · 예견할 수 있는 것을 기준으로 판단한다(객관 상당인과관계설). 이러한 이유 때문에 형법 제15조 제2항이 규정하는 무거운 결과에 대한 예견가능성만 검토하고 인과관계는 필요 없다는 주장이 나온다. 동일한 '예견가능성'을 두 번씩 고려해야 할 이유가 없다는 것이다. 그러나 인과관계의 예견가능성은 '**객관적 예견가능성**'을 의미하고, 법문에 있는 것은 행위자의 '**주관적 예견가능성**'을 뜻한다. 즉 형법 제15조 제2항은 무거운 결과발생이 객관적으로 예견가능한 경우도, 행위자 자신이 그것을 예견할 수 없을 때 결과적 가중범으로 처벌하지 않는다는 의미다. 그러므로 법문 예견가능성은 주관적 구성요건요소가 된다.

6 물론 이러한 주관적 예견가능성을 결과적 가중범의 책임문제로 다루더라도 상관없다. 하지만 법문에 명시적으로 규정되어 있기 때문에 (주관적) 구성요건요소로 파악하는 것이 바람직하다. 주관적 예견가능성 요건을 배제하면 결과적 가중범은 순전히 결과책임을 인정하는 것에 지나지 않는데, 이것은 책임원칙에 어긋난다. 그러므로 무거운 결과에 대한 과실 요청은 결과적 가중범이 법치국가성을 확보하기 위한 최소한 요건이다.

7 2) 예견가능성 판단시점 결과적 가중범에서 과실귀속은 주관적 예견가능성 심

사에 국한하고 과실 다른 구성요소인 주의의무위반 심사는 필요하지 않다. 무거운 결과 발생에 대한 주의의무위반은 행위자가 기본범죄를 고의로 행하였다는 점만으로 언제나 긍정될 수 있기 때문이다. 예견가능성 판단시점은 **기본범죄를 실행한 때**이다. 따라서 기본범죄를 하고 난 뒤 행한 고의·과실범죄는 별도 범죄를 구성하고 결과적 가중범이 되지는 않는다.

[판례사례] ① 피고인 甲은 피해자 乙(남 60세)과 서로 욕설을 하며 시비하던 끝에 법으로 해결하자며 乙 멱살을 잡고 약 7m 끌고 가다가 떠밀어 땅에 엉덩방아를 찧고 주저앉게 하였다. 乙은 정신·물리적 충격을 이기지 못하고 흥분하여 급성심장마비로 사망하였다. 乙은 겉으로는 건강하여 전혀 병약한 흔적이 보이지 않았으나, 사실 관상동맥경화와 협착증세를 가지고 있는 특수체질 소유자였다.[1]

[해설] 이 판례는 甲 폭행치사죄 가능성을 묻고 있다. 고의 기본범죄인 甲 폭행행위와 乙 사망이라는 과실의 무거운 결과발생 사이에 예견가능성과 인과관계가 있으면 결과적 가중범이 성립한다. 乙 사망은 乙 특수체질에 원인이 있는 것으로 보이기 때문에 甲이 이 사실을 사전정보와 외관을 통해 미리 알고 있었던 경우가 아닌 한, 甲 행위와 乙 사망 사이에 객관·주관적 예견가능성을 인정하기는 어렵다. 여기에서 객관적 예견가능성은 일반적 경험법칙에 비추어 결과발생 개연성을 검토하는 인과관계판단 문제다. 주관적 예견가능성은 법문이 요구하는 주관적 구성요건요소로서 행위자를 기준으로 한 판단이다. 결국 甲 폭행 정도는 행위자와 일반인 관점에서 乙 사망을 예견할 수 있는 범위 밖에 있고, 乙이 특수체질 소유자라는 것도 또한 그러하기 때문에 甲에게는 폭행치사죄 책임이 없고, 단순폭행죄(제260조 제1항)에만 해당한다. 그러나 만일 甲이 乙 특수체질을 모른 경우도 복부, 가슴, 머리 등을 구타하거나 넘어뜨려 머리를 땅에 부딪치게 하거나 또는 멱살을 잡고 피해자를 벽 등에 찧는 경우는 결과적 가중범 예견가능성 범주 안에 들어갈 수 있다.

② 피고인 甲은 1981. 4. 8일 피해자 乙 뺨을 2회 때리고 두 손으로 어깨를 잡아 땅바닥에 넘어뜨리고 머리를 시멘트벽에 부딪치게 하였다. 乙은 그 다음날부터 머리에 통증이 있었고, 같은 달 16일 의사 3인에게 차례로 진료를 받았을 때 혈압이 매우 높았고 몹시 머리가 아프다고 호소하였다. 그 후 乙은 병세가 계속 악화되어 결국 같은 해 4. 30일 뇌손상(뇌좌상)으로 사망하였다. 乙은 평소 고혈압과 선천성혈관기형인 좌측전고동맥류 증세가 있었고, 甲 폭행으로 피해자가 사망하는데 위와 같은 지병이 사망결과에 영향을 미친 것은 사실이다.[2]

[해설] 위 사안과 달리 이 경우는 甲 폭행과 乙 사망 사이에 상당한 인과관계가 있다고 할 것이다. 그것은 甲 행위양태에서 찾을 수 있다. 즉 甲이 乙을 땅바닥에 넘어뜨리고 머리를 시멘트벽에 부딪치게 한 때 이미 폭행과 그 결과에 대한 예견가능성이 있다 할 것이고 그것 때문에 치사결과가 발생하였다면 결과적 가중범 죄책을 면할 수 없다.

2. 결과적 가중범의 위법성·책임

결과적 가중범이 위법하기 위해서는 기본범죄 위법성과 무거운 결과에 대한 과실 8

1) 대판 1985. 4. 23. 85도303.
2) 대판 1983. 1. 18. 82도697.

범 위법성이 동시에 있어야 한다. 기본범죄가 위법성조각사유에 해당하면 무거운 결과에 대한 과실범 문제만 남는다. 반대로 기본범죄가 위법하고 무거운 결과발생에 대한 과실이 없을 경우는 기본범죄만 성립한다. 결과적 가중범 책임표지는 일반범죄와 동일하다. 즉 책임능력, 위법성인식, 기대가능성이 있어야 한다. 물론 이 요건은 기본범죄와 무거운 결과에 대한 과실범 모두 고려해야 한다. 주관적 과실(예견가능성)은 구성요건단계에서 검토한 이상 책임단계에서 다시 거론할 필요는 없다. 범죄체계론 의미 외에 특별한 실익은 없다.

[판례]

① **예견가능성 인정** 피고인은 고속도로 2차로를 따라 자동차를 운전하다가 1차로를 진행하던 갑의 차량 앞에 급하게 끼어든 후 곧바로 정차하여, 갑의 차량 및 이를 뒤따르던 차량 두 대는 연이어 급제동하여 정차하였으나, 그 뒤를 따라오던 을의 차량이 앞의 차량들을 연쇄적으로 추돌케 하여 을을 사망에 이르게 하고 나머지 차량 운전자 등에게 상해를 입혔다. 피고인은 일반인의 운전 습관 · 행태 등에 비추어 고속도로를 주행하는 다른 차량 운전자들이 제한속도 준수나 안전거리 확보 등의 **주의의무를 완전하게 다하지** 않을 수도 있다는 점을 충분히 알 수 있었다. 피고인의 정차 행위와 사상의 결과발생 사이에는 상당인과관계가 있고, **일반교통방해치사상죄**가 성립한다.[1]

② 평소 **고혈압증세가** 있는 피해자가 피고인의 폭행행위로 지면에 전도할 때의 자극으로 뇌출혈을 일으켜 사망한 경우, 폭행과 치사 사이에 상당인과관계가 인정된다.[2]

③ 상해행위를 피하려고 하다가 **차량에 치어** 사망한 경우, 상해행위와 피해자의 사망 사이에 상당인과관계가 있으므로 상해치사죄가 성립한다.[3]

④ 피고인은 자신이 경영하는 속셈학원의 강사로 피해자를 채용하고, 학습교재를 설명하겠다는 구실로 **호텔 객실에 유인하여** 감금한 후 강간하려 하자, 피해자가 완강히 반항하던 중 피고인이 대실시간 연장을 위해 전화하는 사이에 객실 창문을 통해 탈출하려다가 지상에 추락하여 사망하였다. 피고인의 강간미수행위와 피해자의 사망 사이에 상당인과관계가 인정되고 강간치사죄가 성립한다.[4]

⑤ 피고인 갑은 피해자의 뺨을 2회 때리고 두 손으로 어깨를 잡아 땅바닥에 넘어뜨리고 머리를 세멘트벽에 부딪치게 하여, 피해자가 그 다음날부터 머리통증으로 병세가 계속 악화되어 뇌손상(뇌좌상)으로 사망하였다. 피해자의 고혈압 등 평소 **지병이 사망결과에 영향**을 주었더라도, 갑이 피해자를 폭행할 당시 이미 폭행과 그 결과에 대한 예견가능성이 있었다 할 것이므로, 치사결과가 발생하였다면 갑은 결과적가중범의 죄책을 면할 수 없다.

⑥ 피해자가 도박으로 차지한 금원을 강취당하지 않기 위해 반항하면서, 경우에 따라서는 베란다 외부로 통하는 창문을 통해 주택 아래로 뛰어 내리는 등 **탈출을 시도할 가능성이** 있었다.

1) 대판 2014. 7. 24. 2014도6206. 제5회.
2) 대판 1967. 2. 28. 67도45.
3) 대판 1996. 5. 10. 96도529. 제9회.
4) 대판 1995. 5. 12. 95도425.

그러한 경우에는 피해자가 상해를 입을 수 있다는 예견도 가능하였다고 봄이 상당하므로, 피고인의 행위는 강도치상죄를 구성한다.[1] *피고인이 다른 공범자들과 함께 식칼을 가지고 도박에서 잃은 돈을 빼앗으려고 한 사건.

⑦ ***표준판례** 피고인의 구타행위로 상해를 입은 피해자가 정신을 잃고 빈사상태에 빠지자 **사망한 것으로 오인하고**, 자신의 행위를 은폐하고 피해자가 자살한 것처럼 가장하기 위해 피해자를 베란다 아래 바닥으로 떨어뜨려 사망케 하였다. 피고인의 행위는 포괄하여 단일의 상해치사죄에 해당된다.[2] *결과적 가중범에서 개괄적 고의와 유사한 사례는 포괄하여 상해치사죄가 성립한다고 본 판결.

⑧ **예견가능성 부정** 강간을 당한 피해자가 집에 돌아가 음독자살하기에 이른 원인이 강간을 당함으로써 생긴 수치심과 장래에 대한 절망감 등에 있었다 하더라도, 그 자살행위가 바로 강간행위로 생긴 **당연한 결과라고** 볼 수는 없다. 강간행위와 피해자의 자살행위 사이에 인과관계를 인정할 수는 없다.[3]

⑨ 피해자가 피고인과 만나 함께 놀다가 큰 저항 없이 여관방에 함께 들어갔으며, 피고인이 강간을 시도하면서 한 폭행 또는 협박 정도가 강간의 수단으로는 비교적 경미하였다. 피해자가 여관방 창문을 통해 아래로 뛰어내릴 당시에는 피고인이 소변을 보기 위해 화장실에 가 있는 때이어서 **피해자가 일단 급박한 위해상태에서** 벗어나 있었다. 무엇보다도 4층에 위치한 위 방에서 밖으로 뛰어내리는 경우에는 크게 다치거나 심지어 생명을 잃을 수도 있다는 점을 아울러 본다면, 이 상황에서 피해자가 강간을 모면하기 위해 4층에서 창문을 넘어 뛰어내리거나 또는 이로 인해 상해를 입기까지 되리라고는 예견할 수 없다고 봄이 경험칙에 부합한다.[4]

⑩ 피고인과 피해자가 여관에 투숙하여 별다른 저항이나 마찰 없이 성행위를 한 후, 피고인이 잠시 방밖으로 나간 사이에 피해자는 안에서 방문을 잠그고 구내전화를 통해 여관종업원에게 구조요청까지 하였다. 일반 경험칙상 이러한 상황에서 피해자가 피고인의 **방문 흔드는 소리에 겁을 먹고** 강간을 모면하기 위해 3층에서 창문을 넘어 탈출하다가 상해를 입을 것으로 예견하기는 어렵다. 피고인을 강간치상죄로 처단할 수 없다.[5]

⑪ ***표준판례** 피고인이 피해자에게 상당한 힘을 가하여 넘어뜨린 것이 아니라, 단지 공장에서 동료 사이에 말다툼을 하던 중 피고인이 삿대질하는 것을 피하고자 **피해자 자신이** 두어 걸음 뒷걸음치다가 회전 중이던 십자형 스빙기계 철받침대에 걸려 넘어졌다. 당시 바닥에 위와 같은 장애물이 있어서 뒷걸음치면 장애물에 걸려 넘어질 수 있다는 것까지는 예견할 수 있었다고 하더라도, 그 정도로 넘어지면서 머리를 바닥에 부딪쳐 두개골절로 사망한다는 것은 이례적인 일이어서 통상적으로 **일반인이 예견하기** 어려운 결과라고 할 수 있다. 피고인에게 폭행치사죄의 책임을 물을 수 없다.[6] *결과적 가중범의 성립에 폭행과 중한 결과, 즉 사망 사이의 인과관계와 함께 사망에 대한 예견가능성이 있어야 한다는 판결.

1) 대판 1996. 7. 12. 96도1142.
2) 대판 1994. 11. 4. 94도2361. 제11회.
3) 대판 1982. 11. 23. 82도1446.
4) 대판 1993. 4. 27. 92도3229.
5) 대판 1985. 10. 8. 85도1537.
6) 대판 1990. 9. 25. 90도1596.

⑫ ***표준판례** 피고인이 속칭 '**생일빵**'을 한다는 명목으로 피해자를 가격하여 사망에 이르게 하였다. 원심은, 비록 피고인의 폭행과 피해자 사망 간에 인과관계는 인정되지만, 판시와 같은 폭행의 부위와 정도 등 제반 사정을 고려할 때, 피고인이 폭행 당시 피해자가 사망할 것이라고 예견할 수 없어 폭행치사 무죄를 선고한 원심 판단은 수긍할 수 있다.[1] *폭행치사죄에서 기본범죄인 폭행죄가 성립하더라도 **중한 결과에 대한 예견가능성이** 없으면 결과적 가중범인 폭행치사죄는 성립하지 않음.

⑬ 피고인의 폭행 정도가 서로 시비하다가 피해자를 떠밀어 땅에 엉덩방아를 찧고 주저앉게 한 정도에 지나지 않은 것이었고 또 피해자는 외관상 건강하여 전혀 병약한 흔적이 없는 자였다. 그런데 사실은 **관상동맥경화 및 협착증세를 가진 특수체질자였기** 때문에 위와 같은 정도의 폭행에 의한 충격에도 심장마비를 일으켜 사망하게 되었다. 사정이 이렇다면 피고인에게 사망결과에 대한 예견가능성이 있었다고 보기 어려워 결과적 가중범인 폭행치사죄로 의율할 수 없다.[2]

[160] Ⅳ. 결과적 가중범 관련 문제

1. 결과적 가중범 공동정범

1 결과적 가중범은 고의범과 과실범이 결합한 형태다. 따라서 고의범인 기본범죄 공동과 과실 공동이 있으면 결과적 가중범 공동정범이 가능한 것처럼 보인다. 그러나 사후 평가개념인 과실행위 공동이란 있을 수 없기 때문에 결과적 가중범의 공동정범은 불가능하다. 다시 말하면 과실범 공동정범이 인정되지 않는 이상 결과적 가중범의 공동정범도 인정할 수 없다. 기본범죄를 공동으로 한 사람들 가운데 무거운 결과에 대한 과실이 있는 사람에 대해서만 개별적으로 결과적 가중범이 성립할 뿐이다(**결과적 가중범의 공동정범 부정설**).[3] 대법원은 기본범죄에 대한 공동의사가 있으면 결과적 가중범의 공동정범도 성립한다고 판시한다(**결과적 가중범의 공동정범 긍정설**).[4] 과실범 공동정범을 인정하는 결과겠지만, 법문이 명시로 요구하는 '예견가능성'을 살피지 않고 무조건 결과적 가중범으로 처벌하는 것은 수긍하기 어렵다.

[판례] 결과적가중범 공동정범

① ***표준판례** 종합관 지휘부에 속하는 피고인 1, 피고인 2, 피고인 3, 피고인 4는 종합관 농성 학생들을 지휘하면서 옥상 사수대 편성 및 배치 등에 관여하고, 피고인 5는 옥상 사수대 총지휘자로서 사수대원들로 하여금 종합관으로 진입하는 경찰관들을 향해 돌 등을 던지도록 지

1) 대판 2010. 5. 27. 2010도2680. 제2, 3회.

2) 대판 1985. 4. 3. 85도303.

3) 제4회. "갑과 을은 함께 V의 자취방에서 V를 구타하다가 사망에 이르게 하였다." 이에 대해 갑 변호인의 입장에서 상해치사의 공동정범을 부정하는 논거를 서술하라는 것이었다. 기존 판례에 대한 비판을 요구하는 문제다. 판례에 대한 맹목 추종이 아닌 종합적 관점을 요구한다.

4) 제3회.

시하였다. 피고인 6은 사수대원으로서 직접 돌 등을 던진 사실이 인정된다. 피고인들과 옥상에 위치한 사수대원들 사이에는 **순차적 또는 암묵적으로** 의사가 상통하여 이 사건 특수공무집행방해 범행에 대한 공모관계가 성립한다. 따라서 의경 김종희 사망 당시 옥상에 있지 않았거나, 그를 향해 돌을 던지는 등 실행행위를 직접 분담하지 않았더라도, 다른 공범자 행위에 대해 공동정범의 책임을 진다. 피고인들은 모두 다른 공범자 한 사람인 성명불상의 사수대원이 보도블록을 던짐으로써 의경 김종희가 그에 맞아 사망에 이른 이 사건 특수공무방해치사 죄책을 면할 수 없다.[1] *결과적가중범의 공동정범은 기본행위를 공동으로 할 의사가 있으면 성립하고 결과를 공동으로 할 의사는 필요 없음. 결과적 가중범의 공동정범 긍정설.

② 사람이 현존하는 건조물을 방화하는 집단행위의 과정에서 일부 집단원이 고의행위로 살상을 가한 경우에도 다른 집단원에게 그 사상의 결과가 **예견 가능한 것이었다면**, 다른 집단원도 그 결과에 대하여 현존건조물방화치사상의 책임을 면할 수 없다.[2] *과실범의 공동정범과 연결되는 문제.

[판례사례] 상해치사죄 공동정범 피고인 甲은 공동피고인 乙 외 여러 명과 함께 피해자 패와 패싸움을 하여 서로 치고 맞고 때리던 중, 乙이 칼을 사와서 위 패거리 丙, 丁을 찔러 사망케 하였다. 乙은 살인고의를 가지고 있지는 않았다. 甲과 乙 죄책은 어떻게 될까? 검사는 甲과 乙을 상해치사죄 공동정범으로 기소하였다. 원심은 甲과 乙 사이에 상해 의사연락이 없다는 이유로 甲 무죄를 선고하였고 검사는 이에 불복 상고하였다.[3]

[해설] 이 사건 논점은 결과적 가중범의 공동정범이 가능할 수 있는가 하는 점이다. 먼저 결과적 가중범에 관한 일반적 설명을 한다. 결과적 가중범은 고의 기본범죄와 과실의 무거운 결과발생이 결합한 범죄형식이다. 다시 말하면 고의범과 과실범 결합형식이다. 그러므로 과실범인 무거운 결과의 공동정범이 가능하면 결과적 가중범의 공동정범은 인정된다. 따라서 과실범의 공동정범에 관한 설명이 그대로 이어진다. 다수설은 과실범 공동정범을 인정하지 않는다. 판례는 인정하는 입장이다. 즉 대법원은 **행위공동설** 관점에 따라서 결과적 가중범인 상해치사죄 공동정범은 죽일 의사는 없이 폭행 기타 신체침해행위를 공동으로 할 의사가 있으면 성립하고, **결과를 공동으로 할 의사는 필요 없다고** 판시하여 상고를 이유 있는 것으로 받아들여 원심판결을 파기 환송하였다. 이 견해대로 하자면 패싸움에 대한 공동의사가 존재하는 이상 甲과 乙 사이에 상해 공동의사가 없더라도 甲에게 발생 결과에 대한 책임을 물을 수 있다. 그러나 사후 평가개념인 과실행위를 사전에 공동모의 하는 것은 불가능하다. 즉 공동정범 성립요건의 하나인 **공동범행의사**를 찾을 수 없다. 패싸움이라는 사실행위에 대한 공동의사가 치사라는 과실범에 대한 공동의사로 둔갑할 수는 없다. 丙, 丁의 사망에 관한 한 甲은 무죄이고 乙은 상해치사 죄책을 부담해야 한다고 판시한 원심 논지는 정당하다.

다만 이 사건을 결과적 가중범의 공동정범이 가능한가라는 관점에서 접근하지 않고, 공동피고인 甲이 개별적으로 乙 **초과행위에 대한 예견가능성**, 인과관계를 가지고 있었는가에 따라서 甲에게 상해치사 공동정범을 인정하는 것은 얼마든지 가능하다. 공범자 乙 초과행위가 양적 초과에 해당

1) 대판 1997. 10. 10. 97도1720. 제12회.
2) 대판 1996. 4. 12. 96도215. 제12회.
3) 대판 1978. 1. 17. 77도2193.

되기 때문에 그렇다. 즉 대법원은 전자 관점에 따라 甲의 개별적 예견가능성을 살피지 않고 기본범죄에 대한 공동의사만으로 무조건 결과적 가중범 공동정범을 인정하는 방법을 택하였다. 그러나 원심은 정당하게도 후자 방법에 따라서 甲은 乙의 돌발 상해치사행위에 대해 개별적으로 예견가능성과 인과관계가 없다고 판단하였다. 만일 있다고 판단했으면 甲 상해치사죄를 인정했을 것이다. 이 결론은 대법원과 원심이 같을 수 있지만, 그러나 그것에 이르러 가는 과정은 판이하다.

2. 결과적 가중범의 교사 · 방조

2 고의범인 기본범죄에 대한 교사 · 방조로 결과적 가중범 공범은 성립할 수 있다. 다만 교사 · 방조자 스스로 무거운 결과발생에 대한 과실이 있어야 한다. 그렇지 않으면 기본범죄에 대한 공범이 성립할 뿐이다. 여기서 무거운 결과발생에 대한 정범의 고의 · 과실 여부는 문제되지 않는다.[1)]

[판례]

① 결과적 가중범인 상해치사죄의 공동정범은 폭행 기타의 신체침해 행위를 공동으로 할 의사가 있으면 성립되고 **결과를 공동으로 할 의사**는 필요 없다. 여러 사람이 상해의 범의로 범행 중 한 사람이 중한 상해를 가하여 피해자가 사망에 이르게 된 경우, 나머지 사람들은 사망결과를 예견할 수 없는 때가 아닌 한 상해치사의 죄책을 면할 수 없다.[2)] *결과적 가중범의 공동정범.

② 피고인이 공범들과 공동하여 피해자의 신체를 상해하거나 폭행을 가하는 기회에 공범 중 1인이 고의로 피해자를 살해한 경우, 피고인은 살인행위를 공모하거나 공범의 살인행위에 관여하지 않았으므로 살인죄의 죄책은 지지 않는다. 그러나 서로 상해나 폭행행위에 관한 인식은 있었고, **예견가능한 공범의 가해행위**로 사망결과가 초래된 이상, 상해치사죄의 죄책은 면할 수 없다.[3)]

③ 교사자가 피교사자에게 상해 또는 중상해를 교사하였는데 피교사자가 이를 넘어 살인을 실행한 경우, 일반적으로 교사자는 상해죄 또는 중상해죄의 교사범이 된다. 그러나 이 경우 교자에게 피해자의 사망이라는 결과에 대한 **과실 내지 예견가능성**이 있으면 상해치사죄 교사범의 죄책을 지울 수 있다.[4)]

3. 결과적 가중범 미수

(1) 결과적 가중범 미수의 의의

3 결과적 가중범 미수의 의미에 대해 견해가 대립한다. 결과적 가중범 미수 부정설은 결과적 가중범은 그 성질이 미수를 인정할 여지가 없는 것으로 본다. 즉 결과적 가중범은 과실에 의한 무거운 결과'발생'을 본질로 하는데, 여기에 결과 '불발생'을 개념의 본

1) 류부곤, 「결과적 가중범에 대한 교사」(서울대법학 50, 2009), 379면 이하.
2) 대판 2000. 5. 12. 2000도745. 제3, 4, 10회.
3) 대판 1991. 5. 14, 91도580.
4) 대판 1993. 10. 8, 93도1873. 제3, 5, 12, 13회.

질 요소로 보는 미수는 결합될 수 없다는 것이다. 그러나 결과적 가중범 미수 긍정설은 이를 달리 이해한다. 결과적 가중범 미수는 일반적으로 **기본범죄가 미수에** 그쳤지만 무거운 결과가 발생한 경우로 이해한다. 그러므로 양 학설이 설명하고자 하는 대상이 일치하지 않는다.

(2) 결과적 가중범 미수에 대한 학설

1) 결과적 가중범 미수 부정설 이 견해는 기본범죄를 범하였으나 무거운 결과가 4
발생하지 않았을 경우 결과적 가중범 자체가 문제되지 않으므로 결과적 가중범 미수는 인정될 수 없다고 한다. 원칙적으로 결과적 가중범은 고의와 과실 결합형태이므로 **과실범 미수를** 생각할 수 없는 것과 마찬가지로 결과적 가중범 미수는 인정할 수 없다는 것이다.[1] 긍정설이 이해하는 것처럼 결과적 가중범 미수를 '기본범죄가 미수에 그쳤으나 무거운 결과가 발생한 경우'로 보는 것은 그 내용이 불명확한 문제점도 있다. 예컨대 폭행의사로 피해자를 때리기 위해 각목을 휘둘렀으나 피해자가 이를 피하다가 실족하여 사망한 경우, 이것은 폭행치사 미수가 아니라 폭행미수와 과실치사의 상상적 경합에 해당할 뿐이다.[2]

2) 결과적 가중범 미수 긍정설 결과적 가중범 미수 긍정설도 결과가 미수에 그 5
친 경우까지 결과적 가중범 미수로 보는 것은 아니다. 그것은 '기본범죄가 미수에 그치고 무거운 결과가 발생한 경우'만을 의미한다고 한다.[3] 예를 들어 강간 의도로 피해자를 폭행하던 중 강간에 이르기 전에 폭행으로 피해자가 사망한 경우 '**강간치사 미수**'가 성립한다는 것이다. 그러므로 긍정설이 말하는 결과적 가중범 미수는 그 내용이 '**미수의 결과적 가중범**'(즉 앞에 든 예 경우에는 '**강간미수의 치사**')이라고 보면 이해가 쉽다. 긍정설은 개념 불명확을 피하기 위해 무거운 결과가 기본범죄행위에 직접 연결되는 경우만 결과적 가중범 미수로 파악하고, 무거운 결과가 단지 기본범죄 결과에 기인할 뿐인 경우 그 미수가 성립하지 않는다고 한다.[4]

긍정설은 결과적 가중범 미수를 인정해야 할 정책적 필요성을 근거로 한다. 즉 기 6
본범죄가 미수에 그쳤지만 무거운 결과가 발생한 경우는 기본범죄 기수로 무거운 결과가 발생한 경우와 구별해야 한다는 것이다. 전자 경우에 미수처벌규정을 두어 법률이 감경할 수 있도록 함으로써 무조건의 결과책임주의를 피하는 장점이 있다고 한다.

3) 입법과 판례 태도 성폭력처벌법(1994. 1. 5.)이 제정되기 전까지 우리 형법에는 결과적 7
가중범 미수를 생각할 수 있는 여지가 없었다. 이에 대한 처벌규정이 없기 때문이다. 위 긍정설이 주장하는 것과 같은 결과적 가중범 미수에 대해서도 마찬가지다. 판례도 일관하게 같은 생각

1) 김성돈, 501면; 신동운, 563면; 오영근/노수환, 13/37; 이재상 외, 27/44; 정성근/박광민, 449면.
2) 판례는 이 경우도 폭행치사로 본다. 대판 1990. 10. 16. 90도1786.
3) 김일수/서보학, 478면; 임웅 외, 517면.
4) 권오걸, 「결과적 가중범의 미수규정에 대한 해석」(법학논고 76, 2022), 127면 이하.

이었다. 대법원은 "강간미수에 그친 경우라도 강간수단이 된 폭행으로 피해자가 상해를 입었으면 강간치상죄가 성립한다"[1]고 하였다. "강도상해 · 치상죄는 재물강취의 기수와 미수를 불문하고 범인이 강도범행 기회에 사람을 상해하거나 치상하면 성립한다"[2]는 것이 일관된 태도였다.[3]

8 하지만 성폭력처벌법 제15조는 특수강도강간(제 3 조), 특수강간(제 4 조), 친족관계에 의한 강간(제 5 조), 장애인에 대한 강간 등(제 6 조), 13세 미만의 미성년자에 대한 강간 등(제 7 조)으로 사람을 치상하거나 치사하는 경우에 대한 미수처벌을 규정한다. 또한 1995년 개정형법에도 이와 유사한 규정이 강요죄에서 만들어졌다. 즉 형법 제324조의 5는 강요죄(제324조), 인질강요죄(제324조의 2) 외에 인질상해 · 치상죄(제324조의 3)와 인질살해 · 치사죄(제324조의 4)에 미수처벌규정을 두고 있으며, 강도치상죄(제337조)와 강도치사죄(제338조)도 미수처벌규정을 두고 있다(제342조). 그러므로 이제 우리나라는 두 법률에서 결과적 가중범 미수를 인정하는 나라가 되었다.[4] 그러나 이 결과를 입법자가 의도한 것으로 보이지 않는 상황에서 여기에 열거한 결과적 가중범 미수도 이론적으로나, [160/14] 판례에서 보는 것처럼 실무적으로 아직 충분히 정리가 되어 있지 않다. 물론 그 밖의 결과적 가중범에 대해서는 미수를 인정할 여지가 없다.

4) 평 가

9 (가) **기본범죄가 미수에 그친 경우와 결과적 가중범 미수의 구별** 이러한 입법태도를 기본범죄 미수에 무거운 결과가 발생한 것에 대한 규정으로 보면서 결과적 가중범 미수에 대한 근거규정이 되기 때문에 종래 형법보다 진일보한 개정으로 볼 수도 있다. 그러나 입법내용을 엄밀히 보면, 이는 기본범죄 미수에 따른 무거운 결과에 대한 내용이 아니라 결과적 가중범에 대한 미수를 규정한 것이므로 긍정설이 주장하는 내용과 일치하는 것은 아니다. 나아가서 그 범위도 몇 개 되지 않는 제한된 경우에 국한하고 있다. 결과적 가중범에서 기본범죄 미수에 대한 행위불법 측면을 고려해야 한다는 정책적 의미를 일반화시키는 데도 한계가 있다.

10 (나) **법실증주의적 해석** 이에 대해, 결과적 가중범의 미수처벌규정이 있는 경우는 기본범죄행위의 미수 · 기수에 따라 결과적 가중범의 미수 · 기수가 결정되고, 그러한 규정이 없는 경우는 무거운 결과가 발생하지 않았으면 기본범죄로 처벌되고 기본범죄가 미수에 그친 경우도 무거운 결과가 발생한 이상 결과적 가중범으로 처벌되어야 한다는 견해도 있다.[5] 그러나 이 견해는 실무 처리결과에 대한 방향 제시는 될 수 있을지 몰라도 결과적 가중범 미수를 이론적으로 정리한 내용이라고 보기는 어렵다. 왜냐하면 결과적 가중범 미수의 학문 의미가 완전히 법실증주의적으로 해석될 수는 없기 때문이다.

---

1) 대판 1972. 7. 25. 72도1294.
2) 대판 1986. 7. 23. 86도1526.
3) 제 4 회.
4) 제 4 회.
5) 임웅 외, 517면.

(다) **특별법이 많이 만들어지면서 생긴 우연한 결과** 결국 위에서 살펴본 결과적 가중범 미수에 대한 규정은 지나치게 많은 특별법이 만들어지면서 생긴 의도하지 않은 결과로 볼 수밖에 없다. 좋게 해석하면, 지나치게 높은 법정형에 대해 어떤 방법으로든 판단 여지를 두려고 했던 것이 아닌가 추측한다. 1996년 개정형법도 마찬가지다. 기본범죄를 미수에 그치게 한 행위자의 행위불법측면을 고려하는 것이 책임형법에 부합할 것이라는 점은 인정한다. 하지만 그것을 반영하기 위해서 결과적 가중범 미수규정을 꼭 두어야 하는 것은 아니다. 11

생각건대 해석으로 상정하기 힘든 결과적 가중범 미수라는 개념을 도입하기보다는 형법각칙에서 개별적으로 기본범죄 미수를 고려할 수 있는 조문을 마련하거나, 그렇지 않은 상황이라면 일단 결과적 가중범 기수를 인정하고 양형과정에서 이를 반영하는 방법도 있을 수 있다. 지나치게 과중한 법정형 문제는 입법으로 해결해야 하고 도그마틱 조작으로 잘못된 입법을 치유하려고 하는 것은 올바른 방법이라고 할 수 없다. 12

(3) 부진정결과적 가중범

1) 고의범의 미수 고의와 과실 결합인 진정결과적 가중범과 달리 고의와 고의가 결합한 부진정결과적 가중범 미수는 개념으로 인정할 수 있다고 보는 견해가 있다.[1] 즉 과실의 무거운 결과에 대한 미수는 과실범 미수를 인정하는 결과가 되기 때문에 불합리하지만 고의와 고의가 결합한 유형인 부진정결과적 가중범 미수는 고의범 미수를 인정하는 것과 다를 것이 없다는 견해다. 예를 들어 단순상해죄 부진정결과적 가중범인 중상해죄에서, 단순상해가 기수에 이른 후 중한 결과에 대한 (미필적) 고의가 있지만 중상해 결과에 미치지 못한 경우, 사람을 살해할 의도로 현주건조물에 방화하였지만 사망결과가 발생하지 않은 경우가 부진정결과적 가중범 미수에 해당될 수 있다는 주장이다. 13

2) '부진정결과적 가중범 미수'는 개념 모순 그러나 이 설명은 타당하다고 할 수 없다. 부진정결과적 가중범 미수는 개념으로 인정될 수 있을 듯하나 그것은 실제로 일어날 수 있는 것이 아니다. (부진정)결과적 가중범의 본질적 개념요소는 '무거운 결과발생'이므로 고의가 있더라도 무거운 결과가 발생하지 않으면 그것은 처음부터 결과적 가중범 논의 범주에 들어올 여지가 없다. 즉 위 예에서 중상해죄는 상해죄가 결과불법면에서 가중된 것이므로[2] 중상해 결과에 이르지 않으면 그것은 상해죄가 될 뿐이다. 마찬가지로 현주건조물방화치사죄 경우 그것이 미수가 되어 살인 결과가 없으면 현주건조물방화죄 일죄나 살인고의에 따라 살인미수죄와 상상적 경합이 될 수 있을 뿐이다. 현주건조물방화치사죄 미수가 성립할 여지는 없다.[3] 14

1) 김혜정 외, 141면; 이형국/김혜경, 394면; 이용식, 68면; 김선복, 앞의 논문(160/5), 107면.
2) 배종대, 형법각론, 15/21 참조.
3) 이재상 외, 27/45; 박상기, 310면; 김일수/서보학, 477면; 오영근/노수환, 13/47.

[판례]

① 성폭력처벌법 제9조 제1항에 의하면 같은 법 제6조 제1항에서 규정하는 특수강간죄를 범한 자뿐만 아니라, **특수강간이 미수**에 그친 경우에도 그로 인해 피해자가 상해를 입었으면 특수강간치상죄가 성립한다. 같은 법 제9조 제1항에 대한 미수범 처벌규정은 특수강간죄를 범하거나 미수에 그친 자가 **상해의 고의**를 가지고 피해자에게 상해를 입히려다가 미수에 그친 경우에 적용된다. 위험한 물건인 전자충격기를 사용하여 강간을 시도하다가 미수에 그치고, 피해자에게 약 2주간의 치료를 요하는 안면부 좌상 등의 상해를 입힌 경우 성폭력처벌법의 특수강간치상죄가 성립한다.[1]

② 특정범죄가중법 제5조의10의 죄는 제1항, 제2항 모두, 운행 중인 자동차의 운전자를 대상으로 하는 범행이 교통질서와 시민의 안전 등 공공의 안전에 대한 위험을 초래할 수 있다고 보아 이를 가중 처벌하는 추상적 위험범이다. 그중 **제2항**은 제1항의 죄를 범하여 사람을 상해나 사망이라는 중한 결과에 이르게 한 경우 제1항에 정한 형보다 중한 형으로 처벌하는 **결과적 가중범 규정**이다. 따라서 운행 중인 자동차의 운전자를 폭행하거나 협박하여 운전자나 승객 또는 보행자 등을 상해나 사망에 이르게 하였다면, 이로써 특정범죄가중법 제5조의10 제2항의 구성요건을 충족한다.[2]

1) 대판 2008. 4. 24. 2007도10058. 제3, 7, 10, 11, 12, 13회.
2) 대판 2015. 3. 26. 2014도13345. 제5회.

제 3 장 부작위범

[161] Ⅰ. 부작위범 서론

1. 부작위 의의

(1) 명령규범 위반행위

형법의 범죄는 적극적 작위뿐만 아니라 소극적 부작위에 따라서도 실현될 수 있다. 1
형법 제18조는 "위험발생을 방지할 의무(일반적 작위의무)가 있거나 자기 행위로 인하여 위험발생 원인을 야기한 자가 그 위험발생을 방지하지 않은 때(선행행위에 의한 작위의무)는 그 발생된 결과로 처벌한다"고 하여 부작위 법적 근거를 제공한다. 그러므로 갓난아이를 고의로 굶겨 죽게 하는 부모는 적극적으로 행위하는 것은 없지만 부작위에 의한 살인 죄책을 면할 수 없다.

형법 제18조가 규정하는 것처럼 부작위범은 규범이 요구하는 행위를 하지 않음으 2
로써 성립하는 '**명령규범**에 대한 위반행위'다. 작위범이 **금지규범**에 위반하는 것과 구별된다. 형법은 대부분 금지규범에 속하며, 처음부터 명령규범을 전제로 한 부작위 구성요건으로는 다중불해산죄(제116조)와 퇴거불응죄(제319조 제 2 항)가 있다. 그러나 금지규범을 내용으로 하는 범죄 대부분도 부작위로 실현 가능하다. 이처럼 부작위는 법률이 명령하는 행위를 하지 않는 것이기 때문에 단순히 아무 행위도 하지 않는 것과 다르다. 당연히 해야 할 일을 하지 않음으로써 구성요건결과를 발생시키는 데 부작위 특징이 있다. 즉 기대되는 행위(작위)에 대한 실망을 나타낸다.

(2) 부작위 행위성

아무 일도 하지 않는 부작위가 어떻게 형법 행위가 될 수 있는가 논쟁이 있다. 각 3
행위론 관점에 따라서 근거짓는 내용이 다르다. 인과적 행위론은 부작위에 거동성이 없기 때문에 부작위를 행위로 포섭하는 데 어려움이 있다. 목적적 행위론은 부작위에 목적적 행위지배가 있다는 사실을 입증하는 것이 힘들다. 잠재적 목적성 개념으로 부작위를 설명하지만, 그것은 어디까지나 주관적 목적성에 지나지 않는다. 부작위에는 목적성 징표라고 할 수 있는 '목적달성을 위한 의사활동과 인과과정에 대한 목적적 조종'을 찾을 수 없다. 사회적 행위론은 규범 관점에서 사회적으로 의미 있는(중요한) 일체 인간행태를 형법 행위로 파악하기 때문에 부작위 행위성을 논증하는 데 어려움이 적다.

그러나 부작위 행위성을 둘러싼 논쟁은 어디까지나 도그마틱 역사에 지나지 않는다. 4
오늘날 작위 외에 부작위가 가벌행위 대상이 될 수 있다는 점에 이론적으로 이의를 제기하는 사람은 없다. 이는 형법 제18조가 명시 규정을 두고 있어서 입법으로 해결된 문제다.

2. 작위와 부작위 구별

(1) 일반적 의미

5 작위범과 부작위범 가벌성요건이 다르므로 범죄가 작위 또는 부작위에 따라서 발생하는가는 구별해야 할 필요가 있다. 즉 부작위범은 특별한 가벌성요건을 가지기 때문이다. 작위와 부작위 구별은 일반적으로는 크게 문제될 것이 없다. 겉으로 나타난 행위현상에 따라 쉽게 구별 가능하다. '신체 힘을 작용하여 사태를 변화시키는 사람'은 작위하는 자이고, '사태변화를 종식시킬 수 있는데도 방치한 사람'은 부작위하는 자라고 보면 된다. 예컨대 갓난아이를 목 졸라 죽이는 것은 작위이고, 젖을 주지 않아 굶어 죽게 하는 것은 부작위다.

(2) 작위의 우선 검토

6 그러나 하나의 행위 가운데 작위요소와 부작위요소가 동시에 포함되어 있을 경우는 구별이 쉽지 않다. 예컨대 과실범에는 주의의무위반행위(작위)가 동시에 작위의무를 다하지 않은 것(부작위)으로 평가될 수 있다. 고의범에는 비록 드물긴 하지만 작위가 선행하고 부작위가 뒤따르는 경우 문제된다. 예를 들면 물에 빠진 사람을 구조해야 할 의무 있는 자가 구명도구를 숨겨 익사하게 했을 때 그 행위는 작위인가 아니면 부작위인가 하는 문제가 여기에 속한다. 이런 경우 작위와 부작위 구별은 법적 비난의 중점 또는 사회적 의미의 중점이 어디 있는가에 따라서 판단해야 할 평가 문제로 보는 견해가 있다(**평가적 관찰방법**).[1] 그러나 법적 비난의 중심을 사전에 판단할 수 있는 규범기준이 없기 때문에 자칫 잘못하면 자의적으로 규범효과를 달리하는 결정을 내릴 수 있다. 비난가능성은 법률 개념이 아니고 비합리적 사실개념에 지나지 않는다.

7 그러므로 작위 · 부작위 구별이 분명치 않을 경우 먼저 작위부분을 검토하고 그것이 성립하지 않으면 부작위를 검토하는 것이 바람직하다. 범죄의 일반적 형식은 작위이고 부작위는 예외 현상이다. 말하자면 부작위는 작위에 대해 보충관계에 있다고 할 수 있다(**부작위 보충성**). 판례도 "세무공무원이 범칙사건을 수사하고 관계서류를 작성함에 있어 그 혐의사실을 고의로 은폐하기 위해 허위내용 전말서나 진술조서 등을 작성 · 행사하였다면 허위공문서작성 · 행사죄만 성립되고 직무유기죄는 성립하지 않는다"고 판시한다.[2]

[판례]

① ***표준판례** 어떤 범죄가 적극적 작위뿐만 아니라 결과발생을 방지하지 않는 소극적 부작위에 의해서도 실현될 수 있는 경우, 이는 **작위에 의한 범죄**로 보는 것이 원칙이다. 작위에 의해

---

1) 김일수/서보학, 480면; 임웅 외, 465면.

2) 대판 1993. 12. 24. 92도3334; 이석배, 「형법상 이중적 의미를 가지는 작위·부작위의 구별과 형사책임의 귀속」(형사법연구 25, 2006), 55면 이하. 부작위 보충성은 제1회.

악화된 법익 상황을 다시 되돌이키지 않은 점을 주목하여 부작위범으로 볼 것은 아니다. 나아가 악화되기 이전의 법익 상황이, 그 행위자가 과거에 행한 또 다른 작위결과에 의해 유지되고 있었다 하여 달리 볼 이유는 없다.[1]

② 일정한 기간 내에 잘못된 상태를 바로잡으라는 행정청의 지시를 이행하지 않았다는 것을 구성요건으로 하는 범죄는 이른바 진정부작위범으로서 그 **의무이행기간의 경과에** 의하여 범행이 기수에 이름과 동시에 작위의무를 발생시킨 행정청의 지시 역시 그 기능을 다한 것으로 보아야 한다.[2] *진정부작위범의 기수시기에 관한 판례.

[162] Ⅱ. 부작위범 종류

부작위범에는 진정부작위범과 부진정부작위범이 있다. 양자 구별기준에 대해 다음 학설이 있다. 1

1. 형 식 설

형식설은 입법자가 규정한 구성요건의 형식 유형에 따라 진정부작위범과 부진정부작위범을 구별하는 견해다. 진정부작위범은 구성요건 자체가 부작위 형식으로 규정되어 있어서 부작위로만 실현될 수 있는 범죄다. 대표적인 보기로는 다중불해산죄(제116조)와 퇴거불응죄(제319조 제2항)가 있고, 그 밖에도 전시군수계약불이행죄(제103조 제1항), 전시공수계약불이행죄(제117조 제1항), 집합명령위반죄(제145조 제2항)가 여기에 속한다. 이에 반해 부진정부작위범은 작위범 형태로 규정된 구성요건을 부작위로 실현하는 경우를 의미한다. 형식설은 우리나라 **통설**이다. 2

2. 실 질 설

실질설은 범죄의 실질 내용·성질에 따라 양자를 구별해야 한다는 견해다. 따라서 진정부작위범은 법률이 요구한 행위를 하지 않는 것, 즉 부작위하는 것으로 파악한다. 결과발생을 묻지 않기 때문에 진정부작위범은 거동범에 해당되고 작위의무에 대한 법률의 특별한 규정이 있어야 처벌할 수 있다. 작위의무 내용은 단순한 거동에 대한 작위다. 이에 대해 부진정부작위범은 부작위 외에 구성요건결과가 발생해야 하는 결과범을 의미한다. 결과발생이 구성요건요소로 되어 있기 때문에 '보증인'은 결과발생방지의무를 지는 사람에 해당된다. 결과발생이 요건으로 되어 있으므로 법률에 특별한 규정이 없더라도 부진정부작위범은 가능하다. 부진정부작위범의 작위의무 내용은 일정한 작위와 함께 결과발생방지의무까지도 포함한다. 실질설은 우리나라 소수설, 독일 형법 다수설이다. 3

3. 결 론

이 논쟁은 특별히 실익이 있는 것은 아니다. 구별결론에 큰 차이도 없다. 따라서 비교적 단순한 기준을 제시하는 형식설이 무난하다. 결과범에만 부진정부작위범 성립을 인정하는 것도 실질설 문제점이다. 거동범이라고 안 될 이유는 없다. 우리 형법은 독일 형법 구조불이행죄(제323조c)와 같은 부작위 일반을 처벌하는 규정이 없기 때문에 실질설을 취하기 어렵다는 비판도 타당하다. 4

1) 대판 2004. 6. 24. 2002도995. 제2회.
2) 대판 1994. 4. 26. 93도1731. 제12회.

[163] Ⅲ. 부작위범 공통 성립요건

1 진정부작위범과 부진정부작위범을 묻지 않고 부작위범이 성립하기 위해서는 범죄 일반적 성립요건을 갖추어야 한다. 이것은 '공통 성립요건'이며 다음과 같이 정리 가능하다.

1. 일반적 행위가능성

2 부작위범의 구성요건해당성에 앞선 검토다. 일반적 행위가능성은 행위자가 법률이 요구하는 적극적 작위의무를 실현할 수 있는 일반·객관적 가능성에 대한 검토를 내용으로 한다. 만일 이런 가능성이 없으면 부작위 '행위'는 인정되지 않는다.[1] 인간 일반에게 실현 불가능한 것을 요구하는 작위의무는 있을 수 없다. 그러므로 일반적 행위가능성은 부작위 행위개념에 해당하고 주로 일정한 시간·장소와 같은 객관적 상황과 관련 맺는다. 예컨대 멀리 떨어져 있는 사람은 구조의무 불이행에 따른 부작위문제가 발생할 가능성이 없다. 행위자 개별적 행위가능성은 부작위범 구성요건에 속하는 문제로 일반적 행위가능성과 구별된다.[2]

2. 부작위범 구성요건해당성

3 부작위범 구성요건에 해당하기 위해서는 다음과 같은 요건을 구비해야 한다. ① 구성요건상황이 존재해야 한다. 행위의무의 구체 내용을 인식할 수 있는 상황이 구성요건상황이다. 진정부작위범의 구성요건상황은 형법각칙 해당 구성요건 가운데 상세히 규정되어 있다. 예를 들면 전시군수계약불이행죄(제103조 제1항) 경우는 '전쟁 또는 사변'이 구성요건상황에 속한다. 부진정부작위범은 구성요건결과발생 위험이 구성요건상황이다.

② 요구된 행위 부작위가 있어야 한다. 행위의무를 다하였음에도 결과가 발생한 경우는 구성요건에 해당하지 않는다.

③ 개별적 행위가능성이 있어야 한다. 개별적 행위가능성은 작위의무를 이행할 수 있는 개인능력을 말한다. 신체·정신적 조건과 적절한 구조수단과 같은 외적 조건이 여기 해당한다. 예컨대 수영을 하지 못하는 사람에게 물에 빠진 사람을 구조하라는 작위의무를 요구할 수는 없다. 그러므로 이런 경우 부작위는 개별적 행위가능성이 없기 때문에 부작위범 구성요건에 해당하지 않는다.

④ 구성요건결과가 발생해야 한다.

⑤ 부작위와 구성요건결과 사이에 인과관계가 있어야 한다. 인과관계 예를 들면, 중병을 앓고 있는 환자에게 의사는 그의 생명을 구할 수도 있는 약이 있지만 주지 않았

---

1) 제10회.
2) 류부곤, 「부작위범의 불법구조」(비교형사법연구 15, 2013), 341면 이하. 진정 부작위범의 공동정범은 제6회.

다. 그것은 아직 임상시험을 거치지 않은 것이었다. 환자가 사망하더라도 의사는 약을 투여하지 않은 부작위와 환자 사망 사이에 인과관계가 인정되지 않기 때문에 과실치사 책임을 지지 않는다. 그 약은 임상시험을 거치지 않은 것이므로 투여했더라도 환자가 사망하지 않을 개연성은 장담할 수 없기 때문이다.

⑥ 마지막으로 부작위는 고의뿐만 아니라 과실에 따라서도 가능하다.

3. 부작위범의 위법성 · 책임

작위범과 마찬가지로 부작위범 구성요건해당성은 위법성을 징표한다. 위법성이 위법성배제사유로 배제될 수 있는 점도 작위범과 같다. 예컨대 작위의무와 금지의무가 충돌했을 때, 후자를 위해 전자를 이행치 않은 부작위는 긴급피난에 해당할 수 있다. 부작위범 책임도 작위범과 같고, 책임능력, 위법성인식과 함께 책임조각사유가 존재하지 않아야 부작위범 책임은 인정된다. 강요된 행위(제12조), 과잉피난(제22조 제3항)은 부작위범 책임요소가 될 수 있다. 일반적 기대불가능성은 법률에 특별한 규정이 없기 때문에 책임조각사유로 인정하는 것은 곤란하다. 4

[164] Ⅳ. 부진정부작위범 특별 성립요건

진정부작위범 성립은 형법각칙에 특별한 규정이 있기 때문에 문제될 것이 없다. 그러나 부진정부작위범은 작위범 구성요건을 부작위로 실현하는 것이므로 부작위를 작위와 같은 것으로 볼 수 있는가 별도 고찰을 해야 한다. 1

1. 보증인 지위

(1) 보증인지위 의의

형법 제18조는, "위험발생을 방지할 의무가 있거나 자기 행위로 위험발생원인을 야기한 자가 그 위험발생을 방지하지 않은 때" 부진정부작위범으로 처벌된다고 규정한다. 이와 같이 위험발생을 방지할 법적 의무를 '보증인의무'라 하고, 보증인의무를 발생시키는 지위를 '보증인지위'라고 한다. 보증인지위가 없는 사람은 부진정부작위범이 성립할 수 없다. 보증인지위는 부진정부작위범의 구성요건요소인 동시에 진정신분범 요소이기도 하다. 2

(2) 보증인지위의 체계 위치

보증인지위가 구성요건요소가 되는가 아니면 위법성요소가 되는가를 둘러싸고 견해대립이 있다. 전자를 구성요건요소설, 후자를 위법성요소설이라고 한다. 3

1) 위법성요소설　부진정부작위범이 성립하기 위해서는 작위의무위반이 있어야 하므로 작위의무는 위법성 요소가 된다고 하는 견해다. 즉 부진정부작위범은 구성요건에 예정된 행위내용이 없기 때문에 구성요건해당성이 위법성을 징표하지 못한다. 구성요건결과를 방지해야 할 의무 있는 4

자가 그 의무에 위반하여 부작위를 한 경우 비로소 그 행위가 위법하게 된다는 것이다. 구성요건의 위법성징표기능에 예외를 두는 부담이 있다. 작위의무 없는 자의 부작위도 부진정부작위범 구성요건에 해당되는 결과가 되어 구성요건해당성을 부당하게 확대하는 문제가 있다.

5 **2) 구성요건요소설 또는 보증인설** 보증인지위와 그것의 기초가 되는 보증인의무를 부진정부작위범 구성요건요소로 파악하는 견해다. 그 이유는 보증인의 부작위만이 작위와 같은 것으로 평가될 수 있기 때문이다. 이렇게 되면 부진정부작위범은 보증인지위가 있는 사람만 범할 수 있는 진정신분범 성격을 갖는다. 이 학설은 다른 말로 보증인설이라고 한다. 그러나 보증인의무는 구성요건요소가 아닌 위법성요소로 파악하는 것이 타당하다. 작위범에도 일정한 위법행위를 하지 말아야 할 부작위의무는 위법성요소가 되어 이에 대한 착오를 위법성 착오로 다루듯이 부작위범에서도 보증인의무 내용인 작위의무는 위법성요소로 파악하는 것이 논리적이다.

6 **3) 이 분 설** 이분설은 위 보증인설 단점을 보완하기 위해 나온 것으로서 보증인지위와 보증인의무를 구별하여 전자는 구성요건요소, 후자는 위법성요소로 파악하는 견해다(다수설). 이렇게 되면 보증인지위에 관한 착오는 구성요건착오가 되지만 보증인의무에 관한 것은 금지착오가 됨으로써 보증인설과 구별된다.[1] 보증인의무는 구성요건 고의의 인식대상에서도 제외된다.

(3) 보증인지위 발생근거

7 형법 제18조는 보증인지위의 발생근거에 대한 분명한 규정을 하고 있지 않다. 후단 선행행위("자기 행위로 위험발생원인을 야기한 자")에 따른 보증인의무는 분명하지만, 전단 **"위험발생을 방지할 의무 있는 자"의 범위**는 완전히 학설에 맡겨져 있다. 이 해석을 둘러싸고 다음 견해가 있다.

8 **1) 형 식 설** 형식설은 보증인지위 발생근거에 대한 고전 견해로서 다음 세 가지 발생근거를 제시한다. ① 법령(예를 들면 민법 제913조에 따라 친권자는 자를 보호할 의무가 있다), ② 계약(인수계약에 따른 의사·간호사의 환자보호의무), ③ 선행행위(과실치상 피해자에 대한 구조의무)가 곧 그것이다.

9 이상 세 가지 보호의무유형은 지금도 타당하지만 형식설은 그 범위가 너무 좁고 근거 또한 형식적이라는 점에 문제가 있다. 이 밖에도 보호의무 존재를 인정해야 할 사안이 더 있기 때문에 형식설은 어느 정도 수정이 불가피하다.

10 **2) 실질설(기능설)** 실질설은 형식설 결함을 실질적 관점에서 수정하고자 한다. 이 견해는 보증인의무 기능을 보호의무와 안전의무로 구별한다. 보호의무는 일정한 법익을 보호해야 할 의무를 말하고, 안전의무는 일정한 위험원천을 감시해야 할 의무다. 보호·안전의무에 해당하는 유형을 구체적으로 열거하면 다음과 같다. ① 법령, ② 자발적 인수(위 '계약'을 실질 관점에서 수정한 기준), ③ 선행행위, ④ 밀접한 생활관계(사실혼관계에 있는 사람, 동거자) 또는 위험공동체(탐험대) 그리고 ⑤ 자신 관할에 속하는 위험원천에 대한 감시책임(건물소유자, 정신병자의 감호자 등)이 그것이다. 이것으로 실질설 목록이 완결된 것은 아니며 얼마든지 더 만들어질 수 있다. 보증인지위의 발생근거가 두

---

1) 제3, 10회.

개 이상 중첩될 수도 있다.

3) 결　론　형식설은 보증인지위를 인정하는 범위가 지나치게 좁은 흠이 있으나 규범성이 분명한 장점은 있다. 그러나 실질설은 그 반대다. 실질적 관점에 따라 기준을 열거하기 때문에 매우 상세하고 현실적인 장점은 있지만, 자칫 잘못하면 그 범위가 너무 확대될 위험이 있다. 즉 규범성에는 문제가 있다. 실질설은 인과관계의 객관 귀속론과 비슷한 방법론을 쓰는 것으로 보인다. 아무런 규범 근거 없이 보증인지위를 확대하여 부작위범에 해당하는 사람 범위를 임의적으로 넓히는 것은 문제가 있다. 11

그렇다고 실질설이 특별히 새로운 내용을 가지고 있거나 이론이 우월한 것도 아니다. 실질설이 소개되기 전부터 우리나라 통설은 형식설을 취하면서도 **사회상규나 조리** 같은 제3 보증인지위 근거를 인정하고 있었다. 비록 추상적이긴 하지만 이런 개념에 실질설이 말하는 새로운 내용이 담길 수 있다. 결국 우리나라 통설과 실질설은 방법론 차이는 있으나 내용 차이는 없다. 학설은 법률해석 수단에 지나지 않기 때문에 간명할수록 좋다. 내용에 차이가 있는 것도 아니면서 실질설은 필요 이상으로 복잡하다. 규범성에 문제가 없는 형식설을 기초로 한 통설 입장에 찬성한다. 다만 사회상규, 조리 개념이 너무 넓기 때문에 구체 개념으로 제한해야 할 필요성은 있다. 12

(4) 보증인지위 내용

1) 작위의무 종류　위 결론을 근거로 보증인지위에서 나오는 작위의무 유형을 정리하면 다음과 같다. ① 법령에 따른 작위의무, ② 계약에 따른 작위의무, ③ 선행행위에 따른 작위의무, ④ 밀접한 인내관계에 따른 작위의무 그리고 ⑤ 기타 특별한 위험발생방지의무를 들 수 있다. ④, ⑤는 통설의 사회상규, 조리를 실질설 성과를 토대로 구체화한 것이고, ⑤는 형법 제18조 전단 법문을 고려하였다. 13

2) 학설로 가벌성 인정　여기서 한 가지 주의해야 할 점이 있다. 형법 제18조가 규정하는 보증인지위는 "자기행위로 위험발생원인을 야기한 자"와 "위험발생을 방지할 의무가 있는 자"이다. 후자 범위는 완전히 이론에 맡겨져 있다. 따라서 아래 작위의무 발생근거도 법률 명령이 아니라 이론 산물이다. 그럼에도 이 근거는 부작위범 성립요건으로 작용한다. 이 범위가 넓을수록 부작위범에 해당하는 사람은 그만큼 많아진다. 즉 가벌성이 확대된다. '법률이 아닌 이론의 가벌성 근거지움'이라는 점에 보증인지위의 뜨거운 감자는 들어 있다. 법치국가형법은 이론에 따른 처벌에 신중할 것을 요구한다. 명확성원칙이 바로 그 표현에 속한다. 입법자는 국민에게 범죄구성요건과 제재내용을 가능하면 명확하게 법률에 규정하여 미리 알려줄 의무가 있다. 이 점에서 아래 보증인기준은 이미 그 자체로 상당한 법치국가 문제가 있다. 이 의문을 제거하여 정당성을 확보할 수 있는 유일한 방법은 가급적이면 보증인지위를 좁게 잡도록 노력하는 것이다. 따 14

라서 행정법이나 민사법으로 통제 가능한 것은 제외하는 것이 바람직하다. 그러나 지나친 피해자지향은 형사와 민사 구별을 어렵게 한다.

3) 보증인의무의 구체적 내용

15 (가) **법령에 따른 작위의무** 일정한 작위의무가 법문에 규정되어 있는 경우이고, 법문은 공법公法 · 사법私法의 법률과 명령, 규칙을 말한다. 공법 보기를 들면 경찰관 보호조치의무(경찰관직무집행법 제 4 조), 의사의 진료 · 응급조치의무(의료법 제15조), 운전자 구호의무(도로교통법 제54조)가 있다. 사법에 따른 경우로는 친권자 보호의무(민법 제913조), 친족간 부양의무(민법 제974조), 부부간 부양의무(민법 제826조) 등이 있다.

16 (나) **계약에 따른 작위의무** 작위의무는 계약에 따라서도 발생할 수 있다. 민법상 계약의 유 · 무효를 가리지 않고 구두 또는 문서로 보증인지위를 사실적으로 넘겨받은 사람은 작위의무를 진다. 실질설에서 말하는 자발적 인수가 여기 해당된다. 예를 들면 고용계약에 따른 보호의무, 의사 치료의무, 간호사 간호의무, 보모의 아동보호의무 등이 있다.

[판례]

① **보라매병원 사건**(*표준판례) 보호자가 의학적 권고에도 불구하고 치료를 요하는 환자의 퇴원을 간청하여 담당 전문의와 주치의가 치료중단 및 퇴원을 허용하는 조치를 취함으로써 환자가 사망에 이르게 되었다. 이에 대해 보호자, 담당 전문의 및 주치의는 부작위에 의한 살인죄의 공동정범으로 기소되었다. **담당 전문의와 주치의**에게 환자의 사망이라는 결과발생에 대한 정범의 고의는 인정되나, 환자의 사망이라는 결과나 그에 이르는 사태의 핵심적 경과를 계획적으로 조종하는 등 지배하고 있었다고 보기는 어렵다. 이들에게 공동정범의 객관적 요건인 기능적 행위지배는 없으므로 **작위에 의한 살인방조죄**만 성립한다.[1]

② **법무사가 아닌 사람**이 법무사로 소개되거나 호칭되는 데에도 자신이 법무사가 아니라는 사실을 밝히지 않은 채, 법무사 행세를 계속하면서 근저당권설정계약서를 작성하였다면, 부작위에 의한 법무사법 제 3 조 제 2 항 위반죄를 인정할 수 있다.[2]

③ 백화점 직원은 자신이 관리하는 특정매장에서 가짜 상표가 새겨진 상품이 판매되고 있는 사실을 발견하면, 고객들이 이를 구매하도록 방치해서는 안 되고 이를 시정해야 할 의무가 있다. 그럼에도 점주 등에게 시정조치를 요구하거나 상급자에게 이를 보고하지 않고 방치한 것은, 작위에 의해 점주의 상표법위반 등 행위를 용이하게 하는 경우와 **동등한 형법적 가치**가 있다. 백화점 직원인 피고인은 **부작위**에 의해 점주의 상표법위반 및 부정경쟁방지법위반 행위를 **방조**하였다.[3]

④ 중고 자동차 매매에 있어서 매도인의 할부금융회사 또는 보증보험에 대한 **할부금 채무는** 매

1) 대판 2004. 6. 24. 2002도995. 제1, 2, 3, 5, 10회.
2) 대판 2008. 2. 28. 2007도9354. 제 2 회.
3) 대판 1997. 3. 14. 96도1639.

수인에게 당연히 승계되는 것은 아니다. 그 할부금 채무의 존재를 매수인에게 고지하지 아니하였다고 하여 부작위에 의한 기망에 해당되지는 않는다.[1]

⑤ **부작위에 의한 업무상배임죄 실행착수** 피고인은 환지 방식에 의한 도시개발사업의 시행자인 피해자 조합을 위해 환지계획수립 등의 업무를 수행하고 있었다. 그러던 중 피고인은 사업 실시계획의 변경에 따른 일부 환지예정지의 가치상승을 청산절차에 반영하려는 조치를 취하지 않고 대행회사 대표이사직을 사임하였다는 이유로 **업무상배임미수로** 기소되었다. 피고인의 행위는 부작위로써 업무상배임죄의 실행에 착수한 것으로 판단하기 어렵다. 그러기 위해서는 피해자 조합이 환지예정지의 가치상승을 청산절차에 반영하지 못할 **구성요건적 결과발생의 위험이 구체화한 상황에서** 피고인이 자신에게 부여된 작위의무를 위반하였다고 인정되어야 한다.[2] *원심은 환지예정지의 가치상승을 청산절차에 반영해야 할 업무상 의무가 있다고 보아 업무상배임죄의 실행착수를 인정함.

㈐ **선행행위에 따른 작위의무** 자기 행위로 법익침해 위험을 발생한 사람은 위험발생을 방지할 보증인의무가 있다. 예컨대 행인을 과실치상한 운전자는 피해자를 구호해야 할 의무가 있다. 따라서 고의로 방치하여 사망케 하면 과실치사가 아니라 부작위에 의한 살인죄 책임을 면할 수 없다.[3] 그 밖에 공사장에서 웅덩이를 판 사람, 약을 잘못 투여한 의사 등도 위험발생을 방지해야 할 작위의무가 있다. 그러나 선행행위를 타인이 한 것일 경우는 그 위험발생을 방지해야 할 의무가 없다. 선행행위는 작위외에 부작위라도 상관없다. 다만 선행행위는 객관적으로 **의무에 위반한 위법한 것**이어야 한다. 유책한 행위일 필요는 없다. 예컨대 위법한 공격자를 정당방위로 때려눕힌 사람은 보증인의무가 없다. 17

도로교통법 제54조 제1, 2항은 선행행위에 따른 작위의무를 입법으로 요구한다. 이 규정은 교통사고를 야기한 운전자에게 결과발생에 대한 고의, 과실 혹은 위법, 유책과 같은 어떤 귀책사유가 없는 경우도 사상자에 대한 신속한 구호조치 의무를 부과하고 있는 '특별규정'이다. 이 규정의 입법취지는 교통사고 속성으로 요구되는 피해자 구호 및 교통질서 회복 등에 대한 '신속한 대처'를 위한 정책 목적에서 나온 것이다. 18

[판례]

① 도로교통법의 **구호조치의무 및 신고의무**는 교통사고를 발생시킨 당해 차량의 운전자에게 그 사고발생에 있어서 **고의 · 과실 혹은 유책 · 위법의 유무**에 관계없이 부과된 의무라고 해석함이 상당하다. 당해 사고에 있어 귀책사유가 없는 경우에도 위 의무는 있고, 또 위 의무는 신고의무에만 한정되는 것이 아니므로 **타인에게 신고를 부탁하고** 현장을 이탈한 경우에도 위

1) 대판 1998. 4. 14. 98도231. 제3, 7, 13회.
2) 대판 2021. 5. 27. 2020도15529. 제13회.
3) 제3회.

를 다한 것은 아니다.[1]

② 피고인 갑은 미성년자를 유인하여 포박 감금한 후, 그 감금상태가 계속된 어느 시점에 살해의 범의가 생겨 피감금자에 대한 위험발생을 방지하지 않고 **그대로 방치하여** 사망하게 하였다. 갑의 부작위는 살인죄의 구성요건행위를 충족하는 것으로 평가하기에 충분하므로 부작위에 의한 살인죄를 구성한다.[2]

19 ㈑ **밀접한 공동체관계에 따른 작위의무** 밀접한 생활관계나 위험공동체에 속해 있는 사람은 깊은 신뢰관계를 바탕으로 한다. 이 신뢰관계는 다른 구성원이 위험에 직면했을 때 구조해야 할 작위의무 근거가 된다. 예를 들면 사실혼관계에 있는 사람[3], 동거자, 약혼자, 형제자매 사이에는 서로 보증인지위가 있다. 탐험대, 등산대와 같은 위험공동체 구성원도 마찬가지다. 그러나 파선이나 홍수, 폭설, 지진, 화산폭발 등 자연재난에 따른 우연한 공동위험상황은 보증인의무가 없다(이견異見 있음). 이런 유형 작위의무를 공서양속이나 신의성실원칙에서 나오는 것으로 보는 견해도 있고, 이 모두 "기타 사회상규 작위의무"로 파악하는 견해도 있다.

㈒ **기타 특별한 위험발생방지의무**

20 A. '물건과 사람'에 대한 위험발생방지의무 이것은 일정한 위험원인을 감시 · 감독할 책임있는 자에게 부과되는 작위의무다.[4] 위험원인에는 크게 '물건과 사람'이 있다. 건물, 설비, 기계, 동물 등을 소유하거나 관리하는 사람은 이로부터 발생하는 위험을 통제하여 손해가 발생하지 않도록 할 의무가 있다. 예컨대 고층아파트 건축공사장에서 안전관리를 허술히 하여 지나가던 행인에게 상해결과를 발생시킨 현장감독자는 부작위에 의한 과실치상 책임을 져야 한다. 아울러 피해자를 구호해야 할 보증인의무까지 부담해야 한다.

21 사람에 대한 위험발생방지의무가 있는 자로는 친권자, 후견인, 교사, 상관, 선장, 교도관 등을 들 수 있다. 예컨대 미성년자인 아들 절도를 고의로 방치한 부모는 부작위에 따른 절도방조범으로 처벌된다. 부하직원의 범죄사실을 알면서 방치한 상사上司도 마찬가지다. 그러나 부부 사이에는 상대방 범죄를 저지해야 할 보증인의무가 없다. 부부가 위험원인일 수는 없기 때문에 상대방 법익을 보호해야 할 보호의무는 있지만, 상대방을 감독해야 할 의무가 있다고 보기 어렵다. 이것은 오늘날 혼인관념에 어긋난다.

22 B. 행정 구조정책의 우선 이 기준의 불명확성은 다른 기준에 비해 그 정도가 더욱 심한 편이다. 일종의 '기타 요건'으로서, 자칫 잘못하면 그 외연外延이 한없이 확대될 수 있는 위험이 있다. 세심한 주의와 **제한적용**이 필요하다. 먼저 행정 지도 · 단속

1) 대판 2002. 5. 24. 2000도1731; 2015. 10. 15. 2015도12451. 제 8 회.
2) 대판 1982. 11. 23. 82도2024. 제 3 회.
3) 제 8 회.
4) 따라서 "감독과실"이라는 개념을 사용하기도 한다.

으로 위험이 발생하지 않도록 예방하는 것이 중요하다. 미리 예방할 수 있는 위험을 방치했다가 형벌을 부과하는 것은 그야말로 '사후약방문'이다. 형법 보충성원칙은 처벌이 최선 방법이 아니라는 점을 분명히 일러준다. 그러므로 이 부작위범 기준이 행정 감독 소홀을 사후로 면책시켜 주는 기능을 하면, 그것이 오히려 법익침해를 조장하는 결과가 된다는 점을 명심해야 한다. 행정 구조정책이 우선하고 형법통제는 그것이 못 다한 최소한에 그쳐야 한다.

[판례]

① 재산권에 관한 거래 상대방이 계약 목적물의 권리를 위험하게 할 수도 있는 사정에 관한 고지를 받았더라면 당해 **거래관계를** 맺지 아니하였을 것임이 **경험칙상 명백한** 경우, 그 재물의 수취인은 신의성실원칙상 상대방에게 그와 같은 사정을 고지해야 할 의무가 있다. 재물의 수취인이 이를 고지하지 않은 것은, 고지할 사실을 묵비함으로써 상대방을 기망한 것이 되어 사기죄를 구성한다.[1)]

② 형법상 부작위범이 성립하기 위해서는, 일정한 작위의무를 지고 있는 자가 그 의무를 이행하지 않은 부작위가 작위에 의한 법익침해와 **동등한 형법적 가치**가 있는 것이어서 그 범죄의 실행행위로 평가될 만한 것이어야 한다. 그래야만 작위에 의한 실행행위와 동일하게 부작위범으로 처벌할 수 있다. 여기서 **작위의무는 법적인 의무**이어야 하므로 단순한 도덕상 또는 종교상의 의무는 포함되지 않는다. 작위의무는 법령, 법률행위, 선행행위로 인한 경우는 물론이고 **기타 신의성실원칙이나** 사회상규 혹은 조리상 작위의무가 기대되는 경우에도 인정된다.[2)]

③ 매수인이 매도인에게 매매잔금을 지급하면서 착오에 빠져 지급해야 할 **금액을 초과하는** 돈을 교부하였다. 매도인이 사실대로 고지하였다면 매수인은 초과하여 교부하지 않았을 것이 경험칙상 명백하다. 매도인이 매매잔금을 교부받기 전 또는 교부받던 중에 그 사실을 알게 되었으면, 매도인은 매수인에게 사실대로 고지해야 할 신의칙상 의무가 있다. 이를 이행하지 않고 매수인이 건네주는 돈을 그대로 수령한 것은 **사기죄**에 해당된다. 그러나 그 사실을 미리 알지 못하고 매매잔금을 건네주고 받는 행위를 **끝마친 후에** 비로소 알게 되었으면, 주고받는 행위는 이미 종료된 후이므로 고지의무의 불이행은 더 이상 초과된 금액의 편취수단으로서 의미가 없다. 이 경우 교부하는 돈을 그대로 받은 행위는 **점유이탈물횡령죄**가 될 수 있음은 별론으로 하고 사기죄를 구성하지는 않는다.[3)]

④ 이미 다른 회사가 **같은 용도와 성능을** 가진 이름도 같은 제품을 국내에 판매하고 있다는 사실을 알리지 않고 그 물건의 국내 독점판매계약을 체결하였을 경우에는, 고지해야 할 사실을 묵비함으로써 상대방을 기망한 것이 되어 사기죄를 구성한다.[4)]

⑤ 임대인이 임대차계약을 체결하면서 임차인에게 임대목적물이 **경매진행중인** 사실을 알리지

---

1) 대판 1998. 4. 14. 98도231. 제3회.
2) 대판 1996. 9. 6. 95도2551. 제1, 12회.
3) 대판 2004. 5. 27. 2003도4531.
4) 대판 1996. 7. 30. 96도1081.

않은 경우, 임차인이 등기부를 확인 또는 열람하는 것이 가능하더라도 사기죄가 성립한다.[1]

⑥ 부작위범에서 법익침해의 결과발생을 방지할 법적인 작위의무는 법령, 법률행위, 선행행위로 인한 경우는 물론, **신의성실의 원칙이나 사회상규 또는 조리상 작위의무가** 기대되는 경우에도 인정된다.[2] *실화사건으로서 담배꽁초에 불씨가 남았는지 확인할 근로계약상 또는 조리상 작위의무를 말하고 있음.

2. 부작위범 동가치성

(1) 동가치성 의의

23 **1) 동가치 필요성** 부진정부작위범 성립은 보증인지위만으로 부족하다. 보증인지위에 있는 자의 부작위가 '**작위에 따른 구성요건실현과 같은 가치**를 갖는 것'으로 평가되어야 한다.[3] 이것을 부진정부작위범에서 동가치성이라고 한다. 부작위 동가치성이 필요한 몇 가지 예를 들면, 의사가 긴급환자의 진료요구를 받고 이에 응하지 않아 사망한 경우 의사는 작위에 의한 살인과 마찬가지 책임을 져야 하는가? 노부모 부양의무를 지고 있는 자식이 병을 돌보지 않음으로써 사망한 경우 작위에 의한 존속살해죄와 같은 죄로 처벌할 수 있는가? 강도살인계획을 알고 이를 방관한 경찰관이 강도살인죄로 처벌되어야 하는가? 보증인지위가 있고, 이 보증인지위에 따른 작위의무위반으로 위험한 결과가 발생하였다고 하여 모두 작위범과 같이 처벌할 수는 없다.[4] 부작위 동가치성이 필요한 이유는 바로 여기에 있다.

24 우리 형법 제18조 부작위규정은 부작위 동가치성을 명시하고 있지 않다. 부작위범 일반이론에 비추어 입법흠결이라고 할 수도 있겠으나, 해석으로 보충이 가능하다. 부작위범 동가치성이 필요하다는 점에 이의를 제기하는 사람은 없다. 동가치성은 부진정부작위범의 '기술되지 않은 구성요건요소'다.

25 **2) 판례 태도** 판례도 동가치성 의미를 명시적으로 인정한다. "형법이 금지하고 있는 법익침해 결과발생을 방지할 법적 작위의무를 지고 있는 자가 그 의무를 이행함으로써 결과발생을 쉽게 방지할 수 있음에도 그 결과 발생을 용인하고 이를 방관한 채 그 의무를 이행하지 않은 경우, 그 부작위가 **작위에 의한 법익침해와 동등한 형법적 가치**가 있는 것이어서 그 범죄 실행행위로 평가될 만한 것이라면 작위에 의한 실행행위와 동일하게 부작위범으로 처벌할 수 있다"고 판시한다.[5]

(2) 동가치성 내용

26 부작위 동가치성은 부작위행위의 **수단·방법**이 구성요건이 규정는 (작위의) 수단·

1) 대판 1998. 12. 8. 98도3263. 제1, 7, 10회.
2) 대판 2016. 4. 15. 2015도15227. 제13회.
3) 대판 2017. 12. 22. 2017도13211. 제12회.
4) 제10회.
5) 대판 1992. 2. 11. 91도2951.

방법과 동일하거나 또는 같은 가치가 있는 것으로 평가될 때 인정된다. 다시 말하면 결과를 야기한 부작위방법이 작위에 따른 구성요건실현방법과 같은 가치를 가지고 있어야 한다. 그러므로 구성요건이 특별한 행위양태를 규정하고 있지 않은 단순결과범(살인 · 상해 · 손괴 · 방화죄 등)에는 동가치성이 문제될 여지가 없다. 단순결과범은 작위의무와 결과발생 방지가능성만으로 부작위범이 인정된다. 그러나 구성요건이 일정한 행위양태를 규정하고 있는 결과범('일정한 행위양태와 결부된 결과범')에는 부작위도 이러한 **행위방법**에 따라야 동가치성이 인정된다. 그렇지 않으면 구성요건해당성이 인정되지 않는다. 이것을 **행위양태의 동가치성**이라고 한다. 일정한 행위양태와 결부된 결과범 예를 들면, 사기죄(제347조)의 '기망', 공갈죄(제350조)의 '공갈', 강제추행죄(제298조)의 '폭행 또는 협박', 특수폭행죄(제261조)의 '단체 또는 다중의 위력', '위험한 물건의 휴대', 촉탁살인죄(제253조)의 '위계 또는 위력', 공연음란죄(제245조)의 '공연한 음란' 등이 있다.[1)]

부작위 동가치성에 대한 궁극적 판단은 형법각칙 개별구성요건해석에 따라서 이루 27
어진다. 특별한 정범표지가 있어야 성립하는 범죄(예컨대 제129조 수뢰죄 '공무원 또는 중재인', 제355조 횡령 · 배임죄 '타인 재물을 보관하는 자' 또는 '타인 사무를 처리하는 자' 등)는 해당 신분을 가진 자만 부작위범이 될 수 있다.

[판례]

① **부작위 살인죄 처음 인정(세월호 사건 *표준판례)** 세월호 선장 이준석(이하 피고인)은 승선경험이 풍부한 선장으로서 포괄적이고 절대적인 권한을 행사하여 세월호 승객 등의 안전이 종국적으로 확보될 때까지 적극적 · 지속적으로 **구조조치를 다할 의무**가 있음을 잘 알고 있었다. 뿐만 아니라 당시 세월호의 침몰상황이나 구조세력과의 교신내용 등을 통하여, 지체할 경우 자신의 명령에 따라 선내 대기 중인 승객 등이 세월호에서 빠져나오지 못하고 익사할 수밖에 없다는 것도 **충분히 예상**하였다고 할 것이다. 그럼에도 피고인은 해경 등 구조세력의 수차례에 걸친 퇴선요청마저 묵살하고, 승객 등을 선실 내에 계속 대기하도록 내버려 둔 채 해경 경비정이 도착하자 승객 등보다 먼저 퇴선하였다. 이는 구조작업이나 승객 등의 안전에 대한 선장의 역할을 의식적, 전면적으로 포기한 것으로 보아야 한다. 나아가 피고인은 퇴선 직전이라도 선내 대기 중인 승객 등에게 직접 또는 다른 선원을 통해 쉽게 퇴선상황을 알려 피해를 줄일 수도 있었다. 그것마저도 하지 않은 채 퇴선하였을 뿐 아니라, 해경 경비정에 승선한 후에도 구조세력에게 선내 상황에 대한 정보를 제공하지 않는 등 승객의 안전에 대해 철저하게 무관심한 태도로 일관하였다. 피고인의 이와 같은 행태는 자신의 부작위로 승객 등이 사망에 이를 수 있음을 예견하고도 이를 **용인하는 내심의 의사**에서 비롯되었다고 할 것이므로, **부작위에 의한 살인의 미필적 고의**가 인정된다. 피고인이 해경 등 구조세력의 퇴선요청에 따라 퇴선 대피 안내방송을 실시하는 등 구조조치를 하였다면, 적어도 승객 등이 사망에 이르지는 않았을 것으로 보인다. 피고인의 부작위와 익사자 303명의 사망 결과 사이에

1) 이석배, 「묵시적 기망행위와 부작위에 의한 기망행위」(비교형사법연구 10, 2008), 203면 이하.

인과관계가 인정된다.[1)]

② **세월호 사건의 동가치성(*표준판례)** 피고인 이준석은 승객 등의 구조를 위해 가장 핵심적 역할을 수행해야 할 선장으로서, 퇴선명령 등을 통해 적극적으로 선내에 대기하고 있던 승객들의 **사망결과를 방지해야 할 의무**가 있다. 그는 승객 등이 선내 대기 안내방송에 따라 침몰하는 세월호 선내에 계속 대기하다가 탈출 자체에 실패하여 사망에 이르게 되는 상황은 쉽게 방지할 수 있었다. 그럼에도 피고인은 아무런 조치를 취하지 아니하여 승객 등이 스스로 세월호에서 탈출하는 것을 불가능하게 만들었다. 피고인의 퇴선조치의 불이행은 승객 등을 **적극적으로 물에 빠뜨려 익사시키는 행위**와 다름없다고 할 것이다. 피고의 부작위는 **작위에 의한 살인행위와 동일하게 평가**할 수 있고, 승객 등의 사망 또는 상해의 결과는 작위행위에 의해 결과가 발생한 것과 규범적으로 동일한 가치가 있다.[2)]

③ ***표준판례** 피고인은 조카인 피해자(10세)를 살해하기로 마음먹고 저수지로 데리고 가서 미끄러지기 쉬운 제방 쪽으로 유인하여 함께 걷다가, 피해자가 물에 빠지자 그를 구호하지 아니하여 피해자를 익사하게 하였다. 피고인은 피해자의 숙부로서 어린 나이의 피해자를 익사위험이 있는 저수지로 데리고 갔던 것이므로 피해자를 구호해야 할 법적 의무가 있다. 피해자가 물에 빠진 후 살해의 범의를 가지고 이를 방관한 행위(부작위)는, 피고인이 그를 직접 물에 빠뜨려 익사시킨 살인행위와 형법적으로 동일하게 평가되는 것이 상당하다.[3)] ***부진정부작위범의 성립요건**을 명시한 판결, 부작위가 작위에 의한 법익침해와 동등한 형법적 가치가 있는 것이어서 그 범죄의 실행행위로 평가될 만한 것이라면, 작위에 의한 실행행위와 동일하게 부작위범으로 처벌할 수 있음.

④ 작위를 내용으로 하는 범죄를 부작위로 범하는 **부진정부작위범**이 성립하기 위하여는 부작위를 실행행위의 작위와 동일시할 수 있어야 한다. 이 사건에서 음란한 정보를 반포·판매한 것은 정보제공업체이므로, 위와 같은 작위의무에 위배하여 그 반포·판매를 방치하였다는 것만으로는 음란한 정보를 반포·판매하였다는 것과 동일시할 수는 없다. 따라서 피고인들의 방조범행은 별론으로 하고, 위와 같은 작위의무 위배만으로 전기통신기본법 위반죄의 정범에 해당한다고 할 수는 없다.[4)] *인터넷 포털 사이트를 운영하는 회사와 그 대표이사가 정보제공업체들의 음란정보 **반포·판매 행위를 방치**한 사건.

⑤ 피고인은 모텔 방에 투숙하여 담배를 피운 후 재떨이에 담배를 끄게 되었으나 담뱃불이 완전히 꺼졌는지 여부를 확인하지 않은 채, 불이 붙기 쉬운 휴지를 재떨이에 버리고 잠을 잔 과실로 담뱃불이 휴지와 침대시트에 옮겨 붙게 하여 화재가 발생하였다. 위 화재가 피고인의 중대한 과실 있는 선행행위로 발생한 이상 화재를 소화할 법률상 의무는 있다. 그러나 화재 발생 사실을 안 상태에서 모텔을 빠져나오면서도, 모텔 주인이나 다른 투숙객들에게 이를 **알리지 않았다는 사정만으로** 화재를 용이하게 소화할 수 있었다고 보기는 어렵다. **부작위에 의한 현주건조물방화치사상죄가 성립하지 않는다.**[5)]

---

1) 대판 2015. 11. 12. 2015도6809 전원합의체. 제6, 7, 12, 13, 14회.
2) 위 판례. 제10회.
3) 대판 1992. 2. 11. 91도2951. 제1회.
4) 대판 2006. 4. 28. 2003도80.
5) 대판 2010. 1. 14. 2009도12109, 2009감도38. 제2, 6, 11회.

⑥ 보험사기에서 기망은 보험계약자가 보험자와 보험계약을 체결하면서 **상법상 고지의무를 위반한 부작위**에 의해서도 인정될 수 있다. 고지의무 위반은 보험사고가 이미 발생하였음에도 이를 묵비한 채 보험계약을 체결하거나, 보험사고 발생의 개연성이 농후함을 인식하면서도 보험계약을 체결하는 경우, 또는 보험사고를 임의로 조작하려는 의도를 가지고 보험계약을 체결하는 경우와 같이, '**보험사고의 우연성**'이라는 보험의 본질을 해할 정도에 이르러야 비로소 보험금 편취를 위한 고의의 기망행위에 해당한다.[1]

⑦ 부작위는 작위에 의한 살인행위와 동등한 형법적 가치를 가지고, **작위의무를 이행하였다면 결과가 발생하지 않았을 것이라는** 관계가 인정될 경우에는 작위를 하지 않은 부작위와 사망의 결과 사이에 인과관계가 있다.[2]

3. 부진정부작위범 주관적 구성요건

부작위범도 고의작위범과 마찬가지로 법률이 규정하고 있는 모든 객관 구성요건표지에 대한 인식, 즉 고의가 있어야 한다. 진정부작위범은 모두 기술된 구성요건요소로 되어 있기 때문에 고의대상은 법률이 규정한 내용에 한정한다. 그러나 부진정부작위범에는 기술되지 않는 구성요건요소도 포함되어 있다. 따라서 부진정부작위범의 주관 구성요건인 고의는 기술된 구성요건요소인 구성요건결과, 그 방지가능성에 대한 인식과 함께 보증인지위, 동가치성 등 기술되지 않는 구성요건요소에 대한 인식도 필요하다. 이에 대한 착오는 사실착오가 된다. 그러나 보증인지위에서 나오는 보증인의무는 행위상황에 속하는 것이 아니고 위법성 요소가 되기 때문에(**이분설**) 그 착오도 법률착오가 된다. 물론 순수한 도그마틱 차원에서 가능한 구별이다. 보증인지위와 보증인의무를 현실적으로 명확하게 구별하는 것은 용이한 일이 아니다. 28

4. 부진정부작위범 처벌

우리 형법에는 부진정부작위범 처벌에 관한 특별한 규정이 없기 때문에 작위범과 동일한 처벌을 받는다. 그러나 부진정부작위범 책임과 불법내용은 작위범보다 경미하므로 형을 임의적 감경사유로 해야 한다는 지적이 있다.[3] 하지만 법정형이 같을 뿐이고 양형절차를 통해 얼마든지 감경할 수 있어서 꼭 그래야 할 필요는 없다. 원칙적으로 보증인지위가 있고 동가치성이 인정되는 부작위행위는 작위행위와 구별할 이유는 없다. 나머지는 양형절차에서 고려하면 된다. 29

1) 대판 2017. 4. 26. 2017도1405.
2) 대판 2015. 11. 12. 2015도6809. 제14회.
3) 이재상 외, 10/38.

[165] V. 부작위범 특수문제

1. 공범문제

1 '부작위범에 대한 공범'은 가능하다. 즉 부작위범을 적극적으로 교사·방조하면 교사·방조범이 된다. 이때 교사·방조는 작위에 따른 것이므로 공범에게 보증인지위가 있을 필요는 없다.[1] 공동의무와 그 의무의 공동이행이 가능할 때 부작위범 공동정범도 가능하고,[2] 작위범과 부작위범 사이 공동정범도 있을 수 있다. 하지만 흔한 일은 아니다. 보증인지위에 있는 사람을 협박하여 부작위하게 하는 간접정범도 가능하다.[3]

2 '부작위범에 의한 공범'은, 교사는 불가능하지만 방조는 가능하다. 부작위라는 소극적 방법으로 정범에게 적극적 범행결의를 갖게 하는 것은 어렵다. 그러나 보증인지위가 있으면 부작위에 의한 방조는 가능하다. 판례도 같은 입장이다. "형법의 방조는 작위로 정범의 실행행위를 용이하게 하는 경우는 물론 직무상 의무 있는 자가 정범의 범죄행위를 인식하면서도 그것을 방지해야 할 조치를 취하지 않음으로써 정범의 실행행위를 용이하게 하는 경우이면 성립한다. 은행지점장이 정범인 부하직원 범행을 인식하면서도 은행에 대한 배임행위를 방치하였다면 배임죄 방조범이 성립한다"고 하여 부작위 방조범을 긍정한다.[4]

2. 고의문제

3 고의작위범과 마찬가지로 고의부작위범은 법률이 규정하는 모든 구성요건표지에 대한 인식·의욕(고의)이 있어야 한다. 진정부작위범은 모두 기술된 구성요건요소로 되어 있기 때문에 고의대상은 법률에 한정한다. 그러나 부진정부작위범에는 기술되지 않은 구성요건요소가 포함되어 있다. 따라서 부진정부작위범 고의는 기술된 구성요건요소에 대한 인식과 함께 보증인지위, 동가치성의 기술되지 않은 구성요건요소에 대한 인식을 필요로 한다. 보증인지위, 동가치성에 대한 착오는 사실착오이고 보증인의무에 대한 착오는 법률착오다.[5]

3. 과실문제

4 진정부작위범, 부진정부작위범 가리지 않고 과실처벌규정이 있을 때 과실에 의한 부작위범은 성립할 수 있다. 여기서 과실은 주의의무에 위반하여 요구된 행위를 부작위하고 구성요건상황에 대한 예견가능성이 있을 경우 존재한다. 예견가능성 대상은 법익위험, 구조수단과 같은 기술된 구성요건요소뿐만 아니라 보증인지위와 같은 기술되지 않은 구성요건요소도 포함한다. 예를 들면 자기 아이가 아직 수영이 미숙하기 때문에 익사할지도 모른다는 가능성을 보았으나, 이 정도 거리는 괜찮을 것으로 잘못 생각했거나, 또는 주의의무에 위반하여 익사위험 그 자체를 보지 못한 경우는 부작위에 의한 과실치사에 해당한다.

5 부작위범 보증인의무와 과실범 주의의무는 일반적으로 동일하다. 따라서 구조적으로 보면 과실범은 진정부작위범에 해당한다. 사실상 같은 내용이지만 양자는 개념으로 구별된다.

---

1) 제8회.
2) 대판 2008. 3. 27. 2008도89(***표준판례**). 제13회. 각각의 작위의무가 다르면 부작위범의 공동정범이 성립할 수 없다. 제1회.
3) 제8회.
4) 대판 1984. 11. 27. 84도1906.
5) 제3, 8회.

4. 미수문제

부작위범에도 미수는 가능하고 미수 일반규정(제25~29조) 적용을 받는다. 문제는 부작위가 형식적으로는 아무 행위도 하지 않는 것(존재론적 무無)이기 때문에 실행착수시기를 잡는 데 어려움이 있다. 여기에 대해 다음과 같은 견해가 있다. ① 부작위행위자가 최초 구조가능성을 놓쳤을 때, 즉 작위의무에 즉시 대처하지 않으면 부작위범 실행착수는 있다. ② 부작위행위자가 최후 구조가능성을 놓쳤다고 생각할 때 실행착수는 있다. ③ 절충 입장은 위 견해처럼 극단적으로 볼 것이 아니라 중용을 찌해야 한다고 한다. 즉 행위자가 구체적 위험을 기준으로 판단하여 법익에 대한 위험이 언제든지 결과발생으로 연결될 수 있다고 믿은 순간 실행착수는 존재한다고 본다. ① 견해가 다수설이고, ③은 새롭게 부상한 유력설이다. 물론 독일 형법학을 기준으로 한 것이고, 우리나라에는 아직 부작위 미수에 관한 판례가 없다. 절충설은 그 내용을 어떻게 경험으로 판단할 수 있을지도 의문이다. 6

부작위범의 착수미수, 실행미수도 가능하다. 착수미수는 행위자가 요구된 행위를 하여 결과발생을 방지할 수 있다고 생각한 때 성립하고, 실행미수는 요구된 행위를 하는 것이 결과방지에 충분하지 않다고 생각한 때 성립한다. 이 양자의 중지미수는 적극적 중지행위를 필요로 한다. 7

[판례]

***표준판례** 공중위생관리법 위반죄는 구성요건이 부작위에 의해서만 실현될 수 있는 진정부작위범에 해당한다. 한편 부작위범 사이의 공동정범은 **다수의 부작위범에게 공통의무가 부여되어** 있고 그 의무를 공통으로 이행할 수 있을 때에만 성립한다. 이 사건 케어코리아 각 지점의 실장직에 있던 피고인들은, 위 회사의 근로소득자에 불과하고 영업상의 권리의무의 귀속주체가 아니기 때문에, 공중위생업의 신고의무를 부담하는 자에 해당하지 않는다. 나아가 피고인들에게 공통된 신고의무가 부여되어 있지 않은 이상 부작위범인 신고의무 위반으로 인한 **공중위생관리법 위반죄의 공동정범**도 될 수 없다.[1]

---

1) 대판 2008. 3. 27. 2008도89. 제1, 6, 13회.

제5편 죄 수 론

제1장 죄수罪數 일반이론

[166] Ⅰ. 죄수론 의의

1 죄수론罪數論은 범죄 수가 1개인가 또는 수개(여러 개)인가를 밝히는 영역을 말한다. 죄수문제는 형 적용과 형사소송법 공소효력, 기판력 범위 등과 관련하여 중요한 의미가 있다. 죄수론은 한 사람의 행위가 하나의 구성요건에 해당하여 일죄(한 개의 죄)인가 또는 여러 구성요건에 해당하여 수죄數罪(여러 개의 죄)인가를 확정하기 때문에, 여러 사람이 범행에 참가하는 문제를 다루는 공범론과 다르다. 죄수론은 범죄 개수의 확정과 함께 처벌에 관한 원칙도 포함한다. 죄수론에 관한 형법 규정은 경합범(제37~39조), 상상적 경합(제40조) 등이 있다. 누범규정(제35~36조)은 형벌에서 다루어야 할 문제다.

[167] Ⅱ. 죄수결정 기준

1. 행위표준설

1 이 견해는 자연적 의미의 행위수에 따라 범죄수를 결정하려고 한다. 따라서 행위가 1개이면 범죄도 1개, 행위가 수개이면 범죄도 수개가 된다. 행위표준설에 따르면 연속범(같은 장소에서 동일한 범죄를 수일간 계속하는 경우)은 수죄가 되고, 상상적 경합은 일죄가 된다. 예컨대 "사기죄에서 수인의 피해자에 대해 기망행위를 하여 각각 재물을 편취한 경우 그 범의가 단일하고 범행방법이 동일하더라도 피해자별로 1개씩의 죄가 성립한다"는 판례는 행위표준설에 따른 견해다.[1] 행위표준설에 따르면 수개 행위로 1개 범죄구성요건을 실현한 경우도 수죄로 보아야 하는 결함이 있다.

2. 법익표준설

2 침해되는 법익수에 따라 범죄수를 결정하는 견해다. 따라서 1개 행위로 수개 법익을 침해하면 수죄이고, 수개 행위로 1개 법익을 침해하면 일죄가 된다. "위조통화행사죄와 사기죄는 보호법익이 다르므로 위조통화를 행사하여 재물을 불법영득한 때는 위조통화행사죄와 사기죄 경합범이 된다"[2]고 보는 판례가 여기 속한다. 이 견해에 따르면 상상적 경합은 예외적 경우로 취급한다. 법익표준설은 수개 법익침해가 1개 범죄를 구

1) 대판 1997. 6. 27. 97도508.
2) 대판 1979. 7. 10. 79도840.

성하는 경우를 설명하지 못하는 흠이 있다.

3. 의사표준설

3 행위자 범죄의사를 기준으로 범죄 개수를 결정하는 방법으로 범죄의사가 1개이면 범죄도 1개, 범죄의사가 수개이면 범죄도 수개로 된다. 상상적 경합과 의사 단일성이 인정되는 연속범은 일죄가 된다. 대법원은 연속범에 대한 포괄일죄를 인정한다. "수뢰죄에서 단일하고 계속된 범의로 동종 범행을 일정 기간 반복하여 행하고 그 피해법익도 동일한 경우는 각 범행을 통틀어 포괄일죄"로 보아야 한다.[1]

4. 구성요건표준설

4 구성요건해당사실을 기준으로 죄수를 결정하는 견해다. 따라서 행위개수는 문제 삼지 않고 구성요건에 해당하는 사실이 1개면 범죄도 1개, 수개면 범죄도 수개로 된다. 상상적 경합은 원래 수죄지만 과형상 일죄가 되는 것으로 본다. "예금통장과 인장을 절취한 행위와 저금환급금수령증을 위조한 행위는 별개 구성요건을 충족하는 독립된 행위이기 때문에 경합범이 성립한다."[2] 구성요건표준설은 반복된 행위가 동일한 구성요건에 해당할 경우 죄수를 결정하기 어렵다는 비판을 받는다.

5. 결 론

5 어느 하나의 견해로 죄수문제가 해결될 수 있는 것은 아니다. 형법 제37, 40조는, '여러 개의 죄'라는 표현을 쓰고 있다. '죄'는 구성요건을 전제한 개념이다. 그러므로 죄수결정 일반 기준으로 구성요건표준설이 타당할 가능성이 높다. 그러나 구성요건을 기준으로 한 죄수결정에도 구성요건충족 횟수는 행위가 결정한다. 행위수는 범죄의사와 법익을 고려한다. 즉 1개 행위로 1개 구성요건을 실현하면 일죄이고, 1개 행위로 수개 구성요건을 실현하면 수죄다(상상적 경합). 수개 행위로 수개 구성요건을 실현하는 것도 수죄다(경합범). 여기 '행위' 개수에 대한 판단은 범죄의사와 법익을 고려하지 않고는 불가능하다. 대법원이 모든 기준을 원용하고 있는 것도 여기에 그 원인이 있다. 죄수에 대한 결론은 법률이 규정하는 법조경합, 포괄일죄, 상상적 경합, 경합범의 개별 요건을 검토하는 각론에서 내려야 한다.

[판례]

① **죄수결정 기준** 상상적 경합은 1개의 행위가 실질적으로 수개의 구성요건을 충족하는 경우를 말하고, 법조경합은 1개의 행위가 외관상 수개의 죄의 구성요건에 해당하는 것처럼 보이나 실질적으로 1죄만을 구성하는 경우를 말한다. 실질적으로 1죄인가 또는 수죄인가는 **구성**

1) 대판 2005. 11. 10. 2004도42.
2) 대판 1968. 12. 24. 68도1501.

요건적 평가와 보호법익의 측면에서 고찰하여 판단해야 한다.1)

② 강도가 동일한 장소에서 동일한 방법으로 시간적으로 접착된 상황에서 수인의 재물을 강취하였다고 하더라도, **수인의 피해자**들에게 폭행 또는 협박을 가하여 그들로부터 각각 재물을 강취하였다면, 피해자의 수에 따라 수개의 강도죄를 구성한다. 다만 강도 범인이 피해자들의 반항을 억압하는 수단인 **폭행 · 협박행위를 사실상 공통**으로 하였으면 **법률상 1개의 행위**로 평가되어 상상적경합으로 보아야 한다.2)

③ 강도가 시간적으로 접착된 상황에서 가족을 이루는 수인에게 폭행 · 협박을 가하여 집안에 있는 재물을 탈취한 경우, 그 재물은 **가족의 공동점유** 아래 있는 것으로서, 이를 탈취하는 행위는 그 소유자가 누구인지 상관없이 단일한 강도죄의 죄책을 진다.3)

④ **수인의 피해자**에 대해 각각 기망행위를 하여 재물을 편취한 경우에는 범의가 단일하고 범행방법이 동일하더라도 각 피해자의 피해법익은 독립한 것이다. 이는 포괄하여 일죄가 되지 않고 피해자별로 독립한 사기죄가 성립한다.4)

⑤ **행위표준설** 여신전문금융업법 제70조 제2항 제3호는 '물품의 판매 또는 용역의 제공을 가장하거나 실제 매출금액을 초과하여 신용카드 매출전표를 작성하고 자금을 융통하여 준 자'를 처벌하도록 규정하고 있다. 위 규정 위반의 죄는 **신용카드를 이용한 자금융통행위** 1회마다 하나의 죄가 성립한다. 일정기간 다수인을 상대로 동종의 자금융통행위를 계속하였더라도 그 범의가 단일하지 않으므로 포괄하여 하나의 죄가 성립하지는 않는다.5)

⑥ 무면허운전으로 인한 도로교통법위반죄는 사회통념상 운전한 날을 기준으로 **운전한 날마다 1개의 운전행위**가 있다고 보는 것이 상당하다. 따라서 운전한 날마다 무면허운전으로 인한 도로교통법위반의 1죄가 성립한다고 보아야 한다. 비록 계속적으로 무면허운전을 할 의사를 가지고 여러 날에 걸쳐 무면허운전행위를 반복하였다 하더라도 이를 포괄하여 일죄로 볼 수는 없다.6)

⑦ 음주 또는 약물의 영향으로 정상적 운전이 곤란한 상태에서 자동차를 운전하여 사람을 **상해에 이르게 함과 동시에** 다른 사람의 재물을 손괴한 때에는, 특정범죄가중법의 위험운전치사상죄 외에 업무상 과실재물손괴로 인한 도로교통법 위반죄가 성립한다. 이 두 죄는 1개의 운전행위로 인한 것으로서 상상적 경합관계에 있다.7)

[168] Ⅲ. 수죄처벌 기본원칙

1 1개 또는 수개 행위가 수개 구성요건을 실현함으로써 사실상 수죄數罪를 범한 경우 입법 처리방법으로 병과주의, 흡수주의, 가중주의 세 가지 기본원칙이 있다.

---

1) 대판 2007. 7. 7. 2000도1899.
2) 대판 1991. 6. 25. 91도643.
3) 대판 1996. 7. 30. 96도1285.
4) 대판 2001. 12. 28. 2001도6130.
5) 대판 2001. 6. 12. 2000도3559.
6) 대판 2002. 7. 23. 2001도6281.
7) 대판 2010. 1. 14. 2009도10845. 제2회.

1. 병과주의

수죄의 형기를 합산하여 처벌하는 것을 병과주의라 한다. 영미법이 채택하는 원칙 2
이다. 신문 해외토픽에서 가끔 보는 200년 또는 300년 징역에 처한다는 기사는 바로 이 병과주의 결과이다. 우리 형법은 경합범에서 각 죄에 정한 형이 무기징역이나 무기금고 외 다른 종류 형인 경우 병과주의를 채택한다(제38조 제1항 제3호).

그러나 병과주의의 형 가산은 같은 기간의 분리된 형벌보다 수형자에게 더 큰 고통을 주기 때문에 타당하지 않다는 견해도 있다.

2. 흡수주의

흡수주의는 수죄 가운데 가장 무거운 죄에 정한 형을 적용하고, 다른 가벼운 죄에 3
정한 형은 여기 흡수시키는 원칙을 말한다. 형법은 상상적 경합(제40조), 경합범 가운데 무거운 죄에 정한 형이 사형 또는 무기징역이나 무기금고인 경우(제38조 제1항 제1호) 흡수주의를 쓴다. 여기서 가벼운 죄에 정한 형 하한이 무거운 죄에 정한 형 하한보다 높은 경우, 가벼운 죄 하한으로 처벌하는 것을 결합주의라 한다.

3. 가중주의

가중주의는 각 범죄에 대한 개별 형벌을 확인한 다음 이들 가운데 가장 무거운 죄 4
에 정한 형을 가중하는 방법으로 하나의 전체형을 만들어 선고하는 방법이다. 전체형은 각각 형벌총계를 벗어나지 않는 것이 원칙이다. 우리 형법은 경합범에서 각 죄에 정한 형이 사형 또는 무기징역이나 무기금고 외 같은 종류 형인 경우 가중주의를 채택한다(제38조 제1항 제2호).

그러나 스위스 형법(제68조)과 오스트리아 형법(제28조)은 상상적 경합범과 경합범을 모두 가중주의로 처벌한다.

제2장 일 죄

[169] Ⅰ. 일죄 의의

1 일죄는 범죄수가 1개인 것으로 범죄행위가 1개 구성요건에 1회 해당하는 경우를 말한다. 일죄에는 단순일죄와 과형상 일죄(처분상 일죄)가 있다. 단순일죄 가장 대표적 경우는 1개 자연적 행위가 1개 구성요건을 충족하는 것인데, 이것은 죄수론에서 특별히 문제될 것이 없다. 그 밖에 법조경합과 포괄일죄도 일죄에 속한다.

2 과형상 일죄는 상상적 경합 경우처럼 원래 수죄지만 과형상 일죄로 처벌하는 데 불과하다. 따라서 엄격한 의미 일죄는 아니다. 과형상 일죄는 뒤 「수죄」 부분에서 설명한다. 통설 · 판례에 따른 일죄 분류는 아래와 같다.

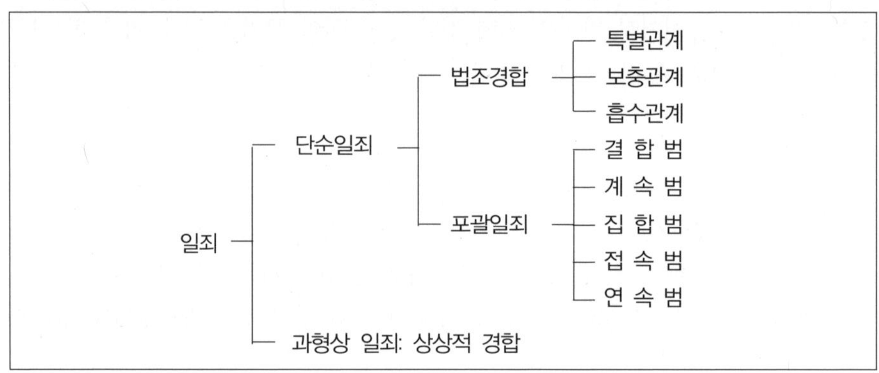

[170] Ⅱ. 법조경합

1. 법조경합 의의

1 법조경합은 1개 또는 수개 행위가 겉으로는 여러 개 구성요건에 해당하는 것 같지만, 실제로는 한 구성요건이 다른 구성요건을 배척하기 때문에 단순일죄가 되는 경우다. 외형적 경합 또는 부진정경합도 같은 이름이다.

2. 법조경합 유형

2 법조경합에는 특별관계 · 보충관계 · 흡수관계 세 유형이 있다. 학자에 따라 택일관계를 포함시키기도 한다.

(1) 특별관계

3 특별관계는 어느 구성요건이 다른 구성요건의 모든 요소를 포함하고 그 밖의 특별

한 표지까지 포함한 경우, 후자에 대한 전자 관계를 말한다. 특별관계는 특별법 우선적용원칙에 따라서 일반법 적용을 배제한다. 예를 들면 단순절도(제329조)에 대한 특수절도(제331조) 관계, 폭행(제260조)에 대한 특수폭행(제261조) 등이 특별관계다.[1]

그 밖에 결합범이나 결과적 가중범과 그 내용이 되는 범죄 관계도 특별관계다. 예컨대 강도죄(제333조)는 절도 · 폭행 · 협박죄에 대해, 상해치사죄(제259조)는 상해와 과실치사죄에 대해 특별관계에 있다. 같은 사안을 규율하는 일반형법과 특별형법 관계도 마찬가지다. 4

[판례]

① 법조경합의 한 형태인 특별관계는, 어느 구성요건이 다른 구성요건의 모든 요소를 포함하는 외에 **다른 요소를 구비해야** 성립한다. 특별관계에서는 특별법의 구성요건을 충족하는 행위는 일반법의 구성요건을 충족하지만, 반대로 일반법의 구성요건을 충족하는 행위는 특별법의 구성요건을 충족하지 못한다.[2]

② 폭행 또는 협박으로 부녀를 강간한 경우에는 강간죄만 성립하고, 그것과 별도로 강간의 **수단으로 사용된 폭행 · 협박**이 형법상의 폭행죄나 협박죄 또는 폭력행위처벌법 위반의 죄를 구성한다고 볼 수는 없다. 강간죄와 이들 각 죄는 법조경합의 관계일 뿐이다.[3]

(2) 보충관계

보충관계는 어떤 구성요건이 다른 구성요건에 대해 단지 보충적으로 적용되는 경우를 말한다. 보충관계는 "기본법은 보충법에 우선한다"는 원칙에 따라 보충법 적용을 배제하는데, 명시 · 묵시 두 가지 보충관계가 있다. 형법이 명시적으로 인정한 보충관계는 외환유치죄(제92조), 여적죄(제93조), 모병이적죄(제94조)에 대한 일반이적죄(제99조) 그리고 현주건조물방화죄(제164조), 공용건조물방화죄(제165조), 일반건조물방화죄(제166조)에 대한 일반물건방화죄(제167조)를 들 수 있다. 전자에 속한 범죄가 성립하면 후자에 속한 보충법은 적용이 배제된다. 묵시 보충관계로는 다음 두 가지 경우가 있다. 5

1) 불가벌 사전행위 　범죄실현을 위한 앞 단계 범죄는 경과범죄로 불가벌 사전행위가 된다. 왜냐하면 앞 단계 범죄는 계속된 다음 단계 침해가 있으면 독자 의미가 없기 때문이다. 예컨대 예비는 미수 · 기수에 대해 그리고 미수는 기수에 대해 묵시적 보충관계에 있다. 상해죄와 살인죄, 유기죄와 살인죄 그리고 위험범과 침해범 사이도 마찬가지다. 불가벌 사전행위가 성립하기 위해서는 주된 행위와 법익이 동일해야 하고 앞 단계 사전행위가 주된 행위보다 가벼운 불법내용을 가져야 한다. 6

---

1) 박달현, 「형사법상 '특별법 우선 법리와 그 예외'에 관한 판례와 학설의 이론적 정합성」(법학연구 32, 2021), 139면 이하.
2) 대판 2012. 8. 30. 2012도6503.
3) 대판 2002. 5. 16. 2002도51 전원합의체.

7 2) **침해방법 차이에 따른 경우** 같은 법익침해에서 가벼운 침해방법은 무거운 침해방법에 대해 보충관계에 있다. 따라서 종범은 교사범 · 정범에 대해, 교사범은 정범에 대해, 부작위범은 작위범 그리고 과실범은 고의범에 대해 보충관계에 있다. 그러므로 공범이 교사범, 방조범, 공동정범에 동시에 해당되는 경우는 공동정범으로 처벌한다.

(3) 흡수관계

8 흡수관계는 어느 구성요건에 해당하는 행위의 불법 · 책임내용이 다른 행위의 것을 포함하면서 특별관계나 보충관계에 해당하지 않는 경우를 말한다. 흡수관계는 흡수하는 전부법만 적용하고 흡수되는 부분법은 배제한다. 다음 두 가지 경우가 있다.

9 1) **불가벌 수반행위** 특정범죄행위에 일반 · 전형적으로 결합해 있는 제3 경미한 위법행위를 불가벌 수반행위라 한다. 수반한 행위의 불법 · 책임이 주된 범죄에 비해 낮기 때문에 별도로 처벌할 필요가 없다. 예컨대 **살인에 수반한 재물손괴행위**, 상해죄 협박행위, 사문서위조 인장위조행위 등은 불가벌 수반행위로 별도 범죄를 구성하지 않는다. 불가벌 수반행위는 상상적 경합과 구별이 문제된다. 따라서 상상적 경합이 인정되지 않는 제한된 범위 안에서 인정할 필요가 있다.

2) 불가벌 사후행위

10 (가) **의 의** 불가벌 사후행위는 범죄로 획득한 위법한 이익을 확보 · 사용 · 처분하는 행위는 별개 구성요건에 해당하지만, 그 불법은 주된 범죄에서 이미 평가되었기 때문에 별도 범죄를 구성하지 않는 경우를 말한다. 불가벌 사후행위는 주로 재산범죄에서 발생한다. 예를 들면 절도범이 절취한 재물을 손괴하더라도 절도죄 외에 손괴죄가 성립하지 않는다. 이것은 주된 범죄행위에 대한 판단에서 사후행위에 대한 평가가 이미 이루어졌다고 보기 때문이다. 그러므로 불가벌 사후행위의 법 성질은 흡수관계로 파악하여 법조경합 일종으로 보는 것이 일반적이다. 주된 범죄가 당연히 예정하고 있는 행위에 별도의 법 평가를 내리는 것은 이중처벌에 해당된다. 이에 대해 보충관계 또는 인적 처벌조각사유에 해당한다고 보는 이견도 있다.

11 (나) **성립요건** 불가벌 사후행위가 되기 위해서는 다음 요건을 구비해야 한다.

12 A. 주된 선행범죄 행위자 또는 그에 가담한 공범자 사후행위가 구성요건에 해당하거나 또는 그와 공범관계에 있어야 한다. 형법의 불가벌 행위에 대해서는 불가벌 사후행위를 논할 필요가 없다. 여기서는 선행범죄 행위자가 범죄구조상 사후행위자로 간주될 수 없는 경우가 대부분이다. 이 경우 사후로 야기된 결과는 주된 범죄의 단순한 첨가에 지나지 않고 불가벌 사후행위가 아니다. 이는 구성요건해당성 자체가 부인되기 때문에 처벌되지 않는다. 예를 들어 **절도범이 절취한 재물을 소비하거나** 운반한 경우 횡령죄나 장물죄 구성요건이 성립하지 않는다.

B. 사후행위는 선행범죄와 동일한 보호법익 · 행위객체를 침해하고 그 '침해 양'을 초과해서는 안 된다. 그러나 사후행위가 다른 사람의 새로운 법익을 침해하는 경우는 불가벌 사후행위가 되지 않고 별개 범죄를 구성한다(주된 범죄와 실체적 경합관계). 예를 들어 절취한 재물을 손괴한 경우는 불가벌 사후행위가 되지만 **절취한 예금통장으로** 현금을 인출한 경우는 별도 사기죄를 구성한다(**통설 · 판례**). 그러나 은행 예금인출은 인출자 동일성을 문제삼지 않을 만큼 정형화되어 있고 채권의 준점유자에 대한 지급이 면책되는 점에 비추어 불가벌 사후행위로 보아야 한다는 이견도 있다. 13

주된 범죄와 사후행위의 피해자 · 법익이 같은 경우도 사후행위가 주된 범죄의 침해 양을 초과한 경우는 불가벌 사후행위가 되지 않는다. 예를 들어 절취한 문서를 이용하여 피해자 재물을 편취하거나 절취한 재물을 피해자에게 매각한 경우는 절도죄와 사기죄 실체 경합이 된다. 14

C. 주된 범죄가 공소시효 완성, 소송조건 결여 등으로 처벌할 수 없는 경우 사후행위도 마찬가지로 불가벌이 된다. 주된 범죄가 정당화사유, 면책사유 등 존재로 범죄가 성립하지 않거나 또는 범죄증명이 불가능하여 처벌받지 않는 경우도 사후행위는 얼마든지 처벌될 수 있다. 15

D. 사후행위는 이에 가담한 제 3 자에 대한 관계에서는 주된 행위가 되어 제 3 자 처벌 근거가 된다. 따라서 사후행위에 관여한 공범도 정범이 불가벌 사후행위로 처벌되지 않는 경우도 공범성립 제한종속형식에 따라 독립적으로 처벌될 수 있다. 왜냐하면 정범 사후행위가 처벌되지 않더라도 사후행위 자체는 구성요건에 해당하는 위법 행위이기 때문이다. 16

(4) 택일관계

예컨대 절도죄와 횡령죄 관계처럼 성질이 양립할 수 없는 두 개 구성요건에서 어느 하나만 적용되는 경우를 택일관계라 한다. 이것은 어느 하나 구성요건에만 해당하기 때문에 여러 개 구성요건에 해당하는 것으로 나타나는 법조경합과 구별해야 한다. 택일관계를 법조경합 유형으로 인정할 수는 없다. 17

[판례]

① **불가벌 수반행위** 신용카드부정사용죄에서 매출표의 서명 및 교부는 별도로 사문서위조 및 동행사죄의 구성요건을 충족하여도 신용카드부정사용죄에 흡수되어 그 1죄만 성립한다.[1]

② 음주로 인한 특정범죄가중법상의 위험운전치사상죄는 그 입법취지와 문언에 비추어 볼 때, 형법상 제68조 업무상과실치사상죄의 특례를 규정한 것이다. 따라서 특정범죄가중법상의 죄가 성립하는 때에는, 차의 운전자가 형법 제268조의 죄를 범한 것을 내용으로 하는 **교통사**

1) 대판 1992. 6. 9. 92도77. 제 4 회.

고처리특례법 위반죄는 그 죄에 흡수되어 별죄를 구성하지 아니한다.[1)]

③ ***표준판례** 피고인은 살해목적으로 동일인에게 일시, 장소를 달리하여 수차에 걸쳐 단순한 예비행위를 하거나 또는 공격을 가하였으나 미수에 그치다가 드디어 그 목적을 달성하였다. 이 경우 피고인의 예비행위 내지 공격행위가 동일한 의사발동에서 나오고, 그 사이에 범의의 갱신이 없는 한, 각 행위의 일시, 장소, 범행방법을 불문하고 살해목적을 달성할 때까지의 모든 행위는 포괄적으로 한 개의 살인기수죄로 처벌된다. 피고인의 행위를 살인예비 내지 미수죄와 동 기수죄의 경합범으로 처단할 문제는 아니다.[2)]

④ **감금행위**가 강간죄나 강도죄의 수단이 된 경우에도 감금죄는 강간죄나 강도죄에 흡수되지 않고 별죄를 구성한다.[3)] *강간죄의 성립에는 언제나 필요한 수단으로 감금행위를 수반하는 것은 아니기 때문임.

⑤ 공직선거법 제237조 제5항 제2호 **선거의 자유방해죄**와 형법 제314조 제1항 **업무방해죄**는 보호법익과 구성요건을 달리한다. 따라서 위 양죄는, 선거자유방해죄가 성립하면 업무방해죄가 이에 흡수되는 법조경합관계로 볼 수는 없다.[4)]

⑥ 범죄단체 구성원으로 활동하는 행위와 집단감금 또는 집단상해행위는 각각 별개의 범죄구성요건을 충족하는 독립된 행위로 보아야 한다. 따라서 집단감금 또는 집단상해 행위가 범죄단체활동에 흡수된다고 보아 양자가 단순일죄관계에 해당하는 것은 아니다.[5)]

⑦ ***표준판례 업무방해죄와 폭행죄**는 구성요건과 보호법익을 달리하고 있고, 업무방해죄 성립에 일반적 · 전형적으로 사람에 대한 폭행행위를 수반하는 것은 아니다. 폭행행위가 업무방해죄에 비해 별도로 고려되지 않을 만큼 경미한 것으로 볼 수도 없다. 설령 피해자에 대한 폭행행위가 동일한 피해자에 대한 업무방해죄의 수단이 되었더라도, 그러한 폭행행위가 '불가벌적 수반행위'에 해당하여 업무방해죄에 흡수되는 것은 아니다.[6)]

⑧ 아동 · 청소년이용음란물을 제작한 자가 그 음란물을 소지하게 되는 경우 청소년성보호법의 음란물소지죄는 같은 법의 **음란물제작 · 배포 등 죄에** 흡수된다. 다만 아동 · 청소년이용음란물을 제작한 자가 제작에 수반된 소지행위를 벗어나 사회통념상 새로운 소지로 평가할 수 있는 별도의 소지행위를 개시하였으면, 이는 청소년성보호법의 음란물제작 · 배포 등 죄와 **별개의 음란물소지죄에** 해당한다.[7)]

⑨ **불가벌 사후행위 부정** 피고인이 **예금통장**을 강취하고 예금자 명의의 예금청구서를 위조한 다음, 이를 은행원에게 제출 행사하여 예금인출금 명목의 금원을 교부받았다면 강도, 사문서위조, 동행사, 사기의 각 범죄가 성립하고, 이들은 실체적 경합관계에 있다.[8)]

⑩ **신용카드를 절취한** 후 이를 사용한 경우, 신용카드의 부정사용행위는 새로운 법익침해로 보아야 하고, 그 법익침해가 절도범행보다 큰 것이 대부분이므로, 위와 같은 부정사용행위가

1) 대판 2008. 12. 11. 2008도9182. 제7회.
2) 대판 1965. 9. 28. 65도695.
3) 대판 1997. 1. 21. 96도2715. 제6회.
4) 대판 2006. 6. 15. 2006도1667.
5) 대판 2008. 5. 29. 2008도1857.
6) 대판 2012. 10. 11. 2012도1895. 제3, 9회.
7) 대판 2021. 7. 8. 2021도2993.
8) 대판 1991. 9. 10. 91도1722. 제4, 6회.

절도범행의 불가벌적 사후행위가 되는 것은 아니다.[1)]

⑪ 자동차를 절취한 후 **자동차등록번호판을** 떼어내는 행위는 새로운 법익의 침해로 보아야 하므로 절도범행의 불가벌적 사후행위가 되는 것은 아니다.[2)]

⑫ 부정한 이익을 얻거나 기업에 손해를 가할 목적으로 그 기업에 유용한 **영업비밀이** 담겨 있는 타인의 재물을 절취한 후 그 영업비밀을 사용하는 경우, **영업비밀의 부정사용행위는** 새로운 법익침해로 보아야 하므로 위와 같은 부정사용행위가 절도범행의 불가벌적 사후행위가 되는 것은 아니다.[3)]

⑬ ***표준판례** 타인의 부동산을 보관 중인 자가 불법영득의사를 가지고 그 부동산에 근저당권설정등기를 경료하면 일단 횡령행위는 기수가 된다. 그 후 같은 부동산에 **별개의 근저당권을** 설정하여 새로운 법익침해 위험을 추가함으로써 법익침해 위험을 증가시키거나, 해당 부동산을 매각함으로써 기존의 근저당권과 관계없이 법익침해 결과를 발생시키면, 이는 당초 근저당권으로 인해 당연히 예상될 수 있는 범위를 넘어 **새로운 법익침해 위험을 추가**시킨 것이 된다. 이 행위는 불가벌적 사후행위가 아니라 별도의 횡령죄를 구성한다.[4)]

⑭ 사람을 살해한 다음 그 범죄의 흔적을 은폐하기 위해 그 시체를 다른 장소로 옮겨 유기하였을 때에는, 살인죄와 사체유기죄의 경합범이 성립하고, **사체유기를** 불가벌적 사후행위라 할 수 없다.[5)]

⑮ **불가벌적 사후행위 인정** 피고인이 피해자를 기망하여 **약속어음**을 교부받으면 즉시 사기죄가 성립한다. 그 후 이를 피해자에 대한 피고인의 채권 변제에 충당하였더라도 불가벌적 사후행위가 되어 별도로 횡령죄를 구성하지 않는다.[6)]

⑯ 절취한 **자기앞수표**를 현금 대신 교부한 행위는 절도행위에 대한 가벌적 평가에 당연히 포함된다. 절취한 자기앞수표를 음식대금으로 교부하고 거스름돈을 받은 행위는 절도의 불가벌적 사후처분행위로서 사기죄가 되지 않는다.[7)]

⑰ 미등기건물의 관리를 위임받아 보관하고 있는 자가 피해자의 승낙 없이 건물을 자신의 명의로 **보존등기**를 한 때 이미 횡령죄는 완성된다. 횡령행위의 완성 후 **근저당권설정등기**를 한 행위는 피해자에 대한 새로운 법익침해를 수반하지 않는 불가벌적 사후행위로서 별도의 횡령죄를 구성하지 않는다.[8)]

⑱ 신고 없이 물품을 수입한 본범이 그 물품에 대한 취득, 양여 등의 행위를 하는 경우, **밀수입행위에** 의해 이미 침해된 적정한 통관절차의 이행과 관세수입 확보라는 보호법익 외에 새로운 법익침해를 수반한다고 보기 어렵다. 이는 불가벌적 사후행위이다.[9)]

⑲ ***표준판례** 송금의뢰인이 수취인의 예금계좌에 계좌이체 등을 한 후, 수취인이 은행에 대해

---

1) 대판 1996. 7. 12. 96도1181.
2) 대판 2007. 9. 6. 2007도4739.
3) 대판 2008. 9. 11. 2008도5364.
4) 대판 2013. 2. 21. 2010도10500 전원합의체. 제4, 5회.
5) 대판 1984. 11. 27. 84도2263. 제1회.
6) 대판 1983. 4. 26. 82도3079. 제10회.
7) 대판 1987. 1. 20. 86도1728.
8) 대판 1993. 3. 9. 92도2999.
9) 대판 2008. 1. 17. 2006도455.

예금반환을 청구함에 따라 은행이 수취인에게 그 예금을 지급하는 행위는, 계좌이체금액 상당의 예금계약의 성립 및 그 예금채권 취득에 따른 것으로서 은행이 착오에 빠져 처분행위를 한 것이라고 볼 수 없다. 결국 이러한 행위는 **은행을 피해자로 한 사기죄에** 해당하지 않는다고 봄이 상당하다.[1] *예금주인 피고인이 제3자에게 편취당한 송금의뢰인으로부터 자신의 은행계좌에 송금된 돈을 출금한 사안. 피고인은 예금주로서 은행에 대해 예금반환을 청구할 수 있는 권한이 있음. 위 은행을 피해자로 한 사기죄가 성립하지 않음. 이미 성립한 사기범행의 실행행위에 지나지 않으므로 불가벌적 사후행위.

⑳ 경범죄처벌법 제3조 제3항 제2호에서 정한 거짓신고 행위가 원인이 되어 상대방인 공무원이 범죄가 발생한 것으로 오인하여 공무원이 그러한 사정을 알았더라면 하지 않았을 대응조치를 하였다. 이로써 구체적이고 현실적인 공무집행이 방해되어 위계에 의한 공무집행방해죄가 성립한다. 이와 같이 경범죄처벌법 제3조 제3항 제2호 거짓신고가 '위계'의 수단·방법·태양의 하나가 된 경우는 거짓신고로 인한 **경범죄처벌법위반죄가 위계에 의한 공무집행방해죄에 흡수되는** 법조경합 관계에 있다. 따라서 위계에 의한 공무집행방해죄만 성립할 뿐 이와 별도로 거짓신고로 인한 경범죄처벌법위반죄가 성립하지는 않는다.[2]

3. 법조경합 처리

18 법조경합에서 적용이 배제되는 법률은 형사처벌 근거가 되지 않는다. 따라서 판결 주문이나 이유에 언급할 필요가 없다. 이것은 상상적 경합에서 경한 죄 범죄내용이 추가로 평가되어 판결이유에 명시되는 것과 구별되는 점이기도 하다. 그러나 제3자는 배제되는 법률이 정한 범죄의 공범이 될 수 있다. 법조경합에서 배제되는 법률은 적용되는 법률의 한 부분이기 때문이다. 배제되는 법률이 양형에서 고려될 수 있는가 견해가 갈린다.

[171] Ⅲ. 포괄일죄

1. 포괄일죄 의의

1 포괄일죄는 수개 행위가 포괄적으로 1개 구성요건에 해당하여 일죄가 되는 것을 말한다. 포괄일죄는 행위수에 상관없이 원래 일죄이기 때문에 외형상 수개 범죄에 해당하는 것으로 보이는 법조경합, 수개 범죄이면서 처벌만 일죄로 하는 과형상 일죄와 구별된다.

1) 대판 2010. 5. 27. 2010도3498.
2) 대판 2022. 10. 27. 2022도10402.

2. 포괄일죄 유형

(1) 결 합 범

결합범은 개별적으로 독립된 구성요건에 해당하는 수개 행위가 결합하여 일죄를 구성하는 경우다. 예컨대 강도죄는 폭행죄 또는 협박죄와 절도죄, 강도강간죄는 강도죄와 강간죄 결합범이다. 수개 실행행위가 결합하여 일죄를 구성하기 때문에 결합범은 포괄일죄다. 그러므로 결합범 일부분에 대한 실행착수는 전체에 대한 실행착수가 되고 일부분에 대한 방조도 마찬가지다. 2

[판례]

① 동일 죄명에 해당하는 수 개의 행위를 **단일하고 계속된 범의하에** 일정기간 계속하여 행하고 그 피해법익도 동일한 경우, 이들 각 행위를 통틀어 포괄일죄로 처단하여야 한다. 그러나 범의의 단일성과 계속성이 인정되지 않거나 범행방법이 **동일하지 않은 경우에** 각 범행은 실체적 경합범에 해당한다.[1)]

② 강간범이 강간행위 후에 강도 범의를 일으켜 부녀의 재물을 강취하면 강도강간죄가 아니라 강도죄와 강간죄의 경합범이 성립된다. 그러나 강간범이 강간행위 종료 전, 즉 그 실행행위 계속 중에 강도행위를 하면, 이때 바로 강도신분을 취득하므로 이후에 그 자리에서 **강간행위를 계속**하는 때에는 강도가 부녀를 강간한 때에 해당하여 형법 제339조 소정의 강도강간죄를 구성한다.[2)]

③ ***표준판례** 형법 제332조에 규정된 상습절도죄를 범한 범인이 범행수단으로 **주간에 주거침입을 한 경우**, 주간 주거침입행위는 상습절도죄와 별개로 주거침입죄를 구성한다. 또 형법 제332조에 규정된 상습절도죄를 범한 범인이 그 범행 외에 상습절도 목적으로 주간에 주거침입을 하였다가 절도에 이르지 않고 주거침입에 그친 경우에도 주간 주거침입행위는 상습절도죄와 별개로 주거침입죄를 구성한다.[3)] *주간 주거침입행위의 위법성에 대한 평가는 형법 제332조, 제329조의 구성요건 평가에 포함되어 있지 않음.

④ 포괄일죄 관계에 있는 **범행 일부에** 대해 판결이 확정된 경우에는 사실심 판결선고 시를 기준으로 그 이전에 이루어진 범행에 대하여는 확정판결의 기판력이 미쳐 **면소판결을** 선고해야 한다. 동일 죄명에 해당하는 여러 개의 행위 혹은 연속된 행위를 단일하고 계속된 범의하에 일정 기간 계속하여 행하고 피해법익도 동일한 경우에는, 이들 각 행위를 통틀어 포괄일죄로 처단해야 한다. 그러나 범의의 단일성과 계속성이 인정되지 않거나 범행방법 및 장소가 동일하지 않으면 각 범행은 실체적 경합범에 해당한다.[4)]

(2) 계 속 범

일정시간 동안 위법상태가 계속되어야 하는 범죄유형을 계속범이라고 한다. 체 3

1) 대판 2010. 11. 11. 2007도8645.
2) 대판 1988. 9. 9. 88도1240.
3) 대판 2015. 10. 15. 2015도8169. 제6, 7회.
4) 대판 2020. 5. 14. 2020도1355.

포 · 감금죄 등이 해당된다. 위법상태 야기행위와 유지행위가 하나의 구성요건을 실현하는 것이므로 수죄가 아닌 일죄를 구성한다.

[판례]

① 법률이 개정되면서 그 부칙에서 '개정된 법 시행 전의 행위에 대한 벌칙의 적용에 있어서는 **종전의 규정에 의한다**'는 경과규정을 두었다. 개정된 법이 **시행되기 전의** 행위에 대해서는 개정 전의 법을, 그 이후의 행위에 대해서는 개정된 법을 각각 적용해야 한다.[1)]

② ***표준판례** 내란죄는 국토를 참절하거나 국헌을 문란할 목적으로 폭동한 행위로서, 다수인이 결합하여 위와 같은 목적으로 한 지방의 평온을 해할 정도의 폭행 · 협박행위를 하면 기수가 된다. 그 목적의 달성 여부는 이와 무관한 것으로 해석된다. 따라서 다수인이 한 지방의 평온을 해할 정도의 폭동을 하였을 때 이미 내란의 구성요건은 완전히 충족된다고 할 것이어서 **내란죄는 상태범으로** 봄이 상당하다.[2)]

③ 주차장법 제29조 제1항 제2호 위반의 죄는 이른바 계속범으로서, 종전에 용도외 사용행위에 대하여 처벌받은 일이 있다고 하더라도 그 후에도 계속하여 용도외 사용을 하고 있는 이상 종전 재판 후의 사용에 대하여 다시 처벌할 수 있다.[3)]

④ 공익법인이 주무관청의 승인을 받지 않고 수익사업을 하는 행위는, 시간적 계속성이 구성요건적 행위의 요소로 되어 있다는 점에서 계속범에 해당한다. 승인을 받지 않은 수익사업이 계속되고 있는 동안에는 아직 공소시효가 진행되지 않는다.[4)]

⑤ **직무유기죄**는 그 직무를 수행해야 하는 작위의무의 존재와 그에 대한 위반을 전제로 한다. 그 작위의무를 수행하지 않음으로써 구성요건에 해당하는 사실이 있었고, 그 후에도 계속하여 그 작위의무를 수행하지 않는 위법한 **부작위상태가 계속**되는 한, 가벌적 위법상태는 계속 존재한다. 형법 제122조 후단은 이를 전체적으로 보아 1죄로 처벌하는 취지로 해석되므로 이는 **즉시범이라고** 할 수 없다.[5)]

⑥ ***표준판례** 형법 제276조 제1항 체포죄에서 말하는 '체포'는 사람의 신체를 직접적 · 현실적으로 구속하여 신체활동의 자유를 박탈하는 행위를 의미하는 것으로서 수단과 방법을 불문한다. **체포죄는 계속범으로서** 체포행위에 확실히 사람의 신체자유를 구속한다고 인정할 수 있을 정도의 시간계속이 있어야 한다. 체포의 고의로써 타인의 신체활동 자유를 현실적으로 침해하는 행위를 개시한 때 체포죄의 실행에 착수하였다고 볼 것이다.[6)]

(3) 접 속 범

4 접속범은 동일한 법익에 대해 구성요건에 해당하는 여러 개의 행위가 접속하여 행해지는 것을 말한다. 예컨대 절도범이 재물을 여러 차례 반출하거나, 동일한 기회에 같

1) 대판 2001. 9. 25. 2001도3990. 제3회.
2) 대판 1997. 4. 17. 96도3376 전원합의체. 제3회.
3) 대판 2006. 1. 26. 2005도7283. 제3회.
4) 대판 2006. 9. 22. 2004도4751. 제3회.
5) 대판 1997. 8. 29. 97도675.
6) 대판 2018. 2. 28. 2017도21249.

은 부녀를 여러 차례 간음하는 경우 등이다. 접속범은 반복된 행위의 시간·장소적 접속성, 단일한 범의에 따른 행위 단일성 그리고 피해법익 동일성이 인정되기 때문에 수죄가 되지 않고 한 개 죄를 구성한다. 만일 행위자가 여러 개 행위로 다른 법익을 침해하거나 전속적 법익에서 다른 주체의 법익을 침해하면 포괄일죄가 되지 않는다. 이러한 경우는 불법의 단순한 양적 증가로 볼 수 없기 때문이다.

[판례사례] 피고인 甲은 밤 10시경 피해자 乙(女, 20세)을 강간할 목적으로 도망가는 피해자를 추격하여 머리채를 잡아끌면서 블록 조각으로 피해자 머리를 수회 때리고 손으로 목을 조르면서 항거 불능케 만든 후 피해자를 1회 강간하고 이것 때문에 전치 28일간의 전두부 타박상을 입게 하였다. 그 후 甲은 약 1시간이 지나 乙을 피고인 집으로 끌고 가 상처를 입고 항거가 불능한 乙을 다시 1회 강간하였다.[1]

[해설] 대법원은 甲 행위는 그 범행시간과 장소를 달리하고 있을 뿐만 아니라 각 별개의 범의에서 이루어진 행위로서 형법 제37조 전단 실체적 경합범에 해당한다고 판시한다. 그러나 비슷한 사안, 즉 피해자를 1회 간음하고 200미터쯤 오다가 다시 1회 간음한 경우에 대해 대법원은 포괄일죄를 인정한 바 있다.[2] 일죄와 수죄 판단에 대한 기준이 분명하지 않음을 알 수 있다. 위 사안에서 甲 행위가 접속범이 되기 위해서는 **침해법익이** 같아야 하고, **시간·장소적 접속성이** 있어야 하며 **단일한 범의가** 인정되어야 한다. 우선 침해법익이 동일한 것은 문제가 없고, 고의도 같다. 시간·장소적 접속성을 인정할 수 있는가 여부가 문제되는데, 이와 같은 경우는 접속성을 인정하여 포괄일죄로 보는 것이 옳다. 우선 시간적 접속 측면에서, 甲 행위는 한 시간 사이를 두고 있기 때문에 크게 벗어난 것으로 보기 어렵다. 장소 접속성과 관련해서는 장소 이동이 있기는 하지만 바깥에서 집 안으로 끌고 온 것에 불과하므로 접속성을 인정할 수도 있다. 甲 행위는 강간치상죄 포괄일죄가 성립하는 것으로 보는 것이 타당하다.

[판례]

① ***표준판례** 특수강도 행위가 동일한 장소에서 동일한 방법에 의해 시간적으로 접착된 상황에서 이루어진 경우에는 피해자가 여러 사람이더라도 단순일죄가 성립한다.[3] *절도범이 체포를 면탈할 목적으로 체포하려는 여러 명의 피해자에게 같은 기회에 폭행을 가하여 그 중 1인에게만 상해를 가한 경우는 포괄하여 하나의 강도상해죄만 성립함. 접속범.

② 하나의 사건에 관해 한 번 선서한 증인이 **같은 기일에 여러 가지 사실**에 관하여 기억에 반하는 허위진술을 한 경우, 이는 하나의 범죄의사에 의해 계속하여 허위진술을 한 것으로서 포괄하여 1개의 위증죄를 구성한다.[4]

③ 피해자를 1회 강간하여 상처를 입게 한 후 약 1시간 후 장소를 옮겨 **같은 피해자를** 다시 1회 강간한 행위는, 그 범행시간과 장소를 달리하고 있을 뿐만 아니라 각 별개의 범의에서 이루

---

1) 대판 1987. 5. 12. 87도694.
2) 대판 1970. 9. 29. 70도1516.
3) 대판 1979. 10. 10. 79도2093.
4) 대판 1998. 4. 14. 97도3340. 제2회.

어진 행위로서 형법 제37조 전단 실체적 경합범에 해당한다.[1])

(4) 연 속 범

5 1) **연속범 의의** 연속범은 연속한 여러 개의 행위가 동종 범죄에 해당하는 것을 말한다. 연속범 법적 처리에 대해서 여러 견해가 있다. ① 아래 판례에서 보는 것처럼 포괄일죄로 보는 견해, ② 접속범과 다르기 때문에 수죄 경합범으로 해야 한다는 견해, ③ 원래 수죄지만 과형상 일죄로 취급해야 한다는 견해 등이 있다. 경합범으로 처리할 경우 법관이 각각 범죄행위를 모두 확정해야 하는 소송의 어려움이 있다. 한 개 죄로 처리하는 방식이 행위자에게 혜택을 준다는 문제는 있지만, 다른 대안은 없다. 특히 형법의 법치국가 보장기능이 미약한 우리나라에서는 더욱 그렇다. 판례가 모처럼 행위자에게 유리한 이론틀을 제시하고 있는데, 이것을 뒤집어야 할 필요는 없다. 높은 불법성과 책임은 양형에서 고려하면 된다.

2) 연속범 성립요건

6 (가) **침해법익 동일성** 연속범이 성립하기 위해서는 개개 행위가 동일한 법익을 침해해야 한다. 따라서 법익이 다른 범죄 사이에는 연속범이 성립할 수 없다. 이때 전속적 법익을 제외하고는 법익주체가 달라도 상관없다. 생명, 신체, 자유와 같은 일신전속 법익은 연속범이 인정되지 않는다. 예를 들면 여러 사람에 대한 살인, 상해, 강간은 연속범으로 포괄일죄가 되지 않는다. 기본구성요건과 가중구성요건, 기수와 미수 사이에는 연속범이 성립할 수 있다.

7 (나) **침해방법 동일성** 연속된 다수 행위는 그 범행방법이 동일하거나 유사해야 한다. 그러므로 행위방법이 다른 고의범과 과실범, 작위와 부작위범 사이에는 연속범이 성립할 수 없다. 그렇다고 행위객체나 목적이 동일할 필요는 없다.

8 (다) **고의 동일성** 연속범의 주관적 성립요건으로는 범의 단일성이 인정되어야 한다. 이에 대해서는 전체고의를 필요로 한다는 견해와 반복고의나 계속고의로 충분하다는 견해로 나뉜다. 전자는 행위자가 미리 범행에 착수하면서부터 범행 장소·시간 그리고 범행방법 등에 관해 전체로 인식하고 이것을 단계적으로 실현하겠다는 의사를 말한다. 후자 계속고의는 이것을 완화한다. 계속된 행위연관 가운데 뒤 행위가 앞 행위와 심리적 연결관계를 가지고 범의 계속성만 인정되면 연속범이 성립할 수 있다. 고의범과 과실범 사이에는 심리 연결관계가 없다.

9 3) **연속범의 법 효과** 연속범에 대한 법적 효과는 실체법 효과와 소송법 효과 둘로 나누어 살펴보아야 한다. 우선 연속범은 실체법으로 포괄일죄가 되기 때문에 여

---

1) 대판 1987. 5. 12. 87도694.

러 개 구성요건을 실현한 경우도 가장 중한 죄 하나만 처벌받는다. 예를 들면 일반 강간죄와 특별법 특수강간이 연속된 경우 특수강간죄 처벌만 받는다. 미수와 기수가 연속된 경우는 기수 처벌만 받는다. 연속범은 소송법으로 단일행위로 간주되기 때문에 연속범에 대한 유죄판결 기판력은 연속된 모든 행위에 미친다. 기판력이 발생한 개별행위에 대해 공소가 제기되면 면소판결을 선고해야 한다. 연속범을 일부 유죄선고할 때는 나머지 부분을 명시적으로 무죄선고를 해야 할 필요도 없다. 연속범이 한 개 죄로 취급되는 논리적 결과다.

연속범이 법관의 복잡한 양형부담을 덜어주는 장점은 있으나 반면에 포괄일죄가 됨으로써 피고인에게 형량이나 기판력에서 특혜를 준다는 비판이 있다. 전체고의라는 개념도 논리적으로 허구라는 지적을 한다. 이런 문제는 법관 양형과정으로 얼마든지 해결할 수 있다. 연속범을 부정해야 할 정도의 이유는 아니다.

[판례]

① **연속범 부정** '영업으로 성매매를 알선한 행위'와 '영업으로 성매매에 제공되는 건물을 제공하는 행위'는 포괄일죄이지만 서로 독립된 가벌적 행위로서 별개의 죄를 구성한다.[1]

② 피고인이 단일한 범의로 동일한 장소에서 동일한 방법으로 시간적으로 접착된 상황에서 처와 자식들을 살해하였다고 하더라도, 휴대하고 있던 권총에 실탄 6발을 장전하여 처와 자식들의 머리에 각기 1발씩 순차로 발사하여 살해하였다면, 피해자들의 수에 따라 수개의 살인죄를 구성한다.[2]

③ 피해자 명의의 **신용카드를 부정사용**하여 현금자동인출기에서 현금을 인출하고 **그 현금을 취득까지** 한 행위는 신용카드업법 제25조 제1항의 부정사용죄에 해당한다. 또한 그 현금을 취득함으로써 현금자동인출기 관리자의 의사에 반하여 현금을 자기지배에 옮겨 놓는 것이 되므로 **별도로 절도죄**를 구성한다. 위 양 죄의 관계는 그 보호법익이나 행위태양이 전혀 달라 실체적 경합관계에 있다.[3]

④ 신용협동조합의 전무가 수개의 거래처로부터 각기 다른 일시에 조합정관상의 1인당 대출한도를 초과하여 대출을 해 달라는 부탁을 받고, 이에 응하여 **각기 다른 범의 하에** 부당대출을 해 줌으로써 수개의 업무상 배임행위를 한 경우, 그것은 포괄일죄에 해당하지 않는다.[4]

⑤ ***표준판례** 예금주인 현금카드 소유자를 협박하여 카드를 갈취한 다음 피해자의 승낙에 의해 현금카드를 사용할 권한을 부여받아 현금자동지급기에서 현금을 인출한 행위는 포괄하여 하나의 공갈죄로 처벌된다. 그러나 피해자로부터 **현금카드를 강취한** 경우, 피해자로부터 현금카드 사용에 관한 승낙의 의사표시가 있었다고 볼 여지는 없다. 따라서 강취한 현금카드를 사용하여 현금자동지급기에서 예금을 인출한 행위는, 현금자동지급기 관리자의 의사에 반하

1) 대판 2011. 5. 26. 2010도6090.
2) 대판 1991. 8. 27. 91도1637.
3) 대판 1995. 7. 28. 95도997.
4) 대판 1997. 9. 26. 97도1469.

여 그의 지배를 배제하고 현금을 자기의 지배하에 옮겨 놓는 것이 되어서 강도죄와 **별도로 절도죄를 구성**한다.[1] *강취한 현금카드의 경우는 연속범에 해당되지 않음.

⑥ **연속범 인정** 피고인이 피해자로부터 현금카드를 사용한 예금인출 승낙을 받고 현금카드를 교부받은 행위와, 이를 사용하여 현금자동지급기에서 예금을 여러 번 인출한 행위들은 모두 피해자의 예금을 갈취하고자 하는 피고인의 단일하고 계속된 범의 아래에서 이루어진 일련의 행위로서 포괄하여 **하나의 공갈죄**를 구성한다. 현금지급기에서 피해자의 예금을 취득한 행위를 현금카드 갈취행위와 분리하여 따로 절도죄로 처단할 것은 아니다.[2]

⑦ 수개의 업무상 횡령행위 도중에 **공범자의 변동**이 있는 경우라 하더라도, 그 수개의 행위가 피해법익이 단일하고 범죄의 태양이 동일하며 단일 범의의 발현에 따른 것이라면, 포괄일죄가 된다.[3]

⑧ 사기죄에서 동일한 피해자에 대해 수회에 걸쳐 기망행위를 하여 금원을 편취한 경우, 그 범의가 단일하고 범행 방법이 동일하다면 사기죄의 포괄일죄가 된다. 포괄일죄는 그 중간에 별종의 범죄에 대한 확정판결이 끼어 있어도 그 때문에 포괄적 범죄가 둘로 나뉘는 것은 아니고, 또 이 경우에는 그 확정판결 후의 범죄로 다루어야 한다.[4]

⑨ 수뢰죄에 있어서 단일하고도 계속된 범의 아래 동종의 범행을 일정기간 반복하여 행하고 그 피해법익도 동일한 것이라면, 돈을 받은 일자가 **상당한 기간에 걸쳐 있고** 돈을 받은 일자 사이에 상당한 기간이 끼어 있다 하더라도, 각 범행을 통틀어 포괄일죄로 볼 것이다.[5]

⑩ 동일 죄명에 해당하는 수개의 행위를 **단일하고 계속된 범의** 아래 일정 기간 계속하여 행하고 그 피해법익도 동일한 경우에는, 이들 각 행위를 통틀어 포괄일죄로 처단해야 한다. 그러나 범의의 단일성과 계속성이 인정되지 않거나 범행방법이 동일하지 않은 경우에는 각 범행은 실체적 경합범에 해당한다.[6]

⑪ ***표준판례** 피고인은 카드사용으로 인한 대금결제 의사와 능력이 없으면서도 있는 것 같이 가장하여 카드회사를 기망하고, 카드회사는 이에 착오를 일으켜 일정 한도 안에서 카드사용을 허용해 주었다. 피고인은 카드회사의 하자 있는 의사표시에 편승하여 자동지급기를 통한 현금대출을 받고, 가맹점을 통한 물품구입대금 대출도 받아 카드회사로 하여금 피해를 입게 하였다. 카드사용으로 인한 일련의 **편취행위가 포괄적으로** 이루어진 것이다. 따라서 카드사용으로 인한 카드회사의 손해는, 그것이 자동지급기에 의한 인출행위이든 가맹점을 통한 물품구입행위이든 불문하고 모두가 피해자인 카드회사의 기망당한 의사표시에 따른 카드발급에 터 잡아 이루어진 사기의 포괄일죄이다.[7]

⑫ **포괄일죄의 범행 도중에** 공동정범으로 범행에 가담한 자는, 비록 그가 그 범행에 가담할 때에 이미 이루어진 종전의 범행을 알았다 하더라도, 그 가담 이후의 범행에 대하여만 공동정

1) 대판 2007. 5. 10. 2007도1375. 제4, 8회.
2) 대판 1996. 9. 20. 95도1728.
3) 대판 2009. 2. 12. 2006도6994.
4) 대판 2002. 7. 12. 2002도2029.
5) 대판 2000. 1. 21. 99도4940.
6) 대판 2018. 11. 29. 2018도10779.
7) 대판 1996. 4. 9. 95도2466.

범으로 책임을 진다.[1] *피고인 3인의 포괄일죄인 업무상배임행위에 대해, 그 중 1인이 가담하기 이전의 일부 범행에 대해 그 1인은 책임이 없다고 판시함.

⑬ **수뢰후부정처사죄**(제131조 제1항)에서 '형법 제129조 및 제130조의 죄를 범하여'란 반드시 뇌물수수 등의 행위가 완료된 이후에 부정한 행위가 이루어져야 함을 의미하는 것은 아니다. 뇌물수수 등의 행위를 하는 중에 부정한 행위를 한 경우도 포함하는 것으로 보아야 한다. 단일하고도 계속된 범의 아래 일정 기간 반복하여 일련의 뇌물수수 행위와 부정한 행위가 행하여졌고, 그 뇌물수수 행위와 부정한 행위 사이에 인과관계가 인정되며 피해법익도 동일하다면, **최후의 부정한 행위 이후에 저질러진 뇌물수수 행위도** 최후의 부정한 행위 이전의 뇌물수수 행위 및 부정한 행위와 함께 수뢰후부정처사죄의 포괄일죄로 처벌함이 타당하다.[2]

⑭ 타인의 사무를 처리하는 자가 **동일인으로부터** 그 직무에 관하여 부정한 청탁을 받고 여러 차례에 걸쳐 금품을 수수한 경우, 그것이 단일하고도 계속된 범의 아래 일정기간 반복하여 이루어지고 그 피해법익도 동일하면 포괄일죄로 보아야 한다. 다만, **여러 사람으로부터** 각각 부정한 청탁을 받고 그들로부터 각각 금품을 수수한 경우에는 비록 그 청탁이 동종의 것이더라도 단일하고 계속된 범의 아래 이루어진 범행으로 보기 어려워 그 전체를 포괄일죄로 볼 수 없다.[3]

(5) 집 합 범

1) 의 의　집합범은 다수 동종행위가 동일 의사로 반복되지만 한 개 죄로 처 11
리되는 경우를 말한다. 상습범, 영업범(무면허의료행위) 등이 여기에 해당한다. 상습범은 행위자가 범행 반복으로 얻은 범죄경향으로 죄를 범하는 것을 말하고, 영업범은 행위자가 범행 반복을 경제 수입원으로 삼는 것을 말한다. "무면허의료행위는 범죄 구성요건 성질이 동종행위 반복을 예상하고 있으므로 반복된 여러 개의 행위는 포괄적으로 한 개의 범죄를 구성한다."[4] "7가지 절도범행을 상습적으로 반복한 경우는 법정형이 가장 중한 상습특수절도죄에 나머지 행위를 포괄시켜 하나의 죄만 성립한다."[5]

2) 상습범 일죄처리방식에 대한 비판　집합범을 한 개 죄로 처리하는 것은 특수 12
한 범죄에너지를 가진 자에게 부당한 특혜를 준다는 비판이 있다. 따라서 포괄일죄가 아닌 경합범으로 해야 한다고 한다.[6] 그러나 이 비판은 근거가 없다. 그 이유는, ① 형법각칙 상습범조항은 이미 가중된 형벌을 규정한다. ② 이 일반가중은 특정범죄가중법(제5조의4), 특정강력범죄법(제3조)에서 재가중된다. 집합범을 경합범으로 하지 않더라도 상습범은 어차피 충분한 형벌을 받게 되어 있으니 "부당한 특혜"를 걱정할 필요는 없다. 우리나라에서 상습범은 법치국가 형법의 사각지대에 놓여 있으며, 범죄구축 대상

1) 대판 2019. 8. 29. 2019도8357.
2) 대판 2021. 2. 4. 2020도12103.
3) 대판 2008. 12. 11. 2008도6987. 제11회.
4) 대판 1966. 9. 20. 66도928.
5) 대판 1975. 5. 27. 75도1184.
6) 이재상 외, 38/38.

으로 취급될 뿐이다.

13 **3) 상습범 지위** 우리나라의 상습범에 대한 형벌이 얼마나 높은지 예를 들어보자. 상습강도는 무기 또는 10년 이상 가중처벌을 받는다(제341조). '특정강력범죄법'에는 또 상습강도가 형 집행을 종료하거나 면제받은 후 3년 안에 다시 강도죄를 범하게 되면 그 죄에 정한 형 장기 및 단기 2배까지 가중한다(필요적 가중, 같은 법 제3조). 그러므로 3년 안에 재범한 상습강도가 받는 형벌은 무기 또는 20년 이상 징역이다. 여기에 무엇이 더 필요할까. 오히려 지나치다고 보는 것이 타당하다. '특정범죄가중법', '특정강력범죄법', 성폭력특별법 그리고 폭력행위처벌법의 내용을 보면 쉽게 알 수 있는 내용이다.

[판례]

① **상습범** 범죄의 상습은 범죄자의 어떤 버릇, 범죄의 경향을 의미하는 것으로서 행위의 본질이 아니라 **행위자의 특성**을 이루는 성질을 의미한다. 상습성의 유무는 피고인의 연령 · 성격 · 직업 · 환경 · 전과사실, 범행의 동기 · 수단 · 방법 및 장소, 전에 범한 범죄와의 시간적 간격, 그 범행의 내용과 유사성 등 여러 사정을 종합하여 판단해야 한다.[1]

② 상습으로 구 저작권법 제136조 제1항의 죄를 저지른 경우 이를 **가중 처벌하는 규정**은 따로 두고 있지 않다. 따라서 수회에 걸쳐 위 규정의 죄를 범한 것이 상습성의 발현에 따른 것이라고 하더라도, 이는 원칙적으로 경합범으로 보아야 하는 것이지 하나의 죄로 처단되는 상습범으로 볼 것은 아니다.[2]

③ 형법 제341조나 특정범죄가중법에서 강도, 특수강도, 약취강도, 해상강도의 죄에 관해서는 상습범 가중처벌규정을 두고 있으나 **강도상해, 강도강간 등**의 죄에 관해서는 상습범 가중처벌규정을 두고 있지 않다. 특수강도죄와 그 후에 범한 강도강간 및 강도상해 등 죄는 포괄일죄의 관계에 있지 않다.[3]

④ 공소 제기된 범죄사실과 추가로 발견된 범죄사실 사이에 그것들과 동일한 습벽에 의해 저질러진 또 다른 범죄사실에 대한 **유죄의 확정판결**이 있으면, 전후 범죄사실의 일죄성은 그에 의하여 분단되어 공소 제기된 범죄사실과 판결이 확정된 범죄사실만이 포괄하여 하나의 상습범을 구성한다. 추가로 발견된 확정판결 후의 범죄사실은 그것과 **경합범 관계**에 있는 별개의 상습범이 된다. 검사는 공소장변경절차에 의해 이를 공소사실로 추가할 수는 없고 별개의 독립된 범죄로 공소를 제기해야 한다.[4]

⑤ 상습범은 어느 기본구성요건에 해당하는 행위를 한 자가 범죄행위를 반복하여 저지르는 습벽, 즉 상습성이라는 행위자적 속성을 갖춘 경우, 이를 가중처벌사유로 삼는 범죄유형이다. 상습성이 있는 자가 같은 종류의 죄를 반복하여 저질렀다 하더라도, 상습범을 **별도의 범죄유형으로 처벌하는** 규정이 없는 한, 각 죄는 별개의 범죄로서 경합범으로 처벌된다. 저작권법은 상습으로 제136조 제1항의 죄를 저지른 경우를 가중 처벌한다는 규정을 따로 두고 있지

1) 대판 2006. 5. 11. 2004도6176.
2) 대판 2013. 8. 23. 2011도1957. 제3회.
3) 대판 1992. 4. 14. 92도297.
4) 대판 2000. 3. 10. 99도2744. 제1, 3회.

않다. 따라서 수회에 걸쳐 저작권법 제136조 제1항의 죄를 범한 것이 상습성의 발현에 따른 것이라고 하더라도, 이는 원칙적으로 경합범으로 보아야 하는 것이지 하나의 죄로 처단되는 상습범으로 볼 것은 아니다.[1]

⑥ ***표준판례** 상습성을 갖춘 자가 여러 개의 죄를 반복하여 저지른 경우에는 각 죄를 별죄로 보아 경합범으로 처단할 것이 아니라 그 모두를 **포괄하여 상습범이라는** 하나의 죄로 처단하는 것이 상습범의 본질 또는 상습범 가중처벌규정의 입법취지에 부합한다.[2] *수개 범행의 개별적 요소들을 전혀 고려하지 않고 '상습성'이라는 하나의 표지로 모든 범행을 묶어 포괄일죄로 처리하는 것은 불합리하고, 상습사기범행은 원칙적으로 수개의 죄로 보는 것이 합당하다는 별개의견 있음.

⑦ ***표준판례** 동일 죄명에 해당하는 수개의 행위를 단일하고 계속된 범의로 일정기간 계속하여 행하고 그 피해법익도 동일한 경우에는, 이들 각 행위를 통틀어 포괄일죄로 처단해야 한다. 그러나 수개의 범행에서 범의의 단일성과 계속성이 인정되지 않거나 범행방법이 동일하지 않다면, 각 범행은 실체적 경합범에 해당한다.[3] *2개의 인터넷 **파일공유 웹스토리지 사이트를** 운영하는 피고인들이, 이를 통해 저작재산권 대상인 디지털 콘텐츠가 불법 유통되고 있음을 알면서도, 다수의 회원들로 하여금 수만 건에 이르는 불법 디지털 콘텐츠를 업로드하게 한 후, 이를 수십만 회에 걸쳐 다운로드하게 함으로써 저작재산권 침해를 방조한 사건.

⑧ ***표준판례** 형법은 제264조에서 상습으로 제258조의2의 죄를 범한 때에는 그 죄에 정한 형의 2분의 1까지 가중한다고 규정한다. 제258조의2 제1항에서 위험한 물건을 휴대하여 상해죄를 범한 때에는 1년 이상 10년 이하의 징역에 처한다고 규정하고 있다. 위와 같은 형법 각 규정의 문언, 형의 장기만을 가중하는 형법 규정에서 그 죄에 정한 형의 장기를 가중한다고 명시하고 있는 점, 형법 제264조에서 상습범을 가중 처벌하는 입법 취지 등을 종합하면, 형법 제264조는 상습특수상해죄를 범한 때에 형법 제258조의2 제1항에서 정한 법정형의 **단기와 장기를** 모두 가중하여 1년 6개월 이상 15년 이하의 징역에 처한다는 의미로 새겨야 한다.[4]

⑨ **집합범** 상습사기죄에서 사기행위의 습벽은, 동종의 수법에 의한 사기범행의 습벽만을 의미하는 것이 아니라 **이종의 수법**에 의한 사기범행을 포괄한다.[5]

⑩ 상습절도 등의 범행을 한 자가 추가로 자동차등 불법사용의 범행을 한 경우, 그것이 절도 습벽의 발현으로 보이는 이상 자동차등불법사용의 범행은 상습절도 등의 죄에 흡수되어 1죄만 성립한다.[6]

⑪ 영리목적으로 무면허 의료행위를 업으로 하는 자가 일부 돈을 받지 않고 무면허 의료행위를 한 경우에도, 보건범죄단속에 관한 특별조치법 위반의 1죄만 성립하고 별개로 의료법 위반죄를 구성하지 않는다.[7] *후자의 행위에 대한 평가는 이미 전자 가운데 포함.

1) 대판 2012. 5. 10. 2011도12131. 제9회.
2) 대판 2004. 9. 16. 2001도3206 전원합의체.
3) 대판 2013. 11. 28. 2013도10467.
4) 대판 2017. 6. 29. 2016도18194.
5) 대판 2000. 2. 11. 99도4797.
6) 대판 2002. 4. 26. 2002도429.
7) 대판 2010. 5. 13. 2010도2468.

⑫ 같은 날 무면허운전 행위를 여러 차례 반복한 경우는 특별한 사정이 없다면 각 무면허운전 행위는 동일 죄명에 해당하는 수 개의 **동종 행위가 동일한 의사에** 따라 반복되거나 **접속·연속하여** 행해진 것으로 봄이 상당하다. 그로 인한 피해법익도 동일한 이상, 각 무면허운전 행위를 통틀어 포괄일죄로 처단해야 한다.[1)] *피고인이 저녁 시간에 회사에서 퇴근하면서 무면허로 차량을 운전하여 인근 식당까지 이동하고(제1 무면허운전 혐의), 약 3시간이 경과 후 식당 인근에서 시동이 켜진 위 차량에서 술에 취해 잠이 든 상태로 발견되어 경찰에 의해 음주측정을 받은 다음(제2 무면허운전 및 음주운전 혐의), 검사가 위 발견 직전 제2 무면허운전 및 음주운전을 하였다는 혐의로 기소하였다가 항소심에서 제2 무면허운전에서 제1 무면허운전으로 공소장변경 허가신청을 한 사건.

3. 포괄일죄 법적 효과

14 포괄일죄는 실체법적으로 하나의 죄이기 때문에 한 개 형벌법규만 적용된다. 구성요건을 달리하는 여러 개 행위가 포괄일죄가 될 경우 가장 중한 죄 하나만 성립한다. 공범은 포괄일죄 일부분에 대해서도 성립할 수 있다. 포괄일죄는 소송법으로 하나의 죄가 되기 때문에 공소효력과 기판력은 내용이 된 행위전부에 미친다. 이미 기판력이 발생한 포괄일죄 일부분에 대해 공소가 제기된 경우는 면소판결을 해야 한다. 그러므로 판례도 "포괄일죄인 상습절도사실의 일부(단순절도)에 대한 공소효력은 그 공소 제기된 사건의 항소심판결선고시까지 범해진, 그와 포괄일죄의 관계에 있는 다른 범죄사실에도 미치므로 그 다른 범죄사실(상습절도)에 대해 별개 공소가 제기된 경우는 면소판결을 해야 한다"고 판시하고 있다.[2)]

[판례]

① ***표준판례** 상습범으로서 포괄일죄의 관계에 있는 여러 개의 범죄사실 중 일부에 대해 **유죄판결이 확정**된 경우, 그 확정판결의 사실심판결 선고 전에 저질러진 나머지 범죄에 대해 새로이 공소가 제기되었다면, 그 새로운 공소는 확정판결이 있었던 사건과 동일한 사건에 대해 다시 제기된 것이므로, 이에 대하여는 판결로써 **면소선고**를 해야 한다(형사소송법 제326조 제1호).[3)]

② 도박습벽이 있는 자가 타인의 도박을 방조하면 상습도박방조죄에 해당한다. 도박습벽이 있는 자가 도박을 하고 또 도박방조를 하였을 경우 상습도박방조죄는 무거운 **상습도박죄**에 포괄시켜 1죄로서 처단하여야 한다.[4)]

③ 절도범이 체포를 면탈할 목적으로 체포하려는 여러 명의 피해자에게 같은 기회에 폭행을 가하여 그 중 **1인에게만 상해**를 가하였다면, 이러한 행위는 포괄하여 하나의 강도상해죄만 성

1) 대판 2022. 10. 27. 2022도8806.
2) 대판 1983. 4. 26. 82도2829.
3) 대판 2004. 9. 16. 2001도3206 전원합의체. 제3회.
4) 대판 1984. 4. 24. 84도195. 제5회.

립한다.1)

④ 상습범으로 유죄의 확정판결을 받은 사람이 그 후 동일한 습벽에 의해 범행을 저질렀는데 **유죄의 확정판결에 대해 재심이** 개시된 경우(이하 앞서 저질러 재심대상이 된 범죄를 '선행범죄', 뒤에 저지른 범죄를 '후행범죄'라고 함), 동일한 습벽에 의한 후행범죄가 선행범죄에 대한 재심판결 선고 전에 저지른 범죄라 하더라도 재심판결의 기판력은 후행범죄에 미치지 않는다.2)

1) 대판 2001. 8. 21. 2001도3447. 제1, 3회.
2) 대판 2019. 10. 31. 2016도7281.

제3장 수 죄

[172] Ⅰ. 상상적 경합

1. 의 의

(1) 일죄설과 수죄설

1 한 개 행위가 여러 개의 죄에 해당되는 경우를 상상적(관념적) 경합이라고 한다. 예컨대 **한 개 폭탄으로 여러 사람을** 한꺼번에 살해하거나 또는 살인, 상해, 손괴 결과를 각각 피해자를 달리하여 동시에 발생시키는 경우가 해당된다. 이때 형법 제40조는 가장 무거운 죄에 정한 형으로 처벌한다고 규정한다. 상상적 경합에 대해서는 일죄설一罪說과 수죄설數罪說 견해가 있다. 그러나 이 학설대립은 우리 형법에는 의미가 없다. 왜냐하면 우리 형법 제40조는 "여러 개의 죄"로 명시하고 있기 때문이다. 그러므로 상상적 경합은 일죄가 아니고 수죄다. 다만 행위가 한 개이기 때문에 한 죄에 정한 형으로 처벌하는 특색이 있을 뿐이다. 상상적 경합에는 한 개 행위로 각각 다른 구성요건을 실현하는 다른 종류의 상상적 경합과 같은 구성요건을 여러 차례 실현하는 동종의 상상적 경합이 있다. 여기서 한 가지, 피해자 인격 주체성과 무관한 법익침해 경합은 상상적 경합이 아니고 단순일죄가 된다는 사실을 알아둘 필요가 있다.

(2) 견 련 범

2 우리 형법은 과형상 일죄로 상상적 경합만을 규정하고 있는 데 반해 일본 형법은 상상적 경합과 함께 견련범을 함께 규정한다(일본 형법 제54조). 견련범은 범죄 수단 또는 결과인 행위가 **다른 죄명에** 해당되는 경우를 말한다. 예를 들면 주거침입과 절도 · 강도 · 강간 또는 문서위조와 위조문서행사 등은 수단과 결과 관계에 있기 때문에 견련범으로서 과형상 일죄가 된다는 것이다. 그러나 우리 형법은 견련범에 관한 규정이 없기 때문에 그 법적 취급을 둘러싸고 견해가 대립한다. 즉 ① 의사와 행위의 단일성이 인정되는 범위 안에서 상상적 경합이 된다는 견해, ② 의사의 단복에 따라서 상상적 경합 또는 경합범으로 취급해야 한다는 견해, ③ 단순한 경합범이 된다는 견해 등이 있다. 그러나 견련범은 실질상 수죄로 경합범에 해당된다고 보는 것이 옳다(**경합범설 타당 · 다수설**).

2. 상상적 경합 요건

3 상상적 경합이 되기 위해서는 형법 제40조 문언에 따라서 '1개의 행위'(행위 단일성)와 '여러 개의 죄'의 요건을 갖추어야 한다.

(1) 행위 단일성

1) 실행행위 동일성 상상적 경합은 행위가 1개여야 한다. 여기에서 1개 행위는 법적 평가를 떠나 사회관념상 행위가 **사물자연 상태**로서 1개로 평가되는 것을 의미한다.[1] 일반인 생활경험상 단일한 하나의 행위로 수개 구성요건이 실현되어 수개 죄가 성립하더라도 과형상으로는 하나의 형을 선고하자는 것이 상상적 경합 입법목적이다. 수죄를 발생시킨 실행행위가 완전히 동일한 경우는 단일성을 인정하는 데 문제될 것이 없다. 예를 들면 폭탄 하나로 여러 사람을 다치게 한 경우가 여기 해당된다. 실행행위가 부분적으로 동일할 때도 행위 단일성은 인정될 수 있다. 예컨대 기망목적으로 문서를 위조한 경우 사기와 문서위조는 상상적 경합이 된다. 4

실행행위가 동일하면 고의행위와 과실행위가 결합하여 하나의 행위가 될 수 있다. 폭탄에 의한 재물손괴와 과실치사 상상적 경합을 예로 들 수 있다. 수개 부작위범 사이도 상상적 경합은 가능하다. 여기서 행위 단일성에 대한 판단은 기대되는 행위 동일성을 기준으로 한다. 그러나 작위범과 부작위범 사이에는 실행행위 동일성이 없기 때문에 상상적 경합은 불가능하다. 판례도 "자동차운전자가 다른 차량을 들이받아 그 차량을 손괴하고 동시에 동 차량에 타고 있던 승객에게 상해를 입힌 경우, 이는 동일한 업무상 과실로 발생한 수개 결과로서 형법 제40조 소정의 상상적 경합관계에 있다"고 판시한다.[2] 5

결과적 가중범의 무거운 결과가 고의로 실현된 경우는 고의범과 결과적 가중범 사이에 상상적 경합이 성립한다(예컨대 살인죄와 강간치사죄 상상적 경합). 계속범에서 위법상태 계속이 제 3 범죄행위를 위한 수단이 된 경우는 상상적 경합이 될 수 있다(예컨대 강간 수단으로 감금한 경우 강간죄와 감금죄 상상적 경합). 6

2) 연결효과에 따른 상상적 경합 그 밖에 행위 단일성과 관련한 경합유형으로 연결효과에 따른 상상적 경합이 있다. 이것은 **두 개 독립행위가 제 3 행위로** 연결되어 상상적 경합관계가 되는 경우를 의미한다. 예컨대 음주운전 중에 발생한 2건의 과실치상, 2명의 부녀를 감금하고 강간한 경우 등을 들 수 있다. 독일 판례가 개발한 이론인데, 우리 판례는 이것을 부정하면서 법적 효과는 같이한다. 즉 독립된 두 개 행위는 실체 경합관계에 있지만 그 처벌은 상상 경합의 예에 따라야 한다고 판시한다(아래 판례보기 참조). 이 이론에 대해서는, 연결행위 때문에 다른 두 개 행위가 한 개로 될 수 없다는 비판이 있다.[3] 그러나 연결행위 불법내용이 다른 두 개 범죄보다 가볍지 않다는 전제에서 상상적 경합을 인정할 수 있다고 생각한다. 연결행위가 원인이 된 일종의 연속범에 해당하기 때 7

1) 대판 2017. 9. 21. 2017도11687.
2) 대판 1986. 2. 11. 85도2658.
3) 이재상 외, 39/14.

문에 과형상 한 개 죄로 처리할 수 있다.

[판례사례] 연결효과에 의한 상상적 경합 건달 甲은 술을 마신 후 차를 몰고 가다 지나가던 乙 핸드백을 낚아채 가졌다. 그리고 계속 차를 몰고 가다가 길을 건너던 丙을 쳐 부상을 입힌 후 그대로 도주하였다.

[해설] 우선 甲이 술을 마시고 차를 운전한 행위는 혈중 알코올농도에 따라서 도로교통법 제107조의 2(음주운전금지) 위반죄가 성립한다(범죄 1). 甲이 乙의 핸드백만을 낚아 채간 행위는 절도죄(제329조)가 성립하고, 乙이 놀라 아무런 저항도 할 수 없었던 경우는 강도죄(제333조)가 성립할 수 있다(범죄 2). 丙을 친 후 그대로 도주한 행위는 특정범죄가중법 제5조의3 제1항 제2호 위반죄(도주차량치상죄)가 성립한다(범죄 3). 죄수문제에서 범죄 1과 범죄 2 그리고 범죄 1과 범죄 3은 실체적 경합관계(제37조)이다. 범죄 2와 범죄 3도 원래 실체적 경합관계지만 연결효과에 의한 상상적 경합관계가 인정된다. 그러므로 甲은 결국 범죄 2와 범죄 3을 상상적 경합한 가장 중한 죄와 범죄 1의 실체적 경합범으로 처벌된다.[1]

[판례]

① ***표준판례** 형법 제131조 제1항 수뢰후부정처사죄에서 공무원이 수뢰후 행한 부정행위가 공도화변조 및 동행사죄와 같이 **보호법익을 달리하는 별개 범죄**의 구성요건을 충족하는 경우에는, 수뢰후부정처사죄 외에 별도로 공도화변조 및 동행사죄가 성립한다. 이들 죄와 수뢰후부정처사죄는 각각 상상적 경합관계에 있다. 이와 같이 공도화변조죄와 동행사죄가 수뢰후부정처사죄와 각각 상상적 경합범 관계에 있을 때에는, 공도화변조죄와 동행사죄 상호간은 실체적 경합범 관계에 있다고 할지라도 상상적 경합범 관계에 있는 수뢰후부정처사죄와 대비하여 가장 중한 죄에 정한 형으로 처단하면 된다. **별도로 경합범 가중**을 할 필요가 없다.[2] *원래 실체적 경합관계에 있는 수죄를 경합범 가중을 하지 않고 이들 죄와 상상적 경합관계에 있는 중한 죄에 정한 형으로 처벌하는 경우를 '연결효과에 의한 상상적 경합'이라고 함.

② **무면허인데다가 술이 취한 상태**에서 오토바이를 운전한 것은 1개의 운전행위이고, 이 행위에 의해 도로교통법 제111조 제2호, 제40조와 제109조 제2호, 제41조 제1항의 각 죄에 동시에 해당하는 것이니, 두 죄는 상상적 경합관계에 있다.[3]

③ **절도범인**이 체포를 면탈할 목적으로 경찰관에게 폭행 협박을 가한 때에는 준강도죄와 공무집행방해죄를 구성하고 양 죄는 상상적 경합관계에 있다. 그러나 **강도범인**이 체포를 면탈할 목적으로 경찰관에게 폭행을 가한 때에는 강도죄와 공무집행방해죄는 실체적 경합관계에 있고 상상적 경합관계에 있는 것은 아니다.[4]

④ 피고인들이 피해자들의 재물을 강취한 후 그들을 살해할 목적으로 현주건조물에 방화하여 사망에 이르게 하였다. 피고인들의 행위는 강도살인죄와 현주건조물방화치사죄에 모두 해당하

1) 대판 1987. 2. 24. 86도2731.
2) 대판 2001. 2. 9. 2000도1216. 제6회.
3) 대판 1987. 2. 24. 86도2731. 제6회.
4) 대판 1992. 7. 28. 92도917. 제4, 6회.

고 그 두 죄는 상상적 경합범관계에 있다.[1]

⑤ ***표준판례** 감금행위가 단순히 강도상해 범행의 수단이 되는 데 그치지 않고 강도상해의 범행이 끝난 뒤에도 계속되었으면, 1개의 행위가 감금죄와 강도상해죄에 해당한다. 이 경우 감금죄와 강도상해죄는 형법 제37조 경합범 관계에 있다.[2] *같은 이유에서 **절도범인이** 체포를 면탈할 목적으로 경찰관에게 폭행 협박을 가하면 준강도죄와 공무집행방해죄의 상상적 경합범으로 처벌되나, **강도범인이** 체포를 면탈할 목적으로 경찰관에게 폭행을 가한 때에는 강도죄와 공무집행방해죄의 실체적 경합범으로 처벌됨.[3]

(2) 여러 개의 죄

상상적 경합이 되기 위해서는 한 개 행위가 여러 개 구성요건에 해당해야 한다. 여러 개 구성요건은 다른 종류일 수도 있고(다른 종류 상상적 경합) 같은 종류일 수도 있다(같은 종류 상상적 경합). 같은 종류 상상적 경합이 가능한가에 대해 단순일죄에 불과하다는 반대견해가 있으나 부정할 이유가 없다. 다만 인격적 법익이 아닌 동종의 상상적 경합은 구성요건 양적 증가에 불과하기 때문에 단순일죄에 지나지 않는다. 8

[판례]

① 강간범인이 피해자를 사망에 이르게 한 경우에 그 사망결과가 간음행위 자체뿐만 아니라 강간수단으로 사용한 폭행으로 초래된 경우에도 강간치사죄가 성립한다. 다만 범인이 **살해의 미필적고의를** 가지고 피해자의 입을 막고 경부를 눌러 피해자를 질식으로 인한 실신상태에 빠뜨려 강간한 후, 그즈음 피해자를 경부압박으로 인한 질식으로 사망케 하였다면, 살인죄와 강간치사죄의 상상적경합범으로 보아 가장 무거운 살인죄에 정한 형으로 처벌해야 한다.[4]

② 강도가 재물강취의 뜻을 재물의 부재로 이루지 못한 채 미수에 그쳤으나 **그 자리에서 항거불능의 상태에** 빠진 피해자를 간음할 것을 결의하고 실행에 착수했으나 역시 미수에 그쳤다. 이 때 반항을 억압하기 위한 폭행으로 피해자에게 상해를 입힌 경우에는 강도강간미수죄와 강도치상죄가 성립하고, 이는 1개의 행위가 2개의 죄명에 해당되어 상상적 경합관계가 된다.[5]

③ ***표준판례** 사기죄와 업무상배임죄는 그 구성요건을 달리하는 별개의 범죄이고 형법상으로도 각각 별개의 장에 규정되어 있다. 1개의 행위로 **사기죄와 업무상배임죄**의 각 구성요건을 모두 구비하면, 양 죄는 법조경합 관계가 아니라 상상적 경합관계이다. 나아가 업무상배임죄가 아닌 단순배임죄라고 하여 양 죄의 관계를 달리 볼 이유는 없다.[6] *그러나 타인의 사무를 처리하는 자가 제 3 자를 기망하여 재물 또는 재산상 이익을 취득하고 그로 인해 본인에게 재산상 손해를 가한 때에는 배임죄와 사기죄가 모두 성립하고, 이들 죄는 상상적 경합이 아니

---

1) 대판 1998. 12. 8. 98도3416. 제11회.
2) 대판 2003. 1. 10. 2002도4380. 제 3, 6, 7 회.
3) 대판 1992. 7. 28. 92도917.
4) 대판 1990. 5. 8. 90도670.
5) 대판 1988. 6. 28. 88도820. 제11회.
6) 대판 2002. 7. 18. 2002도669 전원합의체. 제 1 회.

라 실체적 경합관계에 있음.1)

④ 국회의원 선거에서 정당의 공천을 받게 하여 줄 의사나 능력이 없음에도, 이를 해 줄 수 있는 것처럼 기망하여 공천과 관련하여 금품을 받은 경우, 공직선거법상 공천 관련 금품 수수죄와 **사기죄가** 모두 성립하고 양자는 상상적 경합관계에 있다.2)

⑤ 음주 또는 약물의 영향으로 정상적인 운전이 곤란한 상태에서 자동차를 운전하여 사람을 상해에 이르게 함과 동시에 다른 사람의 재물을 손괴한 때에는, 특정범죄가중법상의 위험운전치사상죄 외에 **업무상과실 재물손괴로** 인한 도로교통법 위반죄가 성립한다. 두 죄는 1개의 운전행위로 인한 상상적 경합관계에 있다.3)

⑥ ***표준판례** 다수의 피해자에 대해 각별로 기망행위를 하여 각각 재산상 이익을 편취한 경우에는, 범의가 단일하고 범행방법이 동일하더라도 각 피해자의 피해법익은 독립한 것이므로, 이를 포괄일죄로 파악할 수 없고 피해자별로 독립한 사기죄가 성립된다. 다만 피해자들이 **하나의 동업체를** 구성하는 등 피해 법익이 동일하다고 볼 수 있는 사정이 있는 경우에는, **피해자가 복수이더라도** 이들에 대한 사기죄를 포괄하여 일죄로 볼 수도 있다. 그리고 1개의 기망행위에 의해 다수 피해자로부터 각각 재산상 이익을 편취하면 피해자별로 수 개의 사기죄가 성립하고, 그 사이에는 상상적 경합관계가 있다.4) *피해자 3인이 매매를 원인으로 각 3분의 1 지분에 관한 소유권이전등기를 마친 부동산에 대해 사기가 발생한 사건.

⑦ 공무원이 **직무관련자에게 제 3 자와 계약을 체결**하도록 요구하여 계약 체결을 하게 한 행위가 제 3 자뇌물수수죄의 구성요건과 직권남용권리행사방해죄의 구성요건에 모두 해당하는 경우에는, 제 3 자뇌물수수죄와 직권남용권리행사방해죄가 각각 성립한다. 이는 사회 관념상 하나의 행위가 수 개의 죄에 해당하는 경우이므로 두 죄는 형법 제40조의 상상적 경합관계에 있다.5)

⑧ 범죄 피해 신고를 받고 출동한 **두 명의 경찰관에게 같은 장소에서** 욕설을 하면서 한 명의 경찰관을 먼저 폭행하고 곧이어 이를 제지하는 다른 경찰관을 폭행하여 수사 업무에 관한 정당한 직무집행을 방해한 때에는 2개의 공무집행방해죄가 성립하고, 두 공무집행방해죄는 상상적 경합의 관계에 있다.6)

[판례사례] 방화살인과 죄수 피고인 甲은 1995. 8. 7. 03 : 15경 경기 광주군 도척면 소재 피고인 집 안방에서 잠을 자고 있는 아버지 乙과 동생인 丙을 살해하기 위해 그곳에 있던 두루마리 화장지를 말아 장롱 뒷면에 나 있는 구멍을 통해 장롱 안으로 집어넣은 다음, 평소 소지하고 다니던 1회용 라이터로 화장지에 불을 붙여 장롱으로 불이 번지게 하고 자신은 그 곳을 빠져 나와 乙과 丙을 질식사시켰다.7)

[해설] 가능한 죄명을 나열하면 살인죄, 존속살해죄, 현주건조물방화치사죄가 있다. 대법원은 현

1) 대판 2010. 11. 11. 2010도10690.
2) 대판 2013. 9. 26. 2013도7876.
3) 대판 2010. 1. 14. 2009도10845. 제 2, 10회.
4) 대판 2015. 4. 23. 2014도16980.
5) 대판 2017. 3. 15. 2016도19659. 제 9, 11회.
6) 대판 2009. 6. 25. 2009도3505. 제14회.
7) 대판 1996. 4. 26. 96도485.

주건조물방화치사죄는 과실이 있는 경우뿐만 아니라, 고의가 있는 경우에도 포함된다고 할 수 있으므로(부진정결과적 가중범), 살인 고의를 가지고 현주건조물에 방화하여 사망에 이르게 한 경우 현주건조물방화치사죄 일죄(법조경합)가 된다고 하는 것이 타당하고 살인죄와 상상적 경합으로 볼 필요는 없다고 판시하였다. 그러나 부진정결과적 가중범에서 중한 결과에 대해 고의가 있는 때에도 성립한다는 말은 부진정결과적 가중범 요건이 중한 결과에 대해 고의가 있는 경우를 포함한다는 의미이지 결과적 가중범 범위 안에 고의범이 포함된다는 뜻은 아니다. 현주건조물방화치사죄와 살인죄는 상상적 경합관계에 있다고 보는 것이 타당하다. 존속살해죄부분도 현주건조물방화치사죄와 특별관계에 있다고 할 수 있으므로 양자는 상상적 경합관계가 된다. 처벌관계를 보면, 甲 행위는 현주건조물방화치사죄와 존속살해죄 가운데 형이 무거운 존속살해죄에 정한 형으로 처벌받는다. 1995년 개정형법에 따르면 양 죄 법정형은 동일하게 되었기 때문에 검찰이 공소장에 기재한 어느 죄명에 의하더라도 상관없게 되었다.

3. 상상적 경합의 법적 효과

(1) 실체법 효과

상상적 경합이 인정되면 여러 개 죄 가운데 가장 무거운 죄에 정한 형으로 처벌한 9
다(제40조). 실질적으로 여러 개 죄이지만 과형은 한 개 죄로 취급한다는 의미다. '가장 무거운 형'은 법정형을 기준으로 결정하며 형 경중은 형법 제50조에 따른다. 법정형 경중을 비교하는 방법으로는 중점 대조주의와 전체 대조주의가 있는데, 전자는 중한 형만을 비교하여 대조하는 방법이고, 후자는 형의 상·하한을 모두 대조하는 방법이다. 상상적 경합은 실질적으로 여러 개 죄이기 때문에 전체 대조주의가 타당하다. 따라서 여러 개의 죄 법정형 가운데 상한과 하한이 모두 무거운 형으로 처벌해야 하고, 가벼운 죄에 병과형 또는 부가형이 있을 경우는 이를 병과해야 한다. 판례도 같은 견해다.

[판례]

***표준판례** 형법 제40조가 규정하는 1개의 행위가 수개의 죄에 해당하는 경우에는 '가장 중한 죄에 정한 형으로 처벌한다'함은, 그 수개의 죄명 중 가장 중한 형을 규정한 법조에 의해 처단한다는 취지이다. 아울러 **다른 법조의 최하한의 형보다** 가볍게 처단할 수는 없다는 취지, 즉 각 법조의 **상한과 하한**을 모두 중한 형의 범위 안에서 처단한다는 것을 포함하는 의미이다.[1]

(2) 소송법 효과

상상적 경합은 과형상 한 개 죄이기 때문에 소송법으로 한 개 사건으로 취급된다. 10
따라서 일부에 대한 공소제기효력과 기판력은 전체에 대해서도 발생한다.[2] 여러 개 죄 가운데 일부가 무죄일 경우 판결주문에서 무죄를 선고할 필요는 없고 판결이유에서 밝히는 것으로 충분하다. 그러나 상상적 경합은 실질적으로 수죄기 때문에 판결이유에서

1) 대판 1984. 2. 28. 83도3160.
2) 대판 2017. 9. 21. 2017도11687. 형소법 제247조 제2항 참조.

경합관계에 있는 모든 범죄사실과 적용법조를 기재해야 하고 일부가 무죄일 경우도 그 이유를 밝혀야 한다. 친고죄 고소와 공소시효도 각 죄별로 나누어 논해야 한다. 즉 친고죄에 대해 고소가 없거나 고소가 취하되어도 다른 죄 처벌에는 영향이 없다.

[판례]

① 공무원이 취급하는 사건에 관하여 청탁 또는 알선을 할 의사와 능력이 없음에도 청탁 또는 알선을 한다고 기망하여 금품을 교부받은 경우에 성립하는 사기죄와 변호사법 위반죄는 상상적 경합관계에 있다. 따라서 변호사법 위반죄의 **공소시효가 완성**되었다고 하여 그 죄와 상상적 경합관계에 있는 사기죄의 공소시효까지 완성되는 것은 아니다.[1]

② 하나의 행위가 부작위범인 직무유기죄와 작위범인 범인도피죄의 구성요건을 동시에 충족하는 경우, 공소제기권자는 재량에 의해 작위범인 범인도피죄로 공소를 제기하지 않고 **부작위범인 직무유기죄**로만 공소를 제기할 수도 있다.[2]

[173] Ⅱ. 실체적 경합(경합범)

1. 실체적 경합 의의

1 실체적 경합 또는 경합범은 판결이 확정되지 않은 여러 개 죄(**동시경합범**) 또는 금고이상의 형에 처한 판결이 확정된 죄와 그 판결확정 전에 범한 죄(사후경합범)를 말한다(제37조). 실체적 경합은 여러 개 행위로 수죄가 성립하는 점에서 한 개 행위로 수죄가 되는 상상적 경합과 구별된다. 행위자는 물론 동일인이어야 한다. 여러 사람이 범한 여러 개 죄는 실체적 경합에 해당되지 않는다.

2 경합범은 같은 행위자가 여러 개 행위로 수죄를 실현한 경우기 때문에 행위자가 실현한 모든 범죄의 형을 병과하는 것이 이론적으로 타당하다. 그러나 그렇게 할 경우 유기자유형 성질이 변형될 수 있고, 병과형이 형벌목적달성의 효과적 수단이 되는 것도 아니기 때문에 형법은 원칙적으로 가중주의를 취한다. 따라서 실체적 경합의 제도적 기능은 수죄에 대한 형의 양정에 있다. 형법이, 수죄가 하나의 재판처럼 함께 판결받을 수 있어야 한다(제38조 제1항)고 규정한 이유도 여기에 있다.

2. 실체적 경합 성립요건

3 형법 제37조는 실체적 경합범을 '판결이 확정되지 않은 수개의 죄'와 '금고 이상 형에 대한 판결이 확정된 죄와 그 판결확정 전에 범한 죄'로 나눈다. 전자를 동시경합범, 후자를 사후경합범이라고 한다. 성립요건도 양자를 나누어 검토한다.

1) 대판 2006. 12. 8. 2006도6356. 제1, 9회.
2) 대판 1999. 11. 26. 99도1904. 제1, 2회.

(1) 동시경합범 성립요건

판결이 확정되지 않은 수개 죄는 경합범이 된다(제37조 전단). 여기서 '수개의 죄'는 동일인이 수개 행위로 범한 것이어야 한다. '판결의 확정'은 상소 등 통상 불복절차에 따라서 다툴 수 없는 상태에 있어야 한다. 판결이 확정되지 않은 수개 죄는 같이 판결할 수 있는 상태에 있어야 한다. 그렇지 않으면 동시경합범이 되지 않는다. 따라서 각각의 죄는 모두 기소되어야 하고,[1] 일부만 기소된 경우 항소심에서 추가기소에 따른 병합심리가 이루어져야 경합범으로 처리된다. 4

(2) 사후경합범 성립요건

금고 이상 형에 대한 판결이 확정된 죄와 그 판결확정 전에 범한 죄는 경합범이 된다(제37조 후단). 예컨대 A, B, C 범죄를 순서대로 범하고 B죄에 대한 판결이 확정된 경우 A, B죄는 사후경합범으로 실체적 경합관계에 있다. 그러나 A, B죄와 C죄는 경합범이 되지 않는다. 판결확정 후 범죄는 그 전 범죄와 경합관계에 있는 것이 아니기 때문이다. 5

여기서 말하는 '확정판결'은 금고 이상 형刑에 처하는 판결이어야 한다. 따라서 벌금형이나 약식명령[2]이 확정된 경우는 여기에 해당하지 않는다. 판결이 확정된 죄는, 어느 죄에 대해 확정판결이 있었던 사실 자체를 의미할 뿐이기 때문에 형 집행 종료 여부, 집행유예 실효 여부는 묻지 않는다. '확정판결 전에 범한 죄'는 최종 사실심인 항소심판결 선고 전에 범한 죄를 의미한다. 사후경합범은, 동시심판 가능성이 있던 사건을 사후라도 그렇게 하자는 데 의의가 있고, 판결 기판력도 항소심판결 선고시를 기준으로 하기 때문이다. 죄를 범한 시점은 범죄 기수가 아닌 범죄 종료시점을 기준으로 한다. 사후경합범에서 판결을 받지 않은 죄에 대해 형을 선고할 경우 '금고 이상 형에 처한 판결이 확정된 죄'의 형은 선고유예 결격사유인 '자격정지 이상 형을 받은 전과'에 포함된다.[3] 포괄일죄 중간에 다른 종류 죄의 확정판결이 끼어 있으면, 그 죄는 두 개 죄로 분리되지 않고 확정판결 후인 최종 범죄 행위시에 완성되므로 사후경합범이 되지 않는다.[4] 일반사면으로 형 선고효력이 상실된 경우도 확정판결을 받은 죄의 존재가 소멸되는 것은 아니므로 형법 제37조 후단 판결이 확정된 죄에 해당한다.[5] 6

[판례사례] 피해자가 수인인 경우(*표준판례) 甲과 乙은 1989. 12. 9. 03 : 10경 서울 서대문구 홍은동 소재 여관에 투숙객을 가장하고 들어가, "조용히 하라"고 하면서 종업원인 피해자 丙의 옆구리와 허벅지를 칼로 찔러 상해를 가하고 마침 다른 방에서 나오던 여관주인인 피해자 丁으로부

1) 제4회.
2) 대판 2001. 11. 30. 2001도5657; 2001. 8. 24. 2001도2832.
3) 대판 2010. 7. 8. 2010도931. 제3회.
4) 대판 2003. 8. 22. 2002도534. 제4, 11회.
5) 대판 1996. 3. 8. 95도2114. 제6, 11회.

터 현금과 금반지를 강취하고, 안내실에서 丁소유 현금을 꺼내 갔으며, 이어 각 방으로 들어가 방에 묵고 있던 투숙객 금품을 잇따라 강취하였다.[1)]

[해설] 원심은 특수강도행위가 동일한 장소 · 방법, 접착된 시간적 상황에서 이루어진 경우로서 일죄로 보아야 하는데, 이때 丙에게 상해를 가해 1개 강도상해죄가 성립하므로, 피고인들의 일련의 행위는 포괄하여 1개 강도상해죄만 구성하는 것이라고 판시하였다. 따라서 丁에 대한 특수강도죄에 관한 유죄 확정판결 효력은 피해자 丙에 대한 강도상해 행위에 대해서도 미친다고 판단하여, 甲과 乙에 대한 위 강도상해 공소사실에 대해 면소판결을 하였다.[2)] 그러나 이 사안에서 甲과 乙이 한 강도행위가 비록 동일한 장소 · 방법 · 시간적으로 접착된 상황에서 이루어졌다고 해도 수인 피해자들에게 폭행 · 협박을 가하여 그들이 점유한 재물을 각각 강취하였기 때문에, 피해자들의 수에 따라 수개 강도죄를 구성하는 것이라고 보는 것이 옳다. 이것은 판례 일관된 견해이기도 하다. 여기에서 丙과 丁에게 있었던 강취와 그 후에 있었던 강취를 나누어 볼 필요가 있다. 丙, 丁에게 한 폭행 · 협박행위는 사안을 볼 때, 공통으로 이루어졌다고 할 수 있으므로(한 개 행위), 상상적 경합이 된다. 이후 다른 투숙객들에게 한 행위는 시간적으로 접착된 상황에서 동일한 방법으로 이루어지기는 하였지만, 앞 폭행 · 협박행위와 다른 별개 행위이므로 상상적 경합이 아닌 실체적 경합관계에 있다. 대법원도 같은 내용으로 판시하였다.

[판례]

① ***표준판례** 형법 제37조 후단 **경합범 관계에 있는** 두 개의 범죄에 대해 하나의 판결로 두 개의 자유형을 선고하는 경우, 그 두 개의 자유형은 각각 별개의 형이므로 형법 제62조 제1항에 정한 집행유예 요건에 해당하면, 그 **각 자유형에 대해 각각 집행유예**를 선고할 수 있다. 또 그 두 개의 징역형 중 하나의 징역형에 대하여는 실형을 선고하면서 다른 징역형에 대하여 집행유예를 선고하는 것도, 우리 형법상 이러한 조치를 금하는 명문의 규정이 없는 이상 허용되는 것으로 보아야 한다.[3)]

② 형법 제37조 후단의 경합범 관계에 있는 죄에 대해 두 개의 징역형을 선고하면서 하나의 징역형에 대하여만 집행유예를 선고하고, 그 집행유예기간의 시기始期를 다른 하나의 징역형의 집행종료일로 한 것은 위법하다.[4)] *집행유예의 시기始期는 **판결 확정일**이고, 법원의 임의선택이 불가함(형소법 제459조, '재판은 확정 후에 집행').

③ 공무원이 어떤 위법사실을 발견하고도 직무상 의무에 따른 적절한 조치를 취하지 않고, 위법사실을 적극적으로 은폐할 목적으로 허위공문서를 작성 · 행사한 경우, 직무위배의 위법상태는 허위공문서작성 당시부터 그 속에 포함되어 있다. 따라서 작위범인 **허위공문서작성, 동행사죄**만 성립하고 **부작위범인 직무유기죄**는 따로 성립하지 않는다. 그러나 복명서 및 심사의견서를 허위 작성한 것이 농지일시전용허가를 신청하자 이를 허가하여 주기 위해 한 것이라면, 직접 농지불법전용 사실을 은폐하기 위해 한 것은 아니므로 허위공문서작성, 동행사죄와

1) 대판 1991. 6. 25. 91도643.
2) 서울고법 1991. 1. 31. 90노4246.
3) 대판 2001. 10. 12. 2001도3579.
4) 대판 2002. 2. 26. 2000도4637.

직무유기죄는 실체적 경합범관계에 있다.[1)]

④ ***표준판례** 음주로 인한 특정범죄가중법상의 **위험운전치사상죄와** 도로교통법의 음주운전죄는 입법취지와 보호법익 및 적용영역을 달리하는 별개의 범죄이다. 양 죄가 모두 성립하는 경우 두 죄는 실체적 경합관계에 있다.[2)] *도로교통법은 도로를 대상, 특정범죄가중법은 도로 뿐만 아니라 도로 이외의 자동차 운전도 포함.

⑤ 임상시험 대행기관을 운영하는 피고인이 신약 개발 관련 임상시험을 제대로 하지 않으면서 임상시험 위탁기관인 피해 회사에 관련 비용을 계속적으로 청구·수령하여 임상시험 대금 등을 편취하고, 위계로써 피해 회사의 신약 개발업무를 방해하였다는 **특정경제범죄법의 사기죄, 업무방해죄** 등으로 기소되었다. 이 법에서 사기죄와 업무방해죄는 보호법익, 구성요건 양태, 범죄 기수 시기 등이 서로 다르고, 어느 한 죄의 불법과 책임 내용이 다른 죄의 불법과 책임 내용을 포함하지 않으므로 별개로 성립한다. 나아가 위 각 죄는 법률상 1개의 행위로 평가되는 것도 아니기 때문에 **구성요건을 달리하는 별개 범죄로서 상상적 경합관계가 아니라 실체적 경합관계로** 보아야 한다.[3)]

3. 실체적 경합의 처분

경합범 처벌에 관해 우리 형법은 가중주의를 원칙으로 하고 흡수주의와 병과주의를 예외로 가미한다. 동시경합범과 사후경합범을 나누어 살펴본다. 7

(1) 동시경합범 처분

판결이 확정되지 않은 여러 개 죄를 동시에 판결할 때는 다음과 같이 한다. 8

1) 가중주의 적용 각각의 죄에 정한 형이 사형 또는 무기징역이나 무기금고 외 같은 종류 형인 때는 가장 무거운 죄에 정한 장기 또는 다액 2분의 1까지 가중하되, 각 죄에 정한 형 장기 또는 다액을 합산한 형기 또는 액수를 초과할 수 없다(제38조 제1항 제2호). 다만 과료와 과료, 몰수와 몰수는 병과할 수 있다(같은 호 단서). 이때 징역과 금고는 같은 종류 형으로 간주하여 징역형으로 처벌하며(같은 조 제2항), 자유형 가중은 50년을 넘지 못한다(제42조 단서). 가중방법에 대해 판례는, 각 죄에 선택형이 있을 경우 먼저 형벌 종류를 선택하고 가장 무거운 죄에 정한 형의 장기 또는 다액 2분의 1까지 가중하는 것이라고 해석한다.[4)] 또한 판례는 형법 제38조 제1항 제2호는 특별법위반과 형법위반 경합관계에도 적용된다고 한다.[5)] 9

2) 흡수주의 가미 가장 무거운 죄에 정한 형이 사형 또는 무기징역이나 무기금고인 경우는 가장 무거운 죄에 정한 형으로 처벌한다(제38조 제1항 제1호). 사형이나 무 10

1) 대판 1993. 12. 24. 92도3334.
2) 대판 2008. 11. 13. 2008도7143. 제1, 2회.
3) 대판 2025. 9. 11. 2024도1932.
4) 대판 1959. 10. 16. 4292형상279.
5) 대판 1959. 10. 24. 4292형상491.

기 경우에 흡수주의를 채택한 이유는, 여기에 다른 형을 병과하거나 가중하는 것이 의미가 없기 때문이다.

[판례사례] 유괴사건 죄수(*표준판례) 피고인 甲은 어린이를 유인하여 금원을 취득할 마음을 먹고, 1990. 1. 21일 乙을 사주하여 乙로 하여금 피해자 丙을 판시장소에 유인토록 하였으나 동인은 이를 승낙하였지만 실행에 착수하지는 않았다. 같은 달 29, 30일 위 乙이 피해자를 판시장소에 유인하였으나 마음이 약해져 각 실행을 그만 두었다. 드디어 甲은 같은 해 2. 3일 독자적으로 피해자 丙을 판시와 같은 장소에 인치하여 살해하고 그 시체를 사람 눈에 잘 띄지 않는 곳에 내다 버린 후, 금원을 요구하는 내용의 협박편지를 피해자 집 마루에 갖다 놓고 피해자 안전을 염려하는 부모로부터 재물을 취득하려고 하였으나 목적을 달성하지 못하고 체포되었다. 甲과 乙 죄책과 그들에 대한 양형절차는 어떻게 될까? 다만 양형에서는 甲에게 유리하게 작용하는 특별한 양형사유가 고려되는 것으로 한다. 즉 피고인의 환경과 이 건 범행에 이르게 된 동기가 처가 가출한 상태에서 5남매 어린 자녀를 귀가 멀어 직장도 얻지 못하는 형편에서 양육해야 하는 절박한 사정에 있었고, 이 건 범행에 이르게 된 경위가 교육을 받지 못한 무식한 소치에서 일순간 잘못된 생각으로 비롯되었고, 범행 후 정황과 뉘우치는 정상이 뚜렷한 점 등이 고려되는 것으로 한다.[1]

[해설] 먼저 사안이 비교적 단순한 乙부터 살펴보는 것이 순서겠다. 우선 1차 범행에서 甲과 공모한 乙이 범행을 승낙하고도 실행에 착수하지 않은 것은 **효과 없는 교사에** 해당한다(형법 제31조 제2항). 이 경우 교사자와 피교사자를 모두 예비·음모에 준하여 처벌하도록 하는데, 각칙에는 예비·음모를 3년 이하 징역, 특정범죄가중법(제5조의2 제8항)에는 1년 이상 10년 이하 징역을 받도록 규정한다(**범죄** 1). 다음 2차로 乙이 29, 30일 양일에 걸쳐 피해자를 유인하였다가 마음이 약해져 실행을 그만둔 행위는 미성년자 약취·유인죄 중지미수에 해당된다(특정범죄가중법 제5조의2 제6항; 형법 제26조). 그리고 양일에 걸친 두 번 중지미수행위는 법익 동일성, 행위 단일성 등으로 수죄가 되지 않고 마찬가지로 포괄일죄가 된다. 즉 예비는 미수에 포괄된다. 구성요건을 달리하는 수개 행위가 포괄일죄가 될 경우 가장 중한 죄 하나만 성립한다. 따라서 乙은 중한 죄인 미성년자 약취·유인미수죄로 처벌된다. 행위목적이 부모 기타 미성년자 안전을 염려하는 자의 우려를 이용하여 재물 또는 재산상 이익을 취득하기 위한 것이었으므로 특정범죄가중법(제5조의2 제1항 제1호) 적용을 받는다. 따라서 그 형벌은 무기 또는 5년 이상 징역에 대한 중지미수 혜택, 즉 필요적 감면이 된다. 乙에게 무기가 선택형(형법 제54조)으로 되기는 어려울 것이다. 면제가 아닌 감경만 보더라도, 5년 이상을 법률상 감경하면 2년 6개월 이상이 된다(형법 제55조 제1항 제3호). 이것을 다시 정상참작 감경하면(그 사유는 얼마든지 찾을 수 있다) 1년 3개월 이상이 된다. 결국 **乙에 대한 선고형은** 1년 3개월에서 2년 6개월 처단형 사이에서 결정될 가능성이 높다.

다음 甲의 행위부분을 살펴본다. 甲은 乙의 교사범으로 정범인 乙 행위에 대한 모든 책임을 함께 부담해야 한다(형법 제31조 제1항). 따라서 그 죄명은 乙과 마찬가지로 특정범죄가중법의 미성년자약취·유인죄 미수다(**범죄** 1). 甲이 독자적으로 피해자를 유인하여 살해하고 그 시체를 유기한 부분에 대한 죄책이 있다. 전자는 미성년자약취·유인살인죄(특정범죄가중법 제5조의2 제2항 제2호)에 해당되고(**범죄** 2), 후자는 시체유기죄(형법 제161조 제1항)다(**범죄** 3). 여기에서 甲 범죄 1과 범

1) 대판 1983. 1. 18. 82도2761.

죄 2는 포괄일죄가 된다. 왜냐하면 범행 일시 · 장소가 다르더라도 동일한 법익에 대한 수차에 걸친 미수행위는 행위가 기수에 이르면 모두 실행행위 일부로 기수에 포괄되기 때문이다. 여기에서 그 전체 행위가 단일한 의사발동에서 나오고 그 사이 범의 갱신이 없으면 각 행위가 동일 또는 다른 일시 · 장소에서 행해지거나, 방법 동일여부는 문제되지 않는다. 결국 **甲은 미성년자약취 · 유인살인죄와 시체유기죄 경합범으로** 처벌된다. 경합되는 전자 범죄에 사형, 무기가 규정되어 있으므로 후자 범죄는 이에 흡수된다(형법 제38조 제1항 제1호). 사형, 무기 가운데 먼저 적용할 형을 정한다(형법 제54조). 그 다음 사안에서 설시된 甲의 특별한 정상을 참작하여 감경하는 절차가 뒤따르게 된다(형법 제51, 53조). 만일 사형을 선택하면 정상참작 감경된 처단형은 무기 또는 20년 이상 50년 이하 징역 또는 금고가 된다(형법 제55조 제1항 제1호). 무기를 선택할 경우 10년 이상 50년 이하 징역 또는 금고가 된다(같은 항). 마지막으로 이 처단형 범위 안에서 선고형이 결정된다. 甲에게 인정된 제반 양형조건을 고려할 때 무기형을 선고하기는 어려울 것으로 보인다. 10년에서 50년 유기징역 범위 안에서 사형의 법률상 감경 하한선을 고려한 20년에서 50년 사이 징역형 선고가 유력하다. 사건 당시 대법원은 甲에게 그때 당시 처단형 범위 안에서 가장 높은 선고형인 징역 15년을 선고하였다. 처단형 하한과 상한이 모두 높아진 현행 형법에서라면 더 높은 선고형을 예상할 수 있다.

3) 병과주의 가미　　각 죄에 정한 형이 무기징역이나 무기금고 외 다른 종류의 11
형인 경우는 병과한다(제38조 제1항 제3호). '다른 종류의 형'은 유기자유형과 벌금 · 과료, 벌금과 과료, 자격정지와 구류처럼 종류가 다른 형벌을 의미한다. 형법 제38조 제1항 제3호는 각 죄에 정한 형이 다른 종류인 경우뿐만 아니라 한 개 죄에 대해 다른 종류 형의 병과를 규정한 경우도 적용된다.[1)]

(2) 사후경합범 처분

경합범 중 판결을 받지 않은 죄가 있으면 그 죄와 판결이 확정된 죄를 동시에 판결 12
할 경우와 형평을 고려하여 그 죄에 대해 형을 선고한다. 이 경우 그 형을 감경 또는 면제할 수 있다(제39조 제1항).[2)] 사후경합범은 피고인에게 책임없는 사유(예컨대 공소제기가 별도로 이루어지는 경우)로 재판이 분리되어 각각 선고받은 형 합계가 동시에 재판을 받아 하나의 형을 선고받았을 경우보다 무거워지는 불합리한 결과를 방지한다. 그러나 사후경합범 판결을 하면서 이미 확정된 판결을 고려하여 형을 선고하고, 그 형을 감경 또는 면제할 수 있도록 한 것은 양형판단에서 이미 확정된 판결을 다시 심리하는 것과 같은 결과를 가져온다. 이것은 일사부재리원칙에 반할 수 있다.

(3) 형 집행과 경합범

실체 경합으로 판결선고를 받은 자가 경합범 중 어떤 죄에 대해 사면 또는 형집행 13
이 면제된 때 다른 죄에 대해 다시 형을 정한다(제39조 제3항). 이것은 경합범에 대해

1) 대판 1955. 6. 10. 4287형상210.
2) 제6, 11회.

한 개 형이 선고되었을 때 해당된다. '다시 형을 정한다'는 말은 다시 심판한다는 의미가 아니고 형 집행을 다시 정한다는 말이다. 이 때 이미 집행한 형기는 통산한다(제39조 제4항).

[판례]

① ***표준판례** 형법 제37조 후단 **사후경합범**에 대해 심판하는 법원은, 판결이 확정된 죄와 후단 경합범의 죄를 동시에 판결할 경우와 형평을 고려하여, 후단 경합범의 **처단형 범위 내에서** 후단 경합범의 선고형을 정할 수 있다. 그 죄와 판결이 확정된 죄에 대한 선고형의 총합이, 두 죄에 대해 형법 제38조를 적용하여 산출한 처단형 범위 내에 속하도록 후단 경합범에 대한 형을 정해야 하는 것은 아니다. 후단 경합범에 대한 형을 감경 또는 면제할 것인지는 원칙적으로 그 죄를 심판하는 법원의 재량에 속한다.[1]

② 형법 제37조 후단 및 제39조 제1항의 문언, 입법취지 등에 비추어 보면, 아직 판결을 받지 않은 죄가 이미 판결이 확정된 죄와 동시에 판결할 수 없었던 경우에는, 형법 제39조 제1항에 따라 동시에 판결할 경우와 **형평을 고려**하여 형을 선고하거나, 그 형을 감경 또는 면제할 수 없다고 해석함이 상당하다.[2]

③ ***표준판례** 경합범 처벌에 관해 형법 제38조 제1항 제2호 본문은, 각 죄에 정한 형이 사형 또는 무기징역이나 무기금고 이외의 동종의 형인 때에는 가장 중한 죄에 정한 장기 또는 다액에 그 2분의 1까지 가중하도록 규정하고 있다. 그 **단기**에 대하여는 명문을 두지 않고 있으나 가장 중한 죄 아닌 죄에 정한 형의 단기가 **가장 중한 죄에 정한 형의 단기**보다 중한 때에는, 위 본문 규정취지에 비추어 그 중한 단기를 하한으로 한다고 새겨야 할 것이다.[3]

④ **무기징역에 처하는 판결이** 확정된 죄와 형법 제37조의 후단 경합범의 관계에 있는 죄에 대해 공소가 제기되었다. 법원은 두 죄를 동시에 판결할 경우와 형평을 고려하여 후단 경합범에 대한 처단형의 범위 안에서 후단 경합범에 대한 선고형을 정할 수 있다. 형법 제38조 제1항 제1호가 형법 제37조의 전단 경합범 중 가장 중한 죄에 정한 처단형이 무기징역인 때에는, 흡수주의를 취하였다고 하여 뒤에 공소 제기된 후단 경합범에 대한 형을 필요적으로 면제해야 하는 것은 아니다.[4]

⑤ 포괄일죄로 되는 개개의 범죄행위가 다른 종류의 죄의 확정판결의 전후에 걸쳐서 행해진 경우에, 그 죄는 두 가지 죄로 분리되지 않고 확정판결 후인 **최종의 범죄행위시**에 완성된다.[5]

⑥ 수개의 마약류관리에 관한 법률 위반(향정)죄의 중간에 확정판결이 존재하여 확정판결 전후의 범죄가 서로 경합범 관계에 있지 않으면, 형법 제39조 제1항에 따라 2개의 주문으로 형을 선고해야 한다.[6]

⑦ 배임죄의 경우에 법률적 판단으로 당해 배임행위가 무효라 하더라도, 경제적 관점에서 본인

1) 대판 2008. 9. 11. 2006도8376. 제4회.
2) 대판 2012. 9. 27. 2012도9295.
3) 대판 1985. 4. 23. 84도2890. 제6회.
4) 대판 2008. 9. 11. 2006도8376.
5) 대판 2001. 8. 21. 2001도3312. 제4회.
6) 대판 2010. 11. 25. 2010도10985. 제4, 6회.

에게 현실적 손해를 가하였거나 재산상 실해발생의 위험을 초래하면 재산상 손해를 가한 때에 해당한다. 본인에 대한 배임행위가 본인 이외의 제 3 자에 대한 사기죄를 구성하더라도, 그로 인하여 본인에게 손해가 생긴 때에는 **사기죄와 함께 배임죄**가 성립한다. 이들 각 죄는 실체적 경합관계에 있다.[1]

⑧ 통화위조죄에 관한 규정은 공공의 거래상의 신용 및 안전을 보호하는 공공적 법익을 보호함을 목적으로 하고, 사기죄는 개인의 재산법익에 대한 죄이어서 양죄는 그 보호법익을 달리한다. 위조통화를 행사하여 재물을 불법영득한 때에는 **위조통화행사죄와 사기죄** 양죄가 성립하고 실체적 경합관계가 된다.[2]

⑨ 사기죄에서 수인의 피해자에 대해 각 **피해자별로 기망행위**를 하여 각각 재물을 편취한 경우에 그 범의가 단일하고 범행방법이 동일하더라도 포괄일죄가 성립하는 것이 아니라 피해자별로 1개의 죄가 성립한다. 다만 피해자들이 하나의 동업체를 구성하는 등 **피해 법익이 동일하다고** 볼 수 있는 사정이 있으면, 피해자가 복수이더라도 이들에 대한 사기죄를 포괄하여 일죄로 볼 수도 있다.[3]

⑩ 법원을 기망하여 승소판결을 받고, 그 확정판결에 의해 소유권이전등기를 경료한 경우에는 사기죄와 별도로 공정증서원본 부실기재죄가 성립하고 양죄는 실체적 경합범 관계에 있다.[4]

⑪ 형법 제331조 제 2 항 특수절도의 **주거침입**은 그 구성요건이 아니므로, 절도범인이 그 범행수단으로 주거침입을 한 경우에 그 주거침입행위는 절도죄에 흡수되지 않고 별개로 주거침입죄를 구성하여 절도죄와 실체적 경합관계에 있다.[5]

⑫ ***표준판례** 피고인이 동일한 피해자로부터 3회에 걸쳐 돈을 편취하면서 그 시간 간격이 각 2개월 이상이 되고, 기망방법도 처음에는 경매보증금을 마련하여 시간을 벌어주면 경매목적물을 처분하여 갚겠다고 거짓말하였다. 두 번째는 한번만 더 시간을 벌면 위 부동산이 처분될 수 있다고 하여 돈을 빌려주게 하고, 마지막에는 돈을 빌려주지 않으면 두 번에 걸쳐 빌려준 돈도 갚을 수 없게 된다고 거짓말을 하며 피해자로 하여금 부득이 그 돈을 빌려주지 않을 수 없도록 하였다. 피고인에게 범의의 단일성과 계속성이 있었다고 보이지 않으므로 각 범행은 실체적 경합관계에 있다.[6]

⑬ 강도가 한 개의 강도범행을 하는 기회에 **수명의 피해자에게** 폭행을 가하여 상해를 입힌 경우에는 각 피해자별로 수개의 강도상해죄가 성립하며, 이들은 실체적 경합관계에 있다. 같은 견해에서 피고인을 강도상해죄의 경합범으로 처단한 원심판결은 정당하고, 거기에 강도상해죄의 죄수에 관한 법리를 오해한 위법은 없다.[7]

⑭ ***표준판례** 아직 판결을 받지 않은 수개의 죄가 판결 확정을 전후하여 저질러지고, 판결 확정 전에 범한 죄를 이미 판결이 확정된 죄와 **동시에 판결할 수 없었던** 경우가 문제 되었다. 이

1) 대판 2010. 11. 11. 2010도10690. 제 7, 9 회.
2) 대판 1979. 7. 10. 79도840. 제 1 회.
3) 대판 2011. 4. 14. 2011도769.
4) 대판 1983. 4. 26. 83도188.
5) 대판 2009. 12. 24. 2009도9667. 제 2, 5 회.
6) 대판 1989. 11. 28. 89도1309.
7) 대판 1987. 5. 26. 87도527. 제 9 회.

때에도 마치 확정된 판결이 존재하지 않는 것처럼 그 수개의 죄 사이에 형법 제37조 전단의 경합범 관계가 인정되어 형법 제38조가 적용된다고 볼 수는 없다. 판결 확정을 전후한 각각의 범죄에 대해 별도로 형을 정해 선고해야 한다.[1] *판결 확정 전에 범한 죄와 판결 확정 후에 범한 죄를 동시 경합범으로 보아 하나의 형을 선고할 수 없음.

⑮ ***표준판례*** 형법 **제37조 후단 경합범**(사후경합범)을 형법 제39조 제1항으로 형을 감경할 때에도 법률상 감경에 관한 **형법 제55조 제1항**이 적용되어, 유기징역을 감경할 때에는 그 형기의 2분의 1 미만으로는 감경할 수 없다.[2] *후단 경합범에 대해서도 제55, 56조 적용, 후단 경합범도 **법률상 감경의 하나**로 보는 것은 문언적 · 체계적 · 역사적 · 목적론적 해석에 부합.

⑯ 특정범죄가중법 제5조의4 제5항 제1호에서 **'세 번 이상 징역형을 받은 사람'**은 그 문언대로 형법 제329조 등의 죄로 세 번 이상 징역형을 받은 사실이 인정되는 사람으로 해석하면 충분하고, 전범 중 일부가 나머지 전범과 사이에 후단 경합범의 관계에 있다고 하여 이를 처벌조항에 규정된 처벌받은 형의 수를 산정할 때 제외할 것은 아니다.[3] *판결이 확정된 죄에 대한 형의 선고와 그 판결확정 전에 범한 죄에 대한 형의 선고를 하나의 형의 선고와 동일하게 취급하라는 것은 아님.

⑰ 형법 **제37조 전단의 경합범관계에** 있는 두 개의 공소사실을 병합 심리하여 하나의 판결로 처단하는 경우, 형법 제38조 제1항에서 정한 예에 따라 경합 가중한 형기 범위 내에서 **단일한 선고형으로** 처단해야 한다. 같은 피고인에 대한 별개의 사건이 각각 항소된 것을 형법 제37조 전단의 경합범관계에 있다고 보고 병합 심리하여 두 사건의 각 항소를 기각하는 주문을 내어 판결하였다면, 이는 단일한 선고형으로 처단해야 하는 형법 제37조 전단의 경합범관계에서 두 개의 판결이 있는 결과가 되어 위법하다.[4]

⑱ 아동 · 청소년으로 하여금 아동 · 청소년이용음란물을 제작하게 한 후 이를 전송받아 보관한 경우, 아동 · 청소년이용음란물 제작죄 외에 아동 · 청소년이용음란물 소지죄가 별도로 성립하지 않는다.[5] *위의 두 범죄가 **실체적 경합관계에** 있다고 본, 제1심판결을 유지한 원심판결을 파기함.

⑲ 범죄단체 등에 소속된 조직원이 저지른 폭력행위처벌법 위반(단체 등의 공동강요)죄 등의 개별 범행과 폭력행위처벌법 위반(단체 등의 활동)죄는 범행 목적이나 행위 등 측면에서 일부 중첩되는 부분이 있더라도, 일반적으로 구성요건을 달리하는 별개 범죄로서 **범행 상대방, 범행수단 내지 방법, 결과** 등이 다를 뿐만 아니라 그 보호법익이 일치한다고 볼 수 없다. 또한 폭력행위처벌법 위반(단체 등의 구성 · 활동)죄와 위 개별 범행은 특별한 사정이 없는 한 법률상 1개의 행위로 평가되는 경우로 보기 어려워 상상적 경합이 아닌 실체적 경합관계에 있다.[6]

⑳ 재심 대상이 된 범죄('선행범죄')에 관한 유죄 확정판결('재심대상판결')에 대해 재심이 개시되어 재심판결에서 다시 금고 이상 형이 확정되었다면, **재심대상판결 이전 범죄와 재심대상판결**

1) 대판 2014. 3. 27. 2014도469. 제11회.
2) 대판 2019. 4. 18. 2017도14609 전원합의체. 제11회.
3) 대판 2020. 3. 12. 2019도17381.
4) 대판 2019. 12. 12. 2019도12560.
5) 대판 2021. 7. 8. 2021도2993.
6) 대판 2022. 9. 7. 2022도6993.

이후 범죄 사이에는 형법 제37조 전단 경합범 관계가 성립하지 않는다. 따라서 그 각 범죄에 대해 별도로 형을 정해 선고해야 한다. 재심대상판결 이전 범죄는 선행범죄와 형법 제37조 후단 경합범 관계에 있지만, 재심대상판결 이후 범죄는 선행범죄와 형법 제37조 후단 경합범 관계에 있지 않다. 따라서 재심대상판결 이전 범죄와 재심대상판결 이후 범죄는 형법 제37조 전단 경합범 관계로 취급할 수 없어 형법 제38조가 적용될 수 없는 이상 별도로 형을 정해 선고하여야 한다.[1)]

㉑ 유죄의 확정판결을 받은 사람이 그 후 별개의 후행범죄를 저질렀는데 유죄 확정판결에 대해 재심이 개시된 경우, 후행범죄가 재심대상판결에 대한 재심판결 확정 전에 범하여졌다면 **아직 판결을 받지 아니한 후행범죄와 재심판결이 확정된 선행범죄** 사이에 형법 제37조 후단에서 정한 경합범 관계가 성립하지 않는다.[2)]

1) 대판 2023. 11. 16. 2023도10545.
2) 대판 2019. 6. 20. 2018도20698 전원합의체. 제13회.

제 6 편 형벌과 보안처분

제 1 장 형 벌

사회규범 · 법규범 묻지 않고 어떤 종류 규범이든 규범 있는 곳에는 제재가 있게 마련이다. 제재는 규범을 관철하는 강제수단이고 규범 효력을 담보하는 무기다. 그러므로 제재 없는 규범은 규범력이 없다. 지켜도 그만이고 안 지켜도 그만인 그런 규범은 규범 자격이 없다. 제재는 규범의 필수 조건에 속한다. 형법규범도 예외는 아니다. 형법 효력을 지켜주는 현행법 형사제재(광의 형벌)는 형벌(협의)과 보안처분이 있다. 형벌과 보안처분 정당성을 탐구하는 형벌이론과 보안처분이론은 앞에서 설명하였다. 그러므로 여기서는 현행 형법이 규정하고 있는 형벌과 보안처분 내용을 검토한다.

제 1 절 형벌의 종류

1 형벌은 범죄에 대한 법률 효과로 국가가 부과하는 법익박탈행위다. 형벌은 책임을 전제하는 점에서 그렇지 않은 보안처분과 구별된다. 주체가 국가인 점에서 형벌은 공형벌公刑罰, 국가 형벌이고 따라서 개인이 부과하는 사형벌私刑罰은 인정되지 않는다. 내용이 법익박탈이라는 점에서 형벌 본질은 '해악'이다. 형벌 내용은 모두 나쁜 것이며, **'좋은 형벌'**은 **형용의 모순**(contradictio in adjecto)일 뿐이다. 형벌은 범죄에 대한 법률효과이기 때문에 범죄 없으면 형벌도 없다(죄형법정주의). 범죄는 법률이 범죄로 규정한 것이다(상대 범죄개념). 현행 형법이 규정하는 형벌에는 사형, 징역, 금고, 자격상실, 자격정지, 벌금, 구류, 과료 그리고 몰수 9종류가 있다(제41조). 이것을 생명형, 자유형, 명예형 그리고 재산형 4가지 유형으로 대별하기도 한다.

[174] Ⅰ. 사 형

1. 서 론

(1) 사형 의미

1 사형은 생명형으로서 수형자 생명을 박탈하는 형벌이다. 형벌 가운데 가장 가혹하다는 의미에서 **극형**이라고도 한다. 사형은 가장 오랜 역사를 지닌 형벌이며 형벌 역사는 곧 사형 역사라고 해도 지나친 말은 아니다. 고대와 중세 때는 사형이 주된 형벌이었고

그 집행방법 또한 잔인하기 이를 데 없었다. 그러나 18세기 서구 계몽주의사상이 '인간존엄'을 일깨워 주면서 사형은 점차 완화되기 시작했다. 사형폐지를 주장한 대표적 계몽주의사상가는 **베카리아**(Beccaria)다. 1766년에 쓴 그의 글 「범죄와 형벌에 대하여」(Über Verbrechen und Strafen)에 보면 다음과 같은 구절이 있다.

[사형의 부당성] "무슨 권리로 감히 사람이 같은 사람을 죽일 수 있는가? 국가나 법률이 그런 권리를 갖는 것도 아니다. 국가는 개인이 모인 것이고, 법률은 개인의 사적 자유 총체일 뿐이다. 즉 국가·법률은 개인을 종합한 전체의지에 지나지 않는다. 누가 다른 사람에게 **자기를 죽여도 괜찮다는** 권리를 위임한 적이 있는가? 형벌이라는 자유희생에 가장 높은 가치를 지닌 생명희생이 포함될 수는 없다. 그렇지 않으면 인간은 스스로 생명을 끊을 수 있는 주재자가 아니라는 원칙을 합의할 수 없다. 사형은 옳지 못하다. 법이 될 수 없다. 사형은 국가가 **국민에게 벌이는 전쟁일** 뿐이다. 왜냐하면 국가가 개인의 생존말살을 필요한 것으로 간주하기 때문이다."[1)]

(2) 현행 형법 사형규정

형법각칙이 법정형으로 사형을 규정한 범죄는 내란죄(제87조 제1·2호), 내란목적 2
살인죄(제88조), 외환유치죄(제92조), 여적죄(제93조), 모병이적죄(제94조), 시설제공이적죄(제95조), 시설파괴이적죄(제96조), 간첩죄(제98조), 폭발물사용죄(제119조), 현주건조물방화치사상죄(제164조), 살인죄(제250조), 위계 등에 의한 촉탁살인등죄(제253조), 강간등살인죄(제301조의 2), 인질살해죄(제324조의 4), 강도살인치사죄(제338조) 그리고 해상강도살인·치사·강간죄(제340조 제3항) 16종이 있다. 이 가운데 여적죄는 절대 법정형으로 사형을 규정한다. 나머지는 모두 상대적 법정형이다.

이것으로 끝나지 않는다. 특별형법 사형규정은 여기 비할 바가 아니다. 300종이 3
넘는 특별형법을 모두 조사할 수는 없고 대표적인 몇 가지 법률만 살펴보면, 국가보안법 사형규정 23개, 폭력행위처벌법 1개, 특정범죄가중법 13개, 군형법은 96개 항목이 법정형으로 사형을 규정한다. 이 가운데 절대적 사형을 규정한 것만도 15개에 달한다. 형법과 위에서 열거한 특별형법을 합치면 전체 사형규정 149개, 그 중 절대적 사형만도 16개에 달한다.

(3) 사형 집행방법

사형 집행방법은 옛날로 거슬러 올라갈수록 참혹하였으며 인간존엄에 눈뜨기 시작 4
한 계몽주의 이후 점차 완화되었다. 우리나라 경우 참수斬首, 오살五殺, 차열살車裂殺, 책살柵殺, 교살絞殺, 능지처참凌遲處斬, 육사戮死, 추시사追施死, 사약賜藥 등 방법이 있었고, 연좌법에 따른 삼족멸살三族滅殺이라는 것도 있었다. 그 밖에 각국에서 시행된 사형방법으로는 화형, 익살溺殺, 생매장, 교수형, 독살, 박살剝殺, 투석살投石殺 등이 있

1) Insel Taschenbuch-Ausgabe, übersetzt und herausgegeben von Wilhelm Alff, 1983, 123면 이하.

고, 현재 쓰고 있는 방법으로는 교수, 총살, 전기살, 가스살 등이 있다. 이것은 문헌에 드러난 것에 불과하고 실제로 시행된 방법은 훨씬 더 많을 것으로 추정된다. 정말 인간 잔인성에는 끝이 없나 보다. 현행 형법은 교수형(제66조)과 총살형(군형법 제 3 조)을 규정한다.

(4) 사형집행통계

5 먼저 사형선고현황을 살펴본다. 사형은 지난 10년간 13명이 선고되었다. 2015년에서 2017년까지 3년간은 사형선고 인원이 없었다. 그 후 2018년 5명, 2019년 3명을 기록하였고 2023년에 1명의 사형선고가 있었다. 그동안 사형을 규정한 법률에는 큰 변화가 없다. 사형에 해당되는 중대 범죄도 줄었다고 보기는 어렵다. 그런데도 사형선고가 감소하는 데는 여러 가지 원인이 있다.

6 과거 권위주의 정권과 사회 전반의 민주화가 비교되고, 이에 따른 법관의 인권, 생명 등에 대한 의식변화도 무시할 수 없다. 아울러 종교계 생명운동, 시민단체 사형폐지운동, 아직까지 받아들여지지 않는 사형 위헌심판청구, 역시 결실을 보지는 못하지만 매 회기 반복되는 국회 사형폐지법안 제출 등도 법원을 포함하여 사형을 바라보는 사회 전반의 의식에 일정 부분 영향을 미쳤을 것으로 판단한다.

7 제 1 심 사형선고현황을 살펴보면 다음과 같다.[1)]

제 1 심 공판사건 사형선고 현황

2014	2015	2016	2017	2018	2019	2020	2021	2022	2023
1	0	0	0	5	3	0	0	1	1

8 다음으로 사형집행통계를 보면, 1970년에서 1997년까지 모두 309명이 형장 이슬로 사라졌다. 상고심 최종확정인원 324명의 약 80% 가까운 높은 집행률을 보였다.

연도	1970	1972	1974	1976	1977	1982	1985	1986
사형집행인원	14	34	58	27	28	23	11	13

1987	1988	1989	1990	1991	1992	1993	1994	1995	1996	1997
5	0	7	14	9	9	0	15	19	0	23

9 1년 평균 14명 정도 사형집행된 셈이다. 1970년부터 10년 '유신' 기간 동안은 연평균 20명 가량 집행되었다. 1993년부터 2009년까지 총 94명 사형선고가 있었고, 현재 사형 미집행자는 60여 명 정도다. 사형선고 인원 가운데 질병사망 3명, 자살 1명, 감형 6명이 있었다. 그러나 1998년 2월 김대중 정부가 들어서면서 5년 임기 동안 사형집행을 하지 않았고, 이 전통은 지금까지 이어져 오고 있다. 즉 우리나라는 1998년 이후 지금까지 사형집행이 없다. 이 아름다운 관행은 우리나라가 사형에 대한 '사실상 폐지국' 단계를 지나 궁극적으로 '법률상 폐지국'으로 발전하는 초석이 된다.

1) 법무연수원, 범죄백서, 2024, 306면.

2. 사형존폐론

1766년 **베카리아**가 사형폐지를 주장한 이래 사형존폐문제는 지금까지도 식지 않는 10
테마로 되어 있다. 국제사면위원회(Amnesty International)는 1989년을 전세계 사형폐지 운동의 해로 정한 바 있다. '사형 없는 세상을 향하여'라는 주제를 내걸고, 동원할 수 있는 모든 방법으로 사형제도 폐지 또는 최소한 사형집행중지만이라도 달성하자는 것이 그 목표였다. 우리나라에서도 같은 해(1989년) '사형폐지운동협의회'가 결성되어 결의문 채택, 세미나개최 등 다양한 활동을 전개하였다.

2024년 국제사면위원회가 제공하는 자료에 따르면 전세계 195개국 가운데 145개국이 법률 11
상·사실상 사형을 폐지하였으며, 존치국은 54개국이다. 법률상 모든 범죄에 대해 사형을 폐지한 **절대적 폐지국**은 독일, 프랑스, 이탈리아, 스위스, 스페인, 터키 등 113개국이다. 전시범죄, 군범죄를 제외한 일반범죄에 사형을 폐지한 **상대적 폐지국**은 브라질, 칠레, 페루, 카자흐스탄, 이스라엘 등 9개국이다. 지난 10년 동안 사형집행이 없었던 **사실상 폐지국**은 한국, 알제리아, 카메룬, 케냐, 라오스, 스리랑카, 러시아연방 등 23개국이다. **사형 존치국**은 북한, 중국, 일본, 미국, 싱가폴, 대만, 태국 등 54개국이다. 2000년 후에도 사형폐지국가는 꾸준히 증가하고 있다. 예컨대 2005년 리베리아, 멕시코, 2006년 필리핀, 2007년 알바니아, 쿡제도, 키르키스탄, 르완다, 카자흐스탄(상대적 폐지국), 2008년 아르헨티나, 우즈베키스탄, 2009년 브룬디, 토고, 2022년에는 카자흐스탄, 파푸아뉴기니, 시에라리온, 중앙아프리카공화국이 법률상 사형을 폐지하는 절대적 폐지국 대열에 참가하였다. 가장 최근인 2024년에는 짐바브웨가 절대적 폐지국이 되었다. 러시아는 2009년 헌법재판소가 사형집행유보를 결정하고 의회에 입법에 의한 사형폐지를 권고하였다. 그러나 지금까지 법률 개정 등 변화는 없고 사실상 폐지국을 유지하고 있다. 법률에 사형제도가 있지만 실제로 집행을 할 수 없는데, 이는 헌법재판소 판결로 사형적용이 사실상 불가능하기 때문이다. 이를 두고 '사형 모라토리엄'이라고도 한다.

2024년 사형을 집행한 국가는 전세계적으로 최소 15개국에 이른다. 중국, 이란, 이라크, 사우디아라비아, 베트남, 예멘, 북한 등이 적어도 30명 이상 사형을 집행하였고, 중국은 수천명으로 추측만 가능할 뿐, 정확한 숫자는 알 길이 없다. 이들 7개국이 전체 사형집행 90% 이상을 차지한다. 2024년 사형을 선고한 나라는 인도, 미국, 일본 등 46개국이다. 이 숫자는 전세계 195개국 23%에 해당한다.[1)] 사형폐지가 대세다. 남은 문제는 사형에 집착하는 나라가 얼마나 오랫동안 그 집착을 버리지 않고 버틸 수 있는가 하는 점이다.

(1) 사형폐지 논거

사형폐지논거는 다음과 같이 정리할 수 있다. ① 사형은 야만적이고 잔인한 형벌이다. 인간 12
존엄과 가치 근원인 생명을 박탈하기 때문에 헌법에 반한다. ② 사형에 범죄억제효과가 있다고 입증된 사례는 없다. 사형 위력은 일반인이 생각하는 것처럼 그렇게 높지 않다. ③ 사형은 순수한 응보일 뿐 형벌의 합리적 목적(교화·개선)과 무관하다. ④ 사형은 오판에 대한 회복이 불가능하다. ⑤ 사형은 정치적 반대세력, 소수민족, 종족, 종교 및 소외집단에 대한 탄압도구로 악용된

1) 자료는 국제사면위원회(www.amnesty.org).

다. ⑥ 사형은 국가 폭력으로서 폭력은 또 다른 폭력을 불러온다. ⑦ 범죄는 개인적 원인과 사회적 원인의 결합으로 발생한다는 것이 오늘날 지배적 견해로 되어 있는데 사형은 후자에 속하는 범죄원인을 무시하는 불합리한 형벌이다.

(2) 사형존치 논거

13 폐지론에 비해 목소리가 높지는 않다. 주로 '현실주의자'가 내세우는 주장인데, 정리하면 다음과 같다. ① 모든 사람은 생명에 대한 본능적 애착을 가지고 있다. 따라서 사형은 흉악범에 대해서도 위하력이 있다. ② 형벌의 가장 현실적 목적은 응보다. 비열한 동기 · 방법으로 타인 생존을 말살한 자는 사형으로 응분의 대가를 받아야 마땅하다. 즉 사형은 일반국민의 응보관념과 정의관념에 부합한다. ③ 사형폐지가 억지로 되는 것은 아니다. 현실적인 정치 · 문화적 여건 성숙과 더불어 점진적으로 달성해야 한다. ④ 우리나라에 특별한 논거, 남북대치상황이 종식되지 않는 한 사형폐지는 시기상조다.

(3) 판례 태도

14 판례는 사형제도 정당성에 대해 이론적으로는 유보 태도를 취하면서 현실적으로 불가피하다는 약간 모호한 태도를 보인다. 즉 "인도적 또는 종교적 견지에서 존귀한 생명을 빼앗는 사형이 피해야 할 것임에는 이론異論이 있을 수 없다. 하지만 범죄로 침해되는 또 다른 존귀한 생명을 외면할 수 없고 **사회공공 안녕 · 질서를** 위하여 생명형 존치는 이해 못할 바 아니다. 이것이 바로 그 나라 실정법에 나타나는 국민 총의라고 파악된다."[1)]

15 이론적 정당성에 대한 의문은 제한적용으로 이어져야 한다고 주장한다. 즉 "사형은 사람 목숨을 빼앗는 마지막 형벌이므로 사형 선고는 범행에 대한 책임 정도와 형벌 목적에 비추어 그것이 정당화될 수 있는 **특별한 사정이** 있는 경우에만 허용되어야 한다. 따라서 사형을 선고함에 있어서는 범인 연령, 직업과 경력, 성행, 지능, 교육 정도, 성장과정, 가족관계, 전과의 유무, 피해자와 관계, 범행동기, 사전계획 유무, 준비 정도, 수단과 방법, 잔인하고 포악한 정도, 결과 중대성, 피해자 수와 피해감정, 범행 후 심정과 태도, 반성과 가책 유무, 피해회복 정도, 재범 우려 등 양형조건이 되는 모든 사항을 참작하여 위와 같은 특별한 사정이 있음을 명확하게 밝혀야 한다."[2)]

[헌재] 사형은 '필요악'

생명권 역시 헌법 제37조 제2항에 의한 일반적 법률유보 대상이 될 수밖에 없는 것이나, 생명권에 대한 제한은 곧 생명권의 완전한 박탈을 의미한다. 사형이 비례원칙에 따라서 최소한 동등한 가치가 있는 다른 생명 또는 그에 못지아니한 공공의 이익을 보호하기 위한 불가피성이 충족되는 **예외적인 경우**에만 적용되는 한, 헌법 제37조 제2항 단서에 위반되는 것으로 볼 수는 없다. 모든 인간의 생명은 자연적 존재로서 동등한 가치를 갖는다. 그러나 그 동등한 가치가 서로 충돌하거나, 생명의 침해에 못지아니한 중대한 공익을 침해하는 경우에는, 국민의 생명 · 재산 등을 보호할 책임이 있는 국가는 어떤 생명 또는 법익이 보호되어야 할 것인지 그 규준을 제시해야 한다. 인간의 생명을 부정하는 등의 범죄행위에 대한 불법적 효과로서 지극히 한정적인 경

1) 대판 1983. 3. 8. 82도3248; 1991. 2. 26. 90도2906.
2) 대판 2009. 2. 26. 2008도9867; 2006. 3. 24. 2006도354.

우에 부과되는 사형은, 죽음에 대한 **인간의 본능적 공포심**과 범죄에 대한 **응보욕구**가 서로 맞물려 고안된 "**필요악**"으로서 불가피하게 선택된 것이다. 사형은 지금도 여전히 제 기능을 하고 있다는 점에서 정당화될 수 있다. 따라서 사형은 이러한 측면에서 헌법상의 **비례의 원칙**에 반하지 않는다 할 것이다. 적어도 우리 현행 헌법이 스스로 예상하고 있는 형벌의 한 종류이기도 하므로, **아직은 우리 헌법질서에** 반하는 것으로 판단되지 않는다.[1]

(4) 결　론

1) 사형제도 위헌성　법이론적으로 보면 사형제도는 정당화될 수 있는 길이 없다. 이것은 16
단정적으로 말하더라도 큰 잘못이 없다. 지금까지 학문 성과에 따르면 사형의 이론적 정당성을 구하는 데 성공한 학자는 한 사람도 없다. 백 번 잘못된 제도이고 당연히 폐지해야 마땅한 형벌이다. 국민 기본권은 국가안전보장, 질서유지 또는 공공복리를 위해 필요한 경우 제한될 수 있지만(헌법 제37조 제2항 전단), 그 제한이 국민 자유와 권리의 본질 내용까지 침해해서는 안 된다(동조 후단). 기본권 본질 내용에 대한 침해는 해당 기본권행사가 공권력에 의한 한 번의 제한으로 영구히 회복 불가능할 경우 인정되며, 사형제도가 바로 여기 해당된다. 그러므로 헌법적으로 말하면 형법을 비롯한 각종 법률에 산재해 있는 사형규정은 헌법 기본권본질보장조항에 위배되는 위헌법률이라고 판단해야 타당하다.

문제는 '이론'이 아닌 '현실'에 있다. '현실'이 사형폐지를 용납하지 않으려고 한다. 이 현실 17
에서 중심역할을 하는 것은 정치다. 법은 정치에 종속하기 때문에 정치가 사형폐지를 원치 않는 한, 그 길은 요원할 수밖에 없다. 사형이 폐지되지 않는 유일한 이유는 이것뿐이다. 국민의 정의감, 법의식을 들먹이는 것은, 모두 정치에 있는 원인을 국민에게 떠넘기는 구실에 지나지 않는다. 사형존폐를 걸고 국민투표를 해 본 적도 없으면서 이런 말을 함부로 하는 것은 무책임한 처사가 아닐 수 없다.

2) 정치와 사형제도　그러면 정치는 왜 사형제도를 놓지 않으려고 하는 것일까. 그것은 18
사형이 정치하는 데 매우 유용한 수단이 되기 때문이다. 그 내용은 현실적인 것일 수도 있고 상징적인 것일 수도 있다. 실제로 써먹는 일은 많지 않더라도 든든한 무기를 갖고 있는 사람의 마음은 편안할 수 있다. '만일의 경우'를 생각하면 늘 불안하고 포기할 수 없게 한다. 그래서 붙들고 있다. 개인이나 정치집단이나 그 심리는 다 비슷한 모양이다. 그러나 정치수단 또는 정치무기로 사용되는 사형은 분명히 잘못된 결합으로서 이 연결고리를 어떻게 끊을 수 있는가에 우리나라 사형폐지 운명은 달려 있다. 결국 사형을 정치수단으로 삼지 않아도 되는 '좋은 정치상황'이 되었을 때 사형은 폐지될 것으로 기대된다.

두 가지 방법이 가능하다고 본다. 첫째, 좋은 정치상황이 될 때까지 기다리든가 아니면 둘 19
째, 비록 좋은 정치상황은 아니더라도 정치 스스로 계몽되어 자발적으로 이 연결고리를 끊는 방법이 있다. 전자보다는 차라리 후자 방법에 기대를 걸고 싶다. 가장 손쉬운 해결방법은 **정치적 결단이며**, 특히 우리나라에서는 이러한 경향이 강하다고 할 수 있다. 사형제도를 점차적으로 개혁하는 방법으로는 사형범죄 축소, 사형선고 제한, 사형집행 유보 등이 있다. 이런 방법이 사형폐지 징검다리 역할을 할 수는 있겠지만 궁극적 대안이 되기는 어렵다.

---

1) 헌재 1996. 11. 28. 95헌바1; 이건호, 「법치국가의 형벌권과 사형제의 정당성」(한림법학 21, 2010), 45면 이하.

[175] Ⅱ. 자 유 형

1. 신체자유 박탈

1 자유형은 말 그대로 수형자 신체자유를 박탈하는 형벌이다. 자유형은 근대형벌체계의 가장 핵심 위치를 차지한다. 자유형 집행목적은 **보안과 개선**이다. 즉 수형자를 집행기간 동안 격리 수용하여 재범하지 못하게 하고, 아울러 교화·개선조치를 취함으로써 범죄하지 않는 사회인으로 복귀시키는 것을 말한다. 그 밖에 자유형의 명예실추작용, 노역을 통한 국가재정 도움 등이 거론되지만, 이들이 자유형집행의 현실 기능에 속하는지 몰라도 목적이 될 수는 없다. 자유형은 자유박탈 외에 다른 고통이 수반되어서는 안 된다. 헌법 제10조 인간존엄에 수형자가 제외되는 것은 아니다. 수형자는 그의 범죄행위 때문에 일정기간 자유가 제한될 뿐이고, 그 밖의 점에서는 다른 사람과 차별대우를 받아서는 안 된다. 형집행법 제1조는 자유형 집행목적이 수형자 사회복귀에 있다고 선언한다. 하지만 교정현실이 이 선언에 부합하는가 별개 문제다.

2. 형법의 자유형

(1) 징 역

2 징역은 수형자를 교정시설에 수용하여 정한 노역에 복무케 하는, 즉 일을 시키는 형벌을 말한다(제67조). 징역에는 유기와 무기 2종이 있다. 무기는 기한이 없으므로 종신형과 유사하고, 유기는 **1개월 이상 30년 이하**인데, 가중할 때는 **50년**까지 가능하다(제42조, 2010. 4월 개정).

(2) 금 고

3 정한 노역을 과하지 않는 점을 제외하면 징역과 같다(제68조). 과실범이나 정치범 등 수형자 명예를 존중할 필요가 있을 때 부과하는 형벌이다. '명예 구금'으로 불리기도 하지만 구금에 명예적인 것이 어디 있을지 모르겠다. 물론 금고에도 본인이 원하면 작업을 시킬 수 있다(형집행법 제67조). 징역, 금고 가운데서 유기징역, 유기금고는 가장 많이 적용되는 형벌이다.

(3) 구 류

4 구류기간은 **1일 이상 30일 미만**이다. 작업이 없는 것이 징역과 다르다(제46조). 구류는 어디까지나 자유형이기 때문에 형사소송법 강제처분인 구금(형소법 제69조 이하)이나 벌금·과료를 납부하지 않을 경우 환형처분인 노역장유치(제69조 제2항, 제70, 71조)와 다르다. 형법각칙에 규정된 구류는 몇 개 되지 않는다(예컨대 공연음란, 폭행죄, 과실치상, 협박죄). 경범죄처벌법이나 기타 단행법규에서 많이 볼 수 있다.

3. 자유형 문제점

(1) 단기자유형 폐지

단기자유형은 보통 6개월 이하 자유형을 말한다. 이렇게 집행기간이 짧은 자유형 5
은, 사회복귀 개선효과를 기대할 수 없고 오히려 새로운 범죄에 감염될 위험이 높다는 점이 지적된다. 따라서 단기자유형을 제한하거나 폐지해야 한다는 주장이 강력하게 제기된다. 옳은 말이다. 대체수단으로는 선고유예, 집행유예, 벌금형 등을 들 수 있다. 단기자유형은 폐지하는 것이 마땅하지만, 초범자에 대한 충격효과가 있다는 주장을 펴는 사람도 있다.

(2) 자유형 단일화

교도작업을 부과하는 징역과 그렇지 않은 금고·구류를 구별하는 것은 노동천시사 6
상에 기초를 둔 전근대 발상이기 때문에 이를 단일자유형으로 해야 한다는 주장이 있다. 그 이유는 정한 노역 유무로 파렴치범(비명예구금), 비파렴치범(명예구금)을 구별짓는 것은 수형자 재사회화에 도움이 되지 않고 파렴치범 판단도 쉽지 않기 때문이라고 한다. 노동은 신성한 것이므로 일을 하는 것이 명예손상이 될 수는 없다. 그 보기로 금고 수형자도 대부분 신청으로 작업한다는 점을 든다. 우두커니 갇혀서 온갖 잡상에 시달리기보다는 차라리 일을 하는 편이 심신 건강에 훨씬 도움이 될 것으로 생각한다. 구류는 전혀 의미 없는 응보에 지나지 않기 때문에 폐지하는 것이 바람직하다. 그러면 구류를 포함하여 징역, 금고를 단일화하는 완전단일화를 이루고 자유형 하나만 있으면 충분할 것이다.

[176] Ⅲ. 재 산 형

1. 재산형 의의

재산형은 일정한 재산을 박탈하는 형벌이다. 형법은 벌금, 과료, 몰수를 재산형으 1
로 규정한다. 벌금은 원래 공형벌이 아니었다. 사인간 배상, 속죄수단으로 사용되던 것인데, 국가형사법이 확립되면서 점차 공형벌 성격으로 전환되었다. 그 시기는 대충 12세기경부터다.

2. 형법의 재산형

(1) 벌　　금

1) 벌금형 의의 · 내용　　벌금형은 범죄자에게 일정 금액의 지불을 강제로 부담시 2
키는 형벌이다. 재산형 가운데서 가장 무거운 것이고, 벌금액은 5만 원 이상으로 하며 상한에는 제한이 없다. 다만 감경하는 경우는 5만 원 미만으로 할 수 있다(제45조). 벌금형은 유기징역, 유기금고 다음으로 많이 적용되는 형벌이다.

3 벌금은 일신전속 형벌이다. 따라서 제 3 자가 대납하거나 국가에 대한 채권과 상계할 수 없다. 벌금상속, 벌금에 대한 공동연대책임도 있을 수 없다. 벌금 양정은 양형에 대한 일반규정(제51조) 적용을 받는다. 판결확정일로부터 30일 안에 납입해야 하고, 벌금을 납입하지 않는 자는 환형처분으로 1일 이상 3년 이하 기간 동안 노역장에 유치할 수 있다(제69조). 벌금 또는 과료를 선고할 때는 납입하지 않는 경우의 유치기간을 정하여 동시에 선고해야 한다(제70조 제 1 항). 벌금이 아무리 많아도 벌금을 납입하지 않는 경우의 유치기간으로 3년을 초과하는 기간을 정해서는 안 된다.[1] 선고하는 벌금이 1억 원 이상 5억 원 미만인 경우는 300일 이상, 5억 원 이상 50억 원 미만인 경우에는 **1천일 이상** 유치기간을 정해야 한다(제70조 제 2 항).[2] 이른바 '황제노역' 파문으로 생긴 조문이다. 1천일은 환형처분 **최대기간 3년을** 염두에 둔 요건이라고 할 수 있다. 만일 벌금 일부만 납입하면, 벌금액과 유치기간 일수에 비례하여 납입금액에 해당하는 일수를 뺀다(제71조).

벌금미납자의 사회봉사집행에 관한 특례법(벌금미납자법)은 벌금 납입의사가 있으나 경제 능력이 없어 납입하지 못하는 경우 노역장에 유치하는 대신 사회봉사로 대체할 수 있는 길을 열어준다. 이 법률은 형법 제69조 제 2 항에 대한 특례를 마련함으로써 경제 불평등이 형벌 불평등으로 이어지는 사회 모순을 시정하기 위한 목적을 가진다. 노역장 유치에 따른 범죄 학습, 가족관계 단절, 구금시설 과밀화 등 문제점을 해결하는 데도 도움이 된다.

4 2) 일수벌금제도(재산비례벌금제) 우리나라 벌금제도는 일정액을 총액으로 선고하는 총액벌금제도다. 그러나 이 제도는 범인 빈부차이를 고려할 수 없는 단점과 함께 범인의 불법 · 책임을 정확하게 액수로 산정할 수 없는 어려움도 있다. 총액벌금제도보다 일수벌금제가 더욱 발전된 제도로서 도입할 필요가 있다. 일수벌금제는, 먼저 범행 경중에 따라 일수를 정하고, 일수정액은 피고인 경제사정을 고려하여 별도로 결정한다. 총액벌금제 단점을 보완할 수 있는 매우 합리적 제도라고 할 수 있으며 독일과 오스트리아가 현재 이 제도를 채택한다.

5 3) 벌금형에 대한 집행유예 도입 벌금 분납은 '일부납부 또는 납부연기'라는 이름으로 법무부령인 '재산형 등에 관한 검찰집행 사무규칙'에 따라 현재 시행되고 있다. 이 규칙 제12조는 국민기초생활보장법에 따른 수급권자, 장애인, 본인 외에 가족을 부양할 사람이 없는 사람, 불의의 재난을 당한 사람, 그 밖에 부득이한 사유가 있는 사람 등이 일부납부나 납부연기를 신청하면 검사가 허가할 수 있도록 규정한다. 납부연기 기

1) 대판 2016. 8. 25. 2016도6466.
2) 대판 2018. 2. 13. 2017도17809. 제10회.

한은 6개월 내로 하며, 3개월 내의 범위에서 연장이 가능하다(같은 규칙).

벌금형에 대한 집행유예가 2015. 12월 도입되었다. 징역형에 인정되는 집행유예가 그보다 상대적으로 가벼운 벌금형에 인정되지 않는 것은 설명하기 어렵다. 벌금을 납부하기 힘든 서민은 노역장 유치를 피하기 위해 차라리 징역형 집행유예를 구하는 폐단도 있었다. 서민의 경제 어려움을 덜어주기 위해서 벌금형에 대한 집행유예 도입이 절실하였다. 다만 고액 벌금형에 대한 집행유예는 곤란하기 때문에 500만 원 이하 벌금형을 선고하는 경우로 제한을 둔 것은 바람직하다(제62조 제1항). 5a

(2) 과　료

과료도 재산형 한 종류다. 그러나 경미범죄에 부과되고 금액도 벌금보다 적다. 형법(예컨대 제266조 과실치상, 제360조 점유이탈물횡령)보다 경범죄처벌법이나 기타 단행법규에 그 규정이 많다. 과료는 2천 원 이상 5만 원 미만으로 한다(제47조). 과료를 납입하지 않은 자는 1일 이상 30일 미만 기간 동안 노역장에 유치하여 작업을 시킨다(제69조). 과료는 어디까지나 형법의 형벌이므로 행정벌인 **과태료**와 구별된다. 6

(3) 몰　수

1) 몰수 의의 · 성격　　몰수는 범죄의 반복, 범죄로 인한 이득을 방지하기 위해 범행과 관련된 재산을 박탈하여 국고에 귀속시키는 재산형이다. 피고인 외 제3자 소유에 속하는 물건이 몰수 대상이 된 경우는, 그 사건에서 재판을 받지 않은 제3자 소유권에 영향을 미치지 않는다.[1] 몰수는 원칙적으로 다른 형에 덧붙여 과하는 부가형이다. 다만 행위자에게 유죄판결을 하지 않을 경우도 몰수요건이 있으면 몰수만 선고할 수 있다(제49조 단서). 몰수에는 임의 몰수와 필요 몰수가 있는데, 전자를 원칙으로 한다. 따라서 몰수는 법관 자유재량에 속한다. 필요적 몰수는 형법각칙(예컨대 제134조 뇌물죄)이나 특별형법(예컨대 특정범죄가중법 제13조, 국가보안법 제15조)에 개별적으로 규정되어 있다. 7

몰수 법적 성격은 몰수가 형벌인가 보안처분인가에 관한 논의다. 형법 제41조가 몰수를 형벌 일종으로 규정하고 있는 이상 몰수는 형벌로 파악해야 한다. 그러나 그 실질적 내용은 대물 보안처분이라는 것이 다수 견해다. 범죄를 방지하기 위한 조치라는 점에서 보안처분 성격으로 보는 듯하나, 몰수되는 모든 대상이 그런 것은 아니기 때문에 이 논의는 별 의미가 없다. 앞으로 형법개정을 할 때 몰수를 형벌에서 보안처분으로 옮겨야 한다는 논거가 될 수 있을지 모르겠다. 이것도 형식적 문제이기는 마찬가지다. 8

2) 몰수의 대물 요건　　몰수대상은 다음에 열거한 물건의 전부 또는 일부다(제48조 제1항). 판례는 권리 또는 이익에 대한 몰수도 인정한다.[2] 9

1) 대판 2017. 9. 29. 2017모236. 하민경, 「형사제재로서 몰수와 추징에 관한 제안」(안암법학 43, 2014), 109면 이하.
2) 대판 1976. 9. 28. 76도2607.

10 (가) **범죄행위에 제공하였거나 제공하려고 한 물건** '범죄행위'는 구성요건에 해당하는 위법한 행위를 말한다. 이런 행위에 '제공하였거나 제공하려고 한 물건'은 범죄행위에 사용한 물건 또는 사용하려고 준비하였지만 현실적으로 사용하지 않은 물건을 의미한다.

11 (나) **범죄행위로 생겼거나 취득한 물건** 전자는 범죄행위 전에는 없었으나 범죄행위로 새롭게 생긴 물건을 말하고(예컨대 위조통화, 위조문서), 후자는 이미 있던 물건이지만 범인이 범죄행위로 취득한 물건을 말한다(예컨대 장물이나 도박에서 얻은 금품 등).

12 (다) **제 1 호 또는 제 2 호 대가로 얻은 물건** 예컨대 장물을 매각한 금전처럼 범죄로 간접 취득한 부정한 이득도 몰수대상이 된다. 당연한 규정이다.

13 3) 몰수의 대인 요건 몰수대상물은 범인 외의 자 소유에 속하지 않거나, 범죄 후 범인 외의 자가 사정을 알면서 취득한 물건이어야 한다(제48조 제 1 항).

14 (가) **범인 외의 자 소유에 속하지 않는 물건** 여기에는 범인소유 물건과 무주물, 소유자불명인 물건, 금제품 등이 있다. 불법원인급여로 소유자에게 반환청구권이 없는 물건, 소유자가 반환청구를 포기한 물건도 몰수대상이 된다. 범인은 공범자도 포함하기 때문에 공범소유 물건도 몰수할 수 있다. 범인 외의 자 소유에 속하는 물건에 대한 몰수선고는 피고인의 소지에 대한 몰수고, 제 3 자 소유권에는 영향이 없다.

15 (나) **범죄 후 범인 외의 자가 사정을 알면서 취득한 물건** 범인 외의 자 소유에 속하는 물건이라 할지라도, 취득 당시 그 물건이 형법 제48조 제 1 항 각호에 해당한다는 사실을 알고 있으면 몰수대상이 된다.

16 4) 추징 · 폐기 몰수대상인 물건을 몰수할 수 없을 때는 그 가액을 추징하고(제48조 제 2 항), 문서, 도화, 전자기록 등 특수매체기록 또는 유가증권 일부가 몰수대상이 된 경우는 그 부분을 폐기한다(제48조 제 3 항). 몰수불능은 판결 당시 분실 · 훼손, 제 3 자 선의취득 등 사실상 또는 법률상 몰수할 수 없는 경우를 말한다. 몰수가액은 범인이 그 물건을 가지고 있다가 몰수선고를 받았을 때 잃게 될 이득상당액이다. 몰수가액은 이 이득상당액을 초과해서는 안 된다.[1] 추징은 몰수취지를 관철하기 위한 일종의 형법처분이지만, 실질적으로는 부가형 성질을 갖는다. 따라서 1심에서 선고하지 않은 추징을 항소심에서 선고하면 불이익변경금지원칙에 위반된다. 추징가액 산정시점은 판결선고시이다.

[판례]

① 벌금형에 대한 노역장유치기간의 산정에는 형법 제69조 제 2 항에 따른 제한이 있을 뿐 그 밖의 다른 제한은 없다. 징역형과 벌금형 가운데서 벌금형을 선택하여 선고하면서 그에 대한 **노역장유치기간**을 환산한 결과 선택형의 하나로 되어 있는 징역형의 장기보다 유치기간이 더

1) 대판 2017. 9. 21. 2017도8611.

길게 되었다 하더라도 위법은 아니다.[1]

② 피고인 이외의 제3자의 소유에 속하는 물건에 대해 몰수를 선고한 판결의 효력은, 원칙적으로 몰수원인이 된 사실에 관해 **유죄판결을 받은 피고인에** 대한 관계에서 그 물건을 소지하지 못하게 하는 데 그치고, 그 사건에서 재판을 받지 않은 제3자의 소유권에는 영향을 미치지 않는다.[2]

③ 형법 제48조 제1항 제1호에 의한 몰수는 임의적인 것이므로, 그 몰수요건에 해당되는 물건이라도 이를 몰수할 것인지 여부는 법원의 재량에 맡겨져 있다. 그러나 형벌 일반에 적용되는 **비례의 원칙**에 의한 제한을 받으며, 이러한 법리는 범죄수익은닉규제법 제8조 제1항의 경우에도 마찬가지이다.[3]

④ 오락실업자, 상품권업자 및 **환전소 운영자가** 공모하여 사행성 전자식 유기기구에서 경품으로 배출된 상품권을 현금으로 환전하면서 그 수수료를 일정한 비율로 나누어 가지는 방식으로 영업을 하였다. 환전소 운영자가 환전소에 보관하던 현금 전부가 몰수대상이 된다.[4]

⑤ ***표준판례** 형법 제48조 제1항의 '범인'에 해당하는 공범자는 반드시 유죄의 죄책을 지는 자에 국한된다고 볼 수 없고 **공범에 해당하는** 행위를 한 자이면 충분하다. 이러한 자의 소유물도 형법 제48조 제1항 '범인 이외의 자의 소유에 속하지 아니하는 물건'으로서, 이를 피고인으로부터 몰수할 수 있다.[5]

⑥ 미화를 휴대하여 우리나라에 입국한 후 외국환관리법 제18조, 동법시행령 제28조 제1항의 규정에 따라 등록하지 않은 경우는, 그 **행위자체에 의해 취득한** 미화는 있을 수 없으므로 동법 제36조의 2에 정하는 바에 따라 이 사건 미화를 몰수할 수 없다.[6]

⑦ 체포 당시에 미처 **송금하지 못하고** 소지하고 있던 자기앞수표나 현금은, 장차 실행하려고 한 외국환거래법 위반의 범행에 제공하려는 물건일 뿐, 그 이전에 범해진 외국환거래법 위반의 '범죄행위에 제공하려고 한 물건'은 아니므로 몰수할 수 없다.[7]

⑧ 자기앞수표를 뇌물로 받아 이를 생활비로 소비한 후 **자기앞수표 상당액을 증뢰자에게 반환**하였다 하더라도, 뇌물 그 자체를 반환한 것은 아니므로 이를 몰수할 수 없고, 그 가액을 추징해야 한다.[8]

⑨ 공무원의 직무에 속한 사항의 알선에 관하여 금품을 받고, 그 금품 중의 일부를 받은 취지에 따라 청탁과 관련하여 관계 공무원에게 **뇌물로 공여하거나** 다른 알선행위자에게 청탁의 명목으로 **교부한 경우에는**, 그 부분의 이익은 실질적으로 범인에게 귀속된 것이 아니어서, 이를 제외한 나머지 금품만을 몰수하거나 그 가액을 추징해야 한다.[9]

⑩ 몰수의 취지가 범죄에 의한 이득의 박탈을 목적으로 하는 것이고, 추징도 이러한 몰수의 취

1) 대판 2000. 11. 24. 2000도3945.
2) 대판 1999. 5. 11. 99다12161.
3) 대판 2013. 5. 23. 2012도11586.
4) 대판 2006. 10. 13. 2006도3302.
5) 대판 2006. 11. 23. 2006도5586. 제11회.
6) 대판 1982. 3. 9. 81도2930.
7) 대판 2008. 2. 14. 2007도10034.
8) 대판 1983. 4. 12. 82도2462.
9) 대판 2002. 6. 14. 2002도1283. 제13회.

지를 관철하기 위한 것이다. 몰수하기 불능한 때에 추징해야 할 가액은, 범인이 그 물건을 보유하고 있다가 몰수의 선고를 받았더라면 잃게 될 **이득상당액**을 의미한다. 그러므로 추징해야 할 가액이 몰수선고를 받았더라면 잃게 될 이득상당액을 초과해서는 안 된다.1)

⑪ 범인은 알선 대가로 수수한 금품을 **소득신고**를 하고 이에 관하여 **법인세 등 세금**을 납부하였다. 이는 범인이 자신의 알선수재행위를 정당화시키기 위한 것이거나, 범인 자신의 독자적 판단에 따라 소비하는 방법의 하나에 지나지 아니하므로 이를 추징에서 제외할 것은 아니다.2)

⑫ **관세법상 추징**은 일반 형사법의 추징과 달리 **징벌적 성격**을 띠고 있다. 여러 사람이 공모하여 관세를 포탈하거나, 관세장물을 알선, 운반, 취득한 경우에는 범칙자의 1인이 그 물품을 소유하거나 점유하였다면, 그 물품의 범칙 당시의 국내도매가격 상당의 **가액전액**을 범칙자 전원으로부터 추징할 수 있다.3)

⑬ 뇌물공여죄, 뇌물수수죄와 같은 **대향범**은 각자 자신의 구성요건에 따라 처벌되는 것이어서, 2인 이상이 가공하여 공동의 구성요건을 실현하는 공범관계에 있는 자와 다르다. 대향범 관계에 있는 자 사이에는 상대방의 범행에 대해 형법 **총칙의 공범규정**이 적용되지 않는다. 이러한 점에서 보면, 형사소송법 제253조 제 2 항에서 말하는 '공범'에는 뇌물공여죄, 뇌물수수죄와 같은 대향범 관계에 있는 자는 포함되지 않는다.4)

⑭ 피고인 이외의 제 3 자의 소유에 속하는 물건의 경우, 몰수를 선고한 판결의 효력은, 원칙적으로 몰수원인이 된 사실에 관해 유죄판결을 받은 피고인이 그 물건을 소지하지 못하게 하는데 그친다. 그 사건에서 재판을 받지 않은 **제 3 자의 소유권에** 영향을 미치는 것은 아니다.5)

⑮ 피고인은 음란물유포 인터넷사이트를 운영하면서 정보통신망법상의 음란물유포죄와 도박개장방조죄에 의하여 **비트코인(Bitcoin)을 취득**하였다. 비트코인은 경제적 가치를 디지털로 표상하여 전자적으로 이전, 저장 및 거래가 가능하도록 한 가상화폐의 일종으로서 재산가치가 있는 **무형의 재산이라고** 보아야 한다. 몰수대상인 비트코인이 특정되어 있으므로, 피고인이 범죄수익으로 취득한 비트코인을 몰수할 수 있다고 본 원심판단은 정당하다.6)

⑯ ***표준판례** 형법 제48조 제 1 항 제 1 호 몰수의 "범죄행위에 제공한 물건"은, 가령 살인행위에 사용한 칼 등 범죄의 실행행위 자체에 사용한 물건에만 한정되는 것이 아니다. 실행행위 착수 전의 행위 또는 실행행위 종료 후의 행위에 사용한 물건이더라도, 그것이 **범죄행위 수행에 실질적으로 기여한** 것으로 인정되면 몰수대상에 포함된다.7) *대형할인매장에서 수회 상품을 절취하여 자신의 승용차에 싣고 간 경우, 승용차는 범죄행위에 제공한 물건으로 보아 몰수할 수 있다고 한 사례.

⑰ ***표준판례** 부동산의 소유권을 이전받을 것을 내용으로 하는 계약(1차 계약)을 체결한 자가 그 부동산에 대해 다시 제 3 자와 소유권이전을 내용으로 하는 **계약(전매계약)을 체결한 것은** 부

1) 대판 2017. 9. 21. 2017도8611.
2) 대판 2010. 3. 25. 2009도11660.
3) 대판 2007. 12. 28. 2007도8401.
4) 대판 2015. 2. 12. 2012도4842. 제 6 회.
5) 대결 2017. 9. 29. 2017모236.
6) 대판 2018. 5. 30. 2018도3619.
7) 대판 2006. 9. 14. 2006도4075. 제13회.

동산등기 특별조치법 제 8 조 제 1 호 위반행위에 해당된다. 이 경우 전매계약에 의해 제 3 자로부터 받은 대금은, 위 조항의 처벌대상인 '1차 계약에 따른 소유권이전등기를 하지 않은 행위'로 취득한 것은 아니므로 형법 제48조에 의한 몰수나 추징의 대상이 될 수 없다.1)

⑱ ***표준판례** 수인이 공모하여 뇌물을 수수한 경우에 몰수불능으로 그 가액을 추징하려면 어디까지나 개별적으로 추징해야 한다. 수수금품을 개별적으로 알 수 없을 때에는 **평등하게 추징할** 것이지, 피고인 전원으로부터 수수한 금품의 가액을 공동으로 추징할 수는 없다.2)

⑲ 원심은 피고인들이 사업장폐기물배출업체로부터 인수받은 폐기물을 폐기물관리법에 따라 허가 또는 승인을 받거나 신고한 폐기물처리시설이 아닌 곳에 매립하였다는 점을 유죄로 인정하면서 사업장폐기물배출업체로부터 받은 돈을 형법 제48조 소정의 몰수 · 추징의 대상으로 보았다. 그러나 형법 제48조 소정의 몰수 · 추징 대상이 되려면 위 돈이 피고인들과 사업장폐기물배출업체 사이에 피고인들의 **범죄행위를 전제로** 수수되었다는 점이 인정되어야 한다. 원심은 이에 대한 심리가 미진한 위법이 인정된다.3) *형법 제48조 '범죄행위로 취득한 물건'에서 취득은 **해당 범죄행위로 인하여 결과적으로** 이를 취득한 때를 말하는 것으로 제한적으로 해석해야 함.

⑳ 배임수증재죄(제357조) 제 3 항에서 몰수대상으로 규정한 '**범인이 취득한 제 1 항의 재물**'은 배임수재죄의 범인이 취득한 목적물이자 **배임증재죄의** 범인이 공여한 목적물을 가리키는 것이지 배임수재죄의 목적물만을 한정하여 가리키는 것이 아니다. 그러므로 수재자가 증재자로부터 받은 재물을 그대로 가지고 있다가 증재자에게 반환하였다면 증재자로부터 이를 몰수하거나 그 가액을 추징해야 한다.4)

㉑ 피고인이 범죄행위에 이용한 웹사이트(음란사이트 링크배너와 도박 사이트 홍보배너 게시)는 형법 제48조 제 1 항 제 2 호에서 몰수 대상으로 정한 범죄행위로 생겼거나 얻은 물건에 해당하지 않는다. 따라서 그 **웹사이트 매각으로** 취득한 대가는 위 규정이 정한 추징 대상에 해당하지 않는다.5)

㉒ 피고인이 피해자를 사기도박에 유인하기 위해 **고액의 수표를 제시해** 보인 경우 이를 몰수할 수 있는가. 형법 제48조가 정한 몰수는 임의적 몰수이고 법관의 자유재량에 맡겨져 있고, 위 수표가 직접 도박자금으로 사용되지 않았더라도 피해자를 사기도박에 참여시키기 위한 수단으로 사용되었으면 이는 몰수할 수 있다.6)

㉓ 피고인은 외국환거래 신고 없이 미국 호텔 카지노 운영진으로부터 **미화 100만 달러 상당의 칩을** 대여 받아 신고의무를 위반하였다. 이 경우 칩 대금 상당액을 외국환거래법에 따라 추징할 수 있는지가 문제 되었다. 외국환거래법상의 대외지급수단으로 인정되기 위해서는 현실적으로 대외거래에서 채권 · 채무의 결제 등을 위한 지급수단으로 사용할 수 있어야 한다. 피고인이 미국 호텔 카지노에서 외화차용행위로 취득한 '칩'에는 미화로 표시된 금액과 호텔의

1) 대판 2007. 12. 14. 2007도7353.
2) 대판 1975. 4. 22. 73도1963.
3) 대판 2021. 7. 21. 2020도10970.
4) 대판 2017. 4. 7. 2016도18104.
5) 대판 2021. 10. 14. 2021도7168. 제12회.
6) 대판 2002. 9. 24. 2002도3589. 제11회.

로고가 기재되어 있을 뿐 지급받을 수 있는 내용이 표시된 문구는 기재되어 있지 않았다. 이는 단순히 '칩'에 표시된 금액 상당을 **카지노에서 보관하고 있다는 증표에** 지나지 않으므로 이 사건 '칩'은 외국환거래법상의 몰수 · 추징 대상이 되는 대외지급수단으로 볼 수 없다.[1] * 피고인이 외국환거래법 위반행위로 취득한 카지노 칩 상당액은 같은 법이 정한 추징 대상에 해당하지 않음.

㉔ **전자기록**은 일정한 저장매체에 전자방식이나 자기방식으로 저장된 기록으로서 저장매체를 매개로 존재하는 물건이므로 형법 제48조 제1항 각호 사유가 있을 때에는 이를 몰수할 수 있다.[2] *휴대전화기를 몰수하지 않고 **휴대전화기로 촬영한 동영상**만을 몰수한 사건.

㉕ 몰수를 선고하기 위해서는 몰수 요건이 공소가 제기된 공소사실과 관련이 있어야 하고, **공소가 제기되지 않은 별개 범죄사실을** 법원이 인정하여 그에 관해 몰수나 추징을 선고하는 것은 불고불리원칙 위반으로 허용되지 않는다.[3]

㉖ 몰수나 추징이 공소사실과 관련이 있더라도 그 공소사실에 관해 이미 **공소시효가 완성되어** 유죄 선고를 할 수 없을 경우에는 몰수나 추징도 할 수 없다.[4]

㉗ 피고인이 피해자 회사의 대표이사로서 보관 중이던 회사의 자금 600만 달러를 배우자에게 허위 용역비 명목으로 지급함으로써 횡령하였다는 특정경제범죄가중법 위반(횡령)으로 기소되었다. 피고인은 제1심 재판 진행 중 위 600만 달러를 피해자 회사 명의 계좌로 송금하였다. 원심은 위 횡령액 600만 달러 추징을 명하였으나 대법원 판단은 달랐다. 피고인이 피해자 회사 명의의 이 사건 계좌로 600만 달러를 입금한 이상 피해자 회사가 입은 재산상 피해는 범죄 이전의 상태로 회복되었다고 보아야 한다. 원심 판단은 **문언의 통상적인 의미를 벗어나 피고인에게 불리한 방향으로** 부패재산몰수법 제6조 제1항 몰수 · 추징 요건을 해석 · 적용한 것으로 보여 선뜻 받아들이기 어렵다.[5]

[177] Ⅳ. 명 예 형

1. 명예형 의의

1 명예형은 범인의 명예 · 자격을 박탈하거나 제한하는 형벌로서 자격형이라고도 부른다. 현행 형법에는 자격상실과 자격정지 두 가지가 있다.

2. 형법의 명예형

(1) 자격상실

2 사형, 무기징역 또는 무기금고 선고가 있으면 다음 자격을 당연히 상실한다(제43조 제1항). ① 공무원이 되는 자격, ② 공법상 선거권과 피선거권, ③ 법률로 요건을 정한

1) 대판 2022. 5. 26. 2022도2570.
2) 대판 2017. 10. 23. 2017도5905. 제12회.
3) 대판 2022. 11. 17. 2022도8662. 제13회.
4) 대판 1992. 7. 28. 92도700. 제13회.
5) 대판 2024. 6. 13. 2023도17596.

공법상 업무에 관한 자격, ④ 법인 이사, 감사 또는 지배인 기타 법인 업무에 관한 검사역이나 재산관리인이 되는 자격.

(2) 당연 자격정지에 대한 단서

자격정지는 일정기간 동안 일정한 자격의 전부 또는 일부가 정지되는 것을 말한다. 3
범죄 성질에 따라서 선택형 또는 병과형으로 되어 있고, 일정한 형의 판결에 따른 당연정지와 판결 선고에 따른 선고정지가 있다. 당연정지는 유기징역 또는 유기금고 판결을 받은 자에게 그 형집행이 종료되거나 면제될 때까지 위 ①~③ 자격이 당연히 정지되는 것을 말한다(제43조 제2항). 다만 위 ②호 '공법상 선거권'에 관한 부분이 위헌결정을 받았다.[1]

이에 따라 "공직선거법"이 1년 미만 징역 또는 금고 집행을 선고받아 수형 중에 4
있는 사람과 형 집행유예를 선고받고 유예기간 중에 있는 사람에 대해 선거권을 부여하도록 개정되었다(위 법률 제18조 제1항 제2호). 그에 따라서 징역 또는 금고 집행이 종료하거나 면제될 때까지 선거권을 포함하는 자격 전반이 정지되도록 정하고 있는 형법 제43조 제2항은 개정이 필요하게 되었다. 그 해결방법은 동 제2항에 단서를 신설하는 것이었다. "다만, 다른 법률에 특별한 규정이 있는 경우에는 그 법률에 따른다(2016. 1월 개정)."

선고정지는 판결선고에 따라 일정한 자격 전부 또는 일부를 일정기간 정지시키는 5
경우다. 자격정지기간은 1년 이상 15년 이하다(제44조 제1항). 자격정지가 선택형일 때, 그 기산은 다른 형벌과 마찬가지로 판결이 확정된 날부터 기산한다. 병과일 경우는 징역 또는 금고 집행을 종료하거나 면제된 날로부터 기산한다(제44조 제2항).

제2절 형의 경중

[178] Ⅰ. 형의 경중문제

형법은 여러 곳에서 형의 경중을 전제한 규정을 두고 있다. 예컨대 형법 제1조 제 1
2항은 "범죄 후 법률이 변경되어 형이 구법보다 가벼워진 경우는 신법에 따른다"고 규정하여 신·구법의 형의 경중을 비교할 필요가 있다. 그 밖에도 형법 제40조 상상적 경합의 "가장 무거운 죄에 정한 형으로 처벌한다", 형법 제38조 제1항 제2호 경합범의 "… 외의 같은 종류 형인 경우에는 가장 무거운 죄에 정한 장기 또는 다액 2분의 1까지 가중하되 …"라는 규정에도 이 필요는 등장한다. 형사소송법 불이익변경금지원칙(제368조)을 위해서도 법정형 경중을 비교해야 한다.

1) 헌재 2014. 1. 28. 2012헌마409·510, 2013헌마167(병합).

[179] Ⅱ. 형의 경중기준

형법 제50조가 규정하는 기준은 다음과 같다.

1 1) 형 경중은 제41조 각호 순서에 따른다(제50조 제1항 본문) 즉 사형, 징역, 금고, 자격상실, 자격정지, 벌금, 구류, 과료, 몰수 순서다. 다만 무기금고와 유기징역은 금고를 중한 것으로 하고, 유기금고 장기가 유기징역 장기를 초과하는 때는 금고를 중한 것으로 한다(같은 조 단서).

2 2) 같은 종류 형은 장기가 긴 것과 다액이 많은 것을 무거운 것으로 하고 장기 또는 다액이 같은 경우는 단기가 긴 것과 소액이 많은 것을 무거운 것으로 한다(제50조 제2항). 따라서 같은 종류 형 사이에는 장기와 다액이 무거운 형벌이 결정기준이 된다.

3 3) 위 두 가지 기준 외에 죄질과 범정犯情을 고려하여 경중을 정한다(제50조 제3항). 법정형이 동일할 때 적용되는 기준이다.

4 4) 처단형과 선고형에서도 위와 같은 취지에 따라 그 경중을 정할 수 있다. 이것은 명문규정이 없으나 판례 태도다. 예컨대 형 집행유예와 집행면제 사이에는 집행유예가 더 가볍고,[1] 징역형 선고유예와 벌금형 사이에는 벌금형이 더 무겁다.[2] 징역과 집행유예된 징역 사이 경중은 집행유예도 징역형 형기가 길면 집행유예 없이 짧은 징역형보다 무겁다.[3]

[판례]

① 원심이 선고한 **벌금형의 환형유치기간이** 제1심에서 선고한 징역 1년의 형의 기간을 초과하더라도, 원심에서 선고한 벌금형이 형법상 징역형보다 경한 형으로 보아야 한다.[4]

② 행위시법인 구 변호사법 제54조에 규정된 형은 3년 이하의 징역이고, 재판시법인 현행 변호사법 제78조에 규정된 형은 5년 이하의 징역 또는 1천만 원 이하의 벌금이다. 신법에서는 벌금형의 선택이 가능하다 하더라도, 법정형의 경중은 병과형 또는 **선택형 중 가장 중한 형을** 기준으로 하여 다른 형과 경중을 정하는 것이므로, 행위시법인 구법의 형이 더 경하다.[5]

1) 대판 1963. 2. 14. 62도248.
2) 대판 1966. 4. 6. 65도1261.
3) 대판 1966. 11. 8. 66도1319.
4) 대판 1980. 5. 13. 80도765.
5) 대판 1983. 11. 8. 83도2499.

제 3 절 형의 양정量定

[180] Ⅰ. 양형의 인식론 기초

1. 양형의 해석학 지평

양형은, 체계적으로 볼 때 유죄가 인정된 후 피고인에 대한 구체적 형벌종류와 범위를 정하는 것을 말한다. 여기서 법관이 구체적인 형벌 종류와 양을 정하는 일은 범죄행위자의 행위에 엄격히 상응하는 형벌 종류와 양을 정확히 인식하는 작업은 아니다. 그것은 오히려 범죄행위자와 그의 행위 그리고 그 행위로써 초래된 사회 갈등상황을 토대로 일정한 형량 부과에 기준이 되는 사안(**양형사안**)을 구성하는 작업이다. 여기서 구성한다는 말은, 그와 같은 양형사안이 존재적인 것이 아니라, 갈등상황을 만드는 여러 요소에 대한 가치 평가적인 취사선택 과정으로 생산되는 해석학 구성물이라는 점이다. 1

2. 양형 비정형성과 실무상황

형법 제51조는 갈등상황을 만드는 요소를 대강 유형화하여 서술한다. 그러나 이 요소에 대한 가치평가적인 취사선택 기준은 형법 어디에도 명확히 규율되어 있지 않다. 이런 취사선택기준의 비정형성은 어느 정도까지는 형사소송법 제308조 자유심증주의에 의해 정당화되는 것처럼 보이기도 한다. 또한 그렇게 예측과 통제가 불가능한 취사선택 과정을 통해 생산된 해석학 구성물(양형사안)에 대한 다툼 가능성도 형사소송법 제383조 제 4 호 상고이유제한으로 심각한 영향을 받는다. 그러나 양형에 중요한 요소의 가치평가적 취사선택이 아무 원칙이나 규칙없이 이루어지는 것은 아니다. 비록 법률, 법도그마틱 그리고 판례에 따라 그 기준이 공식적으로 정형화되어 있지는 않지만, 실무는 제한된 범위에서 그런 취사선택 기준을 '비공식 프로그램' 형태로 가지고 있다. 2

양형과정의 이 '비공식프로그램'은 우리 형사사법 전과정을 지배하는 제왕 지위를 누린다. 예컨대 수사절차에서 변호인은 너무 일찍 범죄혐의에 대한 다툼을 포기하고 검찰로부터 기소유예(형소법 제247조)라는 시혜를 받아내는 일에 몰두한다. 공판절차에서도 공소사실을 전문지식과 능력을 동원하여 다투기보다는, 법원으로부터 **정상참작감경**(제53조)이나[1] 집행유예(제62조)라는 은전을 받기 위한 활동에 몰두한다. 이러한 비공식프로그램 문제는 무엇보다도 형사사법 전문성을 말살시킨다. 형사사법에 관여하는 법조인에게 자신 주장을 논증이 아닌 정서적 호소로 관철시키고, 다른 이의 주장 설득력을 합리적 근거가 아닌 직관으로 받아들이게 한다. 3

1) '정상참작감경'은 종래 '**작량감경**'을 2020년 개정에서 바꾼 말이다. 판례는 구법에 따른 것이기 때문에 작량감경이라는 말을 그대로 사용하고 있는 점 유의해야 한다.

3. 양형 탈언어성

4 양형실무의 비정형성 · 비공식성 · 탈전문성은 기계적 적용이 가능한 도식적인 양형기준(예컨대 양형실무에 대한 통계조사방법으로 만들어지는 실무 양형지침서 등)으로 극복되지는 않는다. 왜냐하면 도식 · 기계적 양형기준은 양형사안의 개별적 고유성을 제대로 포착할 수 없기 때문이다.

5 이 양형사안의 고유성은, 행위자와 행위 그리고 그들을 둘러싼 갈등상황요소가 언어로 다 표현될 수 없을 만큼 무한하다는 것을 뜻한다. 유죄판단에 필요한 요소는 범죄구성요건 가운데 어느 정도 인공적인 언어로써 간결하고 세분화되어 서술된다. 그러나 양형사안 구성에 필요한 요소들은 – 예컨대 행위자 인생사 그 자체(제51조 제1호), 그가 불행한 범죄행위의 덫에 휘말리게 된 복잡한 상황(제51조 제3호), 그 불행한 상황이 만들어지는 데 태풍의 눈과 같은 역할을 하는 행위자와 피해자 사이 관계(제51조 제2호) 범죄행위 뒤에 전개되는 예측할 수 없는 피해자, 주변집단, 사회여론, 매스컴 반응과 그에 대응하는 행위자 태도(제51조 제4호) 등 – 삶과 갈등상황의 총체성 바로 그 자체다. 이 총체성을 토대로 행위자에게 부과할 구체적 형벌량을 계산해야 하는 법관은, 총체성과 구체적 형량 사이 상호수렴관계를 다른 사람에게 말로 설명할 길이 없다. 양형과정에 관여하는 사람들은 그저 선문선답을 할 뿐 언어는 더 이상 작동하지 않는다. 이것은 양형 탈언어성이라고 부를 수 있다. 이 탈언어성 앞에 양형을 합리화 · 정형화하려는 노력은 한계에 부딪친다. 물론 양형 어느 지점에서 탈언어성이 시작되는가는 일반적으로 규정하기 힘들다. '삶과 갈등상황 총체성과 형량의 구체적 수치 사이 상호 수렴관계'(양형사안)가 만들어지는 과정에서 나타나는 평가기준에 언어가 작동하는 한, 언어에 의한, 언어를 통한 정형화가 시도되어야 마땅하다. 탈언어 영역이 시작되는 곳에서는 양형 정형화가 다른 메커니즘에 따라 이루어져야 한다. 그것은 법관으로 하여금 삶과 갈등상황 총체성을 평온한 가운데 차분히 통찰할 수 있도록 하는 절차조건을 보장하는 일이다.

[181] Ⅱ. 양형법도그마틱

1. 양형 구체화단계

(1) '법정형 → 처단형 → 선고형'의 도그마

1 유죄가 인정된 피고인에게 구체적인 형벌 종류와 범위가 정해지는 과정은 3단계 과정을 밟는다. 즉 법관은 먼저 피고인에게 적용된 구성요건 형벌범위(법정형)를 확인한다. 법정형에 대한 법률 가중 · 감경을 한다(처단형). 법률에서 규정하는 가중 · 감경사유는 다음과 같다.

1) 법률 가중사유

㈎ **일반 가중사유** 특수교사 · 방조(제34조 제2항), 누범(제35, 36조), 경합범 2
(제38조).[1)]

㈏ **특별 가중사유** 상습범(제203, 264, 279, 285, 332, 351조 등), 특수범죄(제144, 278조).

2) 법률 감경사유

㈎ **일반 · 필요적 감경사유** 청각 및 언어 장애인(제11조), 중지미수(제26조), 3
방조범(제32조 제2항).

㈏ **일반 · 임의적 감경사유** 심신미약(제10조 제2항), 과잉방위(제21조 제2항), 과잉피난(제22조 제3항), 과잉자구행위(제23조 제2항), 장애미수(제25조 제2항), 불능미수(제27조), 자수 또는 자복(제52조).[2)]

㈐ **특별한 감경사유** 형법 제90, 101조, 제111조 제3항, 제120, 153, 154, 157, 175, 213조.

4
법률의 가중 · 감경을 하고 난 후 법관은 피고인에게 '정상에 참작할 만한 사유'가 있으면 형을 감경한다(제53조). 이를 **정상참작감경**이라 부른다.[3)] 정상참작감경이 끝나고 난 뒤 정해지는 형벌범위를 처단형이라고 한다. 처단형이 정해지면 그 범위 안에서 이미 말한 양형사유들, 즉 ① 범인연령, 성행, 지능 및 환경(제51조 제1호), ② 피해자에 대한 관계(동 제2호), ③ 범행동기(동 제3호) 그리고 ④ 범행 후 정황(동 제4호)을 고려하여 피고인에게 내릴 최종 형벌범위인 선고형을 정한다. 그 밖에 법관이 형면제를 할 때는 처단형과 선고형이 동시에 정해진다. 형법총칙이 인정하는 형면제는, ① 중지미수(제26조), ② 불능미수(제27조 단서), ③ 과잉방위(제21조 제2항), ④ 과잉피난(제22조 제3항), ⑤ 과잉자구행위(제23조 제2항), 그리고 ⑥ 자수 및 자복(제52조 제1 · 2항) 등이 있다.

3) 법률상 감경 방법

4a
법률상 감경은 다음과 같이 한다(제55조). ① 사형을 감경할 때는 무기 또는 20년 이상 50년 이하 징역 또는 금고로 한다. ② 무기징역 또는 무기금고를 감경할 때는 10년 이상 50년 이하 징역 또는 금고로 한다. ③ 유기징역 또는 유기금고를 감경할 때는 그 형기 2분의 1로 한다. ④ 자격상실을 감경할 때에는 7년 이상 자격정지로 한다. ⑤ 자격정지를 감경할 때는 그 형기 2분의 1로 한다. ⑥ 벌금을 감경할 때는 그 다액 2분의 1로 한다. ⑦ 구류를 감경할 때는 그 장기 2분의 1로 한다. ⑧ 과료를 감경할 때는 그 다액 2분의 1로 한다. 법률상 감경할 사유가 수 개 있는 때는 거듭 감경할 수 있다.

1) 제5회.
2) 제5회.
3) 제5회.

4) 가중감경 순서

4b 가중감경의 순서는 다음과 같이 한다(제56조). ① 각칙 조문에 따른 가중, ② 제34조 제2항의 가중, ③ 누범 가중, ④ 법률상 감경, ⑤ 경합범 가중, ⑥ 정상참작감경.[1)]

(2) '법정형 → 처단형 → 선고형' 도그마 문제점

5 양형이, 앞서 말한 것처럼, '법정형 → 처단형 → 선고형' 순서로 이루어지는 것은 하나의 인식론 오류에 속한다. 왜냐하면 처단형을 정할 때 사용되는 **정상참작감경제도**는, 실제로는 법관이 직관적으로 피고인에게 선고할 적당한 형량을 정하고 나서, 그 형량이 법정형에 대해 법률상 가중·감경한 형벌범위 안에 들어오지 않을 경우 그것을 고치는 수단으로 이용될 뿐이기 때문이다. 사실은 '선고형 → 정상참작감경 → 처단형'의 순서로 양형이 이루어지는 셈이다. 정상참작감경 사유로 형법 제51조 양형사유를 들고 있는 것도 바로 이 점을 말해 준다. 법관이 선고형을 정하지 않고, 양형사유를 한 번은 정상참작감경의 자료로 쓰고, 동일한 양형사유를 다른 한 번은 선고형을 정하는 데 사용하는 것은 인식론적으로 볼 때 허구다. 이 허구를 만드는 정상참작감경방법은 법률상 감경방법(제55조)을 따라야 한다는 데 판례와 학설은 입을 모은다.

6 이 허구는 실제 어떤 기능을 담당하는 것일까. 그것은 정상참작감경제도에 따른 형벌위협, 즉 형법 법률효과가 불명확해지는 점을 은폐하는 역할을 한다. 법관의 정상참작은, 죄형법정주의원칙에 따라서 법률이 정한 형벌범위를 재량으로 좌우하는 것이라는 비판을 무마시키기 위한 수단으로 '법정형 → 처단형 → 선고형' 도그마를 사용한다. 양형도그마틱에서 명확성원칙이 슬그머니 없어져 버린 셈이다.

2. 양형 비정형성과 형법체계 기능가능성

(1) 정상참작감경제도 불가피성

7 명확성원칙을 침해할 정도로 비정형적 양형실무를 빚어내는 정상참작감경제도는 일선 법조인(특히 법관)에게 실무상 불가피한 것으로 인정되는 듯하다. 검사가 구형하는 형량은 법관이 아무리 법률상 감경제도를 동원하여 낮춰도 여전히 터무니없이 높은 경우가 대부분이다. 정상참작감경제도 없이는 해결할 수 없는 상황으로 보인다. 이 점은 특히 특정범죄가중법, 특정경제범죄법, 폭력행위처벌법, 성폭력처벌법, 특정강력범죄법, 군형법 등 매우 높은 법정형을 규정하는 특별형법에서 두드러지게 나타난다.

(2) 과중한 법정형의 사법 보정수단

8 첫째, 민주 정당성이 결여될수록 그리고 정치 의사소통구조가 왜곡될수록 강해지게 마련인 지배 정치세력의 이데올로기투쟁, 둘째, 후기자본주의체제의 정언명령定言命令인 사회 하부체계(환경·경제·보건 등)의 기능적 효율성유지·고양 그리고 셋째, 일탈행위

1) 제6회.

를 사회의 구조 모순에서 비롯되는 것으로 보지 않고, 개인의 도덕성타락에서 찾는 전통·이데올로기적 사회윤리의 끊임없는 재생산메커니즘—이 세 가지 이데올로기투쟁 삼두마차는, 우리 형법을 더 이상 **책임원칙, 법익보호원칙, 보충성원칙에** 부응할 수 없게 만든다. 그 결과는 비대한 형법과 터무니없이 과중한 법정형으로 나타난다. 이러한 형법체계가 사회적 효력을 가지기는 힘들다. 형법의 현실적 실효성은 꿈이고, 현실 속에 남은 것은 지배세력의 체계 이데올로기 투쟁수단인 상징규범의 뭉치뿐이다. 법관이 정상참작감경제도를 '합리적인 것', '실무상 불가피한 것'으로 여기는 것은, 알고 보면 이러한 정당성을 송두리째 상실한 형법체계에 대한 소박한 반성의 한 표현에 불과하다. 즉 그들은 형법이 최소한 실효성을 유지하기 위해, 특히 책임원칙에 어긋나는 과중한 형량선고를 피하기 위한 수단으로 정상참작감경제도를 이용하는 셈이다. 그러므로 정상참작감경제도는, 법치국가이념에 맞지 않는 형법체계가 사회통제수단으로 최소한의 기능을 갖게 하는 파행적 궁여지책임을 알 수 있다. 이런 상황에서 양형은 모호하고 비정상적인 것일 수밖에 없다. 왜냐하면 양형으로 형법 사회통제를 완화하는 것은 형법규범 문제에 대한 정면비판을 피하고, 즉 형법규범 상징성을 일체 건드리지 않은 채 뒷문으로 음성으로 행해지는 것이기 때문이다. 이 경우 법관은 정상참작감경 논거를 대려고 해도 댈 재간이 없다. 형법규범 자체의 가치원칙(책임원칙·보충성원칙·비례성원칙·법익보호원칙 등)에 대한 위반은 모른 체하고 '**뉘우침**'이라는 모호한 논증형식을 끌어들일 뿐이다.[1] 이 논증형식에서는 양형에 중요한 자료를 평가적으로 선택하는 기준은 없어도 되고(투명성 상실), 말로 표현할 필요도 없다. 따라서 통제되지도 않는다.

그러므로 장기적으로 보면, 정상참작감경제도에서 비롯되고 또한 그것을 어쩔 수 9
없도록 만드는 양형실무 비정형성은, 형법 사회통제영역이 줄어들고 지나치게 높은 법정형이 전체적으로 낮아질 때 극복할 수 있을 것으로 생각한다.

[판례]

① 형법 제56조는 형을 가중 감경할 사유가 경합된 경우 가중 감경의 순서를 정하고 있다. 이에 따르면 **법률상 감경**을 먼저하고 마지막으로 **작량감경**을 하게 되어 있다. 법률상 감경사유가 있을 때에는 작량감경보다 우선하여 하여야 하고, 작량감경은 이와 같은 법률상 감경을 다하고도 그 처단형보다 낮은 형을 선고하고자 할 때 하는 것이 옳다.[2]

② 형법 제53조는 작량감경을 할 수 있음을 규정하였을 뿐 그 감경의 방법에 관한 직접 규정은 없다. 작량감경의 경우에 있어서도 일정한 범위를 정하여 그 범위 안에서 범죄사정에 적합한 양형을 해야 한다. **작량감경의 방법**도 형법 제55조 소정 감경방법에 의하는 것으로

---

1) '뉘우침'은 법률용어다. 종래 '**개정의 정**'을 2020년 개정에서 바꾼 것이다(제59, 72조). 앞으로 나오는 판례에는 '뉘우침'이라는 순수말 법률용어를 보게 될 것이다.

2) 대판 1994. 3. 8. 93도3608. 제6회.

해석해야 한다.[1]

③ 하나의 죄에 대해 징역형과 벌금형을 병과해야 할 경우, 특별한 규정이 없는 한, 징역형에만 작량감경을 하고 벌금형에 작량감경을 하지 않는 것은 위법하다.[2]

④ 형법 제38조 제1항 제3호(무기징역이나 무기금고 이외의 이종의 형의 병과)에 의하여 징역형과 벌금형을 **병과하는** 경우, 각 형에 대한 범죄의 정상에 차이가 있을 수 있다. 징역형에만 작량감경을 하고 벌금형에 작량감경을 하지 않은 것을 위법하다고 할 수는 없다.[3]

⑤ 어떤 범죄를 어떻게 처벌할 것인가 하는 문제, 즉 법정형의 종류와 범위의 선택은 입법자가 결정할 사항으로서 **광범위한 입법재량 내지 형성의 자유**가 인정된다. 따라서 헌법상 평등원칙 및 비례의 원칙 등에 명백히 위배되는 경우가 아닌 한, 쉽사리 헌법에 위반된다고 단정해서는 안 된다. 그리고 형법규정의 법정형만으로는 어떤 범죄행위를 예방하고 척결하기에 미흡하다는 입법정책적 고려에 따라 이를 가중처벌하기 위해 특별형법법규를 제정한 경우에는, 형법규정의 법정형만을 기준으로 그 **특별형법법규의 법정형**의 과중여부를 쉽사리 논단해서도 안 된다.[4]

⑥ 필요적 감경의 경우와 달리 **임의적 감경은** 감경사유의 존재가 인정되더라도 법관이 형법 제55조 제1항에 따른 법률상 감경을 할 수도 있고 하지 않을 수도 있다. 나아가 임의적 감경사유의 존재가 인정되고 법관이 그에 따라 징역형에 대해 법률상 감경을 하는 이상 형법 제55조 제1항 제3호에 따라 **상한과 하한을** 모두 2분의 1로 감경한다. 이러한 현재 판례와 실무의 해석은 여전히 타당하다.[5] *피고인이 위험한 물건으로 피해자를 상해하려다 미수에 그쳤다는 공소사실에 대해 제1심은 특수상해미수죄를 인정하여 형법 제25조 제2항, 제55조 제1항 제3호에 따라 감경한 뒤 경합범가중을 거쳐 처단형을 정한 원심(제1심도 같았음)의 판단에 잘못이 없다고 보아 상고를 기각함. 이러한 다수의견에 대해, 임의적 감경의 처단형은 형을 감경한 범위와 감경하지 않은 범위를 모두 합한 범위로 봄이 타당하고, 이는 결국 법정형의 하한만 2분의 1로 감경한 것으로 '당연 확정' 된다는 별개의견 있음.

3. 양형 정형화를 위한 절차법 보장

(1) 공판절차 이분

10 양형 탈언어성은 양형사안구성의 인식론 문제나 실체형법의 이데올로기 비대화에서만 비롯되는 것은 아니다. 양형사안구성에 관해 절차참가인이 논증언어를 주고받을 수 있는 형사절차 실행조건이 갖추어져 있지 않은 데도 그 원인이 있다.

11 형사절차실무에서 대부분 사건은 자백사건이다. 이 경우 검사 공소사실에 대한 신문에 피고인이 자백하면 형식적 증거조사(특히 보강증거, 형소법 제310조)로 심리는 종결된다. 여기서 공소장일본주의원칙(형사소송법규칙 제118조)에 따라 법관은 공소장만 읽고 법

1) 대판 1964. 10. 28. 64도454. 제6회.
2) 대판 2011. 5. 26. 2011도3161.
3) 대판 2006. 3. 23. 2006도1076. 제11회.
4) 대판 2006. 5. 12. 2005도5428.
5) 대판 2021. 1. 21. 2018도5475 전원합의체. 제12, 13회.

정에 들어가 심리하는 점을 생각하면, 양형사안구성을 위한 시간을 거의 가질 수 없다. 양형자료는 주로 경찰이 작성한 피의자신문조서, 수사보고서에 나타난 전과, 가족관계, 주변 환경 등에 관한 자료다. 피해자와 합의 여부도 중요한 양형자료다. 이것은 양형법이 사법의 손해배상청구권을 확보하는 수단으로 작용하는 것을 의미한다. 양형법의 손해배상실현기능은 공판절차에서 나타나는 현상만은 아니다. 이미 수사절차에서 손해배상담보기능을 하는 검찰의 기소유예권한은 양형사유를 고려하여(형소법 제247조) 행사된다. 형법 보충성원칙은 양형사안구성을 위한 절차 보장이 이루어져 있지 않음으로써 심각한 위협을 받는 것도 사실이다.

장기적으로 볼 때, 양형사안구성의 인식론 문제에서 비롯되는 양형 탈언어성, 양형 12
실무 비정형성(이것은 공소장일본주의가 지속되는 한 특히 그러할 것이다)은 양형사안구성을 가벌적 사안구성과 별도로 하는 공판절차 이분제도[1]가 도입되어야 극복될 수 있을 것으로 생각한다.

(2) 양형사안구성에 대한 절차법 통제가능성

양형 탈언어성, 양형실무 비정형성은, 양형요소를 자유로운 증명 대상으로 삼고, 13
양형사안구성에 대한 상고를 사형, 무기 또는 10년 이상 자유형을 선고하는 경우에 제한하는 규정(형소법 제383조 제 4 호)에 따라 비호된다. 이것은 양형사안구성에 대한 사후통제가능성을 차단한다. 사후로 통제할 수 없는 결정은 언어로 자신을 명료하게 드러내지 않고 자의적일 수밖에 없다. 우리 형사절차 핵심은 실제로 '구체적 범죄혐의'가 아니라 해석학적으로 구성된 '양형사안'임을 부인할 수 없다. 따라서 양형사안 구성에 기초가 되는 사실은 엄격 증명대상이 되어야 한다. 법관은 그가 구성한 양형사안을 판결이유에서 논증해야 하며, 그릇된 양형사안구성에 대한 상고제한은 철폐되어야 마땅하다.

[182] Ⅲ. 양형 조건

1. 의 의

형법은 법관에게 양형에 관해 광범위한 재량을 인정한다. 그러나 이 재량은 자유재 1
량이 아니라 법적으로 구속된 재량이다. 왜냐하면 형법은 비록 추상적이긴 하지만 법관이 양형에서 기준으로 삼아야 할 양형조건을 제시하고 있기 때문이다(제51조).

2. 양형 기초로서 비례성원칙

양형은 행위자 책임을 기초로 판단해야 한다. 독일 형법과 달리 우리 형법은 이에 2
대한 명시 규정이 없으나 이론적으로 볼 때 양형은 책임한계를 벗어날 수 없다. 책임원

1) 김일수, 「공판절차이분론」(월간고시, 1983. 12), 59면 이하; 최석윤, 「양형의 합리화방안」(형사법연구 제12호, 1999), 276면 참조.

칙은 형벌을 지배하는 최고 규범원칙이다. 형벌근거인 책임과 양형 기초가 되는 양형책임은 구별하는 것이 일반적이다. 규범적 책임론에 따라 책임을 비난가능성으로 이해하면 불법판단 경중을 결정하는 일체 요소를 의미하는 양형책임은 구별되는 개념이다. 우리는 앞 책임부분에서 책임이 형벌 근거가 될 수 없다는 점을 밝힌 바 있다. 책임 내용이 비결정주의에 대한 막연한 믿음에서 나온 비난가능성이 될 수 없다는 것도 논증하였다. 행위자의 비난가능성 때문에 형벌이 부과되는 것이 아니라 형벌은 사회와 국가 필요에 따른 형법 과제로부터 그 정당성이 주어진다.

3 형벌은 책임을 전제하지만, 책임이 형벌을 요구하는 것은 아니다. 책임의 비난요소는 그 근거가 없을 뿐만 아니라 객관적이고 중립적이어야 할 국가 형벌을 감정적으로 만든다. 형법 임무는 범죄에 대한 법치국가 처리이지 감정적 비난이 될 수는 없다. 규범적 책임개념은 책임을 범죄에 대한 대중적 증오심을 대변하는 창구로 삼는 데 심각한 문제가 있다.

4 그렇다면 범죄 성립요건인 책임에 남는 유일한 기능은 범죄에 대한 행위자의 내적 관여 여러 단계가 형사제재와 비례관계를 이루어야 한다는 요청뿐이다.[1] 내적 관여 정도가 다른 행위는 형벌에서도 달리 취급해야 한다. 이것은 정의의 요청이다. 범죄행위와 형벌의 비례성을 결정하는 인자로는 법익침해 등급, 법익침해 강도, 범행 양태, 피해자에 대한 관계, 행위자의 내적 관여 정도 등이 있으며, 형법은 이에 대한 풍부한 기준을 담고 있다. 이것이 곧 양형책임 내용이 된다. 그렇다면 범죄성립요건인 범죄체계상의 책임과 양형책임은 구별해야 한다. 범죄체계상 책임을 관념적으로 파악하기 때문에 양자에 대한 구별 논의가 나오는 것이다.

3. 양형 기초이론

5 책임에 적합한 형벌을 찾아내는 방법으로 범주이론, 유일점형벌이론 그리고 단계이론의 세 가지 주장이 있다.

(1) 범주이론範疇理論

6 범주이론 또는 책임범위이론은 독일연방최고법원이 확립한 지배적 양형이론이다. 책임에 꼭 들어맞는 정확한 형벌은 결정할 수 없고 일정한 상한 · 하한을 두고 형벌에 적합한 범위가 있을 뿐인데, 이 범위 안에서 형벌 목적을 고려하여 구체적인 형을 양정해야 한다는 이론이다(다수설). 이 견해는 책임에 대한 진보 입장을 대변한다. 즉 법관에게 일정한 범위 재량을 인정하고, 이 범위 안에서 다양한 예방 고려를 할 수 있다는 점에서 실무가를 비롯한 합목적적 형사정책을 추구하는 사람으로부터 환영받는다. 하지만 책임범위 안에 정당한 형벌이 여러 개 존재할 수 있다는 것이 의문으로 제기된다. 인간

1) 강우예, 「죄와 형의 비례성에 비춘 양형기준과 양형심리」(비교형사법연구 24, 2023), 453면 이하.

의 인식론 한계를 감안하면 다른 대안은 없을 것 같다.[1)]

(2) 유일점형벌이론

유일점형벌이론은 이와 반대로 책임은 언제나 하나의 고정된 크기를 가지므로 정당한 형벌도 언제나 하나일 수밖에 없다고 주장한다. 양형과정에서 유일한 형벌을 찾아내지 못하는 것은 인간 인식능력 한계 때문이라고 한다. 형벌을 확정하는 데 책임 외 어떤 다른 관점도 기준이 되어서는 안 된다고 주장한다. 이 이론 핵심은 형벌의 책임적합성에 대한 합리적 판단기준으로 모아진다. 즉 책임과 일치하는 유일한 형량을 단번에 발견하는 것이 불가능하고 어차피 형의 양정을 거쳐야 하는 것이라면, 유일점형벌이론은 범주이론과 실질적인 차이가 없다. 양형이 지향해야 할 하나의 이념을 제시한 것으로 만족해야 한다. 이 이론은 책임에 대한 보수 입장을 대변한다. 7

(3) 단계이론

단계이론은 다른 말로 등급이론이라고도 한다. 이 이론은 양형 단계를 나누어서 그 단계에 맞는 형벌목적의 의미 · 가치를 고려하여 형을 양정해야 한다고 주장한다. 즉 형량은 책임에 따라 결정하지만 형벌 종류는 예방 목적에 따라 결정할 것이라고 한다. 형량 결정에 예방목적을 배제하는 것은 우리 형법과 맞지 않는다는 비판을 받는다. 8

4. 양형 조건

형법 제51조는 양형에서 참작해야 할 조건으로 ① 범인 연령, 성행, 지능 및 환경, ② 피해자에 대한 관계, ③ 범행 동기, 수단과 결과, ④ 범행 후 정황 등을 규정한다. 이것을 양형조건이라고 하는데, 형법 제51조는 충분한 양형조건을 규정하고 있다고 보기 어렵다. 이것을 양형 예시규정으로 보고 이 밖에도 예방목적이 가중 또는 감경적으로 작용할 수 있다고 보는 것이 일반적이다. 이를 두고 판례는, 양형조건은 열거적이 아니라 예시적이라고 한다.[2)] 그러나 법관의 법률에 대한 구속이념을 생각하면 양형판단 기초가 되는 내용은 책임에서부터 예방목적에 이르기까지 법률에 구체적으로 규정하는 것이 바람직하다. 9

(1) 범인 연령 · 성행 · 지능 · 환경

이러한 자료는 특별예방목적 필요성을 판단하는 중요한 자료가 된다. 그러나 책임을 가중하는 요소로 작용할 때는 엄격한 법치국가 제한을 둘 필요가 있다. 이 밖에도 가족관계, 경제 상황, 교육 정도, 직업, 가족 출신배경, 청소년기 성장배경 등도 참작사유가 된다. 10

(2) 피해자에 대한 관계

범인이 피해자에 대해 친족관계, 고용관계 또는 이와 유사한 관계 등 신뢰관계를 11

1) 최석윤, 「양형위원회와 양형이론」(형사정책연구 제18권 제3호, 2007), 422면 이하.

2) 대판 2017. 8. 24. 2017도5977.

이용하여 죄를 범한 경우는 형 가중요소가 된다. 피해자에 대한 보호의무를 침해하여 범죄한 경우도 마찬가지다. 그러나 '**피해자의 범행결과에 대한 보이지 않는 공동작용이 있는 경우**'는 피해자관계가 행위자에게 유리한 양형사유가 될 수도 있다.

(3) 범행동기 · 수단 · 결과

12 범행동기는 행위자의 위험성과 행위책임을 판단하는 중요한 요소다. 그러므로 범행 당시 행위자 심리상태는 책임판단의 중요한 자료가 된다. 구성요건표지에 속하는 특별한 범행동기나 수단은 다시 양형 참작사유가 될 수 없다. 구성요건해당성 단계에서 이미 평가가 이루어지기 때문이다. 예를 들면 미성년자간음죄(제302조) '미성년자 · 심신미약자에 대한 위계' 등이 여기에 속한다. 이것을 **이중평가금지**라고 한다.[1] 범행 수단과 결과는 행위불법과 결과불법에 속하는 순수한 객관적 불법요소이다. 이처럼 불법을 떠난 양형책임은 있을 수 없고, 책임있는 결과만이 양형기준이 된다. 범행수단에는 특히 범행 잔혹성이 형벌을 가중하는 요소로 작용할 수 있다.

(4) 범행 후 정황

13 범행 후 행위자 심리상태나 구호조치 등이 양형 참작사유가 된다. 이것은 예방 필요성을 가늠할 수 있는 간접자료 의미도 있다. 피고인 법정태도를 평가하는 데는 신중해야 한다. 일반적으로 피고인 자백은 유리하게 작용하고 부인이나 진술거부권 행사는 불리하게 작용하는 것이 현실이다. 그러나 헌법상 보장된 피고인의 법치국가 권리행사를 소송에 비협조적인 것으로 평가하여 불리한 양형사유로 삼는 것은 모순이다. 소송에서 유리한 결과를 이끌어내고 싶은 것이 피고인의 공통된 심리이고, 이것은 자연스러운 현상에 속한다. 법관은 이 전제에서 출발해야 한다. 그렇지 않은 법관 태도는 권위주의 상징이 되고 현대판 '사또재판'을 재현시킬 뿐이다. 행위자에게 불리하게 작용하는 양형사유는 엄격증명으로 법치국가 통제를 강화해야 한다. 그렇지 않으면 양형이 감정적으로 흐를 가능성이 있다.

[판례]

① **양형부당이 상고이유가 되는 경우** 형의 양정은 사실심 법관의 전권사항이므로 통상의 경우 양형이유를 명시하는 일이 요구되지 않으며, 그 양형에 대해 상고할 수 없다. 그러나 형사소송법 제383조 제4호는 **사형, 무기 또는 10년 이상의 징역이나 금고형**이 선고된 사건에 있어서 형의 양정이 심히 부당하다고 인정할 현저한 사유가 있는 경우를 피고인만의 상고사유로 규정하고 있다. 그러한 사건의 **양형참작사유**는 사실심의 필요적 심판대상이 된다. 양형의 필요적 참작사유를 열거한 형법 제51조에는, 범죄행위에 관련된 사유들과 더불어 범죄행위자인 피고인에 관련된 사유들이 더 많이 열거되어 있다는 점은, 양형의 심리 · 판단 단계에서

1) 제5회.

주목해야 할 부면이다.[1]

② 형법 제51조 제4호 양형조건의 하나인 **범행 후의 정황**은 형사소송절차에서 피고인의 태도나 행위를 들 수 있다. 형사소송절차에서 피고인은 범죄사실에 대해 진술을 거부하거나 거짓 진술을 할 수 있다. 이 경우 범죄사실을 **단순히 부인하고** 있는 것이 죄를 반성하거나 후회하고 있지 않다는 인격적 비난요소로 보아 **가중적 양형조건으로** 삼는 것은, 결과적으로 피고인에게 자백을 강요하는 것이 되어 허용될 수 없다. 그러한 태도나 행위가, 객관적이고 명백한 증거가 있음에도 진실발견을 적극적으로 숨기거나 법원을 오도하려는 시도에서 나온 경우는 가중적 양형조건으로 참작될 수 있다.[2]

③ 형법 제51조의 사항과 개전의 정상이 현저한지 여부에 관한 사항은 널리 형의 양정에 관한 **법원의 재량사항**에 속한다. 따라서 상고심으로서는, 선고유예에 관하여 형법 제51조의 사항과 개전의 정상이 현저한지 여부에 대한 원심 판단의 당부를 심판할 수 없고, 그 원심 판단이 **현저하게 잘못되었다고** 하더라도 달리 볼 것은 아니다.[3]

④ 항소심은 제1심에 대한 **사후심적 성격이** 가미된 속심으로서 고유의 양형재량을 가지고 있다. 따라서 항소심이 양형부당을 이유로 제1심판결을 파기하는 것은 바람직하지 않은 점이 있더라도, 이를 두고 양형심리 및 양형판단 방법이 위법하다고 할 수는 없다. 양형조건이 되는 사유에 관해 일일이 명시하지 않아도 위법은 아니다.[4]

⑤ 피고인은 무기징역을 선고받고 복역 중 다른 재소자 두 명과 공모하여 같은 방 재소자를 때려 살해하였다. 원심은 피고인에게 사형을 선고하였고, 대법원은 양형부당을 이유로 파기 환송하였다. 피고인은 이 사건 범행 당시 26세였는데, **20대 나이는** 다수 판례가 사형선고가 정당화되기 어려운 사정 중 하나로 판단한다. 형을 정할 때에는 범죄내용과 처벌 사이에 비례관계를 유지해야 한다. 피고인의 살인고의가 확정적이지 않고 **미필적이었다는 것은 양형에서 고려해야** 할 중요한 사정이다. 무기징역형 집행 중 다시 무기징역형을 선고할 경우 집행 순서가 형집행기관이 아닌 법원이 미리 예측하여 양형에서 반영할 사정이라고 단정할 사정은 아니다. **무기징역형 집행 중 다시 무기징역형을** 선고한다고 해서 그 형이 무의미하다고 볼 것은 아니다.[5]

5. 자수와 자복

자수와 자복은 법률상 감경사유이다. 즉 행위자가 죄를 지은 후 수사기관에 자수하 14
면, 그 형을 감경하거나 면제할 수 있다고 하여 형의 임의적 감면사유로 규정한다(제52조 제1항). 피해자 의사에 반하여 처벌할 수 없는 범죄(해제조건부 범죄)에서 피해자에게 자신의 범죄를 자복한 경우도 마찬가지다(동조 제2항). 피해자 의사에 반하여 처벌할 수 없는 범죄가 아닌 범죄에서 피해자에게 사죄한 것은 자복에 해당하지 않는다.[6] 중지미

1) 대판 2002. 10. 25. 2002도4298.
2) 대판 2001. 3. 9. 2001도192.
3) 대판 2003. 2. 20. 2001도6138 전원합의체. 제8회.
4) 대판 2015. 7. 23. 2015도3260 전원합의체.
5) 대판 2023. 6. 29. 2023도2043.
6) 대판 1968. 3. 5. 68도105.

수처럼 비록 범행 중간에 행위를 그만 두지 않고 다 마치기는 했지만, 자신 범행을 뉘우치고 피해자에게 사죄하는 길을 열어주면서, 동시에 사건을 속히 마무리할 수 있도록 하는 정책적 규정이다. 자기 범죄사실을 신고한다는 점에서 타인 범죄사실을 신고하여 처벌을 구하는 의사표시인 고소, 고발과 구별된다. 자백은 수사기관이 신문할 때 자기 범죄사실을 인정하는 진술이라는 점에서 다르다.

15 자수는 범인이 자발적으로 수사기관에 자신의 범죄사실을 알리고 처벌을 구하는 의사표시이기 때문에 수사기관이 아닌 곳에 하는 것은 자수라고 할 수 없다. 자수 신고 방법에는 특별한 제한이 없으므로, 자기가 수사기관에 직접 출두하지 않고 친지나 제3자를 통해 신고하고, 그 후 절차에 협조하는 방법으로도 가능하다.[1] 그러나 수사기관에 전화로 자수의사를 전달해 달라고만 하고 현장에 나타나지 않거나,[2] 또는 단순히 수사권이 있는 공무원을 만나거나 자기 주소를 수사권이 있는 공무원에게 알렸더라도, 이는 행위자 본인이 자기 범죄사실을 신고한 것이 아니므로 자수라 할 수 없다.[3] 자수와 자복 시기에도 제한이 없어서 범행발각 전후를 불문한다. 범인이 수사기관에 자진 출석하였지만, 처음에는 자기 범죄사실을 부인하다가 다음 조사를 받으면서 비로소 범행을 시인한 경우는 자수가 아니고 자백일 뿐이다.[4] 그러나 수사기관이 지정한 일시, 장소에 자진 출석하는 등 방법으로 범행을 진술하였다면 일단 자수가 성립한 것이고, 그 후 법정에서 범행사실을 일부 부인한다고 하여 뉘우침이 없는 자수라거나, 이미 발생한 자수 효력이 없어진다고 볼 수는 없다.[5]

[판례]

① 형법 제52조나 국가보안법 제16조 제1호의 "자수"에는, 범행이 발각되고 **지명 수배된 후의 자진출두도** 포함되는 것으로 판례가 해석하고 있다. 이것이 "자수"라는 단어의 관용적 용례라고 할 것이다. 공직선거법 제262조의 "자수"를 '**범행발각 전에 자수한 경우**'로 한정하는 풀이는 '언어의 가능한 의미'를 넘어 처벌범위를 실정법 이상으로 확대하는 것으로서 유추해석금지원칙에 위반된다.[6]

② 법인의 직원 또는 사용인이 위반행위를 하여 **양벌규정에 의해 법인**이 처벌받는 경우, 법인에게 자수감경에 관한 형법 제52조 제1항 규정을 적용하기 위하여는, 법인의 이사 기타 대표자가 수사책임이 있는 관서에 자수한 경우에 한정된다. 그 위반행위를 한 직원 또는 사용인이 자수한 것만으로는 위 규정에 의해 형을 감경할 수 없다.[7]

---

1) 대판 1964. 8. 31. 64도252.
2) 대판 1985. 9. 24. 85도1489.
3) 대판 1963. 10. 22. 63도247.
4) 대판 2011. 12. 22. 2011도12041.
5) 대판 2005. 4. 29. 2002도7262.
6) 대판 1997. 3. 20. 96도1167 전원합의체.
7) 대판 1995. 7. 25. 95도391.

③ 형법 제52조가 자수를 형의 감경사유로 삼은 첫째 이유는 범인이 죄를 뉘우치고 있다는 데 있으므로, 죄의 **뉘우침**이 없는 자수는 외형은 자수일지라도 형법규정이 정한 자수라고 할 수 없다.[1] *그러나 제52조에서 "뉘우침"은 입법동기일 수는 있지만 판결기준이 되는 법률의 요건은 아니다. 죄형법정주의의 명확성원칙을 상기하면 알 수 있는 내용이다.

④ 자수서를 소지하고 수사기관에 자발적으로 출석하였으나 자수서를 제출하지 않고 범행사실도 부인하였다면 자수가 성립하지 않는다. 그 이후 구속까지 된 상태에서 자수서를 제출하고 범행사실을 시인한 것은 자수에 해당되지 않는다.[2]

⑤ ***표준판례** 형법 제52조 제1항의 자수는 범인이 자발적으로 자신의 범죄사실을 수사기관에 신고하여 소추를 구하는 의사표시이다. 이를 형의 감경사유로 삼는 주된 이유는, 범인이 그 죄를 뉘우치고 있다는 점에 있다. 범죄사실을 부인하거나 죄의 **뉘우침이 없는 자수는**, 외형은 자수일지라도 법률상 형의 감경사유가 되는 진정한 자수라고 할 수 없다.[3] *그러나 수사기관에 자진 출석하여 자백을 하였다가 법정에서 범죄사실을 부인하였다고 하여 자수효력이 소멸되는 것은 아님.[4]

⑥ 형법 제52조 제1항 자수로 인한 형의 감면은 **법원의 자유재량**에 속하는 것으로서 임의적인 것이다. 피고인이 수사책임 있는 관서에 자수 하였다고 하여도, 법원이 이를 위 법조에 의한 자수감경의 사유로 삼지 않고, 다른 정상과 합쳐 정상참작의 사유로 삼아 형법 제53조에 의한 작량감경을 하더라도 위법은 아니다.[5]

⑦ 형법 제157조, 제153조 **무고죄의 자백, 자수는** 필요적 감면사유이다. 여기에는 아무런 법령상 제한이 없다. 그가 신고한 사건을 다루는 기관에서 고백하거나, 그 사건을 다루는 재판부에 증인으로 출석하여, 전에 그가 한 신고가 허위사실이었음을 고백하는 것은 물론, 무고 사건의 피고인 또는 피의자로서 법원이나 수사기관의 신문에 의한 고백 등 모두 자백의 개념에 포함된다.[6]

1) 대판 1993. 6. 11. 93도1054.
2) 대판 2004. 10. 14. 2003도3133.
3) 대판 1994. 10. 14. 94도2130.
4) 대판 2002. 8. 23. 2002도46.
5) 대판 1984. 11. 13. 84도1897. 제8, 11회.
6) 대판 2018. 8. 1. 2018도7293.

제 4 절 형의 면제, 판결선고전 구금일수의 산입, 판결의 공시

[183] Ⅰ. 형의 면제

1 형 면제는 범죄가 성립하지만 형벌을 과하지 않는 경우를 말하는데 유죄판결 일종이다(형사소송법 제322조, 제323조 제2항). 형 면제와 형 집행면제는 다르다. 형 면제는 확정재판 전 사유로 형을 과하지 않는 경우고 형 집행면제는 확정재판 후 사유로 형 집행이 면제되는 경우다. 형 면제 법적 성격에 대해서는 위법성조각설, 책임조각설, 인적처벌조각설 등 견해대립이 있으나 인적처벌조각설이 통설이다.

2 형 면제에는 형법총칙이 정하는 일반적 면제사유와 형법각칙 개별적 면제사유가 있다. 일반적 면제사유로는, ① 중지범(제26조), ② 불능미수(제27조 단서), ③ 과잉방위(제21조 제2항), ④ 과잉피난(제22조 제3항), ⑤ 과잉자구행위(제23조 제2항), ⑥ 자수·자복(제52조 제1항)이 있다. 여기에 속하는 모든 면제사유는 형 감경과 택일적으로 규정되어 있고, 중지범은 필요적 감면사유이고 그 밖의 것은 모두 임의적 감면사유다. 형법각칙의 개별 형면제사유로는 친족상도례 규정이 있다. 즉 권리행사방해죄(제328조), 절도죄(제344조), 사기·공갈죄(제354조), 횡령·배임죄(제361조), 장물죄(제365조 제1항)는 직계혈족·배우자·동거친족·호주·가족 또는 그 배우자간에 형을 면제한다.

[184] Ⅱ. 판결선고전 구금일수 산입

(1) 형법 제57조

1 판결선고전 구금은 다른 말로 미결구금이라고 하며 범죄혐의를 받는 자를 재판이 확정될 때까지 구속하는 것을 말한다. 미결구금은 형벌은 아니지만 신체자유를 구속하는 점에서 자유형과 다를 바 없다. 따라서 형법은 판결선고전 구금일수는 그 전부를 유기징역·유기금고·벌금이나 과료에 관한 유치 또는 구류에 산입한다고 규정한다(제57조 제1항). 이때 구금일수 1일은 징역·금고·벌금이나 과료에 관한 유치 또는 구류기간 1일로 계산한다(같은 조 제2항). 무기징역 경우는 산입 실익이 없어서 법률이 제외한다는 견해가 있으나, 가석방 요건에 차이가 없기 때문에(제72조 제1항) 입법론으로 포함하는 것이 타당하다. 사형수가 무기징역으로 감형된 경우는 어떻게 처리해야 할까? 개정 형집행법은 사형수를 '사형확정자'라 하여(동법 제2조 제3호) 종래 행형법이 미결수로 취급하던 것과 달리 '수용자'의 독립된 지위를 인정한다. 그러므로 사형확정자로서 구금된 기간은 당연히 무기징역에 산입하여 가석방 기회를 확대해야 한다.

(2) 판결선고전 구금일수의 본형에 대한 '전부' 산입

종래에는 판결선고전 구금일수 전부 또는 일부를 본형에 산입하는 것으로 되어 2
있었다. 그런데 이 가운데 "또는 일부" 부분이 헌법 무죄추정원칙, 적법절차원칙 등을 위배하여 신체자유를 침해한다는 이유로 헌법재판소로부터 헌법불합치결정을 받았다.[1] 이에 따라 2014. 12. 31. **'또는 일부' 부분이 삭제**되는 것으로 개정 입법되었다. 판결에서 별도로 미결구금일수 산입에 관한 사항을 판단할 필요가 없으며, 판결선고전 미결구금일수는 전부 법률상 당연히 본형에 산입한다.[2]

형사소송법 제482조는 법률상 당연히 통산해야 할 경우를 규정한다. 예컨대, ① 검사가 상소를 제기한 때, ② 피고인 또는 피고인 아닌 자가 상소를 제기한 경우에 원심판결이 파기된 때(같은 조 제1항)이다. 이때 상소제기 후 판결선고전 구금일수는 전부 본형에 산입한다. 즉 판결선고전 구금 1일은 형기 1일 또는 벌금이나 과료에 관한 유치기간 1일로 통산한다(같은 조 제2항). 원심판결을 파기한 후 판결선고전 구금일수는 상소 중 판결선고전 구금일수에 준하여 통산한다(같은 조 제3항). 소송촉진 등에 관한 특례법(제24조)은 상소제기가 소송지연 등을 위해서 상당한 이유없이 제기된 것으로 보일 경우 판결선고전 구금일수를 본형에 산입하지 않을 수도 있는 예외규정을 두고 있다.

[판례]

① **판례변경** 형법 제37조 전단 경합범관계에 있는 공소사실 중 일부에 대하여는 유죄, 나머지 일부에 대하여는 무죄를 선고하였다. 그 중 유죄부분에 대하여는 피고인이 상고하고 무죄부분에 대하여는 검사가 상고하였다. 검사의 상고가 이유 있는지 여부를 가리기 전에는, 유죄부분에 대한 피고인의 상고만을 분리하여 기각할 수 없다. 따라서 **상고심의 미결구금이** 오로지 피고인의 책임으로 인해 생긴 것이라고 할 수는 없다. 이러한 경우 법문의 문언대로 당연히 형사소송법 제482조 제1항 제1호 '검사가 상소를 제기한 때'에 해당하는 것으로 보아야 한다. 따라서 **피고인과 검사의 상고를** 모두 기각하는 경우에도, 상고제기 후 판결선고 전의 구금일수는 형사소송법 제482조 제1항 제1호에 의해 그 **전부가 본형에 산입**되는 것으로 보아야 한다.[3]

② 판결선고 전 미결구금일수는 그 전부가 법률상 당연히 본형에 산입하게 되었으므로, 판결에서 별도로 미결구금일수 산입에 관한 사항을 판단할 필요가 없다.[4]

③ 병과형 또는 수 개의 형으로 선고된 경우, 어느 형에 미결구금일수를 산입하여 집행하느냐는 형집행 단계에서 형집행기관이 할 일이며, 법원이 주문에서 이에 관해 선고하였더라도 이는 마찬가지라 할 것이다. 그와 같은 사유만으로 원심판결을 파기할 수는 없다.[5]

---

1) 헌재 2009. 6. 25. 2007헌바25; 평석 조성용, 「미결구금일수 일부산입 위헌결정에 대한 평석」(형사정책연구, 제20권 제4호, 2009), 253면 이하.
2) 대판 2010. 9. 9. 2010도6924; 2009. 12. 10. 2009도11448.
3) 대판 2002. 6. 20. 2002도807 전원합의체. 대판 2002. 2. 5. 2001도6311 판례변경.
4) 대판 2009. 12. 10. 2009도11448.
5) 대판 2010. 9. 9. 2010도6924.

④ 피고인이 범행 후 미국으로 도주하였다가 대한민국정부와 미합중국정부 간 범죄인 인도조약에 따라 체포되어 **인도절차를** 밟기 위한 절차에 해당하는 기간은 본형에 산입될 미결구금일수에 해당되지 않는다.[1)]

⑤ 정식재판청구기간을 도과한 약식명령에 기하여 피고인을 **노역장에 유치**하는 것은 형의 집행이므로, 그 유치기간은 형법 제57조가 규정한 미결구금일수에 해당하지 않는다. 따라서 비록 정식재판청구권회복결정으로 사건을 공판절차로 심리하는 경우라 하더라도, 법원은 노역장 유치기간을 미결구금일수로 보아 본형에 산입할 수는 없다. 그 유치기간은 나중에 본형의 집행단계에서 그에 상응하는 **벌금형이 집행**된 것으로 간주될 뿐이다.[2)]

[185] Ⅲ. 판결 공시

1 판결 공시는 피해자 이익이나 피고인 명예회복을 위해 판결선고와 함께 그 내용 전부 또는 일부를 관보나 일간지 등에 게재하여 공적으로 알리는 제도다. 형법은 판결공시를 할 수 있는 경우로 두 가지를 규정한다. ① 피해자 이익을 위해 필요하다고 인정할 때 피해자 청구가 있는 경우에 한하여 피고인부담으로 판결공시 취지를 선고할 수 있다(제58조 제1항). ② 피고사건에 대해 무죄판결을 선고하는 경우 무죄판결공시 취지를 선고해야 한다. 다만, 무죄판결을 받은 피고인이 무죄판결공시 취지 선고에 동의하지 않거나 피고인 동의를 받을 수 없는 경우는 그렇지 않다(같은 조 제2항). ③ 피고사건에 대해 면소판결을 선고하는 경우는 면소판결공시 취지를 선고할 수 있다(같은 조 제3항). 제1항 피해자보호방식은 피고인에게 과도한 부담을 안겨줄 수 있다는 점에서 비례성원칙에 위배될 위험성이 있다. 이 규정은 우리 형법이 양형을 행위자 책임량에 따라 정하지 않고 포괄적인 사회 갈등해소의 정지작업으로 이해하고 있음을 보여준다.

제5절 누 범

[186] Ⅰ. 형법 제35조 누범규정 규범프로그램

1. 세 가지 양형프로그램

1 누범은 범죄를 누적 반복하여 범하는 것을 말한다. 형법은 금고 이상 형을 선고받아 그 집행이 종료되거나 면제된 후 3년 안에 금고 이상에 해당하는 죄를 지은 사람은 누범으로 처벌한다고 규정한다(제35조 제1항).

2 형법은 범죄를 반복하는 사람에 대해 세 가지 양형프로그램을 갖고 있다. 같은 성질 범죄를 반복함으로써 나타난 범죄성향(특정범죄에 대한 '상습성')을 근거로 각칙 상습범규정의 가중된 법정

---

1) 대판 2005. 10. 28. 2005도5822.

2) 대판 2007. 5. 10. 2007도2517.

형(제341, 333조의 상습강도)이나 처단형(제332, 329조의 상습절도)을 적용하는 ① '상습범가중처벌프로그램'이 그 첫 번째다. 법관은 상습범가중처벌프로그램에 따른 피고인 가중처벌가능성을 검토하고 나서, '상습성' 인정이 어려운 경우 두 번째 가중처벌프로그램으로 ② '누범가중 프로그램'(제35조)을 이용할 수 있다(제56조 제1, 3호). 이 프로그램은, 한 개인이 범죄를 반복해서 저지르는 가운데 형사사법에 따른 행위불법을 공식적으로 확인받고 형법질서로 재통합을 요구받았음에도 다시 범죄를 저질렀다는 점을 근거로 가중 처벌하는 제도다. 이 두 가지 양형프로그램에 따라서 피고인에게 불리한 가중처벌가능성이 모두 검토되고 나면(제56조 제1, 2, 3호 참조), ③ 법관은 피고인에게 유리한 양형프로그램인(법률상 감경과 정상참작감경 외에) 경합범제도를 이용한다. 경합범제도(제37~39조)는 한 개인이 실체법·소송법의 수개 범죄를 행하고 그 범죄들이 한꺼번에 형사절차 심판대상이 된 경우 개개 범죄에 형량이 부과됨으로써 눈덩이처럼 불어날 수 있는 형량을 합리적으로 조절한다. 즉 경합범제도는 가중처벌형식으로 규율되지만, 유죄판결을 받는 피고인에게는 유리한 기능을 한다. 그러므로 여기에는 여러 번 범죄를 저질렀다는 점은 같은데도 그 범죄가 한꺼번에 형사절차 심판대상으로 되는 경우는 피고인한테 유리한 양형프로그램이 적용되고, 그 범죄 가운데 어느 하나가 이미 유죄판결을 받은 경우는 피고인에게 불리한 양형프로그램이 적용되는 근거에 관해 의문이 생긴다. 이 의문은 실제 발생한 범죄의 일정비율은 항상 발각되지 않는다는 범죄학적 사실(이른바 '**숨은 범죄**'Dunkelziffer)과 형사사법기관 범죄통제는 늘 선별적으로 행해진다는 범죄사회학 진실을 고려하면 더욱 커진다.

2. 누범과 상습범 구별

상습범은 누범의 특별한 표지로서 일정한 범죄를 반복하여 행하는 범죄성향을 가진 범죄인 3
을 말한다. 상습범은 성격적 범죄습벽을 가진 자를 지칭하는 범죄학 개념이라고 할 수 있다. 형법은 상습성 판단기준에 관한 규정을 두고 있지 않으며 그 판단을 실무에 일임한다. 상습성이 가혹할 정도로 형벌을 가중하는 사유가 되는 것을 감안할 때 하루 빨리 법률 판단기준이 마련되어야 한다. 그렇지 않고서는 형벌가중이 자의적으로 이루어질 위험이 있다. 누범은 상습범과 달리 불특정범죄를 반복해서 행하는 형식요건만 있으면 인정되는 개념이다. 따라서 누범전과가 없더라도 얼마든지 상습성이 인정될 수 있다. 상습범이 반드시 누범이 되는 것도 아니고 반대로 누범이 반드시 상습범이 되는 것도 아니다. 왜냐하면 누범은 반복된 처벌만 있으면 되고 상습범은 반복된 범죄에 드러난 범죄경향을 의미하기 때문이다. 즉 누범은 전과가 요건이지만 상습범은 그렇지 않고 동일 죄질 범죄를 반복하는 것으로 인정된다. 누범은 불특정범죄 반복이라는 행위책임으로 책임이 가중되는 반면 상습범은 행위자 상습성이라는 행위자책임으로 형벌가중을 받는다. 형법은 누범가중을 총칙(제35조)에 규정하고 상습범에 대해서는 각칙에서 개별 가중을 한다.

[187] Ⅱ. 누범가중의 형법이론 정당화구조

1. 누범가중의 정당화구조

누범가중 양형프로그램은 전과자를 가중 처벌하기 위한 것으로 이해할 수 있다. 전과자에 1
대한 가중처벌은 '증가된 행위책임'에 근거가 있는 것으로 설명한다. 전과자가 다시 범행하는 것은 전과자가 아닌 사람의 범행보다 행위책임이 크고, 이 큰 책임은 곧 증가된 불법의식 반영이다.

불법의식 증가는 이전 범행에 대해 유죄판결로 내려진 강화된 규범준수의무에서 비롯된다. 이 증가된 행위책임을 토대로 형벌을 가중하는 것이므로 누범가중 양형프로그램은 평등원칙(헌법 제11조 제1항)에 위배되지 않으며, 심판대상은 이전 범행에 대한 경고기능을 무시한 새로운 범행이라는 점에서 일사부재리원칙(헌법 제13조 제1항 후단)에 위배되지 않는다.

2. 누범가중

(1) 누범의 증가된 책임내용

2 전과자에 대한 가중처벌이 증가된 행위책임에 근거하는 것으로 설명할 수 있기 위해서는 증가된 행위책임, 즉 불법의식 증가를 가져오는 전범행前犯行에 대한 유죄판결 경고기능이 실제로 전과자인 피고인에게 비전과자보다도 더욱 강한 형법질서준수 동기를 형성할 수 있어야 한다. 그래야만 전과자인 피고인은 다른 비전과자보다도 쉽게 '달리 행위할 수 있었다'(타행위가능성 Anders-Handeln-Können)는 행위책임 핵심을 인정할 수 있다. 이러한 관점에서 전판결前判決의 경고를 따르지 않은 것을 비난할 수 있으면 누범의 증가된 책임은 인정될 수 있다.

3 여기에서 '비난할 수 있을 때'는 전판결의 형법질서준수에 대한 요구 · 경고에 따라 피고인이 형법질서에 통합되어 행동할 수 있는 동기를 뜻한다. 누범의 증가된 행위책임은 유죄판결 경고기능을 무시하였다는 점에 있지 않고, 그 경고기능에 따라 피고인이 사실상 형법질서일반에 재통합될 수 있는데도 재통합을 거부했다는 점에 있다. 이때 책임은 생활영위책임이다.

(2) 누범에 대한 증가된 비난가능성

4 전과자가 형법질서에 재통합되기가 사실상 어려운 것은 범죄학연구가 보여준다. 전과자는 전과사실 때문에 사회와 법질서에 재편입 · 통합이 더욱 어렵다. 그 구조적 제약과 대립하면서 전과자는 극복의 안간힘을 다해 보지만 대개는 좌절하기 마련이다. 그 결과 형법규범에 따라 자기행위를 조종하는 동기와 의지를 쉽게 상실한다. 이때 전과자에게 불법의식은 더 이상 현실적인 것일 수 없고 범행을 통한 생존만이 현실로 다가온다. 전과자는 비전과자보다 범죄행위와 달리 행위할 수 있는 가능성은 훨씬 적고 또한 어렵다.

5 물론 사회 주변집단에 속하지 않는 화이트칼라 전과자 경우는 사정이 다르다. 그들은 자기행위가 사기죄 등에 해당한다는 판결을 통해 비로소 사기죄 내용을 알게 되는 경우도 있다. 이럴 때 예전에 없던 불법의식을 가질 수 있다. 즉 전 판결의 경고기능이 실제로 작용할 수도 있다. 그러나 여기에도 문제는 있다. 화이트칼라범죄 중심영역인 재산범 · 경제범 영역에서 범죄행위로 규정되는 행위에 대해, 그 장본인은 대개 자본주의사회가 요구하는 직업활동의 모험행위와 구별이 힘들다는 나름대로 자기합리화 구실을 갖는다. 이 구실로 인해 그들은 자신 행위가 범죄행위로 판결되는 경우, 그 행위 불법성을 깨닫기보다는 '재수가 없어 걸린 것일 뿐'(**형법통제 선별성**)이라고 합리화한다. 이런 화이트칼라 범죄인의 자기합리화 메커니즘은 자본주의사회 구성원리에서 구조적으로 비롯된다. 화이트칼라 누범자의 가중처벌은 그에게 귀속시킬 수 있는 행위에 근거한 책임가중이 아닌 자본주의 사회 구조적 모순을 한 개인에게 떠맡기는 것을 뜻한다. 그러므로 누범에 대한 가중처벌근거로 제시된 증가된 불법의식과 그에 기초를 둔 가중된 행위책임은 현실적으로 보면 허구에 불과하다. 그 허구는 누범가중의 책임원칙위반을 은폐하는 것으로 진단할 수 있다.

(3) 누범가중의 위헌성

책임원칙에 근거하지 않은 누범가중 양형프로그램은 헌법에 보장된 평등권에 위배되고 일사부재리원칙(헌법 제13조 제1항 후단)에도 어긋난다. 특히 일사부재리원칙 위반은 전 판결대상이 된 범행의 행위책임이 누범가중으로 처벌받는 행위의 가중근거인 생활영위책임으로 (논증) 옷을 바꿔 입고 다시 양형요소로 사용되는 점에서도 엿볼 수 있다. 6

[188] Ⅲ. 누범가중 요건

형법은 현실적인 사회맥락 가운데 충족될 수 없는 전판결 경고를 따르지 않은 것을 비난할 수 있을 때라는 누범가중과 책임원칙 간 사이비조화를 단념하고 형식 요건만 규정한다. 즉 "금고 이상의 형을 선고 받아 그 집행이 종료되거나 면제된 후 3년 내에 금고 이상에 해당하는 죄를 지은 사람은 … 그 죄에 대하여 정한 형 장기의 2배까지 가중한다"(제35조 제1 · 2 항). 1

1. 금고 이상 형을 선고받았을 것

이전 범행이 유기징역과 유기금고에 해당하는 것을 뜻한다. 사형이나 무기형이 선고된 경우는 유기징역이나 유기금고로 감형되거나 특별사면 또는 형의 시효로 인해 그 집행이 면제되어야 한다. 이전범행이 특별법에 위반한 것이거나 군사법원에서 처벌된 경우도 누범 가중될 수 있다. 이전 범행에 대한 형 선고는 물론 유효한 것이어야 하므로 일반사면이나 집행유예기간 경과로 그 형 선고효력이 상실된 경우는 누범에 해당하지 않는다. 복권은 형 선고효력과 무관하므로 누범 성립에 지장이 없다. 2

2. 금고 이상에 해당하는 죄

누범 판결대상이 되는 범죄는 금고 이상에 해당하는 것이어야 한다. 이때 금고 이상 형은, 판례와 다수설에 따르면 선고형을 뜻한다. 즉 판례는, "형법 제35조 제1항에 규정된 '금고 이상에 해당하는 죄'라 함은 유기금고형이나 유기징역형으로 처단할 경우에 해당하는 죄를 의미하는 것으로서 법정형 중 벌금형을 선택한 경우는 누범가중을 할 수 없다"고 한다.[1] 3

3. 전범前犯의 형집행이 종료되거나 면제된 후 3년 내에 후범後犯이 있을 것

형 집행을 종료하였다 함은 형기만료를 뜻한다. 형집행을 면제받은 경우는 형의 시효가 완성된 때(제77조), 특별사면에 의해 형 집행이 면제된 때(사면법 제5조) 등을 말한다. 전범의 형집행전 또는 집행 중이거나 집행유예기간 중, 집행정지 중에 범한 후범은 누범이 되지 않으며 가석방기간 중 범행도 누범이 되지 않는다. 후범은 전 형 집행을 종료하거나 면제받은 후 3년 안에 행해져야 한다(누범시효). 누범시효 기산점은 전범의 4

1) 대판 1982. 9. 14. 82도1702.

형 집행이 종료한 날 또는 형 집행을 면제받은 날이지만, 후범 시기는 실행착수를 기준으로 결정한다.

4. 형의 장기 2배 가중

5 누범의 형은 그 죄에 정한 형 장기 2배까지 가중한다. 즉 누범의 처단형은 그 죄에 정한 형 장기 2배 이하로 하며, 장기는 50년을 초과할 수 없다(제42조 단서). 물론 누범가중은 가중된 법정형 범위 안에서 선고할 수 있다는 것을 의미할 뿐, 반드시 원래 법정형을 초과해야 하는 것은 아니다.

6 '장기 2배 가중'의 의미를 예를 들어 설명해 보자. 살인죄(제250조 제1항) 법정형은 사형 · 무기 또는 5년 이상 징역이다. 누범에 해당되어 이 형벌 장기를 2배 가중한다고 할 때, 사형 · 무기는 가중할 수 있는 성질이 아니기 때문에 제외한다. 단기 5년도 변함이 없다. 그런데 '~년 이상'으로 된 모든 법정형 장기는 30년이다(제42조 본문). 장기 30년을 2배 가중하면 60년이 되는데, 유기징역 · 금고 상한선은 50년이다(제42조 단서). 따라서 살인죄 누범에 대한 법정형은 사형 · 무기 또는 5년 이상 50년 이하 징역이 된다.

7 여기서 법정형이 '~년 이상'으로 된 중범죄 경우 '장기 2배 가중'은 법관 양형 선택폭에 큰 영향이 없음을 알 수 있다. 왜냐하면 장기가 30년에서 50년으로 늘어났지만 실제로 30년에서 50년 사이 선고형이 비현실적인 점을 감안하면 그 의미는 제한적일 수밖에 없다. 그러나 법정형이 '~년 이하'로 된 경범죄 경우는 실제로 선고가 가능한 장기가 2배 가중되어 최고 50년까지 될 수 있기 때문에 그 실질적 의미는 크다. 이 점에 착안하여 중범죄 중형주의를 지향하는 우리 입법자는 '특정강력범죄법'을 제정하였다. 특정강력범죄로 분류되는 일정범죄 누범은 장기뿐만 아니라 단기까지도 2배 가중하도록 만들었다(특정강력범죄법 제3조).

5. 판결선고 후 누범발각

8 형법 제36조는 판결선고 후 누범인 것이 발각되면 그 선고한 형을 통산하여 다시 형을 정할 수 있다고 규정한다. 예컨대 재판당시 피고인 성명모용 또는 기타 속임수로 전과사실이 발각되지 않고 재판확정 후 비로소 누범인 것이 밝혀진 경우는, 다시 누범가중 양형프로그램에 따라 먼저 선고한 형을 가중할 수 있다는 취지다. 다만 후범에 대해 선고한 형집행을 종료하거나 그 집행이 면제된 뒤에는 누범인 것이 발각되더라도 형을 가중하지 못한다(제36조 단서). 형법 제36조는 누범가중 양형프로그램을 법치국가 형사절차 정형성 — 여기서는 '의심스러운 경우 피고인 이익으로'(in dubio pro reo)원칙에서 나오는 형벌권 존부存否와 범위에 관한 검사 거증책임, 피고인 진술거부권 — 을 파괴하면서까지 관철시키는 것으로서 헌법 제13조 제1항 후단 일사부재리원칙에 반한다.

[판례]

① 형의 선고를 받은 자가 **특별사면**을 받아 형의 집행을 면제받고 또 후에 복권이 되었다 하더라도 **형의 선고효력이 상실되는** 것은 아니다. 따라서 실형을 선고받아 복역하다가 특별사면으로 출소한 후 3년 이내에 다시 범죄를 저지른 자에 대한 누범가중은 정당하다.[1)]

② 징역형의 실효기간이 경과하기 전에 별도의 집행유예 선고가 있었으나 집행유예가 실효 또는 취소됨이 없이 유예기간이 경과하였다. 그 무렵 집행유예 전에 선고되었던 징역형도 자체의 실효기간이 경과한 경우, 그 징역형은 폭력행위처벌법 제2조 제3항 '징역형을 받은 경우'에 해당하지 않는다.[2)]

③ 형법 제35조에서 다시 금고 이상에 해당하는 죄를 범하였는지 여부는, 그 범죄의 실행행위를 하였는지 여부를 기준으로 결정해야 한다. 따라서 3년 기간 내에 **실행착수**가 있으면 족하고, 그 기간 내에 기수까지 이르러야 하는 것은 아니다.[3)]

④ 포괄일죄의 일부 범행이 누범기간 내에 이루어진 이상 나머지 범행이 누범기간 경과 후에 이루어졌더라도, 그 범행 전부가 누범에 해당한다고 보아야 한다.[4)]

⑤ 형법 제35조 제1항에 규정된 "금고 이상에 해당하는 죄"는 유기금고형이나 유기징역형으로 처단할 경우에 해당하는 죄를 의미한다. 법정형 중 **벌금형**을 선택한 경우에는 누범가중을 할 수 없다.[5)]

⑥ 폭력행위처벌법 제3조 제4항에 해당하여 처벌하는 경우에도 형법 제35조 누범가중규정의 적용은 면할 수 없다. 형법 제35조를 적용하더라도 그것이 동일한 행위에 대한 **이중처벌**로서 헌법상 인간의 존엄과 가치, 행복추구권을 침해하는 것으로 볼 수는 없다.[6)]

⑦ ***표준판례** 특정범죄가중법 제5조의4 제5항은, 형법 제329조 내지 제331조와 제333조 내지 제336조 · 제340조 · 제362조의 죄 또는 그 미수죄로 3회 이상 징역형을 받은 자로서, 다시 이들 죄를 범하여 **누범으로** 처벌할 경우도 제1항 내지 제4항과 같다고 규정하고 있다. 한편 형의 실효 등에 관한 법률에 의해 형이 실효된 경우에는 형의 선고에 의한 법적 효과가 장래에 향하여 소멸되므로, **형이 실효된** 후에는 그 전과를 특정범죄가중법 제5조의4 제5항 소정의 징역형의 선고를 받은 경우로 볼 수는 없다.[7)]

⑧ 특정범죄가중법 제5조의4 제5항은 반복적으로 범행을 저지르는 절도 사범에 관한 법정형을 강화하기 위한 데 있고, 조문의 체계가 일정한 구성요건을 규정하는 형식으로 되어 있다. 따라서 이 규정은 형법 제35조(누범) 규정과 별개로 '형법 제329조부터 제331조까지의 죄(미수범 포함)를 범하여 세 번 이상 징역형을 받은 사람이, 그 누범 기간 중에 다시 해당 범죄를 저지른 경우에 형법보다 무거운 법정형으로 처벌한다'는 내용의 **새로운 구성요건을 창설한** 것으로 해석해야 한다. 따라서 처벌 규정에 정한 형에 다시 형법 제35조의 누범가중한 형기

1) 대판 1986. 11. 11. 86도2004.
2) 대판 2016. 6. 23. 2016도5032. 제7, 9, 12회.
3) 대판 2006. 4. 7. 2005도9858 전원합의체.
4) 대판 2012. 3. 29. 2011도14135.
5) 대판 1982. 9. 14. 82도1702. 제6회.
6) 대판 2007. 8. 23. 2007도4913.
7) 대판 2002. 10. 22. 2002감도39.

범위 내에서 처단형을 정해야 한다.[1]

⑨ 피고인은 폭력행위처벌법 위반죄로 징역형을 선고받아 판결이 확정되었는데, 그 집행을 종료한 후 3년 내에 상해죄 등을 범하였다는 이유로 제1심 및 원심에서 **누범으로 가중 처벌**되었다. 피고인이 누범전과인 확정판결에 대해 재심을 청구하여 재심대상판결 전부에 대해 재심개시결정이 이루어졌고, 상해죄 등 범행 이후 진행된 **재심심판절차에서** 징역형을 선고한 재심판결이 확정됨으로써 확정판결은 당연히 효력을 상실하였다. 따라서 더 이상 상해죄 등 범행이 확정판결에 의한 형의 집행이 끝난 후 3년 내에 이루어진 것으로 볼 수는 없다.[2]

⑩ 징역형의 집행유예를 선고한 판결이 확정된 후 선고의 실효 또는 취소 없이 유예기간을 경과함에 따라 형 선고의 효력이 소멸되어 그 확정판결(재심대상판결)이 특정범죄가중법 제5조의 4 제5항에서 정한 "징역형"에 해당하지 않게 되었다. 그 이후 위 **확정판결에 적용된 형벌규정에 대한 위헌결정이** 내려졌고, 그 취지에 따른 재심판결에서 다시 징역형의 집행유예가 선고 · 확정되고 유예기간이 경과되지 않아 형의 선고 효력이 유지되는 상태가 되었다. 이런 경우라면 피고인이 다시 같은 종류 범행을 하더라도 위 재심판결의 징역형은 특정범죄가중법 제5조의4 제5항 징역형의 전과에 포함되지 않는다.[3]

⑪ 특정범죄가중법위반(절도)죄, 상습절도죄 등으로 세 번 이상 징역형을 받은 전력이 있는 피고인은 준강도미수죄를 범하여 그 누범 기간에 있는 도중, 다시 야간방실침입절도죄 등을 범하여 특정범죄가중법 제5조의4 제5항 제1호 위반의 공소사실로 기소되었다. 특정범죄가중법 제5조의4 제5항에서 정한 '다시 이들 죄를 범하여 **누범으로 처벌하는 경우**'에 해당하기 위하여 누범관계에 있는 **앞의 범행이 '이들 죄'와 동종의** 범죄여야 한다.[4]

제6절 집행유예 · 선고유예 · 가석방

[189] Ⅰ. 집행유예

1. 집행유예제도 규범프로그램

(1) 이 론

1 집행유예는 일단 유죄를 인정하여 형을 선고하되 일정한 요건 아래 일정기간 동안 그 형 집행을 유예하고, 그것이 취소 또는 실효되지 않고 유예기간을 경과하면 형 선고 효력을 상실시키는 제도이다(형법 제62~65조). 이 제도는 **일수벌금제도**와 더불어 단기자유형에 대한 대안 역할을 한다. 이 제도는, 검찰이 피의자에게 일정한 의무를 부과하고 그 대가로 기소유예처분을 하는 경우(예컨대 선도조건부기소유예) 그리고 선고유예와 함께 조건부유죄판결 성격을 갖는다. 입법자는 이 제도를 통해 자유형집행을 유보하고, 유죄

1) 대판 2020. 5. 14. 2019도18947.
2) 대판 2017. 9. 21. 2017도4019.
3) 대판 2022. 7. 28. 2020도13705.
4) 대판 2024. 1. 25. 2023도14307.

판결 받은 피고인 스스로 형법질서에 재통합될 수 있는 기회를 준다. 법관은 이를 위해 범죄인의 형법질서 재통합가능성에 대한 예측을 해야 한다. 예측 근거사유로 형법 제62조는 '제51조 사항을 참작하여 그 정상에 참작할 만한 사유가 있는 때'라고 규정한다.

(2) 실 제

법관이 집행유예를 부과하기 위한 예측 근거사유는 바로 양형사유다. 우리 양형법 2
과 양형실무 고도의 비정형성을 생각하면 집행유예 또한 매우 비정형적으로 부과되는 것을 쉽게 알 수 있다. 집행유예 부과가 매우 비정형적이라는 사실은 집행유예제도가 원래 취지대로 범죄인이 형집행을 받지 않고 사회에 복귀할 수 있는 수단이 아니라, 법관 개인이 유죄판결 받는 피고인에게 베푸는 은혜 수단으로 잘못 이용될 위험이 높다는 것을 말한다. 이는 변호인에게 유죄인정에 대한 다툼을 쉽게 포기하도록 하고, 양형사유를 토대로 법관으로부터 집행유예 은전을 받아 내는 데 변호활동을 집중시키는 역기능을 한다.[1] 이것은 변호활동의 전문성 상실을 뜻한다. 전문성을 상실한 변호인은 브로커로 전락한다.

2. 집행유예 요건(제62조)

(1) 3년 이하의 징역이나 금고 또는 500만 원 이하의 벌금의 형을 선고할 경우

500만 원 이하 벌금형에 대한 집행유예는 인정된다. 징역형과 벌금형 사이 형벌의 3
부조화 문제는 해결할 필요가 있다. 3년 상한선은 비교법적으로 볼 때 집행유예범위가 확대된 경우에 속한다.

(2) 정상에 참작할 만한 사유가 있을 것

정상참작사유는 형집행 없이 형 선고만으로 피고인이 충분히 형법질서로 재통합되 4
어 장래에 재범을 하지 않을 것으로 기대되는 상황을 뜻한다. 여기에 필요한 예측에는 양형사유가 고려되고, 예측 시점은 판결을 선고할 때다.

(3) 금고 이상의 형을 선고한 판결이 확정된 때부터 그 집행을 종료하거나 면제된 후 3년까지의 기간 내에 범한 죄가 아닐 것

이 요건은 종래의 '금고 이상의 형을 **선고** 받아 집행을 종료한 후 또는 집행이 면 5
제된 후로부터 **5년**을 경과하였을 것'을 개정한 것이다. 개정 형법은 결격 시기始期를 '형의 선고'에서 '형의 확정'으로 분명히 하고 그 기간도 5년에서 3년으로 단축하였다. 결격대상이 되는 범죄도 '선고 범죄'가 아닌 '범한 죄'로 확실하게 하였다.[2] 범행시점과 선고시점 사이에 언제나 시차가 있어서 결격기간(집행유예의 결격사유가 인정되는 기간) 이전 범죄도 얼마든지 결격기간 안에 '선고'될 수 있기 때문이다. 이런 경우까지 집행유예

---

1) 최석윤, 「집행유예제도의 개선방안에 대한 검토」(형사정책연구 제20권 제1호, 2009), 860면 이하.
2) 제7회.

결격사유로 하는 것은 판결 이후 재범방지라는 집행유예 원래 목적에 부합하기 어렵다. 결격기간을 5년에서 3년으로 단축한 것은 그만큼 집행유예제도를 적극적으로 활용하겠다는 입법자 의지로 풀이할 수 있다. 이 점은 위에서 범행시점을 새로운 기준으로 제시한 것과 같은 취지이다.

(4) 집행유예기간 중의 범죄행위에 대한 집행유예

6 제62조 단서 집행유예 결격사유의 개정에도 불구하고 집행유예기간 중 범죄행위에 대해 다시 집행유예를 선고할 수 있는가 하는 해묵은 문제는 여전히 미해결인 채 남아 있다. 실효사유처럼 대상 범죄를 '금고 이상 실형'으로 개정했으면 문제는 없다. 그러나 결격사유에서는 개정 법률이 구법의 '금고 이상 형'을 바꾸지 않고 그대로 두고 있어서, '금고 이상 형'에 실형뿐만 아니라 집행유예도 포함되는가 하는 문제는 여전히 과제가 아닐 수 없다.

2005년 이 부분 형법이 개정된 이후에도 대법원은 종래 1989년 전원합의체 판결[1]을 그대로 이어오고 있다.[2] 즉 집행유예 결격요건에 대한 법 개정에도 불구하고 '금고 이상 형'에 집행유예가 포함되고, 따라서 집행유예기간 중 범죄행위에 대해 원칙적으로 다시 집행유예를 하는 것은 금지되고(아래 소극설 입장) 그 허용은 예외적으로 가능할 뿐이라는 태도(아래 여죄설 입장)는 변함이 없다.

7 1) 소 극 설 이 견해는 집행유예기간 동안 범죄에 대해 다시 집행유예를 할 수 없다는 견해다.[3] 이 결론은 위 집행유예요건 가운데 '금고 이상 형의 확정'은 실형선고뿐만 아니라 형 집행유예에 관한 확정도 포함한다고 해석함으로써 가능하다(**종래 판례, 여죄가 없는 경우 현재 판례, 현재 소수설**). 이 견해에 따르면 실형선고를 받고 복역 후 3년이 경과하지 않으면 집행유예를 할 수 없을 뿐만 아니라 집행유예기간 중 범죄에 대해 다시 집행유예하는 것도 불가능하다. 그러나 개정 형법은 죄를 범한 때를 기준으로 하므로 실형 또는 집행유예판결이 확정되기 전 범한 죄에 대해서는 그 집행이 면제된 후 3년 기간 안에 형을 선고하는 경우도 집행유예를 할 수 있다. 집행유예 기간이 경과하면 형 선고 효력을 잃게 되어 '금고 이상 형'을 선고한 경우에 해당한다고 보기 어렵기 때문에 그 후 범죄행위에 대해서는 얼마든지 집행유예가 가능하다.[4] 그러면 집행유예기간 중에 범한 죄에 대해 공소가 제기된 후 그 재판 도중 집행유예기간이 경과한 경우는 어떻게 될까? 현행 형법 제62조 해석상 다시 집행유예를 선고할 수 있다는 것이 현재 대법원 태도다.[5]

---

1) 대판 1992. 8. 14. 92도1246; 1989. 9. 12. 87도2365 전원합의체판결 참조. 제9, 11회.
2) 예컨대 대판 2007. 7. 27. 2007도768; 2007. 2. 8. 2006도6196.
3) 이재상 외, 43/8.
4) 대판 2007. 2. 8. 2006도6196.
5) 대판 2007. 7. 27. 2007도768.

2) 여죄설餘罪說 대법원이 전원합의체판결로 **판례변경**을 하여 새롭게 확립한 견해다. 그 내용은 **여죄**가 있어서 동시에 집행유예를 선고받을 수 있었던 경우와 비교하여 현저한 불균형이 있을 경우 집행유예기간중 범죄에 대한 집행유예를 제한적으로 허용하자는 견해이다. 이 견해에 따르면 결국 집행유예 결격 여부 판단은 집행유예 기간 중 범죄에 대해 집행유예 기간 중에 판결을 선고할 경우에만 가능하다. 여죄설은 소극설을 포함한 수정형식이다. 8

이에 대한 논거는 다음과 같다. 형법 제62조 제1항 단서에서 규정한 "금고 이상 형이 확정된 때부터 그 집행을 종료하거나 면제된 후 3년까지 기간"이라는 의미는 실형선고를 받고 집행종료나 집행면제 후 3년을 경과하지 않은 경우만 가리키는 것이 아니라 형 집행유예를 선고받고 그 유예기간이 경과하지 않은 경우도 포함한다(여기까지는 종래 판례 및 **여죄가 없는 경우 현재 판례, 아래 단서부분은 변경된 판례내용**). 다만 형법 제37조 경합범관계에 있는 수죄가 전후로 기소되어 각각 별개 절차에서 재판을 받게 된 결과 어느 하나의 사건에서 먼저 집행유예가 선고되어 그 형이 확정되었을 경우 다른 사건 판결에는 다시 집행유예를 선고할 수 없다면 그 수죄가 같은 절차에서 동시에 재판을 받아 한꺼번에 집행유예를 선고받을 수 있었던 경우와 비교하여 현저히 균형을 잃게 되므로 이러한 불합리가 생기는 경우에 한하여 위 단서규정 '금고 이상 형의 확정'은 **실형**이 확정된 경우만을 가리키고 형 집행유예가 확정된 경우는 포함하지 않는다고 해석한다.[1] 이것은 전원합의체판결 다수의견이다. 9

3) 적 극 설 위 전원합의체판결 별개의견으로 형법 제62조 제1항 단서 '금고 이상 형의 확정'에서 말하는 형은 실형만을 의미하고 집행유예는 포함하지 않는다고 보는 견해다.[2] 이렇게 되면 형 집행유예기간 중이더라도 여죄 여부와 상관없이 집행유예를 할 수 있다. 10

4) 결 론

(가) **'여죄설'은 불만족스러운 예외이론** 위 판결 다수의견(여죄설)은 종래 견해가 가지고 있던 모순점을 부분적으로 해결하고 집행유예 적용범위를 다소 넓힌다는 점에서 발전된 견해라고 할 수 있다. 그러나 형법 제62조 단서 '금고이상 형'에 실형뿐만 아니라 집행유예도 포함된다는 원칙에는 변함이 없다. 이처럼 종래 입장을 고수하면서 단서를 두어 제기된 문제점만 피해나가는 법해석은 만족스러운 해석방법이라고 보기 어렵다. 입법으로 치자면 마치 개별입법을 하는 것과 같다. 유독 여죄 경우에만 따로 차등을 두어 집행유예기간 중에도 집행유예를 할 수 있다는 문언이나 그렇게 유추할 만한 근거는 형법 어디에도 없다. 여죄 경우뿐만 아니라 다른 경우도 그에 못지않게 집행유 11

1) 위 전원합의체 판결.
2) 김성돈, 782면; 신동운, 751면; 임웅 외, 627면; 김일수/서보학, 784면; 오영근/노수환, 44/21.

예를 선고할 만한 사안이 얼마든지 있고, 그와 같은 기회는 균등하게 보장해야 한다.

12 (나) **집행유예는 '집행종료나 집행면제'와 무관** 별개의견 논거처럼 형법 제62조 제1항 단서 "집행을 종료하거나 면제된 후 3년까지 기간"은 실형선고를 받아 현실적으로 집행절차를 거쳤음을 전제로 한 표현이기 때문에 집행유예가 포함되지 않는 것은 분명하다. 즉 집행유예 판결은 집행종료나 집행면제와 무관하기 때문이다. 집행유예 선고를 받은 후 무사히 그 유예기간을 경과하면 형법 제65조에 따라 형 선고는 효력을 잃게 되는 반면 기간이 경과하기 전 미확정상태에서는 형 집행종료 또는 면제란 처음부터 있을 수 없다. 형사정책적으로도 법관 양형범위를 확대함으로써 우리 형법의 지나치게 높은 법정형을 조금이라도 완화하는 것이 바람직하다. 결국 형 집행유예기간 중이라도 여죄 여부와 상관없이 집행유예를 할 수 있다고 보는 적극설이 죄형법정주의원칙에 충실한 해석이다(**적극설 타당**). 이렇게 해석하는 것이, 결격기간 축소, 결격사유 제한 등으로 집행유예를 확대 적용하고자 하는 개정 형법의 취지에도 부합한다.

[판례] 대법원의 여죄설

***표준판례** 집행유예기간 중에 범한 죄에 대해 형을 선고할 때에, 집행유예 결격사유를 정하는 현행 형법 제62조 제1항 단서 소정의 요건에 해당하는 경우란, 이미 집행유예가 실효 또는 취소된 경우와, 그 선고 시점에 미처 유예기간이 경과하지 아니하여 형 선고의 효력이 실효되지 않은 채 남아 있는 경우로 국한된다. 집행유예가 실효 또는 취소됨이 없이 유예기간을 경과한 때에는, 위 단서 소정의 요건에 해당하지 않는다. 집행유예기간 중에 범한 범죄라 할지라도 집행유예가 실효 또는 취소되지 않고 그 **유예기간이 경과한** 경우에는, 이에 대해 다시 집행유예의 선고가 가능하다. 범죄 당시 집행유예기간 중이었고, 그 유예기간 경과 전에 집행유예 취소결정이 확정되었다면 집행유예 결격사유에 해당한다.[1]

3. 집행유예 효과

13 집행유예선고 후 그 선고가 실효 또는 취소되지 않고 유예기간이 경과하면 형 선고는 효력을 잃는다(제65조). 또한 집행유예기간은 1년 이상 5년 이하 범위에서, 대개는 판결주문에 선고된 형 기간보다 긴 기간으로 법원 재량에 따라 정해진다. 그 밖에 하나의 형 일부에 대한 집행유예는 허용되지 않으나, 형을 병과할 경우는 그 일부에 대해서도 집행을 유예할 수 있다(제62조 제2항).

4. 집행유예 실효와 취소

(1) 집행유예 실효

14 집행유예선고를 받은 자가 유예기간 중 고의로 범한 죄로 금고 이상 실형을 선고

1) 대판 2007. 7. 27. 2007도768. 제10회.

받아 그 판결이 확정되면 집행유예 선고는 그 효력을 잃는다(제63조). 여기서 말하는 "금고 이상 실형 선고"는 집행유예판결 후 행해져서 집행유예기간 중 판결이 확정된 경우를 말한다. 실형 가운데 집행유예는 당연히 포함될 여지가 없다. 만일 "금고 이상 실형을 선고받아"라는 취지를 아래 취소제도에 그대로 살리면, 그것은 판례가 '적극설'로 입장을 바꾸는 것을 의미한다.

(2) 집행유예 취소

1) 집행유예취소 요건 집행유예선고를 받은 후 금고 이상 형이 확정된 때부터 15
그 집행을 종료하거나 면제된 후 3년이 경과하지 않은 자(제62조 단서)라는 사실이 발각되면 집행유예선고는 취소된다(제64조 제1항). 이때 그 판결확정 전에 결격사유가 발각된 경우는 이를 취소할 수 없다.[1] 만일 구 형법 시행 당시 범한 범죄에 형을 선고할 때, 구 형법을 적용하면 집행유예 결격사유에 해당하지 않지만 현행 형법을 적용하면 집행유예 결격사유에 해당하는 경우 구 형법을 피고인에게 적용해야 한다.[2] 보호관찰이나 사회봉사 또는 수강을 명한 집행유예를 받은 자가 준수사항이나 명령을 위반하고 그 정도가 무거운 때에는 집행유예선고를 취소할 수 있다(제64조 제2항). 그러나 법원이 보호관찰대상자에게 특별히 부과할 수 있는 '재범 기회나 충동을 줄 수 있는 장소에 출입하지 않을 것'이라는 사항을 막연히 사회봉사 · 수강명령대상자에게 부과하고, 사회봉사 · 수강명령대상자가 재범한 것을 집행유예 취소사유로 삼는 것은 신중해야 한다.[3] 제64조에 의한 집행유예취소 경우도 위 실효와 같이 해석하는 것이 바람직하다. 즉 '형의 선고'에 집행유예는 제외하는 것이 타당하다.

2) '금고 이상 형'과 '금고 이상 실형'의 차이 대법원이 지금까지 유지했던 실형 16
선고와 함께 집행유예 선고도 포함한다는 견해(소극설 또는 여죄설)을 계속 고수할지는 두고 볼 일이다. 만일 집행유예 실효(제63조)와 집행유예 취소(제64조)를 완전히 별개로 본다면 종래 입장을 고수할 수도 있다. 그러나 집행유예 실효에는 명문으로 "금고 이상 실형"으로 되어 있는데, 집행유예 취소의 "금고 이상 형"에는 실형과 함께 집행유예도 포함되는 것으로 해석한다면 체계적 해석 정신에는 부합되지 않는다. '적극설'로 다시 판례변경을 하는 것이 자연스럽다. 집행유예 선고, 실효, 취소 요건은 '판결 후 재범방지'라는 목표 아래 일관성을 가질 필요가 있다.

3) 집행유예취소제도 문제점 제64조 제1항 취소제도는 취소사유 발각에 대한 17
책임을 전적으로 피고인에게 부담시키는 법치국가 문제가 있다. 그러한 사유를 발견하지 못한 책임은 모든 기록을 손에 넣고 있는 사법기관, 즉 국가가 져야 한다. 이러한 취

---

1) 제7회.
2) 대판 2008. 3. 27. 2007도7874.
3) 대판 2009. 3. 30. 2008모1116.

소제도는 진실을 말하지 않은 피고인을 도덕적으로 심판하는 것과 다를 바 없다. 즉 '정직한 범죄인'을 상정하고 있다. 그러나 피고인은 자기에게 불리한 진술을 강요당하지 않을 헌법 권리(헌법 제12조 제2항)가 있을 뿐만 아니라, 이것은 다시 형사소송법 가운데서 진술거부권으로 확인된다(같은 법 제244조의3). 그러므로 제64조 제1항 취소제도는 없어도 괜찮을 것이고, 현실적으로 의미 있는 취소사유는 같은 조 제2항 취소사유뿐이다.

[판례]

① 형법 제64조 제1항에 의하면 집행유예 선고를 받은 후 형법 제62조 단행의 사유가 발각된 때에는 집행유예 선고를 취소한다고 규정되어 있다. 여기에서 집행유예를 선고받은 후 형법 제62조 단행의 사유, 즉 금고 이상의 형의 선고를 받아 집행을 종료한 후 또는 집행이 면제된 후로부터 5년을 경과하지 않은 자인 것이 발각된 때라 함은, **집행유예 선고**의 판결이 확정된 후에 비로소 위와 같은 사유가 발각된 경우를 말한다. 그 **판결확정 전**에 결격사유가 발각된 경우에는 이를 취소할 수 없다. 이때 판결확정 전에 발각되었다고 함은, 검사가 명확하게 그 결격사유를 안 경우만을 말하는 것이 아니라 당연히 그 결격사유를 알 수 있는 객관적 상황이 존재함에도 부주의로 알지 못한 경우도 포함한다.[1)]

② ***표준판례** 형법 제37조 후단 경합범 관계에 있는 두 개의 범죄에 대해 하나의 판결로 **두 개의 자유형**을 선고하는 경우, 하나의 징역형에 대하여는 실형을 선고하면서 다른 징역형에 대하여 집행유예를 선고하는 것도, 우리 형법상 이러한 조치를 금하는 명문의 규정이 없는 이상 허용된다고 보아야 한다.[2)]

③ **하나의 자유형** 중 일부에 대해서는 실형을, 나머지에 대해서는 집행유예를 선고하는 것은 허용되지 않는다.[3)]

④ **집행유예기간의 시기**始期는 집행유예를 선고한 **판결 확정일로** 하여야 하고, 법원이 판결 확정일 이후의 시점을 임의로 선택할 수는 없다. 형법 제37조 후단의 경합범 관계에 있는 죄에 대해 두 개의 징역형을 선고하면서, 하나의 징역형에 대하여만 집행유예를 선고하고, 그 집행유예기간의 시기를 다른 하나의 징역형의 집행종료일로 한 것은 위법하다.[4)]

⑤ 피고인이 재심대상판결에서 정한 집행유예 기간 중 특정범죄가중법 위반죄(보복협박등)로 징역 6개월을 선고받아 그 판결이 확정됨으로써 위 집행유예가 실효되고 피고인에 대해 유예된 형이 집행되었다. 재심판결에서 피고인에게 **또다시 집행유예를 선고할** 경우, 그 집행유예 기간의 시기始期는 재심대상판결의 확정일이 아니라 재심판결의 확정일로 보아야 한다. 그로 인해 재심대상판결이 선고한 집행유예의 실효효과까지 없어지더라도, 재심판결이 확정되면 재심대상판결은 효력을 잃게 되는 재심의 본질상 당연한 결과이다. 재심판결에서 정한 형이 재심대상판결의 형보다 중하지 않은 이상 불이익변경금지원칙이나 이익재심원칙에 반하지 않는다.[5)]

---

1) 대판 2001. 6. 27. 2001모135.
2) 대판 2001. 10. 12. 2001도3579.
3) 대판 2007. 2. 22. 2006도8555.
4) 대판 2002. 2. 26. 2000도4637.
5) 대판 2019. 2. 28. 2018도13382.

⑥ 형법 제65조 소정의 "형의 선고는 효력을 잃는다"는 취의는 형의 선고의 법률적 효과가 없어진다는 것일 뿐, **형의 선고**가 있었다는 기왕의 사실 자체까지 없어진다는 뜻이 아니다.[1]

⑦ ***표준판례** 형법 제62조의2 제1항은 "형의 집행을 유예하는 경우에는 보호관찰을 받을 것을 명하거나 사회봉사 또는 수강을 명할 수 있다"고 규정하고 있다. 그 문리에 따르면, 보호관찰과 사회봉사는 각각 독립하여 명할 수 있다는 것이지, 반드시 그 양자를 동시에 명할 수 없다는 취지로 해석되지는 않는다. 소년법 제32조 제3항, 성폭력처벌법 제16조 제2항, 가정폭력처벌법 제40조 제1항 등에는 보호관찰과 사회봉사를 동시에 명할 수 있다고 명시적으로 규정하고 있다. 제도의 취지에 비추어 보더라도, 범죄자에 대한 사회복귀를 촉진하고 효율적인 범죄예방을 위해 양자를 병과할 필요성이 있는 점 등을 종합할 때, 형법 제62조로 집행유예를 선고할 경우에는 같은 법 제62조의2 제1항에 규정된 **보호관찰과 사회봉사 또는 수강을 동시에** 명할 수 있다고 해석함이 상당하다.[2] *"명하거나"는 택일이지 병과는 아닐 것임. 유추해석금지에 해당될 소지가 큼. 형사정책적 필요가 있다면 형법을 개정하는 것이 바람직.

5. 집행유예와 보호관찰

18 집행유예는 범죄자 사회복귀를 촉진하기 위한 제도이기 때문에 그 선고시에 **보호관찰**이나 **사회봉사명령**과 같은 조건을 병과하는 것이 일반적이다. 형법은, "형의 집행을 유예하는 경우에는 보호관찰을 받을 것을 명하거나 사회봉사 또는 수강을 명할 수 있다"고 하여 이를 명문으로 규정한다(제62조의2 제1항). 보호관찰기간은 집행유예기간으로 하고, 다만 법원은 필요할 경우 유예기간 범위 안에서 보호관찰기간을 따로 정할 수 있다(같은 조 제2항).

19 보호관찰은 범죄인을 교정시설에 수용하지 않고 자유로운 사회생활을 허용하면서 일정한 전문지식을 갖춘 보호관찰관이나 보호위원의 지도 · 원호로 건전한 사회인으로 교화 · 선도하여 사회에 복귀하도록 국가가 적극적으로 관여하는 제도다. 사회봉사명령은 유죄가 인정된 범죄자에게 정상적인 사회생활을 영위하면서 일정시간 동안 무보수 노동에 종사하도록 의무를 부담시키는 새로운 유형의 제재다. 봉사명령 내용으로서는 제설작업, 오물청소, 공원청소, 양로원 · 고아원 등 공공시설봉사 그리고 공공기관 서류정리 등이 있다. 수강명령도 마찬가지로 경미범죄를 저지른 자에게 구금시설에 수용하는 대신 정상적 사회생활을 영위하면서 일정시간 지정 장소에서 교육을 받게 함으로써 재사회화에 기여하는 사회내 처우를 말한다. 여기에는 집행유예선고를 받은 자가 그 대상이다.

20 사회봉사명령이나 수강명령은 집행유예기간 안에 이를 집행할 수 있다는 규정이 있을 뿐(제62조의2 제3항), 그 밖에 상세한 규정은 아직 마련되지 않고 있다. 소년법은 14세 이상 비행소년에 대해서만 사회봉사명령을 할 수 있도록 규정한다(제32조 제3항).

1) 대결 1983. 4. 2. 83모8. 제3회.
2) 대판 1998. 4. 24. 98도98. 제9, 12회.

수강명령은 12세 이상 소년에 대해서도 내릴 수 있다(소년법 제32조 제4항). 수강명령은 100시간, 사회봉사명령은 200시간을 초과할 수 없고, 보호관찰관이 그 명령을 집행할 때는 집행을 받는 소년의 정상적 생활을 방해하지 않도록 해야 한다(소년법 제33조 제4항). 형법, 사회보호법, 소년법 등이 규정하는 보호관찰을 일반적으로 규율하는 법률로는 '보호관찰법'이 있다. 보호관찰은 소년범 · 성인범을 막론하고 집행유예를 선고하는 국가 책무에 속하고 형사정책적으로도 매우 중요한 의미를 가진다.

[판례]

보호관찰명령이 보호관찰기간 동안 바른 생활을 영위할 것을 요구하는 추상적 조건의 부과이거나 악행을 하지 말 것을 요구하는 소극적인 부작위조건의 부과인 반면, 사회봉사명령 · 수강명령은 특정시간 동안의 **적극적인 작위의무를** 부과하는 데 그 특징이 있다. 그러므로 사회봉사명령 · 수강명령 대상자에 대한 특별준수사항은 보호관찰 대상자에 대한 것과 같을 수 없다. 보호관찰 대상자에 대한 특별준수사항을 사회봉사명령 · 수강명령 대상자에게 그대로 적용하는 것은 적합하지 않다.[1] *따라서 보호관찰법 제32조 제3항 제1-9호의 **특별준수사항**(제4호 손해회복 노력 등)은 보호관찰 대상자에 한해 부과할 수 있을 뿐, 사회봉사명령 · 수강명령 대상자에 대해서는 부과할 수 없다.

[190] Ⅱ. 선고유예

1. 선고유예제도 규범프로그램

(1) 이 론

1 선고유예는 비교적 가벼운 범죄자에게 일정기간 형 선고를 유예하고, 그 유예기간 동안 형법질서를 준수하면 면소된 것으로 간주하는 제도다(제59조). 이 제도를 통해 입법자는 비교적 가벼운 범죄에 대한 유죄선고를 유보하고 유죄판결을 받을 피고인이 쉽게 형법질서에 다시 통합될 수 있는 기회를 준다. 집행유예대상은 중한 범죄도 될 수 있지만, 선고유예는 벌금형이나 1년 이하 가벼운 자유형이 부과될 경우에 국한된다. 이런 경우는 선고유예가 형선고로 피고인이 받을 부담과 타격을 형사사법이 재사회화이념 아래 고려하는 것을 의미한다. 선고유예제도는 벌금형에 대해 집행유예를 도입한 것(제62조)과 같은 취지 기능을 한다.

(2) 실 제

2 선고유예제도 실무상황은 집행유예 경우와 같은 문제점을 안고 있다. 즉 재사회화 프로그램이 아닌 은전의 수단으로 이용되고 적용기준도 매우 임의적이다. 그 결과 변호활동의 전문성을 더욱 상실하는 역기능을 낳는다.

---

1) 대판 2020. 11. 5. 2017도18291.

2. 선고유예 요건(제59조)

(1) 1년 이하 징역이나 금고, 자격정지 또는 벌금형을 선고할 경우

여기서 선고유예할 수 있는 형은 주형과 부가형을 포함한 처단형 전부를 의미한다. 3
주형을 선고유예할 경우 몰수 또는 추징도 선고유예할 수 있으나, 주형을 선고유예하지 않으면서 이에 부가할 추징에 대해서만 선고유예할 수 없다는 것이 판례와 학계 지배적 견해다. 그러나 형을 병과할 때는 그 일부 또는 전부에 대해 선고를 유예할 수 있다(제59조 제2항). 징역형과 벌금형을 병과하는 경우는 어느 한 쪽에 대해서만 선고유예를 할 수도 있고 또는 징역형을 집행유예하고 벌금형은 선고유예할 수도 있다.

(2) 뉘우치는 정상이 뚜렷할 것

이는 행위자에게 형을 선고하지 않아도 다시 범행을 저지를 위험이 없다고 인정되 4
는 경우를 뜻한다. 이 기준은 두 가지 문제점이 있다. 첫째, 이러한 기준은 범죄행위를 일으킨 갈등상황의 궁극적 책임을 오로지 피고인 개인에게만 귀속시키는 것을 전제한다. 둘째, 그러한 기준의 적용은 어떤 통제도 할 수 없는 법관 개인의 도덕적 감수성에 의존한다.

(3) 자격정지 이상 형을 받은 전과가 없을 것

이는 자신의 범행에 대한 뉘우침의 진실성은 주로 초범 경우에만 개연적일 수 있다 5
는 판단을 재범위험성에 대한 예측 상수常數로 사용하는 것이다.

3. 선고유예 효과

선고유예 판결 여부는 법원 재량에 속한다. 선고유예는 조건부유죄판결 일종이므로 6
그 범죄사실과 선고할 형을 정해야 한다. 형 선고유예는 유죄판결 일종이지만 형 선고는 아니며, 각종 특별법이 정하는 '처벌' 또는 '과벌科罰'이 아니다.[1] 형 선고를 유예하는 경우는 재범방지를 위해 지도 및 원호가 필요하면 1년 범위 안에서 보호관찰을 받을 것을 명할 수 있다(제59조의2). 형 선고유예를 받은 날로부터 2년을 경과하면 면소된 것으로 간주한다(제60조). 따라서 집행유예처럼 법원이 별도로 유예기간을 정할 필요는 없다. 면소판결은 형사소송을 더 진행시켜야 할 이익이 없을 때 소송을 종결시키는 형식재판이다.

4. 선고유예 실효

형 선고유예를 받은 자가 유예기간 중 자격정지 이상 형에 처한 판결이 확정되거나 7
자격정지 이상 형에 처한 전과가 발견되면 유예된 형을 선고한다(제61조 제1항). 제59조의2 규정에 따라 보호관찰을 명한 선고유예를 받은 자가 보호관찰기간 중 준수사항을

---

1) 대판 2018. 4. 26. 2016두64371.

위반하고 그 정도가 무거운 경우는 유예한 형을 선고할 수 있다(제61조 제2항). 유예된 형 선고는 검사 청구에 따라 그 범죄사실에 대한 최종판결을 한 법원이 한다(형사소송법 제336조). 이에 대해서는 집행유예 경우와 같은 비판을 할 수 있다.

[판례]

① 형법 제59조 제1항은 1년 이하의 징역이나 금고, 자격정지 또는 벌금형을 선고할 경우, 같은 법 제51조의 사항을 참작하여 개전의 정상이 현저한 때에는 선고를 유예할 수 있다고 규정하고 있다. 따라서 형의 선고를 유예할 수 있는 경우는, 선고할 형이 1년 이하의 징역이나 금고, 자격정지 또는 벌금형인 경우에 한하고, **구류형**에 대하여는 선고를 유예할 수 없다.[1)]

② 선고유예의 요건 중 '**개전의 정상이 현저한 때**'라고 함은, 반성의 정도를 포함하여 널리 형법 제51조가 규정하는 양형조건을 종합적으로 참작하여 볼 때 형을 선고하지 않더라도 피고인이 **다시 범행을 저지르지 않으리라는** 사정이 현저하게 기대되는 경우를 가리킨다. 이와 달리 '개전의 정상이 현저한 때'가 반드시 피고인이 죄를 깊이 뉘우치는 경우만을 뜻하는 것으로 제한하여 해석하거나, 피고인이 범죄사실을 자백하지 않고 부인할 경우에는 언제나 선고유예를 할 수 없다고 해석할 것은 아니다. 또한 형법 제51조 사항과 개전의 정상이 현저한지 여부에 관한 사항은 널리 형의 양정에 관한 **법원의 재량사항**에 속한다. 상고심으로서는 형사소송법 제383조 제4호에 의해 사형 · 무기 또는 10년 이상의 징역 · 금고가 선고된 사건에서, 형의 양정의 당부에 관한 상고이유를 심판하는 경우가 아닌 이상, 선고유예에 관하여 형법 제51조 사항과 개전의 정상이 현저한지 여부에 대한 **원심 판단의 당부**를 심판할 수 없다. 그 원심 판단이 현저하게 잘못되었다고 하더라도 달리 볼 것은 아니다.[2)]

③ ***표준판례** 형법 제59조 제1항 단행에서 정한 "**자격정지 이상의 형을 받은 전과**"라 함은 자격정지 이상의 형을 선고받은 범죄경력 자체를 의미한다. 그 형의 효력이 상실된 여부는 묻지 않는 것으로 해석함이 상당하다. 따라서 형의 집행유예를 선고받은 자는 형법 제65조에 의하여 그 선고가 실효 또는 취소됨이 없이 정해진 유예기간을 무사히 경과하여 **형의 선고가 효력**을 잃게 되었다고 하더라도 형의 선고의 법률적 효과가 없어진다는 것일 뿐이다. 형의 선고가 있었다는 기왕의 사실 자체까지 없어지는 것은 아니다. 그러므로 그는 형법 제59조 제1항 단행에서 정한 선고유예 결격사유인 "자격정지 이상의 형을 받은 전과가 있는 자"에 해당한다고 보아야 한다.[3)]

④ 형법 제37조 후단 경합범 중 판결을 받지 않은 죄에 대해 형을 선고하는 경우, 형법 제37조 후단에 규정된 '금고 이상의 형에 처한 판결이 확정된 죄'의 형도 형법 제59조 제1항 단서에서 정한 선고유예의 예외사유인 '자격정지 이상의 형을 받은 전과'에 포함된다.[4)]

⑤ 형법 제59조에 의하더라도 몰수는 선고유예 대상으로 규정되어 있지 않고, 다만 몰수 또는

1) 대판 1993. 6. 22. 93오1.

2) 대판 2003. 2. 20. 2001도6138 전원합의체. 제3회. '개전의 정상이 현저한 때'는 '**뉘우치는 정상이 뚜렷할 때**'로 법률 말을 다듬었다(2020년 개정).

3) 대판 2012. 6. 28. 2011도10570; 2003. 12. 26. 2003도3768.

4) 대판 2010. 7. 8. 2010도931. 제3회.

이에 갈음하는 추징은 부가형 성질을 띠고 있다. 그 주형에 대해 선고를 유예하는 경우에는 그 부가할 몰수 추징에 대하여도 선고를 유예할 수 있다. 그러나 그 주형에 대해 선고를 유예하지 않으면서 이에 부가할 **몰수 추징**에 대해서만 선고유예를 할 수는 없다.[1)]

⑥ 형법 제59조에 의해 형의 선고를 유예하는 판결을 할 경우에도 선고가 유예된 형에 대한 판단을 해야 한다. **선고유예 판결**에서도 그 판결 이유에서는 선고형을 정해 놓아야 하고, 그 형이 벌금형일 경우에는 벌금액뿐만 아니라 환형유치처분까지 해 두어야 한다.[2)]

⑦ 형법 제61조 제1항에서 말하는 '형의 선고유예를 받은 자가 자격정지 이상의 형에 처한 전과가 발견된 때'란, 형의 **선고유예 판결이 확정된 후에** 비로소 위와 같은 전과가 발견된 경우를 말한다. 그 판결확정 전에 이러한 전과가 발견된 경우에는 이를 취소할 수 없다. 이때 판결확정 전에 발견되었다고 함은, 검사가 명확하게 그 결격사유를 안 경우만을 말하는 것이 아니다. 당연히 그 결격사유를 알 수 있는 객관적 상황이 존재함에도 부주의로 알지 못한 경우도 포함한다.[3)]

⑧ ***표준판례** 선고유예기간이 경과함으로써 면소된 것으로 간주된 후에는 실효시킬 선고유예 판결이 존재하지 않으므로 **선고유예 실효의 결정**(선고유예된 형을 선고하는 결정)을 할 수 없다. 이는 선고유예 실효결정에 대한 상소심 진행 중에 유예기간인 2년이 경과한 경우에도 마찬가지이다.[4)]

⑨ 회사 대표자의 위반행위에 대해 징역형 형량을 작량감경하고 병과하는 벌금형에 대해 선고유예를 하더라도 **양벌규정**에 따라 그 회사를 처단함에 있어서도 같은 조치를 취해야 하는 것은 아니다.[5)]

[191] Ⅲ. 가 석 방

1. 가석방제도 규범프로그램

가석방은 자유형집행을 받고 있는 자가 뉘우침이 뚜렷하다고 인정될 때 형기만료 1
전에 조건부로 수형자를 석방하고, 그것이 취소 또는 실효되지 않고 일정기간 경과하면 형집행이 종료된 것으로 간주하는 제도다(제72~76조). 이는 불필요한 형집행기간을 단축하여 수형자 사회복귀를 앞당기는 동시에 형집행에서 수형자의 자발적 사회복귀동기를 북돋아 주는 기능을 한다. 가석방기준은 우리 형사절차 전 과정을 지배하는 양형사유 총괄개념인 **뉘우침**이다. 이 문제점은 ① 가석방제도가 행정처분으로 실시되는 것이 옳지 않음을 말한다. ② 가석방결정이 기준 모호성 · 주관성 때문에 매우 자의적으로 행해질 수 있음을 의미한다.

1) 대판 1988. 6. 21. 88도551.
2) 대판 2015. 1. 29. 2014도15120.
3) 대판 2008. 2. 14. 2007모845.
4) 대판 2007. 6. 28. 2007모348.
5) 대판 1995. 12. 12. 95도1893. 제2회.

2. 가석방 요건

2 가석방은 아래 요건이 구비되면 가석방심사위원회 신청으로 법무부장관이 할 수 있다(제72조, 형집행법 제122조).

(1) 징역이나 금고의 집행 중에 있는 사람이 무기형은 20년, 유기형은 형기의 3분의 1이 지난 후일 것

3 가석방은 원칙적으로 징역 또는 금고 집행 중에 있는 사람에 대해서만 인정된다. 그러나 벌금을 납입하지 않고 노역장유치가 된 경우도 적용되어야 한다. 여기서 형기는 선고형을 가리키며, 사면 등으로 감형된 경우는 감형된 형을 기준으로 한다. 이 경우 형기에 산입된 판결선고전 구금일수는 가석방을 하는 경우 집행한 기간에 산입한다(제73조 제1항). 수개의 독립된 자유형이 선고된 경우는 각 형을 분리하여 계산하지 않고 수개 형을 종합하여 계산하는 것이 가석방제도 규범프로그램에 맞다.

(2) 행상이 양호하여 뉘우침이 뚜렷할 것

4 이는 수형자에게 남은 형기를 집행하지 않아도 재범위험성이 없다는 예측을 뜻한다. 그러한 예측의 정형화가 절실히 요구된다. 실제로는 교도소 안의 무조건인 규율준수·명령복종 등 수형자 기본권을 침해하는 형집행을 잘 견디는 자가 가석방 기회를 얻는다. 즉 형집행과정에서 발생하는 비례성원칙에 대한 침해는 현행 가석방제도에 이미 프로그램되어 있는 셈이다.

(3) 벌금 또는 과료의 병과가 있을 때는 그 금액을 완납할 것

5 다만 벌금 또는 과료에 관한 유치기간에 산입한 판결선고 전 구금일수는 그에 해당하는 금액이 납입된 것으로 본다(제73조 제2항).

3. 가석방기간과 보호관찰

6 가석방기간은 무기형은 10년, 유기형은 남은 형기로 하되, 그 기간은 10년을 초과할 수 없다(제73조의2 제1항). 이것은 유기형 가석방기간이 무기형 경우보다 길어지는 것을 방지하기 위한 취지에서 나온 것이다. 가석방된 자는 가석방기간 중 보호관찰을 받는다. 다만 가석방을 허가한 행정관청이 필요 없다고 인정한 경우는 그렇지 않다(같은 조 제2항). 여기 보호관찰은 필요적 처분으로서 선고유예나 집행유예에서 임의적인 것으로 규정된 것과 구별된다. 단서조항은 범죄 성질이나 수형자 성격에 비추어 보호관찰이 불필요한 것으로 인정될 경우 가석방을 허가한 행정관청 재량으로 보호관찰을 하지 않도록 한 것이다.

4. 가석방 효과

7 가석방처분을 받은 후 그 처분이 실효 또는 취소되지 않고 가석방기간을 경과하면

형집행을 종료한 것으로 본다(제76조 제1항). 그렇다고 유죄판결 자체 효력이 없어지는 것은 아니다. 가석방기간 중에는 아직 형집행이 종료된 것이 아니므로 그 기간 중 다시 죄를 범해도 누범은 성립하지 않는다.

5. 가석방 실효와 취소

(1) 가석방 실효

가석방 기간 중 고의로 지은 죄로 금고 이상 형을 선고받아 그 판결이 확정되면 가 8
석방처분은 효력을 잃는다.

(2) 가석방 취소

가석방처분을 받은 자가 감시에 관한 규칙을 위배받거나, 보호관찰 준수사항을 위 9
반하고 그 정도가 무거운 경우는 가석방처분을 취소할 수 있다(제75조). 가석방된 자는 가석방기간 중 선행을 하고 정상적 업무에 취업하며 기타 다른 법령에서 정하는 가석방자가 지켜야 할 사항을 준수해야 한다(형집행법 시행령 제140조). 가석방된 자가 이러한 감시규칙을 위반하면 법무부장관은 가석방을 취소할 수 있다.

(3) 가석방 실효와 취소의 효과

가석방이 실효되거나 취소되었을 경우 가석방 중 일수는 형기에 산입하지 않는다 10
(제76조 제2항). 따라서 가석방이 실효 또는 취소되면 가석방처분을 받았던 자는 가석방 당시 남은 형기 집행을 받아야 한다. 가석방 중 일수는 가석방된 다음날부터 가석방이 실효 또는 취소되어 구금된 전날까지 일수를 가리킨다.

[판례]

① ***표준판례** 잔형기간 경과전인 가석방기간 중에 행한 범죄는, 형법 35조에서 말하는 형집행 종료 후에 죄를 범한 경우에 해당한다고 볼 수 없으므로, 여기에 누범가중을 할 수 없는 것은 당연한 이치이다.[1)]

② 사형집행을 위한 구금은 미결구금도 아니고 형의 집행기간도 아니다. 특별감형은 형을 변경하는 효과만 있을 뿐이며, 이로 인하여 형의 선고에 의한 기성의 효과는 변경되지 않는다. 사형이 무기징역으로 특별 감형된 경우, **사형집행 대기기간**을 처음부터 무기징역을 받은 경우와 동일하게 가석방요건 중의 하나인 형의 집행기간에 다시 산입할 수는 없다.[2)]

1) 대판 1976. 9. 14. 76도2071.
2) 대결 1991. 3. 4. 90모59.

제 7 절 형의 시효 · 소멸 · 기간

[192] Ⅰ. 형의 시효

1. 형 시효의 의의

1 형의 시효는 형(사형은 제외)을 선고하는 재판이 확정된 후 그 집행을 받지 않고 일정기간이 경과한 때 집행이 면제되는 제도다.[1] 형의 시효가 완성되면 집행이 면제되는 형에서 사형을 제외하여 형 집행 공백이 생기지 않도록 개정하였다(2023. 8월 제77조 개정). 공소시효(형사소송법 제249조)는 형벌소멸사유 또는 소송장애사유(공소권 소멸)인 반면, 형 시효는 이미 확정된 형벌의 집행권을 소멸시키는 제도다. 이 제도는 시간이 오래 경과할수록 형 선고 · 집행을 통해 달성할 수 있는 적극적 일반예방효과는 점점 떨어지고, 범죄인이 형집행을 받지 않고 살아 온 평온한 삶을 보호해야 할 필요성이 커진다는 점에 착안한다.

2. 시효기간

2 형 시효는 형을 선고하는 재판이 확정된 후 그 집행을 받지 않고 일정기간 경과함으로써 완성된다. 그 기간은, ① 무기의 징역 또는 금고는 20년, ② 10년 이상 징역 또는 금고는 15년, ③ 3년 이상 징역이나 금고 또는 10년 이상 자격정지는 10년, ④ 3년 미만 징역이나 금고 또는 5년 이상 자격정지는 7년, ⑤ 5년 미만 자격정지 · 벌금 · 몰수 또는 추징은 5년, ⑥ 구류 또는 과료는 1년이다(제78조). 시효 개시일은 판결확정일부터 진행하고, 그 말일 24시에 종료한다. ①항에 있던 사형 30년 시효는 폐지되었다(2023. 8월).

3. 시효 효과

3 형(사형은 제외)을 선고받은 자는 시효완성으로 형집행이 면제된다(제77조). 이 형집행 면제효과는 별도 재판없이 당연히 발생한다.

4. 시효정지와 중단

(1) 시효정지

4 시효는 형 집행유예나 정지 또는 가석방 기타 집행할 수 없는 기간은 진행되지 않는다(제79조 제1항). 여기서 "기타 집행할 수 없는 기간"은 천재지변 기타 사변 때문에 형을 집행할 수 없는 기간을 말한다. 시효는 형이 확정된 후 그 형집행을 받지 않은 사람(구법 '자'를 바꾼 말)이 형집행을 면할 목적으로 국외에 있는 기간 동안 진행되지 않는다(같은 조 제2항). 정지사유가 소멸하면 남은 시효기간이 다시 진행된다.[2]

---

1) 홍영기, 「시효이론의 역사적 전개와 그 평가」(법사학연구 제37호, 2008), 239면 이하.
2) 문창위/류병관, 「사형의 장기 미집행에 따른 '형의 시효 제도' 개선방안」(형사법연구 33, 2021), 35면 이하.

(2) 시효중단

시효는 징역 · 금고 · 구류 경우에는 수형자를 체포한 때, 벌금 · 과료 · 몰수 · 추징 경우에는 강제처분을 개시한 때에 중단된다(제80조). 예컨대 검사 명령에 따라 집행관이 벌금형 집행을 실시하였으나, 압류대상물건 평가액이 집행비용에도 미달하여 집행 불능이 된 경우 벌금 시효기간은 중단된 것으로 볼 수 있다. 시효가 중단되면 시효기간은 처음부터 다시 시작한다.[1) 5

5. 시효 적용배제

형의 시효에 관한 규정(형법 제77~80조)은 '국제형사재판소 관할 범죄의 처벌 등에 관한 법률'(법률 제8719호)의 집단살해죄 등에는 적용되지 않는다(같은 법 제6조). '집단살해죄 등'이라 함은 국제형사재판소 관할 범죄로는 이 법 제8~14조가 규정하는 집단살해죄, 인도에 반한 죄, 갖가지 방법 전쟁범죄를 말한다(같은 법 제2조 제1호). 이 7가지 범죄에 대해서는 형사소송법(제249~253조), 군사법원법(제291~295조) 공소시효 규정도 적용되지 않는다. 집단살해죄 등에 대한 시효 적용배제는 '국제형사재판소에 관한 로마규정'에 따라 우리나라와 국제형사재판소 간 협력을 강화하기 위한 차원에서 나온 것으로서 매우 중요한 의미가 있다. 국내법에도 유괴살인, 고문치사, 살인은폐와 같은 '반인륜범죄'에 대해 공소시효를 적용하지 않아야 한다는 주장이 있다. 집단살해죄 등에 대한 시효 적용배제가 국내법에 미칠 영향이 주목된다. 6

[판례]

① 수형자가 벌금의 일부를 납부한 경우에는, 이로써 집행행위가 개시된 것으로 보아 그 벌금형의 시효가 중단된다고 봄이 상당하다. 이 경우 벌금의 일부 납부란 수형자 본인이 스스로 벌금을 일부 납부한 경우, 즉 벌금의 일부를 수형자 본인 또는 그 대리인이나 사자가 **본인의 의사에 따라** 납부한 경우를 말한다. 수형자 본인의 의사와 무관하게 제3자가 이를 납부한 경우는 포함되지 아니한다.[2)

② 채권에 대한 강제집행의 방법으로 벌금형을 집행하는 경우에는, 검사의 징수명령서에 기하여 '법원에 **채권압류명령을 신청하는 때**'에 강제처분인 집행행위의 개시가 있는 것으로 보아, 그때 **시효중단의 효력**이 발생한다. 한편 그 시효중단 효력이 발생하기 위하여 집행행위가 종료되거나 성공하였음을 요하지 않고, 수형자에게 집행행위의 개시사실을 통지할 것을 요하지 않는다.[3)

③ 확정된 벌금형을 집행하기 위한 검사의 집행명령에 기하여 집달관이 집행을 개시하였다면, 이로써 벌금형에 대한 시효는 중단된다(형법 제80조). 이 경우 압류물을 환가하여도 집행비용

---

1) 사형의 전면적 시효 배제에 따라 시효중단 대상에서도 제외하였다. 그 밖에 '있어서-경우에는, 함으로-한 때, 개시함으로 인하여-개시한 때'로 법률 말을 다듬었다.

2) 대결 2001. 8. 23. 2001모91.

3) 대결 2009. 6. 25. 2008모1396.

외에 잉여가 없다는 이유로 **집행불능**이 되었더라도, 이미 발생한 시효중단효력은 소멸하지 않는다. 따라서 위 벌금형의 미납자에 대하여는 형사소송법 제492조에 의해 노역장유치집행을 할 수 있다.[1]

④ 집행관이 추징의 시효 만료 전에 징수명령서를 수령하고, 그 후 상당한 기간이 경과하기 전에 징수명령이 집행되었다면, 추징의 시효가 완성된 후의 집행은 아니다.[2]

[193] Ⅱ. 형의 소멸 · 실효 · 복권

1. 형의 소멸

1 형의 소멸은 유죄판결확정으로 발생한 형 집행권을 소멸시키는 제도다. 이는 검사 형벌청구권을 소멸시키는 공소권소멸과 구별된다. 형 집행권 소멸원인으로는 형집행종료, 가석방기간만료, 형집행면제, 시효완성, 범인의 사망 등이 있다. 범인 사망에 따른 형 집행권 소멸에는 벌금형 또는 몰수 경우에 특례가 있다(형사소송법 제478, 479조).

2. 형의 실효와 복권

(1) 의 의

2 형이 소멸되어도 전과사실은 남기 때문에 형 선고의 법률 효과는 그대로 존속한다. 그러므로 전과자는 여러 가지 자격제한이나 사회생활 불이익을 받을 수 있다. 전과자의 전과사실을 말소시켜 그 자격을 회복하고, 사회복귀를 쉽게 할 수 있도록 도와주는 형법 제도는 형의 실효(제81조)와 복권(제82조)이 있다. 그 밖에 국가원수에 의한 사면(헌법 제79조; 사면법 제8, 9조)도 같은 기능을 한다.

(2) 형의 실효

3 **1) 재판 실효** 징역 또는 금고 집행을 종료하거나 집행이 면제된 자가 피해자 손해를 보상하고 자격정지 이상 형을 받지 않고 7년이 경과하면 본인 또는 검사 신청에 의해 재판 실효를 선고할 수 있다(제81조). 실효대상은 징역과 금고형에 한정하며, 기간 경과로 자동 실효되는 것이 아니라 재판에 따라서만 실효된다. 또한 실효재판이 확정되면 그 실효효과는 장래에 향하여 발생한다.

4 **2) 당연 실효** 형실효법은 형 실효범위를 벌금 · 구류 · 과료에 확대하고, 일정 기간이 지나면 자동으로 실효하도록 규정한다. 즉 수형자가 자격정지 이상 형을 받지 않고, 3년을 초과하는 징역 · 금고일 경우 10년, 3년 이하일 경우 5년, 벌금은 2년을 경과하면 형은 실효된다. 구류 · 과료는 형집행을 종료하거나 집행이 면제된 때 실효된다

1) 대결 1992. 12. 28. 92모39.
2) 대결 2006. 1. 17. 2004모524.

(형실효법 제7조). 이와 같이 형의 실효 등에 관한 법률에 따라 형이 실효된 경우에도 형선고에 의한 법적 효과가 장래에 향하여 소멸된다.[1)]

3) 형의 실효와 전과기록 정리 형 실효법 제7조 및 형법 제81조에 따라 형이 5
실효되면 수형인명표는 폐기하고 수형인명부는 해당란을 삭제한다(형실효법 제8조 제1항). 여기에서 '수형인명부'는 자격정지 이상 형을 받은 수형인을 기재한 명부로서 검찰청 및 군검찰부에서 관리하는 것을 말한다(같은 법 제2조 제2호). '수형인명표'는 자격정지 이상 형을 받은 수형인을 기재한 명표로서 수형인 본적지 시·구·읍·면 사무소에서 관리하는 것을 말한다(같은 조 제3호).

(3) 복 권

자격정지선고를 받은 자가 피해자 손해를 보상하고 자격정지 이상 형을 받지 않고 6
정지기간 2분의 1을 경과하면 본인 또는 검사의 신청으로 자격회복을 선고할 수 있다(제82조). 복권은 사면법(제3조 제3호, 제6조)에 따라서도 가능하다. 자격정지선고를 받은 자가 자격정지기간이 만료되지 않았더라도 일정한 조건 아래 자격을 회복시켜 사회복귀 장애를 제거하는 데 그 취지가 있다.

(4) 재판절차

형의 실효 및 복권선고는 그 사건에 관한 기록이 보관되어 있는 검찰청에 대응하는 7
법원에 신청해야 한다(형사소송법 제337조 제1항). 이 신청을 받은 법원은 결정으로써 이를 선고한다(같은 조 제2항). 신청인은 각하결정에 대해 즉시항고할 수 있다(같은 조 제3항).

[194] Ⅲ. 형의 기간

1. 형의 기간계산

연年 또는 월月로써 정한 기간은 중간의 일·시·분·초를 정산하지 않고, 연·월 1
을 단위로 계산하는 역법曆法의 계산방법에 따른다(제83조). 예컨대 6개월의 기간은 1월 1일부터 계산하면 6월 30일에 만료된다.

2. 형기 기산起算

형기는 판결이 확정된 날부터 기산한다(제84조 제1항). 여기서 형기는 자유형 기간 2
을 뜻한다. 징역·금고·구류와 유치의 경우에 구속되지 않은 일수는 형기에 산입하지 않는다(제84조 제2항). 형집행과 시효기간 초일初日은 시간을 계산하지 않고 1일로 산정하며(제85조), 석방은 형기만료일에 한다(제86조).

1) 대판 2002. 10. 22. 2002감도39.

[판례]

① 형의 실효 등에 관한 법률의 입법취지에 비추어, 과거 **2번 이상의 징역형**을 받은 자가 자격정지 이상의 형을 받지 않고 마지막 형의 집행을 종료한 날부터 위 법에서 정한 기간을 경과하면, 그 마지막 형 이전의 형도 모두 실효되는 것으로 보아야 한다.[1)]

② 복권은 사면의 경우와 같이 형의 언도효력을 상실시키는 것이 아니고, 다만 형의 언도효력으로 인해 상실 또는 정지된 자격을 회복시키는데 불과하므로, 복권이 있었더라도 그 **전과사실은 누범가중사유**에 해당한다.[2)]

③ 사면법 제5조 제1항 제1호 소정 '일반사면은 형의 언도의 효력이 상실된다'는 의미는, 형법 제65조 소정 '형의 선고는 효력을 잃는다'는 의미와 마찬가지로, 단지 형 선고의 **법률적 효과**가 없어진다는 것일 뿐, 형의 선고가 있었다는 **기왕의 사실** 자체의 모든 효과까지 소멸한다는 뜻은 아니다.[3)]

④ **재심판결이 확정되면** 원판결이나 그 부수처분의 법률 효과가 상실되고 형 선고가 있었다는 기왕의 사실 자체의 효과가 소멸한다. 그러므로 그 전과가 형실효 요건을 갖추었으면 특정범죄가중법 제5조의4 제5항에서 정한 '징역형을 받은 경우'에 해당하지 않는다.[4)]

---

1) 대판 2010. 3. 25. 2010도8.
2) 대판 1981. 4. 14. 81도543.
3) 대판 1995. 12. 22. 95도2446.
4) 대판 2023. 11. 30. 2023도10699.

제 2 장 보안처분

[195] Ⅰ. 보안처분 서론

우리나라도 형사제재 이원주의에 따라서 형벌 외에 보안처분을 두고 있다. 헌법 근거는 제12조 제1항 "~ 누구든지 법률에 의하지 않고는 처벌·보안처분 또는 강제노역을 받지 아니한다"는 규정이다. 그러나 형법총칙에는 형벌에 관한 규정만 있고 보안처분은 특별법을 통해 시행된다. 예컨대 소년법 보호처분, 치료감호법 치료감호, 보호관찰법 보호관찰처분, 보안관찰법 보안관찰처분 등이 여기 속한다. 1

보안처분 정당성에 관한 '보안처분이론'은 이미 앞에서 상세히 살펴보았기 때문에 여기서는 현행법 보안처분내용과 그 문제점을 설명하는 것으로 그친다. 2

1. 보안처분 분류

(1) 대인 보안처분과 대물 보안처분

대인 보안처분은 장래 범죄위험성을 예방하기 위한 '사람에 대한 보안처분'을 말한다. 우리나라가 인정하는 보안처분은 모두 대인 보안처분이다. 이에 반해 대물 보안처분은 범죄에 사용할 위험 있는 '물건에 대한 보안처분'을 말하는데, 우리나라에 이런 종류 보안처분은 없다. 다른 나라 예로는 몰수, 영업장폐쇄명령, 법인 해산명령 등이 있다. 3

(2) 자유박탈보안처분과 자유제한보안처분

이것은 보안처분에 따른 자유침해 정도를 기준으로 한 구별이다. 치료감호법의 치료감호처분은 일정한 시설에 격리 수용되어야 하기 때문에 자유박탈보안처분이다. 그 밖의 보호관찰·보안관찰처분 등은 자유제한보안처분에 속한다. 이 구별은 다른 말로 '자유박탈이 있는 보안처분', '자유박탈이 없는 보안처분'으로 표현하기도 하지만 모든 보안처분은 일정한 자유박탈을 수반하기 때문에 '박탈'과 '제한'의 구별이 어떤 의미가 있을지 의문이다. 4

2. 보안처분 입법례

형벌과 보안처분을 규정하는 방식으로는 다음 세 가지 입법주의가 있다. 5

(1) 일원주의

형벌과 보안처분 목적은 본질적으로 같다고 보고 양자 어느 하나만을 적용하는 것을 일원주의라고 한다. 따라서 형벌 특별예방효과를 기대할 수 없을 때는 보안처분만을 선고하는데, 이것은 형벌 해체로 이르러 갈 위험성이 있을 뿐만 아니라 특별예방만을 형사제재 목적으로 보는 것도 현재로는 광범위한 동의를 얻기는 어렵다. 일원주의는 영 6

국, 스웨덴, 덴마크, 벨기에 등이 취하는 방법이다.

(2) 이원주의

7 형벌과 보안처분 목적을 다른 것으로 보고, 양자를 함께 선고하고 중복하여 집행하는 것을 이원주의라고 한다. 즉 형벌은 책임을 전제로 하는 반면 보안처분은 행위자의 장래 위험성을 대상으로 하는 점부터 다르다. 이원주의는 프랑스, 이탈리아, 네덜란드 등이 쓰고 있는 방법이다. 구 사회보호법 보호감호가 이원주의 방법이었으나 폐지되었다. 이원주의는 보통 형벌을 보안처분보다 먼저 집행하며, 형벌이 효과를 거둘 수 없을 경우 보안처분은 보충으로 부과된다. 형벌과 보안처분을 중복 집행하는 것은 양자가 이론상 질적으로 구별되는 것만큼 현실로는 차이가 없기 때문에 이중처벌이라는 비판을 받는다. 즉 보안처분이 '간판사기'에 지나지 않는다는 비난은 바로 이 점을 지적한다.

(3) 대체주의

8 대체주의는 이원주의 집행방법을 개선한 것이다. 형벌과 보안처분이 동시에 선고되는 것은 이원주의와 마찬가지다. 다만 책임범위 안에서 선고된 형벌을 집행단계에서 보안처분으로 대체함으로써 집행 합리성을 꾀한다. 보안처분은 행위자를 지향하는 '특별예방 목적처분'이다. 다시 말하면 행위자에게 특별히 고쳐야 할 부분이 있다고 판단하여 내리는 것이 보안처분이다. 그런데 고쳐야 할 것은 제쳐 두고 형벌을 먼저 집행하는 것은 모순일 뿐만 아니라 보안처분을 선고한 목적에도 어긋난다. 그러므로 고치는 처분(특별예방조치: 보안처분)을 먼저 하고 형벌집행은 그것이 끝나고 난 뒤 생각해보자는 것이 대체주의 관점이다.

9 따라서 대체주의 특징은, ① 형벌보다 보안처분을 먼저 집행하고, ② 보안처분 집행기간을 형기에 산입하며, ③ 보안처분집행 후 형벌 집행유예가능성을 둔다. 대체주의는 독일과 스위스 형법이 채택하고 있다. 현행 치료감호법 치료감호는 형벌보다 먼저 집행하고 그 집행기간은 형기에 산입하도록 함으로써 전형적인 대체주의를 취한 다(동법 제18조). 이원주의를 택할 경우 그 집행을 대체주의로 하는 것은 필수적이다. 그렇지 않으면 보안처분제도를 도입한 원래목적에 어긋나고, 이중처벌을 위한 방편이라는 비난을 면하기 힘들다.

3. 보안처분의 법치국가 정형화원칙

(1) 비례성원칙

10 보안처분이 정당성을 갖기 위해서는 보호목적을 위한 보안처분 필요성과 함께 그 필요성을 법치국가적으로 제한할 수 있는 정형화원칙이 있어야 한다. 즉 범죄예방을 위해 아무리 필요한 처분이라 할지라도 정형화하여 수행하지 않으면 정당성을 가질 수 없다. 정형화되지 않은 보안처분침해는 인간을 범죄구축의 단순한 수단 · 객체로 전락시키

기 때문에 정당화될 수 없다. 보장목적을 실현하기 위한 보안처분의 법치국가 정형화원칙이 바로 비례성원칙이다.[1)]

형벌이 책임원칙 제한을 받듯이 보안처분은 비례성원칙의 제한을 받아야 한다. 첫째는 보안처분 입법내용이 비례성원칙에 합치해야 하고, 둘째는 보안처분법을 해석 · 적용하는 내용이 또한 비례성원칙에 어긋나지 않아야 한다. 앞의 것은 입법을 구속하는 헌법 비례성원칙이고, 뒤의 것은 형법 비례성원칙이다. 보안처분 해석원칙인 비례성원칙은 형법에 명문으로 규정되어야 한다. 우리나라 보안처분법은 비례성원칙을 두고 있지 않은데, 이것은 중대한 입법흠결로 우리나라 보안처분법이 범죄인 보장측면에 소홀하다는 반증이다. 명문규정이 없더라도 비례성원칙은 보안처분에 당연히 타당하다는 논리를 펼 수도 있지만, 그러나 이것은 허구다. 왜냐하면 판례가 비례성원칙의 존재를 인정하지 않기 때문이다. '범죄자도 사람'이라는 보안처분의 법치국가성이 확보될 수 있는 유일한 방법은 입법 해결뿐이다. 하루빨리 비례성원칙을 명문으로 규정하여 보안처분이 처벌 연장수단으로 악용되는 것을 막아야 하고, 보호목적과 보장목적 균형을 회복해야 한다.[2)] 11

(2) 비례성원칙 내용

1) 목적 · 수단의 사고 가장 단순한 형식으로 비례성원칙을 말할 때, 보통 '목적과 수단의 사고思考'라고 한다. 일정한 목적을 실현하기 위해 투입한 국가수단은 그 목적달성에 **적합하고 필요하며 균형을 이루어야 한다는** 것을 내용으로 한다. 따라서 적합성, 필요성(최소침해 수단), 균형성원칙은 비례성원칙 내용이 되는 부분원칙에 속한다. 12

2) 보안처분 목적 국가가 보안처분을 통해 추구하는 '목적'에는 두 가지가 있다. 하나는 범죄로부터 일반인을 보호하기 위한 '장래 범죄행위위험성'을 사전에 예방하는 것이고, 다른 하나는 이 목적을 법치국가적으로 제한하는 범죄인의 '정당한 처벌을 받을 권리' 보장이다. 이러한 범죄인보장의 거점은 그가 행한 '과거범죄행위'가 제공한다. 보안처분으로 투입하는 '수단'에는 '교화 · 개선'과 '보안'이 있다. 따라서 보안처분 비례성원칙은 이러한 목적 · 수단의 비례 · 균형관계를 내용으로 담고 있어야 한다. 13

예방하고자 하는 '장래 범죄위험성'은 중대한 범죄행위(중대성)에 대한 높은 가능성, 즉 개연성을 의미한다. 그렇지 않으면 보안처분이라는 중대한 침해가 정당화될 수 없다. 보안처분 '원인행위'가 되는 '과거범죄행위'도 경미한 것일 경우 보안처분은 법치국가적으로 정당화될 수 없다. 즉 장래 범죄위험성은 원인행위로부터 어느 정도 읽어낼 수 있어야 한다. 그렇지 않은 장래위험성은 우연에 속하는 문제이고 사회가 감수할 수밖에 14

1) 김성돈, 802~803면; 정희철, 「비례성원칙과 보호처분」(형사정책연구 제18권, 2007), 192면 이하; 이원상, 「저작권법상의 형사처벌과 비례성원칙」(비교형사법연구 제12권, 2010), 175면 이하 참조; 장진환, 「형벌을 제한하는 원칙으로서 비례성원칙」(비교형사법연구 22, 2021), 233면 이하.

2) 강지현, 「보호수용제도의 한계」(보호관찰 20, 2020), 59면 이하.

없다. 그것은 일반인 범죄행위를 사회가 감수해야 하는 상황과 마찬가지다.

15 3) 비례성원칙 심사내용 이러한 인식을 토대로 비례성원칙의 내용구조를 살펴보면 다음과 같다. 국가권력이 부과하는 일정한 보안처분(수단)은 한편으로 **과거 원인행위**(목적 1) 그리고 다른 한편으로 개연성이 있는 **장래의 중대한 범죄행위**(목적 2)와 비교하여 양자가 비례 · 균형관계를 이룰 수 있는지 심사해야 한다. 만일 양자가 비례성이 없다고 판단되면 그 수단은 정당성을 가질 수 없다. 이런 내용의 비례성원칙을 법률적으로 어떤 문안으로 만들 것인가 하는 문제는 입법기술에 속한다. 우리 법문화와 언어감각에 맞는 문안을 찾아야 한다. 그러나 지금 중요한 것은 비례성원칙의 신설 필요성이다. 입법기술 문제는 이 요청이 받아들여지고 난 뒤 제기하더라도 늦지 않다.

[196] Ⅱ. 현행법 보안처분

1 보안처분의 헌법근거는 제12조 제1항이다. 중요한 보안처분법률로는 치료감호법, 보안관찰법, 보호관찰법, 소년법이 있다.

1. 치료감호법 보안처분

2 치료감호법은 폐지된 '사회보호법'에서 규율한 치료감호제도와 보호관찰제도를 유지 · 보완하기 위한 목적에서 제정된 법률이다. 이 법은 심신장애 또는 마약류 · 알코올 · 약물 등 중독, 정신성적精神性的 장애 상태에서 범죄를 범한 자를 보호 · 치료하여 재범을 방지하고 원활한 사회복귀를 촉진하기 위한 목적을 가지고 있다(같은 법 제1조).

(1) 치료감호

3 1) 치료감호 의의 치료감호는 위에서 말한 심신장애자와 마약류 · 알코올중독자 등을 치료감호시설에 수용하여 치료하는 보안처분을 말한다(제16조). 성질이 다른 심신장애자와 중독자 등은 분리수용을 원칙으로 한다(제19조). 심신장애자에 대한 치료감호는 '치료'가 아닌 '보안'목적 처분이 될 수밖에 없다.

2) 치료감호 요건

4 (개) **치료감호대상자** 치료감호는 다음 하나에 해당하고 **재범위험성과 치료필요성이** 있을 때 행해진다. 치료감호대상이 되는 사람은, ① 심신장애인으로서 형법 제10조 제1항에 따라 벌할 수 없거나(심신상실자) 같은 조 제2항 규정으로 형이 감경되는 자(심신미약자)로서 금고 이상 형에 해당되는 죄를 범한 때, ② 마약, 향정신성의약품, 대마, 그 밖에 남용되거나 해독작용을 일으킬 우려가 있는 물질이나 알코올을 식음, 섭취, 흡입, 흡연 또는 주입받는 습벽이 있거나 그에 중독된 자가 금고 이상 형에 해당하는 죄를 범한 때, ③ 소아성기호증, 성적가학증 등 성적 성벽이 있는 정신성적 장애인으로

서 금고 이상 형에 해당하는 성폭력범죄를 범한 경우다(제2조 제1항). 위에서 "남용되거나 해독작용을 일으킬 우려가 있는 물질"은 대통령령으로 정한다(제2조 제2항).

구 사회보호법 안에 있던 치료감호는 그 요건으로 재범위험성만 규정하고 있었다. 4a
그러나 현행 치료감호법은 재범위험성 외에 치료필요성을 추가함으로써 선고요건을 강화하고 동시에 법치국가성을 높였다. 재범위험성과 치료필요성에 대한 판단은, 법원이 필요하다고 인정할 경우 전문가 감정을 받겠지만, 그것은 어디까지나 참고자료일 뿐 궁극적으로는 사법판단이다.

(나) **재범위험성** 재범 위험성은 미래에 중대한 범죄행위를 범할 높은 가능성인 5
개연성을 의미한다. 따라서 경미범죄 위험성이나 중대범죄라 할지라도 그 위험성이 높지 않을 경우 재범위험성은 인정될 수 없다. 이 판단은 미래를 예측하는 문제에 속한다. 인간에게 미래를 정확하게 예측하는 것은 불가능한 일이다. 그것은 인간인식 한계 밖에 있다. 예측 정확성에 접근하기 위하여 예측방법이나 예측에 필요한 자료 등 가능한 모든 과학적 방법을 동원해야겠지만, 미래 불확실성에 대한 부담이 피고인한테 돌아가서는 안 된다.[1] 판례는 치료감호에서 재범위험성을 판단할 때 피감호청구인의 습벽, 중독증세 정도, 치료 난이도, 치료환경, 자신의 치료에 대한 의지 그리고 아울러 피감호청구인 연령, 성격, 가족관계, 재산 정도, 전과사실, 뉘우침 등 사정과 치료감호 요건이 되는 범죄사실, 즉 범죄동기와 범죄수법, 종전에 범한 범죄와 시간간격 등 여러 사정을 종합하여 객관적으로 평가해야 한다고 한다.[2]

(다) **치료감호사건의 절차** 치료감호청구는 검사가 정신과 등 전문의 감정 또는 6
진단을 참고로 치료감호청구서를 법원에 제출함으로써 이루어진다(제4조 제1~3항). 치료감호를 제기할 수 있는 기간은 항소심 변론 종결시까지이다(제4조 제5항). 검사는 관할 지방법원 판사에게 청구하여 치료감호영장을 청구받아 치료감호대상자를 보호구속(보호구인과 보호구금 포함)할 수도 있다(제6조 제1항). 치료감호는 감호대상자가 심신상실자, 친고죄, 반의사불벌죄 등에 해당되어 공소를 제기할 수 없을 경우도 독립하여 청구할 수 있다(제7조).

법원은 치료감호사건을 심리하여 청구이유가 있으면 판결로써 치료감호를 선고한 7
다. 만일 청구가 이유없을 때 또는 피고사건에 대해 심신상실 외 사유로 무죄를 선고하거나 사형을 선고할 경우는 판결로써 청구기각을 선고해야 한다(제12조 제1항). 치료감호사건 판결은, 치료감호 독립청구 경우가 아닌 한 피의사건판결과 동시에 선고한다(제12조 제2항).

---

1) 장진환, 「보안처분의 재범위험성 판단시기에 대한 입법론 연구」(형사법연구 33, 2021), 57면 이하.

2) 최민영, 「정신장애 범죄인의 책임능력 판단과 정신감정」(의료법학 20, 2019), 83면 이하; 정도희, 「인권을 고려한 정신질환범죄의 치료적 대응방향」(법학논총 47, 2020), 905면 이하; 권순민, 「정신질환 범죄자들에 대한 치료적 개입으로서 정신건강법원에 대한 검토」(형사소송 이론과 실무 16, 2024), 229면 이하.

8 3) **치료감호 내용** 치료감호기간은 15년을 초과할 수 없다. 다만 제2조 제1항 제2호 약물, 알코올 중독자 등 수용은 2년을 초과할 수 없다(제16조 제2항). 종래 사회보호법 치료감호가 완치될 때까지 종신토록 계속될 수도 있던 것을 개선한 규정이다. 치료감호심의위원회는 피치료감호자에 대해 그 집행개시 후 매 6개월 종료 또는 가종료 여부를, 가종료 또는 치료위탁된 피치료감호자에 대하여는 가종료 또는 치료위탁 후 매 6개월 종료 여부를 심사·결정한다(제22조). 치료감호위원회는 치료감호만을 선고받은 피치료감호자가 그 집행개시 후 1년을 경과하면 상당한 기간을 정하여 그의 법정대리인, 친족 등에게 치료감호시설 외에 치료를 위탁할 수 있다(제23조).

9 이해 당사자의 적극적 종료 여부에 대한 심사청구권도 인정된다. 즉 피치료감호자와 그 법정대리인 등은 피치료감호자가 치료감호가 필요가 없을 정도로 치유되었음을 이유로 치료감호 종료 여부를 심사·결정하여 줄 것을 신청할 수 있다(제44조 제1항). 이 규정도 당사자 법치국가 권리를 강화한 것이라고 할 수 있다.

10 치료감호위원회는 종래 사회보호위원회를 대신한 것인데, 여전히 행정처분으로 집행종료 여부나 친족에 대한 치료위탁을 결정하도록 한 것은 문제가 있다. 국민 인신구속에 대한 결정은 행정부가 아닌 독립된 법원이 내려야 한다는 것이 삼권분립 이념이다.

11 치료감호와 형이 병과된 경우는 치료감호를 먼저 집행한다. 이 경우 치료감호 집행기간은 형기에 산입한다(제18조). 치료감호 내용·실태는 대통령령이 정하는 바에 따라서 공개를 원칙으로 한다. 다만 피치료감호자 또는 보호자 동의가 있는 경우를 제외하고 피치료감호자 개인신상에 관한 것은 공개하지 않는다(제20조).

12 종래 사회보호법에 따른 치료감호판결과 사회보호법 사회보호위원회가 심사·결정한 사항의 효력은 치료감호법에 그대로 승계된다(부칙 제2, 4조).

(2) 보호관찰

13 1) **보호관찰 의의** 보호관찰은 가종료 또는 치료위탁된 피치료감호자를 감호시설 밖에서 지도·감독하는 보안처분이다. 이것은 치료감호를 보완하는 자유제한보안처분으로서 범죄인 사회복귀를 도와주고 교육하는 데 그 목적이 있다.[1)]

14 2) **보호관찰 요건** 치료감호법 보호관찰은 다음 두 가지 경우에 개시된다. ① 피보호감호자에 대한 치료감호가 가종료된 때, ② 피치료감호자가 치료감호시설 밖에서 치료하기 위해 법정대리인, 친족 등에게 위탁된 때 개시된다.

15 3) **보호관찰 내용** 피보호관찰자는 보호관찰법 제32조 제2항에 따른 준수사항을 성실하게 이행해야 한다. 이 밖에 치료감호심의위원회가 특별한 준수사항을 명할 수도 있다(제33조). 보호관찰기간은 3년이다(제32조 제2항). 보호관찰기간이 만료되거나,

1) 김혁, 「보호관찰제도에 관한 체계적 검토」(법학연구 31, 2022), 41면 이하.

치료감호심의위원회가 치료감호 종료결정을 한 때, 피보호관찰자가 다시 치료감호집행을 받게 되어 재수용 되거나 새로운 범죄로 금고 이상 형집행을 받게 된 경우는 보호관찰이 종료된다(제32조 제3항).

2. 그 밖의 보안처분

(1) 형법의 보호관찰, 사회봉사 · 수강명령

성인범죄자를 대상으로 하고 보호관찰, 사회봉사 · 수강명령 셋이 있다. 종래까지 이 제도는 16
소년법 보호처분 일종으로 소년범에 대해서만 인정된 것이었다(소년법 제32조 참조). 형법상 보호관찰은 선고유예(제59조의2 제1항), 집행유예(제62조의2 제1항) 그리고 가석방(제73조의2 제2항) 경우에 부과할 수 있다. 가석방에는 필요적이고, 그 밖의 경우는 임의적이다. 보호관찰에 관한 일반법률로는 보호관찰법이 있고, 형법 보호관찰도 이 법률 적용을 받는다. 사회봉사 · 수강명령은 집행유예에만 규정되어 있다(제62조의2 제1항).

(2) 소년법 보호처분

소년(19세 미만의 자)은 정신 · 신체적으로 미숙하기 때문에 범죄충동에 빠지기도 쉽지만 교 17
화 · 개선 가능성도 높다. 이런 특성을 고려하여 소년법은 반사회성이 있는 소년에 대한 보안처분을 규정한다. 소년법 제32조가 규정하는 보안처분 내용을 보면, 보호자 또는 보호자를 대신하여 소년을 보호할 수 있는 자에게 감호 위탁, 수강명령, 사회봉사명령, 보호관찰관의 단기 · 장기 보호관찰, 아동복지법에 따른 아동복지시설이나 그 밖의 소년보호시설에 감호 위탁, 병원 · 요양소 또는 보호소년 등 처우에 관한 법률에 따른 소년의료보호시설에 위탁, 1개월 이내 소년원 송치, 단기 · 장기 소년원 송치 등이 있다. 이상의 결정은 소년부판사가 내린다.

(3) 보호관찰법의 보호관찰처분

보호관찰법은 죄를 범한 자로서 재범방지를 위해 체계적인 사회내 처우가 필요하다고 인정 18
되는 자를 지도 · 원조하여 사회복귀를 촉진하기 위한 보호관찰처분을 규정한다(같은 법 제1조). 그 대상은 형법으로 선고유예, 집행유예를 받은 자와 소년법 제32조 제1항 제4, 5호 보호처분을 받은 소년이다(제3, 24, 25조). 소년원을 가석방 · 임시퇴원한 소년도 포함된다(제3, 30조). 기타 다른 법률에 따라 이 법 보호관찰을 받도록 규정된 자도 대상이 된다(같은 법 제3조 제1항 제5호). 그러므로 소년법뿐만 아니라 형법과 치료감호법 보호관찰도 이 법률 적용을 받는다. 보호관찰을 심사 · 결정하는 '보호관찰심사위원회'와 보호관찰 실시에 관한 사무를 관장하는 '보호관찰소'를 법무부장관 소속으로 두게 되어 있다(제5, 14조).

(4) 보안관찰법의 보안관찰처분

1) 보안관찰처분 의의 보안관찰법은 옛날 사회안전법이 폐지되면서 대체 입법된 법률이 19
다. 이 법률은 이른바 '사상범'으로 복역하고 출소한 자의 재범위험성을 예방하기 위한 목적을 가지고 있다(같은 법 제1, 2조). 보안관찰처분을 받은 자는 일정한 사항에 대한 신고의무가 있고(제18조) 지도 · 보호를 받을 의무가 부과된다(제19, 20조). 보안관찰처분기간은 2년이고, 법무부장관은 검사 청구가 있을 때, '보안관찰심사위원회' 의결을 거쳐 그 기간을 갱신할 수 있다(제5조). 갱신에 대한 제한은 없기 때문에 종신토록 계속될 수도 있다. 보안관찰에 관한 소송은 행정소송법을 준용하고(제24조), 처분에 따른 의무를 위반하면 징역이나 벌금의 형벌을 받는다(제27조).

20 2) **보안관찰처분 문제점** 보안관찰처분은 보안관찰심사위원회 의결을 거쳐 법무부장관이 내리는 행정처분이다. 그러나 행정처분으로 국민 자유를 제한하는 것은 법치국가원칙에 정면으로 위배된다. 다른 보안처분은, 부과결정은 사법부가 내리고 집행계속 여부에 대한 결정은 각종 위원회가 행정처분으로 하도록 되어 있다. 그런데 보안관찰처분은 처분결정과 취소를 모두 행정처분으로 하는 데 특색이 있고 또한 문제가 있다. "보안관찰해당범죄를 범한 자와 회합·통신금지", "공공의 안녕질서를 해칠 위험성이 있는 집회·시위장소에 출입금지"(제19조 제2항)와 같은 본질적 기본권침해를 행정부가 종신토록 할 수 있게 하는 것은 명백히 헌법 사법절차기본권(헌법 제27조 제1~3항)에 위반되는 위헌법률이다. 뿐만 아니라 보안관찰처분은 신법으로 과거 행위를 문제삼아서 형법적 불이익을 주는 것이기 때문에 죄형법정주의의 소급효금지원칙에도 어긋난다.

21 사상범에 대한 보안관찰은 단순한 '재범예방' 측면보다는 '사상을 감시하고 간섭'하는 점에서 국민의 양심자유권(헌법 제19조)에 대한 중대한 침해가 아닐 수 없다. 이것은 면제결정 요건으로 되어 있는 "준법정신의 확립"(보안관찰법 제11조 제1항 제1호)에서 분명히 드러난다. 이 요건은 결국 '사상전향 여부'[1]를 의미하기 때문에 보안관찰법은 구 사회안전법이 가지고 있던 반인권 요소를 그대로 유지하고 있다. 보안관찰처분은 보안처분으로 정당화될 수 없다. 보안관찰법은 폐지되어야 마땅하다.[2]

(5) 성폭력범죄자의 성충동 약물치료에 관한 법률[3]('화학적 거세법')

22 아동을 대상으로 하는 성범죄가 급증하여 큰 사회문제가 되자 국회는 이런 범죄자를 대상으로 하는 일명 '화학적 거세법'을 도입하였다. 대상은 사람[4]에 대해 성폭력범죄를 저지른 성도착증 환자로서 성폭력범죄를 다시 범할 위험성이 인정되는 19세 이상 사람이다(위의 법 제4조 제1항). 검사가 법원에 '약물치료명령'을 청구하고 법원은 치료명령청구가 이유가 있으면 15년 범위 안에서 기간을 정하여 판결로 치료명령을 선고한다(같은 법 제8조 제1항).[5] 성충동 약물치료 내용은 화학적 거세치료인데, 성충동과 관련하는 호르몬인 '테스토스테론'을 억제하는 호르몬제를 주사하는 것을 의미한다. 여기에 사용되는 호르몬제는 '데포 프로베라'(Depo-Provera)로 알려져 있다. 이 약물은 테스토스테론의 생성을 억제하고 남성 생식기능을 저하시킴과 동시에 성적 충동을 완화시키는 작용을 한다. 화학치료의 법 성격은 형벌로써 처리 불가능한 재범위험성이 있는 경우에 부과되는 보안처분으로 볼 수 있다. 화학치료를 형벌로 보게 되면 이중처벌금지원칙에 위반된다. 미국에서는 7개주[6]가 이 방법을 사용한다. 유럽에서는 덴마크가 1929년에 유럽 최초로 외과적 거세를 합법화하였고, 1973년에는 화학적 거세를 추가 도입하였다. 그 밖에 독일, 스웨덴, 체코, 핀란드, 노르웨이 등에서 외과적 거세법을 사용하고 있는데, 대개 당사자 동의를 전제한 자발적 시행으로 이루어진다. 화학치료는 회복 불가능한 외과적 거세에 비해 헌법 문제점이

---

1) 법무부는 그동안 시행되었던, 보안관찰처분 면제를 신청할 때 제출해야 했던 "준법서약서"제도를 폐지하였다(2019. 10. 8.). 헌법 양심의 자유를 위해 발전된 조치라고 할 수 있다.

2) 김성돈, 811면.

3) 신동일, 「"성폭력범죄자의 성충동약물치료에 관한 법률"의 평가」(형사정책 23, 2011), 255면 이하; 류병관, 「성충동약물치료법에 관한 비교법적 고찰」(법학논총 32, 2012), 425면 이하.

4) 2012. 11월 개정에서 '16세 미만'의 요건이 삭제되었다.

5) 헌법재판소는, 장기형이 선고되는 경우 치료명령 선고시점과 집행시점 사이에 상당한 시간적 간격이 있어 집행시점에서 발생할 수 있는 불필요한 치료와 관련한 부분에 대해 헌법불합치결정을 하였다(헌재 2015. 12. 23. 2013헌가9). 이에 따라 집행면제 신청 제도를 신설하는 법개정(같은 법 제8조의2, 제8조의3 신설 - 2017년 개정)이 이루어졌다.

6) 텍사스, 캘리포니아, 플로리다, 몬태나, 오레곤, 아이오와, 루이지애나 등이다.

적은 것은 사실이다. 치료를 중단함으로써 당사자 기능은 회복된다. 여기에 상습 성범죄를 예방하려는 공익을 고려할 때, 화학치료는 일시적 자기결정권 제한으로서 헌법한계 안에 있다고 할 수 있다. 그럼에도 인권침해, 실효성 등 논란은 언제든지 불거질 수 있다.

(6) 전자장치 부착제도

현재 실무적으로 가장 비중 있는 보안처분 가운데 하나가 특정 범죄자에 대한 전자장치부착 23
제도(전자감독, 전자감시제도)이다. 근거 법률은 전자장치부착법이다. 여기서 말하는 '특정범죄'는 성폭력범죄, 미성년자 대상 유괴범죄, 살인범죄 및 강도범죄를 말한다(전자장치부착법 제2조 제1항). 이러한 범죄를 규정한 법률은 형법, 성폭력처벌법, 청소년성보호법, 특정범죄가중법 등이다. 이 법 목적은, 특정범죄를 저지른 사람의 재범방지를 위해 형기를 마친 뒤 위치추적 전자장치를 몸에 부착시켜 재범하지 못하도록 감시함으로써 특정범죄로부터 국민을 보호하는 데 있다(같은 법 제1조). 전자장치부착명령은 특정범죄와 일정기간 내의 재범행 등 일정한 요건이 결합하고, 재범위험성이 있다고 인정되는 사람에 대해 검사가 법원에 청구하여 이루어진다(같은 법 제5조).

특정범죄 종류를 개관하면 다음과 같다. 형법 제32장 강간과 추행의 죄 대부분, 미성년자 24
약취유인죄 등(같은 법 제287-292조 등), 살인죄 등(제24장 살인죄 대부분), 강도범죄(같은 법 제333조 이하) 그리고 성폭력처벌법, 청소년성보호법, 특정범죄가중법 등 이들 범죄에 대한 가중처벌규정이 모두 포함된다. 여기에서 일일이 열거하기가 힘들만큼 그 대상범위는 넓다.

전자장치부착명령은 '재범위험성'이 명시적 부과요건으로 되어 있다. 재범위험성은 단순한 25
재범가능성만으로는 부족하고 대상자가 장래에 다시 대상범죄를 범하여 법적 평온을 깨뜨릴 상당한 개연성이 있어야 한다. 재범위험성 유무는 대상자 직업과 환경, 해당 범행 전 행적, 범행 동기, 수단, 범행 후 정황, 뉘우침 등 여러 사정을 종합 평가하여 객관적으로 판단하고, 이러한 판단은 장래에 대한 가정적 판단이므로 판결 시를 기준으로 한다.[1] 전자장치 부착기간은 최단기 1년, 최장기 30년이다. 19세 미만 사람에 대해 특정범죄를 저지른 경우는 부착기간 하한을 2배로 할 수 있다(전자장치부착법 제9조 제1항).

법원은 전자장치부착명령을 선고할 때 부착기간 범위에서 준수기간을 정하여 준수사항을 부 26
과할 수 있다(같은 법 제9조의2). 예컨대 야간 등 특정 시간대 외출 제한, 특정지역·장소 출입금지, 특정범죄 치료프로그램 이수, 그 밖에 재범방지와 성행교정을 위해 필요한 사항 등이다.

일정한 요건의 출소자에 대한 전자감시제도는 '강력한 형사정책' 대명사라 할 수 있는 미국 27
형사정책을 모방한 것이다. 범죄자는 나쁜 사람이고 가능하면 강력한 형벌로써 사회로부터 오랫동안 격리시키고, 전자감시를 비롯하여 감시망을 촘촘히 마련하는 것이 범죄로부터 사회를 보호하는 최선 방법이라고 생각한다. 만기 석방자에 대한 전자감시가 급격하게 증가하는 것도 우리나라와 비슷하다. 그럼에도 미국에서 범죄는 줄지 않고 계속 증가한다. 지구상에서 가장 범죄가 많이 발생하는 나라가 미국이다. 미국 전자감시는 보석조건, 구금형 대체, 다양한 교정프로그램 일부로 시행되는 좋은 기능이라도 있지만,[2] 우리나라 경우는 만기 석방된 '중범죄자' 감시·감독이 주된 목적일 뿐이다. 전자장치부착이 형벌이 아니라 보안처분이라는 이유로 대법원과 헌법재판소 모두 소급효금지원칙이 적용되지 않고 이중처벌도 아니며 과잉금지원칙에도 위배되지 않는다고

1) 대판 2018. 9. 13. 2018도658.
2) 자세한 설명 김성진, 「전자장치 부착제도의 법적 문제점 고찰」(중앙법학 13, 2011), 424면 이하.

판시한다.[1] 형식은 보안처분이다. 그러나 매우 넓은 대상범죄와 피부착 인원의 급격한 증가, 장기 부착기간, 외출제한 · 출입금지 등 준수사항 부과 등 그 내용을 보면 실질적으로는 형벌 성격이 강하다.[2] 전자감시제도는 원래 출범 당시 성폭력범죄자로 한정했는데, 미성년자 유괴범죄, 살인범죄 등으로 2차에 걸쳐 확대되었다. 전자감시는 '**전자발찌**', **휴대용 추적장치**, **재택감독장치** 셋으로 구성된다. 보이지 않는 감옥을 연상시킨다. '위치추적중앙관제센터'까지 마련되어 있다. 대법원과 헌법재판소 모두 외면하였기 때문에, 이제 전자감시제도 법치국가성을 높여줄 수 있는 유일한 길은 '재범위험성'을 판단하는 개별 법관의 '양심' 밖에 없다. '헌법, 법률, 양심'(헌법 제103조) 가운데 앞의 둘은 제도적 장치이지만, 양심은 주관적 가치관이다. '사람'을 믿어야 하는 상황이다. 아무리 범죄가 싫고 미워도 국민 모두에게 재갈을 물리고 수갑을 채울 수는 없는 노릇이다. 그런 극단적 실험은 역사적으로 모두 실패하였고, 그 반면교사로 등장한 것이 바로 법치국가 형법이다.

(7) 신상공개제도

28 성폭력처벌법은 성범죄자 신상정보등록에 관하여 규정하고, 이 정보공개에 관한 내용은 청소년성보호법이 규정한다.[3] 신상정보 등록과 관리는 법무부, 등록정보 공개와 고지는 여성가족부의 소관사항이다. 아동성범죄자를 공개하는 미국 **메건법**(Megan's Law)을 모델로 한 것으로, 도입 당시에는 청소년 성구매자(이른바 원조교제)를 처벌하기 위한 목적이 있었다. 지금은 그 대상과 범위를 확대하여 실형선고 이상을 받은 모든 성범죄자를 대상으로 '**성범죄자 알림e**' 서비스(www.sexoffen-der.go.kr)를 통해 공개 또는 열람할 수 있도록 한다. 법무부에 등록되는 성범죄자 신상정보는 사진, 성명, 나이, 주소, 실제 거주지, 키, 몸무게, 성범죄 요지, 전과사실, 전자장치 부착여부 등이고(성폭력처벌법 제43~44조), 공개되는 내용 또한 같다. 공개는 법원 '고지명령' 판결로써 이루어진다(청소년성보호법 제50조 제 1 항). 공개기간은 최장 10년을 초과하지 못한다(같은 법 제49조 제 2 항).

29 그러나 이 제도가 성범죄 예방에 얼마나 효과가 있는 제도인지 경험적으로 검증된 바는 없고 오히려 회의적 시각이 더 많은 실정이다.[4] 그런데도 당사자 개인과 그 가족에게 미치는 사회적 영향은 매우 크다. 형벌집행이 완료된 자에게 부과하는 것은 이중처벌 개연성이 높고, 판결 당시 신상공개명령을 받지 않고 처벌이 종료된 사람에게 나중에 강화된 신상공개명령을 받을 수 있게 한 것은 소급효금지원칙에도 반한다. 그러나 헌법재판소는 이 모두 소극적으로 판단하고 합헌선고를 내렸다.[5]

(8) 기 타

30 이 밖에도 보안처분과 유사한 성격을 가지는 조치로 국가보안법 제20조(공소보류자에 대한 감시 · 보도), 성매매처벌법 제14조(보호처분), 마약류관리법 제40조 및 제40조의 2(치료보호, 형벌과 수강명령 등 병과), 감염병예방법 제42조(일정한 감염병에 대한 강제처분)가 거론된다. 이 가운데 국가보

1) 대판 2010. 12. 23. 2010도11996; 헌재 2012. 12. 27. 2010헌가82. 자세한 설명 장진환, 「전자장치 부착 등에 관한 법률에 대한 판례의 과잉금지원칙심사의 논증과정 분석」(형사정책 33, 2021), 79면 이하.
2) 상세한 논증 윤영철, 「우리나라의 전자감시제도에 관한 비판적 소고」(형사정책연구 19, 2008), 207면 이하.
3) 제 8 회. 벌금형을 선고받은 자는 등록대상자가 아님.
4) 배종대 · 홍영기, 형사정책, 84/18 참조.
5) 헌재 2003. 6. 26. 2002헌가14 전원재판부.

안법 조치는 매우 의심스러운 입법형식이고, 나머지 것들은 행정법 조치이기 때문에 형법 보안처분과 거리가 멀다.

3. 현행 보안처분법 문제점

보안처분은 미래 범죄위험성을 예방함으로써 법익보호 효과를 높이기 위한 '필요'에서 나온 조치다. 따라서 과거범죄행위에 대한 불승인 표현으로서 부과되는 형벌과 본질적으로 구별된다. 그러나 보안처분 필요성은 그만큼 법치국가 정형성을 갖추어야 정당화될 수 있다. 구 사회보호법 폐지로 보안처분에 대한 문제점은 많이 개선되었지만 아직도 몇 가지는 입법 재검토가 필요하다. 31

첫째, 치료감호법의 치료감호와 보호관찰은 상대적 부정기처분, 보안관찰법의 보안관찰은 절대적 부정기처분 성격을 가진다. 그런데 집행계속 여부에 대한 결정을 법무부 안에 구성되어 있는 각종 '위원회'가 하도록 하는 것은 명백한 헌법위반이다. 삼권분립원칙에 어긋날 뿐만 아니라 피처분자의 사법절차기본권을 침해하는 일이 아닐 수 없다. 보안처분부과와 집행에 관한 결정 모두 사법부가 관장해야 하는 사항이고 행정부가 개입할 문제는 아니다.[1] 15년 상한선(치료감호) 또는 종신토록 계속될 수 있는 처분(보안관찰) 갱신결정을 행정부에 맡기는 것은 신뢰성과 통제성에서 문제가 있다. 32

둘째, 사상범에 대한 특별한 보안처분을 따로 둘 필요가 없다. 보안관찰법은 폐지해야 마땅하다. 사상범 재범위험성을 예방하기 위한 지도 · 감독 필요가 있으면 보호관찰법의 보호관찰제도를 활용하면 된다. 33

셋째, 보안처분은 형벌과 본질적으로 성질이 다른 형사제재다. 그러므로 보안처분에 형사소송법과 형집행법을 준용하는 것(치료감호법 제51조)은 보안처분이념에 부합할 수 없다. 보안처분집행법을 제정해야 한다. 34

넷째, 보안처분 지도원칙으로 비례성원칙을 규정해야 한다. 비례성원칙은 보안처분의 실질적 법치국가성을 심사할 수 있는 유일한 근거를 제공한다. 35

다섯째, 지금처럼 특별법으로 산만하게 흩어져 있는 각종 보안처분을 하나의 보안처분법으로 묶어 형법전에 편입해야 한다. 그래야 형사제재 이원주의는 형식과 내용에서 분명한 틀을 갖고, 보안처분에 대해서도 형벌과 동일한 형법통제가 가능할 수 있다. 36

[판례]

① 치료감호법(제2조 제1항) 소정의 **'재범의 위험성'**은 피감호청구인이 장차 그 물질 등의 주입 등 습벽 또는 중독증세의 발현에 따라 **다시 범죄를 저지를 것이라는 상당한 개연성**이 있는 경우를 말한다. 그 위험성 유무는, ㉠ 판결선고 당시 피감호청구인의 습벽 또는 중독증세의 정도, 치료의 난이도, 향후 치료를 계속 받을 수 있는 환경의 구비 여부, 피감호청구인 자신의 치료의지의 유무와 그 정도, ㉡ 피감호청구인의 연령, 성격, 가족관계, 직업, 재산 정도, 전과사실, 개전의 정 등 사정, ㉢ 피감호청구인에 대한 위 습벽 또는 중독증세의 발현에 관한 하나의 징표가 되는 당해 감호청구원인이 된 범행의 동기, 수법 및 내용, ㉣ 전에 범한 범죄의 내용 및 종전 범죄와 이 사건 범행 사이의 시간적 간격 등 제반 사정을 종합적으로

1) 김성돈, 804면.

평가하여 객관적으로 판단해야 한다.[1)]

② 보안관찰처분을 하기 위하여는 보안관찰법 제4조 제1항이 정하는 바에 의하여 보안관찰처분대상자가 **보안관찰 해당범죄를 다시 범할** 위험성이 있다고 인정할 충분한 이유가 있어 재범방지를 위한 관찰이 필요한 경우여야 한다. 여기서 말하는 재범위험성은 장래에 다시 죄를 범할 개연성이 될 수밖에 없으며, 그 유무도 처분대상자의 전력이나 성격, 환경 등 제반 사정을 종합하여 판단할 수밖에 없다.[2)]

③ 특정 범죄자에 대한 전자장치부착법에 따라 특정 범죄자에 대해 집행유예를 선고할 경우, 보호관찰을 받을 것을 함께 명할지 여부와 구체적 준수사항 내용, 같은 법 제28조 제1항에 따라 **전자장치 부착**을 명할지 여부와 그 기간 등에 관한 판단은 **법원의 재량사항**에 속한다.[3)]

④ 치료명령의 요건으로 '성폭력범죄를 다시 범할 위험성'이란, 재범할 가능성만으로는 부족하고 피청구자가 장래에 다시 성폭력범죄를 범하여 법적 평온을 깨뜨릴 **상당한 개연성**이 있어야 한다. 비록 피청구자가 성도착증 환자로 진단받았다고 하더라도, 그러한 사정만으로 바로 피청구자에게 성폭력범죄에 대한 재범위험성이 있다고 단정할 것은 아니다. 치료명령의 집행시점에도 여전히 약물치료가 필요할 만큼 피청구자에게 성폭력범죄를 다시 범할 위험성이 있어야 한다.[4)]

1) 대판 2003. 4. 11. 2003감도8.
2) 대판 2002. 8. 23. 2002두3911.
3) 대판 2012. 8. 30. 2011도14257, 2011전도233.
4) 대판 2014. 2. 27. 2013도12301.

판례색인

사항색인

조문색인

고려대학교 법과대학 졸업
독일 Frankfurt a. M. 대학 법학박사(Dr. jur.)
고려대학교 법학전문대학원 명예교수

Der Grundsatz der Verhältnismaßigkeit im Maßregelrecht des StGB(1985)
형법각론(제16판, 2026)
형사소송법(제3판, 공저, 2022)
형사정책(제2판, 공저, 2022)

제19판 **형법총론**

1992년 1월 25일 제 1 판 발행
1995년 9월 10일 제 3 판 발행
1999년 5월 30일 제 5 판 발행
2004년 2월 28일 제 7 판 발행
2008년 2월 28일 제 9 판 발행
2013년 2월 20일 제11판 발행
2020년 1월 10일 제14판 발행
2023년 1월 20일 제17판 발행
2026년 2월 1일 제19판 발행

저 자 배 종 대
발행인 임 권 규
발행처 홍 문 사

05855 서울시 송파구 송파대로 167 테라타워 B동 802호
등록 1993. 6. 24. 제1-1543호
TEL. 712-5311(代) FAX. 716-5311

값 45,000원

ISBN 978-89-7770-778-8 93360